PALI TEXT SOCIETY

Sutta-Nipata Commentary

BEING

Paramatthajotika II.

Edited by

HELMER SMITH

VOL. I.

URAGAVAGGA CULAVAGGA

GYAN

Published by

Gyan Publishing House
5, Ansari Road
Daryaganj, New Delhi-110002
Phone: 011-47034999, 9811692060
E-mail: books@gyanbooks.com

Distribution Network
gyanbooks.com
India, USA, Canada, UK, Australia, France

ISBN : 978-81-212-2844-2 (Set)
ISBN : 978-81-212-2845-9 (HB)
First Published, 1916

2nd Impression 2021

Printed at: Gyan Press, Delhi.

Sutta-Nipata Commentary I
Edited by: Helmer Smith

Pali Text Society

Sutta-Nipāta Commentary

BEING

Paramatthajotikā II.

EDITED BY

HELMER SMITH

VOL. I.

URAGAVAGGA CŪḶAVAGGA

London
PUBLISHED FOR THE PALI TEXT SOCIETY
BY
HUMPHREY MILFORD
OXFORD UNIVERSITY PRESS WAREHOUSE, AMEN CORNER, E.C.
1916

PREFATORY NOTE

THIS edition of the Sutta-Nipāta Commentary, Paramatthajotikā II, is based upon the manuscripts S^{kgn} B^{a}, described in the preface to Khuddakapāṭha and its Commentary, Paramatthajotikā I (P.T.S. 1915), p. vii, and more concisely specified below. To the list of abbreviations, *ibidem* p. vi, I now add: Spk. = a Siṃhalese print (1898–1903) of the Sāratthapakāsinī (*ad* S. I, 1–214), kindly lent to me by the Hon. Secretary of the Pali Text Society. Corrections and various readings to my edition of the Khuddakapāṭha Commentary—from parallel texts, which I did not know in 1914—will be given as addenda, together with Indexes to Paramatthajotikā I and II, in the latter volume of this work, which will, I hope, appear in 1917.

HELMER SMITH.

COPENHAGEN,
November 5, 1915.

S. = SIṂHALESE MSS.:

S^{k} = S.N. Pj. II, Copenhagen Royal Library = C^{k} in Fausböll's S.N.

S^{g} = Pj. II, lent by Professor Rhys Davids = Pj^{g} in Sutta-Nipāta, P.T.S. ed. 1913.

S^{n} = S.N. Pj. II, Paris, Bibliothèque Nationale.

B. = BURMESE MS.:

B^{a} = S.N. Pj. II, lent by Royal Asiatic Society.

CORRECTIONS AND ADDITIONS

1^{24} soḷasā ti.
5^{17} rūpārūpā-.
5^{18} ariyapugga-.
7^{11} ariya-.
7^{17} aṭṭhaṅgikaṃ.
8^{27} seyyathîdaṃ.
19^{9} tena dhī-.
37^{25} arakkheyyāni.
45 *note* 7. *Cf.* . . .
49^{2} Dīpaṃ-.
54^{16} dasa-asubhaka-.
83^{37} (*note* 5) evaṃ.
90^{6} parivenasammaj-.
131^{13} °vaṇṇanā niṭṭhitā.
133^{28} upaṭṭhākahat- 133^{30} ni-.
135^{10} nidassa-.
151 (*delete note* 1).
155^{33} disāmūḷhassa.
$157^{52\text{-}26}$ (*read: kulaputtā* ti . . .).
182^{1} -ekāgārika-.
184 *note* * *add*: Ps. *ad* M. I, 378^{26}.
192^{33} *kammanā vasalo.*
198^{24} Himavantābhimukho.
214^{26} asekhabhūmiṃ.
220^{11}-222^{18}, *cf.* JPTS. 1886, 96-98.
223^{27} Kelā-.
375^{20} Sabbāsavā-.

CONTENTS OF VOL. I

NAMO TASSA BHAGAVATO ARAHATO SAMMĀSAMBUDDHASSA.

Paramatthajotikā II.

I. URAGAVAGGA.

1.

Uttamaṃ vandaneyyānaṃ vanditvā ratanattayaṃ,
yo Khuddakanikāyamhi khuddācārappahāyinā
desito lokanāthena lokanissaraṇesinā,
tassa Suttanipātassa karissām' atthavaṇṇanaṃ[1].
'Gāthāsatasamākiṇṇo geyyavyākaraṇaṃkito
kasmā Suttanipāto ti saṃkham esa gato' ti ce:
suvuttato sūcanato atthānaṃ suṭṭhu tāṇato
savanā sūdanā c' eva yasmā suttaṃ pavuccati*,
tathārūpāni suttāni nipātetvā tato tato
saṅgīto ca ayaṃ, tasmā saṃkham evam upāgato;
sabbāni câpi suttāni pamāṇattena tādino
vacanāni ayaṃ tesaṃ nipāto ca yato, tato
aññasaṃkhānimittānaṃ visesānam abhāvato
saṃkhaṃ Suttanipāto ti etam eva[2] samajjhagā ti.

Evaṃ samadhigatasaṃkho ca yasmā esa vaggato Uragavaggo Cūḷavaggo Mahāvaggo Aṭṭhakavaggo Pārāyanavaggo ti pañcavaggo hoti, tesaṃ Uragavaggo ādi, suttato Uragavagge dvādasa suttāni, Cūḷavagge cuddasa, Mahāvagge dvādasa, Aṭṭhakavagge soḷasa, Pārāyanavagge soḷasā ti sattati suttāni, tesaṃ Uragasuttaṃ ādi, pariyattiparimāṇato

* Asl. 19^{15}, *etc.* (Hardy Netti, pp. xv-xvi, *note*).

[1] B[a] *ad.* Ayaṃ Suttanipāto ca Khuddakesv eva ogadho yasmā, tasmā imassâpi karissām' atthavaṇṇanaṃ.

[2] B[a] evam eva.

aṭṭha bhāṇavārā, evaṃ-vaggasuttapariyattiparimāṇavato[1] pan' assa

yo[2] uppatitaṃ vineti kodhaṃ
visataṃ sappavisaṃ va osadhehi
so bhikkhu jahāti orapāraṃ
urago jiṇṇam iva tacaṃ purāṇan ti

ayaṃ gāthā ādi, tasmā assā ito pabhuti atthavaṇṇanaṃ kātuṃ idaṃ vuccati:

yena yattha yadā yasmā vuttā gāthā ayaṃ, imaṃ
vidhiṃ pakāsayitvâssā karissām' atthavaṇṇanan ti.

(1.). Kena panâyaṃ gāthā vuttā kattha kadā kasmā ca vuttā ti, vuccate: yo so Bhagavā catuvīsatibuddhasantike laddhavyākaraṇo, yāva Vessantarajātakaṃ, tāva pāramiyo pūretvā Tusitabhavane uppajji[3], tato pi cavitvā Sakyarājakule uppattiṃ gahetvā anupubbena katamahābhinikkhamano Bodhirukkhamūle sammāsambodhiṃ abhisambujjhitvā dhammacakkaṃ pavattetvā devamanussānaṃ hitāya dhammaṃ desesi, tena Bhagavatā sayambhunā anācariyakena sammāsambuddhena vuttā; [4]sā ca[4] pana Āḷaviyaṃ, yadā bhūtagāmasikkhāpadaṃ paññattaṃ, tadā tattha upagatānaṃ dhammadesanatthaṃ vuttā ti ayam ettha saṃkhepavissajjanā. Vitthārato pana dūrenidānaavidūrenidānasantikenidānavasena tividhā veditabbā. Tattha dūrenidānan nāma Dīpaṃkarabhagavato yāva paccuppannavatthukathā, avidūrenidānan nāma Tusitabhavanato yāva paccuppannavatthukathā, santikenidānan nāma Bodhimaṇḍato yāva paccuppannavatthukathā ti. Tattha, yasmā avidūrenidānaṃ santikenidānañ ca dūrenidāne yeva samodhānaṃ gacchanti, tasmā dūrenidānavasen' ev' ettha vitthārato vissajjanā veditabbā, sā pan' esā Jātakaṭṭhakathāyaṃ vuttā ti idha na vitthāritā, tato[5] tattha vitthāritanayen' eva veditabbā, ayaṃ pana viseso: tatthā paṭhamagāthāya Sāvatthiyaṃ vatthu uppannaṃ[6], idha Āḷaviyaṃ, yathâha:

---

[1] Sn Ba °pariyattip(p)amāṇato.
[2] Sgn *ad.* ve (*here and* 3[3]).
[3] Ba upapajjitvā.
[4-4] Ba kattha.
[5] Ba yato.
[6] Ba uppajji.

"tena samayena buddho Bhagavā Āḷaviyaṃ viharati Aggāḷave cetiye. Tena kho pana samayena Āḷavakā bhikkhū navakammaṃ karontā rukkhaṃ chindanti pi chedāpenti pi; aññataro pi Āḷavako bhikkhu rukkhaṃ chindati. Tasmiṃ rukkhe adhivatthā devatā taṃ bhikkhuṃ etad avoca: "mā bhante attano bhavanaṃ kattukāmo mayhaṃ bhavanaṃ chindī" ti. So bhikkhu anādiyanto chindi yeva tassā ca devatāya dārakassa bāhaṃ ākoṭesi. Atha kho tassā devatāya etad ahosi: 'yan nūnâhaṃ imaṃ bhikkhuṃ idh' eva jīvitā voropeyyan' ti. Atha kho tassā devatāya etad ahosi: 'na kho me taṃ[1] patirūpaṃ, yâhaṃ imaṃ bhikkhuṃ idh' eva jīvitā voropeyyaṃ; yan nūnâhaṃ Bhagavato etam atthaṃ āroceyyan' ti. Atha kho sā devatā yena Bhagavā ten' upasaṃkami, upasaṃkamitvā Bhagavato etam atthaṃ ārocesi. "Sādhu sādhu devate, sādhu kho tvaṃ devate taṃ bhikkhuṃ jīvitā na voropesi, sace 'jja[2] tvaṃ devate taṃ bhikkhuṃ jīvitā voropeyyāsi, bahuñ ca[2] tvaṃ devate[3] apuññaṃ pasaveyyāsi; gaccha devate, amukasmiṃ okāse rukkho vivitto, tasmiṃ upagacchā"* ti. Evañ ca[4] vatvā puna Bhagavā tassā devatāya uppannakodhavinayanatthaṃ

"yo ve uppatitaṃ kodhaṃ rathaṃ bhantaṃ va dhāraye"†
iti

imaṃ gāthaṃ abhāsi. Tato 'kathaṃ hi nāma samaṇā Sakyaputtiyā rukkhaṃ chindissanti pi chedāpessanti pi, ekindriyaṃ samaṇā Sakyaputtiyā jīvaṃ viheṭhentī' ti evaṃ manussānaṃ ujjhāyitaṃ sutvā bhikkhūhi ārocite[5] Bhagavā "bhūtagāmapātavyatāya pācittiyan" ti imaṃ sikkhāpadaṃ paññapetvā tattha upagatānaṃ dhammadesanatthaṃ "yo uppatitaṃ vineti kodhaṃ visataṃ sappavisaṃ va osadhehī"[6] ti imaṃ gāthaṃ abhāsi. Evam idaṃ

* Vin. IV, 34[1-19]. † Dhp. 222.

[1] B[a] na kho pan' etaṃ. [2] B[a] *om.*
[3] S[kgn] *om.* [4] B[a] Evaṃ vacanaṃ.
[5] B[a] bhikkhū Bhagavantaṃ (!) ārocesuṃ.
[6] B[a] *writes the gātha in full.*

ekaṃ yeva vatthuṃ tīsu ṭhānesu saṅgahaṃ gataṃ: Vinaye Dhammapade Suttanipāte ti. Ettāvatā ca, yā sā mātikā ṭhapitā

"yena yattha yadā yasmā vuttā gāthā ayaṃ, imaṃ
vidhiṃ pakāsayitvâssā karissām' atthavaṇṇanan" ti,

sā saṃkhepato vitthārato ca pakāsitā hoti ṭhapetvā atthavaṇṇanaṃ.

1. Ayaṃ pan' ettha atthavaṇṇanā: *yo* ti yo yādiso khattiyakulā vā pabbajito brāhmaṇakulā vā, navo vā majjhimo vā thero vā; *uppatitan** ti uddhamukhaṃ[1] patitaṃ gataṃ, pavattan ti attho, uppannan ti vuttaṃ hoti,—uppannañ ca nām' etaṃ vattamānabhutvāpagatokāsakatabhūmiladdhavasenânekappabhedaṃ. Tattha sabbam pi saṃkhataṃ uppādādisamaṅgi vattamānuppannaṃ nāma, yaṃ sandhāya "uppannā dhammā anuppannā dhammā uppādino dhammā"† ti vuttaṃ; ārammaṇarasam anubhavitvā niruddham anubhutvāpagatasaṃkhātaṃ kusalākusalaṃ uppādādittayam anuppatvā niruddhaṃ bhutvâpagatasaṃkhātaṃ sesasaṃkhatañ ca bhutvāpagatuppannaṃ nāma, tam etaṃ "evarūpaṃ pāpakaṃ diṭṭhigataṃ uppannaṃ hotī"‡ ti ca "yathā ca uppannassa satisambojjhaṅgassa bhāvanāpāripūrī hotī"§ ti ca evamādisu suttantesu daṭṭhabbaṃ; "yāni 'ssa tāni pubbe katāni kammānī"|| ti ca evamādinā nayena vuttakammaṃ[2] atītam pi samānaṃ aññassa vipākaṃ paṭibāhitvā attano vipākass' okāsaṃ katvā ṭhitattā tathā katokāsañ ca vipākaṃ anuppannam pi evaṃ katokāse[3] avassam uppattito okāsakatuppannaṃ nāma; tāsu tāsu bhūmisu asamūhatam akusalaṃ bhūmiladdhuppannaṃ nāma, ettha ca bhūmiyā bhūmiladdhassa ca nānattaṃ veditabbaṃ, seyyathîdaṃ: bhūmi nāma vipassanāya ārammaṇabhūtā tebhūmakā pañca kkhandhā, bhūmiladdhaṃ nāma tesu up-

* *Cf.* Asl. 66[21]. † Dh. S. p. 2[13]. ‡ M. I, 130[4].
§ M. I, 62[3]. ||

[1] Sk Ba uddhamuddhaṃ. [2] Ba vuttaṃ kammaṃ.
[3] Ba kate okāse (= Asl.).

pattirahaṃ kilesajātaṃ, tañ ca n a ā r a m m a ṇ a v a s e n a, ārammaṇavasena hi sabbe pi atītādibhede pariññāte pi ca[1] khīṇāsavānaṃ khandhe ārabbha kilesā uppajjanti Mahākaccāna-Uppalavaṇṇādīnaṃ khandhe ārabbha Nandamāṇavaka-Soreyyaseṭṭhiputtādīnaṃ* viya, yadi ca etaṃ bhūmiladdhaṃ siyā[2], tassa appaheyyato na koci bhavamūlaṃ jaheyya, v a t t h u v a s e n a pana bhūmiladdhaṃ veditabbaṃ, yattha yattha hi vipassanāya apariññātā khandhā uppajjanti, tattha tattha uppādato pabhuti tesu vaṭṭamūlaṃ kilesajātam anuseti, taṃ appahīnaṭṭhena bhūmiladdhuppannan ti veditabbaṃ; yattha ca yassa kkhandhesu appahīnānusayitā kilesā, tassa te[3] eva kkhandhā tesaṃ kilesānaṃ vatthu na paresaṃ khandhā, atītakkhandhesu c' assa appahīnānusayitānaṃ kilesānaṃ[4] atītakkhandhā eva vatthu na itare, esa[5] nayo anāgatādisu; tathā kāmāvacarakkhandhesu appahīnānusayitānaṃ kilesānaṃ kāmāvacarakkhandhā eva vatthu na itare, esa[5] nayo rūpārūpā vacaresu. Sotāpannādīnaṃ pana, yassa yassa ariyapugga lassa khandhesu taṃ (taṃ) vaṭṭamūlaṃ[6] kilesajātaṃ tena tena maggena pahīnaṃ, tassa tassa te te khandhā pahīnānaṃ tesaṃ tesaṃ vaṭṭamūlānaṃ kīlesānaṃ[7] avatthuto 'bhūmī' ti saṃkhaṃ na labhanti[8]. Puthujjanassa pana sabbaso vaṭṭamūlānaṃ kilesānaṃ appahīnattā yaṃ kiñci kayiramānaṃ kammaṃ kusalaṃ vā akusalaṃ[9] vā hoti, icc assa kammakilesappaccayā[10] vaṭṭaṃ vaṭṭati[11], tass' etaṃ vaṭṭamūlaṃ 'rūpakkhandhe eva na vedanākkhandhādisu . . . pe . . . viññāṇakkhandhe eva vā na rūpakkhandhādisū' ti na vattabbaṃ, kasmā: avisesena pañcasu khandhesu anusayitattā, kathaṃ: paṭhavirasādiṃ iva rukkhe, y a t h ā hi mahārukkhe paṭhavitalaṃ adhiṭṭhāya paṭhavirasañ ca

* Dhp. A. I, 325.

[1] B^a pariyodāte pi, *om.* ca. [2] B^a nāma.
[3] B^a tass' ete. [4] S^{gn} saṃkilesānaṃ. [5] B^a es' eva.
[6] B^a taṃ taṃ cittamūlakaṃ. [7] B^a vaṭṭamūlakilesānaṃ.
[8] S^{kgn} labbhati (S^k > labbhaṃti).
[9] S^k vâkusalaṃ. [10] B^a *om.* kamma-.
[11] S^{kgn} vaḍḍhati; B^a vaḍhanti, *om.* vaṭṭaṃ.

āporasañ ca nissāya tappaccayā mūlakkhandhasākhāpasākhāpallavapalāsapupphaphalehi[1] vaḍḍhitvā nabhaṃ pūretvā[2] yāva kappāvasānaṃ bījaparamparāya rukkhapaveṇiṃ santānente ṭhite taṃ[3] paṭhavirasādi 'mūle eva[4] na khandhādisu, phale eva[4] na mūlādisū' ti na vattabbaṃ, kasmā: avisesena sabbesv eva mūlādisu anugatattā, e v a ṃ ; y a t h ā pana tass' eva[5] rukkhassa pupphaphalādisu nibbiṇṇo koci puriso catusu disāsu maṇḍūkakaṇṭakan nāma rukkhe visam payojeyya, atha so rukkho tena visasamphassena phuṭṭho paṭhavirasaāporasānaṃ pariyādinnattā[6] appasavadhammataṃ[7] āgamma puna santānaṃ nibbattetuṃ samattho na bhaveyya, e v a m evaṃ khandhappavattiyaṃ nibbiṇṇo kulaputto tassa purisassa catusu disāsu rukkhe visapayojanaṃ viya attano santāne catumaggabhāvanaṃ ārabhati, ath' assa so khandhasantāno tena catumaggavisasamphassena[8] sabbaso vaṭṭamūlakilesānaṃ pariyādinnattā[9] kiriyabhāvamattam upagatakāyakammādisabbakammappabhedo na āyati punabbhavābhinibbattanadhammataṃ[10] āgamma bhavantarasantānaṃ nibbattetuṃ samattho[11] hoti, kevalaṃ pana carimaviññāṇanirodhena nirindhano viya jātavedo anupādāno parinibbāti. Evam bhūmiyā bhūmiladdhassa ca nānattaṃ veditabbaṃ.

Api ca a p a r a m pi samudācārārammaṇādhiggahītāvikkhambhitāsamūhatavasena catubbidham uppannaṃ. Tattha vattamānuppannam eva s a m u d ā c ā r u p p a n n a ṃ; cakkhādīnaṃ pana āpāthagate ārammaṇe pubbabhāge anuppajjamānam pi kilesajātaṃ ārammaṇassa adhiggahītattā eva aparabhāge avassam uppattito ā r a m m a ṇ ā d h i g g a h ī t u p p a n n a n ti vuccati, Kalyāṇigāme[12] piṇḍāya

1 B^a °sākhapasākhapattapallava°. 2 B^a p h a r i t v ā.
3 S^kgn na. 4 B^a *ad.* vā. 5 B^a pan' etass' eva.
6 B^a °āporasapariyādiṇṇena; S^k °diṇṇattā.
7 B^a appavattanadhammataṃ. 8 B^a *om.* -visa-.
9 S^k °diṇṇattā.
10 B^a p u n a b b h a v ā b h i n i b b a t t i d h°, S^gn punabbhavādinibb°, S^k punabbhavānabhinibb°.
11 B^a *ad.* nāma na, *om.* na *before* āyati. 12 B^a Kalyāṇagāme.

carato Mahātissattherassa visabhāgarūpadassanena uppannakilesajātañ[1] c' ettha nidassanaṃ, tassa "uppannaṃ kāmavitakkan"* ti ādisu payogo daṭṭhabbo; samathavipassanānaṃ aññataravasena avikkhambhitaṃ kilesajātaṃ cittasantatiṃ anārūḷhaṃ pi uppattinivārakassa hetuno abhāvā a v i k k h a m b h i t u p p a n n a n nāma, taṃ "ayaṃ pi kho bhikkhave ānāpānasatisamādhi bhāvito bahulīkato santo c' eva paṇīto ca asecanako ca sukho ca vihāro, uppannuppanne ca pāpake akusale dhamme ṭhānaso antaradhāpetī"† ti ādisu daṭṭhabbaṃ; samathavipassanāvasena pana vikkhambhitaṃ pi kilesajātaṃ ariya maggena asamūhatattā uppattidhammataṃ anatītan ti katvā a s a m ū h a t u p p a n n a n ti vuccati, ākāsena gacchantassa aṭṭhasamāpattilābhino therassa kusumitarukkhe upavane pupphāni ocinantassa madhurassarena gāyato mātugāmassa gītassaraṃ sutavato uppannakilesajātañ c' ettha nidassanaṃ, tassa "ariyaṃ atthaṅgikaṃ maggaṃ . . . pe . . . bahulīkaronto uppannuppanne pāpake akusale dhamme antarā yeva antaradhāpetī"‡ ti ādisu payogo daṭṭhabbo. Tividhaṃ pi c' etaṃ ārammaṇādhiggahītāvikkhambhitāsamūhatuppannaṃ bhūmiladdhe yeva[2] saṅgahaṃ gacchatī ti veditabbaṃ.

Evaṃ etasmiṃ yathāvuttappabhede uppanne bhūmiladdhārammaṇādhiggahītāvikkhambhitāsamūhatuppannavasenâyaṃ kodho uppanno ti veditabbo, kasmā: evaṃvidhassa vinetabbato, evaṃvidhaṃ eva hi uppannaṃ yena kenaci vinayena vinetuṃ sakkā hoti; yaṃ pan' etaṃ vattamānabhutvāpagatokāsakatasamudācārasaṃkhātaṃ uppannaṃ, ettha aphalo ca asakyo ca vāyāmo: a p h a l o hi bhutvāpagate vāyāmo vāyāmaṃ antarenâpi tassa niruddhattā, tathā okāsakate, a s a k y o ca vattamānasamudācāruppanne saṃkilesavodānānaṃ[3] ekajjhaṃ anuppattito ti.

---

* A. II, 16^20. † S. V, 321^21. ‡ S. V, 51^2.

---

[1] B^a uppannaṃ kil°. [2] S^kgn °l a d d h e n ' e v a. [3] B^a *om.* saṃ-.

Vinetī ti* ettha pana

duvidho vinayo nāma[1], ekamek' ettha pañcadhā,
tesu aṭṭhavidhen' esa vinetī ti pavuccati.

Ayaṃ hi saṃvaravinayo pahānavinayo ti duvidho vinayo, ettha ca duvidhe[2] vinaye ekameko vinayo pañcadhā bhijjati: s a ṃ v a r a v i n a y o pi hi sīlasaṃvaro satisaṃvaro ñāṇasaṃvaro khantisaṃvaro viriyasaṃvaro ti pañcavidho, p a h ā n a v i n a y o pi tadaṅgappahānaṃ vikkhambhanappahānaṃ samucchedappahānaṃ paṭippassaddhippahānaṃ nissaraṇappahānan ti pañcavidho. Tattha "iminā pātimokkhasaṃvarena upeto hoti samupeto"† ti ādisu s ī l a s a ṃ v a r o, "rakkhati cakkhundriyaṃ cakkhundriye saṃvaraṃ āpajjatī"‡ ti ādisu s a t i s a ṃ v a r o,

"yāni sotāni lokasmiṃ, — Ajitā ti Bhagavā —
sati tesaṃ nivāraṇaṃ,
sotānaṃ saṃvaraṃ brūmi: paññāy' ete pithīyare"§ ti

ādisu ñ ā ṇ a s a ṃ v a r o, "khamo hoti sītassa uṇhassā"|| ti ādisu k h a n t i s a ṃ v a r o, "uppannaṃ kāmavitakkaṃ nâdhivāseti pajahati vinodetī"¶ ti ādisu v i r i y a - s a ṃ v a r o veditabbo. Sabbo pi câyaṃ saṃvaro yathāsakaṃ saṃvaritabbānaṃ vinetabbānañ ca kāyavacīduccaritādīnaṃ[3] saṃvaraṇato saṃvaro, vinayanato vinayo ti vuccati. Evaṃ tāva saṃvaravinayo pañcadhā bhijjatī ti veditabbo. Tathā, y a ṃ nāmarūpaparicchedādisu vipassanaṅgesu, yāva attano aparihānavasena pavatti, tāvad eva tena tena ñāṇena tassa tassa anatthasantānassa pahānaṃ, seyyathîdaṃ: nāmarūpavavatthānena sakkāyadiṭṭhiyā, pac-

* -9[29]. *Cf.* Ps. *ad* M. I, 1[10]. † Vibh. 246[12].
‡ D. III, 226[3], A. II, 16[9].
§ S.N. 1035. || M. I, 10[25].
¶ M. I, 11[11], D. III, 226[15], A. II, 16[20].

[1] B^a *ad.* saṃvaravinayo pahānavinayo ti.
[2] B^a Ps^k *ad.* pi.
[3] B^a °duccaritānaṃ.

cayapariggahena ahetuvisamahetudiṭṭhīnaṃ, tass' eva[1] aparabhāgena kaṃkhāvitaranena kathaṃkathībhāvassa, kalāpasammasanena 'aham, mamā' ti gāhassa, maggāmaggavavatthānena amagge maggasaññāya, udayadassanena ucchedadiṭṭhiyā, vayadassanena sassatadiṭṭhiyā, bhayadassanena sabhayesu abhayasaññāya, ādīnavadassanena assādasaññāya, nibbidānupassanena abhiratisaññāya, muñcitukamyatāñāṇena amuñcitukamyatāya, upekhāñāṇena anupekhāya, anulomena dhammaṭṭhitiyaṃ nibbāne ca[2] paṭilomabhāvassa gotrabhunā saṃkhāranimittagāhassa pahānam, e t a ṃ t a d a ṅ g a p p a h ā n a ṃ nāma. Y a m pana upacārappanābhedassa samādhino, yāva attano aparihāni pavatti ca[3], tāva tenâbhihatānaṃ nīvaraṇānaṃ yathāsakaṃ vitakkādipaccanīkadhammānañ ca anuppattisaṃkhātaṃ pahānam, e t a ṃ v i k k h a m b h a n a p p a h ā n a ṃ nāma. Y a m pana catunnaṃ ariyamaggānaṃ bhāvitattā taṃtaṃmaggavato attano santāne yathāsakaṃ "diṭṭhigatānaṃ pahānāyā"* ti ādinā nayena vuttassa samudayapakkhiyassa kilesagaṇassa puna accantaṃ appavattibhāvena samucchedasaṃkhātaṃ pahānam, i d a ṃ s a m u c c h e d a p p a h ā n a ṃ nāma. Yam pana phalakkhaṇe paṭippassaddhattaṃ kilesānaṃ, e t a ṃ p a ṭ i p p a s s a d d h i p p a h ā n a ṃ nāma. Yam pana sabbasaṃkhatanissaraṇattā[4] pahīnasabbasaṃkhataṃ nibbānam, e t a ṃ n i s s a r a ṇ a p p a h ā n a ṃ nāma. Sabbam pi c' etam pahānaṃ, yasmā cāgaṭṭhena[5] pahānaṃ vinayanaṭṭhena[6] vinayo, tasmā pahānavinayo ti vuccati; taṃtaṃpahānavato vā tassa tassa vinayassa sambhavato p' etaṃ pahānavinayo ti vuccati. Evam pahānavinayo pi pañcadhā bhijjatī ti veditabbo, ekamekassa[7] pañcadhā bhinnattā das' ete vinayā honti; tesu paṭippassaddhivinayaṃ nissaraṇavinayañ ca

* Vibh. 106[19], *etc.*

[1] B^a tato 'ssa va.
[2] B^a ṭṭhitiyā nibbānena ca.
[3] ca *deleted in* S^k, *omitted in* B^a.
[4] Ps^k °n i s s a ṭ a t t ā.
[5] Ps^k pahānaṭṭhena.
[6] S^n Ps vinayaṭṭhena.
[7] S^{kgn} evam ekassa.

ṭhapetvā avasesena aṭṭhavidhena vinayen' esa tena tena pariyāyena vinetī ti vuccati[1], kathaṃ: sīlasaṃvarena kāyavacīduccaritaṃ vinento pi hi taṃsampayuttaṃ kodhaṃ vineti, satipaññāsaṃvarehi abhijjhādomanassādīni vinento pi domanassasampayuttaṃ kodhaṃ vineti, khantisaṃvarena sītādīni khamanto pi taṃtaṃāghātavatthusambhavaṃ kodhaṃ vineti, viriyasaṃvarena vyāpādavitakkaṃ vinento pi taṃsampayuttaṃ kodhaṃ vineti, yehi dhammehi tadaṅgavikkhambhanasamucchedappahānāni honti, tesaṃ dhammānaṃ attani nibbattanena te te dhamme pajahanto pi tadaṅgappahātabb-ekaṭṭhaṃ vikkhambhitabbaṃ samucchinditabbañ ca kodhaṃ vineti. Kāmañ c' ettha pahānavinayena vinayo na sambhavati, yehi pana dhammehi pahānaṃ hoti, tehi vinento pi pariyāyato pahānavinayena vinetī ti vuccati. Paṭippassaddhippahānakāle pana vinetabbābhāvato, nissaraṇappahānassa ca anuppādetabbato na tehi kiñci vinetī ti vuccati; evaṃ tesu paṭippassaddhivinayaṃ nissaraṇavinayañ ca ṭhapetvā avasesena aṭṭhavidhena vinayen' esa tena tena pariyāyena vinetī ti vuccati. Y e v ā t e "pañc' ime bhikkhave āghātapaṭivinayā, yattha bhikkhuno uppanno āghāto sabbaso paṭivinetabbo, katame pañca: yasmiṃ bhikkhave puggale āghāto jāyetha, mettā tasmiṃ puggale bhāvetabbā, karuṇā . . . pe . . . [muditā], upekhā, asati amanasikāro tasmiṃ puggale āpajjitabbo, evaṃ tasmiṃ puggale āghāto paṭivinetabbo; kammassakatā eva vā tasmiṃ puggale adhiṭṭhātabbā: kammassako ayam āyasmā . . . pe . . . dāyādo bhavissatī"* ti evaṃ pañca āghātapaṭivinayā vuttā, y e v ā "pañc' ime āvuso āghātapaṭivinayā, yattha bhikkhuno uppanno āghāto sabbaso paṭivinetabbo, katame pañca: idhâvuso ekacco puggalo aparisuddhakāyasamācāro hoti, aparisuddhavacīsamācāro hoti[2], evarūpe pi āvuso puggale

* A. III, 185^{10}-186^{8}.

1 Skgn *here* (*and* Skgn Ba *at* 11³) pavuccati.

2 Ba *om.* hoti *and inserts here:* aparisuddhamanosamācāro aparisuddhakāyavacīsamācāro aparisuddhakāyavacīmanosamācāro.

āghāto paṭivinetabbo"* ti evamādinā pi nayena pañca āghātapaṭivinayā vuttā, t e s u yena kenaci āghātapaṭivinayena vinento p' esa vinetī ti vuccati. Api ca, y a s m ā "ubhatodaṇḍakena ce pi bhikkhave kakacena corā ocarakā aṅgamaṅgāni okkanteyyuṃ[1], tatrâpi yo manopadoseyya[1], na me so tena sāsanakaro"† ti evaṃ satthu ovādaṃ

"tass' eva tena pāpiyo, yo kuddhaṃ paṭikujjhati,
kuddhaṃ appaṭikujjhanto saṅgāmaṃ jeti dujjayaṃ;
ubhinnam atthañ carati attano ca parassa ca,
paraṃ saṃkupitaṃ ñatvā yo sato upasammati"‡

"satt' ime bhikkhave dhammā sapattakantā sapattakaraṇā kodhanaṃ āgacchanti itthiṃ vā purisaṃ vā, katame satta: idha bhikkhave sapatto sapattassa evaṃ icchati 'aho vatâyaṃ dubbaṇṇo assā' ti,—taṃ kissa hetu: na bhikkhave sapatto sapattassa vaṇṇavatāya nandati—; kodhanâyaṃ bhikkhave purisapuggalo kodhābhibhūto[2], kiñcâpi so hoti sunahāto suvilitto kappitakesamassu odātavatthavasano, atha kho so dubbaṇṇo va[3] hoti kodhābhibhūto; ayaṃ bhikkhave paṭhamo dhammo sapattakanto sapattakaraṇo kodhanaṃ āgacchati itthiṃ vā purisaṃ vā; puna ca paraṃ bhikkhave sapatto sapattassa evaṃ icchati 'aho vatâyaṃ dukkhaṃ sayeyyā' ti . . . pe . . . 'na pacurattho assā' ti, 'na bhogavā assā' ti, 'na yasavā assā' ti, 'na mittavā assā' ti, 'kāyassa bhedā param maraṇā apāyaṃ duggatiṃ vinipātaṃ nirayaṃ upapajjeyyā' ti,—taṃ kissa hetu: na hi bhikkhave sapatto sapattassa sugatigamanena nandati—; kodhanâyaṃ bhikkhave purisapuggalo kodhābhibhūto kodhapareto kāyena duccaritaṃ carati, vācāya . . . pe . . . manasā, so kāyena duccaritaṃ caritvā . . . [pe] . . . vācāya, manasā duccaritaṃ caritvā

* A. III, 186[15-22]. † M. I, 129[15]. ‡ S. I, 222[7, 10].

1 *So* Skgn Ba. 2 A. *ad.* kodhapareto.
3 A. ca (*vide* A. IV, 94[21]).

kāyassa bhedā paraṃ maraṇā . . . pe . . . nirayaṃ upapajjati kodhābhibhūto "* ti

"kuddho atthaṃ na jānāti, kuddho dhammaṃ na passati" . . . pe . . . †

"yena kodhena kuddhāse sattā gacchanti duggatiṃ,
taṃ kodhaṃ sammad aññāya pajahanti vipassino" ‡

"kodhaṃ jahe vippajaheyya mānaṃ
saññojanaṃ sabbam atikkameyya" . . . pe . . . §

"anatthajanano kodho, kodho cittappakopano" ||

"ekāparādhaṃ khama bhūripañña,
na paṇḍitā kodhabalā bhavantī" ¶ ti

evamādinā nayena kodhe ādīnavañ ca paccavekkhato pi kodho vinayaṃ upeti, t a s m ā evaṃ paccavekkhitvā paccavekkhitvā kodhaṃ vinento pi esa vinetī ti vuccati.

Kodhan ti "anattham me acarī ti āghāto jāyatī" ti ādinā nayena sutte** vuttānaṃ navannaṃ, 'attham me na carī' ti ādīnañ ca tappaṭipakkhato siddhānaṃ navannam evā ti aṭṭhārasannaṃ khāṇukaṇṭakādinā aṭṭhānena†† saddhiṃ ekūnavīsatiyā āghātavatthūnaṃ aññatarāghātavatthusambhavaṃ[1] āghātaṃ; *visatan* ti vitthataṃ; *sappavisan* ti sappassa visaṃ; ivā ti opammavacanaṃ i-kāralopaṃ katvā *va* icc eva vuttaṃ; *osadhehī* ti agadehi. Idaṃ vuttaṃ hoti: y a t h ā visatikicchako vejjo sappena daṭṭho sabbaṃ kāyaṃ pharitvā ṭhitaṃ visataṃ sappavisaṃ[2] mūlakkhandhatacapattapupphādīnaṃ aññatarehi nānābhesajjehi saṃyojetvā katehi osadhehi khippam eva vineyya, e v a m evaṃ, yo yathāvutten' atthena uppatitaṃ cittasantānaṃ vyāpetvā ṭhitaṃ kodhaṃ yathāvuttesu vinayanūpāyesu yena kenaci upāyena vineti nâdhivāseti pajahati vinodeti vyantikaroti, *so bhikkhu jahāti orapāraṃ*[3] so evaṃ kodhaṃ vinento bhikkhu, yasmā kodho tatiyamaggena sab-

* A. IV, 94³–96¹⁰. † A. IV, 96²². ‡ It. p. 2, *etc.*
§ Dhp. 221. || A. IV, 96²⁰. ¶ J. IV, 313²⁰.
** Vibh. 389 (*cf.* D. III, 262²⁵). †† Vibh 391²¹.

[1] Ba aññataraāgh°. [2] Sgn *ad.* taṃ sappavisaṃ.
[3] Ba *ad.* ti.

baso pahīyati, tasmā orapārasaññitāni pañc' orambhāgiyasaṃyojanāni jahātī ti veditabbo, avisesena hi pāran ti tīrassa nāmaṃ, tasmā orāni ca tāni saṃsārasāgarassa pārabhūtāni cā ti katvā orapāran ti vuccanti[1]; a t h a v ā, yo uppatitaṃ vineti kodhaṃ visataṃ sappavisaṃ va osadhehi, so tatiyamaggena sabbaso kodhaṃ vinetvā anāgāmiphale ṭhito bhikkhu jahāti orapāraṃ. Tattha oran ti sakattabhāvo, pāran ti parattabhāvo; oraṃ vā cha ajjhattikāyatanāni[2], pāraṃ cha bāhirāyatanāni; tathā oraṃ manussaloko pāraṃ devaloko, oraṃ kāmadhātu pāraṃ rūpārūpadhātu, oraṃ kāmarūpabhavo pāraṃ arūpabhavo, oraṃ attabhāvo pāraṃ attabhāvasukhūpakaraṇāni,—evam etasmiṃ orapāre catutthamaggena chandarāgaṃ pajahanto jahāti orapāran ti vuccati. Ettha ca, kiñcâpi anāgāmino kāmarāgassa pahīnattā idh' attabhāvādisu chandarāgo eva n' atthi, api ca kho pan' assa tatiyamaggādīnaṃ viya vaṇṇappakāsanatthaṃ sabbam etaṃ orapārabhedaṃ saṅgaṇhitvā tattha chandarāgappahānena jahāti orapāran ti vuttaṃ[3]. Idāni tass' atthassa vibhāvanatthāya upamaṃ āha: urago jiṇṇam iva tacaṃ purāṇan ti. Tattha urena gacchatī ti *urago*, sappass' etaṃ adhivacanaṃ, so duvidho: kāmarūpī ca akāmarūpī ca, kāmarūpī pi duvidho: jalajo thalajo ca, jalajo jale eva kāmarūpaṃ labhati na thale Saṃkhapālajātake[4] Saṃkhapālanāgarājā viya *, thalajo thale eva na jale; so jajjarabhāvena *jiṇṇaṃ* cirakālatāya *purāṇañ* cā ti saṃkhaṃ gataṃ *tacaṃ* jahanto catubbidhena jahāti: sajātiyaṃ ṭhito jigucchanto nissāya thāmenā ti. S a j ā t i nāma sappajāti dīghattabhāvo, uragā hi pañcasu ṭhānesu sajātin nâtivattanti: up(a)pattiyaṃ cutiyaṃ vissatthaniddokkamane sakajātiyā[5] methunapaṭisevane jiṇṇatacāpanayane cā ti,—yato[6], yadā tacaṃ jahāti, tadā sajātiyaṃ yeva ṭhatvā jahāti, sajātiyaṃ ṭhito pi ca jiguc-

* (J. A. V, 161-177.)

[1] Skgn vuccati. [2] Ba ajjhattikāni āyatanāni. [3] Ba vuccati.
[4] Ba *om.* [5] Ba visaṅkhāniddokkamanena samānajātiyā
[6] Ba sabbo hi(ɔ: sappo hi).

chanto jahāti. J i g u c c h a n t o nāma, yadā upaḍḍhaṭṭhāne mutto hoti upaḍḍhaṭṭhāne amutto olambati, tadā naṃ aṭṭiyanto jahāti, evaṃ jigucchanto pi ca daṇḍantaraṃ vā mūlantaraṃ vā pāsāṇantaraṃ vā nissāya jahāti. N i s s ā y a jahanto pi ca[1] t h ā m a ṃ janetvā ussāhaṃ karitvā viriyena vaṃkaṃ naṅguṭṭhaṃ katvā passasanto ca phaṇaṃ katvā[2] jahāti, evaṃ jahitvā yena-kāmaṃ pakkamati. Evam evaṃ ayam pi bhikkhu orapāraṃ jahitukāmo catubbidhena jahāti: sajātiyaṃ ṭhito jigucchanto nissāya thāmenā ti. S a j ā t i nāma bhikkhuno "ariyāya jātiyā jāto"* ti vacanato sīlaṃ, ten' eva câha[3] "sīle patiṭṭhāya naro sapañño"† ti, evam etissaṃ[4] sajātiyaṃ ṭhito bhikkhu taṃ sakattabhāvādibhedaṃ[5] orapāraṃ jiṇṇaṃ[6] purāṇatacam iva dukkhaṃ janentaṃ tattha tattha ādīnavadassanena j i g u c c h a n t o kalyāṇamitte n i s s ā y a adhimattaṃ sammāvāyāmasaṃkhātaṃ[7] t h ā m a ṃ janetvā "divasaṃ caṃkamena nisajjāya āvaraṇīyehi dhammehi cittaṃ parisodhetī"‡ ti vuttanayena rattindivaṃ chadhā vibhajitvā[8] ghaṭento vāyamanto urago viya vaṃkaṃ naṅguṭṭhaṃ pallaṃkaṃ ābhujitvā urago viya passasanto ayam pi asithilaparakkamatāya vāyamanto urago va phaṇaṃ karitvā ayam pi ñāṇavipphārañ janetvā urago va tacaṃ orapāraṃ jahāti, jahitvā ca urago viya jahitataco yena-kāmaṃ ayam pi ohitabhāro anupādisesanibbānadhātudisaṃ[9] pakkamatī ti. Tenâha Bhagavā:

yo[10] uppatitaṃ vineti kodhaṃ
visataṃ sappavisaṃ va osadhehi,
so bhikkhu jahāti orapāraṃ
urago jiṇṇam iva tacaṃ purāṇan ti.

---

* M. II, 103^{20}. † S. I, 13.
‡ A. I, 114^{11}.

---

1 B^a *ad.* tadā. 2 B^a karitvā (*cf.* 14^{21}). 3 B^a ten' evâha.
4 B^a evam eva so. 5 B^a sakattabhavādisu.
6 B^a jiṇṇa-. 7 B^a adhimattavāy°.
8 B^a cha ṭhānāni visajjetvā.
9 B^a *om.* -dhātu-. 10 S^{gn} *ad.* ve.

Evam esā Bhagavatā arahattanikūṭena paṭhamagāthā desitā ti.

Idāni dutiyagāthāya atthavaṇṇanākkamo anuppatto, tatrâpi (2.)

"yena yattha yadā yasmā vuttā gāthā ayaṃ, imaṃ
vidhiṃ pakāsayitvâssā karissām' atthavaṇṇanan" ti

ayam eva mātikā tato parañ ca sabbagāthāsu, ativitthārabhayena pana ito pabhuti mātikaṃ anikkhipitvā uppattidassananayen' eva tassā tassā atthaṃ[1] dassento atthavaṇṇanaṃ karissāmi, seyyathîdaṃ: yo rāgam udacchidā asesan ti ayaṃ dutiyagāthā, tass' uppatti:

*Ekaṃ samayaṃ Bhagavā Sāvatthiyaṃ viharati Jetavane Anāthapiṇḍikassa ārāme. Tena kho pana samayena āyasmato Sāriputtattherassa upaṭṭhāko aññataro suvaṇṇakāraputto therassa santike pabbajito. Thero tassa 'daharānaṃ asubhaṃ sappāyan' ti mantvā rāgavighātanattham[2] asubhakammaṭṭhānaṃ adāsi. Tassa tasmiṃ āsevanamattam pi cittaṃ na labhati; so "anupakāram mam' etan" ti therassa ārocesi. Thero 'daharānam etaṃ sappāyan' ti mantvā puna pi tad evâcikkhi[3]. Evaṃ cattāro māsā atītā; so kiñcimattam pi visesaṃ na labhati. Tato naṃ thero Bhagavato santikaṃ nesi[4]. Bhagavā "avisayo Sāriputta tuyh' etassa[5] sappāyaṃ jānituṃ, buddhaveneyyo eso" ti vatvā pabhassaravaṇṇaṃ padumaṃ iddhiyā nimminitvā tassa hatthe pādāsi[6]: "handa bhikkhu imaṃ vihārapacchāyāyaṃ[7] vālikāthale[8] nāḷena vijjhitvā ṭhapehi abhimukhañ c' assa pallaṃkena nisīda 'lohitaṃ, lohitan' ti āvajjento" ti. Ayaṃ kira pañca jātisatāni suvaṇṇakāro va ahosi, ten' assa 'lohitakanimittaṃ sappāyan' ti ñatvā Bhagavā lohitakammaṭṭhānaṃ adāsi. So tathā katvā muhutten' eva[9]

---

* Dhp. A. III, 425–428 (*ad* Dhp. 285).

---

1 Ba eva tass' atthaṃ. 2 Ba rāgavighātatthaṃ.
3 Ba tad etam āc°. 4 Ba Bh-to pi kathesi.
5 Sk tuyha tassa, Ba tumhehi tassa.
6 *So* Sk Ba; Sgn adāsi. 7 Sgn Ba °pacchāyaṃ.
8 Ba vālikatale. 9 Ba muhuttaṃ yeva.

yathākkamaṃ tattha cattāri pi jhānāni adhigantvā anulomapaṭilomādinā nayena jhānakīḷanaṃ[1] ārabhi. Atha Bhagavā 'taṃ padumaṃ milāyatū' ti adhiṭṭhāsi. So jhānā vuṭṭhito taṃ milātaṃ kāḷakavaṇṇaṃ[2] disvā 'pabhassararūpaṃ jarāya parimadditan' ti aniccasaññaṃ paṭilabhi, tato naṃ ajjhattam pi upasaṃhari, tato 'yad aniccaṃ, taṃ dukkhaṃ, yaṃ dukkhaṃ, tad anattā' ti tayo pi bhave āditte viya passi. Evaṃ passato c' assâvidūre padumasaro atthi; tattha dārakā orohitvā padumāni bhañjitvā bhañjitvā rāsiṃ karonti[3]. Tassa tāni udake padumāni naḷavane aggijālā viya khāyiṃsu, pattāni patantāni papātaṃ pavisantāni viya khāyiṃsu, thale nikkhittapadumānaṃ aggāni milātāni aggidaḍḍhāni viya khāyiṃsu; ath' assa tadanusārena sabbadhamme upanijjhāyato bhiyyosomattāya tayo bhavā ādittam iva agāraṃ appaṭisaraṇā hutvā upaṭṭhahiṃsu. Tato Bhagavā Gandhakuṭiyaṃ nisinno eva tassa bhikkhuno upari sarīrābhaṃ muñci, sā c' assa mukhaṃ yeva ajjhotthari; tato so 'kim etan' ti āvajjanto Bhagavantaṃ āgantvā samīpe ṭhitam iva disvā uṭṭhāyâsanā añjaliṃ paṇāmesi. Ath' assa Bhagavā sappāyaṃ viditvā dhammaṃ desento imaṃ obhāsagātham abhāsi: yo rāgam udacchidā asesan ti.

2. Tattha rañjanavasena *rāgo*, pañcakāmaguṇarāgass' etaṃ adhivacanaṃ; *udacchidā* ti ucchindati[4] bhañjati vināseti, atītakālikānam pi hi chandasi vattamānavacanaṃ akkharacintakā icchanti; *asesan* ti sānusayaṃ; *bhisapupphaṃ va saroruhan* ti sare virūḷhaṃ padumapupphaṃ viya; *vigayhā* ti ogayha, pavisitvā ti attho. Sesaṃ pubbasadisam eva. Kiṃ vuttaṃ hoti: yathā hi[5] nāma ete dārakā saraṃ oruyha bhisapupphaṃ saroruhaṃ chindanti, evam eva[6], yo bhikkhu imaṃ tedhātukalokasannivāsaṃ[7] ogayha "n' atthi rāgasamo aggi"*

---

* Dhp. 202.

---

[1] Ba jhānakīḷaṃ (Dhp. A. III, 427[13]).

[2] Sn Ba kāḷavaṇṇaṃ. [3] Ba rāsīkaronti.

[4] Sgn udacchindati, Ba ucchindi. [5] Ba *om.*

[6] Ba *ad.* jahāti. [7] Bn tedhātulokasannivesaṃ.

"kāmarāgena ḍayhāmi cittam me pariḍayhati"*
"ye rāgarattânupatanti sotaṃ
sayaṃkataṃ makkaṭako va jālaṃ"†
"ratto kho āvuso rāgena abhibhūto pariyādinnacitto pāṇam pi hantī"‡ ti evamādinayam anugantvā rāgādīnavapaccavekkhaṇena[1] yathāvuttappakārehi sīlasaṃvarādīhi saṃvarehi saviññāṇakāviññāṇakesu vatthusu asubhasaññāya ca thokathokam[2] rāgaṃ ucchindanto anāgāmimaggena avasesaṃ, arahattamaggena ca tato avasesam pi ucchindati, pubbe vuttappakāren' eva so bhikkhu jahāti orapāraṃ urago jiṇṇam iva tacaṃ purāṇan ti. Evam esā Bhagavatā arahattanikūṭena gāthā desitā; desanāpariyosāne ca so bhikkhu arahatte patiṭṭhito ti[3].

Yo taṇham udacchidā ti kā uppatti: [4]Bhagavā Sāvatthi- 3.
yaṃ viharati, aññataro bhikkhu Gaggarāya pokkharaṇiyā tīre viharanto taṇhāvasena akusalavitakkaṃ vitakkesi[5]. Bhagavā tass' ajjhāsayaṃ viditvā imaṃ obhāsagātham abhāsi. Tattha tasatī ti *taṇhā*, visayehi tittin na upetī ti attho, kāmabhavavibhavataṇhānam etaṃ adhivacanaṃ; *saritan* ti gataṃ pavattaṃ, yāva bhavaggā ajjhottharitvā ṭhitan ti vuttaṃ hoti; *sīghasaran* ti sīghagāminiṃ, sandiṭṭhikasamparāyikaṃ ādīnavam agaṇayitvā muhutten' eva paracakkavāḷam pi bhavaggam pi sampāpuṇituṃ samatthan ti vuttaṃ hoti; evam etaṃ saritaṃ sīghasaraṃ sabbappakāram pi taṇhaṃ
"upari visālaṃ duppūraṃ icchaṃ visaṭagāminiṃ
ye ca[6] taṃ anugijjhanti, te honti cakkadhārino"§ ti ca[7]
"taṇhādutiyo puriso dīgham addhāna saṃsaraṃ
itthabhāvaññathābhāvaṃ saṃsāraṃ nâtivattatī"‖ ti ca.

* S. I, 188[14]. † Dhp. 347. ‡ *Cf.* A. I, 216[5].
§ J. III, 207[17], IV, 4[25]. ‖ S.N. 740.

[1] Ba r ā g e ādīnavaṃ p°.
[2] Ba t h o k a ṃ t h o k a ṃ (*so* Skgn Ba *at* 18[3]).
[3] Ba patiṭṭhāsī ti.
[4] Ba *ins.* so.
[5] Ba °vasen' eva akusalaṃ vitakketi.
[6] Skgn *om.* ca.
[7] Ba *om.* ti ca.

"ūno loko atitto taṇhādāso ti kho mahārājā"* ti ca evaṃ ādīnavapaccavekkhaṇena vuttappakārehi sīlasaṃvarādīhi ca yo thokathokaṃ *visosayitvā* arahattamaggena asesaṃ ucchindati, so bhikkhu tasmiṃ yeva khaṇe sabbappakāram pi jahāti orapāran ti. Desanāpariyosāne so bhikkhu arahatte patiṭṭhito ti.

4. Yo mānam udabbadhī ti kā uppatti: Bhagavā Sāvatthiyaṃ viharati, aññataro bhikkhu Gaṅgātīre viharanto gimhakāle appodake sote[1] kataṃ naḷasetuṃ pacchā āgatena mahoghena vuyhamānaṃ disvā 'aniccā saṃkhārā' ti saṃviggo[2] aṭṭhāsi. Tass' ajjhāsayaṃ[3] viditvā Bhagavā imaṃ obhāsagātham abhāsi. Tattha *māno* ti jātiādivatthuko cetaso uṇṇamo, so 'seyyo 'ham asmī' ti māno 'sadiso 'ham asmī' ti māno 'hīno 'ham asmī' ti māno ti[4] evan tividho hoti; puna "seyyassa 'seyyo 'ham asmī' ti, seyyassa 'sadiso', seyyassa 'hīno', sadisassa 'seyyo', sadisassa 'sadiso', sadisassa 'hīno', hīnassa 'seyyo', hīnassa 'sadiso', hīnassa 'hīno 'ham asmī' ti māno"† ti evaṃ navavidho hoti; taṃ sabbappakāram pi mānaṃ

"yena mānena mattāse sattā gacchanti duggatin"‡ ti

ādinā nayena tattha ādīnavapaccavekkhaṇena vuttappakārehi sīlasaṃvarādīhi ca yo thokathokaṃ vaḍhento[5] kilesānaṃ abaladubbalattā naḷasetusadisaṃ[6] lokuttaradhammānaṃ atibalattā mahoghasadisena[7] arahattamaggena *asesaṃ udabbadhi*, anavasesappahānavasena ucchindanto vadhetī ti vuttaṃ hoti, so bhikkhu tasmiṃ yeva khaṇe sabbappakāram pi jahāti orapāran ti. Desanāpariyosāne so bhikkhu arahatte patiṭṭhito ti.

(5–17). Yo nâjjhagamā ti kā uppatti. Imissā gāthāya ito parānaṃ dvādasannañ ca ekā yeva uppatti: Ekaṃ samayaṃ Bhagavā Sāvatthiyaṃ viharati. Tena kho pana samayena

* M. II, 68[29]. † Vibh. 389–390. ‡ It. p. 3[20].

1 Ba sobbhe. 2 Ba anicco saṃkhāro ti saṃviggajāto.
3 Ba Tassa ajjh°. 4 Ba *om.*
5 Ba yo thokaṃ vaḍhanto. 6 Sgn °saṃna; Sk °sānaṃ.
7 Sgn °sadiso.

aññataro brāhmaṇo attano dhītāya[1] vāreyye[2] paccupaṭṭhite cintesi: 'kenaci vasalena aparibhuttapubbehi pupphehi dārikaṃ alaṃkaritvā patikulaṃ pesessāmī' ti. So santarabāhiraṃ[3] Sāvatthiṃ[4] vicinanto[5] kiñci tiṇapuppham pi aparibhuttapubbaṃ nâddasa; atha sambahule dhuttakajātike[6] brāhmaṇadārake sannipatite disvā 'ete pucchissāmi, avassaṃ sambahulesu koci jānissatī' ti mantvā pucchi. Te taṃ brāhmaṇaṃ uppaṇḍentā āhaṃsu: "udumbarapupphaṃ nāma brāhmaṇa loke na kenaci paribhuttapubbaṃ[7], tena dhitaraṃ[8] alaṃkaritvā dehī" ti. So dutiyadivase kālass' eva vuṭṭhāya bhattavissaggaṃ katvā Aciravatiyā nadiyā tīre udumbaravanaṃ gantvā ekam ekaṃ rukkhaṃ vicinanto pupphassa vaṇṭamattam pi nâddasa; atha vītivatte majjhantike dutiyaṃ tīraṃ[9] agamāsi, tatra ca aññataro bhikkhu aññatarasmiṃ manuññe rukkhamūle divāvihāraṃ nisinno kammaṭṭhānaṃ manasikaroti. So tattha upasaṃkamitvā amanasikaritvā bhikkhuṃ[10] sakiṃ nisīditvā sakiṃ ukkuṭiko hutvā sakiṃ ṭhatvā taṃ rukkhaṃ sabbasākhāviṭapapattantaresu vicinanto kilamati. Tato naṃ so bhikkhu āha: "brāhmaṇa kiṃ maggasī" ti. "Udumbarapupphaṃ bho" ti. "Udumbarapupphaṃ nāma brāhmaṇa loke n' atthi, musā etaṃ vacanaṃ, mā kilamā" ti. Atha Bhagavā tassa bhikkhuno ajjhāsayaṃ viditvā obhāsaṃ muñcitvā samuppannasamannāhārabahumānassa imā obhāsagāthāyo abhāsi: yo nâjjhagamā bhavesu sāran ti sabbā vattabbā.

Tattha paṭhamagāthāya tāva *nâjjhagamā* ti nâdhigañchi 5.
nâdhigacchati vā* ; *bhavesū* ti kāmarūpārūpa-saññīasaññīnevasaññīnāsaññī-ekavokāracatuvokārapañcavokārabhavesu; *sāran* ti niccabhāvaṃ attabhāvaṃ vā; *vicinan* ti paññāya gavesanto; *puppham iva udumbaresū* ti yathā udumbara-

* (*Sec* 16[24]).

[1] S^kgn dhītuyā.
[2] S^kgn vāreyya, B^a vāraye.
[3] B^a antarabāhiraṃ.
[4] S^kgn Sāvatthiyaṃ
[5] S^k viharanto.
[6] B^a dhuttakajātiye.
[7] B^a loke kenaci aparibh°.
[8] B^a dhītuṃ.
[9] B^a dutiyatīraṃ.
[10] B^a *om.*

rukkhesu puppham vicinanto esa brāhmaṇo nâjjhagamā, evaṃ, yo yogāvacaro pi paññāya vicinanto sabbabhavesu kiñci sāraṃ nâjjhagamā, so asārakattena te dhamme aniccato anattato ca vipassanto anupubbena lokuttaramagge[1] adhigacchanto jahāti orapāraṃ urago jiṇṇam iva tacaṃ purāṇan ti ayam attho yojanā ca[2]. Avasesagāthāsu pana yojanaṃ avatvā[3] visesatthamattam eva vakkhāma.

6 Yass' antarato na santi kopā itibhavābhavatañ ca vītivatto ti ettha tāva ayaṃ **antara*-saddo

> " nadītīresu panthāne[4] sabhāsu rathiyāsu ca[5]
> janā saṅgamma mantenti: mañ ca tañ ca kim antaraṃ "†

" appamattakena visesādhigamena[6] antarā vosānam āpādi "‡

> " anatthajanano kodho, kodho cittappakopano,
> bhayam antarato jātaṃ, taṃ jano nâvabujjhatī "§

ti evaṃ kāraṇa-vemajjha-cittādisu sambahulesu atthesu dissati, idha pana citte; *yass' antarato na santi kopā* ti, tatiyamaggena samūhatattā yassa citte na santi kopā ti attho; y a s m ā pana[7] 'bhavo ti sampatti, vibhavo ti vipatti', tathā bhavo ti vuddhi vibhavo ti hāni, bhavo ti sassato[8] vibhavo ti ucchedo, bhavo ti puññaṃ vibhavo ti pāpaṃ, [9]vibhavo ti abhavo ti ca atthato[9] ekam eva, t a s m ā *itibhavābhavatañ ca vītivatto* ti ettha, y ā e s ā sampattivipatti-vuddhihānisassatuccheda-puññapāpavasena itianekappakārā bhavābhavatā vuccati, catuhi pi[10] maggehi yathāsambhavaṃ tena tena nayena t a ṃ itibhavābhavatañ ca vītivatto ti evam attho ñātabbo.

---

* *Cf.* Sum. I, 34.
† S. I, 201²² (S¹·³ santhāne; B. saṇṭhāne).
‡ *Cf.* A. V, 157¹¹. § A. IV, 96²⁰.

---

1 Ba l o k u t t a r a d h a m m e .
2 Skgn yojanā ya; Ba ayam ettha yojanā.
3 Ba akatvā. 4 Ba saṇṭhāne. 5 Ba rathikāsu ca.
6 Skgn avises°. 7 Ba *om.* 8 Ba sassataṃ.
9–9 Ba 'vibhavo, abhavo' ti atthato (*cf.* Pj. I, 154²³).
10 Ba *om.*

Yassa vitakkā ti ettha pana *yassa* bhikkhuno tayo kāma- 7.
vyāpādavihiṃsāvitakkā tayo ñātijanapadāmaravitakkā tayo
parānuddayatāpaṭisaṃyutta - lābhasakkārasilokaanavaññatti-
paṭisaṃyuttavitakkā ti ete nava *vitakkā* Samantabhadrake*
vuttanayena tattha tattha ādīnavaṃ paccavekkhitvā paṭi-
pakkhavavatthānena tassa tassa pahānasamatthehi tīhi
heṭṭhimamaggehi ca *vidhūpitā* bhusaṃ dhūpitā santāpitā,
daḍḍhā ti attho, evaṃ vidhūpetvā ca *ajjhattaṃ suvikappitā*
asesā[1] niyakajjhattabhūte† attano khandhasantāne ajjhat-
tajjhattabhūte citte ca, yathā na puna sambhavanti, evaṃ
arahattamaggena asesā chinnā, chinnaṃ hi kappitan ti
vuccati, yathâha "kappitakesamassū" ‡ ti evam [ettha] attho
daṭṭhabbo.

Idāni yo nâccasārī ti[2] ettha *yo nâccasārī* ti yo nâtidhāvi, 8.
na paccasārī ti na ohiyyi, kiṃ vuttaṃ hoti: accāraddha-
viriyena hi uddhacce[3] patanto accāsarati, atisithilena ko-
sajje[4] patanto paccāsarati, tathā bhavataṇhāya attānaṃ
kilamento[5] accāsarati kāmataṇhāya kāmasukham anuyuñ-
janto paccāsarati, sassataditthiyā accāsarati. ucchedadiṭ-
ṭhiyā paccāsarati, atītaṃ anusocanto accāsarati anāgataṃ
paṭikaṃkhanto paccāsarati, pubbantānudiṭṭhiyā accāsarati
aparantānudiṭṭhiyā paccāsarati, tasmā yo ete ubho ante
vajjetvā majjhimaṃ paṭipadaṃ paṭipajjanto nâccasārī na
paccasārī ti eva[ṃ] vuttaṃ hoti; *sabbaṃ accagamā imaṃ*
papañcan ti tāya ca pana arahattamaggavosānāya majjhimāya
paṭipadāya sabbaṃ imaṃ vedanāsaññāvitakkappabhavaṃ
taṇhādiṭṭhimānasaṃkhātaṃ[6] tividham pi papañcaṃ acca-
gamā, atikkanto samatikkanto ti attho. Tadanantaragāthāya 9.
pana "sabbaṃ vitathaṃ idan ti ñatvā loke" ti ayam
eva viseso. Tass' attho: *sabban* ti anavasesaṃ saka-

* *Cf.* Vibh. 356; *see* 25 *note* ‡, *and* Pj. *ad* S.N. 270.
† *Cf.* Asl. 169[9]; Sum. I, 183[1]. ‡ J. VI, 268[27].

[1] Skgn *ad.* ti. [2] Ba n' acca° *throughout.* [3] Ba *ad.* va.
[4] Sgn kosajjena; Ba kosajjena (?) < kosajje.
[5] Ba kilamanto.
[6] Ba taṇhāmānadiṭṭhis° (*cf.* 23[5]).

lam, anūnan ti vuttaṃ hoti, evaṃ sante pi pana vipassanūpagaṃ lokiyakhandhāyatanadhātuppabhedaṃ saṃkhatam eva idhâdhippetaṃ; *vitathan* ti vigatatathabhāvaṃ, 'niccan' ti vā 'sukhan' ti vā 'subhan' ti vā[1] 'attā' ti vā yathā yathā kilesavasena bālajanehi gayhati, tathātathābhāvato[2] vitathan ti vuttaṃ hoti; *idan* ti tam eva sabbaṃ paccakkhabhāvena dassento āha; *ñatvā* ti maggapaññāya jānitvā, tañ ca panâsammohato[3] na visayato; *loke* ti okāsaloke; sabbaṃ khandhādibhedaṃ dhammajātaṃ vitatham idan ti ñatvā ti sambandho.

10–13. Idāni ito parāsu catusu gāthāsu "vītalobho, vītarāgo, vītadoso, vītamoho" ti ete visesā. Tattha lubbhanavasena *lobho,* sabbasaṅgāhikam etaṃ paṭhamassa akusalamūlassa adhivacanaṃ visamalobhassa vā, yo so "app ekadā bho Bhāradvāja mātimattīsu pi lobhadhammo uppajjati, bhaginimattīsu pi, dhītumattīsu pi lobhadhammo uppajjatī"* ti evaṃ vutto; rañjanavasena *rāgo,* pañcakāmaguṇarāgass' etam adhivacanaṃ; dussanavasena *doso,* pubbe vuttakodhass' etaṃ adhivacanaṃ; muyhanavasena *moho,* catusu ariyasaccesu aññāṇass' etaṃ adhivacanaṃ. Tattha, yasmā ayaṃ bhikkhu lobhaṃ jigucchanto vipassanam ārabhi 'kudâssu nāmâhaṃ lobhaṃ vinetvā vigatalobho vihareyyan' ti, tasmā tassa lobhappahānūpāyaṃ sabbasaṃkhārānaṃ vitathabhāvadassanaṃ lobhappahānānisaṃsañ ca orapārappahānaṃ dassento imaṃ gātham āha. Esa nayo ito[4] parāsu pi; k e c i panâhu: "yathāvutten' eva nayena te te dhamme[5] jigucchitvā vipassanam āraddhassa

---

* S. IV, 111[7] Lolaṃ kho (bho) Bhāradvāja cittaṃ, app ekadā mātumattīsu pi lobhadhammā uppajjanti, bhaginīmattīsu pi l. u., bhaginīmattīsu (!) pi l. u.

---

[1] B^a *om.* subhan ti vā.

[2] (ɔ: tathā-tathā-abhāvato); S^kgn tathābhāvato.

[3] B^a pana asaṃmohato ca; S^gn B^a *om.* na visayato.

[4] B^a tato.

[5] ?; S^kgn ye te dhammehi; B^a ete dhamme (jigucchitvā vipassanāraddhassa bhikkhuno).

tassa tassa bhikkhuno ekamekā va[1] ettha gāthā vuttā" ti; yaṃ ruccati, taṃ gahetabbaṃ.

Esa nayo ito parāsu[2] catusu gāthāsu, ayaṃ pan' ettha 14.
atthavaṇṇanā: appahīnaṭṭhena santāne anusentī ti *anusayā*, kāmarāgapaṭighamānadiṭṭhivicikicchābhavarāgāvijjānaṃ* etaṃ adhivacanaṃ; sampayuttadhammānaṃ attano ākārānuvidhānaṭṭhena[3] *mūlā*, akkhemaṭṭhena *akusalā*, tampatiṭṭhābhūtā[4] ti pi mūlā sāvajjadukkhavipākaṭṭhena[5] akusalā, ubhayam p' etaṃ lobhadosamohānaṃ adhivacanaṃ, te hi "lobho bhikkhave akusalañ ca akusalamūlañ cā"† ti ādinā nayena evaṃ niddiṭṭhā. Evam ete anusayā tena tena maggena pahīnattā *yassa keci na santi*, ete ca akusalamūlā tath' eva *samūhatāse*, samūhatā icc eva attho, paccattabahuvacanassa hi

sa-kārāgamaṃ icchanti saddalakkhaṇakovidā,

aṭṭhakathācariyā pana "se ti nipāto" ti vaṇṇayanti; yaṃ ruccati, taṃ gahetabbaṃ. Ettha pana, kiñcâpi so evaṃvidho bhikkhu khīṇāsavo[6] hoti[7], khīṇāsavo ca "n' eva ādiyati na pajahati, pajahitvā ṭhito" ti vutto, tathā pi vattamānasamīpe vattamānavacanalakkhaṇena‡ jahāti orapāran ti vuccati, atha vā anupādisesāya[8] nibbānadhātuyā parinibbāyanto attano ajjhattikabāhirāyatanasaṃkhātaṃ jahāti orapāran ti veditabbo. Tattha kilesapaṭipāṭiyā maggapaṭipāṭiyā cā ti dvidhā[9] anusayānaṃ abhāvo veditabbo, k i l e s a p a ṭ i p ā ṭ i y ā hi kāmarāgānusayapaṭighānusayānaṃ tatiyamaggena abhāvo hoti, mānānusayassa catutthamaggena, diṭṭhānusayavicikicchānusayānaṃ paṭhamamaggena, bhavarāgānusayāvijjānusayānañ catutthamaggen' eva; m a g g a-

---

* (D. III, 254[9], *etc.*) †
‡ Pāṇ. III. 3, 131.

---

[1] Skgn ca. [2] Ba *ad.* v i d h ā n a t t h e n a (Pj. I, 216[19]?).
[3] Ba ākāranuvattanatthena.
[4] Ba akusalānaṃ dhammānaṃ *in lieu of* taṃ-.
[5] Skgn °dukkhamūḷavipāk°.
[6] Ba *ad.* ca. [7] Skgn *ad.* ti. [8] Skgn Ba *ad.* ca.
[9] Sk < vidhā; Sgn duvidhā; Ba duvidho.

paṭipāṭiyā pana paṭhamamaggena diṭṭhānusayavicikicchā-
nusayānaṃ abhāvo hoti, dutiyamaggena kāmarāgānusaya-
paṭighānusayānaṃ patanubhāvo[1] tatiyamaggena sabbaso
abhāvo, catutthamaggena mānānusayabhavarāgānusaya-
avijjānusayānaṃ abhāvo hoti. Tattha, yasmā na[2]
sabbe anusayā akusalamūlā, kāmarāgabhavarāgānusayā eva
hi lobhākusalamūlena saṅgahaṃ gacchanti, paṭighānusa-
yâvijjānusayā ca 'doso akusalamūlaṃ, moho akusalamū-
lam' icc eva saṃkhaṃ gacchanti, diṭṭhimānavicikicchānu-
sayā pana na kiñci akusalamūlaṃ[3] honti, yasmā vā
anusayābhāvavasena akusalamūlasamugghātavasena ca ki-
lesappahānaṃ patthesi, tasmā yassa anusayā na santi
15. keci mūlā akusalā samūhatāse iti Bhagavā āha. Yassa
darathajā ti ettha [4]pana paṭhamuppannā[4] paṭhamuppannā
kilesā pariḷāhaṭṭhena darathā nāma, aparāparuppannā tehi
darathehi jātattā *darathajā* nāma; *oran* ti sakkāyo nāma[5]
vuccati, yathâha: "oriman tīran ti kho bhikkhu sakkāyass'
etaṃ adhivacanan"* ti; *āgamanāyā* ti uppattiyā; *pacca-
yāse* ti paccayā eva. Kiṃ vuttaṃ hoti: yassa pana upā-
dānakkhandhagahaṇāya paccayabhūtā[6] ariyamaggena pa-
hīnattā keci darathajavevacanā kilesā na santi, pubbe
16. vuttanayen' eva so bhikkhu jahāti orapāraṃ. Yassa vana-
thajā ti etthâpi darathajā viya vanathajā veditabbā, va-
canatthe[7] pana ayaṃ viseso: vanute vanotī ti vā vanaṃ†,
yācati[8] bhajatī ti attho, taṇhāy' etaṃ adhivacanaṃ, sā hi
visayānaṃ patthanato sevanato ca[5] vanan ti vuccati; taṃ-
pariyuṭṭhānavasena vanaṃ tanotī[9] ti vanatho, taṇhānu-
sayass' etaṃ adhivacanaṃ, vanathā jātā *vanathajā;*
keci panâhu: "sabbe pi kilesā gahanaṭṭhena vanatho
ti vuccanti, aparāparuppannā pana vanathajā" ti,—ayam

* *Cf.* S. IV, 175[14]. † *Cf.* Pj. I, 111[21].

1 Sgn tanubhāvo; Ba < tanubhāvo (*cf.* 26[4]).
2 Ba pana, *ins.* na *before* akusalamūlā.
3 Ba °mūlā. 4—4 Ba *om.* 5 Ba *om.*
6 Ba °gahaṇapaccayabhūtā. 7 Ba vacanatthato.
8 Ba sāvanati. 9 Sgn thanotī.

eva c' ettha Uragasutte attho adhippeto, itaro pana Dham-
mapadagāthāyam*; *vinibandhāya bhavāyā* ti bhavaniban-
dhāya[1], atha vā cittassa ca visayesu vinibandhāya āyatiṃ
uppattiyā[2] cā ti attho; hetū[3] yeva *hetukappā*. Yo nīva- 17.
raṇe ti ettha *nīvaraṇā* ti[4] cittaṃ hitapaṭipattiṃ vā[5] nīva-
rantī ti nīvaraṇā[6], paṭicchādentī ti attho; *pahāyā* ti chaḍ-
ḍetvā; *pañcā* ti tesaṃ saṃkhāparicchedo; īghābhāvato
anīgho; †kathaṃkathāya tiṇṇattā *tiṇṇakathaṃkatho*, viga-
tasallattā *visallo*. Kiṃ vuttaṃ hoti: yo bhikkhu kāmac-
chandādīni[7] pañca nīvaraṇāni[8] Samantabhadrake ‡ vut-
tanayena sāmaññato visesato ca nīvaraṇesu ādīnavaṃ
disvā tena tena maggena pahāya tesañ ca pahīnattā eva
kilesadukkhasaṃkhātassa īghassa abhāvena anīgho ahosi,
'nanu kho ahaṃ atītam addhānan' ti ādinā nayena pa-
vattāya kathaṃkathāya tiṇṇattā tiṇṇakathaṃkatho, tattha
"katame pañca sallā: rāgasallo dosasallo mohasallo mā-
nasallo diṭṭhisallo"§ ti vuttānaṃ[9] pañcannaṃ sallānaṃ
vigatattā visallo, so bhikkhu pubbe vuttanayen' eva ja-
hāti orapāran ti. Atrâpi[10] ca kilesapaṭipāṭiyā maggapaṭi-
pāṭiyā cā ti dvidhā eva nīvaraṇappahānaṃ veditabbaṃ.
kilesapaṭipāṭiyā hi kāmacchandanīvaraṇassa vyā-
pādanīvaraṇassa ca tatiyamaggena pahānaṃ hoti, thīna-
middhanīvaraṇassa uddhaccanīvaraṇassa ca catutthamag-
gena, "akataṃ vata me kusalan"|| ti ādinā nayena pavat-
tassa vippaṭisārasaṃkhātassa kukkuccanīvaraṇassa[11] vici-

* *See* Dhp A. III, 424[10].
† Pj. II, 162[23].
‡ *Cf.* D. III, 234[13], Vibh. 378.
§ Vibh. 377.
|| A. II, 174[19] (Asl. 383[29]).

1 Ba bhavanibandhanāya.
2 Skgn uppattiyañ.
3 Skgn Ba hetu.
4 Skgn Ba nivāraṇanti.
5 Ba citta tappanti cā ti.
6 Ba nivāraṇāni, *ad.* nivāraṇantī ti.
7 Ba °ādīnaṃ; Sk > °ādīnaṃ.
8 Skn Ba °ṇānaṃ.
9 Skgn pavuttānaṃ.
10 Sg athâpi, Sn atāpi, Ba tatrâpi, *om.* ca.
11 Skgn kukkuccassa.

kicchānīvaraṇassa ca paṭhamamaggena; maggapaṭipāṭiyā pana kukkuccanīvaraṇassa vicikicchānīvaraṇassa ca paṭhamamaggena pahānaṃ hoti, kāmacchandanīvaraṇassa vyāpādanīvaraṇassa ca dutiyamaggena patanubhāvo[1] hoti tatiyena anavasesappahānaṃ, thīnamiddhanīvaraṇassa uddhaccanīvaraṇassa ca catutthamaggena pahānaṃ hotī ti. Evaṃ "yo nīvaraṇe pahāya pañca anīgho tiṇṇakathaṃkatho visallo, so bhikkhu jahāti orapāraṃ urago jiṇṇam iva tacaṃ purāṇan" ti arahattanikūṭen' eva Bhagavā desanaṃ niṭṭhapesi[2]; desanāpariyosāne so bhikkhu arahatte patiṭṭhito. [3]Ekacce "yena[3] nayena [4]tesaṃ bhikkhūnaṃ yā gāthā desitā, tena tena[4] tassā tassā gāthāya pariyosāne so so bhikkhu arahatte patiṭṭhito" ti vadanti[5].

PARAMATTHAJOTIKĀYA KHUDDAKAṬṬHAKATHĀYA URAGA-SUTTAVAṆṆANĀ NIṬṬHITĀ.

2.

(18). Pakkodano ti Dhaniyasuttaṃ. Kā uppatti: Bhagavā Sāvatthiyaṃ viharati. Tena samayena Dhaniyo gopo Mahītīre paṭivasati. Tassa pubbayogo: Kassapassa bhagavato pāvacane dippamāne vīsati vassasahassāni divase divase saṃghassa vīsati salākabhattāni adāsi. So tato cuto devesu uppanno eva[6] devaloke ekaṃ buddhantaraṃ khepetvā amhākaṃ Bhagavato kāle,—Videharaṭṭhamajjhe Pabbataraṭṭhaṃ nāma atthi, tattha Dhammakoṇḍaṃ nāma nagaraṃ, tasmiṃ nagare seṭṭhiputto hutvā abhinibbatto. So goyūthaṃ nissāya jīvati; tassa tiṃsamattāni gosahassāni honti, sattavīsatisahassā gāvo khīraṃ duyhanti[7]. Gopā nāma nibaddhavāsino na honti, vassike cattāro māse thale vasanti, avasesa-aṭṭhamāse[8], yattha tiṇodakaṃ sukhaṃ labbhati, tattha vasanti, tañ ca nadītīraṃ vā jātassaratīraṃ vā hoti. Athâyam pi vassakāle attanā vasitagāmato nik-

1 Sgn Ba *om.* pa-. 2 Ba samādapesi (ɔ: samāpesi).
3—3 *So* Ba (< ekacciyena); Skgn ekacciyena. 4—4 Skgn *om.*
5 *So* Ba (vadanti *in the margin*); Skgn *om.* vadanti.
6 Ba evaṃ. 7 Ba duhanti. 8 Ba avasesāṭṭhamāse.

khamitvā gunnaṃ phāsuvihāratthāya okāsaṃ gavesanto, Mahāmahī bhijjitvā ekato Kāḷamahī ekato Mahāmahī cc eva saṃkhaṃ gantvā[1] sandamānā puna samuddasamīpe samāgantvā pavattā yaṃ okāsaṃ antaradīpaṃ akāsi, taṃ pavisitvā vacchānaṃ sālaṃ attano ca nivesanaṃ māpetvā vāsaṃ kappesi[2]. Tassa satta puttā satta dhītaro satta suṇisā aneke ca kammakarā[3] honti. Gopā nāma vassanimittaṃ jānanti: yadā sakuṇakā[4] kulāvakāni rukkhagge karonti, kakkaṭakā udakasamīpe dvāraṃ pidahitvā thalasamīpadvārena[5] valañjenti, tadā 'suvuṭṭhikā bhavissatī' ti gaṇhanti; yadā pana sakuṇakā kulāvakāni nīcaṭṭhāne udakapiṭṭhe karonti, kakkaṭakā thalasamīpe dvāraṃ pidahitvā udakasamīpadvārena[5] valañjenti, tadā 'dubbuṭṭhikā bhavissatī' ti gaṇhanti. Atha[6] so Dhaniyo suvuṭṭhikanimitte[7] upalakkhetvā upakaṭṭhe vassakāle antaradīpā nikkhamitvā Mahāmahiyā paratīre sattasattāham pi deve vassante udakena anajjhottharaṇokāse attano vasanokāsaṃ katvā samantā parikkhipitvā vacchasālāyo māpetvā tattha nivāsaṃ kappesi. Ath' assa[8] dārutiṇādisaṅgahe kate sabbesu puttadāsakammakaraporisesu samāniyesu jātesu nānappakāre khajjabhojje paṭiyatte samantā catuddisā meghamaṇḍalāni uṭṭhahiṃsu. So dhenuyo duhāpetvā vacchasālāsu vacche bandhāpetvā[9] gunnaṃ catuddisā dhūmaṃ kārāpetvā sabbaparijanaṃ bhojāpetvā sabbakiccāni kārāpetvā tattha tattha dīpe ujjalāpetvā sayaṃ khīrena bhattaṃ bhuñjitvā mahāsayane attano[10] sirisampattiṃ disvā tuṭṭhacitto hutvā aparadisāya meghatthanitasaddaṃ sutvā nipanno imaṃ udānaṃ udānesi: pakkodano duddhakhīro 'ham asmī ti.

Tatthâyaṃ atthavaṇṇanā: *pakkodano* ti siddhabhatto; 18.
duddhakhīro ti gāvo duhitvā gahitakhīro, *ahan* ti attānaṃ

---

1 B^a g a t ā. 2 B^a kappeti.
3 *So* B^a; S^k kammakārā, S^g kammakā, S^n kammakārakā.
4 B^a sakuṇā; *at* 27^11 S^gn *have* sakunikā *and* B^a sakuhā.
5 B^a °samīpe dvārena. 6 B^a *ad.* kho.
7 *So* S^kgn; B^a °n i m i t t ā n i. 8 B^a *om.* Ath' assa.
9 B^a vacchaṃ saṇṭhapetvā. 10 B^a sayanto.

nidasseti, *asmī* ti attano tathābhāvaṃ, pakkodano duddhakhīro ca ham[1] asmi bhavāmī ti attho; *itī* ti evam āhā ti attho, Niddese* pana "itī ti padasandhi padasaṃsaggo padapāripūri akkharasamavāyo vyañjanasiliṭṭhatā padānupubbatam etan" ti[2] evam assa attho vaṇṇito, so pi [3]idam eva[3] sandhāyā ti veditabbo, yaṃ yaṃ hi pubbapadena vuttaṃ, tassa tassa 'evam āhā' ti etam atthaṃ dīpento yeva iti-saddo pacchimena padena 'Metteyyo' iti vā 'Bhagavā' iti vā evamādinā padasandhi hoti, nâññathā; *Dhaniyo gopo* ti tassa seṭṭhiputtassa nāmasamodhānaṃ, so hi, yān' imāni thāvarādīni pañca dhanāni†, tesu ṭhapetvā dānasīlādi anugāmikadhanaṃ khettavatthārāmādito thāvaradhanato pi, gavāssādito jaṅgamadhanato pi, hiraññasuvaṇṇādito saṃhārimadhanato pi, sippāyatanādito aṅgasamadhanato pi, yan taṃ lokassa pañcagorasānuppadānena bahūpakārataṃ sandhāya "n' atthi gosamitan dhanan"‡ ti evaṃ visesitaṃ godhanaṃ, tena samannāgatattā Dhaniyo; gunnaṃ pālanato gopo, yo hi attano gāvo pāleti, so gopo ti vuccati, yo paresaṃ vetanena bhato hutvā, so gopālako, ayam pana attano yeva, tena gopo ti vutto; *anutīre* ti tīrasamīpe; *Mahiyā* ti Mahāmahīnāmikāya nadiyā; samānena anukūlavattinā parijanena saddhiṃ vāso yassa, so *samānavāso*, ayañ ca tathāvidho, tenâha: samānavāso ti; *channā* ti tiṇapaṇṇacchadanehi anovassakatā[4]; *kuṭī* ti vāsagharass' etaṃ[5] adhivacanaṃ; *āhito* ti ābhato jalito[6] vā; *ginī* ti aggi, tesu tesu ṭhānesu aggi ginī ti vohārīyati[7]; *atha ce patthayasī* ti, idāni yadi icchasī ti vuttaṃ hoti; *pavassā* ti siñca pagghara, udakaṃ muñcā ti attho; *devā* ti meghaṃ ālapati—ayan tāv' ettha padavaṇṇanā.

* *Cf.* Nidd. *ad* S.N. 814, *etc.* † *Cf.* Pj. I, 217[11].
‡ S. I, 6[15].

[1] *So* Skgn; Ba aham, *om.* ca.
[2] Ba padānupubbapadānam etaṃ itī ti.
[3–3] Skgn idam me; Ba ime va. [4] Ba a n o v a s s a k ā k a t ā.
[5] Ba kuṭī ti tiṇassa gharass' etaṃ.
[6] Ba j ā l i t o (*and* ujjātāp° *at* 27[25]). [7] Ba vohāriyati.

Ayaṃ pana atthavaṇṇanā: evam ayaṃ Dhaniyo gopo attano mahāsayane[1] nipanno meghatthanitaṃ sutvā pakkodano 'ham asmī ti bhaṇanto[2] kāyadukkhavūpasamūpāyaṃ kāyasukhahetuñ ca attano sannihitaṃ dīpeti, duddhakhīro 'ham asmī ti bhaṇanto[2] cittadukkhavūpasamūpāyaṃ cittasukhahetuñ ca, anutīre Mahiyā ti nivāsanaṭṭhānasampattiṃ[3], samānavāso ti tādise kāle piyavippayogapadaṭṭhānassa sokassâbhāvaṃ, channā kuṭī ti kāyadukkhāgamapaṭighātaṃ, āhito ginī ti, yasmā gopālakā parikkhepadhūmadāruaggivasena[4] tayo aggī karonti, te ca tassa gehe sabbe katā[5], tasmā sabbadisāsu parikkhepaggiṃ sandhāya āhito ginī ti bhaṇanto vāḷamigāgamananivāraṇaṃ dīpeti, gunnaṃ majjhe gomayādīhi dhūmaggiṃ sandhāya ḍaṃsamakasādīhi gunnaṃ anābādhaṃ, gopālakānaṃ sayanaṭṭhāne dāruaggiṃ sandhāya gopālakānaṃ sītābādhapaṭighātaṃ. So evaṃ dīpento attano vā gunnaṃ vā parijanassa vā vuṭṭhippaccayassa kassaci ābādhassa abhāvato pītisomanassajāto āha: atha ce patthayasi, pavassa devā ti.

Evaṃ Dhaniyassa imaṃ gāthaṃ bhāsamānassa assosi (19).
Bhagavā dibbāya sotadhātuyā visuddhāya atikkantamānusikāya Jetavanamahāvihāre Gandhakuṭiyaṃ viharanto, sutvā ca pana buddhacakkhunā lokaṃ volokento[6] addasa Dhaniyañ ca pajāpatiñ c' assa: 'ime[7] ubho pi hetusampannā; sace ahaṃ gantvā dhammaṃ desessāmi, ubho pi pabbajitvā arahattaṃ pāpuṇissanti, no ce gamissāmi, sve udakoghena vinassissantī' ti taṃ khaṇaṃ yeva Sāvatthito satta yojanasatāni[8] Dhaniyassa nivāsanaṭṭhānaṃ ākāsena gantvā tassa kuṭiyā upari aṭṭhāsi. Dhaniyo taṃ gāthaṃ punappuna bhāsati yeva na niṭṭhapeti, Bhagavati gate pi bhāsati. Bhagavā[9] taṃ sutvā 'na ettakena santuṭṭhā vā vissatthā vā honti, evaṃ pana hontī' ti dassetuṃ[10] akkodhano vigatakhilo 'ham asmī ti imaṃ paṭigāthaṃ abhāsi, vyañjanasa-

[1] Ba attano sayanaghare. [2] Ba vadanto.
[3] Ba n i v ā s a ṭ ṭ h ā n a°. [4] Ba °dāruggivasena.
[5] Ba gehesu katā. [6] Skgn o l o k e n t o, *om.* lokaṃ.
[7] Ba *ad.* te. [8] Ba s a t t a y o j a n a s a t a ṃ.
[9] Ba *ad.* ca. [10] Ba dīpetuṃ.

bhāgaṃ no atthasabhāgaṃ; na hi pakkodano ti akkodhano
ti ca ādīni padāni atthato samenti mahāsamuddassa orapā-
ratīrāni[1] viya, vyañjanaṃ pan' ettha kiñci kiñci sametī ti
19. vyañjanasabhāgāni honti. Tattha purimagāthāya sadisa-
padānaṃ vuttanayen' ev' attho veditabbo, visesapadānaṃ
pana ayaṃ padato atthato ca vaṇṇanā: *akkodhano* ti akuj-
jhanasabhāvo[2], yo hi[3] so pubbe* vuttappakāraāghāta-
vatthusambhavo kodho ekaccassa suparitto pi uppajjamāno
hadayaṃ santāpetvā vūpasammati, yena ca[4] tato bala-
vataruppannena ekacco mukhavikūṇamattaṃ karoti, tato
balavatarena ekacco pharusaṃ vattukāmo hanusañcalana-
mattaṃ[5] karoti, aparo tato balavatarena pharusam bhaṇati,
aparo tato balavatarena daṇḍaṃ vā satthaṃ vā gavesanto
disā viloketi, aparo tato balavatarena daṇḍaṃ vā satthaṃ
vā āmasati, aparo tato balavatarena daṇḍādīni gahetvā
upadhāvati, aparo tato balavatarena ekaṃ vā dve vā pahāre
deti, aparo tato balavatarena api ñātisālohitaṃ jīvitā voro-
peti, ekacco tato balavatarena pacchā vippaṭisārī attānam
pi jīvitā voropeti, Sīhaḷadīpe Kāḷagāmavāsī amacco viya,
ettāvatā ca kodho paramavepullappatto hoti, so Bhagava-
to Bodhimaṇḍe yeva sabbaso pahīno ucchinnamūlo tālā-
vatthukato, tasmā Bhagavā akkodhano 'ham asmī ti āha;
vigatakhīlo ti apagatakhīlo, ye hi te cittatthaddhabhāvena
pañca cetokhilā vuttā, yehi khīlībhūte[6] citte, seyyathā pi
nāma khile bhūmibhāge cattāro māse vassante pi deve[7]
sassāni na rūhanti, evam evaṃ saddhammasavanādikusala-
hetuvasse[8] vassante pi kusalaṃ na rūhati[9], te ca[3] Bhaga-
vato[10] Bodhimaṇḍe yeva sabbaso pahīnā, tasmā Bhagavā
vigatakhilo 'ham asmī ti āha; ekarattiṃ vāso assā ti *ekarat-*

---

* (12^15.)

---

[1] B^a orimatīrapārimatīrāni. [2] B^a akuppasabhāvo.
[3] B^a *om.* [4] B^a *om.* yena ca. [5] B^a hanucalana°.
[6] B^a khilabhūte. [7] B^a deve vassante pi.
[8] B^a *om.* -hetu-. [9] B^a kusalāni na rūhanti.
[10] B^a Bhagavatā *here and* 32^9 (30^21).

tivāso, yathā[1] Dhaniyo tattha cattāro vassike māse nibaddhavāsaṃ upagato, na tathā Bhagavā, Bhagavā hi taṃ yeva rattiṃ tassa atthakāmatāya tattha vāsaṃ upagato, tasmā ekarattivāso ti āha; *vivaṭā* ti apanītacchadanā; *kuṭī* ti attabhāvo, attabhāvo hi taṃ taṃ atthavasaṃ paṭicca kāyo ti pi[2] guhā* ti pi deho ti pi sandeho† ti pi nāvā‡ ti pi ratho§ ti pi dhajo ti pi vammīko‖ ti pi kuṭī ti pi kuṭikā¶ ti pi vuccati, idha pana kaṭṭhādīni paṭicca gehanāmikā kuṭi viya aṭṭhiādīni paṭicca saṃkhaṃ gatattā kuṭī ti vutto[3], yathâha: "seyyathā pi āvuso kaṭṭhañ ca paṭicca valliñ ca paṭicca mattikañ ca paṭicca tiṇañ ca paṭicca ākāso parivārito agāran tv eva saṃkhaṃ gacchati, evaṁ eva kho āvuso aṭṭhiñ ca paṭicca nahāruñ ca paṭicca maṃsañ ca paṭicca cammañ ca paṭicca ākāso parivārito rūpan tv eva saṃkhaṃ gacchatī"** ti,—cittamakkaṭassa nivāsato vā kuṭi, yathâha:

"aṭṭhikaṃkalakuṭi[4] c' esā makkaṭāvasatho iti"

"makkaṭo pañcadvārāya kuṭikāya pasakkiya
dvārena anupariyāti ghaṭṭayanto punappunan"†† ti;

sā kuṭi yena[5] taṇhāmānadiṭṭhicchadanena sattānaṃ channattā punappuna rāgādikilesavassaṃ ativassati[6], yathâha:

"[7]channam ativassati, vivaṭaṃ nâtivassati,
tasmā channaṃ vivaretha, evan taṃ nâtivassatī" ti—

ayaṃ gāthā dvīsu ṭhānesu vuttā Khandhake Theragāthāyañ ca: Khandhake‡‡, yo āpattiṃ paṭicchādeti, tassa kilesā ca punappunaāpattiyo ca ativassanti, yo pana[8] na paṭicchādeti, tassa nâtivassantī ti imaṃ atthaṃ paṭicca vuttā; Theragāthāyaṃ§§, yassa rāgādicchadanaṃ atthi, tassa puna iṭṭhārammaṇādisu rāgādisambhavato taṃ channaṃ ativas-

* S.N. 772. † Thag. 20 (Dhp. 148). ‡ Dhp. 369.
§ S. IV, 292[7]. ‖ M. I, 144[1]. ¶ Thag. 1, *etc.*
** M. I, 190[15]. †† *Cf.* Thag. 125.
‡‡ Vin. II, 240[24]. §§ Thag. 447.

[1] Ba *ad.* so hi. [2] Ba *om.* pi.
[3] Skgn vuttā. [4] Ba °kaṃkāla°. [5] *So* Skgn Ba.
[6] Skgn avassati. [7] Ba *ins.* taṃ. [8] Ba ca.

sati, yo vā uppanne kilese adhivāseti, tass' evaṃ adhivāsitakilesacchadanacchannā attabhāvakuṭi punappuna kilesavassaṃ ativassati, yassa pana arahattamaggañāṇavātena kilesacchadanassa viddhaṃsitattā vivaṭā, tassa nâtivassatī ti ayam attho idhâdhippeto, Bhagavato hi yathāvuttaṃ chadanaṃ yathāvutten' eva nayena viddhaṃsitaṃ, tasmā vivaṭā kuṭī ti āha; *nibbuto* ti upasanto, *ginī* ti aggi, y e n a hi ekādasavidhena agginā sabbam idaṃ ādittaṃ, yathâha: "ādittaṃ rāgagginā"* ti vitthāro, s o a g g i Bhagavato Bodhimūle yeva[1] ariyamaggasalilasekena nibbuto, tasmā nibbuto ginī ti āha.

Evaṃ vadanto ca Dhaniyaṃ atoṭṭhabbena[2] tussamānaṃ aññāpadesen' eva paribhāsati ovadati anusāsati, kathaṃ: akkodhano ti hi[3] vadamāno 'Dhaniya tvaṃ pakkodano 'ham asmī ti tuṭṭho, odanapāko ca yāvajīvaṃ dhanaparikkhayena kattabbo dhanaparikkhayo ca ajjanarakkhanādidukkhapadaṭṭhānaṃ, evaṃ sante dukkhen' eva tuṭṭho hosi, aham pana akkodhano 'ham asmī ti tussanto sandiṭṭhikasamparāyikadukkhābhāvena tuṭṭho' ti dīpeti; vigatakhīlo ti vadamāno 'tvaṃ duddhakhīro 'ham asmī ti tussanto akatakicco va katakicco 'smī ti mantvā tuṭṭho, ahaṃ pana vigatakhīlo 'ham asmī ti tussanto katakicco va tuṭṭho' ti dīpeti; anutīre Mahiy' ekarattivāso ti vadamāno 'tuvaṃ[4] anutīre Mahiyā samānavāso ti tussanto catumāsaṃ nibaddhavāsena tuṭṭho, nibaddhavāso ca āvāsasaṅgena[5] hoti, so ca dukkhaṃ, evaṃ sante dukkhen' eva tuṭṭho hosi[6], aham pana ekarattivāso ti tussanto anibaddhavāsena tuṭṭho, anibaddhavāso ca āvāsasaṅgābhāvena[7] hoti, saṅgābhāvo ca[8] sukhan ti sukhen' eva tuṭṭho homī'

* Vin. I, 34^{21} (Pj. II, 211^{24}).

1 Ba *om.* yeva.
2 Ba atuṭṭhabbena *here and* 33^{21} (Skgn Ba *have* (a)tuṭṭhabbena *at* $33^{5, 10}$.)
3 Ba *om.* hi.
4 Ba tvaṃ.
5 Ba āvāsasaṃsaggena.
6 Ba hoti, Sn hotisi.
7 Ba āvāsasaṃsaggābhāvena.
8 Ba āvāsasaṃsaggābhāvo va.

ti dīpeti; vivaṭā kuṭī ti vadamāno 'tvaṃ channā kuṭī ti tussanto channagehatāya tuṭṭho[1], gehe ca te channe pi attabhāvakuṭikaṃ[2] kilesavassaṃ ativassati, yena sañjanitehi catuhi mahoghehi[3] vuyhamāno anayavyasanaṃ pāpuṇeyyāsi[4], evaṃ sante atoṭṭhabben' eva tuṭṭho [a]hosi, ahaṃ pana vivaṭā kuṭī ti tussanto attabhāvakuṭiyā kilesacchadanābhāvena tuṭṭho, evañ ca me vivaṭāya kuṭiyā na taṃ[5] kilesavassaṃ ativassati, yena sañjanitehi catuhi mahoghehi[6] vuyhamāno anayavyasanaṃ pāpuṇeyyaṃ, evaṃ sante toṭṭhabben' eva tuṭṭho homī' ti[7] dīpeti; nibbuto ginī ti vadamāno 'tvaṃ āhito ginī ti tussanto akatūpaddavanivāraṇo va katūpaddavanivāraṇo 'smī ti mantvā tuṭṭho, ahaṃ pana nibbuto ginī ti tussanto ekādasaggiparilāhābhāvato katūpaddavanivāraṇatāy' eva tuṭṭho' ti dīpeti; *atha ce patthayasi, pavassa devā* ti vadamāno 'evaṃ vigatadukkhānaṃ anuppattasukhānaṃ katasabbakiccānaṃ amhādisānaṃ etaṃ vacanaṃ sobhati: "atha ce patthayasi, pavassa deva, na no [8]tayā vassantena vā avassantena vā[8] vuddhi vā hāni vā atthi", tvaṃ pana kasmā evaṃ vadasī' ti dīpeti. Tasmā, yaṃ vuttaṃ "evaṃ vadanto ca Dhaniyaṃ atoṭṭhabbena tussamānaṃ aññāpadesen' eva paribhāsati ovadati anusāsatī" ti, taṃ sammad eva vuttan ti.

Evaṃ imaṃ Bhagavatā vuttaṃ gāthaṃ[9] sutvā pi Dhaniyo 20.
gopo 'ko ayaṃ gāthaṃ bhāsatī' ti avatvā tena subhāsitena parituṭṭho puna pi tathārūpaṃ sotukāmo aparam pi gātham āha: andhakamakasā ti. Tattha *andhakā* ti kāṇamakkhikānaṃ[10] adhivacanaṃ, "piṅgalamakkhikānan" ti pi eke*; *makasā*[11] makasā yeva; *na vijjare* ti n' atthi; *kacche* ti dve kacchā nadīkaccho pabbatakaccho ca, idha kaccho[12] nadīkaccho; *rūḷhatiṇe* ti sañjātatiṇe; *carantī* ti bhattakic-

* *Cf.* Pj. *ad* S.N. 964.

1 Ba *ad.* 'si.
2 Ba °kuṭiyaṃ.
3 Ba catumahoghehi.
4 Skgn °eyyā ti.
5 Ba n' etaṃ.
6 Sk catumahoghehi.
7 Ba tuṭṭho 'smī ti.
8—8 Ba tayi vassante vā.
9 Ba vuttagāthaṃ.
10 Ba kālamakkhikānaṃ.
11 Ba *ad.* ti.
12 Ba *om.*

caṃ karonti; *vuṭṭhim pī* ti vātavuṭṭhiādikā anekavuṭṭhiyo, tā Āḷavakasutte pakāsayissāma*, idha pana vassavuṭṭhiṃ sandhāya vuttaṃ; *saheyyun* ti khameyyuṃ. Sesaṃ pākaṭam eva.

Ettha Dhaniyo, y e andhakamakasā sannipatitvā ruhiram pivantā muhutten' eva gāvo anayavyasanaṃ pāpenti[1], tasmā vuṭṭhitamatte yeva te gopālakā paṃsunā ca sākhāhi ca mārenti, t e s a ṃ abhāvena gunnaṃ khemataṃ, kacche rūḷhatiṇe caraṇena addhānagamanaparissamābhāvaṃ[2] vatvā khudākilamathābhāvañ ca[3] dīpento, yathā aññesaṃ gāvo andhakamakasasamphassehi[4] rissamānā addhānagamanena kilantā khudāya miyyamānā[5] ekavuṭṭhinipātam pi na saheyyuṃ, na me tathā gāvo; mayhaṃ pana gāvo vuttappakārābhāvato[6] dvikkhattuṃ vā tikkhattuṃ vā vuṭṭhim pi[3] saheyyun ti dīpeti.

21. Tato Bhagavā, y a s m ā Dhaniyo antaradīpe vasanto bhayaṃ disvā kullaṃ bandhitvā Mahāmahiṃ taritvā taṃ kacchaṃ āgamma 'ahaṃ suṭṭhu āgato nibbhaye ṭhāne ṭhito' ti maññamāno evam āha, sabhaye eva ca so ṭhāne ṭhito, t a s m ā tassa āgamanaṭṭhānā attano āgamanaṭṭhānaṃ [ca] uttaritarañ ca paṇītatarañ ca vaṇṇento baddhā hi[3] bhisī ti imaṃ gāthaṃ abhāsi, atthasabhāgaṃ no vyañjanasabhāgaṃ. Tattha *bhisī* ti pattharitvā puthulaṃ katvā baddhakullo vuccati loke, ariyassa pana dhammavinaye [7]ariyamaggass' etaṃ adhivacanaṃ, ariyamaggo hi[7]

maggo pajjo patho pantho añjasaṃ vaṭumâyanaṃ[8]
nāvā uttarasetu ca kullo ca bhisi saṃkamo
addhānaṃ pabhavo c' eva tattha tattha pakāsito.

Imāya pi gāthāya Bhagavā purimanayen' eva taṃ ovadanto imaṃ atthaṃ āhā ti veditabbo: Dhaniya tvaṃ kullaṃ bandhitvā Mahiṃ taritvā idaṃ[9] ṭhānam āgato[10], puna pi ca te

* *Vide* 224³.

1 Skgn pāpentī ti. 2 Ba °gamanena pariss°.
3 Ba *om.* 4 Ba °makasaphassehi.
5 Ba khuddā piḷayamānā. 6 Ba vuttappakāraṃ vā.
7—7 Ba ariyamaggo ti. 8 Ba vaṭṭam āyanaṃ.
9 Skgn imaṃ. 10 Ba gato.

kullo bandhitabbo eva[1] bhavissati nadī ca taritabbā, na c' etaṃ ṭhānaṃ khemaṃ; mayā pana ekacitte maggaṅgāni samodhānetvā ñāṇabandhanena baddhā ahosi, bhisi[2] ca sattatiṃsabodhapakkhiyadhammaparipuṇṇatāya ekarasabhāvanūpagatattā[3] aññamaññaṃ anativattanena puna bandhitabbappayojanābhāvena devamanussesu kenaci mocetuṃ asakkuṇeyyatāya ca *susaṃkhatā*, tāya c' amhi[4] *tiṇṇo* pubbe patthitappadesaṃ[5] gato, gacchanto pi ca na sotāpannādayo viya kañcid eva padesaṅ gato, atha kho pāraṅ gato sabbāsavakkhayaṃ sabbadhammapāraṃ paramakhemaṃ nibbānaṃ gato; tiṇṇo ti vā sabbaññutaṃ patto, *pāragato* ti arahattaṃ patto; 'kiṃ vineyya pāragato' ti ce: *vineyya oghaṃ* kāmoghādicatubbidhaṃ oghaṃ taritvā atikkamma taṃ pāraṃ gato ti; idāni ca pana me puna taritabbābhāvato *attho bhisiyā na vijjati*, tasmā mam' eva yuttaṃ vattuṃ: atha ce patthayasi, pavassa devā ti.

Tam pi sutvā Dhaniyo purimanayen' eva gopī mama 22.
assavā ti imaṃ gātham abhāsi. Tattha *gopī* ti bhariyaṃ niddisati; *assavā* ti vacanakarā kiṃkārapaṭissāvinī; *alolā* ti, *mātugāmo hi pañcahi lolatāhi lolo hoti: āhāralolatāya alaṃkāralolatāya parapurisalolatāya dhanalolatāya pādalolatāya, tathā hi mātugāmo bhattapūvasurādibhede ā h ā r e l o l a t ā y a antamaso parivāsikabhattam pi bhuñjati[6] hatthotāpakam pi khādati diguṇaṃ dhanam anuppadatvā pi suraṃ pivati, a l a ṃ k ā r a l o l a t ā y a aññaṃ[7] alaṃkāram alabhamānā[8] antamaso udakatelakena pi kese osaṇhetvā mukhaṃ parimajjati[9], p u r i s a l o l a t ā y a antamaso put-

* -36[5] > Ss. 167[35]-168[8].

[1] Sgn Ba evaṃ.
[2] Ba tisi ɔ: bhisi; Skgn bhisiyā (*cf. note* 4) ɔ: b h i s i, s ā.
[3] Ba ekarasabhāvūpagatattā.
[4] Skgn susaṃkhatāya c' amhi (*cf. note* 2).
[5] Ba patthitatīrappadesaṃ.
[6] Ba p ā r i v ā s i k a b h a t t a ṃ paribhuñjati.
[7] Ba aññaṃ aññaṃ. [8] Ba °no, *and always msc. gender.*
[9] Skgn pamajjati.

tena pi tādise padese pakkosiyamānā paṭhamaṃ asaddhammavasena cinteti[1], dhanalolatāya

* haṃsarājañ gahetvāna suvaṇṇā parihāyatha[2],

pādalolatāya ārāmādigamanasīlā hutvā sabban dhanaṃ vināseti, tattha Dhaniyo ekā pi lolatā mayhaṃ gopiyā n' atthī ti dassento "alolā" ti āha; *dīgharattaṃ saṃvāsiyā* ti cirakālaṃ saddhiṃ vasamānā komārabhāvato pabhuti ekato vaḍḍhitā, tena parapurise na jānātī ti dasseti; *manāpā* ti evaṃ parapurise ajānantī mam' eva manaṃ allīyatī ti[3] dasseti; *tassā na suṇāmi kiñci pāpan* ti 'itthannāmena nāma[4] saddhiṃ imāya bhāsitaṃ vā lapitaṃ vā' ti evaṃ tassā na suṇāmi kiñci aticāradosan ti dasseti.

23. Atha Bhagavā etehi guṇehi gopiyā tuṭṭhaṃ Dhaniyaṃ ovadanto purimanayen' eva cittaṃ mama assavan ti imaṃ gātham abhāsi, atthasabhāgaṃ vyañjanasabhāgañ ca. Tattha uttānatthān' eva padāni, ayam pana adhippāyo: Dhaniya tvaṃ gopī mama assavā ti tuṭṭho, sā pana te assavā bhaveyya vā na vā, dujjānaṃ paracittaṃ visesato mātugāmassa, mātugāmaṃ hi kucchiyā pariharantā pi rakkhituṃ na sakkonti†, evaṃ dūrakkhacittattā eva ca na sakkā tumhādisehi itthī 'alolā' ti vā 'saṃvāsiyā' ti vā 'manāpā' ti vā 'nippāpā' ti vā jānituṃ; mayhaṃ pana *cittaṃ assavaṃ* ovādapatikaraṃ mama vase vattati nâhaṃ tassa vase vattāmi, so c' assa assavabhāvo yamakapāṭihāriye channaṃ vaṇṇānaṃ aggidhārāsu ca udakadhārāsu ca pavattamānāsu sabbajanassa pākaṭo ahosi, agginimmāne hi tejokasiṇaṃ samāpajjitabbaṃ, udakanimmāne āpokasiṇaṃ, nīlādinimmāne nīlādikasiṇāni; buddhānam pi hi dve cittāni ekato na ppavattanti, ekam eva pana assavabhāvena evaṃ vasavatti ahosi; tañ ca kho pana sabbakilesa-

* (J. I, 476 = Vin. IV, 259). † (J. A. III, 527–531.)

[1] Ba asaddhammasevanaṃ cintesi.

[2] Ba gahetvā suvaṇṇo ti paripāsatha; Sgn parihāyittha; Ss. suvaṇṇāya parihāyati.

[3] Skgn mam eva allīyatī ti; Ba mam' eva ca manaṃ allīyatī ti.

[4] Ba *om.*

bandhanāpagamā *vimuttaṃ* vimuttattā tad eva a l o l a ṃ, na tava gopī, Dīpaṃkarabuddhakālato ca pabhuti dānasīlādīhi *dīgharattaṃ paribhāvitattā* s a ṃ v ā s i y a ṃ, na tava gopī, tad etaṃ anuttarena damathena damitattā *sudantaṃ* sudantattā attano vasena chadvāravisevanaṃ[1] pahāya mam' eva adhippāyamanassa vasenânuvattanato[2] m a n ā - p a ṃ, na tava gopī; *pāpaṃ pana me na vijjatī* ti iminā pana Bhagavā tassa attano cittassa pāpābhāvaṃ dasseti Dhaniyo viya gopiyā, so c' assa pāpābhāvo na kevalaṃ sammāsambuddhakāle yeva, ekūnatiṃsavassāni sarāgādikāle[3] agāramajjhe vasantassâpi veditabbo, tadā pi hi 'ssa agāriyabhāvānurūpaṃ viññūpaṭikuṭṭhaṃ kāyaduccaritaṃ vā vacīduccaritaṃ vā manoduccaritaṃ vā na uppannapubbaṃ; tato paraṃ[4] Māro pi cha bbassāni anabhisambuddhaṃ ekaṃ vassaṃ abhisambuddhan ti satta vassāni Tathāgataṃ anubandhi 'app eva nāma vālagganittuddanamattam pi 'ssa pāpasamācāraṃ passeyan' ti, so adisvā va[5] nibbiṇṇo imaṃ gātham abhāsi:

"satta vassāni Bhagavantaṃ anubandhiṃ padā padaṃ,
otāraṃ nâdhigacchissaṃ sambuddhassa satīmato"* ti;

buddhakāle pi naṃ Uttaramāṇavo satta māsāni anubandhi† ābhisamācārikaṃ daṭṭhukāmo, so kiñci vajjaṃ adisvā 'parisuddhasamācāro Bhagavā' ti gato,—cattāri hi Tathāgatassa ārakkheyyāni[6], yathâha: "cattār' imāni bhikkhave Tathāgatassa ārakkheyyāni, katamāni cattāri: parisuddhakāyasamācāro bhikkhave Tathāgato, n' atthi Tathāgatassa kāyaduccaritaṃ yaṃ Tathāgato rakkheyya 'ma me idaṃ paro aññāsī' ti; parisuddhavacīsamācāro . . . pe . . . parisuddhamanosamācāro . . . pe . . . parisuddhājīvo bhikkhave Tathāgato, n' atthi Tathāgatassa micchājīvo yaṃ Tathāgato

* S.N. 446.   † (M. II, 135²³.)

[1] B^a chadvārapavisanaṃ.

[2] B^a adhippāyam anavassayenânu°.

[3] B^a sarāgātikāle.

[4] B^a *om.*

[5] S^gn sa; B^a *om.* va.

[6] B^a anurakkheyyāni *throughout.*

rakkheyya 'mā me idam paro aññāsī' "* ti. Evaṃ, yasmā Tathāgatassa cittassa na kevalaṃ sammāsambuddhakāle pubbe pi pāpaṃ n' atthi yeva, tasmā evam[1] āha: "pāpaṃ pana me na vijjatī" ti; tassâdhippāyo: mam' eva cittassa pāpaṃ na sakkā suṇituṃ[2], na tava gopiyā, tasmā, yadi etehi guṇehi tuṭṭhena "atha ce patthayasi, pavassa devā" ti vattabbaṃ, mayā v' etaṃ[3] vattabban ti.

24. Tam pi sutvā Dhaniyo tat' uttarim pi subhāsitarasāyanaṃ pivitukāmo attano bhujissabhāvaṃ dassento āha: attavetanabhato[4] 'ham asmī ti. Tattha *attavetanabhato* ti attaniyen' eva ghāsacchādanena bhato, attano yeva kammaṃ katvā jīvāmi na parassa vetanaṅ gahetvā parassa kammaṃ karomī ti dasseti; *puttā* ti dhītaro ca puttā ca[5], te sabbe puttā t(v) eva ekajjhaṃ vuccanti; *samāniyā* ti sannihitā avippavutthā; *arogā* ti nirābādhā, sabbe va ūrubalī bāhubalī ti[6] dasseti; *tesaṃ na suṇāmi kiñci pāpan* ti tesaṃ 'corā' ti vā 'pāradārikā' ti vā 'dussīlā' ti vā kiñci pāpaṃ na suṇāmī ti.

25. Evaṃ vutte Bhagavā purimanayen' eva Dhaniyaṃ ovadanto imaṃ gātham abhāsi: nâhaṃ bhatako ti. Atrâpi[7] uttānatthān' eva padāni, ayam pana adhippāyo: tvaṃ bhujisso 'ham asmī ti mantvā tuṭṭho, paramatthato ca attano kammaṃ karitvā jīvanto [8]pi dāso evâsi[8] taṇhādāsattā bhatakavādā ca na parimuccasi, vuttaṃ h' etaṃ: "ūno loko atitto taṇhādāso"† ti; paramatthato pana nâhaṃ bhatako 'smi kassaci, ahaṃ hi kassaci[1] parassa attano vā bhatako na homi, kiṃkāraṇā: yasmā *nibbiṭṭhena carāmi sabbaloke*, ahaṃ hi Dīpaṃkarato yāva bodhi tāva sabbaññutañāṇassa bhatako ahosiṃ, sabbaññutappatto[9] pana nibbiṭṭhanibbiso rājabhaṭo viya ten' eva nibbiṭṭhena sabbaññubhāvena lokuttarasamādhisukhena ca jīvāmi, tassa me

* *Cf.* A. IV, 82. † *Vide* 18[1].

[1] Ba *om.* [2] Ba pāpuṇituṃ. [3] Skgn Ba c' etaṃ *throughout.*
[4] Ba -bhaṭo (*and* bhaṭako) *throughout* (*vide* 39[3]).
[5] Ba puttā ti dhītuputtā.
[6] Ba arogā ti nīrogā, te sabbe va ūrubāhubalā ti.
[7] Ba Tatrâpi. [8–8] Ba evâpi.
[9] Ba sabbaññutaṃ patto.

idāni uttariṃ karaṇīyassa katapaticayassa vā abhāvato appahīnapaṭisandhikānaṃ tādisānaṃ viya pattabbo koci *attho bhatiyā na vijjati—bhaṭiyā* ti pi pāṭho—, tasmā, yadi bhujissatāya tuṭṭhena "atha ce patthayasi, pavassa devā" ti vattabbaṃ, mayā v' etaṃ vattabban ti.

Tam pi sutvā Dhaniyo atitto va subhāsitāmatena attano 26.
pañcappakāragomaṇḍalapuṇṇabhāvan[1] dassento āha: atthi vasā ti. Tattha *vasā* ti adamitavuddhavacchakā, *dhenupā* ti dhenum pivantā taruṇavacchakā khīradāyikā vā[2] gāvo, *godharaṇiyo* ti gabbhiniyo, *paveṇiyo* ti vayappattā balivaddehi saddhiṃ methunapatthanagāvo[3]; *usabho pi gavampatī* ti yo pi so gopālakehi pāto eva nahāpetvā[4] bhojetvā pañcaṅgulaṃ datvā mālaṃ bandhitvā "ehi tāta gāvo gocaraṃ pāpetvā rakkhitvā ānehī" ti pesiyati, evam pesito ca[5] gāvo agocaraṃ pariharitvā gocare cāretvā[6] sīhavyagghādibhayā parittāyitvā āneti, tathārūpo usabho pi gavampati *idha* mayhaṃ gomaṇḍale atthī ti dasseti.

Evaṃ vutte Bhagavā tath' eva Dhaniyaṃ ovadanto imaṃ 27.
paccanīkagāthaṃ āha: n' atthi vasā ti. Ettha c' esa adhippāyo: *idha* amhākaṃ sāsane adamitaṭṭhena[7] vuddhaṭṭhena ca *vasā*saṃkhātā pariyuṭṭhānā vā, taruṇavacchake[8] sandhāya vasānaṃ mūlaṭṭhena khīradāyiniyo sandhāya paggharaṇaṭṭhena vā[2] *dhenupā*saṃkhātā anusayā vā, paṭisandhigabbhadhāraṇaṭṭhena *godharaṇi*saṃkhātā puññāpuññā(ñā)ṇajâbhisaṃkhāracetanā[9] vā, saṃyogapatthanaṭṭhena *paveṇi*saṃkhātā patthanataṇhā vā, adhipaccaṭṭhena pubbaṅgamaṭṭhena seṭṭhaṭṭhena ca *gavampatiusabha*saṃkhātaṃ abhisaṃkhāraviññāṇaṃ vā *n'atthi*; sv āhaṃ imāya sabbayogakkhemabhūtāya natthitāya[2] tuṭṭho, tvaṃ pana sokādivatthubhūtāya atthitāya tuṭṭho, tasmā sabbaso yogakkhema-

---

[1] Ba °maṇḍalaparipuṇṇa°. [2] Ba *om.*
[3] Ba methunasaṇṭhānagāvo.
[4] (?); Ba evaṃ dāpetvā; Skgn esa nahāpetvā.
[5] Ba *ad.* nitā. [6] Ba gocare netvā.
[7] Ba °ttena *here and below, except* paggharaṇaṭṭhena *and* adhipaccuṭṭhena (*sic*). [8] Ba °vacchaṃ.
[9] Ba puññāpuññātineñjābhis°.

tāya[1] tuṭṭhassa mam' ev' etaṃ yuttaṃ vattuṃ: "atha ce patthayasi, pavassa devā" ti.

28. Tam pi sutvā Dhaniyo tat' uttarim pi subhāsitaratanasāraṃ[2] adhigantukāmo attano gogaṇassa khīlabandhanasampattiṃ dassento āha: khīlā nikhātā ti. Tattha[3] *khīlā* ti gunnaṃ bandhanatthambhā; *nikhātā* ti ākoṭetvā bhūmiṃ pavesitā khuddakā, mahantā khaṇitvā ṭhapitā; *asampavedhī* ti akampā; *dāmā* ti vacchakānaṃ bandhanatthāya katā ganthitā[3] nandhipāsayuttā[4] rajjubandhanavisesā; *muñjamayā* ti muñjatiṇamayā; *navā* ti acirakatā; *susaṇṭhānā* ti suṭṭhusaṇṭhānā[5] suvaṭṭitā susaṇṭhānā[6] vā; *na hi sakkhintī* ti n' eva sakkhissanti; *dhenupā pi chettun* ti taruṇavacchakā pi chinditum.

29. Evaṃ vutte Bhagavā Dhaniyassa indriyaparipākakālaṃ ñatvā purimanayen' eva taṃ ovadanto imaṃ catusaccaparidīpakaṃ[7] gātham abhāsi: usabhor iva chetvā ti. Tattha *usabho* ti gopitā gopariṇāyako yūthapati balivaddo, keci pana bhaṇanti: "gavasatajeṭṭho usabho, sahassajeṭṭho vasabho, satasahassajeṭṭho nisabho" ti[5], apare: "ekagāmakkhette jeṭṭho usabho, dvīsu jeṭṭho vasabho, sabbattha appaṭihato nisabho" ti,—sabbe ete papañcā, api ca kho pana usabho ti vā vasabho ti vā nisabho ti vā sabbe v' ete[8] appaṭisamaṭṭhena[9] veditabbā, yathâha: "nisabho vata bho samaṇo Gotamo"* ti; ra-kāro padasandhikaro; *bandhanānī* ti rajjubandhanāni kilesabandhanāni ca; *nāgo* ti hatthī; *pūtilatan* ti galocilataṃ, yathā hi suvaṇṇavaṇṇo pi kāyo pūtikāyo, vassasatiko pi sunakho kukkuro, tadahu jāto pi sigālo jarasigālo ti vuccati, evaṃ abhinavā pi galocilatā asārakaṭṭhena[10] pūtilatā ti vuccati†; *dālayitvā* ti chinditvā;

* S. I, 28[16]. † *Cf.* Dhp. A. III, 110[20].

[1] B[a] sabbayogakkh°.
[2] B[a] subhāsitarasāyatanaṃ (ɔ: subhāsitarasāyanaṃ).
[3] B[a] *om.* [4] *So* S[n]; S[k] ganthip°; S[g] B[a] gaṇṭhip°.
[5] S[kgn] *om.* [6] *So* S[kgn] B[a], ɔ: suvaṭṭitasaṇṭhānā ?
[7] B[a] °dīpiṇaṃ (ɔ: °dīpikaṃ, *see* 41[22]).
[8] S[g] B[a] sabbe c' ete; S[n] sabbe ete.
[9] B[a] °ttena. [10] (?); S[kgn] B[a] °ttena.

gabbhañ ca seyyañ ca *gabbhaseyyaṃ*, tattha gabbhagahaṇena jalābujayoni, seyyāgahaṇena avasesā, gabbhaseyyamukhena vā sabbā pi tā vuttā ti veditabbā. Sesam ettha padatthato uttānam eva.

Ayam pan' ettha adhippāyo: Dhaniya tvaṃ bandhanena tuṭṭho, aham pana bandhanena aṭṭiyāyanto thāmaviriyūpeto mahāusabhor iva bandhanāni pañc' uddhambhāgiyasaṃyojanāni catutthaariyamaggatthāmaviriyena[1] chetvā, nāgo pūtilataṃ[2] va pañc' orambhāgiyasaṃyojanabandhanāni heṭṭhāmaggattayathāmaviriyena[3] dālayitvā[4]; atha vā usabhor iva bandhanāni anusaye, nāgo pūtilataṃ va pariyuṭṭhānāni chetvā dāletvā[4] ṭhito[5]; tasmā *na puna gabbhaseyyaṃ upessaṃ*[6]; so 'haṃ jātidukkhavatthukehi sabbadukkhehi parimutto sobhāmi "atha ce patthayasi, pavassa devā" ti vadamāno, tasmā, sace tvam pi ahaṃ viya vattuṃ icchasi, chind' etāni bandhanānī ti. Ettha ca bandhanāni samudayasaccaṃ; gabbhaseyyā dukkhasaccaṃ; na upessan[7] ti ettha anupagamo anupādisesavasena, chetvā padāletvā ti ettha cchedo padālanañ ca saupādisesavasena nirodhasaccaṃ; yena chindati padāleti ca, taṃ maggasaccan ti.

Evam etaṃ catusaccadīpakaṃ gāthaṃ sutvā gāthāpariyo- (30.)
sāne Dhaniyo ca pajāpatī c' assa dve ca dhītaro ti cattāro janā sotāpattiphale patiṭṭhahiṃsu. Atha Dhaniyo aveccappasādayogena Tathāgate mūlajātāya patiṭṭhitāya saddhāya paññācakkhunā Bhagavato dhammakāyaṃ disvā dhammatāya coditahadayo cintesi: '"bandhanāni chindiṃ, gabbhaseyyā ca me n' atthī" ti Avīciṃ[8] pariyantaṃ katvā yava bhavaggā ko añño evaṃ sīhanādaṃ nadissati aññatra Bhagavato[9]; āgato nu kho me satthā' ti. Tato Bhagavā chabbaṇṇarasmijālavicitram[10] suvaṇṇarasasekapiñjaraṃ[11] sarīrābhaṃ Dhaniyassa nivesane muñci: 'passa dāni yathāsukhan' ti. Atha Dhaniyo anto paviṭṭhacandimasuriyaṃ

---

[1] B^a *om.* °tthāma°. [2] B^a °latā. [3] B^a heṭṭhimamagg°. [4] B^a padālayitvā. [5] B^a vuṭhito. [6] B^a *om.* [7] S^kgn B^a upeyyan. [8] S^kgn B^a °ci. [9] S^kgn B^a °vatā. [10] S^gn °vicittaṃ. [11] B^a *ad.* viya.

viya[1] samantā pajjalitadīpasahassasamujjalitam iva ca[2]
nivesanaṃ disvā 'āgato Bhagavā' ti cittaṃ uppādesi,
tasmiṃ yeva ca samaye megho pi pāvassi. Tenâhu saṅgī-
30. tikārā: ninnañ ca thalañ ca pūrayanto ti. Tattha *ninnan*
ti pallalaṃ, *thalan* ti ukkūlaṃ, evam etaṃ[3] ukkūlavikkūlaṃ
sabbam pi samaṃ katvā *pūrayanto mahā megho pāvassi*,
vassituṃ ārabhī ti vuttaṃ hoti; *tāvad evā* ti yaṃ khaṇaṃ
Bhagavā sarīrābhaṃ muñci Dhaniyo ca[4] 'satthā me āgato'
ti[4] saddhāmayaṃ cittābhaṃ muñci, taṃ khaṇaṃ pāvassī ti;
k e c i pana suriyuggamanam pi tasmiṃ yeva khaṇe vaṇ-
ṇayanti; evaṃ tasmiṃ Dhaniyassa-saddhuppāda-Tathāga-
tobhāsapharaṇa-suriyuggamanakhaṇe *vassato devassa* sad-
daṃ *sutvā Dhaniyo* pītisomanassajāto *imam atthaṃ abhā-
satha*: lābhā vata no anappakā ti dve gāthā.
31. Tattha, yasmā Dhaniyo saputtadāro Bhagavato ariyamag-
gapaṭivedhena dhammakāyaṃ disvā lokuttaracakkhunā, rū-
pakāyaṃ disvā lokiyacakkhunā[5] saddhāpaṭilābhaṃ labhi,
tasmā āha: *lābho*[6] *vata no anappako*[6], *ye mayaṃ Bhagavan-
taṃ addasāmā* ti. Tattha vata iti vimhayatthe nipāto; no
iti amhākaṃ; anappako[6] ti vipulo[6]. Sesaṃ uttānam eva.
Saraṇan tam upemā ti ettha pana, *kiñcâpi maggapaṭivedhen'
ev' assa[7] siddhaṃ saraṇagamanaṃ, tattha pana nicchaya-
gamanam eva gato idāni vācāya attasanniyyātanaṃ karoti,
maggavasena vā sanniyyātasaraṇataṃ acalasaraṇataṃ patto
taṃ paresaṃ vācāya pākaṭaṃ karonto paṇipātagamanaṃ
gacchati; *cakkhumā* ti, Bhagavā pakati-dibba-paññā-samanta-
buddhacakkhūhī ti pañcahi cakkhumā, taṃ ālapanto āha:
saraṇan taṃ upema cakkhumā ti; *satthā no hohi tuvaṃ
mahāmunī* ti idaṃ pana vacanaṃ sissabhāvūpagamanenâpi
32. saraṇagamanaṃ pūretuṃ bhaṇati, "Gopī ca ahañ ca assavā

* *Vide* Pj. I, 16[18]–17[4].

[1] Ba antopaviṭṭhaṃcandimasuriyaṃ viya, Skgn a n t o -
p a v i ṭ ṭ h a c a n d a ṃ v i y a s u r i y a ṃ v i y a.

[2] Skgn *om.*

[3] Skgn evam eva taṃ.

[4] Ba *om.*

[5] Ba lokiyañ ca.

[6] Ba lābhā . . . anappakā . . . vipulā (*see* 42[14]).

[7] Ba *om.* pana kiñcâpi magga-.

brahmacariyaṃ Sugate carāmase" iti idaṃ samādānavasena. Tattha **brahmacariyan* ti methunaviratimaggasamaṇadhammasāsanasadārasantosānam etaṃ adhivacanaṃ, "brahmacārī ārācārī"† ti evamādisu hi methunadhammavirati brahmacariyan ti vuccati, "idaṃ kho pana Pañcasikha brahmacariyaṃ ekantanibbidāyā"‡ ti evamādisu maggo, "abhijānāmi kho panâhaṃ Sāriputta caturaṅgasamannāgataṃ brahmacariyaṃ carittā"§ ti[1] evamādisu samaṇadhammo, "ta-y-idaṃ brahmacariyaṃ iddhañ c' eva phītañ cā"|| ti evamādisu sāsanaṃ,

"mayañ ca bhariyaṃ nâtikkamāma,
amhe ca bhariyā nâtikkamanti,
aññatra tāhi brahmacariyaṃ carāma;
tasmā ti amhaṃ[2] daharā na miyyare"¶ ti

evamādisu sadārasantoso, idha pana samaṇadhammabrahmacariyapubbaṅgamaṃ uparimaggabrahmacariyam adhippetaṃ; *Sugate* ti Sugatassa santike, **Bhagavā hi antadvayaṃ anupagamma suṭṭhu gatattā sobhanena ca ariyamaggagamanena samannāgatattā sundarañ ca nibbānasaṃkhātaṃ ṭhānaṃ gatattā Sugato ti vuccati, samīpatthe c' ettha bhummavacanaṃ, tasmā Sugatassa santike ti attho; *carāmase* iti carāma, yaṃ hi taṃ sakkatena "carāmasī" ti vuccati, taṃ idha carāmase iti, aṭṭhakathācariyā pana "se iti nipāto" ti bhaṇanti, ten' eva c' ettha āyācanatthaṃ sandhāya *carema se* iti[4] pi pāṭhaṃ vikappenti; yaṃ ruccati, taṃ gahetabbaṃ. Evaṃ Dhaniyo brahmacariyacaraṇāpadesena Bhagavantaṃ pabbajjaṃ yācitvā pabbajjāpayojanaṃ dīpento āha: *jātīmaraṇassa pāragā*[5] *dukkhass' antakarā bhavāmase* iti. Jātimaraṇassa pāran nāma nibbānan, taṃ

* *Vide* Sum. I, 177–179 (Ps. *ad.* M. I, 72²⁴); *cf.* Pj. I, 152⁵.
† A. III, 216⁹. ‡ *Vide* D. II, 251¹⁵. § M. I, 77²³.
|| = Sum. I, 179¹¹ ("Pāsādikasutte," *cf.* D. III, 126²–).
¶ J. IV, 53²⁰. ** *Cf.* Pj. I, 183¹⁹.

1 Sg caritthā ti, Ba caran ti; (*vide* Trenckner *ad* M. I, 72²⁴).
2 Ba tasmā hi amhesu. 3 Ba sugatena carāmase ti.
4 Ba carāma se iti. 5 Ba pāraguṃ.

arahattamaggena gacchāma; *dukkhassā* ti vaṭṭadukkhassa; *antakarā* ti abhāvakarā; *bhavāmase* iti bhavāma, a t h a v ā aho vata mayaṃ bhaveyyāmā ti, "carāmase" iti ettha vuttanayen' eva taṃ veditabbaṃ.

33. Evaṃ vatvā pi ca puna ubho pi kira Bhagavantaṃ vanditvā "pabbājetha no Bhagavā" ti evaṃ pabbajjaṃ yāciṃsū ti. Atha Māro pāpimā evan te ubho pi vanditvā pabbajjaṃ yācante disvā 'ime mama visayaṃ atikkamitukāmā; handa[1] nesaṃ antarāyaṃ karomī' ti āgantvā gharāvāsaguṇaṃ[2] dassento imaṃ gāthaṃ āha: nandati puttehi puttimā ti. *Tattha *nandatī* ti tussati modati; *puttehī* ti puttehi pi dhītāhi pi, sahayoge karaṇatthe vā karaṇavacanaṃ: puttehi saha nandati, puttehi karaṇabhūtehi nandatī ti vuttaṃ hoti; *puttimā* ti puttavā puggalo; *itī* ti evam āha; *Māro* ti vasavattibhūmiyaṃ aññataro Dāmarikadevaputto, so hi taṃ ṭhānaṃ atikkamitukāmaṃ janaṃ, yaṃ sakkoti, tam māreti[3], yan na sakkoti, tassa pi maraṇaṃ icchati, tena Māro ti vuccati; *pāpimā* ti lāmakapuggalo pāpasamācāro vā,—saṅgītikārānam etaṃ vacanaṃ, sabbagāthāsu ca īdisāni; yathā ca puttehi puttimā, *gomiko*[4] *gohi tath' eva nandati*, yassa gāvo atthi, so pi gomiko gohi saha gohi vā karaṇabhūtāhi tath' eva nandatī ti attho; evaṃ vatvā idāni tass' atthassa sādhakakāraṇaṃ niddisati[5]: *upadhī hi*[6] *narassa nandanā* ti. Upadhī ti cattāro upadhiyo[7]: kāmūpadhi khandhūpadhi kilesūpadhi abhisaṃkhārūpadhī ti, k ā m ā [8] hi "yaṃ pañca kāmaguṇe paṭicca uppajjati sukhaṃ somanassaṃ, ayaṃ kāmānaṃ assādo"† ti evaṃ vuttassa sukhassa adhiṭṭhānabhāvato 'upadhīyati ettha sukhan' ti iminā vacanatthena upadhī ti vuccanti[8], k h a n d h ā pi khandhamūlakadukkhassa adhiṭṭhānabhāvato, k i l e s ā pi apāyadukkhassa adhiṭṭhānabhāvato, a b h i s a ṃ k h ā r ā pi

* –46² *cf.* Spk. *ad* S. I, 6⁶. † *Cf.* M. I, 85²⁸

[1] B^a °kāmā ti ahaṃ. [2] B^a g h a r ā v a s e g u ṇ a ṃ.
[3] B^a vāreti. [4] S^kgn gomiyo; B^a gopiyo *always*.
[5] B^a nidasseti. [6] upadhīhi? *But see* Spk.
[7] *So* B^a (*and* S^kgn B^a *infra; here* S^kgn *have* u p a d h a y o)
[8] B^a kāmo . . . vuccati.

bhavadukkhassa adhiṭṭhānabhāvato ti, idha pana kāmūpadhi adhippeto, so sattasaṃkhāravasena duvidho; tattha sattapaṭibaddho padhāno, taṃ dassento "puttehi, gohī" ti vatvā kāraṇaṃ āha: "upadhī hi narassa nandanā" ti. Tass' attho: yasmā ime kāmūpadhī narassa nandanā[1] nandayanti naraṃ[2] pītisomanassaṃ upasaṃharantā, tasmā veditabbaṃ etaṃ: nandati puttehi puttimā, gomiko gohi tath' eva nandati, tvañ ca puttimā gomiko ca, tasmā etehi nanda, mā pabbajjaṃ paṭikaṃkhi, pabbajitassa hi ete upadhiyo na santi; evaṃ sante tvaṃ dukkhass' antaṃ patthento pi dukkhito va bhavissasī ti. Idāni tassa pi atthassa sādhakakāraṇaṃ[3] niddisati[4]: *na hi so nandati, yo nirūpadhī* ti. Tass' attho: y a s m ā , yass' ete upadhiyo n' atthi[5], so piyehi ñātīhi vippayutto nibbhogūpakaraṇo na nandati, t a s m ā tvaṃ ime upadhiyo vajjetvā pabbajito dukkhito bhavissasī ti.

Atha Bhagavā 'Māro ayaṃ pāpimā imesaṃ antarāyāya 34.
āgato' ti viditvā phalena phalaṃ pātento viya tāy' eva Mārenâbhatāya upamāya Māravādaṃ bhindanto tam eva gāthaṃ parivattetvā 'upadhi sokavatthū' ti[6] dassento āha: socati puttehī ti. Tattha sabbaṃ padatthato uttānam eva, ayaṃ pana adhippāyo: mā pāpima evaṃ avaca "nandati puttehi puttimā" ti, sabbeh' eva hi piyehi manāpehi nānābhāvo vinābhāvo anatikkamanīyo, ayaṃ vidhi; tesañ ca piyamanāpānaṃ puttadārānaṃ gavāssavaḷavahiraññasuvaṇṇādīnaṃ vinābhāvena adhimattasokasallasamappitahadayā sattā ummattakā pi honti khittacittā maraṇam pi nigacchanti maraṇamattam pi dukkhaṃ, tasmā evaṃ gaṇha: *socati puttehi puttimā*, yathā ca puttehi puttimā, *gomiko gohi tath' eva socati*, kiṃkāraṇā: *upadhī hi narassa socanā*; yasmā ca upadhī hi narassa socanā, tasmā eva *na hi so socati, yo nirūpadhi*, yo upadhīsu saṅgappahānena nirūpadhi hoti, so santuṭṭho hoti kāyaparihārikena[7] cīvarena, kucchiparihārikena[7] piṇḍapātena, yena[1] yen' eva pakkamati, samādāy' eva pakkamati seyyathā pi nāma pakkhī

[1] Ba *om.* [2] Ba nandaṃ.
[3] Sgn *here* (*and* Skgn Ba *at* 44[23]) sādhanakāraṇaṃ.
[4] Ba nidasseti. [5] Sgn na santi. [6] Ba °vatthun ti.
[7] *Cf.* D. I, 71[4]; Skgn °parihāriyena.

sakuṇo . . . pe . . . nâparaṃ itthattāyā ti pajānāti*, evaṃ sabbasokasamugghātā na hi so socati, yo nirūpadhī ti. Iti Bhagavā arahattanikūṭena desanaṃ vosāpesi. Atha vā, yo nirūpadhi yo nikkileso, so na socati[1], yāvad eva hi kilesā santi, tāvad eva sabbe upadhiyo sokamūlā honti, kilesappahānā pana n' atthi soko ti evam pi arahattanikūṭen' eva desanaṃ vosāpesi. Desanāpariyosāne Dhaniyo[2] gopī ca ubho pi[3] pabbajiṃsu, Bhagavā ākāsen' eva Jetavanaṃ agamāsi. Te pabbajitvā arahattaṃ sacchikariṃsu, vasanaṭṭhāne ca nesaṃ gopālakā vihāraṃ kāresuṃ, so ajjâpi Gokulaṃkavihāro[4] tv eva paññāyatī ti

PARAMATTHAJOTIKĀYA KHUDDAKAṬṬHAKATHĀYA DHANIYASUTTAVAṆṆANĀ NIṬṬHITĀ.

3.

Sabbesu bhūtesū ti Khaggavisāṇasuttaṃ. Kā uppatti: †Sabbasuttānaṃ catubbidhā uppatti attajjhāsayato parajjhāsayato aṭṭhuppattito pucchāvasito cā ti[5]. Dvayatānupassanādīnaṃ hi attajjhāsayato uppatti, Mettasuttādīnaṃ parajjhāsayato, Uragasuttādīnaṃ aṭṭhuppattito, Dhammikasuttādīnaṃ pucchāvasito[6]. Tattha Khaggavisāṇasuttassa avisesena pucchāvasito[6] uppatti; visesena pana, yasmā ettha kāci[7] gāthā tena[3] tena paccekasambuddhena puṭṭhena vuttā kāci apuṭṭhena attano abhisamayānurūpaṃ[8] udānaṃ yeva udānentena[9], tasmā kassāci[10] gāthāya pucchāvasito kassāci[10] attajjhāsayato uppatti.[11]

* (A. II, 209³⁴–211²².) † *Cf.* Sum. I, 50–51; Mp. p. 12¹.

1 Sgn yo nirupadhi, so nikkileso, so ca na socati.
2 Ba *ad.* ca. 3 Ba *om.* 4 Ba Gopālakavihāro.
5 Ba attajjhāsayo parajjhāsayo atthuppattiko pucchāvasiko ti.
6 Ba atthuppattiko . . . pucchāvasiko. 7 Skgn *ad.* kāci.
8 Ba attanā adhigatamagganeyyānurūpaṃ.
9 *So* Sk < °nantena; Sgn Ba °nantena.
10 Skgn kassaci, *see note* 11.
11 Ba tasmā kāyaci gāthāya pucchāvasiko kāyaci parajjhāsayato kāyaci attajjhāsayato uppatti.

Tattha, yā ayaṃ avisesena pucchāvasito uppatti, sā ādito pabhuti evaṃ veditabbā: Ekaṃ samayaṃ Bhagavā Sāvatthiyaṃ viharati. *Atha kho āyasmato Ānandassa rahogatassa patisallīnassa evaṃ cetaso parivitakko udapādi: 'buddhānaṃ patthanā ca abhinīhāro ca dissati tathā sāvakānaṃ, paccekabuddhānaṃ na dissati; yan nūnâhaṃ Bhagavantaṃ upasaṃkamitvā puccheyyan' ti. So patisallāṇā vuṭṭhito Bhagavantaṃ upasaṃkamitvā yathākkamena etam atthaṃ pucchi. Tassa[1] Bhagavā Pubbayogāvacarasuttaṃ abhāsi: "pañc' ime Ānanda ānisaṃsā pubbayogāvacare: diṭṭhe va dhamme paṭigacc eva aññaṃ ārādheti, noce diṭṭhe va dhamme paṭigacc eva aññaṃ ārādheti, atha maraṇakāle aññaṃ ārādheti, atha devaputto samāno aññaṃ ārādheti, atha buddhānaṃ sammukhībhāve khippābhiñño hoti, atha pacchime kāle paccekasambuddho hotī"† ti. Evaṃ vatvā puna āha: "paccekabuddhā nāma Ānanda abhinīhārasampannā pubbayogāvacarā honti, tasmā buddhapaccekabuddhasāvakānaṃ sabbesaṃ patthanā ca abhinīhāro ca icchitabbo"[2] (ti). So āha: "buddhānaṃ bhante patthanā kīvaciraṃ vaṭṭatī" ti. ‡"Buddhānaṃ Ānanda heṭṭhimaparicchedena cattāri asaṃkheyyāni kappasatasahassañ ca, majjhimaparicchedena aṭṭha asaṃkheyyāni kappasatasahassañ ca, uparimaparicchedena solasa asaṃkheyyāni kappasatasahassañ ca. Ete ca bhedā[3] paññādhikasaddhādhikaviriyādhikavasena ñātabbā[4], p a ñ ñ ā d h i k ā n a ṃ hi saddhā mandā hoti paññā tikkhā (viriyaṃ majjhimaṃ), s a d d h ā d h i k ā n a ṃ paññā majjhimā hoti[5], v i r i y ā d h i k ā n a ṃ mandā ti[6]. Appatvā pana cattāri asaṃkheyyāni kappasatasahassañ ca divase divase Vessantaradāna-

* *Cf.* Pj. *ad* Pabbajjāsutta (uppatti). †

‡ -52³ > Ss. 2³-4³².

[1] Ba Ath' assa. [2] Ba abhiveditabbo.

[3] Ba Etesam bhedo. [4] Ba ñātabbo.

[5] Ba *ad.* saddhā phalavā (ɔ: balavā !).

[6] Ba viriyādikānaṃ saddhāpaññā mandā viriyaṃ balava ti.

sadisaṃ dānaṃ dento pi tadanurūpaṃ sīlādisabbapāramidhamme[1] ācinanto pi antarā buddho bhavissatī ti n' etaṃ ṭhānaṃ vijjati, kasmā: ñāṇaṃ gabbhaṃ[2] na gaṇhāti vepullaṃ nâpajjati paripākaṃ na gacchatī ti. S e y y a t h ā pi nāma[3] timāsacatumāsapañcamāsaccayena nipphajjanakaṃ sassaṃ taṃ taṃ kālaṃ appatvā divase divase sahassakkhattuṃ kelāyanto[4] pi udakena siñcanto pi antarā pakkhena vā māsena vā nipphādessatī ti n' etaṃ ṭhānaṃ vijjati, kasmā: sassaṃ gabbhaṃ na gaṇhāti vepullaṃ nâpajjati paripākaṃ na gacchati[5], e v a m evaṃ appatvā cattāri asaṃkheyyāni . . . pe . . . n' etaṃ ṭhānaṃ vijjatī ti. Tasmā yathāvuttam eva kālaṃ pāramipūraṇaṃ[6] kātabbaṃ ñāṇaparipākatthāya, ettakenâpi ca kālena buddhattaṃ patthayato abhinīhārakaraṇe[7] aṭṭha sampattiyo icchitabbā, ayaṃ hi

"manussattaṃ liṅgasampatti hetu satthāradassanaṃ
pabbajjā guṇasampatti adhikāro ca chandatā
aṭṭhadhammasamodhānā abhinīhāro samijjhati."*

—Abhinīhāro ti mūlapaṇidhānass' etaṃ adhivacanaṃ.—Tattha m a n u s s a t t a n ti manussajāti, aññatra hi[8] manussajātiyā avasesajātisu devajātiyam pi ṭhitassa paṇidhi na ijjhati[9], ettha ṭhitena pana buddhattaṃ patthentena dānādīni puññakammāni katvā manussattaṃ yeva patthetabbaṃ, tattha ṭhatvā paṇidhi kātabbo[10], evaṃ samijjhati; l i ṅ g a s a m p a t t ī ti purisabhāvo, mātugāmanapuṃsakaubhatovyañjanakādīnaṃ[11] hi manussajātiyaṃ ṭhitānam pi paṇidhi na ijjhati[9], tattha ṭhitena[12] buddhattaṃ patthentena dānādīni puññakammāni katvā purisabhāvo yeva patthetabbo, tattha ṭhatvā paṇidhi kātabbo[10], evaṃ samijjhati; h e t ū ti arahattāya[13] upanissayasampatti, yo hi tasmiṃ attabhāve

* Bv. II, 59.

[1] Ba *om.* -sabba-. [2] Skg ñāṇagabbhaṃ. [3] Ba Yathā nāma. [4] Skgn kel°. [5] Skgn *ad.* ti. [6] Sn (Sg) pāramīparipūraṇaṃ. [7] Ba abhinīhārakkhaṇe (*but cf.* 51[2]). [8] Ba *om.* [9] Ba samijjhati. [10] Ba °tabbā. [11] Ba °napuṃsakubhato°. [12] Ba *ad.* pana. [13] Ba a r a h a t t a s s a.

vāyamanto arahattaṃ pāpuṇituṃ samattho, tassa samijjhati, na[1] itarassa, yathā Sumedhapaṇḍitassa, so hi Dīpaṃkarapādamūle pabbajitvā ten' attabhāvena arahattaṃ pāpuṇituṃ samattho ahosi[2]; s a t t h ā r a d a s s a n a n ti buddhānaṃ sammukhā dassanaṃ, evaṃ hi ijjhati, no aññathā, yathā Sumedhapaṇḍitassa, so hi Dīpaṃkaraṃ sammukhā disvā paṇidhesi; p a b b a j j ā ti anagāriyabhāvo, so ca kho sāsane vā kammavādikiriyavāditāpasaparibbājakanikāye vā vaṭṭati, yathā Sumedhapaṇḍitassa, so hi Sumedho nāma tāpaso hutvā paṇidhesi; g u ṇ a s a m p a t t ī ti jhānādiguṇapaṭilābho, pabbajitassâpi hi guṇasampannass' eva ijjhati no itarassa[3], yathā Sumedhapaṇḍitassa, so hi[4] pañcābhiñño aṭṭhasamāpattilābhī ca hutvā paṇidhesi; a d h i k ā r o ti adhikakāro, pariccāgo ti attho, jīvitādipariccāgaṃ hi katvā paṇidahato yeva ijjhati, no itarassa, yathā Sumedhapaṇḍitassa, so hi

'akkamitvāna maṃ buddho saha sissehi gacchatu,
mā naṃ kalale akkamittho[5], sukhāya me bhavissatī'* ti

evaṃ jīvitapariccāgaṃ katvā paṇidhesi; c h a n d a t ā ti kattukamyatā, sā yassa balavatī hoti, tassa ijjhati, sā ca, sace koci vadeyya "ko cattāri asaṃkheyyāni satasahassañ ca kappe niraye paccitvā buddhattaṃ icchatī" ti, taṃ sutvā y o "ahan" ti vattuṃ ussahati, t a s s a balavatī ti veditabbā, tathā[6] yadi koci vadeyya "ko sakalacakkavāḷaṃ vītaccikānaṃ aṅgārānaṃ pūraṃ akkamanto atikkamitvā buddhattaṃ icchati, ko sakalacakkavāḷaṃ sattisūlehi ākiṇṇaṃ akkamanto atikkamitvā buddhattaṃ icchati, ko sakalacakkavāḷaṃ samatittikaṃ udakapuṇṇaṃ uttaritvā buddhattaṃ icchati, ko sakalacakkavāḷaṃ nirantaraṃ veḷugumbasañchannaṃ maddanto atikkamitvā buddhattaṃ icchatī" ti, taṃ sutvā y o "ahan" ti vattuṃ ussahati, t a s s a balavatī ti veditabbā, evarūpena ca kattukamyatāchandena samannāgato Sumedhapaṇḍito paṇidhesī ti. Evaṃ samid-

* Bv. II, 53.

[1] Ba n' eva. [2] Ba *ad.* pi. [3] Skgn *om.* no itarassa. [4] Skgn ca. [5] Ba k a l a l a m a k k a m i t t h a. [6] Skgn *om.*

dhābhinīhāro ca[1] bodhisatto imāni aṭṭhārasa abhabbaṭṭhānāni na upeti: so hi tato pabhuti na jaccandho hoti na jacc-eva-badhiro na ummattako na eḷamūgo na pīṭhasappī, na milakkhesu uppajjati na dāsikucchiyā[2], na niyatamicchādiṭṭhiko hoti, [3]nâssa liṅgaṃ parivattati[3], na pañc' ānantarikakammāni karoti[4], na kuṭṭhī hoti, na tiracchānayoniyaṃ vaṭṭakato pacchimattabhāvo hatthito adhikattabhāvo hoti, na khuppipāsikanijjhāmataṇhikapetesu uppajjati na Kālakañjakāsuresu[5] na Avīciniraye na lokantarikāsu[6], kāmāvacaresu na Māro hoti, rūpāvacaresu na asaññibhave[7] na Suddhāvāsabhavane, na arūpabhavesu, na aññaṃ[8] cakkavāḷaṃ saṃkamati. Yā c' imā ussāho ca ummaggo ca avatthānañ ca hitacariyā cā ti catasso buddhabhūmiyo, tāhi samannāgato hoti. Tattha

ussāho viriyaṃ vuttaṃ, ummaggo paññā pavuccati[9],
avatthānaṃ adhiṭṭhānaṃ, hitacariyā mettabhāvanā ti

veditabbā. Ye câpi ime nekkhammajjhāsayo pavivekajjhāsayo alobhajjhāsayo adosajjhāsayo amohajjhāsayo nissaraṇajjhāsayo ti cha ajjhāsayā bodhiparipākāya saṃvattanti, yehi samannāgatattā n e k k h a m m a j j h ā s a y ā ca bodhisattā kāme dosadassāvino p a v i v e k a j j h ā s a y ā ca bodhisattā saṅgaṇikāya dosadassāvino a l o b h a j j h ā s a y ā ca bodhisattā lobhe dosadassāvino a d o s a j j h ā s a y ā ca bodhisattā dose dosadassāvino a m o h a j j h ā s a y ā ca bodhisattā mohe dosadassāvino n i s s a r a ṇ a j j h ā s a y ā ca bodhisattā sabbabhavesu dosadassāvino ti vuccanti, t e h i ca samannāgato hoti. Paccekabuddhānaṃ pana kīvaciraṃ patthanā vaṭṭati[10]: paccekabuddhānaṃ dve asaṃkheyyāni kappasatasahassañ ca, tato oraṃ na sakkā, —pubbe vuttanayen' ev' ettha kāraṇaṃ veditabbaṃ.

---

1 Ba va. 2 Ba *ad.* n i b b a t t a t i.
3–3 Ba na liṅgaparivatti.
4 Ba ānantariyak°. 5 Ba Kālañjikāsuresu.
6 Ba lokantariyesu. 7 Skgn asaññabhave.
8 Ba na Suddhāvasabhave uppajjati, na antimabhavesu aññaṃ.
9 Ba *om.* pa-. 10 Ba *ad.* t i (=51[8]).

Ettakenâpi ca kālena paccekabuddhattaṃ patthayato abhinīhārakaraṇe pañca sampattiyo icchitabbā, tesaṃ hi

manussattaṃ liṅgasampatti vigatāsavadassanaṃ
adhikāro chandatā, ete abhinīhārakāraṇā[1].

Tattha vigatāsavadassanan ti buddhapaccekabuddhasāvakānaṃ yassa kassaci dassanan ti attho. Sesaṃ vuttanayam eva. Atha sāvakānaṃ patthanā kittakaṃ[2] vaṭṭatī ti: dvinnaṃ aggasāvakānaṃ ekaṃ asaṃkheyyaṃ kappasatasahassañ ca, asītimahāsāvakānaṃ kappasatasahassaṃ, tathā buddhassa mātāpitunnaṃ upaṭṭhākassa[3] puttassā ti[4], tato oraṃ na sakkā; vuttanayam ev' ettha[5] kāraṇaṃ, imesaṃ pana sabbesam pi adhikāro chandatā ti dvaṅgasampanno[6] yeva abhinīhāro hoti.

Evaṃ imāya patthanāya iminā câbhinīhārena yathāvuttappabhedaṃ kālaṃ[7] pāramiyo pūretvā buddhā loke uppajjantā khattiyakule vā brāhmaṇakule vā uppajjanti, paccekabuddhā[8] khattiyabrāhmaṇagahapatikulānaṃ aññatarasmiṃ, aggasāvakā pana khattiyabrāhmaṇakulesv eva buddhā iva. Sabbabuddhā saṃvaṭṭamāne kappe na uppajjanti vivaṭṭamāne kappe uppajjanti, paccekabuddhā [9]buddhe appatvā buddhānaṃ uppajjanakāle yeva[9] uppajjanti. Buddhā sayañ ca bujjhanti pare ca bodhenti; paccekabuddhā sayaṃ bujjhanti na pare bodhenti attharasaṃ eva paṭivijjhanti na dhammarasaṃ, na hi te lokuttaradhammaṃ paññattiṃ āropetvā desetuṃ sakkonti, mūgena diṭṭhasupino viya vanacarakena nagare sāyitavyañjanaraso viya ca nesaṃ dhammābhisamayo hoti, sabbaṃ iddhisamāpattipaṭisambhidāppabhedaṃ[10] pāpuṇanti, guṇavisiṭṭhatāya buddhānaṃ heṭṭhā sāvakānaṃ upari honti; aññe pabbājetvā ābhisamācārikaṃ sikkhāpenti "cittasallekho[11] kātabbo, vosānaṃ nâpajjitabban" ti iminā uddesena uposathaṃ karonti "ajj' upo-

[1] Sgn °kāraṇaṃ. [2] Ba kittakā. [3] Ba upaṭṭhakassa.
[4] Ba buddhassa (!) cā ti. [5] Skgn *om.* ev'.
[6] Ba dvayaṅga°. [7] Ba °ppabhedakāle.
[8] Ba sabbe paccekabuddhā pana.
[9–9] Ba buddhānaṃ anantarā-uppajjanakāle yeva.
[10] Ba °paṭisaṃbhidippakāraṃ. [11] Ba °saṃlekho.

satho" ti vacanamattena vā[1]; uposathaṃ karontā ca Gandhamādane Mañjū(ka)sarukkhamūle Ratanamāḷake[2] sannipatitvā karontī" ti. Evam Bhagavā āyasmato Ānandassa paccekabuddhānaṃ sabbākāraparipūraṃ patthanañ ca abhinīhārañ ca kathetvā idāni imāya patthanāya iminā câbhinīhārena samudāgate te te[3] paccekabuddhe kathetuṃ sabbesu bhūtesu nidhāya daṇḍan ti ādinā nayena idaṃ Khaggavisāṇasuttaṃ abhāsi. Ayan tāva avisesena pucchāvasito Khaggavisāṇasuttassa uppatti, idāni visesena vattabbā.

(I.)

35.) Tattha imissā tāva gāthāya evaṃ uppatti veditabbā: Ayaṃ kira paccekabuddho paccekabodhisattabhūmiṃ ogāhanto[4] dve asaṃkheyyāni kappasatasahassañ ca pāramiyo pūretvā Kassapassa bhagavato sāsane pabbajitvā āraññako hutvā gatapaccāgatavattaṃ pūrento samaṇadhammaṃ akāsi. Etaṃ kira vattaṃ aparipūretvā paccekabodhiṃ pāpuṇantā nāma n' atthi. Kiṃ pan' etaṃ: gatapaccāgatavattan nāma haraṇapaccāharaṇaṃ[5]; taṃ yathā vibhūtaṃ hoti, tathā kathessāma. *Idh' ekacco bhikkhu harati na paccāharati, ekacco paccāharati na harati, ekacco pana n' eva harati na paccāharati, ekacco harati ca paccāharati ca. Tattha, y o b h i k k h u pag eva vuṭṭhāya cetiyaṅgaṇabodhiyaṅgaṇavattaṃ katvā bodhirukkhe udakaṃ āsiñcitvā pānīyaghaṭaṃ pūretvā pānīyamāḷe ṭhapetvā ācariyavattaṃ upajjhāyavattaṃ[6] katvā dveasīti khandhakavattāni cuddasa mahāvattāni ca samādāya vattati, so sarīraparikammaṃ katvā senāsanaṃ pavisitvā, yāva bhikkhācāravelā, tāva vivittāsane vītināmetvā velaṃ ñatvā nivāsetvā kāyabandhanaṃ bandhitvā uttarāsaṅgaṃ karitvā saṃghāṭiṃ khandhe karitvā pattaṃ aṃse ālaggetvā[7] kammaṭṭhānaṃ

---

* Sum. I, 186[3]–.

---

[1] Ba *ad.* uposathaṃ karonti. [2] Ba °māle.
[3] Ba samāgate, *om.* te te. [4] Sgn ogah° (*cf.* Pj. I, 157, *note* 5).
[5] Ba *ad.* ti. [6] Ba *ad.* ca. [7] Skgn ālagetvā.

manasikaronto cetiyaṅgaṇaṃ patvā cetiyañ ca bodhiñ ca vanditvā gāmasamīpe pārupitvā [1]pattaṃ ādāya gāmaṃ[1] piṇḍāya pavisati, evaṃ paviṭṭho ca lābhī bhikkhu puññavā upāsakehi sakkatagarukato upaṭṭhākakule vā paṭikkamanasālāyaṃ vā paṭikkamitvā upāsakehi taṃ taṃ pañhaṃ pucchiyamāno tesaṃ pañhavissajjanena dhammadesanāvikkhepena ca taṃ manasikāraṃ chaḍḍetvā nikkhamati, vihāraṃ āgato pi bhikkhūnaṃ pañhaṃ puṭṭho katheti dhammaṃ bhaṇati taṃ taṃ vyāpāram āpajjati, pacchābhattam pi purimayāmam pi majjhimayāmam pi evaṃ bhikkhūhi saddhiṃ papañcetvā kāyaduṭṭhullābhibhūto pacchimayāme sayati n' eva kamaṭṭhānaṃ manasikaroti, a y a ṃ v u c c a t i 'h a r a t i n a p a c c ā h a r a t ī' ti. Y o pana vyādhibahulo hoti, bhuttāhāro paccūsasamaye na sammā pariṇamati, pag eva vuṭṭhāya yathāvuttaṃ vattaṃ kātuṃ na sakkoti kammaṭṭhānaṃ vā manasikātuṃ[2], aññadatthu yāguṃ vā bhesajjaṃ vā patthayamāno kālass' eva pattacīvaraṃ ādāya gāmaṃ pavisati, tattha yāguṃ vā bhesajjaṃ vā bhattaṃ vā laddhā pattaṃ nimmāyitvā[3] paññattāsane nisinno kammaṭṭhānaṃ manasikatvā visesaṃ patvā vā[4] apatvā vā vihāraṃ āgantvā ten' eva manasikārena viharati, a y a ṃ v u c c a t i 'p a c c ā h a r a t i n a h a r a t ī' ti. Edisā ca[4] bhikkhū yāguṃ pivitvā vipassanaṃ ārabhitvā buddhasāsane arahattaṃ pattā gaṇanapathaṃ vītivattā; Sīhaḷadīpe yeva tesu tesu gāmesu āsanasālāyaṃ na taṃ āsanaṃ atthi, yattha yāguṃ pivitvā va[4] arahattaṃ patto bhikkhu n' atthi. Y o pana pamādavihārī hoti nikkhittadhuro sabbavattāni bhinditvā pañcavidhacetovinibandhanabaddhacitto[5] viharanto [6]kammaṭṭhānamanasikāram anuyutto gāmaṃ piṇḍāya pavisitvā gihipapañcena papañcito tucchako nikkhamati, a y a ṃ v u c c a t i 'n' e v a h a r a t i n a p a c c ā h a r a t ī' ti. Y o* pana

* : ayaṃ 58[12].

[1–1] Ba *om.* [2] Ba kammaṭṭhānaṃ manasikātuṃ na sakkoti. [3] Ba mattaṃ nibbāpetvā. [4] Ba *om.* [5] Ba pañcavidhacetokhilavinibaddhacitto. [6] Sgn *ins.* gāma-.

pag eva vuṭṭhāya purimanayen' eva sabbavattāni pūretvā[1], yāva bhikkhācāravelā, tāva pallaṃkaṃ ābhujitvā kammaṭṭhānaṃ manasikaroti,—

Kammaṭṭhānaṃ nāma duvidhaṃ: sabbatthakaṃ pārihāriyañ ca. Sabbatthakan nāma mettā ca maraṇasati ca, taṃ sabbattha icchitabbato sabbatthakan ti vuccati. Mettā nāma āvāsādisu sabbattha icchitabbā, āvāsesu hi mettāvihārī bhikkhu sabrahmacārīnaṃ piyo hoti tena phāsuṃ asaṃsaṭṭho[2] viharati, devatāsu mettāvihārī devatāhi rakkhitagopito sukhaṃ viharati, rājarājamahāmattādisu mettāvihārī tehi mamāyito sukhaṃ viharati, gāmanigamādisu mettāvihārī sabbattha bhikkhācariyādisu manussehi sakkatagarukato sukhaṃ viharati. Maraṇasatibhāvanāya ca[3] jīvitanikantiṃ pahāya appamatto viharati. Yaṃ pana sadā pariharitabbaṃ caritānukūlaṃ gahitattā[4] dasa asubhakasiṇānussatisu aññataraṃ catudhātuvavatthānaṃ [5]eva vā, taṃ sadā pariharitabbato rakkhitabbato bhāvetabbato ca pārihāriyan ti vuccati, mūlakammaṭṭhānan ti pi tad eva. Tattha, yaṃ paṭhamaṃ sabbatthakakammaṭṭhānaṃ manasikatvā pacchā pārihāriyakammaṭṭhānaṃ manasikaroti, taṃ catudhātuvavatthānamukhena dassessāma. Ayaṃ hi yathāṭṭhitaṃ yathāpaṇihitaṃ kāyaṃ dhātuso paccavekkhati: 'yaṃ imasmiṃ sarīre vīsatikoṭṭhāsesu kakkhaḷaṃ kharagataṃ[6], sā paṭhavīdhātu, yaṃ dvādasasu ābandhanakiccakaraṃ snehagataṃ, (sā) āpodhātu, yaṃ catusu paripācanakaraṃ usumagataṃ, sā tejodhātu, yaṃ pana chasu vitthambhanakaraṃ vāyogataṃ, sā vāyodhātu, yaṃ pan' ettha catuhi mahābhūtehi asamphuṭṭhacchiddavivaraṃ, sā ākāsadhātu, taṃvijānanakacittaṃ[7] viññāṇadhātu; tato uttariṃ añño satto vā puggalo vā n' atthi, kevalaṃ suddha-

---

1 Ba paripūretvā. 2 Ba phāsukaṃ asaṃghaṭṭo.

3 Ba Maraṇānussatibh°, *om.* ca.

4 Ba caritānukūlena gahitaṃ, taṃ

5 *Inst. of* 54^{17}–55^{29} (eva . . . sabbākāraparipūraṃ) Ba *has* Sum. I, 188^{22}–189^{11} (pabbajitvā . . . vikkhambhitvā).

6 Skg kharigataṃ. 7 Sgn taṃvijānanacittaṃ.

saṃkhārapuñjo va ayan' ti. Evaṃ ādimajjhapariyosānato kammaṭṭhānaṃ manasikaritvā kālaṃ ñatvā uṭṭhāyâsanā nivāsetvā pubbe vuttanayen' eva gāmaṃ piṇḍāya gacchati, gacchanto ca, *yathā andhaputhujjanā abhikkamādisu 'attā abhikkamati attanā abhikkamo nibbattito vā, ahaṃ abhikkamāmi mayā abhikkamo nibbattito vā' ti vā sammuyhanti, tathā asammuyhanto †'abhikkamāmī' ti citte uppajjamāne ten' eva cittena saddhiṃ cittasamuṭṭhānā[1] sandhāraṇavāyodhātu uppajjati, sā imaṃ paṭhavīdhātvādisannivesabhūtaṃ kāyasammataṃ aṭṭhikasaṃghāṭaṃ vippharati, tato cittakiriyavāyodhātuvipphāravasena ayaṃ kāyasammato aṭṭhikasaṃghāṭo abhikkamati; tass' evaṃ abhikkamato ekekapāduddharaṇe catusu dhātusu vāyodhātuanugatā tejodhātu adhikā uppajjati mandā itarā, atiharaṇavītiharaṇāpaharaṇesu pana tejodhātuanugatā vāyodhātu adhikā uppajjati mandā itarā, orohane pana paṭhavīdhātuanugatā āpodhātu adhikā uppajjati mandā itarā, sannikkhepanasamuppīḷanesu āpodhātvanugatā paṭhavīdhātu adhikā uppajjati mandā itarā, icc etā dhātuyo tena tena attano uppādakacittena saddhiṃ tattha tatth' eva bhijjanti —tattha ko eko abhikkamati kassa vā abhikkamanan ti; evaṃ ekekapāduddharaṇādisu pakāresu ekekasmiṃ pakāre uppannā dhātuyo tadavinibbhuttā ca sesā rūpadhammā taṃsamuṭṭhāpakaṃ cittaṃ taṃsampayuttā ca sesā arūpadhammā ti ete rūpārūpadhammā tato paraṃ atiharaṇavītiharaṇādisu aññam aññaṃ pakāraṃ na sampāpuṇanti tattha tatth' eva bhijjanti,—tasmā aniccā, yañ ca aniccaṃ, taṃ dukkhaṃ, yaṃ dukkhaṃ, tad anattā ti evaṃ sabbākāraparipūraṃ ‡kammaṭṭhānaṃ manasikaronto va gacchati kammaṭṭhānavippayuttacittena pādan na[2] uddharati, uddharati ce, paṭinivattitvā purimapadesaṃ yeva eti, Sīhaḷadīpe [3]ālindakavāsi-M a h ā p h u s s a d e v a t t h e r o vi-

* -55[27]. *Cf.* Sum. I, 192–193, "asammohasampajaññaṃ."
† Pj. *ad* S.N. 193. ‡ -58[23]. *Cf.* Sum. I, 189[11]–192[7].

[1] S^g °ṭṭhāna-. [2] B^a na *before* kammaṭṭh°.
[3] S^kgn al°. S^g al^c.

ya. So kira ekūnavīsati vassāni gatapaccāgatavattaṃ pūrento eva vihāsi; manussā pi sudaṃ antarā-magge vapantā ca maddantā ca kammāni karontā theraṃ tathā gacchantaṃ disvā "ayaṃ thero punappuna nivattitvā gacchati; kin nu kho maggamūḷho udāhu kiñci pammuṭṭho" ti samullapanti. So taṃ anādiyitvā kammaṭṭhānayuttacitten' eva[1] samaṇadhammaṃ karonto vīsativassabbhantare arahattaṃ pāpuṇi; arahattappattadivase c' assa caṃkamanakoṭiyaṃ adhivatthā devatā aṅgulīhi dīpaṃ ujjāletvā aṭṭhāsi, cattāro pi[2] mahārājāno Sakko ca devānam indo Brahmā ca Sahampati upaṭṭhānaṃ agamaṃsu[3]. Tañ[4] ca[5]' obhāsaṃ disvā vanavāsi-Mahātissatthero taṃ dutiyadivase pucchi: "rattibhāge āyasmato santike obhāso ahosi, kiṃ so obhāso" ti. Thero vikkhepaṃ karonto "obhāso nāma dīpobhāso pi hoti maṇiobhāso pī" ti evamādi āha. So "paṭicchādetha tumhe" ti nibaddho; "āmā" ti paṭijānitvā ārocesi. Kāḷavallimaṇḍapavāsi-M a h ā n ā g a t t h e r o viya ca. So pi[5] kira gatapaccāgatavattaṃ pūrento 'paṭhamaṃ tāva Bhagavato Mahāpadhānaṃ pūjemī' ti satta vassāni ṭhānacaṃkamaṃ eva adhiṭṭhāsi[6], puna soḷasa vassāni gatapaccāgatavattaṃ pūretvā arahattaṃ pāpuṇi. Evaṃ kammaṭṭhānam anuyutten' eva[7] cittena pādaṃ uddharanto, viyuttena uddhaṭe paṭinivattento[8] gāmasamīpaṃ gantvā 'gāvī nu pabbajito nū' ti āsaṃkaniyapadese ṭhatvā saṃghāṭiṃ pārupitvā pattaṃ gahetvā gāmadvāraṃ patvā kacchakarakā udakaṃ gahetvā gaṇḍūsaṃ katvā[9] gāmaṁ pavisati: 'bhikkhaṃ dātuṃ[10] vandituṃ vā upagate manusse "dīghāyukā hothā" ti vacanamattenâpi me kammaṭṭhānavikkhepo mā ahosī' ti[11]. Sace pana naṃ "ajja bhante kiṃ sattamī udāhu aṭṭhamī" ti divasaṃ pucchanti, udakaṃ gilitvā āroceti; sace divasapucchakā na honti[12],

---

1 Ba kammaṭṭhānayutten' eva cittena. 2 Sg Ba *om.*
3 Ba āgamaṃsu (*so* Sk Ba *at* 57[18]), *cf.* S.N. 138c. 4 Ba Tato.
5 Ba *om.* 6 Sgn aṭṭhāsi. 7 Ba kammaṭṭhānayutten' eva.
8 Sgn °anto; Sk < °anto. 9 *So* Skgn Ba, *vide* Sum.
10 Ba *ad.* vā. 11 Ba mā hosī ti (= 59 *note* 5).
12 Ea sace divasaṃ pucchanto na hoti.

nikkhamanavelāyaṃ gāmadvāre niṭṭhubhitvā[1] yāti, Sīhaladīpe yeva Galambatitthavihāre[2] vassūpagatā p a ñ ñ ā s a b h i k k h ū viya. Te kira vassūpanāyikauposathadivase vattaṃ akaṃsu: "arahattaṃ appatvā na aññamaññaṃ ālapissāmā" ti; gāmaṃ[3] piṇḍāya pavisantā gāmadvāre udakagaṇḍūsaṃ katvā pavisiṃsu[4], divase pucchite udakañ gilitvā ārocesuṃ, apucchite gāmadvāre niṭṭhubhitvā vihāraṃ āgamaṃsu. Tattha manussā niṭṭhubhanaṃ[5] disvā jāniṃsu 'ajja eko āgato, ajja dve' ti, evañ ca cintesuṃ 'kin nu kho ete amheh' eva saddhiṃ na sallapanti udāhu aññamaññam pi[6], yadi aññamaññam pi na sallapanti, addhā vivādajātā bhavissanti; handa nesaṃ aññamaññaṃ khamāpessāmā' ti sabbe vihāraṃ agamaṃsu[7]. Tattha paññāsabhikkhusu vassaṃ upagatesu dve bhikkhū ekokāse nâddasaṃsu. Tato, yo tesu cakkhumā puriso, so evam āha: "na bho kalahakārakānaṃ vasanokāso[8] īdiso hoti, susammaṭṭhaṃ cetiyaṅgaṇaṃ bodhiyaṅgaṇaṃ, sunikkhittā sammajjaniyo, sūpaṭṭhitaṃ[9] pānīyaṃ paribhojanīyan" ti. Te tato va nivattā; te bhikkhū anto-temāse yeva vipassanaṃ ārabhitvā arahattaṃ patvā[10] mahāpavāraṇāya visuddhipavāraṇaṃ pavāresuṃ.[11] Evaṃ Kāḷavallimaṇḍapavāsi-Mahānāgatthero viya Galambatitthavihāre vassūpagatā bhikkhū viya ca kammaṭṭhānayutten' eva cittena pādaṃ uddharanto gāmasamīpaṃ patvā udakagaṇḍūsaṃ katvā vīthiyo sallakkhetvā, yattha surāsoṇḍadhuttādayo kalahakārakā caṇḍahatthiassādayo vā n' atthi, taṃ vīthiṃ paṭipajjati, tattha ca piṇḍāya caramāno na turitaturito viya[12] javena gacchati, javanapiṇḍapātikadhutaṅgan[13] nāma n' atthi, visamabhū-

---

[1] Ba *always* niṭṭhuh°.

[2] Ba K a l a m b a° (*cf.* Mv. xxxiii. 8 *v.l.*), *at* 57[22] Ba *has* Kammatiṭṭha°.

[3] Ba gāme ca.

[4] Ba pavisetvā.

[5] Ba n i ṭ ṭ h u h a n a ṭ ṭ h ā n a ṃ.

[6] Ba *ad.* na sallapanti.

[7] Sk Ba āgamaṃsu (<57[8]).

[8] Ba *om.* vasan-.

[9] Sgn suppatiṭṭhitā, Ba susaṇṭhāpitaṃ.

[10] Skgn pattā.

[11] Ba mahāpavāraṇaṃ pavāresuṃ.

[12] Ba *om.*

[13] Ba javena piṇḍapātikaṃ dh°.

mibhāgappattaṃ pana udakabharitasakaṭam iva niccalo va[1] hutvā gacchati; anugharaṃ paviṭṭho ca [2]dātukāmaṃ adātukāmaṃ vā sallakkhetuṃ[2] tadanurūpaṃ kālaṃ āgamento bhikkhaṃ gahetvā patirūpe okāse nisīditvā kammaṭṭhānaṃ manasikaronto āhāre paṭikkūlasaññaṃ upaṭṭhapetvā akkhabbhañjana-vaṇālepana[3]-puttamaṃsūpamavasena paccavekkhanto aṭṭhaṅgasamannāgataṃ āhāraṃ āhāreti n' eva davāya na madāya . . . pe . . . bhuttāvī ca udakakiccaṃ katvā muhuttaṃ bhattakilamathaṃ paṭippassambhetvā, yathā purebhattaṃ, evaṃ pacchābhattaṃ purimayāmaṃ majjhimayāmaṃ[4] pacchimayāmañ ca kammaṭṭhānaṃ manasikaroti,—a y a ṃ* v u c c a t i 'h a r a t i c' e v a p a c c ā h a r a t i c ā' ti.

Evam etaṃ haraṇapaccāharaṇaṃ gatapaccāgatavattan ti vuccati. Etaṃ pūrento, yadi upanissayasampanno hoti, paṭhamavaye eva arahattaṃ pāpuṇāti, no ce paṭhamavaye pāpuṇāti, atha majjhimavaye, no ce majjhimavaye pāpuṇāti, atha maraṇasamaye, no ce maraṇasamaye pāpuṇāti, atha devaputto hutvā[5], no ce devaputto hutvā pāpuṇāti, atha paccekasambuddho hutvā parinibbāti, no ce paccekasambuddho hutvā parinibbāti, atha buddhānaṃ santike khippābhiñño hoti seyyathā pi thero Bāhiyo, mahāpañño vā hoti seyyathā pi thero Sāriputto† ti.

Ayam pana paccekabodhisatto Kassapassa bhagavato sāsane pabbajitvā āraññako hutvā vīsati vassasahassāni etaṃ gatapaccāgatavattaṃ pūretvā kālaṃ katvā kāmāvacaradevaloke uppajji, tato cavitvā Bārāṇasirañño aggamahesiyā kucchimhi paṭisandhiṃ aggahesi. Kusalā itthiyo tadah' eva gabbhasaṇṭhānaṃ jānanti, sā ca tāsaṃ aññatarā; tasmā jānitvā[6] taṃ gabbhapatiṭṭhānaṃ rañño nivedesi. Dhammatā esā, yaṃ puññavante satte gabbhe uppanne

---

* : yo 53[31]. † A. I, 24[27], 23[17].

---

[1] Ba *om.* [2—2] Ba dātukāmaṃ sallakkhetvā.
[3] Sk vaṇalepana, Ba vaṇavalepana. [4] Skgn *om.*
[5] Ba *ad.* pāpunāti. [6] Ba tasmā esā pi.

mātugāmo gabbhaparihāraṃ labhati; tasmā rājā tassā gabbhaparihāraṃ adāsi. Sā tato pabhuti nâccuṇhaṃ kiñci ajjhoharituṃ labhati[1] nâtisītaṃ nâtiambilaṃ nâtiloṇaṃ nâtikaṭukaṃ nâtitittaṃ[2]; accuṇhe hi mātarā ajjhohaṭe gabbhassa Lohakumbhivāso viya hoti, atisīte lokantarikavāso viya, accambilaloṇakaṭukatitte bhutte[3] satthena phāletvā ambilādīhi sittāni viya gabbhaseyyakassa aṅgāni tibbavedanāni honti. Aticaṃkamanaṭṭhānanisajjasayanato[4] pi naṃ nivārenti, 'kucchigatassa sañcalanadukkham mā ahosī' ti[5] mudukaraṇatthatāya bhūmiyaṃ caṃkamanādīni mattāya[6] kātuṃ labhati, vaṇṇagandhādisampannaṃ sādhusappāyaṃ annapānaṃ labhati, pariggahetvā va naṃ caṃkamāpenti nisīdāpenti vuṭṭhāpenti. Sā evaṃ hariyamānā[7] gabbhaparipākakāle sūtigharaṃ pavisitvā paccūsasamaye puttaṃ vijāyi campakatelamadditamanosilāpiṇḍasadisaṃ[8] dhaññapuññalakkhaṇūpetaṃ. Tato naṃ pañcamadivase alaṃkatapaṭiyattaṃ rañño dassesuṃ; rājā tuṭṭho chasaṭṭhiyā[9] dhātīhi upaṭṭhāpesi. So sabbasampattīhi vaḍḍhamāno nacirass' eva viññutam pāpuṇi. Taṃ soḷasavassuddesikam eva samānaṃ rājā rajje abhisiñci tividhanāṭakāni c' assa[10] upaṭṭhāpesi; abhisitto[11] rajjaṃ kāresi nāmena Brahmadatto sakalaJambudīpe vīsatiyā nagarasahassesu. Jambudīpe hi pubbe caturāsīti nagarasahassāni ahesuṃ, tāni parihāyantāni saṭṭhi ahesuṃ, tato parihāyantāni cattālīsaṃ, sabbaparihāyanakāle[12] pana vīsati honti. Ayañ ca Brahmadatto sabbaparihāyanakāle[13] uppajji, ten' assa vīsati(ṃ) nagarasahassāni ahesuṃ vīsatiṃ pāsādasahassāni vīsatiṃ hatthisahassāni vīsatiṃ assasahassāni vīsatiṃ rathasahas-

1 Ba kiñci ajjhoharati. 2 Ba nâtitittakaṃ.
3 Ba °tittakesu bhuttesu.
4 Ba °nisajjanas°. 5 Ba mā hosī ti.
6 *So* Skgn; Ba caṃkamānadinaṃ m a n a m a t t ā y a.
7 *Sic* Skgn; Ba paricāriyāmānā (*vide* Pj. I, 158[9]).
8 Ba °manosilādipiṇḍa°. 9 Skgn sasaṭṭhiyā.
10 Ba °nāṭakāni 'ssa. 11 Ba *ad.* rājaputto.
12 Ba s a b b a p a r i h ā n a k°.
13 Sk Ba s a b b a p a r i h ā n a k°.

sāni vīsatiṃ pattisahassāni vīsatiṃ itthisahassāni orodhā ca nāṭakiniyo[1] ca, vīsatiṃ amaccasahassāni. So mahārajjaṃ kārayamāno eva kasiṇaparikammaṃ katvā pañcâbhiññāyo aṭṭha samāpattiyo ca nibbattesi. Yasmā pana abhisittaraññā nāma avassaṃ aṭṭakaraṇe[2] nisīditabbaṃ, tasmā ekadivasaṃ pag eva bhuñjitvā vinicchayaṭṭhāne nisīdi. Tattha uccāsaddamahāsaddaṃ akaṃsu. So 'ayaṃ saddo samāpattiyā upakkileso' ti pāsādatalaṃ abhirūhitvā 'samāpattiṃ appemī' ti nisinno nâsakkhi appetuṃ: rajjavikkhepena samāpatti parihīnā. Tato cintesi: 'kiṃ rajjaṃ varaṃ udāhu samaṇadhammo' ti. Tato 'rajjasukhaṃ parittaṃ anekādīnavaṃ, samaṇadhammasukhaṃ pana vipulaṃ anekānisaṃsaṃ uttamapurisasevitañ cā' ti ñatvā aññataraṃ amaccaṃ āṇāpesi: "idaṃ[3] rajjaṃ dhammena samena anusāsa, mā kho adhammakāraṃ[4] akāsī" ti[5] sabbaṃ niyyādetvā pāsādaṃ abhirūhitvā samāpattisukhen' eva viharati, na koci upasaṃkamituṃ labhati aññatra mukhadhovanadantakaṭṭhadāyaka[6]-bhattanīhārakādīhi. Tato addhamāsamatte vītikkante mahesī pucchi: "rājā uyyānagamanabaladassananāṭakādisu katthaci na dissati, kuhiṃ gato" ti. Tassā tam atthaṃ ārocesuṃ; sā amaccassa pāhesi: "rajje paṭicchite aham pi paṭicchitā homi, etu mayā saddhiṃ saṃvāsaṃ kappetū" ti[7]. So ubho kaṇṇe thaketvā 'assavanīyam etan' ti paṭikkhipi. Sā puna pi dvattikkhattuṃ[8] pesetvā anicchamānaṃ tajjāpesi: "yadi na karosi, ṭhānā pi te[9] cāvemi jīvitā pi voropemī" ti. So bhīto 'mātugāmo nāma daḷhanicchayo, kadāci evam pi kārāpeyyā' ti ekadivasaṃ raho gantvā tāya saddhiṃ sirisayane saṃvāsaṃ[10] kappesi. Sā puññavatī sukhasamphassā; so tassā phassarāgena ratto tattha abhikkhaṇaṃ saṃkitasaṃkito agamāsi[11],

[1] Ba nāṭatitthiyo (ɔ: nāṭakitthiyo).
[2] So Ba; Skgn atthakaraṇe. [3] Skgn imaṃ.
[4] Sg a d h a m m ā k ā r a ṃ ; Ba adhammaḳāraṇaṃ.
[5] Ba kāresī ti. [6] Ba °dantakaṭṭhakadāyaka.
[7] Ba kappetun ti.
[8] Ba dvittikkhattuṃ (*here and* 61[26]), *om.* pi.
[9] *So* Skgn Ba (*cf.* 57[12]). [10] Skgn *om.* saṃ-.
[11] Ba °ṃkito va āgamāsi.

anukkamena attano gharasāmiko[1] viya nibbisaṃko pavisitum āraddho. Tato rājamanussā taṃ pavattiṃ rañño ārocesuṃ; rājā na saddahati; dutiyam pi tatiyam pi ārocesuṃ. Tato nilīno sayam eva disvā sabbāmacce sannipātāpetvā ārocesi. Te "ayaṃ rājāparādhiko, hatthacchedaṃ arahati, pādacchedaṃ arahatī" ti[2], yāva sūle uttāsanaṃ, tāva sabbakammakaraṇāni niddisiṃsu. Rājā "etassa vadhabandhanatāḷane[3] mayhaṃ vihiṃsā uppajjeyya, jīvitā voropane pāṇātipāto bhaveyya, dhanaharaṇe adinnādānaṃ; alaṃ evarūpehi katehi, imaṃ mama rajjā nikkaḍḍhathā" ti. Amaccā taṃ nibbisayaṃ akaṃsu. So attano dhanasārañ ca puttadārañ ca gahetvā paravisayaṃ agamāsi. Tattha rājā sutvā "kiṃ āgato 'sī" ti pucchi. "Deva icchāmi taṃ upaṭṭhātun" ti. So taṃ sampaṭicchi. Amacco katipāhaccayena laddhavissāso taṃ rājānaṃ etad avoca: "[4]amakkhikamadhuṃ passāmi, taṃ khādanto n' atthī" ti. Rājā 'kim pi etaṃ uppaṇḍetukāmo bhaṇatī' ti na suṇāti. So[5] antaraṃ labhitvā puna pi suṭṭhutaraṃ vaṇṇetvā ārocesi; rājā "kiṃ etan" ti pucchi[2]. "Bārāṇasirajjaṃ devā" ti. Rājā "maṃ netvā mārāpetukāmo 'sī" ti āha. So "mā evaṃ deva[6] avaca; yadi na saddahasi, manusse pesehī" ti. So manusse pesesi; te gantvā gopuraṃ[7] khaṇitvā rañño sayanaghare uṭṭhahiṃsu. Rājā disvā "kissa āgat' atthā" ti pucchi. "Corā mayaṃ mahārājā" ti. Rājā tesaṃ dhanaṃ dāpetvā "mā puna evaṃ akatthā" ti ovaditvā vissajjesi; te āgantvā tassa rañño ārocesuṃ. So puna pi dvattikkhattuṃ tath' eva vīmaṃsitvā 'sīlavā rājā na tikkho' ti[8] caturaṅginiṃ senaṃ sannayhitvā sīmantare ekaṃ nagaraṃ upagamma tattha amaccassa pāhesi[9]: "nagaraṃ vā me dehi yuddhaṃ vā" ti. So Brahmadattassa taṃ atthaṃ ārocāpesi: āṇāpetu devo, kiṃ yujjhāmi nagaraṃ demī" ti. Rājā "na yujjhitabbaṃ, nagaraṃ datvā idhâgacchā" ti pesesi. So tathā akāsi. Paṭirājā pi taṃ nagaraṃ gahetvā avasesanagaresu

---

[1] ɔ: attano gharaṃ s° ? [2] Ba *om.*

[3] Ba °bandhanatāḷanena, Sgn °bandhanakāle.

[4] Ba *ins.* mahārāja. [5] Ba *ad.* taṃ. [6] Ba mā deva evaṃ.

[7] Ba puraṃ. [8] Ba *om.* na tikkho. [9] Sg pesesi.

pi tath' eva dūtaṃ pesesi; te pi amaccā tath' eva Brahmadattassa pesetvā[1] tena "na yujjhitabbaṃ, idhâgantabban" ti vuttā Bārāṇasiṃ agamaṃsu. Tato amaccā Brahmadattaṃ āhaṃsu: "mahārāja tena saha yujjhāmā" ti; rājā 'mama pāṇātipāto bhavissatī' ti vāresi. Amaccā[2] "mayaṃ mahārāja taṃ jīvagāhaṃ gahetvā idh' eva ānessāmā" ti [3]bahūhi upāyehi[3] rājānaṃ saññāpetvā "ehi mahārājā" ti gantuṃ āraddhā; rājā "sace sattamāraṇapaharaṇavilumpanakammaṃ na karotha, āgacchāmī" ti. Amaccā "na deva karoma, bhayan dassetvā palāpemā" ti caturaṅginiṃ senaṃ sannayhitvā ghaṭesu dīpe pakkhipitvā rattiṃ gacchiṃsu. Paṭirājā taṃ divasaṃ Bārāṇasisamīpe nagaraṃ gahetvā 'idāni kin' ti rattiṃ sannāhaṃ mocāpetvā pamatto niddaṃ okkami[4] saddhiṃ balakāyena. Tato amaccā Bārāṇasirājānaṃ gahetvā paṭirañño khandhāvāraṃ gantvā sabbaghaṭehi dīpe nīharāpetvā ekapajjotāya senāya saddaṃ akaṃsu. Paṭirañño amacco mahābalaṃ disvā bhīto attano rājānaṃ upasaṃkamitvā "uṭṭhehi amakkhikamadhuṃ khādāhī" ti mahāsaddaṃ akāsi, tathā dutiyo pi tatiyo pi. Paṭirājā tena saddena paṭibujjhitvā bhayaṃ santāsaṃ āpajji, ukkuṭṭhisatāni vattiṃsu. So 'paravacanaṃ saddahitvā amittahatthaṃ patto 'mhī' ti sabbarattiṃ taṃ taṃ vippalapitvā[5] dutiyadivase 'dhammiko rājā uparodhan na kareyya, gantvā khamāpemī' ti cintetvā rājānaṃ upasaṃkamitvā jaṇṇukehi patiṭṭhahitvā "khama mahārāja mayhaṃ aparādhan" ti āha. Rājā taṃ ovaditvā "uṭṭhehi, khamāmī" ti[6] āha. So raññā evaṃ[7] vuttamatte yeva paramassāsappatto ahosi. Bārāṇasirañño samīpe yeva janapade rajjaṃ labhi. Te aññamaññaṃ sahāyakā ahesuṃ.

Atha[7] Brahmadatto dve pi senā sammodamānā ekato ṭhitā disvā 'maṃ' ev'[7] ekassa cittānurakkhāya[8] asmiṃ mahājanakāye[9] khuddamakkhikālehanamattam[10] pi lohita-

---

[1] Ba ārocetvā. [2] Ba *ad.* tath' eva.
[3-3] Ba nānāupāyehi. [4] Ba okkamati, Sgn okkamī ti.
[5] Ba sabbarattiṃ vilapitvā. [6] Ba khamāmi te ti.
[7] Ba *om.* [8] Ba cittānurakkhanatthāya.
[9] Ba *om.* mahā-. [10] Ba °kkhikāya lehana°.

bindum na uppannaṃ; aho sādhu aho suṭṭhu, sabbe sattā sukhitā hontu averā hontu avyāpajjhā hontū' ti mettajjhānaṃ uppādetvā tad eva pādakaṃ katvā saṃkhāre sammasitvā paccekabodhiñāṇaṃ sacchikatvā sayambhutaṃ pāpuṇi. Taṃ maggasukhena phalasukhena sukhitaṃ hatthikkhandhe nisinnaṃ amaccā paṇipātaṃ[1] katvā āhaṃsu: "yānakālo mahārāja, vijitabalakāyassa sakkāro kātabbo parājitabalakāyassa bhattaparibbayo dātabbo" ti. So āha: "nâhaṃ bhaṇe rājā, paccekabuddho nāmâhan" ti. "Kiṃ devo bhaṇati, na edisā paccekabuddhā hontī" ti. "Kīdisā bhaṇe paccekabuddhā" ti[2]. "Paccekabuddhā nāma dvaṅgulakesamassū aṭṭhaparikkhārayuttā bhavantī" ti. So dakkhiṇahatthena sīsaṃ parāmasi: tāvad eva gihiliṅgaṃ antaradhāyi, pabbajitaveso pātur ahosi, dvaṅgulakesamassu aṭṭhaparikkhārasamannāgato vassasatikattherasadiso ahosi. So catutthajjhānaṃ samāpajjitvā hatthikkhandhato vehāsaṃ abbhuggantvā padumapupphe nisīdi. Amaccā vanditvā "kiṃ bhante kammaṭṭhānaṃ kathaṃ adhigato 'sī" ti pucchiṃsu. So, y a t o assa mettajjhānaṃ kammaṭṭhānaṃ ahosi tañ ca vipassanaṃ[3] vipassitvā adhigato, t a s m ā tam atthaṃ dassento udānagāthañ ca[3] vyākaraṇagāthañ ca[4] imañ ñeva gāthaṃ abhāsi: sabbesu bhūtesu nidhāya daṇḍan ti.

Tattha *sabbesū* ti anavasesesu; *bhūtesū* ti sattesu, ayam 35.
ettha saṃkhepo, vitthāraṃ pana Ratanasuttavaṇṇanāyaṃ vakkhāma*; *nidhāyā* ti nikkhipitvā; *daṇḍan* ti kāyavacīmanodaṇḍaṃ, kāyaduccaritādīnam etaṃ adhivacanaṃ, kāyaduccaritaṃ hi daṇḍayatī ti daṇḍo, bādheti anayavyasanaṃ pāpetī ti vuttaṃ hoti, evaṃ vacīduccaritaṃ manoduccaritañ ca; paharaṇadaṇḍo eva v ā daṇḍo, taṃ nidhāyā ti pi vuttaṃ hoti; *aviheṭhayan* ti aviheṭhayanto; *aññataram pī* ti yaṃ kiñci ekam pi; *tesan* ti tesaṃ sabbabhūtānaṃ; *na puttam iccheyyā* ti attajo[5] khettajo dinnako antevāsiko ti imesu ca-

* *Vide* Pj. I, 165^{23}–166^{3}.

[1] B^a sannipātaṃ *here and* 70^{6}, 102^{27}.

[2] S^gn B^a *om.* paccekabuddhā ti.

[3] B^a *om.*   [4] B^a cā ti.   [5] B^a a t r a j o.

tusu puttesu yaṃ kiñci puttaṃ[1] na iccheyya; *kuto sahāyan* ti sahāyaṃ pana[2] iccheyyā ti kuto eva etaṃ; *eko* ti pabbajjāsaṃkhātena eko adutiyaṭṭhena eko taṇhāppahānena eko, ekantavigatakileso ti eko, eko[1] paccekasambodhiṃ abhisambuddho ti eko. Samaṇasahassassâpi hi[1] majjhe vattamāno gihisaññojanassa chinnattā eko, evaṃ pabbajjāsaṃkhātena eko; eko tiṭṭhati eko gacchati eko nisīdati eko seyyaṃ kappeti eko iriyati vattatī ti[3] evaṃ adutiyaṭṭhena eko;

"taṇhādutiyo puriso dīgham addhāna[4] saṃsaraṃ
itthabhāvaññathābhāvaṃ saṃsāraṃ nâtivattati,—
etam ādīnavaṃ ñatvā taṇhaṃ dukkhassa sambhavaṃ[5]
vītataṇho anādāno sato bhikkhu paribbaje"* ti

evaṃ taṇhāpahān[aṭṭh]ena eko; sabbakilesâssa[6] pahīnā ucchinnamūlā tālāvatthukatā[7] . . . pe . . . āyatim anuppādadhammā† ti evaṃ ekantavigatakileso ti eko; anācariyako hutvā sayambhū sāmañ ñeva paccekasambodhiṃ abhisambuddho ti evaṃ eko pacceka(sam)bodhiṃ abhisambuddho ti eko; *care* ti, yā imā aṭṭha cariyā, seyyathîdaṃ: paṇidhisampannānaṃ catusu iriyāpathesu iriyāpathacariyā, indriyesu guttadvārānaṃ ajjhattikāyatanesu āyatanacariyā, appamādavihārīnaṃ catusu satipaṭṭhānesu saticariyā, adhicittam anuyuttānaṃ catusu jhānesu samādhicariyā, buddhisampannānaṃ catusu ariyasaccesu ñāṇacariyā, sammā paṭipannānaṃ catusu ariyamaggesu maggacariyā, adhigataphalānaṃ catusu sāmaññaphalesu patticariyā, tiṇṇaṃ buddhānaṃ sabbasattesu lokatthacariyā tattha padesato paccekabuddhasāvakānan ti, yathâha: "cariyā ti, aṭṭha cariyāyo: iriyāpa-

* S.N. 740, 741. † (A. I, 135[22]).

[1] Ba *om.* [2] Ba pi na.
[3] Ba saṃvattati eko. [4] Ba addhānaṃ.
[5] Ba evamādīnavaṃ disvā taṇhādukkhassa sambhavaṃ.
[6] Ba °kilesā. [7] *Cf.* Sp. *ad* Vin. III, 2[18]; Ba tālavatthu°.

thacariyā" ti vitthāro*, t ā h i cariyāhi samannāgato bhaveyyā ti attho; atha vā, y ā i m ā "adhimuccanto saddhāya carati, paggaṇhanto viriyena carati, upaṭṭhahanto[1] satiyā carati, avikkhitto samādhinā carati, pajānanto paññāya carati, vijānanto viññāṇena carati, 'evaṃ paṭipannassa kusalā dhammā āyatanan' ti[2] āyatanacariyāya carati, 'evaṃ paṭipanno visesam adhigacchatī' ti visesacariyāya caratī"* ti evaṃ aparā pi aṭṭha cariyā vuttā, t ā h i pi samannāgato bhaveyyā ti attho; *khaggavisāṇakappo* ti ettha khaggavisāṇaṃ nāma khaggamigasiṅgaṃ, kappa-saddassa atthaṃ vitthārato Maṅgalasuttavaṇṇanāya† pakāsayissāma, idha panâyaṃ "satthukappena vata kira bho[3] sāvakena saddhiṃ mantayamānā"‡ ti evamādisu viya paṭibhāgo[4] veditabbo, khaggavisāṇakappo ti khaggavisāṇasadiso ti vuttaṃ hoti.

Ayaṃ tāv' ettha padato atthavaṇṇanā, adhippāyānusandhito pana evaṃ veditabbā: yv āyaṃ vuttappakāro daṇḍo bhūtesu pavattiyamāno ahito hoti, tan tesu appavattanena tappaṭipakkhabhūtāya [5]mettāya hitūpasaṃhārena ca[5] sabbesu bhūtesu nidhāya daṇḍaṃ, nihitadaṇḍattā eva ca, yathā anihitadaṇḍā sattā bhūtāni daṇḍena vā satthena vā pāṇinā vā leḍḍunā vā viheṭhenti[6], tathā aviheṭhayaṃ aññataram pi tesaṃ imaṃ mettākammaṭṭhānam āgamma, yad eva tattha vedanāgataṃ saññāsaṃkhāraviññāṇagataṃ, tañ c a tadanusāren' eva tadaññañ c a saṃkhāragataṃ[7] vipassitvā imaṃ paccekabodhiṃ adhigato 'mhī ti —ayan tāva a d h i p p ā y o; ayaṃ pana a n u s a n d h i. Evaṃ vutte te amaccā āhaṃsu: "idāni bhante kuhiṃ gacchathā" ti. Tato tena 'pubbe paccekabuddhā[8] kattha

* Nidd. *ad* S.N. 35ᵈ. † *Vide* Pj. I, 115¹⁹.
‡ M. I, 150²⁷.

1 Sg uṭṭhahanto; Nidd. u p a ṭ ṭ h a p e n t o.
2 Skgn āyatananti ti, *cf.* Nidd. āyāpentī ti.
3 Ba vata bho kira. 4 *So* Skgn Ba.
5–5 Ba parahitūpasaṃhāren' eva. 6 Ba vihi(ṃ)santi.
7 Ba saṃkhataṃ. 8 Ba paccekasambuddhā.

vasantī' ti āvajjetvā ñatvā[1] "Gandhamādanapabbate" ti vutte punâhaṃsu: "amhe dāni[2] bhante pajahatha na[1] icchathā" ti. Atha paccekasambuddho āha: na puttam iccheyyā ti sabbaṃ. Tatrâdhippāyo: ahaṃ idāni atrajādisu yaṃ kiñci puttam pi[1] na iccheyyaṃ, kuto pana tumhādisaṃ sahāyaṃ, tasmā, tumhesu pi yo mayā saddhiṃ gantuṃ mādiso vā hotuṃ icchati, so eko care khaggavisāṇakappo. A t h a v ā tehi "amhe dāni bhante pajahatha na icchathā" ti vutte so paccekasambuddho "na puttam iccheyya, kuto sahāyan" ti vatvā attano yathāvutten' atthena ekacariyāya[3] guṇaṃ disvā pamudito pītisomanassajāto imaṃ udānaṃ udānesi: eko care khaggavisāṇakappo ti.

Evaṃ vatvā pekkhamānass' eva mahājanassa ākāse uppatitvā Gandhamādanaṃ agamāsi. Gandhamādano nāma Cullakāḷapabbataṃ Mahākāḷapabbataṃ Nāgapaliveṭhanaṃ Candagabbhaṃ Suriyagabbhaṃ Suvaṇṇapassaṃ Himavantapabbatan ti satta pabbate atikkamma hoti. *Tattha Nandamūlakan nāma pabbhāraṃ paccekabuddhānaṃ vasanokāso tisso ca[4] guhāyo: Suvaṇṇaguhā Maṇiguhā[5] Rajataguhā ti. Tattha Maṇiguhādvāre Mañjūsako nāma rukkho yojanaṃ ubbedhena yojanaṃ vitthārena. So, yattakāni udake vā thale vā pupphāni, sabbāni pupphati visesena paccekabuddhāgamanadivase. Tassa parito[6] Sabbaratanamāḷo hoti. Tattha Sammajjanakavāto kacavaraṃ chaḍḍeti, Samakaraṇavāto sabbaratanamayaṃ vālikaṃ samaṃ karoti, Siñcanakavāto[7] Anotattadahato ānetvā udakaṃ siñcati, Sugandhakaraṇakavāto[7] Himavantato sabbesaṃ gandharukkhānaṃ gandhe[8] āneti, Ocinakavāto[9] pupphāni oci-

---

* –67[12] > Ss. 248[8-20].

---

1 Ba *om.* 2 Ba "aho no dāni. 3 Sgn °āyaṃ.
4 Ba tisso tahi(ṃ ?). 5 Ba Maṇiguhā Suvaṇṇaguhā.
6 Ba Tass' uparito; Ss. Tassa purato.
7 Sgn Ba Siñcanavāto . . . Sugandhakaraṇavāto.
8 Ba gandhaṃ. 9 (Ss. O c i n a n a k a v °).

nitvā pāteti, Santharaṇakavāto[1] sabbattha santharati. Sadā paññattān' eva c' ettha āsanāni honti, yesu paccekabuddhuppādadivase uposathadivase ca sabbapaccekabuddhā sannipatitvā nisīdanti. Atha sampati[2]-abhisambuddhapaccekasambuddho[3] tattha gantvā paññattāsane nisīdati[3]. Tato, sace tasmiṃ kāle aññe pi paccekasambuddhā saṃvijjanti, te pi taṃ khaṇaṃ yeva[4] sannipatitvā paññattāsanesu nisīdanti, nisīditvā ca kañcid eva samāpattiṃ samāpajjitvā vuṭṭhahanti. Tato saṃghatthero adhunāgatapaccekabuddhaṃ sabbesaṃ anumodanatthāya "katham adhigatan" ti kammaṭṭhānaṃ pucchati. Tadā pi so tam eva attano udānavyākaraṇagāthaṃ bhāsati; puna Bhagavā pi āyasmatā Ānandena puṭṭho tam eva gāthaṃ bhāsati, Ānando ca saṅgītiyan ti evam[5] ekekā gāthā paccekasambodhiṃ abhisambuddhaṭṭhāne, Mañjūsakamāle, Ānandena pucchitakāle, saṅgītiyan ti catukkhattuṃ bhāsitā hotī ti

Paṭhamagāthāvaṇṇanā samattā[6].

Saṃsaggajātassā ti kā uppatti: *Ayam pi paccekabodhisatto Kassapassa Bhagavato sāsane vīsati vassasahassāni purimanayen' eva samaṇadhammmaṃ karonto antokasiṇaparikammaṃ[7] katvā paṭhamaṃ jhānaṃ[8] nibbattetvā nāmarūpaṃ vavatthapetvā lakkhaṇasammasanaṃ katvā ariyamaggaṃ anadhigamma brahmaloke nibbatti. So tato cuto Bārāṇasirañño aggamahesiyā kucchimhi uppajjitvā[9] purimanayen' eva vaḍḍhamāno, yato pabhuti 'ayaṃ itthī, ayaṃ puriso' ti visesaṃ aññāsi, tad upādāya dhātīnaṃ[10] hatthe na ramati ucchādananahāpanamaṇḍanadimattam pi na sahati; taṃ purisā eva posenti, thanapāyanakāle[11] dhātiyo (36.)

* *Cf.* Dhp. A. III, 281–284 (*ad* Dhp. 215), *etc.*

[1] Ba Santharaṇav°. [2] Ba Ayaṃ pakati.
[3] Ba °buddhā . . . nisīdanti. [4] Ba *om.*
[5] Ba *ad.* eva. [6] Ba *om.* samattā *throughout.*
[7] Ba *om.* -pari-. [8] Ba paṭhamajjhānaṃ.
[9] Ba upapajji. [10] Ba itthinaṃ.
[11] Ba dhaññassa pāyanakāle; *at* 68[1] Ba *has* dhaññaṃ.

kañcukaṃ pavisitvā purisavesena thaññaṃ pāyenti. So itthīnaṃ gandhaṃ ghāyitvā saddaṃ vā suṇitvā rodati, viññutaṃ patto pi itthiyo passituṃ na icchati, tena taṃ Anitthigandho tv eva sañjāniṃsu. Tasmiṃ soḷasavassuddesike jāte[1] rājā 'kulavaṃsaṃ ṭhapessāmī' ti[2] nānākulehi tassa anurūpā[3] kaññāyo ānetvā aññataraṃ amaccaṃ āṇāpesi: "kumāraṃ ramāpehī" ti. Amacco upāyena taṃ ramāpetukāmo tassa avidūre sāṇipākāraṃ parikkhipitvā nāṭakāni payojāpesi. Kumāro gītavāditasaddaṃ sutvā "kass' eso saddo" ti āha. Amacco "tav' eso deva nāṭakīnaṃ saddo, puññavantānaṃ īdisāni nāṭakāni honti; abhirama deva, mahāpuñño 'si tvan" ti āha. Kumāro amaccaṃ daṇḍena tāḷāpetvā nikkaḍḍhāpesi. So rañño ārocesi; rājā kumārassa mātarā saha gantvā kumāraṃ khamāpetvā puna amaccaṃ appesi[4]. Kumāro tehi atinippīḷiyamāno[5] seṭṭhasuvaṇṇaṃ datvā suvaṇṇakāre āṇāpesi: "sundaraṃ itthirūpaṃ karothā" ti. Te Vissakammanā[6] nimmitasadisaṃ sabbālaṃkārabhūsitaṃ[7] itthirūpaṃ katvā dassesuṃ. Kumāro disvā vimhayena sīsaṃ cāletvā mātāpitunnaṃ pesesi: "yadi īdisiṃ itthiṃ labhāmi[8], gaṇhāmī" ti. Mātāpitaro 'amhākaṃ putto mahāpuñño, avassan tena saha katapuññā kāci dārikā loke uppannā bhavissatī' ti taṃ suvaṇṇarūpaṃ rathaṃ āropetvā amaccānaṃ appesuṃ: "gacchatha īdisiṃ dārikaṃ gavesathā" ti. Te[9] gahetvā soḷasa mahājanapade vicarantā taṃ taṃ gāmaṃ patvā[10] udakatitthādisu, yattha yattha janasamūhaṃ passanti, tattha tattha devataṃ viya taṃ suvaṇṇarūpaṃ ṭhapetvā nānāpupphavatthālaṃkārehi pūjaṃ katvā vitānaṃ bandhitvā ekamantaṃ tiṭṭhanti: 'yadi kenaci evarūpā diṭṭhapubbā bhavissati, so kathaṃ samuṭṭhāpessatī' ti. Etena upāyena[11] aññatra Maddaraṭṭhā

---

1 S^kgn patte. 2 B^a kulaṃ s a ṇ ṭ h a p e s s ā m ī ti.
3 S^gn °rūpaṃ, B^a °rūpa-.
4 B^a saha gantvā "kumāraṃ ramāpehī" ti puna amaccaṃ āṇāpesi; *at* 68^23 B^a *has* āṇāpesuṃ. 5 B^a atipiḷiy°.
6 B^a Visukammena. 7 B^a sabbālaṃkāravibhūsitaṃ.
8 B^a labhissāmi. 9 B^a *ad.* taṃ.
10 B^a gantvā, *here and* 69^20. 11 B^a Etenūp°.

sabbe janapade āhiṇḍitvā taṃ 'khuddakaraṭṭhan' ti avamaññamānā tattha pathamaṃ agantvā[1] nivattiṃsu; tato nesaṃ ahosi 'Maddaraṭṭham pi tāva gacchāma, mā no Bārāṇasiṃ paviṭṭhe pi rājā puna pāhesī' ti Maddaraṭṭhe Sāgalanagaram agamaṁsu. Sāgalanagare ca Maddavo nāma rājā, tassa dhītā soḷasavassuddesikā abhirūpā hoti. Tassā vaṇṇadāsiyo nahānodakatthāya titthaṅ gatā tattha amaccehi ṭhapitaṃ taṃ suvaṇṇarūpaṃ dūrato va disvā "amhe udakassa pesetvā rājaputtī sayam eva āgatā" ti bhaṇantiyo samīpaṃ gantvā "nâyaṃ sāminī, amhākaṃ sāminī ito abhirūpatarā" ti āhaṃsu. Amaccā taṃ sutvā rājānaṃ upasaṃkamitvā anurūpena nayena dārikaṃ yāciṃsu. So pi adāsi. Tato Bārāṇasiraññо pāhesuṃ: "laddhā dārikā, sāmaṃ āgacchati[2] udāhu amhe[3] ānemā" ti. So "mayi āgacchante[4] janapadapīḷā bhavissati, tumhe va ānethā" ti pesesi. Amaccā dārikaṃ gahetvā nagarā nikkhamitvā kumārassa pāhesuṃ: "laddhā suvaṇṇarūpasadisī dārikā" ti. Kumāro[5] sutvā va[6] rāgena abhibhūto paṭhamajjhānā parihāyi; so dūtaparaṃparaṃ[7] pesesi: "sīghaṃ ānethā" ti[8]. Te sabbattha ekarattivāsen' eva Bārāṇasim patvā bahi-nagare ṭhitā rañño pāhesuṃ: "ajja pavisitabbaṃ[9] no" ti. Rājā "seṭṭhakulā ānītā dārikā, maṅgalakiriyaṃ katvā mahāsakkārena pavesessāma; uyyānaṃ tāva naṃ[6] nethā" ti āṇāpesi. Te tathā akaṃsu. Sā accantasukhumālā yānugghātena ubbāḷhā addhānaparissamena uppannavātarogā milātamālā viya hutvā rattiṃ yeva[10] kālam akāsi. Amaccā "sakkārā paribhaṭṭh' amhā" ti paridevimsu, rājā ca nāgarā ca "kulavaṃso vinaṭṭho" ti paridevimsu, nagare mahākolāhalaṃ ahosi. Kumārassa sutamatte yeva mahāsoko udapādi. Tato kumāro sokassa mūlaṃ khaṇitum āraddho; so cintesi: 'ayaṃ soko nāma na ajātassa hoti, jātassa pana hoti, tasmā jātiṃ paṭicca soko' ti, 'jāti pana

---

1 Sk Ba āgantvā. 2 So Skgn; Ba āgacchissati.
3 Sic (< 69[15] tumhe); Sg Ba *ad*. va. 4 Ba *om*. ā-.
5 Ba *ad*. taṃ. 6 Ba *om*. 7 Ba °paramparāya.
8 Ba "sīghaṃ ānetha sīghaṃ ānethā" ti.
9 Ba paves°. 10 Ba rattim eva.

kiṃ paṭiccā' ti, tato 'bhavaṃ paṭicca jātī' ti evaṃ pubbabhāvanānubhāvena yoniso manasikaronto anulomapaṭilomaṃ paṭiccasamuppādaṃ disvā saṃkhāre sammasanto tatth' eva nisinno paccekabodhiṃ sacchākāsi[1]. Taṃ maggaphalasukhena sukhitaṃ santindriyaṃ santamānasaṃ nisinnaṃ disvā paṇipātaṃ katvā amaccā āhaṃsu: "mā soca[2] deva; mahanto Jambudīpo, aññaṃ tato sundarataraṃ ānessāmā" ti. So āha: *"nâhaṃ socako, nissoko paccekabuddho ahan" ti[3]. Ito paraṃ sabbaṃ[4] purimagāthāsadisam eva ṭhapetvā gāthāvaṇṇanaṃ.

36. Gāthāvaṇṇanāyaṃ pana *saṃsaggajātassā* ti jātasaṃsaggassa; tattha dassanasavanakāyasamullāpanasambhogavasena pañcavidho saṃsaggo. Tattha aññamaññaṃ disvā cakkhuviññāṇavīthivasena uppannarāgo dassanasaṃsaggo nāma. Tattha, Sīhaḷadīpe Kāḷadīghagāme[5] piṇḍāya carantaṃ Kalyāṇavihāravāsi - bhāṇaka[6] - daharabhikkhuṃ disvā paṭibaddhacittā kenaci upāyena taṃ alabhitvā kālakatā kuṭumbikadhītā—tassā nivāsanacoḷakhaṇḍaṃ[7] disvā 'evarūpavatthadhāriniyā[8] saddhiṃ saṃvāsaṃ nâlatthan' ti hadayaṃ phāḷetvā kālakato so eva daharo nidassanaṃ†. Parehi pana kathiyamānaṃ rūpādisampattiṃ attanā vā hasitalapitagītasaddaṃ sutvā sotaviññāṇavīthivasena uppanno rāgo savanasaṃsaggo nāma. Tatrâpi Girigāmavāsi-kammāradhītāya[9] pañcahi kumārīhi saddhiṃ padumasaraṃ gantvā nahatvā mālaṃ āropetvā uccāsaddena gāyantiyā ākāsena gacchanto saddaṃ sutvā kāmarāgena visesā parihāyitvā anayavyasanaṃ patto Pañcaggaḷaleṇavāsi-Tissadaharo nidassanaṃ. Aññamaññaṃ aṅgamaṅgaparāmasanena uppannarāgo kāyasaṃsaggo nāma. Dhamma-

* (82^{21}.) † *Cf.* Mp. p. 14^{8} (*ad* A. I, 1).

1 Ba sacchiakāsi. 2 Ba soci (77^{3}).
3 Ba *ad.* vatvā imaṃ gāthaṃ abhāsi. 4 Ba sabban taṃ.
5 Ba Kāḷadīghavāsigāmaṃ (ɔ: Kāḷadīghavāpig°).
6 Sgn bahanaka; Ba Kalyāṇa(ḍaharadārikā bhikkhuṃ).
7 Ba °colākaṃ. 8 Ba °dhāraṇiyā nāma.
9 Ba -kumāradhītāya.

bhāsanadaharabhikkhu[1] c' ettha nidassanaṃ: Mahāvihāre kira daharabhikkhu dhammaṃ bhāsati. Tattha mahājane āgate rājā pi agamāsi[2] saddhiṃ antepurena. Tato rājadhītāya tassa rūpañ ca sarañ[3] ca āgamma balavarāgo uppanno tassa ca daharassâpi[4]. Taṃ disvā rājā sallakkhetvā sāṇipākārena parikkhipāpesi; te aññamaññaṃ parāmasitvā āliṅgiṃsu. Puna sāṇipākāraṃ apanetvā passantā dve pi kālakate[5] addasaṃsū ti. Aññamaññaṃ ālapanasamullāpane uppannarāgo pana[6] s a m u l l ā p a n a s a ṃ s a g g o nāma, bhikkhubhikkhunīhi saddhiṃ paribhogakaraṇe uppannarāgo s a m b h o g a s a ṃ s a g g o nāma. Dvīsu pi ca etesu pārājikappatto bhikkhu ca bhikkhunī ca nidassanaṃ: *Maricavaṭṭināma-Mahāvihāramahe[7] kira Duṭṭhagāmaṇiabhayo mahārājā[8] mahādānaṃ paṭiyādetvā, ubhatosaṃghaṃ parivisati. Tattha uṇhayāguyā dinnāya saṃghanavakasāmaṇerī anādhārakassa saṃghanavakasāmaṇerassa[9] dantavalayaṃ datvā samullāpaṃ akāsi. Te ubho pi upasampajjitvā saṭṭhivassā hutvā paratīraṃ gatā aññamaññaṃ samullāpena pubbasaññaṃ paṭilabhitvā tāvad eva jātasinehā sikkhāpadaṃ vītikkamitvā pārājikā ahesun ti. Evaṃ pañcavidhe saṃsagge[10] yena kenaci saṃsaggena jātasaṃsaggassa *bhavati sineho*[11] purimarāgappaccayo[12] balavarāgo uppajjati, tato *snehanvayaṃ dukkham idaṃ pahoti* tam eva sinehaṃ anugacchantaṃ sandiṭṭhikasamparāyikaṃ sokaparidevādinānappakārakaṃ[13] dukkham idaṃ pahoti nibbattati bhavati jāyati. A p a r e pana "ārammaṇe cittassa vossaggo saṃsaggo" ti bhaṇanti: "tato sineho, sinehā[14] dukkhan" ti.

* (Mv. XXVI, 8, *etc.*).

[1] S^g dhammahāyanad°; B^a dhammagāyanad°.
[2] B^a ā g a m ā s i.
[3] B^a saddañ.
[4] B^a daharabhikkhussa sī (!).
[5] B^a *ad.* yeva.
[6] B^a *om.*
[7] B^a Maricivatināgamahāv°.
[8] B^a °gāmani (*so also* S^n) abhayamah°.
[9] B^a °navakassa sām°.
[10] B^a pañcavidhasaṃsaggesu (*at* 70[13] B^a *has* pañcavidhā saṃsaggā).
[11] B^a sneho.
[12] B^a ° p a c c a y ā.
[13] S^kgn °samparāyika-sokap°.
[14] B^a sneho, snehā.

Evamatthappabhedaṃ[1] imaṃ aḍḍhagāthaṃ vatvā so paccekasambuddho āha: "sv āhaṃ, yam idaṃ[2] snehanvayaṃ sokādidukkhaṃ pahoti, tassa dukkhassa mūlaṃ khaṇanto paccekasambodhiṃ adhigato" ti. Evaṃ vutte te amaccā āhaṃsu: "amhehi dāni bhante kiṃ kattabban" ti. Tato so āha: "tumhe vā añño vā yo imamhā dukkhā muccitukāmo, so sabbo pi *ādīnavaṃ snehajaṃ pekkhamāno* eko care khaggavisāṇakappo" ti. Ettha ca, yan taṃ "snehanvayaṃ dukkham idaṃ pahotī" ti vuttaṃ[3], tad eva sandhāya "ādīnavaṃ snehajaṃ pekkhamāno" ti idaṃ vuttan ti veditabbaṃ[4]. Atha vā 'yathāvuttena saṃsaggena saṃsaggajātassa bhavati sneho snehanvayaṃ dukkham idaṃ pahoti, etaṃ yathābhūtaṃ[5] ādīnavaṃ snehajaṃ pekkhamāno ahaṃ adhigato' ti evam pi abhisambandhitvā catutthapādo pubbe vuttanayen' eva[6] udānavasena vutto ti veditabbo. Tato paraṃ sabbaṃ purimagāthāya vuttasadisam evā ti

Saṃsaggagāthāvaṇṇanā samattā.

(37.) Mitte suhajje ti kā uppatti: Ayaṃ paccekabodhisatto purimagāthāyaṃ[7] vuttanayen' eva uppajjitvā Bārāṇasiyaṃ rajjaṃ kārento paṭhamaṃ jhānaṃ nibbattetvā 'kiṃ samaṇadhammo varaṃ[8], rajjaṃ varan' ti vīmaṃsitvā catunnaṃ amaccānaṃ hatthe rajjaṃ niyyātetvā[9] samaṇadhammaṃ karoti. Amaccā "dhammena samena karothā" ti vuttā pi lañcaṃ gahetvā adhammena karonti; te lañcaṃ gahetvā sāmike parājinantā[10] ekadā aññataraṃ rājavallabhaṃ parājesuṃ. So rañño bhattahārakehi[11] saddhiṃ pavisitvā sabbaṃ ārocesi; rājā dutiyadivase sayaṃ vinicchayaṭṭhānaṃ agamāsi. Tato mahājanakāyo[12] "amaccā sāmike asāmike karontī" ti mahāsaddaṃ karontā[13] mahāyuddhaṃ viya akaṃsu. Atha rājā vinicchayaṭṭhānā vuṭṭhāya pāsādaṃ abhirūhitvā samāpattiṃ appetuṃ nisinno tena saddena vik-

---

1 Ba Evam ettha pabhedaṃ.
2 Ba yad idaṃ. 3 Sk *ad.* hoti. 4 Skgn *ad.* ti.
5 Ba yathāgataṃ. 6 Ba vuttanayena. 7 Ba °gāthāya.
8 Ba varo (73²). 9 Ba niyād°. 10 Ba parājentā.
11 Ba bhattāh° (*cf.* 60¹⁸). 12 Ba °kāyā. 13 Sn Ba karonto.

khittacitto[1] na sakkoti appetuṃ. So 'kiṃ rajjena[2], samaṇadhammo varan' ti[3] rajjussukkaṃ[4] pahāya puna samāpattiṃ nibbattetvā pubbe vuttanayen' eva vipassitvā paccekasambodhiṃ sacchākāsi kammaṭṭhānañ ca pucchito imaṃ gāthaṃ abhāsi.

Tattha mettāyanavasena *mittā*, suhadayabhāvena[5] *suhaj-* 37.
jā, keci hi ekantahitakāmatāya mittā va honti na suhajjā, keci āgamanagamanaṭṭhānanisajjāsamullāpādisu[6] hadayasukhajananena[7] suhajjā va honti na mittā, keci tadubhayavasena suhajjā c' eva mittā ca. Te duvidhā honti: āgāriyā anagāriyā ca. Tattha ā g ā r i y ā tividhā honti: upakārā samānasukhadukkhā anukampakā ti; a n a g ā r i y ā visesena atthakkhāyino eva. Te catuhi aṅgehi samannāgatā honti, yathâha: "catuhi kho gahapatiputta ṭhānehi upakāro mitto suhado veditabbo: pamattaṃ rakkhati, pamattassa sāpateyyaṃ rakkhati, bhītassa saraṇaṃ hoti, uppannesu kiccakaraṇīyesu taddiguṇaṃ[8] bhogaṃ anuppādeti", tathā: "catuhi kho gahapatiputta ṭhānehi samānasukhadukkho mitto suhado veditabbo: guyham assa ācikkhati, guyham assa parigūhati, āpadāsu na vijahati, jīvitam pi[9] 'ssa atthāya pariccattaṃ hoti", tathā: "catuhi kho gahapatiputta ṭhānehi anukampako mitto suhado veditabbo: abhaven' assa na nandati, bhaven' assa nandati, avaṇṇaṃ bhaṇamānaṃ nivāreti, vaṇṇaṃ bhaṇamānaṃ pasaṃsati", tathā: "catuhi kho gahapatiputta ṭhānehi atthakkhāyī mitto suhado veditabbo: pāpā nivāreti, kalyāṇe niveseti, assutaṃ sāveti, saggassa maggaṃ ācikkhatī"* ti. Tesv idha āgāriyā adhippetā, atthato pana sabbe[10] pi yujjanti,—te mitte suhajje; *anukampamāno* ti anudayamāno tesaṃ sukhaṃ upahattukāmo[11]

* D. III, 187⁵⁻²⁵.

[1] Ba vikkhittattā. [2] Ba kiṃ me rajjena.
[3] Ba varo ti. [4] Ba r a j j a s u k h a ṃ.
[5] Ba suhadayasabhāvena. [6] Ba *om.* āgamana-.
[7] Ba hadayassa sukh°. [8] Ba taṃdiguṇaṃ.
[9] Ba ca. [10] Skgn sabbesu.
[11] Ba upasaṃharitukāmo; Sk upagantuk°.

dukkhaṃ apahattukāmo[1]; *hāpeti atthan* ti diṭṭhadhammika-samparāyikaparamatthavasena tividhaṃ, tathā attatthaparatthaubhayatthavasena pi tividhaṃ atthaṃ, laddha[ṃ]-vināsanena aladdhānuppadānenā ti dvidhā pi hāpeti vināseti; *paṭibaddhacitto* ti 'ahaṃ imaṃ vinā na jīvāmi, esa me gati esa me parāyanan' ti evaṃ attānaṃ nīce ṭhāne ṭhapento pi paṭibaddhacitto hoti, 'ime maṃ vinā na jīvanti, ahaṃ tesaṃ gati ahaṃ[2] parāyanan' ti evaṃ attānaṃ ucce ṭhāne ṭhapento paṭibaddhacitto hoti, idha pana evaṃ paṭibaddhacitto adhippeto; *etam bhayan* ti etaṃ attha[ṃ]hāpanabhayaṃ[3], attano samāpattihāniṃ sandhāya bhaṇati[4]; *santhave* ti tividho santhavo taṇhādiṭṭhimittasanthavavasena. Tattha aṭṭhasatappabhedā pi taṇhā taṇhāsanthavo, dvāsaṭṭhippabhedā pi diṭṭhi diṭṭhisanthavo, paṭibaddhacittatāya mittānukampanā mittasanthavo, so[5] idha adhippeto, tena hi 'ssa samāpatti parihīnā,—tenâha: "etaṃ bhayaṃ santhave pekkhamāno aham adhigato" ti. Sesaṃ vuttasadisam evā ti veditabbaṃ.

Mittasuhajjagāthāvaṇṇanā samattā.

(38.) Vaṃso visālo ti kā uppatti: Pubbe kira Kassapassa bhagavato sāsane* tayo paccekabodhisattā pabbajitvā vīsaṃ vassasahassāni gatapaccāgatavattaṃ pūretvā devaloke uppannā tato cavitvā tesaṃ jeṭṭhako Bārāṇasirājakule nibbatto, itare paccantarājakulesu. Te ubho pi kammaṭṭhānaṃ uggaṇhitvā rajjaṃ pahāya pabbajitvā anukkamena paccekabuddhā hutvā Nandamūlakapabbhāre vasantā ekadivasaṃ samāpattito vuṭṭhāya 'mayaṃ kiṃ kammaṃ katvā imaṃ lokuttarasukhaṃ anuppattā' ti āvajjetvā paccavekkhamānā Kassapabuddhakāle attano cariyaṃ addasaṃsu; tato 'tatiyo kuhin' ti āvajjantā[6] Bārāṇasiyaṃ[7]

* *Cf.* 86[13].

[1] Sᵏ Bᵃ apagantuk°. [2] Sᵍ Bᵃ *ad.* tesaṃ (Bᵃ *om.* ahaṃ).
[3] Sᵏᵍⁿ etan tattha hāpanabhayaṃ. [4] Bᵃ vuttaṃ.
[5] Sᵏᵍⁿ *om.* [6] Sᵍⁿ °anto.
[7] Bᵃ °ṇasī; Sᵍ °nasiṃ.

rajjaṃ kārentaṃ disvā tassa guṇe saritvā 'so pakatiyā va appicchatādiguṇasamannāgato ahosi amhākañ ca ovādakovattā vacanakkhamo[1] pāpagarahī; handa naṃ ārammaṇaṃ dassetvā mocemā' ti okāsaṃ gavesantā taṃ ekadivasaṃ sabbālaṃkārabhūsitaṃ uyyānaṃ gacchantaṃ disvā ākāsenâgantvā[2] uyyānadvāre veḷugumbamūle aṭṭhaṃsu. Mahājano atitto rājadassanena rājānaṃ oloketi[3]. Tato rājā 'atthi nu kho koci mama dassanena avyāvaṭo' ti olokento paccekabuddhe addakkhi, saha dassanen' eva c' assa tesu sineho uppajji. So hatthikkhandhā oruyha santena upacārena te upasaṃkamitvā "bhante kimnāmā tumhe" ti pucchi. Te āhaṃsu: "mayaṃ mahārāja Asajjamānā nāmā" ti. "Bhante 'Asajjamānā' ti etassa ko attho" ti. "Alagganattho mahārājā" ti. Tato taṃ veḷugumbaṃ dassentā āhaṃsu: "seyyathā pi mahārāja imaṃ veḷugumbaṃ sabbaso mūlakkhandhasākhānusākhaṃ sibbetvā[4] ṭhitaṃ asihattho puriso mūle chetvā āviñjanto na sakkuṇeyya uddharituṃ, evam eva tvaṃ anto ca bahi ca jaṭāya jaṭito* āsattavisatto tattha laggo; seyyathā vā pan' assa vemajjhe jāto[5] pi ayaṃ vaṃsakaḷīro asañjātasākhattā kenaci alaggo ṭhito sakkā ca pana agge vā mūle vā chetvā uddharituṃ, evam[6] evaṃ mayaṃ katthaci asajjamānā sabbā disā[7] gacchāmā" ti tāvad eva catutthajjhānaṃ[8] samāpajjitvā passato eva rañño ākāsena Nandamūlakapabbhāraṃ agamaṃsu. Tato rājā cintesi 'kadā nu kho aham pi evaṃ asajjamāno bhaveyyan' ti tatth' eva nisīditvā[9] vipassanto paccekabodhiṃ sacchākāsi, purimanayen' eva kammaṭṭhānaṃ pucchito imaṃ gāthaṃ abhāsi.

---

* (S. I, 165[18].)

---

[1] Ba amhākañ ñeva (*i.e.* -ñ c' eva) ovadako vuttavacanakkhamo (*vide* A. IV, 32[4]). [2] Ba *here and* 77[19] ākāsena gantvā.
[3] Ba u l l o k e t i (123[27]).
[4] Ba m ū l a k h a n d h a s ā k h ā h i saṃsibbitvā.
[5] Ba seyyathā pi tassa majjhagato. [6] Ba *om.*
[7] Ba sabbadisā. [8] Sk Ba e v a c a (j) j h ā n a ṃ .
[9] Ba tatth' eva nisīdi; so.

38. Tattha *vaṃso* ti veḷu; *visālo* ti vitthiṇṇo; *va*-kāro avadhāraṇattho; eva-kāro v ā ayaṃ, sandhivasen' ettha[1] e-kāro naṭṭho[2],—tassa parapadena sambandho, taṃ pacchā yojessāma; *yathā* ti paṭibhāgo; *visatto* ti laggo jaṭito saṃsibbito; *puttesu dāresu cā* ti puttadhītubhariyāsu; *yā apekhā* ti yā taṇhā, yo sineho[3]; *vaṃsakaḷīro va asajjamāno* ti vaṃsakaḷīro viya alaggamāno, kiṃ vuttaṃ hoti: y a t h ā vaṃso visālo visatto eva hoti, puttesu dāresu ca yā[4] apekhā sā pi e v a ṃ tāni vatthūni sibbetvā[5] ṭhitattā visattā, e v a ṃ sv āhaṃ tāya apekhāya apekhavā visālo vaṃso viya visatto ti; evaṃ apekhāya ādīnavaṃ disvā taṃ apekhaṃ maggañāṇena chindanto ayaṃ vaṃsakaḷīro va[6] rūpādisu diṭṭhādisu vā lobhādisu vā kāmabhavādisu vā taṇhāmānadiṭṭhivasena asajjamāno paccekabodhiṃ adhigato ti. Sesaṃ purimanayen' eva veditabbaṃ.

Vaṃsakaḷīragāthāvaṇṇanā samattā.

(39.) Migo araññamhī ti kā uppatti: Eko kira bhikkhu Kassapassa bhagavato sāsane yogāvacaro kālaṃ katvā Bārāṇasiyaṃ seṭṭhikule uppanno aḍḍho[7] mahaddhano[7] mahābhogo[7]. So subhago ahosi; tato pāradāriko hutvā tattha kālakato niraye nibbatto, tattha paccitvā vipākāvasesena seṭṭhibhariyāya kucchimhi itthipaṭisandhiṃ aggahesi. Narakā āgatānaṃ gattāni uṇhāni honti, tena seṭṭhibhariyā ḍayhamānena udarena kicchena kasirena taṃ gabbhaṃ dhāretvā kālena dārikaṃ vijāyi. Sā jātadivasato pabhuti mātāpitunnaṃ sesabandhuparijanānañ ca dessā ahosi; vayappattā ca, yamhi kule dinnā, tattha pi sāmikasassusasurānaṃ dessā va ahosi appiyā amanāpā. Atha nakkhatte ghosite seṭṭhiputto tāya saddhiṃ kīḷituṃ anicchanto vesiṃ ānetvā kīḷati. Dāsīnaṃ santikā sutvā seṭṭhiputtaṃ upasaṃkamitvā nānappakārehi anunayitvā "ayyaputta itthī nāma, sace pi dasannaṃ rājūnaṃ kaniṭṭhā hoti cakkavattino vā dhītā, tathā pi sāmikassa pesanakarā[8] hoti sāmike anālapante sūle āropitā[9] viya dukkhaṃ paṭisaṃvedeti;

[1] B^a °vasen' ev' ettha. [2] B^a daṭṭhabbo (!).
[3] B^a sneho. [4] B^a *ad.* pi. [5] B^a sibbitvā. [6] B^a v i y a.
[7] B^a °e. [8] B^a sāmikā pi lapanakā. [9] B^a sūlaṃ āropento.

sace ahaṃ anuggahārahā[1], anuggahetabbā[1], no ce, vissajjetabb' amhi[2], attano ñātikulaṃ gamissāmī" ti. Seṭṭhiputto "hotu bhadde, mā soci; kīḷanasajjā hohi, nakkhattaṃ kīḷissāmā" ti āha. Seṭṭhidhītā tāvatakenâpi sallāpamattena ussāhajātā 'sve nakkhattaṃ kīḷissāmī' ti bahuṃ khajjabhojjaṃ paṭiyādesi. Seṭṭhiputto dutiyadivase anārocetvā va kīḷanaṭṭhānaṃ gato. Sā 'idāni pesessati, idāni pesessatī' ti maggaṃ olokentī nisinnā ussūraṃ disvā manusse pesesi; te paccāgantvā "seṭṭhiputto gato" ti ārocesuṃ. Sā sabbaṃ[3] paṭiyādānaṃ[4] ādāya yānaṃ abhirūhitvā uyyānaṃ gantuṃ āraddhā. Atha Nandamūlakapabbhāre paccekasambuddho sattame divase nirodhā vuṭṭhāya Anotatte mukhaṃ dhovitvā nāgalatādantapoṇaṃ khāditvā 'kattha ajja bhikkhaṃ carissāmī' ti āvajjento taṃ seṭṭhidhītaraṃ disvā 'imissā mayi kāraṃ[5] katvā taṃ kammaṃ parikkhayaṃ gamissatī' ti ñatvā, pabbhārasamīpe saṭṭhiyojanaṃ manosilātalaṃ—tattha ṭhatvā nivāsetvā pattacīvaraṃ ādāya abhiññāpādakajjhānaṃ samāpajjitvā ākāsenâgantvā tassā paṭipathe oruyha Bārāṇasiṃ-abhimukho[6] agamāsi. Taṃ disvā dāsiyo seṭṭhidhītāya ārocesuṃ. Sā yānā oruyha sakkaccaṃ vanditvā pattaṃ sabbarasasampannena[7] khādaniyena bhojaniyena pūretvā padumapupphena paṭicchādetvā heṭṭhā pi padumapupphaṃ katvā pupphakalāpakaṃ hatthena gahetvā paccekabuddhaṃ upasaṃkamitvā tassa hatthe pattaṃ datvā vanditvā pupphakalāpahatthā[8] patthesi: "bhante yathā imaṃ pupphaṃ, evâhaṃ, yattha yattha uppajjāmi, tattha tattha mahājanassa piyā bhaveyyaṃ manāpā" ti. Evaṃ patthetvā dutiyaṃ patthesi: "bhante dukkho gabbhavāso, taṃ anupagamma padumapupphe eva paṭisandhi bhaveyyā" ti. Tatiyaṃ[9] patthesi: "bhante jigucchanīyo mātugāmo, cakkavattidhītā pi paravasaṃ gacchati, tasmā ahaṃ itthibhāvaṃ anupagamma puriso bhaveyyan" ti. Catut-

---

1 Ba °aṃ. 2 Ba vissajjetabbaṃ. 3 Sk *ad.* taṃ.
4 Ba patiyāḍanaṃ. 5 Ba sakkāraṃ.
6 Ba Bārāṇasibhimokkho. 7 Ba sambhārasampannena.
8 Sgn pupphakalāpakahatthā; *cf.* 78[3,7]. 9 Ba *ad.* pi.

thaṃ[1] patthesi: "bhante imaṃ[2] saṃsāradukkhaṃ atikkamma pariyosāne tumhehi pattaṃ amataṃ[3] pāpuṇeyyan" ti. Evaṃ caturo paṇidhī katvā taṃ padumapupphakalāpakaṃ paccekabuddhassa hatthe ṭhapetvā pañcapatiṭṭhitaṃ[4] vanditvā "pupphasadiso eva me gandho ca[5] vaṇṇo ca hotū" ti imaṃ pañcamaṃ paṇidhiṃ akāsi. Tato paccekabuddho pattaṃ pupphakalāpañ[6] ca gahetvā ākāse ṭhatvā

"icchitaṃ patthitaṃ tuyhaṃ khippam eva samijjhatu,
sabbe pūrentu saṃkappā cando pannarase yathā"* ti

imāya gāthāya seṭṭhidhītāya anumodanaṃ katvā 'seṭṭhidhītā maṃ gacchantaṃ passatū' ti[7] adhiṭṭhahitvā Nandamūlakapabbhāraṃ agamāsi. Seṭṭhidhītāya taṃ disvā mahatī pīti uppannā bhavantare kataṃ akusalakammaṃ anokāsatāya[8] parikkhīṇaṃ, ciñcambiladhotatambabhājanam iva suddhā jātā; tāvad ev' assā patikule ñātikule ca sabbo jano tuṭṭho "kiṃ karomā" ti piyavacanāni paṇṇākārāni pesesi[9]. Seṭṭhiputto manusse pesesi: "sīghasīghaṃ[10] ānetha seṭṭhidhītaraṃ, ahaṃ vissaritvā uyyānaṃ āgato" ti,—tato pabhuti ca naṃ ure vilittacandanaṃ viya muttāhāraṃ[11] viya pupphamālaṃ viya ca piyāyanto[12] parihari. Sā tattha yāvatāyukaṃ issariyabhogasukhaṃ[13] anubhavitvā kālaṃ katvā purisabhāvena devaloke padumapupphe uppajji: so devaputto gacchanto pi padumapupphagabbhe[14] eva gacchati, tiṭṭhanto pi, nisīdanto pi, sayanto[15] pi padumapupphagabbhe yeva sayati, Mahāpadumo[16] devaputto ti c' assa nāmaṃ akaṃsu. Evaṃ so tena iddhānubhāvena anulomapaṭilomaṃ cha devaloke eva saṃsarati.

---

* *Cf.* Dhp. A. I, 198, III, 92.

---

1 B^a *ad.* pi. 2 B^a imaṃ bhante. 3 B^a *ad.* arahattaṃ.
4 B^a °ddhassa pūjetvā pañcapatiṭṭhitena.
5 B^a c' eva. 6 B^a °kalāpakañ. 7 S^kgn passetū ti.
8 *So* B^a; S^kgn a n o k ā s a k a t ā y a.
9 *So* S^kgn; B^a °vacanāni ca paṇṇākārāni ca pesesi.
10 B^a sīghaṃ. 11 B^a āmuttāhāraṃ.
12 B^a piyāyamāno. 13 S^kgn issariyabhogaṃ sukhaṃ.
14 S^kgn *om.* paduma-. 15 B^a sayāno. 16 B^a °paduma-.

Tena ca samayena Bārāṇasirañño vīsatiṃ[1] itthisahassāni honti, ekissā pi kucchiyaṃ puttaṃ na labhati. Amaccā rājānaṃ viññāpesuṃ: "deva kulavaṃsānupālako putto icchitabbo, attaje avijjamāne khettajo pi kulavaṃsadharo hotī" ti. Rājā ṭhapetvā mahesiṃ avasesā nāṭakiyo "sattāhaṃ dhammanāṭakaṃ karothā" ti yathākāmaṃ bahi carāpesi, tathā pi puttaṃ nâlattha. Puna amaccā āhaṃsu: "mahārāja mahesī nāma[2] puññena ca paññāya ca sabbitthīnaṃ aggā; app eva nāma devo mahesiyā pi kucchismiṃ[3] puttaṃ labheyyā" ti. Rājā mahesiyā etam atthaṃ ārocesi. Sā āha "mahārāja[4] yā nāma saccavādinī sīlavatī, sā puttaṃ labheyya, hirottapparahitāya kuto putto" ti[5] pāsādaṃ abhirūhitva[6] pañca sīlāni samādiyitvā punappuna anumajjati. Sīlavatiyā rājadhītāya pañca sīlāni anumajjantiyā puttapatthanācitte uppannamatte Sakkassa āsanaṃ santappi[7]. Atha Sakko āsanasantāpakāraṇaṃ[8] āvajjanto etam atthaṃ viditvā 'sīlavatiyā rājadhītāya varaputtaṃ[9] demī' ti ākāsenâgantvā deviyā pamukhe[10] ṭhatvā "kiṃ varesi devī" ti—"puttaṃ mahārājā" ti—"dammi[11] devi puttaṃ, mā cintayī" ti vatvā devalokaṃ gantvā 'atthi nu kho ettha khīṇāyuko' ti āvajjanto 'ayaṃ Mahāpadumo upari devaloke upapajjituṃ ito cavatī' ti ñatvā tassa vimānam gantvā "tāta Mahāpaduma manussalokaṃ gacchāhī" ti yāci. So āha: "mahārāja mā evaṃ bhaṇi, jeguccho manussaloko" ti—"tāta tvaṃ manussaloke puññaṃ katvā idh' uppanno[12], tatth' eva ṭhatvā pāramiyo pūretabbā, gaccha tātā" ti—"dukkho mahārāja gabbhavāso, na sakkomi tattha vasituṃ" ti—"kiñ ca te[13] tāta gabbhavāsena; tathā hi tvaṃ kammam akāsi, yathā kamalagabbhe yeva nibbattissasi, gaccha tātā" ti punappunaṃ vuccamāno adhivāsesi. Tato Mahāpadumo devalokā cavitvā Bārā-

---

1 *Cf.* 59²⁷ *sqq.* 2 Ba *om.* 3 Ba mahesiyā kucchimhi. 4 Ba *ad.* itthi. 5 Ba *ad.* sā. 6 Ba abhiruy(h)itva; Sk āruhitvā. 7 Ba saṃkampi. 8 Sk āsanatāpak°; Ba āsanatāpanam. 9 Ba puttavaraṃ. 10 Ba s a m m u k h e. 11 Ba *ad.* te. 12 Skgn i d h û p a p a n n o. 13 Ba ki te.

ṇasirañño uyyāne Silāpaṭṭapokkharaṇiyaṃ[1] padumagabbhe nibbatto; tañ ca rattiṃ mahesī paccūsasamaye supinantena[2] vīsatiitthisahassaparivutā uyyānaṃ gantvā Silāpaṭṭapokkharaṇiyaṃ[1] padumasare[3] puttaṃ laddhā viya ahosi. Sā pabhāte[4] sīlāni rakkhamānā tath' eva tattha gantvā ekaṃ padumapupphaṃ addasa, taṃ n' eva tīre hoti na gambhīre, saha dassanen' eva c' assā tattha puttasineho uppajji. Sā sāmaṃ yeva pavisitvā taṃ pupphaṃ aggahesi; pupphe gahitamatte yeva pattāni vikasiṃsu, tattha[5] taṭṭake[6] āsittasuvaṇṇapaṭimaṃ viya dārakaṃ addasa, disvā va "putto laddho me" ti[7] saddaṃ nicchāresi. Mahājano sādhukārasahassāni muñci rañño ca pesesi. Rājā sutvā "kattha laddho" ti pucchitvā laddhokāsañ ca sutvā "uyyānañ ca pokkharaṇī ca padumañ ca amhākaṃ yeva[8], tasmā amhākaṃ khette jātattā khettajo nāmâyaṃ putto" ti vatvā nagaraṃ pavesetvā vīsatisahassā itthiyo dhātikiccaṃ kārāpesi. Yā yā kumārassa ruciñ ñatvā patthitaṃ patthitaṃ khādaniyaṃ khādāpeti, sā sā sahassaṃ labhati; sakalaBārāṇasī calitā, sabbo jano kumārassa paṇṇākārasahassāni pesesi. Kumāro taṃ taṃ atinetvā "imaṃ[9] khāda imaṃ[9] bhuñjā" ti vuccamāno bhojanena ubbāḷho ukkaṇṭhito hutvā gopuradvāraṃ gantvā lākhāguḷakena kīḷati. Tadā aññataro paccekabuddho Bārāṇasiṃ nissāya Isipatane vasati. So kālass' eva vuṭṭhāya senāsanavattasarīraparikammamanasikārādīni sabbakiccāni katvā patisallāṇā vuṭṭhito 'ajja kattha bhikkhaṃ gahessāmī' ti āvajjanto kumārassa sampattiṃ disvā 'esa pubbe kiṃ kammam akarī'* ti vīmaṃsanto 'mādisassa piṇḍapātaṃ datvā catasso patthanā patthesi; tattha tisso siddhā, ekā na tāva sijjhati; tassa upāyena ārammaṇaṃ dassemī' ti

* [J. V, 9[29].]

---

1 Ba Silāpatte pokkharaṇiyam.
2 Ba supinante (Pj. I, 175[1], *etc.*).
3 Ba *ad.* va.
4 Ba pabhā(tā)ya rattiyā.
5 Ba *ad.* gantvā.
6 Sk tuttake; Sgn tatrake; Ba dhāṭṭake.
7 Ba *om.*
8 Ba *ad.* khettaṃ.
9 *So* Skgn Ba *here and* 81[13], *but cf.* 81[3].

bhikkhācariyavasena kumārassa avidūre[1] agamāsi. Kumāro disvā "samaṇa samaṇa mā idha āgañchi, ime hi tam pi 'idaṃ khāda idaṃ bhuñjā' ti bādheyyun" ti[2] āha. So ekavacanen' eva tato nivattitvā attano senāsanaṃ pāvisi. Kumāro[3] parijanaṃ āha: "ayaṃ samaṇo mayā vuttamatto yeva nivatto; kuddho nu kho mamā" ti. Tato tehi "pabbajitā nāma deva na kodhaparāyanā honti, parena pasannamanena[4] yaṃ dinnaṃ hoti, tena yāpentī" ti vuccamāno pi 'ruṭṭho[5] eva mamâyaṃ samaṇo, khamāpessāmi nan' ti mātāpitunnaṃ ārocetvā hatthiṃ abhirūhitvā mahatā rājānubhāvena Isipatanaṃ gantvā migayūthaṃ disvā pucchi: "kiṃnāmā ete" ti—"ete sāmi migā nāmā" ti—"ete 'imaṃ khādatha imaṃ bhuñjatha imaṃ sāyathā' ti vatvā paṭijaggantā atthi n' atthī" ti—"n' atthi sāmi; yattha tiṇodakaṃ sulabhaṃ, tattha vasantī" ti. Kumāro 'yathā ime arakkhiyamānā va, yattha icchanti, tattha vasanti, kadā nu kho aham pi evaṃ vaseyyan' ti etam ārammaṇaṃ aggahesi. Paccekabuddho pi tassa āgamanaṃ ñatvā, senāsanamaggañ ca caṃkamanañ ca sammajjitvā maṇḍaṃ[6] katvā ekadvikkhattuṃ[7] caṃkamitvā padanikkhepaṃ dassetvā, divāvihārokāsañ ca paṇṇasālañ ca sammajjitvā maṇḍaṃ katvā pavisanapadanikkhepaṃ dassetvā nikkhamanapadanikkhepaṃ adassetvā aññatra agamāsi. Kumāro tattha gantvā taṃ padesaṃ sammajjitvā maṇḍaṃ kataṃ disvā "vasati maññe ettha so paccekabuddho" ti parijanena bhāsitaṃ sutvā āha: "pāto pi so samaṇo ruṭṭho[8], idāni hatthiassādīhi[9] attano okāsaṃ akkantaṃ[9] disvā suṭṭhutaraṃ russeyya[10]; idh' eva tumhe tiṭṭhathā" ti hatthikkhandhā oruyha eko eva[11] senāsanaṃ paviṭṭho vattasīsena susammaṭṭho-

---

[1] Ba santikam. [2] Ba vadeyyun ti.
[3] Ba *ad.* pi. [4] Ba sampannamanena (209, *note* 5).
[5] Ba kuddho (*om.* mamâyaṃ).
[6] *So* Skgn; Ba maṭṭhaṃ *here and below.*
[7] Ba ekadvitikkhattuṃ. [8] Ba duṭṭho.
[9] Ba °assādīni . . . akkantāni.
[10] Ba dusseyya. [11] Ba ekako va.

kāse[1] padanikkhepaṃ disvā 'nâyaṃ[2] samaṇo ettha caṃkamanto vaṇijjādikammaṃ cintesi, addhā attano hitam eva [3]cintesī' ti vīmaṃsanto divāvihāraṭṭhānaṃ agamāsi. Tatrâpi padanikkhepaṃ disvā tath' eva cintetvā puna pade padaṃ nikkhipanto dvāraṃ vivaritvā anto-paṇṇasālaṃ pavisitvā paccekabuddhaṃ apassanto ito c' ito ca olokayamāno tassâsanasilāpaṭṭaṃ addasa; tam pi disvā 'nâyaṃ samaṇo idha nisinno vaṇijjādikammaṃ cintesi, addhā attano hitaṃ samaṇadhammam eva cintesī' ti tatth' eva nisīditvā yoniso manasikaronto yathākkamena samathaṃ vipassanañ ca paripūretvā paccekabodhiṃ sacchākāsi. So lokuttarasukhaṃ anubhavanto tato na nikkhamati. Amaccā 'rañño āṇā nāma garukā, "mama puttaṃ gahetvā ciraṃ araññe papañcitthā" ti daṇḍam pi no paṇeyya; kumāraṃ gahetvā gacchāmā' ti paṇṇasālaṃ pavisitvā paccekabuddhaṃ adisvā kumāraṃ tathā nisinnaṃ disvā 'ayaṃ paccekabuddhaṃ apassanto cintāya nisinno' ti mantvā āhaṃsu: "deva paccekabuddho idh' eva vasati na kuhiñci gato, sve pi naṃ āgantvā khamāpessāma; 'na diṭṭho paccekabuddho' ti mā cintaya, ehi gacchāmā" ti. Kumāro "nâhaṃ cintemi, acintako 'mhi jāto" ti āha. "Kiṃ kataṃ sāmī" ti. "Paccekabuddho jāto 'mhī" ti, purimanayen' eva kammaṭṭhānaṃ pucchito imaṃ gāthaṃ abhāsi: migo araññamhī ti.

39. Tattha *migo* ti dve migā[3]: tiṇamigo pasadamigo[4] ca, a p i c a sabbesaṃ āraññakacatuppadānaṃ[5] etaṃ adhivacanaṃ, idha pana pasadamigo adhippeto[6]; *araññamhī* ti

---

[1] Ba *om.* su-. [2] Ba ayaṃ, na *before* vaṇijj°.

[3–3] Ba maññesi; pasannamānaso caṅkamaṃ abhirūhitvā dūrīkataputhuvitakko gantvā pāsāṇaphalake nisīditvā sañata-(<sañjāta-)ekaggo hutvā paṇṇasālaṃ pavisitvā vipassanto paccekabodhiñāṇaṃ adhigantvā purimanayen' eva purohitena kammaṭṭhāne pucchite gagaṇatale nisinno imaṃ gāthaṃ āha. Migo ti dve migā.

[4] Skgn *ad.* ti.

[5] Ba araññikānaṃ catuppadānaṃ.

[6] Ba *ad.* ti vadanti.

gāmañ ca gāmūpacārañ ca ṭhapetvā avasesaṃ araññaṃ*, idha pana uyyānaṃ adhippetaṃ, tasmā uyyānamhī ti vuttaṃ hoti; *yathā* ti paṭibhāgo; *abaddho* ti rajjubandhanādisu[1] yena kenaci abaddho, etena vissatthacariyaṃ dīpeti; [2]*yenicchakaṃ gacchati gocarāyā* ti yena disābhāgena icchati, tena gocaratthaṃ gacchati, tasmā tattha, yattakaṃ icchati gantuṃ, tattakaṃ gacchati, yaṃ icchati khādituṃ, taṃ khādatī ti dīpeti. Vuttam pi c' etaṃ[2] Bhagavatā: "seyyathā pi bhikkhave āraññako migo araññe pavane[3] caramāno vissattho gacchati vissattho tiṭṭhati, nisīdati, vissattho seyyaṃ kappeti, taṃ kissa hetu: anāpāthagato bhikkhave luddassa, evam eva kho bhikkhave bhikkhu vivicc' eva kāmehi . . . pe . . . paṭhamajjhānaṃ[4] upasampajja viharati; ayaṃ vuccati bhikkhave bhikkhu andham akāsi Māraṃ apadaṃ vadhitvā Mārassa cakkhuṃ adassanaṃ gato pāpimato" ti vitthāro.† *Viññū naro* ti paṇḍitapuriso; *seritan* ti[5] sacchandavuttitaṃ aparāyattabhāvaṃ; *pekkhamāno* ti paññācakkhunā olokayamāno; atha vā dhammaseritaṃ puggalaseritañ ca, lokuttaradhammā hi kilesavasaṃ agamanato serino tehi samannāgatā puggalā ca, tesaṃ bhāvaniddeso seritā, taṃ pekkhamāno ti. Kiṃ vuttaṃ hoti: 'migo araññamhi yathā abaddho yenicchakaṃ gacchati gocarāya, kadā nu kho aham pi evaṃ gaccheyyan' ti iti me tumhehi ito c' ito ca parivāretvā ṭhitehi baddhassa yenicchakaṃ gantuṃ ala-

* (Vin. III, 46[33]).   † M. I, 174[9]–175[9].

[1] Ba °bandhanādīhi *om.* yena kenaci.

[2–2] Ba yen' icchi ti yena yena disābhāgena gantum icchati, tena tena disābhāgena gocarāya gacchati, vuttam pi c' etaṃ.

[3] Skgn vane.

[4] Ba paṭhamaṃ jh° (67[21]).

[5]–84[6] Ba sacchandavuttikaṃ aparāyattikaṃ. Idaṃ vuttaṃ hoti: 'yathā migo araññamhi abaddho yenicchakaṃ gacchati gocarāya, tathā aham pi taṇhābandhanaṃ chinditvā evam careyyan' ti viññū paṇḍito naro seritaṃ pekkhamāno eko care ti. Migaraññagāthāvaṇṇanā.

bhantassa tasmiṃ yenicchakagamanābhāvena yenicchakagamane vânisaṃsaṃ disvā anukkamena samathavipassanā pāripūriṃ agamaṃsu, tato paccekabodhiṃ adhigato 'mhi; tasmā añño pi viññū naro seritaṃ pekkhamāno eko care khaggavisāṇakappo ti. Sesaṃ vuttanayen' eva veditabbaṃ.

Migagāthāvaṇṇanā samattā.

(40.) [1]Āmantanā ti kā uppatti: Atīte kira Ekavajjikabrahmadatto nāma rājā ahosi mudukajātiko: yadā rājapurisā tena saha yuttaṃ vā ayuttaṃ vā mantetukāmā honti, tadā naṃ pāṭiyekkaṃ pāṭiyekkaṃ ekamantaṃ nenti. Taṃ ekadivasaṃ divāseyyaṃ upagataṃ aññataro puriso "mama deva sotabbaṃ atthī" ti ekamantaṃ-gamanaṃ[1] yāci. So uṭṭhāya agamāsi. Puna eko mahāupaṭṭhāne nisinnaṃ yāci, eko hatthikkhandhe, eko assapiṭṭhimhi[2], eko suvaṇṇarathe, eko sivikāyaṃ nisīditvā uyyānaṃ gacchantaṃ yāci, tassa pi[3] orohitvā agamāsi[4]; aparo janapadacārikaṃ gacchantaṃ yāci, tassa pi vacanaṃ sotuṃ hatthito[5] oruyha ekamantaṃ agamāsi. Evaṃ so [6]Ekavajjiko ti pākaṭo hutvā[6] nibbiṇṇo pabbaji, amaccā issariyena vaḍḍhitā[7]. Tesu eko gantvā rājānaṃ āha: "amukaṃ[8] nāma mahārāja janapadaṃ mayhaṃ dehī" ti. Rājā "taṃ itthannāmo nāma[9] bhuñjatī" ti bhaṇati. So rañño vacanaṃ anādiyitvā 'gacchām' ahan taṃ[9] janapadaṃ gahetvā bhuñjāmī' ti tattha gantvā kalahaṃ katvā puna ubho pi rañño santikaṃ āgatā aññamaññassa dosaṃ ārocenti. Rājā 'na sakkā ime tosetun' ti tesaṃ lobhe ādīnavaṃ disvā vipassanto paccekabodhiṃ sacchākāsi[10] purimanayen' eva imañ ca udānagāthaṃ abhāsi.

[1—1] B^a Āmantanā hotī ti kā uppatti: Bārāṇasirañño upaṭṭhānasamaye amaccā upasaṃkamiṃsu. Tesu eko amacco "deva sotabbaṃ atthī" ti ekamante gamanaṃ.

[2] B^a °piṭṭhiyaṃ nisinnaṃ, *ins.* nisinnaṃ *after* suvaṇṇarathe.

[3] S^gn tassâpi, B^a rājā tato. [4] B^a aṭṭhāsi.

[5] B^a tassâpi vacanaṃ sutvā hatthikkhandhato.

[6—6] B^a tehi. [7] B^a vaḍḍhanti.

[8] B^a asukaṃ. [9] B^a *om.* [10] B^a *ad.* so.

Tass' attho: *sahāyamajjhe* ṭhitassa divāseyyasaṃkhāte 40.
vāse ca mahāupaṭṭhānasaṃkhāte *ṭhāne* ca uyyānagamanasaṃkhāte *gamane* ca janapadacārikāsaṃkhātāya[1] (*cārikāya*) ca [2]"idaṃ me suṇa, idaṃ me dehī" ti[2] ādinā nayena tathā tathā *āmantanā hoti,* tasmâham tattha nibbijjitvā[3], yâyaṃ ariyajanasevitā anekānisaṃsā ekantasukhā evaṃ sante pi lobhābhibhūtehi sabbakāpurisehi anabhijjhitā anabhipatthitā[4] pabbajjā, taṃ *anabhijjhitaṃ,* paresaṃ avasavattanena dhammapuggalavasena ca* *seritaṃ pekkhamāno* vipassanaṃ ārabhitvā anukkamena paccekabodhiṃ adhigato ti. [5]Sesaṃ vuttanayam eva[5].

Āmantanagāthāvaṇṇanā[6] samattā.

Khiḍḍā ratī ti kā uppatti: Bārāṇasiyaṃ Ekaputtika- (41).
brahmadatto nāma rājā ahosi. So c' assa ekaputtako piyo[7] manāpo pāṇasamo, sabbairiyāpathesu[8] puttaṃ gahetvā va vattati. So ekadivasaṃ uyyānaṃ gacchanto taṃ ṭhapetvā gato; kumāro pi taṃ divasaṃ yeva uppannena vyādhinā mato. Amaccā 'puttasinehena[9] rañño hadayam pi[10] phaleyyā' ti anārocetvā va naṃ jhāpesuṃ. Rājā pi[10] uyyāne surāmadena matto puttaṃ n' eva sari[11], tathā dutiyadivase pi nahānabhojanavelāsu, [12]bhuttāvī nisinno saritvā "puttam me[10] ānethā" ti āha. Tassa anurūpena vidhānena taṃ pavattiṃ ārocesuṃ. Tato sokābhibhūto nisinno evaṃ yoniso manasâkāsi[13]: 'imasmiṃ sati idaṃ hoti, imass' uppādā idaṃ uppajjatī' ti. So evaṃ anukkamena anulomapaṭilo-

---

* (83[19])

---

[1] B[a] °cārikasaṃkhātāya; S[gn] °cārikatāya.

[2–2] B[a] "idaṃ me suvaṇṇaṃ dehī" ti.

[3] B[a] tattha nibbiṇṇo pabbajitvā.

[4] S[kgn] anabhijjhitā āpattitā (S[k] āpacchitā); B[a] anabhijja-anabhipatthitā.

[5–5] B[a] *om.* [6] B[a] Āmantanāg°, S[k] Āmantaṇāg°.

[7] B[a] *ad.* ahosi. [8] S[kgn] °pathe, *cf.* 89[22].

[9] B[a] °sinehen' eva. [10] B[a] *om.* [11] B[a] sarati.

[12] B[a] *ins.* atha. [13] S[gn] manasikāsi; S[k] <manasikāsi.

mam paṭiccasamuppādam sammasanto paccekabodhim sacchākāsi. Sesam Saṃsaggagāthāya* vuttasadisam eva ṭhapetvā gāthāvaṇṇanam[1].

41. Atthavaṇṇanāyam[2] pana *khiḍḍā* ti kīḷanā, sā duvidhā hoti: kāyikā ca vācasikā ca, kāyikā nāma "hatthīhi pi kīḷanti, assehi pi, dhanūhi pi, tharūhi pī"† ti[3] evamādi, vācasikā "gītam silokabhaṇanam mukhabherī"† ti evamādi; *ratī* ti pañcakāmaguṇarati; *vipulan* ti yāva aṭṭhimiñjam āhacca ṭhānena sakalattabhāvavyāpakam. Sesam pākaṭam eva, anusandhiyojanā pi c' ettha Saṃsaggagāthāya vuttanayen' eva veditabbā tato parañ ca sabbam.

Khiḍḍāratigāthāvaṇṇanā samattā.

(42). Cātuddiso ti kā uppatti: Pubbe kira Kassapassa bhagavato sāsane pañca paccekabodhisattā pabbajitvā[4] vīsam[5] vassasahassāni gatapaccāgatavattam pūretvā devaloke uppannā tato cavitvā tesam jeṭṭhako Bārāṇasirājā ahosi, sesā pākatikarājāno[6]. Te cattāro pi kammaṭṭhānam uggaṇhitvā[7] rajjam pahāya pabbajitvā[8] anukkamena paccekabuddhā hutvā Nandamūlakapabbhāre vasantā ekadivasam samāpattito vuṭṭhāya Vaṃsakaḷīragāthāyam‡ vuttanayen' eva attano kammañ ca[4] sahāyañ ca āvajjitvā ñatvā Bārāṇasirañño upāyena ārammaṇam dassetum okāsam gavesanti. So ca rājā tikkhattum rattiyā ubbijjati§ bhīto vissaram karoti mahātale dhāvati; purohitena kālass' eva vuṭṭhāya sukhaseyyam pucchito pi "kuto me ācariya sukhan" ti sabban tam pavattim ārocesi. Purohito pi 'ayam rogo na sakkā yena kenaci uddhavirecanādinā|| bhesajjakammena[9]

---

* 70[4]. † *Cf.* Nidd.
‡ 74[27]. § (S. I, 228[3]).
|| (D. I, 12[7].)

---

1 Skgn gāthāy' atthavaṇṇanam. 2 Skgn °vaṇṇanāya.
3 Ba assehi pi rathehi pī ti. 4 Ba *om.*
5 Skgn Ba vīsati (92, *note* 1).
6 Ba pakatika°, Skgn pākatiya°. 7 Ba uggahetvā.
8 Skgn pabbajitā. 9 Ba uddhamvirecanādibhes°.

vinetuṃ, mayhaṃ pana khādanūpāyo uppanno' ti cintetvā "rajjahānijīvitantarāyādīnaṃ pubbanimittaṃ etaṃ mahārājā" ti rājānaṃ suṭṭhutaraṃ ubbejetvā "tassa vūpasamanatthaṃ[1] ettake ca ettake[2] ca[2] hatthiassarathādayo hiraññasuvaṇṇañ[3] ca dakkhiṇaṃ datvā yañño yajitabbo" ti yaññayajane samādapesi. Tato paccekabuddhā anekāni pāṇasahassāni yaññatthāya sampiṇḍiyamānāni disvā 'etasmiṃ kamme kate dubbodhaneyyo hoti; handa naṃ paṭigacc' eva gantvā pekkhāmā' ti Vaṃsakalīragāthāya[4] vuttanayen' eva āgantvā piṇḍāya caramānā rājaṅgaṇe pāḷiyā agamaṃsu. Rājā sīhapañjare ṭhito rājaṅgaṇaṃ olokayamāno te addakkhi, saha dassanen' eva c' assa sineho uppajji. Tato te pakkosāpetvā ākāsatale paññattāsane nisīdāpetvā sakkaccaṃ bhojetvā[5] katabhattakicce "ke tumhe" ti pucchi. "Mayaṃ mahārāja Cātuddisā nāmā" ti—"bhante 'Cātuddisā' ti imassa ko attho" ti—"catusu disāsu katthaci[6] bhayaṃ vā cittutrāso vā amhākaṃ n' atthi mahārājā" ti—"bhante tumhākaṃ taṃ bhayaṃ kiṃkāraṇā na hotī" ti—"[7]mahārāja mettaṃ bhāvema, karuṇaṃ, muditaṃ, upekhaṃ bhāvema, tena no taṃ bhayaṃ na hotī" ti vatvā va[8] uṭṭhāyâsanā attano vasatiṃ agamaṃsu. Tato rājā cintesi: 'ime samaṇā "mettādibhāvanāya bhayaṃ na hotī" ti bhaṇanti, brāhmaṇā pana anekasahassaṃ pāṇavadhaṃ vaṇṇayanti; kesaṃ nu kho vacanaṃ saccan' ti. Ath' assa etad ahosi: 'samaṇā suddhenâsuddhaṃ dhovanti[9], brāhmaṇā pana asuddhenâsuddhaṃ, na ca[8] sakkā asuddhena asuddhaṃ[10] dhovituṃ; pabbajitānaṃ vacanaṃ eva saccan' ti. So 'sabbe sattā sukhitā hontū' ti[11] ādinā nayena mettādayo cattāro pi brahmavihāre bhāvetvā hitapharaṇacittena amac-

---

1 Skgn vūpasamatthaṃ (?).
2 Sk Ba *om.*
3 Skgn hiraññaṃ s°.
4 Sgn °āyaṃ (86²⁰).
5 Ba bhojāpetvā.
6 Ba *ad.* kuto (ɔ: kutoci).
7 Ba *ins.* ayaṃ hi (ɔ: mayaṃ hi).
8 Ba *om.*
9 Ba suddhena suddham eva vadanti.
10 Ba asuddhenâsuddhaṃ.
11 Ba bhavantū ti (*vide* 63², S.N. 147ᵈ).

ce āṇāpesi: 'sabbe pāṇe muñcatha, sītāni pāniyāni[1] pivantu haritāni tiṇāni khādantu sīto ca nesaṃ vāto upavāyatū' ti. Te tathā akaṃsu. Tato rājā 'kalyāṇamittānaṃ vacanena pāpakammā[2] mutto 'mhī' ti cintetvā[3] tatth' eva nisinno vipassitvā paccekabodhiṃ sacchākāsi amaccehi ca[3] bhojanavelāyaṃ "bhuñja mahārāja, kālo" ti vutte "nâhaṃ rājā" ti purimanayen' eva sabbaṃ vatvā imaṃ udānavyākaraṇagāthaṃ abhāsi.

42. Tattha *cātuddiso* ti catusu disāsu yathāsukhavihārī, "ekaṃ disaṃ pharitvā viharatī"* ti ādinā v ā nayena brahmavihārabhāvanāpharitā catasso disā assa santī ti pi cātuddiso; tāsu disāsu katthaci satte vā[3] saṃkhāre vā bhayena na paṭihaññatī ti *appaṭigho*; *santussamāno* ti dvādasavidhassa santosassa[4] vasena santussako[5]; *itarītarenā* ti uccāvacena paccayena; *parissayānaṃ sahitā acchambhī*[6] ti ettha parisayanti[7] kāyacittāni parihāpenti vā tesaṃ sampattiṃ tāni vā paricca[8] sayantī ti parissayā, bāhirānaṃ sīhavyagghādīnaṃ abbhantarānañ ca kāmacchandādīnaṃ kāyacittūpaddavānaṃ etaṃ adhivacanaṃ, te parissaye adhivāsanakhantiyā ca viriyādīhi ca dhammehi[9] sahatī ti parissayānaṃ sahitā, thaddhabhāvakarabhayābhāvena[10] acchambhī. Kiṃ vuttaṃ hoti: '(yo), yathā te cattāro samaṇā, evaṃ itarītarena paccayena santussamāno, ettha paṭipattipadaṭṭhāne santose ṭhito catusu disāsu mettādibhāvanāya cātuddiso, sattasaṃkhāresu paṭihananakabhayābhāvena appaṭigho ca hoti, s o cātuddisattā vuttappakārānaṃ parissayānaṃ sahitā, appaṭighattā acchambhī ca hotī' ti etaṃ[11] paṭipattiguṇaṃ disvā yoniso paṭipajjitvā paccekabodhiṃ adhigato 'mhī ti; a t h a v ā 'te samaṇā viya

* A. II, 184[14].

[1] *So* B^{a} (A. IV, 46[6], D. I, 148[4]); S^{kgn} pānāni.
[2] B^{a} °kammato. [3] B^{a} *om.* [4] S^{kgn} *ad.* ca.
[5] *So* S^{kgn} (Pj. I, 240[21]): B^{a} s a n t u s s a n t o. [6] B^{a} achambhī.
[7] S^{kgn} parisahanti. [8] B^{a} pari. [9] B^{a} dhammehi ca.
[10] S^{k} thaddhabhāvakaraṇabh°; B^{a} thaddhakaraṇabh°.
[11] B^{a} evaṃ (89[2]).

santussamāno itarītarena vuttanayen' eva cātuddiso hotī' ti ñatvā evaṃ-cātuddisabhāvaṃ patthayanto yoniso paṭipajjitvā adhigato 'mhi,—tasmā añño pi īdisaṃ ṭhānaṃ patthayamāno cātuddisatāya parissayānaṃ sahitā appaṭighatāya[1] ca acchambhī hutvā eko[2] care khaggavisāṇakappo ti. Sesaṃ vuttanayam eva.

Cātuddisagāthāvaṇṇanā samattā.

Dussaṅgahā ti kā uppatti: Bārāṇasirañño kira aggama- (43).
hesī kālam akāsi. Tato vītivattesu sokadivasesu[3] ekaṃ divasaṃ[4] amaccā "rājūnaṃ nāma tesu tesu kiccesu aggamahesī avassaṃ icchitabbā; sādhu devo aññaṃ deviṃ ānetū" ti yāciṃsu. Rājā "tena hi bhaṇe jānathā" ti[5] āha. Te pariyesantā, sāmantarajje rājā mato, tassa devī rajjaṃ anusāsati, sā ca gabbhinī hoti—amaccā 'ayaṃ rañño anurūpā' ti ñatvā[6] yāciṃsu. Sā "gabbhinī nāma manussānaṃ amanāpā hoti; sace āgametha, yāva vijāyāmi, evaṃ hotu[7], no ce, aññaṃ pariyesathā" ti āha[8]. Te rañño pi etam atthaṃ ārocesuṃ. Rājā "gabbhinī pi hotu, ānethā" ti[9] āha; te ānesuṃ. Rājā [10]taṃ mahesiṃ katvā[10] sabbam mahesībhogaṃ adāsi tassā parijanañ ca nānāvidhehi paṇṇākārehi saṅgaṇhāti[11]. Sā kālena puttaṃ vijāyi; tam pi rājā attano jātaputtam iva sabbairiyāpathesu aṃke ca ure ca katvā viharati. Tato deviyā parijano cintesi: 'rājā ativiya[12] saṅgaṇhati[11] kumāraṃ, avissāsaniyāni rājahadayāni; handa naṃ paribhedemā' ti[13]. Tato kumāraṃ "tvaṃ tāta amhākaṃ rañño putto na imassa rañño, mā ettha vissāsaṃ āpajjī" ti āhaṃsu. Atha kumāro "ehi puttā" ti raññā vuccamāno pi hatthe gahetvā ākaḍḍhiyamāno pi pubbe viya rājānaṃ na allīyati. Rājā 'kiṃ etan' ti vīmaṃsanto taṃ pavattiṃ ñatvā 'are ete mayā evaṃ s a ṅ -

---

1 Ba appaṭighattā (<88[27]). 2 Ba achambhito eko.
3 Sgn so katipayadivasesu. 4 Ba *om.* ekaṃ divasaṃ.
5 Ba jānāthā ti. 6 *So* Ba; Skgn v a t v ā.
7 Ba *om.* evaṃ hotu. 8 Skgn *om.*
9 Ba āharathā ti. 10—10 Ba abhisiñcitvā.
11 Ba saṅgaṇhāti. 12 Ba ati (68[15]). 13 Ba °bhedāmā ti.

g a y h a n t ā pi paṭikkūlavattino evā' ti nibbijjitvā rajjaṃ pahāya [1]pabbajito. 'Rājā[1] pabbajito' ti amaccaparijanā pi bahū pabbajitā; 'saparijano[2] rājā pabbajito' ti manussā paṇīte paccaye upanenti, rājā paṇīte[3] paṇīte paccaye yathābuḍḍhaṃ dāpeti. Tattha ye sundaraṃ labhanti, te tussanti, itare ujjhāyanti: 'mayaṃ pariveṇas mmajjanādīni sabbakiccāni[4] karontā lūkhabhattaṃ jiṇṇavatthañ ca labhāmā' ti. So taṃ pi ñatvā 'are yathābuḍḍhaṃ dīyamāne pi nāma ujjhāyanti, aho ayaṃ parisā d u s s a ṅ g a h ā' ti pattacīvaraṃ ādāya eko[5] araññaṃ pavisitvā vipassanaṃ ārabhitvā paccekabodhiṃ sacchākāsi tattha gatehi ca kammaṭṭhānaṃ pucchito imaṃ gāthaṃ abhāsi.

43. Sā atthato pākaṭā eva, ayaṃ pana yojanā: *dussaṅgahā pabbajitā pi eke* ye asantosābhibhūtā, tathāvidhā eva vā[6] *atho gahaṭṭhā gharam āvasantā,* etam ahaṃ dussaṅgahabhāvaṃ jigucchanto vipassanaṃ ārabhitvā adhigato ti. Sesaṃ purimanayen' eva veditabbaṃ.

Dussaṅgahagāthāvaṇṇanā samattā.

(44). Oropayitvā ti kā uppatti: Bārāṇasiyaṃ kira Cātumāsikabrahmadatto nāma rājā gimhānaṃ paṭhamamāse[7] uyyānaṃ gato tattha ramaṇīye bhūmibhāge nīlaghanapattasañchannaṃ koviḷārarukkhaṃ disvā "koviḷāramūle[8] mama sayanaṃ paññāpethā" ti vatvā uyyāne kīḷitvā sāyaṇhasamayaṃ[9] tattha seyyaṃ kappesi. Puna gimhānaṃ majjhime māse uyyānaṃ gato, tadā koviḷāro pupphito hoti, tadā pi tath' eva akāsi. Puna pi gimhānaṃ pacchime māse gato, tadā koviḷāro saṃsīnapatto[10] sukkharukkho viya ahosi[11], tadā pi so adisvā va taṃ rukkhaṃ pubbaparicayena tatth' eva seyyaṃ āṇāpesi. Amaccā jānantā pi rañño āṇattibhayena[12] tattha seyyaṃ paññāpesuṃ. So uyyāne kīḷitvā

1—1 *So* Ba; Skgn pabbaji. Te 'rājā. 2 Skgn *ad.* pi.
3 Ba *om.* 4 Ba pariveṇe samajjanādīni kiccāni.
5 Ba *ad.* va. 6 Ba ca.
7 Ba p a t h a m e m ā s e. 8 Ba koviḷārarukkhamūle.
9 Ba °samaye. 10 Ba saṃchinnap°.
11 Ba hoti. 12 Skgn āṇattan ti bhayena.

sāyaṇhasamayaṃ tattha seyyaṃ kappento taṃ rukkhaṃ disvā 'are ayaṃ pubbe sañchannapatto maṇimayo viya abhirūpadassano ahosi, tato maṇivaṇṇasākhantare ṭhapitapavālaṃkurasadisehi pupphehi sassirīkavaradassano[1] ahosi, muttādalasadisavālikākiṇṇo c' assa heṭṭhābhūmibhāgo bandhanā muttapupphasañchanno rattakambalasanthato viya ahosi; so nām' ajja sukkharukkho viya sākhāmattāvaseso ṭhito; aho jarāya upahato varakoviḷāro' ti cintetvā[2] 'anupādinnam pi tāva jarāya haññati, kim aṅga pana upādinnan' ti aniccasaññaṃ paṭilabhi, tadanusāren' eva sabbasaṃkhāre dukkhato anattato ca vipassanto 'aho vatâham pi saṃsīnapatto[3] koviḷāro viya apetagihivyañjano bhaveyyan' ti patthayamāno anupubbena tasmiṃ sayanatale dakkhiṇena passena nipanno yeva paccekabodhiṃ sacchākāsi. Tato gamanakāle amaccehi "kālo gantuṃ mahārājā" ti vutte "nâhaṃ rājā" ti ādīni vatvā purimanayen' eva imaṃ gāthaṃ abhāsi.

Tattha *oropayitvā* ti apanetvā; *gihivyañjanānī* ti kesamas- 44.
suodātavatthālaṃkāramālāgandhavilepanitthiputtadāsidāsādīni[4], etāni (hi) gihibhāvaṃ vyañjayanti, tasmā gihivyañjanānī ti vuccanti; *saṃsīnapatto*[5] ti patitapatto; *chetvānā* ti maggañāṇena chinditvā; *vīro* ti maggaviriyasamannāgato[6]; *gihibandhanānī* ti kāmabandhanāni, kāmā hi gihīnaṃ bandhanāni. Ayaṃ tāva padattho, ayam pana adhippāyo: 'aho vatâham pi oropayitvā gihivyañjanāni saṃsīnapatto[5] yathā koviḷāro bhaveyyan' ti evaṃ hi[7] cintayamāno vipassanaṃ ārabhitvā adhigato ti. Sesaṃ purimanayen' eva veditabbaṃ.

Koviḷāragāthāvaṇṇanā samattā.

PAṬHAMO VAGGO NIṬṬHITO.

---

[1] B^a sassirīkaṃcārudassano.

[2] B^a *om.* vara- *and* ti cintetvā.

[3] B^a saṃchinnapatto; S^kgn *here* saṃsīnapaṇṇo.

[4] B^a °vilepanaitthi°.

[5] B^a saṃchinnap°.

[6] B^a dhīro ti satimaggav°.

[7] ɔ: evam ahaṃ? (*cf.* 89³: 90¹⁵).

(II).

(45, 46). Sace labhethā ti kā uppatti: Pubbe kira Kassapassa bhagavato sāsane dve paccekabodhisattā pabbajitvā vīsaṃ[1] vassasahassāni gatapaccāgatavattaṃ pūretvā devaloke uppannā tato cavitvā jeṭṭhako Bārāṇasirañño putto ahosi[2] kaniṭṭho purohitassa putto ahosi. Te ekadivasaṃ yeva paṭisandhiṃ gahetvā ekadivasam eva mātukucchito nikkhamitvā sahapaṃsukīḷitasahāyakā ahesuṃ. Purohitaputto paññavā ahosi; so rājaputtaṃ āha: "samma tvaṃ pituno accayena rajjaṃ lacchasi[3], ahaṃ purohitaṭṭhānaṃ, susikkhitena ca sukhaṃ rajjaṃ anusāsituṃ; ehi sippaṃ uggahessāmā" ti[4]. Tato ubho pi yaññopavītakaṇṭhā[5] hutvā gāmanigamādisu bhikkhaṃ caramānā paccantajanapadagāmaṃ gatā. Tañ ca gāmaṃ paccekabuddhā bhikkhācāravelāyaṃ pavisanti; atha manussā paccekabuddhe disvā ussāhajātā āsanāni paññāpenti paṇītaṃ khādaniyabhojaniyaṃ upanāmenti mānenti pūjenti. Tesaṃ etad ahosi: 'amhehi sadisā uccākulikā[6] nāma n' atthi, atha ca pan' ime manussā, yadi icchanti, amhākaṃ bhikkhaṃ denti, yadi na icchanti[7], na denti, imesaṃ pana pabbajitānaṃ evarūpaṃ sakkāraṃ karonti; addhā ete kiñci sippaṃ jānanti, handa nesaṃ santike sippaṃ uggaṇhāmā' ti. Te manussesu paṭikkantesu[8] okāsaṃ labhitvā "yaṃ bhante tumhe sippaṃ jānātha, taṃ amhe pi sikkhāpethā" ti yāciṃsu. Paccekabuddhā "na sakkā apabbajitena sikkhitun" ti āhaṃsu. Te pabbajjaṃ yācitvā pabbajiṃsu. Tato nesaṃ paccekabuddhā "evaṃ vo nivāsetabbaṃ, evaṃ pārupitabban" ti ādinā nayena ābhisamācārikaṃ ācikkhitvā "imassa sippassa ekībhāvābhirati nipphatti, tasmā eken' eva nisīditabbaṃ, ekena caṃkamitabbaṃ, ṭhātabbaṃ, sayitabban" ti pāṭiyekkaṃ paṇṇasālam adaṃsu. Tato te attano attano paṇṇasālaṃ pavisitvā nisīdiṃsu; purohitaputto nisin-

---

1 Ba vīsati. 2 Ba *om.* putto ahosi.
3 Ba labhissasi. 4 Ba uggahissāmā ti.
5 Ba yaññopacitakammā. 6 Ba uccākulino.
7 Ba sace n' icchanti. 8 Ba p a k k a n t e s u.

nakālato pabhuti cittasamādhānaṃ laddho jhānaṃ labhi[1], rājaputto muhuttaken' eva ukkaṇṭhito tassa santikaṃ āgato. So taṃ disvā "kiṃ sammā" ti pucchi. "Ukkaṇṭhito 'mhī" ti āha. "Tena hi idha nisīdā" ti. So tattha muhuttaṃ nisīditvā āha: "imassa kira samma sippassa ekībhāvābhirati nipphattī" ti. Purohitaputto "evaṃ samma, tena hi tvaṃ attano nisinnokāsam eva gaccha, uggahessāma imassa sippassa nipphattin" ti āha. So gantvā puna pi muhuttaken' eva ukkaṇṭhito purimanayen' eva tikkhattuṃ āgato. Tato naṃ[2] purohitaputto tath' eva uyyojetvā tasmiṃ gate cintesi: 'ayaṃ attano ca kammaṃ[3] hāpeti mama ca[4] idha abhikkhaṇaṃ āgacchanto' ti[5]. So paṇṇasālato nikkhamma[6] araññaṃ paviṭṭho. Itaro attano paṇṇasālāya nisinno puna pi muhuttaken' eva ukkaṇṭhito hutvā tassa paṇṇasālaṃ āgantvā ito c' ito ca magganto pi taṃ adisvā cintesi 'yo gahaṭṭhakāle paṇṇākāram pi ādāya āgato maṃ daṭṭhuṃ na labhati, so nāma mayi āgate dassanam pi adātukāmo apakkami; aho re citta[7] na lajjasi, yaṃ maṃ catukkhattuṃ idhânesi, so dāni te vase na vattissāmi, aññadatthu taṃ yeva mama vase vattessāmī' ti attano senāsanaṃ pavisitvā vipassanaṃ ārabhitvā paccekabodhiṃ sacchikatvā ākāsena Nandamūla(ka)pabbhāraṃ agamāsi. Itaro pi araññaṃ pavisitvā vipassanaṃ ārabhitvā paccekabodhiṃ sacchikatvā tatth' eva agamāsi. Te ubho pi manosilātale nisīditvā pāṭiekkaṃ[8] pāṭiekkaṃ[8] imā udānagāthāyo abhāsiṃsu.

Tattha *nipakan* ti pakatinipuṇaṃ paṇḍitaṃ kasiṇapari- 45.
kammādikusalaṃ; *sādhuvihārin* ti appanāvihārena vā upacārena vā samannāgataṃ; *dhīran* ti dhitisampannaṃ, tattha nipakattena dhitisampadā vuttā, idha pana dhitisampannam evā ti attho; dhiti nāma asithilaparakkamatā, "kāmaṃ

---

[1] Sk cittasamādhānaladdho jhānalābhī.
[2] Ba *om.* [3] Ba attano kammañ ca; Sk *om.* ca.
[4] Ba mamaṃ, *om.* ca.
[5] Ba gacchati, *om.* ti.
[6] Ba nikkhamitvā. [7] Ba cittaṃ.
[8] Ba pātiyekkaṃ (84^{10}, 92^{30}).

taco ca nahāru cā"* ti evaṃ pavattaviriyass' etaṃ adhi-
46. vacanaṃ; api ca dhikkatapāpo ti pi dhīro. *Rājā va raṭṭhaṃ vijitaṃ pahāyā* ti yathā paṭirājā[1] 'vijitaṃ raṭṭhaṃ anatthāvahan' ti ñatvā rajjaṃ pahāya eko carati, evaṃ bālasahāyaṃ pahāya eko care; atha vā rājā va raṭṭhan ti yathā Sutasomo rājā vijitaraṭṭhaṃ pahāya eko cari[2], yathā ca Mahājanako†, evaṃ eko care ti ayam pi etass' attho. Sesaṃ vuttānusārena sakkā jānitun ti na vitthāritaṃ.

Sahāyagāthāvaṇṇanā samattā.

(47). Addhā pasaṃsāmā ti imissā gāthāya, yāva ākāsatale paññattāsane paccekabuddhānaṃ nisajjā, tāva Cātuddisagāthāya‡ uppattisadisā eva uppatti, ayam pana viseso: yathā so[3] rājā rattiyā tikkhattuṃ ubbijji, na tathā ayaṃ, n' ev' assa yañño paccupaṭṭhito ahosi. So ākāsatale paññattesu āsanesu paccekabuddhe nisīdāpetvā "ke tumhe" ti pucchi. "Mayaṃ mahārāja Anavajjabhojino nāmā" ti[4]. "Bhante 'Anavajjabhojino' ti imassa ko attho" ti. "Sundaraṃ vā asundaraṃ vā laddhā nibbikārā bhuñjāma mahārājā" ti. Taṃ sutvā rañño etad ahosi 'yan nūnâhaṃ ime upaparikkheyyaṃ, edisā vā no' ti taṃ divasaṃ kaṇājakena bilaṅgadutiyena parivisi. Paccekabuddhā amataṃ bhuñjantā viya nibbikārā bhuñjiṃsu. Rājā 'honti nāma ekadivasaṃ paṭiññātattā nibbikārā, sve jānissāmī' ti svātanāya pi nimantesi; tato dutiyadivase pi tath' evâkāsi, te pi tath' eva paribhuñjiṃsu. Atha rājā 'idāni sundarataraṃ datvā vīmaṃsissāmī' ti puna pi nimantetvā dve divase mahāsakkāraṃ katvā paṇītena ativicitrena khādaniyabhojaniyena parivisi. Te tath' eva nibbikārā bhuñjitvā rañño maṅgalaṃ vatvā pakkamiṃsu. Rājā acirapakkantesu tesu 'anavajjabhojino va ime samaṇā[5]; aho vatâham pi

---

* A. I, 50⁹. † J. A. V, 457–511; VI, 30–68.
‡ 86¹³–87¹³.

---

[1] *So* Skgn Ba (*vide* Dhp. A. IV, 29¹²). [2] Skgn carati.
[3] Ba *om.* [4] Skgn nāma, *om.* ti. [5] Ba anavajjabhojino ete.

anavajjabhojī bhaveyyaṇ' ti cintetvā mahārajjaṃ [1]pahāya pabbajjaṃ[1] samādāya vipassanaṃ ārabhitvā paccekabuddho hutvā Mañjūsakarukkhamūle paccekabuddhānaṃ majjhe attano ārammaṇaṃ vibhāvento imaṃ gāthaṃ abhāsi.

Sā padatthato uttānā eva, kevalaṃ pana *sahāyasampadan* 47.
ti ettha asekhehi sīlādikkhandhehi sampannā sahāyā eva sahāyasampadā ti veditabbā. Ayam pan' ettha yojanā: yā ayaṃ vuttā sahāyasampadā, taṃ sahāyasampadaṃ *addhā pasaṃsāma*, ekaṃsen' eva thomemā ti vuttaṃ hoti, kathaṃ: *seṭṭhā samā sevitabbā sahāyā* ti, kasmā: attano hi[2] sīlādīhi seṭṭhe sevamānassa sīlādayo dhammā anuppannā uppajjanti uppannā vuddhiṃ virūḷhiṃ vepullaṃ pāpuṇanti, same sevamānassa aññamaññaṃ samadhāraṇena[3] kukkuccassa vinodanena ca laddhā na parihāyanti; *ete* pana sahāyake seṭṭhe ca same ca *aladdhā* kuhanādimicchājīvaṃ vajjetvā dhammena samena[4] uppannaṃ bhojanaṃ bhuñjanto tattha ca paṭighānunayaṃ anuppādento *anavajjabhojī* hutvā atthakāmo kulaputto eko care khaggavisāṇakappo, aham pi hi evaṃ caranto imaṃ sampattiṃ adhigato ti.

Anavajjabhojigāthāvaṇṇanā samattā.

Disvā suvaṇṇassā ti kā uppatti: * Aññataro Bārāṇasirājā (48).
gimhasamaye divāseyyaṃ upagato, santike c' assa vaṇṇadāsī gosīsacandanaṃ piṃsati; tassā ekabāhāya ekaṃ suvaṇṇavalayaṃ ekabāhāya dve, tāni saṃghaṭṭanti itaraṃ na saṃghaṭṭati. Rājā taṃ disvā 'evam eva gaṇavāse ghaṭṭanā, ekavāse aghaṭṭanā' ti punappuna taṃ[4] dāsiṃ olokayamāno cinteti, tena ca naṃ[4] samayena sabbālaṃkārabhūsitā devī vījantī[5] ṭhitā hoti. Sā 'vaṇṇadāsiyā paṭibaddhacitto maññe rājā' ti cintetvā taṃ dāsiṃ uṭṭhapetvā[6] sayam eva piṃsitum āraddhā. Tassā ubhosu bāhāsu aneke suvaṇṇavalayā, te saṃghaṭṭantā mahāsaddaṃ janayiṃsu. Rājā suṭṭhutaraṃ nibbiṇṇo dakkhiṇena passena nipanno yeva vipas-

* *Cf.* J. A. III, 377.

[1–1] Skgn *om.* [2] *So* Sk Ba; Sgn *om.* [3] Ba samakaraṇena.
[4] Ba *om.* [5] Ba vījayantī. [6] Ba uṭṭhāp°.

sanaṃ ārabhitvā paccekabodhiṃ sacchākāsi. Taṃ anuttarena sukhena sukhitaṃ nipannaṃ candanahatthā devī upasaṃkamitvā "ālimpāmi mahārājā" ti āha. "Apehi mā ālimpāhī" ti[1] āha. Sā "kissa mahārājā" ti[2], so "nâhaṃ rājā" ti. Evam etesaṃ taṃ kathāsallāpaṃ sutvā amaccā upasaṃkamiṃsu; tehi pi mahārājavādena ālapito "nâhaṃ bhaṇe rājā" ti āha. Sesaṃ paṭhamagāthāyaṃ[3] vuttasadisaṃ eva.

48. Ayaṃ pana gāthāvaṇṇanā[4]: *disvā* ti oloketvā; *suvaṇṇassā* ti kañcanassa, "valayānī" ti pāṭhaseso, sāvasesapāṭho[5] hi ayaṃ attho; *pabhassarānī* ti pabhāsanasīlāni, jutimantānī ti vuttaṃ hoti. Sesaṃ uttānattham[6] eva, ayam pana yojanā: disvā 'bhujasmiṃ gaṇavāse sati saṃghaṭṭanā, ekavāse aghaṭṭanā' ti evaṃ cintento[7] vipassanaṃ ārabhitvā adhigato 'mhī ti. Sesaṃ vuttanayam eva[8].

Suvaṇṇavalayagāthāvaṇṇanā samattā.

(49). Evaṃ dutiyenā ti kā uppatti: Aññataro Bārāṇasirājā daharo va pabbajitukāmo amacce āṇāpesi: "deviṃ gahetvā rajjaṃ pariharatha, ahaṃ pabbajissāmī" ti. Amaccā "na[9] mahārāja arājikaṃ[10] rajjaṃ amhehi sakkā rakkhituṃ, sāmantā āgamma vilumpissanti; yāva ekaputtako pi uppajjati, tāva āgamehī" ti saññāpesuṃ. Muducitto rājā adhivāsesi. Atha devī gabbhaṃ gaṇhi; rājā puna pi te āṇāpesi: "devī gabbhinī, puttaṃ jātaṃ rajje abhisiñcitvā rajjaṃ pariharatha; ahaṃ pabbajissāmī" ti. Amaccā "dujjānaṃ mahārāja etaṃ, devī puttaṃ vā vijāyissati dhītaraṃ vā; vijāyanakālaṃ tāva āgamehī" ti puna pi saññāpesuṃ. Atha sā puttaṃ vijāyi; tadā pi rājā tath' eva amacce[11] āṇāpesi. Amaccā puna pi rājānaṃ[11] "āgamehi mahārāja, yāva paṭibalo hotī" ti bahūhi kāraṇehi saññāpesuṃ. Tato kumāre

---

1 *So* Sᵏ (> °ahī ti ?); Sᵍⁿ °limpasī ti, Bᵃ allimpā ti.
2 Bᵃ *ad.* ā h a .
3 Bᵃ °gāthāya.
4 Bᵃ *ins.* (*the gāthā in full and*) Tattha.
5 Bᵃ sāvasesattho.
6 Bᵃ uttānapadattham.
7 Bᵃ cintetvā.
8 Sᵏᵍⁿ Bᵃ evā ti.
9 Bᵃ na *before* sakkā.
10 Bᵃ taṃ.
11 Bᵃ *om.*

paṭibale jāte amacce sannipātetvā[1] "paṭibalo ayaṃ, [2]rajje abhisiñcitvā paṭipajjathā" ti amaccānaṃ okāsaṃ adatvā antarāpaṇā kāsāyavatthādayo sabbaparikkhāre āharāpetvā antepure eva pabbajitvā Mahājanako viya* nikkhami; sabbaparijano nānappakārakaṃ[3] paridevamāno rājānaṃ anubandhi. Rājā, yāva attano rajjasīmā, tāva gantvā †kattaradaṇḍena lekhaṃ katvā "ayaṃ lekhā nâtikkamitabbā" ti āha. Mahājano lekhāya sīsaṃ katvā bhūmiyaṃ nipanno paridevamāno[4] "tuyhaṃ dāni tāta rañño āṇā kiṃ karissatī" ti kumāraṃ lekhaṃ atikkamāpesi. Kumāro "tāta tātā" ti dhāvitvā rājānaṃ sampāpuṇi. Rājā kumāraṃ disvā 'etaṃ mahājanaṃ pariharanto rajjaṃ kāresiṃ, kiṃ dāni ekaṃ[5] dārakaṃ pariharituṃ na sakkhissan' ti kumāraṃ gahetvā araññaṃ paviṭṭho. Tattha pubbe paccekabuddhehi vasitapaṇṇasālaṃ[6] disvā vāsaṃ kappesi saddhiṃ puttena. Tato kumāro varasayanādisu kaṭaparicayo tiṇasantharake[7] rajjumañcake vā sayamāno rodati sītavātādīhi samphuṭṭho[8] samāno "sītaṃ tāta, uṇhaṃ tāta, makkhikā tāta khādanti, chāto 'mhi tāta, pipāsito 'mhi tātā" ti vadati. Rājā taṃ saññapento yeva rattiṃ vītināmeti, divā pi 'ssa piṇḍāya caritvā bhattaṃ upanāmeti. Taṃ hoti missakabhattaṃ kaṅguvarakamuggādibahulaṃ; kumāro acchādentam pi taṃ jighacchāvasena bhuñjamāno katipāhass' eva uṇhe ṭhapitapadumaṃ viya milāyi, paccekabodhisatto pana paṭisaṃkhānabalena nibbikāro yeva bhuñjati. Tato so kumāraṃ saññapento āha: "nagarasmiṃ tāta paṇīto āhāro[9] labbhati, tattha gacchāmā" ti. Kumāro "āma tātā" ti āha. Tato naṃ purakkhatvā āgatamaggen' eva nivatti. Kumāramātā pi devī 'na dāni rājā kumāraṃ gahetvā araññe ciraṃ vasissati, katipāhen' eva nivattissatī'

* J. A. VI, 52^{21}. † J. A. VI, 56^{1} (*cf.* J. VI, 56^{26}).

1 Ba sannipātāpetvā. 2 Ba *ins.* taṃ.
3 Ba nānappakāraṃ. 4 Sgn Ba paridevayamāno (99, *note* 2).
5 Ba etaṃ, *om.* dārakaṃ.
6 Ba pubbapaccekabuddhehi vasitaṃ paṇṇ°.
7 Ba *ad.* vā. 8 Ba *om.* sam-. 9 Ba paṇītāhāro.

ti cintetvā raññā kattaradaṇḍena likhitaṭṭhāne yeva guttiṃ[1] kārāpetvā vāsaṃ kappesi. Tato rājā tassā vasatiyā[2] avidūre ṭhatvā "ettha te tāta mātā nisinnā, gacchāhī" ti pesesi, yāva ca so taṇ ṭhānaṃ pāpuṇāti, tāva udikkhanto aṭṭhāsi: 'mā h' eva naṃ koci viheṭheyyā' ti. Kumāro mātu santikaṃ dhāvanto agamāsi, ārakkhapurisā ca naṃ disvā deviyā ārocesuṃ. Devī vīsati-nāṭakitthisahassaparivutā gantvā paṭiggahesi rañño ca pavattiṃ pucchi; atha "pacchato āgacchatī" ti sutvā manusse pesesi. Rājā pi tadêva[3] sakavasatiṃ agamāsi; manussā rājānaṃ adisvā nivattiṃsu. Tato devī nirāsā hutvā puttaṃ gahetvā nagaraṃ gantvā rajje abhisiñci. Rājā pi attano vasatiṃ patvā tattha nisinno vipassitvā paccekabodhiṃ sacchikatvā Mañjūsakarukkhamūle paccekabuddhānaṃ majjhe imaṃ udānagāthaṃ abhāsi.

49. Sā padatthato uttānā eva, ayam pan' ettha[4] adhippāyo: 'y v ā y a ṃ etena dutiyena kumārena sītuṇhādīni vedentena[5] saha taṃ saññapentassa mama vācābhilāpo tasmiṃ sinehavasena abhisajjanā ca jātā, sace ahaṃ i m a ṃ na pariccajāmi, tato āyatim pi[6], yath' eva idāni, *evaṃ dutiyena saha mam' assa vācābhilāpo abhisajjanā vā*, ubhayam pi c' etam[7] antarāyakaraṃ visesādhigamassā' ti *etaṃ bhayaṃ āyatiṃ pekkhamāno* taṃ chaḍḍetvā yoniso paṭipajjitvā paccekabodhiṃ adhigato 'mhī ti. Sesaṃ vuttanayam eva.

Āyatibhayagāthāvaṇṇanā samattā.

(50). Kāmā hi citrā ti kā uppatti: Bārāṇasiyaṃ kira seṭṭhiputto daharo va seṭṭhiṭṭhānaṃ labhi. Tassa tiṇṇaṃ utūnaṃ tayo pāsādā honti, so tattha[8] sabbasampattīhi devakumāro viya paricāreti. So daharo va samāno "pabbajissāmī" ti mātāpitaro āmantesi. Te nivārenti; so tath' eva nibandhati. Puna pi naṃ mātāpitaro "tvaṃ tāta sukhumālo, dukkarā pabbajjā khuradhārāya upari caṃkamanasadisā" ti[9] nānappakārehi vārenti; so tath' eva nibandhati. Te cintesuṃ

---

[1] Ba v a t i ṃ. [2] Ba v a t i y ā. [3] Ba t ā v a d e v a.
[4] Skgn pana ettha. [5] Skgn n i v e d e n t e n a.
[6] Ba *ad.* hoti. [7] Ba ubhayaṃ p' etaṃ.
[8] Ba *om.* [9] Ba caṅkamasadisā ti.

'sacâyaṃ pabbajati, amhākaṃ domanassaṃ hoti, sace naṃ nivārema, etassa domanassaṃ hoti; api ca amhākaṃ domanassaṃ hotu mā ca etassā' ti anujāniṃsu. Tato so sabbaṃ parijanaṃ[1] paridevamānaṃ[2] anādiyitvā Isipatanaṃ gantvā paccekabuddhānaṃ santike pabbaji. Tassa uḷārasenāsanaṃ na pāpuṇāti: mañcake taṭṭikaṃ pattharitvā sayi. So varasayane kataparicayo sabbarattiṃ atidukkhito ahosi. Pabhāte pi[3] sarīraparikammaṃ katvā pattacīvaraṃ ādāya paccekabuddhehi saddhiṃ piṇḍāya pāvisi; tattha buḍḍhā aggāsanañ ca aggapiṇḍañ ca labhanti, navakâyaṃ kiñcid eva āsanaṃ lūkhabhojanañ ca. So tena lūkhabhojanena pi atidukkhito ahosi. So katipāhen' eva kiso dubbaṇṇo hutvā nibbijji, yathā taṃ aparipākagate samaṇadhamme. Tato mātāpitunnaṃ dūtaṃ pesetvā uppabbaji. So[4] katipāhass' eva[5] balaṃ gahetvā puna pi pabbajitukāmo ahosi. Tato ten' eva kamena pabbajitvā, puna pi uppabbajitvā, tatiyavāre pabbajitvā sammā paṭipanno paccekabodhiṃ sacchikatvā imaṃ udānagāthaṃ vatvā puna paccekabuddhānaṃ majjhe imaṃ eva vyākaraṇagāthaṃ pi abhāsi.

Tattha *kāmā* ti dve kāmā: vatthukāmā ca kilesakāmā 50.
ca, tattha vatthukāmā manāpiyarūpādayo dhammā, kilesakāmā sabbe pi rāgappabhedā, idha pana vatthukāmā adhippetā; rūpādianekappakāravasena *citrā*, lokassādavasena *madhurā*, bālaputhujjanānaṃ manaṃ ramentī ti *manoramā*; *virūparūpenā* ti virūpena rūpena[6], nekavidhena[7] sabhāvenā ti vuttaṃ hoti, te hi rūpādivasena citrā, rūpādisu pi nīlādivasena vividharūpā,—evan tena virūparūpena tathā tathā assādaṃ[8] dassetvā *mathenti cittaṃ* pabbajjāya abhiramituṃ na dentī ti. Sesaṃ ettha pākaṭam eva, nigamanam pi dvīhi tīhi vā padehi yojetvā purimagāthāsu vuttanayen' eva veditabbaṃ.

Kāmagāthāvaṇṇanā samattā.

---

[1] Ba sabbaparij°. [2] Skgn paridevayamānaṃ (*cf.* 97[5, 9]).
[3] Ba Pabhātāya rattiyā. [4] Ba *om.*
[5] Ba katipāhe yeva. [6] Su Ba *om.*
[7] Ba anekav°. [8] Ba tathā tathâssādaṃ.

(51). Iti cā ti kā uppatti: Bārāṇasiyaṃ kira rañño gaṇḍo udapādi, bāḷhā vedanā vattanti; vejjā "satthakammena vinā phāsun[1] na hotī" ti bhaṇanti. Rājā tesaṃ abhayaṃ datvā satthakammaṃ kārāpesi. Te phāḷetvā pubbalohitaṃ nīharitvā nibbedanaṃ katvā vaṇapaṭṭaṃ[2] bandhiṃsu āhārācāresu ca naṃ sammā ovadiṃsu. Rājā lūkhabhojanena kisasarīro ahosi, gaṇḍo c' assa milāyi. So phāsusaññī[3] hutvā siniddhāhāraṃ bhuñji, tena ca sañjātabalo visaye patisevi; tassa gaṇḍo puna purimasabhāvaṃ yeva sampāpuṇi. Evaṃ yāva tikkhattuṃ satthakammaṃ kārāpetvā vejjehi parivajjito nibbijjitvā mahārajjaṃ pahāya pabbajitvā araññe vipassanto sattahi vassehi paccekabodhiṃ sacchikatvā imaṃ udānagāthaṃ bhāsitvā Nandāmūlakapabbhāraṃ agamāsi.

51. Tattha etī ti *iti*, āgantukānaṃ akusalabhāgīnaṃ vyasanahetūnaṃ etaṃ adhivacanaṃ, tasmā[4] kāmaguṇā pi ete anekavyasanāvahaṭṭhena daḷhasannipātaṭṭhena ca īti; *gaṇḍo* pi asuciṃ paggharati uddhumātaparipakkaparibhinno hoti, tasmā ete kilesāsucipaggharaṇato uppādajarābhaṅgehi uddhumātaparipakkaparibhinnabhāvato ca[5] gaṇḍo; upaddavatī ti *upaddavo*—anatthaṃ janento abhibhavati ajjhottharatī ti attho—, rājadaṇḍādīnam etaṃ adhivacanaṃ, tasmā kāmaguṇā p' ete aviditatibbānatthāvahahetutāya[6] sabbūpaddavavatthutāya ca upaddavo; yasmā pan' ete kilesāturabhāvañ janentā sīlasaṃkhātam ārogyaṃ, loluppaṃ[7] uppādentā pākatikam eva ārogyaṃ vilumpanti, tasmā iminā ārogyavilumpanaṭṭhen' eva[8] *rogo*, abbhantaram anuppaviṭṭhaṭṭhena pana anto-todakaṭṭhena[9] dunnīharaṇīyaṭṭhena[10] ca *sallam*, diṭṭhadhammikasamparāyika-

1 Ba phāsu.
2 Sk vaṇam p°, Ba vaṇaṃ paṭaṃ.
3 Ba p h ā s u k a s a ñ ñ ī.
4 Ba taṃ, *om.* kāmaguṇā pi ete. 5 Ba *om.*
6 *So* Skgn; Ba aviditanibbānattā kāmahetutā.
7 Ba *ad.* vā. 8 Ba °tthena, *om.* eva.
9 Ba °turak° (ɔ: ° t u d a k °).
10 Ba duniharaṇaṭṭhena.

bhayāvahanato *bhayaṃ* ; me etan ti *m' etaṃ*[1]. Sesam ettha pākaṭam eva, nigamanam pi[2] vuttanayen' eva veditabbaṃ.

Itigāthāvaṇṇanā samattā.

Sītañ cā ti kā uppatti: Bārāṇasiyaṃ kira Sītālukabrahmadatto nāma rājā ahosi. So pabbajitvā araññe kuṭikāyaṃ[3] viharati. Tasmiñ ca padese sīte sītaṃ uṇhe uṇham eva[4] hoti abbhokāsattā padesassa, gocaragāme bhikkhā yāvadatthāya[5] na labbhati, pivanakapānīyam pi dullabhaṃ, vātātapaḍaṃsasiriṃsapā pi bādhenti. Tassa etad ahosi: 'ito addhayojanamatte sampanno[6] padeso, tattha sabbe pi ete[7] parissayā n' atthi; yan nūnâhaṃ tattha gaccheyyaṃ, phāsukaṃ viharantena sakkā visesaṃ[8] adhigantun' ti. Tassa puna ahosi 'pabbajitā nāma na[9] paccayavasikā honti. evarūpañ ca cittaṃ vase vattenti na cittassa vase vattanti; nâhaṃ gamissāmī' ti paccavekkhitvā na agamasi. Evaṃ yāvatatiyakaṃ uppannaṃ cittaṃ paccavekkhitvā nivattesi. Tato tatth' eva satta vassāni vasitvā sammā paṭipajjamāno paccekabodhiṃ sacchikatvā imaṃ udānagāthaṃ bhāsitvā Nandamūlakapabbhāram eva[2] agamāsi. (52).

52. Tattha *sītaṃ* duvidham[10]: abbhantaradhātukkhobhappaccayañ ca[2] bāhiradhātukkhobhappaccayañ ca, tathā *uṇhaṃ*; **ḍaṃsā* ti piṅgalamakkhikā; *siriṃsapā* ti ye keci dīghajātikā saritvā gacchanti. Sesaṃ pākaṭam eva, nigamanam pi vuttanayen' eva veditabbaṃ.

Sītālukagāthāvaṇṇanā samattā.

(53). Nāgo vā ti kā uppatti: Bārāṇasiyaṃ kira aññataro rājā vīsati[11] vassāni rajjaṃ kāretvā kālakato niraye vīsatiṃ eva vassāni paccitvā Himavantapasse[12] hatthiyoniyaṃ uppaj-

* *Cf.* Pj. *ad* S.N. 964c.

1 Ba °bhayāvahato bhayam ev' etan ti. 2 Ba *om.*
3 Sgn kuṭiyaṃ. 4 Ba *ad.* ca.
5 Ba y ā v a d a t t h i y ā. 6 Ba samatto. 7 Ba p' ete.
8 Ba sukhaṃ. 9 Sgn *om.*; Ba na *before* honti.
10 Ba Tattha sītañ cā ti sītaṃ nāma duvidhā.
11 Sk < vīsatiṃ. 12 Ba Himavantapadese.

jitvā sujātakkhandho[1] padumavaṇṇasakalasarīro uḷāro yūthapati mahānāgo ahosi. Tassa obhaggobhaggaṃ sākhābhaṅgaṃ hatthicchāpā va khādanti, ogāhe pi naṃ hatthiniyo kaddamena limpanti, sabbaṃ Pārileyyakanāgassêva* ahosi. So yūthā nibbijjitvā pakkāmi[2]; tato naṃ padānusārena yūthaṃ anubandhi[3]. Evaṃ yāvatatiyaṃ pakkanto anubaddho va[4]; tato cintesi: 'idāni mayhaṃ nattuko Bārāṇasiyaṃ rajjaṃ kāreti; yan nūnâhaṃ attano purimajātiyā uyyānaṃ gaccheyyaṃ, tatra maṃ so rakkhissatī' ti. Tato rattiṃ niddāvasaṃ gate yūthe [5]yūthaṃ pahāya[5] tam eva uyyānaṃ pāvisi. Uyyānapālo disvā rañño ārocesi; rājā 'hatthiṃ gahessāmī' ti senāya parivāresi. Hatthī rājānaṃ-eva-abhimukho gacchati; rājā 'maṃ-abhimukho etī' ti khurappaṃ sannayhitvā aṭṭhāsi. Tato hatthī 'vijjheyyâpi[6] maṃ eso' ti mānusikāya vācāya "Brahmadatta mā maṃ vijjhi, ahan te ayyako" ti āha. Rājā "kiṃ bhaṇasī" ti sabbaṃ pucchi; hatthī pi rajje ca narake ca hatthiyoniyañ ca pavattiṃ sabbaṃ ārocesi. Rājā "sundaraṃ, mā bhāyi mā ca[4] kañci bhiṃsāpehī" ti hatthino vaṭṭañ[7] ca ārakkhike ca hatthibhaṇḍe ca upaṭṭhapesi. Ath' ekadivasaṃ rājā hatthikkhandhagato[8] 'ayaṃ vīsati vassāni rajjaṃ kāretvā[9] niraye pakko vipākāvasesena ca tiracchānayoniyaṃ uppanno tattha pi gaṇavāsasaṃghaṭṭanaṃ asahanto idhâgato; aho dukkho gaṇavāso, ekībhāvo eva ca pana sukho' ti cintetvā tatth' eva vipassanaṃ ārabhitvā paccekabodhiṃ sacchākāsi. Taṃ lokuttarasukhena sukhitaṃ amaccā upasaṃkamitvā paṇipātaṃ katvā "yānakālo mahārājā" ti āhaṃsu. Tato "nâhaṃ rājā" ti vatvā purimanayen' eva imaṃ gāthaṃ abhāsi.

---

* Ud. p. 41[20], *etc.*, Dhp. A. I, 57–.

---

[1] *So* Skgn; Ba sañjāta°. [2] Skgn pakkami.
[3] Ba °sārena puna yūthā anubandhisu.
[4] Ba *om.* [5–5] Ba sayaṃ.
[6] *So* Skgn; Ba vijjheyyāsi. [7] Ba v a t t a ñ.
[8] Ba °kkhandhavaragato. [9] Skgn katvā. Ba kāritvā.

Sā padatthato pākaṭā eva, ayam pan' ettha adhippāya- 53.
yojanā, sā ca kho yuttivasena na anussavavasena: 'yathā ayaṃ hatthī, manussakantesu sīlesu dantattā adantabhūmiṃ nâgacchatī ti vā sarīramahantatāya vā *nāgo*, evaṃ kudâssu nāmâham pi ariyakantesu sīlesu dantattā adantabhūmiṃ nâgamanena āguṃ akaraṇena puna itthattaṃ anāgamanena ca guṇasarīramahantatāya vā nāgo bhaveyyaṃ[1]; yathā c' esa *yūthāni vivajjetvā* ekacariyasukhena *yathābhirantaṃ viharaṃ*[2] *araññe* eko care khaggavisāṇakappo, kudâssu nāmâham pi evaṃ [3]gaṇaṃ vivajjetvā ekantābhiratisukhena jhānasukhena[3] yathābhirantaṃ viharaṃ araññe,—[4]yathā yathā sukhaṃ tathā tathā, yattakaṃ vā icchāmi tattakaṃ araññe nivasaṃ—, eko care khaggavisāṇakappo, careyyan ti attho; yathā c' esa susaṇṭhitakkhandhatāya *sañjātakkhandho*, kudâssu nāmâham pi evaṃ asekhasīlakkhandhamahantatāya sañjātakkhandho bhaveyyaṃ; yathā c' esa padumasadisagattatāya vā Padumakule uppannatāya vā *padumī*, kudâssu nāmâham pi evaṃ padumasadisabojjhaṅgamahantatāya[5] vā ariyajātipadume uppannatāya vā padumī bhaveyyaṃ; yathā c' esa thāmabalajavādīhi *uḷāro*, kudâssu nāmâham pi evaṃ parisuddhakāyasamācāratādīhi sīlasamādhinibbedhikapaññādīhi vā uḷāro bhaveyyan' ti[6] evaṃ cintento vipassanaṃ ārabhitvā paccekabodhiṃ adhigato 'mhī ti.

Nāgagāthāvaṇṇanā samattā.

Aṭṭhāna tan ti kā uppatti: Bārāṇasirañño kira putto (54.)
daharo eva samāno pabbajitukāmo mātāpitaro āmantesi. [7]Mātāpitaro naṃ vārenti[7]; so vāriyamāno[8] pi nibandhati yeva: "pabbajissāmī" ti. Tato naṃ pubbe* vuttaseṭ-

* (98[26]).

[1] Ba *ad.* ti.
[2] *So* Sk; Sgn °iṃ (Ba *om.* yathā c' esa . . . nāmâhaṃ pi).
[3–3] Ba gaṇe vivajjayitvā ekavihārasukhena.
[4] Ba *ins.* attano.
[5] Ba padumisadisaujugattatāya.
[6] Ba *om.*
[7–7] Ba *om.*
[8] Skgn vārayam°.

ṭhiputtaṃ[1] viya sabbaṃ vatvā anujāniṃsu, "pabbajitvā ca uyyāne yeva vasitabban" ti paṭijānāpesuṃ. So tathā akāsi. Tassa mātā pāto[2] vīsatisahassanāṭakīparivutā[3] uyyānaṃ gantvā puttaṃ yāguṃ pāyetvā antarakhajjakādīni ca khādāpetvā yāva majjhantikasamayaṃ tena saddhiṃ samullapitvā nagaraṃ pavisati, pitā ca majjhantike āgantvā taṃ bhojetvā attanā pi bhuñjitvā divasaṃ tena saddhiṃ samullapitvā sāyaṇhasamaye jāgarakapurise[4] ṭhapetvā nagaraṃ pavisati. So evaṃ rattindivā[5] avivitto viharati.

Tena kho pana samayena Ādiccabandhu nāma paccekabuddho Nandamūlakapabbhāre viharati. So āvajjanto tam addasa: 'ayaṃ kumāro pabbajituṃ asakkhi, jaṭaṃ chindituṃ na sakko' ti. Tato paraṃ āvajji: 'attano dhammatāya nibbijjissati no' ti; atha 'dhammatāya nibbindantena aticiraṃ bhavissatī' ti ñatvā 'tassa ārammaṇaṃ dassessāmī' ti pubbe vuttanayen' eva Manosilātalato āgantvā uyyāne aṭṭhāsi. Rājapuriso disvā "paccekabuddho mahārājā" ti rañño ārocesi; rājā 'idāni me putto paccekabuddhena saddhiṃ anukkaṇṭhito vasissatī' ti pamuditamano hutvā paccekabuddhaṃ sakkaccaṃ upaṭṭhahitvā tatth' eva vāsaṃ yācitvā paṇṇasālādivāvihāraṭṭhānacaṃkamanādi[6] sabbaṃ kāretvā vāsesi. So tattha vasanto ekadivasaṃ okāsaṃ labhitvā kumāraṃ pucchi: "ko 'si tvan" ti. So āha: "ahaṃ pabbajito" ti. "Pabbajitā nāma na edisā honti"—"atha bhante kīdisā honti, kiṃ mayhaṃ ananucchaviyan" ti vutte "tvaṃ attano ananucchaviyaṃ na pekkhasi: nanu te mātā vīsatisahassitthīhi[7] saddhiṃ pubbaṇhasamaye āgacchantī uyyānaṃ avivittaṃ karoti, pitā mahatā balakāyena sāyaṇhasamaye, jāgaraṇapurisā[8] sakalarattiṃ; pabbajitā nāma tava sadisā na honti, īdisā pana hontī" ti tatra ṭhitass' eva iddhiyā Himavati[9] aññataraṃ vihāraṃ dassesi. So tattha paccekabuddhe

---

[1] B^a vuttaṃ se°. [2] B^a *om.* [3] B^a °nāṭakitthipariv° (98^7).
[4] S^{gn} °aṃ; B^a jaggikapurisaṃ (*cf. note* 8).
[5] *So* S^{kn} B^a; S^g rattindivaṃ.
[6] S^g B^a paṇṇasāladivā°. [7] B^a °sahassitthikāhi.
[8] B^a jagganapurisā. [9] B^a Himavante.

ālambanabāhaṃ nissāya ṭhite ca caṃkamante ca rajanakammasūcikammādīni karonte ca disvā āha: "tumhe idha nâgacchatha, pabbajjā tāva[1] tumhehi anuññātā" ti. "Āma pabbajjā anuññātā, pabbajitakālato paṭṭhāya samaṇā nāma attano nissaraṇaṃ[2] kātuṃ icchitaṃ patthitañ ca padesaṃ gantuṃ labhanti, ettakaṃ va vaṭṭatī" ti [3]vatvā ākāse ṭhatvā "aṭṭhāna taṃ saṅgaṇikāratassa, yaṃ phassaye sāmayikaṃ vimuttin" ti imaṃ upaḍḍhagāthaṃ vatvā [4]dissamānen' eva kāyena[4] Nandamūlakapabbhāraṃ agamāsi. Evaṅ gate paccekabuddhe so attano paṇṇasālaṃ pavisitvā nipajji. Ārakkhapuriso pi 'sayito kumāro, idāni kuhiṃ gamissatī' ti pamatto niddaṃ okkami. So tassa pamattabhāvaṃ ñatvā pattacīvaraṃ gahetvā araññaṃ pāvisi, tatra ca vivitto vipassanaṃ ārabhitvā paccekabodhiṃ sacchikatvā paccekabuddhaṭṭhānaṃ gato, tatra ca "kathaṃ adhigatan" ti pucchito Ādiccabandhunā vuttaṃ upaḍḍhagāthaṃ paripuṇṇaṃ katvā abhāsi[5].

Tass' attho: *aṭṭhāna tan* ti aṭṭhānaṃ taṃ, akāraṇaṃ tan[1] 54.
ti vuttaṃ hoti, anunāsikassa lopo[6] kato "ariyasaccāna dassanan"* ti ādisu viya; *saṅgaṇikāratassā* ti gaṇābhiratassa; *yan* ti karaṇavacanaṃ[7] etaṃ "yaṃ hiriyati hiriyitabbenā"† ti ādisu viya; *phassaye* ti adhigacche; *sāmayikaṃ vimuttin* ti lokiyasamāpattiṃ, sā hi appitappitasamaye eva[8] paccanīkehi vimuccanato sāmayikā vimuttī ti vuccati,—

"taṃ sāmayikaṃ vimuttiṃ aṭṭhānan taṃ na taṃ kāraṇaṃ vijjati saṅgaṇikāratassa yena kāraṇena phassaye" iti etaṃ[8] *Ādiccabandhussa* paccekabuddhassa *vaco nisamma* saṅgaṇikāratiṃ pahāya yoniso paṭipajjanto adhigato 'mhī ti āha. Sesaṃ vuttanayam eva.

Aṭṭhānagāthāvaṇṇanā samattā.

DUTIYO VAGGO NIṬṬHITO.

* S.N. 267b. † *Cf.* Dh. S. § 30 (Asl. 149¹⁹).

1 Ba *om.* 2 Ba saraṇaṃ.
3 Ba icchitapatthitaṃ padesaṃ gantuñ ca labhanti, ettakaṃ vattan ti. 4—4 Ba dissamāne okāse.
5 Ba akkhāsi. 6 Ba anunāsikalopo.
7 Skgn Ba kāraṇav°. 8 Ba evaṃ.

(III.)

(55). Diṭṭhivisūkānī ti kā uppatti: Bārāṇasiyaṃ kira aññataro rājā rahogato cintesi: 'yathā sītādīnaṃ paṭighātakāni uṇhādīni atthi, atthi nu kho[1] evaṃ vaṭṭapaṭighātakaṃ vivaṭṭan no' ti. So amacce pucchi: "vivaṭṭaṃ jānathā" ti[2]. Te "jānāma mahārājā" ti āhaṃsu. Rājā "kiṃ tan" ti. Tato "antavā loko"* ti ādinā nayena sassatucchede[3] kathesuṃ. Atha rājā 'ime na jānanti, sabbe p' ime diṭṭhigatikā' ti[4] sayam eva tesaṃ vilomatañ ca ayuttatañ ca disvā 'vaṭṭapaṭighātakaṃ vivaṭṭaṃ[4] atthi, taṃ gavesitabban' ti cintetvā rajjaṃ pahāya pabbajitvā vipassanto paccekabodhiṃ sacchākāsi imañ ca udānagāthaṃ abhāsi paccekabuddhamajjhe vyākaraṇagāthañ ca.

55. Tass' attho: *diṭṭhivisūkānī* ti dvāsaṭṭhi diṭṭhigatāni, tāni hi maggasammādiṭṭhiyā [5]viruddhaṭṭhena vijjhanaṭṭhena vilomaṭṭhena ca visūkāni[5], evaṃ diṭṭhiyā visūkānī ti[4] diṭṭhivisūkāni, [6]diṭṭhiyo eva v ā visūkāni diṭṭhivisūkāni[6]; *upātivatto* ti dassanamaggena atikkanto; *patto niyāman* ti avinipātadhammatāya [7]sambodhiparāyanatāya ca niyatabhāvaṃ adhigato †sammattaniyāmasaṃkhātaṃ vā paṭhamamaggan ti; ettāvatā paṭhamamaggakiccanipphatti ca tassa ca paṭilābho vutto, idāni *paṭiladdhamaggo* ti iminā sesamaggapaṭilābhaṃ dasseti, *uppannañāṇo 'mhī* ti uppannapaccekabodhiñāṇo amhi, etena phalaṃ dasseti, *anaññaneyyo*[8] ti aññehi 'idaṃ saccaṃ, idaṃ saccan' ti anetabbo, etena sayambhutaṃ dīpeti, patte vā paccekabodhiñāṇe aññaneyyatāya[9] abhāvaṃ [10]sayaṃvasitaṃ. Vipassanāya v ā[10] diṭṭhivisūkāni upātivatto, ādimaggena patto niyāmaṃ,

* *Cf.* D. I, 22-24. † S. III, 225, A. III, 441[22].

[1] Ba *om.* atthi nu kho. [2] Skn jānāthā ti.
[3] Sg Ba °ucchedaṃ. [4] Ba *om.*
[5—5] Ba visukaṭṭhena vijjhanatthena (Skgn virujjhanaṭṭhena) ca vilomanaṭṭhena ca visūkānī ti. [6—6] Ba *om.*
[7] Sgn *ins.* sammā-. [8] Ba °ṇeyyo, Skgn °ñeyyo.
[9] *Or* neyyatāya (?); Skgn aneyyatāya, Ba aññaṇeyyañāṇāya. [10—10] Ba Ayaṃ samathavipassanāya vā.

sesehi paṭiladdhamaggo, phalañāṇena uppannañāṇo, taṃ sabbaṃ attanā va adhigato ti anaññaneyyo. Sesaṃ vuttanayen' eva veditabbaṃ.

Diṭṭhivisūkagāthāvaṇṇanā samattā.

Nillolupo ti kā uppatti: Bārāṇasirañño kira sūdo anta- (56).
rabhattaṃ pacitvā upanāmesi manuññadassanaṃ sādurasaṃ: 'app eva nāma me rājā dhanam anuppadeyyā' ti. Taṃ rañño gandhen' eva bhottukamyataṃ janesi mukhe khelaṃ uppādentaṃ, paṭhamakabaḷe pana mukhe pakkhittamatte satta rasaharaṇisahassāni amatenêva phuṭāni ahesuṃ. Sūdo 'idāni me dassatī' ti cintesi. Rājā pi 'sakkārāraho[1] sūdo' ti cintesi, 'rasaṃ sāyitvā pana sakkarontaṃ maṃ pāpako kittisaddo abbhuggaccheyya: lolo ayaṃ rājā rasagaruko' ti na kiñci abhaṇi. Evaṃ, yāva bhojanapariyosānaṃ, tāva sūdo pi[2] 'idāni[3] dassati[3], idāni dassatī' ti cintesi; rājā pi avaṇṇabhayena na kiñci abhaṇi. Tato sūdo 'n' atthi imassa rañño jivhāviññāṇan' ti dutiyadivase asāduvantaṃ[4] upanāmesi; rājā bhuñjanto 'tajjananiggaharaho[5] ajja sūdo' ti jānanto pi pubbe viya paccavekkhitvā[6] avaṇṇabhayena na kiñci abhaṇi. Tato sūdo 'rājā n' eva sundaraṃ nâsundaraṃ jānātī' ti sabbaṃ paribbayaṃ attanā gahetvā yaṃ kiñcid eva pacitvā rañño deti. Rājā 'aho dhanalobho, ahaṃ nāma vīsati nagarasahassāni bhuñjanto imassa lobhena bhattamattam pi na labhāmī' ti nibbijjitvā rajjaṃ pahāya pabbajitvā vipassanto paccekabodhiṃ sacchākāsi, purimanayen' eva imaṃ gāthaṃ abhāsi.

Tattha *nillolupo* ti alolupo, yo hi[7] rasataṇhābhibhūto 56
hoti, so bhusaṃ luppati punappuna ca luppati, tena lolupo ti vuccati, tasmā esa taṃ paṭikkhipanto āha: nillolupo ti; *nikkuho* ti ettha, kiñcâpi, yassa tividhaṃ kuhanavatthu n' atthi, so nikkuho ti vuccati, imissā pana gāthāya manuññabhojanādisu vimhayam anāpajjanato nikkuho ti ayam

---

[1] S^g B^a sakkārāraho, *cf.* 107[19]. [2] B^a *om.*
[3] S^gn B^a *om.* [4] *So* S^kgn; B^a aññaṃ bhattaṃ.
[5] B^a *om.* tajjana-. [6] B^a *ad.* va. [7] B^a yo so pi.

adhippāyo; *nippipāso* ti ettha pātum icchā pipāsā, tassā abhāvena nippipāso, sādurasalobhena bhottukamyatāvirahito ti attho; *nimmakkho* ti ettha paraguṇavināsanalakkhaṇo makkho, tassa abhāvena nimmakkho, attano gahaṭṭhakāle sūdassa guṇamakkhaṇabhāvaṃ[1] sandhāya āha[2]; *niddhantakasāvamoho* ti ettha rāgādayo tayo kāyaduccaritādīni ca tīṇi ti cha dhammā yathāsambhavaṃ[3] appasannaṭṭhena sabhāvaṃ vijahāpetvā parabhāvaṃ gaṇhāpanaṭṭhena ca kasāvā ti veditabbā, yathâha: "tattha katame tayo kasāvā: rāgakasāvo dosakasāvo mohakasāvo, ime tayo kasāvā,—[4]tattha katame[4] apare pi tayo kasāvā: kāyakasāvo vacīkasāvo manokasāvo"* ti,—tesu mohaṃ ṭhapetvā pañcannaṃ kasāvānaṃ tesañ ca sabbesaṃ mūlabhūtassa mohassa niddhantattā niddhantakasāvamoho; tiṇṇaṃ eva v ā kāyavacīmanokasāvānaṃ mohassa ca niddhantattā niddhantakasāvamoho, itaresu nillolupatādīhi rāgakasāvassa nimmakkhatāya dosakasāvassa niddhantabhāvo siddho eva; *nirāsayo* ti nittaṇho; *sabbaloke* ti sakalaloke, tīsu bhavesu dvādasasu vā āyatanesu bhavavibhavataṇhāvirahito hutvā ti attho. Sesaṃ vuttanayen' eva veditabbaṃ. A t h a v ā tayo pi pāde vatvā 'eko care ti evam pi vā eko carituṃ sakkuṇeyyā' ti evam pi ettha sambandho kātabbo.

Nillolupagāthāvaṇṇanā samattā.

(57). Pāpaṃ sahāyan ti kā uppatti: Bārāṇasiyaṃ kira aññataro rājā mahaccarājānubhāvena nagaraṃ padakkhiṇaṃ karonto manusse koṭṭhāgārato purāṇadhaññādīni bahiddhā nīharante disvā "kiṃ bhaṇe idan" ti amacce pucchi. "Idāni mahārāja navadhaññāni nipphajjissanti, tesaṃ okāsaṃ kātuṃ ime manussā purāṇadhaññāni[5] chaḍḍentī" ti. Rājā "kiṃ bhaṇe itthāgārabalakāyādīnaṃ vaṭṭaṃ paripuṇṇan"

* Vibh. 368²¹.

[1] B^a °kāle parassa guṇamakkhanalakkhaṇābhāvaṃ.
[2] B^a sandhāyâha.
[3] S^{kgn} *ad.* p a n a.
[4—4] B^a *om.*
[5] S^{kgn} °d h a ñ ñ ā d ī n i.

ti āha. "Āma mahārāja, paripuṇṇan" ti. "Tena hi bhaṇe dānasālā[1] kārāpetha; dānāni[2] dassāmi, mā imāni dhaññāni anupakārāni vinassiṃsū" ti. Tato naṃ aññataro diṭṭhigatiko amacco "n' atthi dinnan" ti ārabbha yāva "bālo ca paṇḍito ca sandhāvitvā saṃsaritvā dukkhass' antaṃ karissatī"* ti vatvā nivāresi. So dutiyam pi tatiyam pi koṭṭhāgāre[1] vilumpante disvā tath' eva āṇāpesi; tatiyam pi naṃ "mahārāja dattupaññattaṃ yadidaṃ dānan"* ti ādīni vatvā nivāresi. So 'are ahaṃ attano santakam pi na labhāmi dātuṃ, kiṃ me imehi pāpasahāyehī' ti nibbiṇṇo rajjaṃ pahāya pabbajitvā vipassanto paccekabodhiṃ sacchākāsi tañ ca pāpasahāyaṃ garahanto imaṃ udānagāthaṃ abhāsi.

Tassâyaṃ saṃkhepattho: y v ā y a ṃ dasavatthukāya pā- 57.
padiṭṭhiyā[3] samannāgatattā pāpo, paresam pi anatthaṃ
dassetī ti anatthadassī, kāyaduccaritādimhi ca visame ni-
viṭṭho, t a ṃ atthakāmo kulaputto *pāpaṃ sahāyaṃ parivaj-
jayetha anatthadassiṃ visame niviṭṭhaṃ; sayan na seve* iti
attano vasena na seve, yadi pana paravaso hoti, kiṃ sakkā
kātun ti vuttaṃ hoti; *pasutan* ti pasaṭaṃ[4], diṭṭhivasena
tattha tattha laggan ti attho; *pamattan* ti kāmaguṇesu vos-
saṭṭhacittaṃ[5] kusalabhāvanārahitaṃ vā,—taṃ evarūpaṃ
na seve na bhaje na payirupāse, aññadatthu eko care khag-
gavisāṇakappo ti.

Pāpasahāyagāthāvaṇṇanā samattā.

Bahussutan ti kā uppatti: Pubbe kira Kassapassa bha- (58).
gavato sāsane aṭṭha paccekabodhisattā pabbajitvā[6] gata-
paccāgatavattaṃ pūretva devaloke uppannā ti sabbaṃ
Anavajjabhojigāthāya† vuttasadisaṃ eva, ayam pana vi-
seso: Paccekabuddhe nisīdāpetvā rājā āha: "ke tumhe" ti.
Te āhaṃsu: "mayaṃ mahārāja Bahussutā nāmā" ti.

* D. I, 55^{15}, 54^{20}. † (94^{11-17}.)

[1] B[a] °aṃ. [2] B[a] dānaṃ. [3] B[a] *om.* pāpa-.
[4] *Conj.* Tr.; S[kgn] pasavaṃ, B[a] pasuta.
[5] B[a] vossaggac° < vossakkac°. [6] B[a] *om.* (*cf.* 110^{26}).

Rājā [āha] 'ahaṃ[1] Sutabrahmadatto nāma, sutena tittiṃ na gacchāmi; handa nesaṃ santike vicitranayaṃ saddhammadesanaṃ sossāmī' ti attamano dakkhiṇodakaṃ datvā parivisitvā bhattakiccapariyosāne saṃghattherassa pattaṃ gahetvā vanditvā purato nisīdi[2]: "dhammakathaṃ bhante karothā" ti. So "sukhī[3] hotu mahārājā, rāgakkhayo hotū" ti vatvā uṭṭhito. Rājā 'ayan na bahussuto, dutiyo bahussuto bhavissatī' ti "sve dāni vicitradhammadesanaṃ sossāmī" ti svātanāya nimantesi. Evaṃ, yāva sabbesaṃ paṭipāṭi gacchati, tāva nimantesi; te sabbe pi "dosakkhayo hotu, mohakkhayo, gatikkhayo, vaṭṭakkhayo, upadhikkhayo, taṇhakkhayo hotū" ti[4] evaṃ[1] ekam ekaṃ padaṃ visesetvā sesaṃ paṭhamasadisam eva vatvā uṭṭhahiṃsu. Tato rājā 'ime "Bahussutā mayan" ti bhaṇanti, na ca tesaṃ vicitrakathā; kim etehi vuttan' ti tesaṃ vacanatthaṃ upaparikkhitum āraddho. Atha 'rāgakkhayo hotū' ti upaparikkhanto 'rāge khīṇe doso pi, moho pi, aññataraññatare pi kilesā khīṇā hontī' ti ñatvā attamano ahosi: 'nippariyāyabahussutā ime samaṇā, yathā pi[1] hi purisena mahāpaṭhaviṃ vā ākāsaṃ vā aṅguliyā niddisantena na aṅgulimatto va padeso niddiṭṭho hoti api ca kho pana paṭhaviākāsā eva[5] niddiṭṭhā honti, evaṃ imehi ekam ekaṃ atthaṃ niddisantehi aparimāṇā atthā niddiṭṭhā' ti[6]. Tato so 'kudâssu nāmâham pi evaṃ bahussuto bhavissāmī' ti tathārūpaṃ bahussutabhāvaṃ patthento rajjaṃ pahāya pabbajitvā[1] vipassanto paccekabodhiṃ sacchikatvā imaṃ udānagāthaṃ abhāsi.

58. Tatthâyaṃ saṃkhepattho: b a h u s s u t a n ti duvidho bahussuto: tīsu piṭakesu atthato nikhilo pariyattibahussuto c a[7], maggaphalavijjābhiññānaṃ paṭividdhattā paṭivedhabahussuto ca, tathā[8] d h a m m a d h a r o, uḷārehi pana kāyavacīmanokammehi samannāgato u ḷ ā r o; yuttapaṭibhāno mut-

---

[1] Ba *om.* [2] Skgn nisīditvā. [3] Ba sukhito.

[4] Skgn hotu *after* mohakkhayo, *om.* dosakkhayo; Ba *om.* taṇhakkhayo hotu.

[5] Skgn evaṃ. [6] Ba °ṭṭhā h o n t i.

[7] Sk Ba *om.* [8] Ba āgatāgamo.

tapaṭibhāno yuttamuttapaṭibhāno ca paṭibhāṇavā, pariyattiparipucchādhigamavasena vā tidhā paṭibhānavā veditabbo[1], yassa hi pariyatti paṭibhāti, so pariyattipaṭibhānavā, yassa atthañ ca ñāṇañ ca lakkhaṇañ ca ṭhānāṭhānañ ca paripucchantassa paripucchā paṭibhāti, so paripucchāpaṭibhānavā, yena maggādayo paṭividdhā honti, so paṭivedhapaṭibhānavā,—taṃ evarūpaṃ *bahussutaṃ dhammadharaṃ bhajetha mittaṃ uḷāraṃ paṭibhānavantaṃ*, tato tassânubhāvena attatthaparatthaubhayatthabhedato vā diṭṭhadhammikasamparāyikaparamatthabhedato vā anekappakārāni *aññāya atthāni*, tato 'ahosiṃ nu kho ahaṃ[2] atītam addhānan' ti ādisu kaṃkhaṭṭhānesu[3] *vineyya kaṃkhaṃ* vicikicchaṃ vinetvā vināsetvā evaṃ katasabbakicco eko care khaggavisāṇakappo ti.

Bahussutagāthāvaṇṇanā samattā.

Khiḍḍaṃ ratin[4] ti kā uppatti: Bārāṇasiyaṃ[5] Vibhūsa- (59)
kabrahmadatto[6] nāma rājā pāto va yāguṃ vā bhattaṃ vā bhuñjitvā nānāvidhavibhūsanehi attānaṃ vibhūsāpetvā mahāādāse sakalasarīraṃ disvā, yan na icchati, taṃ apanetvā aññen' aññena[7] vibhūsanena vibhūsāpeti. Tassa ekadivasaṃ evaṃ karoto bhattavelā majjhantikasamayo patto; atha avibhūsito va dussapaṭṭena sīsaṃ veṭhetvā bhuñjitvā divāseyyaṃ upagañchi, puna pi uṭṭhahitvā tath' eva karoto suriyo ogato; evaṃ dutiyadivase pi tatiyadivase pi. Ath' assa evaṃ maṇḍanapasutassa piṭṭhirogo udapādi. Tass' etad ahosi 'aho re ahaṃ sabbatthāmena vibhūsanto pi imasmiṃ kappake vibhūsane asantuṭṭho lobhaṃ uppādesiṃ, lobho ca nām' esa [8]apāyagamanīyo dhammo; handâhaṃ lobhaṃ niggaṇhāmī' ti[8] rajjaṃ pahāya, pabbajitvā vipassanto paccekabodhiṃ sacchikatvā imaṃ udānagāthaṃ abhāsi.

---

[1] Skgn Ba veditabbā. [2] Ba *om.* [3] Ba kaṅkhāth°.
[4] Sg Ba khiḍḍāratin (<112[1]). [5] Ba *ad.* kira.
[6] Ba Vibhūsitabr°. [7] Ba *om.* aññen'.
[8–8] Ba apāyapāthito (> °pātito o: °pāpiko ?); handa niggaṇhissāmī ti.

59. Tattha khiḍḍā rati[1] ca pubbe* vuttā va; kāmasukhan ti vatthukāmasukhaṃ, vatthukāmā pi[2] hi sukhassa visayādibhāvena sukhan ti vuccanti, yathâha: "atthi rūpaṃ sukhaṃ sukhānupatitan"† ti,—evam etaṃ *khiḍḍaṃ ratiṃ kāmasukhañ ca* imasmiṃ okāsa*loke analaṃkaritvā* 'alan' ti akatvā 'etaṃ tappakan' ti[3] vā 'sārabhūtan' ti vā[4] evaṃ agahetvā; *anapekkhamāno* ti tena analaṃkaraṇena[5] anapekkhanasīlo apihāluko nittaṇho; *vibhūsanaṭṭhānā virato saccavādī eko care* ti ettha vibhūsā duvidhā: agārikavibhūsā ca[2] anagārikavibhūsā ca, agārikavibhūsā ca[2] sāṭakaveṭhanamālāgandhādi anagāriyavibhūsā ca pattamaṇḍanādi, vibhūsā eva vibhūsanaṭṭhānaṃ,—tasmā vibhūsanaṭṭhānā tividhāya pi viratiyā[6] virato, avitathavacanato saccavādī ti evam attho[7] daṭṭhabbo.

Vibhūsanaṭṭhānagāthāvaṇṇanā[8] samattā.

(60). Puttañ ca dāran ti kā uppatti: Bārāṇasirañño kira putto daharakāle eva abhisitto rajjaṃ kāresi[9]. So paṭhamagāthāya vuttapaccekabodhisatto viya‡ rajjasiriṃ anubhonto[10] ekadivasaṃ cintesi 'ahaṃ rajjaṃ kārento[11] bahunnaṃ dukkhaṃ karomi, kiṃ me ekabhattatthāya iminā pāpena; handa sukham uppādemī' ti rajjaṃ pahāya pabbajitvā vipassanto paccekabodhiṃ sacchikatvā imaṃ udānagāthaṃ abhāsi.

60. Tattha *dhanānī* ti muttāmaṇiveḷuriyasaṃkhasilāpavāḷarajatajātarūpādīni ratanāni; *dhaññānī* ti sālivīhiyavagodhūmakaṅguvarakakudrūsakappabhedāni satta sesāparaṇṇāni ca; *bandhavānī* ti ñātibandhugottabandhumittabandhusip-

---

* (86[4]). † *Cf.* S. III, 69[17]. ‡ (59[19].)

---

1 Sk ratī.
2 Ba *om.*
3 Ba 'evaṃ kappakan' ti.
4 Ba *ad.* ti.
5 *So* Skgn; Ba alaṃkar°.
6 Skgn *om.* vi-.
7 Ba padattho.
8 Ba Vibhūsanagāthāv°.
9 Sk Ba k ā r e t i.
10 Ba anubhavanto.
11 Skgn Ba k a r o n t o.

pabandhuvasena catubbidhabandhave[1]; *yathodhikānī* ti sa-
kasakaodhivasena ṭhitāni yeva[2]. Sesaṃ vuttanayam evā ti
Puttadāragāthāvaṇṇanā samattā.

Saṅgo eso ti kā uppatti: Bārāṇasiyaṃ kira Pādalola- (61).
brahmadatto nāma rājā ahosi[3]. So pāto va yāguṃ vā
bhattaṃ vā bhuñjitvā tīsu pāsādesu tividhanāṭakāni pas-
sati. — T i v i d h a n ā ṭ a k ā n ī ti[4] pubbarājato āgataṃ
anantararājato āgataṃ attano kāle uṭṭhitan ti.—So ekadi-
vasaṃ pāto va daharanāṭakapāsādaṃ gato; tā[5] nāṭakiyo[6]
'rājānaṃ ramāpessāmā' ti Sakkassa devānam indassa ac-
charāyo viya atīva manoharaṃ naccagītavāditaṃ payoje-
suṃ. Rājā 'anacchariyam etaṃ daharānan' ti asantuṭ-
ṭho hutvā majjhimanāṭakapāsādaṃ gato; tā pi nāṭakiyo[6]
tath' eva akaṃsu. So tattha pi tath' eva asantuṭṭho hutvā
mahānāṭakapāsādaṃ gato; tā pi nāṭakiyo[6] tath' eva akaṃsu.
Rājā dve tayo rajjaparivaṭṭe atītānaṃ tāsaṃ mahallaka-
bhāvena[7] aṭṭhikīlanasadisaṃ naccaṃ disvā gītañ ca ama-
dhuraṃ sutvā punad eva daharanāṭakapāsādaṃ, puna
majjhimanāṭakapāsādan ti evaṃ vicaritvā[8] katthaci asan-
tuṭṭho cintesi 'imā nāṭakiyo[6] Sakkaṃ devānam indaṃ
accharāyo viya ramāpetukāmā[9] sabbatthāmena naccagīta-
vāditaṃ payojesuṃ, sv āhaṃ katthaci asantuṭṭho lobham
eva vaḍḍhemi, lobho nām' esa apāyagamanīyo dhammo;
handâhaṃ lobhaṃ niggaṇhāmī' ti[10] rajjaṃ pahāya pab-
bajitvā vipassanto paccekabodhiṃ sacchikatvā imaṃ udā-
nagāthaṃ abhāsi.

Tass' attho: *saṅgo eso* ti attano upabhogaṃ niddisati, so 61.
hi sajjanti tattha pāṇino kaddamapaviṭṭho[11] hatthī viyā
ti saṅgo; *parittam ettha sokhyan* ti ettha pañca-kāmaguṇe
upabhogakāle viparītasaññāya uppādetabbato kāmāvaca-
radhammapariyāpannato vā lāmakaṭṭhena sokhyaṃ parit-
taṃ, vijjuppabhāya obhāsitanaccadassanasukhaṃ viya itta-

[1] B[a] catubbidhe b°. [2] B[a] ṭhitān' eva. [3] S[kgn] *om.*
[4] B[a] > kira. [5] S[gn] B[a] *om.* [6] B[a] nāṭakitthiyo.
[7] B[a] mahallabhāvena. [8] B[a] *om.* vi-. [9] S[kgn] rametuk°.
[10] B[a] niggaṇhissāmī ti (*cf.* 111[29]; 115[28]).
[11] B[a] kaddame ca pav°.

raṃ tāvakālikan ti vuttaṃ hoti; *app' assādo, dukkham ettha bhiyyo* ti ettha ca y v ā y a ṃ "(yaṃ) kho bhikkhave ime pañca kāmaguṇe paṭicca uppajjati sukhaṃ somanassaṃ, ayaṃ kāmānaṃ assādo" ti vutto, s o , y a m idaṃ[1] "ko ca bhikkhave kāmānaṃ ādīnavo: idha bhikkhave kulaputto, yena sippaṭṭhānena jīvikaṃ kappeti yadi muddāya yadi gaṇanāyā"* ti evamādinā nayen' ettha dukkhaṃ vuttaṃ, t a ṃ upanidhāya appo udabindumatto[2] hoti, atha kho dukkham eva bhiyyo bahuṃ catusu samuddesu udakasadisaṃ[3] hoti, — tena vuttaṃ: app' assādo, dukkham ettha bhiyyo ti; *gaḷo eso* ti assādaṃ dassetvā ākaḍḍhanavasena baḷiso, eso ti yadidaṃ pañca kāmaguṇā; *iti ñatvā mutīmā*[4] ti evaṃ ñatvā buddhimā paṇḍito puriso sabbam etaṃ pahāya eko care khaggavisāṇakappo ti.

Saṅgagāthāvaṇṇanā samattā.

(62). Sandālayitvā[5] ti kā uppatti: Bārāṇasiyaṃ kira Anivattabrahmadatto nāma rājā ahosi. So saṅgāmaṃ vā otiṇṇo avijitvā aññaṃ vā[6] kiccaṃ āraddho aniṭṭhapetvā na nivattati, tasmā naṃ evaṃ sañjāniṃsu. So ekadivasaṃ uyyānaṃ gacchati, tena ca samayena davadāho[7] uṭṭhāsi: so aggi sukkhāni ca haritāni ca[8] tiṇādīni dahanto anivattamāno eva gacchati. Rājā taṃ disvā tappaṭibhāganimittaṃ uppādesi: 'yathâyaṃ davadāho[9] evam eva ekādasavidho aggi sabbasatte dahanto anivattamāno va gacchati mahādukkhaṃ uppādento; kudâssu nāmâham pi imassa dukkhassa anivattanatthaṃ[10] ayaṃ aggi viya ariyamaggañāṇagginā kilese dahanto[11] anivattamāno gaccheyyan' ti. Tato muhuttaṃ gantvā kevaṭṭe addasa nadiyaṃ macche

* M. I, 85[28].

1 Ba y a d i d a ṃ . 2 Ba appo dakab°.
3 Skgn Ba °sadiso. 4 Ba matimā.
5 Ba *here and* 115[18] Padāl°; padālayitvāna *in the gāthā* (*given in full after* 115[8]). 6 Ba ca.
7 Sgn °ḍāho. 8 Ba ca *after* tiṇādīni. 9 Sg °ḍāho.
10 Skgn n i v a t t °. 11 Skgn ḍah°.

gaṇhante. Tesaṃ jālantaraṃ paviṭṭho[1] eko mahāmaccho jālaṃ bhetvā[2] palāyi; te "macchò jālaṃ bhetvā gato" ti saddam akaṃsu. Rājā tam pi[3] vacanaṃ sutvā tappaṭibhāganimittaṃ uppādesi: 'kudâssu nāmâham pi ariyamaggañāṇena taṇhādiṭṭhijālaṃ bhetvā asajjamāno gaccheyyan' ti. So rajjaṃ pahāya pabbajitvā vipassanaṃ ārabhitvā paccekabodhiṃ sacchākāsi imañ ca udānagāthaṃ abhāsi.

Tassā dutiyapāde *jālan* ti suttamayaṃ vuccati; ambun[4] 62
ti udakaṃ, tattha caratī ti ambucārī, macchass' etaṃ adhivacanaṃ, salile ambucārī *salil' ambucārī*, tasmiṃ nadīsalile jālaṃ bhetvā ambucārī v ā ti vuttaṃ hoti; tatiyapāde *daḍḍhan* ti daḍḍhaṭṭhānaṃ vuccati, yathā aggi daḍḍhaṭṭhānaṃ puna na nivattati na tattha bhiyyo āgacchati, evaṃ maggañāṇagginā daḍḍhaṃ[5] kāmaguṇaṭṭhānaṃ anivattamāno, tattha bhiyyo anāgacchanto ti vuttaṃ hoti. Sesaṃ vuttanayam evā ti

Sandālagāthāvaṇṇanā samattā.

Okkhittacakkhū ti kā uppatti: Bārāṇasiyaṃ kira Cak- (63)
khulolabrahmadatto nāma rājā Pādalolabrahmadatto viya nāṭakadassanam anuyutto hoti, ayam pana viseso: so asantuṭṭho tattha tattha gacchati, ayaṃ tan taṃ nāṭakaṃ disvā [6]atīva abhinanditvā abhinanditvā[6] nāṭakaparivattadassanena taṇhaṃ vaḍḍhento vicarati. So kira nāṭakadassanaṃ āgataṃ aññataraṃ kuṭumbikabhariyaṃ disvā rāgaṃ uppādesi. Tato saṃvegam āpajjitvā 'are[7] ahaṃ imaṃ taṇhaṃ vaḍḍhento apāyaparipūrako bhavissāmi; handa naṃ niggaṇhāmī' ti[8] pabbajitvā vipassanto paccekabodhiṃ sacchikatvā attano purimapaṭipattiṃ garahanto tappaṭipakkhaguṇadīpikaṃ[9] imaṃ udānagāthaṃ abhāsi.

---

[1] B^a jālantarapav°. [2] B^a *here* chetvā. [3] B^a Tam pi rājā.
[4] B^a ambu. [5] B^a evaṃ maggañāṇadaḍḍhaṃ.
[6–6] B^a ativiya abhinandisvā ativiya abhinanditvā, S^k atīva abhinditvā abhinanditvā (< abhinditvā).
[7] B^a puna. [8] *So* B^a; S^kgn niggaṇhissāmī ti (124[5], 118[2]).
[9] B^a tappaṭipakkhaguṇaṃ dīpetuṃ (*cf.* 118[4]).

63. Tattha *okkhittacakkhū* ti heṭṭhā khittacakkhu, satta gīvaṭṭhīni paṭipāṭiyā ṭhapetvā parivajjanā[1]-pahātabbadassanattham yugamattaṃ pekkhamāno ti vuttaṃ hoti, na[2] hanukaṭṭhinā hadayaṭṭhiṃ saṃghaṭṭento, evaṃ hi okkhittacakkhutā na samaṇasāruppā[3] hoti; *na ca pādalolo* ti ekassa dutiyo dvinnaṃ tatiyo ti evaṃ gaṇamajjhaṃ pavisitukāmatāya kaṇḍūyamānapādo viya abhavanto, dīghacārikaanavatthacārikavirato vā[4]; *guttindriyo* ti chassu indriyesu idha visuṃ vuttāvasesavasena gopitindriyo; *rakkhitamānasāno* ti mānasaṃ yeva mānasānaṃ, taṃ rakkhitam assā ti rakkhitamānasāno, yathā kilesehi na viluppati[5], evaṃ rakkhitacitto ti vuttaṃ hoti; *anavassuto* ti imāya paṭipāṭiyā tesu tesu ārammaṇesu kilesaanvāssavavirahito[6]; *apariḍayhamāno* ti evaṃ anvāssavavirahā eva kilesaggīhi apariḍayhamāno, [7]bahiddhā vā anavassuto ajjhattaṃ apariḍayhamāno[8]. Sesaṃ vuttanayam evā ti

Okkhittacakkhugāthāvaṇṇanā samattā.

(64). Ohārayitvā ti kā uppatti: *Bārāṇasiyaṃ kira ayaṃ[9] añño pi Cātumāsikabrahmadatto† nāma rājā catutthamāse catutthamāse uyyānakīḷanaṃ[10] gacchati. So ekadivasaṃ gimhānaṃ majjhime māse uyyānaṃ pavisanto uyyānadvāre pattasañchannaṃ pupphālaṃkataviṭapa(ṃ) pāricchattakakoviḷāraṃ disvā ekaṃ pupphaṃ[11] gahetvā uyyānaṃ pāvisi. Tato 'raññā aggapupphaṃ gahitan' ti aññataro pi amacco hatthikkhandhe ṭhito eva ekaṃ pupphaṃ aggahesi, eten' eva upāyena sabbo balakāyo aggahesi; pupphaṃ anāsā-

* *Cf.* J. A. III, 376^{12}—377^{23}. † (*Vide* 90^{19}.)

1 B^a parivattana-. 2 B^a *ad.* tu.
3 B^a okkhittacakkhu na samaṇasāruppo.
4 B^a kuṇḍadhammesemānapādo viya āvattanto dīghacārikāya anavatticārikāviraho ti.
5 S^k vilumpati, S^g luppati, S^n lumpati, B^a limpati.
6 B^a anvassava° *throughout.* 7 B^a *ins.* evaṃ.
8 B^a aḍayhamāno (*but above* apariḍayh°).
9 B^a *om.* 10 B^a °kīlaṃ. 11 S^n B^a ekapupphaṃ.

dentā pattam pi gaṇhiṃsu: so rukkho nippattapuppho khandhamatto va ahosi. Taṃ rājā sāyaṇhasamaye uyyānā nikkhamanto disvā 'kiṃ kato ayaṃ rukkho; mamâgamanavelāyaṃ maṇivaṇṇasākhantaresu pavāḷasadisapupphālaṃkato ahosi, idāni nippattapuppho jāto' ti cintento tass' eva avidūre apupphitarukkhaṃ sañchannapalāsaṃ addasa, disvā c' assa etad ahosi: 'ayaṃ rukkho pupphabharitasākhattā bahujanassa lobhaniyo ahosi, tena muhuttass' eva[1] vyasanaṃ patto, ayam pan' añño alobhaniyattā tath' eva ṭhito; idam pi rajjaṃ pupphitarukkho viya lobhaniyaṃ, bhikkhubhāvo pana apupphitarukkho viya alobhaniyo, tasmā, yāva idam pi ayaṃ rukkho viya na viluppati[2], tāva ayam añño sañchannapatto yathā pāricchattako[3] evaṃ kāsāyena pi[4] sañchannena hutvā pabbajitabban' ti. So rajjaṃ pahāya pabbajitvā vipassanto paccekabodhiṃ sacchikatvā imaṃ udānagāthaṃ abhāsi.

Tattha *kāsāyavattho abhinikkhamitvā* ti imassa pādassa 64.
'gehā abhinikkhamitvā kāsāyavattho hutvā' ti evam attho veditabbo. Sesaṃ vuttanayen' eva sakkā jānitun ti na vitthāritaṃ.

Pāricchattakagāthāvaṇṇanā samattā.

TATIYO VAGGO NIṬṬHITO.

(IV.)

Rasesū ti kā uppatti: Aññataro kira Bārāṇasirājā uyyāne **(65).**
amaccaputtehi parivuto silāpaṭṭapokkharaṇiyaṃ kīḷati. Tassa sūdo sabbamaṃsānaṃ rasaṃ gahetvā atīva susaṃkhataṃ amatakappaṃ antarabhattaṃ pacitvā upanāmesi. So tattha g e d h a m āpanno kassaci kiñci adatvā attanā va bhuñji, udakakīḷato ca ativikāle nikkhanto sīghasīghaṃ bhuñji, yehi saddhiṃ pubbe bhuñjati, [5]na tesaṃ kiñci[5] sari. Atha pacchā paṭisaṃkhaṃ uppādetvā 'aho mayā pāpakaṃ katam, yv āhaṃ[6] rasataṇhāya abhibhūto sabbaṃ janaṃ

---

1 Ba mahuttaṃ yeva. 2 Ba *om.* vi- (116, *note* 5).
3 Ba pāricchatto. 4 Ba kāsāvena hi.
5–5 Sgn tato yaṃ kiñci. 6 Skgn sv āhaṃ.

vissaritvā eko va[1] bhuñjiṃ; handa naṃ[2] rasataṇhaṃ niggaṇhāmī' ti rajjaṁ pahāya pabbajitvā vipassanto paccekabodhiṃ sacchikatvā attano purimapaṭipattiṃ garahanto tappaṭipakkhaguṇadīpikaṃ[3] imaṃ udānagāthaṃ abhāsi.

65. Tattha *rasesū* ti ambilamadhuratittakaṭukaloṇikakhārikakasāvādibhedesu[4] sāyaniyesu; *gedhaṃ akaran* ti giddhiṃ akaronto, taṇhaṃ anuppādento ti vuttaṃ hoti; *alolo* ti 'idaṃ sāyissāmi, idaṃ sāyissāmī' ti evaṃ rasavisesesu anākulo; *anaññaposī* ti posetabbakasaddhivihārikādivirahito[5], kāyasandhāraṇamattena santuṭṭho ti vuttaṃ hoti; yathā v ā pubbe uyyāne rasesu gedhakaraṇalolo hutvā anaññaposī[6] āsiṃ, evaṃ ahutvā, yāya taṇhāya lolo hutvā rasesu gedhaṃ karoti[7], taṃ taṇhaṃ hitvā āyati taṇhāmūlakassa aññassa attabhāvassa anibbattanena anaññaposī ti dasseti; a t h a v ā attabhañjanakaṭṭhena aññe ti kilesā vuccanti, tesaṃ aposanena anaññaposī ti ayam p' ettha[8] attho; *sapadānacārī* ti avokkammacārī anupubbacārī, gharapaṭipāṭiṃ achaḍḍetvā aḍḍhakulañ ca daliddakulañ ca nirantaraṃ piṇḍāya pavisamāno ti attho; *kule kule appatibaddhacitto* ti khattiyakulādisu yattha katthaci kilesavasena alaggacitto, candopamo[9] niccanavako hutvā ti attho. Sesaṃ vuttanayaṁ evā ti

Rasagedhagāthāvaṇṇanā samattā.

(66). Pahāya pañcâvaraṇānī ti kā uppatti: Bārāṇasiyaṃ kira aññataro rājā paṭhamajjhānalābhī ahosi[10]. So jhānānurakkhanatthaṃ rajjaṃ pahāya pabbajitvā vipassanto paccekabodhiṃ sacchikatvā attano paṭipattisampadaṃ dīpento imaṃ udānagāthaṃ abhāsi.

66. Tattha āvaraṇānī ti nīvaraṇān' eva, tāni atthato Uraga-

---

1 Ba ekako va. 2 Ba *om.*

3 *Vide* 115[30]; Skgn °dīpakam, Ba tappaṭipakkhabhūtaguṇadīpakaṃ.

4 Ba °tittakakaṭuka°. 5 Ba positabbasaddhi°.

6 Ba a ñ ñ a p o s ī. 7 Ba karomi.

8 Ba *om.* p'. 9 Ba candūpamā (S. II, 197). 10 Skgn *om.*

sutte* vuttāni, tāni pana, yasmā abbhādayo viya candasuriyaṃ ceto āvaranti, tasmā[1] *āvaraṇāni cetaso* ti vuttāni,— tāni upacārena vā appanāya vā *pahāya; upakkilese* ti upagamma cittaṃ vibādhente[2] akusaladhamme, vatthopamādisu† vutte abhijjhādayo v ā; *vyapanujjā* ti nuditvā[3] vināsetvā, vipassanāmaggena pajahitvā ti attho; *sabbe* ti anavasese,—evaṃ samathavipassanāsampanno paṭhamamaggena diṭṭhinissayassa pahīnattā *anissito*[4], sesamaggehi *chetvā* tedhātukaṃ[5] *snehadosaṃ*, taṇhārāgan[6] ti vuttaṃ hoti, sneho eva hi guṇapaṭipakkhato snehadoso ti vutto. Sesaṃ vuttanayam eva[7].

Āvaraṇagāthāvaṇṇanā samattā.

Vipiṭṭhikatvānā ti kā uppatti: Bārāṇasiyaṃ kira aññataro rājā catutthajjhānalābhī ahosi. So jhānānurakkhanatthaṃ rajjaṃ pahāya pabbajitvā vipassanto paccekabodhiṃ sacchikatvā attano paṭipattisampadaṃ dīpento[8] imaṃ udānagāthaṃ abhāsi. (67).

Tattha *vipiṭṭhikatvānā* ti piṭṭhito[9] katvā, chaḍḍetvā jahitvā ti attho; *sukhaṃ dukhañ cā* ti kāyikaṃ sātāsātaṃ, *somanassadomanassan* ti cetasikaṃ sātāsātaṃ; *upekhan* ti catutthajjhānūpekhaṃ, *samathan* ti catutthajjhānasamatham eva; *visuddhan* ti pañcanīvaraṇa-vitakka-vicāra-pīti-sukhasaṃkhātehi navahi paccanīkadhammehi vimuttattā atisuddhaṃ, niddhantasuvaṇṇam iva vigatūpakkilesan ti attho. Ayam pana yojanā: vipiṭṭhikatvāna sukhaṃ dukkhañ ca *pubbe va* paṭhamajjhānūpacārabhūmiyaṃ yeva dukkhaṃ tatiyajjhānūpacārabhūmiyañ ca[10] sukhan ti adhippāyo, puna ādito vuttañ *ca*-kāraṃ parato netvā somanassa- 67.

* (25⁹–26⁶.) † (M. I, 36²⁷.)

[1] B^a candimasuriyaṃ vārento, *om.* tasmā. [2] B^a °ante.
[3] B^a panuditvā. [4] B^a *ad.* va.
[5] *So* S^gn; S^k tedhātugakataṃ >t e d h ā t u g a t a ṃ; B^a kedhātukataṃ.
[6] *So* B^a; S^kgn taṇhaṃ rāgan. [7] B^a evā ti.
[8] B^a dassento (*cf.* 122⁶). [9] S^kgn vipiṭṭhito. [10] B^a *om.*

domanassañ ca vipiṭṭhikatvāna; pubbe vā ti adhikāro, tena somanassaṃ catutthajjhānūpacāre domanassañ ca dutiyajjhānūpacāre yevā ti dīpeti, etāni hi etesaṃ pariyāyato pahānaṭṭhānāni, nippariyāyato[1] dukkhassa paṭhamajjhānaṃ, domanassassa dutiyajjhānaṃ, sukhassa tatiyajjhānaṃ, somanassassa catutthajjhānaṃ pahānaṭṭhānaṃ, yathâha: "paṭhamajjhānaṃ upasampajja viharati, etth' uppannaṃ dukkhindriyaṃ aparisesaṃ nirujjhatī"* ti ādi,—taṃ sabbaṃ Atthasāliniyā Dhammasaṅgahaṭṭhakathāya† vuttaṃ[2]—, yato pubbe va[3] tīsu paṭhamajjhānādisu dukkhadomanassasukhāni vipiṭṭhikatvā etth' eva[4] catutthajjhāne somanassaṃ vipiṭṭhikatvā imāya paṭipadāya *laddhān'* upekhaṃ samathaṃ visuddhaṃ eko care iti. Sesaṃ vuttanayam[5] evā ti

Vipiṭṭhigāthāvaṇṇanā[6] samattā.

(68). Āraddhaviriyo ti kā uppatti: Aññataro kira paccantarājā sahassayodhaparimāṇabalakāyo rajjena khuddako paññāya mahanto ahosi. So ekadivasaṃ 'kiñcâpi ahaṃ khuddako, paññāvatā ca pana sakkā sakalaJambudīpaṃ gahetun' ti cintetvā sāmantarañño dūtaṃ pāhesi: 'sattadivasabbhantare me rajjaṃ vā detu yuddhaṃ vā' ti. Tato so amacce samodhānetvā āha: "mayā tumhe anāpucchā yeva sāhasaṃ kataṃ, amukassa rañño evaṃ pesitaṃ[7]; kiṃ kātabban" ti. Te āhaṃsu: "sakkā mahārāja so dūto nivattetun" ti. "Na sakkā, gato bhavissatī" ti. "Yadi evaṃ, vināsit' amha tayā,—tena hi, dukkhaṃ aññassa satthena[8] marituṃ, handa mayaṃ aññamaññaṃ paharitvā marāma, [9]attānaṃ paharitvā marāma[9], ubbandhāma, visaṃ khādāmā" ti evaṃ tesu ekameko maraṇam eva saṃvaṇṇeti. Tato rājā "kim me[10] imehi; atthi bhaṇe mayhaṃ yodhā" ti āha. Atha "ahaṃ mahārāja yodho, ahaṃ mahārāja yodho" ti taṃ yodhasahassaṃ uṭṭhāsi. Rājā 'ete upaparikkhissāmī' ti

* S. V, 213²⁴ (S. V, 207–216). † Asl. 176–178.

1 Ba *ad.* pana. 2 Ba °kathāyaṃ vu°. 3 Skgn Ba pubbe vā ti.
4 Ba ettha ca. 5 Ba Sesaṃ sabbattha pākaṭam.
6 Ba Vipiṭṭhikatvāgathāv°. 7 Ba pahini.
8 Ba h a t t h e n a. 9—9 Ba *om.* 10 Ba *om.*

mantvā citakaṃ sajjetvā āha: "mayā bhaṇe idaṃ nāma sāhasaṃ kataṃ, taṃ me amaccā paṭikkosanti; sv āhaṃ[1] citakaṃ pavisissāmi[2], ko mayā saddhiṃ pavisati, kena mayhaṃ jīvitaṃ pariccattan" ti. Evaṃ vutte pañcasatā yodhā uṭṭhahiṃsu: "mayaṃ mahārāja pavisāmā" ti. Tato rājā itare[3] pañcasate āha: tumhe dāni tātā[4] kiṃ karissathā" ti. Te āhaṃsu: "nâyaṃ mahārāja purisakāro, itthicariyā esā; api ca mahārājena paṭirañño dūto pesito, tena mayaṃ raññā saddhiṃ yujjhitvā marissāmā" ti. Tato rājā "pariccattaṃ tumhehi mama jīvitan" ti caturaṅginiṃ senaṃ sannayhitvā tena yodhasahassena parivuto gantvā rajjasīmāya nisīdi. So pi paṭirājā taṃ[5] pavattiṃ sutvā 'are so khuddakarājā mama dāsassâpi na ppahotī' ti russitvā[6] sabbaṃ balakāyaṃ ādāya yujjhituṃ nikkhami. Khuddakarājā taṃ abbhuyyātaṃ[7] disvā balakāyaṃ āha: "tātā tumhe na bahukā, sabbe sampiṇḍitvā[8] asicammaṃ gahetvā sīghaṃ imassa rañño purato ujukaṃ eva gacchathā" ti. Te tathā akaṃsu; atha sā senā dvidhā bhijjitvā antaram adāsi[9] te taṃ rājānaṃ jīvagāhaṃ gaṇhiṃsu, [10]aññayodhā palāyiṃsu[10]. Khuddakarājā "taṃ māremā" ti purato[11] dhāvati. Paṭirājā taṃ abhayaṃ yāci. Tato tassa abhayaṃ datvā sapathaṃ kārāpetvā attano manussaṃ katvā tena saha aññaṃ rājānaṃ abbhuggantvā tassa rajjasīmāya ṭhatvā pesesi: 'rajjaṃ vā detu yuddhaṃ vā' ti. So 'ahaṃ ekayuddham pi na sahāmī' ti rajjaṃ niyyātesi[12]. Eten' eva upāyena sabbarājāno gahetvā ante Bārāṇasirājānam pi aggahesi. So ekasatarājaparivuto sakalaJambudīpe rajjaṃ anusāsanto cintesi: 'ahaṃ pubbe khuddako ahosiṃ, so 'mhi attano ñāṇasampattiyā sakalaJambusaṇḍassa[13] issaro jāto,

---

[1] B[a] so 'haṃ. [2] B[a] pavisāmi. [3] B[a] apare.
[4] B[a] tāta, *so* S[g] B[a] *at* 121[15]. [5] S[kgn] naṃ. [6] B[a] dussitvā.
[7] S[n] abbhuyhataṃ, S[k] abbhuyagataṃ, B[a] abhiuyyātam (*i.e.* bh *with two vowel symbols*).
[8] B[a] sampiṇḍitā. [9] B[a] akāsi. [10—10] S[kgn] *om.*
[11] *So* B[a]; S[kgn] parito. [12] B[a] °desi.
[13] *Cf.* S. N. 552[d]; S[gn] °Jambudīpassa, B[a] °Jambudīpamaṇḍalassa.

taṃ[1] kho[2] pana[2] me ñāṇaṃ lokiyaviriyasampayuttaṃ n' eva nibbidāya na virāgāya saṃvattati; sādhu vat' assa sv āhaṃ iminā ñāṇena lokuttaradhammaṃ gaveseyyan' ti. Tato Bārāṇasirañño rajjaṃ datvā puttadārañ ca[2] sakajanapadam eva pesetvā pabbajjaṃ samādāya vipassanaṃ ārabhitvā paccekabodhiṃ sacchikatvā attano viriyasampattiṃ dīpento imaṃ udānagāthaṃ abhāsi.

68. Tattha āraddhaṃ viriyaṃ assā ti *āraddhaviriyo*, etena attano viriyārambhaṃ ādiviriyaṃ[2] dasseti; paramattho vuccati nibbānaṃ, tassa pattiyā *paramatthapattiyā*, etena viriyārambhena pattabbaṃ phalaṃ dasseti; *alīnacitto* ti etena viriyūpatthaddhānaṃ[3] cittacetasikānaṃ alīnataṃ dasseti, *akusītavuttī* ti etena ṭhānāsanacaṃkamanādisu[4] kāyassa anavasīdanaṃ, *daḷhanikkamo* ti etena "kāmaṃ taco ca nahāru cā"* ti evaṃ pavattaṃ padahanaviriyaṃ dasseti, yan taṃ anupubbasikkhādisu padahanto "kāyena c' eva paramasaccaṃ sacchikarotī"† ti vuccati,—a t h a v ā etena maggasampayuttaṃ viriyaṃ dasseti, taṃ hi daḷhañ ca bhāvanāpāripuriṃ gatattā[5] nikkamo ca sabbaso paṭipakkhā nikkhantattā‡, tasmā taṃsamaṅgī puggalo pi daḷho nikkamo assā ti daḷhanikkamo (ti) vuccati; *thāmabalūpapanno* ti maggakkhaṇe kāyatthāmena ñāṇabalena ca upapanno, a t h a v ā thāmabhūtena balena upapanno ti[6] thāmabalūpapanno, thirañāṇabalūpapanno ti vuttaṃ hoti, etena tassa viriyassa[2] vipassanāñāṇasampayogaṃ dīpento yoniso padhānabhāvaṃ sādheti. Pubbabhāga-majjhima-ukkaṭṭhaviriyavasena v ā tayo pi pādā yojetabbā. Sesaṃ vuttanayam evā ti

Āraddhaviriyagāthāvaṇṇanā samattā.

69. Paṭisallānan ti kā uppatti: Imissā gāthāya Āvaraṇagāthāsadisā§ eva uppatti, n' atthi koci viseso.

Atthavaṇṇanāya pan' assā *paṭisallānan* ti tehi tehi sat-

* A. I, 50[9]. † M. I, 480[9].
‡ (Pj. *ad* S.N. 1131.) § (118[25]).

[1] Ba yaṃ. [2] Ba *om.* [3] Ba °tthambhānaṃ.
[4] Ba °c a ṅ k a m ā d i s u.
[5] Ba daḷhaṃ bhāvanāya laddhattā. [6] Skgn *om.*

tasaṃkhārehi paṭinivattitvā sallāṇaṃ ekamantasevitā ekībhāvo, kāyaviveko ti attho; *jhānan* ti paccanīkajhāpanato[1] ārammaṇalakkhaṇūpanijjhānato ca cittaviveko vuccati, tattha aṭṭha samāpattiyo[2] nīvaraṇādipaccanīkajhāpanato[1] ārammaṇūpanijjhānato[3] ca jhānan ti vuccati[4], vipassanāmaggaphalāni sattasaññādipaccanīkajhāpanato lakkhaṇūpanijjhānato[3] yeva c' ettha phalāni, idha pana ārammaṇūpanijjhānaṃ yeva adhippetaṃ,—evaṃ etaṃ paṭisallāṇañ ca jhānañ ca *ariñcamāno* ajahamāno[5]; *dhammesū* ti vipassanūpagesu pañcakkhandhādidhammesu; *niccan* ti satataṃ samitaṃ abbokiṇṇaṃ; *anudhammacārī* ti te dhamme ārabbha pavattanena anugataṃ vipassanādhammañ caramāno; a t h a v ā dhammā ti nava lokuttaradhammā, tesaṃ dhammānaṃ anulomo dhammo ti anudhammo, vipassanāy' etaṃ adhivacanaṃ, tattha 'dhammānaṃ niccaṃ anudhammacārī' ti vattabbe gāthābandhasukhatthaṃ vibhattivyattayena "dhammesū" ti vuttaṃ siyā; *ādīnavaṃ sammasitā bhavesū* ti tāya anudhammacāritāsaṃkhātāya[6] vipassanāya aniccākārādidosaṃ tīsu bhavesu samanupassanto evaṃ imāya kāyavivekacittavivekasikhāppattavipassanāsaṃkhātāya paṭipadāya adhigato ti vattabbo eko care ti evaṃ yojanā veditabbā.

Paṭisallāṇagāthāvaṇṇanā samattā.

Taṇhakkhayan[7] ti kā uppatti: Aññataro kira Bārāṇasirājā mahaccarājānubhāvena nagaraṃ padakkhiṇaṃ karoti. (70).
Tassa sarīrasobhāya āvajjitahadayā sattā purato gacchantā pi[8] nivattitvā tam eva ullokenti, pacchato gacchantā pi, ubhohi passehi gacchantā pi; pakatiyā eva hi buddhadassane puṇṇacanda-samudda-rājadassane ca atitto loko. Atha aññatarā kuṭumbikabhariyā pi uparipāsādagatā sīhapañjaraṃ vivaritvā olokayamānā aṭṭhāsi. Rājā taṃ disvā va paṭibaddhacitto hutvā amaccaṃ āṇāpesi: "jānāhi tāva bhaṇe, ayaṃ itthī sassāmikā vā assāmikā vā" ti. So

[1] S[kgn] °jhānato. [2] B[a] samāpatti. [3] B[a] °nijjhāpanato. [4] *So* S[kgn] B[a]. [5] B[a] avijahamāno, *ad.* anisajjamāno. [6] B[a] anudhammacāritāsaṃkhāya, S[kgn] anudhammacārisaṃkhātāya. [7] B[a] < taṇhākkh°. [8] B[a] paṭi-.

ñatvā[1] "sassāmikā" ti ārocesi. Atha rājā cintesi 'imā vīsatisahassanāṭakiyo devaccharāyo[2] viya maṃ yeva ekaṃ abhiramenti, so dān' āhaṃ etā pi atisitvā[3] parassa itthiyā taṇhaṃ uppādesiṃ; sā uppannā apāyam eva ākaḍḍhatī' ti taṇhāya ādīnavaṃ disvā 'handa naṃ[4] niggaṇhāmī' ti[5] rajjaṃ pahāya pabbajitvā vipassanto paccekabodhiṃ sacchikatvā imaṃ udānagāthaṃ abhāsi.

70. Tattha *taṇhakkhayan* ti nibbānaṃ evaṃ diṭṭhādīnavāya taṇhāya eva[6] appavattiṃ; *appamatto* ti sātaccakārī sakkaccakārī*; *aneḷamūgo* ti alālāmukho[7], a t h a v ā anelo ca amūgo ca, paṇḍito vyatto ti vuttaṃ hoti; hitasukhasampāpakaṃ sutam assa atthī ti *sutavā*, āgamasampanno ti vuttaṃ hoti; *satīmā* ti cirakatādīnaṃ anussaritā; *saṃkhātadhammo* ti dhammūpaparikkhāya pariññātadhammo; *niyato* ti ariyamaggena niyāmappatto[8]; *padhānavā* ti sammappadhānaviriyasampanno. Uppaṭipāṭiyā esa pādo yojetabbo: evam etehi appamādādīhi samannāgato niyāmasampāpakena padhānena padhānavā, tena padhānena pattaniyāmato niyato, tato arahattappattiyā saṃkhātadhammo, arahā hi puna saṃkhātabbābhāvato saṃkhātadhammo ti vuccati, yathâha:

"ye ca saṃkhātadhammāse ye ca sekhā puthū idhā" ti†.

Sesaṃ vuttanayam eva[9].

Taṇhakkhayagāthāvaṇṇanā samattā.

(71). Sīho vā ti kā uppatti: Aññatarassa kira Bārāṇasirañño dūre uyyānaṃ hoti. So pag eva vuṭṭhāya[10] uyyānaṃ gacchanto antarā-magge yānā oruyha udakaṭṭhānaṃ upagato:

---

* (S. III, 267–268.) † S.N. 1038ab.

---

1 Ba gantvā. 2 Ba °nāṭakitthiyo ca accharāyo.
3 Ba etāhi atussitvā. 4 Ba handâhaṃ.
5 Skgn niggaṇhissāmī ti. 6 Ba evaṃ.
7 Sgn alālam°, Ba alolam°.
8 Ba niyāmaṃ patto (S.N. 55b).
9 Ba evā ti. 10 Ba pāg eva vuṭṭhāya, Skgn pag eva uṭṭhāya.

'mukhaṃ dhovissāmī' ti. Tasmiñ ca[1] padese sīhī potaṃ janetvā[2] gocarāya gatā. Rājapuriso taṃ disvā "sīhapotako devā" ti ārocesi. Rājā 'sīho kira na kassaci bhāyatī' ti taṃ upaparikkhituṃ bheriādīni ākoṭāpesi. Sīhapotako taṃ saddaṃ sutvā tath' eva sayi. Rājā yāvatatiyaṃ ākoṭāpesi; so tatiyavāre sīsaṃ ukkhipitvā sabbaṃ parisaṃ oloketvā tath' eva sayi. Atha rājā "yāv' assa mātā nâgacchati, tāva gacchāmā" ti vatvā gacchanto cintesi: 'taṃ divasaṃ jāto pi[1] sīhapoto na santasati na bhāyati; kudâssu nāmâhaṃ taṇhādiṭṭhiparittāsaṃ jetvā[3] na santaseyyaṃ na bhāyeyyan' ti. So taṃ ārammaṇaṃ gahetvā gacchanto puna kevaṭṭehi macche gahetvā sākhāsu bandhitvā visārite[4] jāle vātaṃ asaṅgaṃ yeva gacchamānaṃ disvā tam pi nimittaṃ aggahesi: 'kudâssu nāmâham pi taṇhādiṭṭhijālaṃ mohajālaṃ vā phāletvā evaṃ asajjamāno gaccheyyan' ti. Atha uyyānaṃ gantvā silāpaṭṭapokkharaṇītīre nisinno vātabbhāhatāni[5] padumāni oṇamitvā udakaṃ phusitvā vātavigame puna yathāṭṭhāne ṭhitāni udakena anupalittāni disvā tam pi nimittaṃ aggahesi: 'kudâssu nāmâham pi, yathā etāni udake jātāni udakena anupalittāni tiṭṭhanti, evaṃ loke jāto lokena anupalitto tiṭṭheyyan' ti. So punappuna 'yathā sīho vāto[6] padumāni, evaṃ asantasantena asajjamānena anupalittena bhavitabban' ti cintetvā rajjaṃ pahāya pabbajitvā vipassanto paccekabodhiṃ sacchikatvā imaṃ udānagāthaṃ abhāsi.

Tattha sīho ti cattāro sīhā: tiṇasīho paṇḍusīho[7] kāḷasīho 71.
kesarasīho, kesarasīho tesaṃ aggam akkhāyati, so ca idha adhippeto; vāto puratthimādivasena anekavidho, padumaṃ rattasetādivasena, tesu yo koci vāto yaṃ kiñci padumaṃ vaṭṭati yeva. Tattha, yasmā santāso attasinehena hoti, attasineho ca taṇhālepo, so pi diṭṭhisampayuttena vā[1] vippayuttena vā[1] lobhena hoti, so pi[1] ca taṇhā yeva; sajjanaṃ pana tattha upaparikkhāvirahitassa mohena hoti,

---

[1] Ba *om.* [2] Skgn jahetvā. [3] Ba chetvā.
[4] Ba pasārite. [5] Ba vātappahatāni.
[6] Skgn vātaṃ; Ba yathā sīhavāta(padumāni).
[7] *Cf.* Mp. *ad* A. II, 33[1]; Skgn narasīho.

moho ca avijjā, tattha [1]samathena taṇhāya pahānaṃ hoti vipassanāya avijjāya[1], tasmā samathena attasineham pahāya *sīho va*[2] *saddesu* aniccadukkhādisu *asantasanto*, vipassanāya[3] mohaṃ pahāya *vāto va*[4] *jālamhi* khandhāyatanādisu *asajjamāno*, samathen' eva lobhaṃ lobhasampayuttattā[5] eva diṭṭhiñ ca pahāya *padumaṃ va toyena* sabbabhavabhogalobhena *alippamāno*[6]. Ettha ca 'samathassa sīlaṃ padaṭṭhānaṃ, samatho samādhi, vipassanā paññā' ti evan tesu dvīsu dhammesu siddhesu tayo[7] khandhā siddhā honti; tattha sīlakkhandhena surato hoti, so sīho va saddesu āghātavatthusu kujjhitukāmatāya na santasati, paññākkhandhena paṭividdhasabhāvo vāto va jālamhi khandhādidhammabhede na sajjati, samādhikkhandhena vītarāgo padumaṃ va toyena rāgena na lippati.—Evaṃ samathavipassanāhi sīlasamādhipaññākkhandhehi ca yathāsambhavaṃ avijjātaṇhānaṃ tiṇṇañ ca[4] akusalamūlānaṃ pahānavasena asantasanto, asajjamāno, alippamāno ca veditabbo. Sesaṃ vuttanayam evā ti

Asantasantagāthāvaṇṇanā samattā.

(72). Sīho yathā ti kā uppatti: Aññataro kira Bārāṇasirājā paccantaṃ kupitaṃ vūpasametuṃ gāmānugāmimaggaṃ chaḍḍetvā ujuṃ aṭavimaggaṃ gahetvā mahatiyā senāya gacchati. Tena ca samayena aññatarasmiṃ pabbatapāde sīho bālasuriyātapan tappamāno nipanno hoti. Taṃ disvā rājapuriso rañño ārocesi. Rājā 'sīho kira saddena na[8] santasatī' ti bherisaṃkhapaṇavādisaddaṃ[9] kārāpesi; sīho tath' eva nipajji. Dutiyam pi kārāpesi; sīho tath' eva nipajji. Tatiyam pi kārāpesi; sīho 'mamâpi[10] paṭisattu atthī' ti catuhi pādehi suppatiṭṭhitaṃ patiṭṭhahitvā sīhanādaṃ nadi. Taṃ sutvā va hatthārohādayo hatthiādīhi

1—1 Skgn yasmā santāso attasinehena hoti attasineho ca nāma avijjāya (< 125[30]).
2 Ba viya.
3 Ba vipassanāpaññāya.
4 Ba *om.*
5 Ba °sampayuttaṃ.
6 Ba sabbabhavabhoge lobhena alaggamāno; Skgn alimp°
7 Ba *ad.* pi.
8 Skgn *om.* saddena na.
9 Ba °paṇavādīhi saddaṃ.
10 Ba mama.

orohitvā tiṇagahanāni paviṭṭhā, hatthiassagaṇā disāvidisāsu palātā, rañño hatthī pi rājānaṃ gahetvā vanagahanāni[1] pothayamāno[2] palāyi. So taṃ sandhāretuṃ asakkonto rukkhasākhāyaṃ[3] olambitvā paṭhaviṃ patvā[4] ekapadikamaggena gacchanto paccekabuddhānaṃ vasanaṭṭhānaṃ pāpuṇi. Tattha paccekabuddhe pucchi: "api bhante saddaṃ assutthā" ti. "Āma mahārājā" ti. "Kassa[5] saddaṃ bhante" ti. "Paṭhamaṃ bherisaṃkhādīnaṃ pacchā sīhassā" ti. "Na bhāyittha bhante" ti. "Na mayaṃ mahārāja kassaci saddassa[6] bhāyāmā" ti. "Sakkā pana bhante mayhaṃ pi edisaṃ kātun" ti. "Sakkā mahārāja, sace pabbajasī" ti. "Pabbajāmi bhante" ti. Tato naṃ pabbājetvā pubbe vuttanayen' eva ābhisamācārikaṃ[7] sikkhāpesuṃ, so pi pubbe vuttanayen' eva vipassanto paccekabodhiṃ sacchikatvā imaṃ udānagāthaṃ abhāsi.

Tattha sahanā ca hananā ca sīghajavattā ca *sīho*, kesa- 72.
rasīho va idha adhippeto; dāṭhā balaṃ[8] assa atthī ti *dāṭhabalī*[9]; *pasayha abhibhuyyā* ti ubhayaṃ *cārī*-saddena saha yojetabbaṃ: pasayhacārī abhibhuyyacārī ti, tattha niggayha[10] niggahetvā pavāhetvā[11] caraṇena pasayhacārī, abhibhavitvā santāsetvā vasīkatvā caraṇena abhibhuyyacārī,— sv āyaṃ kāyabalena pasayhacārī tejasā abhibhuyyacārī; tattha sace koci vadeyya "kiṃ pasayha-abhibhuyya-cārī" ti, tato *migānan* ti sāmivacanaṃ upayogavacanaṃ katvā "mige pasayha-abhibhuyya-cārī" ti paṭivattabbaṃ; *pantānī* ti dūrāni; *senāsanānī* ti vasatiṭṭhānāni[12]. Sesaṃ pubbe vuttanayen' eva sakkā jānitun ti na vitthāritaṃ.

Dāṭhabaligāthāvaṇṇanā samattā.

Mettaṃ upekhan ti kā uppatti: Aññataro kira rājā met- (73).
tādijjhānalābhī[13] ahosi. So 'jhānasukhantarāyo[14] rajjan' ti

---

[1] Ba °gahaṇādīni. [2] Skg ppo°, Sn ppho°, Ba pothamāno. [3] Ba °sākhāya. [4] Ba p a t i t v ā . [5] Ba kissa. [6] Ba sattassa. [7] Skgn Ba abhi°. [8] Ba dādhabalaṃ. [9] Skgn dāṭhābalī *here and* 127^{28}. [10] Ba *ad.* baḷi. [11] Ba paggahetvā. [12] Sn Ba vasanaṭṭhānāni (127^{5}). [13] Ba mettājh°. [14] Ba j h ā n a s u k h a n t a r ā y a k a r a ṃ.

jhānānurakkhanattham rajjam pahāya pabbajitvā vipassanto paccekabodhim sacchikatvā imam udānagātham abhāsi.

73. Tattha 'sabbe sattā sukhitā hontū' ti[1] ādinā nayena hitasukhūpanayanakāmatā *mettā*, 'aho vata imamhā dukkhā vimucceyyun' ti ādinā nayena ahitadukkhāpanayanakāmatā *karuṇā*, 'modanti vata bhonto sattā modanti sādhu suṭṭhū' ti ādinā nayena hitasukhāvippayogakāmatā *muditā*, 'paññāyissanti sakena kammenā' ti sukhadukkhajjhūpekhanatā[2] *upekhā*,—gāthābandhasukhattham pana[3] uppaṭipāṭiyā mettam vatvā upekhā vuttā muditā ca[3] pacchā[4]; *vimuttin* ti [5]catasso pi hi[5] etā attano paccanīkadhammehi vimuttattā vimuttiyo[6],—tena vuttam: mettam upekham karuṇam vimuttim āsevamāno muditañ ca kāle ti. Tattha *āsevamāno* ti tisso tikacatukkajjhānavasena bhāvayamāno[3], upekham catutthajjhānavasena bhāvayamāno; *kāle* ti mettam āsevitvā tato vuṭṭhāya karuṇam, tato vuṭṭhāya muditam, tato itarato vā[7] nippītikajjhānato vuṭṭhāya upekham āsevamāno va[3] 'kāle āsevamāno' ti vuccati, āsevitum phāsukālena vā; *sabbena lokena avirujjhamāno* ti dasasu disāsu sabbena sattalokena avirujjhamāno, mettādīnam hi bhāvitattā sattā appaṭikūlā honti, sattesu ca virodhabhūto[8] paṭigho vūpasammati,—tena vuttam: sabbena lokena avirujjhamāno ti. Ayam ettha samkhepo. [9]vitthārena pana mettādikathā[9] Atthasāliniyā Dhammasaṅgahaṭṭhakathāyam* vuttā. Sesam vuttasadisam evā ti

Appamaññagāthāvaṇṇanā samattā.

(74) Rāgañ ca dosañ cā ti kā uppatti: Rājagaham kira upanissāya Mātaṅgo nāma paccekasambuddho[10] viharati sab-

---

* Asl. 192–197.

---

1 Ba bhavantū ti (87, *note* 11.) 2 Ba sukhadukkhesu ajjhup°.
3 Ba *om.* 4 Ba *ad.* vuttā.
5—5 Ba cetaso vimutti. 6 Ba *ad.* nāma.
7 Ba tato itaram tato vā. 8 Ba virodhibhūto.
9—9 Ba mettādīnam atthā pana. 10 Ba paccekabuddho.

bapacchimo paccekabuddhānaṃ. *Ath' amhākaṃ[1] bodhisatte uppanne devatāyo bodhisattassa pūjatthāya[2] āgacchantiyo[3] taṃ disvā "mārisa mārisa buddho loke uppanno" ti bhaṇiṃsu. So nirodhā vuṭṭhahanto taṃ saddaṃ sutvā attano ca jīvitakkhayaṃ disvā, Himavante Mahāpapāto nāma pabbato paccekabuddhānaṃ parinibbānaṭṭhānaṃ—tattha ākāsena gantvā pubbe parinibbutapaccekabuddhassa aṭṭhisaṃghāṭaṃ[4] papāte pakkhipitvā silātale nisīditvā imaṃ udānagāthaṃ abhāsi.

Tattha *rāgadosamohā* Uragasutte† vuttā; *saṃyojanānī* ti 74.
dasa saṃyojanāni,—tāni ca tena tena maggena *sandālayitvā*[5]; *asantasaṃ jīvitasaṃkhayamhī* ti jīvitasaṃkhayo vuccati cuti cittassa paribhedo, [6]tasmiñ ca jīvitasaṃkhaye jīvitanikantiyā[6] pahīnattā asantasan ti ettāvatā sopādisesaṃ nibbānadhātuṃ attano dassetvā gāthāpariyosāne anupādisesāya nibbānadhātuyā parinibbāyī ti

Jīvitasaṃkhayagāthāvaṇṇanā samattā.

Bhajantī ti kā uppatti: Bārāṇasiyaṃ kira aññataro rājā (75.)
ādigāthāya ‡ vuttappakāram eva phītaṃ rajjaṃ samanusāsati. Tassa kharo ābādho uppajji, dukkhā vedanā vattanti, vīsatisahassitthiyo parivāretvā hatthapādasambāhanādīni karonti. Amaccā 'na dān' āyaṃ rājā jīvissati; handa mayaṃ attano saraṇaṃ gavesāmā' ti cintetvā aññassa rañño santikaṃ gantvā upaṭṭhānaṃ yāciṃsu. Te tattha upaṭṭhahanti eva na kiñci labhanti. Rājā pi ābādhā vuṭṭhahitvā pucchi: "itthannāmo[7] itthannāmo ca kuhin" ti. Tato taṃ[7] pavattiṃ sutvā sīsaṃ cāletvā tuṇhī ahosi. Te pi amaccā "rājā vuṭṭhito" ti sutvā tattha kiñci alabhamānā paramena pārijuññena[8] samannāgatā punad eva āgantvā rājānaṃ vanditvā ekamantaṃ aṭṭhaṃsu, tena ca[7]

* *Cf.* Mahāvastu I, 357^{3}-. († 22^{17}.) (‡ 59^{23}.)

1 B^{a} *om.* Ath'.
2 B^{a} pūjanatthāya.
3 B^{a} āgacchanti.
4 B^{a} °saṃghātaṃ (*cf.* Pj. I, 47^{16}).
5 *So also* B^{a}, *but in the gāthā* : padālayitvā (*cf.* 114, *note* 5).
6—6 B^{a} taṃsaṃkhaye nikkantiyā.
7 S^{gn} B^{a} *om.*
8 B^{a} pārijaññena.

raññā "kuhin tātā tumhe gatā" ti vuttā āhaṃsu: "devaṃ dubbalaṃ disvā ājīvikabhayen' amha[1] asukaṃ nāma janapadaṃ gatā" ti. Rājā sīsaṃ cāletvā cintesi: 'yan nūnâhaṃ ete[2] vīmaṃseyyaṃ, kiṃ puna pi evaṃ kareyyuṃ no' ti. So pubbe svābhāvikarogena[3] phuṭṭho viya gāḷhavedanaṃ attānaṃ dassento gilānālayaṃ akāsi, itthiyo samparivāretvā pubbasadisam eva[4] sabbaṃ akaṃsu; te pi amaccā tath' eva puna [5]bahutaraṃ janaṃ gahetvā pakkamiṃsu. Evaṃ rājā yāvatatiyaṃ sabbaṃ pubbasadisaṃ[6] akāsi, te pi[7] pakkamiṃsu. Tato catuttham pi te[8] āgate disvā 'aho ime dukkaraṃ[9] akaṃsu, ye maṃ vyādhitaṃ pahāya anapekkhā pakkamiṃsū' ti nibbinno rajjaṃ pahāya pabbajitvā vipassanto paccekabodhiṃ sacchikatvā imaṃ udānagāthaṃ abhāsi.

75. Tattha *bhajantī* ti sarīrena allīyanti[10] payirupāsanti, *sevantī* ti añjalikammādīhi kiṃkārapaṭissāvitāya[11] ca paricaranti[12]; kāraṇaṃ attho etesan ti *kāraṇatthā*, bhajanāya sevanāya ca nâññaṃ kāraṇaṃ[13] atthi, attho eva nesaṃ[14] kāraṇaṃ, attahetu sevantī ti vuttaṃ hoti; *nikkāraṇā dullabhā ajja mittā* ti 'ito kiñci lacchāmā' ti evaṃ atthapaṭilābhakāraṇena[15] nikkāraṇā kevalaṃ

"upakāro ca yo mitto yo ca mitto sukhe dukhe
atthakkhāyī ca yo mitto yo ca mitto 'nukampako"* ti

evaṃ vuttena ariyena mittabhāvena samannāgatā dullabhā ajja mittā; attani ṭhitā etesaṃ[16] paññā, attānaṃ yeva olokenti[17] na aññan ti *attatthapaññā; diṭṭhatthapaññā*[18] ti

* D. III, 188[1].

[1] Skgn ājīvakabh°. [2] Ba ime. [3] Ba ābādhikar°.
[4] Ba 'pubbasadisam evā' ti. [5] Ba *ins.* taṃ-.
[6] Ba vuttasadisaṃ. [7] Ba *ad.* tath' eva.
[8] Sgn Ba *om.* [9] *So* Skgn Ba.
[10] Ba sarīrena sallayitvā. [11] Skgn *om.* kiṃkāra-.
[12] Ba parivattanti. [13] Skgn nâññakāraṇam.
[14] Ba atthī ti attho, evaṃ tesaṃ. [15] Ba *om.* -paṭi°.
[16] *So* Ba; Sk attani nadiṭṭhitā esa, Sgn attani tadiṭṭhitā esa.
[17] Ba oloketi, *vide* 131, *note* 1. [18] Ba *om.*

ayam pi kira porāṇapāṭho, sampati diṭṭhe va atthe etesaṃ paññā na āyatiṃ pekkhantī[1] ti vuttaṃ hoti; *asucī* ti asucinā anariyena kāyavacīmanokammena samannāgatā[2]. Sesaṃ[3] vuttanayen' eva veditabbaṃ[4].

Kāraṇatthagāthāvaṇṇanā samattā.

CATUTTHO VAGGO NIṬṬHITO EKĀDASAHI GĀTHĀHI.

Evam etaṃ ekacattālīsagāthāparimāṇam Khaggavisāṇasuttaṃ katthacid eva vuttena yojanānayena sabbattha yathānurūpaṃ yojetvā anusandhito[5] atthato ca veditabbaṃ, ativitthārabhayena pana amhehi na sabbattha[6] yojitan ti

PARAMATTHAJOTIKĀYA KHUDDAKAṬṬHAKATHĀYA KHAGGAVISĀṆASUTTAVAṆṆHANĀ NIṬṬITĀ.

4.

Evam me sutan ti Kasibhāradvājasuttaṃ. *Kā uppatti: (S.N.[1] p. 12.)
Bhagavā Magadhesu viharanto Dakkhiṇāgirismiṃ[7] Ekanālāyaṃ brāhmaṇagāme purebhattakiccaṃ pacchābhattakiccan ti imesu dvīsu buddhakiccesu purebhattakiccaṃ niṭṭhāpetvā[8] pacchābhattakiccāvasāne buddhacakkhunā lokaṃ volokento Kasibhāradvājaṃ brāhmaṇaṃ arahattassa upanissayasampannaṃ disvā 'tattha mayi gate kathā pavattissati, tato kathāvasāne dhammadesanaṃ sutvā esa brāhmaṇo pabbajitvā arahattaṃ pāpuṇissatī' ti ñatvā tattha gantvā kathaṃ samuṭṭhāpetvā idaṃ suttaṃ abhāsi.

Tattha siyā 'katamaṃ buddhānaṃ purebhattakiccaṃ, katamaṃ pacchābhattakiccan' ti, vuccate: †Buddho Bhagavā pāto eva uṭṭhāya upaṭṭhākānuggahatthaṃ sarīraphāsukatthañ ca mukhadhovanādi sarīraparikammaṃ katvā, yāva bhikkhācāravelā, tāva vivittāsane vītināmetvā bhik

* *Cf.* Spk. p. 167-177 (*ad* S. I, 172-173).

† -134[8], *cf.* Sum. I, 45[17]-48[2], Mp. p. 39-40.

1 Ba āyati na pekkhatī (*cf.* 130, *note* 17). 2 Skg Ba *ad.* ti. 3 Ba *ad.* pubbe. 4 Skgn *ad.* ti. 5 Ba *ad.* ca. 6 Ba Khaggavisāṇaṃ. 7 Ba Dakkhiṇag°. 8 Ba niṭṭhap°.

khācāravelāya nivāsetvā kāyabandhanaṃ bandhitvā cīvaraṃ pārupitvā pattam ādāya kadāci eko kadāci bhikkhusaṃghaparivuto gāmaṃ vā nigamaṃ vā piṇḍāya pavisati, kadāci pakatiyā kadāci anekehi pāṭihāriyehi vattamānehi, seyyathîdaṃ: piṇḍāya pavisato lokanāthassa purato[1] purato gantvā mudugatayo[2] vātā paṭhaviṃ sodhenti, valāhakā udakaphusitāni muñcantā magge reṇuṃ vūpasametvā upari vitānaṃ hutvā tiṭṭhanti, apare vātā pupphāni upaharitvā[3] magge okiranti, uṇṇatā bhūmippadesā oṇamanti oṇatā uṇṇamanti, pādanikkhepasamaye samā vā[1] bhūmi hoti sukhasamphassāni[4] padumapupphāni vā[5] pāde sampaṭicchanti; indakhīlassa anto ṭhapitamatte dakkhiṇapāde sarīrā[6] chabbaṇṇarasmiyo niccharitvā suvaṇṇarasapiñjarānîva[7] pāsādakūṭāgārādīni karontiyo ito c' ito ca[1] vidhāvanti, hatthiassavihagādayo sakasakaṭṭhānesu[8] ṭhitā yeva madhurena ākārena saddaṃ karonti, tathā bherivīṇādīni turiyāni manussānaṃ kāyūpag[at]āni ābharaṇāni ca[9]. Tena saññāṇena manussā jānanti: 'ajja Bhagavā idha piṇḍāya paviṭṭho' ti. Te sunivatthā supārutā gandhapupphādīni ādāya gharā nikkhamitvā antaravīthiṃ paṭipajjitvā Bhagavantaṃ gandhapupphādīhi sakkaccaṃ pūjetvā vanditvā "amhākaṃ bhante dasa bhikkhū, amhākaṃ vīsaṃ, amhākaṃ bhikkhusataṃ dethā" ti yācitvā[10] Bhagavato pi pattaṃ gahetvā āsanaṃ paññāpetvā sakkaccaṃ piṇḍapātena patimānenti. Bhagavā katabhattakicco tesaṃ santānāni oloketvā tathā dhammaṃ deseti, yathā keci saraṇagamane patiṭṭhahanti keci pañcasu sīlesu keci sotāpatti-sakadāgāmianāgāmiphalānaṃ aññatarasmiṃ keci pabbajitvā aggaphale arahatte ti. Evaṃ tathā tathā [11]janaṃ anuggahetvā uṭṭhāyâsanā vihāraṃ gacchati. Tattha Maṇḍalamāḷe paññattavarabuddhāsane nisīdati bhikkhūnaṃ bhattakiccapariyosānaṃ āgamayamāno. Tato bhikkhūnaṃ bhattakiccapariyosāne[12]

---

1 Ba *om.* 2 Ba °gatiyo. 3 Ba upasaṃharitvā (136[6]).
4 Ba bhūmiyo honti sukhasamphassā, *ad.* rathamattāni.
5 Ba *ad.* tassa. 6 Skgn sarīre. 7 Ba °piñjarāni.
8 Ba *om.* -su. 9 Ba ca ābharaṇāni. 10 Ba ·yāci.
11 Ba *ins.* m a h ā-. 12 Sg < °nā, Ba ° n a ṃ.

upaṭṭhāko Bhagavato nivedeti; atha Bhagavā Gandhakuṭiṃ pavisati. Idan tāva p u r e b h a t t a k i c c a ṃ ; yañ c' ettha[1] na vuttaṃ, taṃ Brahmāyusutte* vuttanayen' eva veditabbaṃ. Atha Bhagavā evaṃ katapurebhattakicco Gandhakuṭiyaṃ[2] upaṭṭhāne nisīditvā pāde pakkhāletvā[3] pādapīṭhe ṭhapetvā[4] bhikkhusaṃghaṃ ovadati: "bhikkhave appamādena sampādetha, buddhuppādo dullabho lokasmiṃ, [5]manussapaṭilābho dullabho, khaṇasampatti[5] dullabhā, pabbajjā dullabhā, saddhammasavanaṃ dullabhaṃ lokasmin" ti. Tato bhikkhū Bhagavantaṃ vanditvā kammaṭṭhānaṃ pucchanti; atha Bhagavā bhikkhūnaṃ cariyāvasena[6] kammaṭṭhānaṃ deti. Te kammaṭṭhānaṃ uggahetvā Bhagavantaṃ abhivādetvā attano attano vasanaṭṭhānaṃ gacchanti: keci araññaṃ keci rukkhamūlaṃ keci pabbatādīnaṃ aññataraṃ keci Cātummahārājikabhavanaṃ . . . pe . . . keci Vasavattibhavanan ti. Tato Bhagavā Gandhakuṭiṃ pavisitvā, sace ākaṃkhati, dakkhiṇena passena sato sampajāno muhuttaṃ sīhaseyyaṃ kappeti. Atha samassāsitakāyo uṭṭhahitvā dutiyabhāge[7] lokaṃ voloketi. Tatiyabhāge, yaṃ gāmaṃ vā nigamaṃ vā upanissāya viharati, tattha jano purebhattaṃ dānaṃ datvā pacchābhattaṃ sunivattho supāruto gandhapupphādīni ādāya vihāre sannipatati. Tato Bhagavā sampattaparisāya anurūpena pāṭihāriyena gantvā dhammasabhāyaṃ paññattavarabuddhāsane nisajja dhammaṃ deseti kālayuttaṃ pamāṇayuttaṃ; atha kālaṃ viditvā parisaṃ uyyojeti. Tato, sace gattāni osiñcitukāmo[8] hoti, atha buddhāsanā vuṭṭhāya upaṭṭhākena udakapaṭiyāditokāsaṃ gantvā upaṭṭhākahatthato udakasāṭikaṃ[9] gahetvā nahānakoṭṭhakaṃ pavisati upaṭṭhāko pi buddhāsanaṃ ānetvā Gandhakuṭipariveṇe paññāpeti. Bhagavā gattāni osiñcitvā rattadupaṭṭaṃ[10] ni

* (M. II, 137^{12}–140^{19}.)

[1] Ba yaṃ ettha. [2] So Sk; Sgn Ba Sum.Spk.°kuṭiyā. [3] Ba om. [4] Skgn ṭhatvā. [5–5] Ba manussalābho, saddhā (cf. Spk.). [6] Ba cariyav°. [7] Skgn Ba °bhāgaṃ. [8] Ba parisañcituk°. [9] Ba °sāṭakaṃ. [10] Ba °dupattaṃ.

vāsetvā kāyabandhanaṃ bandhitvā uttarāsaṅgaṃ[1] katvā tattha āgantvā nisīdati eko va muhuttaṃ paṭisallīno. Atha bhikkhū tato tato āgamma Bhagavato upaṭṭhānaṃ gacchanti[2]; tattha ekacce pañhaṃ pucchanti, ekacce kammaṭṭhānaṃ[3], ekacce dhammasavanaṃ yācanti; Bhagavā tesaṃ adhippāyaṃ sampādento paṭhamayāmaṃ vītināmeti. Majjhimayāme sakaladasasahassīlokadhātudevatāyo okāsaṃ labhamānā Bhagavantaṃ upasaṃkamitvā pañhaṃ pucchanti yathābhisaṃkhataṃ antamaso caturakkharam[4] pi; Bhagavā tāsaṃ devatānaṃ pañhaṃ vissajjento majjhimayāmaṃ vītināmeti. Tato pacchimayāmaṃ[5] cattāro bhāge katvā ekaṃ bhāgaṃ caṃkamaṃ adhiṭṭhāti, dutiyabhāgaṃ Gandhakuṭiṃ pavisitvā dakkhiṇena passena sato sampajāno sīhaseyyaṃ kappeti, tatiyabhāgaṃ phalasamāpattiyā vītināmeti, catutthabhāgaṃ mahākaruṇāsamāpattiṃ[6] pavisitvā buddhacakkhunā lokaṃ voloketi apparajakkhamahārajakkhādisattadassanatthaṃ[7]. Idaṃ p a c c h ā b h a t t a k i c c a ṃ .

Evaṃ imassa pacchābhattakiccassa lokavolokanasaṃkhāte catutthabhāgāvasāne buddhadhammasaṃghesu dānasīlauposathakammādisu ca akatādhikāre[8] katadhikāre ca anupanissayasampanne upanissayasampanne ca satte passituṃ buddhacakkhunā lokaṃ volokento[9] Kasibhāradvājaṃ brāhmaṇaṃ arahattassa upanissayasampannaṃ disvā [10]'mayi gate kathā pavattissati, tato kathāvasāne dhammadesanaṃ sutvā esa brāhmaṇo[11] pabbajitvā arahattaṃ pāpuṇissatī' ti ca ñatvā tattha gantvā kathaṃ samuṭṭhāpetvā idaṃ suttaṃ abhāsi.

Tattha "evaṃ me sutan" ti ādi āyasmatā Ānandena paṭhamamahāsaṅgītikāle dhammasaṅgītiṃ karontena āyasmatā Mahākassapattherena puṭṭhena pañcannaṃ arahantasatānaṃ vuttaṃ, "ahaṃ kho samaṇa kasāmi ca vapāmi cā" ti Kasibhāradvājena vuttaṃ, "ahaṃ pi kho brāhmaṇa

[1] Sum. *ad.* ekaṃsaṃ. [2] B^a ā g a c c h a n t i. [3] B^a *ad.* yācanti. [4] B^a catuakkh°. [5] B^a °yāme ca. [6] *So* S^kgn B^a. [7] B^a *om.* -satta-. [8] B^a *ad.* ca; S^kgn *om.* katādhikāre. [9] B^a *ad.* addasa, *om.* disvā. [10] B^a *ins.* tattha (131^20). [11] *Vide* Spk. p. 170^12.

kasāmi ca vapāmi cā" ti ādi Bhagavatā vuttaṃ; tad etaṃ sabbaṃ pi samodhānetvā Kasibhāradvājasuttan ti vuccati.

Tattha *evan* ti[1] ākāranidassanāvadhāraṇattho evaṃ-sad- S.N.[1] p. 12[5]. do, *ākāratthena hi etena etaṃ atthaṃ dīpeti: 'nānānayanipuṇaṃ anekajjhāsayasamuṭṭhānaṃ atthavyañjanasampannaṃ vividhapāṭihāriyaṃ dhammatthadesanāpaṭivedhagambhīraṃ sabbasattehi sakasakabhāsānurūpaṃ upalakkhaṇīyasabhāvaṃ[2] tassa Bhagavato vacanaṃ, taṃ sabbappakārena ko samattho viññātuṃ, atha kho evaṃ me sutaṃ mayā pi ekenâkārena sutan' ti; nidassanatthena 'nâhaṃ sayambhū, na mayā idaṃ sacchikatan' ti attānaṃ parimocento evaṃ me sutaṃ mayā evaṃ sutan ti idāni vattabaṃ sakalasuttaṃ nidasseti; avadhāraṇatthena[3] "etad aggaṃ bhikkhave mama sāvakānaṃ bhikkhūnaṃ bahussutānaṃ yadidaṃ Ānando, gatimantānaṃ, satimantānaṃ, dhitimantānaṃ, upaṭṭhākānaṃ yadidaṃ Ānando"† ti evaṃ Bhagavatā pasatthabhāvānurūpaṃ attano dhāraṇabalaṃ dassento sattānaṃ sotukamyataṃ janeti: evaṃ me sutan ti, tañ ca atthato vyañjanato vā anūnaṃ anadhikaṃ evaṃ eva na aññathā daṭṭhabban ti; *me sutan* ti ettha mayā-saddattho me-saddo, sotadvāraviññātattho[4] suta-saddo, tasmā evaṃ me sutan ti evaṃ mayā sotaviññāṇapubbaṅgamāya [5]viññāṇavīthiyā upadhāritan ti[6] vuttaṃ hoti; *ekaṃ samayan* ti ekaṃ kālaṃ; *Bhagavā* ti bhāgyavā bhaggavā bhattavā[7] ti vuttaṃ hoti; *Magadhesu viharatī* ti‡ Magadhā nāma janapadino rājakumārā, tesan nivāso eko pi janapado rūḷhisaddena Magadhā ti vuccati, tasmiṃ Magadhesu janapade; keci pana "yasmā Cetiyo[8] rājā§ musāvadaṃ bhaṇitvā bhūmiṃ pavisanto 'mā gadhaṃ[9] pavisā' ti vutto, yasmā vā taṃ rājānaṃ maggantā bhūmiṃ khaṇantā purisā 'mā gadhaṃ[9] karothā' ti vuttā, tasmā Magadhā" ti evamādīhi nayehi

* *Vide* Pj. I, 100[29], *etc.* † A. I. 24–25.
‡ Sum. I, 294[3-5]. § (J. A. III. 454–461.)

[1] B^a *ad.* ayaṃ. [2] S^kgn °ānurūpaupal°. [3] S^k °aṭṭhena.
[4] B^a °viññāṇattho. [5] B^a *ins.* sota-. [6] S^kgn *ad.* ca.
[7] B^a *om.* [8] B^a Cetiya-. [9] *So* S^kgn; B^a mā gādhaṃ.

bahudhā papañcenti; yaṃ ruccati, taṃ gahetabbaṃ[1]; *viharatī* ti ekaṃ iriyāpathabādhanam aparena iriyāpathena vicchinditvā aparipatantaṃ attabhāvaṃ harati, pavattetī ti vuttaṃ hoti, divyabrahmaariyavihārehi[2] vā sattānaṃ vividhaṃ hitaṃ [3]haratī ti viharati, haratī ti upaharati[3] upaneti janeti uppādetī ti vuttaṃ hoti. Tathā hi: yadā sattā kāmesu vippaṭipajjanti, tadā kira Bhagavā d i b b e n a v i h ā r e n a viharati tesaṃ alobha-kusalamūluppādanatthaṃ[4]: 'app eva nāma imaṃ paṭipattiṃ disvā ettha ruciṃ uppādetvā[5] kāmesu virajjeyyun' ti; yadā pana issariyatthaṃ sattesu vippaṭipajjanti, tadā b r a h m a v i h ā r e n a viharati tesaṃ adosa-kusalamūluppādanatthaṃ[4]: 'app eva nāma imaṃ paṭipattiṃ disvā ettha ruciṃ uppādetvā adosena dosaṃ vūpasameyyun' ti; yadā pana pabbajitā dhammādhikaraṇaṃ vivadanti, tadā a r i y a v i h ā r e n a viharati tesaṃ amoha-kusalamūluppādanatthaṃ[6]: 'app eva nāma imaṃ paṭipattiṃ disvā ettha ruciṃ uppādetvā amohena mohaṃ vūpasameyyun' ti; i r i y ā p a t h a v i h ā r e n a pana na kadāci na viharati taṃ vinā attabhāvapariharaṇābhāvato ti. Ayam ettha saṃkhepo, vitthāraṃ pana Maṅgalasuttavaṇṇanāyaṃ* vakkhāma. *Dakkhiṇāgirismin* ti, yo so Rājagahaṃ parivāretvā ṭhito giri, tassa dakkhiṇapasse janapado Dakkhiṇāgirī ti vuccati Dakkhiṇagirī[7] ti vā, tasmiṃ janapade ti vuttaṃ hoti, tattha vihārassâpi tad eva nāmaṃ; *Ekanālāyaṃ brāhmaṇagāme* ti Ekanālā ti tassa gāmassa nāmaṃ, brāhmaṇā ca tattha[8] sambahulā paṭivasanti brāhmaṇabhogo vā so, tasmā brāhmaṇagāmo ti vuccati; *tena kho pana samayenā* ti, yaṃ samayaṃ Bhagavā aparājitapallaṃkaṃ ābhujitvā anuttaraṃ sammāsambodhiṃ abhisambujjhitvā pavattitavaradhammacakko[9] Magadharaṭṭhe Ekanālaṃ brāhmaṇagāmam upanissāya

* *Vide* Pj. I, 111⁶⁻¹³, 112¹⁴–113²³.

1 Skgn Ba *ad.* ti. 2 Ba dibba°.
3—3 Ba viharati upasaṃharati. 4 Ba °mūlam up°.
5 Skgn uppādentā. 6 Ba °mūlam up°, Skgn °mūlaup°.
7 *So* Skn; Ba (Sg) Dakkhiṇāg°.
8 Ba c' ettha. 9 Skgn pavattav°.

Dakkhiṇāgirimahāvihāre brāhmaṇassa indriyaparipākaṃ āgamayamāno viharati, tena samayena karaṇabhūtenā ti vuttaṃ hoti; *kho pana* iti idaṃ pan' ettha nipātadvayaṃ padapūraṇamattaṃ adhikārantaradassanatthaṃ[1] vā ti daṭṭhabbaṃ; *Kasibhāradvājassa brāhmaṇassā* ti so brāhmaṇo kasiyā jīvati Bhāradvājo ti c' assa gottaṃ[2], tasmā evaṃ vuccati; **pañcamattānī* ti, yathā "bhojane mattaññū"† ti ettha matta-saddo pamāṇe vattati, evaṃ idhâpi, tasmā pañcapamāṇāni anūnāni anadhikāni pañca *naṅgalasatānī* ti vuttaṃ hoti; *payuttānī* ti yojitāni, balivaddānaṃ khandhesu[3] ṭhapetvā (yuge) yottehi yojitāni *hontī* ti attho; *vappakāle* ti vapanakāle, bījanikkhepakāle ti vuttaṃ hoti. Tattha dve vappāni: kalalavappañ ca paṃsuvappañ ca, paṃsuvappaṃ idha adhippetaṃ, tañ ca kho paṭhamadivase maṅgalavappaṃ. Tatthâyaṃ upakaraṇasampadā: tīṇi b a l i v a d d a s a h a s s ā n i upaṭṭhapitāni honti, sabbesaṃ suvaṇṇamayāni siṅgāni paṭimukkāni rajatamayā khurā, sabbe setamālāhi[4] sabbagandhasugandhehi pañcaṅgulakehi[5] ca alaṃkatā paripuṇṇaṅgapaccaṅgā sabbalakkhaṇasampannā, ekacce kāḷā añjanavaṇṇā yeva, ekacce setā valāhakavaṇṇā yeva[6], ekacce rattā pavāḷavaṇṇā, ekacce kammāsā masāragallavaṇṇā; pañcasatā[7] k a s s a k a p u r i s ā sabbe ahatasetavatthanivatthā[8] mālālaṃkatā dakkhiṇaṃsakūṭesu ṭhapitapupphacumbaṭakā[9] haritālamanosilālañchanujjalagattabhāgā[10]; dasa dasa n a ṅ g a l ā ekekagumbā hutvā gacchanti, naṅgalānaṃ sīsañ ca yugañ ca patodā ca suvaṇṇavinaddhā,—paṭhamanaṅgale aṭṭha balivaddā yuttā, sesesu cattāro cattāro, avasesā kilantaparivattanatthaṃ ānītā; ekekagumbe ekaṃ ekaṃ b ī j a s a k a ṭ a ṃ, ekeko kasati ekeko vapati. Brāhmaṇo pana pag eva massukammaṃ kārāpetvā nahātvā sugandhagandhehi vilitto pañca-

* *Cf.* Sum. I, 35[22]. † A. I, 113[17] (Mp. p. 379).

[1] *Vide* Pj. I, 113[24]. [2] Ba *ad.* vuttaṃ. [3] Ba *om.* -su.
[4] Sk setā mālāhi. [5] Ba pañcangulikehi. [6] Ba *om.*
[7] Sk *om.*; Ba pañcasatamattā. [8] Skgn *om.* -nivatthā.
[9] Ba °cumbitakā (219[27]). [10] Ba °lañchanujjalikagattā.

satagghanakaṃ[1] vatthaṃ nivāsetvā, sahassagghanakaṃ[1] ekaṃsaṃ karitvā, ekamekissā aṅguliyā dve dve katvā vīsati aṅgulimuddikāyo, kaṇṇesu sīhakuṇḍalāni[2], sīse ca brahmaveṭhanaṃ paṭimuñcitvā, suvaṇṇamālaṃ kaṇṭhe katvā brāhmaṇagaṇaparivuto kammantaṃ vosāsati. Ath' assa brāhmaṇī anekasatabhājanesu[3] pāyāsaṃ pacāpetvā mahāsakaṭesu āropetvā gandhodakena nahāyitvā sabbālaṃkārabhūsitā[4] brāhmaṇīgaṇaparivutā kammantaṃ agamāsi. Geham pi 'ssa sabbagandhehi[5] suvilittaṃ pupphehi sukatabalikammaṃ, khettañ ca tesu tesu ṭhānesu samussitapaṭākaṃ ahosi. Parijanakammakārehi[6] saha kammantaṃ osaṭaparisā aḍḍhateyyasahassaṃ[7] ahosi, sabbe ahatavatthanivatthā, sabbesañ ca pāyāsabhojanaṃ paṭiyattaṃ ahosi. Atha brāhmaṇo, yattha sāmaṃ bhuñjati, taṃ suvaṇṇathālaṃ dhovāpetvā pāyāsassa pūretvā sappimadhuphāṇitādīhi abhisaṃkharitvā naṅgalabalikammaṃ kārāpesi; brāhmaṇī pañca kassakasatāni suvaṇṇarajatakaṃsatambamayāni bhājanāni[8] gahetvā nisinnāni suvaṇṇakaṭacchuṃ gahetvā pāyāsena parivisantī gacchati. Brāhmaṇo pana balikammaṃ kārāpetvā rattasuvaṇṇūpāhanāyo[9] ārohitvā rattasuvaṇṇadaṇḍaṃ gahetvā "idha pāyāsaṃ detha, idha sappiṃ detha, idha sakkharaṃ dethā" ti vosāsamāno vicarati.

Atha Bhagavā Gandhakuṭiyaṃ nisinno va brāhmaṇassa parivesanaṃ vattamānaṃ ñatvā 'ayaṃ kālo brāhmaṇaṃ nāmetun' ti[10] nivāsetvā kāyabandhanaṃ bandhitvā saṃghāṭiṃ pārupitvā pattaṃ gahetvā Gandhakuṭito nikkhami, yathā taṃ anuttaro purisadammasārathi. Tenâha āyasmā Ānando: atha kho Bhagavā pubbaṇhasamayaṃ nivāsetvā ti.

Tattha *atha* iti nipāto aññādhikāravacanārambhe[11], *kho*

---

[1] Ba °agghanikaṃ. [2] Ba sīhamukhakuṇḍalāni.
[3] Ba anekasatasahassabh°. [4] Ba °kāravibhūsitā.
[5] Ba sabbattha gandhehi. [6] *So* Skgn Ba Spk.
[7] Ba °s a h a s s ā.
[8] *So* Ba, *cf.* 140[5]; Skgn °mayabhājanāni (Sk < °mayā bhāj°).
[9] Ba rattasuvaṇṇabandhūpāhanāyo (Spk. °b a n d h i k ā y o u p °).
[10] *So* Skgn; Ba d a m e t u ṃ. [11] Ba adhikārav° (*om.* añña-).

ti padapūraṇe; *Bhagavā* ti vuttanayam eva; *pubbaṇhasamayan* ti divasassa pubbabhāgasamayaṃ[1], pubbaṇhasamaye ti attho, pubbaṇhe v ā samayaṃ[2] pubbaṇhasamayaṃ, pubbaṇhe ekaṃ khaṇan ti vuttaṃ hoti, evaṃ accantasaṃyoge upayogavacanaṃ labbhati; *nivāsetvā* ti paridahitvā, vihāranivāsanaparivattanavasen' etaṃ[3] veditabbaṃ, na hi Bhagavā tato pubbe anivattho āsi[4]; *pattacīvaraṃ ādāyā* ti pattaṃ hatthehi cīvaraṃ kāyena ādiyitvā, sampaṭicchitvā dhāretvā ti attho; Bhagavato kira piṇḍāya pavisitukāmassa bhamaro viya vikasitapadumadvayamajjhaṃ indanīlamaṇivaṇṇaṃ selamayaṃ pattaṃ hatthadvayamajjhaṃ āgacchati, tasmā evaṃ āgataṃ pattaṃ hatthehi sampaṭicchitvā cīvarañ ca[5] parimaṇḍalaṃ pārutaṃ kāyena dhāretvā ti evam assa attho veditabbo, yena vā tena vā hi[6] pakārena gaṇhanto 'ādāya' icc eva vuccati, yathā "samādāy' eva pakkamatī"* ti; *yenā* ti yena maggena, *kammanto* ti kammakaraṇokāso, *tenā* ti tena maggena, *upasaṃkamī* ti gāto, yena maggena Kasibhāradvājassa brāhmaṇassa[5] kammanto gammati[7], tena maggena gato ti vuttaṃ hoti. Atha kasmā bhikkhū Bhagavantaṃ nânubandhiṃsū ti, vuccate: yadā Bhagavā ekako[8] katthaci upasaṃkamitukāmo hoti, bhikkhācāravelāyaṃ[9] dvāraṃ pidahitvā anto[10]-Gandhakuṭiṃ pavisati, tato bhikkhū tāya saññāya jānanti: 'ajja Bhagavā ekako eva[11] gāmaṃ pavisitukāmo, addhā kañci eva[12] vinetabbapuggalaṃ addasā' ti; te attano pattacīvaraṃ gahetvā Gandhakuṭiṃ padakkhiṇaṃ katvā[13] bhikkhācāraṃ gacchanti,—tadā Bhagavā evam akasi, tasmā bhikkhū Bhagavantaṃ nânubandhiṃsū ti[5].

* D. I, 71[6].

[1] B[a] °ye. [2] S[gn] °ye. [3] B[a] °vasena taṃ.
[4] B[a] anivattho; api ca. [5] B[a] *om.*
[6] (?); S[k] yena tena vā hi, B[a] yena vā tena vā, *om.* hi, S[gn] yena yena vā hi. [7] B[a] sammati. [8] B[a] ekato va.
[9] B[a] °āya. [10] B[a] attano. [11] B[a] va.
[12] S[kgn] evaṃ, B[a] ekaṃ (vinetabbaṃ p°).
[13] B[a] *ad.* v a n d e t v ā.

Tena kho pana samayenā ti, yena samayena Bhagavā kammantaṃ upasaṃkami, tena samayena tassa *brāhmaṇassa parivesanā vattati,* bhattavissaggo vattatī ti attho, yaṃ pubbe avocumha: "brāhmaṇī pañca kassakasatāni suvaṇṇarajatakaṃsatambamayāni bhājanāni gahetvā nisinnāni suvaṇṇakaṭacchuṃ gahetvā pāyāsena parivisantī gacchatī" ti. *Atha kho Bhagavā yena parivesanā ten' upasaṃkami,* kiṃkāraṇan ti: brāhmaṇassa anuggahakaraṇatthaṃ, na hi Bhagavā kapaṇapuriso viya bhottukamyatāya[1] parivesanaṃ upasaṃkamati—Bhagavato hi[2] dveasītisahassasaṃkhā Sakya-Koliyā rājāno ñātayo, te attano[3] attano sampattiyā nibaddhabhattaṃ[4] dātuṃ ussahanti—,na pana Bhagavā bhattatthāya pabbajito, api ca kho pana anekāni asaṃkheyyāni pañca mahāpariccāge pariccajanto pāramiyo pūretvā 'mutto mocessāmi, danto, assattho, parinibbuto parinibbāpessāmī' ti pabbajito, tasmā attanā[5] muttattā parinibbutattā ca paraṃ mocento parinibbāpento ca loke vicaranto brāhmaṇassa anuggahakaraṇatthaṃ yena parivesanā ten' upasaṃkamī ti veditabbaṃ; *upasaṃkamitvā ekamantaṃ aṭṭhāsī* ti evaṃ upasaṃkamitvā ca ekamantaṃ aṭṭhāsi—ekamantan ti bhāvanapuṃsakaniddeso, ekokāsaṃ ekapassan ti vuttaṃ hoti, bhummatthe[6] vā upayogavacanaṃ—,tassa dassanūpacāre kathāsavanaṭṭhāne[7], yattha ṭhitaṃ brāhmaṇo passati, tattha uccaṭṭhāne aṭṭhāsi, ṭhatvā ca suvaṇṇarasapiñjaraṃ sahassacandasuriyābhā atisemāna(ṃ) sarīrābhaṃ[8] muñci samantato asītihatthaparimāṇaṭhānaṃ, yāya[9] ajjhottharitattā brāhmaṇassa kammantasālābhittirukkha-kasitamattikapiṇḍādayo suvaṇṇamayā viya ahesuṃ; atha manussā pāyāsaṃ bhuttā bhuttā asītianuvyañjanaparivāradvattiṃsavaralakkhaṇapatimaṇḍitasarīraṃ vyāmappabhāparikkhepavibhūsitabāhuyugalaṃ ketumālāsa-

---

[1] Ba °kāmatāya. [2] Ba kira. [3] Ba *om.*
[4] Ba nibaddhaṃ bh°. [5] Ba °no, Sg < °no.
[6] Skgn °aṭṭhe. [7] Ba kathāpavattanaṭhāne.
[8] Ba sahassacandasuriyobhāsâtibhāsiyamānaṃ sarīrābhaṃ.
[9] *So* Sk; Sgn °parimāṇaṃ ṭhānaṃ, yāya; Ba °parimāṇaṃ, ābhāya.

mujjalitasassirīkataradassanaṃ[1] jaṅgamam iva padumasaraṃ, raṃsijālujjalitatārāgaṇam[2] iva gaganatalaṃ, ādittam iva ca[3] kanakagirisikharaṃ[4] siriyā jalamānaṃ Sammāsambuddhaṃ ekamantaṃ ṭhitaṃ disvā hatthapāde dhovitvā añjalim paggayha samparivāretvā aṭṭhaṃsu. Evaṃ tehi samparivāritaṃ *addasā kho Kasibhāradvājo brāhmaṇo Bhagavantaṃ piṇḍāya ṭhitaṃ, disvāna Bhagavantaṃ etad avoca: ahaṃ kho samaṇa kasāmi ca vapāmi cā* ti. Kasmā panâyaṃ evam āha, kiṃ samantapāsādike pasādaniye uttamadamathasamatham anuppatte pi[3] Bhagavati appasādena udāhu aḍḍhateyyānaṃ janasahassānaṃ pāyāsaṃ paṭiyādetvā pi kaṭacchubhikkhāya maccherenā ti: ubhayathā pi no, api ca khv āssa Bhagavato dassanena atittaṃ nikkhittakammantaṃ janaṃ disvā 'kammabhaṅgam me[5] kātuṃ āgato' ti anattamanatā ahosi, tasmā evam āha; Bhagavato ca lakkhaṇasampattiṃ disvā 'sacâyaṃ kammante payojayittha, sakalaJambudīpe manussānaṃ sīse cūḷāmaṇi viya abhavissa, ko nāma[6] attho na sampajjissa[7]; evam evaṃ[8] alasatāya kammante appayojetvā vappamaṅgalādisu[9] piṇḍāya caritvā bhuñjanto kāyadaḍḍhibahulo viharatī' ti[10] pi 'ssa ahosi, tenâha: ahaṃ kho samaṇa kasāmi ca vapāmi ca *kasitvā ca vapitvā ca bhuñjāmī* ti[11], na me kammantā vyāpajjanti na c' amhi yathā tvaṃ evaṃ lakkhaṇasampanno ti adhippāyo, *tvam pi samaṇa . . .* pe . . . *bhuñjassu*, ko te attho na sampajjeyya evaṃ lakkhaṇasampannassā ti adhippāyo; api câyaṃ assosi: "Sakyarājakule kira kumāro uppanno cakkavattirajjaṃ pahāya pabbajito" ti, tasmā idāni 'ayaṃ so' ti ñatvā "cakkavattirajjaṃ pahāya kilanto 'sī" ti[12] upārambhaṃ karonto āha: ahaṃ kho samaṇā ti; api câyaṃ tikkhapañño brāhmaṇo na Bhagavantaṃ abhik-

---

1 Ba °ujjalitaṃ sassirīkadassanaṃ. 2 Ba °tāragaṇam.
3 Ba *om.* 4 Ba *om.* -sikharaṃ. 5 Ba maṃ, Sgn eva.
6 Ba nām' assa.
7 Ba sampajjissati, Skgn sampajjittha.
8 Ba evaṃ esa. 9 Ba vappamaṅgalakālādisu.
10 Ba vicaratī ti. 11 Skgn *om.* ti.
12 *So* Skgn; Ba "cakkavattirajjaṃ kira so pahāya nikkhanto 'sī" ti.

khipanto bhaṇati, Bhagavato pana rūpasampattiṃ disvā paññāsampattiṃ sambhāvayamāno kathāpavattanattham pi evam āha: ahaṃ kho samaṇā ti. Tato Bhagavā veneyyavasena sadevake loke aggakassakavapakabhāvaṃ attano dassento āha: *aham pi kho*[1] *brāhmaṇā* ti. Atha brāhmaṇassa cintā udapādi 'ayaṃ samaṇo "kasāmi ca vapāmi cā" ti āha, na tassa oḷārikāni yuganaṅgalādīni kasibhaṇḍāni passāmi[2]; so musā nu kho bhaṇati no' ti Bhagavantaṃ pādatalā[3] paṭṭhāya yāva upari kesantā samālokayamāno aṅgavijjāya katādhikārattā dvattiṃsavaralakkhaṇasampattiṃ assa ñatvā 'aṭṭhānam etaṃ anavakāso, yaṃ evarūpo musā bhaṇeyyā' ti tāvad eva sañjātabahumāno Bhagavati samaṇavādaṃ pahāya gottena Bhagavantaṃ samudācaramāno āha: *na kho pana mayaṃ bhoto Gotamassā* ti, [4]evañ ca pana[4] vatvā tikkhapañño brāhmaṇo 'gambhīram atthaṃ sandhāya iminā etaṃ vuttan' ti ñatvā pucchitvā taṃ atthaṃ ñātukāmo Bhagavantaṃ gāthāya ajjhabhāsi,—tenâha āyasmā Ānando: *atha kho Kasibhāradvājo brāhmaṇo Bhagavantaṃ gāthāya ajjhabhāsī* ti; tattha gāthāyā ti akkharapadaniyamitena vacanena, ajjhabhāsī ti abhāsi.

76, 77. Tattha brāhmaṇo *kasin* ti yuganaṅgalādikasisambhārasamāyogaṃ vadati, Bhagavā pana, yasmā pubbadhammasabhāgena rūpetvā[5] kathanan nāma buddhānaṃ ānubhāvo, tasmā buddhānubhāvaṃ dīpento pubbadhammasabhāgena rūpento[6] āha: s a d d h ā b ī j a n ti. Ko pan' ettha pubbadhammasabhāgo, nanu brāhmaṇena Bhagavā yuganaṅgalādikasisambhārasamāyogaṃ pucchito, atha ca[1] pana apucchitassa bījassa sabhāgena rūpento[5] āha: "saddhā bījan" ti, evañ ca sati ananusandhikā va ayaṃ kathā hotī ti, vuccate: na buddhānaṃ ananusandhikā nāma kathā atthi nâpi pubbadhammasabhāgaṃ[7] āropetvā[8] kathenti, evañ c'

---

1 Ba *om.* 2 Skgn Ba *ad.* ti (*deleted in* Sk).
3 Ba Bhagavantaṃ tāva pādatalato. 4—4 Ba evaṃ.
5 Ba rop°. 6 Ba pubbadhammasabhāgānurūpena.
7 Ba nâpi buddhā dhammasabhāgaṃ.
8 Tr. *conj.* arūp° (*cf.* Spk.).

ettha anusandhi veditabbā: anena hi brāhmaṇena Bhagavā yuganaṅgalādikasisambhāravasena kasiṃ pucchito, so tassa anukampāya 'idaṃ apucchitan' ti aparihāpetvā samūlaṃ saupakāraṃ sasesasambhāraṃ[1] saphalaṃ kasiṃ ñāpetuṃ mūlato paṭṭhāya kasiṃ dassento āha: saddhā bījan ti, bījaṃ hi kasiyā mūlaṃ tasmiṃ sati kattabbato asati akattabbato tappamāṇena ca kattabbato—bīje hi sati kasiṃ karonti asati na karonti, bījappamāṇena ca kusalā kassakā khettaṃ kasanti na ūnaṃ 'mā no sassaṃ parihāyī' ti, na adhikaṃ 'mā no mogho vāyāmo ahosī' ti—, yasmā ca bījam eva mūlaṃ, tasmā Bhagavā mūlato paṭṭhāya kasiṃ dassento tassa brāhmaṇassa kasiyā pubbadhammassa[2] bījassa sabhāgena attano kasiyā pubbadhammaṃ rūpento[3] āha: saddhā bījan ti. Evam ettha pubbadhammasabhāgo veditabbo. 'Pucchitaṃ yeva vatvā apucchitaṃ pacchā kin na vuttan' ti ce: tassa upakārabhāvato dhammasambandhasamatthabhāvato ca, ayaṃ hi brāhmaṇo paññavā, micchādiṭṭhikule pana jātattā saddhāvirahito, saddhāvirahito ca paññavā paresaṃ saddhāya attano avisaye appaṭipajjamāno visesan nâdhigacchati, kilesakālussiyabhāvāpagamappasādamattalakkhaṇā pi c' assa dubbalā saddhā[4] balavatiyā paññāya saha vattamānā atthasiddhiṃ na karoti hatthinā saha ekadhure niyuttagoṇo[5] viya, tasmā tassa saddhā upakārikā, evan tassa[6] brāhmaṇassa saupakārabhāvato taṃ brāhmaṇaṃ[7] saddhāya patiṭṭhapentena pacchā pi vattabbo ayam attho pubbe vutto desanākusalatāya, yathā aññatrâpi "saddhā bandhati pātheyyan" ti ca "saddhā dutiyā purisassa hoti" ti ca "saddhīdha vittaṃ purisassa seṭṭhan" ti ca "saddhāya taratī oghan"* ti ca "saddhāhattho mahānāgo"† ti ca "saddhesiko bhikkhave ariyasāvako"‡ ti cā ti,—bījassa ca upakārikā[8] vuṭṭhi, sā tadanantarañ ñeva vuccamānā samatthā

* S. I, 44^{11}, 25^{16}, $214^{21, 27}$. † A. III, 346^{23}. ‡ A. IV, 109^{12}.

1 Ba Spk. *om.* -sesa-.
2 Ba pubbaṅgamassa.
3 Ba karopento.
4 Skgn dubbalasaddhā.
5 Ba *om.* ni-.
6 Ba upakārikā eva, tassa.
7 Ba *om.*
8 Ba upakārakā, Skgn u p a k ā r ā.

hoti, evaṃ dhammasambandhasamatthabhāvato pacchā pi vattabbo ayam attho pubbe vutto añño ca evaṃvidho īsāyottādi. Tattha sampasādalakkhaṇā *saddhā* okappanalakkhaṇā vā pakkhandanarasā adhimuttipaccupaṭṭhānā akālussiyapaccupaṭṭhānā vā sotāpattiyaṅgapadaṭṭhānā saddahitabbadhammapadaṭṭhānā vā ādāsajalatalādīnaṃ pasādo viya cetaso pasādabhūtā udakappasādakamaṇi viya udakassa sampayuttadhammānaṃ pasādikā[1]; *bījan* ti pañcavidhaṃ (bījaṃ): "mūlabījaṃ khandhabījaṃ phalubījaṃ[2] aggabījaṃ bījabījam eva pañcaman"* ti, taṃ sabbam pi virūhanaṭṭhena bījan tv eva saṃkhaṃ gacchati, yathâha: "bījañ c' etaṃ rūhanaṭṭhenā"† ti; tattha, y a t h ā brāhmaṇassa kasiyā mūlabhūtaṃ bījaṃ dve kiccāni karoti: heṭṭhā mūlena patiṭṭhāti, upari aṃkuraṃ uṭṭhapeti[3], e v a ṃ Bhagavato kasiyā mūlabhūtā saddhā heṭṭhā sīlamūlena patiṭṭhāti, upari samathavipassanaṃkuraṃ uṭṭhapeti[3], y a t h ā c a taṃ mūlena paṭhavirasaṃ āporasaṃ gahetvā nāḷena dhaññaparipākagahaṇatthaṃ vaḍḍhati, e v a ṃ ayaṃ sīlamūlena samathavipassanārasaṃ[4] gahetvā ariyamaggaṇāḷena ariyaphaladhaññaparipākagahaṇatthaṃ vaḍḍhati, y a t h ā c a taṃ bhūmiyaṃ patiṭṭhahitvā mūlaṃkurapaṇṇanāḷakaṇḍappasavehi vuddhiṃ virūḷhiṃ vepullaṃ patvā khīraṃ janetvā anekasāliphalabharitaṃ sālisīsaṃ nipphādeti, e v a ṃ ayaṃ cittasantāne patiṭṭhahitvā sīlacittadiṭṭhikaṃkhāvitaraṇamaggāmaggañāṇadassanapaṭipadāñāṇadassanavisuddhīhi vuddhiṃ virūḷhiṃ vepullaṃ patvā ñāṇadassanavisuddhikhīraṃ janetvā anekapaṭisambhidābhiññābharitaṃ[5] arahattaphalaṃ nipphādeti, tenâha Bhagavā: saddhā bījan ti. Tattha siyā: 'paropaññāsakusaladhammesu ekato uppajjamānesu kasmā saddhā va bījan ti vuttā' ti, vuccate: bījakiccakaraṇato, yathā hi tesu viññāṇaṃ yeva vijānanakiccaṃ karoti, evaṃ saddhā bījakiccaṃ, sā ca sabbakusalānaṃ mūlabhūtā, yathâha: "saddhājāto upasaṃkamati, upasaṃkamanto payirupāsati, payirupāsanto sotaṃ oda-

* D. I, 5[31], Vin. IV, 34[34]. †

1 Ba pāsādikā. 2 Skgn phalabījaṃ. 3 Ba upaṭṭhāpeti. 4 Ba °passanarasaṃ. 5 Ba *om.* -bhiññā-.

hati, ohitasoto dhammaṃ suṇāti, sutvā dhammaṃ dhāreti, dhatānaṃ dhammānaṃ atthaṃ upaparikkhati, atthaṃ upaparikkhato dhammā[1] nijjhānaṃ khamanti, dhammanijjhānakkhantiyā sati chando jāyati, chandajāto ussahati, ussahitvā tulayati, tulayitvā padahati, pahitatto samāno kāyena c' eva paramasaccaṃ sacchikaroti paññāya ca naṃ ativijjha[2] passatī "* ti.

Tapati akusaladhamme[3] kāyañ cā[4] ti *tapo*, indriyasaṃvaraviriyadhutaṅgadukkarakārikānaṃ etaṃ adhivacanaṃ, idha pana indriyasaṃvaro adhippeto; *vuṭṭhī* ti "vassavuṭṭhi vātavuṭṭhī "† ti ādinā[5] anekavidhā, idha vassavuṭṭhi adhippetā, yathā hi brāhmaṇassa vassavuṭṭhisamanuggahitaṃ[6] bījaṃ bījamūlañ ca sassaṃ[7] virūhati na milāyati nipphattiṃ gacchati, evaṃ Bhagavato indriyasaṃvarasamanuggahitā saddhā saddhāmūlā ca sīlādayo dhammā virūhanti na milāyanti nipphattiṃ gacchanti, tenâha: tapo vuṭṭhī ti;—"paññā me" ti ettha ca vutto me-saddo imesu pi padesu yojetabbo: saddhā me bījaṃ, tapo me vuṭṭhī ti. Tena kiṃ dīpeti: yathā brāhmaṇa tayā vapite[8] bīje, sace vuṭṭhi atthi, sādhu, no ce atthi, udakaṃ pi dātabbaṃ hoti, tathā mayā hiriīse paññāyuganaṅgale manoyottena ekābaddhe kate viriyabalivadde yojetvā satipācanena vijjhitvā attano cittasantānakhette saddhābīje vapite vuṭṭhiabhāvo nāma n'atthi, ayaṃ pana me satataṃ samitaṃ tapo vuṭṭhī ti.

Pajānāti etāya puggalo sayaṃ vā sā[9] pajānātī ti *paññā*, sā kāmāvacarādibhedato anekavidhā, idha pana saha vipassanāya maggapaññā[10] adhippetā; *yuganaṅgalan* ti yugañ ca naṅgalañ ca, yathā hi brāhmaṇassa yuganaṅgalaṃ,

* M.I, 480³. † *Vide* 34¹, *etc.*

[1] Sgn Ba dhammaṃ. [2] Ba pativijjhaṃ. [3] Ba akusale dh°. [4] Skgn kāyaṃ vā. [5] *So* Skgn; Ba ādi (*vide* Spk.). [6] Skgn vassavuṭṭhimanuggahitaṃ. [7] Sgn bījamūlakasassaṃ, Ba bījamūlakañ ca nālaṃ. [8] Skgn vāpite; Ba vappite (or: vapite, Spk. *has* vapite khette). [9] Ba *om.* sā, *cf.* 146²⁰, 147⁹. [10] Ba aggap°.

evaṃ Bhagavato duvidhā pi paññā; tattha, yathā yugaṃ īsāya uparisayaṃ hoti, purato hoti, īsābaddhaṃ hoti, yottānaṃ nissayaṃ hoti, balivaddānaṃ ekato-gamanaṃ vāreti[1], evaṃ paññā hiripamukhānaṃ dhammānaṃ u p a r i s a y ā hoti, yathâha: "paññuttarā sabbe kusalā dhammā"* ti ca "paññā hi[2] seṭṭhā kusalā vadanti nakkhattarājā-r-iva tārakānan"† ti ca[3], kusalānaṃ dhammānaṃ pubbaṅgamaṭṭhena p u r a t o ca hoti, yathâha: "sīlaṃ sirī câpi satañ ca dhammā anvāyikā paññavato bhavantī"‡ ti, hirivippayogena anuppattito ī s ā b a d d h ā hoti, manosaṃkhātassa samādhiyottassa nissayapaccayato yottānaṃ n i s s a y o hoti, accāraddhātilīnabhāvapaṭisedhanato[4] viriyabalivaddānaṃ e k a t o - g a m a n a ṃ v ā r e t i[1]; yathā ca naṅgalaṃ phālayuttaṃ kasanakāle paṭhavighanaṃ bhindati mūlasantānakāni padāleti, evaṃ satiyuttā paññā vipassanākāle dhammānaṃ santatisamūhakiccārammaṇaghanaṃ bhindati sabbakilesamūlasantānakāni[5] padāleti, sā ca kho lokuttarā va, itarā pana lokikā[6] pi siyā, tenâha: paññā me yuganaṅgalan ti.

Hirīyati etāya puggalo, sayaṃ vā hirīyati akusalappavattiṃ jigucchatī ti *hirī*, taggahaṇena sahacarabhāvato[7] ottappaṃ gahitaṃ yeva hoti; *īsā* ti yuganaṅgalasandhārikā dāruyaṭṭhi, yathā hi brāhmaṇassa īsā yuganaṅgalaṃ sandhāreti[8], evam Bhagavato pi hirī lokiyalokuttarapaññāsaṃkhātaṃ yuganaṅgalaṃ (san)dhāreti hiriyā asati paññāya abhāvato; yathā īsāpaṭibaddhaṃ yuganaṅgalaṃ kiccakāri[9] hoti acalaṃ asithilaṃ, evaṃ hiripaṭibaddhā va[10] paññā kiccakārī[11] hoti acalā asithilā abbokiṇṇā ahirīkena, tenâha: hirī īsā ti.

Munātī ti *mano*, cittass' etaṃ adhivacanaṃ, idha pana

* *Cf.* A. IV, 339^{7}. † J. V, 148^{8-9}. ‡ J. V. 148^{10-11}.

1 Ba dhāreti. 2 Ba va.
3 Skgn *om.* 4 Ba °bhāvato patisedh°.
5 Ba sabbakilesasamohasantānakāni. 6 Sk Ba lokiyā.
7 Ba sahacaraṇabh°. 8 Ba *om.* san-.
9 Ba k i c c a ṃ k a r a ṃ. 10 Ba c a.
11 *So* Skg Ba Spk.; Sn kiccakā.

manosīsena taṃsampayutto samādhi adhippeto; *yottan* ti rajjubandhanaṃ, tan tividhaṃ: īsāya saha yugassa bandhanaṃ, yugena saha balivaddānaṃ bandhanaṃ[1], sārathinā saha balivaddānaṃ bandhanan ti; tattha, yathā brāhmaṇassa yottaṃ īsāyugabalivadde ekābaddhe katvā sakakicce paṭipādeti, evaṃ Bhagavato samādhi sabbe va te hiripaññāviriyadhamme ekārammaṇe avikkhepabhāvena bandhitvā sakakicce paṭipādeti, tenâha: mano yottan ti.

Sarati etāya cirakatādim atthaṃ puggalo, sayaṃ vā saratī ti *sati*, sā apammussanalakkhaṇā[2]; phāletī[3] ti phālo, pājeti tenā ti pājanaṃ, taṃ idha pācanan ti vuccati, patodass' etaṃ adhivacanaṃ, phālo ca pācanañ ca *phālapācanaṃ*, yathā hi[1] brāhmaṇassa phālapācanaṃ, evam Bhagavato vipassanāyuttā maggayuttā ca sati; tattha, y a t h ā phālo naṅgalam anurakkhati purato c' assa gacchati, evaṃ sati kusalānaṃ dhammānaṃ gatiyo samannesamānā[4] ārammaṇe vā upaṭṭhāpayamānā[5] paññānaṅgalaṃ rakkhati, tathā hi "satārakkhena cetasā viharatī"* ti ādisu ārakkhā ti vuttā, apammussanavasena[6] c' assa purato hoti, satiparicite[7] hi dhamme paññā pajānāti no pammuṭṭhe, y a t h ā c a pācanaṃ balivaddānaṃ vijjhanabhayaṃ dassentaṃ saṃsīdanaṃ na deti uppathagamanañ ca vāreti, evaṃ sati viriyabalivaddānaṃ apāyabhayaṃ dassentī kosajjasaṃsīdanaṃ na deti kāmaguṇasaṃkhāte agocare cāraṃ nivāretvā kammaṭṭhāne niyojentī[8] uppathagamanañ ca vāreti, tenâha: sati me phālapācanan ti.

Kāyagutto ti tividhena kāyasucaritena gutto, *vacīgutto* 78.
ti catubbidhena vacīsucaritena gutto, ettāvatā pātimokkhasaṃvarasīlaṃ vuttaṃ; *āhāre udare yato* ti etthā āhāramukhena sabbapaccayānaṃ saṅgahītattā catubbidhe pi[1]

* *Cf.* D. III, 269^28.

1 B^a *om.*

2 S^n apasammussanal°, B^a asammussanatālakkhaṇā (*cf.* *note* 6).

3 S^kgn p h a l e t ī.

4 B^a samanvesamānā.

5 B^a upaṭṭhāyamānā.

6 B^a asammussana°.

7 B^a satiparipācite.

8 B^a agocare vāreti, vāretvā kammaṭṭhānaṃ yojayanti.

paccaye yato saṃyato, nirupakkileso ti attho, iminā ājīvapārisuddhisīlaṃ vuttaṃ, udare yato ti mitabhojī, āhāre mattaññū ti vuttaṃ hoti, iminā bhojane-mattaññutāmukhena[1] paccayapaṭisevanasīlaṃ vuttaṃ,—tena kiṃ dīpeti: yathā tvaṃ brāhmaṇa bījaṃ vapitvā sassaparipālanatthaṃ [2]kaṇṭakavatikaṃ[3] vā rukkhavatikaṃ[4] vā pākāraparikkhepaṃ vā karosi, tena te gomahisamigagaṇā pavesaṃ alabhantā sassaṃ na vilumpanti, evaṃ (ahaṃ) pi saddhābījaṃ vapitvā nānappakārakusalasassaparipālanatthaṃ[2] kāyavacīāhāraguttimayaṃ tividhaparikkhepaṃ karomi, tena me rāgādiakusaladhammagomahisamigagaṇā pavesaṃ alabhantā nānappakārakaṃ kusalasassaṃ na vilumpantī ti; *saccaṃ karomi niddānan* ti ettha dvīhi dvārehi avisaṃvādanaṃ saccaṃ, niddānan ti chedanaṃ lunanaṃ uppāṭanaṃ, karaṇavacanatthe c' etaṃ upayogavacanaṃ veditabbaṃ, ayaṃ hi ettha attho: saccena karomi niddānan ti,—kiṃ vuttaṃ hoti: yathā tvaṃ bāhiraṃ kasiṃ kasitvā sassadūsakānaṃ tiṇānaṃ hatthena vā asitena vā niddānaṃ karosi, evaṃ aham pi ajjhattikaṃ kasiṃ kasitvā kusalasassadūsakānaṃ visaṃvādatiṇānaṃ saccena niddānaṃ karomi; ñāṇasaccaṃ vā ettha saccan ti veditabbaṃ, [5]yan taṃ[5] "yathābhūtaṃ ñāṇan"* ti vuccati, tena attasaññādīnaṃ tiṇānaṃ niddānaṃ karomī ti[6] yojetabbaṃ; atha vā niddānan ti chedakaṃ lavakaṃ[7], uppāṭakan ti attho, evaṃ sante, yathā tvaṃ dāsaṃ vā kammakaraṃ va niddānaṃ kāresi "niddehi tiṇānī" ti tiṇānaṃ chedakaṃ lavakaṃ[7] uppāṭakaṃ karosi, evaṃ ahaṃ saccaṃ karomī ti upayogavacanen' eva vattuṃ[8] yujjati; atha vā saccan ti diṭṭhisaccaṃ, tam ahaṃ niddānaṃ karomi chetabbaṃ lunitabbaṃ uppāṭetabbaṃ karomī ti evam pi upayogavacanen' eva vattuṃ yujjatī ti; *soraccaṃ me pamocanan* ti ettha, yan taṃ "kāyiko avītikkamo vācasiko avītikkamo"† ti

* *Cf.* A. III, 419–420. † Dh. S. § 1342.

1 Ba °mattaññumukhena.
2–2 Ba *om.*
3 Skn kaṇṭakavatiṃ.
4 Sk rukkhavatiṃ, Sn *om.*
5–5 Ba ettha vuttaṃ saccaṃ.
6 Ba *ad.* evaṃ.
7 Ba lāvakaṃ.
8 Ba °vacanena vuttaṃ.

evaṃ sīlam eva soraccan ti vuttaṃ, na taṃ[1] adhippetam, vuttam eva etaṃ "kāyagutto" ti ādinā nayena, arahattaphalaṃ pana adhippetaṃ, tam pi hi[2] sundare nibbāne ratabhāvato soraccan ti vuccati; pamocanan ti yoggavissajjanaṃ; kiṃ vuttaṃ hoti: yathā tava pamocanaṃ puna pi sāyaṇhe vā dutiyadivase vā anāgate saṃvacchare vā yojetabbato appamocanam[3] eva hoti, na mama evaṃ, na hi mama antarā mocanan nāma atthi, ahaṃ hi Dīpaṃkaradasabalakālato pabhuti paññānaṅgale viriyabalivadde yojetvā cattāri asaṃkheyyāni kappasatasahassañ ca mahākasiṃ kasanto tāva na muñciṃ, yāva na sammāsambodhiṃ abhisambujjhiṃ, yadā ca me sabbaṃ taṃ kālaṃ khepetvā bodhirukkhamūle aparājitapallaṃkena[4] nisinnassa sabbaguṇaparivāraṃ arahattaphalaṃ udapādi, tadā mayā taṃ[5] sabbussukkapaṭippassaddhippattiyā pamuttaṃ na dāni puna yojetabbaṃ bhavissatī ti etam atthaṃ sandhāya Bhagavā āha: soraccam me pamocanan ti.

Viriyam me dhuradhorayhan[6] ti ettha viriyan ti "kā- 79.
yiko vā cetasiko vā viriyārambho"* ti ādinā nayena vuttapadhānaṃ dhurāyaṃ dhorayhaṃ, dhuraṃ vahatī ti attho, yathā hi brāhmaṇassa dhurāyaṃ dhorayhākaḍḍhitaṃ naṅgalaṃ bhūmighanaṃ bhindati mūlasantānakāni ca padāleti, evam Bhagavato[7] viriyākaḍḍhitam paññānaṅgalaṃ yathāvuttaṃ ghanaṃ bhindati kilesasantānakāni ca padāleti, tenâha: viriyam me dhuradhorayhan ti; a t h a v ā purimadhuraṃ vahantā dhurā, mūladhuraṃ vahantā dhorayhā, dhurā ca dhorayhā ca dhuradhorayhaṃ; tattha, yathā brāhmaṇassa ekamekasmiṃ naṅgale catubalivaddappabhedaṃ dhuradhorayhaṃ vahantaṃ uppannānuppannatiṇamūlaghātaṃ[8] sassasampattiñ ca sādheti, evaṃ Bhagavato catusammappadhānaviriyappabhedaṃ dhuradhorayhaṃ vahantaṃ uppannānuppannākusalamūlaghātaṃ[8] ku-

* *Cf.* Asl. 145.

[1] Ba *ad.* idha. [2] Skgn *om.* [3] *So* Ba; Skgn mocanam.
[4] Ba Spk. °pallaṃke.
[5] *So* Spk.; Sgn Ba mayā kataṃ, Sk māyākatam.
[6] *So* Ba Spk.; Skgn °dhoreyya° *always, except* 150[6].
[7] Ba *ad.* pi. [8] Spk. uppannuppannaṃ tiṇ° (akus°).

salasampattiñ ca sādheti, tenâha: viriyam me dhuradhorayhan ti; *yogakkhemādhivāhanan* ti ettha yogehi khemattā yogakkheman ti nibbānam vuccati, taṃ adhikatvā vāhiyyati abhimukhaṃ vā vāhiyyatī ti adhivāhanaṃ, yogakkhemassa adhivāhanaṃ yogakkhemādhivāhanaṃ. Tena kiṃ dīpeti: yathā tava dhuradhorayhaṃ[1] puratthimaṃ disaṃ pacchimādisu vā aññataraṃ abhimukhaṃ vāhiyyati, tathā mama dhuradhorayhaṃ nibbānābhimukhaṃ vāhiyyati,—evaṃ vāhiyyamānañ ca *gacchati anivattantaṃ*, yathā tava naṅgalaṃ vahantaṃ dhuradhorayhaṃ khettakoṭiṃ patvā puna nivattati, evaṃ anivattantaṃ Dīpaṃkarato pabhuti gacchat' eva; yasmā vā tena tena maggena pahīnā kilesā punappuna pahātabbā na[2] honti, yathā[3] tava naṅgalena chinnāni tiṇāni[4] puna pi aparasmiṃ samaye chinditabbāni honti, [5]tasmā etaṃ[5] paṭhamamaggavasena diṭṭhekaṭṭhe kilese, dutiyavasena oḷārike, tatiyavasena anusahagate[6], catutthavasena sabbakilese pajahantaṃ gacchati anivattantaṃ; a t h a v ā *gacchati anivattan* ti[7], nivattanarahitaṃ hutvā gacchatī ti attho, *tan* ti taṃ dhuradhorayhaṃ, evam p' ettha padacchedo veditabbo;—evaṃ gacchantañ ca, yathā tava dhuradhoreyyaṃ na taṃ ṭhānaṃ gacchati, yattha gantvā kassako asoko nissoko virajo hutvā na socati, etaṃ pana taṃ[8] ṭhānaṃ gacchati, *yattha gantvā na socati* yattha satipācanena etaṃ viriyadhuradhorayhaṃ[9] codento[8] codento gantvā mādiso kassako asoko nissoko virajo hutvā na socati, taṃ sabbasokasallasamugghātabhūtaṃ nibbānāmatasaṃkhātaṃ ṭhānaṃ[10] gacchatī ti.

80. Idāni nigamanaṃ karonto Bhagavā imaṃ gātham āha:

evam esā kasī kaṭṭhā sā hoti amatapphalā,
etaṃ kasiṃ kasitvāna sabbadukkhā pamuccatī ti.

Tassâyaṃ saṃkhepattho: passa brāhmaṇa, *esā* saddhābījā tapovuṭṭhiyā anuggahitā *kasi* paññāmayaṃ yuganaṅgalaṃ hirimayañ ca īsaṃ manomayena yottena ekābad-

---

1 *So also* Skgn. 2 Ba kilesā na puna pahātabbā.
3 Ba *ad.* na. 4 Skgn chinnatiṇāni. 5—5 Ba tathā mama.
6 Skgn anusag(a)gate; Ba *ad.* kilese.
7 *So* Ba; Skgn anivattan tam. 8 Ba *om.*
9 Skgn *om.* -dhura-. 10 Skgn °khātaṭṭhānaṃ.

dhaṃ katvā paññānaṅgale satiphālaṃ ākoṭetvā satipācanaṃ gahetvā kāyavacīāhāraguttiyā gopetvā saccaṃ niddānaṃ katvā soraccaṃ pamocanaṃ viriya[ṃ]dhuradhorayhaṃ yogakkhemābhimukhaṃ anivattantaṃ vahantena[2] *kaṭṭhā* kasikammapariyosānaṃ catubbidhasāmaññaphalaṃ pāpitā *sā hoti amatapphalā* sā esā kasi amatapphalā hoti, amataṃ vuccati nibbānaṃ, nibbānānisaṃsā hotī ti attho; sā kho pan' esā kasi na mam' ev' ekassa amatapphalā hoti, api ca kho pana yo koci khattiyo vā brāhmaṇo vā vesso vā suddo vā gahaṭṭho vā pabbajito vā etaṃ kasiṃ kasati, so sabbo pi *etaṃ kasiṃ*[1] *kasitvāna sabbadukkhā pamuccatī* ti sabbasmā vaṭṭadukkhā dukkhadukkhā saṃkhāradukkhā vipariṇāmadukkhā pamuccatī ti. Evam Bhagavā brāhmaṇassa arahattanikūṭena nibbānapariyosānaṃ katvā desanaṃ samāpesi.

Tato brāhmaṇo gambhīratthaṃ desanaṃ sutvā 'mama S.N.[1] p. 13[26].
kasiphalaṃ bhuñjitvā aparajju eva chāto hoti, imassa pana kasi amatapphalā, tassā[3] phalaṃ bhuñjitvā sabbadukkhā pamuccatī' ti ca viditvā pasanno pasannākāraṃ kātuṃ pāyāsaṃ dātuṃ āraddho, tenâha: *atha kho Kasibhāradvājo* ti. Tattha *mahatiyā* ti mahatiyan ti attho, *kaṃsapātiyā* ti suvaṇṇapātiyaṃ satasahassagghanake attano suvaṇṇathāle; *vaḍḍhetvā* ti chupitvā, ākiritvā ti vuttaṃ hoti; *Bhagavato upanāmesī* ti sappimadhuphāṇitādīhi vicitraṃ katvā dukūlavitānena paṭicchādetvā ukkhipitvā sakkaccaṃ Tathāgatassa abhihari, kin ti: *bhuñjatu bhavaṅ Gotamo pāyāsaṃ, kassako bhavan* ti. Tato kassakabhāvasādhakaṃ[4] kāraṇam āha: *yaṃ hi bhavaṃ . . . pe . . . kasatī* ti, yasmā bhavaṃ . . . pe . . . kasatī ti vuttaṃ hoti. Atha Bhagavā gāthābhigītaṃ me ti āha.

*Tattha *gāthābhigītan* ti gāthāhi abhigītaṃ, gāthāyo bhā- 81.
sitvā laddhan ti vuttaṃ hoti; *me* ti mayā; *abhojaneyyan* ti bhuñjanārahan na hoti; *sampassatan* ti sammā ājīvasuddhiṃ[5]

* *Cf.* Spk. *ad* S. I, 167[6].

---

1 S^kgn *om.* 2 Spk. v ā h e n t e n a. 3 S^kgn B^a tassa.
4 S^g °sādhanaṃ, B^a °sādhana-.
5 *So* B^a; S^kgn samaṃ ājīvasuddhiṃ pāri- (S^g °pārisuddhiṃ).

passataṃ, samantā vā passataṃ sampassataṃ, buddhānan ti vuttaṃ hoti; *n' esa dhammo* ti 'gāthābhigītaṃ buñjitabban' ti esa dhammo etaṃ cārittaṃ na hoti; —tasmā *gāthābhigītaṃ panudanti buddhā* paṭikkhipanti na bhuñjantī ti. Kiṃ pana Bhagavatā pāyāsatthaṃ gāthā abhigītā, yena evam āhā ti: na etadatthaṃ abhigītā[1], api ca kho pana pāto[2] paṭṭhāya khettasamīpe ṭhatvā kaṭacchubhikkham pi alabhitvā puna[3] sakalabuddhaguṇe pakāsetvā laddhaṃ tad etaṃ naṭanaccakādīhi[4] naccitvā gāyitvā laddhasadisaṃ hoti, tena gāthābhigītan ti vuttaṃ; tādisañ[5] ca yasmā buddhānaṃ na kappati, tasmā abhojaneyyan ti vuttaṃ; appicchatānurūpañ c' etaṃ na hoti, tasmā pi pacchimaṃ janataṃ anukampamānena ca[6] evaṃ vuttaṃ; yattha[7] ca nāma parappakāsitenâpi attano guṇena uppannaṃ lābhaṃ paṭikkhipanti, seyyathā pi appiccho Ghaṭīkaro kumbhakāro*, tatra[8] kathaṃ koṭippattāya appicchatāya samannāgato Bhagavā attanā va attano guṇappakāsanena uppannaṃ lābhaṃ sādiyissati, yato yuttam eva etaṃ Bhagavato vattun ti. Ettāvatā 'appasannaṃ adātukāmaṃ brāhmaṇaṃ gāthāgāyanena[9] dātukāmaṃ katvā samaṇo Gotamo bhojanaṃ paṭiggahesi, āmisakāraṇā imassa desanā' ti imamhā lokāpavādā[10] attānaṃ mocento desanāpārisuddhiṃ dīpetvā idāni ājīvapārisuddhiṃ dīpento āha: dhamme satī brāhmaṇa vuttir esā[11] ti. Tass' attho: ājīvapārisuddhi*dhamme* vā dasavidhasucaritadhamme vā buddhānaṃ cārittadhamme vā *sati* saṃvijjamāne anupahate vattamāne *vuttir esā* ekantavodātā ākāse pāṇippasāraṇakappā esanā pariyesanā jīvitavutti buddhānaṃ *brāhmaṇā* ti.

Evaṃ vutte brāhmaṇo 'pāyāsaṃ me paṭikkhipati, akappiyaṃ kir' etaṃ bhojanaṃ, adhañño vat' asmi, dānaṃ[8]

* (M. II, 54[15]).

1 Skgn *om.* abhi-. 2 Sgn *ad.* va. 3 Skgn pana.
4 *So* SkBa; Sgn °naccanādīhi. 5 Ba mādisānaṃ. 6 Ba vā.
7 Ba yatra. 8 Ba *om.* 9 Ba gāthābhāsanena.
10 *So* Skgn; Ba asilokavādā. 11 Ba vutti-d-esā *throughout.*

dātuṃ na labhāmī' ti domanassaṃ uppādesi 'app eva nāma aññaṃ paṭigaṇheyyā' ti ca cintesi. Taṃ ñatvā Bhagavā 'ahaṃ bhikkhācāravelaṃ paricchinditvā āgato: ettakena kālena imaṃ brāhmaṇaṃ pasādessāmī ti, brāhmaṇo ca domanassaṃ akāsi; idāni tena domanassena mayi cittaṃ pakopetvā amatavaradhammaṃ paṭivijjhituṃ na sakkhissatī' ti brāhmaṇassa pasādajananatthaṃ tena patthitamanorathaṃ[1] pūrento āha: aññena ca kevalinan ti.
Tattha *kevalinan* ti sabbaguṇaparipuṇṇaṃ, sabbayogavi- 82.
saṃyuttaṃ vā ti attho; mahantānaṃ sīlakkhandhādīnaṃ guṇānaṃ[2] esanato *mahesiṃ*; parikkhīṇasabbāsavattā *khīṇāsavaṃ*, hatthapādakukkuccam ādiṃ katvā vūpasantasabbakukkuccattā *kukkuccavūpasantaṃ*; *upaṭṭhahassū* ti paricarassu[3] patimānayassu[4], evaṃ brāhmaṇena citte uppādite pi pariyāyam eva bhaṇati, [5]na tu bhaṇati[5]: dehi āharāhī ti. Sesam ettha uttānatthaṃ[6] eva.

Atha brāhmaṇo 'ayaṃ pāyāso Bhagavato ānīto, nâhaṃ arahāmi taṃ attano cchandena kassaci dātun' ti cintetvā āha: *atha kassac' āhan* ti. Tato Bhagavā taṃ pāyāsaṃ 'ṭhapetvā tathāgataṃ tathāgatasāvakañ ca aññassa ajīraṇadhammo' ti ñatvā āha: *na khv āhan tan* ti. Tattha *sadevaka*vacanena pañcakāmāvacaradevagahaṇaṃ, *samāraka*vacanena chaṭṭhakāmāvacaradevagahaṇaṃ[7], *sabrahmaka*vacanena rūpāvacarabrahmagahaṇaṃ—arūpāvacarā pana 'bhuñjeyyun' ti asambhāvaneyyā[8]—, *sassamaṇabrāhmaṇī*vacanena sāsanassa paccatthikapaccāmittasamaṇabrāhmaṇagahaṇaṃ[9] samitapāpabāhitapāpa-samaṇabrāhmaṇagahaṇañ ca, *pajā*vacanena sattalokagahaṇaṃ, *sadevamanussa*vacanena sammutideva-avasesamanussagahaṇaṃ, evam ettha tīhi vacanehi okāsaloko dvīhi pajāvasena sattaloko gahito ti veditabbo. Esa saṃkhepo, vitthāraṃ pana Āḷa-

[1] Ba patthitaguṇānaṃ manorathaṃ.
[2] Ba sīlakkhandhādiguṇ°.
[3] Ba parivisassu.
[4] Ba mānayassu, Skgn parimānayassu.
[5]—[5] *So* Ba; Skgn *om.*
[6] Ba uttānaṃ.
[7] Ba chakāmāv°.
[8] Ba na sambh°, *ad.* ti.
[9] Ba *om.* -paccāmitta-.

vakasutte* vaṇṇayissāma. Kasmā pana sadevakādisu kassaci na sammā pariṇāmaṃ gaccheyyā ti: †oḷārike sukhumojāpakkhepato[1], imasmiṃ hi pāyāse Bhagavantaṃ uddissa gahitamatte yeva devatāhi ojā pakkhittā yathā Sujātāya pāyāse‡ Cundassa ca sūkaramaddave paccamāne§ Verañjāyañ ca Bhagavatā gahitagahitālope Bhesajjakkhandhake ca Kaccāyanassa[2] guḷakumbhasmiṃ avasiṭṭhaguḷe||, so oḷārike sukhumojāpakkhepato d e v ā n a ṃ na pariṇamati, devā hi sukhumasarīrā, tesaṃ oḷāriko manussāhāro na sammā pariṇamati, m a n u s s ā n a m pi na pariṇamati, manussā hi oḷārikasarīrā, tesaṃ sukhumā dibbojā na sammā pariṇamati, t a t h ā g a t a s s a pana pakatiagginā va pariṇamati sammā jīrati, "kāyabalañāṇabalappabhāvenā" ti eke; t a t h ā g a t a s ā v a k a s s a khīṇāsavass' etaṃ[3] samādhibalena mattaññutāya ca pariṇamati, itaresaṃ iddhimantānam pi na pariṇamati; acintanīyaṃ v āettha kāraṇaṃ, buddhavisayo eso ti. *Tena hi tvan* ti yasmā aññe[4] na passāmi, mama na kappati, mama akappantaṃ sāvakassâpi me na kappati, tasmā tvaṃ brāhmaṇā ti vuttaṃ hoti; *appaharite* ti parittaharitatiṇe apparūḷhaharitatiṇe vā pāsāṇapiṭṭhisadise, *appāṇake* ti[5] pāyāsajjhottharaṇakāraṇena[6] maritabbapāṇakarahite[7] vā mahā*udaka*kkhandhe, saha tiṇanissitehi pāṇehi tiṇānaṃ pāṇakānañ ca anurakkhaṇatthāya etaṃ vuttaṃ; *cicciṭāyati ciṭiciṭāyatī* ti[8] evaṃ saddaṃ karoti; *sandhūpāyatī* ti samantā dhūpāyati, *sampadhūpāyatī* ti tath' eva adhimattaṃ dhūpāyati. Kasmā evaṃ ahosī ti: Bhagavato ānubhāvena na udakassa na pāyāsassa na brāhmaṇassa na aññesaṃ devayakkhādīnaṃ, Bhagavā hi brāhmaṇassa dhammasaṃvegatthaṃ tathā adhiṭṭhāsi; *seyyathā pi nāmā* ti opammanidassanamattam etaṃ, 'yathā phālo' ti ettakam

* *Vide* 228²⁷–229²². † *Cf.* Spk. *ad* S. I, 168³². ‡ J. A. I, 68²⁸. § D. II, 127²¹. || Vin. I, 225¹⁷.

[1] Ba °pakkhipanato. [2] Skgn Kaccānassa. [3] Ba °āsavassa ca. [4] Ba aññaṃ. [5] Skgn *om.* [6] Ba °ajjhotthatakāraṇena. [7] Ba °pāṇarahite. [8] Ba viciṭāyati viciṭāyatī ti.

eva vuttaṃ hoti; *saṃviggo* cittena, *lomahatthajāto* sarīrena, sarīre kir' assa navanavuti lomakūpasahassāni suvaṇṇabhittiyā āhatamaṇināgadantā viya uddhaggā ahesuṃ. Sesaṃ pākaṭam eva. *Pādesu* pana *nipatitvā* Bhagavato dhammadesanaṃ abbhanumodamāno *Bhagavantaṃ etad avoca: abhikkantaṃ bho Gotama abhikkantaṃ bho Gotamā* ti, abbhanumodane hi ayam idha abhikkanta-saddo, vitthārato pana Maṅgalasuttavaṇṇanāyaṃ* atthavaṇṇanā āvibhavissati[1], †yasmā ca[2] abbhanumodanatthe, tasmā sādhu sādhu bho Gotamā ti vuttaṃ hotī ti veditabbaṃ,

'bhaye kodhe pasaṃsāyaṃ turite kotūhalacchare
hāse soke pasāde ca kare āmeṇḍitam budho' ti

iminā ca lakkhaṇena idha pasādavasena pasaṃsāvasena câyaṃ dvikkhattuṃ vutto ti veditabbo; a t h a v ā abhikkantan ti atikkantam[3] atiiṭṭhaṃ atimanāpam, atisundaran ti vuttaṃ hoti, tattha[4] ekena abhikkanta-saddena desanaṃ thometi ekena attano pasādaṃ,—ayaṃ hi ettha adhippāyo: abhikkantaṃ bho Gotama yadidaṃ bhoto Gotamassa dhammadesanā, abhikkantaṃ yadidaṃ bhoto Gotamassa dhammadesanaṃ āgamma mama pasādo; Bhagavato eva vā vacanaṃ dve dve atthe sandhāya thometi: bhoto Gotamassa vacanaṃ abhikkantaṃ dosanāsanato abhikkantaṃ guṇādhigamanato, tathā saddhājananato paññājananato, sātthato savyañjanato, uttānapadato gambhīratthato, kaṇṇasukhato hadayaṅgamato, an-attukkaṃsanato a-paravambhanato, karuṇāsītalato paññāvadātato, āpātharamaṇīyato vimaddakkhamato, suyyamānasukhato vīmaṃsiyamānahitato ti evamādīhi yojetabbaṃ. Tato paraṃ pi catuhi upamahi desanaṃ yeva thometi. Tattha *nikkujjitan* ti adhomukhaṭṭhapitaṃ heṭṭhāmukhajātaṃ vā, *ukkujjeyyā* ti uparimukhaṃ kareyya; *paṭicchannan* ti tiṇapaṇṇādicchāditaṃ[5], *vivareyyā* ti ugghāṭeyya; *mūḷhassā* ti disāmūḷhassa, *maggaṃ ācikkheyyā* ti hatthe

* *Vide* Pj. I, 114². † Sum. I, 228–229, Mp. *ad* A. I, 56².

1 Skgn *om.* āvi-. 2 Ba *om.* 3 Ba abhikkantaṃ.
4 Ba < ettha (*cf.* Sum.). 5 Ba tiṇādīhi chāditaṃ.

gahetvā "esa maggo" ti vadeyya; *andhakāre* ti kālapakkhacātuddasī - addharatta - ghanavanasaṇḍa - meghapaṭalehi caturaṅge tamasi[1]. Ayan tāva padattho, ayam panā adhippāyayojanā: *yathā koci nikkujjitaṃ ukkujjeyya, evaṃ saddhammavimukhaṃ asaddhammapatitaṃ[2] maṃ asaddhammā v u ṭ ṭ h a p e n t e n a[3], yathā paṭicchannaṃ vivareyya, evaṃ Kassapassa bhagavato sāsanantaradhānā pabhuti[4] micchādiṭṭhigahanapaṭicchannaṃ sāsanaṃ v i v a r a n t e n a, yathā mūḷhassa maggaṃ ācikkheyya, evaṃ kummaggamicchāmaggapaṭipannassa me saggamokkhamaggaṃ ā c i k k h a n t e n a, yathā andhakāre telapajjotaṃ dhāreyya, evaṃ mohandhakāranimuggassa me buddhādiratanarūpāni apassato tappaṭicchādakamohandhakāraviddhaṃsakadesanā-p a j j o t a d h ā r a ṇ e n a mayhaṃ bhotā Gotamena etehi pariyāyehi desitattā anekapariyāyena dhammo pakāsito. A t h a v ā ekacciyena matena yasmā ayaṃ dhammo dukkhadassanena asubhe 'subhan' ti vipallāsappahānena ca nikkujjitukkujjitasadiso[5], samudayadassanena dukkhe 'sukhan' ti vipallāsappahānena ca paṭicchannavivaraṇasadiso, nirodhadassanena anicce 'niccan' ti vipallāsappahānena ca mūḷhassa maggācikkhanasadiso, maggadassanena anattani 'attā' ti vipallāsappahānena ca andhakāre pajjotasadiso, tasmā, seyyathā pi nikkujjitaṃ vā ukkujjeyya . . . pe . . . -pajjotaṃ dhāreyya '*cakkhumanto rūpāni dakkhintī*' ti evaṃ pakāsito hoti; y a s m ā pan' ettha saddhā-tapa-kāyaguttatādīhi[6] sīlakkhandho pakāsito hoti, paññāya paññākkhandho, hiri-manaādīhi samādhikkhandho, yogakkhemena nirodho ti evan tikkhandho ariyamaggo nirodho cā ti sarūpen' eva dve ariyasaccāni pakāsitāni, tattha maggo paṭipakkho samudayassa, nirodho [7]dukkhassa paṭipakkho iti[7] iminā pariyāyena cattāri saccāni pakāsitāni, t a s m ā *anekapariyāyena pakāsito* hotī ti

* *Cf.* 193[3].

1 Sk Ba caturaṅgataṃ° (Ba °aṃsi ti).
2 Ba °dhammaṃ pat°; *vide* 193[4] *and* Sum.
3 Sk Ba vuṭṭhāp°. 4 Skgn *om.* 5 *So* Skgn Ba.
6 Ba °guttādīhi.
7—7 Ba d u k k h a s s ā t i p a t i p a k k h e n a d v e.

veditabbo. Esâhan ti ādisu, eso ahan ti[1] *esâhaṃ; saraṇaṃ gacchāmī* ti, pādesu nipatitvā paṇipātikena[2] saraṇagamanena gato pi idāni vācāya samādiyanto āha, paṇipātikena[2] v ā buddhaṃ yeva saraṇaṃ gato idāni taṃ ādiṃ katvā sese[3] dhammasaṃghe pi gantuṃ āha; *ajjatagge* ti ajjataṃ ādiṃ katvā, *ajjadagge* v ā, da-kāro padasandhikaro, ajja ādiṃ katvā ti vuttaṃ hoti; pāṇehi upetaṃ *pāṇūpetaṃ*, yāva me jīvitaṃ pavattati, tāva upetaṃ anaññasatthukaṃ tīhi saraṇagamanehi *saraṇagataṃ*[4] *maṃ*[5] *bhavaṃ Gotamo dhāretu* jānātū[5] ti vuttaṃ hoti,—ettāvatânena[6] sutāṇurūpā paṭipatti dassitā hoti; nikkujjitādīhi v ā satthusampattiṃ dassetvā iminā "esâhan" ti ādinā[7] sissasampatti dassitā[8], tenā vā paññāpaṭilābhaṃ dassetvā iminā saddhāpaṭilābho dassito; idāni evaṃ paṭiladdhasaddhena paññāvatā yaṃ kattabbaṃ, taṃ kātukāmo Bhagavantaṃ yācati: labheyyâhan ti. Tattha Bhagavato iddhiādīhi[9] abhippasāditacitto 'Bhagavā pi cakkavattirajjaṃ pahāya pabbajito, kim aṅga panâhan' ti saddhāya *pabbajjaṃ* yācati, tattha paripūrakāritaṃ patthento paññāya *upasampadaṃ*. Sesaṃ pākaṭam eva. Eko vūpakaṭṭho ti ādisu pana *eko* kāyavivekena, *vūpakaṭṭho* cittavivekena, *appamatto* kammaṭṭhāne satiavijahanena, *ātāpī* kāyikacetasikaviriyasaṃkhātena ātāpena, *pahitatto* kāye ca jīvite ca anapekkhatāya, *viharanto* aññatarairiyāpathavihārena; *nacirass' evā* ti pabbajjaṃ upādāya vuccati; *kulaputto* ti duvidhā kulaputtā: jātikulaputto ācārakulaputto ca, ayam pana ubhayathā pi kulaputto; *agārasmā* ti gharā; agārāya[10] hitaṃ agāriyaṃ kasigorakkhādikuṭumbaposanakammaṃ vuccati, [11]n' atthi ettha agāriyan ti *anagāriyaṃ*, pabbajjāy' etaṃ[12] adhivacanaṃ; *pabbajantī* ti upagacchanti upasaṃkamanti; taṃ anuttaran ti *tad anuttaraṃ; brahmacariyapariyosānan* ti maggabrahmacariyassa pariyosānaṃ,

---

[1] Ba ahaṃ, *om.* ti. [2] Ba pāṇipātitena ɔ: p ā ṇ i p ā t i k e n a. [3] Ba sesa-. [4] Ba saraṇaṃ gataṃ. [5] Ba *om.* [6] Ba ettāvatā anena. [7] Ba iminā. [8] *So* Ba; Skn °sampattiṃ dassetvā (Sg *omits this clause*). [9] Sk Ba iddhiyādīhi. [10] Ba āgārānaṃ. [11] Ba *ins.* taṃ. [12] Skgn °āya etaṃ.

arahattaphalan ti vuttaṃ hoti, tassa hi atthāya kulaputtā pabbajanti; *diṭṭhe va dhamme* ti tasmiṃ yeva attabhāve; *sayaṃ abhiññā sacchikatvā* ti attanā[1] yeva paññāya paccakkhaṃ katvā, aparappaccayaṃ ñatvā ti attho; *upasampajja vihāsī* ti pāpuṇitvā sampādetvā vā vihāsi, evaṃ viharanto ca *khīṇā jāti . . . pe . . . abbhaññāsi*,—eten' assa paccavekkhaṇābhūmiṃ[2] dasseti. Katamā pan' assa jāti khīṇā, kathañ ca naṃ abbhaññāsī ti, vuccate: na tāv' assa atītā jāti khīṇā pubbe va khīṇattā, nânāgatā [3]pubbe c' etarahi ca anāgatattā eva[3], na paccuppannā vijjamānattā, [4]maggassa pana abhāvitattā yā uppajjeyya ekacatupañcavokārabhavesu[5] ekacatupañcakkhandhappabhedā jāti, sā maggassa bhāvitattā anuppādadhammataṃ āpajjanena khīṇā, taṃ so maggabhāvanāya pahīnakilese paccavekkhitvā kilesābhāve vijjamānam pi kammaṃ āyati appaṭisandhikaṃ hotī ti jānanto jānāti; *vusitan* ti vutthaṃ parivutthaṃ[6] kataṃ caritaṃ, niṭṭhapitan ti attho; *brahmacariyan* ti maggabrahmacariyaṃ; *kataṃ karaṇīyan* ti catusu saccesu catuhi maggehi pariññā-pahāna-sacchikiriya-bhāvanāvasena soḷasavidham pi kiccaṃ niṭṭhapitan ti attho; *nâparaṃ itthattāyā* ti idāni puna itthabhāvāya[7] evaṃ-soḷasakiccabhāvāya kilesakkhayāya vā maggabhāvanā n' atthī ti, a t h a v ā itthattāyā ti itthabhāvato[8] imasmā evampakārā idāni vattamānā [9]khandhasantānā aparaṃ[9] khandhasantānaṃ n' atthi[10], ime pana pañca kkhandhā pariññātā tiṭṭhanti chinnamūlako rukkho viyā ti abbhaññāsi; *aññataro* ti eko, *arahatan* ti arahantānaṃ, mahāsāvakānaṃ abbhantaro[11] āyasmā Bhāradvājo ahosī ti ayaṃ kir' ettha adhippāyo ti[12]

KASIBHĀRADVĀJASUTTAVAṆṆANĀ NIṬṬHITĀ.

---

1 Ba attano. 2 Ba °vekkhaṇabh°, Skgn °vekkhanābh°.
3–3 Ba tassa abhāvato.
4 Ba *ins.* yā pana, *om.* yā *before* uppajjeyya.
5 Skgn ekapañcacatuv°. 6 Ba Sgn *om.*
7 (?); Ba itthabhāvāya vā, Skgn attabhāvāya.
8 *So* Sk Ba; Sgn itthambhāvato.
9–9 Sg Ba *om.* 10 *So* Ba; Skgn °santānan ti.
11 Ba mahāsāvakabbhantaro. 12 Skgn *om.*

5.

Pucchāmi muniṃ pahūtapaññan ti Cundasuttaṃ. Kā (83).
uppatti: S a ṃ k h e p a t o tāva attajjhāsaya-parajjhāsaya-aṭṭhuppatti-pucchāvasikabhedato catusu uppattisu imassa suttassa pucchāvasikā uppatti, v i t t h ā r a t o pana "ekaṃ samayaṃ Bhagavā Mallesu cārikañ caramāno mahatā bhikkhusaṃghena saddhiṃ yena Pāvā tad avasari, tatra sudaṃ Bhagavā Pāvāyaṃ viharati Cundassa kammāraputtassa ambavane"—ito pabhuti yāva "atha kho Bhagavā pubbaṇhasamayaṃ nivāsetvā pattacīvaraṃ ādāya saddhiṃ bhikkhusaṃghena yena Cundassa kammāraputtassa nivesanaṃ ten' upasaṃkami, upasaṃkamitvā paññatte āsane[1] nisīdī" ti tāva Sutte* āgatanayena[2] vitthāretabbaṃ. Evaṃ bhikkhusaṃghena saddhiṃ nisinne Bhagavati Cundo kammāraputto buddhapamukhaṃ bhikkhusaṃghaṃ[3] parivisanto vyañjanasūpādigahaṇatthaṃ bhikkhūnaṃ suvaṇṇabhājanāni upanāmesi; appaññatte sikkhāpade keci bhikkhū suvaṇṇabhājanāni paṭicchiṃsu keci na paṭicchiṃsu; Bhagavato pana ekam eva bhājanaṃ attano selamayaṃ pattaṃ, dutiyabhājanaṃ buddhā na gaṇhanti. Tattha aññataro pāpabhikkhu sahassagghanakaṃ suvaṇṇabhājanaṃ attano bhojanatthāya sampattaṃ theyyacittena kuñcikatthavikāya pakkhipi. Cundo parivisitvā hatthapādaṃ dhovitvā Bhagavantaṃ namassamāno bhikkhusaṃghaṃ olokento taṃ bhikkhuṃ addasa, apassamāno viya ca[4] hutvā na taṃ kiñci abhaṇi[5], Bhagavati ca[4] theresu ca gāravena, a p i c a 'micchādiṭṭhikānaṃ vacanapatho mā ahosī' ti[6] So 'kin nu kho saṃvarayuttā yeva samaṇā udāhu bhinnasaṃvarā īdisā pi samaṇā' ti ñātukāmo sāyanhasamaye Bhagavantaṃ upasaṃkamitvā āha: pucchāmi munin ti.

Tattha *pucchāmī* ti idaṃ "tisso pucchā: adiṭṭhajotanā 83.

* Ud. 81^{11}–82^{4}.

[1] Ba paññatt' āsane (283[3]).
[2] Ba °nayen' eva.
[3] Ba °pamukhabhikkhusaṃghassa.
[4] Ba *om.*
[5] Ba na n a ṃ kiñci bhaṇati.
[6] Ba mā hosī ti.

pucchā" ti ādinā nayena Niddese* vuttanayaṃ eva; *munin* ti etam pi "monaṃ vuccati ñāṇaṃ, yā paññā pajānanā . . . pe . . . sammādiṭṭhi, tena ñāṇena samannāgato muni monappatto; tīṇi moneyyāni: kāyamoneyyan" ti ādinā nayena tatth' eva† vuttanayaṃ;—ayaṃ pan' ettha saṃkhepo: pucchāmī ti okāsaṃ kārento[1] munin ti munimuniṃ Bhagavantaṃ ālapati. Pahūtapaññan ti ādīni thutivacanāni, tehi taṃ muniṃ thunāti; tattha *pahūtapaññan* ti vipulapaññaṃ, ñeyyapariyantikatā[2] c' assa[3] vipulatā veditabbā; *iti Cundo kammāraputto* [4]ti idaṃ[4] Dhaniyasutte‡ vuttanayaṃ eva, ito paraṃ pana ettakam pi avatvā sabbaṃ vuttanayaṃ chaḍḍetvā avuttanayaṃ eva vaṇṇayissāma; *buddhan* ti tīsu buddhesu sammāsambuddhaṃ; *dhammassāmin* ti maggadhammassa janakattā puttassêva pitaraṃ attanā uppāditasippāyatanādīnaṃ viya ācariyaṃ dhammassa sāmiṃ[5], dhammissaraṃ dhammarājaṃ dhammavasavattin ti attho, vuttañ[6] c' etaṃ: "so hi brāhmaṇa Bhagavā anuppannassa maggassa uppādetā asañjātassa maggassa sañjanetā[7] anakkhātassa maggassa akkhātā maggaññū maggavidū maggakovido, maggānugā ca pana etarahi sāvakā viharanti pacchā samannāgatā"§ ti; *vītatanhan* ti vigatakāmabhavavibhavataṇhaṃ; *dipaduttaman*[8] ti dipadānaṃ uttamaṃ||, tattha, k i ñ c â p i Bhagavā na kevalaṃ dipaduttamo eva, atha kho yāvatā sattā apadā vā . . . pe . . . -nâsaññino, sabbesaṃ uttamo, a t h a k h o ukkaṭṭhaparicchedavasena dipaduttamo tv eva vuccati, dvipadā hi sabbasattānaṃ ukkaṭṭhā cakkavattimahāsāvakapaccekabuddhabuddhānaṃ[9] tattha uppattito, tesañ ca uttamo ti vutte

* Nidd. *ad* S.N. 915ª. † Nidd. *ad* S.N. 779ᵇ. ‡ 28^2.
§ M. III, 8^{11-15}. || *Cf.* 253^{10}.

[1] Ba karonto; *so* Skgn Ba *at* 167^{23}.
[2] Ba neyyapariyantikatā, Skgn ñeyyapariyattikattā.
[3] *Sic* Skgn Ba. [4-4] Ba idaṃ dvayaṃ.
[5] Ba dhammasāmi. [6] Ba *ad.* pi. [7] Sgn sañjānetā
[8] Ba dvipad° *throughout* (*vide* 160^{26}).
[9] Ba °mahāsāvakabuddhaupaṭṭhākādīnaṃ.

sabbasattuttamo ti vutto yeva hoti; *sārathīnaṃ pavaran* ti sāretī ti sārathi, hatthidamakādīnaṃ etaṃ adhivacanaṃ, tesañ ca Bhagavā pavaro anuttarena damathena purisadamme dametuṃ[1] samatthabhāvato, yathâha: "hatthidamakena bhikkhave hatthidammo sārito ekaṃ (y)eva disan dhāvati puratthimaṃ vā pacchimaṃ vā uttaraṃ vā dakkhiṇaṃ vā, assadamakena bhikkhave assadammo, godamakena bhikkhave godammo . . . pe . . . dakkhiṇaṃ vā, tathāgatena bhikkhave arahatā sammāsambuddhena purisadammo sārito aṭṭha disā vidhāvati[2]: rūpī rūpāni passati, ayaṃ ekā disā . . . pe . . . saññāvedayitanirodhaṃ upasampajja viharati, ayaṃ aṭṭhamī disā"* ti. *Katī* ti atthappabhedapucchā; *loke* ti sattaloke; *samaṇā* ti pucchitabbaatthanidassanaṃ; iṃghā ti yācanatthe nipāto, *ta-d-iṃghā* ti te iṃgha; *brūhī* ti ācikkha kathayassū ti.

Evaṃ vutte Bhagavā Cundaṃ kammāraputtaṃ 'kiṃ 84.
bhante kusalaṃ, kiṃ akusalan' ti ādinā nayena gihipañhaṃ apucchitvā[3] samaṇapañhaṃ pucchantaṃ disvā āvajjento 'taṃ pāpabhikkhuṃ sandhāya ayaṃ pucchatī' ti ñatvā tassa aññatra vohāramattā assamaṇabhāvaṃ dīpento āha: caturo samaṇā ti. Tattha *caturo* ti saṃkhyāparicchedo; *samaṇā* ti, kadāci Bhagavā titthiye samaṇavādena vadati, yathâha: "yāni tāni puthu samaṇabrāhmaṇānaṃ vatakutūhalamaṅgalānī"† ti[4], kadāci puthujjane, yathâha: "samaṇā samaṇā ti vo bhikkhave jano sañjānātī"‡ ti, kadāci sekhe, yathâha: "idh' eva[5] bhikkhave samaṇo, idha dutiyo samaṇo"§ ti, kadāci khīṇāsavaṃ, yathâha: "āsavānaṃ khayā samaṇo hotī"|| ti, kadaci attānaṃ yeva, yathâha: "samaṇo ti kho bhikkhave Tathāgatass' etaṃ adhivacanaṃ"¶ ti, idha pana tīhi padehi[6] sabbe pi ariye sīlavantaṃ puthuj-

---

* M. III, 222[26-27]. †
‡ M. I, 281[5]. § A. II, 238[7].
|| M. I, 284[22]. ¶ *Cf.* A. IV, 340[1].

---

1 Ba anuttarena damanena purisaṃ dametuṃ.
2 Skgn *om.* vi-. 3 ?; Ba apucchantaṃ, Skgn pucchitvā.
4 Ba °k o t ū h a l a°. 5 Ba idha, *om.* eva. 6 Sn Ba *om.*

janañ ca[1], catutthena itaraṃ assamaṇam pi bhaṇḍu(ṃ) kāsāvakaṇṭhaṃ 'kevalaṃ vohāramattakena samaṇo' ti saṅgaṇhitvā caturo samaṇā ti āha; *na pañcam' atthī* ti imasmiṃ dhammavinaye vohāramattakena paṭiññāmattakenâpi pañcamo samaṇo nāma n'atthi; *te te āvikaromī* ti te caturo samaṇe tava pākaṭe[2] karomi; *sakkhi puṭṭho* ti sammukhā pucchito; *maggajino* ti maggena sabbakilese vijitāvī ti attho, *maggadesako* ti paresaṃ maggaṃ desetā[3], *magge jīvatī* ti sattasu sekhesu yo koci sekho apariyositamaggavāsattā lokuttare sīlavantaputhujjano ca lokiye magge jīvati nāma, sīlavantaputhujjano v ā lokuttaramagganimittaṃ[4] jīvanato pi magge jīvatī ti veditabbo; *yo ca maggadūsī* ti yo ca dussīlo micchādiṭṭhi maggapaṭilomāya paṭipattiyā maggassa dūsako ti attho.

85. Ime te "cattāro samaṇā" ti evaṃ Bhagavatā saṃkhepena uddiṭṭhe caturo samaṇe 'ayaṃ nām' ettha maggajino, [5]ayaṃ maggadesako, ayaṃ magge jīvati[5], ayaṃ maggadūsī' ti evaṃ paṭivijjhituṃ asakkonto puna[6] pucchituṃ Cundo āha: kam maggajinan ti. Tattha *magge jīvati*[7] *me* ti, yo so magge jīvati, tam me *brūhi puṭṭho*[8] ti. Sesaṃ pākaṭam eva.

Idāni 'ssa[9] Bhagavā caturo pi samaṇe catuhi gāthāhi
86. niddisanto āha: yo tiṇṇakathaṃkatho ti. Tattha *tiṇṇakathaṃkatho visallo* ti etaṃ Uragasutte* vuttanayam eva, ayam pana viseso: yasmā imāya gāthāya "maggajino" ti b u d d h a s a m a ṇ o adhippeto, tasmā sabbaññutañāṇena kathaṃkathāpatirūpakassa sabbadhammesu aññāṇassa tiṇṇattā pi tiṇṇakathaṃkatho ti veditabbo, pubbe vuttanayena hi tiṇṇakathaṃkathā pi[10] sotāpannādayo paccekabuddhapariyosānā sakadāgāmivisayādisu buddhavisayapariyosānesu [ap]paṭihatañāṇappabhāvattā pariyāyena atiṇ-

* (25[8]).

[1] Skgn *om.* [2] Ba āvi-. [3] Ba maggadesetā.
[4] Sk °nimittā, Ba °nimitta-. [5–5] Skgn *om.* [6] Ba *ad.* pi.
[7] Skgn j ī v a t a . [8] Ba puṭṭho brūhi.
[9] Ba *om.* 'ssa. [10] Ba vigatakathaṃkatho ti.

ṇakathaṃkathā va honti, Bhagavā pana[1] sabbappakārena tiṇṇakathaṃkatho; *nibbānābhirato* ti nibbāne abhirato, phalasamāpattivasena sadā[1] nibbānaninnacitto ti attho, tādiso ca Bhagavā, yathâha: " so kho ahaṃ Aggivessana tassā eva kathāya[2] pariyosāne tasmiṃ yeva purimasmiṃ samādhinimitte ajjhattam eva cittaṃ saṇṭhapemi sannisādemi ekodikaromi samādahāmī"* ti; *anānugiddho* ti kañci dhammaṃ taṇhāgedhena ananugijjhanto; *lokassa sadevakassa netā* ti āsayānusayānulomena[3] dhammaṃ desetvā Pārāyana-Mahāsamayādisu anekesu suttantesu aparimāṇānaṃ devamanussānaṃ saccapaṭivedhasampadānena sadevakassa lokassa netā gamayitā, tāretā pāraṃ sampāpetā ti attho; *tādin* ti tādisaṃ yathāvuttappakāraṃ, lokadhammehi[4] nibbikāran ti attho. Sesam ettha pākaṭam eva. Evam Bha- 87.
gavā imāya gāthāya "maggajinan" ti buddhasamaṇaṃ niddisitvā idāni k h ī ṇ ā s a v a s a m a ṇ a ṃ niddisanto āha: paramaṃ paraman ti. Tattha *paraman* nāma nibbānaṃ, sabbadhammānaṃ aggaṃ uttaman ti attho; '*paraman*' *ti yo 'dha*[5] *ñatvā* ti taṃ paramaṃ 'paramam' icc eva yo idha sāsane ñatvā paccavekkhaṇañāṇena; *akkhāti vibhajati idh' eva dhamman* ti nibbānadhammaṃ akkhāti attanā paṭividdhattā paresaṃ pākaṭaṃ karoti: "idaṃ nibbānan" ti. maggadhammaṃ vibhajati: " ime cattāro satipaṭṭhānā . . . pe . . . ayaṃ ariyo aṭṭhaṅgiko maggo " ti, ubhayam pi v ā ugghaṭitaññūnaṃ saṃkhepadesanāya ācikkhati, vipañcitaññūnaṃ[6] vitthāradesanāya vibhajati, evaṃ ācikkhanto vibhajanto ca " idh' eva sāsane ayaṃ dhammo na ito bahiddhā " ti sīhanādaṃ nadanto akkhati ca vibhajati ca, tena vuttaṃ: akkhāti vibhajati idh' eva dhamman ti; *taṃ kaṃkhācchidaṃ*[7] *muniṃ anejan* ti taṃ evarūpaṃ catusaccapa-

* M. I, 249^{27}.

[1] B[a] *om.* [2] S[k] B[a] kathā.

[3] S[kgn] ā s a y ā n u l o m e n a (164^{13}).

[4] B[a] y a t h ā v u t t a p p a k ā r a l o k a d h a m m e h i v ā. [5] S[kgn] yo idha.

[6] S[kgn] vipacita°, B[a] vipaccita° ; *cf.* Netti (*Commentary*) p. 211. [7] B[a] kaṃkhacchidaṃ.

tivedhena attano, desanāya ca paresaṃ kaṃkhācchedanena kaṃkhācchidaṃ[1], moneyyasamannāgamena muniṃ, ejāsaṃkhātāya taṇhāya abhāvato anejaṃ *dutiyaṃ bhikkhu-*
88. *nam āhu maggadesin* ti. Evaṃ imāya gāthāya sayaṃ anuttaraṃ[2] maggaṃ uppādetvā desanāya anuttaro maggadesī samāno pi, dūtam iva lekhavācakam iva ca[3] rañño attano sāsanaharaṃ sāsanajotakañ ca "maggadesin" ti[4] khīṇāsavasamaṇaṃ niddisitvā idāni s e k h a s a m a ṇ a ñ ca s ī l a v a n t a p u t h u j j a n a s a m a ṇ a ñ ca niddisanto āha: yo dhammapade ti. Tattha padavaṇṇanā pākaṭā yeva, ayam pan' ettha atthavaṇṇanā[5]: *yo* nibbānadhammassa padattā *dhammapade* ubho ante anupagamma desitattā āsayānurūpato vā satipaṭṭhānādinānappakārehi desitattā *sudesite* maggasamaṅgī pi anavasitamaggakiccattā *magge jīvati* sīlasaṃyamena *saṃyato* kāyādisu sūpaṭṭhitāya[6] cirakatādisaraṇāya vā satiyā *satimā* aṇumattassa pi vajjassa abhāvato anavajjattā koṭṭhāsabhāvena ca padattā sattatiṃsabodhapakkhiyadhammasaṃkhātāni[7] *anavajjapadāni* bhaṅgañāṇato pabhuti bhāvanāsevanāya *sevamāno*,
89. taṃ *bhikkhunaṃ*[8] *tatiyaṃ maggajīvin* ti *āhū* ti. Evam Bhagavā imāya gāthāya "maggajīvin" ti sekhasamaṇaṃ sīlavantaputhujjanasamaṇañ ca niddisitvā idāni taṃ bhaṇḍuṃ[9] kāsāvakaṇṭhaṃ kevalaṃ v o h ā r a m a t t a k a s a m a ṇ a m[10] niddisanto āha: chadanaṃ katvānā ti. Tattha *chadanaṃ katvānā* ti patirūpaṃ karitvā vesaṃ gahetvā, liṅgaṃ dhāretvā ti attho; *subbatānan* ti buddhapaccekâbuddhasāvakānaṃ, tesaṃ hi sundarāni vatāni, tasmā te subbatā ti vuccanti; *pakkhandī* ti pakkhandako, antopavisako ti attho, dussīlo hi gūthapaṭicchādanatthaṃ tiṇapaṇṇādicchadanaṃ viya attano dussīlabhāvapaṭicchādanatthaṃ subbatānaṃ

---

1 B^a kaṃkhacchidaṃ. 2 B^a a n u p p a n n a ṃ.
3 B^a lekhaṇavācakam iva, *om.* ca.
4 S^kgn °sī ti; B^a maggadesikaṃ, *om.* ti.
5 S^kgn *om.* attha-; B^a atthavaṇṇanānayo (*om.* yo).
6 B^a supatiṭṭhitā. 7 B^a °bodhipakkhiya°.
8 S^kgn b h i k k h u. 9 B^a bhaṇḍu- (*so* S^kgn B^a *at* 162[1]).
10 B^a *here and* S^kgn *at* 166[23] vohāramattasamaṇaṃ.

chadanaṃ katvāna "aham pi bhikkhū" ti bhikkhumajjhe pakkhandati, "ettakavassena bhikkhunā gahetabbaṃ etan" ti lābhe dīyamāne "ahaṃ ettakavasso" ti gaṇhituṃ pakkhandati, tena vuccati chadanaṃ katvāna subbatānaṃ pakkhandī ti; catunnam pi khattiyādīnaṃ kulānaṃ uppannaṃ pasādaṃ[1] ananurūpapaṭipattiyā dūsetī ti *kuladūsako*; *pagabbho* ti aṭṭhaṭṭhānena kāyapāgabbhiyena catuṭṭhānena vacīpāgabbhiyena anekaṭṭhānena manopāgabbhiyena ca samannāgato ti attho, ayam ettha saṃkhepo, vitthāraṃ pana Mettasuttavaṇṇanāyaṃ vakkhāma*; katapaṭicchādanalakkhaṇāya māyāya samannāgatattā *māyāvī*, sīlasaṃyamābhāvena *asaṃyato*, palāpasadisattā[2] *palāpo*, yathā hi palāpo anto taṇḍularahito pi bahi thusena vīhi viya dissati, evam idh' ekacco[3] anto sīlādiguṇasāravirahito pi bahi subbatacchadanena samaṇavesena samaṇo viya dissati, so evaṁ palāpasadisattā palāpo ti vuccati, Ānāpānasatisutte pana "apalāpâyaṃ bhikkhave parisā nippalāpâyaṃ bhikkhave parisā suddhā sāre patiṭṭhitā"† ti evaṃ puthujjanakalyāṇako pi palāpo ti vutto, idha pana Kapilasutte ca "tato palāpe vāhetha assamaṇe samaṇamānine"‡ ti evaṃ parājitako[4] palāpo ti vutto; *patirūpena caraṃ sa maggadūsī* ti taṃ subbatānaṃ chadanaṃ katvā y a t h ā carantaṃ 'āraññako ayaṃ rukkhamūliko paṃsukūliko piṇḍapātiko appiccho santuṭṭho' ti jano jānāti, e v a ṃ patirūpena yuttarūpena bāhiramaṭṭena[5] ācārena caraṃ so puggalo attano lokuttaramaggassa paresaṃ sugatimaggassa ca dūsanato maggadūsī ti veditabbo. Evaṃ imāya gāthāya "magga- 90^{a-d}
dūsī" ti dussīlaṃ vohāramattakasamaṇaṃ niddisitvā idāni tesaṃ aññamaññaṃ avyāmissabhāvaṃ[6] dīpento āha: ete ca paṭivijjhī ti. Tass' attho: *ete* caturo samaṇe yathāvut-

* *Vide* Pj. I, 242^{6}–243^{8}. † M. III, 80^{6}.
‡ S.N. 282^{ab}.

[1] B^{a} catunnaṃ khattiyādikulānaṃ uppannapasādaṃ.
[2] B^{a} palās° *throughout*. [3] B^{a} *ad.* bhikkhu.
[4] *So* S^{kgn}; B^{a} pārājiko. [5] B^{a} °maṭṭhena.
[6] S^{k} aññamaññaavyā°, S^{gn} aññamaññaṃ vyā°.

tena lakkhaṇena *paṭivijjhi* aññāsi sacchākāsi *yo gahaṭṭho* khattiyo vā brāhmaṇo vā añño vā koci, imesaṃ catunnaṃ samaṇānaṃ lakkhaṇasavanamattena *sutavā*, tass' eva lakkhaṇassa ariyānaṃ santike sutattā *ariyasāvako*, te yeva samaṇe 'ayañ câyañ ca evaṃlakkhaṇo' ti pajānanamattena *sapañño*, 'yādiso ayaṃ pacchā vutto maggadūsī, itare pi *sabbe n' etādisā' ti ñatvā, iti disvā* evaṃ pāpaṃ karontam pi etaṃ pāpabhikkhuṃ disvā;—tatrâyaṃ yojanā: ete ca paṭivijjhi yo gahaṭṭho sutavā ariyasāvako sapañño, *tassa* tāya paññāya 'sabbe n' etādisā' ti ñatvā viharato iti disvā *na hāpeti saddhā* evaṃ pāpakammaṃ karontaṃ pāpabhikkhuṃ
90^ef. disvā pi na hāpeti na hāyati na nassati [1]saddhā ti[1]. Evaṃ imāya gāthāya tesaṃ[2] avyāmissabhāvaṃ dīpetvā idāni iti disvā pi 'sabbe n' etādisā' ti jānantaṃ ariyasāvakaṃ pasaṃsanto āha: kathaṃ hi duṭṭhenā ti. Tassa sambandho: etad eva ca yuttaṃ sutavato ariyasāvakassa yadidaṃ ekaccaṃ pāpaṃ karontaṃ iti disvā pi 'sabbe n' etādisā' ti jānanaṃ, kiṃkāraṇaṃ: *kathaṃ hi duṭṭhena asampaduṭṭhaṃ suddhaṃ asuddhena samaṃ kareyyā* ti. Tass' attho: kathaṃ hi sutavā ariyasāvako sapañño sīlavipattiyā duṭṭhena maggadūsinā aduṭṭhaṃ itaraṃ samaṇattayaṃ, suddhaṃ samaṇattayaṃ eva(ṃ a)parisuddhakāyasamācāratādihi asuddhena pacchimena vohāramattakasamaṇena samaṃ kareyya 'sadisan' ti jāneyyā ti. Suttapariyosāne upāsakassa na[3] maggo vā phalaṃ vā kathitaṃ, kaṃkhāmattaṃ eva hi tassa tattha[4] pahīnan ti

CUNDASUTTAVAṆṆANĀ NIṬṬHITĀ.

6.

(S.N.[1] p. 17) Evaṃ me sutan ti Parābhavasuttaṃ. Kā uppatti: Maṅgalasuttaṃ kira sutvā devānaṃ etad ahosi: 'Bhagavatā Maṅgalasutte sattānaṃ vuddhiñ ca sotthiñ ca kathayamānena ekaṃsena bhavo eva kathito no parābhavo; handa dāni, yena sattā parihāyanti vinassanti, taṃ nesaṃ parā-

---

1–1 Ba saṇṭhāti. 2 Skgn evaṃ.
3 Ba na *before* kathitaṃ. 4 Ba *om.*

bhavaṁ pi pucchāmā ' ti. Atha Maṅgalasuttaṃ kathitadivasato[1] dutiyadivase dasasahassacakkavāḷesu devatāyo Parābhavasuttaṃ sotukāmā imasmiṃ ekacakkavāḷe sannipatitvā ekavālaggakoṭiokāsamatte dasa pi vīsam pi tiṃsam pi cattālīsam pi paññāsam pi saṭṭhim pi sattatim pi asītim pi sukhumattabhāvaṃ nimminitvā sabbadevamānusabrahmāno siriyā ca tejena ca adhigayha virocamānaṃ paññattavarabuddhāsane nisinnaṃ Bhagavantaṃ parivāretvā aṭṭhaṃsu. Tato Sakkena devānam indena āṇatto aññataro devaputto Bhagavantaṃ parābhavapañhaṃ pucchi. Atha Bhagavā pucchāvasena[2] idaṃ suttaṃ abhāsi. Tattha "evam me sutan" ti ādi[3] āyasmatā Ānandena vuttaṃ, "parābhavantaṃ purisan" ti ādinā nayena ekantarikā gāthā devaputtena vuttā, "suvijāno bhavaṃ hotī" ti ādinā nayena ekantarikā eva avasānagāthā ca Bhagavatā vuttā, tad etaṃ sabbam pi samodhānetvā Parābhavasuttan ti vuccati.

Tattha *evam me sutan* ti ādisu yaṃ vattabbaṃ, taṃ sabbaṃ Maṅgalasuttavaṇṇanāyaṃ vakkhāma*. Parābhavan-
taṃ purisan ti ādisu pana: *parābhavantaṃ* parihāyantaṃ 91.
vinassantaṃ; *purisan* ti yaṃ kiñci [4]sattaṃ jānituṃ[4]; *mayaṃ pucchāma Gotaman* ti[5] sesadevehi saddhiṃ attānaṃ nidassetvā okāsaṃ kārento so devaputto gottena Bhagavantaṃ ālapati; *Bhagavantaṃ puṭṭhum āgammā* ti, mayaṃ hi ' Bhagavantaṃ pucchissāmā ' ti tato tato cakkavāḷā āgatā ti attho, etena ādaraṃ dasseti; *kiṃ parābhavato mukhan* ti āgatānaṃ amhākaṃ brūhi: parābhavato purisassa kiṃ mukhaṃ kiṃ dvāraṃ kā yoni, kiṃ kāraṇaṃ yena mayaṃ parābhavantaṃ purisaṃ jāneyyāmā ti attho; etena "parābhavantaṃ purisan" ti ettha vuttassa parābhavato purisassa parābhavakāraṇaṃ pucchati, parābhavakāraṇe hi ñāte tena kāraṇasāmaññena sakkā yo koci parābhavapuriso

* *Vide* Pj. I, 100[1]–117[21].

[1] Ba M a ṅ g a l a s u t t a k a t h i t a d°.
[2] Ba pucchāvasāne. [3] Ba ādikaṃ (*here and* 174[18]).
[4–4] Ba s a t t a j a n a ṃ. [5] Ba G o t a m ā t i.

92. jānitun ti. Ath' assa Bhagavā suṭṭhu pākaṭakaraṇattham paṭipakkhaṃ dassetvā puggalādhiṭṭhānāya desanāya parābhavamukhaṃ dīpento āha: suvijāno bhavan ti. Tass' attho: yv āyaṃ *bhavaṃ* vaḍḍhanto aparihāyanto puriso, so *suvijāno hoti* sukhena[1] akicchena sakkā vijānituṃ; yo p' āyaṃ parābhavatī ti *parābhavo* —[2] parihāyati vinassati —, yassa tumhe parābhavato purisassa mukhaṃ maṃ pucchatha, so pi *suvijāno,* kathaṃ: ayaṃ hi *dhammakāmo bhavaṃ hoti* dasakusalakammapathadhammaṃ[3] kāmeti piheti pattheti suṇāti paṭipajjati, so taṃ paṭipattiṃ disvā sutvā ca jānitabbato suvijāno hoti; itaro pi *dhammadessī parābhavo* tam eva dhammaṃ dessati[4] na piheti na pattheti na suṇāti na paṭipajjati, so evaṃ[5] vippaṭipattiṃ disvā sutvā ca jānitabbato suvijāno hotī ti. Evam ettha Bhagavā paṭipakkhaṃ dassento atthato dhammakāmataṃ bhavato mukhaṃ dassetvā dhammadessitaṃ parābhavato mukhaṃ dassesī ti
93. veditabbo[6]. Atha sā devatā Bhagavato bhāsitaṃ abhinandamānā āha: iti h' etan ti. Tass' attho: *iti* pi[7], yathā vutto Bhagavatā, tath' eva *etaṃ*[8] *vijānāma* gaṇhāma dhārema: *paṭhamo so parābhavo* so dhammadessitālakkhaṇo paṭhamo parābhavo, yāni mayaṃ parābhavamukhāni vijānituṃ āgat' amha, tesu idan tāva ekaṃ parābhavamukhan ti vuttaṃ hoti; tattha viggaho: parābhavanti etenā ti parābhavo, kena ca parābhavanti: yaṃ parābhavato mukhaṃ kāraṇaṃ, tena,—vyañjanamattena eva hi ettha nānākaraṇaṃ, atthato[9] pana "parābhavo" ti vā "parābhavato mukhan" ti vā ti nānākaraṇaṃ n' atthi. Evam ekaṃ[10] parābhavato mukhaṃ vijānāmā ti abhinanditvā tato paraṃ ñātukāmatāyâha[11]: *dutiyaṃ Bhagavā brūhi kiṃ parābhavato mukhan* ti. Ito paraṃ[12] "tatiyaṃ, catutthan" ti ādisu pi iminā eva nayen' attho veditabbo; vyākaraṇapakkhe pi ca,

---

[1] Ba *ad.* atissayena (ɔ: akasirena). [2] Ba *ins.* anāgate.
[3] Ba °dhamme. [4] Ba *ad.* n a k ā m e t i. [5] ɔ: etaṃ?
[6] Ba dassetī ti veditabbaṃ. [7] *So* Sgn; Sk Ba *om.* pi.
[8] Ba (iti) yathāvuttadhammadessitam eva evaṃ.
[9] Skgn a t t h e. [10] Ba e t a ṃ.
[11] Ba ñātukāmā mayan ti āha. [12] Ba *ad.* ca.

yasmā te te sattā tehi[1] tehi[1] parābhavamukhehi samannā-
gatā na eko yeva [2]sabbehi na ca sabbe eken' eva[2], tasmā
nesaṃ tāni tāni parābhavamukhāni dassetuṃ asant' assa
piyā hontī ti ādinā nayena puggalādhiṭṭhānāya eva desanāya
nānāvidhāni parābhavamukhāni vyākāsī ti veditabbo. Ta-
trâyaṃ saṃkhepato atthavaṇṇanā: asanto nāma cha sat- 94.
thāro, ye v ā pan' aññe pi anupasantena kāyavacīmanokam-
mena samannāgatā, te *asanto assa piyā honti*, Sunakkhat-
tādīnaṃ acelaka[3]-Korakkhattiyādayo viya*; santo nāma
buddhapaccekabuddhasāvakā, ye v ā pan' aññe pi upa-
santena kāyavacīmanokammena samannāgatā, te *sante na
kurute piyaṃ*, attano piye iṭṭhe kante manāpe na kurute ti
attho, veneyyavasena h' ettha vacanabhedo kato ti veditab-
bo, a t h a v ā *sante na kurute* iti sante na sevatī ti attho,
yathā 'rājānaṃ sevatī' ti etasmiṃ atthe "rājānaṃ paku-
rute" ti[4] saddavidū mantenti†, *piyan* ti pīyamāno tussa-
māno modamāno ti attho; asataṃ dhammo nāma dvāsaṭṭhi
diṭṭhigatāni dasâkusalakammapathā vā, taṃ *asataṃ dham-
maṃ roceti* piheti pattheti[5]. Evam etāya gāthāya asanta-
piyatā santaappiyatā asaddhammarocanañ cā ti tividhaṃ
parābhavato mukhaṃ vuttaṃ, etena hi samannāgato puriso
parābhavati parihiyyati[6] n' eva idha na huraṃ vuddhiṃ
pāpuṇāti, tasmā parābhavato mukhan ti vuccati; vitthāraṃ
pan' ettha "asevanā ca bālānaṃ paṇḍitānañ ca sevanā"
ti gāthāvaṇṇanāya vakkhāma ‡. *Niddāsīlī* nāma yo gac- 96.
chanto pi nisinno pi[7] ṭhito pi sayāno pi niddāyati yeva;
sabhāsīlī nāma saṅgaṇikārāmataṃ bhassārāmataṃ anuyutto;
anuṭṭhātā ti, viriyatejavirahito uṭṭhānasīlo na hoti, aññehi
codiyamāno kadāci karahaci gahaṭṭho vā samāno gahaṭ-

* *Vide* D. III, 6 *sqq.*

† *Cf.* Bhaṭṭikāvya VIII, 18 (Pāṇ. I, 3, 32).

‡ *Vide* Pj. I, 125^{10}–127^{29}.

[1] Bª yehi. [2–2] Bª na ca dve atha kho anekā.
[3] Bª Aṅgulimāla-. [4] Bª rājānaṃ piyaṃ kurute.
[5] Bª sevati. [6] Bª parihāyati (*cf.* 170^{14}).
[7] Bª nisīdanto pi, *om.* ṭhito pi.

ṭhakammaṃ pabbajito vā pabbajitakammaṃ ārabhati; *alaso* ti jātialaso accantābhibhūto thīnena ṭhitaṭṭhāne ṭhito eva hoti nisinnaṭṭhāne nisinno eva[1] attano ussāhena aññaṃ iriyāpathaṃ na kappeti, atīte araññe aggimhi dāpite [a]palāyanaalasā[2] c' ettha nidassanaṃ*, ayam ettha ukkaṭṭhaparicchedo, tato lāmakaparicchedenâpi pana alaso 'alaso' tv eva veditabbo; dhajo va rathassa dhūmo va aggino† kodho paññāṇam assā ti *kodhapaññāṇo*, dosacarito khippakopī arukūpamacitto puggalo‡ evarūpo hoti. Imāya gāthāya niddāsīlatā bhassasīlatā anuṭṭhānasīlatā alasatā kodhapaññāṇatā ti pañcavidhaṃ parābhavamukhaṃ vuttaṃ, etena hi samannāgato n' eva gahaṭṭho gahaṭṭhavuddhiṃ na pabbajito pabbajitavuddhiṃ pāpuṇāti aññadatthu parihāyati yeva parābhavati yeva, tasmā parābhavato mukhan
98. ti vuccati. *Mātā* ti janikā veditabbā, *pitā* ti janako yeva; *jiṇṇakaṃ* sarīrasithilatāya, *gatayobbanaṃ* yobbanātikkamena āsītikaṃ[3] vā nāvutikaṃ[4] vā sayaṃ kammāni kātuṃ asamatthaṃ; *pahu santo* ti samattho samiddho[5] sukhaṃ jīvamāno; *na bharatī* ti na poseti. Imāya gāthāya mātāpitunnaṃ abharaṇam aposanam anupaṭṭhānaṃ ekaṃ yeva parābhavamukhaṃ vuttaṃ, etena hi samannāgato, yan taṃ

"tāya naṃ[6] pāricariyāya mātāpitusu paṇḍitā
idha c' eva[7] naṃ pasaṃsanti pecca sagge ca modatī" §
ti

mātāpettibharatte[8] ānisaṃsaṃ vuttaṃ, taṃ na pāpuṇāti, aññadatthu "mātāpitaro pi na bharati, kaṃ aññaṃ bharissatī" ti nindañ ca vajjanīyatañ ca duggatiñ ca pāpuṇanto parābhavati yeva, tasmā parābhavato mukhan ti vuccati.
100. Pāpānaṃ bāhitattā *brāhmaṇaṃ*, samitattā *samaṇaṃ*,— brāhmaṇakulappabhavam pi vā brāhmaṇaṃ pabbajjūpa-

* (J. A. III, 139^{20}–141^{19}.) † (S. I, 42^{1}.)
‡ (A. I, 124^{3}, *etc.*) § It. 111^{5} (Pj. I, 137^{9}).

[1] Ba *ad.* hoti. [2] Ba °a l a s o.
[3] Sg Ba (*and* Sgn Ba *at* 172^{20}) asīt°.
[4] Sk Ba (*and* Sn Ba *at* 172^{20}) navut°. [5] Ba s a m ā n o.
[6] Ba *om.* [7] Ba idh' eva. [8] Ba °bharaṇe.

gataṃ samaṇaṃ —, tato *aññaṃ vā pi*[1] yaṃ kiñci yācanakaṃ; *musāvādena vañcetī* ti "vada bhante paccayenā" ti pavāretvā yācito vā paṭijānitvā pacchā appadānena tassa taṃ āsaṃ visaṃvādeti. Imāya gāthāya brāhmaṇādīnaṃ musāvādena vañcanaṃ ekaṃ yeva parābhavamukhaṃ vuttaṃ, etena hi sammannāgato idha nindaṃ samparāye[2] duggatiṃ sugatiyam pi adhippāyavipattiñ ca pāpuṇāti, vuttaṃ h' etaṃ: "dussīlassa sīlavipannassa pāpako kittisaddo abbhuggacchatī"* ti, tathā "catuhi bhikkhave dhammehi samannāgato yathābhataṃ nikkhitto evaṃ niraye, katamehi catuhi: musāvādī hotī"† ti ādi, tathā "idha Sāriputta ekacco samaṇaṃ vā brāhmaṇaṃ vā upasaṃkamitvā pavāreti: vada bhante paccayenā ti; so, yena pavāreti, tan na deti; so ce tato cuto itthattaṃ āgacchati, so yaṃ yad eva vaṇijjaṃ payojeti, sâssa hoti chedagāminī[3]; idha pana Sāriputta . . . so, yena pavāreti, tan na yathādhippāyaṃ deti; so ce tato cuto itthattaṃ āgacchati, so yaṃ yad eva vaṇijjaṃ payojeti, sâssa hoti na yathādhippāyā"‡ ti. Evam imāni nindādīni pāpuṇanto parābhavati yeva, tasmā parābhavato mukhan ti vuttaṃ. *Pahūtavitto* ti pahūtajātarūparajata- 102.
maṇiratano; *sahirañño* ti sakahāpaṇo; *sabhojano* ti anekasūpavyañjanabhojanasampanno; *eko bhuñjatī* ti *sādūni* bhojanāni attano puttānam pi adatvā paṭicchannokāse bhuñjatī ti eko bhuñjati sādūni. Imāya gāthāya bhojanagiddhitā bhojanamacchariyaṃ[4] ekaṃ yeva parābhavamukhaṃ vuttaṃ, etena hi samannāgato nindaṃ vivajjanīyataṃ duggatin ti evamādīni pāpuṇanto parābhavati yeva, tasmā parābhavato mukhan ti vuttaṃ; vuttanayen' eva sabbaṃ suttānusārena yojetabbaṃ, ativitthārabhayena pana idāni yojanānayaṃ adassetvā atthamattam eva bhaṇāma. *Jā-* 104.
titthaddho nāma yo 'ahaṃ jātisampanno' ti mānaṃ janetvā tena thaddho vātapūritabhastrā viya uddhumāto hutvā na

* A. III, 252[26]. † A. II, 83[25]. ‡ A. II, 81[33]–82[8].

[1] Ba aññaṃ pi, Skn aññañ câpi. [2] Skgn samparāyaṃ.
[3] Ba hoti na chandagāminī.
[4] Ba bhojane giddhitā bhojane m°.

kassaci oṇamati, esa nayo *dhanagottatthaddhesu ; sañ ñātiṃ*
atimaññatī[1] ti attano ñātim pi jātiyā atimaññati Sakyā
Viḍūḍabhaṃ va[2], dhanenâpi ca 'kapaṇo ayaṃ daliddo' tî
atimaññati sāmīcimattam pi na karoti, tassa te ñātayo
parābhavam eva icchanti. Imāya gāthāya vatthuto catub-
bidhaṃ, lakkhaṇato ekam eva parābhavamukhaṃ vuttaṃ.
106. *Itthidhutto* ti itthisu sāratto, yaṃ kiñci atthi, taṃ sabbam pi
datvā aparāparaṃ itthiṃ saṅgaṇhati; tathā sabbam pi
attano santakaṃ nikkhipitvā surāpānappamatto[3] *surā-*
dhutto, nivatthasāṭakaṃ nikkhipitvā jūtakīḷanam anuyutto
akkhadhutto[4]; etehi tīhi ṭhānehi, yaṃ kiñci pi laddhaṃ hoti,
tassa vināsanato *laddhaṃ* (*laddhaṃ*) *vināsetī* ti veditabbo.
So evaṃvidho parābhavati yeva, ten' ass' etaṃ imāya gā-
108. thāya tividhaṃ parābhavamukhaṃ vuttaṃ. *Sehi dārehī*
ti attano dārehi; yo attano dārehi *asantuṭṭho* hutvā *vesi-*
yāsu paṭi-*dissati*[5] tathā *paradāresu*, so, yasmā vesīnaṃ[6]
dhanappadānena paradārasevanena ca rājato daṇḍādīhi[7]
parābhavati yeva, ten' ass' etaṃ imāya gāthāya duvidhaṃ
110. parābhavamukhaṃ vuttaṃ. *Atītayobbano* ti yobbanam
aticca āsītiko vā nāvutiko vā hutvā *āneti*[4] pariganhati;
timbarutthanin ti timbaruphalasadisatthaniṃ[8] taruṇadāri-
kaṃ; *tassā issā na supatī* ti 'daharāya mahallakena sad-
dhiṃ rati ca saṃvāso ca amanāpo, mā h' eva kho pana
taruṇaṃ pattheyyā' ti issāya taṃ rakkhanto na supati.
So, yasmā kāmarāgena ca issāya ca ḍayhanto bahiddhā
kammante ca appayojento parābhavati yeva, ten' ass'
etaṃ imāya gāthāya issāya asupanaṃ ekaṃ yeva parābha-
112. vamukhaṃ vuttaṃ. *Soṇḍin* ti macchamaṃsamajjādisu lo-
laṃ gedhajātaṃ; *vikiraṇin*[9] ti tesaṃ atthāya dhanaṃ
paṃsukaṃ viya vikiritvā nāsanasīlaṃ; *purisaṃ vā pi tā-*
disan ti, puriso vā pi yo evarūpo hoti, taṃ y o *issariyasmiṃ*
ṭhāpeti lañchanamuddikādīni datvā gharāvāse vā kam-

---

[1] *So* Skgn Ba.
[2] Ba Sakyā viya Viḍ°.
[3] Ba °ppayutto.
[4] Ba *ad.* t i.
[5] Ba padussati (*cf.* 192[22]).
[6] Ba vesiyānaṃ.
[7] ?; Skgn rājāno daṇḍādīhi, Ba r ā j a d a ṇ ḍ ā d i n ā.
[8] Ba timbarukkhaphalas°.
[9] *So* Ba; Skgn vikaraṇiṃ.

mante vā vaṇijjādivohāresu vā [1]savyāpāraṃ karoti[1]; so,
yasmā tassa dosena dhanakkhayaṃ pāpuṇanto parābhavati
yeva, ten' ass' etaṃ imāya gāthāya tathāvidhassa issariya-
smiṃ ṭhāpanaṃ ekaṃ yeva parābhavamukhaṃ vuttaṃ.
Appabhogo nāma sannicitānañ ca bhogānaṃ āyamukhassa 114.
ca abhāvato; *mahātaṇho* ti mahatiyā bhogataṇhāya saman-
nāgato, yaṃ laddhaṃ, tena asantuṭṭho; *khattiye jāyate*
kule ti khattiyānaṃ kule jāyati; *so ca rajjaṃ patthayatī*[2]
(ti) so etāya mahātaṇhatāya[3] anupāyena uppaṭipāṭiyā
attano [4]dāyajjabhūtaṃ alabbhaneyyaṃ vā parasantakaṃ
rajjaṃ[4] pattheti; so evaṃ patthento, yasmā tam pi appa-
kaṃ bhogaṃ yodhājīvādīnaṃ[5] datvā rajjaṃ apāpuṇanto
parābhavati yeva, ten' ass' etaṃ imāya gāthāya rajjapattha-
naṃ ekaṃ yeva parābhavamukhaṃ vuttaṃ.

Ito paraṃ yadi sā devatā "terasamaṃ Bhagavā brūhi 115.
. . . pe . . . satasahassimaṃ Bhagavā brūhī" ti puccheyya,
tam pi Bhagavā katheyya; yasmā pana sā devatā 'kiṃ imehi
pucchitehi, ekam ettha[6] vuddhikāraṇaṃ[7] n' atthī' ti tāni
parābhavamukhāni asukhāyamānā ettakam pi pucchitvā
vippaṭisārī hutvā tuṇhī ahosi, tasmā Bhagavā tassâsayaṃ
viditvā desanaṃ samāpento imaṃ gāthaṃ abhāsi; ete parā-
bhave loke ti. Tattha *paṇḍito* ti parivīmaṃsāya samannā-
gato; *samavekkhiyā* ti paññācakkhunā parikkhitvā; *ariyo* ti
na maggena na phalena, api ca kho pana etasmiṃ parābha-
vamukhasaṃkhāte anaye na iriyatī ti ariyo; yena dassa-
nena yāya paññāya parābhave disvā vivajjeti, tena sampan-
nattā *dassanasampanno; sa lokaṃ bhajate sivan* ti so eva-
rūpo sivaṃ khemam uttamaṃ anupaddavaṃ devalokaṃ
bhajati allīyati, upagacchatī ti vuttaṃ hoti. Desanāpariyo-
sāne parābhavamukhāni sutvā uppannasaṃvegānurūpaṃ
yoniso padahitvā sotāpatti-sakadāgāmianāgāmiphalāni[8] pat-
tā devatā gaṇanapathaṃ[9] vītivattā, yathâha:

1–1 Ba viyogaṃ kāreti. 2 Skgn pattheti.
3 Ba mahātaṇhātāya, Skgn m a h ā t a ṇ h ā y a.
4–4 Ba dāyajjaṃ. 5 Ba yodhādīnaṃ.
6 Ba e k a ṃ s e n ' e t t h a.
7 Skgn Ba °karaṇaṃ (*cf.* 167[28, 31]). 8 Skgn °phalaṃ.
9 Skgn gaṇanaṃ.

"Mahāsamayasutte ca atho Maṅgalasuttake
Samacitte Rāhulovāde Dhammacakke Parābhave
devatāsamiti tattha appameyyā anappikā
dhammābhisamayo c' ettha gaṇanāto asaṃkhiyo"* ti

PARĀBHAVASUTTAVAṆṆANĀ NIṬṬHITĀ.

7.

(S.N.[1] p. 21.) Evam me sutan ti Aggikabhāradvājasuttaṃ, Vasalasuttan ti pi vuccati. Kā uppatti: Bhagavā Sāvatthiyaṃ viharati Jetavane Anāthapiṇḍikassa ārāme; Kasibhāradvājasutte vuttanayena† pacchābhattakiccāvasāne buddhacakkhunā lokaṃ volokento Aggikabhāradvājaṃ brāhmaṇaṃ saraṇasikkhāpadānaṃ upanissayasampannaṃ disvā 'tattha mayi gate kathā pavattissati, tato kathāvasāne dhammadesanaṃ sutvā esa brāhmaṇo saraṇaṃ gantvā sikkhāpadāni samādiyissatī' ti ñatvā tattha gantvā pavattāya kathāya brāhmaṇena dhammadesanaṃ yācito idaṃ suttam abhāsi.

Tattha *evam me sutan* ti ādi Maṅgalasuttavaṇṇanāyaṃ vaṇṇayissāma‡, *atha kho Bhagavā pubbaṇhasamayan* ti ādi Kasibhāradvājasutte§ vuttanayen' eva veditabbaṃ, "tena kho pana samayena Aggikabhāradvājassā" ti yaṃ yaṃ avuttapubbaṃ, taṃ[1] tad eva vaṇṇayissāma, seyyathîdaṃ: So hi brāhmaṇo 'aggiṃ juhati paricaratī' ti katvā Aggiko ti nāmena pākaṭo ahosi, Bhāradvājo ti gottena, tasmā vuttaṃ: *Aggikabhāradvājassā* ti; *nivesane* ti ghare, tassa kira brāhmaṇassa nivesanadvāre antaravīthiyaṃ aggihottasālā ahosi, tato 'nivesanadvāre' ti vattabbe tassa[2] pi padesassa nivesane yeva pariyāpannattā "nivesane" ti vuttaṃ, samīpatthe vā bhummavacanaṃ, nivesanasamīpe ti attho; *aggi pajjalito hotī* ti aggiyāyane[3] ṭhito aggi katabbhuddharaṇo[4] samidhāpakkhepaṃ vījanavātañ ca la-

* See *commentaries on* D. II, 253–262, A. I, 63¹⁶–64¹⁹, M. III, 277–280; *and* J. A. I, 82¹².

† 131¹⁸–134²⁴. ‡ *See* 167, *note**. § 138³⁰.

[1] Skgn *om.* [2] Skgn tattha.

[3] Ba aggissayathāne. [4] Ba katuddhāraṇe.

bhitvā jalito uddhaṃ samuggataccisamākulo hoti; *āhutī paggahitā* ti sasīsaṃ nahāyitvā mahatā sakkārena pāyāsasappimadhuphāṇitādīni abhihaṭāni[1] hontī ti attho, yaṃ hi kiñci aggimhi juhitabbaṃ, taṃ sabbaṃ āhutī ti vuccati; *sapadānan* ti anugharaṃ, Bhagavā hi sabbajanānuggahatthāya āhārasantuṭṭhiyā ca uccanīcakulaṃ[2] avokkamma piṇḍāya carati, tena vuttaṃ: sapadānaṃ *piṇḍāya caramāno* ti. Atha kimatthaṃ sabbākārasampannaṃ samantapāsādikaṃ Bhagavantaṃ disvā brāhmaṇassa cittaṃ na ppasīdati[3], kasmā ca evaṃ pharusena vacanena Bhagavantaṃ samudācaratī ti, vuccate: ayaṃ kira brāhmaṇo 'maṅgalakiccesu samaṇadassanaṃ amaṅgalan' ti evaṃdiṭṭhiko[4], tato 'Mahābrahmuno bhuñjanavelāya kālakaṇṇī muṇḍasamaṇako mama nivesanaṃ upasaṃkamatī' ti mantvā cittaṃ na ppasādesi aññadatthu rosavasaṃ yeva agamāsi, atha ruṭṭho anattamano anattamanavācaṃ nicchāresi: tatr' eva muṇḍakā ti ādi. Tatrâpi ca, yasmā 'muṇḍo asuddho hotī' ti brāhmaṇānaṃ diṭṭhi, tasmā 'ayaṃ asuddho, tena devabrāhmaṇapūjako na hotī' ti jigucchanto *muṇḍakā* ti āha, 'muṇḍakattā v ā ucchiṭṭho[5] esa na imaṃ padesaṃ arahati āgacchitun' ti; 'samaṇo hutvā pi kāyakilesaṃ[6] na vaṇṇetī' ti ca samaṇabhāvaṃ jigucchanto *samaṇakā* ti āha na[7] kevalaṃ rosavasen' eva; 'vasale v ā pabbājetvā tehi saddhiṃ ekato-sambhogaparibhogakaraṇena patīto[8] ayaṃ vasalato pi pāpataro' ti jigucchanto *vasalakā* ti āha, 'vasalajātikānaṃ v ā āhutidassanamantasavanena[9] pāpaṃ hotī' ti maññamāno pi evam āha. Bhagavā tathā vutto pi vippasannen' eva mukhavaṇṇena madhurena sarena brāhmaṇassa upari anukampāsītalena cittena attano sabbasattehi asādhāraṇatādibhāvaṃ[10] pakāsento āha: *jānāsi pana tuaṃ brāhmaṇā* ti. Atha[11] brāhmaṇo

---

1 Ba abhisaṃkhatāni.
2 Skn uccānīca°, Ba *om.* uccanīca-.   3 Skn p p a s ī d i .
4 Ba evaṃladdhiko.   5 Skgn ucciṭṭho.
6 Ba iddhi(?)saṃkilesaṃ.   7 Skgn *om.*   8 Ba j ā t i t o .
9 *Conj.* Tr. ; Skgn °mattasavanena ; Ba ā h u t i d a s s a n a m a t t a v a s e n ' e v a.   10 Ba asādhāraṇādibhāvaṃ.
11 Ba *ad.* kho.

Bhagavato mukhappasādasūcitaṃ tādibhāvaṃ ñatvā anukampāsītalena cittena nicchāritaṃ madhurassaraṃ sutvā amatenêva abhisittahadayo attamano vippasannindriyo nihatamāno hutvā taṃjātisabhāvaṃ visauggārasadisaṃ asamudācāravacanaṃ[1] pahāya 'nūna, yaṃ ahaṃ[2] hīnajaccaṃ vasalan ti paccemi, na so paramatthato vasalo, na ca hīnajaccatā eva vasalakaraṇo dhammo' ti maññamāno *na kho ahaṃ bho Gotamā* ti āha; dhammatā h' esā, yaṃ hetusampanno paccayālābhena pharuso pi samāno laddhamatte paccaye muduko hoti. Tattha **sādhū* ti ayaṃ saddo āyācanasampaṭicchanasampahaṃsanasundaradaḷhīkammādisu dissati, "sādhu me bhante Bhagavā saṃkhittena dhammaṃ desetū"† ti ādisu hi āyācane, "sādhu bhante ti kho so bhikkhu[3] Bhagavato bhāsitaṃ abhinanditvā anumoditvā"‡ ti ādisu sampaṭicchane, "sādhu sādhu Sāriputtā"§ ti ādisu sampahaṃsane,

> "sādhu dhammarucī rājā sādhu paññāṇavā naro
> sādhu mittānam addūbho pāpānaṃ akaraṇaṃ sukhan"‖ ti

ādisu sundare, "sādhukaṃ suṇoma manasikaromā"¶ ti[4] ādisu daḷhīkamme, idha pana āyācane; *tena hī* ti tassâdhippāyanidassanaṃ, sace ñātukāmo 'sī ti vuttaṃ hoti; kāraṇavacanaṃ vā, tassa 'yasmā ñātukāmo 'si, tasmā brāhmaṇa suṇāhi sādhukaṃ manasikarohi, tathā te bhāsissāmi, yathā tvaṃ jānissasī' ti evaṃ parapadehi saddhiṃ sambandho veditabbo; tatra ca *suṇāhī* ti sotindriyavikkhepavāraṇaṃ, *sādhukaṃ manasikarohī* ti manasikāre daḷhīkammaniyojanena manindriyavikkhepavāraṇaṃ, purimañ c' ettha vyañjanavipallāsagāhavāraṇaṃ pacchimaṃ atthavi-

* Ps. *ad* M. I, 1⁶ = Sum. I, 171⁹⁻¹⁷, 171²⁵–172⁵.
† S. III, 35⁵ (Pj. I, 101¹⁹). ‡ A. II, 178¹.
§ S. II, 49⁸. ‖ J. V, 222¹³. ¶ Vin. I, 103².

[1] S^gn asamudācāraṃ, B^a samudācāravacanaṃ.
[2] B^a pahāya yaṃ nūnâhaṃ.
[3] B^a te bhikkhū (*om.* anumoditvā).
[4] B^a suṇotha manasikarothā ti.

pallāsagāhavāraṇaṃ, purimena ca dhammasavane niyojeti pacchimena sutānaṃ dhammānaṃ dhāraṇatthūpaparikkhādisu, purimena ca 'savyañjano 'yaṃ dhammo, tasmā savanīyo' ti dīpeti pacchimena 'sāttho, tasmā manasikātabbo' ti; sādhuka-padaṃ v ā ubhayapadehi yojetvā 'yasmā ayaṃ dhammo dhammagambhīro desanāgambhīro ca, tasmā suṇāhi sādhukaṃ, yasmā atthagambhīro paṭivedhagambhīro ca, tasmā sādhukaṃ manasikarohī' ti etam atthaṃ dīpento āha: suṇāhi[1] sādhukaṃ manasikarohī ti; tato 'evaṃ gambhīre katham ahaṃ patiṭṭhaṃ labhissāmī' ti visīdantam iva taṃ brāhmaṇaṃ samussāhento āha: *bhāsissāmī* ti, tattha 'yathā [2]tvaṃ ñassasi, tathâhaṃ[2] parimaṇḍalehi padavyañjanehi uttānena nayena bhāsissāmī' ti evam adhippāyo veditabbo. Tato ussāhajāto hutvā "*evaṃ bho*" *ti kho Aggikabhāradvājo brāhmaṇo Bhagavato paccassosi*, sampaṭicchi paṭiggahesī ti vuttaṃ hoti, yathānusiṭṭhaṃ v ā paṭipajjanena abhimukho assosī ti. Ath' assa *Bhagavā etad avoca:* idāni[3] vattabbaṃ sandhāya vuttaṃ "kodhano upanāhī" ti evamādikaṃ.

*Tattha *kodhano* ti kujjhanasīlo, *upanāhī* ti tass' eva kodhassa daḷhīkammena upanāhena samannāgato; paresaṃ guṇe makkhati puñchatī[4] ti makkhī, pāpo ca so[5] makkhī ca *pāpamakkhī; vipannadiṭṭhī* ti vinaṭṭhasammādiṭṭhi, vipannāya vā virūpaṃ gatāya[6] dasavatthukāya micchādiṭṭhiyā samannāgato, *māyāvī* ti attano[7] vijjamānadosapaṭicchādanalakkhaṇāya māyāya samannāgato; *taṃ jaññā vasalo iti* taṃ evarūpaṃ puggalaṃ etesaṃ hīnadhammānaṃ vassanato siñcanato anvāssavanato[8] vasalo ti [9]jānāhi, sace hi Brahmuno matthake[9] jāto, ayaṃ [hi] paramatthato vasalo evam[10] 116.

* *Cf.* Pṭsbh. I, 160¹⁻²².

[1] Skgn Ba suṇohi. [2–2] Skgn *om.*
[3] *So* Ba; Skgn Ath' assa Bhagavā etad avocā ti—etaṃ avoca—idāni. [4] Skgn muñcatī. [5] Skgn *om.*
[6] Sgn virūpaṃgaṇanāya, Ba v i r ū p a g a t ā y a.
[7] Ba a t t a n i. [8] Ba *ad.* ca.
[9-9] Ba etehi vasalehi brahmaṇamatthake [10] Skgn eva.

attano hadayatuṭṭhimattaṃ na paran ti.[1] Evam ettha Bhagavā ādipaden' eva tassa brāhmaṇassa kodhaniggahaṃ katvā kodhādidhamme hīnapuggale[2] puggalādhiṭṭhānāya ca desanāya kodhādi-dhamme desento ekena tāva pariyāyena vasalañ ca vasalakaraṇe ca dhamme desesi, evaṃ desento ca 'tvaṃ, ahan' ti paravambhanam attukkaṃsanañ ca akatvā dhammen' eva samena ñāyena taṃ brāhmaṇaṃ vasalabhāve attānañ ca brāhmaṇabhāve ṭhapesi.

Idāni, yâyaṃ brāhmaṇānaṃ diṭṭhi 'kadāci[3] kadāci pā-
ṇātipātaadinnādānādīni karonto pi brāhmaṇo evā' ti, taṃ
diṭṭhiṃ paṭisedhento, ye vā sattā hiṃsādisu akusaladham-
mesu tehi tehi samannāgatā ādīnavaṃ apassantā[4] te dhamme
na ppajahanti[5], tesaṃ 'hīnā ete dhammā vasalakaraṇā'
ti tattha ādīnavañ ca dassento aparehi pi pariyāyehi vasa-
lañ ca vasalakaraṇe ca dhamme desetuṃ ekajaṃ vā dijaṃ
117. vā ti evamādi-gāthāyo abhāsi. Tattha ekajo ti ṭhapetvā
aṇḍajaṃ avasesayonijo, so hi ekadā eva jāyati, dijo ti
aṇḍajo, so hi mātukucchito aṇḍakosato cā ti dvikkhattuṃ
jāyati, taṃ *ekajaṃ vā dijaṃ vā pi ; yo 'dha pāṇan* ti yo idha
sattaṃ; *vihiṃsatī* ti kāyadvārikacetanāsamuṭṭhitena[6]
vacīdvārikacetanāsamuṭṭhitena vā payogena jīvitā
voropeti; *pāṇāni hiṃsatī* ti pi pāṭho, tattha 'ekajaṃ vā
dijaṃ vā ti evampabhedāni yo 'dha pāṇāni hiṃsatī' ti
evaṃ sambandho veditabbo; *yassa pāṇe dayā n' atthī* ti
etena manasā anukampāya abhāvaṃ āha. Sesam ettha
vuttanayam eva ito parāsu ca gāthāsu, yato ettakam pi
avatvā ito paraṃ uttānatthāni padāni pariharantā avaṇṇi-
118. ṭapadavaṇṇanāmattam eva karissāma. *Hantī* ti hanati
vināseti; *uparundhatī* ti senāya parivāretvā tiṭṭhati; *gāmāni
nigamāni cā* ti ettha ca-saddena 'nagarāni' ti pi vattabbaṃ;
niggāhako[7] *samaññāto* ti iminā hananapatirundhanena gā-
119. manigamanagarabādhako[8] ti loke vidito. *Gāme vā yadi*

---

[1] *Sic* Skgn Ba. [2] Ba °dhammo hīnapuggalo ti.
[3] Sk *om.* ɔ: kadāci karahaci pāṇ°? [4] Skgn passantā.
[5] Ba na upādahanti. [6] Ba *ad.* vā.
[7] Sk niggahako (*at* 183[3] Sk Ba *have* gāmanigamaniggahako).
[8] Ba °nagaraghātako.

vâraññe ti gāmo pi nigamo pi nagaram pi sabbo va[1] idha
gāmo saddhiṃ upacārena, taṃ ṭhapetvā sesaṃ araññaṃ[2],
tasmiṃ gāme vā yadi vâraññe *yaṃ paresaṃ mamāyitaṃ*
yaṃ parasattānaṃ pariggahītam apariccattaṃ satto vā
saṃkhāro vā; *theyyā adinnaṃ ādiyatī* ti tehi adinnam ana-
nuññātaṃ theyyacittena ādiyati yena kenaci payogena yena
kenaci avahārena attano gahaṇaṃ sādheti. *Iṇam ādāyā* ti 120.
attano santakaṃ kiñci nikkhipitvā n i k k h e p a g a h a ṇ e n a
vā, kiñci anikkhipitvā "ettakena kālena ettakaṃ vaḍḍhiṃ
dassāmī" ti v a ḍ ḍ h i g a h a ṇ e n a vā, "yaṃ ito-udda-
yaṃ[3] bhavissati, taṃ mayhaṃ mūlaṃ tav' eva bhavissatī"
ti vā "uddayaṃ ubhinnam pi sādhāraṇan" ti vā evaṃ
ā y o g a g a h a ṇ e n a vā iṇaṃ gahetvā *cujjamāno palā-
yati: "na hi te iṇam atthī" ti* tena iṇāyikena "dehi me
iṇan" ti codiyamāno "na hi te iṇam atthi, mayā gahitan ti
ko sakkhī" ti evaṃ bhaṇanena ghare vasanto pi palāyati.
Kiñcikkhakamyatā ti appamattake pi kismiñcid eva icchāya; 121.
panthasmiṃ vajataṃ janan ti magge gacchantaṃ yaṃ kiñci
itthiṃ vā purisaṃ vā; *hantvā kiñcikkham ādetī* ti māretvā
koṭṭetvā[4] taṃ bhaṇḍakaṃ gaṇhati. *Attahetū* ti attano 122.
jīvitakāraṇā, tathā *parahetu; dhanahetū* ti sakadhanassa vā
paradhanassa vā kāraṇā, ca-kāro[5] sabbattha vikappanattho;
sakkhi puṭṭho ti "yaṃ jānāsi, taṃ vadehī" ti pucchito;
musā brūtī ti jānanto vā "na jānāmi" ajānanto vā
"jānāmī" ti vadati[6] sāmike assāmike[7] karoti. *Ñātī-* 123,
nan ti sambandhīnaṃ; *sakhānan*[8] ti vayassakānaṃ;
dāresū ti pariggahesu[9]; *patidissatī* ti paṭikkūlena dissati,
aticaranto dissatī ti attho; *sahasā* ti balakkārena anic-
chaṃ[10]; *sampiyenā* ti tehi tesaṃ dārehi patthiyamāno
sayañ ca patthayamāno, ubhayasinehavasenâpī ti vuttaṃ
hoti. *Mātaraṃ vā pitaraṃ vā* ti evaṃ mettāya padaṭṭhā- 124.
nabhūtam pi, *jiṇṇakaṃ gatayobbanan* ti evaṃ karuṇāya

---

1 Ba ca, Sg pi. 2 Ba *ad.* nāma (< Vin. III, 46[32]; *cf.* Pj. II, 83[1]). 3 Ba *ad.* mayhaṃ. 4 Ba *ad.* v ā.
5 Sgn Ba v ā - k ā r o (=S.N. *codd.* Bai). 6 Ba bhaṇati.
7 Ba *ad.* ca asāmike sāmike. 8 Ba sakhinan.
9 Ba parapariggahesu. 10 Ba a t i c c h a ṃ.

padaṭṭhānabhūtam pi *pahu santo na bharati*[1] atthasampanno
125. upakaraṇasampanno[2] pi hutvā na poseti[3]. *Sasun* ti sassuṃ
hanti[1] pāṇinā vā leḍḍunā vā aññena vā kenaci paharati,
126. *roseti*[1] kodham assa janeti *vācāya* pharusavacanena. *Atthan*
ti sandiṭṭhikasamparāyikaparamatthesu yaṃ kañci; *pucchito santo* ti puṭṭho samāno; *anattham anusāsatī* ti tassa
ahitam eva ācikkhati; *paṭicchannena mantetī* ti atthaṃ
v ā[4] ācikkhanto pi, yathā so na jānāti, tathā apākaṭehi
padavyañjanehi paṭicchannena vacanena manteti, ācariyamuṭṭhiṃ v ā katvā dīgharattaṃ vasāpetvā sāvasesam eva
127. manteti. *Yo katvā* ti Aṭṭhakathāya māyāpubbabhāgā[5]
pāpicchatā vuttā, yā sā "idh' ekacco kāyena duccaritaṃ
caritvā, vācāya, manasā duccaritaṃ caritvā tassa paṭicchādanahetu pāpikaṃ icchaṃ paṇidahati 'mā maṃ jaññā'
ti icchatī"* ti evam āgatā; yathā aññe na jānanti, tathā
karaṇena katānañ ca avivaraṇena paṭicchanno assa kam-
128. manto[6] ti *paṭicchannakammanto. Parakulan* ti ñātikulaṃ
vā mittakulaṃ vā; *āgatan* ti yassa tena kule[na] bhuttaṃ,
taṃ attano geham āgataṃ pānabhojanādīhi *na paṭipūjeti,*
129. na vā deti avabhuttaṃ vā detī ti adhippāyo. *Yo brāh-*
130. *maṇaṃ vā* ti Parābhavasutte† vuttanayam eva. *Bhattakāle upaṭṭhite* ti bhojanakāle jāte; *upaṭṭhitan* ti pi pāṭho, bhattakāle āgatan ti attho; *roseti vācā na ca detī* ti 'atthakāmo
me ayaṃ balakkārena maṃ puññaṃ kārāpetuṃ āgato' ti[7]
acintetvā appatirūpena pharusavacanena roseti antamaso
sukhumabhāvamattam[8] pi c' assa na deti, pag eva bhojanan
131. ti adhippāyo. *Asataṃ yo 'dha pabrūtī* ti yo idha "yathā
nimittāni dissanti, asukadivase idañ c' idañ ca te bhavissatī"
ti evaṃ asajjanānaṃ vacanaṃ pabrūti; *asantan* ti pi pāṭho,
abhūtan ti attho, *pabrūtī* ti bhaṇati, "amukasmiṃ nāma
gāme mayhaṃ īdiso gharavibhavo, ehi tattha gacchāma,

* Vibh. 357[32]. † (170[29].)

[1] Ba *ad.* ti. [2] Sgn *om.;* Ba upakāras°. [3] Skgn Ba posati.
[4] Ba *om.* [5] Sgn mayāp°; Ba mayā pubbabhāge.
[6] Skgn p a ṭ i c c h a n n a ṃ a s s a k a m m a n .
[7] Ba vâgato ti. [8] Ba sammukhābhāvam°.

gharaṇī me bhavissasi, idañ ca te[1] idañ ca dassāmī" ti
parabhariyaṃ vā paradāsiṃ vā vañcento dhutto viya;
nijigiṃsāno ti jigiṃsamāno[2] maggamāno, taṃ vañcetvā
yaṃ kiñci gahetvā palāyitukāmo ti adhippāyo. *Yo c' attā-* 132.
nan ti yo ca attānaṃ; *samukkaṃse* ti jātiādīhi samukkaṃ-
sati[3] uccaṭṭhāne ṭhapeti; *parañ*[4] *ca-m-avajānatī* ti tehi yo
paraṃ[4] avajānāti nīcaṃ karoti, ma-kāro padasandhikaro;
nihīno ti guṇavuddhito parihīno adhamabhāvaṃ vā gato;
sena mānenā ti tena ukkaṃsanāvajānanasaṃkhātena[5] at-
tano mānena. *Rosako*[6] ti kāyavācāhi paresaṃ rosajanako[7]; 133.
kadariyo ti thaddhamaccharī, yo pare paresaṃ dente aññe[8]
vā puññaṃ karonte vāreti, tass' etaṃ adhivacanaṃ*; *pāpic-
cho* ti asantaguṇasambhāvanicchāya samannāgato; *mac-
charī* ti āvāsādimacchariyayutto†; *saṭho* ti asantaguṇapa-
kāsanalakkhaṇena sāṭheyyena samannāgato, asammābhāsī
v ā akātukāmo pi "karomī" ti ādivacanena; nâssa pāpaji-
gucchanalakkhaṇā hirī, [9]na tato[9] uttāsanato ubbegalak-
khaṇaṃ ottappan ti *ahirīko anottāpī*. *Buddhan* ti sammā- 134.
sambuddhaṃ; *paribhāsatī* ti "asabbaññū" ti ādīhi apava-
dati[10], *sāvakañ ca* "duppaṭipanno" ti ādīhi; *paribbājaṃ
gahaṭṭhaṃ vā* ti sāvakavisesanam ev' etaṃ, pabbajitaṃ vā
tassa sāvakaṃ gahaṭṭhaṃ vā paccayadāyakan ti attho,
bāhirakaṃ v ā paribbājaṃ yaṃ kiñci gahaṭṭhaṃ (ca ?)
abhūtena dosena paribhāsatī ti evam p' ettha atthaṃ icchanti
porāṇā. *Anarahā*[11] *santo* ti akhīṇāsavo samāno; *arahaṃ* 135a-d.
paṭijānatī ti "ahaṃ arahan" ti[12] paṭijānāti, yathā naṃ
'arahā ayan' ti jānanti, tathā vācaṃ nicchāreti kāyena
parakkamati cittena icchati adhivāseti; *coro* ti theno, *sabrah-
make loke* ti ukkaṭṭhavasena [13]āha, sabbaloke[13] ti vuttaṃ

* *Cf.* Asl. 376¹⁻⁶. † *Vide* Asl. 373–375.

[1] Ba te *before* dassāmi. [2] Ba nijigiṃsamāno.
[3] Ba samukkaṃseti. [4] Ba pare.
[5] ?; Skgn ukkaṃsāvajānanas°, Ba ukkaṃsanāvambhanas°.
[6] Ba dosako. [7] Ba dosanako. [8] *So* Skgn Ba.
[9–9] Sgn mantato, Ba n â s s a . [10] Ba parivambhati.
[11] Ba anarahaṃ. [12] Ba a r a h ā ti. [13–13] Skgn āhacca loke.

hoti, l o k e hi sandhicchedana[1]-nillopaharaṇa-ekāgārkia-karaṇa-paripanthatiṭṭhanādīhi[2] paradhanaṃ vilumpantā corā ti vuccanti, s ā s a n e parisasampattiādīhi paccayādīni vilumpantā, yathâha: "pañc' ime bhikkhave mahācorā santo saṃvijjamānā lokasmiṃ [= Vin. III, 89^{25}–90^{19}, Pārājika IV, 1, 3.][3] sadevake bhikkhave loke . . . sadevamanussāya ayaṃ aggo mahācoro, yo asantaṃ abhūtaṃ uttarimanussadhammaṃ ullapatī" ti. Tattha lokikacorā lokikam eva dhanadhaññādiṃ thenenti, sāsane vuttacoresu paṭhamo tathārūpam eva cīvarādipaccayamattaṃ, dutiyo pariyattidhammaṃ, tatiyo parassa brahmacariyaṃ, catuttho saṃghikagarubhaṇḍaṃ, pañcamo jhānasamādhisamāpattimaggaphalappabhedaṃ lokiyalokuttaraguṇadhanaṃ lokiyañ ca cīvarādipaccayajātaṃ, yathâha: "theyyāya vo bhikkhave raṭṭhapiṇḍo bhutto"* ti. Tattha yv āyaṃ pañcamo mahācoro, taṃ sandhāyâha Bhagavā: coro sabrahmake loke ti, so hi "sadevake bhikkhave loke . . . sadevamanussāya ayaṃ aggo mahācoro, yo asantaṃ abhūtaṃ uttarimanussadhammaṃ ullapatī" ti evaṃ lokiyalokuttaradhanatthenanato aggo mahācoro ti vutto, tasmā taṃ idhâpi "sabrahmake loke" ti iminā ukkaṭṭhaparicchedena pakāsesi; *eso kho vasalādhamo* ti ettha kho ti[4] avadhāraṇattho, tena 'eso yeva vasalādhamo[5] vasalānaṃ hīno sabbapacchimako' ti avadhāreti, kasmā: visiṭṭhavatthumhi theyyadhammavassanato[6], yāva taṃ paṭiññaṃ na vissajjati, tāva avigatavasalakaraṇadhammato cā ti[7].

135e-f. *Ete kho vasalā* ti idāni y e t e[8] paṭhamagāthāya āsayavi-

* Vin. III, 90^{22}.

[1] S^{kgn} s a n d h i c c h e d a -; B^a sandhicchedanena.

[2] *So* S^{gn}; S^k °titthānādīhi, B^a °titthaharaṇādīhi.

[3] vv. ll: Vin. III, 90^5 S^{kgn} B^a attano dahati; 90^{14} S^{kgn} lohabhāṇakaṃ, B^a lohabhājanaṃ; 90^{15} S^{kgn} °kaṭāho . . . kuddālanikhādanaṃ.

[4] B^a *om.* [5] B^a v a s a l o.

[6] B^a °vasanto, S^{kgn} °dassanato (*vide* 177^{27}, 183^{29}).

[7] S^{kgn} tāva adhigata°; B^a tāva avigatavasalakaraṇo vasalako vā ti. [8] S^{kgn} B^a idāni ete.

pattivasena kodhanādayo pañca, pāpa-makkhiṃ vā dvidhā katvā cha, dutiyagāthāya payogavipattivasena pāṇahiṃsako eko, tatiyāya payogavipattivasen' eva gāmanigamaniggāhako eko, catutthāya theyyāvahāravasena eko, pañcamāya iṇavañcanavasena eko, chaṭṭhāya pasayhāvahāravasena panthadūsiko eko, sattamāya kūṭasakkhivasena eko, aṭṭhamāya mittaddūbhivasena eko, navamāya akataññuvasena eko, dasamāya katanāsanavihesanavasena eko, [1]ekādasāya hadayavañcanavasena[1] eko, dvādasāya[2] paṭicchannakamma-vipattivasena[3] dve, terasāya akataññuvasen' eva eko, cuddasāya vañcanavasena eko, pannarasāya vihesanavasena eko, soḷasāya vañcanavasena eko, sattarasāya attukkaṃsanaparavambhanavasena dve, aṭṭhārasāya payogāsayavipattivasena rosakādayo satta, ekūnavīsatimāya paribhāsanavasena dve, vīsatimāya aggamahācoravasena eko ti evaṃ tettiṃsa catuttiṃsa vā vasalā vuttā, te niddisanto āha: ete kho vasalā vuttā mayā ye vo pakāsitā ti. Tass' attho: *ye vo mayā* pubbe "jānāsi pana tvaṃ brāhmaṇa vasalan" ti evaṃ saṃkhepato *vasalā vuttā*, te vitthārato *ete kho pakāsitā* ti; atha vā ye vo mayā puggalavasena vuttā, te dhammavasenâpi ete kho pakāsitā; atha vā ete kho vasalā vuttā ariyehi kammavasena[4] na jātivasena, mayā vo ye pakāsitā ti—"kodhano upanāhī" ti ādinā nayena.

Evam Bhagavā[5] vasalaṃ dassetvā idāni, yasmā brāh- 136.
maṇo sakāya diṭṭhiyā[6] atīva abhiniviṭṭho hoti, tasmā taṃ diṭṭhiṃ paṭisedhento āha: na jaccā vasalo ti. Tass' attho: paramatthato hi *na jaccā vasalo hoti na jaccā hoti brāhmaṇo*, api ca kho pana[7] *kammanā vasalo hoti kammanā hoti brāhmaṇo*, aparisuddhaṃ kammaṃ vassanato vasalo hoti, parisuddhena kammunā aparisuddhaṃ bāhanato brāhmaṇo hoti; yasmā vā tumhe hīnaṃ vasalaṃ ukkaṭṭhaṃ brāh-

[1–1] *So* S^kgn (*cf.* J. VI, 388^24, *reading:* hadayattheno ca yo naro); B^a ekādasamāya gāthāya parassa vañcanavasena.

[2] B^a dvādasamāya.

[3] *So* B^a; S^kgn paṭicchannakammantavasena.

[4] B^a vuttā ariyadhammavasena.

[5] B^a Bhagavā evaṃ. [6] B^a sakkāyadiṭṭhiyā. [7] B^a *om.*

maṇaṃ maññetha[1], tasmā hīnena kammanā[2] vasalo hoti ukkaṭṭhena kammena[3] brāhmaṇo hotī ti evam pi atthaṃ
137–139. ñāpento evam āha. Idāni tam ev' atthaṃ nidassanena sādhetuṃ tad aminā pi jānāthā ti ādikā tisso gāthāyo āha. Tāsu dve catuppadā[4] ekā chappadā[5]. Tāsaṃ attho: yaṃ mayā[6] vuttaṃ "na jaccā vasalo hotī" ti ādi, *tad aminā pi jānātha yathā me 'dan nidassanaṃ* taṃ iminā pi pakārena jānātha yena me pakārena yena[7] sāmaññena idaṃ nidassanan ti vuttaṃ hoti; 'katamaṃ nidassanan' ti ce: caṇḍālaputto sopāko . . . pe . . . brahmalokūpapattiyā ti. Caṇḍālassa putto *caṇḍālaputto*, attano khādanatthāya mate sunakhe labhitvā pacatī ti *sopāko*, *Mātaṅgo* ti evaṃnāmo, *vissuto* ti evaṃ hīnāya jātiyā ca jīvikāya ca[8] nāmena ca[8] pākaṭo. "So" ti purimapadena sambandhitvā *so Mātaṅgo yasaṃ paramaṃ patto* abbhutam uttamaṃ ativisiṭṭhaṃ yasaṃ kittiṃ pasaṃsaṃ patto; *yaṃ sudullabhan* ti yaṃ uḷārakuluppannenâpi dullabhaṃ hīnakuluppannena sudullabhaṃ; evaṃ yasappattassa ca *āgañchuṃ tass' upaṭṭhānaṃ khattiyā brāhmaṇā bahū*, tassa Mātaṅgassa pāricariyatthaṃ khattiyā ca brāhmaṇā ca aññe ca bahū vessasuddādayo Jambudīpe manussā yebhuyyena upaṭṭhānaṃ āgamiṃsū ti attho. Evaṃ upaṭṭhānasampanno *so* Mātaṅgo vigatakilesarajattā *virajaṃ*, mahantehi buddhādīhi paṭipannattā *mahāpathaṃ*, brahmalokasaṃkhātaṃ devalokaṃ yāpetuṃ samatthattā *devalokayānasaṃkhātaṃ*[9] aṭṭhasamāpattiyānaṃ *abhiruyha*, tāya paṭipattiyā *kāmarāgaṃ virājetvā*, kāyassa bhedā *brahmalokūpago ahū*; sā tathā hīnā pi *na naṃ jāti nivāresi brahmalokūpapattiyā*, brahmalokūpapattito ti vuttaṃ hoti. Ayaṃ pan' attho evaṃ veditabbo:

*Atīte kira Mahāpuriso tena tenûpāyena sattahitaṃ karonto sopākajīvike caṇḍālakule uppajji. So nāmena Mā-

* J. A. IV, 376[1]–389[12].

1 *So* Skgn (*cf.* S.N. 104c); Ba paññatta (ɔ: maññatha).
2 Ba kammunā.
3 Skgn ukkaṭṭhakammena.
4 Skgn Ba catuppādā.
5 Skgn chappādā.
6 Skgn *om.*
7 Ba nayena.
8 Ba *om.*
9 Ba brahmalokayānasaññitaṃ.

taṅgo rūpena duddasiko hutvā bahi-nagare cammakuṭikāya vasati, anto-nagare bhikkhaṃ caritvā jīvikaṃ kappeti. Ath' ekadivasaṃ tasmiṃ nagare surānakkhatte ghosite dhuttā yathāsakena parivārena kīḷanti; aññatarā pi brāhmaṇamahāsāladhītā pannarasasoḷasavassuddesikā devakaññā viya rūpena dassanīyā pāsādikā 'attano kulavaṃsānurūpaṃ kīḷissāmī' ti pahūtaṃ khajjādikīḷāsambhāraṃ[1] sakaṭesu āropetvā sabbasetabalivaddayuttaṃ yānaṃ āruyha mahāparivārena uyyānabhūmiṃ gacchati Diṭṭhamaṅgalikā ti nāmena. Sā kira dussaṇṭhitarūpaṃ[2] 'amaṅgalan' ti daṭṭhuṃ na icchati, ten' assā Diṭṭhamaṅgalikā tv eva saṃkhā udapādi. Tadā so Mātaṅgo kālass' ev' uṭṭhāya[3] paṭapilotikaṃ nivāsetvā kaṭṭhatālaṃ hatthe bandhitvā bhojanatthāya[4] nagaraṃ pavisati, manusse disvā dūrato eva kaṭṭhatālaṃ ākoṭento[5]. Atha Diṭṭhamaṅgalikā "ussaratha ussarathā" ti purato purato hīnajanaṃ apanentehi purisehi niyyamānā nagaradvāramajjhe Mātaṅgaṃ disvā "ko eso" ti āha. "Ahaṃ Mātaṅgacaṇḍālo" ti. Sā 'īdisaṃ disvā gatānaṃ kuto vuddhī' ti yānaṃ nivattāpesi. Manussā 'mayaṃ uyyānaṃ gantvā khajjabhojjādiṃ labheyyāma, tassa no Mātaṅgena antarāyo kato' ti kupitā "gaṇhatha caṇḍālan" ti leḍḍūhi paharitvā 'mato' ti[6] pāde gahetvā ekamante chaḍḍetvā kacavarena paṭicchādetvā agamaṃsu. So satiṃ paṭilabhitvā uṭṭhāya manusse pucchi: "kiṃ ayyā dvāraṃ nāma sabbasādhāraṇaṃ udāhu brāhmaṇānaṃ yeva katan" ti. "Sabbesaṃ sādhāraṇan" ti. "Evaṃ sabbasādhāraṇadvārena pavisitvā bhikkhāhārena yāpentaṃ maṃ Diṭṭhamaṅgalikaya manussā idaṃ anayavyasanaṃ pāpesun" ti rathikāya rathikaṃ āhiṇḍanto manussānaṃ ārocetvā brāhmaṇassa gharadvāre nipajji: "Diṭṭhamaṅgalikaṃ aladdhā na vuṭṭhahāmī" ti[7]. Brāhmaṇo "gharadvāre Mātaṅgo nipanno" ti sutvā "tassa kākaṇikaṃ detha, telena aṅgaṃ makkhetvā[8] gacchatū" ti āha. So taṃ na icchati,

---

1 S^kgn khajjādikīḷādis°, B^a khajjabhojjādikīḷanas°.
2 B^a dussaṇṭhitaṃ r°.
3 S^gn B^a eva vuṭṭhāya.
4 B^a bhājanahattho.
5 B^a koṭento.
6 B^a *ad.* vatvā.
7 B^a (*here and below*) vuṭṭh(ah)iss°.
8 S^kgn makkhitvā, *except at* 186[3].

"Diṭṭhamaṅgalikaṃ aladdhā na vuṭṭhahāmi" cc eva āha. Tato brāhmaṇo "dve kākaṇikāyo detha, kākaṇikāya pūvaṃ[1] khādatu kākaṇikāya telen' aṅgaṃ makkhetvā gacchatū" ti āha; so tam pi na icchati, tath' eva vadati. Brāhmaṇo sutvā "māsakaṃ detha, pādaṃ, upaḍḍhakahāpaṇaṃ, dve, tīṇi"[2] y ā v a "sataṃ" āṇāpesi; so na icchati, tath' eva vadati. Evaṃ yācantānaṃ yeva suriyo atthaṃgato. Atha brāhmaṇī pāsādā oruyha sāṇipākāraṃ parikkhipāpetvā taṃ upasaṃkamitvā yāci: "tāta Mātaṅga Diṭṭhamaṅgalikāya aparādhaṃ khama, sahassaṃ gaṇha[3], dve, tīṇi" y ā v a "satasahassaṃ gaṇhā" ti āha; so tuṇhībhūto nipajji yeva. Evaṃ catūhapañcāhe vītivatte bahum pi paṇṇākāraṃ datvā Diṭṭhamaṅgalikaṃ alabhantā khattiyakumārādayo Mātaṅgassa upakaṇṇake ārocāpesuṃ: "purisā nāma anekāni pi saṃvaccharāni viriyaṃ katvā icchitatthaṃ pāpuṇanti; mā kho tvaṃ nibbijji, addhā dvīhatīhaccayena Diṭṭhamaṅgalikaṃ lacchasī" ti; so tuṇhībhūto nipajji yeva. Atha sattame divase samantā paṭivissakā uṭṭhahitvā "tumhe Mātaṅgaṃ vā[4] uṭṭhapetha dārikaṃ vā detha, mā amhe sabbe nāsayitthā" ti āhaṃsu. Tesaṃ kira ayaṃ diṭṭhi: yassa [5]dvāre evaṃ nipanno[6] marati, tassa gharena saha samantā sattasatta-gharavāsino caṇḍālā hontī ti. Tato Diṭṭhamaṅgalikaṃ nīlapaṭapilotikaṃ nivāsāpetvā ulumkakaḷopikādīni datvā paridevamānaṃ[7] tassa santike netvā "handa dārikaṃ, uṭṭhāya gacchāhī" ti adaṃsu. Sā passe ṭhatvā "uṭṭhāhī" ti āha. So "hatthe[8] gahetvā uṭṭhapehī" ti āha; sā naṃ uṭṭhapesi. So nisīditvā āha: "mayaṃ anto-nagare vasituṃ na labhāma; ehi maṃ bahi-nagare cammakuṭiṃ nehī" ti; sā naṃ hatthe[9] gahetvā tattha nesi—"piṭṭhiṃ[10] āropetvā" ti[11] Jātakabhāṇakā—,

---

[1] B^a mūlaṃ. [2] B^a tīṇī ti. [3] B^a gaṇhāhī ti (188 *note* 7).
[4] S^gn *om.* (B^a tumhe Mātaṅgaṃ uṭṭhapetha, mā amhe . . .).
[5] B^a *ins.* ghara-. [6] B^a *ad.* c a ṇ ḍ ā l o.
[7] B^a paridevíyamānaṃ (97[9], *etc.*).
[8] B^a hatthena maṃ. [9] B^a hatthena.
[10] *Cf.* J. A. IV, 376[24]; B^a piṭṭhiyaṃ, S^kgn piṭṭhiyā.
[11] B^a *ad.* pi.

netvā c' assa sarīraṃ telena makkhetvā uṇhodakena nahāpetvā yāguṃ pacitvā adāsi. So 'brāhmaṇakaññā ayaṃ, mā vinassī' ti jātisambhedaṃ akatvā va addhamāsamattaṃ balaṃ gahetvā "ahaṃ vanaṃ gacchāmi, 'aticirāyatī' ti mā tvaṃ ukkaṇṭhī" ti vatvā gharamānusakāni[1] ca "imaṃ mā pamajjathā" ti[2] āṇāpetvā gharā nikkhamma tāpasapabbajjaṃ pabbajitvā kasiṇaparikammaṃ katvā katipāhen' eva aṭṭha samāpattiyo pañca ca abhiññāyo nibbattetvā 'idānâhaṃ Diṭṭhamaṅgalikāya manāpo bhavissan' ti ākāsena gantvā nagaradvāre orohitvā Diṭṭhamaṅgalikāya santikaṃ pesesi. Sā sutvā 'koci maññe mama ñātako pabbajito maṃ dukkhitaṃ ñatvā daṭṭhuṃ āgato bhavissatī' ti cintayamānā gantvā taṃ ñatvā pādesu patitvā[3] "kissa maṃ anāthaṃ tumhe akatthā" ti[4] āha. Mahāpuriso "mā tvaṃ Diṭṭhamaṅgalike dukkhinī ahosi, sakalaJambudīpavāsīhi te namakkāraṃ kāressāmī" ti vatvā etad avoca: "gaccha tvaṃ ghosanaṃ kārāpehi: Mahābrahmā mama sāmiko na Mātaṅgo, so candavimānaṃ bhinditvā sattame divase mama santikaṃ āgamissatī" ti. Sā[5] āha: "ahaṃ bhante brāhmaṇamahāsāladhītā hutvā attano pāpakammen' imaṃ[6] kapaṇabhāvaṃ pattā, na sakkom' evaṃ[7] vattun" ti. Mahāpuriso "na tvaṃ Mātaṅgassa pabhāvaṃ[8] jānāsī" ti vatvā, yathā sā saddahi, tathā anekāni pāṭihāriyāni dassetvā tath' eva taṃ āṇāpetvā attano vasatiṃ agamāsi. Sā tathā akāsi. Manussā ujjhāyanti[9]: 'kathaṃ hi nāmâyaṃ attano pāpakammena caṇḍālabhāvaṃ pattā puna[10] taṃ Mahābrahmānaṃ karissatī' ti. Sā adhimanā eva hutvā divase divase ghosentī nagaraṃ āhiṇḍati: "ito chaṭṭhe divase, pañcame, catutthe, tatiye, suve[11], ajja āgamissatī" ti.

---

[1] Ba °mānusakānaṃ.

[2] Ba mā māṃ apajjithā ti (*cf.* J. A. IV, 377[4]), Sk m â p a j j a t h ā t i.

[3] Ba nipatitvā.

[4] Ba anāthaṃ katvā (*cf.* J. A.) tumhe āgat' atthā ti.

[5] Skgn *om.*

[6] Ba °kammena imaṃ.

[7] Ba sakkomi evaṃ.

[8] *So* Sgn; Sk bhāvaṃ, Ba a n u b h ā v a ṃ.

[9] Skgn *ad.* h a s a n t i.

[10] Ba patvā pana.

[11] Ba sve.

Manussā tassā vissatthabhāvaṃ ñatvā 'kadāci evam pi siyā' ti attano gharadvāresu paccayaṃ[1] kārāpetvā pāṇigahaṇaṭṭhānaṃ[2] sajjetvā vayappattā dārikāyo alaṃkaritvā 'Mahābrahmani āgate kaññādānaṃ[3] dassāmā' ti ākāsaṃ ullokentā nisīdiṃsu. Atha Mahāpuriso puṇṇamadivase gaganatalaṃ upārūḷhe cande candavimānaṃ phāletvā passato janassa[4] Mahābrahmarūpena niggacchi. Jano 'dve candā jātā' ti maññi; tato anukkamenâgatan disvā 'saccan Diṭṭhamaṅgalikā āha, Mahābrahmā va ayaṃ Diṭṭhamaṅgalikaṃ dametuṃ pubbe Mātaṅgavesenâgañchī' ti niṭṭhaṃ agamāsi. Evaṃ so mahājanena dissamāno Diṭṭhamaṅgalikāya vasatiṭṭhāne[5] ev' orohi[6]; sā ca tadā utunī ahosi. So tassā nābhiṃ aṅguṭṭhakena parāmasi, tena phassena gabbho nāma patiṭṭhāsi. Tato naṃ "gabbho te saṇṭhito, puttamhi jāte taṃ nissāya jīvā" ti[7] gantvā passato mahājanassa puna candavimānaṃ pāvisi. Brāhmaṇā "Diṭṭhamaṅgalikā Mahābrahmuno pajāpatī amhākaṃ mātā jātā" ti vatvā tato tato āgacchanti sakkātukāmā[8], manussasampīḷena nagaradvārāni anokāsāni ahesuṃ. Te Diṭṭhamaṅgalikaṃ hiraññarāsiṁhi ṭhapetvā nahāpetvā maṇḍetvā rathaṃ āropetvā mahāsakkārena nagaraṃ padakkhiṇaṃ kārāpetvā nagaramajjhe maṇḍapaṃ katvā[9] tatra naṃ 'Mahābrahmuno[10] pajāpatī' ti dibbaṭṭhāne[11] ṭhapetvā vasāpenti: 'yāv' assā patirūpaṃ vasanokāsaṃ karoma, tāv' idh' eva vasatū' ti. Sā maṇḍape eva puttaṃ vijāyi. Taṃ visuddhidivase saddhiṃ puttena sasīsaṃ nahāpetvā 'maṇḍape jāto' ti dārakassa Maṇḍavyakumāro ti nāmaṃ akaṃsu; tato pabhuti ca naṃ brāhmaṇā 'Mahābrahmuno putto' ti parivāretvā caranti, tato nekasatasahassappakārā[12] paṇṇākārā āgacchanti. Te brāhmaṇā ku-

---

1 Ba m a ṇ ḍ a p a ṃ (*cf.* 188²¹). 2 Ba sānigahatthānaṃ.
3 Ba kaññāya dānaṃ. 4 Ba mahājanassa (*cf.* 188¹⁰·¹⁵).
5 Ba vasanaṭṭhāne (*notice* 190, *note* 3).
6 Sgn eva orohi, Ba eva oruyhi.
7 Ba jīvāhī ti vatvā, Sg < jīvāhī ti.
8 Sgn sakkāretukāmā, Ba taṃ sakkāraṃ kātukāmā.
9 Ba kārāpetvā (188²). 10 Ba Brahmuno; *so* Sk *at* 188²⁸.
11 Ba d i ṭ ṭ h a ṭ ṭ h ā n e. 12 Ba anekas°.

mārassa rakkhaṃ[1] ṭhapesuṃ; āgatā lahuṃ kumāraṃ daṭṭhuṃ na labhanti. Kumāro anupubbena vuddhim anvāya dānaṃ dātum āraddho; so āsāya[2] sampattānaṃ kapaṇiddhikādīnaṃ adatvā brāhmaṇānaṃ yeva deti. Mahāpuriso 'kiṃ mama putto dānaṃ deti na detī' ti āvajjetvā brāhmaṇānaṃ yeva dānaṃ[3] dentaṃ disvā 'yathā sabbesaṃ dassati, tathā karissāmī' ti cīvaraṃ pārupitvā pattaṃ gahetvā ākāsenâgamma puttassa gharadvāre aṭṭhāsi. Kumāro taṃ disvā 'kuto 'yaṃ[4] evaṃ virūpaveso[5] vasalo āgato' ti ruṭṭho imaṃ gāthaṃ āha:

"kuto nu āgacchasi rummavāsi
otallako[6] paṃsupisācako va
saṃkāracolaṃ paṭimucca kaṇṭhe,
ko re tuvaṃ hosi[7] adakkhiṇeyyo" ti.

Brāhmaṇā "gaṇhatha gaṇhathā" ti taṃ gahetvā ākoṭetvā anayavyasanaṃ pāpesuṃ; so ākāsena gantvā bahi-nagare paccaṭṭhāsi. Devatā kupitā kumāraṃ gale gahetvā uddhapādaṃ adhosiraṃ[8] ṭhapesuṃ; so akkhīhi niggatehi[9] mukhena khelaṃ galanto[10] ghurughurupassāsī[11] dukkhaṃ vediyati. Diṭṭhamaṅgalikā sutvā "koci āgato atthī" ti pucchi. "Āma pabbajito āgañchī" ti. "Kuhiṃ gato" ti. "Evaṃ gato" ti. Sā tattha gantvā "khamatha bhante attano dāsassā" ti yācantī tassa pādamūle bhūmiyaṃ nipajji. Tena ca samayena Mahāpuriso piṇḍāya caritvā yāguṃ labhitvā taṃ pivanto tattha nisinno hoti. So avasiṭṭhaṃ thokaṃ yāguṃ Diṭṭhamaṅgalikāya adāsi: "gacch' imaṃ yāguṃ udakakumbhiyā āloḷetvā[12], yesaṃ bhūtavikāro atthi, tesaṃ akkhimukhakaṇṇanāsābilesu[13] āsiñca sarīrañ ca paripphosehi, evaṃ nibbikārā bhavissantī" ti. Sā tathā akāsi.

---

[1] Ba kumārassârakkhaṃ (Pj. I, 158[18], 252[8]).
[2] Ba sālāya. [3] Ba *om.* [4] Ba kuto ayaṃ.
[5] Sk Ba evaṃrūpaveso (J. A. IV, 379 *note* 16).
[6] Ba ottandako. [7] *So* Ba; Skgn hoti (J. hohisi).
[8] Ba adhosisaṃ. [9] Ba niggataruh(?)ire.
[10] Sgn galantena, Ba paggharantena.
[11] Ba ghuraṃghuraṃpassāsī. [12] Skgn Ba ālol°.
[13] Ba *om.* -mukha-.

Tato kumārassa pakatisarīre jāte[1] "ehi tāta paṇḍitaṃ khamāpessāmā" ti puttañ ca [2]brāhmaṇe ca tassa pādamūle nikkujjetvā nipajjāpetvā khamāpesi. So "sabbajanassa dānaṃ dātabban" ti ovaditvā tassa dhammakathaṃ katvā attano vasanaṭṭhānaṃ[3] yeva gantvā cintesi: 'itthīsu pākaṭā Diṭṭhamaṅgalikā damitā, purisesu pākaṭo Maṇḍavyakumāro; idāni ko dametabbo' ti. Tato Jātimantatāpasaṃ addasa Bandhumatīnagaraṃ[4] nissāya Bandhumatīnadītīre[4] viharantaṃ. So 'ahaṃ jātiyā visiṭṭho aññehi paribhuttodakaṃ na paribhuñjāmī' ti upari-nadiyaṃ vasati. Mahāpuriso tassa uparibhāge vāsaṃ kappetvā tassa udakaparibhogavelāyaṃ dantakaṭṭhaṃ khāditvā udake pakkhipi. Tāpaso taṃ udakena vuyhamānaṃ disvā 'ken' idaṃ khittan' ti paṭisotaṃ gantvā Mahāpurisaṃ disvā "ko etthā" ti āha. "Mātaṅgacaṇḍālo ācariyā" ti. "Apehi caṇḍāla, mā upari-nadiyaṃ[5] vasī" ti. Mahāpuriso "sādhu ācariyā" ti heṭṭhā-nadiyaṃ[6] vasati; paṭisotaṃ pi dantakaṭṭhādīni tāpasassa santikaṃ āgacchanti[7]. Tāpaso puna gantvā "apehi caṇḍāla mā heṭṭhā-nadiyaṃ vasa, upari--nadiyaṃ[8] yeva vasā" ti āha; Mahāpuriso "sādh' ācariyā" ti tathā akāsi, puna pi tath' eva ahosi. Tāpaso 'puna pi tath' eva karotī' ti ruṭṭho Mahāpurisaṃ sapi: "suriyassa te uggamanavelāya sattadhā muddhā[9] phalatū" ti. Mahāpuriso pi "sādh' ācariya, aham pana suriyass' uṭṭhānaṃ na demī" ti vatvā suriyuṭṭhānaṃ[10] nivāresi. Tato 'ratti na vibhāyati, andhakāro jāto' ti bhītā Bandhumatīvāsino tāpasassa santikaṃ gantvā "atthi nu kho ācariya amhākaṃ sotthibhāvo" ti pucchiṃsu. Te hi taṃ 'arahā' ti maññanti. So tesaṃ sabbaṃ[11] ācikkhi. Te Mahāpurisaṃ upasaṃka-

---

1 *So* B^a; S^kgn Tato kumāre jāte. 2 B^a *ins.* sabba-.
3 B^a vasatiṭṭhānaṃ (*cf.* 188, *note* 5).
4 J. A. *has* Vettavatī- (B^a Kumbhavatinadītire).
5 S^kgn (B^a) °iyā (B^a mā nadiyā upari vasā ti). 6 B^a °iyā.
7 B^a paṭisotaṃ khitaṃ dantakaṭṭhaṃ t° s° āgacchati.
8 S^k °iyā.
9 S^kgn *here* muddhaṃ, *cf.* 191^14 (J. A. IV, 388^22: 388^7).
10 B^a suriyass' uṭṭh°. 11 S^kgn saccaṃ.

mitvā "suriyaṃ bhante muñcathā" ti yāciṃsu. Mahāpuriso "yadi tumhākaṃ arahā āgantvā maṃ khamāpeti, muñcāmī" ti āha. Manussā gantvā tāpasaṃ āhaṃsu: "ehi bhante Mātaṅgapaṇḍitaṃ khamāpehi, mā[1] tumhākaṃ kalahakāraṇā mayaṃ anassumhā" ti. So "nâhaṃ caṇḍālaṃ khamāpemī" ti āha. Manussā "amhe tvaṃ nāsesī" ti[2] hatthapādesu gahetvā Mahāpurisassa santikaṃ nesuṃ[3]. Mahāpuriso "mama pādamūle kucchinā nipajjitvā[2] khamāpente khamāmī" ti āha. Manussā "evaṃ karohī" ti āhaṃsu. Tāpaso "nâhaṃ caṇḍālaṃ vandāmī" ti (āha). Manussā "tava cchandena na vandissasī" ti hatthapādamassugīvādisu[4] gahetvā Mahāpurisassa pādamūle sayāpesuṃ. So "khamām' ahaṃ imassa, api ca tass' evânukampāya[5] suriyaṃ na muñcāmi, suriye hi uggatamatte muddhā assa sattadhā phalissatī" (ti āha). Manussā "idāni bhante kiṃ kātabban" ti āhaṃsu. Mahāpuriso "tena hi imaṃ galappamāṇe udake ṭhapetvā mattikāpiṇḍen' assa sīsaṃ paṭicchādetha; suriyarasmīhi[6] phuṭṭho mattikāpiṇḍo sattadhā phalissati, tasmiṃ phalite esa aññatra gacchatū" ti āha. (Te) tāpasaṃ hatthapādādisu gahetvā tathā akaṃsu; mattikāpiṇḍe phalitvā jale[7] patite tāpaso bhīto palāyi. Manussā disvā "passatha bho[8] samaṇassa ānubhāvan" ti dantakaṭṭhapakkhepanaṃ[9] ādiṃ katvā sabbaṃ vitthāretvā "n' atthi īdiso samaṇo" ti tasmiṃ pasīdiṃsu. Tato pabhuti sakalaJambudīpe khattiyabrāhmaṇādayo gahaṭṭhapabbajitā Mātaṅgapaṇḍitassa upaṭṭhānaṃ āgamaṃsu[10]. So yāvatāyukaṃ ṭhatvā kāyassa bhedā brahmaloke uppajji. Tenâha Bhagavā: tad aminā pi jānātha . . . pe . . . brahmalokūpapattiyā ti.

Evaṃ 'na jaccā vasalo hoti, kammanā vasalo hotī' ti 140–141.

---

1 Ba mā *after* mayaṃ (*reading* nassumhā).

2 Ba *ad.* t a ṃ. 3 Ba ā n e s u ṃ.

4 Skgn hatthapādamassudāṭhikādisu. 5 Skgn ass' evânuk°.

6 Sk suriyarasmiṃ hi (J. A. IV, 389[10] *read*: Suriyarasmīhi pahaṭamatte . . .). 7 Ba *om.* 8 Skgn bhoto.

9 Ba °p a k k h i p a n a ṃ.

10 *So* Ba *here and* 184[21]; Skgn agam°.

sādhetvā idāni 'na jaccā hoti brāhmaṇo, kammanā hoti brāhmaṇo' ti etaṃ[1] sādhetum āha: ajjhāyakakule jātā . . . pe . . . duggaccā[2] garahāya vā ti. Tattha *ajjhāyakakule* ti mantajjhāyake brāhmaṇakule *jātā; ajjhāyakā*[3] *kule jātā* ti pi pāṭho, mantānaṃ ajjhāyakā anupakuṭṭhe ca brāhmaṇakule jātā ti attho; mantā bandhavā etesan ti *mantabandhavā* vedabandhū, vedapaṭisaraṇā ti vuttaṃ hoti; *te ca pāpesu kammesu abhiṇhaṃ upadissare*[4] ti te evaṃ kule jātā mantabandhavā ca samānā pi, yadi pāṇātipātādisu pāpakammesu punappuna upadissanti, atha *diṭṭhe va dhamme gārayhā samparāye ca duggati* te evaṃ upadissamānā i m a s m i ṃ y e v a a t t a b h ā v e mātāpitūhi pi "na ime[5] amhākaṃ puttā, dujjātā ete kulassa aṅgārabhūtā, nikkaḍḍhatha ne" ti, brāhmaṇehi pi "gahapatikā ete, na ete brāhmaṇā, mā nesaṃ saddhayaññathālipākādisu pavesan detha[6] mā nehi saddhiṃ sallapathā" ti, aññehi pi manussehi "pāpakammantā ete, na ete brāhmaṇā" ti evaṃ gārayhā honti, s a m p a r ā y e c a nesaṃ duggati, nirayādibhedā duggati etesaṃ paraloko[7] hotī ti attho; *samparāye vā* ti pi pāṭho, paraloke etesaṃ dukkhassa gati duggati dukkhappatti y e v a hotī ti attho; *na ne jātī* ti sā tathā ukkaṭṭhā pi, yaṃ tvaṃ sārato paccesi, jāti[8] ete pāpakammesu paṭidissante brāhmaṇe "samparāye ca duggatī" ti ettha vuttappakārāya *duggaccā* vā "diṭṭhe va dhamme gārayhā" ti ettha vuttappakārāya *garahāya vā na nivāreti.*

142. Evam Bhagavā ajjhāyakakule jātānām pi brāhmaṇānaṃ gārayhādikadhammavasena diṭṭhe va dhamme patitabhāvaṃ dīpento duggatigamanena ca samparāye brāhmaṇajātiyā abhāvaṃ dīpento 'na jaccā hoti brāhmaṇo, kammanā hoti brāhmaṇo' ti etam[1] pi atthaṃ sādhetvā idāni duvidham pi taṃ[9] atthaṃ nigamento āha: evam brāhmaṇa

na jaccā vasalo hoti na jaccā hoti brāhmaṇo,
kammanā vasalo hoti kammanā hoti brāhmaṇo ti.

---

1 (?); Skgn Ba evaṃ. 2 Ba duggatyā *throughout.*
3 Ba ajjhāyikā. 4 Ba abhiṇhā-m-upad°. 5 Ba n a - y - i m e.
6 *Corr.* Tr.; Skgn pavesanotha, Ba pavesetha.
7 *So* Skgn Ba. 8 Skg jātiṃ. 9 Ba *om.*

Sesaṃ Kasibhāradvājasutte* vuttanayam eva, visesato[1] ettha nikkujjitaṃ vā ti ādīnaṃ evaṃ yojanā veditabbā: yathā koci nikkujjitaṃ ukkujjeyya, evaṃ maṃ kammavimukhaṃ jātivāde[2] patitaṃ 'jātiyā brāhmaṇa-vasalabhāvo hotī' ti diṭṭhito v u ṭ ṭ h a p e n t e n a, yathā paṭicchannaṃ vivareyya, evaṃ jātivādapaṭicchannaṃ kammavādaṃ v i v a r a n t e n a, yathā mūḷhassa maggaṃ ācikkheyya, evaṃ brāhmaṇa-vasalabhāvassa asambhinnaṃ ujumaggaṃ ā c i k k h a n t e n a, yathā andhakāre telapajjotaṃ dhāreyya, evaṃ Mātaṅgādinidassana-p a j j o t a d h ā r a - ṇ e n a mayhaṃ bhotā Gotamena etehi pariyāyehi pakāsitattā anekapariyāyena dhammo pakāsito ti

AGGIKABHĀRADVĀJASUTTAVAṆṆANĀ NIṬṬHITĀ.

8.

Karaṇīyam atthakusalenā ti Mettasuttaṃ. Kā uppatti: (143.)
Himavantapassato kira devatāhi ubbāḷhā bhikkhū Bhagavato santikaṃ Sāvatthiṃ āgacchiṃsu; tesaṃ Bhagavā parittatthāya kammaṭṭhānatthāya ca idaṃ suttam abhāsi. Ayan tāva saṃkhepo, ayam pana vitthāro:

Ekaṃ samayaṃ Bhagavā [= Pj. I, 232^{7}–252^{20}]. karaṇīyam atthan ti

METTASUTTAVAṆṆANĀ NIṬṬHITĀ.

9.

Ajja pannaraso ti Hemavatasuttaṃ. Kā uppatti: puc- (153.)
chāvasikā uppatti, Hemavatena hi puṭṭho[3] puṭṭho Bhagavā "chassu loko samuppanno" ti ādīni abhāsi. Tattha "ajja pannaraso" ti ādi Sātāgirena vuttam, "iti Sātāgiro" ti ādi saṅgītikārehi, "kacci mano" ti ādi Hemavatena[4], "chassu loko" ti ādi Bhagavatā; taṃ sabbam pi samodhā-

* (155^{6}–157^{15}.)

[1] Ba *ad.* v ā. [2] Ba *ad.* va. [3] Sgn Ba *om.*
[4] Ba *ad.* kacci (ɔ: kismiṃ) loko ti ādi Hemavatena.

netvā Hemavatasuttan ti vuccati, Sātāgirasuttan ti [1]ekaccehi[1].

Tattha, yâyaṃ ajja pannaraso ti ādigāthā, tassā uppatti: Imasmiṃ yeva bhaddakappe vīsativassasahassāyukesu purisesu uppajjitvā soḷasa vassasahassāni ṭhatvā parinibbutassa bhagavato Kassapasammāsambuddhassa mahatiyā pūjāya sarīrakiccaṃ akaṃsu. Tassa dhātuyo avikiritvā suvaṇṇakkhandho viya ekaghanā hutvā saṇṭhahiṃsu[2]. Dīghāyukabuddhānaṃ hi esā dhammatā; appāyukabuddhā pana, yasmā bahutarena janena adiṭṭhā eva parinibbāyanti, tasmā 'dhātupūjam pi katvā tattha tattha janā puññaṃ pasavissantī' ti anukampāya 'dhātuyo vikirantū' ti adhiṭṭhahanti, tena tesaṃ suvaṇṇacuṇṇāni viya dhātuyo vikiranti, seyyathā pi amhākaṃ Bhagavato. Manussā tassa bhagavato ekaṃ yeva dhātugharaṃ katvā cetiyaṃ patiṭṭhāpesuṃ yojanaṃ ubbedhena ca parikkhepena ca. Tassa ekekagāvutantarāni cattāri dvārāni ahesuṃ: ekaṃ dvāraṃ Kikī rājā aggahesi, ekaṃ tass' eva putto Paṭhavindharo[3] nāma, ekaṃ senāpatipamukhā amaccā, ekaṃ seṭṭhipamukhā jānapadā. Rattasuvaṇṇamayā ekaghanā suvaṇṇarasapaṭibhāgā ca nānāratanamayā iṭṭhakā ahesuṃ, ekekā satasahassagghanakā[4]. Te haritālamanosilāhi mattikākiccaṃ, surabhitelena udakakiccaṃ katvā cetiyaṃ patiṭṭhāpesuṃ[5].

Evaṃ patiṭṭhite cetiye dve kulaputtā sahāyakā nikkhamitvā sammukhasāvakānaṃ therānaṃ[6] santike pabbajiṃsu; dīghāyukabuddhānaṃ hi sammukhasāvakā yeva pabbājenti upasampādenti nissayaṃ denti, itare na labhanti. Tato te kulaputtā "sāsane bhante kati dhurānī" ti pucchiṃsu. Therā "dve dhurānī" ti kathesuṃ: "vāsadhuraṃ pariyattidhurañ cā" ti.—Tattha pabbajitena kulaputtena ācariyūpajjhāyasantike pañca vassāni vasitvā vattapaṭivattaṃ pūretvā pātimokkhaṃ dve-tīṇi-bhāṇavārasuttantañ[7] ca

---

1–1 Sgn pi vuccati (Sg *ad.* Sātāgirasuttan ti ekaccehi); Ba pi vuccati ekacce. 2 Ba a ṭ ṭ h a ṃ s u.

3 Sk Ba P a ṭ h a v i n d a r o. 4 Ba °a g g h a n i k ā.

5 Ba udakakiccañ ca katvā t a ṃ cetiyaṃ patiṭṭhāpesuṃ. 6 Ba *om.* 7 Ba °suttantāni.

paguṇaṃ katvā kammaṭṭhānaṃ uggahetvā kule vā gaṇe vā nirālayena araññaṃ pavisitvā arahattasacchikiriyāya ghaṭitabbaṃ vāyamitabbaṃ, etaṃ v ā s a d h u r a ṃ; attano thāmena pana ekaṃ vā nikāyaṃ pariyāpuṇitvā, dve vā, pañca vā nikāye, pariyattito ca[1] atthato ca[1] suvisadaṃ sāsanaṃ anuyuñjitabbaṃ, etaṃ p a r i y a t t i d h u r a n ti*.—Atha te kulaputtā "dvinnaṃ dhurānaṃ vāsadhuraṃ eva seṭṭhan" ti vatvā 'mayaṃ pan' amha daharā, vuddhakāle vāsadhuraṃ paripūressāma; pariyattidhuran tāva pūremā' ti pariyattiṃ ārabhiṃsu. Te pakatiyā va paññavanto[2] nacirass' eva sakalabuddhavacane[3] pakataññuno Vinaye ca atīva[4] vinicchayakusalā ahesuṃ. Tesaṃ pariyattin nissāya parivāro uppajji, parivāran nissāya lābho, ekamekassa [5]pañcasatā bhikkhū parivārā ahesuṃ; te satthu sāsanaṃ dīpentā vihariṃsu, puna buddhakālo viya ahosi.

Tadā dve bhikkhū gāmakāvāse viharanti: Dhammavādī ca[1] Adhammavādī ca. Adhammavādī caṇḍo hoti pharuso mukharo. Tassa ajjhācāro itarassa pākaṭo hoti; tato naṃ "idan te āvuso kammaṃ sāsanassa appatirūpan" ti codesi. So "kin te diṭṭhaṃ, kiṃ sutan" ti vikkhipati. Itaro "vinayadharā jānissantī" ti āha. Tato Adhammavādī 'sace imaṃ vatthuṃ vinayadharā vinicchinissanti, addhā me sāsane patiṭṭhā na bhavissatī' ti ñatvā attano pakkhaṃ kātukāmo tāvad eva parikkhāre ādāya te dve there upasaṃkamitvā samaṇaparikkhāre datvā tesaṃ nissayena viharituṃ āraddho sabbañ ca nesaṃ upaṭṭhānaṃ sakkaccaṃ vattapaṭivattaṃ pūretukāmo viya akāsi. Tato ekadivasaṃ upaṭṭhānaṃ gantvā vanditvā tehi vissajjiyamāno pi aṭṭhāsi yeva. Therā "kiñci vattabbaṃ atthī" ti[6] pucchiṃsu. So āha: "bhante[7] ekena me bhikkhunā saha ajjhācāraṃ paṭicca vivādo atthi; so yadi taṃ vatthuṃ idhâgantvā āroceti, yathāvinicchayaṃ na vinicchi(ni)tabban" ti. Therā

---

* *Cf.* 306[2]; Dhp. A. I, 7[16].

---

[1] Ba *om.* [2] Skgn paññāvanto. [3] Ba sakale buddh°. [4] Ba ativiya. [5] Ba *ins.* pañca-. [6] Ba *ad.* taṃ. [7] Ba So āma bhante.

"osaṭaṃ vatthuṃ yathāvinicchayaṃ na vinicchetuṃ[1] na vaṭṭatī" ti āhaṃsu. So "evaṃ kayiramāne bhante mama sāsane patiṭṭhā n' atthi, mayh' etaṃ[2] pāpaṃ hotu, mā taṃ[3] tumhe vinicchinitthā" ti[4]. Te tena nippīḷiyamānā sampaṭicchiṃsu. So tesaṃ paṭiññaṃ gahetvā puna taṃ āvāsaṃ gantvā 'sabbaṃ vinayadharānaṃ santike niṭṭhitan' ti taṃ Dhammavādiṃ suṭṭhutaraṃ avamaññanto pharusena samudācarati. Dhammavādī 'nissaṃko ayaṃ[5] jāto' ti tāvad eva nikkhamitvā therānaṃ parivāraṃ bhikkhusahassaṃ[6] upasaṃkamitvā āha: "nanu āvuso osaṭaṃ vā[3] vatthuṃ yathādhammaṃ vinicchinitabbaṃ anosārāpetvā[7] eva vā aññamaññaṃ accayaṃ desāpetvā sāmaggi kātabbā; ime pana therā n' eva vatthuṃ[3] vinicchinimsu[8] na sāmaggiṃ akaṃsu, kin nām' etan" ti. Te pi sutvā tuṇhī ahesuṃ: 'nūna kiñci ācariyehi ñātan' ti. Tato Adhammavādī okāsaṃ labhitvā "tvaṃ pubbe 'vinayadharā jānissantī' ti[9] bhaṇasi; ime dāni te vinayadharā[10], ārocehi taṃ vatthun" ti taṃ Dhammavādiṃ pīḷetvā "ajjatagge parājito tvaṃ, mā taṃ āvāsaṃ āgañchī" ti[11] vatvā pakkāmi. Tato Dhammavādī there upasaṃkamitvā "tumhe sāsanaṃ anapekkhitvā 'amhe upaṭṭhesi paritosesī' ti puggalam ev' apekkhittha[12], sāsanaṃ arakkhitvā puggalaṃ rakkhittha, ajjatagge dāni tumhākaṃ vinicchetuṃ[13] na vaṭṭati, ajja parinibbuto Kassapo bhagavā" ti mahāsaddena kanditvā "naṭṭhaṃ satthu sāsanan" ti paridevamāno pakkāmi. Atha kho te bhikkhū saṃviggā 'mayaṃ[14] puggalam anurakkhantā sāsanaratanaṃ sobbhe pakkhipimhā' ti kukkuccam uppā-

---

1 ?; Skgn Ba vinicchituṃ (*cf. note* 13 *and* 195[32]).
2 Ba mayhaṃ taṃ. 3 Ba *om.*
4 *So* Ba; Sk vinicchinathā ti, Sgn vinicchitthā ti.
5 Skgn *ad.* na.
6 *Cf.* 197[5]; Ba parivārabhik°; *at* 197[6] Sgn *have* parivārayakkhā. 7 Sgn Ba anosarāpetvā.
8 Ba vinicchiṃsu (*cf. note* 4). 9 Skgn jānantī ti.
10 Ba imaṃ pana dāni te vinayadharānaṃ.
11 Sgn Ba āgacchā ti. 12 Ba e v â p e k k h i t v ā.
13 Ba vinicchayaṃ vinicchituṃ.
14 Ba saṃviggamānasā, *om.* mayaṃ.

desuṃ. [1][Te] ten' eva kukkuccena upahatāsayattā tesaṃ jeṭṭhako kālaṃ katvā sagge nibbattituṃ asakkonto Himavati[1] Hemavate pabbate nibbatti Hemavato yakkho ti nāmena, dutiyācariyo Majjhimadese Sātapabbate Sātāgiro ti nāmena. Te pi tesaṃ parivārā bhikkhū tesaṃ yeva anuvattitvā sagge yeva[2] nibbattituṃ asakkontā tesaṃ parivārā yakkhā va hutvā nibbattiṃsu. Tesaṃ pana paccayadāyakā gahaṭṭhā devaloke nibbattiṃsu*. Hemavata-Sātāgirā aṭṭhavīsatiyakkhasenāpatīnaṃ† abbhantarā mahānubhāvā yakkharājāno ahesuṃ. Yakkhasenāpatīnañ ca ayaṃ dhammatā: māse māse aṭṭha divasāni dhammavinicchayatthaṃ, Himavati manosilātale Bhagalavati pabbate‡ devānaṃ[3] sannipāto hoti—tattha sannipatitabban ti. Atha Sātāgira-Hemavatā tasmiṃ samāgame aññamaññaṃ disvā sañjāniṃsu, "tvaṃ samma kuhiṃ uppanno, tvaṃ kuhin" ti attano attano uppattiṭṭhānañ ca pucchitvā vippaṭisārī ahesuṃ: "naṭṭhā mayaṃ samma[4] vīsati vassasahassāni samaṇadhammaṃ katvā ekaṃ pāpasahāyaṃ nissāya yakkhayoniyaṃ uppannā, amhākaṃ paccayadāyakā kāmāvacaradevalokesu[5] nibbattā" ti. Atha[6] Sātāgiro āha: "mārisa Himavā nāma acchariyaabbhutasammato; kiñci acchariyaṃ disvā vā sutvā vā mamâpi āroceyyāsī" ti. Hemavato pi āha: "mārisa Majjhimadeso nāma acchariyaabbhutasammato; kiñci acchariyaṃ disvā vā sutvā vā mamâpi āroceyyāsī" ti. Evaṃ tesu dvīsu sahāyesu aññamaññaṃ katikaṃ katvā taṃ eva uppattiṃ ariñcitvā[7] vasamānesu ekaṃ buddhantaraṃ vītivattaṃ, mahāpaṭhavī ekayojana-tigāvutamattaṃ[8] ussadā.

* (D. II, 256[16] ?.) † (D. III, 204–205.)
‡ *Vide* D. III, 201[18], *and* Sum. *ad loc.*

[1–1] B[a] Ten' eva kukk° upah° te sagge nibbattitum asakkontā ekâcariyo Himavati. [2] B[a] *om.*
[3] B[a] devatānaṃ (198, *note* 2). [4] B[a] *ad.* pubbe.
[5] B[a] kāmāvacaradevesu.
[6] B[a] *ad.* naṃ. [7] B[a] amuccitvā.
[8] *So* B[a] (*cf.* J. A. I, 70[23] > Ss. p. 181[22]); S[k] °yojinim-tig°; S[gn] °yojanim-tig°.

Atha amhākaṃ bodhisatto Dīpaṃkarapādamūle katapaṇidhāno, yāva Vessantarajātakaṃ, tāva pāramiyo pūretvā Tusitabhavane uppajjitvā tattha yāvatāyukaṃ ṭhatvā[1] devatāhi āyācito pañca mahāvilokanāni viloketvā devānaṃ[2] ārocetvā dvattiṃsāya pubbanimittesu vattamānesu idha paṭisandhiṃ aggahesi dasasahassiṃ lokadhātuṃ kampetvā. Tāni disvā p' ime [3]yakkhā 'iminā kāraṇena nibbattānī' ti na jāniṃsu—"khiḍḍāpasutattā n' ev' addasaṃsū" ti e k e—; esa nayo jātiyaṃ abhinikkhamane bodhiyañ ca[4]; dhammacakkappavattane pana[4] Pañcavaggike āmantetvā Bhagavati tiparivaṭṭaṃ dvādasā[kā]raṃ varadhammacakkaṃ pavattente mahābhūmicālaṃ pubbanimittaṃ pāṭihāriyāni ca etesaṃ eko Sātāgiro yeva paṭhamaṃ addasa nibbattikāraṇañ ca tesaṃ ñatvā sapariso Bhagavantaṃ upasaṃkamma dhammadesanaṃ assosi, na ca[4] kiñci visesaṃ adhigañchi, kasmā: so hi dhammaṃ suṇanto Hemavataṃ anussaritvā 'āgato nu kho me sahāyako no' ti parisaṃ oloketvā taṃ[5] apassanto 'vañcito me sahāyo, yo evaṃ vicitrapaṭibhānaṃ Bhagavato [6]desanaṃ na suṇātī' ti vikkhittacitto ahosi. Bhagavā ca atthaṅgate pi[7] suriye desanaṃ na[4] niṭṭhapesi. Atha Sātāgiro 'sahāyaṃ gahetvā tena sahâgamma dhammadesanaṃ sossāmī' ti hatthiyānaassayānagaruḷayānādīni māpetvā pañcahi yakkhasatehi parivuto Hemavantābhimukho pāyāsi. Tadā Hemavato pi, y a s m ā paṭisandhijātiabhinikkhamanabodhiparinibbānesv eva dvattiṃsa pubbanimittāni hutvā va paṭivigacchanti na ciraṭṭhitikāni honti, dhammacakkappavattane pana tāni savisesāni hutvā cirataraṃ[8] ṭhatvā nirujjhanti, t a s m ā Himavati taṃ acchariyapātubhāvaṃ disvā 'yato ahaṃ jāto, na kadāci ayaṃ pabbato evaṃ abhirāmo bhūtapubbo; handa dāni mama sahāyaṃ gahetvā āgamma tena saha imaṃ pupphasiriṃ anubhavissāmī' ti tath' eva Majjhimadesābhimukho āgacchati. Te ubho pi Rājaga-

---

[1] Ba *ad.* Dhammapadanidāne(!)vuttanayena.
[2] Ba devatānaṃ. [3] Ba *ins.* rāja-. [4] Ba *om.*
[5] Skgn *om.* [6] Ba *ins.* dhamma-.
[7] Ba *om.*; Skgn *ad.* ca. [8] Ba ciraṃ.

hassa upari samāgantvā aññamaññaṃ[1] āgamanakāraṇaṃ pucchiṃsu. Hemavato āha: "yato ahaṃ mārisa jāto, nâyaṃ pabbato evaṃ akālakusumitehi rukkhehi abhirāmo bhūtapubbo, tasmā taṃ[2] etaṃ pupphasiriṃ tayā saddhiṃ anubhavissāmī ti āgato 'mhī" (ti). Sātāgiro āha: "jānāsi pana tvaṃ mārisa, yena kāraṇena imaṃ akālapupphapāṭihāriyaṃ jātan" ti. "Na jānāmi mārisā" ti. "Imaṃ mārisa pāṭihāriyaṃ na kevalaṃ Himavante yeva api ca kho[2] pana dasasahassīlokadhātusu nibbattaṃ: sammāsambuddho loke uppanno ajja dhammacakkaṃ pavattesi, tena kāraṇenā" ti. Evaṃ Sātāgiro Hemavatassa buddhuppādaṃ kathetvā taṃ[2] Bhagavato santikaṃ ānetukāmo imaṃ gātham āha—k e c i p a n a "Gotamake cetiye viharante Bhagavati ayam evam āhā" ti bhaṇanti—: ajja pannaraso ti.

Tattha *ajjā* ti ayaṃ rattindivo pakkhagaṇanato *panna-* 153.
raso upavasitabbato *uposatho*, tīsu v ā uposathesu, ajja pannaraso uposatho na cātuddasiuposatho na sāmaggiuposatho; *y a s m ā v ā pātimokkhuddesa-aṭṭhaṅga-upavāsapaññatti-divasādisu sambahulesu atthesu uposatha-saddo vattati, "āyāmâvuso Kappina uposathaṃ gamissāmā"† ti ādisu hi pātimokkhuddese uposatha-saddo, "evaṃ aṭṭhaṅgasamannāgato kho Visākhe uposatho upavuttho"‡ ti ādisu pāṇātipātā-veramaṇīādikesu aṅgesu[3], "suddhassûposatho sadā"§ ti ādisu upavāse, "Uposatho nāma nāgarājā"‖ ti ādisu paññattiyaṃ, "tadah' uposathe pannarase sīsaṃ nahātassā"¶ ti ādisu divase, t a s m ā avasesatthaṃ paṭikkhipitvā Āsāḷhapuṇṇamadivasaṃ[4] yeva niyāmento āha: ajja pannaraso uposatho ti, 'pāṭipado, dutiyo' ti evaṃ gaṇiyamāne ajja pannaraso divaso ti attho; ** divi bhavāni divyāni ettha atthī ti *divyā*, kāni: tāni rūpāni,

* *Cf.* Sum. I, 139^{16}. † *Cf.* Vin. I, 104–105.
‡ *Cf.* A. I, 212^{30}.
§ M. I, 39^{19} (B^{a} S^{k} suddhassa ve sadā phaggu suddhassûposatho sadā.) ‖ D. II, 174^{14}. ¶ D. II, 172^{8}.
** *Cf.* Pj. I, 227^{28}.

1 B^{a} aññamaññassa. 2 B^{a} *om.* 3 B^{a} a ṭ ṭ h a ṅ g e s u.
4 S^{g} B^{a} *here* (*and* S^{kgn} B^{a} *at* 208^{22}) Āsāḷhi°.

taṃ hi rattiṃ devānaṃ dasasahassīlokadhātuto sannipatitānaṃ sarīravatthābharaṇavimānappabhāhi abbhādiupakkilesavirahitāya candappabhāya ca sakalaJambudīpo alaṃkato ahosi visesālaṃkato ca paramavisuddhidevassa Bhagavato sarīrappabhāya, tenâha: divyā ratti upaṭṭhitā ti. Evaṃ rattiguṇavaṇṇanāpadesenâpi sahāyassa cittappasādaṃ janento buddhuppādaṃ kathetvā āha: anomanāmaṃ satthāraṃ handa passāma Gotaman ti. Tattha anomehi alāmakehi sabbākāraparipūrehi guṇehi nāmaṃ assā ti a n o m a n ā m o, tathā hi 'ssa "bujjhitā saccānī ti buddho, bodhetā pajāyā ti buddho"* ti ādinā nayena Buddho ti anomehi guṇehi nāmaṃ, "bhaggarāgo ti bhagavā, bhaggadoso ti bhagavā"† ti ādinā nayena Bhagavā ti anomehi guṇehi nāmaṃ, esa nayo "arahaṃ sammāsambuddho vijjācaraṇasampanno" ti ādisu; diṭṭhadhammikādisu atthesu devamanusse anusāsati "imaṃ pajahatha imaṃ samādāya vattathā" ti s a t t h ā, api ca "satthā Bhagavā satthavāho, yathā satthavāho satthe kantāraṃ tāretī" ti ādinā Niddese‡ vuttanayenâpi satthā—taṃ *anomanāmaṃ satthāraṃ*; *handā* ti vyavasānatthe[1] nipāto; *passāmā* ti tena attānaṃ saha saṅgahetvā paccuppannavacanaṃ; *Gotaman* ti Gotamagottaṃ. Kiṃ vuttaṃ hoti: 'satthā, na satthā' ti mā vimatiṃ akāsi, ekantavyavasito hutvā va ehi, passāma Gotaman ti.

154. Evaṃ vutte Hemavato 'ayaṃ Sātāgiro "anomanāmaṃ satthāran" ti bhaṇanto tassa sabbaññutaṃ pakāseti, sabbaññuno ca dullabhā loke, sabbaññupaṭiññehi Pūraṇādisadiseh' eva loko upadduto; so pana yadi sabbaññū, addhā tādilakkhaṇappatto bhavissati, tena taṃ evaṃ gahessāmī' ti[2] cintetvā tādilakkhaṇaṃ pucchanto āha: kacci mano ti. Tattha *kaccī* ti pucchā; *mano* ti cittaṃ; *supaṇihito* ti suṭṭhu ṭhapito acalo asampavedhī; *sabbabhūtesu tādino* ti tādilak-

---

* Pj. I, 14[32], *etc.* (Sp. *ad* Vin. III, 1[11]).
† *Vide* Pj. I, 107 *note* *. ‡ Nidd. *ad* S.N. 955.

---

[1] *So* Skgn; Ba vyavasādhanatthe; *vide* Sum. I, 237[5].
[2] Ba e v a ṃ p a r i g a h i s s ā m ī ti.

khaṇappattass' eva sato, pucchā eva v ā ayaṃ: so tava[1] satthā sabbabhūtesu *tādī* udāhu *no* ti; *iṭṭhe aniṭṭhe vā* ti evarūpe ārammaṇe; *saṃkappā* ti vitakkā; *vasīkatā* ti vasaṃ gamitā. Kiṃ vuttaṃ hoti: yan tvaṃ satthāraṃ vadasi, tassa te satthuno kacci tādilakkhaṇappattassa sato sabbabhūtesu mano supaṇihito[2] udāhu, yāva calanappaccayaṃ na labhati, tāva supaṇihito viya khāyati; so v ā te satthā kacci *sabbabhūtesu* samacittena *tādī* udāhu *no*, ye ca kho iṭṭhāniṭṭhesu ārammaṇesu rāgadosavasena saṃkappā uppajjeyyuṃ, ty āssa kacci vasīkatā udāhu kadāci tesam pi vasena[3] vattatī ti.

Tato Sātāgiro Bhagavato sabbaññubhāve vyavasitattā[4] 155.
sabbe sabbaññuguṇe anujānanto āha: mano c' assa supaṇihito ti ādi. Tattha *supaṇihito* ti suṭṭhu ṭhapito paṭhavisamo avirujjhanaṭṭhena, Sinerusamo[5] suppatiṭṭhitācalaṭṭhena, indakhīlopamo[6] catubbidhamāra-paravādigaṇehi akampiyaṭṭhena, anacchariyañ c' etaṃ Bhagavato idāni sabbākārasampannattā sabbaññubhāve ṭhitassa mano supaṇihito acalo bhaveyya, yassa tiracchānabhūtassâpi sarāgādikāle Chaddantanāgakule uppannassa savisena sallena viddhassa acalo ahosi vadhake pi tasmiṃ na ppadussi, aññadatthu tass' eva attano dante chetvā adāsi, tathā Mahākapibhūtassa mahatiyā silāya sīse pahaṭassâpi[7] tass' eva ca maggaṃ desesi[8], tathā Vidhurapaṇḍitabhūtassa pādesu gahetvā saṭṭhiyojane Kāḷapabbatapapāte pakkhittassâpi, aññadatthu tass' eva yakkhass' atthāya dhammaṃ desesi*,— tasmā sammad evâha Sātāgiro: mano c' assa supaṇihito ti; *sabbabhūtesu tādino* ti sabbasattesu tādilakkhaṇappattass' eva mano supaṇihito, na yāva paccayaṃ na[9] labhatī[10] ti

* J. A. V, 52[27]; V, 68[16]; VI, 308[28].

[1] Ba te. [2] Skgn Ba suppaṇi° *passim.*

[3] Ba tesaṃ vasen' eva.

[4] Sk °bhāvé yyavasītattā, Sgn °bhave yyavasitattā, Ba °bhāvo byavasitattā.

[5] Sg Sinerūpamo. [6] Ba indakhīlasamo.

[7] Ba paharantassâpi. [8] Ba dassesi.

[9] Ba *om.* [10] Ba labhi.

attho; tattha Bhagavato [1]tādilakkhaṇaṃ pañcadhā veditabbaṃ[1], yathâha: "Bhagavā pañcah' ākārehi tādī: iṭṭhāniṭṭhe tādī, cattāvī ti tādī, tiṇṇāvī[2] ti tādī, tanniddeso ti tādī, katham Bhagavā iṭṭhāniṭṭhe tādī: Bhagavā lābhe pi tādī" ti evamādi sabbaṃ Niddese* vuttanayen' eva[3] gahetabbaṃ, lābhādayo ca tassa Mahāaṭṭhakathāyaṃ vitthāritanayena veditabbā; pucchā eva vā ayaṃ: so te satthā *sabbabhūtesu tādī* udāhu *no* ti, imasmiṃ pi vikappe sabbabhūtesu samacittatāya tādī amhākaṃ satthā ti attho, ayaṃ hi Bhagavā sukhūpasaṃhārakāmatāya dukkhāpanayanakāmatāya ca sabbasattesu samacitto, yādiso attani tādiso paresu, yādiso Mahāmāyāya[4] tādiso Ciñcāmāṇavikāya[5], yādiso pitari Suddhodane tādiso Suppabuddhe, †yādiso putte Rāhule tādiso vadhakesu Devadatta-Dhanapālaka-Aṅgulimālādisu sadevake ca loke ti tādī[6], — tasmā sammad evâha Sātāgiro: [7]sabbabhūtesu tādino ti[7]; *atho iṭṭhe aniṭṭhe cā* ti ettha pana evaṃ attho daṭṭhabbo: yaṃ kiñci iṭṭhaṃ vā aniṭṭhaṃ vā ārammaṇaṃ, sabbappakārehi tattha ye rāgadosavasena *saṃkappā* uppajjeyyuṃ, ty *āssa* anuttarena maggena rāgādīnaṃ pahīnattā *vasīkatā* na kadāci tesaṃ vasena vattati, so hi Bhagavā anāvilasaṃkappo suvimuttacitto suvimuttapañño ti. Ettha ca supaṇihitamanatāya ayoniso manasikārābhāvo vutto, sabbabhūtaiṭṭhāniṭṭhehi[8], yo yattha bhaveyya, taṃ-sattasaṃkhārabhedato duvidhaṃ ārammaṇaṃ vuttaṃ, saṃkappavasībhāvena tasmiṃ ārammaṇe tassa manasikārassâbhāvato kilesappahānaṃ vuttaṃ; supaṇihitamanatāya ca manosamācārasuddhi, sabbabhūtesu tāditāya kāyasamācārasuddhi, saṃkappe vasībhāvena vitakkamūlakattā vācāya vacīsamācārasuddhi; tathā supaṇihitamanatāya lobhādisab-

* Nidd. *ad* S. N. 803[d] *q.v.*

† *Cf.* Dhp. A. I, 146[15] (A. V, 29–32).

1–1 Ba tādi Bhagavā lābhe pi tādī ti evamādi sabbaṃ.
2 Skgn tiṇṇavī.
3 Ba vuttanayena, *om.* eva.
4 Ba *om.* Mahā-.
5 Sgn Ba Ciñcam°.
6 Ba sadevake loke pi tādī.
7–7 Ba ti attho. Tattha.
8 Ba sabbabhūtesu iṭṭh°.

badosābhāvo, sabbabhūtesu tāditāya mettādiguṇasabbhāvo[1],
saṃkappavasībhāvena paṭikkūle appaṭikkūlasaññitādibhedā
ariyiddhi, tāya c' assa sabbaññubhāvo vutto hotī ti veditabbo.
Evaṃ Hemavato pubbe manodvāravasen' eva tādibhā- 156.
vaṃ[2] pucchitvā tañ ca paṭijānantam imaṃ sutvā, daḷhī-
kammatthaṃ idāni dvārattayavasenâpi, pubbe v ā saṃkhe-
pena kāyavacīmanodvārasuddhiṃ[3] pucchitvā tañ ca paṭi-
jānantam imaṃ sutvā daḷhīkammattham eva vitthārenâpi
pucchanto āha: kacci adinnan ti. Tattha gāthābandha-
sukhatthāya paṭhamaṃ adinnādānaviratiṃ[4] pucchati, *ārā
pamādamhā* ti pañcasu kāmaguṇesu cittavossaggato dūrī-
bhāvena[5] abrahmacariyaviratiṃ pucchati; *ārā pamadamhā*
ti pi[6] paṭhanti, ārā mātugāmā ti vuttaṃ hoti; *jhānaṃ
na riñcatī* ti iminā pana tassā[7] yeva tividhāya kāyaduc-
caritaviratiyā balavabhāvaṃ pucchati, jhānayuttassa[8] hi
virati balavatī hotī ti. Atha Sātāgiro, y a s m ā Bha- 157.
gavā na kevalaṃ etarahi atīte pi addhāne dīgharattaṃ
adinnādānādīhi paṭivirato [9]tassā tass' eva ca[9] viratiyā
ānubhāvena tan taṃ mahāpurisalakkhaṇaṃ* paṭilabhi[10],
sadevako c' assa loko "adinnādānā paṭivirato samaṇo
Gotamo"† ti ādinā nayena vaṇṇaṃ bhāsati, t a s m ā
vissaṭṭhāya vācāya sīhanādaṃ nadanto āha: na so adinnaṃ
ādiyatī ti. Taṃ atthato pākaṭam eva. Imissā pi gāthāya
tatiyapāde '*pamādamhā, pamadamhā*' ti [11]dve pāṭhā[11],
catutthapāde ca *jhānaṃ na riñcatī* ti jhānaṃ rittakaṃ suñ-
ñakaṃ na karoti na pariccajatī ti attho veditabbo.
Evaṃ kāyadvāre suddhiṃ sutvā idāni vacīdvāre suddhiṃ 158.

---

* (D. III, 142–179, Lakkhaṇasutta). † D. I, 4[5], *etc.*

---

1 Ba °sambhavo. 2 Sk tādibhaṃ, Sgn tādisaṃ.
3 Sgn °dvāre suddhiṃ (*cf.* 204, *note* 14).
4 Sk < a d i n ṇ ā d ā n ā v i r°. 5 Ba dūrībhāvo, tena.
6 Ba pi vā; Skgn *om.* 7 Sgn pan' assā, Sk pan' assa.
8 Ba jhānasaṃyuttassa.
9–9 Ba tassā yeva (204[14]; tassā tassā yeva). 10 Ba paṭilabhati.
11–11 (?); Ba dvidhā pāṭhā; Sk dve pā ādāya; Sgn dve
pādāya.

pucchanto āha: kacci musā na bhaṇatī ti. Ettha khīṇātī ti khīṇo, hiṃsati[1] vibādhatī ti attho, vācāya patho vyappatho, khīṇo vyappatho assā ti khīṇavyappatho, taṃ nakārena paṭisedhetvā pucchati: *na khīṇavyappatho* ti, na pharusavāco ti vuttaṃ hoti; *nâkhīṇavyappatho*[2] ti pi pāṭho, na akhīṇavacano[3] ti attho, pharusavacanaṃ hi paresaṃ hadaye akhīyamānaṃ tiṭṭhati, tādisavacano[4] kacci na so ti[5] vuttaṃ hoti; vibhūtī ti [6]vināso, vibhūtiṃ kāyati[6] karoti vā[7] vibhūtikaṃ, vibhūtikam eva vebhūtikaṃ, vebhūtiyan[8] ti pi[9] vuccati, pesuññass' etaṃ adhivacanaṃ, taṃ hi sattānaṃ aññamaññato bhedanena vināsaṃ karoti. Sesam
159. uttānattham eva. Atha Sātāgiro, y a s m ā Bhagavā na kevalaṃ etarahi atīte pi addhāne dīgharattaṃ musāvādādīhi paṭivirato tassā tass' eva ca viratiyā ānubhāvena tan taṃ mahāpurisalakkhaṇaṃ paṭilabhi, sadevako c' assa loko "musāvādā paṭivirato samaṇo Gotamo" ti vaṇṇaṃ bhāsati, t a s m ā vissaṭṭhāya vācāya sīhanādaṃ nadanto āha: musā ca so na bhaṇatī ti. Tattha *musā* ti vinidhāya[10] diṭṭhādīni paravisaṃvādanavacanaṃ, taṃ so na *bhaṇati;* dutiyapāde pana paṭhamatthavasena *na khīṇavyappatho*[11], dutiyatthavasena *akhīṇavyappatho*[12] ti vā[1] pāṭho; catutthapāde *mantā* ti paññā vuccati, Bhagavā y a s m ā tāya[13] paricchinditvā *attham* eva *bhāsati* atthato anapetavacanaṃ na samphaṃ, aññāṇapurekkhāraṃ hi niratthakavacanaṃ buddhānaṃ n' atthi, t a s m ā āha: mantā atthaṃ so bhāsatī ti. Sesam ettha pākaṭam eva.
160. Evaṃ vacīdvārasuddhim[14] pi sutvā idāni manodvārasud-

---

[1] Ba *om.* [2] Skg na khīṇ°, Sn ṇa khīṇ°.
[3] Ba nâkhīṇ°. [4] Sk tādivacano.
[5] Ba na h o t ī ti. [6–6] Ba vināseti vibhūyati lāyati.
[7] Ba *om.* vā. [8] Skgn vebhūtikan.
[9] Ba *om.* pi, *perhaps we ought to read:* vibhūtikam eva vebhūtikaṃ, (vebhūtikaṃ) vebhūtiyan ti vuccati.
[10] *So* Skn Ba (Sk > v i d h ā y a); Sg vinidāya.
[11] Ba *ad.* ti. [12] Ba n â k h ī ṇ °.
[13] Ba *ad.* mantāya.
[14] Ba vacīdvāre visuddhim (203, *note* 3, 205, *note* 1).

dhiṃ[1] pucchanto āha: kacci na rajjati kāmesū ti. Tattha
kāmā ti[2] vatthukāmā[3], tesu kilesakāmena na rajjatī ti puc-
chanto anabhijjhālutaṃ pucchati; *anāvilan* ti pucchanto
vyāpādenâvilabhāvaṃ[4] sandhāya avyāpādataṃ pucchati;
mohaṃ atikkanto ti pucchanto, yena mohena mūḷho micchā-
diṭṭhiṃ gaṇhāti, tassâtikkamena sammādiṭṭhitaṃ pucchati;
dhammesu cakkhumā ti pucchanto sabbadhammesu appaṭi-
hatassa ñāṇacakkhuno pañcacakkhuvisayesu vā dhammesu
pañcannam pi cakkhūnaṃ vasena sabbaññutaṃ pucchati,
'dvārattayapārisuddhiyā pi sabbaññū na hotī' ti cintetvā.
Atha Sātāgiro, yasmā Bhagavā appatvā va arahattaṃ anā- 161.
gāmimaggena kāmarāgavyāpādānaṃ pahīnattā n' eva kā-
mesu rajjati na vyāpādena āvilacitto, sotāpattimaggen' eva
ca micchādiṭṭhippaccayassa saccapaṭicchādakamohassa pahī-
nattā mohaṃ atikkanto sāmañ ca saccāni abhisambujjhitvā
buddho ti vimokkhantikaṃ nāmaṃ yathāvuttāni ca cak-
khūni paṭilabhi, tasmā taṃ[5] tassa manodvārasuddhiṃ sab-
baññutañ ca ugghosento āha: na so rajjati kāmesū ti.
Evaṃ Hemavato Bhagavato dvārattayapārisuddhiṃ sab- 162.
baññutañ ca sutvā haṭṭho[6] udaggo atītajātiyaṃ bāhusacca-
visadāya[7] paññāya asajjamānavacanapatho hutvā ac-
chariyabbhutarūpe sabbaññuguṇe sotukāmo āha: kacci
vijjāya sampanno ti. (Tattha *vijjāya sampanno* ti) iminā[8]
dassanasampattiṃ pucchati, *saṃsuddhacāraṇo* ti iminā ga-
manasampattiṃ — chandavasena c' ettha dīghaṃ katvā
ca-kāraṃ[9] āha, saṃsuddhacaraṇo ti attho —, *āsavā khīṇā*
ti iminā etāya dassanagamanasampattiyā pattabbāya āsa-
vakkhayasaṃkhātāya[10] paṭhamanibbānadhātuyā pattiṃ
pucchati, *n' atthi punabbhavo* ti iminā dutiyanibbānadhā-
tuppattisamatthataṃ paccavekkhaṇañāṇena vā paramas-
sāsappattiṃ ñatvā ṭhitabhāvaṃ. Tato, yā esā "so aneka- 163.

---

[1] Ba manodvāre suddhiṃ.
[2] Ba *ad.* kilesakāmā. [3] Ba *ad.* ti.
[4] Ba v y ā p ā d e n' a n ā v i l a b h ā v a ṃ.
[5] Sgn *om.* [6] Ba tuṭṭho.
[7] Ba bahusaccavisadāya, Skgn bāhusaccabhāvavisadāya.
[8] Skgn *om.* iminā. [9] Ba cā-kāram. [10] Ba °kkhayasaññitāya.

vihitaṃ pubbenivāsan"* ti ādinā nayena Bhayabheravādisu tividhā, "so evaṃ samāhite citte . . . pe . . . ānejjappatte ñāṇadassanāya cittaṃ abhinīharatī"† ti ādinā nayena Ambaṭṭhādisu ca[1] aṭṭhavidhā vijjā vuttā, tāya y a s m ā sabbāya pi sabbākārasampannāya Bhagavā upeto, yañ c' etaṃ "idha Mahānāma ariyasāvako sīlasampanno hoti, indriyesu guttadvāro hoti, bhojane mattaññū hoti, jāgariyaṃ anuyutto hoti, sattahi saddhammehi samannāgato hoti catunnaṃ jhānānaṃ abhicetasikānaṃ diṭṭhadhammasukhavihārānaṃ nikāmalābhī hotī" ti evaṃ uddisitvā "kathañ ca Mahānāma ariyasāvako sīlasampanno hotī" ti ādinā nayena Sekhasutte‡ niddiṭṭhaṃ [2]pannarasadhammappabhedaṃ[2] caraṇaṃ, tañ ca y a s m ā sabbūpakkilesapphānena Bhagavato ativiya saṃsuddhaṃ, ye p' ime kāmāsavādayo cattāro āsavā te pi y a s m ā sabbe saparivārā savāsanā Bhagavato khīṇā, y a s m ā ca imāya vijjācaraṇasampadāya khīṇāsavo hutvā tadā Bhagavā 'n' atthi dāni punabbhavo' ti paccavekkhitvā ṭhito, t a s m ā Sātāgiro Bhagavato sabbaññubhāve vyavasāyena samussāhitahadayo sabbe pi te guṇe anujānanto āha: *vijjāya c' eva sampanno* ti.

163A. Tato Hemavato 'sammāsambuddho Bhagavā' ti Bhagavati nikkaṃkho hutvā ākāse ṭhito yeva Bhagavantaṃ pasaṃsanto Sātāgirañ ca saṃrādhento[3] āha: sampannaṃ munino cittan ti. Tass' attho: *sampannaṃ munino cittaṃ* "mano c' assa supaṇihito" ti ettha vuttatādibhāvena puna[4] sampannaṃ, "na so adinnaṃ ādiyatī" ti ettha vuttakāya*kammanā* "na so rajjati kāmesū" ti ettha vuttamano*kammanā* ca puna[4] sampannaṃ, "musā ca so na bhaṇatī" ti ettha vutta*vyappathena ca*[5]— vacīkammanā

* M. I, 22^{9}–23^{23} (> D. III, 220^{15}).
† D. I, 100^{13} (Sum. I, 268^{29}), *text* = D. I, 76^{13}–85^{5}.
‡ M. I, 354^{32}–355^{1}.

1 Ba *om.* 2–2 Ba pannarasapabhedaṃ.
3 Ba ārādhento (*here and* 207^{7}).
4 Ba puṇṇa. 5 Ba *om.*

ti vuttaṃ hoti —; evaṃ sampannacittañ ca anuttarāya vijjācaraṇasampadāya sampannattā *vijjācaraṇasampannaṃ* imehi guṇehi "mano c' assa supaṇihito" ti ādinā nayena *dhammato naṃ pasaṃsasi* sabhāvato tacchato[1] bhūtato eva naṃ pasaṃsasi na kevalaṃ saddhāmattakenā ti dasseti. Tato Sātāgiro pi 'evam etaṃ mārisa, suṭṭhu tayā 163B.
ñātañ ca anumoditañ cā' ti adhippāyena tam eva samrādhento āha: *sampannaṃ munino* . . . pe . . . *dhammato anumodasī* ti. Evañ ca vatvā puna Bhagavato dassane 164.
taṃ[2] abhittharayamāno[3] āha: *sampannaṃ* . . . pe . . . *handa passāma Gotaman* ti.

Atha Hemavato attano abhirucitaguṇehi purimajātibā- 165.
husaccabalena Bhagavantaṃ abhitthunanto Sātāgiraṃ āha: eṇijaṃghaṃ . . . pe . . . ehi passāma Gotaman ti. Tass' attho: eṇimigassêva jaṃghā assā ti *eṇijaṃgho*, buddhānam hi eṇimigassêva anupubbavaṭṭā* jaṃghā honti na purato nimmaṃsā pacchato suṃsumārakucchi viya uddhumātā, *kisā* ca buddhā honti dīgharassasamavaṭṭitayuttaṭṭhānesu tathārūpaṅgapaccaṅgasampattiyā[4], na vaṭharapurisā[5] viya thūlā, paññāya vilikhitakilesattā v ā kisā; ajjhattikabāhirasapattaviddhaṃsanato *vīrā*[6]; ekāsanabhojitāya ca parimitabhojitāya ca *appāhārā* na dvattimattā[mattā]lopabhojitāya[7], yathâha: "ahaṃ kho pan' Udāyi app ekadā iminā pattena samatittikaṃ bhuñjāmi, bhiyyo pi bh°; 'appāhāro samaṇo Gotamo appāhāratāya ca vaṇṇavādī' ti iti ce maṃ Udāyi sāvakā sakkareyyuṃ garukareyyuṃ māneyyuṃ pūjeyyuṃ sakkatvā garukatvā upanissāya vihareyyuṃ, ye te Udāyi mama sāvakā kosakāhārā pi aḍḍhakosakāhārā pi beluvāhārā pi aḍḍhabeluvāhārā pi, na maṃ te iminā dhammena sakkareyyuṃ . . . upanissāya vihareyyun "† ti; āhāre chandarāgā-

* (D. III, 157[5].) † M. II, 7[1].

1 B[a] dhammato pasaṃsitabhāvato (*om.* naṃ *and* tacchato).
2 B[a] Bhagavato dassanattham.
3 S^{kgn} abhitthattarayamāno, B[a] abhitthavayamāno.
4 B[a] tathārūpāya aṅgap°-. 5 B[a] na ca pacurapurisā.
6 B[a] dhīrā. 7 B[a] dvitimattālopabhojitāya.

bhāvena *alolupā* aṭṭhaṅgasamannāgataṃ āhāraṃ[1] āhārenti; moneyyasampattiyā *munino*; anāgārikatāya vivekaninnamānasatāya ca *vane jhāyanti*[2],— tenâha Hemavato yakkho:
166. eṇijaṃghaṃ . . . pe . . . *ehi passāma Gotaman* ti. Evañ ca vatvā puna tassa Bhagavato santike dhammaṃ sotukāmatāya sīhaṃ v' ekacaran ti imaṃ gāthaṃ āha. Tass' attho: *sīhaṃ vā* ti durāsadaṭṭhena khamanaṭṭhena[3] nibbhayaṭṭhena ca[4] kesarasīhasadisaṃ; yāya taṇhāya "taṇhādutiyo puriso"* ti vuccati, tassā abhāvena *ekacaraṃ*, ekissā lokadhātuyā dvinnaṃ buddhānaṃ anuppattito pi ekacaraṃ, Khaggavisāṇe[5] vuttanayenâpi [6]c' ettha attho[6] daṭṭhabbo†; *nāgan* ti punabbhavan n' eva gantāraṃ, atha vā āgun na karotī ti pi nāgo, balavā ti pi nāgo, taṃ nāgaṃ; *kāmesu anapekkhinan* ti dvīsu pi kāmesu chandarāgābhāvena anapekkhinaṃ; *upasaṃkamma pucchāma maccupāsā ppamocanan*[7] ti taṃ evarūpaṃ mahesiṃ upasaṃkamitvā tebhūmakavaṭṭassa maccupāsassa pamocanaṃ vivaṭṭaṃ nibbānaṃ pucchāma, yena vā[8] upāyena dukkhasamudayasaṃkhātā maccupāsā pamuccanti[9], taṃ maccupāsapamocanaṃ pucchāmā ti. Imaṃ gāthaṃ Hemavato Sātāgirañ ca[8] Sātāgiraparisañ ca attano parisañ ca sandhāyâha.

‡Tena kho pana samayena Rājagahe Āsāḷhanakkhattaṃ[10] ghositaṃ hoti[11]. Atha samantato alaṃkatapaṭiyatte devanagarasiriṃ paccanubhonte viya Rājagahe Kāḷī nāma Kuraragharikā[12] upāsikā pāsādam āruyha sīhapañjaraṃ

---

* S.N. 740. † (64².)
‡ Mp. *ad* A. I, 26²⁷.

---

1 *So* Sk; Sgn °sammannāgatā āhāraṃ; Ba °samannāgatāhārā (*om.* āhārenti).
2 Ba jhāyantaṃ. 3 Skgn *om.* 4 Ba *om.*
5 Ba °visāṇasutte. 6–6 Ba taṃtaṃattho.
7 *So* Skn; Sg °pāsappamocanaṃ, Ba °pāsapamocanaṃ.
8 Ba *om.* 9 Ba °khāto maccupāso pamuccati.
10 *See* 199, *note* 4. 11 Ba ghositam ahosi.
12 Ba kulaghanikā > °gharanikā.

vivaritvā ghammaparissamaṃ[1] vinodentī pavāte padese
utugahaṇatthaṃ ṭhitā tesaṃ yakkhasenāpatīnaṃ taṃ
buddhaguṇapaṭisaṃyuttaṃ kathaṃ ādimajjhapariyosānato
assosi, sutvā ca evaṃ vividhaguṇasamannāgatā[2]-buddhā-
rammaṇaṃ[3] pītiṃ uppādetvā, tāya nīvaraṇāni vikkham-
bhetvā tatth' eva ṭhitā sotāpattiphale patiṭṭhāsi. Ato[4]
eva Bhagavā "etad aggaṃ bhikkhave mama sāvikānaṃ
anussavappasannānaṃ[5] yadidaṃ Kālī upāsikā Kuraragha-
rikā[6]"* ti etadagge ṭhapitā.

Te pi yakkhasenāpatayo sahassayakkhaparivārā majjhi- 167.
mayāmasamaye Isipatanaṃ patvā dhammacakkappavat-
titapallaṃken' eva nisinnaṃ Bhagavantaṃ upasaṃkamma
vanditvā imāya gāthāya Bhagavantaṃ abhitthavitvā okā-
saṃ akārayiṃsu: akkhātāraṃ pavattāran ti. Tass' attho:
"ṭhapetvā taṇhaṃ tebhūmake dhamme idaṃ kho pana
bhikkhave dukkhaṃ ariyasaccan" ti ādinā nayena saccā-
naṃ vavatthānakathāya[7] *akkhātāraṃ*, "taṃ kho pan'
idaṃ dukkhaṃ ariyasaccaṃ pariññeyyan ti me bhikkhave"†
ti ādinā nayena tesu kiccañāṇa-katañāṇapavattanena *pavat-
tāraṃ*; ye vā[8] dhammā yathā voharitabbā, tesu tathā
vohārakathanena akkhātāraṃ, tesaṃ yeva dhammānaṃ
sattānurūpato pavattāraṃ; ugghaṭitaññuvipañcitaññūnaṃ
vā desanāya akkhātāraṃ, neyyānaṃ paṭipādanena pavat-
tāraṃ; uddesena vā akkhātāraṃ, vibhaṅgena tehi tehi
pakārehi[9] vacanato pavattāraṃ; bodhapakkhiyānaṃ[10]
vā salakkhaṇakathanena akkhātāraṃ, sattānaṃ[11] citta-
santāne pavattanena pavattāraṃ; saṃkhepato vā tehi

* A. I, 26²⁷. †

[1] Ba gabbhaparissamaṃ.
[2] Skn Ba °samannāgatā.
[3] Sk °ārammaṇa-.
[4] Ba Tato.
[5] *So* Ba A. Mp.; Skgn anussavasampannānaṃ.
[6] Ba kulaghanikā (*cf.* 208, *note* 12).
[7] Sgn vavatthāya kathāya, Ba pavattanakathāya.
[8] Ba te.
[9] Ba *ad.* ti.
[10] Sgn Ba bodhip°.
[11] Ba *om.*

parivaṭṭehi saccānaṃ kathanena akkhātāraṃ, vitthārato pavattāraṃ, "saddhindriyādi dhammo, taṃ dhammaṃ pavattetī ti dhammacakkan"* ti evamādinā Paṭisambhidānayena vitthāritassa dhammacakkassa pavattanato pavattāraṃ; *sabbadhammānan* ti cātubhūmakadhammānaṃ[1]; *pāragun* ti chah' ākārehi pāragataṃ: abhiññāya pariññāya pahānena bhāvanāya sacchikiriyāya samāpattiyā, so hi Bhagavā sabbadhamme abhijānanto gato ti abhiññāpāragū[2], [3]pañc' upādānakkhandhe parijānanto gato ti pariññāpāragū[4], sabbakilese pajahanto gato ti pahānapāragū, cattāro magge bhāvento gato ti bhāvanāpāragū, [5]sacchikaronto gato ti sacchikiriyāpāragū, [6]samāpattiyo samāpajjanto gato ti samāpattipāragū,— evaṃ sabbadhammānaṃ pāraguṃ; *buddhaṃ verabhayātītan* ti aññāṇasayanato paṭibuddhattā buddhaṃ, sabbena[7] v ā[8] Saraṇavaṇṇanāyaṃ† vutten' atthena buddhaṃ, pañca verabhayāni[9] atītattā verabhayātītaṃ; evaṃ Bhagavantaṃ abhitthavantā *mayaṃ pucchāma Gotaman* ti okāsaṃ akārayiṃsu.

168. Atha tesaṃ[10] yakkhānaṃ tejena ca paññāya ca aggo Hemavato, yathādhippetaṃ pucchitabbaṃ pucchanto kismiṃ[11] loko ti imaṃ gāthaṃ āha. Tassâdipāde *kismin* ti bhāvena bhāvalakkhaṇe bhummavacanaṃ, kismiṃ uppanne *loko samuppanno* hotī (ti) ayaṃ hi ettha adhippāyo, sattalokasaṃkhāraloke[12] sandhāya pucchati; *kismiṃ*[13] *kubbati santhavan* ti 'ahan' ti vā 'maman' ti vā taṇhādiṭṭhisanthavaṃ kismiṃ[13] kubbati[14], adhikaraṇatthe bhummavacanaṃ; *kissa loko* ti upayogatthe sāmivacanaṃ, kiṃ *upādāya* loko ti[15] saṃkhaṃ gacchatī ti ayaṃ hi ettha adhippāyo; *kismiṃ loko* ti bhāvena-bhāvalakkhaṇakāraṇatthesu[16] bhummavacanaṃ,

* Pṭsbh. II, 160[16]. † Pj. I, 14[26].

1 Skgn catubhūmaka°, Ba cātubhūmika°. 2 Sn abhiññāya pār°. 3 Ba *ins.* te. 4 Sn pariññāya pār°. 5 Ba *ins.* n i r o d h a ṃ (212[12]). 6 Ba *ins.* sabba-. 7 Skgn saccena. 8 Ba ca. 9 Ba °bhayānaṃ. 10 Ba n e s a ṃ. 11 Skgn tasmiṃ. 12 Ba °lokaṃ. 13 Ba kasmi. 14 Skgn vuccati. 15 Sk Ba *om.* 16 Skgn l a k k h a ṇ ā d i k a r a ṇ a t t h e s u.

kismiṃ sati kena kāraṇena loko *vihaññati* pīḷiyati bādhiyatī
ti ayaṃ hi ettha adhippāyo.

Atha Bhagavā, y a s m ā chasu ajjhattikabāhiresu āya- 169.
tanesu uppannesu sattaloko ca [1]dhaññādivasena saṃkhāra-
loko ca uppanno hoti, y a s m ā c' ettha sattaloko tesv eva
chassu duvidham pi santhavaṃ karoti—cakkhāyatanaṃ
vā hi 'ahaṃ, maman' ti gaṇhanto[2] gaṇhāti avasesesu vā
aññataraṃ, yathâha: "cakkhuṃ attā ti yo vadeyya, taṃ na
upapajjatī"* ti ādi—, y a s m ā ca[3] etāni yeva[4] cha upādāya
duvidho pi loko[5] saṃkhaṃ gacchati, y a s m ā ca tesv eva
chassu sati sattaloko dukkhapātubhāvena vihaññati, ya-
thâha: "hatthesu bhikkhave sati ādānanikkhepanaṃ hoti,
pādesu sati abhikkamapaṭikkamo hoti, pabbesu sati sam-
miñjanapasāraṇaṃ hoti, kucchismiṃ sati jighacchāpipāsā
hoti, evam eva kho bhikkhave cakkhusmiṃ sati cakkhu-
samphassapaccayā uppajjati ajjhattaṃ sukhadukkhan"† ti
ādi, tathā tesu ā d h ā r a b h ū t e s u paṭihato saṃkhāra-
loko vihaññati, yathâha: "cakkhusmiṃ anidassane[6] sap-
paṭighe paṭihaññi vā"‡ iti ca[7] "cakkhuṃ bhikkhave paṭi-
haññati manāpāmanāpesu rūpesū"§ ti evamādi, tathā tehi
yeva k ā r a ṇ a b h ū t e h i duvidho pi loko vihaññati,
yathâha: "cakkhuṃ vihaññati[8] manāpāmanāpiyesu[9] rūpe-
sū"§ ti ca "cakkhuṃ bhikkhave ādittaṃ rūpā ādittā,
kenâdittaṃ: [10]rāgagginā"‖ ti evamādi, t a s m ā chaaj-
jhattikabāhirāyatanavasena taṃ pucchaṃ vissajjento āha:
chassu loko samuppanno ti.

Atha so[11] yakkho attanā vaṭṭavasena puṭṭhaṃ pañhaṃ 170.
Bhagavatā dvādasāyatanavasena saṃkhipitvā vissajjitaṃ

---

* M. III, 282[14].   † *Cf.* S. IV, 171[18].
‡ Dh. S. § 598.   § *Cf.* S. IV, 175[6].
‖ Vin. I, 34[17].

---

[1] B^{a} *ins.* d h a n a -. [2] B^{a} *om.* [3] S^{kgn} B^{a} *om.*
[4] S^{kgn} ye. [5] B^{a} *ad.* t i . [6] B^{a} sanidassane.
[7] B^{a} paṭihaññati iti vā. [8] S^{kn} ā v i ñ j a t i; S^{g} āvañjati.
[9] B^{a} *om.* rūpesu. [10] S^{kgn} *ins.* ādittaṃ (32[9]).
[11] B^{a} Atha kho.

na suṭṭhu upalakkhetvā tañ ca atthaṃ tappaṭipakkhañ ca ñātukāmo saṃkhepena vaṭṭavivaṭṭaṃ pucchanto āha: kataman tan ti. Tattha upādātabbaṭṭhena *upādānaṃ*, dukkhasaccass' etaṃ[1] adhivacanaṃ, *yattha loko vihaññatī* ti[2] "chassu loko vihaññatī" ti evam Bhagavatā yattha chabbidhe upādāne loko vihaññatī ti vutto, *taṃ katamaṃ* upādānan ti evaṃ upaḍḍhagāthāya sarūpen' eva dukkhasaccaṃ pucchi, samudayasaccaṃ pana tassa kāraṇabhāvena gahitam eva hoti. *Niyyānaṃ pucchito* ti imāya pana[3] upaḍḍhagāthāya maggasaccaṃ pucchi, maggasaccena hi ariyasāvako dukkhaṃ parijānanto samudayaṃ pajahanto nirodhaṃ sacchikaronto maggaṃ bhāvento lokamhā niyyāti, tasmā niyyānan ti vuccati; *kathan* ti kena pakārena; *dukkhā pamuccatī* ti "upādānan" ti vuttā vaṭṭadukkhā mokkhaṃ[4] pāpuṇāti[5], evam ettha sarūpen' eva maggasaccaṃ pucchi, nirodhasaccaṃ pana tassa visayabhāvena gahitam eva hoti.

171. Evaṃ yakkhena sarūpena dassetvā ca adassetvā ca catusaccavasena pañhaṃ puṭṭho Bhagavā ten' eva nayena vissajjento āha: pañca kāmaguṇā ti. Tattha *pañcakāmaguṇa*saṃkhātagocaragahaṇena taggocarāni pañcâyatanāni gahitān' eva honti; mano chaṭṭho etesan ti *manochaṭṭhā*; *paveditā* ti pakāsitā; ettha ajjhattikesu chaṭṭhassa manāyatanassa[6] gahaṇena tassa visayabhūtaṃ dhammāyatanaṃ gahitam eva hoti. Evaṃ "kataman taṃ upādānan" ti imaṃ pañhaṃ vissajjento puna pi dvādasāyatanavasen' eva dukkhasaccaṃ pakāsesi; manogahaṇena v ā sattannaṃ viññāṇadhātūnaṃ[7] gahitattā tāsu purimapañcaviññāṇadhātugahaṇena tāsaṃ vatthūni pañca cakkhādīni āyatanāni, manodhātu-manoviññāṇadhātugahaṇena tāsaṃ vatthugocarabhedaṃ dhammāyatanaṃ gahitam evā ti evam pi dvādasāyatanavasena dukkhasaccaṃ pakāsesi; lokuttaramanāyatanadhammāyataneka-

---

1 Bf dukkhapaccayass' etaṃ.

2 Sgn *ad.* chassa (Sg > c' assa).

3 Ba *om.*

4 Ba pamukkhaṃ (< 213[17]).

5 Ba *ad.* ti.

6 Skgn *ad.* manāyatanassa.

7 Ba viññāṇakāyānaṃ.

deso pan' ettha, "yattha loko vihaññati", taṃ sandhāya nidditthattā na saṅgayhati. *Ettha chandaṃ virājetvā* ti ettha dvādasāyatanabhede dukkhasacce tān' evâyatanāni khandhato dhātuto nāmarūpato ti tathā tathā vavatthapetvā tilakkhaṇaṃ āropetvā vipassanto arahattamaggapariyosānāya vipassanāya taṇhāsaṃkhātaṃ chandaṃ sabbaso virājetvā, vinetvā viddhaṃsetvā ti attho; *evaṃ dukkhā pamuccatī* ti iminā pakārena etasmā vaṭṭadukkhā pamuccatī ti. Evam imāya upaḍḍhagāthāya "niyyānaṃ pucchito brūhi, kathaṃ dukkhā pamuccatī" ti ayaṃ pañho vissajjito hoti, maggasaccañ ca pakāsitaṃ, samudayanirodhasaccāni pan' ettha purimanayen' eva saṅgahitattā pakāsitān' eva hontī ti veditabbāni; upaḍḍhagāthāya v ā dukkhasaccaṃ, chandena samudayasaccaṃ, virājetvā ti ettha virāgena nirodhasaccaṃ; virāgā vimuccatī ti vacanato v ā maggasaccaṃ, evan ti upādāya[1] nidassanena maggasaccaṃ; dukkhanirodhan ti vacanato v ā dukkhā pamuccatī ti dukkhapamokkhena nirodhasaccan ti evam ettha cattāri saccāni pakāsitāni hontī ti veditabbāni.

Evaṃ catusaccagabbhāya gāthāya lakkhaṇato niyyānaṃ 172.
pakāsetvā puna tad eva sakena niruttābhilāpena nigamento āha: etaṃ lokassa niyyānan ti. Tattha[2] *etan* ti pubbe vuttassa niddeso; *lokassā* ti tedhātukalokassa; *yathā-tathan* ti aviparītaṃ; *etaṃ vo aham akkhāmī* ti sace pi maṃ sahassakkhattuṃ puccheyyātha, etaṃ vo ahaṃ akkhāmi na aññaṃ, kasmā: yasmā *evaṃ dukkhā pamuccati*, na aññathā ti adhippāyo; a t h a v ā ekena[3] niyyānena ekadvattikkhattuṃ[4] niggatānam pi etaṃ vo ahaṃ akkhāmi, upari visesādhigamāya pi etaṃ[5] eva ahaṃ akkhāmī ti attho, kasmā: yasmā evaṃ dukkhā pamuccati asesanissesā ti arahattanikūṭena desanaṃ niṭṭhapesi; desanāpariyosāne dve pi yakkhasenāpatayo sotāpattiphale patiṭṭhahiṃsu saddhiṃ yakkhasahassena.

Atha Hemavato pakatiyā pi dhammagaru idāni ariya- 173.

---

[1] *So* Skgn; Ba uyāya (ɔ: u p ā y a - ?).
[2] Skgn Ba E t t h a.
[3] Ba e t e n a.
[4] Ba ekadvitikkhattuṃ.
[5] Ba e t a d

bhūmiyaṃ patiṭṭhāya suṭṭhutaraṃ atitto Bhagavato vicitra-
paṭibhānāya desanāya[1] Bhagavantaṃ sekhāsekhabhūmiṃ
pucchanto ko sū 'dha taratī ti gāthaṃ abhāsi. Tattha *ko
sū 'dha tarati oghan* ti iminā—caturoghaṃ ko taratī ti—
sekhabhūmiṃ pucchati; avisesena y a s m ā *aṇṇavan* ti
na vitthatamattaṃ nâpi gambhīramattaṃ api ca pana yaṃ[2]
vitthatañ ca gambhīratarañ ca vuccati, tādiso saṃsāra-
aṇṇavo, ayaṃ hi[1] samantato pariyantābhāvena [3]vitthato,
heṭṭhā patiṭṭhābhāvena[3] upari ālambanābhāvena ca[1] gam-
bhīro, t a s m ā ko idha tarati aṇṇavaṃ tasmiñ ca *appatiṭ-
ṭhe anālambe gambhīre* aṇṇave *ko na sīdatī* ti asekhabhūmiṃ
pucchati.
174. Atha Bhagavā, y o bhikkhu jīvitahetu pi vītikkamaṃ
akaronto *sabbadā sīlasampanno*, lokiyalokuttarāya ca pañ-
ñāya *paññavā*, upacārappanāsamādhinā[4] iriyāpathaheṭṭhi-
mamaggaphalehi ca *susamāhito*, tilakkhaṇaṃ āropetvā vi-
passanāya niyak*ajjhattacint*anasīlo, sātaccakiriyāvahāya ap-
pamāda*sati*yā ca samannāgato, yasmā s o catutthena mag-
gena imaṃ *duttaraṃ*[5] *ogham* anavasesaṃ *tarati*, tasmā sekha-
bhūmiṃ vissajjento sabbadā sīlasampanno ti iman tisik-
khāgabbhaṃ gāthaṃ āha. Ettha hi sīlasampadāya adhisī-
lasikkhā satisamādhīhi adhicittasikkhā, *ajjhattacinti*tāpaññāhi
adhipaññasikkhā ti tisso sikkhā saupakārā sānisaṃsā ca
vuttā, upakāro hi sikkhānaṃ lokiyapaññā sati ca, ānisaṃso
175. sāmaññaphalānī ti. Evaṃ paṭhamagāthāya sekhabhūmiṃ
dassetvā asekhabhūmiṃ dassento dutiyagāthaṃ āha. Tass'
attho: *virato kāmasaññāyā* ti yā kāci kāmasaññā, sabbato[6]
catutthamaggasampayuttāya samucchedaviratiyā virato;
viratto ti pi pāṭho, tadā kāmasaññāyā ti bhummavacanaṃ
hoti, Sagāthavagge[7] pana k ā m a s a ñ ñ ā s ū ti pi pāṭho*;
catuhi[8] maggehi dasannaṃ saṃyojanānaṃ atītattā *sabba-
saṃyojanātigo*, catutthen' eva v ā uddhambhāgiyasabba-

---

* (S. I, 53[20].)

---

1 Skgn *om.* 2 Skgn panâyaṃ. 3–3 Skgn *om.*
4 Ba °appanāya sam°. 5 Ba suduttaraṃ.
6 *So* Skgn Ba (ɔ: tato ?). 7 Ba Sagāthakav°. 8 Ba *ad.* pi.

saṃyojanātigo, tatra tatrâbhinandinitaṇhāsaṃkhātāya[1] nandiyā tiṇṇañ ca bhavānaṃ parikkhīṇattā *nandībhavaparikkhīṇo, so* tādiso khīṇāsavo bhikkhu *gambhīre* samsāraṇṇave *na sīdati;* nandiparikkhayena[2] saupādisesaṃ bhavaparikkhayena ca anupādisesaṃ nibbānadhātuphalaṃ āsajja[3] paramassāsapattiyā ti[4].

Atha Hemavato sahāyañ ca yakkhaparisañ ca oloketvā
pītisomanassajāto gambhīrapaññan ti evamādīhi gāthāhi
Bhagavantaṃ abhitthavitvā sabbāvatiyā parisāya sahāyena
saddhiṃ abhivādetvā padakkhiṇaṃ katvā attano vasanaṭ-
ṭhānaṃ agamāsi. Tāsaṃ pana gāthānam ayaṃ atthavaṇ-
ṇanā: *gambhīrapaññan* ti gambhīrapaññāya[5] samannāga- 176.
taṃ, tattha Paṭisambhidāya[6] vuttanayena gambhīrapaññā
veditabbā, vuttaṃ hi tatra: "gambhīresu khandhesu ñā-
ṇaṃ pavattatī[7] ti gambhīrapaññā"* ti ādi; *nipuṇatthadassin*
ti nipuṇehi khattiyapaṇḍitādīhi abhisaṃkhatānaṃ pañhā-
naṃ atthadassiṃ, atthānaṃ v ā yāni nipuṇāni kāraṇāni
duppaṭivijjhāni aññehi[8], tesaṃ dassanena nipuṇatthadas-
siṃ; rāgādikiñcanābhāvena *akiñcanaṃ*, duvidhe kāme tivi-
dhe ca bhave alagganena *kāmabhave asattaṃ*, khandhādi-
ppabhedesu sabbārammaṇesu chandarāgabandhanābhāvena
sabbadhi vippamuttaṃ; dibbe pathe kamamānan ti aṭṭhasa-
māpattibhede dibbe pathe samāpajjanavasena caṃkaman-
taṃ; tattha, kiñcâpi na tāya velāya Bhagavā dibbe pathe
kamati, api ca kho pubbe kamanaṃ upādāya kamanasatti-
sabbhāvena tattha laddhavasibhāvatāya vā evaṃ vuccati,
a t h a v ā, ye te visuddhidevā arahanto, tesaṃ pathe cha-
sattavihāre[9] kamanenâp' etaṃ vuttaṃ; mahantānaṃ
guṇānaṃ esanena *mahesiṃ*. Dutiyagāthāya 'aparena pari- 177.
yāyena thuti āraddhā' ti katvā [10]puna *nipuṇatthadassi*gaha-
ṇaṃ na dussati, a t h a v ā nipuṇatthe dassetāran ti attho;

* Pṭsbh. II, 192[27].

[1] Skgn °nandātaṇhā°. [2] Ba *ad.* ca. [3] Sg > āpajja.
[4] Ba nibbānaphalasa[m]māpajjanaparamassāsam pattiyā ti.
[5] Ba gambhīrāya p°. [6] Ba °āyaṃ. [7] Skgn p a v a t t ī.
[8] Ba aññāsi. [9] Ba c h a s a t a t a v i h ā r e. [10] -216[32] Sk *om.*

paññāpaṭilābhasaṃvattanāya paṭipattiyā kathanena *paññādāyakaṃ*[1], *kāmālaye asattan* ti, yv āyaṃ kāmesu taṇhādiṭṭhivasena duvidho ālayo, tattha asattaṃ; *sabbavidun* ti sabbadhammavidum, sabbaññun ti vuttaṃ hoti; *sumedhan* ti tassa sabbaññubhāvassa maggabhūtāya pāramīpaññāsaṃkhātāya medhāya samannāgataṃ; *ariye pathe* ti aṭṭhaṅgike magge phalasamāpattiyaṃ[2] vā; *kamamānan* ti paññāya ajjhogāhamānaṃ, maggalakkhaṇaṃ ñatvā desanato pavisamānaṃ vā khaṇe khaṇe phalasamāpatti(ṃ) samāpajjanato, catubbidhe [hi] magge bhāvanāsaṃkhātāya[3] kama-
178. nasattiyā kamitapubbaṃ vā. *Su(d)diṭṭhaṃ vata no ajjā* ti ajja amhehi sundaraṃ diṭṭhaṃ, ajja v ā amhākaṃ sundaraṃ diṭṭhaṃ, dassanan ti attho; *suppabhātaṃ suhuṭṭhitan* ti ajja amhākaṃ suṭṭhu pabhātaṃ sobhanaṃ vā pabhātaṃ ahosi[4] ajja ca[5] no sundaraṃ uṭṭhitaṃ ahosi, anuppage va sayanato uṭṭhānam[6], kiṃkāraṇaṃ: *yaṃ addasāma Sambuddhaṃ*, yasmā Sambuddhaṃ addasāmā ti attano
179. lābhasampattiṃ ārabbha pāmojjaṃ pavedeti. *Iddhimanto* ti kammavipākajiddhiyā samannāgatā; *yasassino* ti lābhaggaparivāraggasampannā[7]; *saraṇaṃ yantī* ti kiñcâpi maggen' eva gatā, tathā pi sotāpannabhāvaparidīpanatthaṃ pasā-
180. dūpadassanatthañ[8] ca vācaṃ bhindati. *Gāmā gāman* ti devagāmā devagāmaṃ, *nagā nagan* ti devapabbatā devapabbataṃ; *namassamānā Sambuddhaṃ dhammassa ca sudhammatan* ti "sammāsambuddho vata Bhagavā, svākkhāto vata[4] Bhagavato dhammo" ti ādinā nayena buddhasubodhitañ ca dhammasudhammatañ ca "suppaṭipanno vata Bhagavato sāvakasaṃgho" ti ādinā saṃghasuppaṭipattiñ ca abhitthavitvā[4] abhitthavitvā namassamānā dhammaghosakā[9] hutvā *vicarissāmā* ti vuttaṃ hoti. Sesam ettha uttānam evā ti

HEMAVATASUTTAVAṆṆANĀ NIṬṬHITĀ.

---

1 B^a paññāya dāyakaṃ. 2 S^gn °iyā.
3 B^a catubbidhamaggabhāvanās°. 4 B^a *om.*
5 B^a vata. 6 B^a anu[p]parodhasayanato uṭṭhitaṃ.
7 S^gn lābhaggaparivārasam°. 8 B^a pasādānurūpad°.
9 S^g dhammaposakā, S^n dhammapposakā.

10.

Evam me sutan ti Āḷavakasuttaṃ. Kā uppatti: Atthavaṇṇanānayen' ev' assa uppatti āvibhavissati, atthavaṇṇanāya ca *evam me sutaṃ ekaṃ samayaṃ Bhagavā* ti etaṃ vuttattham eva; *Āḷaviyaṃ viharati Āḷavakassa yakkhassa bhavane* ti ettha pana kā Āḷavi kasmā ca Bhagavā tassa yakkhassa bhavane viharatī ti, vuccate: (S.N.[1] p. 31.)

Āḷavī ti [taṃ] raṭṭham pi nagaram pi vuccati, tadubhayam pi idha vaṭṭati, Āḷavinagarassa hi samīpe viharanto pi Āḷaviyaṃ viharatī ti vuccati, tassa ca nagarassa samīpe avidūre gāvutamatte taṃ bhavanam; Āḷaviraṭṭhe viharanto pi Āḷaviyaṃ viharatī ti[1] vuccati, Āḷaviraṭṭhe (c') etaṃ bhavanaṃ.

*Yasmā pana† Āḷavako rājā vividhanāṭakūpabhogaṃ chaḍḍetvā corapaṭibāhanatthaṃ paṭirājanisedhanatthaṃ vyāyāmakaraṇatthañ ca sattame sattame divase migavaṃ gacchanto ekadivasaṃ[2] balakāyena saddhiṃ katikaṃ akāsi: yassa passena migo palāyati, tass' eva so bhāro ti—. Atha tass' eva passena migo palāyi, javasampanno[3] rājā dhanuṃ gahetvā pattiko va tiyojanaṃ taṃ migam anubandhi. Eṇimigā ca tiyojanavegā eva[4] honti; atha parikkhīṇajavaṃ tam[4] migam udakaṃ pavisitvā ṭhitaṃ vadhitvā[5] dvidhā chetvā anatthiko pi maṃsena 'nâsakkhi migaṃ gahetun' ti apavādamocanatthaṃ kācenâdāya āgacchanto nagarassâvidūre bahalapattapalāsaṃ mahānigrodhaṃ disvā parissamavinodanatthaṃ tassa mūlaṃ upagato. Tasmiñ ca nigrodhe Āḷavako yakkho Mahārājasantikā varaṃ labhitvā majjhantikasamaye tassa rukkhassa chāyāya phuṭokāsaṃ paviṭṭhe pāṇine[6] khādanto paṭivasati. So taṃ

* *Cf.* Mp. p. 231–234 (*ad* A. I, 26[7]).
† : tasmā 220[6].

[1] Ba *ad.* ca.
[2] Ba °divase.
[3] Ba javanasampanno.
[4] Ba *om.*
[5] Skgn dhāvitvā; Ba *ad.* taṃ.
[6] Ba pāṇe.

disvā khāditum upagato[1]. Rājā tena saddhiṃ katikaṃ akāsi: "muñca maṃ, ahan te[2] divase divase manussañ ca thālikañ[3] ca pesessāmī" ti. Yakkho "tvaṃ rājūpabhogena pamatto pammussissasi; aham pana bhavanaṃ anupagatañ ca ananuññātañ ca khādituṃ na labhāmi, sv āhaṃ bhavantam pi[4] jīyeyyan" ti na muñcati; rājā "yaṃ divasaṃ na pesemi, taṃ divasaṃ maṃ gahetvā khādā" ti[5] attānaṃ anujānitvā[6] tena mutto nagarābhimukho agamāsi. Balakāyo magge khandhāvāraṃ bandhitvā ṭhito rājānaṃ disvā "kiṃ mahārāja ayasamattabhayā evaṃ kilanto 'sī" ti vadanto paccuggantvā paṭiggahesi. Rājā taṃ[7] pavattiṃ (an)ārocetvā nagaraṃ gantvā katapātarāso nagaraguttikaṃ āmantetvā etam atthaṃ ārocesi. Nagaraguttiko "kiṃ deva kālaparicchedo kato" ti āha. Rājā[8] "na kato bhaṇe" ti (āha). "Duṭṭhu kataṃ deva, amanussā hi paricchinnamattam eva labhanti, aparicchinne pana janapadassa bādhā bhavissati[9]; hotu deva, kiñcâpi evaṃ akāsi, appossukko tvaṃ rajjasukhaṃ anubhohi, aham ettha kātabbaṃ karissāmī" ti. So kālass' ev' uṭṭhāya[10] bandhanāgāraṃ gantvā, ye ye vajjhā honti, te te sandhāya "yo jīvitatthiko[11], so nikkhamatū" ti bhaṇati. Yo paṭhamaṃ nikkhamati, taṃ [12]gehaṃ netvā[12] nahāpetvā ca bhojetvā ca "imaṃ thālipākaṃ yakkhassa nehī" ti[13] peseti. Taṃ rukkhamūlaṃ paviṭṭhamattaṃ[14] yeva yakkho mūlakhaṇḍaṃ[15] viya khā-

---

1 Ba *ad.* dvidhā chinnamigaṃ (*add* datvā ?) attānaṃ mocetukāmo ahosi; yakkho "mama hatthagatakālato paṭṭhāya nanu migā (ɔ: migo) mama santako va; migaṃ datvā attānaṃ mocanaṃ ki(ṃ) nām' etaṃ karomi (ɔ : karosi ?) tvaṃ" iti vatvā rājānaṃ na muñci. Atha

2 Ba maṃ muñca, ahaṃ muñcanto, *om.* te.

3 Ba thālipākañ (218[22]). 4 Ba *om.* 5 Ba khādāhī ti.

6 Ba anujānāpetvā. 7 Sk naṃ; Ba naṃ taṃ.

8 Ba *om.* rājā, *ad.* na kato ti ā h a.

9 Ba janapadasātarā viya bhavissati.

10 Skg Ba eva vuṭṭhāya.

11 Ba *ad.* hoti; Skgn jīvikatthiko. 12–12 Ba g a h e t v ā.

13 Ba dehī ti. 14 Ba °mūle patiṭṭhamattaṃ.

15 Sgn mūlakandadaṇḍaṃ, Ba mūlakantaṃ.

dati; yakkhānubhāvena kira manussānaṃ kesādīni upādāya sakalasarīraṃ navanītapiṇḍo viya hoti. Yakkhassa bhattaṃ gāhāpetvā[1] gatapurisā tan disvā bhītā yathāmittaṃ ārocesuṃ. Tato pabhuti 'rājā core[2] gahetvā yakkhassa detī ti manussā corakammato paṭiviratā; tato aparena samayena navacorānaṃ abhāvena purāṇacorānañ ca[3] parikkhayena bandhanāgārāni suññāni ahesuṃ. Atha nagaraguttiko rañño ārocesi. Rājā attano dhanaṃ nagararacchāsu[4] chaḍḍāpesi: 'app eva nāma koci lobhena gaṇheyyā' ti. Taṃ pādena pi koci na cchupi[5]. So core alabhanto amaccānaṃ ārocesi. Amaccā "kulapaṭipāṭiyā ekam ekaṃ jiṇṇakaṃ pesema, so pakatiyā pi maccupathe[6] vattatī" ti āhaṃsu. Rājā "amhākaṃ pitaraṃ amhākaṃ pitāmahaṃ pesetī ti manussā veraṃ[7] karissanti, mā vo etaṃ ruccī" ti vāresi[8]. "Tena hi deva dārakaṃ pesema uttānaseyyakaṃ[9], tathāvidhassa hi 'mātā me, pitā me' ti sineho n' atthī" ti āhaṃsu. Rājā anujāni, te tathā akaṃsu. Nagare dārakamātaro ca dārake gahetvā gabbhiniyo ca palāyitvā parajanapade dārake saṃvaḍḍhetvā ānenti; evaṃ sabbāni pi[3] dvādasa vassāni gatāni. Tato ekadivasaṃ sakalanagaraṃ vicinitvā ekam pi dārakaṃ alabhitvā rañño ārocesuṃ: "n' atthi deva nagare dārako ṭhapetvā antepure tava puttaṃ Āḷavakakumāran" ti. Rājā "yathā mama putto piyo, evaṃ sabbalokassa[10], attanā pana[3] piyataraṃ n' atthi; gacchatha, tam pi[3] datvā mama jīvitaṃ rakkhathā" ti. Tena ca samayena Āḷavakakumārassa mātā puttaṃ nahāpetvā maṇḍetvā[3] dukūlacumbaṭake[11] katvā aṃke sayāpetvā nisinnā hoti. Rājapurisā rañño āṇāya tattha gantvā vippalapantiyā tassā soḷasannañ ca devīsahassānaṃ saddhiṃ dhātiyā taṃ ādāya pakkamiṃsu: 'sve yakkhabhakkho bhavissatī' ti. Tañ divasañ ca Bhagavā paccūsasamaye paccuṭṭhāya

---

[1] Sk Ba gāhāpetuṃ.
[2] Ba coraṃ.
[3] Ba *om.*
[4] Ba nagaradvāresu.
[5] Ba pādena na koci chupi.
[6] Ba maccumukhe.
[7] Ba k h o b h a ṃ.
[8] Ba ruccatī ti nivāresi.
[9] Ba uttānaseyyaṃ.
[10] Ba s a b b a s o l o k a s s a.
[11] Ba °cumbiṭake (*at* 236[17] Ba *has* °cumbitak°; *cf.* 137, *note* 9).

Jetavanamahāvihāre Mahāgandhakuṭiyaṃ mahākaruṇāsamāpattiṃ samāpajjitvā puna buddhacakkhunā lokaṃ volokento addasa Āḷavakassa kumārassa anāgāmiphalappattiyā[1] upanissayaṃ, yakkhassa sotāpattiphalappattiyā[2], desanāpariyosāne ca caturāsītiyā pāṇasahassānaṃ dhammacakkhupaṭilābhassā ti —, *t a s m ā vibhātāya rattiyā purebhattakiccaṃ katvā aniṭṭhitapacchābhattakicco va kāḷapakkhūposathadivase[3] vattamāne ogate suriye eko[4] adutiyo[5] pattacīvaram ādāya [6]pādamaggen' eva Sāvatthiyā tiṃsa yojanāni gantvā t a s s a[6] y a k k h a s s a b h a v a n e v i h a r a t i.

Kim pana Bhagavā, yasmiṃ nigrodhe Āḷavakassa bhavanaṃ, tassa mūle vihāsi udāhu bhavane yevā ti, vuccate[7]: bhavane yeva, yath' eva hi yakkhā attano bhavanaṃ passanti[8], tathā Bhagavā pi. So tattha gantvā bhavanadvāre aṭṭhāsi. Tadā Āḷavako Himavante yakkhasamāgamaṃ gato hoti; tato Āḷavakassa dvārapālo Gadrabho nāma[9] Bhagavantam upasaṃkamitvā vanditvā "kim bhante Bhagavā vikāle āgato" ti āha[7]. "Āma Gadrabha āgato 'mhi; sace te agaru, vihareyyam[10] ekarattiṃ[11] Āḷavakassa bhavane" ti. "Na me bhante garu, api ca so yakkho kakkhaḷo pharuso mātāpitunnam pi abhivādanādīni na karoti; mā rucci Bhagavato idha vāso" ti. "Jānāmi Gadrabha tassa[12] kakkhaḷattaṃ, na koci mam' antarāyo bhavissati; sace te agaru,

* : yasmā 217[13].

1 Sgn Ba °phaluppattiyā.
2 Sgn sotāphaluppattiyā; Ba s o t ā p a t t i y ā.
3 Ba °pakkhauposatha°.
4 Ba ekako va.
5 Skn addut(t)iyo.
6—6 Ba pādagamanena Sāvatthito tiṃsayojanikamaggaṃ gantvā tassa yakkhassa bhavanaṃ pāvisi, tena vuttaṃ: Āḷavakassa.
7 Ba *om.*
8 *So* Sk; Ba yakkho . . . passanti; Sgn yakkho . . . passati.
9 Ba *ad.* yakkho.
10 Skn °reyyām, Ba °reyyāmi (*at* 221[1, 7] Skn Ba *have* °reyyām).
11 Ba °rattaṃ *here and* 221[1, 8].
12 Ba *ad.* yakkhassa.

vihareyyaṃ ekarattin" ti. Dutiyam pi Gadrabho yakkho Bhagavantaṃ etad avoca: "aggitattakapālasadiso bhante Āḷavako, 'mātāpitaro' ti vā[1] 'samaṇabrāhmaṇā' ti vā 'dhammo' ti vā na jānāti, idhâgatānaṃ cittakkhepam pi karoti, hadayam pi phāḷeti pāde pi[2] gahetvā parasamudde vā paracakkavāḷe vā khipatī" ti. Dutiyam pi Bhagavā āha: "jānāmi Gadrabha; sace te agaru, vihareyyam ekarattin" ti[3]. "Na me bhante garu, api ca kho so yakkho attano anārocetvā anujānantaṃ maṃ jīvitā voropeyya; ārocemi bhante tassā" ti. 'Yathāsukhaṃ Gadrabha ārocehī" ti. "Tena hi bhante tvam eva jānāhī" ti Bhagavantaṃ abhivādetvā Himavantābhimukho pakkāmi; bhavanadvāram pi sayam eva Bhagavato vivaram adāsi. Bhagavā anto-bhavanaṃ pavisitvā, yattha abhilakkhitesu maṅgaladivasādisu nisīditvā Āḷavako siriṃ anubhoti, tasmiṃ yeva dibbaratanapallaṃke nisīditvā suvaṇṇābhaṃ muñci. Taṃ disvā yakkhassa itthiyo āgantvā Bhagavantaṃ vanditvā samparivāretvā nisīdiṃsu. Bhagavā "pubbe tumhe dānaṃ datvā sīlaṃ samādiyitvā pūjaneyye[4] pūjetvā imaṃ sampattiṃ pattā, idāni pi tath' eva karotha, mā aññamaññaṃ issāmacchariyābhibhūtā viharathā" ti ādinā nayena tāsaṃ pakiṇṇakadhammakathaṃ kathesi. Tā Bhagavato madhuranigghosaṃ sutvā sādhukārasahassāni datvā Bhagavantaṃ parivāretvā nisīdiṃsu yeva[1]. Gadrabho pi Himavantaṃ gantvā Āḷavakassa ārocesi: "yagghe mārisa jāneyyāsi, vimāne te[1] Bhagavā nisinno" ti. So Gadrabhassa saññam akāsi: 'tuṇhī hohi, gantvā kattabbaṃ karissāmī' ti. Purisamānena kira lajjito ahosi, tasmā 'mā koci[5] parisamajjhe suṇeyyā' ti vāresi.

Tadā Sātāgira-Hemavatā 'Bhagavantaṃ Jetavane yeva vanditvā yakkhasamāgamaṃ gamissāmā' ti saparivārā nānāyānehi ākāse[6] gacchanti. Ākāse ca yakkhānaṃ na sabbat-

---

1 B^a *om.* 2 S^g pādehi, S^g pādesu.
3 B^a *ad.* Tatiyam pi G° (=221^{1–6}) Tatiyam pi Bh° (221^{6–8}) ekarattan ti. 4 S^g B^a °am; S^n °a.
5 S^gn *ad.* maṃ. 6 B^a ā k ā s e n a (228^6).

tha maggo atthi, ākāsaṭṭhāni [1] vimānāni pariharitvā maggaṭṭhānen' eva maggo hoti; Āḷavakassa pana vimānaṃ bhummaṭṭhaṃ suguttaṃ pākāraparikkhittaṃ susaṃvihitadvāraṭṭālagopuraṃ[2] upari kaṃsajālacchannaṃ[3] mañjūsasadisan tiyojanaṃ ubbedhena, tassa upari maggo hoti. Te taṃ padesam āgamma gantum asamatthā ahesuṃ, buddhānaṃ hi nisinnokāsassa uparibhāgena, yāva bhavaggā, tāva koci gantuṃ asamattho. Te 'kim idan' ti āvajjitvā Bhagavantaṃ disvā ākāse khittaleḍḍu viya oruyha [4] vanditvā dhammaṃ sutvā[4] padakkhiṇaṃ katvā "yakkhasamāgamaṃ gacchāma Bhagavā" ti tīṇi vatthūni pasaṃsantā yakkhasamāgamaṃ agamaṃsu. Āḷavako te disvā "idha nisīdathā" ti paṭikkamma okāsam adāsi. Te Āḷavakassa nivedesuṃ: "lābho te Āḷavaka, yassa[5] te bhavane Bhagavā viharati; gacchâvuso Bhagavantaṃ payirupāsassū" ti. Evam Bhagavā bhavane yeva vihāsi, na, yasmiṃ nigrodhe Āḷavakassa bhavanam, tassa mūle ti,—tena vuttaṃ: ekaṃ samayaṃ Bhagavā Āḷaviyaṃ viharati Āḷavakassa yakkhassa bhavane ti.

Atha kho Āḷavako . . . pe . . . *etad avoca: nikkhama samaṇā* ti. Kasmā panâyaṃ etad avocā ti, vuccate: rosetukāmatāya[6]. Tatr' evaṃ ādito pabhuti sambandho veditabbo: ayaṃ hi, yasmā assaddhassa saddhākathā dukkathā[7] hoti dussīlādīnaṃ sīlādikathā viya, tasmā tesaṃ yakkhānaṃ santikā Bhagavato pasaṃsaṃ sutvā eva aggimhi pakkhittaloṇasakkharā viya abbhantarakopena taṭataṭāyamānahadayo[8] hutvā "ko so Bhagavā nāma, yo mama[9] bhavanaṃ paviṭṭho" ti āha. Te āhaṃsu: "na tvaṃ āvuso jānāsi Bhagavantaṃ amhākaṃ satthāraṃ, yo Tusitabhavane ṭhito pañcamahāvilokitaṃ viloketvā" ti ādinā nayena yāva dhammacakkappavattanaṃ kathentā paṭisandhiādisu dvattiṃsa pubbanimittāni vatvā "imāni pi tvaṃ

---

[1] Ba *ins.* kanaka-. [2] Ba °aṭṭālakagop°.
[3] Ba *ad.* ākāse ca yakkhānaṃ majjhe.
[4–4] Ba *om.* [5] Ba lābhā vata Āḷ°, *om.* yassa.
[6] Ba dosaṃ ropetukāmatāya (226 *note* 10).
[7] Sg Ba dukkatā. [8] Ba kaṭakaṭāy°.
[9] ?; Ba *om.* yo; Skgn *om.* mama.

āvuso acchariyāni nâddasā" ti codesuṃ. So disvā pi kodhavasena "nâddasan" ti āha. "Āvuso Āḷavaka passeyyāsi vā tvaṃ na vā, ko tayā attho passatā vā[1] apassatā vā; kiṃ tvaṃ karissasi amhākaṃ satthuno, yo tvaṃ taṃ upanidhāya calakkakudhamahāusabhasamīpe tadahujātavacchako viya, tidhāppabhinnamattavaravāraṇasamīpe[2] hiṃkārapotako[3] viya, bhāsuravilambakesarasaṇḍasobhitakkhandhassa[4] migarañño samīpe jarasigālo viya, diyaḍḍhayojanasatappavaṭṭakāyasupaṇṇarājasamīpe[5] chinnapakkhakākapotako viya khāyasi; gaccha, yaṃ te karaṇīyaṃ, taṃ karohī" ti. Evaṃ vutte ruṭṭho[6] Āḷavako uṭṭhahitvā Manosilātale vāmapādena ṭhatvā "passatha dāni, tumhākaṃ vā satthā mahānubhāvo ahaṃ vā" ti dakkhiṇapādena saṭṭhiyojanamattaṃ Kelāsapabbatakūṭaṃ akkami, taṃ ayokūṭahato[7] viya niddhantaayopiṇḍo papaṭikāyo[8] muñci. So tatra ṭhatvā "ahaṃ Āḷavako" ti ugghosesi[9]; sakalaJambudīpaṃ saddo phari. Cattāro kira saddā sakalaJambudīpe sūyiṃsu, yañ ca Puṇṇako yakkhasenāpati Dhanañjayakoravyarājānaṃ jūte jinitvā appoṭhetvā "ahaṃ jinin" ti ugghosesi*, yañ ca Sakko devānam indo Kassapassa bhagavato sāsane parihāyamāne Vissakammadevaputtaṃ[10] sunakhaṃ karitvā "ahaṃ pāpabhikkhū ca pāpabhikkhunīupāsakopāsikāyo[11] ca sabbe ca[12] adhammavādino khādāmī" ti ugghosāpesi†, yañ ca Kusajātake Pabhāvatihetu sattahi rājūhi nagare uparuddhe Pabhāvatiṃ attanā saha hatthikkhandhaṃ[13] āropetvā nagarā nikkhamma "ahaṃ Sīhassarakusamahārājā" ti Mahapuriso ugghosesi‡, yañ ca Kelāsamuddhani[14] ṭhatvā Āḷavako ti. Tadā hi sakalaJambudīpe dvāre dvāre ṭhatvā ugghositasadisaṃ ahosi, tiyojana-

* J. A. VI, 282¹². †
‡ J. A. V, 310.

1 Ba *om.* 2 Ba *om.* °vara°. 3 Ba bhiṅgārap°.
4 Ba °vilambakevaraupasobhitakkh°.
5 *So* Skgn; Ba °satabbabandhakāya°. 6 Ba kuddho.
7 Ba °k ū ṭ a p a h a t o. 8 Ba pappaṭikāyo. 9 Ba ghosesi.
10 Ba Visukamma°. 11 Ba °bhikkhunī ca up°.
12 Ba c' eva. 13 Ba °ndhe. 14 Skgn °iṃ.

sahassavitthato ca Himavā pi sampakampi[1] yakkhassânubhāvena. So vātamaṇḍalaṃ samuṭṭhāpesi: 'eten' eva samaṇaṃ palāpessāmī' ti. Te puratthimādibhedā vātā samuṭṭhahitvā addhayojanayojanadviyojanatiyojanappamāṇāni[2] pabbatakūṭāni padāletvā vanagaccharukkhādīni ummūletvā[3] Āḷavinagaraṃ pakkhantā jiṇṇahatthisālādīni cuṇṇentā chadaniṭṭhakā[4] ākāse bhamentā[5]. Bhagavā 'mā kassaci uparodho hotū' ti adhiṭṭhāsi. Te vātā dasabalaṃ patvā cīvarakaṇṇamattam pi cāletuṃ nâsakkhiṃsu. Tato mahāvassaṃ samuṭṭhāpesi: 'udakena ajjhottharitvā samaṇaṃ māressāmī' [6]ti. Tassânubhāvena[6] uparūpari satapaṭalasahassapaṭalādibhedā valāhakā uṭṭhahitvā vassiṃsu, vuṭṭhidhārāvegena paṭhavī chiddā ahosi, vanarukkhādīnaṃ[7] upari mahāmegho āgantvā dasabalassa cīvare ussāvabindumattam pi temetuṃ nâsakkhi. Tato pāsāṇavassaṃ samuṭṭhāpesi. Mahantāni mahantāni pabbatakūṭāni dhūmāyantāni pajjalantāni ākāsenâgantvā dasabalaṃ patvā dibbamālāguḷāni sampajjiṃsu. Tato paharaṇavassaṃ samuṭṭhāpesi. Ekatodhārā ubhatodhārā asisattikhurappādayo dhūmāyantā pajjalantā ākāsenâgantvā dasabalaṃ patvā dibbapupphāni ahesuṃ. Tato aṅgāravassaṃ samuṭṭhāpesi. Kiṃsukavaṇṇā aṅgārā ākāsenâgantvā dasabalassa pādamūle dibbapupphāni hutvā vikiriṃsu[8]. Tato kukkulavassaṃ samuṭṭhāpesi. Accuṇho kukkulo ākāsenâgantvā dasabalassa pādamūle candanacuṇṇaṃ hutvā nipati. Tato vālikāvassaṃ samuṭṭhāpesi. Atisukhumā vālikā dhūmāyantā[9] pajjalantā[9] ākāsenâgantvā dasabalassa pādamūle dibbapupphāni hutvā nipatiṃsu. Tato kalalavassaṃ [6]samuṭṭhāpesi. Taṃ[6] dhūmāyantaṃ pajjalantaṃ ākāsenâgantvā dasabalassa pādamūle dibbagandhaṃ hutvā nipati. Tato andhakāraṃ samuṭṭhāpesi: 'bhiṃsetvā samaṇaṃ palāpessāmī' ti. Taṃ caturaṅgasamannāgatandhakārasadisaṃ hutvā dasabalaṃ patvā suriyappabhāvihatam iv' andhakāraṃ antaradhāyi. Evaṃ yakkho navahi vātavas-

---

1 Ba saṃkampi. 2 Ba *om.* °tiyojana°.
3 Sk ummīletvā, Ba uppilitvā. 4 Ba °iṭṭhakāni.
5 *So* Skgn; Ba gamentā. 6–6 Ba *om.*
7 Ba vanarukkhānaṃ. 8 Ba vikirayiṃsu. 9 *Sic* Skgn Ba.

sapāsāṇapaharaṇaṅgārakukkulavālikākalalandhakāravuṭṭhīhi Bhagavantaṃ palāpetum asakkonto nānāvidhapaharaṇahatthaanekappakārarūpabhūtagaṇasamākulāya[1] caturaṅginiyā senāya sayam eva Bhagavantaṃ abhigato. Te bhūtagaṇā anekappakāre vikāre katvā "gaṇhatha hanathā" ti Bhagavato upari āgacchantā viya honti, api ca kho niddhantalohapiṇḍaṃ viya makkhikā Bhagavantaṃ allīyitum asamatthā[2] ahesuṃ; evaṃ sante pi, yathā Bodhimaṇḍe Māro āgatavelāyam eva nivatto, tathā anivattitvā[3] upaḍḍharattimattaṃ vyākulam akaṃsu. Evaṃ upaḍḍharattimatte anekappakāravihesikādassanena[4] pi Bhagavantaṃ cāletum asakkonto Āḷavako cintesi: 'yan nūnâhaṃ kenaci ajeyyaṃ dussāvudhaṃ muñceyyan' ti. Cattāri kira āvudhāni loke seṭṭhāni: Sakkassa vajirāvudhaṃ, Vessavaṇassa gadāvudhaṃ, Yamassa nayanāvudhaṃ, Āḷavakassa dussāvudhan ti. Yadi hi Sakko ruṭṭho[5] vajirāvudhaṃ Sinerumatthake pahareyya, aṭṭhasaṭṭhisahassādhikaṃ yojanasatasahassaṃ[6] nibbijjhitvā heṭṭhato gaccheyya; Vessavaṇassa[7] puthujjanakāle vissajjitā gadā[8] bahunnaṃ yakkhasahassānaṃ sīsaṃ pātetvā puna hatthapāsaṃ āgantvā tiṭṭhati; Yamena ruṭṭhena nayanāvudhena olokitamatte anekāni kumbhaṇḍasahassāni tattakapāle tilā viya vipphurantāni vinassanti; Āḷavako ruṭṭho[5] sace ākāse dussāvudhaṃ muñceyya, dvādasa vassāni devo na vasseyya, sace paṭhaviyaṃ muñceyya, sabbarukkhatiṇādīni sussitvā dvādasavassantaraṃ[9] na puna rūheyyuṃ, sace samudde muñceyya, tattakapāle udabindu viya sabbam udakaṃ susseyya, sace Sinerusadise pi[10] pabbate muñceyya khaṇḍākhaṇḍaṃ[11] hutvā vikireyya. So evaṃ mahānubhāvaṃ dussāvudhaṃ uttariyakataṃ[12] muñcitvā

---

1 Ba °hatthāya anekapp°. 2 Ba *ad.* eva. 3 Ba anivatto.

4 Sgn anekappakāravihesikābhidassanena, Ba anekappakāravibhisanādassanamattena.

5 Ba ruddho, *and* 225[20] ruddhena. 6 Ba °sahassāni.

7 Ba V e s s a v a ṇ e n a.

8 Ba v i s s a j j i t a g a d ā v u d h a ṃ.

9 Ba °antare. 10 Ba *om.* 11 Ba khaṇḍaṃ khaṇḍaṃ.

12 *So* Skgn; Ba u t t a r i s ā ṭ a k a ṃ.

aggahesi. Yebhuyyena dasasahassīlokadhātusu[1] devatā vegena sannipatiṃsu: 'ajja Bhagavā Āḷavakaṃ damessati, tattha dhammaṃ sossāmā' ti; yuddhadassanakāmā pi devatā sannipatiṃsu; evaṃ sakalam pi ākāsaṃ devatāhi puṇṇam[2] ahosi. Āḷavako[3] Bhagavato samīpe uparūpari [4]viya vicaritvā[4] vatthāvudhaṃ muñci; taṃ asanicakkaṃ[5] viya ākāse bheravasaddaṃ karontaṃ dhūmāyantaṃ pajjalantaṃ Bhagavantaṃ patvā yakkhassa mānamaddanatthaṃ pādapuñchanacoḷaṃ[6] hutvā pādamūle nipati. Āḷavako taṃ disvā chinnavisāṇo viya usabho, uddhaṭadāṭho viya sappo nittejo nimmado nipātitamānaddhajo[7] hutvā cintesi: 'dussāvudham pi samaṇaṃ nâdhibhosi[8], kin nu kho kāraṇan' ti,—'idaṃ kāraṇaṃ[9]: mettāvihārayutto samaṇo; handa naṃ rosetvā[10] mettāya viyojemī' ti. Iminā sambandhen' etaṃ vuttaṃ: "atha kho Āḷavako yakkho yena Bhagavā . . . pe . . . nikkhama samaṇā" ti. Tatthâdhippāyo[11]: kasmā mayā ananuññāto[12] mama bhavanaṃ pavisitvā gharasāmiko viya itthāgārassa majjhe nisinno 'si, nanu ayuttam etaṃ samaṇassa yadidaṃ adinnaparibhogo itthisaṃsaggo ca; tasmā, yadi tvaṃ samaṇadhamme ṭhito, nikkhama samaṇā ti. E k e pana "etāni aññāni ca[13] pharusavacanāni vatvā evâyaṃ etad avocā" ti bhaṇanti.

Atha Bhagavā y a s m ā 'thaddho paṭitthaddhabhāvena vinetuṃ na sakkā[14], so hi paṭitthaddhabhāve kayiramāne. seyyathā pi caṇḍassa kukkurassa nāsāya pittaṃ[15] bhindeyya, so bhiyyosomattāya[16] caṇḍataro assa, evaṃ thaddhataro hoti, mudunā pana so sakkā vinetun' ti ñatvā "sādh' āvuso" ti piyavacanena tassa vacanaṃ sampaṭicchitvā

---

1 *So* Sg; Skn Ba °d h ā t u-. 2 Ba paripuṇṇam.
3 Ba Athâḷavako. 4—4 Ba v i c i n i t v ā.
5 Ba asanimuttacakkaṃ. 6 Ba °coḷakaṃ (Pj. I, 144[27]).
7 Ba nipaṭitam°. 8 Ba nâbhidosi.
9 Ba *om.* idaṃ kāraṇaṃ. 10 Ba ropetvā.
11 Ba Tatrâyaṃ dhippāyo. 12 Skanān°.
13 Skgn ca *before* aññāni. 14 Ba sakko.
15 *Cf.* J.P.T.S. 1891, p. 4; Sgn p i t t a ṃ p i t t a ṃ.
16 Sgn °mattāy' eva.

nikkhami, t e n a vuttaṃ : " *sādh' āvuso* " *ti Bhagavā nikkhamī* ti. Tato Āḷavako 'suvaco[1] vatâyaṃ samaṇo, ekavacanen' eva nikkhanto; evaṃ nāma nikkhametuṃ sukhaṃ samaṇaṃ akāraṇen' evâhaṃ sakalarattiṃ yuddhena abbhuyyāsin' ti muducitto hutvā puna cintesi: idāni [2]pi na[2] sakkā jānituṃ, kin nu kho suvacatāya[1] nikkhanto udāhu kodhena; handa naṃ vīmaṃsāmī' ti[3]. Tato "pavisa samaṇā" ti āha. Atha 'suvaco' ti mudubhūtacittassa[4] cittavavatthānakaraṇatthaṃ puna pi[5] piyavacanaṃ vadento " *sādh' āvuso* " *ti Bhagavā pāvisi*. Āḷavako punappuna taṃ eva suvacabhāvaṃ[6] vīmaṃsanto *dutiyam pi tatiyam pi* " nikkhama, pavisā " ti āha, Bhagavā pi tathā akāsi; yadi na kareyya, pakatiyā pi thaddha(ṃ) yakkhassa cittaṃ thaddhataraṃ hutvā dhammakathāya bhājanaṃ na bhaveyya, tasmā yathā nāma mātā rodantaṃ puttakaṃ[7], yaṃ so icchati, taṃ datvā vā katvā vā saññāpeti, tathā Bhagavā kilesarodanena rodantaṃ yakkhaṃ saññāpetuṃ, yaṃ so bhaṇati, taṃ akāsi; yathā ca dhātī thaññaṃ apivantaṃ dārakaṃ yaṃ kiñci datvā upalāḷetvā[8] pāyeti, tathā Bhagavā yakkhaṃ lokuttaradhammakhīraṃ pāyetuṃ tassa patthitavacanakaraṇena upalāḷento evam akāsi ; yathā ca puriso lābumhi catumadhuraṃ pūretukāmo tass' abbhantaraṃ sodheti, evaṃ Bhagavā yakkhassa citte lokuttaracatumadhuraṃ pūretukāmo tass' abbhantare kodhamalaṃ sodhetuṃ yāvatatiyaṃ nikkhamanapavesanaṃ akāsi. Ath-Âḷavako 'suvaco ayaṃ samaṇo, " nikkhamā " ti vutto[9] nikkhamati, " pavisā " ti vutto[9] pavisati; yan nūnâhaṃ imaṃ samaṇaṃ evam evaṃ sakalarattiṃ kilametvā pāde gahetvā pāra-Gaṅgāya[10] khipeyyan' ti pāpakaṃ cittaṃ uppādetvā catutthavāraṃ āha: " nikkhama samaṇā " ti. Taṃ ñatvā Bhagavā *na khv āhan tan* ti āha; 'evaṃ vutte taduttariṃ karaṇīyaṃ pariyesamāno pañhaṃ pucchitabbaṃ maññissati, taṃ dhammakathāya mukhaṃ bhavissatī' ti

[1] B^a subba°. [2–2] B^a pana.
[3] S^g B^a v ī m a ṃ s i s s ā m ī ti. [4] B^a *om.* -cittassa.
[5] B^a *om.* [6] B^a subbacasabhāvaṃ. [7] B^a puttaṃ.
[8] S^g *here* upalāpetvā. [9] B^a v u t t e. [10] B^a *ad.* tīre.

pi ñatvā na khv āhan tan ti āha. Tattha *na* iti paṭikkhepe, *kho* iti avadhāraṇe, *ahan* ti attanidassane[1]; *tan* ti hetuvacanaṃ, ten' ettha, yasmā tvaṃ evaṃ cintesi, tasmā ahaṃ āvuso n' eva nikkhamissāmi, yan te karaṇīyaṃ, taṃ karohī ti evam attho daṭṭhabbo. Tato Āḷavako, yasmā pubbe pi ākāsena[2] gamanavelāyaṃ 'kin nu kho etaṃ suvaṇṇavimānaṃ udāhu rajatamaṇivimānānaṃ aññataraṃ; handa naṃ passāmā' ti evaṃ attano vimānaṃ āgate iddhimante tāpasaparibbājake pañhaṃ pucchitvā vissajjetum asakkonte cittakkhepādīhi viheṭheti,—kathaṃ: amanussā hi bhiṃsanakarūpadassanena vā hadayavatthuparimaddanena vā ti dvīh' ākārehi cittakkhepaṃ karonti, ayam pana yasmā 'iddhimanto bhiṃsanakarūpena[3] na tasantī' ti ñatvā attano iddhippabhāvena sukhumattabhāvaṃ[4] nimminitvā tesaṃ anto pavisitvā hadayavatthuṃ parimaddati, tato cittasantati na saṇṭhāti, tassā[5] asaṇṭhānā[6] ummattakā[7] honti khittacittā, evaṃ khittacittānaṃ etesaṃ uram pi phāḷeti, pāde pi te[8] gahetvā pāra-Gaṅgāya khipati 'mā ssu me puna evarūpā bhavanam āgamiṃsū' ti, tasmā te pañhe saritvā 'yan nūnâhaṃ imaṃ samaṇaṃ idāni evaṃ viheṭheyyan' ti cintetvā āha: *pañhaṃ taṃ samaṇā* ti ādi. Kuto pan' assa te pañhā ti: tassa[9] kira mātāpitaro Kassapaṃ bhagavantaṃ payirupāsitvā aṭṭha pañhe savissajjane uggahesuṃ, te daharakāle Āḷavakaṃ pariyāpuṇāpesuṃ, so kālaccayena vissajjanaṃ pammussi. Tato 'ime pañhā pi mā vinassantū' ti suvaṇṇapaṭṭe jātihiṅguḷakena[10] likhāpetvā vimāne nikkhipi. Evam ete buddhapañhā[11] buddhavisayā eva honti. Bhagavā taṃ sutvā, yasmā buddhānaṃ paṛiccattalābhantarāyo vā jīvitantarāyo vā sabbaññutañāṇappabhānaṃ paṭighāto vā na sakkā kenaci kātuṃ, tasmā taṃ[12] loke asādhāraṇaṃ buddhānubhāvaṃ dassento

---

1 Sg < °no; Ba attanidassanaṃ.
2 Sk ākāse.
3 Ba °rūpadassane.
4 Ba °bhāve.
5 Skgn tassa.
6 Ba asaṇṭhamānāya.
7 Sgn Ba ummattā.
8 Ba *om.*
9 Skgn assa.
10 Ba °hiṅgulikena.
11 Ba ete aṭṭha pañhā.
12 Ba *ad.* taṃ.

āha: *na khv āhan taṃ āvuso passāmi sadevake loke* ti. Tattha "sadevakavacanena pañcakāmāvacaradevagahaṇan"* ti ādinā nayena etesaṃ padānaṃ atthamattadassanena saṃkhepo vutto, na anusandhiyojanākkamena vitthāro, sv āyaṃ vuccati: *sadevaka*vacanena hi[1] ukkaṭṭhaparicchedato sabbadevesu gahitesu pi, y e s a ṃ tattha sannipatite devagaṇe vimati ahosi 'Māro mahānubhāvo chakāmāvacarissaro vasavattī paccanīkasāto dhammadessī kurūrakammanto, kin nu kho so pi 'ssa cittakkhepādi na kareyyā' ti, t e s a ṃ vimativibāhanatthaṃ *samārake* ti āha; tato, y e s a ṃ ahosi 'Brahmā mahānubhāvo, ekaṅguliyā ekacakkavāḷasahasse ālokaṃ karoti, dvīhi . . . pe . . . dasahi[2] aṅgulīhi[2] dasasu cakkavāḷasahassesu, anuttarañ ca jhānasamāpattisukhaṃ paṭisaṃvedeti, kiṃ so pi na kareyyā' ti, t e s a ṃ vimativibāhanatthaṃ[3] *sabrahmake* ti āha; atha, y e s a ṃ ahosi 'puthu samaṇabrāhmaṇā sāsanassa paccatthikā paccāmittā mantādibalasamannāgatā, kin te pi na kareyyun' ti, t e s a ṃ vimativibāhanatthaṃ *sassamaṇabrāhmaṇiyā pajāyā*[2] ti āha; evaṃ ukkaṭṭhaṭṭhānesu kassaci abhāvaṃ dassetvā idāni *sadevamanussāyā* ti vacanena saṃmutideve avasesamanusse ca upādāya ukkaṭṭhaparicchedavasen' eva sesasattaloke pi kassaci abhāvaṃ dassesī ti evaṃ ettha anusandhiyojanākkamo veditabbo. Evaṃ Bhagavā tassa bādhanācittaṃ paṭisedhetvā pañhapucchane ussāhaṃ janento āha: *api ca tvaṃ āvuso puccha yad ākaṃkhasī* ti. †Tass' attho: puccha, yadi ākaṃkhasi, na me pañhavissajjane bhāro atthi; a t h a v ā puccha yaṃ ākaṃkhasi, sabban[4] te vissajjessāmī ti sabbaññupavāraṇaṃ pavāresi asādhāraṇaṃ paccekabuddhaaggasāvakamahāsāvakehi, te hi "pucchâvuso, sutvā vedissāmā" ti vadanti, buddhā pana "pucchâvuso yad ākaṃkhasī" ti[2] vā[2] "puccha Vāsava maṃ pañhaṃ yaṃ kiñci manas' icchasī"‡ ti vā

* 153[22]. † -230[23] Sum. I, 154[28]-156[3]. ‡ D. II, 275[20].

[1] *So* Ba; Sk °vacanena pi; Sgn °vacanehi.
[2] Ba *om.* [3] Sk vimatipaṭibāh°. [4] Ba taṃ sabbaṃ pi.

"Bāvarissa ca[1] tuyhaṃ vā sabbesaṃ sabbasaṃsayaṃ
katāvakāsā pucchavho yaṃ kiñci manas' icchathā"* ti

evamādinā nayena devamanussānaṃ sabbaññupavāraṇaṃ pavārenti. Anacchariyañ c' etaṃ, yaṃ Bhagavā buddhabhūmiṃ patvā etaṃ pavāraṇaṃ pavāreyya, yo bodhisattabhūmiyaṃ padesañāṇe vattamāno[2] pi

"Koṇḍañña pañhāni viyākarohi,
yācanti taṃ isayo sādhurūpā;
Koṇḍañña eso manujesu dhammo,
yaṃ vaddhaṃ[3] āgacchati esa bhāro" ti

evam isīhi yācito

"katāvakāsā pucchantu bhonto
yaṃ kiñci pañhaṃ manasâbhipatthitaṃ,
ahaṃ hi taṃ[4] taṃ vo viyākarissaṃ
ñatvā sayaṃ lokaṃ imaṃ parañ cā"† ti

evaṃ Sarabhaṅgakāle, Sambhavajātake ca sakalaJambudīpaṃ tikkhattuṃ vicaritvā pañhānaṃ antakaraṃ adisvā jātiyā sattavasso rathikāya paṃsukīḷikaṃ kīḷanto Suciratena[5] brāhmaṇena puṭṭho

"taggha te ahaṃ akkhissaṃ yathā pi kusalo tathā,
rājā ca[6] kho naṃ[7] jānāti, yadi kāhati vā na vā"‡ ti

evaṃ sabbaññupavāraṇaṃ pavāresi.

Evaṃ Bhagavatā Āḷavakassa sabbaññupavāraṇāya pavāritāya *atha kho Āḷavako yakkho Bhagavantaṃ gāthāya ajjhabhāsi: kiṃ sū 'dha vittan ti.*

181. Tattha *kin* ti pucchāvacanaṃ; *sū* ti padapūraṇamatte nipāto; *idhā* ti asmiṃ[8] loke; vittī ti pīti, taṃ karotī ti[9] *vittaṃ*, dhanass' etaṃ adhivacanaṃ; *sucinnan* ti sukataṃ;

---

* S.N. 1030. † J. V, 140^{17-29}. ‡ J. V, 65^{24}.

---

[1] B^{a} ce. [2] B^{a} vattamāne.
[3] B^{a} buddhaṃ, S^{kn} vaddhaṃ *or* vaṭṭaṃ, S^{g} vaṭṭaṃ.
[4] *So* S^{k}; B^{a} *om.* taṃ, S^{gn} *om.* ahaṃ hi taṃ.
[5] S^{k} Sucīratena (*cf.* J. V, 66^{9}). [6] B^{a} *om.*
[7] S^{gn} na. [8] B^{a} imasmiṃ.
[9] S^{k} vittati pītitaṃ karotī ti, S^{gn} vittī ti pītiṃ karotī ti, B^{a} vittan ti vittikaṃ karotī ti.

sukhan ti kāyikacetasikaṃ sātaṃ[1]; *āvahātī* ti āvahati, āneti deti appetī ti vuttaṃ hoti; *have* iti daḷhatthe nipāto; *sādutaran* ti atisayena sāduṃ, *sādhutaran* ti pi pāṭho; *rasānan* ti rasasaññitānaṃ dhammānaṃ; *kathan* ti kena pakārena, kathaṃjīvino jīvitaṃ *kathaṃjīvi*[2]*-jīvitan* [3]ti, gāthābandhasukhatthaṃ pana sānunāsikaṃ vuccati; *kathaṃjīviṃ jīvatan*[4] ti vā pāṭho, tassa 'jīvantānaṃ kathaṃjīvin' ti attho. Sesam ettha pākaṭam eva. Evam imāya gāthāya "kiṃ su idha loke purisassa vittaṃ seṭṭhaṃ, kiṃ su[5] suciṇṇaṃ sukhaṃ āvahāti, kiṃ rasānaṃ sādutaraṃ, kathaṃjīvino jīvitaṃ[3] seṭṭham āhū" ti ime cattāro pañhe pucchi.

Ath' assa Bhagavā Kassapadasabalena vissajjitanayen' eva vissajjento imaṃ gāthaṃ āha: saddh' īdha vittan ti. Tattha, yathā hiraññasuvaṇṇādivittaṃ upabhogaparibhogasukhaṃ āvahati khuppipāsādidukkhaṃ paṭibāhati dāliddiyaṃ vūpasameti muttādiratanapaṭilābhahetu hoti lokasannatiñ ca[6] āvahati, evaṃ lokiyalokuttarā *saddhā* pi yathāsambhavaṃ lokiyalokuttaravipākasukhaṃ[7] āvahāti, saddhādhurena paṭipannānaṃ jātijarādidukkhaṃ paṭibāhati, guṇadāliddiyaṃ vūpasameti, sambojjhaṅgādiratanapaṭilābhahetu hoti, 182.

"saddho sīlena sampanno yasobhogasamappito
yaṃ yaṃ padesaṃ bhajati, tattha tatth' eva pūjito"* ti

vacanato lokasannatiñ ca āvahatī ti katvā *vittan* ti vuttā; y a s m ā pan' etaṃ saddhāvittaṃ anugāmikaṃ anaññasādhāraṇaṃ sabbasampattihetu lokiyassa[8] hiraññasuvaṇṇādivittassâpi nidānaṃ, saddho yeva hi dānādīni puññāni katvā vittaṃ adhigacchati, assaddhassa pana[5] vittaṃ[5] yāvad eva anatthāya hoti, t a s m ā *seṭṭhan* ti vuttaṃ; *purisassā* ti ukkaṭṭhaparicchedadesanā, yato[9] na kevalaṃ

* Dhp. 303.

[1] Ba °cetasikasātaṃ. [2] Sk °jīviṃ; Sgn °jīvino. [3–3] Sgn *om.* [4] *Conj.* Tr.; Sk Ba jīvitan. [5] Ba *om.*
[6] Ba lokiyasukhaṃ; *at* 231[25] Ba (*and probably also* Skgn) °s a n t a t i ṃ.
[7] Sk °vipākā sukhaṃ. [8] Ba lokiya-. [9] Ba tasmā.

purisassa, itthiyādīnaṃ[1] pi saddhāvittam eva seṭṭhan ti veditabbaṃ: *dhammo* ti dasakusalakammapathadhammo[2] dānasīlabhāvanādhammo vā; *sucinno* ti sukato sucarito; *sukham āvahāti* ti Sonaseṭṭhiputta-Raṭṭhapālādīnaṃ[3] viya manussasukhaṃ, Sakkādīnaṃ viya dibbasukhaṃ, pariyosāne Mahāpadumādīnaṃ viya nibbānasukhañ ca āvahatī ti; *saccan* ti ayaṃ sacca-saddo anekesu atthesu dissati, seyyathîdaṃ: "saccaṃ bhaṇe na kujjheyyā," * ti ādisu vācāsacce, "sacce ṭhitā samaṇā brāhmaṇā cā" † ti [4] ādisu viratisacce, "kasmā nu saccāni vadanti nānā pavādiyāse kusalā vadānā" ‡ ti ādisu diṭṭhisacce, "cattār' imāni bhikkhave brāhmaṇasaccānī" § ti ādisu brāhmaṇasacce, "ekaṃ hi saccaṃ, na dutiyam atthī" ‖ ti ādisu paramatthasacce, "catunnaṃ saccānaṃ kati kusalā" ¶ ti ādisu ariyasacce, idha pana paramatthasaccaṃ nibbānaṃ viratisaccañ ca[5] abbhantaraṃ katvā vācāsaccaṃ adhippetaṃ, yassânubhāvena udakādīni vase vatteti[6] jātijarāmaraṇapāraṃ tarati[6], yathâha:

"saccavācena udakaṃ hi gādhati,
visam pi saccena hananti paṇḍitā,
saccena devo thanayaṃ pavassati,
sacce ṭhitā nibbutiṃ patthayanti" **,
"ye kec' ime atthi rasā pathavyā,
saccaṃ tesaṃ sādutaraṃ rasānaṃ,
sacce ṭhitā samaṇā brāhmaṇā ca
taranti jātīmaraṇassa pāran" † ti;

sādutaran ti[7] madhurataraṃ paṇītataraṃ; *rasānan* ti, ye[8] ime "mūlaraso khandharaso" †† ti ādinā nayena sāyaniyadhammā, ye c' ime "anujānāmi bhikkhave sabbaṃ pha-

* Dhp. 224^a. † J. V, 491. ‡ S.N. 885^ab.
§ *Cf.* A. II, 176^26. ‖ S.N. 884^a.
¶ Ptsbh. II, 108^34. ** †† Nidd. *ad* S.N. 854^d.

1 B^a itthiādīnaṃ. 2 S^kgn *om.* °kammapatha°. 3 B^a Soṇas°.
4 *So* B^a *at* 232^25; B^a *here, and* S^kgn *throughout,* samaṇabrāhmaṇā ca. 5 B^a vā. 6 B^a vattenti . . . taranti.
7 S^kgn *om.* ti. 8 B^a *ad.* kec', *om.* khandharaso.

larasaṃ"* "arasarūpo bhavaṁ Gotamo"†, "ye kho brāhmaṇa rūparasā saddarasā"‡, "anāpatti rasarase"§, "ayaṃ dhammavinayo ekaraso vimuttiraso"‖, "bhāgī[1] vā Bhagavā attharasassa dhammarasassā"¶ ti ādinā nayena dravācārasūpakhajjaavasesavyañjanādayo[2] dhammā rasā[3] ti vuccanti, t e s a ṃ rasānaṃ saccaṃ have sādutaraṃ saccam eva sādutaraṃ sādhutaraṃ vā seṭṭhataraṃ[4] uttamataraṃ[4], mūlarasādayo hi sarīram upabrūhenti saṃkilesikañ ca sukham[5] āvahanti, saccarase viratisaccavācāsaccarasā[6] samathavipassanādīhi cittam upabrūhenti asaṃkilesikañ ca sukham āvahanti, vimuttiraso paramatthasaccarasaparibhāvitattā sādu, attharasadhammarasā ca tadadhigamūpāyabhūtam atthaṃ[7] dhammañ ca nissāya pavattito[8]; *paññājīvin* ti ettha pana, y v ā y a ṃ andhekacakkhudvicakkhukesu[9] dvicakkhu puggalo gahaṭṭho vā kammantānuṭṭhānasaraṇagamanadānasaṃvibhāgasīlasamādānūposathakammādiṃ gahaṭṭhapaṭipadaṃ pabbajito vā avippaṭisārakarasīlasaṃkhātaṃ taduttariṃ cittavisuddhiādibhedaṃ[10] vā pabbajitapaṭipadaṃ paññāya ārādhetvā jīvati, t a s s a paññājīvino[11] jīvitaṃ taṃ v ā paññājīviṃ[12] jīvataṃ[13] seṭṭham āhū ti evam attho daṭṭhabbo[14].

Evam Bhagavatā vissajjite cattāro pi pañhe sutvā atta- 183.
mano yakkho avasese pi cattāro pañhe pucchanto *kathaṃ*
su taratī oghaṃ ti gātham āha. Ath' assa Bhagavā purima- 184.
nayen' eva vissajjento imaṃ[11] gātham āha: saddhāya taratī

* Vin. I, 246¹⁷. † Vin. III, 2¹⁴. ‡ Vin. III, 2¹⁶.
§ ‖ A. IV, 203⁷. ¶ Nidd. *ad* S.N. 815.

[1] Sgn bhāgi.
[2] Sk vācāra°, Sgn dravācāra° (*or* dāvācāra°); Ba vācārasupavajjā avisesavy°. [3] Skgn Ba dhammarasā. [4] Ba *ad.* vā.
[5] Ba dukkham. [6] Ba °raso (*and* upabrūheti, āvahāti).
[7] Ba *ad.* ca. [8] Ba nissāyasampatti hoti.
[9] Sgn Ba *om.* -dvicakkhukesu; (Sk Ba *write* dicakkhu).
[10] Ba sīlavisuddhi°. [11] Ba *om.*
[12] Ba °jīvino. [13] Skgn Ba jīvitaṃ (231, *note* 4).
[14] Ba veditabbo. [15] Ba gātham āha *after* taratī ti.

ti. Tattha kiñcâpi, yo catubbidham ogham tarati, so saṃsāraṇṇavam pi tarati vaṭṭadukkham pi acceti kilesamalā pi parisujjhati, evaṃ sante pi pana, yasmā assaddho oghataraṇam asaddahanto na pakkhandati pañcasu kāmaguṇesu cittavossaggena pamatto tatr' evâsattavisattattā[1] saṃsāraṇṇavaṃ na tarati, kusīto dukkhaṃ viharati vokiṇṇo akusalehi dhammehi, apañño parisuddhimaggam[2] ajānanto na parisujjhati, tasmā tappaṭipakkhaṃ dassentena Bhagavatā ayaṃ gāthā vuttā. [3]Evaṃ vuttāya c' etāya, yasmā sotāpattimaggapadaṭṭhānaṃ[3] saddhindriyaṃ, tasmā *saddhāya taratī oghan* ti iminā padena diṭṭhoghataraṇaṃ sotāpattimaggaṃ sotāpannañ ca pakāseti; yasmā pana sotāpanno kusalānaṃ dhammānaṃ bhāvanāya sātaccakiriyāsaṃkhātena appamādena samannāgato dutiyamaggaṃ ārādhetvā ṭhapetvā[4] sakid ev' imaṃ lokaṃ āgamanamattaṃ avasesaṃ sotāpattimaggena atiṇṇaṃ bhavoghavatthuṃ[5] saṃsāraṇṇavaṃ tarati, tasmā *appamādena aṇṇavan* ti iminā padena bhavoghataraṇaṃ sakadāgāmimaggaṃ sakadāgāmiñ ca pakāseti; yasmā sakadāgāmī viriyena tatiyamaggaṃ ārādhetvā sakadāgāmimaggena anatītaṃ kāmoghavatthuṃ kāmoghasaññitañ ca kāmadukkham acceti, tasmā *viriyena dukkham accetī* ti iminā padena kāmoghataraṇaṃ anāgāmimaggaṃ anāgāmiñ ca pakāseti; yasmā pana anāgāmī vigatakāmapaṃkatāya[6] parisuddhāya paññāya ekantaparisuddhaṃ catutthamaggapaññaṃ ārādhetvā anāgāmimaggena appahīnaṃ avijjāsaṃkhātaṃ paramamalaṃ pajahati, tasmā *paññāya parisujjhatī* ti iminā padena avijjoghataraṇaṃ arahattamaggam arahantañ ca pakāseti, imāya ca arahattanikūṭena[7] kathitāya gāthāya pariyosāne yakkho sotāpattiphale patiṭṭhāsi.

185. Idāni tam eva "paññāya parisujjhatī" ti ettha vuttapaññāpadaṃ[8] gahetvā attano paṭibhānena lokiyalokuttaramissakaṃ pañhaṃ pucchanto kathaṃ su labhate paññan

---

1 Ba °visattatāya. 2 *So* Skgn; Ba *om.* pari-.
3–3 Ba Yañ c' etāya yasmā sotāpattiyaṅgapadaṭṭhānaṃ.
4 Ba *om.* 5 Sgn Ba °vatthu-. 6 Ba vigatakāmatāya.
7 Sk Ba °nikūṭe. 8 Ba vuttaṃ paññ°.

ti imaṃ chappadaṃ gāthaṃ[1] āha. Tattha k a t h a ṃ[2] ti sabbatth' eva atthayuttipucchā honti[3], ayaṃ hi paññādim attham ñatvā tassa yuttiṃ pucchati: *kathaṃ* kāya yuttiyā kena kāraṇena *paññaṃ labhatī* ti; esa nayo *dhanādisu*.

Ath' assa Bhagavā catuhi kāraṇehi paññālābhaṃ dassento 186.
[4]āha: saddahāno ti[4]. Tass' attho: yena pubbabhāge kāyasucaritādibhedena aparabhāge ca sattatiṃsabodhapakkhiyabhedena dhammena arahanto buddhapaccekabuddhasāvakā nibbānaṃ pattā, taṃ *saddahāno arahataṃ dhammaṃ nibbānapattiyā* lokiyalokuttaraṃ[5] *paññaṃ labhati*, tañ ca kho na saddhāmattaken' eva, [6]kiṃ pana, yasmā[6] saddhājāto upasaṃkamati, upasaṃkamanto payirupāsati, payirupāsanto sotaṃ odahati, ohitasoto dhammaṃ suṇāti, tasmā upasaṃkamanato pabhuti yāva dhammasavanena *sussūsaṃ* labhati. Kiṃ vuttaṃ hoti[7]: taṃ[8] dhammaṃ saddahitvā pi ācariyaupajjhāye[9] kāyena upasaṃkamitvā vattakaraṇena payirupāsitvā, yadā payirupāsanāya ārādhitacittā kiñci vattukāmā honti, atha avigatāya[10] sotum-icchāya[11] sotaṃ odahitvā suṇanto labhatī ti. Evaṃ sussūsam pi ca satiavippavāsena[12] *appamatto* subhāsitadubbhāsitaññutāya *vicakkhaṇo* eva labhati, na itaro, tenâha: appamatto vicakkhaṇo ti. Evaṃ y a s m ā saddhāya paññā[ya]lābhasaṃvattanikaṃ paṭipadaṃ paṭipajjati, sussūsāya sakkacca paññādhigamūpāyaṃ[13] suṇāti, appamādena gahitaṃ [14]na pammussati, vicakkhaṇatāya anūnādhikam aviparītañ[14] ca gahetvā vitthārikaṃ karoti, sussūsāya v ā ohitasoto paññāpaṭilābhahetuṃ dhammaṃ suṇāti, appamādena sutvā dhammaṃ

---

1 Sgn Ba chappadag°. 2 Ba *ad.* sū. 3 Ba hoti.
4–4 Ba saddahāno ti ādim āha (*cf.* 233 *note* 15).
5 Sg Ba °uttara-. 6–6 Ba yasmā pana.
7 *So* Sk; Sgn labhati. Nibbuttaṃ hoti, Ba labhatī ti vuttaṃ hoti.
8 Ba *om.* 9 Ba ācariyup°.
10 Sk avigatā, Ba ādigatāya.
11 Ba sotukāmatāya. 12 Ba satiadhivāsena.
13 Ba sakkaccaṃ paññāya adhig°. 14–14 Ba *om.*

dhāreti[1], vicakkhaṇatāya dhatānaṃ dhammānaṃ attham upaparikkhati, athânupubbena paramatthasaccaṃ sacchikaroti, t a s m â s s a Bhagavā "kathaṃ su labhate paññan" ti puṭṭho imāni cattāri kāraṇāni dassento imaṃ gātham āha: saddahāno . . . pe . . . vicakkhaṇo ti.

187. Idāni tato pare[2] tayo pañhe vissajjento patirūpakārī ti imaṃ gātham āha. Tattha desakālādīni[3] ahāpetvā lokiyassa lokuttarassa vā dhanassa patirūpaṃ adhigamūpāyaṃ karotī ti *patirūpakārī; dhuravā* ti cetasikaviriyavasena anikkhittadhuro, *uṭṭhātā* ti "yo ca sītañ ca uṇhañ ca tiṇā bhiyyo na maññatī"* ti ādinā nayena kāyikaviriyavasena uṭṭhānasampanno asithilaparakkamo; *vindate dhanan* ti ekamūsikāya nacirass' eva dvesatasahassasaṃkhaṃ Cūḷantevāsī† viya lokiyadhanañ ca[4] Milakkhamahātissatthero[5] viya lokuttaradhanañ ca labhati, so hi 'tīhi iriyāpathehi viharissāmī' ti vataṃ[6] katvā thīnamiddhāgamanavelāya palālacumbaṭakaṃ temetvā sīse katvā galappamāṇaṃ udakaṃ pavisitvā thīnamiddhaṃ paṭibāhento[7] dvādasahi vassehi arahattaṃ pāpuṇi; *saccenā* ti vacīsaccenâpi 'saccavādī bhūtavādī' ti, paramatthasaccenâpi 'buddho, paccekabuddho, ariyasāvako' ti evaṃ *kittiṃ pappoti; dadan* ti yaṃ kiñci icchitapatthitaṃ dento[8] *mittāni ganthati* sampādeti, karotī ti attho, duddadaṃ v ā dadaṃ ganthati, dānamukhena v ā cattāri pi saṅgahavatthūni gahitānī ti veditabbāni, tehi mittāni karotī ti vuttaṃ hoti.

188. Evaṃ gahaṭṭhapabbajitānaṃ sādhāraṇena lokiyalokuttaramissakena nayena cattāro pañhe vissajjetvā idāni "kathaṃ pecca na socatī" ti imaṃ pañcamaṃ pañhaṃ gahaṭṭhavasena vissajjento āha: yass' ete ti. Tass' attho: *yassa* "saddahāno arahatan" ti ettha vuttāya sabbakalyāṇadhammuppādikāya saddhāya samannāgatattā *saddhas-*

* D. III, 185[16]; Thag. 232. † J. A. I, 120–122.

[1] Skgn sandhāreti. [2] Sgn paraṃ.
[3] Ba dasakusalādīni. [4] Ba *om.*
[5] Ba Mallamahātissatthero. [6] Skgn Ba v a t t a ṃ .
[7] Ba °bāhanto, Sn °bāhena tato. [8] Sg Ba dadanto.

sa gharamesino [ti] gharāvāsaṃ pañca vā[1] kāmaguṇe esantassa gavesantassa kāmabhogino gahaṭṭhassa "saccena kittiṃ pappotī" ti ettha vuttappakāra*saccaṃ*[2], "sussūsaṃ labhate paññan" ti ettha sussūsanapaññānāmena vutto *dhammo*, "dhuravā uṭṭhātā" ti ettha dhuranāmen' uṭṭhānanāmena ca[3] vuttā *dhiti*, "dadaṃ mittāni ganthatī' ti ettha vuttappakāro *cāgo* cā ti *ete caturo dhammā* santi, *sa ve pecca na socati* idhalokā paralokaṃ gantvā sa ve na socatī ti.

Evam Bhagavā pañcamam pi pañhaṃ vissajjetvā taṃ 189.
yakkhaṃ codento āha: imgha aññe pī ti. Tattha *iṃghā* ti codanatthe nipāto; *aññe pī* ti aññe pi dhamme *puthu samaṇabrāhmaṇe pucchassu*, aññe pi v ā[3] Pūraṇādi sabbaññupaṭiññe puthu samaṇabrāhmaṇe pucchassu, *yadi* amhehi "saccena kittiṃ pappotī" ti ettha vuttappakārā *saccā bhiyyo* kittippattikāraṇaṃ saccaṃ, "sussūsaṃ labhate paññan" ti ettha sussūsanapaññāpadena vuttā *damā*[4] bhiyyo lokiyalokuttarapaññālābhakāraṇaṃ[5] vā, "dadaṃ mittāni ganthatī" ti ettha vuttappakārā *cāgā* bhiyyo mittaganthanakāraṇaṃ vā, "dhuravā uṭṭhātā" ti [6]ettha tan[6] taṃ atthavasaṃ paṭicca dhuranāmen' uṭṭhānanāmena ca vuttāya mahābhārasahane[7] ussoḷhibhāvappattāya viriyasaṃkhātāya *khantiyā* bhiyyo lokiyalokuttaradhanavindanakāraṇaṃ vā, "saccaṃ dhammo dhitī cāgo" ti evaṃ vuttehi imeh' eva catuhi dhammehi bhiyyo asmā lokā paraṃ lokaṃ pecca asocanakāraṇaṃ vā *idha vijjatī* ti ayam ettha saddhiṃ saṃkhepayojanāya atthavaṇṇanā, vitthārato pana ekam ekaṃ padaṃ atthuddhārapaduddhārapadavaṇṇanānayehi vibhajitvā veditabbā.

Evaṃ vutte yakkho, yena saṃsayena aññaṃ[8] puccheyya, 190.
tassa pahīnattā kathaṃ nu dāni puccheyyaṃ puthu samaṇabrāhmaṇe ti vatvā, ye pi 'ssa apucchanakāraṇaṃ na jānanti, te pi jānāpento so 'ham ajja pajānāmi yo attho

---

[1] Sgn Ba *om.* [2] Ba vuttappakāraṃ s°.
[3] Ba *om.* [4] Ba dhammā.
[5] Ba paññāpaṭilābhak°. [6–6] Ba *om.*
[7] Ba mahābhārasahattena. [8] Ba aññe.

samparāyiko ti āha. Tattha *ajjā* ti ajja ādiṃ[1] katvā ti adhippāyo; *pajānāmī* ti yathāvuttena pakārena jānāmi; *yo attho* ti ettāvatā "sussūsaṃ labhate paññan" ti ādinā nayena vuttaṃ diṭṭhadhammikaṃ dasseti, *samparāyiko* ti iminā "yass' ete caturo dhammā" ti vuttaṃ pecca sokābhāvakaraṃ[2] samparāyikaṃ, *attho* ti ca kāraṇass' etaṃ adhivacanaṃ, ayaṃ hi attha-saddo "sātthaṃ savyañjanan"* ti evamādisu pāṭhatthe vattati, "attho me gahapati hiraññasuvaṇṇenā"† ti ādisu vicakkhaṇe[3], "hoti sīlavataṃ attho"‡ ti ādisu vuddhimhi, "bahujano bhajate atthahetū"§ ti ādisu dhane, "ubhinnam atthañ caratī"‖ ti ādisu hite, "atthe jāte ca paṇḍitan"¶ ti ādisu kāraṇe, idha pana kāraṇe, tasmā, yaṃ paññādilābhādīnaṃ[4] kāraṇaṃ diṭṭhadhammikaṃ yañ ca pecca sokābhāvassa kāraṇaṃ samparāyikaṃ, taṃ yo 'haṃ[5] ajja Bhagavatā vuttanayena[6] sāmaṃ yeva pajānāmi, so[7] kathan nu dāni puccheyyaṃ puthu samaṇabrāhmaṇe ti evam ettha saṃkhepato attho veditabbo. Evaṃ yakkho "pajānāmi yo attho samparā- 191.
yiko" ti vatvā tassa ñāṇassa Bhagavaṃmūlakattaṃ[8] dassento atthāya vata me Buddho ti āha. Tattha *atthāyā* ti hitāya vuddhiyā vā; *yattha dinnaṃ mahapphalan* ti "yass' ete caturo dhammā" ti ettha vuttacāgena y a t t h a dinnaṃ mahapphalan [ti], t a ṃ aggadakkhiṇeyyaṃ Buddhaṃ pajānāmī ti attho; k e c i pana "saṃghaṃ sandhāya evam āhā" ti bhaṇanti. Evaṃ imāya gāthāya attano hitādhi- 192.
gamaṃ dassetvā idāni parahitapaṭipattiṃ[10] dīpento āha: so ahaṃ vicarissāmī ti. Tass' attho Hemavatasutte** vuttanayen' eva[11] veditabbo.

* D. I, 62^31. † D. II, 176^17. ‡ J. I, 144^19. § (*cf.* S.N. 75^a.)
‖ S. I, 162^31. ¶ J. I, 387^4 ** 216^22.

[1] S^kn B^a ajjâdi(ṃ). [2] B^a sokābhāvakāraṇaṃ (238^14.)
[3] *So* S^kgn (Ab.-sūci: payojane); B^a cikkhaṇe.
[4] B^a paññādinaṃ. [5] S^kgn so 'haṃ. [6] B^a vuttanayen' eva.
[7] B^a *ad.* taṃ. [8] B^a bhavamūlakataṃ, S^gn Bhagavāmūl°.
[9] S^kgn v u t t a b h ā v e n a.
[10] B^a parahitāya dhi paṭip°. [11] B^a vuttanayena.

Evam imāya gāthāya pariyosānañ ca rattivibhāyanañ ca sādhukārasaddutthānañ ca Āḷavakakumārassa yakkhassa bhavanaṃ ānayanañ ca ekakkhaṇe yeva ahosi; rājapurisā sādhukārasaddaṃ sutvā 'evarūpo sādhukārasaddo ṭhapetvā buddhe na aññesaṃ abbhuggacchati; āgato nu kho Bhagavā' ti āvajjentā[1] Bhagavato sarīrappabhaṃ disvā pubbe viya bahi[2] aṭhatvā nibbisaṃkā anto yeva pavisitvā addasaṃsu Bhagavantaṃ yakkhassa bhavane nisinnaṃ yakkhañ ca añjalim paggahetvā ṭhitaṃ, disvāna yakkhaṃ āhaṃsu: "ayan te mahāyakkha rājakumāro balikammāya ānīto; handa naṃ khāda vā bhuñja vā yathāpaccayaṃ vā karohī" ti. So sotāpannattā lajjito, visesato ca Bhagavato purato evaṃ vuccamāno, atha naṃ[3] kumāraṃ ubhohi hatthehi paṭiggahetvā Bhagavato upanāmesi: "ayaṃ bhante kumāro mayhaṃ pesito, imâhaṃ Bhagavato dammi; hitānukampakā[4] buddhā[4], paṭigaṇhātu bhante Bhagavā imaṃ dārakaṃ imassa hitatthāya sukhatthāyā" ti[5], imañ ca gātham āha:

"imaṃ kumāraṃ satapuññalakkhaṇaṃ
sabbaṅgupetaṃ paripuṇṇavyañjanaṃ
udaggacitto sumano dadāmi te
paṭiggaha[6] lokahitāya cakkhumā" ti.

Paṭiggahesi Bhagavā kumāraṃ, paṭiggahento[7] ca yakkhassa ca kumārassa ca maṅgalakaraṇatthaṃ pādūnagāthaṃ abhāsi. Taṃ yakkho kumāraṃ saraṇaṃ gamento tikkhattuṃ catutthapādena pūreti, seyyathîdaṃ:

"dīghāyuko hotu ayaṃ kumāro
tuvañ[8] ca yakkha sukhito bhavāhi
avyādhitā lokahitāya tiṭṭhatha."
"ayaṃ kumāro saraṇam upeti buddhaṃ
. . . dhammaṃ . . . saṃghan" ti.

Bhagavā kumāraṃ rājapurisānaṃ adāsi: "imaṃ vaḍḍhetvā puna mam' eva dethā" ti. Evaṃ so kumāro rājapurisānaṃ hatthato yakkhassa hatthaṃ, yakkhassa hatthato Bhaga-

---

1 Skgn °ento, Ba °anto. 2 Ba bāhiresu.
3 Ba t a ṃ. 4 Ba °o. 5 Ba imassa hitāya sukhāyā ti.
6 *So* Sk Ba (Sk < °ggahe); Sgn °ggahaṃ.
7 Ba °g g a h a n t o. 8 Skgn tvañ.

vato hattham, Bhagavato hatthato puna rājapurisānaṃ hatthaṃ gatattā nāmato Hattha-Āḷavako ti jāto. Taṃ ādāya paṭinivatte rājapurise disvā kassakavanakammikādayo "kiṃ yakkho kumāraṃ atidaharattā na icchatī" ti bhītā pucchiṃsu. Rājapurisā "mā bhāyatha, khemaṃ kataṃ Bhagavatā" ti sabbam ārocesuṃ. Tato "sādhu sādhū" ti sakalam Āḷavinagaraṃ ekakolāhalena yakkhābhimukhaṃ ahosi[1]. Yakkho pi Bhagavato bhikkhācārakāle anuppatte pattacīvaraṃ gahetvā upaḍḍhamaggaṃ āgantvā nivatti*. Atha Bhagavā nagare piṇḍāya caritvā katabhattakicco nagaradvāre aññatarasmiṃ vivitte rukkhamūle paññattavarabuddhāsane nisīdi. Tato mahājanakāyena saddhiṃ rājā ca nāgarā ca ekato sampiṇḍitvā Bhagavantaṃ upasaṃkamma vanditvā parivāretvā nisinnā "katham bhante evaṃ[2] dāruṇaṃ yakkhaṃ damayitthā" ti pucchiṃsu. Tesaṃ Bhagavā yuddham ādiṃ katvā "evan[2] navavidhavassaṃ vassi, evaṃ vibhiṃsakaṃ[3] akāsi, evaṃ pañhaṃ pucchi, tassâhaṃ evaṃ vissajjesin" ti tam eva Āḷavakasuttaṃ kathesi; kathāpariyosāne caturāsītisahassānaṃ dhammābhisamayo ahosi. Tato rājā ca nāgarā ca Vessavaṇamahārājassa bhavanasamīpe yakkhassa[4] bhavanaṃ katvā pupphagandhādisakkārūpetaṃ[5] niccabaliṃ[6] pavattesuṃ, tañ ca kumāraṃ viññutaṃ pattaṃ "tvaṃ Bhagavantaṃ nissāya jīvitaṃ labhi; gaccha Bhagavantaṃ yeva payirupāsassu bhikkhusaṃghañ cā" ti vissajjesuṃ. So Bhagavantañ ca bhikkhusaṃghañ ca payirupāsamāno nacirass' eva anāgāmiphale patiṭṭhāya sabbaṃ buddhavacanaṃ uggahetvā pañcasataupāsakaparivāro ahosi, Bhagavā ca naṃ etad-agge niddisi: "etad aggaṃ bhikkhave mama sāvakānaṃ upāsakānaṃ catuhi saṅgahavatthūhi parisaṃ saṅgaṇhantânaṃ yadidaṃ Hatthako Āḷavako" ti

ĀḶAVAKASUTTAVAṆṆANĀ NIṬṬHITĀ.

---

* *Vide* Mp. 233[26].

---

1 Skgn. *ad.* ti.
2 Ba evarūpaṃ.
3 Ba vibhisanakaṃ.
4 Ba yakkha .
5 Ba pupphagandhādilābhasakk°.
6 Ba niccaṃ baliṃ.

11.

[1]Caraṃ vā yadi vā tiṭṭhan ti[2] Vijayasuttaṃ, Kāyavicchandanikasuttan ti pi vuccati. Kā uppatti: Idaṃ kira suttaṃ dvīsu ṭhānesu vuttaṃ, tasmā assa duvidhā uppatti. (193.)

(I) Tattha Bhagavatā anupubbena Kapilavatthuṃ anuppatvā Sākiye vinetvā Nandādayo pabbājetvā anuññātāya mātugāmassa pabbajjāya Nandattherassa[3] bhaginī Nandā Khemakasakkassa rañño[4] dhītā, Abhirūpanandā, Janapadakalyāṇinandā ti tisso Nandāyo pabbajiṃsu. Tena ca samayena Bhagavā Sāvatthiyaṃ viharati. Abhirūpanandā abhirūpā eva ahosi dassanīyā pāsādikā, ten' ev' assā Abhirūpanandā ti nāmam akaṃsu; Janapadakalyāṇinandā pi[5] rūpen' attano sadisaṃ na passati. Tā ubho pi rūpamadamattā 'Bhagavā rūpaṃ vivaṇṇeti garahati anekapariyāyena rūpe ādīnavaṃ dassetī' ti Bhagavato [6]na upaṭṭhānaṃ gacchanti[6] daṭṭhum pi na icchanti. 'Evaṃ appasannā kasmā pabbajitā' ti ce: agatiyā[7], Abhirūpanandāya hi[8] vāreyyadivase yeva sāmiko Sakyakumāro kālam akāsi; atha naṃ mātāpitaro akāmaṃ[9] pabbājesuṃ; Janapadakalyāṇinandā pi āyasmante Nande arahattaṃ patte nirāsā hutvā 'mayhaṃ sāmiko ca mātā ca Mahāpajāpatī ca[8] aññe ca ñātakā pabbajitā, ñātīhi vinā dukkho gharāvāso' ti gharāvāse assādam alabhantī pabbajitā, na saddhāya. Atha Bhagavā tāsaṃ ñāṇaparipākaṃ viditvā Mahāpajāpatiṃ āṇāpesi: "sabbā pi bhikkhuniyo paṭipāṭiyā ovādaṃ

* Rūpanandā Mp. *ad* A. I, 25^{23} (*quoting* Dhp. 150, S.N. 193–), *for* vitthāra Mp. *ad* A. I, 25^{19} (Khemā); Thīg. A. 24–25 (*vide* "*Psalms of the Sisters*," *p.* 22–23; Thīg. A. 25^{11} *read* varabhūto); Janapadakalyāṇi- *and* Rūpanandā Dhp. A. III, 113–119 (*ad* Dhp. 150).

[1] 245^{24} (uparimabhā-) Sk *om.*
[2] Ba *ad.* N a n d a s u t t a ṃ.
[3] Sgn Ānandatth°.
[4] Ba Khemakasakkarañño.
[5] Ba h i.
[6–6] Ba u p a ṭ ṭ h ā n a ṃ n â g a c c h a n t i (254^{1}).
[7] Ba pakatiyā.
[8] Ba *om.*
[9] Ba akāmakaṃ, Sgn akāmā.

gacchantū" ti[1]. Tā attano vāre sampatte aññaṃ pesenti*. Tato Bhagavā "sampatte vāre attanā va āgantabbaṃ na aññā pesetabbā" ti āha. Ath' ekadivasaṃ Abhirūpanandā āgamāsi[2]. Taṃ Bhagavā nimmitarūpena saṃvejetvā "aṭṭhīnaṃ nagaraṃ katvā"† ti imāya Dhammapadagāthāya[3]

"āturaṃ asuciṃ pūtiṃ passa Nande samussayaṃ
uggharantaṃ paggharantaṃ bālānaṃ abhinanditaṃ[4];
animittañ ca bhāvehi mānānusayam ujjaha,
tato mānābhisamayā upasantā carissasī"‡ ti

imāhi Therīgāthāhi anupubbena arahatte patiṭṭhapesi. Ath' ekadivasaṃ Sāvatthivāsino purebhattaṃ dānaṃ datvā samādinnūposathā sunivatthā supārutā[5] gandhapupphādīni ādāya dhammasavanatthāya Jetavanaṃ gantvā dhammasavanapariyosāne Bhagavantaṃ vanditvā nagaraṃ pavisanti, bhikkhunīsaṃgho pi dhammakathaṃ sutvā bhikkhunīupassayaṃ gacchati. Tattha manussā ca bhikkhuniyo ca Bhagavato vaṇṇaṃ bhāsanti. §Catuppamāṇike hi[6] lokasannivāse Sammāsambuddhaṃ disvā appasīdanto nāma n' atthi: r ū p a p p a m ā ṇ i k ā pi[7] hi puggalā Bhagavato lakkhaṇaṃkitam anuvyañjanacitrasamujjalitaketumālāvyāmappabhāvinaddham alaṃkāraṭṭham iva lokassa samuppannarūpaṃ disvā pasīdanti, g h o s a p p a m ā ṇ i k ā anekasatesu jātakesu kittighosaṃ aṭṭhaṅgasamannāgataṃ karavīkamadhuranigghosaṃ brahmassarañ ca[8] sutvā, l ū k h a p p a m ā ṇ i k ā pattalūkhataṃ[9] dukkarakārikālūkhataṃ vā disvā, d h a m m a p p a m ā ṇ i k ā sīlakkhandhādisu yaṃ kiñci dhammakkhandhaṃ upaparikkhitvā,—tasmā sabbaṭṭhānesu Bhagavato vaṇṇaṃ bhāsanti. Janapadakalyāṇinandā bhikkhunīupassayaṃ patvā pi anekapariyāyena Bhagavato vaṇṇaṃ

---

* (Mp. Rūpanandā . . . aññaṃ pesetvā ovādaṃ āharāpeti.) † Dhp. 150.
‡ *Cf.* Thīg. 19–20 *and* Thīg. 83d. § (A. II, 71⁹⁻²².)

---

1 Sg < °ntī ti, Ba āgacchanti. 2 *So* Sn; Sg Ba agamāsi.
3 Sgn Dhammapade gāthāya. 4 Ba abhipatthitaṃ (244[2]).
5 Sgn sunivatthasupārutā. 6 Sgn *om.*
7 Ba *om.* 8 Sgn *om.* 9 Ba cīvarādilūkhataṃ.

bhāsantānaṃ tesaṃ[1] sutvā Bhagavantaṃ upagantukāmā[2] bhikkhunīnaṃ ārocesi. Bhikkhuniyo taṃ gahetvā Bhagavantaṃ upasaṃkamiṃsu. Bhagavā paṭigacc eva tassā āgamanaṃ[3] viditvā kaṇṭakena kaṇṭakaṃ āṇiyā ca āṇiṃ[3] nīharitukāmo puriso viya rūpen' eva rūpamadaṃ vinetuṃ attano iddhibalena pannarasasoḷasavassuddesikaṃ atidassanīyaṃ itthiṃ passe ṭhatvā vījamānaṃ abhinimmini. Nandā bhikkhunīhi saddhiṃ upasaṃkamitvā Bhagavantaṃ vanditvā bhikkhunīsaṃghassa antare nisīditvā pādatalā pabhuti yāva kesantā[5] Bhagavato rūpasampattiṃ disvā puna taṃ Bhagavato passe ṭhitaṃ nimmitarūpañ ca disvā 'aho ayaṃ itthī rūpavatī' ti attano rūpamadaṃ jahitvā tassā rūpe abhirattabhāvā ahosi. Tato Bhagavā taṃ[6] itthiṃ vīsativassappamāṇaṃ katvā dassesi, mātugāmo hi soḷasavassuddesiko yeva sobhati na tato uddhaṃ; atha tassā rūpaparihāniṃ disvā Nandāya tasmiṃ rūpe chandarāgo tanuko ahosi. Tato Bhagavā avijātavaṇṇaṃ[7], sakiṃ vijātavaṇṇaṃ[7], majjhimitthi-mahitthivaṇṇā[8] ti evaṃ yāva vassasatikaṃ obhaggaṃ daṇḍaparāyanaṃ tilakāhatagattaṃ katvā dassetvā passamānāy' eva Nandāya tassā maraṇaṃ uddhumātakādibhedaṃ kākādīhi samparivāretvā khajjamāna-duggandhajegucchapaṭikkūlabhāvañ[9] ca dassesi; Nandāya taṃ kammaṃ[10] disvā 'evaṃ evaṃ mama pi aññesaṃ pi sabbasādhāraṇo ayaṃ kamo' ti aniccasaññā saṇṭhāsi tadanusārena ca[11] dukkhānattasaññā pi[12]: tayo bhavā ādittaṃ iva āgāraṃ[13] appaṭisaraṇā[14] hutvā upaṭṭhahiṃsu. Atha Bhagavā 'kammaṭṭhāne pakkhantaṃ Nandāya cittan'* ti ñatvā tassā sappāyavasena imā gāthāyo abhāsi:

* (Dhp. A. III, 117[11].)

[1] *So* S^gn B^a; B^a *ad.* vacanaṃ. [2] B^a *ad.* h u t v ā.
[3] B^a tassâgamanaṃ. [4] B^a āniyā ca ānī, S^gn āniyā ca ā.
[5] B^a k e s a g g ā. [6] B^a *om.*
[7] B^a °v i j ā y a n a v a ṇ ṇ a ṃ (<°vijjāyanav°).
[8] B^a majjhimitthivaṇṇaṃ m a h a l l i k i t t h i v a ṇ ṇ a ṃ.
[9] B^a khajjamānaṃ du(g)gandhaṃ jeg°, S^gn khajjamānā dugg°. [10] B^a m ā t u g ā m a ṃ. [11] B^a *om.*
[12] B^a ti. [13] B^a agāraṃ, S^gn aṅgāraṃ. [14] S^gn B^a °ṇaṃ.

"āturaṃ asuciṃ pūtiṃ passa Nande samussayaṃ
uggharantaṃ paggharantaṃ bālānaṃ abhipatthitaṃ[1];
'yathā idaṃ tathā etaṃ, yathā etaṃ tathā idaṃ'
dhātuyo suññato passa mā lokaṃ punar āgamā[2],
bhave chandaṃ virājetvā upasantā carissasī"* ti;

gāthāpariyosāne Nandā sotāpattiphale patiṭṭhāsi. Atha[3] Bhagavā uparimaggādhigamanatthaṃ[4] suññatāparivāraṃ vipassanākammaṭṭhānaṃ kathento idaṃ suttam abhāsi; ayan tāv' assa e k ā u p p a t t i.

(II) Bhagavati pana Rājagahe viharante, y ā s ā Cīvarakkhandhake† vitthārato vuttasamuṭṭhānāya Sālavatiyā[5] gaṇikāya dhītā Jīvakassa kaniṭṭhā Sirimā nāma mātu accayena taṃ ṭhānaṃ labhitvā "akkodhena jine kodhan" ti imissā gāthāya vatthumhi‡ Puṇṇakaseṭṭhidhītaraṃ atimaññitvā[6] Bhagavantaṃ khamāpentī dhammadesanaṃ sutvā sotāpannā hutvā aṭṭha niccabhattāni pavattesi, t a ṃ[7] ārabbha aññataro niccabhattiko bhikkhu rāgaṃ uppādesi āhārakiccam pi ca kātuṃ asakkonto nirāhāro nipajjī ti[8] Dhammapadagāthāvatthumhi§ vuttaṃ[9]. Tasmiṃ tathā nipanne[10] yeva Sirimā kālaṃ katvā Yāmabhavane[11] Suyāmassa devī ahosi. Atha tassā[12] sarīrassa aggikiccaṃ nivāretvā, āmakasusāne raññā|| nikkhipāpitaṃ sarīraṃ dassanāya Bhagavā bhikkhusaṃghaparivuto agamāsi tam pi bhikkhuṃ ādāya, tathā nāgarā[13] rājā ca. Tattha manussā bhaṇanti: "pubbe Sirimāya aṭṭhuttarasahassena pi dassanaṃ dulla-

---

* Dhp. A. III, 117^17–21. † Vin. I, 268–269.
‡ Dhp. A. III, 302–314 *ad* Dhp. 223; *cf.* Mp. *ad* A. I, 26^21 (Uttarā Nandamātā).
§ Dhp. A. III, 104–106^12 *ad* Dhp. 147.
|| Dhp. A. III, 106^17.

---

1 *So* S^gn B^a (*cf.* 242, *note* 4). 2 *So* B^a; S^gn āgaṃ.
3 B^a *ad.* t a s s ā. 4 B^a °ādhigamatthaṃ.
5 S^gn Sālavaṇṇiyā. 6 B^a avamaññitvā.
7 B^a *ad.* bhattaṃ (!). 8 S^gn *om.*
9 ?; S^gn B^a vuttā. 10 B^a nisinne.
11 B^a Suyāmabh°. 12 B^a Ath' assā. 13 B^a mahājano.

bhaṃ, taṃ dān' ajja[1] kākaṇikāya pi daṭṭhukāmo[2] n' atthī" ti. Sirimā pi devakaññā pañcahi rathasatehi parivutā tatthâgamāsi[3]. Tatra pi Bhagavā sannipatitānaṃ dhammadesanatthaṃ idaṃ suttaṃ, tassa bhikkhuno ovādatthaṃ "passa cittakataṃ bimban"* ti imañ ca Dhammapadagāthaṃ abhāsi; ayaṃ assa dutiyā uppatti.

Tattha *caraṃ vā* ti sakalarūpakāyassa gantabbadisābhi- 193.
mukhenâbhinīhārena gacchanto vā, *yadi vā tiṭṭhan* ti tass' eva ussāpanabhāvena tiṭṭhanto vā, *nisinno uda vā sayan* ti tass' eva heṭṭhimabhāgasammiñjanauparimabhāgasamussāpanabhāvena nisinno vā, tiriyaṃ pasāraṇabhāvena sayāno[4] vā, *sammiñjeti pasāretī* ti tāni tāni pabbāni sammiñjeti pasāreti ca; *esā kāyassa iñjanā* ti sabbā p' esā imass' eva saviññāṇassa kāyassa[5] iñjanā calanā phandanā, n' atth' ettha añño koci caranto vā pasārento vā, †api ca kho pana[6] 'carāmī' ti citte uppajjante taṃsamuṭṭhānā vāyodhātu kāyaṃ pharati, ten' assa gantabbadisābhimukho abhinīhāro hoti—desantare rūpantarapātubhāvo ti attho—, tena caran ti vuccati; tathā 'tiṭṭhāmī' ti citte uppajjante taṃsamuṭṭhānā vāyodhātu kāyaṃ pharati, ten' assa samussāpanaṃ hoti—uparūpariṭṭhānena rūpapātubhāvo ti attho—, tena tiṭṭhan ti vuccati; tathā 'nisīdāmī' ti citte uppajjante[7] taṃsamuṭṭhānā vāyodhātu kāyaṃ pharati, ten' assa heṭṭhimabhāgasammiñjanaṃ uparimabhāgasamussāpanañ[8] ca hoti—tathābhāvena[9] rūpapātubhāvo ti attho—, tena nisinno ti vuccati; tathā 'sayāmī' ti citte uppajjante[10] taṃsamuṭṭhānā vāyodhātu kāyaṃ pharati, ten' assa tiriyaṃ pasāraṇaṃ hoti—tathābhāvena rūpapātubhāvo ti attho—, tena sayan ti vuccati; evañ câyam āyasmā yo koci itthannāmo caraṃ vā yadi vā tiṭṭhaṃ nisinno uda vā sayaṃ,

* Dhp. 147. † *Cf.* 55[7]

[1] *So* S^gn; B^a tadān' ajja. [2] B^a kākaṇiyā daṭṭh°.
[3] B^a tatra agamāsi. [4] B^a sayanto.
[5] B^a saviññāṇakakāyassa. [6] B^a *om.*
[7] S^gn uppanne. [8] *See* 241, *note* 1.
[9] S^gn *om.* -bhāvena. [10] B^a uppanne.

y a m etaṃ tattha tattha iriyāpathe tesaṃ[1] tesaṃ pabbānaṃ sammiñjanapasāraṇavasena[2] sammiñjeti pasāretī ti vuccati, t a m pi yasmā sammiñjanapasāraṇacitte uppajjamāne yathāvutten' eva nayena hoti, tasmā esā kāyassa iñjanā, n' atth' ettha añño koci, suññam idaṃ kenaci carantena vā pasārentena[3] vā sattena vā puggalena vā, kevalaṃ pana

cittanānattam[4] āgamma nānattaṃ hoti vāyuno,
vāyunānattato nānā hoti kāyassa iñjanā ti

ayam ettha paramattho. Evam etāya gāthāya Bhagavā, yasmā ekasmiṃ iriyāpathe ciraviniyogena[5] kāyapīḷanaṃ hoti, tassa ca[6] vinodanatthaṃ iriyāpathaparivattanaṃ kayirati, tasmā "caraṃ vā" ti ādīhi iriyāpathapaṭicchannaṃ d u k k h a l a k k h a ṇ a ṃ dīpeti, tathā caraṇakāle ṭhānādīnam abhāvato sabbam etaṃ caraṇādibhedaṃ "esā kāyassa iñjanā" ti bhaṇanto santatipaṭicchannaṃ a n i c c a l a k k h a ṇ a ṃ, tāya tāya sāmaggiyā pavattāya "esā kāyassa iñjanā" ti ca attapaṭikkhepena[7] bhaṇanto attasaññāghanapaṭicchannaṃ a n a t t a l a k k h a ṇ a ṃ dīpeti.

Evaṃ lakkhaṇattayadīpanena suññatākammaṭṭhānaṃ[8] kathetvā puna saviññāṇaka-aviññāṇaka-asubhadassanat-
194. thaṃ* aṭṭhīnahārusaṃyutto[9] ti ārabhi[10]. Tass' attho: yassa c' esā kāyassa iñjanā, sv āyaṃ kāyo Visuddhimagge† Dvattiṃsākāravaṇṇanāya vaṇṇasaṇṭhānadisokāsaparicchedabhedena avyāpāranayena ca pakāsitehi saṭṭhādhikehi tīh' aṭṭhisatehi navahi nahārusatehi ca saṃyuttattā[11] *aṭṭhīnahārusaṃyutto*, tatth' eva[12] pakāsitena aggapādaṅgulita-

* *Vide* 249[28]. † *Vide* Pj. I, 42[3].

1 Sgn Ba *om.*
2 Ba °vasen' eva.
3 Ba *om.*; Sk pasārena.
4 Ba kevalaṃ pana eva na citte nānattaṃ.
5 Ba iriyāpathe viharati yogena.
6 Skgn *om.*
7 Ba s a t t a p a ṭ i k k h e p e n a.
8 Sn Ba suññatak°.
9 Ba aṭṭhinhāruhi saṃyutto, *here and* 250[24].
10 Ba ārabhati.
11 Ba sampayuttattā.
12 *So* Ba; Skgn tath' eva.

cādinā tacena ca[1] navapesisatappabhedena ca maṃsena avalittattā *tacamaṃsāvalepano* paramaduggandhajegucchapaṭikkūlo ti veditabbo,—kiñ c' ettha veditabbaṃ siyā, yadi esa, y ā s ā majjhimapurisassa[2] sakalasarīrato saṃkaḍḍhitā badaraṭṭhippamāṇā bhaveyya, t ā y a makkhikāpattasukhumāya[3] chaviyā nīlādiraṅgajātena[4] gehabhitti viya paṭicchanno na bhaveyya, ayaṃ pana evaṃ sukhumāya pi *cchaviyā kāyo paṭicchanno* paññācakkhuvirahitehi bālaputhujjanehi *yathābhūtan na dissati*, chaviyā rāgarañjito[5] hi 'ssa paramajegucchapaṭikkūlacammasaṃkhāto taco pi, tacapaliveṭhitaṃ yan taṃ pabhedato

"navapesisatā maṃsā avalittā kaḷebaraṃ[6]
nānākimikulākiṇṇaṃ mīḷhaṭṭhānaṃ va[7] pūtikā"* ti

evaṃ vuttanavamaṃsasataṃ[8] pi, maṃsāvalittā ye te

"nava nahārusatā honti vyāmamatte kaḷebare,
bandhanti aṭṭhisaṃghāṭaṃ[9] agāraṃ iva valliyo" † [ti],

te pi, nahārusamotthatāni paṭipāṭiyā avatthitāni pūtīni duggandhāni tīṇi saṭṭhādhikāni[10] aṭṭhisatāni pi yathābhūtaṃ na dissanti. Yato anādiyitvā taṃ makkhikāpattasukhumaṃ chaviṃ, yāni pan' assa chavirāgarattena tacena paliveṭhitattā sabbalokassa apākaṭāni nānappakārāni abbhantarakuṇapāni paramāsuciduggandhajegucchapaṭikkūlāni[11], tāni pi[10] paññācakkhunā paṭivijjhitvā evaṃ passitabbo: 'antapūro udarapūro . . . pe . . . pittassa ca vasāya cā' ti. Tattha antassa pūro *antapūro*; udarassa pūro 195 (196).
udarapūro, udaran ti udariyass' etaṃ adhivacanaṃ, taṃ hi ṭhānanāmena udaran ti vuttaṃ; *yakapeḷassā*[12] ti yakanapiṇḍassa[13], *vatthino* ti muttassa, ṭhānūpacārena pan' etaṃ

* Pj. I, 47. † Pj. I, 48.

1 Skgn *om.* 2 Ba majjhimassa purisassa.
3 Ba makkhikapattasukhume. 4 Ba °rāgajātena.
5 Ba chavirāgarañjiko (*cf.* 247[20], 250[11]). 6 Ba °levarā.
7 Ba °añ ca. 8 Ba vuttaṃ nav°, Skgn *om.* °nava°.
9 Ba °ghātaṃ (129[3], *etc.*). 10 Ba *om.*
11 Ba °jegucchaniyapaṭikūlāni.
12 Ba yakanapel°, Sg yakapel°. 13 Sk yakaṇap°.

vatthī ti vuttaṃ; "pūro" ti adhikāro, tasmā 'yakapeḷassa[1] pūro, vatthino pūro' ti evaṃ yojetabbaṃ, esa nayo *hadayādisu*. Sabbān' eva c' etāni antādīni vaṇṇasaṇṭhānadisokāsaparicchedabhedena avyāpāranayena ca Visuddhimagge vuttavasena veditabbāni.

Evam Bhagavā 'na kiñci ettha[2] ekam pi gayhūpagaṃ muttāmaṇisadisaṃ atthi, aññadatthu asuciparipūro vâyaṃ kāyo' ti abbhantarakuṇapaṃ dassetvā idāni taṃ eva abbhantarakuṇapaṃ bahi nikkhamanakuṇapena pākaṭaṃ katvā dassento pubbe vuttañ ca saṅgaṇhitvā ath' assa
197. navahi sotehī ti gāthādvayam āha. Tattha *athā* ti pariyāyantaranidassanaṃ, aparenâpi pariyāyena asucibhāvaṃ passā ti vuttaṃ hoti; *assā* ti imassa kāyassa; *navahi sotehī* ti ubhoakkhicchiddakaṇṇacchiddanāsacchiddamukhavaccamaggapassāvamaggehi[3]; *asuci savatī* ti sabbalokapākaṭanānappakārakaparamajegucchaduggandhaasuci[4] yeva savati sandati paggharati, na aññaṃ kiñci agarucandanādigandhajātaṃ[5] vā maṇimuttādiratanajātaṃ vā; *sabbadā* ti tañ ca kho sabbadā rattim pi divā pi pubbaṇhe pi sāyaṇhe pi tiṭṭhato pi gacchato pī ti; 'kin taṃ asucin' ti ce: *akkhimhā akkhigūthako* ti ādi, etassa hi dvīhi akkhicchiddehi apanītattacamaṃsasadiso[6] akkhigūthako, kaṇṇacchiddehi rajojalla-
198. sadiso *kaṇṇagūthako*, nāsacchiddehi pubbasadisā *siṃghāṇikā* ca[7] savati, mukhena ca[7] *vamati*, 'kiṃ vamatī' ti ce: *ekadā pittaṃ*, yadā abaddhapittaṃ khubhitaṃ[8] hoti, tadā taṃ vamatī ti adhippāyo; *semhañ cā* ti na kevalañ ca[7] pittaṃ, yaṃ pi taṃ udarapaṭale ekapattapūrappamāṇaṃ semhaṃ tiṭṭhati, tam pi ekadā vamati—taṃ pan' etaṃ vaṇṇādito Visuddhimagge vuttanayen' eva veditabbaṃ—, semhañ cā ti ca-saddena semhañ ca aññañ ca evarūpaṃ udariyalohitādi asuciṃ vamatī ti dasseti. Evaṃ sattahi dvārehi asucivamanaṃ dassetvā kālaññū ca[7] puggalaññū ca Bhagavā tadut-

---

[1] Ba yakanapeḷ°, Sgn yakapeḷ°.
[2] Ba na kiñc' ettha.
[3] Sk °nāsāchidda° (*vide* 248[23]).
[4] Ba °paramaduggandhajegucchaasuci.
[5] Ba agalu°.
[6] Sgn Ba apanītataca°.
[7] Ba *om.*
[8] Ba kupitaṃ.

tariṃ dve dvārāni visesavacanena anāmasitvā aparena pariyāyena sabbasmā pi kāyā asucisavanaṃ dassento āha: *kāyamhā sedajallikā* ti. Tattha sedajallikā ti sedo ca lonapaṭalamalabhedā jallikā ca, tassa "savati sabbadā" ti iminā saddhiṃ sambandho.

Evam Bhagavā, yathā nāma bhatte paccamāne taṇḍula- 199.
malañ ca udakamalañ[1] ca pheṇena saddhiṃ uṭṭhahitvā ukkhalimukhaṃ makkhetvā bahi gaḷati[2], tathā asitapītādibhede[3] āhāre kammajena agginā paccamāne y a ṃ asitapītādimalaṃ[3] uṭṭhahitvā "akkhimhā akkhigūthako" ti ādinā bhedena[4] nikkhamantaṃ akkhiādīni makkhetvā bahi gaḷati, t a s s â p i vasena imassa kāyassa asucibhāvan dassetvā idāni, y a ṃ loke uttamaṅgasammataṃ[5] sīsaṃ, yaṃ ativisiṭṭhabhāvato paccentā vandaneyyānam pi vandanaṃ na karonti, t a s s â p i nissāratāya asucitāya c' assa asucibhāvaṃ dassento ath' assa susiraṃ sīsan ti imaṃ gātham āha. Tattha *susiran* ti chiddaṃ; *matthaluṅgassa pūritan* ti dadhibharitaalābukaṃ viya matthaluṅgabharitaṃ, tañ ca pan' etaṃ matthaluṅgaṃ Visuddhimagge vuttanayen' eva veditabbaṃ; *subhato naṃ maññatī bālo* ti tam etaṃ evaṃ nānāvidhakuṇapabharitam pi kāyaṃ duccintitacintī bālo subhato maññati 'subhaṃ sucim iṭṭhaṃ kantaṃ manāpan' ti tīhi pi taṇhā-diṭṭhi-mānamaññanāhi maññati, kasmā: yasmā *avijjāya purakkhato* catusaccapaṭicchādakena mohena purakkhato codito pavattito 'evaṃ ādiya evaṃ abhinivisa evaṃ maññāhī' ti[6] gāhito ti adhippāyo: passa yāva anatthakarā câyaṃ avijjā ti[7].

Evam Bhagavā saviññāṇakavasena asubhaṃ dassetvā 200.
idāni aviññāṇakavasena dassetuṃ, yasmā v ā cakkavattirañño pi kāyo yathāvuttakuṇapabharito[8] yeva hoti, tasmā

---

[1] S^k <ukamalañ; S^gn u k k h a m a l a ñ .
[2] S^gn B^a (*and* S^gn *at* 249[12]) galati.
[3] B^a asitādi°.
[4] B^a n a y e n a.
[5] B^a *ad.* susiraṃ.
[6] S^kgn evaṃ aññāhī ti.
[7] B^a yassa yāva anatthakārakā avijjā ti.
[8] S^kgn *om.* °vutta°.

sabbappakāre pi sampattibhave asubhaṃ[1] dassetvā idāni vipattibhave[2] dassetuṃ yadā ca so mato setī ti gāthaṃ āha. Tass' attho: *so* āyam evaṃvidho kāyo, *yadā* āyusmā-viññāṇāpagamena[3] *mato* vātabharitabhastrā viya *uddhumātako* vaṇṇaparibhedena *vinīlako susānasmiṃ* niratthaṃ[4] va kaliṅgaraṃ chaḍḍitattā *apaviddho seti*, atha 'na dān' assa puna uṭṭhānaṃ bhavissatī' ti ekaṃsato yeva *anapekkhā honti ñātayo*. Tattha mato ti aniccataṃ dasseti, setī ti nirīhakattaṃ[5], tadubhayena ca[6] jīvitabalamadappahāne niyojeti; uddhumāto ti saṇṭhānavipattiṃ dasseti, vinīlako ti chavirāgavipattiṃ, tadubhayena ca rūpamadappahāne vaṇṇapokkharataṃ paṭicca mānappahāne ca niyojeti; apaviddho ti gahetabbābhāvaṃ dasseti, susānasmin ti anto adhivāsetum anarahaṃ jigucchanīyabhāvaṃ, tadubhayena pi[7] 'maman' ti gāhassa subhasaññāya ca pahāne niyojeti; anapekkhā honti ñātayo ti paṭikiriyābhāvaṃ[8] dasseti, tena ca parivāramadappahāne niyojeti.

201. Evaṃ imāya gāthāya aparibhinnāviññāṇakavasena asubhaṃ dassetvā idāni paribhinnakavasenâpi dassetuṃ *khādanti nan*[7] ti gāthaṃ āha. Tattha *ye c' aññe* ti ye ca aññe pi kākakulalādayo kuṇapabhakkhā *pāṇayo santi*, te pi naṃ khādantī ti attho. Sesaṃ uttānam eva.

202. Evaṃ "caraṃ vā" ti ādinā nayena suññatākammaṭṭhānavasena, "aṭṭhīnahārusaṃyutto" ti ādinā saviññāṇakāsubhavasena, "yadā ca so mato setī" ti ādinā aviññāṇakāsubhavasena kāyaṃ dassetvā, evaṃ niccasukhattabhāvasuññe ekantaṃ asubhe[9] câpi kāyasmiṃ "subhato naṃ maññatī bālo avijjāya purakkhato" ti iminā bālassa vuttiṃ pakāsetvā avijjāmukhena ca vaṭṭan dassetvā, idāni tattha paṇḍitassa vuttiṃ pariññāmukhena ca[7] vivaṭṭaṃ dassetuṃ sutvāna buddhavacanan ti ārabhi. Tattha *sutvānā* ti yoniso nisāmetvā; *buddhavacanan* ti kāyavicchandanaka-

---

1 Ba °ppakārehi sampattibhāve subhaṃ. 2 Ba °bhāve.
3 Sgn Ba āyuusmāv°, *here and* 252[4]; Ba °āpagamanena.
4 Ba susānamhi ratthaṃ. 5 Ba n i r i h a t a ṃ.
6 Sg pi; Ba *om.* 7 Ba *om.*
8 Sk patik°. 9 Ba ekantaasubhe.

raṃ[1] buddhavacanaṃ; *bhikkhū* ti sekho vā puthujjano vā; [2]*paññāṇavā* ti paññā vuccati[2] vipassanā aniccādippakāresu pavattattā, tāya samannāgato ti attho; *idhā* ti sāsane; *so kho naṃ parijānātī* ti[3] imaṃ kāyaṃ tīhi pariññāhi parijānāti, kathaṃ: yathā nāma kusalo vāṇijo 'idañ c' idañ cā' ti bhaṇḍaṃ oloketvā 'ettakena gahite ettako[4] uddayo[5] bhavissatī' ti tuletvā[6] tathā katvā puna saudrayaṃ mūlaṃ gaṇhanto taṃ bhaṇḍaṃ chaḍḍeti, evaṃ evaṃ 'aṭṭhīnahāruādayo ime kesalomādayo cā' ti ñāṇacakkhunā olokento[7] ñ ā t a p a r i ñ ñ ā y a parijānāti, 'aniccā ete dhammā dukkhā anattā' ti tulento t ī r a ṇ a p a r i ñ ñ ā y a parijānāti, evaṃ tīretvā ariyamaggaṃ pāpuṇanto tattha chandarāgappahānena p a h ā n a p a r i ñ ñ ā y a parijānāti; saviññāṇakāviññāṇakaasubhavasena v ā passanto ñātapariññāya parijānāti, aniccādivasena passanto tīraṇapariññāya, arahattamaggena tato chandarāgaṃ apakaḍḍhitvā taṃ pajahanto pahānapariññāya parijānāti. 'Kasmā so evaṃ parijānātī' ti ce[8]: *yathābhūtaṃ hi passati*, yasmā[9] yathābhūtaṃ passatī ti attho. "Paññāṇavā" ti ādinā eva[10] ca etasmiṃ atthe siddhe, y a s m ā buddhavacanaṃ sutvā tassa paññāṇavattaṃ[11] hoti, yasmā ca sabbajanassa pākaṭo p' āyaṃ kāyo asutvā buddhavacanaṃ na sakkā parijānituṃ, t a s m ā tassa ñāṇahetuṃ ito bāhirānaṃ evaṃ daṭṭhuṃ asamatthatañ[12] c a dassetuṃ "sutvāna buddhavacanan" ti āha; Nandaṃ bhikkhuniṃ* tañ ca vipallatthacittaṃ[13] bhikkhuṃ† ārabbha desanāpavattito aggaparisato tappaṭipattippattānaṃ[14] bhikkhubhāvadassanato ca "bhikkhū" ti āha.

* Uppatti I. † Uppatti II.

[1] B[a] kāyavicchindanakāraṃ. [2–2] B[a] paññāṇaṃ vuccati.
[3] B[a] *ad.* s o. [4] B[a] *ad.* nāma. [5] S[gn] udayo.
[6] B[a] tulayitvā (*and* tulayanto 251[12]).
[7] S[kgn] °cakkhunā lokaṃ volokento.
[8] B[a] Tasmā so evaṃ naṃ parijānāti (*om.* ti ce).
[9] B[a] *om.* [10] B[a] evañ.
[11] B[a] p a ñ ñ ā ṇ a v a n t a t t a ṃ. [12] B[a] daṭṭhuasamatthatañ.
[13] B[a] °citta-. [14] S[kgn] tappaṭipattimattānaṃ.

203ab. Idāni "yathābhūtaṃ hi passatī" ti ettha, yathā passanto yathābhūtaṃ passati, tañ ca dassetuṃ āha: yathā idaṃ tathā etaṃ, yathā etaṃ tathā idan ti. Tass' attho: *yathā idaṃ* saviññāṇakāsubhaṃ āyusmāviññāṇānaṃ anapagamā carati tiṭṭhati nisīdati sayati, *tathā etaṃ* etarahi susāne sayitaṃ aviññāṇakam pi pubbe tesaṃ dhammānaṃ anapagamā ahosi, *yathā* ca *etaṃ* etarahi matasarīraṃ tesaṃ dhammānaṃ apagamā na carati na tiṭṭhati na nisīdati na seyyaṃ kappeti, *tathā idaṃ* saviññāṇakam pi tesaṃ dhammānaṃ apagamā bhavissati; yathā c a idaṃ saviññāṇakaṃ etarahi na susāne mataṃ seti na uddhumātakādibhāvam upagataṃ, tathā etaṃ etarahi matasarīram pi pubbe ahosi, yathā pan' etaṃ etarahi aviññāṇakāsubhaṃ mataṃ susāne seti uddhumātakādibhāvañ ca[1] upagataṃ, tathā idaṃ saviññāṇakam pi bhavissatī ti. Tattha 'yathā idaṃ tathā etan' ti [2]attanā samānabhāvaṃ[2] karonto bāhire d o s a ṃ pajahati, 'yathā etaṃ tathā idan' ti matasarīrena attano samānabhāvaṃ karonto ajjhattike r ā g a ṃ pajahati, yenâkārena[3] ubhayaṃ samaṃ karoti, taṃ pajānanto ubhayattha m o h a ṃ pajahati.

203cd. Evaṃ yathābhūtadassanena pubbabhāga-akusalamūlappahānaṃ sādhetvā[4], yasmā evaṃ[5] paṭipanno bhikkhu anupubbena arahattamaggaṃ patvā sabbaṃ chandarāgaṃ virājetuṃ samattho hoti, tasmā āha: *ajjhattañ ca bahiddhā ca kāye chandaṃ virājaye,* 'evaṃ paṭipanno bhikkhu anupubbenā' ti pāṭhaseso.

204. Evaṃ sekhabhūmiṃ dassetvā idāni asekhabhūmiṃ dassento āha: chandarāgaviratto so ti. Tass' attho: *so* bhikkhu arahattamaggapaññāṇena[6] *paññāṇavā* maggānantaraṃ phalaṃ pāpuṇāti, atha sabbaso chandarāgassa pahīnattā *chandarāgaviratto* ti c a maraṇābhāvena panī-

---

[1] Ba *om.*

[2–2] Ba attanā matassa sarīrassâsamānabhāvaṃ.

[3] Sgn yena kāraṇena.

[4] Ba pubbabhāge yeva akusalappahānaṃ sodhetvā.

[5] Ba ettha.

[6] Ba a r a h a t t a m a g g a ñ ā ṇ e n a, *here and* 253[4].

taṭṭhena vā *amataṃ* sabbasaṃkhāravūpasamato[1] *santiṃ*
taṇhāsaṃkhātavānābhāvato *nibbānaṃ* cavanābhāvato *accu-*
tan ti saṃvaṇṇitaṃ *padam ajjhagā* [2]ti ca vuccati[2];
atha vā so bhikkhu arahattamaggapaññāṇena pañ-
ñāṇavā maggānantaraṃ phale ṭhito chandarāgaviratto
nāma hoti vuttappakārañ ca padam ajjhagā ti veditabbo,—
tena 'idam assa pahīnam, idañ cânena[3] laddhan' ti dīpeti.
Evaṃ saviññāṇakāviññāṇakavasena asubhakammaṭṭhā-
naṃ saha nipphattiyā kathetvā puna saṃkhepadesanāya
evaṃ mahato ānisaṃsassa antarāyakaraṃ pamādavihāraṃ
garahanto dipādako 'yan ti gāthādvayam āha. Tattha 205.
kiñcâpi apādakādayo pi kāyā asucī yeva, idhâdhikārava-
sena[4] ukkaṭṭhaparicchedavasena vā,—yasmā vā[5] aññe[6]
asucibhūtā pi kāyā loṇambilādīhi abhisaṃkharitvā manus-
sānaṃ bhojane pi upanīyanti na tv eva manussakāyo, tasmā
asucitarabhāvam assa dassento pi *dipādako* ti āha; *ayan* ti
manussakāyaṃ dasseti; *duggandho parihīratī* ti duggandho
samāno pupphagandhādīhi abhisaṃkharitvā parihīrati; *nā-*
nākuṇapaparipūro ti kesādinekappakārakuṇapabharito[7];
vissavanto tato tato ti pupphagandhādīhi paṭicchādetuṃ
ghaṭantānam pi taṃ vāyāmaṃ nipphalaṃ katvā navahi
dvārehi kheḷasiṃghāṇikādīni lomakūpehi ca sedajallikaṃ
vissavanto yeva. Tattha dāni passatha: *etādisena kāyena* 206.
yo puriso vā itthī vā koci bālo *maññe uṇṇametave* taṇhā-
diṭṭhimānamaññanāhi 'ahan' ti vā 'maman' ti vā 'nicco'
ti vā ti[5] ādinā nayena yo[5] uṇṇamituṃ maññeyya, *paraṃ vā*
jātiādīhi *avajāneyya* attānaṃ ucce ṭhāne ṭhapento, *kim*
aññatra adassanā[8] ṭhapetvā ariyamaggena ariyasaccadas-
sanābhāvaṃ kiṃ aññan tassa[9] evaṃ uṇṇamāvajānanakā-
raṇaṃ siyā ti. Desanāpariyosāne Nandā bhikkhunī saṃ-
vegam āpādi: 'aho vata re ahaṃ bālā, [10]yā maṃ[10] yeva ārab-
bha evaṃ vividhadhammadesanāpavattakassa Bhagavato

---

1 Ba °vūpasamanato (< °vūpasamaṇ°). 2–2 Ba taṃ vuccati.
3 Sk idaṃ câṇena, Sgn idaṃ cālena, Ba idaṃ anena.
4 Ba *ad.* pana. 5 Ba *om.* 6 Ba *ad.* sattā.
7 Ba *om.* °neka°. 8 Sgn apassanā, Sk apassanaṃ.
9 Ba kim aññatr' assa. 10–10 Sn sāmaṃ.

upaṭṭhānaṃ nâgamāsin' ti, evaṃ saṃviggā ca tam eva dhammadesanaṃ samannāharitvā ten' eva kammaṭṭhānena katipāhabbhantare[1] arahattaṃ sacchākāsi. Dutiyaṭṭhāne pi kira desanāpariyosāne caturāsītiyā pāṇasahassānaṃ[2] dhammābhisamayo ahosi, Sirimā devakaññā anāgāmiphale so ca bhikkhu sotāpattiphale patiṭṭhahī ti

KĀYAVICCHANDANIKASUTTAVAṆṆANĀ NIṬṬHITĀ.

12.

Santhavāto bhayaṃ jātan ti Munisuttaṃ. Kā uppatti:
(207–210.) Na sabbass' eva suttass' ekā uppatti, api c' ettha ādito tāva catunnaṃ gāthānaṃ[3] ayam uppatti: *Bhagavati kira Sāvatthiyaṃ viharante gāmakāvāse[4] aññatarā duggatitthī matapitikaṃ[5] puttaṃ bhikkhusu pabbājetvā attanā pi bhikkhunīsu pabbaji.[6] Te ubho pi Sāvatthiyaṃ vassaṃ[7] upagantvā abhiṇhaṃ aññamaññassa dassanakāmā ahesuṃ; mātā kiñci labhitvā puttassa harati putto pi mātu. Evaṃ sāyam pi pāto pi aññamaññaṃ samāgantvā laddhaṃ laddhaṃ [8]vibhajamānā sammodamānā sukhadukkhaṃ pucchamānā nirāsaṃkā ahesuṃ. Tesaṃ evaṃ †abhiṇhadassanena saṃsaggo, saṃsaggā vissāso, vissāsā otāro, rāgena otiṇṇacittānaṃ pabbajitasaññā ca mātāputtasaññā ca antaradhāyi; tato mariyādaṃ vītikkamitvā[9] asaddhammaṃ patisevimsu[10] ayasappattā[11] ca vibbhamitvā agāramajjhe vasiṃsu. Bhikkhū Bhagavato ārocesuṃ. "Kin nu so[12] bhikkhave moghapuriso jānāti: na mātā putte sārajjati putto ca[13] pana mātarī" ti garahitvā "nâhaṃ bhikkhave

* A. III, 67-69. † *Cf.* A. III, 259[8].

[1] Ba katipayadivasabbhantare.
[2] Skgn caturāsītipāṇ° (*cf.* 267[1], 268[12]).
[3] Ba ādito va catugāthānaṃ.
[4] Ba gāmavāse.
[5] Skgn Ba matapitikā.
[6] Ba pabbajitā.
[7] Ba *om.*
[8] Ba *ins.* saṃ-.
[9] Ba mariyādavītikkamaṃ katvā.
[10] Ba paṭisevisuṃ.
[11] Ba ayasaṃ pattā.
[12] Ba kho.
[13] Ba vā.

aññaṃ ekarūpam pi samanupassāmī" ti ādinā avasesasut-
tena bhikkhū saṃvejetvā "tasmāt iha bhikkhave

visaṃ yathā halāhalaṃ[1] telaṃ ukkathitaṃ[2] yathā
tambalohavilīnaṃ va mātugāmaṃ vivajjaye" iti

ca[3] vatvā puna bhikkhūnaṃ[4] dhammadesanatthaṃ santha-
vāto bhayaṃ jātan ti imā attūpanāyikā catasso gāthā
abhāsi.

Tattha santhavo taṇhādiṭṭhimittabhedena tividho ti 207ab.
pubbe* vutto, idha taṇhādiṭṭhisanthavo adhippeto, taṃ
sandhāya Bhagavā āha: passatha bhikkhave, yathā idan
tassa moghapurisassa *santhavāto bhayaṃ jātaṃ*, taṃ hi tassa
abhiṇhadassanakāmatāditaṇhāya balavakilesabhayaṃ jātaṃ,
tena[5] saṇṭhātum asakkonto mātari vippaṭipajji, attānuvā-
dādi v ā mahābhayaṃ, yena v ā sāsanaṃ chaḍḍetvā vib-
bhanto; *niketā* ti "rūpanimittaniketavisāravinibandhā[6] kho
gahapati niketasārī ti vuccatī"† ti ādinā nayena vuttā
ārammaṇappabhedā; *jāyate rajo* ti rāgadosamoharajo jā-
yate. Kiṃ vuttaṃ hoti: na kevalañ ca[3] tassa santhavāto
bhayaṃ jātaṃ, api ca kho pana y a d e t a ṃ kilesānaṃ nī-
vāsaṭṭhena sāsavaārammaṇaṃ[7] niketan ti vuccati, idāni
'ssa bhinnasaṃvarattā atikkantamariyādattā suṭṭhutaraṃ
t a t o niketā jāyate rajo, yena saṃkiliṭṭhacitto anayavya-
sanaṃ pāpuṇissati; a t h a v ā passatha bhikkhave, yathā
idaṃ tassa moghapurisassa santhavāto bhayaṃ jātaṃ
yathā ca sabbaputhujjanānaṃ niketā jāyate rajo ti[8] evam
p' etaṃ[9] padadvayaṃ yojetabbaṃ. Sabbathā pana iminā 207cd.
purimaddhena Bhagavā puthujjanadassanaṃ garahitvā at-
tano dassanaṃ pasaṃsanto aniketan ti pacchimaddhaṃ āha.
Tattha yathāvuttaniketapaṭikkhepena *aniketaṃ*, santhava-

* (74[11].) † S. III, 10[21].

[1] S^{gn} halāhalaṃ.
[2] S^{k} ukkatthitaṃ, S^{gn} ukkaṭṭhitaṃ, B^{a} ukkuttikaṃ.
[3] B^{a} *om.* [4] B^{a} bhikkhunīnaṃ. [5] B^{a} y e n a.
[6] B^{a} °niketā visāravinibaddhā, S^{n} °baddhā.
[7] B^{a} sāsavārammaṇaṃ. [8] B^{a} r a j o j ā y a t e, *om.* ti.
[9] B^{a} evam etaṃ.

paṭikkhepena ca[1] *asanthavaṃ* veditabbaṃ, ubhayam p' etaṃ nibbānassâdhivacanaṃ; *etaṃ ve munidassanan* ti etaṃ aniketam asanthavaṃ buddhamuninā diṭṭhan ti attho, tattha *ve* iti vimhayatthe nipāto daṭṭhabbo, tena ca 'yaṃ nāma niketasanthavavasena mātāputtesu pi[1] vippaṭipajjamānesu aniketam asanthavaṃ, etaṃ muninā diṭṭhaṃ, aho abbhutan' ti ayam adhippāyo siddho hoti; a t h a v ā munino dassanan ti pi munidassanaṃ, [2]dassanan nāma khanti ruci, khamati
208. c' eva ruccati cā ti attho. Dutiyagāthāya *yo jātam ucchijjā* ti yo kismiñcid[3] eva vatthusmiṃ jātaṃ bhūtaṃ nibbattaṃ kilesaṃ, yathā uppannākusalappahānaṃ hoti, tathā vāyamanto tasmiṃ vatthusmiṃ puna anibbattanavasena ucchinditvā, y o anāgato pi kileso tathārūpapaccayasamodhāne[4] nibbattituṃ abhimukhībhūtattā vattamānasamīpe vattamānalakkhaṇena jāyanto ti vuccati, t a ñ ca *na ropayeyya jāyantaṃ*, yathā anuppannākusalānuppādo hoti, tathā vāyamanto na nibbatteyyā ti attho,—kathañ ca na nibbatteyya: *assa nânuppavecche*, yena[5] paccayena so nibbatteyya, taṃ nânupaveseyya na samodhāneyya, evaṃ sambhāravekallakaraṇena tan na ropayeyya jāyantaṃ; a t h a v ā, yasmā maggabhāvanāya atītā pi kilesā ucchijjanti āyati vipākābhāvena vattamānā pi na ropiyyanti tadabhāvena anāgatā pi cittasantatiṃ nânuppavesiyanti uppattisāmatthiyavighātena, tasmā 'yo ariyamaggabhāvanāya jātam ucchijja na ropayeyya jāyantaṃ, anāgatam pi c' assa jāyantassa nânuppavecche, tam āhu ekaṃ muninaṃ carantaṃ so ca addakkhi santipadaṃ mahesī' ti evam p' ettha[6] yojanā veditabbā. Ekantanikkilesatāya[7] *ekaṃ* seṭṭhaṭṭhena vā ekaṃ*; *muninan* ti muniṃ munisu[8] v ā ekaṃ; *carantan* ti sabbākāraparipūrāya lokatthacariyāya avasesacariyāhi

---

* *Vide* 64².

---

[1] Ba *om.*
[2] Ba *ins* muni-.
[3] Skgn kismicid, Ba kasmid.
[4] Ba °samodhānena.
[5] Skgn *ad.* yena.
[6] Ba evam ettha.
[7] Ba ekan ti nikkil°.
[8] Ba muninaṃ (ɔ: m u n ī n a ṃ).

(ca) vicarantaṃ[1]; *addakkhī* ti addasa; *so* ti yo jātam ucchijja aropane ananuppavesane ca samatthatāya "na ropayeyya jāyantam, assa nânuppavecche" ti vutto buddhamuni; *santipadan* ti santikoṭṭhāsaṃ, dvāsaṭṭhidiṭṭhigata*-vipassanā-nibbānabhedāsu tīsu sammutisanti-tadaṅgasanti-accantasantisu seṭṭhaṃ evaṃ anupasante loke accantasantiṃ addasa *mahesī* ti evam attho veditabbo. Tatiyagāthāya 209.
saṃkhāyā ti gaṇayitvā paricchinditvā vīmaṃsitvā yathābhūtato ñatvā, dukkhapariññāya parijānitvā ti attho, *vatthūnī* ti yesu evam ayaṃ loko sajjati, tāni khandhāyatanadhātubhedāni kilesaṭṭhānāni; *pamāya*[2] *bījan* ti yaṃ tesaṃ vatthūnaṃ bījaṃ abhisaṃkhāraviññāṇaṃ, taṃ pamāya[2] hiṃsitvā vadhitvā, samucchedappahānena pajahitvā ti attho; *sineham assa nânuppavecche* ti yena taṇhādiṭṭhisinehena sinehitaṃ taṃ bījaṃ āyati paṭisandhivasena taṃ yathāvuttaṃ vatthusassaṃ virūheyya, taṃ sineham assa nânuppavecche, tappaṭipakkhāya maggabhāvanāya taṃ nânuppaveseyyā ti attho; *sa ve muni jātikkhayantadassī* ti so evarūpo buddhamuni nibbānasacchikiriyāya jātiyā[3] maraṇassa ca antabhūtassa[4] nibbānassa diṭṭhattā jātikkhayantadassī[5] *takkaṃ pahāya na upeti saṃkhaṃ* imāya catusaccabhāvanāya navappabhedam pi akusalavitakkaṃ pahāya saupādisesaṃ[6] nibbānadhātuṃ patvā lokatthacariyaṃ karonto anupubbena carimaviññāṇakkhayā anupādisesanibbānadhātuppattiyā 'devo vā manusso vā' ti na upeti saṃkhaṃ, aparinibbuto eva vā, yathā kāmavitakkādino takkassa[7] appahīnattā ayaṃ bālo[8] 'ratto' ti vā 'duṭṭho' ti vā saṃkhaṃ upeti, evaṃ takkaṃ[7] pahāya na upeti saṃkhan ti evaṃ p' ettha[9] attho daṭṭhab-

* Nidd. *ad* S.N. 900[d].

[1] Skgn lokatthacariya-avasesacariyāhi vicarantaṃ.
[2] Ba pahāya.
[3] Ba *ad.* ca.
[4] Ba antibhūtassa.
[5] Ba °khayantid°.
[6] Ba saupādisesa-.
[7] Ba vitakk°.
[8] Ba puggalo.
[9] Ba evam ettha.

210. bo[1]. Catutthagāthāya *aññāyā* ti aniccādinayena jānitvā; *sabbānī* ti asesāni[2]; *nivesanānī* ti kāmabhavādike bhave[3], nivisanti hi tesu sattā, tasmā nivesanānī ti vuccanti; *anikāmayaṃ aññataram pi tesan* ti evaṃ diṭṭhādīnavattā tesaṃ nivesanānaṃ ekam pi apatthento *so* evarūpo buddha*muni* maggabhāvanābalena taṇhāgedhassa vigatattā *vītagedho*[4], vītagedhattā eva ca *agiddho*, na, yathā eke avītagedhā eva samānā 'agiddh' amhā' ti pa(ṭi)jānanti, evaṃ; *nâyūhatī* ti tassa tassa nivesanassa nibbattakaṃ kusalaṃ akusalaṃ vā na karoti, kiṃkāraṇaṃ[5]: *pāragato hi hoti,* yasmā evarūpo sabbanivesanānaṃ pāraṃ nibbānaṃ gato hotī ti attho.

Evaṃ paṭhamagāthāya puthujjanadassanaṃ garahitvā attano dassanaṃ pasaṃsanto, dutiyagāthāya, yehi kilesehi puthujjano anupasanto hoti, tesaṃ abhāvena attano santipadādhigamanaṃ[6] pasaṃsanto, tatiyagāthāya, yesu vatthusu puthujjano takkaṃ appahāya tathā tathā saṃkhaṃ upeti, tesu catusaccabhāvanāya takkaṃ pahāya attano saṃkhānūpagamaṃ pasaṃsanto, catutthagāthāya āyatim pi, yāni nivesanāni kāmayamāno puthujjano bhavataṇhāya āyūhati, tesu taṇhābhāvena attano anāyūhanaṃ[7] pasaṃsanto catuhi gāthāhi arahattanikūṭen' eva ekaṭṭhuppattikaṃ[8] desanaṃ niṭṭhapesi.

(211). Sabbābhibhun ti kā uppatti: *Mahāpuriso mahābhinikkhamanaṃ katvā anupubbena sabbaññutaṃ patvā dhammacakkappavattanāya Bārāṇasiṃ gacchanto Bodhimaṇḍassa ca Gayāya ca antare Upakenâjīvikena[9] samāgañchi tena ca "vippasannāni kho te āvuso indriyānī"† ti ādinā nayena puṭṭho "sabbābhibhū" ti ādīni āha. Upako "huveyya p' āvuso" ti[10] vatvā sīsaṃ okampetvā ummaggaṃ gahetvā

* Ps. *ad* M. I, 170, Thīg. A. 220–222.
† Vin. I, 8[13], M. I, 170[35].

[1] Ba veditabbo. [2] Ba anavasesāni. [3] Ba *om.*
[4] Ba vigata° *instead of* vīta° *here and below.*
[5] Ba °kāraṇā. [6] Ba °ādhigamaṃ (*cf.* 258[18]).
[7] Ba anāyūhataṃ. [8] Ba °nikūṭena ekaṭṭhupattiyaṃ.
[9] Ba °ājīvakena. [10] Ba hupeyyâvuso ti.

pakkāmi anukkamena ca Vaṅgajanapade aññataraṃ māgavikagāmaṃ pāpuṇi. Tam enaṃ māgavikajeṭṭho[1] disvā 'aho appiccho samaṇo vattham pi na nivāseti, ayaṃ loke arahā' ti gharaṃ netvā maṃsarasena parivisi, bhuttāvi(ñ) ca naṃ[2] saputtadāro vanditvā "idh' eva bhante vasatha, ahaṃ paccayenā" ti[3] nimantetvā vasanokāsaṃ katvā adāsi. So tattha vasati. Māgaviko, gimhakāle udakasampannesu sītalesu padesesu[4] vasituṃ[5] dūraṃ apakkantesu[6] migesu, tattha gacchanto "amhākaṃ arahantaṃ sakkaccaṃ upaṭṭhahassū" ti Chāvan nāma dhītaraṃ āṇāpetvā agamāsi saddhiṃ puttabhātukehi. Sā c' assa[7] dhītā dassanīyā hoti koṭṭhāsasampannā. Dutiyadivase Upako gharaṃ āgato taṃ dārikaṃ sabbaṃ upacāraṃ katvā parivisituṃ upagataṃ disvā rāgena abhibhūto bhuñjitum pi[8] asakkonto, bhājanena bhattaṃ ādāya vasanaṭṭhānaṃ gantvā bhattaṃ ekante[9] nikkhipitvā 'sace Chāvaṃ labhāmi, jīvāmi, no ce, marāmī' ti nirāhāro sayi. Sattame divase māgaviko āgantvā dhītaraṃ Upakassa pavattiṃ pucchi. Sā "ekadivasam eva āgantvā puna nâgatapubbo" ti āha. Māgaviko 'āgatavesen' eva naṃ upasaṃkamitvā pucchissāmī' ti taṃ[10] khaṇaṃ yeva gantvā "kiṃ bhante aphāsun" ti pāde parāmasanto pucchi. Upako nitthunanto parivattati yeva. So "vada bhante; yaṃ mayā sakkā kātuṃ, sabbaṃ[11] karissāmī" ti āha. Upako "sace Chāvaṃ labhāmi, jīvāmi, no ce, ayam eva[12] maraṇaseyyā" ti āha. "Jānāsi pana bhante kiñci sippan" ti. "Na jānāmī" ti. "Na[13] bhante kiñci sippaṃ ajānantena sakkā gharāvāsaṃ adhiṭṭhātun" ti. So āha: "nâhaṃ kiñci sippaṃ jānāmi, api ca[10] tumhākaṃ maṃsahārako bhavissāmi maṃsañ ca vikkiṇissāmī" ti. Māgaviko[14] "amhākam pi[10] etad eva ruccatī" ti uttarisā-

---

1 B^a °j e ṭ ṭ h a k o. 2 B^a bhuttāvivacanaṃ.
3 B^a paccayena upaṭṭhahessāmī ti.
4 B^a °p a n n e s ī t a l e p a d e s e.
5 S^n c a r i t u ṃ, B^a caritaṃ taṃ. 6 B^a apakkamantesu.
7 B^a ca (*om.* assa). 8 B^a *om.* 9 B^a e k a m a n t e.
10 B^a *om.* 11 B^a *ad.* t a ṃ. 12 B^a no ce, idh' eva.
13 B^a na *after* ajānantena. 14 B^a *ad.* pi.

ṭakaṃ datvā gharaṃ ānetvā[1] dhītaraṃ adāsi. Tesaṃ saṃvāsam anvāya putto jāyi[2]; Subhaddo ti 'ssa nāmaṃ akaṃsu. Chāvā puttatosanagītena Upakaṃ uppaṇḍesi*; so asahanto "bhadde ahaṃ Anantajinassa santikaṃ gacchāmī" ti Majjhimadesābhimukho pakkāmi. †Bhagavā ca[3] tena samayena Sāvatthiyaṃ viharati Jetavanamahāvihāre[4]. Atha kho Bhagavā paṭigacc eva' bhikkhū āṇāpesi: "yo bhikkhave "Anantajino" ti pucchamāno āgacchati, tassa maṃ dasseyyāthā" ti. Upako pi kho anupubben' eva Sāvatthiṃ āgantvā vihāramajjhe ṭhatvā† "imasmiṃ vihāre mama sahāyo Anantajino nāma atthi, so kuhiṃ vasatī" ti pucchi. Taṃ bhikkhū Bhagavato santikaṃ nayiṃsu. Bhagavā tassânurūpaṃ dhammaṃ desesi; so desanāpariyosāne anāgāmiphale patiṭṭhāsi. Bhikkhū tassa pubbapavattiṃ sutvā kathaṃ samuṭṭhāpesuṃ: "Bhagavā paṭhamaṃ nissirīkassa naggasamaṇassa dhammaṃ desesī" ti. Bhagavā taṃ kathāsamuṭṭhānaṃ viditvā Gandhakuṭito nikkhamma taṃkhaṇānurūpena pāṭihāriyena buddhāsane nisīditvā bhikkhū āmantesi: "kāya nu 'ttha bhikkhave etarahi kathāya sannisinnā" ti. Te sabbaṃ kathesuṃ. Tato Bhagavā "na bhikkhave Tathāgato ahetu appaccayā dhammaṃ desesi, nimmalā Tathāgatassa dhammadesanā, na sakkā tattha dosaṃ daṭṭhuṃ; tena bhikkhave dhammadesanūpanissayena Upako etarahi anāgāmī jāto" ti vatvā attano desanāmalābhāvadīpikaṃ[5] imaṃ gāthaṃ abhāsi.

211. Tass' attho: sāsavesu sabbakkhandhāyatanadhātusu chandarāgappahānena tehi anabhibhūtattā sayañ ca te dhamme sabbe abhibhuyya pavattattā *sabbābhibhuṃ*[6], tesañ ca aññesañ ca sabbadhammānaṃ sabbākārena viditattā *sabbaviduṃ*[7], tāya sabbadhammadesanasamatthāya sobhanāya medhāya samannāgatattā *sumedhaṃ*, yesaṃ taṇhādiṭṭhile-

* (Thīg. A. 221[27] *and* Ps.). †—† *Otherwise* Ps. = Thīg. A.

[1] Ba netvā. [2] Ba vijāyi.
[3] Ba *om.* [4] Ba Jetavane mah°.
[5] Ba a t t a n o d e s a n ā y a malābhāvadīpakaṃ.
[6] Skgn Ba °ābhibhū. [7] Skgn Ba °vidū.

pānaṃ vasena sāsavakkhandhādibhedesu [1]dhammesu upalippanti, tesaṃ lepānaṃ abhāvā tesu *sabbesu dhammesu anūpalittaṃ*, tesu ca sabbadhammesu chandarāgābhāvena[2] sabbe te dhamme jahitvā ṭhitattā *sabbañjahaṃ*, upadhivivekaninnena cittena taṇhakkhaye nibbāne visesena muttattā *taṇhakkhaye vimuttaṃ*, adhimuttan ti vuttaṃ hoti—, *taṃ vā pi dhīrā muniṃ vedayanti*[3] tam pi paṇḍitā sattā muniṃ vedayanti jānanti, passatha yāva pativisiṭṭho vâyaṃ muni, tassa kuto desanāmalan ti attānaṃ vibhāveti, vibhāvanattho hi ettha vā-saddo ti. K e c i pana vaṇṇayanti: "Upako tadā Tathāgataṃ disvā pi 'ayaṃ buddhamunī' ti na saddahī" ti[4] "evaṃ bhikkhū kathaṃ samuṭṭhāpesuṃ, tato Bhagavā 'saddahatu vā[5] mā vā, dhīrā pana taṃ muniṃ vedayantī' ti dassento imaṃ gāthaṃ āhā" ti.

Paññābalan ti kā uppatti: Ayaṃ gāthā Revatattheraṃ (212). ārabbha vuttā. Tattha "gāme vā yadi vâraññe"* ti imissā gāthāya vuttavasena[6] Revatattherassa ādito pabhuti pabbajjā, pabbajitassa Khadiravane vihāro, tattha viharato visesādhigamo, Bhagavato tattha gamanapaccāgamanañ ca veditabbaṃ. Paccāgate pana Bhagavati y o so[5] mahallakabhikkhu upāhanaṃ pammussitvā[7] paṭinivatto khadirarukkhe ālaggitaṃ disvā Sāvatthiṃ anuppatto Visākhāya upāsikāya "kiṃ bhante Revatattherassa vasanokāso ramaṇīyo" ti bhikkhū pucchamānāya, yehi bhikkhūhi pasaṃsito, te apasādento "upāsike ete tucchaṃ bhaṇanti, na sundaro bhūmippadeso, atilūkhaṃ[8] kakkhaḷaṃ khadiravanam evā" ti āha, s o Visākhāya āgantukabhattaṃ bhuñjitvā pacchābhattaṃ maṇḍalamāḷe sannipatite bhikkhū ujjhāpento[9] āha: "kiṃ āvuso Revatassa senāsane[10] ramaṇīyaṃ tumhehi

* Dhp. A. II, 188[10]-193 *ad* Dhp. 98, *cf.* Mp. *ad* A. I, 24[11]; Dhp. A. IV, 187–192 *ad* Dhp. 412.

[1] B[a] *ins.* s a b b a-. [2] S[kgn] *ad.* ca.
[3] B[a] *ad.* ti. [4] B[a] na saddahati.
[5] B[a] *om.* [6] B[a] v u t t a n a y e n' eva.
[7] B[a] pamuss°. [8] S[gn] atimukhaṃ, B[a] atisukkho.
[9] B[a] ujjhāyanto. [10] B[a] Revatattherassa senāsanaṃ.

diṭṭhan" ti. Bhagavā taṃ ñatvā Gandhakuṭito nikkhamma taṃkhaṇānurūpena pāṭihāriyena parisamajjhaṃ patvā buddhāsane nisīditvā bhikkhū āmantesi: "kāya nu 'ttha bhikkhave etarahi kathāya sannisinnā" ti. Te āhaṃsu: "Revataṃ[1] bhante ārabbha kathā uppannā: evaṃ navakammiko kadā samaṇadhammaṃ karissatī" ti. "Na bhikkhave Revato navakammiko, arahaṃ Revato khīṇāsavo" ti vatvā taṃ ārabbha tesaṃ bhikkhūnaṃ dhammadesanatthaṃ imaṃ gātham abhāsi.

212. Tass' attho: dubbalakarakilesappahānasādhakena vikubbanādhiṭṭhānappabhedena vā paññābalena samannāgatattā *paññābalaṃ*, catupārisuddhisīlena dhutaṅgavatena[2] ca upapannattā *sīlavatūpapannaṃ*[3], maggasamādhinā phalasamādhinā[4] iriyāpathasamādhinā ca *samāhitaṃ*, upacārappanābhedena jhānena jhāne vā ratattā *jhānarataṃ*, sativepullappattattā *satīmaṃ*, rāgādisaṅgato pamuttattā *saṅgā pamuttaṃ*, pañcacetokhila-catuāsavābhāvena *akhilaṃ anāsavaṃ*, *taṃ vā pi dhīrā muniṃ vedayanti* tam pi evaṃ paññādiguṇasaṃyuttaṃ saṅgādidosaviyuttaṃ paṇḍitā sattā muniṃ vā[5] vedayanti, passatha yāva paṭivisiṭṭho vâyaṃ khīṇāsavamuni: so 'navakammiko' ti vā 'kadā samaṇadhammaṃ karissatī' ti vā[6] kathaṃ vattabbo, so hi p a ñ ñ ā b a l e n a taṃ vihāraṃ niṭṭhapesi na navakammakaraṇena, katakicco va so na[7] idāni samaṇadhammaṃ karissatī ti Revatattheraṃ vibhāveti, vibhāvanattho hi ettha vā-saddo ti.

(213). Ekaṃ carantan ti kā uppatti: Bodhimaṇḍato pabhuti yathākkamaṃ Kapilavatthuṃ anuppatte Bhagavati pitāputtasamāgame vattamāne Bhagavā sammodamānena raññā Suddhodanena "tumhe bhante gahaṭṭhakāle gandhakaraṇḍake vāsitāni kāsikādīni dussāni nivāsetvā idāni kathaṃ jiṇṇakāni paṃsukūlakāni[8] dhārethā" ti evamādīni[9] vutto rājānaṃ anunayamāno

---

[1] B[a] Revatattheraṃ. [2] S[g] B[a] dhutaṅgavasena.
[3] S[kgn] sīlabbat°. [4] B[a] maggasamādhiphalasamādhinā.
[5] B[a] muni ti. [6] S[kgn] karissati vā ti.
[7] S[gn] B[a] *om.* [8] B[a] paṃsukūlāni.
[9] B[a] evamādinā.

"yaṃ tvaṃ tāta vadesi[1] pattuṇṇaṃ tūlakāsikaṃ[2],
paṃsukūlaṃ tato[3] seyyaṃ, etam me abhipatthitan" ti

ādīni vatvā lokadhammehi attano avikampabhāvaṃ dassento rañño dhammadesanatthaṃ imaṃ sattapadagātham abhāsi.

Tass' attho: pabbajjāsaṃkhātādīhi[4] *ekaṃ*, iriyāpathādīhi 213.
cariyāhi *carantaṃ**, moneyyadhammasamannāgamena *muniṃ*, sabbaṭṭhānesu pamādābhāvato *appamattaṃ*, akkosanagarahaṇādibhedāya nindāya vaṇṇanatthomanādibhedāya pasaṃsāya cā ti imāsu *nindāpasaṃsāsu* paṭighānunayavasena *avedhamānaṃ*—nindāpasaṃsāmukhena c' ettha aṭṭha pi lokadhammā† vuttā ti veditabbā—, *sīhaṃ va* bherisaddādisu *saddesu*[5] aṭṭhasu lokadhammesu pakativikārānupagamena *asantasantaṃ* pantesu[6] v ā senāsanesu santāsābhāvena, *vātaṃ va* suttamayādibhede *jālamhi* catuhi maggehi taṇhādiṭṭhijāle *asajjamānaṃ* aṭṭhasu v ā lokadhammesu paṭighānunayavasena asajjamānaṃ, *padumaṃ va toyena* loke jātam pi, yesaṃ taṇhādiṭṭhilepānaṃ vasena sattā lokena[7] lippanti, tesaṃ lepānaṃ pahīnattā lokena *alippamānaṃ*, nibbānagāmimaggaṃ uppādetvā tena maggena *netāram aññesaṃ* devamanussānaṃ, attano pana aññena kenaci maggaṃ desetvā[8] anetabbattā *anaññaneyyaṃ*[9], *taṃ vā pi dhīrā muniṃ vedayanti* buddhamuniṃ vedayantī ti[10] attānaṃ vibhāveti[11]. Sesam ettha vuttanayam eva.

Yo ogahane ti kā uppatti: Bhagavato paṭhamābhisam- (214).
buddhassa cattāri asaṃkheyyāni kappasatasahassañ ca pūritadasapārami-dasaupapārami-dasaparamatthapāramippa-

* *Cf.* 64²–65⁹. † (D. III, 260⁶).

[1] Ba v a d e m a y h a ṃ. [2] Ba dukūlakāsikaṃ.
[3] Ba paṃsukūlaṃ taṃto, Skgn paṃsukūlat°.
[4] Skgn °saṃkhādīhi, Ba °saṃkhatādīhi.
[5] Ba sīhaṃ vā bherisaddādisaddesu.
[6] Sgn patthesu. [7] Ba l o k e.
[8] Ba d a s s e t v ā. [9] Skgn anaññaneyyaṃ.
[10] Sgn Ba *om.* ti. [11] Ba *ad.* ti.

bhedaṃ abhinīhāraguṇaṃ, pāramiyo pūretvā Tusitabhavane abhinibbattiguṇaṃ, tattha nivāsaguṇaṃ[1], mahāvilokanaguṇaṃ, gabbhokkantiṃ gabbhavāsaṃ gabbhābhinikkhamanaṃ padavītihāraṃ disāvilokanaṃ brahmagajjanaṃ mahābhinikkhamanaṃ mahāpadhānaṃ abhisambodhiṃ dhammacakkappavattanaṃ, catubbidhaṃ maggañāṇaṃ phalañāṇaṃ[2] aṭṭhasu parisāsu akampanañāṇaṃ dasabalañāṇaṃ catuyoniparicchedakañāṇaṃ pañcagatiparicchedakañāṇaṃ[3], chabbidhaṃ asādhāraṇañāṇaṃ[4] aṭṭhavidha(ṃ) sāvakāsādhāraṇaṃ buddhañāṇan ti catuddasavidhaṃ buddhañāṇaṃ[5], aṭṭhārasabuddhaguṇaparicchedakañāṇaṃ, ekūnavīsatividhaṃ paccavekkhaṇañāṇaṃ sattasattatividhañāṇaṃ iccādiguṇasatasahasse[6] nissāya pavattaṃ mahālābhasakkāraṃ[7] asahamānehi titthiyehi uyyojitāya[8] Ciñcamāṇavikāya "ekadhammaṃ[9] atītassā" ti imissā gāthāya vatthumhi* vuttanayen' eva[10] catuparisamajjhe Bhagavato ayase uppādite tappaccayā bhikkhū kathaṃ samuṭṭhāpesuṃ: "evarūpe pi nāma ayase uppanne na Bhagavato cittassa aññathattaṃ atthī" ti. Taṃ ñatvā Bhagavā Gandhakuṭito nikkhamma taṃkhaṇānurūpena pāṭihāriyena parisamajjhaṃ patvā buddhāsane nisīditvā bhikkhū āmantesi: "kāya nu 'ttha bhikkhave etarahi kathāya sannisinnā" ti. Te sabbaṃ ārocesuṃ. Tato Bhagavā "buddhā nāma bhikkhave aṭṭhasu lokadhammesu tādino hontī" ti vatvā tesaṃ bhikkhūnaṃ dhammadesanatthaṃ[11] imaṃ gāthaṃ abhāsi.

* Dhp. A. III, 178[1]–181[8] *ad* Dhp. 176 ; Pj. *ad* S.N. 780 (uppatti).

[1] Ba mahāvāsaguṇaṃ.

[2] Ba catubbidhamagge ñāṇaṃ phale ñāṇaṃ.

[3] Ba °ñāṇañ ca.

[4] Ba āsādhāraṇaṃ.

[5] Ba aṭṭhavidhasāvakañāṇaṃ asādhāraṇaṃ buddhañāṇan ti cuddasavidhaṃ buddhañāṇaṃ.

[6] Ba paccavekkhañāṇaṃ sattasattatividhaṃ ñāṇavatthu evaṃ icchādi guṇavatthu evaṃ icch ādi guṇasatasahasse.

[7] Ba *ad.* aparimāṇaṃ.

[8] Ba upayojitāya.

[9] Ba ekaṃ dl. .

[10] Ba v u t t a n a y e n a.

[11] Ba °desanatthāya.

Tass' attho: y a t h ā nāma ogahane manussānaṃ nahānatitthe aṅgaghaṃsanatthāya caturasse[1] vā aṭṭhaṃse vā thambhe nikhāte uccākulīno pi nīcākulīno pi aṅgaṃ ghaṃsanti[2], na tena thambhassa uṇṇati vā oṇati vā hoti, e v a m evaṃ *yôgahane thambhor ivâbhijāyati, yasmiṃ pare vācā*[3] *pariyantaṃ vadanti;* kiṃ vuttaṃ hoti: yasmiṃ vatthusmiṃ pare titthiyā vā aññe vā vaṇṇavasena uparimaṃ vā avaṇṇavasena heṭṭhimaṃ vā vācaṃ pariyantaṃ[4] vadanti, tasmiṃ vatthusmiṃ anunayaṃ vā[5] paṭighaṃ vā anāpajjamāno tādibhāvena yo ogahane thambhor iva bhavatī ti. *Taṃ vītarāgaṃ susamāhitindriyan* ti taṃ iṭṭhārammaṇe r ā g ā b h ā v e n a vītarāgaṃ, aniṭṭhārammaṇe ca d o s a m o h ā b h ā v e n a susamāhitindriyaṃ, suṭṭhu v ā samodhānetvā ṭhapitindriyam avikkhittindriyan[6] ti pi[5] vuttaṃ hoti; *taṃ vā pi dhīrā muniṃ vedayanti* buddhamuniṃ vedayanti, tassa kathaṃ cittassa aññathattaṃ bhavissatī ti attānaṃ vibhāveti. Sesaṃ vuttanayam eva.

Yo ve ṭhitatto ti kā uppatti: Sāvatthiyaṃ kira aññatarā (215).
seṭṭhidhītā pāsādā oruyha heṭṭhā-pāsāde tantavāyasālaṃ gantvā tasaraṃ vaṭṭente disvā tassa ujubhāvena tappaṭibhāganimittaṃ aggahesi: 'aho vat' assa, sabbasattā[7] kāyavacīvaṃkaṃ pahāya tasaraṃ viya ujucittā bhaveyyun' ti[8]. Sā pāsādaṃ abhirūhitvā pi punappuna tad eva nimittaṃ āvajjantī nisīdi, evaṃ paṭipannāya c' assā nacirass' eva aniccalakkhaṇaṃ pākaṭaṃ ahosi tadanusāren' eva ca dukkhānattalakkhaṇāni pi; ath' assā tayo pi[5] bhavā ādittā viya upaṭṭhahiṃsu. Taṃ tathā vipassamānaṃ ñatvā Bhagavā Gandhakuṭiyaṃ nisinno va obhāsaṃ muñci Sā obhāsaṃ[9] disvā 'kiṃ idan' ti āvajjantī Bhagavantaṃ passe

---

[1] S[g] B[a] caturaṃse.

[2] *So* S[kgn] B[a]; (S[kg] B[a] *read* °kulino *instead of* °kulīno).

[3] B[a] vācaṃ. [4] B[a] vācapariyantaṃ. [5] B[a] *om.*

[6] (?); S[k] ṭhapitindriyavikkhātindriyan, S[gn] ṭhapitindriyam alolindriyan, B[a] ṭhapitindriyaṃ gopitindriyan.

[7] B[a] a h o v a t a s a b b e s a t t ā.

[8] S[gn] bhāveyyan ti, B[a] u j u c i t t a(m) b h ā v e y y u n ti.

[9] B[a] taṃ.

nisinnam iva disvā uṭṭhāya pañjalikā aṭṭhāsi. Ath' assā Bhagavā sappāyaṃ viditvā dhammadesanāvasena imaṃ gātham abhāsi.

215. Tass' attho: *yo ve* ekaggacittatāya akuppavimuttitāya ca vuddhihānīnaṃ abhāvato vikkhīṇajātisaṃsārattā bhavantarūpagamanābhāvato ca[1] *ṭhitatto*, pahīnakāyavacīmanovaṃkatāya agatigamanābhāvena vā *tasaraṃ va uju*, hirottappasampannattā *jigucchati kammehi pāpakehi* pāpakāni kammāni [2]gūthagataṃ viya muttagataṃ viya ca[2] jigucchati, hiriyatī ti vuttaṃ hoti, yogavibhāgena pi[1] hi upayogatthe karaṇavacanaṃ saddasatthe[3] sijjhati; *vīmaṃsamāno visamaṃ samañ cā* ti kāyavisamādi visamaṃ kāyasamādi samañ ca pahāna-bhāvanā-kiccavasena[4] maggapaññāya vīmaṃsamāno upaparikkhamāno; *taṃ vā pi* khīṇāsavaṃ *dhīrā muniṃ vedayantī* ti. Kiṃ vuttaṃ hoti: yathāvuttena nayena maggapaññāya vīmaṃsamāno visamaṃ samañ ca yo ve ṭhitatto hoti, so evaṃ tasaraṃ va uju hutvā kiñci vītikkamaṃ anāpajjanto jigucchati kammehi pāpakehi, taṃ vā pi dhīrā muniṃ vedayanti, yato īdiso hotī ti khīṇāsavamuniṃ dassento arahattanikūṭena gāthaṃ desesi; desanāpariyosāne seṭṭhidhītā sotāpattiphale patiṭṭhahi. Ettha ca vikappe vā samuccaye vā vā-saddo[5] daṭṭhabbo.

(216). Yo saññatatto ti kā uppatti: *Bhagavati kira Āḷaviyaṃ viharante Āḷavinagare aññataro tantavāyo sattavassikaṃ dhītaraṃ āṇāpesi: "amma hiyyo avasiṭṭhatasaraṃ na bahuṃ; tasaraṃ vaṭṭetvā lahuṃ tantavāyasālaṃ āgaccheyyāsi mā kho cirāyī" ti[6]. Sā "sādhū" ti sampaṭicchi. So sālaṃ gantvā tantaṃ vinento[7] aṭṭhāsi. Tam divasañ ca[1] Bhagavā mahākaruṇāsamāpattito vuṭṭhāya lokaṃ volokento tassā dārikāya sotāpattiphalūpanissayaṃ desanā-

---

* Dhp. A. III, 170–176 *ad* Dhp. 174 (*vide* 268[9]).

---

[1] B^a *om.* [2–2] B^a gudhapagataṃ viya taṃ. [3] B^a *ad.* pi.
[4] ? ; S^kgn °kiccasavanena, B^a °k i c c a s ā d h a n e n a.
[5] B^a v ā - s a d d a t t h o. [6] S^gn B^a cirāsī ti.
[7] B^a cinteno.

pariyosāne caturāsīti-pāṇasahassānaṃ dhammābhisamayañ ca[1] disvā pag eva sarīrapaṭijagganaṃ katvā pattacīvaram ādāya nagaraṃ pāvisi. Manussā Bhagavantaṃ disvā 'addhā ajja koci anuggahetabbo atthi, pag eva paviṭṭho Bhagavā' ti Bhagavantaṃ upagañchiṃsu[2]. Bhagavā, yena maggena sā[3] dārikā pitu santikaṃ gacchati, tasmiṃ aṭṭhāsi. Nagaravāsino taṃ padesaṃ sammajjitvā paripphosetvā pupphūpahāraṃ katvā vitānaṃ bandhitvā āsanaṃ paññapesuṃ; nisīdi Bhagavā paññatte āsane, mahājanakāyo parivāretvā aṭṭhāsi. Dārikā taṃ[4] padesaṃ pattā[5] mahājanaparivutaṃ Bhagavantaṃ disvā pañcapatiṭṭhitaṃ[6] vandi[7]. Taṃ Bhagavā āmantetvā pucchi[8]: "dārike kuto āgatâsī" ti. "Na jānāmi Bhagavā" ti. "Kuhiṃ gamissasī" ti. "Na jānāmi Bhagavā" ti. "Na jānāsī" ti. "Jānāmi Bhagavā" ti. "Jānāsī" ti. "Na jānāmi Bhagavā" ti. Taṃ sutvā manussā ujjhāyanti: 'passatha bho ayaṃ dārikā attano gharā āgatā pi Bhagavatā pucchiyamānā "na jānāmī" ti āha, tantavāyasālaṃ gacchantī câpi "na jānāmī" ti āha, "na jānāsī" ti vuttā "jānāmī" ti[9], "jānāsī" ti vuttā "na jānāmī" ti[9], sabbaṃ paccanīkam eva karotī' ti. Bhagavā manussānaṃ taṃ atthaṃ pākaṭaṃ kātukāmo taṃ pucchi: "kiṃ mayā pucchitaṃ, kiṃ tayā vuttan" ti. Sā[10] āha: "na maṃ bhante Bhagavā[3] koci na jānāti: gharato āgatā tantavāyasālaṃ gacchatī" ti, api ca maṃ tumhe paṭisandhivasena pucchatha: "kuto āgatâsī" ti, cutivasena pucchatha: "kuhiṃ gamissasī" ti; ahañ ca na jānāmi kuto c' amhi āgatā[11]: nirayā vā devalokā vā ti, na hi jānāmi kuhiṃ pi gacchissaṃ[12]: nirayaṃ vā devalokaṃ vā ti, tasmā "na jānāmī" ti avacaṃ. Tato[13] maṃ Bhagavā maraṇaṃ sandhāya pucchi:

[1] Ba ca *before* dhamm°.
[2] Sk Ba °gacchiṃsu.
[3] Ba *om.*
[4] Skgn naṃ.
[5] Ba padesaṃ sampattā.
[6] Ba °patiṭṭhitena (271^{22}).
[7] Skgn vanditvā.
[8] Ba pucchi *after* āgatâsī ti.
[9] Ba *ad.* āha.
[10] Ba *ad.* taṃ.
[11] Skgn *ad.* ti.
[12] Ba gacchissāmi.
[13] (?); Skgn Ba Taṃ.

"na jānāsī" ti; ahañ ca jānāmi: sabbesaṃ maraṇaṃ dhuvan ti, tenâvocaṃ "jānāmī" ti. Tato maṃ Bhagavā maraṇakālaṃ sandhāya pucchi: "jānāsī" ti; ahañ ca na jānāmi: kadā pi marissāmi, kiṃ ajja udāhu sve ti, tenâvocaṃ "na jānāmī" ti. Bhagavā tāya vissajjitaṃ[1] pañhaṃ "sādhu sādhū" ti anumodi, mahājanakāyo pi yāva 'paṇḍitâyaṃ[2] dārikā' ti sādhukārasahassāni adāsi. Atha Bhagavā dārikāya sappāyaṃ viditvā dhammaṃ desento

"andhabhūto ayaṃ loko, tanuk' ettha vipassati,
sakunto jālamutto va appo saggāya gacchatī"* ti

imaṃ gātham āha; sā gāthāpariyosāne sotāpattiphale patiṭṭhāsi, caturāsītiyā pāṇasahassānañ[3] ca dhammābhisamayo ahosi.

Sā Bhagavantaṃ vanditvā pitu santikaṃ agamāsi. †Pitā taṃ disvā 'cirenâgatā' ti ruṭṭho[4] vegena tante[5] vemaṃ pakkhipi, taṃ nikkhamitvā, dārikāya kucchiṃ bhindi. Sā tatth' eva kālam akāsi. So disvā 'nâhaṃ mama dhītaraṃ pahariṃ, api ca kho imaṃ vegasā vemaṃ[6] nikkhamitvā imissā kucchiṃ bhindi; jīvati nu kho na nu kho' ti vīmaṃsanto mataṃ disvā cintesi: 'manussā maṃ 'iminā dhītā māritā' ti ñatvā upakkoseyyuṃ, tena rājā pi garukaṃ daṇḍaṃ paneyya[7]; handâhaṃ paṭigacc' eva palāyāmī' ti. So daṇḍabhayena palāyanto Bhagavato santike kammaṭṭhānaṃ gahetvā araññe nivasantānaṃ[8] bhikkhūnaṃ vasanokāsaṃ pāpuṇi te ca bhikkhū upasaṃkamitvā vanditvā pabbajjaṃ yāci. Te tam pabbājetvā tacapañcakaṃ kammaṭṭhānaṃ adaṃsu. So taṃ uggahetvā vāyamanto nacirass' eva arahattaṃ pāpuṇi te c' assa ācariyūpajjhāyā. Atha mahāpavāraṇāya sabbe va[9] Bhagavato santikaṃ āga-

* Dhp. 174. † *Otherwise* Dhp. A.

[1] Ba v i s s a j j i t a ṃ v i s s a j j i t a ṃ.
[2] Ba paṇḍitā ayaṃ. [3] Skgn caturāsītipāṇ° (267[1]).
[4] Ba kuddho.
[5] Skgn tantena; Ba tante > tanta-(vemaṃ).
[6] Ba v e m a ṃ v e g a s ā. [7] Ba pahiṇeyya.
[8] Sg Ba *om.* ni-. [9] Ba *om.*

miṃsu[1]: 'visuddhipavāraṇaṃ pavāressāmā' ti. Bhagavā pavāretvā vutthavasso bhikkhusaṃghaparivuto gāmanigamādisu cārikaṃ caramāno anupubbena Āḷaviṃ agamāsi. Tattha manussā Bhagavantaṃ nimantetvā dānādīni[2] karontā taṃ bhikkhuṃ disvā "dhītaraṃ māretvā idāni kaṃ māretukām' āgato 'sī" ti[3] ādīni vatvā uppaṇḍesuṃ. Bhikkhū taṃ sutvā upaṭṭhānavelāya[4] upasaṃkamitvā Bhagavato etaṃ atthaṃ ārocesuṃ. Bhagavā "na bhikkhave ayaṃ bhikkhu dhītaraṃ māresi, sā attano kammena matā" ti vatvā tassa bhikkhuno manussehi dubbijānaṃ khīṇāsavamunibhāvaṃ pakāsento bhikkhūnaṃ dhammadesanatthaṃ imaṃ gāthaṃ abhāsi.

Tass' attho: *yo* tīsu pi kammadvāresu sīlasaṃyamena 216.
saṃyatatto, kāyena vā vācāya vā cetasā vā hiṃsādikaṃ *na karoti pāpaṃ*, tañ ca kho pana *daharo vā* daharavaye ṭhito *majjhimo vā* majjhimavaye ṭhito—eten' eva nayena thero vā pacchimavaye ṭhito ti—kadāci pi na karoti, kiṃkāraṇaṃ[5]: *yatatto*, yasmā anuttarāya viratiyā sabbapāpehi uparatacitto ti vuttaṃ hoti. Idāni "muni, arosaneyyo, nas o roseti kañcī" ti etesaṃ padānaṃ ayaṃ yojanā ca adhippāyo ca: so khīṇāsava*muni arosaneyyo* "dhītumārako" ti vā "pesakāro" ti[6] vā evamādinā nayena kāyena vā[7] vācāya vā rosetuṃ ghaṭṭetuṃ bādhetuṃ araho na hoti, so pi hi *na roseti kañci* "nâhaṃ mama dhītaraṃ māremi, tvaṃ māresi tumhādiso vā māresī" ti ādīni vatvā kañci na roseti na ghaṭṭeti na bādheti, tasmā so pi na rosaneyyo, api ca kho pana "tiṭṭhatu nāgo, mā nāgaṃ ghaṭṭesi, namo karohi nāgassā"* ti vuttanayena namassitabbo yeva hoti. *Taṃ vâpi dhīrā muniṃ vedayantī* ti ettha pana 'taṃ pi dhīrā va muniṃ vedayantī' ti evaṃ padavibhāgo veditabbo, adhippāyo c' ettha: taṃ 'ayaṃ arosaneyyo' ti ete bāla-

* M. I, 143[12].

[1] Skgn ag°.
[2] Ba dānāni.
[3] Ba māretum āgato 'sī ti.
[4] Ba °āyaṃ.
[5] Ba °kāraṇā.
[6] Ba sesamārako ti.
[7] *So* Ba; Skgn *om.* vā.

manussā ajānitvā rosenti, ye pana dhīrā honti, te dhīrā va[1] taṃ pi[2] muniṃ vedayanti 'ayaṃ khīṇāsavamunī' ti jānantī ti.

(217). *Yad aggato[3] ti kā uppatti: Sāvatthiyaṃ kira Pañcaggadāyako nāma brāhmaṇo ahosi. So[2] nipphajjamānesu sassesu khettaggaṃ rāsaggaṃ koṭṭhaggaṃ kumbhiaggaṃ bhojanaggan ti imāni pañca aggāni deti. Tattha paṭhamapakkāni yeva sāliyavagodhūmasīsāni āharāpetvā yāgupāyāsaputhukādīni paṭiyādetvā 'aggassa dātā medhāvī, aggaṃ so adhigacchatī'† ti evaṃdiṭṭhiko hutvā buddhapamukhassa saṃghassa[4] dānaṃ deti, [5]idam assa[5] k h e t t a g g a d ā n a ṃ; nipphannesu pana sassesu lāyitesu[6] madditesu ca varadhaññāni gahetvā tath' eva dānaṃ deti, idam assa r ā s a g g a d ā n a ṃ; puna tehi dhaññehi koṭṭhāgārāni pūrāpetvā[7] paṭhamakoṭṭhāgāravivaraṇe paṭhamanīhaṭāni dhaññāni gahetvā tath' eva dānaṃ deti, idam assa k o ṭ ṭ h a g g a d ā n a ṃ; yaṃ yad eva pan' assa ghare randhati[8], tato aggaṃ anuppattapabbajitānaṃ adatvā antamaso dārakānam pi na kiñci deti, idam assa k u m b h i a g g a d ā n a ṃ; puna attano bhojanakāle paṭhamūpanītaṃ bhojanaṃ purebhattakāle saṃghassa, pacchābhattakāle sampattayācakānaṃ, tadabhāve antamaso sunakhānam pi adatvā na bhuñjati, idam assa b h o j a n a g g a d ā n a ṃ. Evaṃ so Pañcaggadāyako tv eva abhilakkhito ahosi.

Ath' ekadivasaṃ Bhagavā paccūsasamaye[9] buddhacakkhunā lokaṃ volokento tassa brāhmaṇassa brāhmaṇiyā ca sotāpattimaggūpanissayaṃ[10] viditvā sarīrapaṭijagganaṃ

---

* Dhp. A. IV, 98–101 *ad* Dhp. 367 (*quoting* S.N. 217), *vide* 271^{24}.

† *Cf.* A. III, 36^{21}-42^{13}-51^{8}.

---

[1] B^{a} ca.
[2] B^{a} *om.*
[3] B^{a} Yadi 'ggato.
[4] B^{a} b h i k k h u s a ṃ g h a s s a.
[5–5] S^{kgn} imassa.
[6] B^{a} *ad.* ca.
[7] B^{a} pūretvā.
[8] *So* S^{kgn} B^{a}.
[9] B^{a} paccūsakāle.
[10] B^{a} °maggaupan°.

katvā atippag eva[1] Gandhakuṭiṃ pāvisi. Bhikkhū pihitadvāraṃ[2] Gandhakuṭiṃ disvā 'ajja Bhagavā ekako yeva[3] gāmaṃ pavisitukāmo' ti ñatvā bhikkhācāravelāya[4] Gandhakuṭiṃ padakkhiṇaṃ katvā piṇḍāya pavisiṃsu. Bhagavā pi brāhmaṇassa bhojanavelāya[4] nikkhamitvā Sāvatthiṃ[5] pāvisi. Manussā Bhagavantaṃ disvā 'evaṃ nūnam ajja koci satto anuggahitabbo atthi, tathā hi Bhagavā ekako[6] paviṭṭho' ti ñatvā na Bhagavantaṃ upasaṃkamiṃsu nimantanatthāya. Bhagavā pi anupubbena brāhmaṇass' eva[7] gharadvāraṃ sampatvā[8] aṭṭhāsi. Tena ca[9] samayena brāhmaṇo bhājanaṃ gahetvā nisinno hoti[10], brāhmaṇī pan' assa vījaniṃ gahetvā ṭhitā. Sā Bhagavantaṃ disvā 'sacâyaṃ brāhmaṇo passeyya, pattaṃ gahetvā sabbabhojanaṃ dadeyya, tato me puna pacitabbaṃ bhaveyyā' ti cintetvā appasādañ ca maccherañ ca uppādetvā, yathā brāhmaṇo Bhagavantaṃ na passati, evaṃ tālavaṇṭena[11] paṭicchādesi. Bhagavā taṃ ñatvā sarīrābhaṃ muñci; taṃ brāhmaṇo suvaṇṇobhāsaṃ disvā 'kim etan' ti ullokento[12] addasa Bhagavantaṃ dvāre ṭhitaṃ. Brāhmaṇī pi 'diṭṭho nena[13] Bhagavā' ti tāvad eva tālavaṇṭaṃ nikkhipitvā Bhagavantaṃ upasaṃkamitvā pañcapatiṭṭhitaṃ[14] vandi. Vanditvā c' assā[15] uṭṭhahantiyā sappāyaṃ viditvā Bhagavā

"sabbaso nāmarūpasmiṃ yassa n' atthi mamāyitaṃ,
asatā ca na socati, sa ve bhikkhū ti vuccatī"* ti

imaṃ gāthaṃ abhāsi; sā[9] gāthāpariyosāne yeva sotāpattiphale patiṭṭhāsi.

* Dhp. 367.

1 Ba anuppage yeva. 2 Ba pidahitadvāraṃ.
3 Ba va(?). 4 Skgn °velāyaṃ.
5 Skgn Ba Sāvatthiyaṃ. 6 Ba *ad.* va.
7 Ba b r ā h m a ṇ a s s a (*om.* eva).
8 Ba *om.* sam-. 9 Ba *om.*
10 Ba ahosi. 11 Ba °vaṇṭaṃ.
12 Sg olokento. 13 Ba diṭṭhânena.
14 Ba °patiṭṭhitena. 15 Ba *om.* Vanditvā c'.

Brāhmaṇo pi Bhagavantaṃ antogharaṃ pavesetvā varāsane nisīdāpetvā dakkhiṇodakaṃ datvā attano upanītabhojanaṃ upanāmesi: "tumhe bhante sadevake loke aggadakkhiṇeyyo, sādhu me taṃ bhojanaṃ attano patte patiṭṭhāpethā" ti. Bhagavā tassa anuggahatthaṃ paṭiggahetvā paribhuñji, katabhattakicco ca[1] brāhmaṇassa sappāyaṃ viditvā imaṃ gātham abhāsi.

217. Tass' attho: yaṃ kumbhito paṭhamam eva gahitattā *aggato*, addhāvasesāya kumbhiyā āgantvā tato gahitattā *majjhato*, ekadvikaṭacchumattāvasesāya kumbhiyā āgantvā tato gahitattā *sesato vā piṇḍaṃ labhetha; paradattūpajīvī* ti pabbajito, so hi udakadantapoṇaṃ ṭhapetvā avasesaṃ paren' eva dattaṃ[2] upajīvati, tasmā paradattūpajīvī ti vuccati; *nâlaṃ thutuṃ no pi nipaccavādī* ti aggato laddhā attānaṃ vā dāyakaṃ vā thometum pi nârahati[3] pahīnānunayattā, sesato laddhā "kiṃ etaṃ iminā dinnan" ti ādinā nayena[4] dāyakaṃ nipātetvā appiyavacanāni vattā pi na hoti[5] pahīnapaṭighattā; *taṃ vā pi dhīrā muniṃ vedayanti* tam pi pahīnānunayapaṭighaṃ dhīrā vā[1] muniṃ vedayantī ti brāhmaṇassa arahattanikūṭena gāthaṃ desesi; gāthāpariyosāne brāhmaṇo sotāpattiphale patiṭṭhahī ti.

(218). Muniṃ carantan ti kā uppatti: Sāvatthiyaṃ kira aññataro seṭṭhiputto utuvasena tīsu pāsādesu sabbasampattīhi paricārayamāno[6] daharo va pabbajitukāmo hutvā mātāpitaro yācitvā Khaggavisāṇasutte "kāmā hi citrā" ti imissā gāthāya aṭṭhuppattiyaṃ* vuttanayen' eva tikkhattuṃ pabbajitvā ca uppabbajitvā ca catutthavāre arahattaṃ pāpuṇi. Taṃ pubbaparicayena bhikkhū bhaṇanti: "samayo āvuso uppabbajitun" ti. So "abhabbo dān' āhaṃ āvuso vibbhamitun" ti āha. Taṃ sutvā bhikkhū Bhagavato ārocesuṃ. Bhagavā "evam etaṃ bhikkhave, abhabbo

* (98^{26}–99^{16}).

[1] B^a *om.*
[2] S^gn d i n n a ṃ.
[3] B^a nâharati.
[4] B^a *ad.* pana.
[5] B^a °vacanāni vattuṃ pi nâharati.
[6] B^a paricariyamāno.

so idāni[1] vibbhamitun" ti tassa khīṇāsavamunibhāvaṃ āvikaronto imaṃ gāthaṃ āha.

Tass' attho: moneyyadhammasamannāgamena *muniṃ*, 218.
ekavihāritāya pubbe* vuttappakārāsu vā cariyāsu yāya kāyaci cariyāya *carantaṃ*, pubbe viya methunadhamme cittaṃ akatvā anuttarāya viratiyā *virataṃ methunasmā;* dutiyapādassa sambandho[2]: 'kīdisaṃ muniṃ carantaṃ virataṃ methunasmā' ti ce: *yo yobbane na upanibajjhate kvaci* yo bhadre pi yobbane vattamāne kvaci itthirūpe, yathā pure, evaṃ methunarāgena na upanibajjhati, atha vā *kvaci* attano vā parassa vā *yobbane* 'yuvā tāv' amhi'— 'ayaṃ vā[3] yuvā' ti—'patisevāmi tāva kāme' ti evaṃ rāgena[4] na upanibajjhatī ti ayam p' ettha[5] attho; na kevalañ ca virataṃ methunasmā api ca kho pana jātimadādibhedā madā[3], kāmaguṇesu sativippavāsasaṃkhātā pamādā pi ca virataṃ evaṃ *madappamādā virata*ttā, evañ ca *vippamuttaṃ* sabbakilesabandhanehi; yathā vā[3] eko lokikāya pi viratiyā virato hoti, na evaṃ, kim pana *vippamuttaṃ virataṃ*, sabbakilesabandhanehi vippamuttattā lokuttaraviratiyā viratan ti pi attho; *taṃ vā pi dhīrā* ti tam pi dhīrā eva muniṃ vedayanti, tumhe pana taṃ[6] na vediyatha[7], tena[8] evaṃ bhaṇathā ti dasseti.

Aññāya lokan ti kā uppatti: †Bhagavā Kapilavatthusmiṃ (219).
viharati. Tena[9] samayena Nandassa ābharaṇamaṅgalaṃ abhisekamaṅgalaṃ āvāhamaṅgalan ti tīṇi maṅgalāni akaṃsu. Bhagavā pi tattha nimantito pañcahi bhikkhusatehi saddhiṃ[10] gantvā bhuñjitvā nikkhamanto Nandassa hatthe pattaṃ adāsi. Taṃ nikkhamantaṃ disvā Janapadakalyāṇī āha[11]: "tuvaṭaṃ kho ayyaputta āgacchey-

* 263[5], *etc.* † Dhp. A. I, 115-122, *etc.*

[1] Ba dāni. [2] Skgn sabbañca.
[3] Ba *om.* [4] Ba evaṃ yo kāme.
[5] Ba ayam eva. [6] Sk na, Ba *om.*
[7] Ba vedayatha. [8] Ba *ad.* naṃ (*cf. note* 6).
[9] Ba *ad.* kho pana. [10] Ba *ad.* tattha.
[11] Ba āha *after* āgaccheyyāsī ti.

yāsī" ti. So Bhagavato gāravena 'handa Bhagavā pattan' ti vattuṃ asakkonto vihāram eva gato. Bhagavā Gandhakuṭipariveṇe ṭhatvā "āhara Nanda pattan" ti gahetvā "pabbajissasī" ti āha. So Bhagavato gāravena paṭikkhipituṃ asakkonto "pabbajāmi Bhagavā" ti āha. Tam Bhagavā pabbājesi. So[1] Janapadakalyāṇiyā vacanaṃ punappuna[2] saranto ukkaṇṭhi. [3]Bhikkhū Bhagavato ārocesuṃ. Bhagavā Nandassa anabhiratiṃ vinodetukāmo[4] "Tāvatiṃsabhavanaṃ gatapubbo 'si Nandā" ti āha; Nando "nâhaṃ bhante[5] gatapubbo" ti avoca. Tato naṃ Bhagavā attano ānubhāvena Tāvatiṃsabhavanaṃ netvā Vejayantapāsādadvāre aṭṭhāsi. Bhagavato āgamanaṃ viditvā Sakko accharāgaṇaparivuto pāsādā oruhi[6]; tā sabbā pi Kassapassa bhagavato sāvakānaṃ pādamakkhaṇatelaṃ datvā kakuṭapādiniyo[7] ahesuṃ. Atha Bhagavā Nandaṃ āmantesi: "passasi no[8] tvaṃ Nanda imāni pañca accharāsatāni kakuṭapādīnī" ti[9] — sabbaṃ vitthāretabbaṃ. 'Mātugāmassa nāma nimittānuvyañjanaṃ gahetabban' ti sakale pi[10] buddhavacane etan n' atthi, atha ca pan' ettha Bhagavā upāyakusalatāya āturassa dose [11]ukkiledetvā nīharitukāmo vejjo subhojanaṃ viya[11] Nandassa rāgaṃ ukkiledetvā[12] nīharitukāmo nimittānuvyañjanagahaṇaṃ anuññāsi yathā taṃ anuttaro purisadammasārathi. Tato Bhagavā accharāhetu Nandassa brahmacariye abhiratiṃ disvā[13] bhikkhū āṇāpesi: "bhatakavādena[14] Nandaṃ codethā" ti. So tehi codiyamāno lajjito yoniso manasikaronto paṭipajjitvā nacirass' eva arahattaṃ sacchākāsi; tassa caṃkamanakoṭiyaṃ rukkhe adhivatthā devatā Bhagavato etam atthaṃ ārocesi, Bhagavato pi ñāṇaṃ udapādi. Bhikkhū

---

1 Ba *ad.* pana. 2 Sk Ba punappunaṃ.
3 Ba *ins.* Taṃ. 4 Ba v i n e t u k ā m o.
5 Ba bhante nâhaṃ. 6 Ba orohitvā (*om.* tā).
7 Ba kukkuṭapādaniyo. 8 Ba n u (403[15]).
9 Ba kuṭapādānī ti. 10 Ba *om.*
11–11 Ba uggiletvā nīharitukāmo bhisakko viya.
12 Ba uggiretvā < uggiletvā. 13 Ba abhiratī ti viditvā.
14 Ba bhaṭakav° (38, *note* 4).

ajānantā tath' evâyasmantaṃ codenti. Bhagavā "na bhikkhave idāni Nando evaṃ codetabbo" ti tassa khīṇāsavamunibhāvaṃ dīpento bhikkhūnaṃ dhammadesanatthaṃ imaṃ gāthaṃ abhāsi.

Tass' attho: dukkhasaccavavatthānakaraṇena[1] khandhādi*lokaṃ aññāya* jānitvā vavatthapetvā, nirodhasaccasacchikiriyāya[2] *paramatthadassiṃ*, samudayappahānena catubbidham pi[3] *oghaṃ* pahīnasamudayattā rūpamadādivegasahanena cakkhādiāyatana*samuddañ* ca *atitiriya*[4] atitaritvā atikkamitvā maggabhāvanāya tanniddeso[5]; *tādin* ti imāya tādilakkhaṇappattiyā tādiṃ; yo vâyaṃ[6] kāmarāgādikilesarāsi yeva avahananaṭṭhena ogho, kucchitagatipariyāyena samuddanaṭṭhena samuddo, [7]samudayappahānen' eva[8] taṃ ogha-samuddaṃ atitiriya[9], atitiṇṇoghattā idāni tumhehi evaṃ vuccamāne pi vikāram anāpajjanatāya tādin ti evam p' ettha[10] attho ca adhippāyo ca veditabbo. *Taṃ chinnaganthaṃ asitaṃ anāsavan* ti idaṃ pan' assa thutivacanam eva, imāya catusaccabhāvanāya catunnaṃ ganthānaṃ* chinnattā chinnaganthaṃ, diṭṭhiyā[11] taṇhāya vā katthaci anissitattā asitaṃ, catunnaṃ āsavānaṃ abhāvena anāsavan ti vuttaṃ hoti; *taṃ vā pi dhīrā muniṃ vedayantī* ti tam pi dhīrā vā khīṇāsavamuniṃ vedayanti, tumhe pana avediyamānā evaṃ bhaṇathā ti dasseti. 219.

Asamā ubho ti kā uppatti: Aññataro bhikkhu Kosalaraṭṭhe paccantimagāmam[12] nissāya araññe viharati, tasmiñ ca gāme migaluddako tassa bhikkhuno vasanokāsaṃ gantvā mige bandhati. So araññaṃ pavisanto theraṃ gāmaṃ piṇḍāya carantaṃ[13] pi passati araññā āgacchanto gāmato (220).

* (D. III, 230[18].)

[1] Skgn dukkhasaccaṃ vav°. [2] Skgn (Ba ?) °saccaṃ sacch°.
[3] Ba *om.* [4] *So* Sgn (Sk atiriya); Ba atitariya (*cf. note* 9).
[5] Skgn tananiddese (ɔ: °bhāvanāyatana-niddeso?).
[6] Ba câyaṃ. [7] Ba *ins.* taṃ-. [8] Ba °hānena ca.
[9] *So* Skgn; Ba atitari taṃ. [10] Ba evaṃ ettha.
[11] Ba *ad.* vā. [12] Ba paccantagāmaṃ (278[22]).
[13] Ba pavisantaṃ.

nikkhamantam pi passati, evaṃ abhiṇhadassanena there jātasineho ahosi. So yadā bahuṃ maṃsaṃ labhati, tadā therassâpi rasapiṇḍapātaṃ deti. Manussā ujjhāyanti: 'ayaṃ bhikkhu "amukasmiṃ padese migā tiṭṭhanti, caranti, pānīyaṃ pivantī" ti luddakassa āroceti, tato luddako mige māreti, tena ubho saṅgamma jīvikaṃ[1] kappentī' ti. Atha Bhagavā janapadacārikaṃ caramāno taṃ janapadaṃ agamāsi[2]; bhikkhū gāmaṃ piṇḍāya paviṭṭhā[3] taṃ[4] pavattiṃ sutvā Bhagavato ārocesuṃ. Bhagavā luddakena saddhiṃ samānajīvikābhāvasādhakaṃ tassa bhikkhuno khīṇāsavamunibhāvaṃ dīpento tesaṃ bhikkhūnaṃ dhammadesanatthaṃ imaṃ gāthaṃ abhāsi.

220. Tass' attho: yo[5] ca bhikkhave bhikkhu yo[5] ca luddako, ete *asamā ubho*; yaṃ manussā bhaṇanti "samānajīvikā" ti, tam micchā, kiṃkāraṇaṃ[6]: *dūravihāravuttino*, dūre vihāro ca vutti ca nesan ti dūravihāravuttino—vihāro ti vasanokāso, so ca bhikkhuno araññe luddakassa ca gāme, vuttī ti jīvikā, sā ca bhikkhuno gāme sapadānabhikkhācariyā[7] luddakassa ca araññe migasakuṇamāraṇā—; puna ca paraṃ *gihi dāraposī* so luddako tena kammena puttadāraṃ poseti, *amamo ca subbato* puttadāresu taṇhādiṭṭhimamattavirahito sucivatattā sundaravatattā ca subbato so khīṇāsavabhikkhu[8]; puna ca paraṃ[9] *parapāṇarodhāya gihī asaṃyato* so luddako gihī parapāṇarodhāya tesaṃ pāṇānaṃ jīvitindriyūpacchedāya kāyavācācittehi asaṃyato, *niccaṃ munī rakkhati pāṇine yato* itaro pana khīṇāsavamunī kāyavācācittehi niccaṃ yato saṃyato[9] pāṇine rakkhati,—evaṃ sante[10] kathaṃ samānajīvikā bhavissantī ti.

(221.) Sikhī yathā ti kā uppatti: Bhagavati Kapilavatthusmiṃ viharante Sākiyānaṃ kathā udapādi: "paṭhamakasotāpanno[11] pacchā sotāpattiṃ pattassa dhammena buddhataro hoti, tasmā pacchā sotāpannena bhikkhunā paṭhamasotāpannassa

---

[1] Ba jīvitaṃ. [2] Ba āg°.
[3] Ba pavisantā (Sk pavisaṭṭhā). [4] Skgn naṃ (267^{10}).
[5] Skgn Ba so. [6] Sg < °kāraṇā.
[7] Ba sapadānaṃ bh°. [8] Ba khīṇāsavo bh°. [9] Ba *om.*
[10] Ba *ad.* te. [11] Ba pathamasotāp° (276^{32}, $277^{7, 16}$).

gihino abhivādanādīni kattabbānī" ti. Taṃ kathaṃ aññataro piṇḍacāriko bhikkhu sutvā Bhagavato ārocesi. Bhagavā 'aññā eva hi ayaṃ jāti, pūjaneyyavatthu[1] liṅgan' ti sandhāya "anāgāmī ce pi[2] bhikkhave gihī hoti, tena tadahu pabbajitassa sāmaṇerassâpi[3] abhivādanādīni kattabbān' evā" ti vatvā puna pacchā sotāpannassa pi bhikkhuno paṭhamasotāpannagahaṭṭhato atimahantaṃ visesaṃ dassento bhikkhūnaṃ dhammadesanatthaṃ imaṃ gāthaṃ abhāsi.

Tass' attho: yv āyaṃ matthake jātāya sikhāya sabbhā- 221.
vena *sikhī*, maṇidaṇḍasadisāya gīvāya *nīlagīvo* ti ca mañjūra*vihaṅgamo*[4] vuccati, so *yathā* haritahaṃsa-tambahaṃsa[5]-khīrahaṃsa-kāḷahaṃsa[6]-pākahaṃsa-suvaṇṇahaṃsesu yv āyaṃ suvaṇṇahaṃso, tassa *haṃsassa javena* soḷasim pi kalaṃ *na upeti*—suvaṇṇahaṃso hi[7] muhuttakena yojanasahassam pi gacchati, yojanam pi asamattho itaro, dassanīyatāya[8] pana ubho pi dassanīyā honti—, *evaṃ gihī* paṭhamasotāpanno pi kiñcâpi maggadassanena dassanīyo hoti, atha kho so pacchā sotāpannassa pi[9] maggadassanena tulyadassanīyabhāvassâpi *bhikkhuno* javena *nânukaroti*, katamena javena: uparimaggavipassanāñāṇajavena, gihino hi[10] tañ ñāṇaṃ dandhaṃ hoti puttadārādijaṭājaṭitattā[11], bhikkhuno pana tikkhaṃ hoti tassā jaṭāya vijaṭitattā[12],—sv āyaṃ attho Bhagavatā *munino vivittassa vanasmiṃ jhāyato* ti iminā padena[13] dīpito, ayaṃ hi s e k h a m u n i bhikkhu kāyacittavivekena ca vivitto hoti lakkhaṇārammaṇūpanijjhānena ca niccaṃ vanasmiṃ jhāyati, kuto gihino evarūpo viveko ca jhānañ cā ti ayaṃ hi e ttha adhippāyo ti

MUNISUTTAVAṆṆANĀ NIṬṬHITĀ

Paṭhamavaggo ca atthavaṇṇanānayato samatto nāmena Uragavaggo ti.

---

[1] Ba pūjaneyyaṃ vatthu. [2] Ba pi ce.
[3] Ba pabbajitassâpi sāmaṇerassa.
[4] Ba m a y ū r o vihaṅgamo. [5] Ba *om.* -tambahaṃsa-.
[6] Ba -kāḷah°. [7] Skg pi, Ba *om.* [8] Ba dassanīyattā.
[9] Sgn Ba °ssâpi. [10] Ba gihīnaṃ, *om.* hi.
[11] Ba °jaṭāya jaṭitattā. [12] Ba ajaṭitattā. [13] Skn pādena.

II. CŪḶAVAGGA.

1.

(222-238). Yānîdha bhūtānī ti Ratanasuttaṃ. Kā uppatti: Atīte kira Vesāliyaṃ dubbhikkhādayo upaddavā uppajjiṃsu; tesaṃ vūpasamanatthāya Licchaviyo Rājagahaṃ gantvā yācitvā Bhagavantaṃ Vesāliṃ ānayiṃsu, evaṃ ānīto Bhagavā tesaṃ upaddavānaṃ vūpasamanatthāya idaṃ suttaṃ abhāsi. Ayam ettha saṃkhepo; porāṇā pan' assa Vesālivatthuto pabhuti uppattiṃ vaṇṇayanti. Sā evaṃ veditabbā: Bārāṇasiyaṃ kira rañño aggamahesiyā [= Pj. I, 158^{7}-201^{5}] vipulaṃ sukhan ti

RATANASUTTAVAṆṆANĀ NIṬṬHITĀ.

2.

(239). Sāmākacingūlakacīnakāni cā ti[1] Āmagandhasuttaṃ. Kā uppatti: Anuppanne Bhagavati Āmagandho nāma brāhmaṇo pañcahi māṇavakasatehi saddhiṃ tāpasapabbajjaṃ pabbajitvā Himavantaṃ pavisitvā pabbatantare assamaṃ kārāpetvā vanamūlaphalāhāro hutvā tattha paṭivasati na kadāci[2] macchamaṃsaṃ khādati. Atha tesaṃ tāpasānaṃ loṇambilādīni aparibhuñjamānānaṃ[3] paṇḍurogo uppajji; tato te 'loṇambilādisevanatthāya[4] manussapathaṃ gacchāmā' ti paccantagāmaṃ sampattā. Tattha manussā [5]te isī disvā[5] nimantetvā bhojesuṃ, katabhattakiccānaṃ nesaṃ mañcapīṭhaparibhogabhājanapādamakkhaṇādīni upanetvā "ettha bhante vasatha mā ukkaṇṭhitthā" ti vasanaṭṭhānaṃ dassetvā pakkamiṃsu, dutiyadivase câpi nesaṃ dānaṃ datvā, puna gharapaṭipāṭiyā ekekadivasaṃ dānaṃ adaṃsu. Tāpasā catumāsaṃ tattha vasitvā loṇambilādisevanāya thirabhāvappattasarīrā hutvā "mayaṃ āvuso gac-

---

1 Ba Sāmākacingulakācinakācina cā ti.
2 Ba *ad.* ca.
3 Ba aparibhuñjantānaṃ.
4 Ba loṇambilādīnaṃ sev°.
5—5 Ba tesu pasīditvā.

chāmā" ti manussānaṃ ārocesuṃ. Manussā tesaṃ telataṇḍulādīni adaṃsu; te tāni ādāya attano assamam eva agamaṃsu,— tañ ca gāmaṃ tath' eva saṃvacchare saṃvacchare[1] āgamiṃsu[2], manussā pi tesaṃ āgamanakālaṃ viditvā dānatthāya taṇḍulādīni sajjetvā va acchanti āgate ca ne tath' eva sammānenti.

Atha Bhagavā loke uppajjitvā pavattitavaradhammacakko anupubbena Sāvatthiṃ gantvā, tattha viharanto tesaṃ tāpasānaṃ upanissayasampattiṃ disvā, tato nikkhamma bhikkhusaṃghaparivuto cārikañ caramāno anupubbena taṃ gāmaṃ samanuppatto. Manussā[3] Bhagavantaṃ disvā mahādānāni adaṃsu; Bhagavā tesaṃ dhammaṃ desesi. Te tāya dhammadesanāya app ekacce sotāpannasakadāgāmianāgāmino[4] ahesuṃ ekacce pabbajitvā arahattaṃ pāpuṇiṃsu; Bhagavā punad eva Sāvatthiṃ paccāgamāsi. Atha te tāpasā taṃ gāmaṃ agamaṃsu[5]; manussā tāpase disvā na pubbasadisakotūhalam akaṃsu. Tāpasā te pucchiṃsu: "kiṃ āvuso ime manussā na pubbasadisā, kin nu kho ayaṃ gāmo rājadaṇḍena upadduto udāhu dubbhikkhena, udāhu amhehi sīlādiguṇasampannataro[6] koci pabbajito imaṃ gāmam anuppatto" ti. Te āhaṃsu: "na bhante rājadaṇḍena na dubbhikkhenâyaṃ gāmo upadduto, api ca buddho loke[7] uppanno, so Bhagavā bahujanahitāya dhammaṃ desento idhâgato" ti. Taṃ sutvā Āmagandhatāpaso "buddho ti gahapatayo vadetha"—"buddho ti bhante vademā" ti[8] tikkhattuṃ vatvā 'ghoso pi kho[9] eso[9] dullabho lokasmiṃ yad idaṃ buddho' ti attamano attamanavācaṃ nicchāretvā pucchi: "kin nu kho so buddho āmagandhaṃ bhuñjati na bhuñjatī" ti. "Ko bhante āmagandho" ti. "Āmagandho nāma macchamaṃsaṃ gahapatayo" ti. "Bhagavā bhante macchamaṃsaṃ paribhuñjatī" ti. Taṃ sutvā tāpaso vippaṭisārī ahosi: 'mā h' eva kho pana buddho

---

[1] Ba *ad.* kāle. [2] Ba āgamaṃsu. [3] Ba *ad.* ca.
[4] Ba sotāpannā ekacce sakadāgāmino anāgāmino.
[5] Ba āg°. [6] Ba s ī l ā d i g u ṇ e h i samp°.
[7] Skgn *om.* [8] Ba v a d ā m ā ti.
[9] Ba *om.*

siyā' ti. Puna cintesi: 'buddhānaṃ pātubhāvo nāma dullabho, gantvā[1] pucchitvā jānissāmī' ti. Tato, yena Bhagavā gato, taṃ maggaṃ manusse pucchitvā vacchagiddhinī gāvī viya turitaturito sabbattha ekarattivāsena Sāvatthiṃ anuppatvā Jetavanam eva pāvisi saddhiṃ sakāya parisāya. Bhagavā pi tasmiṃ samaye* dhammadesanatthāya āsane nisinno eva hoti. Tāpasā Bhagavantaṃ upagamma[2] tuṇhībhūtā anabhivādetvā va ekamantaṃ nisīdiṃsu. Bhagavā "kacci vo isayo khamaṇīyan" ti ādinā nayena tehi saddhiṃ paṭisammodi; te pi "khamaṇīyaṃ bho Gotamā" ti ādim āhaṃsu. Tato Āmagandho Bhagavantaṃ pucchi: "āmagandhaṃ bho Gotama bhuñjasi[3] na[3] bhuñjasī" ti. "Ko eso[4] brāhmaṇa āmagandho nāmā" ti. "Macchamaṃsaṃ bho Gotamā" ti. Bhagavā "na brāhmaṇa macchamaṃsaṃ āmagandho, api ca kho āmagandho nāma sabbe kilesā[5] pāpakā akusalā dhammā" ti vatvā "na brāhmaṇa idāni tvam eva āmagandhaṃ pucchi[7], atīte pi Tisso nāma brāhmaṇo Kassapaṃ bhagavantaṃ pucchi, [8]evañ ca pucchi[8] evaṃ so bhagavā vyākāsī" ti Tissena ca brāhmaṇena Kassapena ca bhagavatā vuttagāthāyo eva ānetvā tāhi gāthāhi brāhmaṇaṃ saññapento[9] āha: sāmākaciṅgūlakacīnakāni cā ti[10]. Ayaṃ tāva imassa suttassa idha uppatti, atīte pana:

Kassapo kira bodhisatto aṭṭha asaṃkheyyāni kappasatasahassañ ca pāramiyo pūretvā, Bārāṇasiyaṃ Brahmadattassa brāhmaṇassa Dhanavatī nāma brāhmaṇī—tassā kucchimhi paṭisandhiṃ aggahesi; aggasāvako pi taṃ divasaṃ yeva devalokā cavitvā anupurohitabrāhmaṇassa pajāpatiyā kucchimhi nibbatti. Evaṃ tesaṃ ekadivasam eva paṭisandhigahaṇañ ca gabbhavuṭṭhānañ ca ahosi, ekadivase

---

* [S.N. 1015a].

---

1 Ba *ad.* b u d d h a ṃ d i s v ā. 2 Ba upasaṃgamma (282[16]).
3 Ba *om.* 4 Ba Ko so. 5 Ba sabbakilesā.
6 Ba brahmaṇa dāni < brahmaṇêdāni.
7 Ba pucchasi. 8-8 Sgn Ba *om.* 9 Ba saññap°.
10 Ba sāmaṇaciṅguḷikacinakāni cā ti.

yeva etesaṃ ekassa Kassapo ekassa Tisso ti nāmaṃ akaṃsu. Te sahapaṃsukīḷanakā dve sahāyakā[1] anupubbena vuddhiṃ agamaṃsu. Tissassa pitā puttaṃ āṇāpesi: "ayaṃ tāta Kassapo nikkhamma pabbajitvā buddho bhavissati; tvam pi 'ssa santike pabbajitvā bhavanissaraṇaṃ kareyyāsī" ti. So "sādhū" ti paṭissutvā[2] bodhisattassa santikaṃ gantvā "ubho pi samma pabbajissāmā" ti āha. Bodhisatto "sādhū" ti paṭisuṇi. Tato vuddhiṃ anuppattakāle pi Tisso bodhisattaṃ āha: "ehi samma pabbajissāmā" ti; bodhisatto na nikkhami[3]. Tisso 'na tāv' assa ñāṇaṃ paripākaṃ gatan' ti sayaṃ nikkhamma isipabbajjaṃ pabbajitvā araññe pabbatapāde assamaṃ kārāpetvā vasati. Bodhisatto pi aparena samayena ghare ṭhito yeva ānāpānasatiṃ pariggahetvā cattāri jhānāni abhiññāyo ca uppādetvā pāsādena bodhimaṇḍasamīpaṃ[4] gantvā puna 'pāsādo yathāṭṭhāne yeva patiṭṭhātū' ti adhiṭṭhāsi; so sakaṭṭhāne yeva patiṭṭhāsi. 'Apabbajitena kira bodhimaṇḍaṃ pattuṃ[5] na sakkā' ti so pabbajitvā bodhimaṇḍaṃ patvā nisīditvā satta divase padhānayogaṃ katvā sattahi divasehi sammāsambodhiṃ sacchākāsi. Tadā Isipatane vīsatisahassā pabbajitā paṭivasanti. Atha Kassapo bhagavā te āmantetvā dhammacakkaṃ pavattesi, suttapariyosāne sabbe va[6] arahanto ahesuṃ. So sudaṃ bhagavā vīsatibhikkhusahassaparivuto tatth' eva Isipatane vasati, Kikī ca naṃ Kāsirājā[7] catuhi paccayehi upaṭṭhāti.

*Ath' ekadivasaṃ Bārāṇasivāsī eko puriso pabbate candanasārādīni gavesanto Tissassa tāpasassa[8] assamaṃ patvā taṃ abhivādetvā ekamantaṃ aṭṭhāsi. Tāpaso taṃ disvā

* *Cf.* 296[16].

[1] Ba sahāyā.

[2] Ba paṭisuṇitvā; Skgn sampaṭissutvā (*a blending of* sampaṭicchitvā *and* paṭissutvā, *cf.* upasiṃghāyantā Pj. I, 136[26]).

[3] Ba nikkhamati, *but* So *instead of* Tisso.

[4] Ba °maṇḍala- *instead of* °maṇḍa- *here and* 281[17], [18].

[5] Ba upagantuṃ.

[6] Ba °pariyosāne ca sabbe ca.

[7] Ba Kāsikarājā *here and* 283[5].

[8] Ba Tissatāpasassa.

"kuto āgato 'sī" ti pucchi. "Bārāṇasito bhante" ti. "Kā tattha pavattī" ti. "Tattha bhante Kassapo nāma sammāsambuddho uppanno" ti. Tāpaso dullabhasavanaṃ sutvā pītisomanassajāto pucchi: "kiṃ so āmagandhaṃ bhuñjati na bhuñjatī" ti. "Ko bhante āmagandho" ti. "Macchamaṃsaṃ āvuso" ti. "Bhagavā bhante macchamaṃsaṃ bhuñjatī" ti. Taṃ[1] sutvā tāpaso vippaṭisārī hutvā* puna cintesi 'gantvā taṃ pucchissāmi; sace "āmagandhaṃ paribhuñjāmī" ti vakkhati, tato naṃ[2] "tumhākaṃ bhante jātiyā ca kulassa ca gottassa ca ananucchaviyaṃ[3] etan" ti[4] nivāretvā tassa santike pabbajitvā bhavanissaraṇaṃ karissāmī' ti sallahukaṃ upakaraṇaṃ gahetvā sabbattha ekarattivāsena sāyaṇhasamaye Bārāṇasiṃ patvā Isipatanam eva pāvisi. Bhagavā pi tasmiṃ samaye dhammadesanatthāya āsane nisinno yeva hoti. Tāpaso bhagavantaṃ upasaṃkamma anabhivādetvā tuṇhībhūto ekamantaṃ aṭṭhāsi. Bhagavā taṃ disvā pubbe vuttanayen' eva paṭisammodi; so pi "khamaṇīyaṃ bho[5] Kassapā" ti ādīni vatvā ekamantaṃ nisīditvā bhagavantaṃ pucchi: "āmagandhaṃ bho Kassapa bhuñjasi[1] na[1] bhuñjasī" ti. "Nâhaṃ brāhmaṇa āmagandhaṃ bhuñjāmī" ti. "Sādhu sādhu bho Kassapa, parakuṇapaṃ[1] akhādanto sundaram akāsi, yuttam etaṃ bhoto Kassapassa jātiyā ca kulassa ca gottassa cā" ti. Tato bhagavā 'ahaṃ kilese sandhāya "āmagandhaṃ na bhuñjāmī" ti vadāmi, brāhmaṇo macchamaṃsaṃ pacceti; yan nūnâhaṃ sve gāmaṃ piṇḍāya apavisitvā[6] Kikirañño gehā ābhataṃ piṇḍapātaṃ paribhuñjeyyaṃ, evaṃ āmagandhaṃ ārabbha kathā pavattissati, tato brāhmaṇaṃ dhammadesanāya saññapessāmī' ti dutiyadivase kālass' eva sarīraparikammaṃ katvā gandhakuṭiṃ pāvisi; bhikkhū gandhakuṭidvāraṃ pihitaṃ[7] disvā

* *Cf.* 279[32].

[1] Ba *om.* [2] Skgn taṃ.
[3] Ba °cchavikaṃ. [4] Ba *ad.* naṃ.
[5] Skgn vo. [6] Ba *om.* a-.
[7] Ba pidahitaṃ.

'na bhagavā ajja bhikkhūhi saddhiṃ pavisitukāmo' ti ñatvā gandhakuṭiṃ padakkhiṇaṃ katvā piṇḍāya pavisiṃsu[1]. Bhagavā pi gandhakuṭito nikkhamma paññatt' āsane nisīdi; tāpaso pi kho pattasāk[h]aṃ pacitvā khāditvā bhagavato santike nisīdi. Kikī Kāsirājā bhikkhū piṇḍāya carante disvā "bhagavā bhante kuhin" ti[2] pucchitvā "vihāre mahārājā" ti ca sutvā nānāvyañjanam anekarasamaṃsavikatisampannaṃ[3] bhojanaṃ bhagavato pāhesi. Amaccā vihāraṃ netvā bhagavato ārocetvā dakkhiṇodakaṃ datvā parivisantā paṭhamaṃ nānāmaṃsavikatisampannaṃ yāguṃ[4] adaṃsu. Tāpaso disvā 'khādati nu kho no' ti cintento aṭṭhāsi. Bhagavā tassa passato yeva yāguṃ pivanto maṃsakhaṇḍaṃ mukhe pakkhipi; tāpaso disvā ruṭṭho. Puna yāgupītassa[5] nānāvyañjanaṁ bhojanam[6] adaṃsu; tam pi gahetvā bhuñjantaṃ disvā ativiya ruṭṭho: 'macchamaṃsaṃ khādanto yeva "na khādāmī" ti bhaṇatī' ti. Atha bhagavantaṃ katabhattakiccaṃ hatthapāde dhovitvā nisinnaṃ upasaṃkamma "bho Kassapa musā tvaṃ bhaṇasi, n' etaṃ paṇḍitakiccaṃ, musāvādo hi garahito buddhānaṃ; ye pi te pabbatapāde vanamūlaphalādīhi yāpentā isayo vasanti, te pi musā na bhaṇantī" ti vatvā puna isīnaṃ guṇe gāthāya vaṇṇento āha: sāmākaciṅgūlakacīnakāni cā ti.

Tattha *sāmākā* ti dhunitvā vā sīsāni uccinitvā[7] vā gayhū- 239.
pagā tiṇadhaññajāti, tathā *ciṅgūlakā* kaṇavīrapupphasaṇṭhānasīsā honti; *cīnakānī* ti aṭavipabbatapādesu aropitajātā[8] cīnamuggā; *pattapphalan* ti [9]yaṃ kiñci haritapaṇṇaṃ, *mūlapphalan* ti[9] yaṃ kiñci kandamūlam[10], *gavipphalan* ti yaṃ kiñci rukkhavalliphalaṃ; mūlagahaṇena vā kandamūlaṃ, phalagahaṇena rukkhavalliphalaṃ, gavipphalaga-

---

1 Ba pāvisiṃsu.

2 Ba "kuhiṃ bhagavā bhante" ti.

3 Ba nānāvyañjanarasam aneka[m]maṃsavikatisampannaṃ.

4 Ba °sampannayāguṃ.

5 Ba yāguṃ pī°.

6 Ba nānārasavyañjanabhojanam.

7 Ba ucchinditvā.

8 Sgn āropita°, Ba āropika°.

9–9 Ba *om.*

10 Skgn kandakamūlaṃ.

haṇena udake jāta-siṃghāṭakakaserukādiphalaṃ[1] khāditabbaṃ[2]; *dhammena laddhan* ti dūteyyapahiṇagamanādimicchājīvaṃ pahāya vane uñchācariyāya laddhaṃ; *satan* ti santo ariyā; *asamānā*[3] ti bhuñjamānā; *na kāmakāmā alikaṃ bhaṇantī* ti te[4] evaṃ amamā apariggahā etāni sāmākādīni bhuñjamānā isayo, yathā tvaṃ sādurasādibhede[5] kāme patthayanto āmagandhaṃ bhuñjanto yeva "nâhaṃ brāhmaṇa āmagandhaṃ bhuñjāmī" ti bhaṇanto alikaṃ bhaṇasi, tathā na kāmakāmā alikaṃ bhaṇanti kāme kāmayantā musā na bhaṇantī ti isīnaṃ pasaṃsāya bhagavato nindaṃ dīpeti.

240. Evaṃ isīnaṃ pasaṃsāpadesena bhagavantaṃ ninditvā idāni attanā adhippetaṃ nindāvatthuṃ dassetvā nippariyāyam eva bhagavantaṃ nindanto āha: yad aññhamāno[6] ti. Tattha *da*-kāro padasandhikaro, ayaṃ pan' attho: *yaṃ* kiñcid eva lāpamaṃsaṃ[7] vā tittiramaṃsaṃ vā dhovanacchedanādinā pubbaparikammena *sukataṃ*, pacanavāsanādinā pacchāparikammena *suniṭṭhitaṃ*, na mātarā na pitarā [8]api ca kho pana 'dakkhiṇeyyo ayan' ti maññamānehi dhammakāmehi *parehi dinnaṃ*, sakkārakaraṇena *payataṃ* [paṇītam] alaṃkataṃ, uttamarasatāya ojavantatāya thāmabalaharaṇasamatthatāya ca *paṇītaṃ aññhamāno* āhārayamāno, na kevalañ ca yaṃ kiñci maṃsam eva[8] api ca kho pana idam pi[9] *sālīnam annaṃ* vicitakāḷakaṃ sālitaṇḍulodanaṃ* *paribhuñjamāno, so bhuñjasi*[10] *Kassapa āmagandhaṃ* so tvaṃ yaṃ kiñci maṃsaṃ bhuñjamāno idañ ca sālīnam annaṃ paribhuñjamāno bhuñjasi Kassapa āmagandhan ti bhagavantaṃ gottena ālapati.

---

* *Cf.* A. III, 49[30].

---

[1] Sn °ghātakakaṃsīrukādi°; Ba °jātasmiṅghātakaserudiphalaṃ. [2] *So* Skgn Ba (ɔ: veditabbaṃ ?).
[3] *So* Ba; Sn asammānā, Skg as(a)mamānā.
[4] Ba *ad*. hi. [5] Ba sādurasādike.
[6] Sgn aññamāno, Ba asamāno (*note*, 3).
[7] Ba evassamaṃsaṃ (ɔ: eva sasamaṃsaṃ ?).
[8-8] Ba *om*. [9] Ba *om*. [10] Ba paribhuñjasi, Sgn bhuñjati.

Evaṃ āhārato bhagavantaṃ ninditvā idāni musāvādaṃ 241,
āropetvā nindanto āha: na āmagandho . . . pe . . . susaṃ-
khatehī ti. Tass' attho: pubbe mayā pucchito samāno
"*na āmagandho mama kappatī*" *ti icc eva tvaṃ bhāsasi* evaṃ
ekaṃsen' eva tvaṃ bhāsasi *brahmabandhu* brāhmaṇaguṇavi-
rahita jātimattabrāhmaṇā ti paribhāsanto bhaṇati,—*sālīnam
annan* ti sālitaṇḍulodanaṃ, *paribhuñjamāno* ti bhuñjamāno—
sakuntamaṃsehi susaṃkhatehī ti tadā bhagavato abhihaṭaṃ
sakuṇamaṃsaṃ niddisanto bhaṇati. Evaṃ bhaṇanto eva ca
bhagavato heṭṭhā pādatalā pabhuti yāv' upari[1] kesantā[2]
sarīraṃ ullokento dvattiṃsavaralakkhaṇāsītianuvyañjana-
sampadaṃ[3] vyāmappabhāparikkhepañ ca disvā 'evarūpa-
mahāpurisalakkhaṇādipatimaṇḍitakāyo[4] na musā bhaṇituṃ
arahati, ayaṃ hi 'ssa bhavantare pi saccavācānissandena[5]
uṇṇā bhamukantare jātā odātā mudu tūlasannibhā[6] eke-
kāni ca lomakūpesu lomāni*, sv āyaṃ katham idāni musā
bhaṇissati; addhā añño imassa āmagandho bhavissati, yaṃ
sandhāya etad avoca "nâhaṃ brāhmaṇa āmagandhaṃ
bhuñjāmī" ti; yan nūnâham etaṃ[7] puccheyyan' ti cin-
tetvā sañjātabahumāno gotten' eva ālapanto imaṃ gāthā-
sesam āha: *pucchāmi taṃ Kassapa etam atthaṃ, kathappa-
kāro*[8] *tava āmagandho* ti.

Ath' assa bhagavā āmagandhaṃ vissajjetuṃ pāṇātipāto 242.
ti evamādim āha. Tattha *pāṇātipāto* ti[9] pāṇavadho,
vadhacchedabandhanan ti ettha sattānaṃ daṇḍādīhi ākoṭa-
naṃ[10] vadho, hatthapādādīnaṃ chedanaṃ chedo, rajjuādīhi
bandho bandhanaṃ; *theyyāmusāvādo*[11] ti theyyañ ca musā-
vādo ca; *nikatī* ti "dassāmi, karissāmī" ti ādinā nayena

* (D. III, 170[13]).

[1] Ba yāva upari. [2] Ba kesagga. [3] Ba *om.* °vara°.
[4] Ba evarūpo mahāpurisalakkhaṇādimaṇḍitakāyo.
[5] Ba °nissanden' eva. [6] Ba odātamudutulasannibhā.
[7] Ba yaṃ nūnâhaṃ handa taṃ.
[8] Ba k a t h a ṃ p a k ā r o. [9] Skgn *oṃ.* [10] Ba *om.* ā-.
[11] *So* Skgn; Ba theyyam°.

āsaṃ uppādetvā nirāsaṃ-karaṇaṃ[1]; *vañcanānī* ti asuvaṇṇaṃ 'suvaṇṇan' ti gāhāpanādīni; *ajjhenakujjan*[2] ti niratthakānatthajanakaganthapariyāpuṇanaṃ[3]; *paradārasevanā* ti parapariggahītāsu cārittāpajjanaṃ; *esâmagandho na hi maṃsabhojanan* ti esa[4] pāṇātipātādiakusaladhammasamudācāro āmagandho vissagandho[5] kuṇapagandho, kiṃkāraṇaṃ[6]: amanuññattā kilesaasucimissattā sabbhi jigucchitattā paramaduggandhabhāvāvahattā ca, yehi ye[7] ussannakilesā[8] sattā, te tehi atiduggandhā honti, nikkilesānaṃ matasarīram pi duggandhaṃ na hoti,—tasmā esâmagandho, maṃsabhojanam pana adiṭṭham assutam aparisaṃkitañ ca anavajjaṃ,— tasmā na hi maṃsabhojanaṃ āmagandho ti.

Evaṃ dhammādhiṭṭhānāya desanāya ekena nayena āmagandhaṃ vissajjetvā idāni, yasmā te te sattā tehi tehi āmagandhehi samannāgatā na eko eva sabbehi na ca sabbe eken' eva, tasmā nesaṃ te te āmagandhe pakāsetuṃ "ye idha kāmesu asaññatā janā" ti ādinā nayena puggalādhiṭṭhānāya tāva desanāya āmagandhe vissajjento dve gāthāyo
243. abhāsi. Tattha *ye idha kāmesu asaṃyatā janā* ti ye keci idha loke kāmapatisevanatthasaṃkhātesu[9] kāmesu mātimātucchādisu[10] pi mariyādāvirahena[11] bhinnasaṃvaratāya asaṃyatā puthujjanā; *rasesu giddhā* ti jivhāviññeyyesu rasesu giddhā gathitā mucchitā ajjhopannā[12] anādīnavadassāvino anissaraṇapaññā rase paribhuñjanti; *asucīkamissitā*[13] ti tāya rasagiddhiyā rasapaṭilābhatthāya nānappakāramicchājīvasaṃkhātaasucibhāvamissitā[14]; *natthikadiṭṭhī* ti[15] 'n' atthi dinnan' ti ādi-dasavatthukamicchādiṭṭhisamannāgatā;

---

[1] B^a nirāsākaraṇaṃ. [2] B^a ajjhenakuṭṭan (ɔ: °k ū ṭ a n ?).
[3] B^a niratthakaṃ anekaganthapariyāpuṇanaṃ.
[4] B^a eso. [5] S^g missag°, B^a visag°. [6] B^a °kāraṇā.
[7] *So* S^kgn B^a (ɔ: ye h i yehi ?). [8] B^a upannak°.
[9] B^a k ā m a p a ṭ i s e v a n a s a ṃ k h ā t e s u.
[10] (22^15); B^a m ā t ā p i t u c c h ā d i s u. [11] S^kgn mariyādav°.
[12] *So* S^kn B^a; S^g ajjhāpannā. [13] B^a asucibhāvaṃ ayitā.
[14] S^kgn °saṃkhātaṃ asuci°; B^a °saṃkhātaṃ asucibhāvaṃ ayitā.
[15] S^k B^a natthikudiṭṭhī ti (287, *note* 3).

visamā ti visamena kāyakammādinā samannāgatā; *durannayā* ti duviññāpayā sandiṭṭhiparāmāsaādānagāhiduppaṭinissaggitā-samannāgatā[1]; *esâmagandho* ti esa etāya gāthāya puggale adhiṭṭhāya niddiṭṭho kāmesu asaññatatā rasagiddhatā[2] ājīvavipatti natthikadiṭṭhi[3] kāyaduccaritādivisamatā duranubodhatā[4] ti aparo pi pubbe vutten' ev' atthena[5] chabbidho āmagandho veditabbo; *na hi maṃsabhojanan* ti maṃsabhojanam pana yathāvuttatthena[6] na āmagandho ti. Dutiyagāthāya pi *ye lūkhasā*[7] ti ye lūkhā nīrasā, atta- 244.
kilamathānuyuttā ti attho; *dāruṇā* ti kakkhaḷā dovacassatāyuttā; [8]*piṭṭhimaṃsikā* ti purato[9] madhuraṃ bhaṇitvā parammukhe avaṇṇabhāsino[10], ete hi abhimukhaṃ oloketum asakkontā parammukhānaṃ piṭṭhimaṃsakhādakā viya honti, [11]tena piṭṭhimaṃsikā[11] ti vuccanti; *mittadduno* ti mittadūbhakā[12], dāradhanajīvitesu vissāsam āpannānaṃ mittānaṃ tattha micchāpaṭipajjanakā[13] ti vuttaṃ hoti; *nikkaruṇā* ti karuṇāvirahitā sattānaṃ anatthakāmā; *atimānino* ti "idh' ekacco jātiyā vā . . . pe . . . aññataraññatarena vatthunā pare atimaññati, yo[14] evarūpo māno ketukamyatā cittassā"* ti evaṃ vuttena atimānena samannāgatā; *adānasīlā*[15] ti adānapakatikā adānādhimuttā, asaṃvibhāgaratā ti attho, *na ca denti kassacī* ti tāya ca pana adānasīlatāya yācitā pi santā kassaci kiñci na denti adinnapubbakakule manussasadisā nijjhāmataṇhikapetaparāyanā honti; keci pana *ādānasīlā* ti pi paṭhanti[16], kevalaṃ gahaṇasīlā *kassaci* pana kiñci *na dentī* ti; *esâmagandho na hi maṃsabhojanan* ti esa etāya gāthāya puggale adhiṭṭhāya niddiṭṭho lūkhatā

* *Cf.* Vibh. 355[15].

1 *So* Ba Skgn °nissaggiyā samann°. 2 Skgn Ba °giddhitā.
3 Ba natthikudiṭṭhitā. 4 Ba durannayatā.
5 Ba vutten' atthena. 6 Ba yathāvutten' ev' atthena.
7 Skgn lūkhā, Ba lūkharasā. 8 Ba *ins.* para-.
9 Ba purimaṃ. 10 Ba avaṇṇe bhāsitā.
11–11 Ba te parapiṭṭhimaṃsikā. 12 Ba mittadussakā.
13 Skgn °paṭipajjakā. 14 Skgn so.
15 Ba adinnasīlā. 16 Skgn *om.*

dāruṇatā[1] piṭṭhimaṃsikatā mittadūbhitā nikkaruṇatā atimānitā adānasīlatā[2] adānan[3] ti aparo pi[4] pubbe vutten' ev' atthena[5] aṭṭhavidho āmagandho veditabbo na maṃsabhojanan ti.

245. Evaṃ puggalādhiṭṭhānāya desanāya dve gāthāyo vatvā puna tassa tāpasassa āsayānuparivattanaṃ viditvā dhammādhiṭṭhānāy' eva desanāya ekaṃ gāthaṃ abhāsi. Tattha *kodho* Uragasutte vuttanayen' eva veditabbo; *mado* ti "jātimado gottamado ārogyamado"* ti ādinā nayena Vibhaṅge vuttappabhedo cittassa majjanabhāvo; *thambho* ti thaddhabhāvo; *paccuṭṭhapanā*[6] ti paccanīkaṭṭhapanā[7] dhammena nayena vuttassa paṭivirujjhitvā ṭhānaṃ; *māyā* ti "idh' ekacco kāyena duccaritaṃ caritvā "† ti ādinā nayena Vibhaṅge vibhattā katapāpapaṭicchādanatā; *usuyyā* ti paralābhasakkārādisu issā; *bhassasamussayo* ti samussitaṃ bhassaṃ, attukkaṃsanatā ti vuttaṃ hoti; *mānātimāno* ti "idh' ekacco jātiyā vā . . . pe . . . aññatarāññatarena vatthunā pubbakāle parehi sadisaṃ attānaṃ [8]dahati aparakāle attānaṃ[8] seyyaṃ dahati pare[9] hīne dahati, yo evarūpo māno . . . pe . . . ketukamyatā cittassā "‡ ti Vibhaṅge vibhatto; *asabbhi santhavo* ti asappurisehi santhavo; *esâmagandho na hi maṃsabhojanan* ti esa kodhādi navavidho akusalarāsi pubbe vutten' ev' atthena āmagandho ti veditabbo na[10] maṃsabhojanan ti.

Evaṃ dhammādhiṭṭhānāya desanāya navavidhaṃ āmagandhaṃ dassetvā puna pi pubbe vuttanayen' eva puggalādhiṭṭhānāya desanāya āmagandhe vissajjento tisso gā-
246. thāyo abhāsi. Tattha *ye pāpasīlā* ti ye pāpasamācāratāya

* Vibh. 345. † Vibh. 357[32].
‡ *Cf.* Vibh. 355[21].

[1] Ba lūkhadāruṇatā.
[2] Sn ādān°.
[3] Ba ā d ā n a n.
[4] Ba *om.*
[5] Ba vutten' atthena.
[6] Ba paccupaṭṭhānā.
[7] Ba °ṭhāpanā.
[8–8] Skgn *om.*
[9] Ba *ad.* (*and del* ?) pi.
[10] Ba *ad.* hi.

pāpasīlā ti loke pākaṭā; *iṇaghātasūcakā* ti Vasalasutte* vuttanayena[1] iṇaṃ gahetvā tassa appadānena iṇaghātā, pesuññena sūcakā ca; *vohārakūṭā idha pāṭirūpikā* ti dhammaṭṭhaṭṭhāne ṭhitā lañcaṃ gahetvā sāmike parājentā kūṭena vohārena samannāgatattā[2] vohārakūṭā, dhammaṭṭhapaṭirūpakattā pāṭirūpikā; a t h a v ā idhā ti sāsane, pāṭirūpikā ti dussīlā, te hi, yasmā nesaṃ iriyāpathasampadādi sīlabbataṃ paṭirūpaṃ[3] atthi, tasmā [4]paṭirūpikā, paṭirūpikā[4] eva pāṭirūpikā[5]; *narādhamā ye 'dha 'karonti kibbisan* ti ye idha loke narādhamā mātāpitusu buddhapaccekabuddhādisu ca micchāpaṭipattisaṃkhātaṃ[6] kibbisaṃ karonti; *esâmagandho na hi maṃsabhojanan* ti esa etāya gāthāya puggale adhiṭṭhāya niddiṭṭho pāpasīlatā iṇaghātatā sūcakatā vohārakūṭatā pāṭirūpikatā kibbisakāritā ti aparo pi pubbe vutten' ev' atthena chabbidho āmagandho veditabbo na
maṃsabhojanan ti. *Ye idha pāṇesu asaṃyatā janā* ti ye 247.
janā idha loke pāṇesu yathākāmakāritāya[7] satam pi sahassam pi māretvā anuddayamattassa[8] pi akaraṇena asaṃyatā; *paresam ādāya vihesam uyyutā* ti paresaṃ santakaṃ ādāya dhanaṃ vā jīvitaṃ vā tato " mā evaṃ karothā " ti yācantānaṃ vā [9]nivārentānaṃ vā[9] pāṇileḍḍudaṇḍādīhi vihesaṃ uyyutā, *pare* vā satte *samādāya* 'ajja dasa[10], ajja vīsatī' ti[11] evaṃ samādiyitvā tesaṃ[12] vadhabandhādīhi vihesam uyyutā; *dussīlaluddā* ti dussīlā[13] durācārattā, luddā ca kurūrakammantā lohitapāṇitāya, macchaghātakamigabandhakasākuṇikādayo idha adhippetā; *pharusā* ti pharusavācā; *anādarā* ti 'idāni na [14]karissāma, viramissāma[14] evarūpā' ti

---

* (179[7]).

---

[1] B[a] °nayen' eva. [2] B[a] samannāgatā.
[3] B[a] °sampadādīhi sīlavantapaṭirūpaṃ.
[4–4] S[kg] paṭirūpikā paṭirūpā, S[n] paṭirūpiā, B[a] paṭirūpikā.
[5] S[gn] B[a] eva rūpikā. [6] B[a] °paṭipattisaññitaṃ.
[7] B[a] yathākāmacaritāya. [8] B[a] a n u d d a y ā m a t t a s s a.
[9–9] S[gn] B[a] *om.* [10] S[gn] das', B[a] dasaṃ.
[11] B[a] vīsan ti. [12] B[a] *om.*
[13] B[a] nisīlā c a. [14–14] B[a] karissāmi.

evaṃ-ādaravirahitā; *esâmagandho na hi maṃsabhojanan* ti esa etāya gāthāya puggale adhiṭṭhāya niddiṭṭho "pāṇātipāto vadhacchedabandhanan" ti ādinā nayena pubbe vutto ca[1] pāṇesu asaṃyatatā paresaṃ vihesā dussīlatā luddatā pharusatā anādaro ti chabbidho āmagandho veditabbo na maṃsabhojanan ti,—pubbe vuttam [2]pi hi sotūnaṃ sotukāmatāya ādhāraṇatāya dalhīkaraṇatthāyā[2] ti evamādīhi kāraṇehi puna vuccati, ten' eva ca parato vakkhati: "icc etam atthaṃ bhagavā punappunaṃ akkhāsi naṃ[3] vedayi
248. mantapāragū" ti. *Etesu giddhā viruddhâtipātino* ti etesu pāṇesu g e d h e n a giddhā, d o s e n a viruddhā, m o h e n a ādīnavaṃ apassantā punappuna-ajjhācārappattiyā[4] atipātino; etesu[5] v ā[5] "pāṇātipāto vadhacchedabandhanan" ti ādinā nayena vuttesu pāpakammesu yathāsambhavaṃ ye gedhavirodhātipātasaṃkhātā rāgadosamohā, tehi giddhā viruddhā atipātino[6]; *niccuyyutā* ti akusalakaraṇe niccaṃ uyyutā kadāci paṭisaṃkhāya appaṭiviratā; *peccā* ti asmā lokā [7]paraṃ gantvā[7], *tamaṃ vajanti ye*[6] *patanti sattā nirayaṃ avaṃsirā* ti y e lokantarikandhakārasaṃkhātaṃ[8] nīcākulīnatādibhedaṃ[9] vā tamaṃ vajanti, y e[6] patanti sattā Avīciādibhedaṃ nirayaṃ avaṃsirā adhogatasīsā, *esâmagandho* ti t e s a ṃ sattānaṃ tamavajananirayapatanahetu esa gedhavirodhātipātabhedo sabbāmagandhamūlabhūto yathāvutten' atthena tividho āmagandho, *na hi maṃsabhojanan* ti maṃsabhojanaṃ[10] pana na[11] āmagandho ti.

249. Evaṃ Bhagavā paramatthato āmagandhaṃ vissajjetvā duggatimaggabhāvañ c' assa pakāsetvā idāni, y a s m i ṃ macchamaṃsabhojane tāpaso āmagandhasaññī duggatimag-

---

[1] Ba *ad.* avutto ca.

[2–2] Ba pi h' etaṃ na sotukāmatāya a v a d h ā r a ṇ a t ā y a d a l h i k a r a ṇ a t ā y ā.

[3] Ba taṃ (*vide* 293[1]). [4] Ba a j j h ā c ā r ā p a t t i y ā.

[5] Ba *om.* [6] Ba *ad.* ca.

[7–7] Ba parattha.

[8] Ba ye loke attani kandhakārādisaṃkhātaṃ.

[9] Ba n ī c a k°. [10] Ba °bhojanāni, Sgn °bhojanaṃ na.

[11] Sgn *om.* (*cf. note* 10).

gasaññī ca hutvā tassa abhojanena suddhikāmo hutvā taṃ na bhuñjati, t a s s a aññassa ca tathāvidhassa visodhetuṃ[1] asamatthabhāvaṃ dassento na macchamaṃsan ti imaṃ[2] chappadaṃ gāthaṃ āha. Tattha sabbapadāni antimapadena[3] yojetabbāni 'na macchamaṃsaṃ sodheti maccaṃ avitiṇṇakaṃkhaṃ, na āhutiyaññamutūpasevanā sodhenti[4] maccaṃ avitiṇṇakaṃkhan' ti evaṃ, ettha ca "na macchamaṃsan ti akhādiyamānaṃ[5] macchamaṃsaṃ na sodheti, tathā anāsakattan" ti evaṃ porāṇā vaṇṇenti[6]; evaṃ pana sundarataraṃ siyā: na macchamaṃsānaṃ anāsakattaṃ [7]na macchamaṃsānânāsakattaṃ[7] na sodheti maccan ti, athâpi siyā: 'evaṃ sante anāsakattaṃ ohīyatī' ti, tañ ca na, parattha tapena saṅgahītattā, "ye vā pi loke amarā bahū tapā" ti ettha hi sabbo pi vuttāvaseso attakilamatho saṅgahaṃ gacchatī ti; *naggiyan* ti acelakattaṃ; *muṇḍiyan* ti muṇḍabhāvo; [8]*jaṭā-jallan* ti jaṭā ca rajojallañ ca[9]; *kharājināni* ti kharāni ajinacammāni[10]; *na*[11] *aggihuttass' upasevanā* ti aggipāricariyā[12]; *amarā* ti amarabhāvapatthanatāya pavattakāyakilesā[13], *bahū* ti ukkuṭikappadhānādibhedato aneke, *tapā* ti sarīrasantāpā; *mantā* ti vedā, *āhutī* ti aggimhi[14] homakammaṃ; *yaññamutūpasevanā* ti assamedhādiyaññā ca utūpasevanā ca,—utūpasevanā nāma gimhe ātapaṭṭhānasevanā vasse rukkhamūlasevanā hemante jalappavesasevanā; *na sodhenti maccaṃ avitiṇṇakaṃkhan* ti kilesasuddhiyā bhavasuddhiyā[15] avitiṇṇavicikicchaṃ maccaṃ na sodhenti, kaṃkhāmale hi sati na visuddho hoti, tvañ ca sakaṃkho yevā ti. Ettha ca avitiṇṇakaṃkhan ti etaṃ "na

---

1 Ba (*here*) *om.* vi-. 2 Ba *om.*
3 Skgn *here* °pādena (343[7], *etc.*). 4 Skgn sodheti.
5 Ba °māna-. 6 Ba vadanti.
7—7 *Cf.* 292, *note* 1; Ba ṭha macchamaṃsaṃ nānāsakattaṃ, Sk na macchamaṃsa na nāsakattaṃ; Sgn Ba *ad.* m a c c h a m a ṃ s ā n a ṃ a n ā s a k a t t a ṃ. 8 Skgn *ins.* jaṭā.
8—9 Ba jaṭārajajallan ti jaṭā ca rajo ca jallā ca.
10 Ba kharājinacammāni. 11 *So* Skgn; Ba *om.* na.
12 Ba aggiparicariyā. 13 Ba pavattā kāy°.
14 Ba aggi-. 15 Ba kilesasuddhi bhavasuddhiyā **v ā**.

macchamaṃsan" ti ādīni sutvā 'kin nu kho macchamaṃsānaṃ abhojanādinā siyā visuddhimaggo' ti tāpasassa kaṃkhāya uppannāya bhagavatā vuttaṃ siyā ti no adhippāyo, yā c' assa "so macchamaṃsaṃ bhuñjatī" ti sutvā va buddhe kaṃkhā uppannā, taṃ sandhāy' etaṃ vuttan ti veditabbaṃ.

250. Evaṃ macchamaṃsānāsakattādīnaṃ[1] visodhetuṃ asamatthabhāvaṃ dassetvā idāni visodhetuṃ samatthe dhamme dassento sotesu gutto ti imaṃ gāthaṃ āha. Tattha *sotesū* ti chasu indriyesu, *gutto* ti indriyasaṃvaraguttiyā samannāgato, ettāvatā indriyasaṃvaraparivāraṃ s ī l a ṃ dasseti; *viditindriyo care* ti ñātapariññāya chaḷ indriyāni viditvā pākaṭāni katvā careyya, vihareyyā ti vuttaṃ hoti, ettāvatā visuddhasīlassa n ā m a r ū p a p a r i c c h e d a ṃ dasseti; *dhamme ṭhito* ti ariyamaggena abhisametabbacatusaccadhamme ṭhito, etena s o t ā p a t t i b h ū m i ṃ dasseti; *ajjavamaddave rato* ti ujubhāve ca mudubhāve ca rato, etena s a k a d ā g ā m i b h ū m i ṃ dasseti, sakadāgāmī hi kāyavaṃkādikaranānaṃ cittathaddhabhāvakaranānañ[2] ca rāgadosānaṃ patanubhāvā ajjavamaddave rato hoti; *saṅgātigo* ti rāgadosasaṅgātigo, etena a n ā g ā m i b h ū m i ṃ dasseti; *sabbadukkhappahīno* ti sabbassa vaṭṭadukkhassa hetuppahānena pahīnasabbadukkho, etena a r a h a t t a b h ū m i ṃ dasseti; *na lippati ditthasutesu dhīro* ti so evaṃ anupubbena arahattaṃ patto dhitisampadāya dhīro diṭṭhasutesu dhammesu kenaci lepena[3] na lippati,—na kevalañ ca diṭṭhasutesu mutaviññātesu ca na lippati, aññadatthu paramavisuddhippatto hotī ti arahattanikūṭena desanaṃ niṭṭhapesi.

Ito paraṃ icc etaṃ atthan ti dve gāthā saṅgītikārehi
251. vuttā. Tāsaṃ attho: *iti bhagavā* Kassapo *etaṃ atthaṃ punappunaṃ*[4] anekāhi gāthāhi dhammādhiṭṭhānāya puggalādhiṭṭhānāya ca desanāya, yāvā so tāpaso aññāsi, tāva

---

1 Skg Ba macchamaṃsanānāsak°.

2 Ba cittabandhabhāvak°.

3 Ba kilesena.

4 Skg(n) punappuna.

akkhāsi kathesi vitthāresi; *naṃ vedayi mantapāragū* [1]ti so pi tañ ca atthaṃ mantapāragū[1] vedapāragū Tisso[2] brāhmaṇo vedayi aññāsi, kiṃkāraṇaṃ[3]: yasmā atthato ca padato ca[4] desanānayato ca[5] *citrāhi gāthāhi muni pakāsayi*, kīdiso: *nirāmagandho asito durannayo* āmagandhakilesābhāvā nirāmagandho, taṇhādiṭṭhinissayābhāvā asito, bāhiradiṭṭhivasena "idaṃ seyyo, idaṃ varan" ti kenaci netuṃ asakkuṇeyyattā durannayo dunneyyo. Evam pakāsitavato[6] c'
252.
assa *sutvāna buddhassa subhāsitaṃ padaṃ* sukathitaṃ dhammadesanaṃ sutvā[7] *nirāmagandhaṃ* nikkilesayogaṃ, *sabbadukkhāpanūdanaṃ*[8] sabbavaṭṭadukkhanudaṃ, *nīcamano* nīcacitto hutvā *vandi tathāgatassa* Tisso[9] brāhmaṇo tathāgatassa pāde pañcapatiṭṭhitaṃ katvā vandi; *tatth' eva pabbajjam arocayitthā* ti tatth' eva ca naṃ āsane nisinnaṃ Kassapaṃ bhagavantaṃ Tisso tāpaso pabbajjam arocayittha, ayācī ti vuttaṃ hoti. Tam bhagavā "ehi bhikkhū" ti āha, so taṃ khaṇaṃ yeva aṭṭhaparikkhārayutto hutvā ākāsenâgantvā vassasatikathero[10] viya bhagavantaṃ vanditvā katipāhen' eva sāvakañāṇaṃ[11] paṭivijjhitvā Tisso nāma aggasāvako ahosi, puna dutiyo Bhāradvājo nāma, evaṃ tassa bhagavato Tissa-Bhāradvājaṃ nāma sāvakayugaṃ ahosi[12].

Amhākaṃ pana Bhagavā, yā ca Tissena brāhmaṇena ādito tisso gāthā vuttā, yā ca Kassapena bhagavatā majjhe nava, yā ca tadā saṅgītikārehi ante dve, tā sabbā pi catuddasa gāthā ānetvā paripuṇṇaṃ katvā idaṃ Āmagandhasuttaṃ ācariyapamukhānaṃ pañcannaṃ tāpasasatānaṃ āmagandhaṃ vyākāsi. Taṃ sutvā so brāhmaṇo tath' eva

---

1—1 Ba *om.*   2 Ba so.   3 Sgn Ba °kāraṇā.
4 Sk pādato ca, Ba s a d d a t o va.
5 Ba desanānusārato va vi-.
6 Sk <pakāsitāvato; Ba pakāsiyato.   7 Skgn sutvāna.
8 Ba °dukkhappan°.
9 Sk Ba °g a t a s s ā t i s o.
10 Ba vassasaṭhikath°.
11 Ba s ā v a k a p ā r a m ī ñ ā ṇ a ṃ.
12 Ba °vājā . . . °yuggā ahesuṃ.

nīcamano hutvā Bhagavato pāde vanditvā pabbajjaṃ yāci saddhiṃ parisāya; "etha bhikkhavo" ti Bhagavā avoca, te tath' eva ehibhikkhubhāvam patvā ākāsenâgantvā Bhagavantaṃ vanditvā katipāhena sabbe va aggaphale arahatte patiṭṭhahiṃsū ti

ĀMAGANDHASUTTAVAṆṆANĀ NIṬṬHITĀ.

3.

(253). Hirin tarantan ti Hirisuttaṃ. Kā uppatti: Anuppanne Bhagavati Sāvatthiyaṃ aññataro brāhmaṇamahāsālo aḍḍho ahosi asītikoṭidhanavibhavo, tassa ca ekaputtako ahosi piyo manāpo. So taṃ devakumāraṃ viya nānappakārehi sukhūpakaraṇehi saṃvaḍḍhento taṃ sāpateyyaṃ tassa aniyyātetvā va[1] kālam akāsi saddhiṃ brāhmaṇiyā. Tato tassa māṇavakassa mātāpitunnaṃ accayena bhaṇḍāgāriko sāragabbhaṃ[2] vivaritvā sāpateyyaṃ niyyātento[3] āha: "idan te sāmi mātāpitunnaṃ santakaṃ, idaṃ ayyakapayyakānaṃ[4], idaṃ sattakulaparivaṭṭena āgatan" ti. Māṇavako[5] dhanaṃ disvā cintesi: 'idaṃ dhanaṃ yeva dissati, yehi pana idaṃ sañcitaṃ, te na dissanti. sabbe va maccuvasaṃ gatā, gacchantā ca na ito kiñci ādāya agamiṃsu, evan nāma bhoge pahāya gantabbo paraloko, na sakkā kiñci ādāya gantuṃ aññatra sucaritena; yan nūnâhaṃ imaṃ dhanaṃ pariccajitvā sucaritadhanaṃ gaṇheyyaṃ, yaṃ sakkā ādāya gantun' ti. So divase divase satasahassaṃ vissajjento puna cintesi: 'pahūtam idaṃ dhanaṃ, kiṃ iminā evam appakena pariccāgena; yan nūnâhaṃ mahādānaṃ dadeyyan' ti. So rañño ārocesi: "mahārāja mama ghare ettakaṃ dhanaṃ atthi, icchāmi tena mahādānaṃ dātuṃ; sādhu mahārāja nagare ghosanaṃ kārāpehī" ti; rājā tathā kārāpesi. So āgatāgatānaṃ bhājanāni pūretvā sattahi divasehi sabbaṃ

---

1 B[a] aniyyādetvā va, *ad.* brahmaṇo.
2 B[a] sāragumbhaṃ.
3 B[a] niyyādento.
4 B[a] *ad.* santakaṃ.
5 B[a] māṇavo.

dhanaṃ[1] adāsi, datvā ca cintesi: 'evam mahāpariccāgaṃ katvā ayuttaṃ ghare vasituṃ; yan nūnâhaṃ pabbajeyyan' ti. Tato parijanass' etam[2] atthaṃ ārocesi; te "mā tvaṃ[3] sāmi 'dhanaṃ parikkhīṇan' ti cintayi[4], mayaṃ appaken' eva kālena nānāvidhehi upāyehi dhanasañcayaṃ karissāmā" ti vatvā nānappakārehi taṃ yāciṃsu. So tesaṃ yācanaṃ[5] anādiyitvā va[6] tāpasapabbajjaṃ pabbaji.

* Tattha aṭṭhavidhā tāpasā: saputtabhariyā uñchācārikā sampattakālikā anaggipakkikā[7] assamuṭṭhikā[8] dantaluyyakā pavattaphalikā vaṇṭamuttakā cā ti. Tattha s a p u t t a b h a r i y ā ti puttadārena saddhiṃ pabbajitvā kasivaṇijjādīhi jīvikaṃ kappayamānā Keṇiyajaṭilādayo†; u ñ c h ā c ā r i k ā ti nagaradvāre assamaṃ kārāpetvā[9] tattha khattiyabrāhmaṇakumārādayo sippādīni sikkhāpetvā hiraññasuvaṇṇaṃ paṭikkhipitvā tilataṇḍulādikappiyabhaṇḍapaṭiggāhakā, te saputtabhariyehi seṭṭhatarā; s a m p a t t a k ā l i k ā ti āhāravelāyaṃ āhāraṃ gahetvā yāpentā, te uñchācārikehi seṭṭhatarā; a n a g g i p a k k i k ā ti agginā apakkaṃ pattaphalādiṃ khāditvā yāpentā, te sampattakālikehi seṭṭhatarā; a s s a m u ṭ ṭ h i k ā[8] ti muṭṭhipāsāṇaṃ gahetvā aññaṃ vā kiñci vāsisatthakādiṃ gahetvā[10] vicarantā[11], yadā chātā honti, tadā sampattarukkhato tacaṃ gahetvā[12] uposathaṅgāni adhiṭṭhāya cattāro brahmavihāre bhāventi, te anaggipakkikehi seṭṭhatarā; d a n t a l u y y a k ā ti muṭṭhipāsāṇādīni pi[13] agahetvā carantā khudākāle sampattarukkhato dantehi uppāṭetvā tacaṃ khāditvā uposathaṅgāni adhiṭṭhāya brahmavihāre bhāventi, te assamuṭṭhikehi[8] seṭṭhatarā; p a v a t t a p h a l i k ā[14] ti jatas-

* *Cf.* Sum. I, 270[19]–271[24]. † (440[21]).

1 B^a sabbadhanaṃ. 2 B^a parijanassa taṃ. 3 S^kgn naṃ.
4 *So* S^k B^a; S^gn cintesi. 5 B^a vacanaṃ. 6 B^a *om.*
7 *Cf.* Sum. I, 271, *note* 7; S^g °pakkhik° *at* 295[18, 24].
8 B^a ayamuṭṭh°. 9 B^a kāretvā.
10 B^a vāsisampuṇādi, *om.* gahetvā.
11 B^a *om.* vi-. (*cf.* 295[25]). 12 B^a *ad.* k h ā d i t v ā.
13 B^a °ādi, *om.* pi. 14 S^kgn *here* °phalakā.

saraṃ vā vanasaṇḍaṃ vā nissāya vasantā, yaṃ tattha sare bhisamulālādi yaṃ vā vanasaṇḍe pupphakāle pupphaṃ phalakāle phalaṃ, taṃ eva khādanti, pupphaphale asati antamaso tattha rukkhapapaṭikam pi khāditvā vasanti, na tv eva āhāratthāya aññatra gacchanti uposathaṅgādhiṭṭhānaṃ brahmavihārabhāvanañ ca[1] karonti, te dantaluyyakehi seṭṭhatarā; v a ṇ ṭ a m u t t a k ā[2] nāma vaṇṭamuttāni bhūmiyaṃ patitāni pattāni[3] yeva khādanti, sesaṃ purimasadisam eva, te sabbaseṭṭhā.

Ayaṃ brāhmaṇakulaputto 'tāpasapabbajjāsu aggapabbajjaṃ pabbajissāmī' ti vaṇṭamuttakapabbajjaṃ yeva pabbajitvā[4] Himavati[5] dve tayo pabbate atikkamma assamaṃ kārāpetvā paṭivasati[6].

Atha Bhagavā loke uppajjitvā pavattitavaradhammacakko anupubbena Sāvatthiṃ gantvā Sāvatthiyaṃ viharati Jetavane Anāthapiṇḍikassa ārāme. Tena kho pana samayena Sāvatthivāsī eko puriso pabbate candanasārādīni gavesanto tass' assamaṃ[7] patvā abhivādetvā ekamantaṃ aṭṭhāsi. So taṃ disvā "kuto āgato 'sī" ti pucchi. "Sāvatthito bhante" ti. "Kā tattha pavattī" ti. "Tattha bhante manussā appamattā dānādīni puññāni karontī" ti. "Kassa ovādaṃ sutvā" ti. "Buddhassa Bhagavato" ti. Tāpaso buddhasaddasavanena vimhito "buddho ti tvaṃ bho purisa vadesī" ti Āmagandhe* vuttanayen' eva tikkhattuṃ pucchitvā 'ghoso pi kho eso dullabho' ti attamano Bhagavato santikaṃ gantukāmo hutvā cintesi: 'na yuttaṃ buddhassa santikaṃ tucchakena[8] gantuṃ; kin nu kho gahetvā gaccheyyan' ti. Puna cintesi 'buddhā nāma āmisagarukā na honti; handâhaṃ dhammapaṇṇākāraṃ gahetvā gacchāmī' ti cattāro pañhe abhisaṃ-

* (279^24).

[1] B^a °bhāvanaṃ niccaṃ.
[2] B^a *here* °muttikā.
[3] B^a p a ṇ ṇ ā n i.
[4] S^kgn pabbaji (*cf. however* 297, *note* 3).
[5] B^a Himavante.
[6] B^a *om.* paṭi-.
[7] B^a tassa ass°.
[8] B^a tuccham eva.

khari: "kīdiso mitto na sevitabbo, kīdiso[1] sevitabbo, kīdiso payoge payuñjitabbo[2], kiṃ rasānaṃ aggan" ti. So te pañhe gahetvā Majjhimadesābhimukho pakkāmi[3]; anupubbena Sāvatthiṃ patvā Jetavanaṃ paviṭṭho. Bhagavā pi tasmiṃ samaye dhammadesanatthāya āsane nisinno va[4] hoti. So Bhagavantaṃ disvā avanditvā va[5] ekamantaṃ aṭṭhāsi. Bhagavā "kacci isi khamaṇīyan" ti ādinā nayena sammodi; so pi "khamaṇīyaṃ bho Gotamā" ti ādinā nayena paṭisammoditvā 'yadi buddho bhavissati, manasā pucchite pañhe vācāya eva[6] vissajjessatī' ti manasā eva Bhagavantaṃ te pañhe pucchi. Bhagavā brāhmaṇena puṭṭho ādipañhaṃ tāva vissajjetuṃ "hirin tarantan" ti ārabhitvā aḍḍhateyyagāthāyo abhāsi[7].

Tāsaṃ attho: *hirin tarantan* ti hiriṃ atikkamantaṃ ahirikaṃ nillajjaṃ; *vijigucchamānan* ti asucim iva passamānaṃ, ahiriko (hi) hiriṃ vijigucchati[8] asucim iva passati tena naṃ na[9] bhajati na allīyati, tena vuttaṃ: vijigucchamānan[10] ti; "*sakhâham*[11] *asmi*" *iti bhāsamānan* ti "ahaṃ samma tava sahāyo hitakāmo sukhakāmo[9], jīvitam pi me tuyhaṃ atthāya pariccattan" ti evamādinā nayena bhāsamānaṃ; *sayhāni kammāni anādiyantan* ti evam bhāsitvā pi ca sayhāni kātuṃ sakkāni [12]pi tassa[12] kammāni anādiyantaṃ karaṇatthāya asamādiyantaṃ, a t h a v ā cittena tattha ādaramattam pi akarontaṃ api ca kho pana uppannesu kiccesu vyasanam eva dassentaṃ; *n' eso maman ti iti naṃ vijaññā* ti taṃ evarūpaṃ mittaṃ 'mittapatirūpako[13] eso, n' eso mama mitto' ti evaṃ paṇḍito puriso vijāneyya. *Ananvayan* ti yam atthaṃ "dassāmi, karissāmī" ti bhāsati, tena ananugataṃ; *piyaṃ vācaṃ yo mittesu pakubbatī* ti yo atītānāgatehi padehi[9] paṭisantharanto niratthakena saṅgaṇ-

253.

254.

---

[1] Ba *ad.* mitto.
[2] Skgn Ba payujjitabbo.
[3] Ba pakkamitvā.
[4] Ba yeva.
[5] Sk Ba *om.* (*vide* 282[16]).
[6] Ba *om.* (*cf.* S.N. 1005).
[7] Ba āha.
[8] Sk Ba *om.* vi-.
[9] Ba *om.*
[10] Ba *om.* vi-.
[11] Ba t a v â h a m.
[12—12] Ba m i t t a s s a.
[13] Ba °paṭi°.

hanto kevalaṃ vyañjanacchāyāmatten' eva piyaṃ mittesu vācaṃ pavatteti; *akarontaṃ bhāsamānaṃ parijānanti paṇḍitā* (ti) taṃ[1] evarūpaṃ, yaṃ bhāsati, taṃ akarontaṃ kevalaṃ vācāya bhāsamānaṃ 'vacīparamo nām' esa, amitto mittapatirūpako' ti evaṃ paricchinditvā paṇḍitā jānanti.

255ab. *Na so mitto, yo sadā appamatto bhedāsaṃkī randham evânupassī* ti yo bhedaṃ eva āsaṃkamāno katamadhurena upacārena sadā appamatto viharati, yaṃ kiñci asatiyā amanasikārena kataṃ aññāṇakena vā akataṃ 'yadā maṃ garahissati, tadā naṃ[2] etena paṭicodessāmī' ti evaṃ randham eva anupassati, na so mitto sevitabbo ti.

255cd. Evam Bhagavā "kīdiso mitto na sevitabbo" ti imaṃ ādipañhaṃ vissajjetvā dutiyaṃ vissajjetuṃ yasmiñ ca setī ti imaṃ upaḍḍhagātham āha. Tass' attho: *yasmiñ ca* mitte mitto tassa hadayam anupavisitvā[3] sayanena, yathā nāma pitu *urasi*[4] *putto* 'imassa mayi urasi[5] sayante dukkhaṃ vā anattamanatā vā[6] bhaveyyā' ti ādīni aparisaṃkamāno nibbisaṃko hutvā seti, evam evaṃ dāradhanajīvitādisu vissāsaṃ karonto mittabhāvena nibbisaṃko *seti yo* ca *parehi* kāraṇasataṃ kāraṇasahassam pi vatvā *abhejjo, sa ve mitto* sevitabbo ti[7].

256. Evam Bhagavā "kīdiso mitto sevitabbo" ti evaṃ dutiyapañhaṃ vissajjetvā tatiyaṃ vissajjento[8] pāmujjakaraṇan ti gātham āha. Tass' attho: pāmujjaṃ karotī ti *pāmujjakaraṇaṃ, ṭhānan*[7] ti kāraṇaṃ[7], kiṃ pana taṃ[9]: viriyan, taṃ hi dhammūpasaṃhitaṃ[10] pītipāmujjasukham uppādanato pāmujjakaraṇan ti vuccati, yathâha: "svākkhāte bhikkhave dhammavinaye yo āraddhaviriyo, so sukhaṃ viharatī"* ti; pasaṃsaṃ āvahatī ti *pasaṃsāvahanaṃ*, ādito

* A. I, 34[24].

1 Skgn *om.* 2 Skgn *om.* (Sk *has* tadā etena pi cod°).
3 Ba hadaye-m-anup°. 4 Skgn upari, Ba upapari.
5 Ba upari; Sk < upari. 6 Ba *ad.* bhejjo. 7 Ba *om.*
8 Ba dutiyaṃ pi pañhaṃ vissajjitvā tatiyaṃ pi vissajjetuṃ.
9 Ba *ad.* ti. 10 Ba dhammopas°.

dibbamānusasukhānaṃ pariyosāne nibbānasukhassa sādhanato[1] phalūpacārena[2] *sukhaṃ* phalaṃ paṭikaṃkhamāno *phalānisaṃso ; bhāvetī* ti vaḍḍheti; *vahanto porisaṃ dhuran* ti purisānucchavikaṃ bhāraṃ ādāya viharanto etaṃ[3] sammappadhānaviriyasaṃkhātaṃ ṭhānaṃ bhāveti, [4]īdiso payogo sevitabbo ti[4].

Evaṃ tatiyapañhaṃ vissajjetvā catutthaṃ vissajjetuṃ 257.
pavivekarasan ti gātham āha. Tattha paviveko ti kilesavivekato jātattā aggaphalaṃ vuccati, tassa raso ti assādaṭṭhena[5] taṃsampayuttaṃ sukhaṃ, upasamo ti[6] kilesūpasamanato[7] jātattā nibbānasaṃkhātaupasamārammaṇattā vā tad eva, dhammapītiraso ti ariyadhammato* anapetāya[8] nibbānasaṃkhāte ca[9] dhamme uppannāya pītiyā rasattā[10] tad eva, taṃ[9] *pavivekarasaṃ upasamassa*[11] *ca rasaṃ pītvā*[12] *dhammapītirasaṃ pivaṃ niddaro hoti nippāpo* pītvā pi[13] kilesapariḷāhābhāvena niddaro, pivanto pi pahīnapāpattā nippāpo hoti, tasmā etaṃ[14] rasānam aggan ti; k e c i pana jhāna-nibbāna-paccavekkhaṇānaṃ kāya-citta-upadhivivekānañ ca vasena pavivekarasādayo tayo eva ete dhammā ti yojenti, purimam eva sundaraṃ. Evam Bhagavā catutthapañhaṃ[15] vissajjento arahattanikūṭena desanaṃ niṭṭhapesi; desanāpariyosāne brāhmaṇo Bhagavato santike pabbajitvā katipāhen' eva paṭisambhidāppatto arahā ahosī ti

HIRISUTTAVAṆṆANĀ NIṬṬHITĀ.

---

* Sk *breaks off at* ariyadhamma-; *the lacuna goes to* 301[3] (*see* Pj. I, 88, *note* ‡).

---

[1] Ba āvahanato. [2] Skgn phalopacārena. [3] Ba evaṃ.
[4-4] *So* Skgn; Ba evaṃ Bhagavā kīdiso payogo sevitabbo ti.
[5] Ba a s s ā d a n a ṭ ṭ h e n a. [6] Sn Ba pi.
[7] Sk °samanto, Sgn Ba °samante. [8] Ba anuppannatāya.
[9] Ba *om.* [10] Ba ratattā. [11] Ba upasamāya.
[12] Ba pivitvā; Ba *ad.* ca tad eva, Sg *ad.* tad eva.
[13] Ba pivitvā, *om.* pi. [14] Ba *ad.* ca.
[15] Sgn catutthaṃ p°.

4.

(S.N.[1] p. 45). Evam me sutan ti Maṅgalasuttaṃ. Kā uppatti: Jambudīpe kira tattha tattha [=Pj. I, 118²–123⁴] gāthāya ajjhabhāsi, Bhagavā tassa pañhaṃ vissajjento idaṃ suttam abhāsi. Tattha *evam me sutan* ti ādīnam attho saṃkhepato Kasibhāradvājasuttavaṇṇanāyaṃ* vutto, vitthāraṃ pana icchantehi Papañcasūdaniyā Majjhimaṭṭhakathāya vuttanayena gahetabbo. Kasibhāradvājasutte ca "Magadhesu viharati Dakkhiṇāgirismiṃ Ekanāḷāyaṃ brāhmaṇagāme" ti vuttaṃ, idha "Sāvatthiyaṃ viharati Jetavane Anāthapiṇḍikassa ārāme" ti, tasmā Sāvatthiyan ti idaṃ padaṃ ādiṃ katvā idha apubbapadavaṇṇanaṃ karissāma, seyyathîdaṃ:

†*Sāvatthiyan* ti evaṃnāmake nagare, taṃ kira Savatthassa nāma isino nivāsa[na]ṭṭhānaṃ ahosi, tasmā, yathā Kusambassa nivāso Kosambi Kākandassa Kākandi, evaṃ itthiliṅgavasena Sāvatthī ti vuccati; porāṇā pana vaṇṇayanti: "yasmā tasmiṃ ṭhāne satthasamāyoge 'kiṃ bhaṇḍam[1] atthī' ti pucchite 'sabbam atthī' ti āhaṃsu, tasmā taṃ vacanaṃ upādāya Sāvatthī ti vuccatī" ti—tassaṃ Sāvatthiyaṃ; eten' assa gocaragāmo dīpito hoti. Jeto nāma rājakumāro, tena ropitasaṃvaḍḍhitattā 'tassa Jetassa vanan' ti Jetavanaṃ,—tasmiṃ *Jetavane*. Anāthapiṇḍaṃ etasmiṃ atthī ti Anāthapiṇḍiko,—tassa *Anāthapiṇḍikassa*, Anāthapiṇḍikena gahapatinā catupaññāsakoṭidhanapariccāgena niṭṭhāpitaa*ārāme* ti attho; eten' assa pabbajitānurūpanivāsokāso dīpito hoti.

Athā ti [=Pj. I, 113²⁴–117²¹] vacanena (ajjh)abhāsī ti attho.

Tattha *bahū* ti [=Pj. I, 123⁷–157⁹] maṅgalam uttaman ti

MAHĀMAṄGALASUTTAVAṆṆANĀ NIṬṬHITĀ.

---

* (134–137.) † *Cf.* Pj. I, 110, *note* †.

---

1 S^gn *om.*

5.

Evam me sutan ti Sūcilomasuttaṃ. Kā uppatti: Atthavaṇṇanāyen' ev' assa uppatti āvibhavissati; [1]atthavaṇṇanāyañ ca *evam me sutan* ti ādi vuttattham eva, *Gayāyaṃ viharati Ṭaṃkitamañce Sūcilomassa yakkhassa bhavane* ti ettha pana 'kā Gayā ko Ṭaṃkitamañco, kasmā ca Bhagavā tassa yakkhassa bhavane viharatī' ti, vuccate: (S.N.[1] p. 47).

G a y ā ti gāmo pi tittham pi vuccati, tadubhayam[2] pi idha vaṭṭati. Gayāgāmassa hi[2] avidūre[3] viharanto pi Gayāyaṃ viharatī ti vuccati[4], tassa ca gāmassa samīpe avidūre dvārasantike so Ṭaṃkitamañco; Gayātitthe viharanto pi Gayāyaṃ viharatī ti vuccati, Gayātitthe ca so Ṭaṃkitamañco[2]. Ṭ a ṃ k i t a m a ñ c o ti catunnaṃ pāsāṇānam upari vitthataṃ pāsāṇaṃ āropetvā kato pāsāṇamañco, taṃ nissāya yakkhassa bhavanaṃ Āḷavakassa bhavanaṃ viya.

Y a s m ā vā p a n a Bhagavā taṃ divasaṃ paccūsasamaye mahākaruṇāsamāpattito vuṭṭhāya buddhacakkhunā lokaṃ volokento Sūcilomassa ca Kharassa cā ti dvinnam pi[5] yakkhānaṃ sotāpattiphalūpanissayaṃ addasa, t a s m ā pattacīvaram ādāya anto-aruṇe yeva nānādisāhi sannipatitassa janassa kheḷasiṃghāṇikādinānappakārāsucinissandakilinnabhūmibhāgam pi taṃ titthappadesaṃ āgantvā tasmiṃ Ṭaṃkitamañce nisīdi Sūcilomassa yakkhassa bhavane. Tena vuttaṃ: ekaṃ samayaṃ Bhagavā Gayāyaṃ viharati Ṭaṃkitamañce Sūcilomassa yakkhassa bhavane ti.

Tena kho panā ti yaṃ samayaṃ Bhagavā tattha viharati, ten' eva *samayena; Kharo ca yakkho Sūcilomo ca yakkho Bhagavato avidūre atikkamantī* ti—'ke te yakkhā kasmā ca atikkamantī' ti, vuccate:

Tesu tāva eko atīte saṃghassa telaṃ anāpucchā gahetvā attano sarīraṃ makkhesi; so tena kammena niraye paccitvā Gayāpokkharaṇītīre[6] yakkhayoniyaṃ nibbatti, tass' eva c' assa[7] kammassa vipākāvasesena virūpāni aṅgapaccaṅgāni

---

[1] *Here* S^k *begins* (*see* 299, *note* *). [2] S^kgn *om.* [3] B^a *ad.* dese.
[4] B^a *om.* ti vuccati. [5] S^kgn pi *after* yakkhānaṃ.
[6] B^a °pokkharaṇiyā tīre (*cf.* 302[13]). [7] S^kgn tass' ev' assa.

ahesuṃ iṭṭhakacchadanasadisañ ca kharasamphassa(ṃ) cammaṃ[1]. So kira yadā paraṃ bhiṃsāpetukāmo hoti, tadā chadaniṭṭhakasadisāni cammakapālāni ukkhipitvā bhiṃsāpeti. Evaṃ so kharasamphassattā Kharo yakkho tv eva nāmaṃ labhi[2]. Itaro Kassapassa bhagavato kāle upāsako hutvā māsassa aṭṭha divase[3] vihāraṃ gantvā dhammaṃ suṇāti. So ekadivasaṃ dhammasavane ghosite saṃghārāmadvāre attano khettaṃ keḷāyanto[4] ugghosanaṃ sutvā 'sace nahāyāmi, ciraṃ bhavissatī' ti kiliṭṭhagatto va uposathāgāraṃ pavisitvā mahagghe bhummattharaṇe anādarena nipajjitvā supi.—"Bhikkhu evâyaṃ, na upāsako" ti Saṃyuttabhāṇakā.—So tena ca aññena ca kammena[5] niraye paccitvā Gayāpokkharaṇiyā tīre yakkhayoniyaṃ nibbatto. So tassa kammassa vipākāvasesena duddasiko ahosi, sarīre c' assa sūcisadisāni lomāni ahesuṃ. So[6] bhiṃsāpetabbake satte sūcīhi vijjhanto viya bhiṃsāpeti. Evaṃ so sūcisadisalomattā Sūcilomo yakkho[7] tv eva nāmaṃ labhi. Te attano gocaratthāya bhavanato[8] nikkhamitvā muhuttaṃ gantvā gatamaggen' eva nivattitvā itaraṃ disābhāgaṃ gacchantā Bhagavato avidūre atikkamanti.

Atha kho Kharo ti,—kasmā te evam āhaṃsu: Kharo samaṇākappaṃ[9] disvā āha, Sūcilomo pana 'yo bhāyati, na so samaṇo samaṇapatirūpakattā pana samaṇako[10] hotī' ti evaṃladdhiko, tasmā tādisaṃ Bhagavantaṃ maññamāno "*n'eso*[11] *samaṇo, samaṇako eso*" ti sahasā va vatvā puna[12] vīmaṃsitukāmo āha: "*yāva jānāmī*" ti. *Atha kho* ti evaṃ vatvā; tato *Sūcilomo yakkho* ti ito pabhuti, yāva *api ca kho te samphasso pāpako* ti, tāva uttānattham eva, kevalañ c' ettha *Bhagavato kāyan* ti 'attano kāyaṃ Bhagavato upanāmesī' ti evaṃ sambandho veditabbo. Tato abhāyantaṃ[13] Bhaga-

---

1 S^kgn °samphassacammaṃ, B^a °samphassadhammaṃ.
2 B^a labhati *here and* 302^17 (*cf.* 308^28).
3 B^a a ṭ ṭ h a m a d i v a s e. 4 S^kgn kelāyanto (48, *note* 4).
5 B^a So tena aññena kammena ca. 6 S^k B^a *ad.* hi.
7 S^kgn °loma-(S^k < °lome-)yakkho. 8 B^a bhavanā.
9 S^gn samaṇakappaṃ. 10 B^a *ad.* va.
11 B^a n'eva so. 12 B^a sahasâgantvā puna pi. 13 B^a *ad.* ca.

vantaṃ disvā *pañhan taṃ samaṇā* ti ādim āha, kiṃkāraṇaṃ: so hi (cintesi?): 'iminā pi[1] nāma me evaṃ kharena amanussasamphassena manusso samāno ayaṃ na bhāyati; handâham etaṃ buddhavisayaṃ pañhaṃ[2] pucchāmi, addhā ayaṃ tattha na sampāyissati, tato naṃ evaṃ viheṭhessāmī' ti[3]. Bhagavā taṃ sutvā *na khv āhan taṃ āvuso* ti ādim āha; taṃ sabbaṃ Āḷavakasutte* vuttanayen' eva sabbākārehi veditabbaṃ. *Atha kho Sūcilomo yakkho Bhagavantaṃ gāthāya ajjhabhāsi*: rāgo ca doso cā ti.

Tattha rāgadosā vuttanayā eva; *kutonidānā* ti kiṃnidānā 270.
kiṃhetukā[4], paccattavacanassa to-ādeso veditabbo, samāse c' assa lopābhāvo; a t h a v ā nidānā ti jātā, uppannā ti attho, tasmā *kuto nidānā* kuto[5] jātā kuto[5] uppannā ti vuttaṃ hoti; *aratī ratī lomahaṃso kutojā* ti yâyaṃ "pantesu vā senāsanesu aññatarāññataresu vā adhikusalesu dhammesu arati aratikā anabhirati anabhiramanā ukkaṇṭhikā paritassikā"† ti evaṃ vibhattā[6] arati, yā ca pañcasu kāmaguṇesu rati, yo ca lomahaṃsasamuṭṭhāpanato[7] lomahaṃso tv eva saṃkhaṃ gato cittutrāso, ime tayo dhammā kutojā kuto jātā ti pucchati; *kuto samuṭṭhāyā* ti kuto uppajjitvā; *mano* ti kusalacittaṃ; *vitakkā* ti Abhayasutte‡ vuttā nava kāmavitakkādayo; *kumārakā dhaṃkam*[8] *iv' ossajantī* ti yathā gāmadārakā kīḷantā kākaṃ suttena pāde bandhitvā ossajanti khipanti, evaṃ kusalamanaṃ[9] akusalavitakkā kuto samuṭṭhāya ossajantī ti pucchati.

Ath' assa Bhagavā te[10] pañhe vissajjento rāgo cā ti duti- 271.
yagātham abhāsi. Tattha *ito* ti attabhāvaṃ sandhāyâha, attabhāvanidānā hi rāgadosā, aratiratilomahaṃsā ca attabhāvato jātā, kāmavitakkādiakusalavitakkā ca attabhāvato

* (227[30]). † Vibh. 352[4].
‡ *Cf.* S. V, 126; Ba *has* Uragasutte, *see* 21[1].

[1] Ba *om.* [2] Ba enaṃ buddhavisaye pañhe.
[3] Ba podedhassāmī ti (ɔ: heṭhess°). [4] Skgn Ba *ad.* ti.
[5] Skgn *om.* [6] Ba ukkaṇṭhitā paritassatā ti evaṃ pavattā.
[7] Ba samuṭṭhānato (< samuṭṭhānāto.)
[8] Skgn v a ṃ k a m. [9] Ba *om*; *see* 304[1]. [10] Ba *om.*

yeva samuṭṭhāya kusalamano[1] ossajanti, tena tadaññaṃ pakatiādi kāraṇaṃ paṭikkhipanto āha: itonidānā, itojā, ito samuṭṭhāyā ti. Saddasiddhi c' ettha purimagāthāya vutta-
272ab. nayen' eva veditabbā. Evaṃ te pañhe vissajjetvā idāni, yv āyaṃ "itonidānā" ti ādisu attabhāvanidānā attabhāvato jātā attabhāvato samuṭṭhāyā ti attho vutto, taṃ sādhento āha: snehajā attasambhūtā ti. Ete hi sabbe pi rāgādayo vitakkapariyosānā taṇhāsinehena jātā, tathā jāyantā ca pañcūpādānakkhandhabhede attabhāvapariyāye attani sambhūtā, tenâha: *snehajā attasambhūtā* ti. Idāni tadatthajotikaṃ upamaṃ karoti: *nigrodhassêva khandhajā* ti. Tattha khandhesu jātā khandhajā, pārohānam etaṃ adhivacanaṃ. Kiṃ vuttaṃ hoti: yathā nigrodhassa khandhajā nāma[2] pārohā āporasasinehe sati jāyanti jāyantā ca tasmiṃ yeva nigrodhe tesu tesu sākhāppabhedesu sambhavanti, evam ete pi rāgādayo ajjhattataṇhāsinehe sati jāyanti jāyantā ca tasmiṃ yeva attabhāve tesu tesu cakkhādibhedesu dvārārammaṇavatthusu sambhavanti, tasmā veditabbam etaṃ: attabhāvanidānā[3] attabhāvajā[4] attabhāvasamuṭṭhānā ca ete ti.
272c-273. Avasesadiyaḍḍhagāthāya pana ayaṃ sabbasaṅgāhikā atthavaṇṇanā: evaṃ attasambhūtā ca ete[5] *puthu visattā kāmesu;* rāgo pi hi pañcakāmaguṇikādivasena, doso pi āghātavatthādivasena, aratiādayo pi tassa tassa[6] bhedassa vasenā ti sabbathā sabbe p' ime kilesā puthu anekappakārā hutvā vatthudvārārammaṇādivasena tesu tesu vatthukāmesu tathā tathā visattā laggā saṃsibbetvā ṭhitā[7], kim iva: *māluvā va*[8] *vitatā vane* yathā vane vitatā māluvā tesu tesu rukkhasākhāppasākhādibhedesu visattā hoti[9] laggā saṃsibbetvā ṭhitā[7]. Evaṃ puthuppabhedena[10] vatthukāmesu visattaṃ kilesagaṇaṃ ye naṃ pajānanti yatonidānaṃ, te naṃ vinodenti, suṇohi yak-

---

[1] Sg akusalamano, Ba akusalā mano (*cf.* 303[24]).

[2] *So* Skgn Ba (ɔ: khandhajanāmā?).

[3] Skgn *om.* [4] Ba attabhāvajātā.

[5] ?; Skgn ca eva te, Ba ca evaṃ (*om.* te).

[6] Ba tassa tass' eva.

[7] Ba laggā laggitā saṃsibbitvā ṭhitā.

[8] Ba *om.* [9] Ea honti. [10] Ba puthuppabhedesu.

kha. Tattha *yatonidānan* ti bhāvanapuṃsakaniddeso, tena kiṃ dīpeti: *ye* sattā *naṃ* kilesagaṇaṃ, *yatonidānaṃ* uppajjati, evaṃ jānanti, *te naṃ* 'taṇhāsinehasinehite attabhāve uppajjatī' ti ñatvā taṃ[1] taṇhāsinehaṃ ādīnavānupassanādinā bhāvanāñāṇagginā visosentā *vinodenti* pajahanti vyantikaronti [2]ca, taṃ[2] amhākaṃ subhāsitaṃ *suṇohi yakkhā* ti. Evam ettha attabhāvapajānanena dukkhapariññaṃ, taṇhāsineharāgādikilesagaṇavinodanena samudayappahānañ ca dīpeti; [3]ye ca naṃ vinodenti, *te duttaraṃ ogham imaṃ taranti atiṇṇapubbaṃ apunabbhavāya*, etena maggabhāvanaṃ nirodhasacchikiriyañ ca dīpeti, ye hi naṃ kilesagaṇaṃ vinodenti, te avassaṃ maggaṃ bhāventi, na hi maggabhāvanaṃ vinā kilesavinodanaṃ atthi; ye ca maggaṃ bhāventi, te duttaraṃ pakatiñāṇena kāmoghādicatubbidhaṃ pi ogham imaṃ taranti, maggabhāvanā hi oghataraṇaṃ,—*atiṇṇapubban* ti iminā dīghena addhunā supinante pi avītikkantapubbaṃ, *apunabbhavāyā* ti nibbānāya. Evam imaṃ catusaccadīpakaṃ gāthaṃ suṇantā "sutvā dhammaṃ dhārenti, dhatānaṃ dhammānaṃ atthaṃ upaparikkhantī"* ti ādikaṃ kammāsugāminiyā[4] paññāya anukkamamānā te dve pi sahāyakā yakkhā gāthāpariyosāne yeva sotāpattiphale patiṭṭhahiṃsu pāsādikā ca ahesuṃ suvaṇṇavaṇṇā dibbālaṃkārabhūsitā[5] ti

SŪCILOMASUTTAVAṆṆANĀ NIṬṬHITĀ.

6.

Dhammacariyan ti Kapilasuttaṃ. Kā uppatti: †Hemavatasutte vuttanayena parinibbute Kassape bhagavati dve kulaputtā bhātaro nikkhamitvā sāvakānaṃ santike pabbajiṃsu: jeṭṭho Sodhano nāma kaniṭṭho Kapilo nāma. Tesaṃ mātā Sādhanī nāma kaniṭṭhabhaginī Tāpanā nāma, tā pi (274)

* *Cf.* M. I, 480[5]. † (194[4] *sq.*); Dhp. A. I, 7[16]–8[4], IV, 37–46.

[1] Sk *om.* [2–2] Ba evaṃ.
[3] Ba *ins.* ye ca naṃ pajānanti.
[4] *So* Skgn (ɔ: kamānug° ?); Ba kathaṃ-su-bhāviniyā.
[5] Ba < °ālaṃkāravibhūsitā.

bhikkhunīsu pabbajiṃsu. Tato te dve pi Hemavatasutte vuttanayen' eva "sāsane bhante kati dhurānī" ti dhurāni[1] pucchitvā sutvā ca jeṭṭho 'vāsadhuraṃ pūressāmī' ti pañca vassāni ācariyūpajjhāyānaṃ santike vasitvā pañcavasso hutvā, yāva arahattaṃ[2], tāva kammaṭṭhānaṃ sutvā araññaṃ pavisitvā vāyamanto arahattaṃ pāpuṇi. Kapilo 'ahan tāva taruṇo, vuddhakāle vāsadhuraṃ paripūressāmī' ti ganthadhuraṃ ārabhitvā tepiṭako[3] ahosi. Tassa pariyattin nissāya parivāro[4] parivāran nissāya lābho[5] udapādi. So bāhusaccamadena matto paṇḍitamānī anaññāte pi aññātamānī hutvā parehi vuttaṃ kappiyam pi "akappiyaṃ" akappiyam pi "kappiyaṃ" sāvajjam pi "anavajjaṃ" anavajjam pi "sāvajjan" ti bhaṇati. So[6] pesalehi bhikkhūhi "mā āvuso Kapila evaṃ avacā" ti ādinā nayena ovadiyamāno "tumhe kiṃ jānātha rittamuṭṭhisadisā" ti ādīhi vacanehi khuṃsento vambhento yeva carati. Bhikkhū tassa bhātuno Sodhanattherassa pi etam atthaṃ ārocesuṃ. So pi taṃ[7] upasaṃkamitvā āha: "āvuso Kapila sāsanassa āyu nāma tumhādisānaṃ sammāpaṭipatti; mā[8] āvuso Kapila[8] kappiyam pi akappiyaṃ akappiyam pi kappiyaṃ . . . pe . . . anavajjaṃ sāvajjan ti vadehī" ti. So tassâpi vacanaṃ nâdiyi. Tato naṃ Sodhanatthero dvattikkhattuṃ vatvā

'ekavācaṃ[9] dvevācaṃ bhaṇeyya anukampako,
tat' uttariṃ na bhāseyya dāso ayirassa[10] santike' ti

parivajjetvā "tvam eva āvuso sakena kammena paññāyissasī" ti pakkāmi. Tato pabhuti naṃ pesalā bhikkhū chaḍḍesuṃ. So durācāro hutvā durācāraparivuto viharanto ekadivasaṃ 'uposathaṃ osāressāmī' ti sīhāsanaṃ[11] abhiruyha citravījaniṃ gahetvā nisinno "vattati[12] āvuso ettha bhikkhūnaṃ pātimokkho" ti tikkhattuṃ āha. Ath' ekabhikkhu pi

---

1 Sk Ba *om.* 2 Skgn arahattā. 3 Skgn tipiṭako (Pj. I, 41[12]).
4 Ba mahā parivāro ahosi. 5 Skgn *ad.* ca.
6 Ba Tato. 7 Ba n a ṃ. 8 Skgn *om.*
9 Ba (*and* J. V, 257) *ad.* pi (*but* dve- *is* = duve-).
10 Sg Ba ayyassa.
11 *So* Skgn; Ba ovādissāmī ti āsanaṃ (*cf.* Dhp. A. IV, 39[4]).
12 Ba *here* pavaṭṭati, 307[1, 2] v a ṭ ṭ a t i.

'mayhaṃ vattatī' ti na avoca, na ca tassa tesaṃ vā pātimokkho vattati. Tato so "pātimokkhe sute pi asute pi[1] hi[1] vinayo nāma n' atthī" ti āsanā vuṭṭhāsi. Evaṃ Kassapassa bhagavato sāsanaṃ osakkāpesi vināsesi.

Atha Sodhanatthero tadah' eva parinibbāyi. So pi Kapilo evan taṃ[1] sāsanaṃ osakkāpetvā kālakato Avīcimahānirаye nibbatti; sā pi 'ssa mātā ca bhaginī ca tass' eva diṭṭhānugatiṃ āpajjitvā pesale bhikkhū akkosamānā paribhāsamānā kālaṃ katvā niraye nibbattiṃsu. Tasmiṃ yeva ca kāle pañcasatā purisā gāmaghātādīni[2] katvā corikāya jīvantā janapadamanussehi anubaddhā palāyamānā araññaṃ pavisitvā tattha kiñci gahanaṃ vā paṭisaraṇaṃ vā apassantā avidūre pāsāṇe vasantaṃ aññataraṃ āraññakabhikkhuṃ[3] disvā vanditvā "amhākaṃ bhante paṭisaraṇaṃ hothā" ti[4] bhaṇiṃsu. [5]Thero "tumhākaṃ sīlasadisaṃ paṭisaraṇaṃ n' atthi; sabbe pañca sīlāni samādiyathā" ti āha. Te sabbe "sādhū" ti sampaṭicchitvā sīlāni samādiyiṃsu. Thero "tumhe sīlavanto; idāni attano jīvitaṃ[6] vināsentesu pi mā mano padosayitthā" ti āha. Te "sādhū" ti sampaṭicchiṃsu. Atha[7] te jānapadā sampatvā ito c' ito ca maggamānā[8] te core disvā sabbe va jīvitā voropesuṃ. Te kālaṃ katvā Kāmāvacaradevesu[9] nibbattiṃsu; tesu[10] jeṭṭhacoro[11] jeṭṭhakadevaputto ahosi, itare tass' eva parivārā[12]. Te anulomapaṭilomasaṃsaraṇena[13] ekaṃ buddhantaraṃ devaloke khepetvā amhākaṃ Bhagavato kāle devalokato cavitvā jeṭṭhakadevaputto, Sāvatthidvāre kevaṭṭagāmo atthi—tattha pañcasatakulajeṭṭhassa[14] kevaṭṭassa pajāpatiyā kucchimhi paṭisandhiṃ aggahesi, itare avasesakevaṭṭapajāpatīnaṃ. Evaṃ tesaṃ ekadivasaṃ yeva paṭisandhigahaṇañ ca gabbhavuṭṭhānañ ca ahosi. Atha kevaṭṭajeṭṭho 'atthi nu kho imasmiṃ gāme aññe pi dārakā ajja jātā' ti vicinanto te dārake disvā 'ime

---

[1] Ba *om.* [2] Ba °ghāṭakādīni. [3] Ba °kaṃ bhikkhuṃ.
[4] Ba hohī ti. [5] Ba *ins.* Atha. [6] Ba *ad.* tesu.
[7] Ba *ad.* kho. [8] Skgn ca samagga°. [9] Ba °devalokesu.
[10] Skgn tesaṃ. [11] Ba jeṭṭhakac°.
[12] Sk parivāre. [13] Ba anulomapaṭilomaṃ saṃsarantā.
[14] Skgn pañcakulasatajeṭṭhassa.

me puttassa sahāyakā bhavissantī' ti sabbesaṃ posāvanikaṃ adāsi. Te sabbe sahāyakā saha-paṃsuṃ kīḷantā[1] anupubbena vayappattā ahesuṃ, [2]so tesaṃ aggo ahosi[2]. Kapilo pi tadā niraye pakkāvasesena Aciravatiyā suvaṇṇavaṇṇo duggandhamukho[3] maccho hutvā nibbatti. Ath' ekadivasaṃ sabbe kevaṭṭadārakā jālāni gahetvā 'macche bandhissāmā' ti[4] nadiṃ gantvā jālāni pakkhipiṃsu. Tesaṃ jālaṃ[5] so maccho pāvisi. Taṃ disvā sabbo kevaṭṭagāmo uccāsaddamahāsaddo ahosi: "amhākaṃ puttā paṭhamaṃ macche bandhantā suvaṇṇamacchaṃ bandhiṃsu; vuddhi nesaṃ dārakānaṃ, idāni ca[6] no rājā pahūtaṃ dhanaṃ dassatī" ti. Atha te pañcasatā pi[7] sahāyakā macchaṃ nāvāya pakkhipitvā nāvaṃ ukkhipitvā rañño santikaṃ agamaṃsu. Rājā disvā "kiṃ etaṃ bhaṇe" ti āha. "Maccho devā" ti. Rājā suvaṇṇavaṇṇaṃ macchaṃ disvā 'Bhagavā etassa vaṇṇakāraṇaṃ[8] jānissatī' ti macchaṃ gāhāpetvā Bhagavato santikaṃ agamāsi. Macchassa mukhaṃ[9] vivaraṇakāle Jetavanaṃ ativiya duggandhaṃ hoti. Rājā Bhagavantaṃ pucchi: "kasmā bhante maccho svaṇṇavaṇṇo[10] jāto, kasmā c' assa mukhato duggandho vāyatī" ti. "Ayaṃ mahārāja Kassapassa bhagavato pāvacane Kapilo nāma bhikkhu ahosi bahussuto āgatāgamo attano vacanaṃ agaṇhantānaṃ bhikkhūnaṃ akkosakaparibhāsako [11]tassa ca bhagavato sāsanavināsako[11]: yaṃ so tassa bhagavato sāsanaṃ vināsesi, tena kammena Avīcimahāniraye nibbatti, vipākāvasesena ca idāni maccho jāto; yaṃ dīgharattaṃ buddhavacanaṃ vācesi b u d d h a s s a v a ṇ ṇ a ṃ kathesi, tassa nissandena īdisaṃ vaṇṇaṃ paṭilabhi[12]; yaṃ bhikkhūnaṃ akkosakaparibhāsako ahosi, ten' assa mukhato duggandho vāyati,— ullapāpemi naṃ mahārājā" ti. "Āma Bhagavā" ti. Atha[13]

[1] *Cf.* 326[14]. [2–2] Ba Yasojo tesaṃ aggo ahosi (*cf.* Dhp. A.).
[3] Skgn suvaṇṇavaṇṇadug°.
[4] Ba vamissāmā ti (ɔ: vadhiss°). [5] Ba jāle.
[6] Ba pi(?) < vi. [7] Ba pi *before* pañcasatā.
[8] Skgn vaṇṇakāraṃ. [9] Ba m u k h a -.
[10] Sn Ba suvaṇṇ°. [11–11] Ba *om.* [12] Ba paṭilabhati (302[5]).
[13] Ba *ad.* kho.

Bhagavā macchaṃ ālapi: "tvaṃ 'si Kapilo" ti[1]. "Āma Bhagavā ahaṃ Kapilo" ti[2]. "Kuto āgato 'sī" ti. "Avīcimahānirayato Bhagavā" ti. "Sodhano kuhiṃ gato" ti. "Parinibbuto Bhagavā" ti. "Sādhanī kuhiṃ gatā" ti. "Niraye nibbattā Bhagavā" ti. "Tāpanā kuhiṃ gatā" ti. "Mahāniraye nibbattā Bhagavā" ti. "Idāni tvaṃ kuhiṃ gamissasī" ti. "Mahānirayaṃ[3] Bhagavā" ti tāvad eva vippaṭisārābhibhūto nāvaṃ sīsena paharitvā kālakato Mahāniraye nibbatti; mahājano saṃviggo ahosi lomahaṭṭhajāto. Atha Bhagavā tattha sampattagahaṭṭhapabbajitaparisāya taṃkhaṇānurūpaṃ dhammaṃ desento idaṃ suttam abhāsi.

Tattha *dhammacariyan* ti kāyasucaritādidhamma- 274.
cariyaṃ, *brahmacariyan* ti maggabrahmacariyaṃ; *etad āhu vasuttaman* ti etaṃ ubhayam pi lokiyalokuttaraṃ[4] sucaritaṃ saggamokkhasukhasampāpakattā vasuttaman ti āhu ariyā,—vasuttamaṃ nāma uttamaratanaṃ, anugāmikaṃ attādhīnaṃ[5] rājādīnaṃ asādhāraṇan ti adhippāyo.

Ettāvatā 'gahaṭṭhassa vā pabbajitassa vā sammāpaṭipatti yeva paṭisaraṇan' ti dassetvā idāni paṭipattivirahitāya pabbajjāya asārakattaṃ-dassanena Kapilaṃ aññe ca tathārūpe garahanto pabbajito pi ce hotī ti evamādim āha. Tatrâyaṃ atthavaṇṇanā: yo hi koci gihivyañjanāni apanetvā bhaṇḍukāsāvādigahaṇamattaṃ[6] upasaṃkamanena *pabbajito pi*
ce hoti pubbe vuttatthaṃ *agārasmā anagāriyaṃ, so* 275.
ce mukharajātiko[7] hoti pharusavacano, nānappakārāya vihesāya abhiratattā *vihesābhirato,* hirottappābhāvena magasadisattā *mago, jīvitan tassa pāpiyo* tassa evarūpassa jīvitaṃ atipāpaṃ atihīnaṃ, kasmā· yasmā imāya micchāpaṭipattiyā rāgādi-m-anekappakāraṃ *rajaṃ vaḍ-*
ḍheti attano. Na kevalañ ca iminā va[8] kāraṇen' assa 276.
jīvitaṃ pāpiyo, api ca kho pana ayaṃ evarūpo mukharajātikattā *kalahābhirato bhikkhu* subhāsitassa atthavijānana-

---

1 Ba tvaṃ Kapilo 'sī ti. 2 Ba ahaṃ Kapilo c' amhī ti.
3 Ba Avīcimahānirayaṃ. 4 Ba °lokuttara-.
5 Ba anugāmikattā nidhīnaṃ.
6 Sk bhaṇḍukāsāyavānidigah°, Sgn bhaṇḍukāsāvādīni gah°.
7 Skgn Ba °jātiyo. 8 Skgn *om.*

sammohanena *mohadhammena āvato* "mā āvuso Kapila evaṃ
avaca, iminā pi pariyāyena taṃ gaṇhāhī" ti evamādinā
nayena pesalehi bhikkhūhi *akkhātam pi na jānāti dhammaṃ
buddhena desitaṃ*, yo ca[1] dhammo buddhena desito, taṃ
nānappakārena attano vuccamānam pi na jānāti, evam pi
277. 'ssa jīvitaṃ pāpiyo. Tathā so evarūpo vihesābhiratattā
vihesaṃ bhāvitattānaṃ bhāvitatte khīṇāsavabhikkhū Sodhana-
ttherappabhutike "na tumhe[2] Vinayaṃ jānātha na Suttaṃ
na Abhidhammaṃ buddhapabbajitā" ti ādinā nayena vihe-
santo, upayogappattiyaṃ[3] hi idaṃ sāmivacanaṃ; a t h a v ā
yathāvutten' eva nayena *vihesaṃ bhāvitattānaṃ* "karonto"
ti pāṭhaseso veditabbo, evan nippariyāyam eva sāmivacanaṃ
sijjhati; *avijjāya purakkhato* ti bhāvitattavihesane ādīnava-
dassanapaṭicchādikāya avijjāya purakkhato pesito[1] payojito
[4]taṃ bhāvitattānaṃ vihesā-bhāvena[4] pavattaṃ diṭṭhe va
dhamme cittavibādhanena[5] *saṃkilesaṃ* āyatiñ ca niraya-
278. sampāpanena *maggaṃ nirayagāminaṃ na jānāti*, ajānanto ca
tena maggena catubbidhāpāyabhedaṃ *vinipātaṃ samāpanno*,
tattha ca vinipāte *gabbhā gabbhaṃ tamā tamaṃ* ekekanikāye
satakkhattuṃ sahassakkhattum pi[6] mātukucchito mātu-
kucchiṃ, candasuriyehi pi aviddhaṃsanīyā[7] Asurakāya-
tamā[8] tamañ ca samāpanno—*sa ve*[9] *tādisako bhikkhu
pecca* ito paralokaṃ gantvā ayaṃ Kapilamaccho viya
279. nānappakāraṃ *dukkhaṃ nigacchati*, kiṃkāraṇaṃ[10]: *gūtha-
kūpo yathā assa sampuṇṇo gaṇavassiko* y a t h ā vaccaku-
ṭigūthakūpo *gaṇavassiko anekavassiko[11] bahūni vassāni
mukhato gūthena pūriyamāno sampuṇṇo assa, so udaka-

---

* 339[17].

---

[1] S^kgn *om.* [2] B^a tumhe na.
[3] (317[25]); B^a upayogappavattiyaṃ.
[4—4] B^a sesapabbajitānaṃ vihesabhāvena.
[5] B^a cittaṃ vighātanena. [6] B^a *ad.* satasahassakkhattum pi.
[7] S^kgn B^a aviddhaṃsanīyaṃ.
[8] S^gn B^a Asurakāyā tamā, S^k Asurakāyaṃ tamā *or* Asu-
rakāyatamā. [9] S^gn B^a (*here and* B^a *at* 311[7, 9]) ce.
[10] B^a (*here and* 312[4]) kiṃkāraṇā. [11] B^a bahutavassiko.

kumbhasatehi udakakumbhasahassehi dhoviyamāno pi dug-
gandhadubbaṇṇiyānapagamā dubbisodho hoti, e v a m
e v a ṃ, *yo evarūpo assa* dīgharattaṃ saṃkiliṭṭhakammanto
gūthakūpo viya gūthena pāpena sampuṇṇattā *saṅgaṇo* pug-
galo, so *dubbisodho hi*[1] cirakālan tassa aṅgaṇassa vipākaṃ
paccanubhonto pi na sujjhati; tasmā vassagaṇanāya aparimā-
ṇam pi kālaṃ sa ve tādisako bhikkhu pecca dukkhan nigac-
chatī ti[2]. A t h a v ā ayaṃ imissā gāthāya sambandho: yaṃ
vuttaṃ "sa ve tādisako bhikkhu pecca dukkhan nigacchatī"
ti, tatra siyā tumhākaṃ: 'sakkā panâyaṃ tathā kātuṃ,
yathā pecca dukkhaṃ na nigaccheyyā' ti,—na sakkā, kasmā:
yasmā gūthakūpo . . . pe . . . saṅgaṇo ti. Yato paṭigacc' eva 280.
yaṃ evarūpaṃ[3] *jānātha bhikkhavo gehanissitaṃ* yaṃ evarū-
paṃ pañcakāmaguṇanissitaṃ jāneyyātha abhūtaguṇapatha-
nākārappattāya[4] pāpikāya icchāya samannāgatattā *pāpic-
chaṃ*, kāmavitakkādīhi samannāgatattā *pāpasaṃkappaṃ*,
kāyikavītikkamādinā veḷudānādibhedena ca pāpācārena sa-
mannāgatattā *pāpācāraṃ*, vesiyādipāpagocarato *pāpagoca-
raṃ, sabbe samaggā hutvāna abhinibbijjayātha*[5] *naṃ*—abhinib- 281
bijjayāthā[6] ti vivajjeyyātha[7] mā bhajeyyātha—, mā c' assa
abhinibbijjanamatten' eva[8] appossukkataṃ āpajjeyyātha, api
ca kho pana *kāraṇḍavan niddhamatha kasambuñ* ca *avakassatha*
taṃ kacavarabhūtaṃ[9] puggalaṃ kacavaram iva anapekkhā
niddhamatha kasaṭabhūtañ[10] ca naṃ khattiyādīnaṃ majjhe
paviṭṭhaṃ pabhinnapaggharitakuṭṭhacaṇḍālaṃ[11] viya avakas-
satha[12] hatthe vā sīse vā gahetvā nikkaḍḍhatha, *s e y y a t h ā

* (Vin. II, 236-237, A. IV, 204-206).

[1] Ba adhi. [2] Ba *om.* [3] Skgn °rūpe (Sk < rūpo).
[4] ? ; Ba abhūtaguṇaṃ tattha nānappakārappavattāya
Skgn abhūtaguṇapatthanākārappattāya.
[5] Sn abhinibbijjāyatha, Ba abhinippajjiyā.
[6] Sgn °nibbijjayathā, Ba °nibbijjeyāthā.
[7] Ba visajjeyātha. [8] Ba abhinibbajjanam°.
[9] Ba *ad.* kacavaraṃhetu. [10] Ba kasambhubhūtaṃ.
[11] Ba bhinnaṃ paggharita-k u ṭ ṭ h a ṃ caṇḍ°.
[12] Ba *ad.* tassa.

pi āyasmā Mahāmoggallāno taṃ puggalaṃ pāpadhammaṃ
bāhāyaṃ gahetvā bahi-dvārakoṭṭhakā nikkhāmetvā sūcigha-
ṭikaṃ adāsi, evaṃ taṃ apakassathā[1] ti dasseti,—kiṃkā-
raṇaṃ: saṃghārāmo nāma sīlavantānaṃ kato na dussīlānaṃ.
282. Yato etad eva, *tato palāpe*[2] *vāhetha assamaṇe samaṇamānine,*
yathā hi palāpā anto taṇḍularahitā pi bahi thusena[3] vīhi
viya dissanti, evaṃ pāpabhikkhū anto sīlādivirahitā pi bahi
kāsāvādiparikkhārena bhikkhū viya dissanti, tasmā palāpā
ti vuccanti*, te palāpe vāhetha opunātha vidhamatha para-
matthato assamaṇe vesamatte(na)[4] samaṇamānine,—evaṃ
283. *niddhamitvāna* . . . pe . . . *patissatā*. Tattha *kappayavho* ti
kappetha, karothā ti vuttaṃ hoti; *patissatā* ti aññamaññaṃ
sagāravā sappatissā. *Tato samaggā nipakā dukkhass' antaṃ
karissathā* ti ath' evaṃ tumhe suddhā suddhehi saṃvāsaṃ
kappentā diṭṭhisīlasāmaññatāya samaggā, anupubbena pari-
pākagatāya paññāya nipakā sabbass' ev' imassa vaṭṭaduk-
khādino dukkhassa antaṃ karissathā ti arahattanikūṭena[5]
desanaṃ niṭṭhapesi; †desanāpariyosāne te pañcasatā kevaṭ-
ṭaputtā saṃvegam āpajjitvā dukkhassa[6] antakiriyaṃ pat-
thayamānā Bhagavato santike pabbajitvā nacirass' eva duk-
khass' antaṃ karitvā Bhagavatā saddhiṃ āṇañjavihārasamā-
pattidhammaparibhogena ekaparibhogā ahesuṃ; sā ca nesaṃ
evaṃ Bhagavatā saddhiṃ ekaparibhogatā Udāne vutta-
Yasojasuttavasen' eva‡ veditabbā ti

KAPILASUTTAVAṆṆANĀ NIṬṬHITĀ.

7.

(S.N.[1] p. 50). Evam me sutan ti Brāhmaṇadhammikasuttaṃ. Kā uppatti: Ayam eva yâssa nidāne "atha kho sambahulā" ti ādinā nayena vuttā.

---

* 165[12–21]. † —312[22] > Dhp. A. IV, 45–46.
‡ Ud. p. 24–27.

---

[1] *So* Skgn *here;* Ba avak°. [2] Ba palās° *throughout.*
[3] Ba thusehi. [4] Ba *om;* Skgn vesamatte.
[5] Ba °nikūṭen' eva. [6] Sg Ba dukkhass'.

Tattha *sambahulā* ti bahū anekā[1]; *Kosalakā* ti Kosalaraṭṭhavāsino; *brāhmaṇamahāsālā* ti jātiyā brāhmaṇā mahāsāratāya mahāsālā, yesaṃ kira nidahitvā ṭhapitaṃ yeva asītikoṭisaṃkhaṃ dhanaṃ atthi, te [brāhmaṇa]mahāsālā ti vuccanti, ime ca tādisā, tena vuttaṃ: brāhmaṇamahāsālā ti; **jiṇṇā* ti jajjarībhūtā jarāya khaṇḍiccādibhāvaṃ āpāditā; *vuddhā* ti aṅgapaccaṅgānaṃ vuddhimariyādaṃ pattā[2]; *mahallakā* ti jātimahallakatāya samannāgatā, cirakālappasūtā ti vuttaṃ hoti; *addhagatā* ti addhānaṃ gatā, dve tayo rājaparivaṭṭe atītā ti adhippāyo; *vayo anuppattā* ti pacchimavayaṃ sampattā; a p i c a jiṇṇā ti porāṇā, cirakālappavattakulanvayā ti vuttaṃ hoti; vuddhā ti sīlācārādiguṇavuddhiyuttā; mahallakā ti vibhavamahantatāya samannāgatā mahaddhanā mahābhogā; addhagatā ti maggapaṭipannā brāhmaṇānaṃ vatacariyādimariyādaṃ avītikkamma caramānā; vayo anuppattā ti jātivuddhabhāvaṃ pi antimavayaṃ anuppattā ti evaṃ p' ettha[3] yojanā veditabbā. Sesaṃ ettha pākaṭaṃ eva. †*Bhagavatā saddhiṃ sammodiṃsū* ti khamaṇīyādīni pucchantā aññamaññaṃ sammappavattamodā[4] ahesuṃ; y ā y a c a "kacci bhoto Gotamassa khamaṇīyaṃ kacci yāpanīyaṃ, appābādhaṃ appātaṃkaṃ balaṃ lahuṭṭhānaṃ phāsuvihāro" ti ādikāya kathāya sammodiṃsu, t a ṃ pītipāmujjasammodajananato[5] sammodituṃ arahato ca sammodanīyaṃ, atthavyañjanamadhuratāya suciram pi kālaṃ sāretuṃ nirantaraṃ pavattetuṃ arahato saritabbabhāvato[6] ca sārāṇīyaṃ[7], suyyamānasukhato c a sammodanīyaṃ anussariyamānasukhato[8] sārāṇīyaṃ, t a t h ā vyañjanaparisuddhatāya sammodanīyaṃ atthaparisuddhatāya sārāṇīyan ti evaṃ anekehi pariyāyehi *sammodanīyaṃ kathaṃ*

* —313^{17} = Sp. *ad* Vin. III, 2^{3}; *cf.* Sum. I, 283^{1}, Mp. *ad* A. I, 67.

† *Cf.* Sp. *ad* Vin. III, 1 = Mp. *ad* A. I, 55^{23} = Sum. I, 253^{5-20}.

1 S^{kgn} aneke. 2 B^{a} °m a r i y ā d a p p a t t ā.
3 S^{k} e v a m e t t h a.
4 S^{kgn} samapp°, B^{a} sampavattamodā. 5 B^{a} °pāmojja°.
6 S^{gn} sārit°. 7 B^{a} sāraṇiyaṃ *throughout.* 8 B^{a} *ad.* ca.

sārāṇīyaṃ vītisāretvā pariyosāpetvā niṭṭhapetvā, yen' atthenâgatā[1], taṃ pucchitukāmā *ekamantaṃ nisīdiṃsu.* Taṃ[2]

"na pacchato na purato na pi[3] āsannadūrato
na passe no pi[4] paṭivāte na câpi oṇatuṇṇate" ti

ādinā nayena Maṅgalasuttavaṇṇanāyaṃ* vuttam eva. Evaṃ *ekamantaṃ nisinnā kho te brāhmaṇamahāsālā Bhagavantaṃ etad avocuṃ,*—'kin tan' ti[5]: *sandissanti nu kho* ti ādi. Taṃ sabbaṃ uttānattham eva, kevalaṃ h' ettha *brāhmaṇānaṃ brāhmaṇadhamme* ti desakālādidhammaṃ[6] chaḍḍetvā yo brāhmaṇadhammo, tasmiṃ yeva. *Tena hi brāhmaṇā* ti yasmā maṃ tumhe yācittha, tasmā brāhmaṇā *suṇātha* sotaṃ odahatha, *sādhukaṃ manasikarotha* yoniso manasikarotha[7], t a t h ā payogasuddhiyā suṇātha āsayasuddhiyā sādhukaṃ manasikarotha, avikkhepena suṇātha paggahena sādhukaṃ manasikarothā ti ādinā nayena etesaṃ padānaṃ pubbe† avutto pi adhippāyo veditabbo. Atha Bhagavatā vuttaṃ taṃ vacanaṃ sampaṭicchantā "*evaṃ bho" ti kho te brāhmaṇamahāsālā Bhagavato paccassosuṃ* Bhagavato vacanaṃ abhimukhā hutvā assosuṃ, a t h a v ā paṭisuṇiṃsu, "suṇātha sādhukaṃ manasikarothā" ti vuttaṃ atthaṃ kattukāmatāya paṭijāniṃsū ti vuttaṃ hoti‡. Atha tesaṃ evaṃ paṭissutavataṃ *Bhagavā etad avoca,*—'kin tan' ti: isayo pubbakā ti ādi.

284. Tattha paṭhamagāthāya tāva *saṃyatattā* ti sīlasaṃyamena saṃyatacittā, *tapassino* ti indriyasaṃvaratapayuttā; *attadattham acārisun*[8] ti mantajjhenabrahmavihārabhāvanādi(ṃ) attano atthaṃ akaṃsu. Sesaṃ pākaṭam eva.

285. Dutiyagāthādisu pi ayaṃ saṃkhepavaṇṇanā: *na pasū brāhmaṇān' āsun* ti purāṇānaṃ[9] brāhmaṇānaṃ pasū na āsuṃ na te pasupariggahaṃ akaṃsu; *na hiraññaṃ na dhāniyan* ti

* *Vide* Pj. I, 117[3]. † *Cf.* 176[21]–177[14].
‡ *Cf.* Mp. *ad* A. I, 1[4].

[1] Skgn atthena gatā. [2] Sgn *om.* [3] Ba nâpi.
[4] Skgn Ba nâpi. [5] Ba 'kathan' ti.
[6] Ba dasakusalādidhamme. [7] Skgn °karontā, Ba °karonto.
[8] Ba acārimsu, Sk akhārisun, Sgn akāriyun.
[9] Ba p o r ā ṇ ā n a ṃ (320, *note* 8).

hiraññañ ca brāhmaṇānaṃ antamaso catumāsako pi nâhosi
tathā vīhisāliyavagodhūmādisu pubbaṇṇāparaṇṇabhedaṃ
dhāniyam pi tesaṃ nâhosi, te hi nikkhittajātarūparajatā
asannidhikārakā va hutvā kevalaṃ *sajjhāyadhanadhaññā*
attano mantajjhenasaṃkhāten' eva dhanena dhaññena ca
samannāgatā ahesuṃ, yo câyaṃ mettādivihāro seṭṭhattā
anugāmikattā ca brahmanidhī[1] ti vuccati, tañ ca *brahmaṃ*
nidhim apālayuṃ[2] sadā tassa bhāvanānuyogena. Evaṃvihā- 286.
rīnaṃ; *yaṃ tesaṃ*[3] *pakataṃ āsi* yaṃ etesaṃ pakataṃ ete
brāhmaṇe uddissa kataṃ ahosi; *dvārabhattaṃ upaṭṭhitan* ti
'brāhmaṇānaṃ dassāmā' ti sajjetvā tehi tehi dāyakehi attano
gharadvāre ṭhapitaṃ bhattaṃ[4]; *saddhāpakatan* ti saddhāya
pakataṃ, saddhādeyyan ti vuttaṃ hoti; *esānan* ti, esantī ti
esā, tesaṃ esānaṃ esamānānaṃ, pariyesamānānan ti vuttaṃ
hoti; *dātave* ti dātabbaṃ, *tad amaññisun* ti taṃ amaññiṃsu,
taṃ dvāre sajjetvā ṭhapitaṃ bhattaṃ saddhādeyyaṃ
pariyesamānānaṃ etesaṃ brāhmaṇānaṃ dātabbaṃ amañ-
ñiṃsu dāyakā janā na tato paraṃ, anatthikā hi te aññena
ahesuṃ kevalaṃ ghāsacchādanaparamatāya santuṭṭhā ti
adhippāyo. *Nānārattehī* ti nānāvidharāgarattehi *vatthehi* 287.
vicitrattharaṇatthatehi *sayanehi* ekabhūmadvibhūmakādi-
pāsādabhedehi[5] *āvasathehī* ti evarūpehi upakaraṇehi *phītā*
raṭṭhānaṃ[6] ekekappadesabhūtā *janapadā* ca keci keci saka-
la*raṭṭhā* ca "namo brāhmaṇānan" ti sāyaṃ pātaṃ *brāhmaṇe*
deve viya *namassiṃsu*. Te evaṃ namassiyamānā lokenâvaj- 288.
jhā brāhmaṇā āsuṃ[7], na kevalañ ca avajjhā, *ajeyyā* vihiṃsi-
tum pi anabhibhavanīyattā[8] ajeyyā ca ahesuṃ, kiṃkāra-
ṇaṃ[9]: *dhammarakkhitā*, yasmā dhammena rakkhitā, te hi
pañcavarasīladhamme[10] rakkhiṃsu, "dhammo have rakkhati
dhammacārin"* ti dhammarakkhitā hutvā avajjhā ajeyyā ca

* (J. IV, 54^{30}, 55^{1}, *etc.*).

[1] *So* Ba; Skgn brahmaṃ nidhī. [2] Ba apālesuṃ.
[3] Ba n e s a ṃ. [4] Ba ṭ h a p i t a b h a t t a ṃ.
[5] Ba e k a b h ū m i k a d v i b h ū m i k ā d i-pāsādavarehi.
[6] Ba phītā janapadā raṭṭhā. [7] Skgn āhaṃsu, Ba ahaṃsu.
[8] *So* Skgn Ba (ɔ: abhavan° ??).
[9] Ba °kāraṇā. [10] *So* Skgn; Ba pañca veramaṇidhamme.

ahesun ti adhippāyo; *na ne koci nivāresī* ti te brāhmaṇe *kulānaṃ dvāresu sabbaso* bāhiresu ca abbhantaresu ca sabbākāresu[1], yasmā tesu piyasammatesu sīlavarasamannāgatesu[2] mātāpitusu viya ativissatthā[3] manussā ahesuṃ, tasmā "idaṃ nāma ṭṭhānaṃ tayā na pavisitabban" ti na koci nivāresi.
289 Evaṃ dhammarakkhitā kuladvāresu anivāritā carantā aṭṭha ca cattārīsañ cā ti *aṭṭhacattārīsaṃ vassāni* kumārabhāvato pabhuti caraṇena *komāraṃ brahmacariyaṃ cariṃsu te*, ye pi brāhmaṇacaṇḍālā ahesuṃ, ko pana vādo brahmasamādisū ti evam ettha adhippāyo veditabbo; evaṃ brahmacariyaṃ carantā eva hi *vijjācaraṇapariyeṭṭhiṃ acaruṃ*[4] *brāhmaṇā pure* na abrahmacārino hutvā,—tattha v i j j ā p a r i y e ṭ ṭ h ī ti mantajjhenaṃ, vuttañ c' etaṃ: "so aṭṭhacattārīsaṃ[5] vassāni komāraṃ brahmacariyaṃ carati mante adhīyamāno"* ti, c a r a ṇ a p a r i y e ṭ ṭ h ī ti sīlānaṃ rakkhanaṃ; *vijjācaraṇa pariyeṭṭhun*[6] ti pi pāṭho, vijjācaraṇe pariyesituṃ acarun ti
290. attho. Yathāvuttañ ca kālaṃ brahmacariyaṃ caritvā tato paraṃ gharāvāsaṃ kappentā pi *na brāhmaṇā aññam agamuṃ* khattiyaṃ vā vessādisu aññataraṃ vā, ye ahesuṃ devasamā vā mariyādā vā[7] ti adhippāyo; tathā sataṃ vā sahassaṃ vā datvā *na pi bhariyaṃ kiṇiṃsu te*, seyyathā pi etarahi ekacce kiṇanti, te hi dhammena dāraṃ pariyesanti[8], kathaṃ: aṭṭhacattārīsaṃ vassāni brahmacariyaṃ caritvā brāhmaṇadvāre[9] kaññābhikkhaṃ āhiṇḍanti: "ahaṃ aṭṭhacattārīsaṃ vassāni ciṇṇabrahmacariyo; yadi vayappattā dārikā atthi, detha me" ti; tato, yassa vayappattā dārikā hoti, so taṃ alaṃkaritvā nīharitvā dvāre ṭhitass' eva brāhmaṇassa hatthe udakaṃ āsiñcanto "imaṃ te brāhmaṇa bhariyaṃ posāvanatthāya[10]

* A. III, 224[20].

[1] B^a s a b b a p a k ā r e s u. [2] B^a varasīlasam°.
[3] *So* S^kgn B^a (*cf.* Ps. *ad.* M. II, 52[22]).
[4] S^g acaraṃ, B^a ācāruṃ. [5] S^g °cattārīsa.
[6] ? ? ; B^a pariyeṭṭhin, S^k pariyuṭṭhuṃ, S^gn pariyuṭṭhiṃ.
[7] B^a devasamā ca mariyādā cā.
[8] B^a *ad.* evaṃ brahmacariyaṃ caritvā dāraṃ pariyesanti.
[9] B^a brāhmaṇā tad eva. [10] S^gn posanatthāya.

dammī" ti vatvā deti. 'Kasmā pana te[1] evaciraṃ[2] brahmacariyaṃ caritvā pi dāraṃ pariyesanti na yāvajīvaṃ brahmacārino hontī' ti: micchādiṭṭhivasena, tesaṃ hi evaṃ diṭṭhi hoti: 'yo puttan na uppādeti, so kulavaṃsacchedakaro hoti, tato niraye paccatī' ti. *Cattāro kira abhāyitabbaṃ bhāyanti: gaṇḍuppādo kikī kontanī brāhmaṇo ti. Gaṇḍuppādā kira mahāpaṭhaviyā khayabhayena mattabhojino honti na bahu(m) mattikaṃ khādanti, kikī sakuṇikā ākāsapatanabhayena aṇḍassa upari uttānā seti[3], kontanī sakuṇikā paṭhavikampabhayena[4] pādehi bhūmiṃ na suṭṭhu akkamati, brāhmaṇā kulavaṃsūpacchedabhayena dāraṃ pariyesanti, āha c' ettha:

"gaṇḍuppādo kikī c' eva konto brāhmaṇadhammiko
ete abhāyaṃ bhāyanti sammūḷhā caturo janā"* ti.

Evaṃ dhammena dāraṃ pariyesitvā pi ca *sampiyen' eva saṃvāsaṃ saṅgantvā samarocayuṃ*, sampiyen' eva aññamaññaṃ pemen' eva[5] kāyena ca cittena ca missībhūtā saṃghaṭitā saṃsaṭṭhā hutvā saṃvāsaṃ arocesuṃ[6], na appiyena niggahena cā[7] ti vuttaṃ hoti. Evaṃ sampiyen' eva saṃvāsaṃ rocentā 291.
pi ca aññatra tamhā ti. Yo so utusamayo, yamhi samaye brāhmaṇī brāhmaṇena upagantabbā, *aññatra tamhā samayā* ṭhapetvā taṃ samayaṃ ututo virataṃ *utuveramaṇiṃ pati*[8] bhariyaṃ, yāva puna so samayo nâgacchati, tāva aṭhatvā *antarā* yeva; *methunaṃ dhamman* ti methunāya dhammāya, sampadānavacanappattiyā kir' etaṃ upayogavacanaṃ; *nâssu gacchantī* ti n' eva gacchanti; *brāhmaṇā* ti ye honti devasamā ca mariyādā cā ti adhippāyo. Avisesena pana sabbe pi 292.
brahmacariyañ ca . . . pe . . . avaṇṇayuṃ. Tattha *brahmacariyan* ti methunavirati; *sīlan* ti sesāni cattāri sikkhāpadāni; *ajjavan* ti ujubhāvo, atthato asaṭhatā amāyāvitā ca;

— > Ss. 194[30]–195[3].

[1] B^a pan' ete. [2] S^k B^a evaṃciraṃ.
[3] B^a senti (Ss. S^g *have* gaṇḍuppādo . . . hoti).
[4] B^a paṭhavikampanabhayena. [5] S^kgn aññamaññapem°.
[6] S^g rocesuṃ, B^a arocayuṃ, S^n *om.* [7] *So* S^k B^a; S^gn vā.
[8] B^a paṭi.

maddavan ti mudubhāvo, atthato athaddhatā anatimānitā
ca; *tapo*[1] ti indriyasaṃvaro[2]; *soraccan* ti suratabhāvo sukha-
sīlatā appaṭikūlasamācāratā[3]; *avihiṃsā* ti pāṇiādīhi avihesa-
kajātikatā sakaruṇabhāvo; *khantī* ti adhivāsanakkhanti,—icc
ete guṇe *avaṇṇayuṃ*, ye pi[4] nâsakkhiṃsu sabbaso paṭipattiyā
ārādhetuṃ, te pi tattha[5] sāradassino hutvā vācāya vaṇṇa-
293. yiṃsu pasaṃsiṃsu. Evaṃ vaṇṇayantānañ ca yo [ca] nesaṃ
. . . pe . . . nâgamā. Yo etesaṃ brāhmaṇānaṃ *paramo
brahmā ahosi* brahmasamo nāma uttamo brāhmaṇo
ahosi, daḷhena parakkamena samannāgatattā *daḷhaparakka-
mo; sa vā* ti vibhāvane vā-saddo, tena 'so evarūpo brāhmaṇo'
ti tam eva vibhāveti; *methunaṃ dhamman* ti methunasamā-
pattiṃ; *supinante pi nâgamā* ti supinenâpi na agamāsi[6].
294. Tato tassa vattaṃ . . . pe . . . avaṇṇayuṃ. Imāya gāthāya
navamagāthāya vuttaguṇen' eva ādiantavasena niddisanto
devasame brāhmaṇe pakāseti, te hi *viññujātikā* paṇḍitā
tassa brahmasamassa brāhmaṇassa *vattaṃ anusikkhanti*[7] pab-
bajjāya jhānabhāvanāya ca, te ca[8] ime brahmacariyādī guṇe
paṭipattiyā eva vaṇṇayantī ti. Te sabbe pi brāhmaṇā Pañca-
295. (ka)nipāte Doṇasutte* vuttanayen' eva veditabbā. Idāni
mariyāde brāhmaṇe dassento āha: taṇḍulaṃ sayanan ti.
Tass' attho: tesu[9] ye honti mariyādā brāhmaṇā sace yaññaṃ
kappetukāmā honti, atha āmakadhaññapaṭiggahaṇā paṭivi-
ratattā nānappakārakaṃ *taṇḍulañ* ca mañcapīṭhādibhedaṃ
sayanañ ca khomādibhedaṃ *vatthañ* ca gosappi-tilatelādi-
bhedaṃ *sappitelañ ca yāciya dhammena*

"uddissa ariyā tiṭṭhanti, esā ariyānaṃ yācanā"† ti
evaṃ vuttena uddissaṭṭhānasaṃkhātena dhammena yācitvā
atha, yo yaṃ icchati dātuṃ, tena taṃ[9] dinnaṃ taṇḍulādiṃ
samodhānetvā saṃkaḍḍhitvā—*samudānetvā* ti pi pāṭho, eko
yev' attho—*tato yaññam akappayuṃ* tato gahetvā dānam

---

* A. III, 223–230. † J. III, 354[18].

---

[1] B^a tapan. [2] B^a °saṃvaraṃ.
[3] S^n °cāritā. [4] B^a ye pana. [5] B^a taṃ-.
[6] B^a *ad.* ti; S^kgn supine na agamāsi. [7] B^a anusikkhantā.
[8] S^kgn °bhāvanāya ete. [9] S^kgn *om.*

akaṃsu, karontā ca evam etasmiṃ *upaṭṭhitasmiṃ* dānasaṃkhāte *yaññasmiṃ nâssu gāvo haniṃsu te* na te gāviyo māresuṃ, gāvimukhena c' ettha sabbapāṇā vuttā ti veditabbā, kiṃkāraṇam[1] na haniṃsū ti[2]: brahmacariyādiguṇayuttattā.
Api ca visesato yathā mātā . . . pe . . . nâssu gāvo haniṃsu 296.
te. Tattha *yāsu jāyanti osadhā* ti yāsu pittādīnaṃ bhesajjabhūtā pañca gorasā jāyanti. Annadā ti ādisu, yasmā 297.
pañca gorase paribhuñjantānaṃ khudā vūpasammati balaṃ vaḍḍhati chavivaṇṇo vippasīdati kāyikamānasikaṃ sukhaṃ uppajjati, tato tasmā *annadā baladā vaṇṇadā sukhadā cā*[3] ti veditabbā. Sesam ettha uttānam eva. Evan te yaññesu 298.
gāvo ahanantā puññappabhāvānuggahītasarīrā sukhumālā . . . pe . . . sukham edhitth' ayaṃ pajā. Tattha *sukhumālā* mudutalunahatthapādāditāya, *mahākāyā* ārohapariṇāhasampattiyā, *vaṇṇavanto* suvaṇṇavaṇṇatāya saṇṭhānayuttatāya ca, *yasassino* [4]lābhaparivārasampadāya; *sehi dhammehī* ti sakehi cārittehi; *kiccākiccesu ussukā* ti kiccesu 'idaṃ kātabbaṃ,' akiccesu 'idaṃ na kātabban' ti[5] ussukkam āpannā hutvā ti attho. Evan te porāṇā brāhmaṇā evarūpā hutvā dassanīyā pasādanīyā lokassa paramadakkhiṇeyyā imāya paṭipattiyā *yāva loke avattiṃsu*, tāva vigataītibhayūpaddavā hutvā nānappakārakaṃ *sukhaṃ edhittha* pāpuṇi[6], sukhaṃ v ā edhittha sukhaṃ vuddhiṃ agamāsi; *ayaṃ pajā* ti sattalokaṃ
nidasseti. Kālaccayena pana s a m b h i n n a m a r i y ā d a- 299.
b h ā v a ṃ āpajjitukāmānaṃ tesaṃ āsi vipallāso. Tattha *vipallāso* ti viparītasaññā; *aṇuto aṇun* ti lāmakaṭṭhena parittaṭṭhena appa(s)sādaṭṭhena aṇubhūtato kāmaguṇato uppannaṃ jhānappamaññanibbānasukhāni upanidhāya saṃkham pi anupagamanena aṇuṃ kāmasukhaṃ, lokuttarasukhaṃ vā upanidhāya aṇubhutato attanā paṭiladdhalokiyasamāpattisukhato aṇuṃ, appakato pi appakaṃ kāmasukhaṃ disvā ti adhippāyo; *rājino cā* ti rañño ca; *viyākāran* ti sampattiṃ;
ājaññasaṃyutte ti assājāneyyayutte; *sukate* ti dārukammalo- 300.
hakammena suniṭṭhite; *cittasibbane* ti sīhacammādīhi alaṃ-

---

[1] Ba kiṃkāraṇā. [2] Ba *om.*
[3] Ba c' e t ā. [4] Ba *ins.* p u ñ ñ a -.
[5] Skgn *ad.* c ā t i. [6] Skgn pāpuṇittha.

karaṇavasena citrasibbane; *nivesane* ti gharavatthūni, *nivese* ti tattha[1] patiṭṭhāpitagharāni; *vibhatte* ti āyāmavitthāravasena vibhattāni, *bhāgaso mite* ti aṅgaṇadvārapāsādakūṭāgārādivasena koṭṭhāsaṃ[2] koṭṭhāsaṃ katvā mitāni. Kiṃ vuttaṃ hoti: tesaṃ brāhmaṇānaṃ aṇuto-aṇu-saññitaṃ kāmasukhañ ca rañño vyākārañ ca alaṃkatanāriyo ca vuttappakāre rathe ca nivesane nivese ca disvā dukkhesu yeva etesu vatthusu 'sukhan' ti pavattattā pubbe pavattanekkhammasaññāvi-
301. pallāsasaṃkhātā[3] viparītasaññā āsi. Te evaṃ viparītasaññā hutvā gomaṇḍala- . . . pe . . . brāhmaṇā. Tattha *gomaṇḍalaparibbūlhan* ti goyūthehi parikiṇṇaṃ; *nārīvaragaṇāyutan* ti varanārīgaṇasaṃyuttaṃ; *uḷāran* ti vipulaṃ; *mānusaṃ bhogan* ti manussānaṃ nivesanādi bhogavatthuṃ; *abhijjhāyiṃsū* ti 'aho vat' idaṃ amhākaṃ assā' ti taṇhaṃ vaḍḍhentā abhi-
(302). patthayamānā jhāyiṃsu. Evaṃ abhijjhāyantā ca 'ete manussā sunahātā suvilittā kappitakesamassū āmuttamālābharaṇā pañcahi kāmaguṇehi paricārenti, mayam pana evan tehi namassiyamānā pi sedamalakiliṭṭhagattā parūḷhakacchanakhalomā bhogarahitā paramakāruññataṃ pattā viharāma; ete ca hatthikkhandhaassapiṭṭhisivikāsuvaṇṇarathādīhi vicaranti, mayaṃ pādehi; ete dvebhūmakādipāsādatalesu vasanti, mayaṃ araññarukkhamūlādisu; ete ca goṇakādīhi[4] atthatāsu varaseyyāsu sayanti, mayaṃ taṭṭikācammakhaṇḍādīni[5] attharitvā bhūmiyaṃ; ete nānārasāni bhojanāni bhuñjanti, mayaṃ uñchācariyāya yāpema; kathan nu kho mayam pi etehi sadisā bhaveyyāmā' ti cintetvā 'dhanaṃ icchitabbaṃ, na sakkā dhanarahitehi ayaṃ sampatti pāpuṇituṃ' ti ca avadhāretvā vede bhinditvā dhammayutte purāṇamante[6] nāsetvā adhammayutte kūṭamante ganthetvā[7] dhanatthikā Okkākarājānaṃ upasaṃkamma sotthivacanādīni payuñjitvā "amhākaṃ mahārāja brāhmaṇavaṃse paveṇiyā āgataṃ porāṇamantapadaṃ[8] atthi, taṃ mayaṃ ācariyamuṭ-

[1] Ba *ad.* tattha.
[2] Ba *om.*
[3] Ba °saññāviparītattā.
[4] Ba *ad.* a t t h a r a ṇ e h i.
[5] Sgn taṭṭikācamma-k h a ṇ ḍ ā d ī h i.
[6] *So* Skgn Ba.
[7] Skgn Ba ganthitvā, *cf.* 321[18], 323[1].
[8] Ba purāṇa°.

ṭhinā[1] na kassaci bhaṇimha, taṃ mahārājā sotum arahatī" ti ca vatvā assamedhādiyaññam vaṇṇayiṃsu, vaṇṇayitvā ca rājānaṃ ussāhentā "yaja mahārāja, evaṃ pahūtadhanadhañño tvaṃ, n' atthi te yaññasambhāravekallaṃ; evaṃ hi te yajato satta kulaparivaṭṭā sagge uppajjissantī" ti avocuṃ. Tena tesaṃ taṃ pavattiṃ dassento āha Bhagavā: te tattha mante . . . pe . . . bahu te dhanan ti. Tattha *tatthā* ti tasmiṃ, 302.
yaṃ bhogam abhijjhāyiṃsu, taṃnimittan ti vuttaṃ hoti, nimittatthe hi etaṃ bhummavacanaṃ; *tad upāgamun* ti tadā upāgamuṃ; *pahūtadhanadhañño 'sī* ti, pahūtadhanadhañño[2] bhavissasi abhisamparāyan ti adhippāyo, āsaṃsāyaṃ[3] hi anāgate pi vattamānavacanaṃ icchanti saddakovidā; *yajassū* ti yajāhi; *vittaṃ, dhanan* ti jātarūpādiratanam eva vittikāraṇato vittaṃ samiddhikāraṇato[4] dhanan ti vuttaṃ; a t h a v ā vittan ti vittikāraṇabhūtam eva ābharaṇādi upakaraṇaṃ, yaṃ "pahūtavittūpakaraṇo"* ti ādisu āgacchati, dhanan ti hiraññasuvaṇṇādi. Kiṃ vuttaṃ hoti: te brāhmaṇā mante ganthetvā tadā Okkākaṃ upāgamuṃ, kin ti: mahārāja bahu te vittañ ca dhanañ ca, yajassu, āyatim pi pahūtadhanadhañño bhavissasī ti. Evaṃ kāraṇaṃ vatvā saññāpentehi 303.
tato ca rājā . . . pe . . . adā dhanaṃ. Tattha *saññatto* ti ñāpito; *rathesabho* ti mahārathesu khattiyesu akampiyaṭṭhena usabhasadiso; †assam ettha medhantī ti *assamedho*, dvīhi pariyaññehi yajitabbassa ekavīsatiyūpassa ṭhapetvā bhūmiñ ca purise ca avasesasabbavibhavadakkhiṇassa yaññass' etaṃ adhivacanaṃ; purisam ettha medhantī ti *purisamedho*, catuhi pariyaññehi yajitabbassa saddhiṃ bhūmiyā assamedhe vuttavibhavadakkhiṇassa yaññass' etaṃ adhivacanaṃ; sammam ettha pāsantī ti[5] *sammāpāso*, divase divase sammaṃ khipitvā tassa[6] patitokāse vediṃ katvā saṃhārimehi yūpādīhi Sarassatinadiyā nimuggokāsato pabhuti paṭilomaṃ

* D. I, 134[23] (Sum. I, 295[10]). † Mp. *ad* A. II, 42[28].

[1] B[a] °m u ṭ ṭ h i k ā y a. [2] S[kgn] °d h a ñ ñ ī.
[3] B[a] āsaṃsayaṃ, S[kn] āsāsāyaṃ (*at* 336[2] S[n] *has* āsāsaṃyaṃ).
[4] B[a] *here* (samiddha) k a r a ṇ a t o.
[5] B[a] sammām (321[30] samā) ettha pāsentī ti. [6] *So also* Mp.

gacchantena yajitabbassa sātrāyāgass' etaṃ[1] adhivacanaṃ; vājam ettha pivantī ti *vājapeyyo*, ekena pariyaññena sattarasahi pasūhi yajitabbassa beḷuvayūpassa sattarasasattarasakadakkhiṇassa yaññass' etaṃ adhivacanaṃ; n' atthi ettha aggaḷo[2] ti *niraggaḷo*, navahi[3] pariyaññehi yajitabbassa saddhiṃ bhūmiyā ca purisehi ca assamedhe vuttavibhavadakkhiṇassa sabbamedhapariyāyanāmassa assamedhavikappass' ev' etaṃ[4]
304, 305. adhivacanaṃ. Sesam ettha pākaṭam eva. Idāni, yaṃ vuttaṃ "brāhmaṇānaṃ adā dhanan" ti, taṃ dassento gāvo sayanañ cā ti gāthādvayam āha. So hi rājā 'dīgharattaṃ lūkhāhārena kilantā pañca gorase paribhuñjantū' ti tesaṃ[5] sapuṅgavāni goyūthān' eva adāsi, tathā 'dīgharattaṃ thaṇḍilasāyikāya thūlasāṭakanivāsanena ekaseyyāya pādacārena rukkhamūlādivāsena ca kilantā goṇakādiatthatavarasayanādisu sukham anubhontū' ti tesaṃ mahagghāni[6] sayanādīni [ca] adāsi. Evam etaṃ nānappakārakaṃ aññañ ca hiraññasuvaṇṇādi dhanaṃ adāsi[7], tenâha Bhagavā: *gāvo sayanañ ca vatthañ ca* . . . pe . . . *brāhmaṇānaṃ*
306. *adā dhanan* ti. Evaṃ tassa rañño santikā te ca tattha . . . pe . . . -m[8]-upāgamuṃ. Kiṃ vuttaṃ hoti: tassa rañño santikā *te* brāhmaṇā tesu yāgesu *dhanaṃ* labhitvā dīgharattaṃ divase divase [9]ekadivasikam eva[9] ghāsacchādanaṃ pariyesitvā nānappakārakaṃ vatthukāma*sannidhiṃ* rocayuṃ[10]; tato *tesaṃ icchāvatiṇṇānaṃ* khīrādipañcagorasassādavasena[11] rasataṇhāya otiṇṇacittānaṃ 'khīrādīni pi tāva gunnaṃ sādūni, addhā imāsaṃ maṃsaṃ sādutaraṃ bhavissatī' ti evaṃ maṃsaṃ paṭicca *bhiyyo taṇhā pavaḍḍhatha*; tato cintesuṃ: 'sace mayaṃ māretvā khādissāma, gārayhā bhavissāma; yan nūna mante gantheyyāmā' ti, atha puna pi vedaṃ[12] bhinditvā tadanurūpe[13] *te tattha mante ganthetvā* te brāhmaṇā tamni-

---

[1] *So* S^kgn (ɔ: yātrāyāgass' etaṃ?) *cf.* skr. yātsattra-; B^r sayāg°; Mp: sabbayāg°.
[2] B^a a g g a ḷ ā. [3] B^a dvīhi. [4] B^a *om.* ev'.
[5] (S^k?) B^a nesaṃ, *so* S^k B^a *at* 322[15]. [6] B^a mahagghyāni.
[7] S^kgn adā. [8] B^a punam. [9–9] B^a e k a m e v a.
[10] B^a nānappakāraṇavatthukāmasanni samarocayuṃ.
[11] ?; S^kgn °gorasādivasena, B^a °gorasassadivasena.
[12] B^a puna tibedaṃ. [13] S^gn °anurūpaṃ, B^a °anuruppena.

mittaṃ kūṭamante ganthetvā Okkākarājānaṃ puna upāga-
miṃsu imam atthaṃ bhāsamānā: yathā āpo ca . . . pe . . .
bahu te dhanan ti. Kiṃ vuttaṃ hoti: amhākaṃ mahārāja 307.
mantesu etad āgataṃ: *yathā āpo* hatthadhovanādisabbakic-
cesu pāṇinaṃ upayogaṃ gacchati, n' atthi tesaṃ tatonidānaṃ
pāpaṃ, kasmā: yasmā *parikkhāro so hi pāṇinaṃ*, upakaraṇat-
thāya uppanno ti adhippāyo, yathā câyaṃ mahā*paṭhavī*[1] ga-
manaṭṭhānādisabbakiccesu, kahāpaṇasaṃkhātaṃ *hirañña(ṃ)*,
suvaṇṇarajatādibhedaṃ *dhanaṃ*, yavagodhūmādibhedaṃ *dhā-
niyañ* ca saṃvohārādisabbakiccesu upayogaṃ gacchati, *evaṃ
gāvo manussānaṃ* sabbakiccesu upayogagamanatthāya up-
pannā, tasmā etā hanitvā nānappakārake yāge *yajassu, bahu
te vittaṃ, yajassu, bahu te dhanan* ti. Evaṃ purimanayen' 308.
eva *tato ca rājā . . . pe . . . aghātayi*, yā tato pubbe kañci 309.
sattaṃ *na pādā . . . pe . . . ghātayi*[2]. Tadā kira brāhmaṇā
yaññāvāṭaṃ gāvīnaṃ pūretvā maṅgalausabhaṃ bandhitvā
rañño mūlaṃ netvā "mahārāja gomedhayaññaṃ yajassu,
evan te Brahmalokassa maggo visuddho bhavissatī" ti
āhaṃsu. Rājā katamaṅgalakicco khaggaṃ gahetvā puṅ-
gavena saha anekasatasahassā gāvo māresi. Brāhmaṇā yañ-
ñāvāṭe maṃsāni chinditvā[3] khādiṃsu.—Pītakodātarattakam-
bale ca pārupitvā māresuṃ; tadupādāya kira gāvo pārute
disvā ubbijjanti.—Tenâha Bhagavā: na pādā . . . pe . . .
ghātayī ti. *Tato devā* ti evaṃ tasmiṃ rājini gāviyo ghātetum 310.
āraddhe atha tadanantaram eva taṃ goghātanaṃ disvā ete
Cātummahārājikādayo *devā ca*, "*pitaro*" ti brāhmaṇesu
laddhavohārā brahmāno *ca*[4], Sakko devānam *indo* ca, pab-
batapādanivāsino dānavayakkhasaññitā *asurarakkhasā* ca
"*adhammo*, adhammo" *ti* evaṃ vācaṃ nicchārentā "dhi
manussā, dhi manussā" ti ca vadantā pakkanduṃ, [5]bhūmito
pabhuti so saddo muhuttena yāva Brahmalokā agamāsi[6],
ekadhikkāraparipuṇṇo loko ahosi, kiṃkāraṇaṃ: *yaṃ satthaṃ
nipatī gave*, yasmā gāvimhi satthaṃ nipatī ti vuttaṃ hoti.
Na kevalañ ca devādayo pakkanduṃ, ayam añño pi loke 311.

---

[1] Ba *ad.* v a s u n d h a r ā. [2] Skgn *om.* ghātayi.
[3] Ba *ad.* c h i n d i t v ā.
[4] Ba cā *after* pitaro· Skgn *have* brahmuno ca.
[5] Ba *ins.* e v [6] Skgn agamā.

anattho udapādi: y e hi t e *tayo rogā pure āsuṃ*[1] *icchā ana-*
sanaṃ jarā, kiñcikiñcidevapatthanataṇhā ca khudā ca pari-
pākajarā cā ti vuttaṃ hoti, t e *pasūnañ ca samārambhā aṭṭhā-*
navutim[2] *āgamuṃ*, cakkhurogādinā bhedena aṭṭhānavuti-
312. bhāvaṃ[2] pāpuṇiṃsū ti attho. Idāni Bhagavā taṃ pasusamā-
rambhaṃ nindanto āha: eso adhammo ti. Tass' attho: *eso*
pasusamārambhasaṃkhāto kāyadaṇḍādīnaṃ tiṇṇaṃ *daṇ-*
ḍānaṃ aññataradaṇḍabhūto dhammato apetattā *adhammo*
okkanto ahū pavatto āsi, so ca kho tato pabhuti pavattattā
purāṇo, yassa okkamanato pabhuti kenaci pādādinā ahiṃ-
sanato *adūsikāyo* gāvo *haññanti*, yā ghātentā *dhammā dhaṃ-*
313. *santi* cavanti parihāyanti *yājakā* yaññayājino janā ti. *Evam*
eso aṇu dhammo ti evaṃ eso lāmakadhammo hīnadhammo,
adhammo ti vuttaṃ hoti; yasmā v ā ettha dānadhammo pi
appako atthi, tasmā taṃ sandhāyâha: aṇu dhammo ti;
porāṇo ti tāva-cirakālato pabhuti pavattattā porāṇo; viññūhi
pana garahitattā *viññugarahito* ti veditabbo, yasmā ca viñ-
ñugarahito, tasmā[3], *yattha e[tā]disakaṃ passati, yājakaṃ*
garahatī jano, kathaṃ: "abhūtaṃ brāhmaṇehi uppāditaṃ,
gāvo vadhitvā maṃsaṃ khādantī" ti evamādīni vatvā.
314 Ayam ettha anussavo. *Evaṃ dhamme viyāpanne* ti evaṃ
porāṇe brāhmaṇadhamme naṭṭhe; *viyāvatte* ti pi pāṭho,
viparivattitvā aññathābhūte ti attho; *vibhinnā suddaves-*
sikā ti pubbe samaggā viharantā suddā ca vessā ca te pi
bhinnā; *puthu vibhinnā khattiyā* ti khattiyā pi bahū
aññamaññaṃ bhinnā[4]; *pati bhariyâvamaññathā* ti bhariyā
ca gharāvāsatthaṃ issariyabale ṭhāpitā[5] puttabalādīhi
315. upetā hutvā patiṃ avamaññatha[6] paribhavi avamaññi
na sakkaccaṃ upaṭṭhāsi. Evaṃ aññamaññaṃ vibhinnā
samānā *khattiyā brahmabandhū ca . . . kāmānaṃ vasam*
āgamu(n) ti khattiyā ca brāhmaṇā ca *ye c' aññe* vessā suddā[7],
yathā saṃkaraṃ nâpajjanti, evaṃ attano attano gottena
rakkhitattā *gottarakkhitā*, te sabbe pi taṃ *jātivādaṃ niraṃ-*
katvā 'ahaṃ khattiyo, ahaṃ brāhmaṇo' ti etaṃ sabbaṃ pi

[1] Ba ahesuṃ. [2] Ba aṭṭhanav°. [3] Skgn yasmā; Ba *om.*
[4] Ba vibhinnā (324^29). [5] Skgn thāpitā (*cf.* S.N. 112c).
[6] Skgn amaññ° (324^26 bhariyā ca maññ°). [7] ɔ: vessasuddā?

nāsetva[1] pañcakāmaguṇasaṃkhātānaṃ[2] kāmānaṃ vasam anvagū āsattataṃ[3] pāpuṇiṃsu, kāmahetu na kiñci akattabbaṃ nâkaṃsū ti vuttaṃ hoti.

Evam ettha Bhagavā "isayo pubbakā" ti ādīhi navahi gāthāhi porāṇānaṃ brāhmaṇānaṃ vaṇṇaṃ bhāsitvā, "yo nesaṃ paramo" ti gāthāya brahmasamaṃ, "tassa vattam anusikkhantā" ti gāthāya devasamaṃ, "taṇḍulaṃ sayanan" ti ādīhi[4] catuhi gāthāhi mariyādaṃ, "tesaṃ āsi vipallāso" ti ādīhi sattarasahi gāthāhi sambhinnamariyādaṃ tassa vippaṭipattiyā devādīnaṃ pakkandanādidīpanatthañ ca dassetvā desanaṃ niṭṭhapesi. Brāhmaṇacaṇḍālo pana idha avutto yeva, kasmā: yasmā [5]vipattiyā pi akāraṇaṃ, brāhmaṇadhammasampattiyā hi brahmasamadevasamamariyādā[6] kāraṇaṃ honti, vipattiyā sambhinnamariyādo, ayam pana Doṇasutte vuttappakāro brāhmaṇacaṇḍālo brāhmaṇadhammavipattiyā pi akāraṇaṃ, kasmā: vipanne dhamme uppannattā; tasmā taṃ adassetvā va desanaṃ niṭṭhapesi. Etarahi pana so pi brāhmaṇacaṇḍālo dullabho, evam ayaṃ brāhmaṇadhammo[7] vinaṭṭho; tena câha Doṇo brāhmaṇo: "evaṃ sante mayaṃ bho Gotama brāhmaṇacaṇḍālam[8] pi na pūremā' ti. Sesam ettha vuttanayam eva.

BRĀHMAṆADHAMMIKASUTTAVAṆṆANĀ NIṬṬHITĀ.

8.

Yasmā hi dhamman ti Dhammasuttaṃ, Nāvāsuttaṃ[9] ti pi vuccati. Kā uppatti: Idaṃ suttaṃ āyasmantaṃ Sāriputtattheraṃ ārabbha vuttaṃ; ayam ettha saṃkhepo, vitthāro pana dvinnaṃ aggasāvakānaṃ uppattito pabhuti veditabbo, seyyathîdaṃ: (316).

---

1 Ba ti evaṃ sabbaṃ vināsetvā. 2 Skgn °saṃkhātaṃ.
3 *Or* āsattiṃ ?; Skgn Ba āsattaṃ.
4 Skgn *here* ā d i k ā h i. 5 Ba *ins.* y a ṃ k i ñ c i- (*om.* pi).
6 Ba *ad.* v a. 7 Skgn brāhmaṇānaṃ dhammo.
8 Skgn Ba °caṇḍālā (*vide* A. III, 230[4]).
9 Skgn Nāvasuttaṃ; Ba nāthasuttaṃ (ɔ : Nāvās°).

*Anuppanne kira Bhagavati dve aggasāvakā ekaṃ asaṃkheyyaṃ kappasatasahassañ ca pāramiyo pūretvā devaloke nibbattā, tesaṃ paṭhamo cavitvā, Rājagahassa avidūre Upatissagāmo nāma brāhmaṇānaṃ bhogagāmo atthi, tattha saṭṭhi(koṭi)adhikapañcakoṭisatadhanavibhavassa gāmasāmino brāhmaṇassa Rūpasārī nāma brāhmaṇī—tassā kucchiyaṃ paṭisandhiṃ aggahesi; dutiyo, tass' evâvidūre Kolitagāmo nāma brāhmaṇānaṃ bhogagāmo atthi, tattha tathārūpavibhavass' eva gāmasāmino brāhmaṇassa Moggallānī nāma brāhmaṇī—tassā kucchiyaṃ taṃ divasam eva paṭisandhiṃ aggahesi. Evan tesaṃ ekadivasam eva paṭisandhigahaṇañ ca gabbhavuṭṭhānañ ca ahosi, ekadivase yeva ca nesaṃ ekassa Upatissagāme jātattā Upatisso, ekassa Kolitagāme jātattā Kolito ti nāmam akaṃsu. Te sahapaṃsu kīlantā[1] sahāyakā anupubbena vuddhiṃ pāpuṇiṃsu, ekamekassa ca pañca pañca māṇavakasatāni parivārā[1] ahesuṃ. Te uyyānaṃ vā nadītitthaṃ vā gacchantā saparivārā yeva gacchanti, eko pañcahi suvaṇṇasivikāsatehi, dutiyo pañcahi ājaññarathasatehi. Tadā ca Rājagahe kālānukālaṃ giraggasamajjo nāma hoti sāyaṇhasamaye nagaravemajjhe, yattha sakala-Aṅga-Magadhavāsino abhiññātā khattiyakumārādayo sannipatitvā[2] supaññattesu mañcapīṭhādisu nisinnā samajjavibhūtiṃ passanti. Atha te sahāyakā tena parivārena saddhiṃ tattha gantvā paññattāsanesu nisīdiṃsu. Tato Upatisso samajjavibhūtiṃ passanto mahājanakāyaṃ sannipatitaṃ disvā 'ettako janakāyo vassasataṃ appatvā va marissatī' ti cintesi; tassa maraṇaṃ āgantvā nalāṭante ṭhitaṃ viya ahosi, tathā Kolitassa. Tesaṃ[3] anekappakāresu naṭesu naccantesu dassanamatte pi cittaṃ na nami[4], aññadatthu saṃvego eva udapādi. Atha vuṭṭhite samajje pakkantāya parisāya sakaparivārena[1] pakkantesu tesu sahāyesu Kolito Upatissaṃ pucchi: "kiṃ samma naṭakādidassanena[5] tava pamodamat-

* Mp. p. 96 *sqq.* (*ad* A. I, 24), Dhp. A. I, 88 *sqq.* (*ad* Dhp. 11–12); Mahāvastu III, 56.

[1] *So* S^kgn B^a. [2] B^a °patitā. [3] S^kgn B^a Nesaṃ. [4] B^a rami. [5] (J. A. V, 249[2]); B^a nāṭakādi°.

tam[1] pi nâhosī" ti. So tassa taṃ pavattiṃ ārocetvā tam pi tath' eva paṭipucchi. So pi tassa attano pavattiṃ ārocetvā "ehi samma pabbajitvā [2]amataṃ gavesissāmā" ti āha; "sādhu sammā" ti Upatisso taṃ sampaṭicchi. Tato (te?) dve pi janā taṃ sampattiṃ chaḍḍetvā punad eva Rājagahaṃ anuppattā. Tena samayena Rājagahe Sañjayo[3] nāma paribbājako paṭivasati. Te tassa santike pañcahi māṇavakasatehi (saddhiṃ) pabbajitvā[2] katipāhen' eva tayo vede sabbañ ca paribbājakasamayaṃ uggahesuṃ. Te tesaṃ satthānaṃ ādimajjhapariyosānaṃ upaparikkhantā pariyosānaṃ adisvā ācariyaṃ pucchiṃsu: "imesaṃ satthānaṃ ādimajjhaṃ dissati, pariyosānaṃ pana na dissati 'idaṃ nāma imehi satthehi pāpuṇeyyā' ti, yato uttariṃ pāpuṇitabbaṃ n' atthī" ti. So pi āha: "ahaṃ pi nesaṃ tathāvidhānaṃ pariyosānaṃ na passāmī" ti. Te āhaṃsu: "tena hi mayaṃ imesaṃ pariyosānaṃ gavesāmā" ti. Te ācariyo "yathāsukhaṃ gavesathā" ti āha. Evan te tena anuññātā amataṃ gavesamānā āhiṇḍantā Jambudīpe pākaṭā ahesuṃ. Tehi khattiyapaṇḍitādayo pañhaṃ puṭṭhā uttaruttariṃ na sampāyanti[4]; "Upatisso, Kolito" ti vutte pana "ke ete, na kho mayaṃ jānāmā" ti bhaṇanto[5] n' atthi, evaṃ vissutā ahesuṃ.

Evan tesu amatapariyesanaṃ[6] caramānesu amhākaṃ Bhagavā loke uppajjitvā pavattitavaradhammacakko anupubbena Rājagahaṃ anuppatto. Te ca paribbājakā sakala-Jambudīpaṃ caritvā tiṭṭhatu amataṃ antamaso pariyosānapañhavissajjanamattam pi alabhantā punad eva Rājagahaṃ agamaṃsu[7]. Atha kho āyasmā Assaji pubbaṇhasamayaṃ nivāsetvā ti[8] y ā v a tesaṃ pabbajjā, t ā v a sabbaṃ Pabbajjākkhandhake agatanayena* vitthārato daṭṭhabbaṃ. Evaṃ pabbajitesu tesu dvīsu sahāyakesu āyasmā Sāriputto

* Vin. I, 39–43.

1 Ba tava modanamattaṃ. 2—2 Skgn *om.*
3 Ba Sañceyyo (*see note* 2 *and cf.* 423[10]).
4 Ba uttaruttaraṃ na sampādayanti. 5 Ba bhaṇantā.
6 ?; Sk °pariyosanaṃ, Sgn Ba °pariyosānaṃ (< 327[16]).
7 Ba āgamaṃsu. 8 Ba *om.*

addhamāsena sāvakapāramiñāṇaṃ sacchākāsi[1]. *So yadā Assajittherena saddhiṃ ekavihāre vasati, tadā Bhagavato upaṭṭhānaṃ gantvā anantaraṃ therassa upaṭṭhānaṃ gacchati, 'pubbācariyo kho my āyam āyasmā, etam ahan nissāya Bhagavato sāsanaṃ aññāsin' ti gāravena; yadā pana Assajittherena saddhiṃ ekavihāre na vasati, tadā, yassan disāyaṃ thero vasati, taṃ disaṃ oloketvā pañcapatiṭṭhitaṃ[2] vanditvā añjaliṃ paggayha namassati. Taṃ disvā keci bhikkhū kathaṃ samuṭṭhāpesuṃ[3]: "Sāriputto aggasāvako hutvā disaṃ namassati, ajjâpi maññe brāhmaṇadiṭṭhi appahīnā" ti. Atha[4] Bhagavā dibbāya sotadhātuyā taṃ kathāsallāpaṃ sutvā paññattavarabuddhāsane nisinnaṃ[5] yeva attānaṃ dassento bhikkhū āmantesi: "kāya nu 'ttha bhikkhave etarahi kathāya sannisinnā" ti. Te taṃ pavattiṃ ācikkhiṃsu. Tato Bhagavā "na bhikkhave Sāriputto disan namassati; yaṃ nissāya sāsanaṃ aññāsi, taṃ attano ācariyaṃ vandati namassati sammāneti, ācariyapūjako bhikkhave Sāriputto" ti vatvā tattha sannipatitānaṃ dhammadesanatthaṃ idaṃ suttam abhāsi.

316. Tattha *yasmā hi dhammaṃ puriso vijaññā* ti yato puggalā[6] piṭakattayappabhedaṃ pariyattidhammaṃ vā pariyattiṃ sutvā adhigantabbaṃ navalokuttarappabhedaṃ paṭivedhadhammaṃ vā puriso vijaññā jāneyya vedeyya; *yassā* ti pi pāṭho, so ev' attho; *Indaṃ va naṃ devatā pūjayeyyā* ti yathā[7] Sakkaṃ devānam indaṃ dvīsu devalokesu devatā pūjenti, evaṃ so puggalo taṃ puggalaṃ kālass' eva vuṭṭhāya upāhanāomuñcanādi sabbaṃ vattapaṭivattaṃ karonto pūjeyya sakkareyya garukareyya, kiṃkāraṇaṃ: *so pūjito* . . . pe . . . *pātukaroti dhammaṃ* so ācariyo evaṃ pūjito *tasmiṃ* antevāsikamhi *pasannacitto* pariyattipaṭivedhavasena *bahussuto* desanāvasen' eva pariyattidhammañ ca desanaṃ sutvā yathānusiṭṭhaṃ paṭipattiyā adhigantabbaṃ paṭive-

* Dhp. A. IV, 150–151 (*ad* Dhp. 392).

1 Skgn sacchikāsi. 2 Ba °patiṭṭhitena. 3 Ba samuṭṭhap°.
4 Ba *ad.* kho. 5 Ba paññatte varab° nisinno.
6 Skgn puggalo. 7 Ba *ad.* hi.

dhadhammañ ca pātukaroti, desanāya vā pariyattidham-
maṃ upamāvasena attanā adhigatapaṭivedhadhammaṃ pātu- 317.
karoti. *Tad atthikatvāna nisamma dhīro* ti evaṃ pasannena ācariyena pātukataṃ dhammaṃ aṭṭhikatvāna suṇitvā upadhāraṇasamatthatāya dhīro puriso; *dhammānudhammaṃ paṭipajjamāno* ti lokuttaradhammassa anulomattā anudhammabhūtaṃ vipassanaṃ bhāvayamāno; *viññū vibhāvī nipuṇo ca hotī* ti viññutāsaṃkhātāya paññāya adhigamena viññū, vibhāvetvā paresam pi pākaṭaṃ katvā ñāpanasamatthatāya vibhāvī, paramasukhumatthapaṭivedhitāya[1] nipuṇo ca hoti; *yo tādisaṃ bhajate appamatto* ti yo tādisaṃ pubbe vuttappakāraṃ bahussutaṃ appamatto tappasādanaparo[2] hutvā bhajati.

Evaṃ paṇḍitācariyasevanaṃ pasaṃsitvā idāni bālācari- 318.
yasevanaṃ nindanto khuddañ ca bālan ti imaṃ gātham āha. Tattha *khuddan* ti khuddakena[3] kāyakammādinā samannāgataṃ, paññābhāvato *bālaṃ; anāgatatthan* ti anadhigatapariyattipaṭivedhatthaṃ; *usuyyakan* ti issāmanakatāya antevāsissa vuddhiṃ asahamānaṃ. Sesam ettha pākaṭam eva padato; adhippāyato pana 'y o bahucīvarādilābhī ācariyo antevāsikānaṃ cīvarādini na sakkoti dātuṃ, dhammadāne pana aniccadukkhānattavacanamattam pi na sakkoti etehi khuddatādidhammehi samannāgatattā, t a ṃ khuddaṃ bālaṃ anāgatatthaṃ usuyyakaṃ ācariyaṃ upasevamāno "pūtimacchaṃ kusaggenā"* ti vuttanayena sayam pi bālo hoti, tasmā *idha* sāsane kiñci appamattakam pi pariyatti*dhammaṃ* paṭivedhadhammaṃ vā *avibhāvayitvā* ca avijānitvā ca[4], yâssa dhammesu kaṃkhā, taṃ ataritvā *maraṇaṃ upetī*' ti evam assa attho veditabbo.

Idāni tass' ev' atthassa pākaṭakaraṇatthaṃ[5] yathā naro 319, 320.
ti gāthādvayam āha. Tattha *āpagan* ti nadiṃ; *mahodikan*[6] ti bahuudakaṃ; *salilan* ti ito c' ito ca gataṃ, vitthiṇṇan ti

* J. VI, 236[4] (Pj. I, 127).

[1] Skgn °sukhumattapaṭivedhitāya, Ba °sukkhumatthapaṭivedhatāya. [2] Ba tappasādaparo. [3] Skgn khuddena. [4] Skgn *om.* [5] Ba āvibhāvakaraṇatthaṃ. [6] Ba mahodakan, Skgn bahodikan.

vuttaṃ hoti; *saritan* ti pi pāṭho, so ev' attho; *sīghasotan* ti hārahārikaṃ, vegavatin[1] ti vuttaṃ hoti; *kiṃ so* ti ettha "so vuyhamāno" ti iminā va so-kārena tassa narassa nidditthattā nipātamatto so-kāro, [2]kiṃ sū ti vuttaṃ hoti, yathā "na bhavissāmi nāma so, vinassissāmi nāma so"* (ti). *Dhamman* ti pubbe vuttaṃ duvidham eva; *anisāmay' atthan* ti anisāmetvā atthaṃ. Sesam ettha pākaṭam eva padato; adhippāyato pana '*yathā* kocid eva naro vuttappakāraṃ nadiṃ *otaritvā* tāya nadiyā *vuyhamāno anusotagāmī* sotam eva anugacchante[3] *pare* pāratthike *kiṃ sakkati*[4] pāran netuṃ —*sakkhatī*[5] ti pi pāṭho—, *tath' eva* duvidham pi *dhammaṃ* attano paññāya *avibhāvayitvā bahussutānañ* ca santike atthaṃ anisāmetvā *sayaṃ* avibhāvitattā *ajānanto* anisāmitattā ca *avitiṇṇakaṃkho pare kiṃ sakkhati*[6] *nijjhāpetuṃ* pekkhāpetun' ti evam assa attho daṭṭhabbo, "so vata Cunda attanā palipapalipanno"† ti ādikañ c' ettha suttapadam anussaritabbaṃ.

Evaṃ [bālasevanāya] bālassa paraṃ nijjhāpetuṃ asamatthatāya pākaṭakaraṇatthaṃ upamaṃ vatvā idāni "yo tādisaṃ bhajate appamatto" ti ettha vuttassa paṇḍitassa pare nijjhāpetuṃ samatthatāya pākaṭakaraṇatthaṃ yathā pi nāvan
321. ti gāthādvayam āha. Tattha *phiyenā*[7] ti dabbipadarena[8], *arittenā* ti veḷudaṇḍena; *tatthā* ti tassaṃ nāvāyaṃ[9]; *tatrūpāyaññū*[10] ti tassā nāvāya āharaṇāpasāraṇādiupāyajānanena maggapaṭipādanena upāyaññū, sikkhitasikkhatāya lahuhatthatāya[11] ca *kusalo*, uppannūpaddavapatikārasamatthatāya *mutīmā*.
322. *Vedagū* ti vedasaṃkhātehi catuhi maggañāṇehi gato; *bhāvitatto* ti tāy' eva maggabhāvanāya bhāvitacitto; *bahussuto* ti pubbe vuttanayen' eva[10]; *avedhadhammo* ti aṭṭhahi loka-

* *Cf.* M. I, 137[1] (*note*). † M. I, 45[3] (B[a] kaddamapalipanno).

[1] B[a] nacirāgatan.
[2] B[a] *ins.* upadhāraṇasamatthatā hi.
[3] S[g] B[a] anugacchanto. [4] B[a] sakkhati. [5] B[a] sakkatī.
[6] B[a] sakkati, S[n] sakkhiti. [7] S[kgn] piyenā.
[8] B[a] dabbipadakena. [9] S[kgn] tassā nāvāya.
[10] *So* S[kgn] B[a] [11] B[a] sukusalahatthatāya.

dhammehi akampanasabhāvo[1]; *sotāvadhānūpanisūpapanne* ti sotaodahanena ca maggaphalānaṃ upanissayena ca upapanne. Sesam uttānapadattham eva; adhippāyayojanā pi sakkā purimanayen' eva jānitun[2] ti na vitthāritā.

Evaṃ paṇḍitassa pare[3] nijjhāpetuṃ samatthabhāvapā- 323.
kaṭakaraṇatthaṃ upamaṃ vatvā tassā paṇḍitasevanāya niyojento tasmā have ti imaṃ avasānagātham āha. Tatrâyaṃ saṃkhepattho: yasmā upanissayasampannā paṇḍitasevanena visesaṃ pāpuṇanti, *tasmā have sappurisaṃ bhajetha,* kīdisaṃ sappurisaṃ: *medhāvinañ c' eva bahussutañ ca* paññāsampattiyā ca medhāvinaṃ vuttappakārena sutadvayena ca bahussutaṃ, tādisaṃ hi bhajamāno tena bhāsitassa dhammassa *aññāya atthaṃ,* evaṃ ñatvā ca yathānusiṭṭhaṃ *paṭipajjamāno,* tāya paṭipattiyā paṭivedhavasena *viññātadhammo so* maggaphalanibbānappabhedaṃ[4] lokuttara*sukhaṃ labhetha* adhigaccheyya pāpuṇeyyā ti arahattanikūṭena desanaṃ samāpesī ti

DHAMMASUTTAVAṆṆANĀ NIṬṬHITĀ.

9.

Kiṃsīlo ti Kiṃsīlasuttaṃ. Kā uppatti: Āyasmato Sāri- (324)
puttassa gihisahāyako eko therass' eva pituno Vaṅgantabrāhmaṇassa sahāyassa[5] brāhmaṇassa[6] putto. So[7] saṭṭhikoṭiadhikapañcasatakoṭidhanaṃ pariccajitvā āyasmato Sāriputtatherass' eva santike pabbajitvā sabbaṃ buddhavacanaṃ pariyāpuṇi. Tassa thero bahuso ovaditvā kammaṭṭhānam adāsi; so tena visesaṃ nâdhigacchati. Tato thero 'buddhaveneyyo eso' ti ñatvā taṃ ādāya Bhagavato santikaṃ gantvā[8] taṃ bhikkhuṃ ārabbha puggalaṃ aniyāmetvā "kiṃsīlo" ti pucchati; ath' assa Bhagavā tato paraṃ abhāsi.

Tattha *kiṃsīlo* ti kīdisena cārittasīlena samannāgato kīdisa- 324.
pakatiko vā; *kiṃsamācāro* ti kīdisena cārittena[9] yutto; *kāni*

---

[1] B[a] akampiniyasabhāvo.
[2] B[a] vijānitun.
[3] S[kn] paṇḍitassâpare.
[4] B[a] maggaphale nibbānabhedaṃ.
[5] (*Cf.* Dhp. A. II, 84[5]) S[gn] *om.*
[6] S[gn] B[a] *om.*
[7] B[a] *om.*
[8] B[a] ānetvā.
[9] *So* S[kgn]; B[a] cārikena.

kammāni brūhayan ti kāni kāyakammādīni vaḍḍhento; *naro sammā niviṭṭh' assā* ti abhirato naro sāsane sammā patiṭṭhito bhaveyya; *uttamatthañ ca pāpuṇe* ti sabbatthānaṃ uttamaṃ arahattañ ca pāpuṇeyyā ti vuttaṃ hoti.

Tato Bhagavā 'Sāriputto addhamāsūpasampanno sāvaka-
pāramippatto kasmā ādikammikaputhujjanapañhaṃ puccha-
tī' ti āvajjanto 'saddhivihārikaṃ ārabbhā' ti ñatvā puc-
chāya vuttaṃ cārittasīlaṃ avibhāvetvā va[1] tassa sappāyava-
325. sena dhammaṃ desento vaddhāpacāyī ti ādim āha. Tattha
paññāvaddho guṇavaddho jātivaddho vayovaddho ti cattāro
vaddhā; jātiyā hi daharo pi bahussuto bhikkhu appassuta-
mahallakabhikkhūnaṃ antare[2] bāhusaccapaññāya vuddhattā
paññāvaddho, tassa hi santike mahallakabhikkhū pi
buddhavacanaṃ pariyāpuṇanti ovāda-vinicchaya-pañhavis-
sajjanāni ca paccāsiṃsanti; tathā daharo pi[3] bhikkhu adhi-
gamasampanno guṇavaddho nāma, tassa hi ovāde patiṭ-
ṭhāya mahallakā pi vipassanāgabbhaṃ gahetvā arahatta-
phalaṃ pāpuṇanti; tathā daharo pi rājā khattiyo muddhā-
vasitto brāhmaṇo vā sesajanassa vandanārahato jāti-
vaddho nāma; sabbo pana paṭhamajāto vayovaddho
nāma. Tattha, yasmā paññāya Sāriputtassa[4] sadiso n' atthi
ṭhapetvā Bhagavantaṃ, tathā guṇehi addhamāsena sabba-
sāvakapāramiñāṇassa paṭividdhattā, jātiyā pi so brāhmaṇa-
mahāsālakule uppanno, tasmā tassa bhikkhuno vayena
samāno pi so imehi tīhi kāraṇehi vuddho, imasmiṃ pan'
atthe paññāguṇehi eva vuddhabhāvaṃ sandhāya Bhagavā
āha: vaddhāpacāyī ti. Tasmā īdisānaṃ[5] vaddhānaṃ apaci-
tikaraṇena[6] *vaddhāpacāyī*, tesam eva vaddhānaṃ lābhādisu
usuyyāvigamena *anusuyyako* ca *siyā* ti ayam ādipādassa[7]
attho. Kālaññū c' assā ti ettha pana rāge uppanne tassa
vinodanatthāya garūnaṃ dassanaṃ gacchanto pi kālaññū,
dose, mohe, kosajje uppanne tassa vinodanatthāya garūnaṃ
dassanaṃ[8] gacchanto pi kālaññū, yato evaṃ *kālaññū ca assa*

---

[1] Skgn avibhāvitvā va, Ba avibhajitvā ca. [2] Ba santike.
[3] Skgn *om.* [4] Ba Sāriputtattherassa. [5] Ba tādisānaṃ.
[6] Ba °kāraṇena. [7] Ba °pad° *here and* 338[20, 21].
[8] Skgn garudassan° *here and* 333[1] (Ba *always the form* guru°).

garūnaṃ dassanāya; dhammiṃ kathan ti samathavipassanāyuttaṃ; *erayitan* ti vuttaṃ; *khaṇaññū* ti tassā kathāya khaṇavedī, 'dullabho v ā ayaṃ īdisāya kathāya savanakhaṇo' ti jānanto; *suṇeyya sakkaccan*[1] ti taṃ kathaṃ sakkaccaṃ suṇeyya, na kevalañ ca tam eva, aññāni pi buddhaguṇapaṭisaṃyuttādīni *subhāsitāni* sakkaccam eva suṇeyyā ti attho.

"Kālaññū c' assa garūnaṃ dassanāyā" ti ettha vuttanayañ 326.
ca attano uppannarāgādivinodanakālaṃ ñatvā pi garūnaṃ santikaṃ gacchanto *kālena gacche garūnaṃ sakāsaṃ*, 'ahaṃ kammaṭṭhānako dhutaṅgadharo cā' ti katvā[2] na cetiyavandanabodhiyaṅgaṇabhikkhācāramaggaatimajjhantikavelādisu [3]yattha katthaci[3] ṭhitaṃ ācariyaṃ disvā paripucchanatthāya upasaṃkameyya, sakasenāsane pana attano āsane nisinnaṃ vūpasantadarathaṃ sallakkhetvā kammaṭṭhānādividhipucchanatthaṃ upasaṃkameyyā ti attho. Evaṃ upasaṃkamanto pi ca *thambhaṃ niraṃkatvā nivātavutti* thaddhabhāvakaraṃ mānaṃ vināsetvā nīcavutti pādapuñchanacoḷakacchinnavisāṇūsabhauddhaṭadāṭhasappasadiso* hutvā upasaṃkameyya. Atha tena garunā vuttaṃ atthaṃ dhammaṃ . . . pe . . . samācare ca. *Atthan* ti bhāsitatthaṃ, *dhamman* ti pāḷidhammaṃ, *saṃyaman* ti sīlaṃ, *brahmacariyan* ti avasesasāsanabrahmacariyaṃ; *anussare c' eva samācare cā* ti atthaṃ kathitokāse anussareyya, dhammaṃ saṃyamaṃ brahmacariyaṃ kathitokāse anussareyya, anussaraṇamatten' eva ca atussanto taṃ sabbam pi samācare samācareyya samādāya vatteyya, [4]tesaṃ bhāvanaṃ[4] attani pavattane ussukkaṃ kareyyā ti attho, evaṃ karonto hi [5]kiccakaro
hoti. Tato parañ ca dhammārāmo dhammarato[6] dhamme[6] 327.
ṭhito[6] dhammavinicchayaññū bhaveyya, sabbapadesu c' ettha 'dhammo' ti samathavipassanā; 'ārāmo[7], ratī' ti eko va[6] attho, dhamme[8] ārāmo[7] assā ti *dhammārāmo;* dhamme rato

* *Cf.* Pj. I, 144[25].

[1] Skgn s a k k a c c a, *om.* ti (335[3]).
[2] Ba vatvā.
[3–3] Skgn y a t r a koci (ɔ: k v a c i).
[4–4] Ba tāsaṃ kathānaṃ.
[5] Ba *ins.* s a-.
[6] Skgn *om.*
[7] Skgn r ā m o.
[8] Ba dhammo.

na aññaṃ piheti ti *dhammarato*[1]; *dhamme ṭhito* dhammaṃ
patvā [2]vattanto; dhammavinicchayaṃ jānāti 'idaṃ uda-
yañāṇaṃ, idaṃ vayañāṇan' ti *dhammavinicchayaññū*,—evarū-
po assa. Atha, y â y a ṃ[3] rājakathādi-tiracchānakathā taru-
ṇavipassakassa bahiddhā rūpādisu abhinandanuppādanena[4]
taṃ samathavipassanādhammaṃ sandūseti, tasmā dhamma-
sandosavādo ti vuccati, t a n *n' evâcare*[5] *dhammasandosavādaṃ*,
aññadatthu āvāsagocarādisappāyāni sevanto *niyyetha tacchehi*
subhāsitehi, samathavipassanāpaṭisaṃyuttān' ev' ettha tac-
chāni, tathārūpehi subhāsitehi niyyetha nayeyya, kālaṃ
328. khepeyyā ti attho. Idāni "dhammasandosavādan" ti ettha
atisaṃkhepena vuttaṃ samathavipassanāyuttassa bhik-
khuno upakkilesaṃ pākaṭaṃ karonto tadaññena pi upakkile-
sena saddhiṃ *hassaṃ*[6] jappan ti imaṃ gātham āha,—*hāsan*
ti pi pāṭho. Vipassakena hi bhikkhunā hasanīyasmiṃ vat-
thusmiṃ mihitamattam[7] eva kātabbaṃ, niratthakakathā*jap-*
po na bhāsitabbo, ñātivyasanādisu *paridevo* na kātabbo, khā-
ṇukaṇṭakādimhi pi mano*padoso* na uppādetabbo; *māyākatan*
ti vuttamāyā[8], tividhaṃ *kuhanaṃ*, paccayesu *giddhi*[9], jātiā-
dīhi *māno*, paccanīkasātatāsaṃkhāto *sārambho*, pharusava-
canalakkhaṇaṃ *kakka(s)saṃ*, rāgādayo *kasāvā*, adhikataṇhā-
saṃkhātā[10] *mucchā* ti ime ca dosā sukhakāmena aṅgārakāsū
viya, sucikāmena gūthaṭṭhānaṃ viya, jīvitukāmena āsīvisā-
dayo viya ca pahātabbā; *hitvā* ca ārogyamadādivigamā
*vītamad*ena cittavikkhepābhāvā *ṭhitatt*ena *car*itabbaṃ, evaṃ
paṭipanno hi sabbūpakkilesaparisuddhāya bhāvanāya naci-
rass' eva arahattaṃ pāpuṇāti, tenâha Bhagavā: hassaṃ
329. jappaṃ . . . pe . . . ṭhitatto ti. Idāni, yv āyaṃ "hassaṃ
jappan" ti ādinā nayena upakkileso vutto, tena samannā-
gato bhikkhu y a s m ā sāhaso hoti avīmaṃsakārī, ratto rāga-

---

[1] B^{a} dhammarato *before* na aññ°. [2] B^{a} *ins*: p a -.
[3] B^{a} yv āyaṃ. [4] S^{kgn} *ad*. vā.
[5] S^{kgn} navācare (ɔ: na câcare ?), B^{a} n' evâcareyya.
[6] S^{kgn} b h a s s a ṃ *throughout*.
[7] B^{a} vatthusmiṃ n a sitamattam.
[8] S^{kgn} vuttā māyā. [9] B^{a} *ad*. tuṭṭhi.
[10] B^{a} a d h i m a t t a t a ṇ h ā l a k k h a ṇ ā.

vasena duṭṭho dosavasen' eva[1] gacchati, pamatto ca hoti
kusalānaṃ dhammānaṃ bhāvanāya asātaccakārī, tathārū-
passa ca "suṇeyya sakkacca subhāsitānī" ti ādinā nayena
vutto ovādo niratthako, t a s m ā imassa saṃkilesassa pug-
galādhiṭṭhānāya desanāya sutādivuddhipaṭipakkhabhāvaṃ
dassento viññātasārānī ti imaṃ gātham abhāsi[2]. Tass' attho:
yāni[3] etāni samathavipassanāpaṭisaṃyuttāni *subhāsitāni*,
tesaṃ vijānanaṃ sāro: yadi viññātāni, sādhu, atha sadda-
mattam eva gahitaṃ, na kiñci kataṃ hoti; yena etāni suta-
mayena ñāṇena viññāyanti, taṃ *sutaṃ*, etañ ca sutamayaṃ
ñāṇaṃ *viññātasamādhisāraṃ*, tesu viññātesu dhammesu yo
samādhi cittassâvikkhepo tathattāya paṭipatti, ayam assa
sāro, na hi vijānanamatten' eva koci attho sijjhati; *yo* panâ-
yaṃ *naro* rāgādivasena vattanato *sāhaso*, kusalānaṃ[4] dham-
mānaṃ bhāvanāya asātaccakāritāya *pamatto*, so saddamat-
tagāhī eva hoti, tena *tassa* atthavijānanābhāvato sā subhāsita-
vijānana*paññā* vā[5] tathattāya paṭipattiyā abhāvato *sutaṃ*
vā[6] *na vaḍḍhatī* ti. Evaṃ pamattānaṃ sattānaṃ[7] paññāpari- 330
hāniṃ sutaparihāniñ ca dassetvā idāni appamattānaṃ tadu-
bhayasārādhigamanaṃ[8] dassento āha: dhamme ca ye . . . pe
. . . sāram ajjhagū ti. Tattha ariyappavedito dhammo nāma
samathavipassanādhammo, eko pi hi buddho samathavipas-
sanādhammaṃ adesetvā parinibbuto nāma n' atthi, tasmā
etasmiṃ *dhamme ca ye ariyappavedite ratā* niratā appamattā
sātaccānuyogino, *anuttarā te vacasā manasā ca kammanā ca*[9],
te catubbidhena vacīsucaritena tividhena manosucaritena ti-
vidhena kāyasucaritena samannāgatattā vacasā manasā ca
kammanā ca anuttarā avasesasattehi asamā aggā visiṭṭhā,—
ettāvatā saddhiṃ pubbabhāgasīlena ariyamaggasampayuttaṃ
sīlaṃ dassesi. Evaṃ parisuddhasīlā te khantisoraccasamā-
dhisaṇṭhitā sutassa paññāya ca sāram ajjhagū, ye ariyappave-
dite dhamme ratā, te na kevalaṃ vācādīhi anuttarā honti,
api ca kho pana santisoracce samādhimhi ca[10] saṇṭhitā hutvā

---

[1] Ba °vasena, *om.* eva. [2] Ba āha.
[3] Ba *ad.* h'. [4] Ba *ad.* ca. [5] Ba c a.
[6] Sk va; Ba c a (*after* na). [7] Ba *om.* [8] Ba °ādhigamaṃ.
[9] Skgn *om.* [10] Ba santisoraccasamādhimhi, *om.* ca.

sutassa paññāya ca sāraṃ ajjhagū adhigatā icc eva veditabbā, āsaṃsāyaṃ bhūtavacanaṃ. Tattha santī ti nibbānaṃ, soraccan ti sundare ratabhāvena yathābhūtaṃ-paṭivedhikā paññā, santiyā soraccan ti *santisoraccaṃ*, nibbānārammaṇāya maggapaññāy' etaṃ adhivacanaṃ, *samādhī* ti taṃsampayutto ca maggasamādhi, *saṇṭhitā* ti tadubhaye patiṭṭhitā, —*sutapaññānaṃ sāraṃ* nāma arahattaphalavimutti, vimuttisāraṃ hi idaṃ brahmacariyaṃ. Evam ettha Bhagavā dhammena pubbabhāgapaṭipadaṃ, "anuttarā vacasā" ti ādīhi sīlakkhandhaṃ, santisoraccasamādhīhi paññākkhandhasamādhikkhandhe ti tīhi pi imehi khandhehi aparabhāgapaṭipadañ ca dassetvā sutapaññāsārena akuppavimuttiṃ dassento arahattanikūṭena desanaṃ samāpesi; desanāpariyosāne ca so bhikkhu sotāpattiphalaṃ patvā puna nacirass' eva aggaphale arahatte patiṭṭhāsī ti

KIṂSĪLASUTTAVAṆṆANĀ NIṬṬHITĀ.

10.

(331). Uṭṭhahathā ti Uṭṭhānasuttaṃ. Kā uppatti:* Ekaṃ samayaṃ Bhagavā Sāvatthiyaṃ viharanto rattiṃ Jetavanavihāre vasitvā[1] pubbaṇhasamayaṃ bhikkhusaṃghaparivuto Sāvatthiyaṃ piṇḍāya caritvā pācīnadvārena nagarā nikkhamitvā Migāramātu pāsādaṃ agamāsi divāvihāratthāya. Āciṇṇaṃ kir' etaṃ Bhagavato rattiṃ Jetavanavihāre vasitvā[1] Migāramātu pāsāde divāvihārūpagamanaṃ, rattiñ ca Migāramātu pāsāde vasitvā[1] Jetavane divāvihārūpagamanaṃ[2], kasmā: dvinnaṃ kulānaṃ anuggahatthāya mahāpariccāgaguṇaparidīpanatthāya ca. Migāramātu pāsādassa ca heṭṭhā pañca kūṭāgāragabbhasatāni[3] honti, yesu pañcasatā bhikkhū vasanti. Tattha, yadā Bhagavā heṭṭhā-pāsāde vasati, tadā bhikkhū Bhagavato gāravena upari-pāsādaṃ nâruhanti[4]. Taṃ divasam pana Bhagavā upari-pāsāde kūṭāgāragabbhaṃ pāvisi, tena heṭṭhā-pāsāde pañca pi gabbhasatāni pañcasatā bhikkhū pavisiṃsu. Te ca sabbe va navā honti adhunāgatā

* S. V, 269–270.

[1] Ba vasetvā. [2] Skgn Jetavanavihārūpagamanaṃ.
[3] *So* Skgn Ba. [4] Ba nârohanti.

imaṃ dhammavinayaṃ uddhatā unnaḷā pākatindriyā. Te pavisitvā divā[1] divāseyyaṃ supitvā sāyaṃ vuṭṭhāya mahātale sannipatitvā "ajja bhattagge tuyhaṃ kiṃ ahosi, tvaṃ kattha agamāsī" ti—"ahaṃ āvuso Kosalarañño gharaṃ, ahaṃ Anāthapiṇḍikassa, tattha evarūpo ca evarūpo ca bhojanavidhi[2] ahosī" ti nānappakāraṃ[3] āmisakathaṃ kathentā uccāsaddamahāsaddā ahesuṃ. Bhagavā taṃ saddaṃ sutvā 'ime mayā saddhiṃ vasantā pi pamattā, aho ayuttakārino' ti Mahāmoggallānattherassa āgamanaṃ cintesi; tāvad eva āyasmā Mahāmoggallāno Bhagavato cittaṃ ñatvā iddhiyā āgamma pādamūle vandamāno yeva ahosi. Tato naṃ Bhagavā āmantesi: "ete te Moggallāna sabrahmacārayo[4] pamattā; sādhu ne saṃvejehī" ti. "Evam bhante" ti kho āyasmā Mahāmoggallāno[5] Bhagavato paṭisuṇitvā tāvad eva āpokasiṇaṃ samāpajjitvā karañjabhūmiyaṃ[6] ṭhitaṃ mahāpāsādaṃ nāvaṃ viya mahāvāto pādaṅguṭṭhakena kampesi saddhiṃ patiṭṭhitapaṭhavippadesena. Atha te bhikkhū bhītā vissaraṃ karontā sakasakacīvarādīni[7] chaḍḍetvā catuhi dvārehi nikkhamiṃsu. Bhagavā tesaṃ attānaṃ dassento aññena dvārena Gandhakuṭiṃ pavisanto viya ahosi. Bhagavantaṃ disvā vanditvā aṭṭhaṃsu. Bhagavā "kiṃ bhikkhave bhīt' atthā" ti pucchi. [8]Te "ayam[8] bhante Migāramātu pāsādo kampito [9]calito" ti āhaṃsu. "Jānātha bhikkhave kenā" ti. "Na jānāma bhante" ti. Atha Bhagavā "tumhādisānaṃ bhikkhave muṭṭhassatīnaṃ asampajānānaṃ pamādavihārīnaṃ saṃvegajananatthaṃ Moggallānena kampito" ti vatvā tesaṃ bhikkhūnaṃ dhammadesanatthaṃ idaṃ suttaṃ abhāsi.

Tattha *uṭṭhahathā* ti [10]alasabhāvā uṭṭhahatha[10] ghaṭatha 331
vāyamatha mā kusītā hotha; *nisīdathā* ti pallaṃkaṃ ābhujitvā kammaṭṭhānānuyogatthāya nisīdatha; *ko attho supitena vo* ti ko tumhākaṃ anupādā-parinibbānatthāya pabbaji-

---

1 Ba *om.* 2 Ba bhojanīyavidhi. 3 Ba °ppakārakaṃ.
4 Ba °cārino. 5 Ba *om.* Mahā-.
6 Sk karajabhūmiyaṃ, Ba tattha bhūmiyaṃ.
7 Skgn sakasakacīvarāni. 8-8 Ba Kenâyam.
9 Ba *ins.* saṃ-. 10-10 Ba āsanā vuṭṭhahatha.

tānaṃ supitena attho, na hi sakkā supantena koci attho pāpuṇituṃ; *āturānaṃ hi kā niddā sallaviddhāna ruppatan* ti yatra ca nāma appake pi sarīrappadese uṭṭhitena cakkhurogādinā rogena āturānaṃ, ekadvaṅgulamattam pi paviṭṭhena ayasallaaṭṭhisalladantasallavisāṇasallakaṭṭhasallānaṃ aññatarasallena[1] ruppamānānaṃ manussānaṃ niddā n' atthi, tattha tumhākaṃ sakalacittasarīrasantānaṃ bhañjitvā uppannehi nānappakārakilesarogehi[2] āturānaṃ hi kā niddā rāgasallādīhi ca pañcahi sallehi[3] anto-hadayaṃ pavisiya viddhattā sallaviddhāna ruppataṃ.

Evaṃ vatvā puna Bhagavā bhiyyoso mattāya te bhikkhū
ussāhento saṃvejento ca āha: uṭṭhahatha . . . pe . . .
332. vasānuge ti. Tatrâyaṃ sādhippāyayojanā atthavaṇṇanā:
evaṃ kilesasallaviddhānaṃ[4] vo bhikkhave kālo pabujjhituṃ,
kiṃkāraṇaṃ: maṇḍapeyyam idaṃ bhikkhave brahmaca-
riyaṃ satthā sammukhībhūto, ito pubbe pana vo dīgha-
rattaṃ suttaṃ, girīsu suttaṃ[5], samesu, visamesu, ruk-
khaggesu pi[6] suttaṃ adassanā ariyasaccānaṃ; tasmā tassā
niddāya antakiriyatthaṃ uṭṭhahatha nisīdatha daḷhaṃ sik-
khatha santiyā. Tattha purimapādass' attho vuttanayo eva;
dutiyapāde pana *santī* ti tisso santiyo: accantasanti tadaṅ-
gasanti sammutisanti, nibbāna-vipassanā-diṭṭhigatānam etam
adhivacanaṃ, idha pana accantasanti nibbānaṃ adhippetaṃ,
tasmā nibbānatthaṃ *daḷhaṃ sikkhatha* asithilaparakkamā
hutvā sikkhathā ti vuttaṃ hoti, kiṃkāraṇaṃ: *mā vo pamatte
viññāya Maccurājā amohayittha vasānuge* mā tumhe 'pamattā
ete' ti evañ ñatvā Maccurājapariyāyanāmo Māro vasānuge
amohayittha,—yathā tassa vasaṃ gacchatha, evaṃ vasānuge
333. karonto mā amohayitthā ti vuttaṃ hoti. Yato[7] tassa vasaṃ
anupagacchantā[8], *yāya devā manussā ca*[9] samappitā, yāya
devamanussā ca[9] *atthikā* rūpasaddagandharasaphoṭṭhabbat-
thikā taṃ rūpādiṃ *sitā* nissitā allīnā hutvā *tiṭṭhanti*, *taratha*
samatikkamatha *etaṃ* nānappakāresu visayesu visaṭavitthiṇ-

---

[1] Ba aññatarena sall°. [2] Ba nānappakālehi kil°. [3] Ba *om.*
[4] Ba *ad.* hi. [5] Sk *ad.* nadīsuttaṃ.
[6] Ba aggarukkhesu, *om.* pi. [7] Ba Tato.
[8] Skgn Ba °gacchanto (Sk < anugacch°).
[9] Ba devā ca manussā ca.

ṇavisālattā *visattikaṃ* bhavabhogataṇhaṃ, *khaṇo ve mā upaccagā* ayaṃ tumhākaṃ samaṇadhammakaraṇakkhaṇo mā atikkami,[1] yesaṃ hi ayaṃ evarūpo khaṇo atikkamati ye ca imaṃ khaṇaṃ atikkamanti, te *khaṇātītā hi socanti nirayamhi samappitā* nirassādaṭṭhena nirayasaññite[2] catubbidhe pi apāye patiṭṭhitā "akataṃ vata no kalyāṇan" ti ādinā nayena socanti.

Evaṃ Bhagavā te bhikkhū ussāhetvā saṃvejetvā ca idāni 334
tesaṃ taṃ pamādavihāraṃ garahitvā[3] sabbe va te appamāde niyojento pamādo rajo ti imaṃ gāthaṃ āha. Tattha *pamādo* ti saṃkhepato sativippavāso, so cittamalanaṭṭhena *rajo*, taṃ pamādaṃ anupatito *pamādānupatito* pamādānupatitattā[4] aparāparuppanno pamādo eva, so pi *rajo*, na hi kadāci pamādo nāma arajo atthi. Tena kiṃ dīpeti: mā tumhe 'daharā tāva mayaṃ, pacchā jānissāmā' ti vissāsaṃ āpajjittha, daharakāle pi hi pamādo rajo, majjhimakāle pi, therakāle pi pamādānupatitattā mahārajo saṃkārakūṭo eva hoti, yathā ghare eka-dve-divasiko rajo eva, vaḍḍhamāno pana gaṇavassiko saṃkārakūṭo eva hoti, evaṃ sante pi pana paṭhamavaye buddhavacanaṃ pariyāpuṇitvā itaravayesu samaṇadhammaṃ karonto, paṭhamavaye vā pariyāpuṇitvā majjhimavaye suṇitvā pacchimavaye samaṇadhammaṃ karonto pi bhikkhu pamādavihārī na hoti appamādānulomapaṭipadaṃ paṭipannattā, yo pana sabbavayesu pamādavihārī divāseyyaṃ āmisakathañ ca anuyutto seyyathā pi tumhe, tass' eso paṭhamavaye pamādo rajo itaravayesu pamādānupatito mahāpamādo ca mahārajo evā ti. Evaṃ tesaṃ pamādavihāraṃ garahitvā appamāde niyojento āha: appamādena vijjāya abbahe sallam attano ti. Tass' attho: yasmā evaṃ eso sabbadā pi pamādo rajo, tasmā satiavippavāsasaṃkhātena *appamādena* āsavānaṃ-khayañāṇasaṃkhātāya ca *vijjāya* paṇḍito kulaputto uddhare *attano* hadayanissitaṃ rāgādipañcavidhaṃ *sallan* ti arahattanikūṭena desanaṃ samāpesi; desanāpariyosāne saṃvegaṃ āpajjitvā tam eva dhammadesanaṃ manasikaritvā paccavekkhamānā vipassanaṃ ārabhitvā pañcasatā pi te bhikkhū arahatte patiṭṭhahiṃsū ti

UṬṬHĀNASUTTAVAṆṆANĀ NIṬṬHITĀ.

---

[1] *Cf.* Thīg. A. 12^{32}. [2] B^a *om.*; S^{kgn} *ad.* ti.
[3] B^a (*here and* 339^{27}) vigarahitvā. [4] S^{kgn} *om.*

11.

(335). Kacci abhiṇhasaṃvāsā ti Rāhulasuttaṃ. *Kā uppatti:
Bhagavā sammāsambodhiṃ abhisambujjhitvā Bodhimaṇḍato
anupubbena Kapilavatthuṃ gantvā tattha Rāhulakumārena[1]
"dāyajjam me samaṇa dehī" ti dāyajjaṃ yācito Sāriputtat-
theraṃ āṇāpesi: "Rāhulakumāraṃ pabbājehī" ti. Taṃ
sabbaṃ Khandhakaṭṭhakathāyaṃ† vuttanayen' eva gahe-
tabbaṃ. Evaṃ pabbajitaṃ pana Rāhulakumāraṃ vuddhip-
pattaṃ Sāriputtatthero va upasampādesi, Mahāmoggallānat-
thero assa kammavācācariyo ahosi. Taṃ Bhagavā 'ayaṃ
kumāro jātiādisampanno, so jātigottakulavaṇṇapokkharatā-
dīni nissāya mānaṃ vā jappaṃ[2] vā mā akāsī' ti daharakālato
pabhuti, yāva na[3] ariyabhūmiṃ pāpuṇi, tāva ovadanto
abhiṇhaṃ idaṃ suttam abhāsi, tasmā c' etaṃ suttapari-
yosāne pi[3] vuttaṃ[3]: "itthaṃ sudaṃ Bhagavā āyasmantaṃ
Rāhulaṃ imāhi gāthāhi abhiṇhaṃ ovadatī" ti.
335. Tattha paṭhamagāthāya ayaṃ saṃkhepattho: *kacci* tvaṃ
Rāhula *abhiṇhaṃ saṃvāsa*hetu jātiādīnam aññatarena vat-
thunā na paribhavasi *paṇḍitaṃ*, ñāṇapadīpassa[4] dhammade-
sanādīpassa[5] ca dhāraṇato *ukkādhāro manussānaṃ kacci
apacito tava* kacci niccaṃ pūjito tayā ti āyasmantaṃ Sāri-
puttaṃ sandhāya bhaṇati.
336. Evaṃ vutte āyasmā Rāhulo 'nâhaṃ Bhagavā nīcapuriso
viya saṃvāsahetu mānaṃ vā jappaṃ[6] vā karomī' ti dīpento
imaṃ paṭigātham āha: nâhaṃ abhiṇhasaṃvāsā ti. Sā uttā-
natthā eva.
Tato naṃ Bhagavā uttariṃ ovadanto pañca kāmaguṇe ti
337. ādikā avasesagāthāyo āha. Tattha, y a s m ā pañca kā-
maguṇā sattānaṃ piyarūpā piyajātikā ativiya sattehi icchitā

* *Vide* Ps. *ad* M. I, 414[11], *etc.* † Sp. *ad* Vin. I, 82[15] ?.

1 Skgn Rāhulena kum°, *and* Rāhulaṃ kum° 340[8].
2 Ba d a p p a ṃ (*cf. note* 6), *ad.* padaṃ.
3 Ba *om.* 4 Sgn ñāṇadīpassa.
5 Ba d h a m m a d e s a n a p a d ī p a s s a.
6 Ba d a p p a ṃ.

patthitā mano ca nesaṃ ramayanti, te câyasmā Rāhulo hitvā saddhāya gharā nikkhanto na rājābhinīto na corābhinīto na iṇaṭṭo na bhayaṭṭo[1] na ājīvikāpakato, tasmā naṃ Bhagavā *pañca kāmaguṇe hitvā piyarūpe manorame saddhāya gharā nikkhammā* ti samuttejetvā imassa nekkhammassa anurūpāya[2] paṭipattiyā niyojento āha: *dukkhass' antakaro bhavā* ti. Tattha siyā: 'nanu câyam āyasmā dāyajjaṃ patthento balakkārena pabbājito, atha[3] kasmā Bhagavā āha: saddhāya gharā nikkhammā' ti, vuccate: nekkhammādhimuttattā, ayaṃ hi āyasmā dīgharattaṃ nekkhammādhimutto Padumuttarasammāsambuddhassa puttaṃ Uparevataṃ nāma sāmaṇeraṃ disvā Saṃkho nāma nāgarājā hutvā satta divase dānaṃ datvā tathābhāvaṃ patthetvā tato pabhuti patthanāsampanno abhinīhārasampanno satasahassakappe pāramiyo pūretvā antimabhavaṃ upapanno[4], evaṃ nekkhammādhimuttatañ c' assa Bhagavā jānāti, tathāgatabalaññataraṃ hi etaṃ ñāṇaṃ*, tasmā āha: saddhāya gharā nikkhammā ti,—atha vā dīgharattaṃ saddhāy' eva gharā nikkhamma idāni dukkhass' antakaro bhavā ti ayam ettha adhippāyo. Idāni 'ssa ādito 338
pabhuti vaṭṭadukkhass' antakiriyāya paṭipattiṃ dassetuṃ mitte bhajassu kalyāṇe ti ādim āha. Tattha sīlādīhi adhikā kalyāṇamittā nāma, te bhajanto †Himavantaṃ nissāya mahāsālā mūlādīhi viya sīlādīhi vaḍḍhati, tenâha: *mitte bhajassu kalyāṇe* ti; *pantañ ca sayanāsanaṃ vivittaṃ appanigghosan* ti yañ ca sayanāsanaṃ pantaṃ dūraṃ vivittam appakiṇṇam appanigghosaṃ, yattha migasūkarādisaddena araññasaññā uppajjati, tathārūpaṃ sayanāsanañ ca bhajassu; *mattaññū hohi bhojane* ti pamāṇaññū hohi, paṭiggahaṇamattaṃ paribhogamattañ ca jānāhī ti attho; tattha paṭiggahaṇamattaññunā deyyadhamme[5] appe dāyake pi appaṃ dātukāme appam eva gahetabbaṃ, deyyadhamme appe dāyake pana bahuṃ dātukāme pi appam eva gahetabbaṃ, deyyadhamme pana

* (A. V, 34⁶).   † (A. I, 152–153).

[1] S^g (B^a) na iṇaṭṭho na bhayaṭṭho.
[2] B^a nikkhammassa paṭirūpāya.
[3] S^kgn tattha.
[4] B^a antimabhavūpapanno.
[5] B^a *ad.* pi.

bahutare dāyake appaṃ dātukāme appam eva gahetabbaṃ, deyyadhamme pi bahutare dāyake bahuṃ[1] dātukāme attano balaṃ jānitvā gahetabbaṃ: 'api ca mattā yeva vaṇṇitā Bhagavatā' ti; p a r i b h o g a m a t t a ñ ñ u n ā puttamaṃsaṃ viya akkhabbhañjanam iva ca yoniso manasikaritvā
339. bhojanaṃ paribhuñjitabban ti. Evam imāya gāthāya brahmacariyassa upakārabhūtāya kalyāṇamittasevāya niyojetvā senāsanabhojanamukhena ca paccayaparibhogasīlaṃ samādapetvā idāni, yasmā cīvarādisu taṇhāya micchāājīvo hoti, tasmā taṃ paṭisedhetvā ājīvapārisuddhisīle samādapento cīvare piṇḍapāte cā ti imaṃ gātham āha. Tattha *paccaye* ti gilānapaccaye; *etesū* ti etesu[2] catusu cīvarādisu bhikkhūnaṃ taṇhuppādavatthusu; *taṇhaṃ mâkāsī* ti 'hirikopīnapaṭicchādanādiatthaṃ ete cattāro paccayā niccāturānaṃ purisānaṃ patikārabhūtā, jajjaragharassêv' imassa[3] atidubbalassa kāyassa upatthambhabhūtā' ti ādinā nayena ādīnavaṃ passanto taṇhaṃ mā janesi, ajanento anuppādento viharāhī ti vuttaṃ hoti, kiṃkāraṇaṃ[4]: *mā lokaṃ punar āgami*, etesu hi taṇhaṃ karonto taṇhāya ākaḍḍhiyamāno puna pi imaṃ lokaṃ āgacchati, so tvaṃ etesu taṇhaṃ mâkāsi, evaṃ sante na puna imaṃ lokaṃ āgamissasī ti.

Evaṃ vutte āyasmā Rāhulo 'cīvare taṇhaṃ mâkāsī ti maṃ Bhagavā āhā' ti cīvarapaṭisaṃyuttāni dve dhutaṅgāni samādiyi: paṃsukūlikaṅgañ ca tecīvarikaṅgañ ca[5], 'piṇḍapāte taṇhaṃ mâkāsī ti maṃ Bhagavā āhā' ti piṇḍapātapaṭisaṃyuttāni pañca dhutaṅgāni samādiyi: piṇḍapātikaṅgaṃ ekāsanikaṅgaṃ sapadānacārikaṅgaṃ[6] pattapiṇḍikaṅgaṃ khalupacchābhattikaṅgan ti, 'senāsane taṇhaṃ mâkāsī ti maṃ Bhagavā āhā' ti senāsanapaṭisaṃyuttāni cha dhutaṅgāni samādiyi: āraññakaṅgaṃ abbhokāsikaṅgaṃ rukkhamūlikaṅgaṃ yathāsanthatikaṅgaṃ sosānikaṅgaṃ nesajjikaṅgan ti, 'gilānapaccaye taṇhaṃ mâkāsī ti maṃ Bhagavā āhā' ti sabbapaccayesu yathālābhaṃ yathābalaṃ yathāsāruppan ti

---

1 Ba bahutare (!) 2 Sgn *om.*
3 Ba °gharassêva, *om.* imassa.
4 Ba °kāraṇā. 5 Ba °aṅgan ti (342[28], *etc.*).
6 Ba sapadānac° ekās°.

tīhi santosehi* santuṭṭho ahosi yathā taṃ subbaco kulaputto padakkhiṇaggāhī anusāsanin ti.

Evam Bhagavā āyasmantaṃ Rāhulaṃ ājīvapārisuddhisīle 340.
samādapetvā idāni avasesasīle samathavipassanāsu ca samādapetuṃ saṃvuto pātimokkhasmin ti ādim āha. Tattha *saṃvuto pātimokkhasmin* ti ettha "bhavassū" ti pāṭhaseso, "*bhavā*" ti antimapadena[1] v ā sambandho veditabbo, tathā dutiyapāde[2]. Evam etehi dvīhi vacanehi pātimokkhasaṃvarasīle indriyasaṃvarasīle ca samādapesi, pākaṭavasena c' ettha *pañc' indriyāni* vuttāni, lakkhaṇato pana chaṭṭham pi vuttaṃ yeva hotī ti veditabbaṃ; *satī kāyagatā ty atthū* ti evaṃ catupārisuddhisīle patiṭṭhitassa tuyhaṃ catudhātuvavatthānacatubbidhasampajaññānāpānasatiāhārepaṭikkūlasaññābhāvanādibhedā kāyagatā sati atthu bhavatu, bhāvehi tan ti attho; *nibbidābahulo bhavā* ti saṃsāravaṭṭe ukkaṇṭhanabahulo sabbaloke anabhiratasaññī hohī ti attho.
Ettāvatā nibbedhabhāgiyaṃ upacārabhūmiṃ dassetvā idāni 341.
appanābhūmiṃ dassento nimittaṃ parivajjehī ti ādim āha. Tattha *nimittan* ti rāgaṭṭhāniyaṃ subhanimittaṃ, ten' eva naṃ[3] parato visesento āha: *subhaṃ rāgūpasaṃhitan* ti; *parivajjehī* ti amanasikārena pariccajāhi; *asubhāya cittaṃ bhāvehī* ti, yathā saviññāṇake aviññāṇake vā kāye asubhabhāvanā sampajjati, evaṃ cittaṃ bhāvehi; *ekaggaṃ susamāhitan* ti upacārasamādhinā ekaggaṃ appanāsamādhinā susamāhitaṃ, yathā te īdisaṃ cittaṃ hoti, tathā naṃ bhāvehī ti attho.
Evam assa appanābhūmiṃ dassetvā idāni vipassanaṃ das- 342.
setuṃ animittan ti ādim āha. Tattha *animittañ ca bhāvehī* ti evaṃ nibbedhabhāgiyena samādhinā samāhitacitto vipassanaṃ bhāvehī ti vuttaṃ hoti, vipassanā hi 'aniccānupassanāñāṇaṃ niccanimittato vimuccatī' ti "animitto vimokho"† ti ādinā nayena rāganimittādīnaṃ v ā agahaṇena animitta-vohāraṃ labhati, yathâha: "so khv āhaṃ āvuso sabbanimittānaṃ amanasikārā animittaṃ cetosamādhiṃ upa-

* *Vide* Pj. I, 145–147 (Nidd. *ad* S.N. 42b). † *Cf.* Dhp. 92.

[1] Skgn °pādena. [2] Ba °pade (332[29]).
[3] Skgn ten' eva taṃ, Ba tena va naṃ.

sampajja viharāmi, tassa mayhaṃ āvuso iminā vihārena viharato nimittānusāri viññāṇaṃ hotī "* ti; *mānānusayam ujjahā* ti imāya animittabhāvanāya aniccasaññaṃ paṭilabhitvā "aniccasaññino Meghiya anattasaññā saṇṭhāti, anattasaññī asmimānasamugghātaṃ pāpuṇātī "† ti evamādinā anukkamena mānānusayam ujjaha pajaha pariccajā ti[1] attho; *tato mānābhisamayā upasanto carissasī* ti ath' evaṃ ariyamaggena mānassa abhisamayā khayā vayā pahānā paṭinissaggā[2] upasanto nibbuto sītibhūto sabbadarathapariḷāhavirahito, yāva na anupādisesāya nibbānadhātuyā parinibbāyi[3], tāva suññatānimittāppaṇihitānaṃ aññatarāññatarena phalasamāpattivihārena carissasi viharissasī ti arahattanikūṭena desanaṃ niṭṭhapesi.

Tato paraṃ[4] itthaṃ sudaṃ Bhagavā ti ādi saṅgītikārānaṃ[5] vacanaṃ. Tattha *itthaṃ sudan* ti itthaṃ[6] sudaṃ[6], evam evā ti vuttaṃ hoti. Sesam ettha uttānattham eva. Evaṃ ovadiyamāno câyasmā Rāhulo paripākaṅ gatesu vimuttiparipācaniyesu dhammesu Cūḷarāhulovādasuttapariyosāne anekehi devatāsahassehi saddhiṃ[4] arahatte patiṭṭhāsī ti

RĀHULASUTTAVAṆṆANĀ NIṬṬHITĀ.

12.

(S.N.[1] p. 61) Evam me sutan ti Nigrodhakappasuttaṃ, Vaṅgīsasuttan ti pi vuccati. Kā uppatti: ayam eva yâssa nidāne vuttā. Tattha *evam me* ti ādīni vuttatthān' eva, yato tāni aññāni ca tathāvidhāni chaḍḍetvā avuttanayam eva vaṇṇayissāma: *Aggāḷave cetiye* ti Āḷaviyaṃ aggacetiye, anuppanne hi Bhagavati Aggāḷava-Gotamakādīni anekāni cetiyāni ahesuṃ yakkhanāgādīnaṃ bhavanāni, tāni uppanne Bhagavati manussā vināsetvā vihāre[7] akaṃsu ten' eva ca nāmena vohariṃsu,

* S. IV, 269[4]. † A. IV, 358[18].

[1] Ba pariccajāhī ti (343[21]). [2] Skgn pahānapaṭinissaggā.
[3] ɔ: °bbāyasi (Sk °b b ā s i).
[4] Ba *om.* [5] Skgn saṅgītikārakānaṃ.
[6] *So* Skgn Ba (346, *note* 7). [7] Ba vihāraṃ.

yato Aggāḷavacetiyasaṃkhāte vihāre viharatī ti vuttaṃ hoti. *Āyasmato Vaṅgīsassā* ti ettha āyasmā ti piyavacanaṃ, Vaṅgīso ti tassa therassa nāmaṃ. So jātito pabhuti evaṃ veditabbo:

*So kira paribbājakassa putto paribbājikāya kucchimhi jāto aññataraṃ vijjaṃ jānāti, yassânubhāvena chavasīsaṃ[1] ākoṭetvā sattānaṃ gatiṃ jānāti. Manussā pi sudaṃ attano ñātīnaṃ kālakatānaṃ susānato sīsāni ānetvā taṃ tesaṃ gatiṃ pucchanti, so "asukaniraye nibbatto, asukamanussaloke" ti vadati. Te tena vimhitā tassa[2] bahuṃ dhanaṃ denti. Evaṃ so sakalaJambudīpe pākaṭo ahosi. So satasahassakappapūritapārami abhinīhārasampanno pañcahi purisasahassehi parivuto gāmanigamarājadhānisu[3] vicaranto Sāvatthiṃ anuppatto. Tena ca samayena Bhagavā Sāvatthiyaṃ viharati. Sāvatthivāsino purebhattaṃ dānaṃ datvā pacchābhattaṃ sunivatthā supārutā pupphagandhādīni[4] gahetvā dhammasavanatthāya Jetavanaṃ gacchanti. So te disvā "mahājanakāyo kuhiṃ gacchatī" ti pucchi. Ath' assa te ācikkhiṃsu: "buddho loke uppanno, so[5] bahujanahitāya dhammaṃ deseti, tattha gacchāmā" ti. So pi tehi saddhiṃ saparivāro gantvā Bhagavatā saddhiṃ sammoditvā ekamantaṃ nisīdi. Atha naṃ Bhagavā āmantesi: "kiṃ Vaṅgīsa jānāsi kira tādisaṃ vijjaṃ, yāya sattānaṃ chavasīsāni ākoṭetvā gatiṃ pavedesī" ti. "Evaṃ bho Gotama jānāmī" ti. Bhagavā niraye nibbattassa sīsaṃ āharāpetvā dassesi; so nakhena ākoṭetvā "niraye nibbattassa sīsaṃ bho Gotamā" ti āha. Evaṃ sabbagatinibbattānaṃ[6] sīsāni dassesi; so pi tath' eva ñatvā ārocesi. Ath' assa Bhagavā khīṇāsavasīsaṃ dassesi; so punappunaṃ ākoṭetvā na aññāsi. Tato Bhagavā "avisayo te ettha Vaṅgīsa,

* Mp. p. 163–165 (*ad* A. I, 24); Dhp. A. IV, 226–228 (*ad* Dhp. 419–420); Thag. A. in *Pss. of the Brethren*, 395.

[1] Ba *here* matasīsaṃ. [2] Skgn tass' eva.
[3] Ba gāmanigamajanapadarājaṭhānisu.
[4] *So* Ba; Skgn sugandhādīni. [5] Ba *om.*
[6] Ba *ad.* pi.

[1]mam' eva so[1] visayo, khīṇāsavassa[2] sīsan" ti vatvā imaṃ gātham abhāsi:

"gati migānaṃ pavanaṃ, ākāso pakkhinaṃ gati,
vibhavo gati dhammānaṃ, nibbānaṃ arahato gatī"* ti.

Vaṅgīso gāthaṃ sutvā "imaṃ me bho Gotama vijjaṃ dehī" ti āha. Bhagavā "nâyaṃ vijjā apabbajitānaṃ sampajjatī" ti āha. So "pabbājetvā [3]vā mam[3] bho Gotama, yaṃ vā[4] icchasi, taṃ katvā imaṃ vijjaṃ dehī" ti āha. Tadā ca[5] Bhagavato Nigrodhakappatthero samīpe hoti; taṃ Bhagavā āṇāpesi: "tena hi Nigrodhakappa imaṃ pabbājehī" ti. So taṃ pabbājetvā tacapañcakaṃ kammaṭṭhānam ācikkhi. Vaṅgīso anupubbena paṭisambhidāppatto arahā ahosi, etadagge ca Bhagavatā niddiṭṭho: "etad aggaṃ bhikkhave mama sāvakānaṃ bhikkhūnaṃ paṭibhānavantānaṃ, yadidaṃ Vaṅgīso"† ti.

Evaṃ samudāgatassa āyasmato Vaṅgīsassa *upajjhāyo* vajjāvajjādiupanijjhāyanena evaṃ laddhavohāro *Nigrodhakappo nāma thero;* Kappo ti tassa therassa nāmaṃ, nigrodhamūle pana arahattaṃ adhigatattā Nigrodhakappo ti Bhagavatā vutto, tato naṃ bhikkhū pi evaṃ voharanti; sāsane thirabhāvaṃ patto[6] ti thero; *Aggāḷave cetiye aciraparinibbuto hotī* ti tasmiṃ cetiye aciraparinibbuto[7] hoti; [8]*rahogatassa* kāyena, *patisallīnassa* cittena, tehi tehi[8] visayehi paṭinivattitvā sallīnassa; *evaṃ cetaso parivitakko udapādī* ti iminā ākārena vitakko uppajji, kasmā pana udapādī ti: asammukhattā diṭṭhāsevanattā ca, ayaṃ hi tassa parinibbānakāle na sammukho ahosi diṭṭhapubbañ ca ten' assa hatthakukkuccādipubbāsevanaṃ, tādisañ ca akhīṇāsavānam pi hoti khīṇāsavānam pi pubbaparicayena. Tathā hi Piṇḍolabhāradvājo [9]pacchābhattaṃ divāvihāratthāya[9] Udenassa uyyānam eva

* Vin. V, 149²². † A. I, 24²¹.

1–1 S^gn mam' eso. 2 B^a khīṇāsava-. 3–3 B^a mama. 4 B^a tvaṃ. 5 S^gn *om.* 6 B^a thirabhāvapatto. 7 *So* S^kgn B^a. 8–8 B^a rahogatassa paṭisallīnassā ti gaṇamhā kāyena paṭisallīnassa, cittena tehi tehi. 9–9 B^a vihāratthāya.

gacchati, pubbe rājā hutvā tattha paricāresī ti iminā pubbaparicayena. Gavampatitthero Tāvatiṃsabhavane suññaṃ devavimānaṃ gacchati, devaputto hutvā tattha paricāresī ti iminā pubbaparicayena. Pilindavaccho bhikkhū vasalavādena samudācarati, abbokiṇṇāni pañca jātisatāni brāhmaṇo hutvā tathā abhāsī ti iminā pubbaparicayena. Tasmā asammukhattā diṭṭhāsevanattā c' assa evaṃ cetaso parivitakko udapādi: '*parinibbuto nu kho me upajjhāyo udāhu no parinibbuto*' *ti*. Tato paraṃ uttānattham eva; *ekaṃsaṃ cīvaraṃ katvā* ti ettha pana punasaṇṭhāpanena evaṃ vuttaṃ, ekaṃsan ti ca vāmaṃsaṃ pārupitvā ṭhitass' etaṃ adhivacanaṃ, yato, yathā vāmaṃsaṃ pārupitvā ṭhitaṃ hoti, tathā cīvaraṃ katvā ti evam assa attho veditabbo. Sesaṃ pākaṭam eva.

[1]*Anomapaññan* ti, omaṃ vuccati parittaṃ lāmakaṃ, na 343.
omapaññaṃ mahāpaññan ti attho; *diṭṭhe va dhamme* ti pac-
cakkham eva, imasmiṃ yeva attabhāve ti v ā attho; *vicikic-
chānan* ti evarūpānaṃ parivitakkānaṃ; *ñāto* ti pākaṭo, *yasassī*
ti lābhaparivārasampanno; *abhinibbutatto* ti guttacitto[2] apari-
ḍayhamānacitto v ā. *Tayā katan* ti nigrodhamūle nisin- 344.
nattā Nigrodhakappo ti vadatā tayā katan ti, yathā
attanā upalakkheti, tathā bhaṇati, Bhagavā pana na nisin-
nattā eva taṃ tathā ālapi api ca kho tattha arahattaṃ pat-
tattā; *brāhmaṇassā* ti jātiṃ sandhāya bhaṇati, so kira brāh-
maṇamahāsālakulā pabbajito; *namassaṃ acarī*[3] ti namassa-
māno vihāsi; *mutyapekkho* ti nibbānasaṃkhātaṃ muttiṃ
apekkhamāno, nibbānaṃ patthento ti vuttaṃ hoti; *daḷha-
dhammadassī* ti Bhagavantaṃ ālapati, daḷhadhamman[4] ti
nibbānaṃ abhijjanaṭṭhena, tañ ca Bhagavā dasseti, tasmā
taṃ[5] daḷhadhammadassī ti āha. *Sakkā* ti pi Bhagavantam 345
eva kulanāmena ālapati; *mayam pi sabbo* ti avasesaparisaṃ
saṅgaṇhitvā[6] attānaṃ dassento bhaṇati; *samantacakkhū* ti pi
Bhagavantam eva sabbaññutañāṇenālapati; *samavaṭṭhitā*
ti sammā avaṭṭhitā ābhogaṃ katvā ṭhitā; *no* ti amhākaṃ;

---

[1] B^a *ins.* Pucchāmi satthāram anomapaññaṃ . . . pa . . . Sakko va devānaṃ sahassanatto tī ti.

[2] B^a n i b b u t a c i t t o. [3] S^gn ācarī, B^a ācariyan.

[4] B^a daḷhadhammo. [5] B^a *om.* [6] B^a °parisaṃ pariganhitvā.

savanāyā ti imassa pañhassa veyyākaraṇasavanatthāya; *sotā*[1]
ti sotindriyāni; *tvaṃ no satthā tvam anuttaro 'sī* ti thutiva-
346. canamattam ev' etaṃ. *Chind' eva no vicikicchan* ti akusala-
vicikicchāya nibbicikiccho so, vicikicchāpatirūpakaṃ pana
taṃ parivitakkaṃ sandhāy' evam[2] āha; *brūhi m'etan* ti brūhi
me etaṃ, yaṃ mayā yācito 'si " taṃ sāvakaṃ Sakka mayam
pi sabbe aññātum icchāmā " ti, bruvanto ca taṃ brāh-
maṇaṃ *parinibbutaṃ vedaya*[3] *bhūripañña majjhe ca*[4] *no*
bhāsa[5] parinibbutaṃ ñatvā mahāpañña Bhagavā majjhe
va[6] amhākaṃ sabbesam bhāsa, yathā sabbe va mayaṃ
jāneyyāma; *Sakko (va) devānaṃ sahassanetto* ti idam pana
thutivacanam eva, api c' assa ayaṃ adhippāyo: yathā Sakko
sahassanetto devānaṃ majjhe tehi sakkaccaṃ sampaṭic-
chitavacano bhāsati, evaṃ amhākaṃ majjhe amhehi sak-
347. kaccaṃ[7] sampaṭicchitavacano bhāsā ti. Ye kecī ti imam pi
gāthaṃ Bhagavantaṃ thunanto yeva vattukāmataṃ ja-
netuṃ bhaṇati. Tass' attho: *ye keci* abhijjhādayo *ganthā**,
tesaṃ appahāne mohavicikicchānaṃ pahānābhāvato *mo-*
hamaggā ti ca *aññāṇapakkhā* ti ca *vicikicchaṭṭhānā* ti ca
vuccanti, sabbe te *Tathāgataṃ patvā* Tathāgatassa desa-
nābalena viddhaṃsitā honti nassanti, kiṃkāraṇaṃ: *cak-*
khum hi etaṃ paraman[8] *narānaṃ*, yasmā Tathāgato sabba-
ganthavidhamanapaññācakkhujananato[9] narānaṃ paramaṃ
348. cakkhun ti vuttaṃ hoti. *No ce hi jātū* ti imam pi gāthaṃ
thunanto yeva vattukāmataṃ janento ca[10] bhaṇati. Tattha
jātū ti ekaṃsavacanaṃ; *puriso* ti Bhagavantaṃ sandhāyâha;
jotimanto ti paññājotisampannā[11] Sāriputtādayo. Idaṃ
vuttaṃ hoti: yadi Bhagavā, yathā puratthimādibhedo
vāto abbhaghanaṃ vihanti[12], evaṃ desanāvegena kilese (na)

* D. III, 230^{18}, Vibh. 374^{20}.

[1] B^a sotan. [2] B^a eva.
[3] S^{kgn} v e d a y a m. [4] S^{kgn} v a.
[5] B^a paribhāsassu. [6] B^a *om.*
[7] S^{kgn} *om.* (*at* 348^{13} S^{kgn} *have* sakkacca).
[8] S^{gn} pavaran (?). [9] B^a sabbaganṭhādhigamanapaññā°.
[10] S^{kg} B^a v a. [11] B^a °jotisamannāgatā. [12] B^a vihanati.

vihaneyya [1]tathā, yathā abbhaghane nivuto[1] loko tamo va
hoti ekandhakāro, evaṃ aññāṇanivuto pi tamo v'assa, ye
pi[2] ime dāni jotimanto khāyanti Sāriputtādayo, [3]te *pi*[3] *na*
tapeyyun ti. Dhīrā cā ti imam pi gāthaṃ purimanayen' 349.
eva bhaṇati. Tass' attho: *dhīrā ca* paṇḍitā purisā *pajjo-*
takarā bhavanti[4] paññāpajjotaṃ uppādenti, tasmā *ahan*
taṃ vīra padhānaviriyasamannāgata Bhagavā *tath' eva maññe*
'dhīro' ti ca 'pajjotakaro' tv eva ca maññāmi, mayaṃ
hi *vipassinaṃ* sabbadhamme yathābhūtaṃ passantaṃ
Bhagavantaṃ *jānantā* evaṃ[5] *upāgamamha*, tasmā *parisāsu*
no āvikarohi Kappaṃ Nigrodhakappaṃ ācikkha . . . pe
. . . pakāsehī ti. Khippan ti imam pi gāthaṃ purima- 350.
nayen' eva bhaṇati. Tass' attho: *khippaṃ giraṃ eraya*
lahuṃ acirāyamāno vacanaṃ bhāsa vaggum manoramaṃ
Bhagavā, yathā suvaṇṇahaṃso gocarapaṭikkanto jātassara-
vanasaṇḍaṃ disvā gīvaṃ *paggayha* uttāretvā[6] rattatuṇ-
ḍena saṇikaṃ ataramāno *vagguṃ* giraṃ nikūjati nicchā-
reti, evam eva tvam pi *saṇiṃ nikūja* iminā mahāpuri-
salakkhaṇaññatarena *bindussarena suvikappitena* suṭṭhu
vikappitena abhisaṃkhatena, ete mayaṃ *sabbe va ujugatā*
avikkhittamānasā hutvā tava nikūjitaṃ *suṇāmā* ti. Pahī- 351.
najātimaraṇan ti imam pi gāthaṃ purimanayen' eva bhaṇati.
Tattha na sesetī ti[7] aseso, taṃ *asesaṃ*, sotāpannādayo viya
kiñci asesetvā *pahīnajātimaraṇan* ti vuttaṃ hoti; *niggayhā*
ti suṭṭhu yācitvā nibandhitvā[8]; *dhonan* ti dhutasabbapāpaṃ;
vadessāmī[9] ti kathāpessāmi *dhammaṃ*; *na kāmakāro hi pu-*
thujjanānan ti puthujjanānam eva hi kāmakāro n' atthi, yaṃ
patthenti ñātuṃ vā vattuṃ vā, taṃ na sakkonti; *saṃkhey-*
yakāro ca tathāgatānan ti tathāgatānaṃ pana vīmaṃsakāro
paññāpubbaṅgamā kiriyā, to, yaṃ patthenti ñātuṃ va vat-
tuṃ vā, taṃ sakkontī ti adhippāyo. Idāni taṃ saṃkhey- 352.

[1–1] B[a] vāto yathā abbhaghano ti vuccati (*read* °ghane(na) nivuto). [2] B[a] ye câpi. [3–3] B[a] narā.

[4] B[a] *ad.* paññāpajjotamupakārā bhavanti.

[5] B[a] eva. [6] S[gn] uttāreyya, B[a] uccāretvā (370[4]).

[7] S[k] B[a] na sesesī ti, S[n] na seseti. [8] S[kg] nibbandh°

[9] S[kg] B[a] vadissāmī; S[n] vandissāmī.

yakāraṃ pakāsento sampanna veyyākaraṇan ti gātham āha.
Tass' attho: tathā hi *tava* Bhagavā *idaṃ samujjupaññassa*
tattha tattha *samuggahītaṃ* vuttaṃ pavattitaṃ *sampannaṃ*
veyyākaraṇaṃ[1] "San(ta)timahāmatto sattatālamattaṃ ab-
bhuggantvā parinibbāyissati, Suppabuddho Sakko sattame
divase paṭhaviṃ pavisissatī"* ti evamādisu aviparītaṃ
diṭṭhaṃ. Tato pana suṭṭhutaraṃ añjaliṃ paṇāmetvā āha:
ayam añjalī pacchimo suppaṇāmito ayam paro[2] pi añjali suṭ-
ṭhutaraṃ paṇāmito; *mā mohayi*[3] mā no akathanena mohayi
jānaṃ jānanto Kappassa gatiṃ, *anomapaññā* ti Bhagavantaṃ
353. ālapati. Parovaran[4] ti imaṃ pana gāthaṃ aparena pi pari-
yāyena amohanam eva yācanto āha. Tattha *parovaran*[4]
ti lokuttaralokiyavasena[5] sundarāsundaraṃ dūresantikaṃ
vā; *ariyadhamman* ti catusaccadhammaṃ; *viditvā* ti paṭi-
vijjhitvā; *jānan* ti sabbaṃ ñeyyadhammaṃ jānanto; *vācā-*
bhikaṃkhāmī[6] ti, *yathā ghammani ghammatatto* puriso kilanto
tasito *vāriṃ*, evan te vācaṃ abhikaṃkhāmi; *sutaṃ pavassā*
ti sutasaṃkhātaṃ saddāyatanaṃ pavassa pagghara muñca
pavattehi; *sutassa vassā* ti vā pāṭho, vuttappakārassa sad-
354. dāyatanassa vuṭṭhiṃ vassā ti attho. Idāni, yādisaṃ vācaṃ
abhikaṃkhati, taṃ pakāsento yadatthiyan[7] ti gātham āha.
Tattha *Kappāyano* ti Kappam eva pūjāvasena bhaṇati;
yathā vimutto ti kiṃ anupādisesāya nibbānadhātuyā yathā
asekhā, udāhu saupādisesāya yathā sekhā ti pucchati.
Sesam ettha pākaṭam eva.

355. Evaṃ dvādasahi gāthāhi yācito Bhagavā taṃ viyākaronto
acchecchī ti ādim āha. Tassa[8] purimapadassa tāva attho: y ā
p i imasmiṃ nāmarūpe kāmataṇhādibhedā taṇhā dīgharattaṃ
appahīnaṭṭhena anusayitā Kaṇhanāmakassa Mārassa sotan
ti pi vuccati, t a ṃ *Kaṇhassa sota*bhūtaṃ *dīgharattānusa-*

* Dhp. A. III, 79², 45¹⁵.

[1] Ba sampanna veyyākaraṇaṃ.
[2] Ba a p a r o.
[3] Ba *ad.* ti.
[4] Ba varāvaran.
[5] Ba lokiyalokuttarav°.
[6] Ba °kaṃkhāmā (350¹⁷ abhikaṃkhā).
[7] Sk Ba y a d a t t h i k a ṃ.
[8] ɔ: Tattha.

yitaṃ idha nāmarūpe taṇhaṃ Kappāyano chindī ti; *iti Bhagavā* ti idaṃ pan' ettha saṅgītikārānaṃ vacanaṃ. *Atāri jātimaraṇaṃ asesan* ti so taṃ taṇhaṃ chetvā asesaṃ jātimaraṇaṃ atāri[1] anupādiseso[2] parinibbāyī ti dasseti; *icc abravī Bhagavā pañcaseṭṭho* ti Vaṅgīsena puṭṭho Bhagavā evaṃ avoca pañcannaṃ paṭhamasissānaṃ pañcavaggiyānaṃ seṭṭho pañcahi v ā saddhādīhi indriyehi sīlādīhi v ā dhammakkhandhehi ativisiṭṭhehi [3]cakkhūhi ca seṭṭho ti saṅgītikārānaṃ ev' idaṃ vacanaṃ. Evaṃ vutte Bhagavato bhāsitam abhinandamāno Vaṅgīso esa sutvā ti ādigāthāyo āha.
Tattha paṭhamagāthāya *isisattamā* ti, Bhagavā isi ca satta- 356.
mo ca uttamaṭṭhena, Vipassi-Sikhi-Vessabhu-Kakusandha-Koṇāgamana-Kassapanāmake cha isayo attanā saha satta karonto pātubhūto ti pi isisattamo, taṃ ālapanto āha; *na maṃ vañcesī* ti yasmā parinibbuto, tasmā tassa parinibbutabhāvaṃ icchantaṃ maṃ na vañcesi, na visaṃvādesī ti attho.
Sesam ettha pākaṭam eva. Dutiyagāthāya, yasmā mutya- 357.
pekho vihāsi, tasmā taṃ sandhāyâha : *yathāvādi-tathākārī ahū buddhassa sāvako* ti; *Maccuno jālaṃ tatan* ti tebhūmakavaṭṭe[4] vitthataṃ Mārassa taṇhājālaṃ, *māyāvino* ti bahumāyassa; *tathā māyāvino* ti pi keci paṭhanti, tesaṃ 'yo anekāhi māyāhi anekakkhattuṃ Bhagavantam pi[5] upasaṃkami,
tassa tathā māyāvino' ti adhippāyo. Tatiyagāthāya *ādī* 358.
ti kāraṇaṃ; *upādānassā* ti vaṭṭassa, vaṭṭaṃ hi upādātabbaṭṭhena idha upādānan ti vuttaṃ, 'tassa upādānassa ādi avijjātaṇhādibhedaṃ kāraṇaṃ addasa *Kappo* ti evaṃ vattuṃ vaṭṭati Bhagavā' ti adhippāyena vadati; *accagā vata* atikkanto vata; *maccudheyyan* ti maccu ettha dhiyatī ti maccudheyyan, tebhūmakavaṭṭass' etaṃ adhivacanaṃ, taṃ *suduttaraṃ* maccudheyyaṃ accagā vatā ti vedajāto bhaṇati. Sesam ettha pākaṭam evā ti

NIGRODHAKAPPASUTTAVAṆṆANĀ NIṬṬHITĀ.

[1] B^a atari.
[2] B^a anupādisesāya nibbānadhātuyā vā.
[3] B^a *ins.* pañca-.
[4] B^a Maccuno jālan ti taṃ-taṃ-tebhūmakavaṭṭe.
[5] B^a pi *before* Bhagavantaṃ.

13.

(359). Pucchāmi munin ti Sammāparibbājaniyasuttaṃ[1], Mahāsamayasuttan ti pi vuccati Mahāsamayadivase kathitattā. Kā uppatti: Pucchāvasikā uppatti, nimmitabuddhena hi puṭṭho Bhagavā idaṃ suttam abhāsi; taṃ saddhiṃ pucchāya Sammāparibbājaniyasuttan ti [pi] vuccati. Ayaṃ ettha saṃkhepo, vitthārato pana Sākiya-Koḷiyānaṃ uppattito pabhuti porāṇehi vaṇṇīyati. Tatrâyaṃ uddesamattavaṇṇanā: *Paṭhamakappikānaṃ kira rañño Mahāsammatassa Rojo nāma putto ahosi, Rojassa Vararojo nāma, Vararojassa Kalyāṇo, Kalyāṇassa Varakalyāṇo, Varakalyāṇassa Mandhātā†, Mandhātussa Varamandhātā, Varamandhātussa Uposatho, Uposathassa Caro, Carassa Upacaro‡, Upacarassa Maghādevo, Maghādevaparamparā caturāsīti khattiyasahassāni ahesuṃ. Tesaṃ parato tayo Okkākavaṃsā ahesuṃ. TatiyaOkkākassa pañca mahesiyo ahesuṃ: Hatthā Cittā Jantu Jālinī Visākhā ti. Ekekissā pañca pañca itthisatāni parivārā[2]. Sabbajeṭṭhāya cattāro puttā: Okkāmukho Karakaṇḍu Hatthiniko Sinipūro[3] ti, pañca dhītaro: Piyā Suppiyā Ānandā Vijitā Vijitasenā ti. Evaṃ sā nava putte labhitvā kālam akāsi. Atha rājā aññaṃ daharaṃ abhirūpaṃ rājadhītaram ānetvā aggamahesiṭṭhāne ṭhapesi. Sā pi[4] ekaṃ puttaṃ vijāyi; jātaṃ kumāraṃ pañcamadivase alaṃkaritvā rañño dassesuṃ. Rājā tuṭṭho[5] mahesiyā varaṃ adāsi; sā ñātakehi saddhiṃ mantetvā puttassa rajjaṃ yāci. Rājā "nassa vasalī mama puttānaṃ antarāyam icchasī" ti nâdāsi. Sā

* —358[11]. *Cf.* Fausböll-Weber Indische Streifen I, 231–244 (= *codd.* S^{k} B^{a}).

† J. A. II, 310–314, Divy. 210–228.

‡ J. A. III, 454–461 (B^{a} Varo, Varassa Upavaro, Upavarassa); Mahāvaṃsa, transl. by Geiger, p. 273, *etc.*

1 B^{a} Pucchāmi muniṃ pahūtapaññan ti Munisuttaṃ, Sammāparibbājaniyasuttan ti pi vuccati.

2 B^{a} parivārāni.

3 B^{a} N i p u r o.

4 B^{a} *ad.* Jantu nāma (353[3]).

5 B^{a} *ad.* tassā.

punappuna raho rājānaṃ paritosetvā "na mahārāja musāvādo vaṭṭatī" ti ādīni vatvā yācati eva. Atha rājā putte āmantesi "ahaṃ tātā tumhākaṃ kaniṭṭhaṃ Jantukumāraṃ disvā tassa mātu sahasā varaṃ adāsiṃ, sā puttassa rajjaṃ pariṇāmetuṃ icchati; tumhe mam' accayena āgantvā rajjaṃ kāreyyāthā" ti aṭṭhahi amaccehi saddhiṃ uyyojesi. Te bhaginiyo ādāya caturaṅginiyā senāya nagarā nikkhamiṃsu. 'Kumārā pitu accayenâgantvā[1] rajjaṃ kāressanti; gacchāma ne upaṭṭhahāmā' ti cintetvā bahū manussā anubandhiṃsu: paṭhamadivase yojanamattā senā ahosi, dutiye[2] dviyojanamattā, tatiye[2] tiyojanamattā. Kumārā cintesuṃ 'mahā ayaṃ balakāyo[3], sace mayaṃ kañci sāmantarājānaṃ akkamitvā janapadaṃ gaṇhissāma, [4]so pi no na ppahessati[4]; kiṃ paresaṃ pīḷaṃ[5] katvā laddharajjena, mahā Jambudīpo, araññe nagaraṃ māpessāmā' ti Himavantābhimukhā agamaṃsu. Tattha nagaramāpanokāsaṃ pariyesamānā, Himavati Kapilo nāma ghoratapo tāpaso paṭivasati pokkharaṇītīre mahāsākasaṇḍe[6] — tassa vasanokāsaṃ gatā. So te disvā pucchitvā sabbaṃ pavattiṃ sutvā tesu anukampaṃ akāsi. So kira bhummajālaṃ[7] nāma vijjaṃ jānāti, yāya[8] asītihatthe ākāse ca heṭṭhā-bhūmiyañ ca guṇadose passati. Ath' ekasmiṃ padese sūkaramigā sīhavyagghādayo tāsetvā paripātenti[9], maṇḍūkamūsikā sappe bhiṃsāpenti; so te disvā 'ayaṃ bhūmippadeso puthuviaggan' ti[10] tasmiṃ padese assamaṃ māpesi. Tato so rājakumāre āha: "sace mama nāmena nagaraṃ karotha, demi vo imaṃ okāsan" ti. Te tathā paṭijāniṃsu. Tāpaso "imasmiṃ okāse ṭhatvā caṇḍālaputto[11] pi cakkavattiṃ balena atiseti" ti[12] vatvā "assame rañño gharaṃ māpetvā nagaraṃ māpethā" ti taṃ okāsaṃ datvā sayaṃ avidūre pabbatapāde assamaṃ katvā vasi.

---

[1] Ba accayena āg°.
[2] Ba dutiyadivase, *resp.* tatiyadivase.
[3] Ba janakāyo.
[4—4] Ba sabbam pi no na ppahomā ti.
[5] Ba pīḷani (ɔ: pīḷanaṃ).
[6] Ba mahāsākavanasoṇḍe.
[7] Ba bhūmivajaya (ɔ: °vijayaṃ?).
[8] Ba *ad.* u d d h a ṃ.
[9] (Pj. I, 73[5]); Ba paripāṭenti.
[10] Ba pathavīaggan ti.
[11] Ba caṇḍālakaputto.
[12] Ba atiseyyo ti.

Tato kumārā tattha nagaraṃ māpetvā Kapilassa vutthokāse katattā Kapilavatthun ti nāmaṃ āropetvā tattha nivāsaṃ kappesuṃ. Atha amaccā 'ime kumārā vayappattā, yadi nesaṃ pitā santike bhaveyya, so āvāhavivāhaṃ kāreyya[1], idāni pana amhākaṃ bhāro' ti cintetvā kumārehi pi[2] saddhiṃ sammantesuṃ[3]. Kumārā "amhākaṃ sadisā khattiyadhītaro na passāma tāsam pi bhaginīnaṃ taṃsadise khattiyakumāre, jātisambhedañ ca na karomā' ti te jātisambhedabhayena jeṭṭhabhaginiṃ[4] mātuṭṭhāne ṭhapetvā avasesāhi saṃvāsaṃ kappesuṃ. Tesaṃ pitā taṃ pavattiṃ sutvā "sakyā vata bho kumārā" ti[5] udānaṃ udānesi[6]. A y a ṃ t ā v a S a k y ā n a ṃ u p p a t t i. Vuttañ c' etaṃ[7] Bhagavatā: "atha kho Ambaṭṭha rājā Okkāko amacce pārisajje āmantesi: "kahan nu kho bho etarahi kumārā sammantī" ti. "Atthi deva Himavantapasse pokkharaṇiyā tīre mahāsākasaṇḍo, tatth' etarahi kumārā sammanti; te jātisambhedabhayā sakāhi[8] bhaginīhi saddhiṃ saṃvāsaṃ kappentī" ti. Atha kho Ambaṭṭha rājā Okkāko udānaṃ udānesi: "sakyā vata bho rājakumārā[9], paramasakyā vata bho rājakumārā" ti[10]. Tadaggena[11] ca pana Ambaṭṭha Sakyā paññāyanti. So ca Sakyānaṃ pubbapuriso" * ti.

Tato nesaṃ jeṭṭhabhaginiyā kuṭṭharogo udapādi, koviḷārapupphasadisāni gattāni ahesuṃ. Rājakumārā 'imāya saddhiṃ ekato nisajjaṭṭhānabhojanādīni karontānam pi upari esa [12]rogo saṃkamatī' ti cintetvā uyyānakīḷakaṃ[13] gacchantā viya taṃ yāne āropetvā araññaṃ pavisitvā pokkharaṇiṃ

* D. I, 92^{23}–93^{4}.

1 Ba kareyya.
2 Ba *om.*
3 Ba mantesuṃ.
4 Skgn seṭṭhaṃ bhaginiṃ.
5 Skgn "s a k y ā" t i *only.*
6 Ba *ad.* T a d u p p ā y a (ɔ: tadupādāya?) t e s a b b e p i, y ā v a S u d d h o d a n o, S a k y ā n ā m a j ā t ā.
7 Ba Vuttam pi c' etaṃ.
8 Ba *ad.* sakāhi.
9 Ba *om.* rāja- (354^{11}).
10 Sk Ba *om.* rāja-.
11 Ba Tataggena(157^{5-6}).
12 Ba *ins.* pāpa-.
13 Ba u y y ā n a k ī l a m (368, *note* 11).

khaṇāpetvā taṃ tattha khādaniyabhojaniyena[1] saddhiṃ pakkhipitvā upari paṭicchādetvā paṃsuṃ datvā pakkamiṃsu. Tena ca samayena Rāmo nāma rājā kuṭṭharogī orodhehi ca nāṭakehi ca jigucchiyamāno tena saṃvegena jeṭṭhaputtassa rajjaṃ datvā araññaṃ pavisitvā tattha [2]pattamūlaphalāni[2] paribhuñjanto nacirass' eva arogo suvaṇṇavaṇṇo hutvā ito c' ito ca vicaranto mahantaṃ susirarukkhaṃ disvā tass' abbhantare soḷasahatthappamāṇaṃ taṃ kolāpaṃ sodhetvā dvārañ ca vātapānañ ca katvā nisseṇiṃ bandhitvā tattha vāsaṃ kappesi. So aṅgārakaṭāhe aggiṃ katvā rattiṃ vissarañ ca [3]sussarañ ca[3] suṇanto sayati. So 'asukasmiṃ padese sīho saddam akāsi, asukasmiṃ[4] vyaggho' ti sallakkhetvā pabhāte tattha gantvā vighāsamaṃsaṃ ādāya pacitvā khādati. Ath' ekadivasaṃ so paccūsasamaye aggiṃ jāletvā nisīdi; tena ca samayena tassā rājadhītāya gandhaṃ ghāyitvā vyaggho taṃ padesaṃ khaṇitvā padaratthare vivaram akāsi. Tena vivarena vyagghaṃ disvā bhītā vissaram akāsi. So taṃ saddaṃ sutvā 'itthisaddo eso' ti ca sallakkhetvā pāto va tattha gantvā "ko etthā" ti[5] āha. "Mātugāmo sāmī" ti. "Nikkhamāhī" ti. "Na nikkhamāmī" ti. "Kiṃkāraṇan" ti. "Khattiyakaññā ahan" ti. Evaṃ sobbhe nikhātā pi mānam eva karoti. So sabbaṃ pucchitvā "aham pi[6] khattiyo" ti jātiṃ ācikkhi— "ehi dāni, khīre pakkhittasappiṃ viya jātan" ti āha. Sā "kuṭṭharogini mhi sāmi, na sakkā[7] nikkhamitun" ti āha. So "katakammo dāni ahaṃ, sakkā tikicchitun" ti nisseṇiṃ datvā taṃ uddharitvā attano vasanaṭṭhānaṃ[8] netvā sayaṃ paribhuttabhesajjāni eva datvā nacirass' eva arogaṃ suvaṇṇavaṇṇam akāsi tāya ca[6] saddhiṃ saṃvāsaṃ kappesi. Sā paṭhamasaṃvāsen' eva gabbhaṃ gaṇhitvā dve putte vijāyi, puna pi dve ti evaṃ soḷasakkhattuṃ vijāyi; evaṃ te dvattiṃsa bhātaro ahesuṃ. Te anupubbena vuddhippatte pitā sabbasippāni sikkhāpesi.

---

[1] Ba khādaniyabhojanehi.
[2–2] Ba paṇṇasālaṃ katvā mūlaphalāni.
[3–3] Sk Ba *om.* [4] Ba *ad.* ca. [5] Ba ko eso ti. [6] Ba *om.*
[7] Ba kuṭṭharogi mhi, na sāmi sakkā. [8] Ba vasanokāsaṃ.

Ath' ekadivasaṃ eko Rāmarañño nagaravāsī pabbate ratanāni gavesanto taṃ[1] padesaṃ āgato rājānaṃ disvā aññāsi "jānām' ahaṃ deva tumhe" ti câha. "Kuto tvaṃ āgato 'sī" ti etena puṭṭho "nagarato devā" ti āha. Tato naṃ rājā sabbaṃ pavattiṃ pucchi. Evaṃ tesu samullapamānesu[2] te dārakā āgamiṃsu. So te disvā "ime ke[3] devā" ti pucchi. "Puttā me bhaṇe" ti. "Imehi dāni deva dvattiṃsakumārehi parivuto vane kiṃ karissasi, ehi rajjaṃ samanusāsā" ti[4]. "Alam bhaṇe, idh' eva sukhan" ti. So 'laddhaṃ dāni me kathāpābhatan' ti nagaraṃ gantvā rañño puttassa ārocesi; rañño putto 'pitaraṃ ānessāmī' ti caturaṅginiyā senāya tattha gantvā nānappakārehi pitaraṃ yāci. So pi "alan tāta kumāra, idh' eva sukhan" ti na[5] icchi. Tato rājaputto 'na dāni rājā āgantuṃ icchati; hand' assa idh' eva nagaraṃ māpemī' ti[6] cintetvā taṃ kolarukkhaṃ uddharitvā [7]gharaṃ katvā[7] nagaraṃ māpetvā koḷarukkhaṃ apanetvā katattā Koḷanagaran ti ca vyagghapathe katattā Vyagghapajjan ti cā ti[8] dve nāmāni āropetvā agamāsi. Tato vayappatte kumāre mātā āṇāpesi: "tātā tumhākaṃ Kapilavatthuvāsino Sakyā mātulā honti, dhītaro nesaṃ gaṇhathā" ti. Te, yaṃ divasaṃ khattiyakaññāyo nadīkīḷanaṃ gacchanti, taṃ divasaṃ gantvā nadītitthaṃ uparundhitvā nāmāni sāvetvā patthitā patthitā rājadhītaro gahetvā agamaṃsu. Sakyarājāno[9] sutvā "hotu bhaṇe, amhākaṃ ñātakā evā" ti[10] tuṇhī ahesuṃ. Ayaṃ Koḷiyānaṃ uppatti.

Evaṃ tesaṃ Sākiya-Koḷiyānaṃ aññamaññaṃ āvāhavivāhaṃ karontānaṃ āgato vaṃso, yāva Sīhahanurājā, tāva vitthārato veditabbo. Sīhahanurañño pana[11] pañca puttā

---

1 Ba *ad.* pi.

2 Sgn samullāpamānesu, Sk samullāpanesu, Ba samullapiyamānesu.

3 Ba te.

4 Ba rajjaṃm anusāsā ti.

5 Ba n' eva.

6 Ba māpessāmī ti.

7–7 Ba *om.*

8 Ba Vyaggapathan ti ca.

9 Ba *ad.* taṃ.

10 Ba ñātakā ete ti.

11 Ba kira.

ahesuṃ : Suddhodano Amitodano Dhotodano [1]Sukkodano Sukkhodano[1] ti; tesu Suddhodane rajjaṃ kārayamāne tassa pajāpatiyā [2]Mahāmāyādeviyā[2] kucchimhi pūritapārami Mahāpuriso Jātakanidāne vuttanayena* Tusitapurā cavitvā paṭisandhiṃ gahetvā anupubbena katamahābhinikkhamano sammāsambodhiṃ abhisambujjhitvā pavattitavaradhammacakko yathānukkamaṃ[3] Kapilavatthuṃ gantvā Suddhodanamahārājādayo ariyaphale patiṭṭhāpetvā janapadacārikaṃ pakkamitvā puna pi aparena samayena paccāgantvā pannarasahi bhikkhusatehi saddhiṃ Kapilavatthusmiṃ[4] viharati Nigrodhārāme. Tattha viharante ca Bhagavati Sākiya-Koḷiyānaṃ udakaṃ paṭicca kalaho ahosi, kathaṃ:

Tesaṃ[5] kira ubhinnam pi Kapilapura-Koḷiyapurānaṃ antare[6] Rohiṇī nāma nadī pavattati. Sā kadāci appodikā hoti, kadāci mahodikā; appodikakāle setuṃ katvā Sākiyā pi Koḷiyā pi attano attano sassapāyanatthaṃ udakaṃ ānenti. Tesaṃ manussā ekadivasaṃ setuṃ karontā aññamaññaṃ [7]bhaṇḍantā[7] "are tumhākaṃ rājakulaṃ bhaginīhi saddhiṃ saṃvāsaṃ kappesi kukkuṭasoṇasigālāditiracchānā viya"— "tumhākaṃ rājakulaṃ susirarukkhe vāsaṃ kappesi pisācillikā[8] viyā" ti evaṃ jātivādena khuṃsetvā attano attano rājūnaṃ ārocesuṃ. Te kuddhā yuddhasajjā hutvā Rohiṇīnadītīraṃ sampattā. [9]Evan taṃ sāgarasadisaṃ[9] balaṃ aṭṭhāsi. Atha Bhagavā 'ñātakā kalahaṃ karonti; handa ne vāremī' ti ākāsenâgantvā[10] dvinnaṃ senānaṃ majjhe[11] aṭṭhāsi—"[12]āvajjitvā Sāvatthito[13] āgato" ti eke†—, ṭhatvā[14]

* J. A. I, 49–51. † J. A. V, 413[18].

[1–1] Ba Sukkodano Sukkodano, Sg Sukkhodano *only*, Skn Sukkosukkhodano; see Mv. II, 20 (Geiger's translation, p. 274).
[2–2] Ba Añjanarañño dhitāya Mahāmāyāya deviyā.
[3] Ba yathānukkamena.
[4] Ba °vatthumhi.
[5] Ba nesaṃ.
[6] Ba samanantare.
[7–7] Ba udakaṃ gaṇhantā.
[8] Ba pisāciḷikā.
[9–9] Ba Evaṃ vihaṅgasadisaṃ.
[10] Ba ākāsena gantvā.
[11] Ba *ad.* ākāse.
[12] Ba *ins.* taṃ pi.
[13] Ba *ad.* kira.
[14] Ba *ad.* ca.

pana Attadaṇḍasuttaṃ* abhāsi. Taṃ sutvā sabbe saṃvegappattā āvudhāni chaḍḍetvā Bhagavantaṃ namassamānā aṭṭhaṃsu mahagghañ ca āsanaṃ paññāpesuṃ. Bhagavā oruyha paññattāsane nisīditvā "kuṭhārihattho puriso" ti ādikaṃ Phandanajātakaṃ†, "vandāmi taṃ kuñjarā" ti ādikaṃ Laṭukikajātakaṃ‡,

"sammodamānā gacchanti jālam ādāya pakkhino;
yadā te vivadissanti, tadā ehinti me vasan" ti

idaṃ Vaṭṭakajātakañ¶ ca kathetvā puna tesaṃ cirakālappavattaṃ ñātibhāvaṃ dassento imaṃ mahāvaṃsaṃ kathesi. Te 'pubbe pi[1] kira mayaṃ ñātakā evā' ti atīva pasīdiṃsu. Tato Sakyā aḍḍhateyyasate kumāre[2] Koḷiyā aḍḍhateyyasate ti pañca kumārasatāni Bhagavato parivāratthāya adaṃsu. Bhagavā tesaṃ pubbahetuṃ disvā "etha bhikkhavo" ti āha. Te sabbe iddhiyā nibbattaaṭṭhaparikkhārayuttā ākāse abbhuggantvā āgamma Bhagavantaṃ vanditvā aṭṭhaṃsu. Bhagavā te ādāya Mahāvanaṃ agamāsi. Tesaṃ pajāpatiyo dūte pāhesuṃ; te tāhi nānappakārehi upalobhiyamānā[3] ukkaṇṭhiṃsu. Bhagavā tesaṃ ukkaṇṭhitabhāvaṃ ñatvā Himavantaṃ dassetvā tattha [4]Kuṇālajātakakathāya|| tesaṃ anabhiratiṃ vinodetukāmo āha: "diṭṭhapubbo vo bhikkhave Himavā" ti. "Na Bhagavā" ti. "Etha bhikkhave pekkhathā" ti attano iddhiyā te ākāsena nento "ayaṃ Suvaṇṇapabbato, ayaṃ Rajatapabbato, ayaṃ Maṇipabbato" ti nānappakāre pabbate dassetvā Kuṇāladahe manosilātale paccuṭṭhāsi. Tato 'Himavante[5] sabbe catuppadabahuppadādibhedā[6] tiracchānagatā pāṇā āgacchantu sabbesañ ca[1] pacchato kuṇālasakuṇo' ti adhiṭṭhāsi, āgacchante ca te jātināmaniruttivasena vaṇṇento "ete bhikkhave haṃsā, ete

* S.N. 935–954. † J. A. IV, 207–211.
‡ J. A. III, 174–177 (*see, however, the* paccuppannavatthu).
¶ J. A. I, 208–210 (*vide* J. A. V, 414[27]).
|| J. A. V, 416[18]–456[12].

1 B^a *om.* 2 B^a aḍḍhateyyakumārasate.
3 B^a p a l o b h i y a m ā n ā. 4 B^a Kuṇāḷakakathāya.
5 B^a pabbate. 6 S^k B^a catuppādabahuppādādibhedā.

koñcā, ete cakkavākā, karavīkā, hatthisoṇḍakā, pokkharasātakā" ti tesaṃ dassesi; te vimhitahadayā passantā sabbapacchato āgacchantaṃ dvīhi dvijakaññāhi[1] tuṇḍena ḍasitvā gahitakaṭṭhavemajjhe[2] nisinnaṃ sahassadijakaññāparivāraṃ kuṇālasakuṇaṃ disvā acchariyabbhutacittajātā Bhagavantaṃ āhaṃsu: "kacci bhante Bhagavā pi idha kuṇālarājā bhūtapubbo" ti. "Āma bhikkhave mayā c' esa[3] kuṇālavaṃso kato, atīte hi mayaṃ cattāro janā idha vasimha: Nārado Devalo isi, Ānando gijjharājā, Puṇṇamukho phussakokilo, ahaṃ kuṇālo sakuṇo"* ti sabbaṃ Mahākuṇālajātakaṃ kathesi. Sutvā tesaṃ bhikkhūnaṃ purāṇadutiyikāyo ārabbha uppannā anabhirati vūpasantā. Tato tesaṃ Bhagavā saccakathaṃ kathesi; kathāpariyosāne sabbapacchimako sotāpanno sabbauparimo anāgāmī ahosi, eko pi[4] puthujjano vā arahā vā n' atthi. Tato Bhagavā te ādāya punad eva Mahāvane oruhi[5]. Āgacchamānā ca te bhikkhū attano va iddhiyā āgacchiṃsu. Atha nesaṃ Bhagavā uparimaggatthāya puna dhammaṃ desesi; te pañcasatā pi vipassanaṃ ārabhitvā arahatte patiṭṭhahiṃsu, paṭhamaṃ patto[6] paṭhamam eva āgamāsi, 'Bhagavato ārocessāmī' ti āgantvā ca[4] "abhiramām' ahaṃ Bhagavā, na ukkaṇṭhāmī" ti vatvā Bhagavantaṃ vanditvā ekamantaṃ nisīdi. Evan te sabbe pi anukkamena āgantvā Bhagavantaṃ parivāretvā nisīdiṃsu, Jeṭṭhamāsauposathadivase sāyaṇhasamaye.

Tato pañcasatakhīṇāsavaparivutaṃ varabuddhāsane nisinnaṃ Bhagavantaṃ ṭhapetvā Asaññasatte ca arūpibrahmāno ca sakaladasasahassacakkavāḷe avasesadevatāyo Maṅgalasuttavaṇṇanāyaṃ† vuttanayena[7] sukhumattabhāve nimminitvā saṃparivaresuṃ: 'vicitrapaṭibhānaṃ[8] dhammadesanaṃ sossāmā' ti. Tattha cattāro[9] khīṇāsavabrahmāno samāpat-

* Cf. J. A. V, 456[10]. † Pj. I, 124[5–11].

1 Ba dija°. 2 Ba gahitakaṭṭham-eva-majjhe.
3 Skg m a y ā v ' e s a (Sn om. 359[6–9]).
4 Ba om. 5 Ba °vanaṃ orū.
6 Ba paṭhamappatto. 7 Ba °nayen' eva.
8 Ba °paṭibhāgaṃ. 9 Ba ad. Suddhāvāsakāyikā.

tito vuṭṭhāya brahmagaṇaṃ apassantā 'kuhiṃ gatā' ti āvajjitvā tam atthaṃ ñatvā pacchâgantvā[1] okāsaṃ alabhamānā cakkavāḷamuddhani ṭhatvā paccekagāthāyo abhāsiṃsu, yathâha: "atha kho catunnaṃ Suddhāvāsakāyikānaṃ devatānaṃ etad ahosi: 'ayaṃ kho Bhagavā Sakkesu viharati Kapilavatthusmiṃ Mahāvane mahatā bhikkhusaṃghena saddhiṃ pañcamattehi bhikkhusatehi sabbeh' eva arahantehi, dasahi ca lokadhātūhi devatāyo yebhuyyena sannipatitā[2] Bhagavantaṃ dassanāya bhikkhusaṃghañ ca; yan nūna mayam pi yena Bhagavā ten' upasaṃkameyyāma, upasaṃkamitvā ca pana paccekagāthāyo[3] bhāseyyāmā"* ti sabbaṃ Sagāthavagge[4] vuttanayen' eva veditabbaṃ. Evaṃ gantvā ca tattha eko brahmā puratthimacakkavāḷamuddhani okāsaṃ labhitvā tattha ṭhito imaṃ gātham abhāsi: "mahāsamayo pavanasmiṃ . . . pe . . . dakkhitāye[5] aparājitasaṃghan" ti, imañ c' assa gāthaṃ bhāsamānassa pacchimacakkavāḷapabbate ṭhitā saddaṃ assosuṃ[6]. Dutiyo pacchimacakkavāḷamuddhani okāsaṃ labhitvā tattha ṭhito taṃ gāthaṃ sutvā imaṃ gātham abhāsi: "tatra bhikkhavo samādahaṃsu . . . pe . . . indriyāni rakkhanti paṇḍitā" ti. Tatiyo dakkhiṇacakkavāḷamuddhani okāsaṃ labhitvā tattha ṭhito taṃ gāthaṃ sutvā imaṃ gātham abhāsi: "chetvā khilaṃ chetvā palighaṃ . . . pe . . . [7]susunāgā" ti. Catuttho uttaracakkavāḷamuddhani okāsaṃ labhitvā tattha ṭhito taṃ gāthaṃ sutvā imaṃ gātham abhāsi: "ye keci buddhaṃ saraṇaṃ gatāse . . . pe . . . devakāyaṃ paripūressantī" ti. Tassa pi taṃ saddaṃ dakkhiṇacakkavāḷe ṭhito assosi. Evaṃ tadā ime[8] cattāro brahmāno parisaṃ thometvā ṭhitā ahesuṃ, Mahābrahmā ekaṃ cakkavāḷaṃ chādetvā aṭṭhāsi.

Atha Bhagavā devaparisaṃ ulloketvā[9] bhikkhūnaṃ āro-

---

* S. I, 26^{7-14} (*codd.* SS.) = D. II, 253^{8-17} (*etc.*).

---

[1] Ba pacchā āg°. [2] Ba *ad.* ca.
[3] Ba paccekagāthaṃ. [4] Ba M a h ā v a g g e.
[5] Ba dakkhitāse.
[6] Ba ṭhito saddaṃ assosi (*cf.* 360^{27}).
[7] Ba *ins.* sudantā. [8] Ba te. [9] Ba oloketvā.

cesi: "ye pi te bhikkhave ahesuṃ atītam addhānaṃ arahanto sammāsambuddhā, tesam pi bhagavantānaṃ etaparamā yeva devatā sannipatitā ahesuṃ, seyyathā pi mayhaṃ etarahi; ye pi te bhikkhave bhavissanti anāgatam addhānaṃ arahanto . . . pe . . . sannipatitā bhavissanti, seyyathā pi mayhaṃ etarahī"* ti. Tato taṃ devaparisaṃ bhavyābhavyavasena[1] dvidhā vibhaji: 'ettakā bhavyā, ettakā abhavyā' ti. Tattha 'abhabbaparisā buddhasate pi dhammaṃ desente na bujjhati, bhabbaparisā sakkā bodhetun' ti ñatvā puna bhabbapuggalaṃ cariyavasena chadhā vibhaji: "ettakā rāgacaritā, ettakā dosa-moha-vitakka-saddhā-buddhicaritā" ti. Evaṃ cariyavasena pariggahetvā 'assā parisāya kīdisā[2] dhammadesanā sappāyā' ti dhammakathaṃ[3] vicinitvā puna taṃ parisaṃ manasâkāsi: 'attajjhāsayena nu kho jāneyya parajjhāsayena aṭṭhuppattivasena pucchāvasenā' ti. Tato 'pucchāvasena jāneyyā' ti ñatvā 'pañhaṃ pucchituṃ samattho[4] atthi n' atthī' ti puna sakalaparisaṃ āvajjitvā 'n' atthi kocī' ti ñatvā 'sace aham eva pucchitvā aham eva vissajjeyyaṃ, etam assā parisāya sappāyaṃ na hoti; yan nūnâhaṃ nimmitabuddhaṃ māpeyyan' ti pādakajjhānaṃ samāpajjitvā vuṭṭhāya manomayiddhiyā abhisaṃkharitvā nimmitabuddhaṃ māpesi; 'sabbaṅgapaccaṅgī[5] lakkhaṇasampanno[6] pattacīvaradharo ālokitavilokitādisampanno hotū' ti adhiṭṭhānacittena saha pātur ahosi. So pācīnalokadhātuto[7] Bhagavato samam[8] eva āsane nisinno eva āgantvā, yāni Bhagavatā imamhi samāgame cariyavasena cha suttāni kathitāni, seyyathîdaṃ: Purābhedasuttaṃ Kalahavivādasuttaṃ Cūḷavyūhaṃ Mahāvyūhaṃ Tuvaṭakaṃ idam eva Sammāparibbājaniyan ti, tesu rāgacaritadevatānaṃ sappāyavasena kathetabbassa imassa suttassa pavattanatthaṃ pañhaṃ pucchanto pucchāmi muniṃ pahūtapañ-

* D. II, 255[9–15].

[1] B[a] *always* bhabba°. [2] B[a] kīdisī.
[3] S[gn] °kathā. [4] B[a] samatthā.
[5] S[gn] °aṅgi; B[a] °aṅga-. [6] B[a] *ad.* āgantvā.
[7] B[a] *ad.* āgantvā (!). [8] *So* S[kgn]; B[a] sayam.

359. ñan ti imaṃ gātham āha. Tattha *pahūtapaññan* ti mahāpaññaṃ; *tiṇṇan* ti caturoghatiṇṇaṃ; *pāragatan* ti nibbānappattaṃ; *parinibbutan* ti [1]saupādisesanibbānavasena[1]; *ṭhitattan* ti lokadhammehi[2] akampaneyyacittaṃ; *nikkhamma gharā panujja kāme* ti vatthukāme panuditvā gharāvāsā nikkhamma; *kathaṃ bhikkhu sammā so loke paribbajeyyā* ti so bhikkhu kathaṃ loke sammā paribbajeyya[3] vihareyya anupalitto lokena hutvā, lokaṃ atikkameyyā ti vuttaṃ hoti. Sesam ettha vuttanayam[4] eva.

Atha Bhagavā, yasmā āsavakkhayaṃ appatvā[5] loke sammā paribbajanto nāma n' atthi, tasmā tasmiṃ rāgacaritavasena pariggahīte bhabbapuggalasamūhe taṃ taṃ tesaṃ samānadosānaṃ devatāgaṇānaṃ āciṇṇadosappahānatthaṃ "yassa maṅgalā" ti ārabhitvā arahattanikūṭen' eva khīṇāsava-
360. paṭipadaṃ pakāsento pannarasa gāthāyo abhāsi. Tattha paṭhamagāthāya tāva *maṅgalā* ti Maṅgalasutte vuttānaṃ diṭṭhamaṅgalādīnam* etaṃ adhivacanaṃ; *samūhatā* ti suṭṭhu ūhatā[6] paññāsatthena samucchinnā; *uppādā* ti 'ukkāpātadisāḍāhādayo evaṃvipākā honti' ti evaṃ pavattā uppādābhinivesā; *supinā* ti 'pubbaṇhasamaye supinaṃ disvā idaṃ nāma hoti, majjhantikādisu idaṃ[7]; vāmapassena sayatā diṭṭhe idaṃ nāma hoti, dakkhiṇapassādīhi idaṃ; supinante candaṃ disvā idaṃ nāma hoti, suriyādayo disvā idan' ti evaṃ pavattā supinābhinivesā; *lakkhaṇā* ti daṇḍalakkhaṇavatthalakkhaṇādipāṭhaṃ paṭhitvā 'iminā idaṃ[7] hotī' ti evaṃ pavattā lakkhaṇābhinivesā, te sabbe pi Brahmajāle vuttanayen' eva veditabbā†; *sa*[8] *maṅgaladosavippahīno* ti aṭṭhatiṃsa mahāmaṅgalāni‡ ṭhapetvā avasesā maṅ-

* (Pj. I, 118[9]–119[30]).
† D. I, 9[(1-12), 18-27]. (Sum. I, 92-94). ‡ Pj. I, 154[19].

1–1 Ba saupādisesa-parinibbānavasena parinibbutaṃ.
2 Ba lokadhammavasena.
3 Ba *ad.* g a c c h e y y a.
4 Sgn vuttānam.
5 Ba yasmā yasmiṃ āsavakkhayam appatto.
6 Ba suṭṭhu samūhatā.
7 Ba *ad.* n ā m a.
8 Ba *om.*

galadosā nāma, yassa pan' ete[1] maṅgalādayo samūhatā, sa[2] maṅgaladosavippahīno hoti; a t h a v ā maṅgalānañ ca[2] uppādādidosānañ ca pahīnattā[3] maṅgaladosavippahīno hoti, na maṅgalādīhi suddhiṃ pacceti ariyamaggena adhigatattā, tasmā *sammā so loke paribbajeyya* so khīṇāsavo[4] loke paribbajeyya anupalitto lokenā ti. Dutiyagāthāya *rāgaṃ vina-* 361.
yetha mānusesu dibbesu kāmesu câpi bhikkhū ti mānusesu ca dibbesu ca kāmaguṇesu anāgāmimaggena anuppattidhammataṃ nento rāgaṃ vinayetha; *atikkamma bhavaṃ samecca dhamman* ti evaṃ rāgaṃ vinetvā tato paraṃ arahattamaggena sabbappakārato pariññābhisamayādayo sādhento catusaccabhedam pi samecca dhammaṃ, imāya paṭipadāya tividham pi atikkamma bhavaṃ; *sammā so* ti so pi[2] bhikkhu sammā loke paribbajeyya. Tatiyagāthāya *anurodhaviro-* 362.
dhavippahīno ti sabbavatthusu pahīnarāgadoso. Sesaṃ vuttanayam eva; sabbagāthāsu ca 'so pi bhikkhu sammā loke paribbajeyyā' ti yojetabbaṃ, ito paraṃ hi yojanam pi avatvā avuttanayam eva vaṇṇayissāma. Catutthagāthāya satta- 363.
saṃkhāravasena duvidhaṃ *piyañ ca appiyañ ca* veditabbaṃ, tattha chandarāgapaṭighappahānena *hitvā; anupādāyā* ti *catuhi upādānehi kañci dhammaṃ agahetvā; *anissito kuhiñcī* ti aṭṭhasatabhedena taṇhānissayena dvāsaṭṭhibhedena diṭṭhinissayena ca kuhiñci rūpādidhamme bhave vā anissito; *saṃyojaniyehi vippamutto* ti sabbe pi tebhūmakadhammā dasavidhasaṃyojanassa visayattā saṃyojaniyā, tehi sabbappakārato maggabhāvanāya pariññātattā ca vippamutto ti attho. Paṭhamapādena[5] c' ettha rāgadosappahānaṃ vuttaṃ, dutiyena upādānanissayābhāvo, tatiyena sesākusalehi akusalavatthūhi ca vippamokkho; paṭhamena v ā rāgadosappahānaṃ, dutiyena tadupāyo, tatiyena tesaṃ pahīnattā saṃyojaniyehi vippamokkho ti veditabbo. Pañ- 364.
camagāthāya *upadhīsū* ti khandhūpadhīsu, *ādānan* ti pi

* D. III, 230[21], *etc.*

[1] B^a pana te. [2] B^a *om.*
[3] B^a *ad.* s a. [4] B^a *ad.* sammā.
[5] S^k B^a °padena (364[19], 332[29], 343[7, 8]).

ādātabbaṭṭhena te yeva vuccanti; *anaññaneyyo* ti aniccā-
dīnaṃ sudditthattā 'idaṃ seyyo' ti kenaci na netabbo[1].
Sesaṃ uttānapadattham[2] eva. Idaṃ vuttaṃ hoti: ādānesu
catutthamaggena sabbaso chandarāgaṃ vinetvā *so* vinīta-
chandarāgo tesu *upadhīsu na sāram eti* sabbe upadhī asā-
rakatten' eva passati, tato tesu duvidhena pi nissayena[3] *anis-*
sito aññena vā[4] kenaci 'idaṃ seyyo' ti anetabbo khīṇāsavo
365. bhikkhu sammā so[5] loke paribbajeyya. Chaṭṭhagāthāya
aviruddho ti *etesaṃ tiṇṇaṃ duccaritānaṃ pahīnattā suca-
ritehi[6] saddhiṃ aviruddho; *viditvā dhamman* ti maggena[7]
catusaccadhammaṃ; *nibbānapadâbhipatthayāno* ti anupā-
disesaṃ khandhanibbānapadaṃ patthayamāno. Sesam uttā-
366. nattham eva. Sattamagāthāya *akkuṭṭho* ti dasahi akkosavat-
thūhi abhisatto; *na sandhiyethā* ti na upanayhetha na kup-
peyya; *laddhā parabhojanaṃ na majje* ti parehi dinnaṃ sad-
dhādeyyaṃ labhitvā 'ahaṃ ñāto yasassī lābhī' ti na maj-
367. jeyya. Sesam uttānattham eva. Aṭṭhamagāthāya *lobhan*
ti visamalobhaṃ[8], *bhavan* ti kāmabhavādibhavaṃ[9], evaṃ
dvīhi padehi bhavabhogataṇhā vuttā, purimena vā sabbā
pi taṇhā pacchimena kāmabhavo; *virato chedanabandha-
nato*[10] ti evam etesaṃ kammakilesānaṃ pahīnattā parasat-
tachedanā bandhanā ca virato ti. Sesaṃ vuttanayam eva.
368. Navamagāthāya *sāruppam attano viditvā* ti attano bhikkhu-
bhāvass' appatirūpaṃ anesanādiṃ pahāya sammāesanādiṃ
ājīvasuddhiṃ[11] aññañ ca sammāpaṭipattiṃ tattha patiṭṭha-
hanena viditvā, na hi ñāṇamatten' eva[12] kiñci hoti; *yathāta-
thiyan* ti yathātathaṃ yathābhūtaṃ; *dhamman* ti khan-

---

* D. III, 214[23], *etc.*

---

[1] Ba kenaci ānetabbo ti (ɔ: an°, 364[7]).
[2] Ba u t t ā n a t t h a m. [3] Ba duvidhesu pi nissayesu.
[4] Skgn *om.* [5] Ba *om.* [6] Ba sucaritena.
[7] Ba vegena. [8] Sk v i s a y a l o b h a ṃ.
[9] Ba (Sn) *om.* -bhavaṃ.
[10] Sk *perhaps* > ° b a n d h a n ā t o; Ba °bandharato.
[11] Ba ājīvaparisuddhi.
[12] Ba ñ ā t a m a t t e n' e v a.

dhāyatanādibhedaṃ yathābhūtañāṇena, catusaccadhammaṃ
vā[1] maggena viditvā. Sesam uttānattham eva. Dasama- 369.
gāthāya *yo nirāsayo anāsayāno*[2] ti, *yassa* ariyamaggena vinā-
sitattā *anusayā* ca *na santi akusalamūlā* ca *samūhatā*, so nir-
āso nittaṇho hoti, tato āsāya abhāvena kañci rūpādidham-
maṃ nâsiṃsati, tenâha: nirāsayo anāsayāno[2] ti. Sesaṃ vut-
tanayam eva. Ekādasamagāthāya *āsavakhīṇo* ti khīṇaca- 370.
turāsavo; *pahīnamāno* ti pahīnanavavidhamāno; *rāgapathan*
ti rāgavisayabhūtaṃ taṃ tebhūmakadhammajātaṃ; *upāti-
vatto* ti pariññāpahānehi atikkanto; *danto* ti sabbadvāravi-
sevanaṃ[3] hitvā ariyena damathena dantabhūmiṃ patto;
parinibbuto ti kilesaggivūpasamena sītibhūto. Sesaṃ vut-
tanayam eva. Dvādasamagāthāya *saddho* ti buddhādi- 371.
guṇesu parappaccayavirahitattā sabbākārasampannena[4]
aveccappasādena samannāgato na parassa saddhāya paṭi-
pattiyaṃ gamanabhāvena, yathâha "na khv āhaṃ ettha
bhante Bhagavato saddhāya gacchāmī"* ti; *sutavā* ti vosi-
tasutakiccattā paramatthikasutasamannāgato[5]; *niyāmadassī*
ti saṃsārakantāramūḷhe loke amatapuragāmino sammattani-
yāmabhūtassa maggassa [6]dassāvī, diṭṭhamaggo ti vuttaṃ
hoti; *vaggagatesu na vaggasārī* ti vaggagatā nāma dvāsaṭṭhi-
diṭṭhigatikā aññamaññaṃ paṭilomattā, evaṃ vaggāhi [7]diṭ-
ṭhīhi gatesu[7] sattesu na vaggasārī 'idaṃ ucchijjissati, idaṃ
tath' eva bhavissatī' ti evaṃ diṭṭhivasena agamanato;
paṭighan ti paṭighātakaṃ, cittaghaṭṭakan[8] ti vuttaṃ hoti,
dosavisesanam ev' etaṃ[9]; *vineyyā* ti vinetvā. Sesaṃ vut-
tanayam eva. Terasamagāthāya *saṃsuddhajino* ti saṃsud- 372.
dhena arahattamaggena vijitakileso; *vivattachaddo* ti viva-
ṭarāgadosamohachadano; *dhammesu vasī* ti catusaccadham-

* S. IV, 298[15].

[1] Ba tathattaṃ *in lieu of* vā. [2] Ba nirāso a n ā s a s ā n o.
[3] Ba sabbadvāravirodhanaṃ. [4] Skgn saddhākāras°.
[5] Ba desitasutakiccattā paramatthakasuta°.
[6] Ba *ins.* phala-. [7-7] Ba diṭṭhigatesu.
[8] Ba cittasāṭakan.
[9] Ba dosavisesananāmaṃ c' etaṃ.

mesu vasippatto, na hi 'ssa sakkā[1] te dhammā tathā ñātā kenaci aññātā[2] kātuṃ, tena khīṇāsavo dhammesu vasī ti vuccati; *pāragū* ti pāraṃ vuccati nibbānaṃ, taṃ gato, saupādisesavasena adhigato ti vuttaṃ hoti; *anejo* ti apagatataṇhācalano; *saṃkhāranirodhañāṇakusalo* ti saṃkhāranirodho vuccati nibbānaṃ, tamhi ñāṇaṃ ariyamaggapaññā, tattha kusalo, catukkhattuṃ bhāvitattā[3] cheko ti vuttaṃ hoti.

373. Cuddasamagāthāya *atītesū* ti pavattiṃ patvā atikkantesu pañcakkhandhesu; *anāgatesū* ti pavattiṃ appattesu pañcakkhandhesu eva; *kappātīto* ti 'aham, maman' ti kappanaṃ sabbam pi v ā taṇhādiṭṭhikappaṃ atīto; *aticca suddhipañño* ti atīva[4] suddhipañño atikkamitvā v ā suddhipañño, kiṃ atikkamitvā: addhattayaṃ, arahā hi, y v ā y a ṃ avijjāsaṃkhārasaṃkhāto atīto addhā, jātijarāmaraṇasaṃkhāto anāgato addhā, viññāṇādibhavapariyanto[5] paccuppanno ca[6] addhā, t a ṃ sabbam pi atikkamma kaṃkhaṃ[7] vitaritvā paramasuddhippattapañño hutvā ṭhito, tena vuccati aticca suddhipañño ti; *sabbāyatanehī* ti dvādasah' āyatanehi[8], arahā hi evaṃ kappātīto kappātītattā aticca-suddhipaññattā ca āyatiṃ na kiñci āyatanaṃ upeti, tenâha: sabbāyatanehi vip-

374. pamutto[9] ti. Pannarasamagāthāya *aññāya padan* ti ye te "saccānaṃ caturo padā"* ti vuttā, tesu ekekaṃ padaṃ pubbabhāgasaccavavatthāpanapaññāya ñatvā; *samecca dhamman* ti tato paraṃ catuhi ariyamaggehi catusaccadhammaṃ samecca; *vivaṭaṃ disvāna pahānam āsavānan* ti atha paccavekkhaṇañāṇena āsavakkhayasaññitaṃ nibbānaṃ vivaṭaṃ pākaṭam anāvaṭan disvā; *sabbūpadhīnaṃ parikkhayā* ti sabbesaṃ khandhakāmaguṇakilesābhisaṃkhārabhedānaṃ upadhīnaṃ parikkhīṇattā katthaci asajjamāno bhikkhu sammā so[10] loke paribbajeyya vihareyya anallīyanto lokaṃ gaccheyyā ti desanaṃ niṭṭhapesi.

---

* Dhp. 273b.

---

1 Ba na hi sakkā. 2 Ba aññā. 3 Ba chekattā.
4 Ba atīta-. 5 Ba viññāṇātibhavap°. 6 Ba va.
7 Ba s a ṅ k h a t a ṃ. 8 Ba *ad.* vippamutto.
9 Ba *ad.* arahā. 10 Ba *om.*

Tato so nimmito dhammadesanaṃ thomento addhā hi 375
Bhagavā ti imaṃ gāthaṃ āha. Tattha *yo so evaṃvihārī* ti yo so maṅgalādīni samūhanitvā sabbamaṅgaladosappahānavihārī, yo pi so dibbamānusesu[1] kāmesu rāgavinaya-bhavātikkama-dhammābhisamayavihārī ti evaṃ tāya[2] tāya gāthāya niddiṭṭhaṃ bhikkhuṃ dassento āha. Sesaṃ uttānaṃ eva, ayaṃ pana yojanā: *addhā hi Bhagavā tath' eva etaṃ*, yan tvaṃ "yassa maṅgalā samūhatā" ti ādīni vatvā tassā[2] tassā gāthāya pariyosāne "sammā so loke paribbajeyyā" ti avaca, kiṃkāraṇaṃ: *yo so evaṃvihārī bhikkhu*, so uttamena damathena *danto* s a b b ā n i ca dasa pi *saṃyojanāni* caturo ca yoge vītivatto hoti, tasmā *sammā so*[2] *loke paribbajeyya*, n' atthi me ettha vicikicchā ti iti desana[ṃ]thomanagāthaṃ pi[3] arahattanikūṭen' eva[4] niṭṭhapesi; suttapariyosāne koṭisatasahassadevānaṃ aggaphalappatti[5] ahosi, sotāpattisakadāgāmianāgāmiphalappattā[6] pana gaṇanato asaṃkheyyā ti

SAMMĀPARIBBĀJANIYASUTTAVAṆṆANĀ NIṬṬHITĀ.

14.

Evaṃ me sutan ti Dhammikasuttaṃ. Kā uppatti: Tiṭ- (376).
ṭhamāne kira Bhagavati lokanāthe Dhammiko nāma upāsako ahosi, nāmena ca paṭipattiyā ca: so kira saraṇasampanno sīlasampanno bahussuto piṭakattayadharo anāgāmī abhiññālābhī ākāsacārī ahosi, tassa parivārā pañcasatā upāsakā, te pi tādisā eva ahesuṃ. Tass' ekadivasaṃ uposathikassa rahogatassa patisallīnassa majjhimayāmāvasānasamaye evaṃ parivitakko udapādi: 'yan nūnâhaṃ āgāriyaanagāriyānaṃ paṭipadaṃ[7] puccheyyan' ti. So pañcahi upāsakasatehi parivuto Bhagavantaṃ upasaṃkamitvā taṃ atthaṃ pucchi, Bhagavā c' assa vyākāsi.

---

[1] Ba dibbamānussakesu. [2] Ba *om.*

[3] Ba vatvā *in lieu of* pi.

[4] Ba *ad.* dassanaṃ (ɔ: desanaṃ, *cf. note* 3).

[5] Ba aggaphalasampatti. [6] Ba °phalaṃ pattā.

[7] Ba *ad.* Bhagavantaṃ.

[1]Tattha pubbe vaṇṇitasadisaṃ pubbanayen' eva veditab-
baṃ, apubbaṃ vaṇṇayissāma[1].
376. Tattha paṭhamagāthāya tāva *kathaṃkaro* ti kathaṃ
karonto kathaṃ paṭipajjanto; *sādhu hotī* ti sundaro anavajjo
atthasādhano hoti; *upāsakāse* ti upāsakā icc eva vuttaṃ
hoti. Sesaṃ atthato pākaṭam eva, ayaṃ pana yojanā:
yo vā agārā anagāram eti pabbajati *ye vā agārino upāsakā*,
etesu dvividhesu[2] pi sāvakesu kathaṃkaro sāvako sādhu
hotī ti. Idāni evaṃ puṭṭhassa[3] Bhagavato vyākaraṇasamat-
377. thataṃ dīpento tuvaṃ hī ti gāthādvayam āha. Tattha
gatin ti ajjhāsayagatiṃ, *parāyanan* ti nipphattiṃ, a t h a
vā gatin ti nirayādipañcappabhedaṃ, parāyanan ti gatito
param āyanaṃ[4] gativippamokkhaṃ parinibbānaṃ[5]; *na c*
378. *atthi tulyo* ti tayā sadiso n' atthi. *Sabbaṃ tuvaṃ ñāṇam*
avecca dhammaṃ pakāsesi satte anukampamāno ti tvaṃ
Bhagavā, yad atthi ñeyyaṃ nāma, taṃ anavasesaṃ avecca
paṭivijjhitvā satte anukampamāno sabbaṃ ñāṇañ ca dham-
mañ ca pakāsesi, yaṃ yaṃ yassa hitaṃ hoti taṃ taṃ[6] āvi-
kāsi yeva desesi yeva, na te atthi ācariyamuṭṭhī ti vuttaṃ
hoti; *virocasi vimalo* ti dhūmarajādivirahito viya cando
rāgādimalābhāvena vimalo virocasi. Sesam ettha uttānat-
tham eva. Idāni, yesaṃ tadā Bhagavā dhammaṃ desesi,
te devaputte kittetvā[7] Bhagavantaṃ pasaṃsanto[8] āgañchi
379. te[9] ti gāthādvayam āha. Tattha *nāgarājā Erāvaṇo nāmā* ti,
ayaṃ kira Erāvaṇo nāma devaputto kāmarūpī[10] dibbe vimāne
vasati. So, yadā Sakko uyyānakīḷanaṃ[11] gacchati, tadā
diyaḍḍhasatayojanaṃ kāyaṃ abhinimminitvā tettiṃsa
kumbhe māpetvā Erāvaṇo nāma hatthī hoti. Tassa ekeka-
smiṃ kumbhe dve dve dantā honti, ekekasmiṃ dante satta

1–1 Ba Tattha yaṃ pubbe vaṇṇitaṃ, taṃ sabbaṃ pubba-
nayen' eva veditabbaṃ. Ito paraṃ, yaṃ apubbaṃ, taṃ
vaṇṇayissāma.
2 Ba d u v i d h e s u. 3 Ba buddhassa.
4 *So* Skgn (ɔ: paraṃ ay°); Ba gatito parây°.
5 Skgn °vippamokkhapari°.
6 Ba *ad.* tassa tassa. 7 Ba p a k i t t e n t o.
8 Ba *ad.* c a (*cf. note* 7). 9 Skgn *ad.* santike.
10 Ba kāmarūpe. 11 Ba uyyānakīḷaṃ (354[25], 356[21]).

satta pokkharaṇiyo, ekekissā pokkharaṇiyā satta satta paduminiyo, ekekissā paduminiyā satta satta pupphāni, ekekasmiṃ pupphe satta satta pattāni, ekekasmiṃ patte satta satta accharāyo naccanti Padumaccharāyo tv eva vissutā Sakkassa nāṭakiniyo[1], yā[va] Vimānavatthusmim pi "bhamanti kaññā' padume susikkhitā"* ti āgatā. Tesaṃ pana tettiṃsakumbhānaṃ majjhe Sudassanakumbho nāma tiṃsayojanamatto hoti, tattha yojanappamāṇo maṇipallaṃko tiyojanubbedhe pupphamaṇḍape atthariyati, tattha Sakko devānam indo accharāsaṃghaparivuto dibbasampattiṃ paccanubhoti. Sakke pana devānam inde uyyānakīḷato paṭinivatte puna taṃ rūpaṃ saṃharitvāna devaputto va[2] hoti. Taṃ sandhāyâha: āgañchi te santike nāgarājā Erāvaṇo nāma. *Jino ti sutvā* ti "vijitapāpadhammo esa Bhagavā" ti evaṃ sutvā; *so pi tayā mantayitvā* ti tayā saddhiṃ mantetvā, pañhaṃ pucchitvā ti adhippāyo; *ajjhagamā* ti adhiagamā[3], gato[4] ti vuttaṃ hoti; "*sādhū*" *ti sutvāna*[5] *patītarūpo* ti, taṃ pañhaṃ sutvā "sādhu bhante" ti abhinanditvā tuṭṭharūpo gato ti attho. *Rājā pi taṃ Vessavaṇo Kuvero* ti ettha so yakkho 380.
rañjanaṭṭhena rājā, †Visāṇāya rājadhāniyā rajjaṃ kāretī ti Vessavaṇo, purimanāmena Kuvero ti veditabbo. So kira Kuvero nāma brāhmaṇamahāsālo hutvā dānādīni puññāni katvā Visāṇāya rājadhāniyā adhipati hutvā nibbatto, tasmā Kuvero ti vuccati; vuttañ c' etaṃ Āṭānāṭiyasutte: "Kuverassa kho pana mārisā[6] mahārājassa Visāṇā nāma rājadhānī, tasmā Kuvero mahārājā Vessavaṇo ti pavuccatī"‡ ti[7]. Sesam ettha pākaṭam eva. Tattha siyā: 'kasmā pana dūratare Tāvatiṃsabhavane vasanto Erāvaṇo paṭhamaṃ āgato, Vessavaṇo pacchā, ekana-

* V. V. (A.) 274[8].
† J. A. VI, 270[8], D. III, 201[8] (Sum. *ad loc.*).
‡ D. III, 201[6–10].

[1] B[a] nāṭakitthiyo.
[2] B[a] saṃharitvā puna (*but cf. note* 5) devaputto, *om.* va.
[3] B[a] adhigamā. [4] B[a] adhigato. [5] B[a] sutvā pana.
[6] B[a] mārisa; S[kgn] *om.* [7] B[a] vuccatī ti.

gare ca vasanto ayaṃ upāsako sabbapacchā; kathañ ca so tesaṃ āgamanam aññāsi, yena evam āhā' ti, vuccate: Vessavaṇo[1] kira tadā 'anekasahassapavāḷapallaṃkaṃ dvādasayojanaṃ nārivāhanaṃ abhiruyha pavāḷakuntaṃ uccāretvā dasasahassakoṭiyakkhehi parivārito[2] Bhagavantaṃ pañhaṃ pucchissāmī' ti[3] ākāsaṭṭhavimānāni pariharitvā maggena maggaṃ āgacchanto *Veḷukaṇḍakanagare Nandamātāya upāsikāya nivesanassa uparibhāgaṃ sampatto. Upāsikāya[4] ayam ānubhāvo: parisuddhasīlā hoti niccaṃ vikālabhojanā paṭiviratā piṭakattayadhārinī anāgāmiphale patiṭṭhitā. Sā tamhi samaye sīhapañjaraṃ ugghāṭetvā utugahaṇatthāya māluteritokāse ṭhatvā Aṭṭhaka-Pārāyanavagge parimaṇḍalehi padavyañjanehi madhurena sarena bhāsati. Vessavaṇo tatth' eva yānaṃ[5] ṭhapetvā, yāva upāsikā "idam avoca Bhagavā Magadhesu viharanto Pāsāṇakacetiye[6] paricārakasoḷasannaṃ brāhmaṇānan" † ti nigamanaṃ abhāsi, tāva sabbaṃ sutvā vaggapariyosāne suvaṇṇamurajasadisaṃ mahakkhandhaṃ[7] paggahetvā "sādhu sādhu bhaginī" ti sādhukāram adāsi. Sā "ko etthā" ti āha. "Ahaṃ bhagini Vessavaṇo" ti. Upāsikā kira paṭhamaṃ sotāpannā ahosi, pacchā Vessavaṇo, [8]taṃ so dhammato sahodarabhāvaṃ[8] sandhāya upāsikaṃ bhaginivādena samudācarati. Upāsikāya ca[9] "bhātika bhadramukha, yassa dāni kālaṃ maññasī" ti vutto "ahaṃ bhagini tayi pasanno, pasannākāraṃ karomī" ti āha. "Tena hi bhadramukha, mama khette nipphannaṃ sāliṃ kammakarā āharituṃ na sakkonti,—taṃ tava parisāya āṇāpehī" ti. So[10] "sādhu bhaginī" ti yakkhe āṇāpesi; te aḍḍhaterasa koṭṭhāgārasatāni pūresuṃ. Tato pabhuti "koṭ-

* A. IV, 63[8]; Mp. p. 264 *ad* A. I, 26[21]. † S.N[1]. p. 205[8].

1 Skgn Vessavaṇassa. 2 Ba parivuto.
3 Ba pucchissāmā ti. 4 Ba *ad.* ca.
5 Ba yānāni. 6 Ba P ā s ā ṇ a k e c e t i y e.
7 Ba mahantaṃ (!) gīvaṃ (*which points to a reading* °kaṇṭhaṃ). 8-8 Ba taṃ yeva dhammasotaanubhāvaṃ.
9 Ba *om.* ca; Skgn *ad.* v i k ā l o. 10 Skgn *om.*

ṭhāgāraṃ [1]na ūnam ahosi[1] Nandamātu koṭṭhāgāraṃ viyā" ti loke nidassanaṃ ahosi. Vessavaṇo koṭṭhāgārāni pūretvā Bhagavantaṃ upasaṃkami; Bhagavā "vikāle āgato 'sī" ti āha. "Āma Bhagavā" ti sabbaṃ ārocesi. Iminā kāraṇena āsannatare pi Cātummahārājikabhavane[2] vasanto Vessavaṇo pacchā āgato, Erāvaṇassa pana na kiñci antarā karaṇīyaṃ ahosi; tena so paṭhamaṃ āgato[3]. Ayaṃ pan' upāsako, kiñcâpi anāgāmī pakatiyā va ekabhattiko, tathā pi tadā 'uposathadivaso' ti katvā uposathaṅgāni adhiṭṭhāya sāyaṇhasamayaṃ sunivattho supāruto pañcasataupāsakaparivuto Jetavanaṃ gantvā dhammadesanaṃ sutvā attano gharaṃ āgamma tesaṃ upāsakānaṃ saraṇasīlauposathānisaṃsādibhedaṃ upāsakadhammaṃ[4] kathetvā te upāsake uyyojesi. Tesañ ca tass' eva ghare muṭṭhihatthappamāṇapādakāni pañca kappiyamañcasatāni pāṭekkovarakesu paññattāni honti. Te attano attano ovarakaṃ pavisitvā samāpattiṃ appetvā nisīdiṃsu, upāsako pi tath' evâkāsi. Tena ca samayena Sāvatthinagare sattapaññāsa kulasatasahassāni vasanti[5], manussagaṇanāya aṭṭhārasakoṭimanussā. Tena paṭhamayāme hatthiassamanussabherisaddādinā[6] Sāvatthinagaraṃ mahāsamuddo viya ekasaddaṃ hoti, majjhimayāmasamanantare so saddo paṭippassambhati[7]. Tamhi kāle upāsako samāpattito vuṭṭhāya attano guṇe āvajjitvā 'yenâhaṃ maggasukhena phalasukhena sukhito viharāmi, idaṃ sukhaṃ kaṃ[8] nissāya laddhan' ti cintetvā 'Bhagavantaṃ nissāyā' ti Bhagavati cittaṃ pasādetvā 'Bhagavā etarahi katamena vihārena viharatī' ti āvajjanto[9] dibbena cakkhunā Erāvaṇa-Vessavaṇe [10]disvā, dibbāya sotadhātuyā dhammadesanaṃ sutvā[10], cetopariyāyañāṇena tesaṃ pasan-

[1]–[1] Ba unna nāma (ɔ: ūnan nāma) nâhosi.
[2] Ba Catumahārājikānaṃ bhavane.
[3] Ba pathamataraṃ āgato ti.
[4] Ba s a r a ṇ a s ī l a u p o s a t h a ṅ g ā n i s a ṃ s ā d i b h e d a ṃ uposathakammaṃ.
[5] Ba kusalasahassāni h o n t i. [6] Ba °saddādīhi.
[7] Ba paṭipassanam pi (ɔ: paṭipassambhi).
[8] Sgn Ba kiṃ. [9] Skgn āvejjanto. [10]–[10] Ba *om.*

nacittatam ñatvā 'yan nūnâham pi Bhagavantaṃ ubhaya-
hitaṃ paṭipadaṃ puccheyyan' ti vitakkesi[1]. Tasmā so
ekanagare vasanto pi sabbapacchā āgato, evañ ca nesaṃ
āgamanam aññāsi. Tenâha: "āgañchi te santike nāgarājā
. . . pe . . . so câpi sutvāna patītarūpo" ti.

Idāni ito bahiddhā lokasammatehi samaṇabrāhmaṇehi
ukkaṭṭhabhāvena[2] Bhagavantaṃ pasaṃsanto ye kec' ime ti
381. gāthādvayam āha. Tattha *titthiyā* ti Nanda-Vaccha-Saṃ-
kiccehi[3] ādipuggalehi tīhi titthakarehi kate diṭṭhititthe jātā,
tesaṃ sāsane pabbajitā Pūraṇakassapādayo[4] cha satthāro,
tattha Nāthaputto *Nigantho*, avasesā *ājīvikā*[5], te sabbe das-
sento āha: *ye kec' ime titthiyā*[6] *vādasīlā* ti, "mayaṃ sammā
paṭipannā, aññe micchā paṭipannā" ti evaṃ vādakaraṇa-
sīlā lokaṃ[7] mukhasattīhi vitudantā vicaranti, *ājīvikā*[5] *vā* ti
te ekajjham uddiṭṭhe diṭṭhiṃ[8] bhinditvā dasseti; *nâtitaran-
tī* ti nâtikkamanti; *sabbe* ti, aññe pi ye keci titthiyasāva-
kādayo[9], te pi pariggahento[10] āha; *ṭhito vajantaṃ viyā* ti yathā
koci ṭhito gativikalo *sīghagāmi*naṃ purisaṃ gacchantaṃ
nâtitareyya, evan te paññāgatiyā abhāvena te te atthappa-
bhede bujjhituṃ asakkontā ṭhitā atijavanapaññaṃ Bhaga-
382. vantaṃ nâtitarantī ti attho. *Brāhmaṇā vādasīlā vuddhā*[11]
ti ettāvatā Caṃki-Tārukkha-Pokkharasāti-Jāṇussoṇiādayo
dasseti; *api brāhmaṇā santi kecī* ti iminā majjhimā pi daharā
pi kevalaṃ brāhmaṇā santi atthi upalabbhanti, *kecī* ti evaṃ
Assalāyana-Vāsiṭṭha-Ambaṭṭha-Uttaramāṇavakādayo[12] das-
seti; [13]*atthabaddhā* ti[13] 'api nu kho imaṃ pañhaṃ vyākareyya,
imaṃ kaṃkhaṃ[14] chindeyyā' ti evaṃ atthabaddhā[15] bha-
vanti; *ye vā pi c' aññe* ti aññe pi ye 'mayaṃ *vādino*' ti evaṃ

---

[1] Ba c i n t e s i.
[2] Skgn °bhāvaṃ.
[3] Sg Ba -Saṃkicchehi.
[4] Skgn Pūraṇādayo.
[5] Ba ājīvakā.
[6] Skgn *om.*
[7] Ba loke.
[8] Ba uddiṭṭha-diṭṭhi.
[9] Ba *ad.* ca.
[10] Ba pariggahanto.
[11] Skgn *ad.* vā.
[12] Ba °māṇavādayo.
[13–13] Ba atthabandhā ti attaṃbandhanā.
[14] Skgn kathaṃ; Ba *has* bhindeyya (?).
[15] Ba atthabandhā.

maññamānā caranti[1] khattiyapaṇḍitabrāhmaṇabrahmadevayakkhādayo aparimāṇā, te pi sabbe tayi [2]atthabaddhā bhavantī ti dasseti[2]. Evaṃ nānappakārehi Bhagavantaṃ pasaṃsitvā idāni dhammen' eva naṃ[3] pasaṃsitvā dhammakathaṃ yācanto ayaṃ hi dhammo ti gāthādvayam āha.
Tattha *ayaṃ hi dhammo* ti sattatiṃsa bodhapakkhiyadhamme 383.
sandhāyâha; *nipuṇo* ti saṇho duppaṭivijjho[4]; *sukho* ti paṭividdho samāno lokuttarasukhaṃ āvahati, tasmā sukhāvahattā sukho ti vuccati; *suppavutto* ti sudesito; *sussūsamānā* ti sotukām' amhā ti attho; *tan no vadā* ti taṃ dhammaṃ amhākaṃ vada; *tvan no* ti pi pātho, tvaṃ amhākaṃ
vadā ti attho. *Sabbe v' ime*[5] *bhikkhavo* ti taṃ khaṇaṃ nisin- 384.
nāni kira pañca bhikkhusatāni honti, tāni dassento[6] yācati; *upāsakā câpī* ti attano parivāre aññe ca dasseti. Sesam ettha pākaṭam eva.

Atha Bhagavā anāgāriyapaṭipadaṃ tāva dassetuṃ bhik- 385.
khū āmantetvā *suṇātha me bhikkhavo* ti ādim āha. Tattha *dhammaṃ dhutaṃ tañ ca dharātha*[7] *sabbe* ti kilese dhunātī ti dhuto, evarūpaṃ kilesadhunanakaṃ paṭipadādhammaṃ *sāvayāmi vo*, tañ ca mayā sāvitaṃ sabbe dharatha[8] paṭipajjatha, mā pamādittha ti vuttaṃ hoti; *iriyāpathan* ti gamanādicatubbidhaṃ; *pabbajitānulomikan* ti samaṇasāruppaṃ satisampajaññayuttaṃ, araññe kammaṭṭhānānuyogavasena pavattam evā ti apare; *sevetha nan* ti taṃ iriyāpathaṃ bhajeyya; *atthadasso* ti hitānupassī; mutīmā[9] ti buddhimā. Sesam
ettha gāthāya pākaṭam eva. *Na ve*[10] *vikāle* ti, evaṃ pab- 386.
bajitānulomikaṃ iriyāpathaṃ sevamāno ca divā majjhantikavītikkamaṃ upādāya vikāle na careyya, bhikkhuyutta*kāle* eva pana *gāmaṃ piṇḍāya careyya*, kiṃkāraṇaṃ: *akālacāriṃ hi sajanti saṅgā*[11] akālacāriṃ puggalaṃ rāgasaṅgādayo aneke saṅgā[12] sajanti parissajanti upagūhanti allīyanti, *tasmā vikāle*

---

[1] Ba vicaranti.
[2–2] Ba attabandhā (< °bandhanā) ti dasseti.
[3] Ba (Sk) taṃ. [4] Ba °viddho. [5] Sk c' ime, Ba p' ime.
[6] Ba passanto. [7] Ba dhammaṃ dhutaṅgañ ca c a r ā t h a.
[8] Ba c a r a t h a, Sgn daratha. [9] Skgn Ba mutimā.
[10] Ba No ce. [11] Ba *ad.* ti. [12] Ba anekasaṅgā.

na caranti buddhā[1] tasmā, ye[2] catusaccabuddhā ariyapuggalā,
na te pi[3] vikāle piṇḍāya carantī ti; tena kira samayena vikā-
labhojanasikkhāpadaṃ* appaññattaṃ hoti, tasmā dhamma-
desanāvasen' ev' ettha[4] puthujjanānaṃ ādīnavaṃ dassento
imaṃ gātham āha, ariyā pana saha maggapaṭilābhā eva tato
387. paṭiviratā honti, esā dhammatā. Evaṃ vikālacariyaṃ
paṭisedhetvā kāle carantenâpi evaṃ caritabban ti dassento
āha: *rūpā ca saddā cā* ti. Tass' attho: ye te rūpādayo nānap-
pakārakaṃ madaṃ janentā *satte sammadayanti*, tesu Piṇḍa-
pātapārisuddhisuttādisu† vuttanayena *chandaṃ vinetvā*[5]
yutta*kālen'* eva *pātarāsaṃ paviseyyā* ti. Ettha ca pāto
asitabbo ti pātarāso, piṇḍapātass' etaṃ nāmaṃ; so yattha
labbhati, so padeso pi taṃyogena pātarāso ti idha vutto,
[6]yato piṇḍapātalabhanokāsaṃ[6] gaccheyyā ti evam ettha
388. attho veditabbo. Evaṃ paviṭṭho piṇḍañ ca bhikkhu . . . pe
. . . saṅgahītattabhāvo. Tattha *piṇḍan* ti missakabhat-
tabhikkhaṃ[7], sā hi tato tato samodhānetvā sampiṇḍitaṭ-
ṭhena[8] piṇḍo ti vuccati; *samayenā* ti anto-majjhantikakālena;
eko paṭikkammā ti kāyavivekaṃ sampādento adutiyo nivat-
titvā; *ajjhattacintī* ti tilakkhaṇaṃ āropetvā khandhasantā-
naṃ cintento; *na mano bahiddhā nicchāraye* ti bahiddhā
rūpādisu rāgādivasena[9] cittaṃ na nīhare; *saṅgahītattabhāvo*
389. ti suṭṭhugatacitto. Evaṃ viharanto pana[10] sace pi so . . .
pe . . . parūpavādaṃ[1]. Kiṃ vuttaṃ hoti: *so* yogāvacaro
kiñcid eva sotukamyatāya upagatena *sāvakena* vā *kenaci*
aññatitthiyagahaṭṭhādinā *vā* idh' eva pabbajitena *bhikkhunā*
vā saddhiṃ *sace pi sallape*, atha, yv āyaṃ maggaphalādipaṭi-

* Vin. IV, 85–86.
† M. III, 293–297.

[1] Ba *ad.* ti. [2] Ba yasmā, *om.* ye.
[3] *So* Sk (Skgn jī); Ba *om.* [4] Ba °desanavasena c' ettha.
[5] Ba vinodetvā.
[6–6] Ba yato piṇḍapātaṃ labhati, taṃ okāsaṃ.
[7] Skgn Ba ° b h i k k h ā.
[8] Ba sampiṇḍatthena; Skg *ad.* pi. [9] Ba rāgavasena.
[10] Ba c a.

saṃyutto dasakathāvatthubhedo vā anappakaṭṭhena paṇīto
dhammo, *dhammaṃ paṇītaṃ taṃ*[1] *udāhareyya*, aññaṃ pana
pisuṇavācaṃ vā *parūpavādaṃ*[2] vā appamattakam pi na
udāhareyyā ti. Idāni tasmiṃ parūpavāde dosaṃ dassento 390.
āha: vādaṃ hi eke ti. Tass' attho: idh' ekacce moghapurisā
parūpavādasaññitaṃ nānappakāraṃ viggāhikakathābhedaṃ
vādaṃ paṭiseniyanti virujjhanti yujjhitukāmā hutvā senāya
paṭimukhaṃ gacchantā viya honti, *te* mayaṃ lāmaka*paññe
na ppasaṃsāma*, kiṃkāraṇaṃ: *tato tato ne pasajanti saṅgā*
yasmā te tādisake puggale tato tato vacanapathato samuṭ-
ṭhāya vivādasaṅgā pasajanti allīyanti, kiṃ pana[1] kāraṇaṃ
pasajantī ti: *cittaṃ hi te*[3] *tattha gamenti dūre* yasmā te paṭi-
seniyantā cittaṃ tattha gamenti[4], yattha gataṃ samatha-
vipassanānaṃ[5] dūre hotī ti. Evaṃ parittapaññānaṃ pa- 391.
vattiṃ dassetvā idāni mahāpaññānaṃ pavattiṃ dassento
āha: piṇḍaṃ vihāraṃ . . . pe . . . varapaññasāvako ti. Tattha
vihārena patissayo *sayanāsanena* mañcapīṭhan ti tīhi pi
padehi senāsanam eva vuttaṃ; *āpan* ti udakaṃ, *saṃghā-
ṭirajūpavāhanan* ti paṃsumalādino saṃghāṭirajassa dhova-
naṃ; *sutvāna dhammaṃ Sugatena desitan* ti Pabbāsavā-
disu[6] "paṭisaṃkhā yoniso cīvaraṃ paṭisevati[7] sītassa
paṭighātāya"* ti ādinā nayena Bhagavatā desitaṃ dham-
maṃ sutvā *saṃkhāya seve varapaññasāvako.* Evaṃ[8] idha
piṇḍan ti vuttaṃ piṇḍapātaṃ, vihārādīhi vuttaṃ senāsanaṃ,
āpamukhena dassitaṃ gilānapaccayaṃ, saṃghāṭiyā cīvaran
ti catubbidham pi paccayaṃ saṃkhāya "yāvad eva imassa
kāyassa ṭhitiyā"† ti ādinā nayena paccavekkhitvā seve[9]
varapaññasāvako sevituṃ sakkuṇeyya varapaññassa Tathā-
gatassa sāvako sekho vā puthujjano vā, nippariyāyena vā[10]
arahā, so hi caturāpasseno[11] "saṃkhāy' ekaṃ paṭisevati,

---

* *Cf.* M. I, 10^5, A. III, 388^{15}. † M. I, 10^{10}, *etc.*

---

[1] B^a *om.* [2] B^a *here* paropavādaṃ.
[3] B^a cittañ h' ete. [4] S^k gāmenti. [5] B^a °vipassanaṃ.
[6] S^kgn sabbāsaṃ(sa)varād° (*cf.* M. I, 6^{31}), B^a sabbāsu cīva-
rādīsu. [7] B^a paṭisevāmi. [8] S^kgn etaṃ.
[9] B^a sevetha. [10] B^a ca. [11] B^a caturāseno.

saṃkhāy' ekaṃ adhivāseti, saṃkhāy' ekaṃ parivajjeti,
392. saṃkhāy' ekaṃ vinodetī "* ti vutto. Yasmā ca saṃkhāya
seve[1] varapaññasāvako[2], *tasmā hi piṇḍe* . . . pe . . . *pokkhare
vāribindu*, tathā[3] hotī ti veditabbo.
393. Evaṃ khīṇāsavapaṭipattiṃ dassento arahattanikūṭena
anagāriyapaṭipadaṃ niṭṭhapetvā idāni agāriyapaṭipadaṃ
dassetuṃ *gahaṭṭhavattaṃ pana vo* ti ādim āha. Tattha pa-
ṭhamagāthāya tāva *sāvako* ti agāriyasāvako. Sesam uttā-
nattham eva, ayam pana yojanā: *yo* mayā ito pubbe *kevalo*
avyāmisso sakalo paripuṇṇo *bhikkhudhammo* kathito, *esa*
khettavatthuādipariggahehi *sapariggahena na labbhā phas-*
394. *setuṃ* na sakkā adhigantun ti. Evaṃ tassa bhikkhudham-
maṃ paṭisedhetvā gahaṭṭhadhammam eva dassento āha:
pāṇaṃ na hane ti. Tattha purimaddhena[4] tikoṭiparisuddhā
pāṇātipātā-veramaṇī vuttā, pacchimaddhena[4] sattesu hita-
paṭipatti; tatiyapādo c' ettha Khaggavisāṇasutte†, catuttha-
pāde thāvaratasabhedo Mettasuttavaṇṇanāya‡ sabbappakā-
rato vaṇṇito. Sesam uttānattham eva, uppaṭipāṭiyā pana
yojanā kātabbā: tasathāvaresu bhūtesu nidhāya daṇḍaṃ na
hane na ghātayeyya nânujaññā ti; "nidhāya daṇḍan" ti
ito vā paraṃ "vatteyyā" ti pāṭhaseso āharitabbo, ita-
395. rathā hi na pubbenâparaṃ sandhīyatī ti. Evaṃ paṭhama-
sikkhāpadaṃ dassetvā idāni dutiyasikkhāpadaṃ dassento
āha: *tato adinnan* ti. Tattha *kiñcī* ti appaṃ vā bahuṃ vā,
kvacī ti gāme vā araññe vā; *sāvako* ti agāriyasāvako; *buj-
jhamāno* ti 'parasantakam idan' ti jānamāno; *sabbaṃ adin-
naṃ parivajjayeyyā* ti evaṃ hi paṭipajjamāno sabbaṃ adin-
naṃ parivajjayeyya no aññathā ti dīpeti. Sesam ettha vut-
396. tanayañ ca pākaṭañ cā ti. Evaṃ dutiyasikkhāpadam pi
tikoṭiparisuddhaṃ dassetvā[5] ukkaṭṭhaparicchedato pabhuti
tatiyaṃ dassento āha: *abrahmacariyan* ti. Tattha *asam-*
397. *bhuṇanto* ti asakkonto. Idāni catutthasikkhāpadaṃ das-

* *Cf.* D. III, 270[2]. † 63[23]. ‡ Pj. I, 245[18].

[1] B[a] s a ṃ k h ā y a - s e v i. [2] B[a] *ad.* va. [3] B[a] yathā.
[4] B[a] purimapadena . . . pacchimapadena.
[5] B[a] °parisuddhaṃ tattha dassetvā idāni.

sento āha: sabhaggato vā ti. Tattha *sabhaggato* ti santhāgārādigato, *parisaggato* ti pūgamajjhagato. Sesam ettha vuttanayañ ca pākaṭañ cā ti. Evaṃ catutthasikkhāpadam 398.
pi tikoṭiparisuddhaṃ dassetvā pañcamaṃ dassento āha: majjañ ca pānan ti. Tattha *majjañ ca pānan* ti gāthābandhasukhatthaṃ evaṃ vuttaṃ, ayam pan' attho: majjapānañ ca *na*[1] *samācareyyā* ti; *dhammaṃ iman* ti majjapānaveramaṇīdhammaṃ; *ummādanantan* ti taṃ ummādapariyosānaṃ, yo hi sabbalahuso[2] majjapānassa vipāko, so manussabhūtassa ummattakasaṃvattaniko hoti; *iti naṃ viditvā* ti iti taṃ[3] majjapānaṃ ñatvā. Sesam ettha vuttanayañ ca pākaṭañ cā ti. Evaṃ pañcamasikkhāpadam pi tikoṭipari- 399.
suddhaṃ dassetvā idāni purimasikkhāpadānam pi majjapānam eva saṃkilesakarañ ca bhedakarañ ca[4] dassetvā daḷhataraṃ tato veramaṇiyaṃ niyojento āha: madā hi pāpāni karontī ti. Tattha *madā* ti madahetu; *hi*-kāro nipāto padapūraṇamatto; *pāpāni karontī* ti pāṇātipātādīni sabbākusalāni karonti; *ummādanaṃ mohanan* ti paraloke ummādanaṃ idhaloke mohanaṃ. Sesam uttānattham eva.

Ettāvatā agāriyasāvakassa niccasīlaṃ dassetvā idāni uposathaṅgāni dassento pāṇaṃ na hane ti gāthādvayam āha.
Tattha *abrahmacariyā* ti aseṭṭhacariyabhūtā, *methunā* ti me- 400.
thunadhammasamāpattito; *rattiṃ na bhuñjeyya vikālabhojanan* ti rattim pi na bhuñjeyya, divā pi kālātikkantabhojanaṃ na bhuñjeyya. *Na ca gandhan* ti ettha gandhagaha- 401.
ṇena vilepanacuṇṇādīni pi gahitān' evā ti veditabbāni; *mañce* ti kappiyamañce; [5]*santhate* ti taṭṭikādīhi kappiyattharaṇehi atthate[5]; *chamāyam* pana goṇakādisanthatāyam pi[6] vaṭṭati; *aṭṭhaṅgikan* ti pañcaṅgikaṃ viya turiyaṃ na aṅgavinimmuttaṃ; *dukkhantagunā* ti vaṭṭadukkhassa antagatena. Sesam ettha pākaṭam eva; pacchimaddhaṃ pana saṅgītikārehi
vuttan ti pi āhu. Evaṃ uposathaṅgāni dassetvā idāni upo- 402.
sathakālaṃ dassento āha: tato ca pakkhassā ti. Tattha

---

[1] B[a] n a c a. [2] (*Cf.* Pj. I, 33[9], *etc.*) B[a] °lahuko.
[3] B[a] naṃ. [4] B[a] v e r a k a r a ñ c a.
[5-5] B[a] santhate ti kappiyattharaṇe atthate p i.
[6] S[kgn] *ad.* n a.

tato ti padapūraṇamatte nipāto; *pakkhass' upavass' uposathan* ti evaṃ parapadena yojetabbaṃ: *pakkhassa cātuddasī pañcadasī aṭṭhamī* ti ete tayo divase upavassa uposathaṃ, etaṃ[1] aṭṭhaṅgikauposathaṃ[2] upagamma vasitvā ti; *pāṭihāriyapakkhañ cā* ti ettha pana vassūpanāyikāya purimabhāge Āsāḷhamāso, anto-vasse tayo māsā, Kattikamāso[3] ti ime pañca māsā pāṭihāriyapakkho ti vuccanti, "Āsāḷha-Kattika-Phaggunamāsā tayo evā" ti a p a r e, "pakkhūposathadivasānaṃ purimapacchimadivasavasena pakkhe pakkhe terasī-pāṭipada-sattamī-navamīsaṃkhātā cattāro[4] cattāro divasā" ti a p a r e, yaṃ ruccati, taṃ gahetabbaṃ, [5]na puññena bhāsitabbaṃ[5]; evam etaṃ pāṭihāriyapakkhañ ca *pasannamānaso susamattarūpaṃ* suparipuṇṇarūpam ekam pi divasaṃ apariccajanto *aṭṭhaṅgupetaṃ* uposathaṃ upavassā ti sambandhitabbaṃ.

403. Evaṃ uposathakālaṃ dassetvā idāni etesu[6] kālesu etaṃ uposathaṃ upavassa[ṃ] kātabbataṃ dassento āha: tato ca pāto ti. Etthâpi *tato* ti padapūraṇamatte nipāto, [7]anantaratthe v ā, athā ti vuttaṃ hoti; *pāto* ti aparajjudivase[8] pubbabhāge; *upavutthuposatho* ti upavasitauposatho; *annenā* ti yāgubhattādinā, *pānenā* ti aṭṭhavidhapānakena; *anumodamāno* ti anupamodamāno[9], nirantaraṃ modamāno ti attho; *yathārahan* ti attano anurūpena, yathāsattiṃ yathābalan ti vuttaṃ hoti; *saṃvibhajethā* ti bhojeyya[10] patimāneyya. Sesaṃ pākaṭam eva.

404. Evaṃ upavutthūposathassa kiccaṃ dassetvā idāni 'ssa[11] yāvajīvikaṃ guruvattaṃ[12] ājīvapārisuddhiñ ca kathetvā tāya paṭipadāya adhigantabbaṭṭhānaṃ dassento āha: dhammena mātāpitaro ti. Tattha *dhammenā* ti dhammaladdhena bho-

---

[1] Ba evaṃ hi. [2] Ba aṭṭhaṅgikaṃ up°.
[3] Skgn Kattiyamāso. [4] Ba *om.*
[5—5] *So* Skgn (*or* hāyitabbaṃ?); Ba sa bbaṃ vā pana puññakāminaṃ (ɔ: °kāminā) kātabbaṃ (< bhāsitabbaṃ).
[6] Ba tesu, Skgn etāni.
[7] Ba *ins.* tato ti. [8] Ba °d i v a s a-.
[9] *So* Ba (ɔ: anupa(daṃ) mod°?); Skgn anumodamāno.
[10] Ba bhareyya. [11] Ba *om.* 'ssa. [12] Ba *ad.* ājīvavattaṃ.

gena, *bhareyyā* ti poseyya; *dhammikaṃ so vaṇijjan* ti [1]satthavaṇijjā sattavaṇijjā maṃsavaṇijjā surāvaṇijjā visavaṇijjā ti imā pañca adhammavaṇijjā[1] vajjetvā avasesā dhammikā vaṇijjā[2], vaṇijjāmukhena c' ettha kasigorakkhādi aparo pi dhammiko vohāro saṅgahīto. Sesam uttānattham eva. Ayaṃ pana yojanā: yo niccasīlauposathasīladānadhammasamannāgato ariyasāvako *payojaye* dhammikaṃ vaṇijjaṃ tato laddhena ca dhammato anapetattā dhammena bhogena mātāpitaro bhareyya, atha so *gihī* evaṃ *appamatto* ādito pabhuti vuttaṃ imaṃ vattaṃ *vattayaṃ*[3] kāyassa bhedā, ye te attano ābhāya andhakāraṃ vidhamitvā ālokakaraṇena Sayampabhā ti laddhanāmā cha-kāmāvacaradevā, te *Sayampabhe nāma deve upeti* bhajati allīyati tesaṃ nibbattiṭṭhāne[4] nibbattatī ti

DHAMMIKASUTTAVAṆṆANĀ NIṬṬHITĀ

Niṭṭhito ca vaggo dutiyo nāmena Cūḷavaggo ti.

[1–1] Bᵃ sattavāṇijaṃ maṃsavāṇijaṃ manussavāṇijaṃ surāvāṇijaṃ visavāṇijan ti ime pañca adhammavāṇije.
[2] Bᵃ vāṇijā (*throughout*). [3] Bᵃ vattayanto.
[4] Bᵃ nibbattaṭṭhāne.

BILLING AND SONS, LTD., PRINTERS, GUILDFORD, ENGLAND.

PALI TEXT SOCIETY

Sutta-Nipata Commentary II

BEING

Paramatthajotika II, 2

PALI TEXT SOCIETY

Sutta-Nipata Commentary II

BEING

Paramatthajotika II, 2

Edited by

HELMER SMITH

VOL. II.

MAHAVAGGA ATTHAKAVAGGA
PARAYANAVAGGA

GYAN

Published by

Gyan Publishing House
5, Ansari Road
Daryaganj, New Delhi-110002
Phone: 011-47034999, 9811692060
E-mail: books@gyanbooks.com

Distribution Network
gyanbooks.com
India, USA, Canada, UK, Australia, France

ISBN : 978-81-212-2844-2 (Set)
ISBN : 978-81-212-2846-6 (HB)
First Published, 1917

2nd Impression 2021

Printed at: Gyan Press, Delhi.

Sutta-Nipata Commentary II
Edited by: Helmer Smith

Pali Text Society

Sutta-Nipāta Commentary II

BEING

Paramatthajotikā II, 2

EDITED BY

HELMER SMITH

VOL. II

MAHĀVAGGA AṬṬHAKAVAGGA
PĀRĀYANAVAGGA

London
PUBLISHED FOR THE PALI TEXT SOCIETY
BY
HUMPHREY MILFORD
OXFORD UNIVERSITY PRESS WAREHOUSE, AMEN CORNER, E.C.
1917

CORRECTIONS AND ADDITIONS

383 *note* * : S. I, 205^{1} . . .

410^{13} adhivacanaṃ.

413^{18} Gijjhakūṭe.

426^{15} =Thag. 20^{ab}.

426^{26-27} = Mp. *ad* A. II, 212^{1}.

449 *note* ‡ : M. I, 82^{37}.

458^{31} na jīvati na jīvissati.

465^{22} *yathā aññāsu jātisū* ti.

506^{31} *taṇhāpaccayā.*

542 *note* * *add*: Mp. *p.* 258 *sq.*

544^{16} dāri-.

575 *note* * *add*: Mp. *p.* 200 *sqq.*, *ad* A. I, 25^{16} (Mogharāja).

642^{38} : 312^{b} *in lieu of* 311^{d}.

662^{1} (*s.v.* Aḷakassa): Burmese MSS. : Mūḷ(h)aka-, Mp. p. 200^{35} : Cūḷhaka-.

CONTENTS OF VOL. II

V. PĀRĀYANAVAGGA.

Paramatthajotikā II.

III. MAHĀVAGGA.

1.

Pabbajjaṃ kittayissāmī ti Pabbajjāsuttaṃ. Kā uppatti: (405).
Bhagavati kira Sāvatthiyaṃ viharante āyasmato Ānandassa parivitakko udapādi*: 'Sāriputtādīnaṃ mahāsāvakānaṃ pabbajjā kittitā, taṃ bhikkhū ca upāsakā ca jānanti, Bhagavato pana akittitā; yan nūnâhaṃ kitteyyan' ti. So Jetavanavihāre āsane nisīditvā cittavījanim gahetvā bhikkhūnaṃ Bhagavato pabbajjaṃ kittento idaṃ suttam abhāsi.

Tattha, y a s m ā pabbajjaṃ kittentena, yathā pabbaji, taṃ kittetabbaṃ, yathā ca pabbaji, taṃ kittentena, yathā vīmaṃsamāno pabbajjaṃ rocesi, taṃ kittetabbaṃ, t a s m ā "pabbajjaṃ kittayissāmī" ti vatvā yathā pabbajī ti ādim
āha. *Cakkhumā* ti pañcahi cakkhūhi sampanno ti attho. 405.
Sesam ādigāthāya uttānam eva. Idāni "yathā vīmaṃsa- 406.
māno" ti tam atthaṃ pakāsento āha: sambādho 'yan[1] ti. Tattha *sambādho* ti puttadārādisampīḷanena kilesasampīḷanena ca kusalakiriyāya okāsavirahito[2]; *rajassâyatanan* ti Kambojādayo viya assādīnaṃ rāgādirajassa uppattidesо†; *abbhokāso* ti vuttasambādhassa paṭipakkhabhāvena ākāso viya vivaṭā[3]; *iti disvāna pabbajī* ti iti gharāvāsapabbajjāsu vyādhijarāmaraṇehi suṭṭhutaraṃ codiyamānahadayo ādīnavaṃ ānisaṃsañ ca vīmaṃsitvā mahābhinikkhamanaṃ

* (*Cf.* 47^{2}). † *Vide* Sum. I, 124^{30}–125^{8}, Asl. 140^{34}–141^{9}.

[1] Bᵃ sambādhâyaṃ gharāvāso. [2] Bᵃ okāsarahito.
[3] Bᵃ vivaṭo.

abhinikkhamitvā[1] Anomānadītīre[2] khaggena kese chinditvā tāvad eva dvaṅgulamattasaṇṭhitasamaṇasāruppakesamassu hutvā Ghaṭikārena brahmunā upanīte aṭṭha parikkhāre gahetvā 'evaṃ nivāsetabbaṃ, evaṃ pārupitabban' ti kenaci ananusiṭṭho[3] anekajātisahassappavattitena attano pabbajjāciṇṇen' eva sikkhāpiyamāno pabbaji, ekaṃ kāsāvaṃ nivāsetvā ekaṃ[4] uttarāsaṅgaṃ karitvā cīvaraṃ khandhe karitvā mattikāpattaṃ aṃse ālaggetvā[5] pabbajitavesaṃ adhiṭṭhāsī ti vuttaṃ hoti. Sesam ettha uttānattham[6] eva. Evaṃ Bhagavato pabbajjaṃ kittetvā tato paraṃ pabbajitapaṭipattiṃ Anomānadītīraṃ[2] hitvā padhānāya gamanañ ca pakā-
407. setuṃ pabbajitvāna kāyenā ti ādi sabbam abhāsi. Tattha *kāyena pāpakammaṃ vivajjayī* ti tividhaṃ kāyaduccaritaṃ vajjesi; *vacīduccaritan* ti catubbidhaṃ vacīduccaritaṃ; *ājīvaṃ parisodhayī* ti micchājīvaṃ hitvā sammājīvam eva pavat-
408. tayi. Evaṃ ājīvaṭṭhamakaṃ sīlaṃ sodhetvā Anomānadītīrato[2] tiṃsayojanappamāṇaṃ sattāhena[7] agamā Rājagahaṃ Buddho. Tattha kiñcâpi, yadā Rājagahaṃ agamā[8], tadā buddho na hoti, tathā pi 'Buddhassa pubbacariyā' ti katvā evaṃ vattuṃ labbhati, "idha rājā jāto, idha rajjaṃ aggahesī" ti ādi lokiyavohāravacanaṃ viya; *Magadhānan* ti, Magadhānaṃ janapadassa nagaran ti vuttaṃ hoti; *Giribbajan* ti idam pi tassa nāmaṃ, taṃ hi Paṇḍava-Gijjhakūṭa-Vebhāra-Isigili-Vepullanāmakānaṃ pañcannaṃ girīnaṃ majjhe vajo viya ṭhitaṃ, tasmā Giribbajan ti vuccati; *piṇḍāya abhihāresī* ti bhikkhatthāya tasmiṃ nagare cari; so kira nagaradvāre ṭhatvā cintesi: 'sacâhaṃ rañño Bimbisārassa attano āgamanaṃ nivedeyyaṃ: "Suddhodanassa putto Siddhattho nāma kumāro āgato" ti, bahum pi me paccayaṃ abhihāreyya[9], na kho pan' etaṃ patirūpaṃ pabbajitassa ārocetvā paccayagahaṇaṃ; handâhaṃ piṇḍāya carāmī' ti devadattiyaṃ paṃsukūlacīvaraṃ pārupitvā mattikāpattaṃ[10] gahetvā pācīna-

---

[1] B^a nikkhanto. [2] S^kgn Anoman°. [3] B^a anānusiṭṭho.
[4] B^a ekaṃsaṃ. [5] B^a laggetvā. [6] B^a uttānam.
[7] S^gn sattāh' eva. [8] B^a agamāsi.
[9] B^a abhimāreyya (ɔ: abhihar°, *cf.* 383 *note* 2).
[10] B^a mattikap°.

dvārena nagaraṃ pavisitvā anugharaṃ piṇḍāya acari, tenâha
āyasmā Ānando: piṇḍāya abhihāresī ti; *ākiṇṇavaralakkhaṇo*
ti sarīre ākiritvā viya ṭhapitavaralakkhaṇo vipulavaralak-
khaṇo vā, vipulam pi hi[1] ākiṇṇan ti vuccati, yathâha: "ākiṇ-
ṇaluddo puriso dhāticelaṃ va makkhito"* ti, vipulaluddo
ti attho. Tam addasā ti tato kira purimāni satta divasāni 409.
nagare nakkhattaṃ ghositaṃ ahosi, taṃ divasaṃ pana "nak-
khattaṃ vītivattaṃ, kammantā payojetabbā" ti bheri cari;
atha mahājano rājaṅgaṇe sannipati, rājā pi 'kammantaṃ
saṃvidahissāmī' ti sīhapañjaraṃ vivaritvā balakāyaṃ pas-
santo taṃ piṇḍāya abhihārentam[2] Mahāsattaṃ addasa,—
tenâha āyasmā Ānando: *tam addasa Bimbisāro pāsādasmiṃ
patiṭṭhito* ti[3]. *Imam atthaṃ abhāsathā* ti imaṃ atthaṃ[1] amac-
cānaṃ abhāsi. Idāni taṃ tesaṃ amaccānaṃ bhāsitam 410.
atthaṃ dassento āha: imaṃ bhonto ti. Tattha *iman* ti so
rājā bodhisattaṃ dasseti, *bhonto* ti amacce ālapati; *nisāmethā*
ti passatha; *abhirūpo* ti dassanīyaṅgapaccaṅgo, *brahā* ti
ārohapariṇāhasampanno, *sucī* ti parisuddhachavivaṇṇo; *cara-
ṇenā* ti gamanena; [4]*nīcakulā-m-ivā* ti[4] nīcakulā iva pabbajito 411.
na hotī ti attho, ma-kāro padasandhikaro; *kuhiṃ bhikkhu
gamissatī* ti 'ayaṃ bhikkhu kuhiṃ gamissati ajja kattha
vasissati, taṃ jānituṃ *rājadūtā* sīghaṃ gacchantu, dassana-
kāmā hi mayaṃ assā' ti iminā adhippāyena bhaṇati; *gutta-
dvāro* okkhittacakkhutāya, *susaṃvuto* satiyā, guttadvāro vā
satiyā, susaṃvuto pāsādikena saṃghāṭicīvaradhāraṇena;
khippaṃ pattaṃ apūresī ti *sampajānatt*ā *patissatatt*ā ca adhi-
kaṃ agaṇhanto 'alaṃ ettāvatā' ti ajjhāsayapūraṇena khip-
paṃ pattaṃ apūresi. *Munī* ti monatthāya paṭipannattā 414.
appattamunibhāvo pi muni cc eva vutto lokavohārena vā,
lokiyā hi amonasampattam pi pabbajitaṃ munī ti bhaṇanti;
Paṇḍavaṃ abhihāresī ti taṃ pabbataṃ āruhi[5]; so kira manusse
pucchi: "imasmiṃ nagare pabbajitā kattha vasantī" ti,

* S. i, 205; J. III, 309[8], 539[9] (ɔ: gāḷhaluddo); *cf.* III, 309[4].

[1] Skgn *om.*
[2] Ba abhiharantaṃ.
[3] Skgn *ad.* . . . pe . . .
[4–4] Skgn *om.*
[5] Ba abhirūhi (S.N. 139a).

ath' assa te "Paṇḍavassa upari puratthābhimukhapab-
bhāre" ti ārocesuṃ, tasmā tam eva Paṇḍavaṃ abhihāresi
416. '*ettha vāso bhavissatī*' ti evaṃ cintetvā. *Vyagghūsabho va*
sīho va girigabbhare ti, giriguhāyaṃ vyaggho va usabho va
sīho viya ca *nisinno* ti attho, ete hi tayo seṭṭhā vigatabhaya-
bheravā girigabbhare nisīdanti, tasmā evaṃ upamam akāsi.
417. *Bhaddayānenā* ti hatthiassarathasivikādinā uttamayānena.
418. *Sa yānabhūmiṃ yāyitvā* ti, yāvatikā bhūmi hatthiassādinā
yānena[1] sakkā gantuṃ, taṃ gantvā[2]; *āsajjā* ti patvā, samī-
420. pam assa gantvā ti attho; *upāvisī* ti nisīdi. *Yuvā* ti yob-
banasampanno, *daharo* ti jātiyā taruṇo, *paṭhamuppattito*
susū ti tadubhayavisesanam eva: yuvâsī ti sati yobbane
paṭhamuppattito[3] paṭhamen' eva yobbanavegena uṭṭhito[4],
daharo câsī[5] ti sati ca daharatte susu bālako[6] viya khāyasī ti.
421. *Anīkaggan* ti balakāyaṃ senāmukhaṃ; *dadāmi bhoge bhuñ-*
jassū ti ettha [7]ahan te[7] Aṅga-Magadhesu yāv' icchasi, tāva
dadāmi bhoge, te tvaṃ *sobhayanto* anīkaggaṃ *nāgasaṃgha-*
422. *purakkhato* bhuñjassū ti evaṃ sambandho veditabbo. *Ujū*
janapado rājā ti "dadāmi bhoge, bhuñjassu jātiñ c' akkhāhi
pucchito" ti evaṃ kira vutto Mahāpuriso cintesi: 'sace
ahaṃ rajjena atthiko assaṃ, Cātummahārājikādayo pi maṃ
attano attano rajjena nimanteyyuṃ, ghare ṭhito eva vā
cakkavattirajjaṃ kāreyyaṃ, ayam pana rājā ajānanto evam
āha; handâhaṃ jānāpemī' ti bāhaṃ uccāretvā[8] attanā āga-
tadisābhāgaṃ niddisanto[9] ujū janapado rājā ti ādim āha.
Tattha *Himavantassa passato* ti bhaṇanto sassasampattive-
kalyābhāvaṃ dassesi, *Himavantaṃ hi nissāya pāsāṇa-
vivarasambhavā mahāsālā pi pañcahi vaḍḍhīhi vaḍḍhanti,

* (A. I, 152[15], III, 44[4].)

---

[1] B[a] hatthiassādiyānena. [2] B[a] *ad.* t i a t t h o.

[3] B[a] yuvā susu ti yobbanena, pathamuppattito ti.

[4] B[a] upaṭṭhito.

[5] B[a] daharo sī. [6] S[kgn] subālako *in lieu of* susu bālako.

[7—7] B[a] bhante.

[8] *Cf.* 370[4]; S[g] < uddhāretvā; B[a] *has* vācaṃ *in lieu of* bāhaṃ.

[9] B[a] nidassento.

kim aṅga pana khette vuttāni sassāni[1]; *dhanaviriyena sam-*
panno ti bhaṇanto sattahi ratanehi avekalyattaṃ para-
rājūhi atakkanīyaṃ vīrapurisādhiṭṭhitabhāvañ c' assa das-
seti; *Kosalesu*[2] *niketino* ti bhaṇanto navakarājabhāvaṃ
paṭikkhipati, navakarājā hi niketī ti na vuccati, yassa pana
ādikālato[3] pabhuti anvayavasena so eva janapado nivāso,
so niketī ti vuccati, tathārūpo ca rājā Suddhodano, yaṃ
sandhāyâha: Kosalesu[2] niketino ti, tena anvayāgatam pi
bhogasampattiṃ dīpeti. Ettāvatā attano bhogasampat- 423.
tiṃ dīpetvā *Ādiccā nāma gottena Sākiyā nāma jātiyā* ti iminā
jātisampattiñ ca ācikkhitvā, yaṃ vuttaṃ raññā "dadāmi
bhoge bhuñjassū" ti, taṃ paṭikkhipanto āha: *tamhā kulā*[4]
pabbajito 'mhi rāja, na kāme abhipatthayan ti, yadi hi ahaṃ
kāme abhipatthayeyyaṃ, na īdisaṃ dhanaviriyasampannaṃ[5]
dvāsītisahassavīrapurisasamākulaṃ kulaṃ[6] chaḍḍetvā pab-
bajeyyan ti ayaṃ kir' ettha adhippāyo. Evaṃ rañño vaca-
naṃ paṭikkhipitvā tato paraṃ attano pabbajjāhetuṃ das- 424.
sento āha: *kāmesv ādīnavaṃ disvā, nekkhammaṃ daṭṭhu*[7]
khemato ti, etaṃ[8] "pabbajito 'mhī" ti iminā abhisambandhi-
tabbaṃ. Tattha ca[6] *daṭṭhū*[7] ti disvā. Sesam ettha ito puri-
magāthāsu ca yaṃ yaṃ na vicāritaṃ, taṃ sabbaṃ uttānattā[9]
eva na vicāritan ti veditabbaṃ. Evam attano pabbajjāhe-
tuṃ vatvā padhānatthāya gantukāmo rājānaṃ āmantento
āha: *padhānāya gamissāmi, ettha me rañjati*[10] *mano* ti. Tass'
attho: yasmâhaṃ mahārāja nekkhammaṃ daṭṭhu khemato
pabbajito, tasmā taṃ paramatthanekkhammaṃ nibbānā-
mataṃ[11] sabbadhammānaṃ aggaṭṭhena padhānaṃ patthento
padhānatthāya gamissāmi, ettha me padhāne rañjati mano,
na kāmesū ti.

Evaṃ vutte[12] kira rājā Bodhisattaṃ āha: "pubbe va m'
etaṃ bhante sutaṃ: 'Suddhodanarañño kira putto Siddhat-

---

[1] B^a^ *ad.* ti. [2] B^a^ Kosallassa. [3] B^a^ ā d i t o.
[4] B^a^ *ad.* ca. [5] B^a^ *om.* īdisaṃ dhana-. [6] B^a^ *om.*
[7] B^a^ daṭṭhuṃ, daṭṭhun *resp.* [8] S^kgm^ B^a^ evaṃ.
[9] S^kgn^ uttānatthā. [10] B^a^ *here* rajjati.
[11] B^a^ nibbānaṃ nāma, taṃ.
[12] S^k^ vutta, B^a^ vutto.

thakumāro cattāri pubbanimittāni disvā pabbajitvā buddho bhavissatī' ti, so 'ham bhante tumhākaṃ adhimuttiṃ disvā evaṃ pasanno: '[1]buddhattaṃ pāpuṇissathā' ti; bhante buddhattaṃ patvā paṭhamaṃ mama vijitaṃ[2] okkameyyāthā" ti.[3]

PABBAJJĀSUTTAVAṆṆANĀ NIṬṬHITĀ.

2.

(425). Tam maṃ padhānapahitattan ti Padhānasuttaṃ[4]. Kā uppatti: "Padhānāya gamissāmi ettha me rañjatī mano" ti āyasmā Ānando Pabbajjāsuttaṃ niṭṭhapesi. Bhagavā Gandhakuṭiyaṃ nisinno cintesi: 'mayā chab bassāni padhānaṃ patthayamānena dukkarakārikā katā, taṃ ajja bhikkhūnaṃ kathessāmī' ti. Atha Gandhakuṭito nikkhamitvā buddhāsane nisinno taṃ maṃ padhānapahitattan ti ārabhitvā idaṃ suttam abhāsi.

425. Tattha *taṃ man* ti dvīhi pi vacanehi attānam eva niddisati;
padhānapahitattan ti nibbānatthāya pesitacittaṃ pariccat-
taattabhāvaṃ vā[5]; *nadiṃ Nerañjaraṃ patī* ti lakkhaṇaṃ
niddisati, lakkhaṇaṃ hi padhānapahitattatāya Nerañjarā
nadī, ten' eva c' ettha upayogavacanaṃ, ayaṃ pan' attho:
nadiyā Nerañjarāyā ti, Nerañjarāya tīre ti vuttaṃ hoti;
viparakkammā ti atīva parakkamitvā; *jhāyantan* ti appāna-
kajjhānam[6] anuyuñjantaṃ; *yogakkhemassa pattiyā* ti catuhi
426. yogehi khemassa nibbānassa adhigamatthaṃ. *Namucī* ti
Māro, so hi attano visayā nikkhamitukāme devamanusse na
muñcati antarāyaṃ tesaṃ[7] karoti, tasmā Namucī ti vuccati;
karuṇan[8] ti anuddayāyuttaṃ; *bhāsamāno upāgamī* ti idaṃ
uttānam eva, kasmā pana upāgato ti[9]: Mahāpuriso kira
ekadivasaṃ cintesi: 'sabbadā āhāraṃ pariyesamāno jīvite
sāpekkho hoti, na ca sakkā jīvite sāpekkhena amataṃ adhi-

[1] B^a *ins.* a d d h ā, [2] B^a vijitena.
[3] S^kgn okkameyyathā ti.
[4] B^a Tam man ti Padhānasuttaṃ. [5] B^a *om.*
[6] B^a appānakajjhānakam, S^kgn appanājh°.
[7] B^a nesaṃ, S^k *om.* [8] B^a *ad.* vācan. [9] B^a upagato, *om.* ti.

gantun' ti, tato āhārūpacchedāya paṭipajji, tena kiso dubbaṇṇo ca[1] ahosi. Atha Māro 'ayaṃ sambodhāya[2] maggo hoti na hotī' ti ajānanto 'atighoraṃ tapaṃ karoti, kadāci mama visayaṃ atikkameyyā' ti bhīto 'idañ c' idañ ca vatvā vāressāmī' ti āgato ten' evâha: *kiso tvam asi dubbaṇṇo, santike maraṇan tavā* ti. Evañ ca[3] vatvā ath' assa maraṇasantikabhāvaṃ[4] sādhento āha: *sahassabhāgo maraṇassa ekaṃso tava jīvitan* ti. Tass' attho: sahassaṃ bhāgānaṃ assā ti sahassabhāgo, ko so: "maraṇassa paccayo" ti pāṭhaseso; eko aṃso ekaṃso. Idaṃ vuttaṃ hoti: ayaṃ appānakajjhānādisahassabhāgo tava maraṇassa paccayo, tato pana te eko eva bhāgo jīvitaṃ, evaṃ santike maraṇan tavā ti. Evaṃ maraṇassa santikabhāvaṃ sādhetvā atha naṃ jīvite samussāhento āha: *jīvaṃ[5] bho jīvitaṃ seyyo* ti, 'kathaṃ seyyo' ti ce: *jīvaṃ puññāni kāhasi*. Atha attano[6] sammatāni puññāni dassento āha: *carato ca te* ti. Tattha *brahmacariyan* ti 428.
kālena kālaṃ methunaviratiṃ sandhāyâha, yaṃ tāpasā karonti; *jūhato* ti juhantassa. Sesam ettha pākaṭam eva.
Duggo maggo[7] ti imam pana addhagāthaṃ padhānavicchan- 429
daṃ[8] janento āha. Tattha appānakajjhānādigahanattā[9] dukkhena gantabbo[10] ti *duggo*, dukkhitakāyacittena kattabbattā *dukkaro*, santikamaraṇena tādisenâpi pāpuṇituṃ asakkuṇeyyato *durabhisambhavo* ti evam attho veditabbo. Ito paraṃ *imā gāthā bhaṇaṃ Māro aṭṭhā Buddhassa santike* ti ayam addhagāthā[11] saṅgītikārehi vuttā, "sakalagāthā pī" ti e k e, 'Bhagavatā eva pana paraṃ viya attānaṃ niddisantena sabbam ettha evaṃjātikaṃ vuttan' ti ayaṃ amhākaṃ khanti. Tattha *aṭṭhā* ti aṭṭhāsi. Sesam uttānam eva.
Chaṭṭhagāthāya[12] *yen' atthenā* ti ettha parosaṃ antarāya- 430.
karaṇena[13] attano atthena tvaṃ *pāpima āgato* ti ayaṃ adhip-

---

[1] Ba va. [2] Skgn ayam bodhāya (*or* asambodhāya).
[3] Ba *ad.* p a n a. [4] Skgn *om.* maraṇa-. [5] Ba j ī v a.
[6] Ba (Sk) attanā. [7] Ba *om.* [8] Ba °vicchinnaṃ.
[9] Ba °jjhānādivahattā (ɔ: °j j h ā n ā d h i v a h a t t ā ?).
[10] Skgn pattabbo, Ba gandhabbo. [11] Ba upaḍḍhagāthā.
[12] Ba Chaṭṭhamagāthāya.
[13] (ɔ: antarāyakaraṇa); Ba °kāraṇena.

431. pāyo. Sesaṁ uttānam eva. "Jīvaṃ puññāni kāhasī" ti
idaṃ pana vacanaṃ paṭikkhipanto *anumattena*[1] *pī* ti imaṃ
gātham āha. Tattha *puññenā* ti vaṭṭagāmiṃ Mārena vut-
432. tapuññaṃ[2] sandhāya bhaṇati. Sesam uttānam eva. Idāni
"ekaṃso tava jīvitan" ti idaṃ vacanam ārabbha Māraṃ
santajjento atthi saddhā ti imaṃ gātham āha. Tatrâdhip-
pāyo: are Māra, yo anuttare santivarapade assaddho bha-
veyya, saddho pi vā kusīto, saddho āraddhaviriyo samāno pi
vā duppañño[3], taṃ tvaṃ jīvitam anupucchamāno sobhey-
yāsi[4], mayham pana anuttare santivarapade okappana*saddhā*
atthi, t a t h ā kāyikacetasikam[5] asithilaparakkamatāsaṃkhā-
taṃ *viriyaṃ*[6], vajirūpamā *paññā ca mama vijjati*, so tvaṃ
evaṃ maṃ pahitattaṃ muttajjhāsayaṃ[7] *kiṃ*[8] *jīvam anupuc-*
chasi; paññā ca mamā ti ettha ca-saddena sati samādhi ca,
evaṃ sante, yehi pañcahi indriyehi samannāgatā nibbānaṃ
pāpuṇanti, tesu ekenâpi avirahitaṃ evam maṃ pahitattaṃ
kiṃ jīvam[9] anupucchasi, nanu

"ekāhaṃ jīvitaṃ seyyo viriyam ārabhato daḷhaṃ
paññāvantassa jhāyato[10] passato udayabbayan" * ti.

Evaṃ Māraṃ santajjetvā attano dehacittappavattiṃ das-
sento nadīnam apī ti gāthāttayam[11] āha. Taṃ padatthato[12]
433. pākaṭam eva, ayam pana adhippāyavaṇṇanā: yv āyaṃ mama
sarīre appānakajjhānaviriyavegasamuṭṭhito *vāto* vattati, loke
Gaṅgā-Yamunādīnaṃ *nadīnam*[13] *pi sotāni ayaṃ visosaye*,
kiñ ca me evaṃ *pahitattassa* catunāḷimattaṃ *lohitaṃ na upaso-*
434. *seyya*. Na kevalañ ca me lohitam eva sussati, api ca kho
pana tamhi *lohite sussamānamhi* baddhābaddhabhedaṃ[14]

* Dhp. 112cd + 111d + 113d.

[1] Ba anumatto, Sk anumatta, Sgn anumatte.
[2] Ba vuttaṃ puññaṃ.
[3] Ba apañño.
[4] Ba bhaveyyā ti.
[5] Ba kāyikacetasika-.
[6] Ba *ad.* ca.
[7] Ba u t t a m a j j h ā s a y a ṃ.
[8] Ba kasmā.
[9] Ba *ad.* tvaṃ
[10] Ba jhāyino.
[11] Ba gāthādvayaṃ.
[12] Ba atthato.
[13] Ba *om.* nadīnaṃ; Skgn °Yamunānadīnaṃ, *only*.
[14] Ba bandhabandhabhedaṁ.

sarīrānugatam *pittaṃ* asitapītādipaṭicchādakaṃ catunālimattam eva *semhañ ca*, kiñ câparan ti: tattakam eva muttañ ca ojañ ca sussati, tesu ca sussamānesu maṃsāni pi khīyanti, tassa me evaṃ anupubbena *maṃsesu khīyamānesu bhiyyo cittaṃ pasīdati* na tv eva tappaccayā saṃsīdati; so tvaṃ īdisaṃ cittam ajānanto sarīramattam eva disvā bhaṇasi: "kiso tvam asi dubbaṇṇo, santike maraṇan tavā" ti; na kevalañ ca me cittam eva pasīdati, api ca kho pana *bhiyyo sati ca paññā ca samādhi*[1] *mama tiṭṭhati* aṇumatto pi pamādo
vā moho vā cittavikkhepo vā n' atthi. *Tassa* mayhaṃ 435.
evaṃ viharato, ye keci[2] samaṇabrāhmaṇā atītaṃ vā[3] addhānaṃ anāgataṃ vā etarahi vā opakkamikā vedanā vediyanti, tāsaṃ[4] nidassanabhūtaṃ *pattassa uttamavedanaṃ*, yathā aññesaṃ dukkhena phuṭṭhānaṃ sukhaṃ, sītena uṇhaṃ, uṇhena sītaṃ, khudāya bhojanaṃ, pipāsāya phuṭṭhānaṃ udakaṃ apekkhate cittaṃ, evaṃ pañcasu kāmaguṇesu ekakāmam pi *nâpekkhate cittaṃ* 'aho vatâhaṃ subhojanaṃ bhuñjitvā sukhaseyyaṃ sayeyyan' ti īdisenâkārena [5]ekacittam pi[5] na uppannaṃ, *passa* tvaṃ Māra *sattassa suddhatan* ti. Evaṃ attano suddhataṃ dassetvā 'nivāremi tan' ti āgatassa Mārassa[6] manorathabhañjanatthaṃ Mārasenaṃ kittetvā tāya aparājeyyabhāvaṃ[7] dassento *kāmā te paṭhamā senā* ti ādikā
cha gāthāyo āha. Tattha, yasmā ādito va agāriyabhūte 436.
satte vatthukāmesu kilesa*kāmā* mohayanti, te abhibhuyya anāgāriyabhāvaṃ upagatānaṃ pantesu vā senāsanesu aññataraññataresu vā adhikusalesu dhammesu *arati* uppajjati—vuttañ[8] c' etaṃ "pabbajitena kho[3] āvuso abhirati dukkarā"* ti—, tato te[3] parapaṭibaddhajīvikattā *khuppipāsā* bādheti, tāya bādhitānaṃ[9] pariyesana*taṇhā* cittaṃ kilamayati, atha

* S. IV, 260[22].

---

[1] B^{a} *ad.* ca. [2] ɔ: yā kāci ? [3] B^{a} *om.*
[4] S^{kn} tādisaṃ, S^{g} tādiyaṃ. [5–5] B^{a} mama cittaṃ, *om.* pi.
[6] B^{a} Evaṃ attano suddhattaṃ dassetvā idāni 'vāressāmi nan' ti āgatamārassa.
[7] B^{a} aparājitabhāvaṃ. [8] B^{a} vuttaṃ pi.
[9] S^{kgn} B^{a} bādhitāya.

437. nesaṃ kilantacittānaṃ *thīnamiddhaṃ* okkamati, tato visesaṃ
anadhigacchantānaṃ durabhisambhavesu araññavanapat-
thesu senāsanesu viharataṃ utrāsasaññitā *bhīru* jāyati,
tesaṃ ussaṃkitaparisaṃkitānaṃ dīgharattaṃ vivekarasaṃ
anassādayamānānaṃ viharataṃ 'na siyā nu kho esa maggo'
ti paṭipattiyaṃ *vicikicchā* uppajjati, taṃ vinodetvā vihara-
taṃ appamattakena visesādhigamena māna*makkhatthambhā*
jāyanti, te pi vinodetvā viharataṃ tato adhikataraṃ visesā-
438. dhigamaṃ nissāya *lābhasakkārasilokā* uppajjanti, lābhādi-
mucchitā dhammapatirūpakāni pakāsentā *micchā yasaṃ*
adhigantvā tattha ṭhitā jātiādīhi *attānaṃ ukkaṃs*enti paraṃ
vambhenti, tasmā kāmādīnaṃ evaṃ[1] paṭhamasenādi-
439. bhāvo veditabbo. Evaṃ etaṃ dasavidhaṃ senaṃ uddisitvā
yasmā sā kaṇhadhammasamannāgatattā Kaṇhassa Namu-
cino upakārāya saṃvattati[2], tasmā naṃ "tava senā" ti
niddisanto āha: esā Namuci te senā Kaṇhassâbhippahārinī ti.
Tattha *abhippahārinī* ti samaṇabrāhmaṇānaṃ ghātanī[3]
nippothanī, antarāyakarī ti attho; *na taṃ*[4] *asūro jināti jetvā
ca labhate sukhaṃ* ti evaṃ tava senaṃ asūro kāye ca jīvite ca
sāpekho puriso na jināti, sūro pana jināti jetvā ca[5] maggasu-
440. khaṃ phalasukhañ ca āvahati[1] adhigacchati. Yasmā ca
labhate sukhaṃ, tasmā taṃ sukhaṃ patthayamāno ahaṃ
pi *esa muñjaṃ parihar*eyyaṃ, saṅgāmāvacarā anivattino
purisā attano anivattanakabhāvaṃ ñāpanatthaṃ sīse vā
dhaje vā āvudhe vā muñjatiṇaṃ bandhanti, 'taṃ ayaṃ pi
pariharati' cc eva maṃ dhārehi, tava senāparājitassa[6] *dhi-
r-atthu mama jīvitaṃ*; tasmā evaṃ[7] dhārehi: *saṅgāme me
mataṃ seyyo yañce jīve parājito*, yena jīvitena parājito jīve,
tasmā jīvitā tayā sammāpaṭipannānaṃ antarāyakarena sad-
dhiṃ saṅgāme mataṃ mama seyyo ti attho, 'kasmā mataṃ
441. seyyo' ti ce: yasmā pagāḷhā ettha[8] . . . pe . . . subbatā. *Ettha*
kāmādikāya[9] attukkaṃsanaparavambhanapariyosānāya tava
senāya *pagāḷhā* nimuggā anuppaviṭṭhā *eke samaṇabrāhmaṇā*

---

[1] B^a *om.* [2] B^a sampavattati. [3] B^a vighātini.
[4] B^a n a m. [5] S^kgn *om.* [6] B^a senāya parājitassa.
[7] S^kgn etaṃ. [8] B^a c' ettha.
[9] B^a subbatā ti. Vatthukāmādikāya.

na dissanti sīlādīhi guṇehi na ppakāsanti andhakāraṃ paviṭṭhā viya honti; ete evaṃ pagāḷhā samānā, sace pi kadāci karahaci ummujjitvā nimujjanapuriso viya "sāhu saddhā" ti ādinā nayena ummujjanti*, tathā pi tāya senāya ajjhotthaṭattā *tañ ca maggaṃ*[1] *na jānanti* khemaṃ nibbānagāminaṃ, sabbe pi buddhapaccekabuddhādayo *yena gacchanti subbatā* ti. Imaṃ pana gāthaṃ sutvā Māro puna kiñci avatvā eva pakkāmi, pakkante[2] tasmiṃ Mahāsatto tāya dukkarakārikāya kiñci pi[3] visesaṃ anadhigacchanto anukkamena 'siyā nu kho añño maggo bodhāyā' ti ādīni cintetvā oḷārikāhāraṃ āhāretvā balaṃ gahetvā Visākhapuṇṇamadivase pag eva Sujātāya pāyāsaṃ paribhuñjitvā[4] Bhadravanasaṇḍe divāvihāraṃ nisīditvā tattha aṭṭha samāpattiyo nibbattento divasaṃ vītināmetvā sāyaṇhasamaye Mahābodhimaṇḍābhimukho gantvā Sotthiyena dinnā aṭṭha tiṇamuṭṭhiyo Bodhimūle vikiritvā dasasahassalokadhātudevatāhi katasakkārabahumāno 'kāmaṃ taco ca nahārū ca aṭṭhī ca avasissatu, upasussatu sarīre[5] maṃsalohitan' ti caturaṅgaviriyaṃ adhiṭṭhahitvā, 'na dāni buddhattaṃ apāpuṇitvā pallaṃkaṃ bhindissāmī' ti paṭiññaṃ katvā aparājitapallaṃkena[6] nisīdi. Taṃ ñatvā Māro pāpimā 'ajja Siddhattho paṭiññaṃ katvā nisinno, ajj' eva dāni 'ssa sā paṭiññā paṭibāhitabbā' ti Bodhimaṇḍato yāva cakkavāḷam āyataṃ[7], dvādasayojanavitthāraṃ, uddhaṃ navayojana-m-uggataṃ Mārasenaṃ samuṭṭhapetvā diyaḍḍhayojanasatappamāṇaṃ Girimekhalaṃ hatthirājaṃ[8] āruyha bāhusahassaṃ māpetvā [9]nānāvudhāni gahetvā[9] "gaṇhatha hanatha paharathā" ti bhaṇanto Āḷavakasutte † vuttappakārā vuṭṭhiyo māpesi; tā Mahāpurisaṃ patvā tattha vuttappakārā eva sampajjiṃsu. Tato vajiraṃkusena hatthikumbhe[10] paharitvā Mahāpurisassa[11] samīpaṃ netvā "uṭṭhehi[12] bho Siddhattha pallaṃkā" ti āha. Mahāpuriso "na uṭṭhahāmi

* *Vide* P. P. A. 251–253. † (224[9]).

[1] Ba mahāmaggaṃ. [2] Ba *ad.* pana. [3] Ba *om.*
[4] Ba *om.* pari-. [5] Ba *ad.* sabban taṃ. [6] Ba °pallaṃke.
[7] Ba pariyantaṃ. [8] Ba hatthirājānaṃ. [9–9] Ba *om.*
[10] ɔ: hatthiṃ kumbhe? [11] Ba Mahāpurisa-. [12] Ba uṭṭhaha.

Mārā " ti vatvā taṃ dhajinim[1] samantā vilokento imā gā-
442. thāyo abhāsi: samantā dhajinin ti. Tattha *dhajinin* ti
senaṃ; *yuttan* ti uyyuttaṃ; *savāhanan* ti Girimekhalanā-
garājasahitaṃ; *paccuggacchāmī* ti abhimukho upari gamis-
sāmi, so ca kho ten' eva kāyena, kasmā: *mā maṃ ṭhānā acā-
vayi*, maṃ etasmā ṭhānā aparājitapallaṃkā Māro mā cālesī
443. ti vuttaṃ hoti. *Na ppasahatī* ti sahituṃ na sakkoti nâbhi-
bhavati vā; *āmaṃ pattan* ti āmaṃ mattikābhājanaṃ[2]; *as-*
444. *manā* ti pāsāṇena. Sesam ettha pākaṭam eva. Idāni
'etan te Māra senaṃ bhinditvā tato paraṃ vijitasaṅgāmo
sampattadhammarājābhiseko idaṃ karissāmī' ti dassento
āha: vasiṃkaritvā ti. Tattha *vasiṃkaritvā saṃkappan* ti
maggabhāvanāya sabbaṃ micchāsaṃkappaṃ pahāya sam-
māsaṃkappass' eva pavattanena vasiṃkaritvā saṃkappaṃ;
satiñ ca sūpaṭṭhitan[3] ti kāyādisu catusu ṭhānesu attano
satiñ ca suṭṭhu upaṭṭhitaṃ karitvā; evaṃ vasiṃkatasaṃ-
kappo sūpaṭṭhitasati[4] *raṭṭhā raṭṭhaṃ vicarissāmi* devamanus-
445. sabhede *puthu sāvake vinayanto*. Atha mayā vinīyamānā
te appamattā . . . pe . . . *na socare*, taṃ nibbānāmatam evā ti
adhippāyo. [5]Atha Māro imā gāthāyo[5] sutvā āha: "maṃ
evarūpaṃ yakkhaṃ[6] disvā na bhāyasi bhikkhū" ti. "Āma
Māra na bhāyāmī" ti. "Kasmā na bhāyasī" ti. "Dānā-
dīnaṃ pāramipuññānaṃ katattā" ti. "Ko etaṃ jānāti:
dānādīni tvaṃ akāsī" ti. "Kiṃ ettha pāpima sakkhi-
kiccena, api ca ekasmiṃ yeva bhave Vessantaro hutvā yaṃ
dānam adāsiṃ, tassânubhāvena sattakkhattuṃ chahi pakā-
rehi sañjātakampā ayaṃ mahāpaṭhavī yeva sakkhī" ti.
Evaṃ vutte udakapariyantaṃ katvā mahāpaṭhavī kampi
bheravasaddaṃ muñcamānā, yaṃ sutvā Māro asanihato[7]
viya bhīto dhajaṃ paṇāmetvā palāyi saddhiṃ parisāya.
Atha Mahāpuriso tīhi yāmehi tisso vijjā sacchikatvā aru-
ṇuggamane "anekajātisaṃsāraṃ . . . pe . . . taṇhānaṃ kha-

[1] Skgn d h a j a n i m *throughout* (*and* Ba *at* 392[2]).
[2] Sk āmamattikābh°; Ba āmaṃ pakkan ti āmapakkaṃ kācajātaṃ mattikabhājanaṃ.
[3] Ba s u p a t i ṭ ṭ h i t a n.
[4] Ba supantiṭṭhitas°.
[5–5] Ba Taṃ.
[6] Ba b h a y ā n a k a ṃ.
[7] Ba asaninipāto.

yaṃ ajjhagā "* ti imaṃ udānaṃ udānesi. Māro udānasaddena āgantvā 'ayaṃ "buddho ahan" ti paṭijānāti; handa naṃ[1] anubandhāmi ābhisamācārikaṃ[2] passituṃ, sac' assa kiñci kāyena vācāya vā khalitaṃ bhavissati, heṭhessāmi nan' ti pubbe bodhisattabhūmiyaṃ chab bassāni anubandhitvā buddhattaṃ pattaṃ ekaṃ vassaṃ anubandhi†. Tato Bhagavato kiñci khalitaṃ apassanto satta vassānī ti imā nibbejaniyagāthāyo abhāsi. Tattha *otāran* ti ran- 446.
dhaṃ vivaraṃ; *nâdhigacchissan* ti nâdhigamiṃ. *Meda-* 447.
vaṇṇan ti medapiṇḍasadisaṃ; *anupariyagā* ti parito parito agamāsi; *mudū* ti mudukaṃ; *vindemā* ti adhigaccheyyāma[3]; *assādanā* ti sādubhāvo. *Vāyas' etto* ti vāyaso etto. Sesaṃ 448.
ettha pākaṭam eva, ayaṃ pana yojanā: *satta vassāni Bhagavantaṃ* otārāpekho *anubandhiṃ* katthaci avijahanto [4]*padā padaṃ*[4], evaṃ anubandhitvā pi ca *otāraṃ nâdhigamiṃ*[5]; so 'haṃ, yathā nāma *medavaṇṇaṃ pāsāṇaṃ* medassaññī *vāyaso* ekasmiṃ passe mukhatuṇḍakena vijjhitvā assādaṃ avindamāno '*app* eva nāma *ettha mudu vindema, api* ito *assādanā siyā*' ti samantā tath' eva vijjhanto *anupariyāyitvā* katthaci *assādaṃ aladdhā* 'pāsāṇo vâyan' ti nibbijja pakkameyya, evam evâyaṃ Bhagavantaṃ kāyakammādisu attano parittapaññāmukhatuṇḍakena[6] vijjhanto samantā anupariyagā 'app eva nāma katthaci aparisuddhakāyasamācārādiṃ[7] mudubhāvaṃ vindema, kutoci assādanā siyā' ti, te dāni mayaṃ[8] assādaṃ alabhamānā *kāko va selaṃ āsajja nibbijjâpema, Gotamaṃ* āsajja [tato Gotamaṃ][9] nibbijja apemā ti. Evaṃ vadato kira Mārassa satta vassāni viphalaparis- 449.
samaṃ[10] nissāya balavasoko udapādi, ten' assa visīdamānaṅgapaccaṅgassa Beḷuvapaṇḍu[11] nāma vīṇā kacchato patitā,

* Dhp. 153–154, *etc.*   † (37^{14}).

[1] Bᵃ handâhaṃ. [2] Sᵏ Bᵃ abhisᵒ.
[3] Sᵏ adhigacchema, Bᵃ adhigaccheyya.
[4-4] Bᵃ padānupadaṃ. [5] Bᵃ nâdhigacchāmi.
[6] Bᵃ parittapaññātāya mukhᵒ. [7] Bᵃ ᵒsamācāratādi.
[8] Bᵃ *ad.* aññaṃ. [9] Bᵃ *om* (*cf.* S. IV, 178^{11}).
[10] Bᵃ niphalaᵒ. [11] Bᵃ Veḷuvapaṇḍu.

yā sakiṃ aṅgulehi[1] vāditā cattāro māse madhurassaraṃ[2] muñcati, yaṃ gahetvā Sakko Pañcasikhassa adāsi; taṃ so patamānam pi na bujjhi. Tenâha Bhagavā: *tassa sokaparetassa vīṇā kacchā abhassatha, tato so dummano yakkho tatth' ev' antaradhāyathā* ti; "saṅgītikārā[3] āhaṃsū" ti e k e, amhākaṃ pan' etaṃ na kkhamatī ti[4]

PADHĀNASUTTAVAṆṆANĀ NIṬṬHITĀ.

3.

(S.N.[1] p. 78). Evam me sutan ti Subhāsitasuttaṃ. Attajjhāsayato c' assa uppatti, Bhagavā hi subhāsitappiyo[5]. So attano subhāsitasamudācārappakāsanena sattānaṃ dubbhāsitasamudācāraṃ paṭisedhento idaṃ suttam abhāsi. Tattha *evam me sutan* ti ādi saṅgītikāravacanam[6]. Tattha "tatra kho Bhagavā ... pe ... bhadante ti te bhikkhū" ti etaṃ apubbaṃ, sesaṃ vuttanayam eva; tasmā apubbavaṇṇanattham idaṃ vuccati: *tatrā* ti desakālaparidīpanaṃ, [7]taṃ hi[7], yaṃ samayaṃ viharati, tatra samaye, yasmiñ ca ārāme viharati, tatra ārāme ti dīpeti, bhāsitabbayutte v ā desakāle dīpeti, na hi Bhagavā ayutte dese kāle vā[8] dhammaṃ bhāsati, "akālo kho (tāva) Bāhiyā"* ti ādi c' ettha sādhakaṃ[9]; *kho* ti padapūraṇamatte avadhāraṇādikālatthe[10] vā nipāto; *Bhagavā* ti lokagaruparidīpanaṃ; *bhikkhū* ti kathāsavanayuttapuggalaparidīpanaṃ; *āmantesī* ti ālapi ābhāsi[11] sambodhesi; *bhikkhavo* ti āmantanākāraparidīpanaṃ, tañ ca bhikkhanasīlatādiguṇayogasiddhattā vuttaṃ, tena nesaṃ hīnādhikajana-

* Ud. p. 7[31] (>Dhp. A. II, 214[14] *ad* Dhp. 101).

[1] *So* S^kgn B^a. [2] B^a mudhurasadda.
[3] B^a saṅgītikārakā (*so* B^a *at* 398[16] *and* S^kgn B^a *at* 398[28]; B^a °kārakānaṃ *at* 405[3]). [4] B^a etaṃ na ɱ a t i ti.
[5] B^a subhāsitānam piyo. [6] B^a °kārānaṃ vacanaṃ.
[7–7] B^a tahin ti taṃ.
[8] B^a dese vā kāle vā, S^kgn desakāle vā.
[9] S^kgn sādhanaṃ (45 *note* 3). [10] *So* S^kgn B^a.
[11] S^kgn B^a abhāsi.

sevitaṃ[1] vuttiṃ pakāsento uddhatadīnabhāvaniggahaṃ karoti, "bhikkhavo" ti iminā ca karuṇāvipphārasommahadayanayananipātapubbaṅgamena vacanena te attano mukhābhimukhe karitvā ten' eva kathetukamyatādīpakena tesaṃ[2] vacanena sotukamyataṃ janeti, ten' eva ca sambodhanatthena vacanena sādhukasavanamanasikāre pi te niyojeti, sādhukasavanamanasikārāyattā hi sāsanasampatti; 'aparesu pi devamanussesu vijjamānesu kasmā bhikkhū eva[3] āmantesī' ti ce: jeṭṭhaseṭṭhāsannasadāsannihitabhāvato, sabbaparisasādhāraṇā hi ayaṃ dhammadesanā na pāṭipuggalikā, parisāyañ[4] ca jeṭṭhā bhikkhū paṭhamuppannattā, seṭṭhā anāgāriyabhāvaṃ ādiṃ katvā satthu cariyānuvidhāyakattā sakalasāsanapaṭiggāhakattā[5] ca, āsannā tattha nisinnesu satthu santikattā, sadā sannihitā satthu santikāvacarattā, tena Bhagavā sabbaparisasādhāraṇaṃ dhammaṃ desento bhikkhū eva āmantesi; a p i c a 'bhājanan te imāya kathāya yathānusiṭṭhaṃ paṭipattisabbhāvato' ti[6] te eva āmantesi; *bhadante* ti gāravādhivacanam etaṃ; *te bhikkhū* ti, ye Bhagavā āmantesi, te evaṃ Bhagavantaṃ ālapantā[7] Bhagavato paccassosun ti; *catuhi aṅgehī* ti catuhi kāraṇehi avayavehi vā, musāvādā-veramaṇīādīni hi cattāri subhāsitavācāya kāraṇāni saccavacanādayo cattāro avayavā, kāraṇatthe ca aṅga-saddo, catuhī ti nissakkavacanaṃ hoti, avayavatthe karaṇavacanaṃ; *samannāgatā* ti samanuāgatā[8] pavattā yuttā ca[9]; *vācā* ti samullapanavācā, yā sā "vācā girā vyappatho"* ti ca "neḷā kaṇṇasukhā" †ti ca evamādisu āgacchati,—yā pana "vācāya ve[10] kataṃ kamman" ‡ti evaṃ viññatti ca, "yā catuhi vacīduccaritehi ārati . . . pe . . . ayaṃ vuccati sammāvācā"§

* Dh. S. § 637.
† D. I, 4[25].
‡ ?
§ Vibh. 106[32].

[1] Ba hīnādikabhāvanisevitaṃ.
[2] Ba etesaṃ.
[3] Skm *om.*
[4] Ba parisāya.
[5] Ba sakalassa sāsanassa paṭig°.
[6] Ba *ad.* pi.
[7] Ba ālapayamānā.
[8] Ba sampannaṃ āgatā.
[9] Skm *om.*
[10] Skn Ba ce.

ti evaṃ virati ca, "pharusā vācā bhikkhave āsevitā bhāvitā bahulīkatā nirayasaṃvattanikā hotī"* ti evaṃ cetanā ca vācā[1] āgacchati, sā idha anadhippetā, kasmā: abhāsitabbato; *subhāsitā hotī* ti suṭṭhu bhāsitā, ten' assā atthāvahanataṃ dīpeti; *na dubbhāsitā* ti na duṭṭhu bhāsitā, ten' assā anatthānāvahanataṃ dīpeti; *anavajjā*[2] ti vajjasaṃkhātarāgādidosavirahitā, ten' assā kāraṇasuddhiṃ vattu[3] dosābhāvañ ca dīpeti; *ananuvajjā cā* ti anuvādavimuttā, ten' assā sabbākārasampattiṃ dīpeti; *viññūnan* ti paṇḍitānaṃ, tena 'nindāpasaṃsāsu bālā appamāṇan' ti dīpeti; *katamehi catuhī* ti kathetukamyatāpucchā; *idhā* ti imasmiṃ sāsane; *bhikkhave* ti yesaṃ kathetukāmo, tadālapanaṃ; *bhikkhū* ti vuttappakāravācābhāsanakapuggalanidassanaṃ[4]; *subhāsitaṃ yeva bhāsatī* ti puggalādhiṭṭhānāya desanāya catusu vācaṅgesu aññataraṅganidassanavacanaṃ[5], *no dubbhāsitan* ti tass' eva vācaṅgassa paṭipakkhabhāsananivāraṇaṃ, tena 'musāvādādayo pi kadāci vattabbā' ti diṭṭhiṃ nisedheti, no dubbhāsitan ti iminā micchāvācappahānaṃ dīpeti, subhāsitan ti iminā pahīnamicchāvācena satā bhāsitabbavacanalakkhaṇaṃ tathā pāpassa akaraṇaṃ kusalassa upasampadaṃ, aṅgaparidīpanatthaṃ pana abhāsitabbaṃ pubbe avatvā bhāsitabbaṃ evâha. Esa nayo dhammañ ñevā ti ādisu pi. Ettha ca "subhāsitañ ñeva bhāsati no dubbhāsitan" ti iminā pisuṇadosarahitaṃ[6] samaggakaraṇavacanaṃ vuttaṃ, *dhammañ ñeva bhāsati no adhammaṃ* ti iminā samphadosarahitaṃ[7] dhammato anapetaṃ mantāvacanaṃ vuttaṃ, itarehi dvīhi pharusālikarahitāni *piyasacca*vacanāni vuttāni[8], *imehi kho* ti ādinā pana tāni aṅgāni paccakkhato dassento taṃ vācaṃ nigameti, visesato c' ettha *imehi kho*

* A. IV, 248[1].

[1] S^{kgn} *ad.* ti. [2] B^a *ad.* cā. [3] S^{kgn} vattuṃ.
[4] B^a °v ā c ā s a v a n i k a p u g g a l a n°.
[5] B^a aññataraṅgāniddesavacanaṃ.
[6] B^a pisuṇādidosa° (S^k pisuṇādos°)
[7] B^a samphappalāpadosarahitaṃ, *ad.* vācaṃ.
[8] B^a °rahitā hi piyasaccavacanā vuttā ti.

bhikkhave catuhi aṅgehi samannāgatā vācā subhāsitā hotī ti bhaṇanto, yad aññe paṭiññādīhi avayavehi, nāmādīhi padehi, liṅgavacanavibhattikālakārakādīhi sampattīhi[1] ca samannāgataṃ vācaṃ 'subhāsitā' ti maññanti[2], taṃ dhammato paṭisedheti, avayavādisampannā pi hi pesuññādisamannāgatā vācā dubbhāsitā va hoti attano paresañ ca anatthāvahattā, imehi pana catuhi aṅgehi samannāgatā, sace pi *milakkhabhāsapariyāpannā[3] ghaṭaceṭikāgītakapariyāpannā vā hoti, tathā pi subhāsitā eva lokiyalokuttarahitasukhāvahattā, Sīhaḷadīpe maggapasse sassaṃ rakkhantiyā Sīhaḷaceṭikāya Sīhaḷaken' eva jātijarāmaraṇayuttaṃ gītaṃ[4] gāyantiyā sutvā maggaṃ gacchantā saṭṭhimattā vipassakabhikkhū c' ettha arahattaṃ pattā nidassanaṃ,— tathā Tisso nāma āraddhavipassako bhikkhu padumasarasamīpena gacchanto padumasare[5] padumāni bhinditvā bhinditvā[6]

"pātakaphullitakokanadaṃ[7] suriyālokena taj jīyate,
evaṃ manussattagatā sattā jarābhivegena maddīyantī" ti

imaṃ gītaṃ gāyantiyā ceṭikāya sutvā arahattaṃ patto,— buddhantare ca aññataro puriso sattahi puttehi saddhiṃ vanā āgamma aññatarāya itthiyā musalena taṇḍule koṭṭentiyā[8]

"jarāya parimadditaṃ etaṃ milātacchavicammanissitaṃ
maraṇena bhijjati etaṃ Maccussa ghasam āmisaṃ[9]
kimīnaṃ ālayaṃ etaṃ nānākuṇapena pūritaṃ
asucissa bhājanaṃ etaṃ, kadalikkhandhasamaṃ idan" ti

---

* *Cf.* Sum. I. 176[24].

---

1 B^a °kālakaraṇādisampattīhi. 2 B^a paññapenti.
3 B^a *here and* 398[9] milakkhubhāsap°.
4 B^a gītakaṃ (*cf.* 398[1]). 5 B^a °saresu.
6 B^a bhiñjitvā bhiñjitvā(> bhuñjitvā bhuñjitvā).
7 B^a pādakaka(< pāṭuka)phullaṃ kokanudaṃ.
8 B^a ākoṭentiyā. 9 B^a Maccughassasamīpagata.

imaṃ gītakaṃ sutvā saha [1]puttehi paccekabodhiṃ[2] patto,— aññe[3] ca īdisehi[4] upāyehi ariyabhūmiṃ pattā nidassanaṃ. Anacchariyaṃ pan' etaṃ, yaṃ Bhagavatā āsayānusayakusalena 'sabbe saṃkhārā aniccā' ti ādinā nayena vuttā gāthāyo sutvā pañcasatā pañcasatā bhikkhū arahattaṃ pāpuṇiṃsu, aññe ca khandhāyatanādipaṭisaṃyuttā kathā[5] sutvā aneke devamanussā ti.

Evaṃ imehi catuhi aṅgehi samannāgatā vācā, sace pi milakkhabhāsapariyāpannā ghaṭaceṭikāgītakapariyāpannā vā hoti, tathā pi 'subhāsitā' ti veditabbā, subhāsitattā eva ca 'anavajjā ca ananuvajjā ca viññūnaṃ atthatthikānaṃ kulaputtānaṃ[6] atthapaṭisaraṇānaṃ no[7] vyañjanapaṭisaraṇānan' ti. *Idam avoca Bhagavā* ti idaṃ subhāsitalakkhaṇaṃ Bhagavā avoca; *idaṃ vatvāna Sugato athâparaṃ etad avoca satthā* ti idañ ca lakkhaṇaṃ vatvā atha aññam pi etaṃ avoca satthā. Idāni vattabbagāthaṃ[8] dassentā sabbam etaṃ saṅgītikārā āhaṃsu. Tattha *aparan* ti gāthābandhavacanaṃ sandhāya vuccati, taṃ duvidhaṃ hoti: pacchā āgataparisaṃ assavanasussavanaādhāraṇadaḷhīkaraṇādīni[9] vā sandhāya tadatthadīpakam eva ca, pubbe kenaci kāraṇena parihāpitassa atthassa dīpanena atthavisesadīpakañ[10] ca "purisassa hi jātassa kuṭhāri jāyate mukhe"* ti ādisu viya, idha pana tadattha-
450. dīpakaṃ eva. Tattha *santo* ti buddhādayo, te hi subhāsitaṃ uttamaṃ seṭṭhan ti vaṇṇayanti; *dutiyaṃ, tatiyaṃ, catutthan* ti idam pana pubbe niddiṭṭhakkamaṃ upādāya vuttaṃ. Gāthāpariyosāne pana Vaṅgīsatthero Bhagavato subhāsite[11] pasīdi; so yaṃ pasannākāraṃ akāsi yañ ca vacanaṃ Bhagavā abhāsi, taṃ dassentā saṅgītikārā atha kho āyasmā ti ādim āhaṃsu. Tattha *paṭibhāti man* ti mama bhāgo

---

* S.N. 657ab.

---

1 Skgn *ins.* satta-. 2 Ba paccekasambodhi-.
3 Ba aññehi. 4 Skgn *ad.* ca (ɔ: va?).
5 Ba g ā t h ā. 6 Ba *om.* 7 Ba *ad.* hoti.
8 Sk < vattabbā gāthā, Ba vattabbaṃ gāthaṃ.
9 Ba assavanassa puna savanaṃ ādhāraṇad°.
10 Ba avasesadīpakañ. 11 Ba °bhāsitena.

pakāsati; *paṭibhātu tan* ti tava bhāgo pakāsatu; *sāruppāhī*
ti anucchavikāhi; *abhitthavī* ti pasaṃsi. *Na tāpaye* ti vip- 451.
paṭisārena na tāpeyya[1]; *na vihiṃseyyā* ti aññamaññaṃ bhin-
danto na bādheyya; *sā ve vācā* ti sā vācā ekaṃsen' eva su-
bhāsitā, ettāvatā apisuṇavācāya Bhagavantaṃ thomesi[2].
Patinanditā ti haṭṭhena hadayena paṭimukhaṃ gantvā 452.
nanditā piyāyitā[3]; *yaṃ anādāya pāpāni paresaṃ bhāsate
piyan* ti, y a ṃ vācaṃ bhāsanto paresaṃ pāpāni appiyāni
paṭikkūlāni pharusavacanāni anādāya atthavyañjanama-
dhuraṃ piyam eva vacanaṃ bhāsati, t a ṃ *piyavācam eva
bhāseyyā* ti vuttaṃ hoti; imāya gāthāya piyavacanena
Bhagavantaṃ abhitthavi. *Amatā* ti amatasadisā sādubhā-
vena, vuttañ[4] c' etaṃ; "saccaṃ have sādutaraṃ rasānan"*
ti, nibbānāmatappaccayattā v ā amatā; *esa dhammo sanan-
tano* ti yâyaṃ saccavācā nāma esa porāṇo dhammo cari-
yāpaveṇi, idam eva hi porāṇānaṃ āciṇṇaṃ, na te alikaṃ
bhāsiṃsu,—ten' evâha: *sacce atthe ca dhamme ca āhu santo
patiṭṭhitā* ti; tattha sacce patiṭṭhitattā eva attano ca paresañ
ca atthe patiṭṭhitā, atthe patiṭṭhitattā eva ca dhamme patiṭ-
ṭhitā hontī ti veditabbā, paraṃ v ā dvayaṃ sacca-visesa-
nam icc eva veditabbaṃ: sacce patiṭṭhitā, kīdise: atthe ca
dhamme ca, yaṃ paresaṃ atthato anapetattā atthaṃ, anupa-
rodhaṃ karotī ti vuttaṃ hoti, sati pi ca anuparodhakaratte
dhammato anapetattā dhammaṃ, yaṃ dhammikam eva
atthaṃ sādhetī ti vuttaṃ hoti; imāya gāthāya saccava-
canena Bhagavantaṃ abhitthavi. *Kheman* ti abhayaṃ 453.
nirupaddavaṃ, 'kena kāraṇenā' ti ce: *nibbānapattiyā duk-
khass' antakiriyāya*, yasmā kilesanibbānaṃ[5] pāpeti vaṭṭa-
dukkhassa ca antakiriyāya saṃvattatī ti attho; a t h a v ā
yaṃ Buddho nibbānapattiyā dukkhass' antakiriyāyā ti dvin-
naṃ nibbānadhātūnam atthāya khemamaggappakāsanato
khemaṃ vācaṃ bhāsati; sā ve vācānam uttamā ti sā vācā

---

* S.N. 182c.

---

[1] B[a] tāpayeyya (< tāyayeyya).
[2] B[a] thometi, S[k] thomesī ti.
[3] B[a] saṃpiyāyitā.
[4] B[a] *ad.* pi.
[5] B[a] kilesaparinibbānaṃ.

sabbavācānaṃ seṭṭhā ti evam p' ettha[1] attho veditabbo; imāya gāthāya mantāvacanena Bhagavantaṃ abhitthavanto arahattanikūṭena desanaṃ niṭṭhapesī ti. Ayam ettha apubbapadavaṇṇanā, sesaṃ vuttanayen' eva veditabban ti

SUBHĀSITASUTTAVAṆṆANĀ NIṬṬHITĀ.

4.

S.N.[1]p.79[20]). Evam me sutan ti Pūraḷāsasuttaṃ. Kā uppatti: Bhagavā pacchābhattakiccāvasāne buddhacakkhunā lokaṃ volokento Sundarikabhāradvājaṃ brāhmaṇaṃ arahattassa upanissayasampannaṃ[2] disvā 'tattha mayi gate kathā pavattissati, tato kathāvasāne dhammadesanaṃ sutvā esa brāhmaṇo pabbajitvā arahattaṃ pāpuṇissatī' ti ca ñatvā tattha gantvā kathaṃ samuṭṭhapetvā idaṃ suttaṃ abhāsi.

Tattha *evam me sutan* ti ādi saṅgītikārānaṃ vacanaṃ, *kiṃjacco bhavan* ti ādi tassa brāhmaṇassa, *na brāhmaṇo no 'mhī* ti ādi Bhagavato; taṃ sabbam pi samodhānetvā Pūraḷāsasuttan ti vuccati. Tattha vuttasadisaṃ vuttanayen' eva veditabbaṃ, avuttaṃ vaṇṇayissāma[3], tañ ca kho uttānatthāni padāni[4] anāmasantā.

* *Kosalesū* ti Kosalā nāma janapadino[5] rājakumārā, tesan nivāso eko pi janapado rūḷhisaddena Kosalā ti vuccati, tasmiṃ Kosalesu janapade[su]. Keci pana, y a s m ā pubbe Mahāpanādaṃ rājakumāraṃ nānānāṭakāni[6] disvā sitamattam[7] pi akarontaṃ sutvā rājā āṇāpesi: "yo mama puttaṃ hasāpeti, sabbābharaṇehi taṃ[8] alaṃkaromī" ti, tato naṅgalāni chaḍḍetvā mahājanakāyo sannipati, te ca[9] manussā atirekasattavassāni nānākīḷikāyo[10] dassentā pi[11] nâsakkhiṃsu hasāpetuṃ; tato Sakko devanaṭaṃ pesesi, so dibbanā-

* 401[5]=Sum. I, 239[3–17].

[1] Ba evam ettha. [2] Skgn °sampattiṃ (134[24]). [3] Sg vaṇṇayissāmi. [4] Ba *om.* [5] Skgn jānap°. [6] Ba °nāṭakādīni. [7] Ba hasitamattam. [8] Skgn Ba n a m. [9] Ba °kāye sannipati tena ca (ɔ: °k ā y e s a n n i p a t i t e c a, *cf.* Sum.). [10] Skgn °kīḷikādayo (*cf. note* 6). [11] Ba *ad.* taṃ.

ṭakaṃ dassetvā hasāpesi, atha te manussā attano attano vasanokāsābhimukhā pakkamiṃsu, te paṭipathe mittasuhajjādayo disvā paṭisanthāram akaṃsu "kacci bho kusalaṃ, kacci bho kusalan" ti, t a s m ā "taṃ kusalan ti saddaṃ upādāya so padeso Kosalā ti vuccatī" ti vaṇṇenti. *Sundarikāya nadiyā tīre* ti Sundarikā[1] ti[1] evaṃnāmikāya nadiyā tīre; *tena kho panā* ti yena samayena Bhagavā taṃ brāhmaṇaṃ vinetukāmo gantvā tassā[1] nadiyā tīre sasīsaṃ-pārupitvā-rukkhamūle-nisajjāsaṃkhātena iriyāpathavihārena viharati; *Sundarikabhāradvājo* ti so brāhmaṇo tassā nadiyā tīre vasati aggiṃ vā[2] juhati, Bhāradvājo ti c' assa gottaṃ, tasmā evaṃ vuccati; *aggiṃ juhatī* ti āhutipakkhipanena jāleti; *aggihuttaṃ paricaratī* ti agyāyatanaṃ-[3]sammajjanūpalepanabalikammādinā payirupāsati; *ko nu kho imaṃ havyasesaṃ bhuñjeyyā* ti so kira brāhmaṇo [4]aggimhi hutāvasesaṃ[4] pāyāsaṃ disvā cintesi: 'aggimhi tāva pakkhitto pāyāso[5] Mahābrahmunā bhutto, ayam pana avaseso atthi, taṃ yadi Brahmuno mukhato jātassa brāhmaṇass' eva dadeyyaṃ, evam me pitarā saha putto pi santappito bhaveyya suvisodhito ca brahmalokagāmimaggo assa; handâhaṃ brāhmaṇaṃ gavesāmī' ti. Tato brāhmaṇadassanatthaṃ[6] *uṭṭhāyâsanā catuddisā anuvilokesi*: 'ko nu kho imaṃ havyasesaṃ bhuñjeyyā' ti. *Aññatarasmiṃ rukkhamūle* ti tasmiṃ vanasaṇḍe seṭṭharukkhamūle[7]; *sasīsaṃ pārutan* ti saha sīsena pārutakāyaṃ, kasmā pana Bhagavā evam akāsi, kiṃ Nārāyanasaṃghāṭabalo[8] pi hutvā[1] nâsakkhi himapātaṃ sītavātañ ca paṭibāhitun ti: atth' etam pi kāraṇaṃ, na hi buddhā sabbaso kāyapaṭijagganaṃ na[1] karonti eva, api ca Bhagavā 'agate brāhmaṇe sīsaṃ vivarissāmi, taṃ[9] disvā brāhmaṇo kathaṃ pavattessati, ath' assa kathānusārena dhammaṃ desessāmī' ti kathāpavattanatthaṃ evam akāsi; *disvāna vāmena* . . . pe

---

[1] B[a] *om.* [2] B[a] ca. [3] B[a] aggāyatanaṃ. [4–4] B[a] aggi(ṃ) juhitvā avasesaṃ. [5] B[a] pakkhittapāyāso. [6] B[a] brāhmaṇassa dass°. [7] B[a] seṭṭhe ruk°. [8] S[kgn] °saṃghātabalo (129[8], *etc.*), B[a] °saṃghāṭabalo *or* °saṃghāṭubalo. [9] B[a] vivarissāmī ti mam.

. . . *ten' upasaṃkamī* ti so kira Bhagavantaṃ disvā 'brāhmaṇo ayaṃ sasīsaṃ pārupitvā sabbarattiṃ padhānam aṇuyutto, imassa dakkhiṇodakaṃ datvā imaṃ havyasesaṃ dassāmī' ti brāhmaṇasaññī hutvā eva upasaṃkami; *muṇḍo ayaṃ bhavaṃ muṇḍako ayaṃ bhavan* ti sīse vivaritamatte va kesantaṃ disvā "muṇḍo" ti āha, tato suṭṭhutaraṃ ālokento[1] parittamattam[2] pi sikhaṃ adisvā hīḷento "muṇḍako" ti āha, evarūpā hi tesaṃ[3] brāhmaṇānaṃ diṭṭhi; *tato vā* ti, yattha ṭṭhito addasa, tamhā[4] padesā; *muṇḍā pī* ti kenaci kāraṇena muṇḍitasīsā pi honti.

455. *Na brāhmaṇo no 'mhī* ti ettha na-kāro paṭisedhe, no-kāro avadhāraṇe, "na no saman"* ti ādisu viya, tena n' ev' amhi brāhmaṇo ti dasseti; *na rājaputto* ti khattiyo n' amhi; *na vessāyano* ti vesso pi n' amhi; *uda koci no 'mhī*[5] ti añño pi suddo vā caṇḍālo vā koci na[6] homī ti,—evaṃ ekaṃsen' eva jātivādasamudācāraṃ paṭikkhipati, kasmā: mahāsamuddaṃ pattā viya hi nadiyo pabbajjūpagatā kulaputtā jahanti purimāni nāmagottāni, Pahārādasuttañ† c' ettha sādhakaṃ. Evaṃ jātivādaṃ paṭikkhipitvā yathābhūtam attānaṃ āvikaronto āha: *gottaṃ pariññāya puthujjanānaṃ akiñcano manta carāmi loke* ti; 'kathaṃ gottaṃ pariññāsī' ti ce: Bhagavā hi tīhi pariññāhi pañca kkhandhe pariññāsi, tesu ca pariññātesu gottaṃ pariññātam eva hoti; rāgādikiñcanānaṃ pana abhāvena so akiñcano, mantā jānitvā ñāṇānuparivattīhi kāyakammādīhi carati, tenâha: gottaṃ . . . pe . . . loke ti; mantā vuccati paññā, tāya c' esa carati, ten' evâha: manta carāmi loke ti, chandavasena rassaṃ
456. katvā. Evaṃ attānaṃ āvikatvā 'idāni evaṃ oḷārikaṃ liṅgam pi disvā pucchitabbāpucchitabbaṃ na jānāsī' ti brāhmaṇassa upārambhaṃ āropento āha: saṃghāṭivāsī . . . pe . . . gottapañhan ti. Ettha cchinnasaṃghaṭitaṭṭhena tīṇi pi cīvarāni saṃghāṭī ti adhippetāni, tāni nivāseti pari-

* S.N. 224[c] (Pj. I, 170[18]). † A. IV, 202[7] *etc.*

[1] B[a] o l o k e n t o. [2] B[a] parittaṃ.
[3] B[a] nesaṃ. [4] B[a] *ad.* v a.
[5] B[a] koci n'amhī. [6] S[k] no.

dahatī ti *saṃghāṭivāsī*; *agiho*[1] ti ageho, nittaṇho ti adhippāyo, nivāsāgāraṃ pana Bhagavato Jetavane Mahāgandhakuṭi-Karerimaṇḍalamāḷa-Kosambakuṭi-Candanamāḷādi[2] anekappakāraṃ, taṃ sandhāya na yujjati; *nivuttakeso* ti apagatakeso, ohāritakesamassū ti vuttaṃ hoti; *abhinibbutatto* ti atīva vūpasantapariḷāhacitto guttacitto v ā; *alippamāno idha mānavehī* ti upakaraṇasinehassa pahīnattā manussehi alitto asaṃsaṭṭho ekantavivitto; *akalla*[3] *maṃ brāhmaṇā* ti yv āhaṃ evaṃ saṃghāṭivāsī . . . pe . . . alippamāno idha mānavehi, [4]taṃ maṃ tvaṃ[4] brāhmaṇa pākatikāni nāmagottāni atītaṃ pabbajitaṃ samānaṃ appatirūpaṃ *gottapañhaṃ pucchasī* ti. Evaṃ vutte upārambhaṃ mocento brāhmaṇo āha: *pucchanti ve bho brāhmaṇā brāhmaṇehi saha brāhmaṇo no bhavan* ti. Tattha *brāhmaṇo no* ti brāhmaṇo nū ti attho. Idaṃ vuttaṃ hoti: nâhaṃ bho akallaṃ pucchāmi, amhākaṃ hi brāhmaṇasamaye[5] brāhmaṇā brāhmaṇehi samāgantvā "brāhmaṇo nu bhavaṃ, Bhāradvājo nu bhavan" ti evaṃ jātim pi gottam pi pucchanti evā ti. Evaṃ vutte Bhagavā brāhmaṇassa cittamudubhāvakaraṇatthaṃ[6] mantesu attano pakataññutaṃ pakāsento āha: brāhmaṇo ce tvaṃ brūsi . . . pe . . . catuvīsatakkharan[7] ti. Tass' attho: sace tvaṃ "brāhmaṇo ahan" ti *mañ*[8] *ca abrāhmaṇaṃ brūsi*, tasmā bhavantaṃ *Sāvittiṃ pucchāmi tipadaṃ catuvīsatakkharaṃ*, tam me brūhī ti. Ettha ca Bhagavā paramatthavedānaṃ tiṇṇam piṭakānaṃ ādibhūtaṃ paramatthabrāhmaṇehi sabbabuddhehi pakāsitaṃ atthasampannaṃ vyañjanasampannañ ca "Buddhaṃ saraṇaṃ gacchāmi, Dhammaṃ saraṇaṃ gacchāmi, Saṃghaṃ saraṇaṃ gacchāmī" ti imaṃ ariya-Sāvittiṃ sandhāya pucchati; yadi pi hi brāhmaṇo aññaṃ vadeyya, addhā naṃ Bhagavā "nâyaṃ brāhmaṇa ariyassa vinaye Sāvittī vuccatī" ti tassa asārakattaṃ dassetvā idh' eva patiṭṭhapeyya. Brāhmaṇo pana "Sāvittiṃ pucchāmi tipa-

457.

[1] B^{a} agaho.
[2] B^{a} °kuṭikā-Candamāḷādi.
[3] B^{a} akallaṃ.
[4–4] B^{a} kimatthaṃ.
[5] B^{a} *om.* brāhmaṇa-.
[6] S^{kgn} *om.* °bhāva°.
[7] B^{a} *here* °vīsatikkharan.
[8] B^{a} mamañ.

daṃ catuvīsatakkharan" ti idaṃ attano samayasiddhaṃ Sāvittilakkhaṇavyañjanakaṃ brahmassarena nicchāritaṃ vacanaṃ[1] sutvā va 'addhâyaṃ samaṇo brāhmaṇasamaye niṭṭhaṅgato[2], aham pana aññāṇena 'abrāhmaṇo ayan' ti paribhaviṃ; sādhurūpo mantapāragū brāhmaṇo va[3] eso' ti niṭṭhaṃ gantvā 'handa naṃ yaññavidhiṃ dakkhiṇeyyavidhiñ ca pucchāmī' ti tam atthaṃ pucchanto kiṃ nissitā . . . loke ti idaṃ visamagāthāpadadvayam[4] āha.

458. Tass' attho: *kiṃ nissitā* kimadhippāyā kiṃ patthentā *isayo* ca *khattiyā* ca *brāhmaṇā* ca aññe ca *manujā devatānaṃ* atthāya yañña-m-akappayiṃsu[5]; [6]*yañña-m-akappayiṃsū* ti[6] ma-kāro padasandhikaro, *akappayiṃsū* ti saṃvidahiṃsu akaṃsu; *puthū* ti bahū annapānadānādinā bhedena[7] anekappakāre, puthū vā isayo manujā khattiyā brāhmaṇā ca kiṃ nissitā yañña-m-akappayiṃsu, kathaṃ nesan taṃ kammaṃ samijjhatī ti iminā adhippāyena pucchati.

Ath' assa Bhagavā tam atthaṃ pakāsento[8] ya-d-antagū vedagū yaññakāle yassâhutiṃ labhe, tass' ijjhe ti brūmī ti idaṃ sesapadadvayam āha. Tattha *ya-d-antagū* ti yo antagū, o-kārassa a-kāro, da-kāro ca padasandhikaro "asādhāraṇa-m-aññesan"* ti ādisu ma-kāro viya, ayam pan' attho: *yo* vaṭṭassa[9] tīhi pariññāhi antagatattā[3] *antagū*, catuhi ca maggañāṇavedehi kilese vijjhitvā gatattā *vedagū*, so *yassa* isimanujakhattiyabrāhmaṇānaṃ aññatarassa *yaññakāle* yasmiṃ kismiñci āhāre paccupaṭṭhite antamaso vanapaṇṇamūlaphalādimhi[10] pi *āhutiṃ labhe* tato kiñci deyyadhammaṃ labheyya, *tassa* taṃ yaññakammaṃ *ijjhe* samijjheyya[11] mahapphalaṃ bhaveyyā *ti brūmī* ti.

459. Atha brāhmaṇo taṃ Bhagavato paramatthayogagambhīraṃ atimadhuragira-nibbikārasarasampannaṃ desanaṃ

* Khp. VIII, 9 (Pj. I, 224[19]).

[1] Ba nicchāritavacanaṃ. [2] Skgn niṭṭhāgato. [3] Ba *om.*
[4] Ba °gāthāpavattāyaṃ. [5] Skgn Ba yaññaṃ ak°.
[6-6] Ba *om.* [7] Ba °pānādibhedena.
[8] Ba byākaronto. [9] Ba vaṭṭadukkhassa.
[10] Ba papaṇṇamūl°. [11] Ba samijjhe.

sutvā sarīrasampattisūcitañ c' assa sabbaguṇasampattiṃ sambhāvayamāno pītisomanassajāto addhā hi tassā ti gātham āha. Tattha *iti brāhmaṇo* ti saṅgītikārānaṃ vacanaṃ, sesaṃ brāhmaṇassa, tass' attho: *addhā hi tassa* mayhaṃ *hutam ijjhe* ayaṃ ajja deyyadhammo ijjhissati samijjhissati mahapphalo bhavissati, *yan tādisaṃ vedaguṃ addasāma* yasmā tādisaṃ bhavantarūpaṃ[1] vedagum addasāma, tvañ ñeva *hi* so [2]vedagū na añño[2], ito pubbe pana *tumhādisānaṃ* vedagūnaṃ antagūnañ ca *adassanena* amhādisānaṃ, yaññe paṭiyattaṃ *añño jano bhuñjati pūraḷāsañ* carukañ ca[3] pūvañ cā ti.

Tato Bhagavā attani pasannaṃ vacanapaṭiggahaṇasaj- 460.
jaṃ brāhmaṇaṃ viditvā, yathâssa suṭṭhu pākaṭā honti, evan nānappakārehi dakkhiṇeyye pakāsetukāmo tasmāt iha tvan ti gātham āha. Tass' attho: yasmā mayi pasanno 'si, *tasmā* pana[4] *iha tvaṃ brāhmaṇa upasaṃkamma pucchā* ti attānaṃ dassento āha, idāni ito pubbaṃ atthen'-atthika-padaṃ parapadena sambandhitabbaṃ: *atthen' atthiko*[5] tassa atthatthikabhāvassânurūpaṃ kilesaggivūpasamena *santaṃ*, kodhadhūmavigamena *vidhūmaṃ*, dukkhābhāvena *anighaṃ*, anekavidhaāsābhāvena[6] *nirāsaṃ app ev' idha* ekaṃsena idha ṭṭhito va idha v ā sāsane *abhivinde* lacchasi adhigacchissasi *sumedhaṃ* varapaññaṃ khīṇāsavadakkhiṇeyyan ti; a t h a v ā yasmā mayi pasanno 'si, tasmāt iha tvaṃ brāhmaṇa atthen' atthiko, so evaṃ atthen' atthiko[5] samāno upasaṃkamma puccha santaṃ vidhūmaṃ anighaṃ nirāsan ti attānaṃ dassento āha: evaṃ pucchanto app ev' idha abhivinde sumedhaṃ khīṇāsava-dakkhiṇeyyan[7] ti evam p' ettha[8] yojanā veditabbā.

Atha brāhmaṇo yathānusiṭṭhaṃ paṭipajjamāno Bhaga- 461.
vantaṃ āha: yaññe ratâhaṃ bho Gotama . . . pe . . . brūhi me tan ti. Tattha 'yañño, yāgo, dānan' ti atthato ekaṃ,

---

[1] Ba Bhagavantaṃ evarūpaṃ (*so also* 411[24]).
[2–2] Ba vedagūnaṃ aggo.
[3] Ba ca rukkhaphalañ ca (Skg carūkañ ca). [4] Ba *om.*
[5] Ba atthena atthiko. [6] Ba anekavidhavisāsābhāvena.
[7] Skm khīṇāsavaṃ dakkh°. [8] Ba evam ettha.

tasmā dānarato *ahaṃ* tāya eva ca dānārāmatāya dānaṃ dātu*kāmo*, *na* pana[1] *jānāmi*, evaṃ ajānantaṃ *anusāsatu maṃ bhavaṃ*, anusāsanto ca uttānen' eva nayena, *yattha hutaṃ ijjhate, brūhi me tan* ti evaṁ ettha atthayojanā veditabbā; *yathā hutan* ti pi pāṭho.

Ath' assa Bhagavā vattukāmo āha: *tena hi* . . . pe . . . *deses-*
462. *sāmī* ti. Ohitasotassa c' assa anusāsanatthaṃ tāva mā jātiṃ pucchī[2] ti gātham āha. Tattha *mā jātiṃ pucchī* ti yadi hutasamiddhiṃ dānamahapphalattaṃ paccāsiṃsasi, [3]jātiṃ mā puccha, akāraṇaṃ hi dakkhiṇeyyavicāraṇāya jāti[3]; *caraṇañ ca pucchā* ti api ca kho sīlādiguṇabhedaṃ caraṇaṃ puccha, etaṃ hi dakkhiṇeyyavicāraṇāya kāraṇaṃ. Idān' assa tam atthaṃ vibhāvento nidassanam āha: *kaṭṭhā have jāyati jātavedo* ti ādi. Tatrâdhippāyo[4]: idha kaṭṭhā aggi jāyati na ca so sālādikaṭṭhā jāto eva aggikiccaṃ karoti sopāṇadoṇiādikaṭṭhā[5] jāto na karoti, api ca kho attano acciādiguṇasampannattā[6] eva karoti, evaṃ na brāhmaṇakulādisu jāto eva dakkhiṇeyyo hoti caṇḍālakulādisu jāto na hoti, api ca kho *nīcākulīno*[7] *pi* uccākulīno pi[8] khīṇāsava*muni dhitimā hirīnisedho ājānīyo hoti* imāya dhitihiripamukhāya guṇasampattiyā jātimā uttamadakkhiṇeyyo ti, so hi dhitiyā g u ṇ e dhāreti hiriyā d o s e nisedheti, vuttañ c' etaṃ " hiriyā hi santo na karonti pāpan "* ti, tena[9] brūmi: mā jātiṃ puccha, kaṭṭhā have jāyati jātavedo, caraṇañ ca puccha, nīcākulīno pi muni dhitimā ājānīyo hoti hirīnisedho ti. Esa saṃkhepo, vitthāro pana Assalāyanasuttānusārena† veditabbo[10].

* *Cf.* S. I, 21²⁹; Jāt. iii, 472. † M. II, 151–153.

[1] Ba pa-. [2] Ba *here* p u c c h ā (406²⁴).

[3–3] Ba jātipucchanaṃ akāraṇaṃ taṃ yi(!) dakkhiṇeyyavicāraṇāya akāraṇañ ca jāti.

[4] Ba Tatrâyam adhippāyo. [5] Skgn sāpādānad°.

[6] Ba acchikaādig°, *om.* attano. [7] Sgn Ba *here* nīcak°.

[8] Ba uccakulīno pi; Sk *om.* [9] Skgn *ad.* te.

[10] Ba vitthāro pana ayaṃ Salāyatanasuttānusārena veditabbo.

Evam etaṃ Bhagavā cātuvaṇṇavisuddhiyā[1] anusāsitvā
idāni, yattha hutaṃ ijjhate yathā ca hutaṃ[2] ijjhate, taṃ
atthaṃ dassetuṃ saccena danto ti ādikā gāthā āha. Tat- 463.
tha saccenā ti paramatthasaccena, taṃ hi patto danto hoti,
tenâha: *saccena danto* ti; *damasā upeto* ti indriyadamena[3]
samannāgato; *vedantagū* ti vedehi vā kilesānaṃ antagato[4]
vedānaṃ vā antaṃ catutthamaggañāṇañ gato; *vusitabrah-
macariyo* ti puna vusitabbābhāvato vutthamaggabrahma-
cariyo; *kālena tamhi havyaṃ pavecche* ti attano deyyadham-
matthitākālan tassa sammukhībhāvakālañ ca upalakkhetvā
tena kālena tādise dakkhiṇeyye deyyadhammaṃ pavecche[5]
paveseyya paṭipādeyya. *Kāme* ti vatthukāme ca kilesa- 464.
kāme ca. *Susamāhitindriyā* ti suṭṭhu samāhitindriyā, avik- 465.
khittindriyā[6] ti vuttaṃ hoti; *cando va Rāhugahaṇā pamuttā*
ti yathā cando Rāhugahaṇā[7] evaṃ kilesagahaṇā pamuttā
ye atīva bhāsanti c' eva tapanti ca. *Satā* ti satisampannā; 466.
mamāyitānī ti taṇhādiṭṭhimamāyitāni.

Yo kāme hitvā ti ito pabhuti attānaṃ sandhāya vadati.
Tattha *kāme hitvā* ti kilesakāme pahāya, *abhibhuyyacārī* ti 467.
tesaṃ pahīnattā vatthukāme abhibhuyya-cārī; *jātimara-
ṇassa antaṃ* nāma nibbānaṃ vuccati, tañ ca yo *vedi*[8] attano
paññābalena aññāsi; *udakarahado vā* ti ye ime Anotattadaho
Kaṇṇamuṇḍadaho Rathakāradaho Chaddantadaho Kuṇā-
ladaho Mandākinī Sīhappapātako ti Himavati satta mahā-
rahadā aggisuriyasantāpehi asamphuṭṭhattā niccasītalā, te-
saṃ aññataro udakarahado va sīto *parinibbuta*kilesapariḷā-
hattā. *Samo* ti tulyo, *samehī* ti Vipassiādīhi buddhehi, te 468.
hi paṭivedhasamattā samā ti vuccanti, n' atthi tesaṃ paṭi-
vedhenâdhigantabbesu guṇesu pahātabbesu vā dosesu vemat-
tatā, addhānāyukulappamāṇābhinikkhamanapadhānabodhi-
raṃsīhi[9] pana tesaṃ[10] vemattatā hoti, tathā hi te heṭṭhima-

---

[1] Ba catuvaṇṇasuddhiyā. [2] Ba *om.* [3] Ba °damanena.
[4] Ba vedehi saṃkilesānaṃ antaṃ gato.
[5] Sg Ba paveccheyya (Ba *om.* paveseyya).
[6] Ba samāhitaindriyā avikkhittaindriyā (*cf.* 265[14]).
[7] Ba *ad.* mutto. [8] Ba *ad.* ti yo.
[9] Ba °rasmihi (*and* rasmi- 408[26]). [10] Ba nesaṃ.

paricchedena catuhi asaṃkheyyehi kappasatasahassena ca pāramiyo pūrenti uparimaparicchedena soḷasahi asaṃkheyyehi kappasatasahassena ca, ayaṃ tesaṃ[1] a d d h ā n a v e m a t t a t ā; heṭṭhimaparicchedena ca vassasatāyukakāle uppajjanti uparimaparicchedena vassasatasahassāyukakāle, ayaṃ tesaṃ[1] ā y u v e m a t t a t ā; khattiyakule vā brāhmaṇakule vā uppajjanti, ayaṃ[2] k u l a v e m a t t a t ā; uccā vā honti aṭṭhāsītihatthappamāṇā nīcā vā pannarasaaṭṭhārasahatthappamāṇā, ayaṃ p a m ā ṇ a v e m a t t a t ā; hatthiassarathasivikāhi[3] nikkhamanti vehāsena vā, yathā Vipassi-Kakusandhā assarathena nikkhamiṃsu, Sikhi-Koṇāgamanā hatthikkhandhena, Vessabhū sivikāya, Kassapo vehāsena, Sakyamuni assapiṭṭhiyā, ayaṃ[2] n e k k h a m m a v e m a t t a t ā; sattāhaṃ vā padhānam anuyuñjanti, addhamāsaṃ[4], māsaṃ[4], dvemāsaṃ[4], temāsaṃ[4], chamāsaṃ[5], ekavassaṃ[4], dvi-ti-catu-pañca-cha-vassāni vā, ayaṃ p a d h ā n a v e m a t t a t ā; assattho vā bodhirukkho hoti nigrodhādīnaṃ vā aññataro, ayaṃ b o d h i v e m a t t a t ā; vyāmāsītianantappabhāhi yuttā honti,—tattha vyāmappabhā[4] asītippabhā vā sabbesaṃ samānā, anantappabhā pana dūram pi gacchati, āsannaṃ, ekagāvutaṃ, dvigāvutaṃ, yojanaṃ, anekayojanaṃ, cakkavāḷapariyantam pi, Maṅgalassa buddhassa sarīrappabhā dasasahassacakkavāḷaṃ agamāsi, evaṃ sante pi pana [6]sahacittāyattā ca[6] sabbabuddhānaṃ, yo yattakaṃ icchati, tassa tattakaṃ gacchati, ayaṃ r a ṃ s i v e m a t t a t ā; imā aṭṭha vemattatā ṭhapetvā avasesesu paṭivedhenâdhigantabbesu guṇesu pahātabbesu vā dosesu n' atthi tesaṃ[7] viseso, tasmā samā ti vuccanti, evam etehi samo samehi; *visamehi dūre* ti na samā visamā paccekabuddhādayo avasesasabbasatt(ā, t)ehi visamehi (a)sadisatāya dūre, sakalaJambudīpaṃ pūretvā pallaṃkena pallaṃkaṃ saṃghaṭṭetvā nisinnā paccekabuddhā[8] pi hi guṇehi ekassa sammāsambuddhassa kalaṃ nâgghanti

---

1 Ba nesaṃ. 2 Ba *ad.* nesaṃ.
3 Ba °sivikādīhi vā. 4 Ba *ad.* vā.
5 Ba pañcamāsaṃ vā. 6–6 Ba sā cintāmayattā ca.
7 Skn Ba nesaṃ. 8 Skn nisinnapacc° (*cf.* Pj. I. 178[23]).

soḷasiṃ, ko pana vādo sāvakādisu, tenâha: visamehi dūre
ti, '*tathāgato, hotī*' ti ubhayapadehi "dūre" ti yojetabbaṃ;
anantapañño ti aparimitapañño, lokiyamanussānaṃ hi pañ-
ñaṃ upanidhāya aṭṭhamakassa[1] paññā adhikā, tassa pañ-
ñaṃ upanidhāya sotāpannassa, evaṃ yāva arahato paññaṃ
upanidhāya paccekabuddhassa[2] paññā adhikā, paccekabud-
dhassa pana paññaṃ[3] upanidhāya tathāgatassa paññā
"adhikā" ti na vattabbā "anantā" icc eva pana vattabbā,
tenâha: anantapañño ti; *anūpalitto* ti taṇhādiṭṭhilepehi
alitto, *idha vā huraṃ vā* ti idha loke vā paraloke vā. Yojanā
pan' ettha: samo samehi asamehi dūre tathāgato hoti, kas-
mā: yasmā anantapañño anupalitto idha vā huraṃ vā,
tena tathāgato arahati pūraḷāsan ti.

Yamhi na māyā ti ayaṃ pana gāthā aññā ca īdisā māyā-
didosayuttesu brāhmaṇesu dakkhiṇeyyasaññāpahānatthaṃ
vuttā ti veditabbā. Tattha *amamo* ti sattasaṃkhāresu 469.
'idaṃ mamā' ti pahīnabhāvo. *Nivesanan* ti taṇhādiṭṭhi- 470
sevanaṃ[4], tena hi mano tīsu bhavesu nivisati, tena taṃ
nivesanaṃ *manaso* ti vuccati, tatth' eva vā nivisati taṃ
hitvā gantuṃ asamatthatāya, tena pi nivesanan ti vuccati;
pariggahā ti taṇhādiṭṭhiyo eva tāhi pariggahītadhammā
vā; *kecī* ti appamattakā pi; *anupādiyāno* ti tesaṃ nivesa-
napariggahānaṃ abhāvā kañci dhammaṃ anupādiyamāno.
Samāhito maggasamādhinā; *udatārī* ti uttiṇṇo; *dhammañ* 471.
ca aññāsī ti sabbañ ca ñeyyadhammaṃ aññāsi; *paramāya*
diṭṭhiyā ti sabbaññutañāṇena. *Bhavāsavā* ti bhavataṇhā- 472.
jjhānanikantisassatadiṭṭhisahagatā rāgā[5]; *vacī* ti vācā; *kharā*
ti kakkhaḷā pharusā; *vidhūpitā* ti daḍḍhā, *atthagatā* ti atthaṅ-
gatā, *na santī* ti vidhūpitattā atthagatattā ca, ubhayehi
pana ubhayaṃ yojetabbaṃ; *sabbadhī* ti sabbesu khan-
dhāyatanādisu. *Mānasattesū* ti mānena laggesu; *dukkhaṃ* 473.
pariññāyā ti vaṭṭadukkhaṃ tīhi pariññāhi parijānitvā,
sakhettavatthun ti sahetuppaccayaṃ, saddhiṃ kammakile-
sehī ti vuttaṃ hoti. *Āsaṃ anissāyā* ti taṇhaṃ anallīyitvā, 474.

---

[1] Ba maggaṭṭhakassa. [2] Ba paccekabodhissa.
[3] Ba *ad.* pi, *om.* pana.
[4] Ba taṇhādiṭṭhinivesanaṃ. [5] Ba °sahagatarāgā.

vivekadassī ti nibbānadassī; *paravediyan* ti parehi ñāpe-
tabbaṃ, *diṭṭhim upātivatto* ti dvāsaṭṭhibhedam pi micchā-
diṭṭhiṃ atikkanto; *ārammaṇā* ti paccayā, punabbhavakā-
475. raṇāni ti vuttaṃ hoti. *Parovarā* ti parāvarā[1] sundarā-
sundarā, parā v ā bāhirā aparā ajjhattikā; *sameccā* ti ñā-
ṇena paṭivijjhitvā; *dhammā* ti khandhāyatanādayo dham-
mā[2]; *upādānakkhaye vimutto* ti nibbāne [3]nibbānāramma-
476. ṇato vimutto[3], nibbānārammaṇavimuttilābhī ti attho. *Saṃ-
yojanaṃjātikhayantadassī* ti saṃyojanakkhayantadassī[4] jā-
tikkhayantadassī[4] ca, saṃyojanakkhayantena c' ettha saupā-
disesā nibbānadhātu jātikkhayantena anupādisesā vuttā,
khayanto ti hi accantakhayassa samucchedappahānass'
etaṃ adivacanaṃ, anunāsikalopo c' ettha "vivekajaṃpī-
tisukhan"* ti ādisu viya na kato; *yo 'pānudī* ti yo apanudi;
rāgapathan ti rāgārammaṇaṃ rāgam eva vā, rāgo pi hi dug-
gatīnaṃ pathattā rāgapatho ti vuccati "kammapatho"
viya; *suddho niddoso vimalo akāco* ti parisuddhakāyasamā-
cārāditāya suddho, yehi[5] rāgadosā ayam pajā dosadosā moha-
dosā[6] ti vuccati, tesaṃ abhāvā niddoso, aṭṭhapurisamalavi-
gamā vimalo, upakkilesābhāvato akāco, upakkiliṭṭho hi upak-
kilesena sakāco ti vuccati; suddho v ā yasmā, niddoso, nid-
dosattā[7] vimalo, bāhiramalābhāvena vimalattā akāco, samalo
hi sakāco ti vuccati, vimalattā vā āgun na karoti[8], tena akāco,
477. āgukiriyā hi upaghātakaraṇato kāco ti vuccati. *Attanā
attānaṃ nânupassatī* ti ñāṇasampayuttena cittena vipas-
santo attano khandhesu aññaṃ attānaṃ nāma na passati
khandhamattam eva passati, yv āyaṃ[9] 'attanā va attā-
naṃ sañjānāmī' ti câssa[10] saccato thetato diṭṭhi uppajjati,
tassa[11] abhāvā attanā attānaṃ nânupassaṃ[11] aññadatthu

---

* D. I, 37[3], A. I, 53[13], M. I, 21[35] (Sum. *and* Mp. *refer to* Visuddhimagga); *cf.* V. V. A., 275[4].

---

1 Ba Paroparā ti parāparā. 2 Sk(gn) b h a v ā. 3—3 Ba *om.*
4 Ba °khayantaṃ dassī. 5 Ba *ad.* dose (ɔ: d o s e h i).
6 *So* Ba *and* (*corr.*) Sk; Sgn *om.* 7 Ba niddosatāya.
8 Ba *ad.* ti. 9 *So* Skgn; Ba y o c â y a ṃ.
10 Ba tassa (*cf. note* 9). 11 *So* Skgn Ba.

paññāya khandhe passati, maggasamādhinā *samāhito*, kāyavaṃkādīnaṃ abhāvā *ujjugato*, lokadhammehi akampanīyato *ṭhitatto*, taṇhāsaṃkhātāya ejāya pañcannaṃ cetokhilānaṃ aṭṭhaṭṭhānāya ca[1] kaṃkhāya abhāvā *anejo akhilo akaṃkho*. *Mohantarā* ti mohakāraṇā mohappaccayā, sab- 478.
bakilesānam etaṃ adhivacanaṃ; *sabbesu dhammesu ca ñāṇadassī* ti sacchikatasabbaññutañāṇo, taṃ hi sabbesu dhammesu ñāṇaṃ, tañ ca Bhagavā passi 'adhigataṃ me' ti sacchikatvā vihāsi, tena vuccati sabbesu dhammesu ca ñāṇadassī ti; *sambodhin* ti arahattaṃ, *anuttaran* ti paccekabuddhasāvakehi asādhāraṇaṃ, *sivan* ti khemaṃ nirupaddavaṃ sassirikaṃ vā; *yakkhassā* ti purisassa, *suddhī* ti vodānatā; ettha hi mohantarābhāvena[2] sabbadosābhāvo tena saṃsārakāraṇasamucchedo, *antimasarīradhāritā*ñāṇadassitāya sabbaguṇasambhavo tena anuttarā[3] sambodhipatti, ito parañ ca pahātabbaṃ adhigantabbaṃ vā n' atthi, tenâha: ettāvatā yakkhassa suddhī ti.

Evaṃ vutte brāhmaṇo bhiyyoso mattāya Bhagavati 479.
pasanno pasannākāraṃ karonto āha: hutañ ca mayhan ti. Tass' attho: yaṃ ahaṃ ito pubbe Brahmānaṃ ārabbha aggimhi juhāmi, taṃ me hutaṃ saccaṃ vā hoti alikaṃ vā ti[4] na jānāmi, ajja pana idaṃ *hutañ ca mayhaṃ hutaṃ atthu saccaṃ*[4] saccahutam eva atthū ti yācanto bhaṇati,—*yan tādisaṃ vedaguṇaṃ alatthaṃ* yasmā idh' eva ṭhito bhavantarūpaṃ vedaguṃ alatthaṃ, *Brahmā hi sakkhi* paccakkhaṃ eva hi tvaṃ Brahmā, yato *paṭiganhātu me Bhagavā* paṭiggahetvā ca *bhuñjatu me Bhagavā pūraḷāsan* ti taṃ havyasesaṃ upanāmento āha.

Atha Bhagavā Kasibhāradvājasutte vuttanayena* gāthā- 480, 481.
dvayaṃ abhāsi. Tato brāhmaṇo 'ayaṃ attanā na icchati 482.
kaṃ pi c' aññaṃ sandhāya "kevalinaṃ mahesiṃ khīṇāsavaṃ kukkuccavūpasantaṃ annena pānena upaṭṭhahassū" ti bhaṇatī' ti evaṃ gāthāya atthaṃ asallakkhetvā taṃ

* (151[32]).

[1] B^{a} ca *after* kaṃkhāya. [2] B^{a} ettha ca rāgābhāvena. [3] B^{a} anuttaraṃ. [4] B^{a} *om.*

ñātukāmo āha: sādh' āhaṃ Bhagavā ti. Tattha *sādhū* ti āyācanatthe nipāto; *tathā* ti, yena tvam āha[1], tena pakārena; *vijaññā* ti jāneyyaṃ; *yan* ti yaṃ dakkhiṇeyyaṃ; *yaññakāle pariyesamāno* "upaṭṭhaheyyan" ti pāṭhaseso; *pappuyyā*[2] ti patvā, *tava sāsanan* ti tava ovādaṃ. Idaṃ vuttaṃ hoti: sādh' āhaṃ Bhagavā[3] tava ovādaṃ āgamma tathā vijaññaṃ—ārocehi me taṃ kevalinan ti adhippāyo —, yo dakkhiṇaṃ bhuñjeyya mādisassa, yañ câhaṃ yaññakāle pariyesamāno upaṭṭhaheyyaṃ, tathārūpaṃ me dakkhiṇeyyaṃ dassehi, sace tvaṃ na bhuñjasī ti.

Ath' assa Bhagavā pākaṭena nayena tathārūpaṃ dak-
(483). khiṇeyyaṃ dassento *sārambhā yassā* ti gāthāttayam āha.
484. Tattha *sīmantānaṃ vinetāran* ti sīmā ti mariyādā sādhujanavutti, tassā antā pariyosānā aparabhāgā ti katvā sīmantā vuccanti kilesā, tesaṃ vinetāran ti attho, "sīmantā ti buddhaveneyyā sekhā ca puthujjanā ca, tesaṃ vinetāran" ti pi eke; *jātimaraṇakovidan* ti 'evaṃ jāti hoti, evaṃ maraṇan' ti ettha kusalaṃ; *moneyyasampannan* ti paññāsam-
485. pannaṃ, kāyamoneyyādisampannaṃ vā. *Bhakuṭiṃ vinayitvānā* ti, yaṃ ekacce dubbuddhino yācakaṃ disvā bhakuṭiṃ karonti, taṃ vinayitvā[4], pasannamukhā hutvā ti attho; *pañjalikā*[5] ti paggahitañjalino hutvā.

486. Atha brāhmaṇo Bhagavantaṃ thomayamāno buddho bhavaṇ ti gātham āha. Tattha *āyāgo* ti āyajitabbo, tato tato āgamma vā yajitabbam etthā ti pi āyāgo, deyyadhammānaṃ adhiṭṭhānabhūto ti vuttaṃ hoti. Sesaṃ ettha, ito purimagāthāsu ca yaṃ na vaṇṇitaṃ, taṃ sakkā avaṇṇitaṃ pi jānitun ti uttānatthattā yeva[6] na vaṇṇitaṃ, ito paraṃ pana Kasibhāradvājasutte vuttanayam evā ti

PŪRAḶĀSASUTTAVAṆṆANĀ NIṬṬHITĀ.

---

[1] *So* Skgn; Ba tvam aha.
[2] Ba pappuyyan.
[3] Sk Bhagava.
[4] Ba taṃ pi nāsetvā.
[5] Sga Ba añjalikā.
[6] Ba tasmā.

5.

Evam me sutan ti Māghasuttaṃ. Kā uppatti: ayam eva yâssa nidāne vuttā. Ayaṃ hi Māgho māṇavo dāyako ahosi dānapati. Tass' etad ahosi: 'sampattakapaṇiddhikādīnaṃ dānaṃ dinnaṃ mahapphalaṃ hoti udāhu no ti samaṇaṃ Gotamaṃ etam atthaṃ pucchissāmi; samaṇo kira Gotamo atītānāgatapaccuppannaṃ jānātī' ti. So Bhagavantaṃ upasaṃkamitvā pucchi, Bhagavā c' assa pucchānurūpaṃ vyākāsi. Tad idaṃ saṅgītikārānaṃ brāhmaṇassa Bhagavato ti tiṇṇam pi vacanaṃ samodhānetvā Māghasuttan ti vuccati. (S.N.[1] p. 86)

Tattha* *Rājagahe* ti evannāmake nagare. Taṃ hi Mandhātu-Mahāgovindādīhi[1] pariggahītattā Rājagahan ti vuccati. Aññe p' ettha pakāre vaṇṇayanti, kin tehi; nāmam etaṃ tassa nagarassa. Taṃ pan' etaṃ buddhakāle cakkavattikāle ca nagaraṃ hoti, sesakāle suññaṃ hoti yakkhapariggahītaṃ, tesaṃ vasantavanaṃ[2] hutvā tiṭṭhati. Evaṃ gocaragāmaṃ dassetvā nivāsaṭṭhānam[3] āha: *Gijjhakūṭe pabbate* ti, so ca gijjhā vâssa kūṭe[4] vasiṃsu, gijjhasadisāni vâssa[5] kūṭāni, tasmā Gijjhakūṭo ti vuccatī ti veditabbo. Atha kho . . . pe . . . avocā ti ettha *Māgho* ti tassa brāhmaṇassa nāmaṃ; *māṇavo* ti antevāsivāsaṃ anatītabhāvena vuccati, jātiyā pana mahallako, "pubbāciṇṇavasenā" ti e k e, Piṅgiyo māṇavo viya, so hi vīsaṃvassasatiko pi Piṅgiyo māṇavo tv eva pubbāciṇṇena saṃkhaṃ agamāsi†. Sesaṃ vuttanayam eva. Ahaṃ hi bho . . . pe . . . pasavāmī ti ettha ‡*dāyako dānapatī* ti dāyako c' eva dānapati ca; yo hi aññassa santakaṃ ten' āṇatto deti, so[6] dāyako hoti, tasmiṃ pana dāne issariyābhāvato na dānapati, ayaṃ pana[7] attano santakaṃ yeva deti, tenâha: ahaṃ hi bho

* -413[19]=Sp. *ad* Vin. III, 41[1] (*cf.* Sum. I, 132[3–9]).
† *Cf.* 602[25]. ‡ Mp. p. 622 (*ad* A. III, 39), Sum. I, 298[3–11].

[1] B[a] *ad.* pi. [2] B[a] vasanavanaṃ.
[3] S[k] B[a] n i v ā s a n a ṭ ṭ h ā n a ṃ.
[4] B[a] gijjhā tassa kūṭesu. [5] B[a] tassa.
[6] B[a] *ad.* pi; S[kgn] *ad.* hi. [7] B[a] *ad.* na aññassa santakāṇatto.

Gotama dāyako dānapatī ti, ayam eva hi ettha attho, aññatra pana 'antarantarā maccherena abhibhuyyamāno dāyako, anabhibhūto dānapatī' ti ādinā pi[1] nayena vattuṃ vaṭṭati; *vadaññū* ti yācakānaṃ vacanaṃ jānāmi, vuttamatte yeva 'ayam idam arahati, ayam idan' ti purisavisesāvadhāraṇena bahūpakārabhāvagahaṇena vā; *yācayogo* ti yācituṃ yutto, yo hi yācake disvā bhakuṭiṃ katvā pharusavacanādīni bhaṇati, so na yācayogo hoti, aham pana na tādiso ti dīpeti; *dhammenā* ti adinnādānanikativañcanādīni vajjetvā bhikkhācariyāya yācanāyā ti attho, yācanā hi brāhmaṇānaṃ bhogapariyesano dhammo[2], yācamānānañ ca nesaṃ parehi anuggahakāmehi dinnā *bhogā dhammaladdhā* nāma *dhammādhigatā* ca honti, so ca tathā pariyesitvā labhi, tenâha: dhammena bhoge pariyesāmi . . . pe . . . dhammādhigatehī ti; *bhiyyo pi dadāmī* ti tato uttariṃ pi dadāmi, pamāṇan n' atthi, [3]laddhaladdhabhogappamāṇena dadāmī ti dasseti. *Tagghā* ti ekaṃsavacane nipāto, ekaṃsen' eva[4] hi sabbabuddhapaccekabuddhasāvakehi pasatthaṃ dānam antamaso tiracchānagatānam pi diyyamānaṃ, vuttañ c' etaṃ:

"sabbattha vaṇṇitaṃ dānaṃ na dānaṃ[5] garahitaṃ kvacī"* ti;

tasmā Bhagavā pi taṃ[6] ekaṃsen' eva pasaṃsanto āha: taggha tvaṃ māṇava . . . pe . . . pasavasī ti. Sesaṃ uttānattham eva.

Evam Bhagavatā "bahu(ṃ) so puññaṃ pasavatī" ti[7] vutte pi dakkhiṇeyyato dakkhiṇāvisuddhiṃ sotukāmo brāhmaṇo uttariṃ Bhagavantaṃ pucchi, tenâhu saṅgītikārā: *atha kho Māgho māṇavo Bhagavantaṃ gāthāya ajjhabhāsī* ti. Taṃ atthato vuttanayam eva.

* Not traced.

[1] Ba *om.*
[2] Ba °p a r i y e s a n e dhammā.
[3] Ba *ins.* e t t h a, *om. one* laddha-.
[4] Ba ekaṃsavacanen' eva.
[5] Ba dānaṃ na.
[6] Ba taṃ *after* eva.
[7] Skgn pasavasī ti.

Pucchām' ahan ti ādi-gāthāsu pana *vadaññun*[1] ti vacana- 487.
viduṃ[1], sabbākārena sattānaṃ vuttavacanādhippāyaññun[1]
ti vuttaṃ hoti; *sujjhe* iti dakkhiṇeyyavasena suddhaṃ ma-
happhalaṃ bhaveyya. Yojanā pan' ettha: *yo yācayogo
dānapati gahaṭṭho puññatthiko* hutvā *paresaṃ annapānaṃ
dadaṃ yajati* na aggimhi āhutimattaṃ pakkhipanto, tañ
ca kho *puññapekho* va na paccupakārakalyāṇakittisaddā-
diapekho, tassa evarūpassa *yajamānassa hutaṃ kathaṃ suj-
jheyyā* ti. *Ārādhaye dakkhiṇeyyehi tādī* ti so[2] yācayogo d a k- 488.
k h i ṇ e y y e h i ārādhaye sampādaye sodhaye mahapphalaṃ
taṃ[3] hutaṃ kareyya n a a ñ ñ a t h ā ti attho. Iminâssa
"kathaṃ hutaṃ yajamānassa sujjhe" icc etaṃ vyākataṃ
hoti. Akkhāhi me Bhagavā dakkhiṇeyye ti ettha '*yo* 489.
yācayogo dadaṃ paresaṃ yajati, tassa *me Bhagavā dakkhiṇeyye
akkhāhi*' ti evaṃ yojanā veditabbā.

Ath' assa Bhagavā nānappakārehi nayehi dakkhiṇeyye
pakāsento ye ve asattā ti ādikā gāthāyo[4] abhāsi. Tattha 490.
asattā ti rāgādisaṅgavasena alaggā; *kevalino* ti pariniṭṭhita-
kiccā; *yatattā* ti guttacittā. *Dantā* anuttarena damathena, 491.
vimuttā paññācetovimuttīhi, *anighā* āyati(ṃ) vaṭṭadukkhā-
bhāvena[5], *nirāsā* sampati kilesābhāvena[6]. Imissā pana
gāthāya dutiyagāthā bhāvanānubhāvappakāsananayena
vuttā ti veditabbā, "bhāvanānuyogam[7] anuyuttassa bhik-
khave bhikkhuno viharato kiñcâpi na evaṃ icchā uppaj-
jeyya: 'aho vata me anupādāyâsavehi cittaṃ vimucceyyā'
ti, atha khv āssa anupādāyâsavehi cittaṃ vimuccatī"* ti
idañ c' ettha suttaṃ sādhakaṃ. *Rāgañ ca* . . . pe . . . (493–494)
Yesu na māyā . . . pe . . . *na taṇhāsu upātipannā* ti kā- 495.
mataṇhādisu na nipannā[8]; *vitareyyā* ti taritvā. *Taṇhā* ti 496.

* A. IV, 126[13] (S. III, 153[3]).

[1] B^a ° ū. [2] B^a tādīhī ti t ā d i s o. [3] B^a *om.*
[4] B^a ādi-gāthāyo. [5] B^a *om.* vaṭṭa-.
[6] B^a dukkhābhāvena (*cf. note* 5).
[7] B^a Imāya pana gāthāya dutiyagāthā bhāvappakāsanana-
yena vuttā ti veditabbabhāvānuyogam.
[8] B^a a d h i m u t t ā.

rūpataṇhādi chabbidhā ; *bhavābhavāyā* ti sassatāya vā ucche-
dāya vā, a t h a v ā bhavassa abhavāya[1] bhavābhavāya
punabbhavānabhinibbattiyā ti vuttaṃ hoti; *idha vā huraṃ*
vā ti idaṃ pana "kuhiñci loke" ti imassa vitthāravaca-
498)–499. naṃ. *Ye vītarāgā . . .* pe . . . *samitāvino* ti samitavanto,
kilesavūpasamakārino ti attho,—samitāvi[ta]ttā ca *vītarāgā*
akopā ; idha vippahāyā ti, idha loke vattamāne khandhe
vihāya tato paraṃ *yesaṃ* gamanaṃ *n' atthī* ti vuttaṃ hoti.
499A. Ito paraṃ

ye kāme hitvā agihā caranti
*susaṃvutattā tasaraṃ va ujjū** ti

500. imam pi gāthaṃ keci paṭhanti. [2]*Jahitvā* ti hitvā; *jahetvā*
501. ti pi pāṭho[2], ayam ev' attho[3]. *Attadīpā* ti attano guṇe eva
502. attano dīpaṃ katvā vicarantā[4] khīṇāsavā vuccanti. Ye h'
etthā ti *ha*-kāro nipāto padapūraṇamatte; ayam pan' attho:
ye ettha khandhāyatanādisantāne, *yathā idaṃ* khandhāya-
tanādi, *tathā jānanti*, [5]yaṃsabhāvaṃ taṃsabhāvaṃ yeva taṃ
jānanti, aniccādivasena jānantā[5] '*ayam antimā n' atthi*
[dāni] *punabbhavo*' *ti* 'ayan no antimā jāti, idāni n' atthi
503. punabbhavo' ti evañ ca ye jānantī ti. Yo vedagū ti idāni
attānaṃ sandhāya Bhagavā imaṃ gātham āha. Tattha
satīmā ti cha-sattavihārasatiyā samannāgato; *sambodhipatto*
ti sabbaññutaṃ patto; *saraṇaṃ bahunnan* ti bahūnaṃ deva-
manussānaṃ bhayavihiṃsanena† saraṇabhūto.

504. Evaṃ dakkhiṇeyye sutvā[6] attamano brāhmaṇo āha:
addhā amoghā ti. Tattha *tvaṃ h' ettha jānāsi yathā-tathā*
idan ti tvaṃ hi ettha loke idaṃ sabbam pi ñeyyaṃ yathā-
tathā jānāsi yāthāvato[7] jānāsi, yādisan[8] taṃ, tādisam eva

---

* *Cf.* S.N. 497. † *Cf.* Pj. I, 16^{10-13}.

---

[1] Ba abhāvo ya (ɔ: a b h ā v ā y a).

[2–2] Ba Jahetvā ti, hitvā ti pi pāṭho.

[3] Sk Ba eva attho. [4] Ba viharantā.

[5–5] Ba yaṃ tāya sabhāvavasena jānantā aniccādivasena.

[6] Ba Evaṃ dakkhiṇeyyā ti.

[7] Sgn (Sk ?) yathāvāto, Ba *om.* yāthāvato jānāsi.

[8] Ba *ad.* yaṃ.

jānāsī ti v ā vuttaṃ hoti; *tathā hi te vidito esa dhammo* ti tathā hi te esā dhammadhātu suppaṭividdhā, yassā suppaṭividdhattā, yaṃ yaṃ icchasi, taṃ taṃ jānāsī ti adhippāyo.

Evaṃ so brāhmaṇo Bhagavantaṃ pasaṃsitvā dakkhiṇey- 505.
yasampadāya yaññasampadaṃ ñatvā dāyakasampadāya pi
taṃ chaḷaṅgaparipūraṃ yaññasampadaṃ sotukāmo yo yā-
cayogo ti uttariṃ pañhaṃ pucchati. Tatrâyaṃ yojanā:
yo yācayogo[1] *dadaṃ paresaṃ yajati, tassa akkhāhi me Bha-*
gavā yaññasampadan ti. Ath' assa Bhagavā dvīhi gāthāhi 506, 507.
akkhāsi. Tattha ayaṃ atthayojanā: *yajassu Māgha, yajamāno ca sabbattha vippasādehi cittaṃ* tīsu pi kālesu cittaṃ pasādehi, evan te, y â y a ṃ

"pubbe va dānā sumano, dadaṃ cittaṃ pasādayaṃ,
datvā attamano hoti: esā yaññassa sampadā"* ti

yaññasampadā[2] vuttā, t ā y a sampanno yañño bhavissati. Tattha siyā 'kathaṃ cittaṃ pasādetabban' ti: dosappahānena. Kathaṃ dosappahānaṃ hoti: yaññārammaṇatāya, ayaṃ hi *ārammaṇaṃ yajamānassa yañño ettha ppatiṭṭhāya jahāti dosaṃ* ayaṃ hi sattesu mettāpubbaṅgamena sammādiṭṭhippadīpavihatamohandhakārena cittena yajamānassa deyyadhammasaṃkhāto yañño ārammaṇaṃ hoti, so[3] ettha yaññe[4] ārammaṇavasena pavattiyā patiṭṭhāya deyyadhammapaccayaṃ lobhaṃ paṭiggāhakapaccayaṃ kodhaṃ tadubhayanidānaṃ mohan ti evaṃ tividham pi jahāti dosaṃ. *So* evaṃ bhogesu *vītarāgo*, sattesu *paṭivineyya dosaṃ*, tappahānen' eva pahīnapañcanīvaraṇo anukkamena upacārappanābhedaṃ aparimāṇasattapharaṇena ekasatte vā anavasesapharaṇena *appamāṇaṃ mettaṃ cittaṃ*[5] bhāvento puna bhāvanāvepullatt(h)aṃ *rattiṃdivaṃ satataṃ* sabbairiyāpathesu *appamatto* hutvā tam eva mettajjhānasaṃkhātaṃ[6] *sabbā disā pharate appamaññan* ti.

Atha brāhmaṇo taṃ mettaṃ 'brahmalokamaggo ayan' 508.
ti ajānanto kevalaṃ attano visayātītaṃ mettabhāvanaṃ[6]

---

* A. III, 337[12] (J.A. III, 300[17]).

---

[1] S^kgn yājayogo. [2] B^a *om.* [3] B^a *ad.* eva.
[4] S^kg yañño. [5] B^a mettacittaṃ. [6] B^a mettā°.

sutvā suṭṭhutaraṃ jātasabbaññusambhāvano[1] Bhagavati attanā brahmalokādhimuttattā brahmalokūpapattim eva ca suddhiṃ muttiñ ca maññamāno brahmalokamaggaṃ pucchanto ko sujjhatī ti gātham āha; tatra ca brahmalokagāmiṃ puññaṃ karontaṃ sandhāyâha: *ko sujjhati muccatī* ti, akarontaṃ sandhāya: *bajjhatī*[2] *cā* ti. *Kenā* ti kena kāraṇena; *sakkhi Brahm' ajja diṭṭho* ti Brahmā ajja sakkhi diṭṭho; *saccan* ti Bhagavato Brahmasamattaṃ ārabbha accādarena sapathaṃ[3] karoti; *kathaṃ upapajjatī* ti accādaren' eva puna
509. pi pucchati; *jutīmā* ti Bhagavantaṃ ālapati. Tattha, y a s m ā, yo bhikkhu mettāya tikacatukkajjhānaṃ uppādetvā tam eva pādakaṃ katvā vipassanto arahattaṃ pāpuṇāti, so sujjhati muccati ca, tathārūpo ca brahmalokaṃ na gacchati, yo pana mettāya tikacatukkajjhānaṃ uppādetvā 'santā esā samāpattī' ti ādinā nayena taṃ assādeti, so bajjhati[4] aparihīnajjhāno ca ten' eva jhānena brahmalokaṃ gacchati, t a s m ā Bhagavā, yo sujjhati muccati ca, tassa brahmalokagamanaṃ ananujānanto anāmasitvā va taṃ puggalaṃ, yo bajjhati[5], tassa tena jhānena brahmalokagamanaṃ dassento brāhmaṇassa sappāyena nayena yo yajatī ti imaṃ gātham āha. Tattha *tividhan* ti tikālappasādaṃ sandhāyâha, tena d ā y a k a t o aṅgattayaṃ dasseti; *ārādhaye dakkhiṇeyyehi tādī* ti [6]tañ ca so tādiso tividhasampattisādhako puggalo tividhaṃ[6] yaññasampadaṃ dakkhiṇeyyehi khīṇāsavehi sādheyya sampādeyya, iminā p a ṭ i g g ā h a k a t o aṅgattayaṃ dasseti*. *Evaṃ yajitvā sammā yācayogo* ti evaṃ mettajjhānapadaṭṭhānabhāvena chaḷaṅgasamannāgataṃ yaññaṃ sammā yajitvā so yācayogo tena chaḷaṅgayaññūpanissayena mettajjhānena *upapajjati brah-*

---

* (A. III, 336^{14–24}).

---

[1] B^a suṭṭhutaraṃ s a ñ j ā t a ṃ sabbaññutaṃ sabbaññusambhāvano.

[2] S^kgn bujjhati.

[3] B^a pucchaṃ.

[4] S^g(n) b u j j h a t i.

[5] S^kgn majjhati.

[6–6] S^kgn tavеso tādiso tividhaṃ.

malokan ti brūmī ti brāhmaṇaṃ samussâhento desanaṃ samāpesi. Sesaṃ sabbagāthāsu uttānattham eva ito parañ ca pubbe vuttanayam evā ti

MĀGHASUTTAVAṆṆANĀ NIṬṬHITĀ.

6.

Evam me sutan ti Sabhiyasuttaṃ*. Kā uppatti: Ayam eva yâssa nidāne vuttā, atthavaṇṇanākkame pi c' assa pubbasadisaṃ pubbe vuttanayen' eva veditabbaṃ, yaṃ pana apubbaṃ[1], taṃ uttānatthāni padāni pariharantā vaṇṇayissāma. (S.N.¹ p. 90

† *Veḷuvane Kalandakanivāpe*[2] ti Veḷuvanan ti tassa uyyānassa nāmaṃ, taṃ kira veḷūhi ca parikkhittaṃ ahosi aṭṭhārasahatthena ca pākārena gopuradvāraṭṭālakayuttaṃ[3] nīlobhāsaṃ manoramaṃ, ten' eva[4] Veḷuvanan ti vuccati, kalandakānañ c' ettha nivāpaṃ adaṃsu, tena Kalandakanivāpo ti vuccati. Kalandakā nāma kāḷakā[5] vuccanti. Pubbe kira aññataro rājā tattha uyyānakīḷanatthaṃ[6] āgato surāmadena matto divāseyyaṃ supi; parijano pi 'ssa 'sutto rājā' ti pupphaphalādīhi palobhiyamāno ito c' ito ca pakkāmi. Atha surāgandhena aññatarasmā susirarukkhā kaṇhasappo nikkhamitvā rañño abhimukhâgacchati[7]. Taṃ disvā rukkhadevatā 'rañño jīvitaṃ dammī' ti[8] kāḷakavesena[9] āgantvā kaṇṇamūle saddam akāsi; rājā paṭibujjhi, kaṇhasappo nivatto. So taṃ disvā 'imāya mama kāḷakāya jīvitaṃ dinnan' ti kāḷakānaṃ tattha nivāpaṃ paṭṭhapesi abhayagho-

* *Cf.* Thag. A. *ad* Thag. 275–278 (*infra* 422[15]).
† Ps. *ad* M. I, 145[13].

[1] Bᵃ avuttaṃ. [2] Bᵃ kaḷandaka° *throughout.*
[3] Bᵃ gosīlāpuradvār°; Sᵏ (Sᵍⁿ) °aṭṭ(h)ālayuttaṃ.
[4] Bᵃ t e n a. [5] Sᵏᵍⁿ *always* kālak°. [6] Bᵃ uyyāne kīḷ°.
[7] Bᵃ °mukho gacchati (Psᵏ °mukho āgacchati).
[8] Bᵃ dassāmī ti.
[9] Sᵍⁿ Bᵃ (Ps) kalandakavesena.

sanañ ca ghosāpesi, tasmā taṃ tato pabhuti Kalandakanivāpo ti saṃkhaṃ gataṃ[1]. *Sabhiyassa paribbājakassā* ti Sabhiyo ti tassa nāmaṃ, paribbājako ti bāhirapabbajjaṃ upādāya vuccati; *purāṇasālohitāya devatāyā* ti na mātā na pitā api ca kho pan' assa mātā viya[2] pitā viya ca hitajjhāsayattā so[3] devaputto purāṇasālohitā devatā ti vutto:

Parinibbute kira Kassape bhagavati patiṭṭhite suvaṇṇacetiye tayo kulaputtā sammukhasāvakānaṃ[4] santike pabbajitvā cariyānurūpāni kammaṭṭhānāni gahetvā paccantajanapadaṃ gantvā araññāyatane samaṇadhammaṃ karonti antarantarā ca[3] cetiyaṃ vandanatthāya dhammaṃ savanatthāya[5] nagaraṃ gacchanti; aparena ca[3] samayena tāvatakam pi araññavippavāsaṃ[6] arocayamānā tatth' eva appamattā vihariṃsu, evaṃ viharantā pi na[7] kiñci visesaṃ adhigamiṃsu. Tato nesaṃ ahosi: 'mayaṃ piṇḍāya gacchantā jīvite sāpekhā homa, jīvite sāpekhena ca na sakkā lokuttaradhammo adhigantuṃ, puthujjanakālakiriyā[8] dukkhā; handa mayaṃ nisseṇiṃ bandhitvā pabbataṃ abhiruyha[9] kāye ca jīvite ca anapekhā samaṇadhammaṃ karomā' ti; te tathā akaṃsu. Atha nesaṃ mahāthero upanissayasampannattā tadah' eva chaḷabhiññāparivāraṃ arahattaṃ sacchākāsi. So iddhiyā Himavantaṃ gantvā Anotatte mukhaṃ dhovitvā Uttarakurusu piṇḍapātaṃ caritvā katabhattakicco puna aññam pi padesaṃ gantvā pattaṃ pūretvā Anotattaudakañ ca Nāgalatādantapoṇañ[10] ca gahetvā tesaṃ santikaṃ āgantvā āha: "passathâvuso mamânubhāvam: ayaṃ Uttarakuruto piṇḍapāto, idaṃ Himavantato udakadantapoṇaṃ ābhataṃ; imaṃ bhuñjitvā samaṇadhammaṃ karotha, evâhaṃ tumhe sadā upaṭṭhahissāmī" ti. Te taṃ sutvā āhaṃsu: "tumhe bhante katakiccā, tumhehi saha sallāpamattam pi amhākaṃ papañco, mā dāni tumhe puna

---

1 Ba g a c c h a t i. 2 Ba *ad.* ca. 3 Ba *om.*
4 Skgn sammukhā va sāvakānaṃ ($194^{25, 26}$).
5 Sgn Ba dhammasavanatthāya; Ba *ad.* ca.
6 *So* Ba; Skg araññe vipp° (Sg < arañño v°), Sn arañño v°.
7 Skgn *ad.* ca. 8 Skgn *ad.* p i. 9 Ba āruyha.
10 Skgn °dantakaṭṭhapoṇañ.

amhākaṃ santikaṃ āgamitthā" ti. So kenaci pariyāyena te sampaṭicchāpetuṃ[1] asakkonto pakkāmi. Tato tesaṃ[2] eko dvīhatīhaccayena pañcābhiñño anāgāmī ahosi; so pi tath' eva akāsi[3] itarena ca paṭikkhitto tath' eva agamāsi. So taṃ paṭikkhipitvā vāyamanto pabbataṃ ārūḷhadivasato[4] sattame divase kañci visesaṃ anadhigantvā va kālakato devaloke nibbatti, khīṇāsavatthero pi taṃ divasam eva parinibbāyi, anāgāmī Suddhāvāsesu uppajji. Devaputto chasu kāmāvacaresu anulomapaṭilomena dibbasampattiṃ anubhavitvā amhākaṃ Bhagavato kāle devalokā cavitvā aññatarassā paribbājikāya kucchismiṃ paṭisandhiṃ aggahesi:

Sā kira aññatarassa khattiyassa dhītā; taṃ mātāpitaro 'amhākaṃ dhītā samayantaraṃ jānātū' ti ekassa paribbājakassa niyyātesuṃ[5]. Tass' eko antevāsiko paribbājako tāya saddhiṃ vippaṭipajji; sā tena gabbhaṃ gaṇhi. Taṃ gabbhiniṃ disvā paribbājakā nikkaḍḍhiṃsu; sā aññatra gacchantī antarā-magge sabhāyaṃ vijāyi. Ten' assa Sabhiyo tv eva nāmaṃ akāsi.

So pi Sabhiyo vaḍḍhitvā paribbājakapabbajjaṃ pabbajitvā nānāsatthāni uggahetvā mahāvādī hutvā vādakkhittatāya sakalaJambudīpe caranto attano sadisaṃ vādiṃ adisvā nagaradvāre assamaṃ kārāpetvā khattiyakumārādayo sippaṃ sikkhāpento tattha vasati.

Atha Bhagavā pavattavaradhammacakko anupubbena Rājagahaṃ āgantvā Veḷuvane viharati Kalandakanivāpe. Sabhiyo pana buddhuppādaṃ na jānāti. Atha so Suddhāvāsabrahmā samāpattito vuṭṭhāya 'imâhaṃ visesaṃ kassânubhāvena patto' ti āvajjanto Kassapassa bhagavato sāsane samaṇadhammakiriyaṃ te ca sahāye anussaritvā 'tesu eko parinibbuto; eko idāni[6] katthā' ti āvajjanto 'devalokā cavitvā Jambudīpe uppanno buddhuppādam pi na jānātī' ti ñatvā 'handa naṃ buddhūpasevanāya[7] niyojemī' ti vīsatiṃ pañhe abhisaṃkharitvā rattibhāge tassa assamaṃ āgam-

---

1 ?; S^kgn B^a tesaṃ paṭicchāpetuṃ. 2 B^a tesu.
3 B^a tatth' eva akāsi (*om.* itarena . . . agamāsi).
4 B^a ārūhanadivasato, S^gn āruyhadiv°.
5 B^a niyādesuṃ. 6 B^a dāni. 7 B^a °sevāya.

ma ākāse ṭhatvā "Sabhiya Sabhiyā" ti pakkosi. So niddāyamāno tikkhattuṃ taṃ saddaṃ sutvā nikkhamma obhāsaṃ disvā pañjaliko aṭṭhāsi. Tato taṃ brahmā āha: "ahaṃ Sabhiya tav' atthāya vīsatiṃ pañhe āhariṃ; te tvaṃ uggaṇha, yo ca te samaṇo vā brāhmaṇo vā iṃe pañhe puṭṭho vyākaroti, tassa santike brahmacariyaṃ careyyāsī" ti. Imaṃ[1] devaputtaṃ sandhāy' etaṃ[2] vuttaṃ: purāṇasālohitāya devatāya pañhā uddiṭṭhā honti ti—*uddiṭṭhā* ti uddesamatten' eva[3] vuttā na vibhaṅgena—. Evaṃ vutte ca ne Sabhiyo ekavacanen' eva padapaṭipāṭiyā uggahesi. Atha so brahmā jānanto pi tassa buddhuppādaṃ nâcikkhi; 'atthañ gavesamāno paribbājako sayam eva satthārañ ñassati[4] ito bahiddhā ca samaṇabrāhmaṇānaṃ tucchabhāvan' ti iminā panâdhippāyena[5] evam āha: *yo te Sabhiya . . . pe . . . careyyāsī* ti. Theragāthāsu pana Catukkanipāte Sabhiyattherāpadānaṃ vaṇṇentā bhaṇanti: "sā c' assa mātā attano vippaṭipattiṃ cintetvā taṃ jigucchamānā jhānaṃ uppādetvā brahmaloke uppannā, tāya brahmadevatāya te pañhā uddiṭṭhā" ti.

Ye te ti idāni vattabbānaṃ uddesapaccuddeso; *samaṇa brāhmaṇā* ti pabbajjūpagamena[6] lokasammutiyā ca samaṇā c' eva brāhmaṇā ca; *saṃghino* ti gaṇavanto, *gaṇino* ti "satthāro sabbaññuno mayan" ti evaṃ paṭiññātāro[7], *gaṇācariyā* ti uddesaparipucchādivasena[8] pabbajitagahaṭṭhagaṇassa ācariyā; *ñātā* ti abhiññātā vissutā, pākaṭā ti vuttaṃ hoti, *yasassino* ti lābhasampannā[9]; *titthakarā* ti tesaṃ diṭṭhānugatim āpajjantehi otaritabbānaṃ ogāhitabbānaṃ[10] diṭṭhititthānaṃ kattāro, *sādhusammatā bahujanassā* ti 'sādhavo ete santo sappurisā' ti evaṃ bahujanassa sammatā; *seyyathīdan* ti 'katame te ti ce' icc etasmiṃ atthe nipāto. * *Pūraṇo* ti nāmaṃ, *Kassapo* ti gottaṃ; so kira jātiyā dāso dā-

* *Cf.* Ps. *ad* M. I, 198=Sum. I, 142[20]–143[2], 143[30]–144[27].

1 S[kgn] Idaṃ. 2 B[a] sandhāya, *om.* etaṃ.
3 B[a] uddesamaggen' eva.
4 S[k] < ñāss°; B[a] satthāraṃ esissati. 5 B[a] iminâdhippāyena.
6 B[a] °gamanena. 7 S[kgn] paṭiññātā (423, *note* 9).
8 B[a] uddesaparipucchāsīsena.
9 B[a] lābhaparivārasampannā. 10 B[a] *om.*

sasataṃ pūrento jāto, ten' assa Pūraṇo ti nāmam akaṃsu, palāyitvā [1]pana naggesu pabbajitvā[1] "Kassapo ahan" ti gottaṃ uddisi sabbaññutañ ca paccaññāsi. *Makkhalī* ti nāmaṃ, gosālāya jātattā *Gosālo* ti pi vuccati; so pi[2] kira jātiyā dāso eva palāyitvā pabbaji[2] sabbaññutañ ca paccaññāsi. *Ajito* ti nāmaṃ, appicchatāya kesakambalaṃ dhāresi, tena *Kesakambalī* ti vuccati; so pi sabbaññutaṃ paccaññāsi. *Pakudho* ti nāmaṃ, *Kaccāyano* ti gottaṃ; appicchāvasena[3] udake jīvasaññāya ca nahānamukhadhovanādipaṭikkhitto; so pi sabbaññutaṃ paccaññāsi. *Sañjayo*[4] ti nāmaṃ, Belaṭṭho pan' assa pitā, tasmā Belaṭṭhaputto ti vuccati; so pi sabbaññutaṃ paccaññāsi. *Nigaṇṭho* ti pabbajjānāmena, *Nātaputto*[5] ti pitunāmena vuccati; Nāto kira nām' assa pitā, tassa putto ti Nātaputto, so pi sabbaññutaṃ paccaññāsi. Sabbe[6] pañcasatapañcasatasissaparivārā ahesuṃ. *Te* ti te cha satthāre[7], *te pañhe* ti vīsati pañhe; *te* ti te cha satthāro, *n' eva sampāyantī* ti na sampādenti; *kopan* ti cittacetasikānaṃ āvilabhāvaṃ, *dosan* ti paduṭṭhacittataṃ, ubhayam p' etaṃ mandatikkhabhedassa kodhass' evâdhivacanaṃ, *appaccayan* ti appatī(ta)taṃ, domanassan ti vuttaṃ hoti, *pātukarontī* ti kāyavacīvikārena pakāsenti pākaṭaṃ karonti. *Hīnāyā* ti gahaṭṭhabhāvāya, gahaṭṭhabhāvo hi pabbajjaṃ upanidhāya [8]sīlādiguṇahīnato hīnakāmapaṭisevanato vā[8] hīno ti vuccati, uccā pabbajjā ; *āvattitvā* ti osakkitvā, *kāme paribhuñjeyyan* ti kāme paṭiseveyyaṃ; iti kir' assa sabbaññupaṭiññānam[9] pi pabbajitānaṃ[2] tucchakattaṃ disvā ahosi, uppannaparivitakkavasen' eva ca āgantvā punappuna vīmaṃsamānassa [1]*atha kho Sabhiyassa paribbājakassa*[1] *etad ahosi*: '*ayam pi kho samaṇo*' ti ca '*ye pi te bhonto*' ti ca '*samaṇo kho daharo ti na uññātabbo*' ti cā ti evamādi. Tattha *jiṇṇā* ti ādīni padāni vuttanayān' eva, *therā* ti attano samaṇadhamme thirabhāvappattā, *rattaññū*

[1—1] B^a *om.* [2] B^a *om.* [3] S^{kgn} appicchavasena.
[4] B^a Sañjeyyo. [5] B^a *always* Nāṭa° (S^g Nātha°).
[6] B^a Sabbesaṃ. [7] S^k B^a satthāro.
[8—8] B^a sīlādiguṇehi tato hīno kāmasukhapaṭisevanato vā.
[9] B^a sabbaññutaṃ paṭiññātānaṃ.

ti ratanaññū "nibbānaratanam[1] jānāma mayan" ti evaṃ sakāya paṭiññāya lokenâpi sammatā, bahurattividū* v ā; ciraṃ pabbajitānaṃ etesan ti *cirapabbajitā* ; *na uññātabbo* ti na avajānitabbo, na nīcaṃ katvā jānitabbo ti vuttaṃ hoti, *na paribhotabbo* ti na paribhavitabbo, 'kim esa ññassatī' ti evaṃ na gahetabbo ti vuttaṃ hoti.

510. Kaṃkhī vecikicchī ti Sabhiyo Bhagavatā saddhiṃ sammodamāno evaṃ Bhagavato rūpasampattidamūpasamasūcitaṃ sabbaññutaṃ[2] sambhāvayamāno vigatuddhacco hutvā āha: kaṃkhī vecikicchī ti. Tattha 'labheyyaṃ nu kho imesam vyākaraṇan' ti evaṃ pañhānaṃ vyākaraṇakaṃkhāya[3] *kaṃkhī*, 'ko nu kho imass' imassa ca[4] pañhassa attho' ti evaṃ vicikicchāya *vecikicchī*, dubbalavicikicchāya v ā tesaṃ[5] pañhānaṃ atthakaṃkhanato kaṃkhī balavatiyā vicinanto kicchati yeva na sakkoti sanniṭṭhātun ti vecikicchī†; *abhikaṃkhamāno* ti atīva[6] patthayamāno; *tes' antakaro* ti tesaṃ pañhānaṃ antakaro bhavanto va evaṃ *bhavāhī* ti dassento āha: pañhe me puṭṭho . . . pe . . . vyākarohi me ti. Tattha *pañhe* [7]*me* ti pañhe[7] mayā, *puṭṭho* ti pucchito, *anupubban* ti pañhapaṭipāṭiyā[8], *anudhamman* ti atthānurūpaṃ pāliṃ āropento, *vyākarohi me* ti mayhaṃ vyākarohi.

511. Dūrato ti so kira ito c' ito câhiṇḍanto sattayojanasata-
maggato āgato, tenâha Bhagavā: *dūrato* [7]*āgato 'sī*[7] ti, Kas-
sapassa bhagavato v ā sāsanato āgatattā dūrato āgato 'sī
512. ti naṃ āha. *Puccha man* ti imāya pan' assa gāthāya sab-
baññupavāraṇaṃ pavāreti‡. Tattha *manas' icchasī* ti ma-
nasā icchasi.

Yaṃ vatâhan ti yaṃ vata ahaṃ; *attamano* ti pītipāmojjasomanassehi phuṭacitto; *udaggo* ti kāyena cittena ca ab-

* *Cf.* Sum. I, 143[11].
† *Cf.* 451[26] *and* Pj. I, 188[21], *etc.*
‡ *Cf.* 229-230.

[1] B[a] nibbānaratanaññā. [2] S[kgn] °sūcitasabbaññutaṃ. [3] B[a] °k a ṃ k h i t ā y a. [4] B[a] imassa c' imassa ca. [5] B[a] *ad.* tesaṃ. [6] B[a] ativiya. [7–7] B[a] *om.* [8] B[a] pañhassa pāṭ°, S[kgn] pañhe paṭ°.

bhunnato, idaṃ pana padaṃ na[1] sabbapāṭhesu atthi; idāni,
yehi dhammehi attamano, te dassento āha: *pamudito pīti-*
somanassajāto ti. *Kiṃpattinan* ti kiṃ pattaṃ kiṃ adhiga- 513.
taṃ; *soratan* ti suvūpasantaṃ[2], *sūratan* ti pi pāṭho, suṭṭhu
uparatan ti attho; *dantan* ti damitaṃ; *buddho* ti vibuddho
buddhabodhabbo[3] vā.

Evaṃ Sabhiyo ekamekāya gāthāya cattāro katvā pañ-
cahi gāthāhi vīsati pañhe pucchi, Bhagavā pan' assa ekame-
kaṃ pañhaṃ ekamekāya gāthāya katvā arahattanikūṭen'
eva vīsatiyā gāthāhi vyākāsi.

Tattha, yasmā bhinnakileso paramattha-b h i k k h u so 514.
ca nibbānappatto hoti, tasmā assa " kiṃpattinaṃ āhu bhik-
khunan " ti imaṃ pañhaṃ vyākaronto pajjenā ti ādim āha.
Tass' attho: yo *attanā* bhāvitena maggena *parinibbānagato*
kilesanibbānapatto[4], parinibbānagatattā eva ca *vitiṇṇa-*
kaṃkho, vipattisampatti-hānivuddhi-ucchedasassata-apuñña-
puññappabhedaṃ *vibhavañ ca bhavañ ca vippahāya* magga-
vāsaṃ *vusitavā khīṇapunabbhavo* ti ca etesaṃ thutivaca-
nānaṃ araho, *so bhikkhū* ti. Yasmā pana vippaṭipattito 515.
suṭṭhu uparatabhāvena nānappakārakilesavūpasamena ca
s o r a t o hoti, tasmā tam atthaṃ dassento sabbattha upe-
khako ti ādinā nayena dutiyapañhavyākaraṇam āha. Tass'
attho: yo *sabbattha* rūpādisu ārammaṇesu " cakkhunā rū-
paṃ disvā n' eva sumano hoti na dummano "* ti evam
pavattāya chalaṅgūpekhāya *upekhako*, veppullappattāya sa-
tiyā *satimā*, *na so hiṃsati* n' eva hiṃsati *kañci* tasathāvarā-
dibhedaṃ sattaṃ *sabbaloke* sabbasmiṃ[5] pi loke, tiṇṇoghattā
tiṇṇo, samitapāpattā *samaṇo*, āvilasaṃkappapahānā *an-*
āvilo, *yassa* c' ime rāgadosamohamānadiṭṭhikilesaduccarita-
saṃkhātā satt' *ussadā* keci oḷārikā vā sukhumā vā *na santi*,
so imāya upekhāvihāritāya sativepullatāya ahiṃsakatāya
ca vippaṭipattito suṭṭhu uparatabhāvena iminā oghādinā-

* A. II, 198[25] (*cf.* Asl. 172[13]).

[1] Ba *om.*
[2] Ba suṭṭhūpasantaṃ.
[3] Ba buddhaṃbodhitabbo.
[4] Ba kilesaparinibbānapatto.
[5] Ba *ad.* vā.

516. nappakārakilesavūpasamena ca *sorato* ti. Yasmā ca bhāvitindriyo nibbhayo nibbikāro d a n t o hoti, tasmā taṃ atthaṃ dassento yass' indriyānī ti gāthāya tatiyapañhaṃ vyākāsi. Tass' attho: *yassa* cakkhādīni cha[1] *indriyāni* gocarabhāvanāya aniccādi tilakkhaṇaṃ āropetvā vāsanābhāvanāya satisampajaññagandhaṃ gāhāpetvā ca *bhāvitāni*, tāni ca kho, yathā[2] *ajjhattaṃ* gocarabhāvanāya, evaṃ pana *bahiddhā ca*[3] ; *sabbaloke* ti yattha yattha indriyānaṃ vekalyatā vekalyatāya[4] vā sambhavo, tattha nâbhijjhādivasena bhāvitānī ti; evaṃ *nibbijjha* ñatvā paṭivijjhitvā *imaṃ parañ ca lokaṃ* sakasantatikkhandhalokaṃ parasantatikkhandhalokañ ca adandhamaraṇaṃ[5] maritukāmo *kālaṃ kaṃkhati* jīvitakkhayakālaṃ āgameti patimāneti na bhāyati maraṇassa, yathâha thero:

> " maraṇe me bhayaṃ n' atthi nikanti n' atthi jīvite,
> nâbhikaṃkhāmi maraṇaṃ nâbhikaṃkhāmi jīvitaṃ,
> kālañ ca patikaṃkhāmi nibbisaṃ bhatako yathā "*
> ti;

517. *bhāvito sa danto* ti evaṃ bhāvitindriyo so danto ti. Yasmā pana b u d d h o nāma buddhisampanno kilesaniddāvibuddho ca, tasmā taṃ atthaṃ dassento kappānī ti gāthāya catutthapañhaṃ vyākāsi. Tattha *kappānī* ti taṇhādiṭṭhiyo, tā hi tathā[6] tathā vikappanato kappānī ti vuccanti; *viceyyā* ti aniccādibhāvena sammasitvā; *kevalānī* ti sakalāni; *saṃsāran* ti yo câyaṃ

> "khandhānaṃ paṭipāṭi dhātuāyatanāna[ñ] ca
> abbocchinnaṃ vattamānānaṃ[7] saṃsāro ti pavuccatī " ti

evaṃ khandhādipaṭipāṭisaṃkhāto saṃsāro, taṃ saṃsārañ ca kevalaṃ viceyya, ettāvatā khandhānaṃ mūlabhūtesu kammakilesesu khandhesu cā ti evaṃ tīsu pi vaṭṭesu vipassanaṃ āha; *dubhayaṃ cutūpapātan* ti sattānaṃ cutiṃ[8] upapātan ti[9] imañ

* *Cf.* Thag. 606.

---

1 Ba chal. 2 Ba *om.* 3 Sk *ad.* s a b b a l o k e.
4 ?; Sk Ba vekalyato, Sgn vekalyatā.
5 Skgn dandhamaraṇaṃ (A. III, 306[1. 11]). 6 Ba y a t h ā.
7 Ba v a t t a m ā n ā. 8 Ba *ad.* ca. 9 Skgn *om.* ti.

ca ubhayaṃ viceyya, ñatvā ti attho, [1]etena cutūpapātañāṇam āha[1]; *vigatarajam anaṅgaṇaṃ visuddhan* ti rāgādirajānaṃ vigamā aṅgaṇānaṃ abhāvā malānañ ca vigamā[2] vigatarajam anaṅgaṇaṃ visuddhaṃ; *pattaṃ jātikkhayan* ti nibbānaṃ pattaṃ; *tam āhu buddhan* ti taṃ imāya lokuttaravipassanāya cutūpapātañāṇabhedāya buddhiyā sampannattā imāya ca [3]vītarajāditāya kilesaniddāvibuddhattā tāya[3] paṭipadāya jātikkhayaṃ pattaṃ buddham āhu; a t h a v ā kappāni viceyya kevalānī ti, aneke pi saṃvaṭṭavivaṭṭakappe 'amutrâsin' ti ādinā nayena vicinitvā ti attho, etena paṭhamavijjam āha, saṃsāraṃ dubhayaṃ cutūpapātan ti sattānaṃ cutiṃ[4] upapātan ti imañ ca ubhayaṃ saṃsāraṃ, 'ime vata bhonto sattā' ti ādinā nayena vicinitvā ti attho, etena dutiyavijjam āha, avasesena tatiyavijjam āha—āsavakkhayañāṇena[5] vigatarajāditā ca nibbānappatti ca hotī ti[6]—, tam āhu buddhan ti evaṃ vijjāttayabhedabuddhisampannaṃ taṃ buddham āhū ti.

Evaṃ paṭhamagāthāya vutte pañhe[7] vissajjetvā dutiya- 519.
gāthāya vuttapañhesu pi, yasmā brahmabhāvaṃ seṭṭhabhāvaṃ patto paramattha-b r ā h m a ṇ o bāhitasabbapāpo hoti, tasmā tam atthaṃ dassento bāhitvā ti gāthāya paṭhamapañhaṃ[8] vyākāsi. Tass' attho: yo catutthamaggena *bāhitvā sabbapāpakāni ṭhitatto*—ṭhito icc eva vuttaṃ hoti—, bāhitapāpattā eva ca *vimalo* vimalabhāvaṃ brahmabhāvaṃ seṭṭhabhāvaṃ patto, paṭippassaddhasamādhivikkhepakarakilesamalena[9] aggaphalasamādhinā *sādhu samāhito*, saṃsārahetusamatikkamena *saṃsāram aticca* pariniṭṭhitakiccatāya *kevalī*, *so* taṇhādiṭṭhīhi anissitattā *asito* lokadhammehi nibbikārattā *tādī* ti ca *pavuccati*, evaṃ thutiraho[10] *so brahmā* so brāhmaṇo ti. Yasmā pana[11] samitapāpatāya s a m a ṇ o,

[1–1] Ba *om.* [2] Ba v i g a t a t t ā.
[3–3] Ba vigatarajādikāya kilesaniddādisuddhatāya.
[4] Ba *ad.* ca. [5] Ba *ad.* hi.
[6] Skn Ba *om.* [7] Ba vuttapañhe.
[8] Ba paṭhamaṃ pañhaṃ.
[9] Ba paṭipassaddhivikkhepak°. [10] Ba suṭṭhutiraho.
[11] Ba *om.*

ninhātapāpatāya[1] n a h ā t a k o, āgūnaṃ[2] akaraṇena n ā g o
ti pavuccati, tasmā tam atthaṃ dassento [3]tato parāhi[3] tīhi
520. gāthāhi tayo pañhe vyākāsi. Tattha *samitāvī* ti ariyamagge-
na kilese sametvā ṭhito; *samaṇo pavuccati*[4] *tathattā* ti tathā
rūpo samaṇo pavuccatī ti ettāvatā pañho vyākato hoti[5],
sesaṃ tasmiṃ samaṇe Sabhiyassa bahumānajananatthaṃ[6]
thutivacanaṃ, yo hi samitāvī, so puññapāpānaṃ appaṭi-
sandhikaraṇena *pahāya puññapāpaṃ* rajānaṃ vigamena
virajo, aniccādivasena *ñatvā imaṃ*[7] *parañ ca lokaṃ jātimara-*
521. *ṇaṃ upātivatto tādī* ca hoti. Ninhāya . . . pe . . . nahātako ti
ettha pana, yo ajjhattabahiddhāsaṃkhāte sabbasmim pi
āyatanaloke ajjhattabahiddhārammaṇavasena uppattirahāni
sabbapāpakāni maggañāṇena *ninhāya* dhovitvā tāya ni-
nhātapāpakatāya taṇhādiṭṭhikappehi *kappiyesu devamanus-*
sesu kappaṃ na eti, tan nahātakam āhū ti evam attho daṭ-
522. ṭhabbo. Catutthagāthāya pi *āgun na karoti kiñci loke* ti
yo[5] loke appamattakam pi[5] pāpasaṃkhātaṃ āgun na karoti,
nāgo pavuccati tathattā ti ettāvatā pañho vyākato hoti, se-
saṃ[8] pubbanayen' eva thutivacanaṃ, yo hi maggena pahī-
naāguttā āgun na karoti, so kāmayogādike *sabbasaṃyoge*
dasasaṃyojanabhedāni ca sabba*bandhanāni visajja* jahitvā
sabbattha khandhādisu kenaci saṅgena *na sajjati* dvīhi ca
vimuttīhi *vimutto tādī* ca hotī ti.

524. Evaṃ dutiyagāthāya vuttapañhe vissajjetvā tatiyagā-
thāya vuttapañhesu pi, y a s m ā *khettānī* ti āyatanāni vuc-
canti, yathâha " cakkhum p' etaṃ, cakkhāyatanam p' etaṃ
. . . pe . . . khettam p' etaṃ vatthum p' etan "* ti, tāni[9] *vijeyya*
jetvā abhibhavitvā—*viceyya* vā aniccādibhāvena vicinitvā
upaparikkhitvā—*kevalāni* anavasesāni, visesato pana saṅ-
gahetubhūtaṃ *dibbaṃ*[10] *mānusakañ ca brahmakkhettaṃ*, yaṃ

* Dh. S. § 597.

[1] B^a *om.* ni-. [2] B^a ādhuṃ (ɔ: āguṃ).
[3–3] B^a aparāhi. [4] B^a s a m a ṇ o t i v u c c a t i.
[5] B^a *om.* [6] B^a b a h u m ā n a j a n a n a m a t t a ṃ.
[7] B^a *ad.* lokaṃ. [8] B^a idaṃ. [9] B^a *ad.* c a.
[10] S^k B^a dibba- (*So* B^a *at* 429[10]).

dibbaṃ dvādasāyatanabhedaṃ tathā mānusakañ ca yañ[1]
ca[1] brahmakkhettaṃ[2] chaḷāyatane cakkhāyatanādidvādasā-
yatanabhedaṃ, taṃ sabbam pi vijeyya viceyya vā tato[1].
yad etaṃ sabbesaṃ khettānaṃ mūlabandhanaṃ avijjābha-
vataṇhādi, tasmā *sabbakhettamūlabandhanā pamutto*, evam
etesaṃ khettānaṃ vijitattā[1] vicitattā[3] vā[4] *khettajino* nāma
hoti, t a s m ā khettānī ti imāya gāthāya paṭhamapañhaṃ
vyākāsi. Tattha k e c i "kammaṃ khettaṃ viññāṇaṃ bī-
jaṃ taṇhā sineho"* ti vacanato "kammāni khettānī" ti
vadanti, "dibbaṃ mānusakañ ca[1] brahmakhettan" ti ettha
ca[1] "devūpagaṃ kammaṃ[5] dibbaṃ manussūpagaṃ mānu-
sakaṃ brahmūpagaṃ brahmakhettan" ti vaṇṇayanti, se-
saṃ vuttanayam eva. Yasmā pana † sakaṭṭhena kosasa- 525.
disattā kosānī ti kammāni vuccanti, tesañ ca[1] lunanā samuc-
chedanā k u s a l o hoti, tasmā tam atthaṃ dassento kosānī ti
gāthāya dutiyapañhaṃ vyākāsi. Tass' attho: lokiyalokut-
taravipassanāya visayato kiccato ca aniccādibhāvena kusa-
lākusalakammasaṃkhātāni *kosāni viceyya*[6] *kevalāni*, visesato
pana saṅgahetubhūtaṃ aṭṭhakāmāvacarakusalacetanābhe-
daṃ *dibbaṃ*[7] *mānusakañ ca* navamahaggatakusalacetanābhe-
dañ ca[1] *brahmakosaṃ* viceyya[6], tato imāya maggabhāva-
nāya avijjābhavataṇhādibhedā[8] *sabbakosānaṃ mūlabandhanā*
pamutto, evam etesaṃ kosānaṃ lunanā *kusalo*[9] *pavuccati*
tathattā tādī ca hotī ti; a t h a v ā sattānaṃ dhammānañ
ca nivāsaṭṭhena[10] asikosasadisattā kosānī ti tayo bhavā dvā-
dasâyatanāni ca veditabbāni, [11]yato etehi p' ettha[11] yojanā
kātabbā ti[1]. Yasmā ca na kevalaṃ paṇḍatī ti iminā va 526.
paṇḍito ti[1] vuccati[12], api ca kho pana paṇḍarāni ito upa-
gato pavicayapaññāya allīno ti pi p a ṇ ḍ i t o ti vuccati, tasmā
tam atthaṃ dassento dubhayānī ti gāthāya tatiyapañhaṃ

* A. I, 223[22]. † *Cf.* Asl. 39[1–10].

[1] B[a] *om.* [2] B[a] *ad.* ca. [3] B[a] vidhitattā.
[4] S[kgn] *om.* [5] B[a] *ad.* na. [6] B[a] v i j e y y a.
[7] S[kgn] dibba-. [8] B[a] °b h e d ā n a ṃ. [9] B[a] *ad.* ti.
[10] B[a] n i v ā s a n a t t h e n a. [11–11] B[a] evam ettha.
[12] S[kgn] pavuccati (*cf.* 8[3] : 10[2]).

vyākāsi. Tass' attho: *ajjhatta bahiddhā cā* ti evaṃ *dubha-*
yāni aniccādibhāvena viceyya[1]—*paṇḍarānī* ti āyatanāni,
tāni hi pakatiparisuddhattā rūḷhiyā ca evaṃ vuccanti, tāni
viceyya—imāya paṭipattiyā niddhantamalattā *suddhapañño*[2]
paṇḍito pavuccati[3] *tathattā* yasmā tāni paṇḍarāni paññāya
ito hoti; sesaṃ assa thutivacanaṃ, so hi pāpapuññasaṃ-
khātaṃ[4] *kaṇhasukkam upātivatto tādī* ca hoti, tasmā evaṃ
527. thuto. Yasmā pana "monaṃ vuccati ñāṇaṃ yā paññā
pajānanā . . . pe . . . sammādiṭṭhi, tena ñāṇena samannāgato
m u n ī"* ti vuttaṃ, tasmā tam atthaṃ dassento asatañ cā
ti gāthāya catutthapañhaṃ vyākāsi. Tass' attho: yv āyaṃ
akusalakusalappabhedo[5] asatañ ca satañ ca dhammo, taṃ[6]
ajjhattaṃ[7] *bahiddhā* ti imasmiṃ *sabbaloke* pavicayañāṇena
asatañ ca satañ ca ñatvā dhammaṃ, tassa ñātattā eva rāgā-
dibhedato sattavidhaṃ *saṅgaṃ* taṇhādiṭṭhibhedato duvi-
dhaṃ *jālañ* ca *aticca* atikkamitvā ṭhito, *so* tena monasaṃ-
khātena pavicayañāṇena samannāgatattā *muni; devama-*
nussehi[8] *pūjiyo*[9] ti idam pan' assa thutivacanaṃ, so hi khī-
ṇāsavamunittā devamanussānaṃ pūjāraho hoti, tasmā evaṃ
thuto[10].

529. Evaṃ tatiyagāthāya vutte pañhe[11] vissajjetvā catuttha-
gāthāya vuttapañhesu pi, y a s m ā yo[12] catuhi maggañāṇa-
vedehi kilesakkhayaṃ karonto gato, so paramatthato *vedagū*
nāma hoti, so[13] ca sabbasamaṇabrāhmaṇānaṃ satthasañña-
kāni[14] *vedāni* tāy' eva maggabhāvanāya kiccato aniccādiva-
sena *viceyya*, tattha chandarāgappahānena tam eva *sab-*
baṃ vedam aticca, yā vedapaccayā aññathā vā uppajjanti

* Nidd. ii, *ad* S.N. 914^c.

---

1 B^a vijeyya. 2 B^a suddhipañño. 3 B^a ti vuccati.
4 B^a paññapāpasaṃ°. 5 B^a akusalādipabhedo.
6 S^kgn ti, B^a *om.* 7 B^a ajjhatta (430[1]; 431, *note* 11).
8 B^a °manussāhi. 9 B^a pūjaniyo, S^g pūjanīyyo.
10 B^a vutto. 11 B^a vuttapañhe.
12 S^kgn B^a so; *corr.* Tr. 13 S^kgn B^a yo.
14 B^a °saññitāni, S^gn °s a ñ ñ ā k ā n i (431, *note* 6).

vedanā, tāsu *sabbāsu*[1] *vedanāsu vītarāgo* hoti, t a s m ā tam
atthaṃ dassento 'idaṃ-pattinan' ti avatvā [2]vedānī ti[2]
gāthāya paṭhamapañhaṃ vyākāsi. Y a s m ā [3]v ā, yo[3] pavi-
cayapaññāya vedāni[4] viceyya tattha chandarāgappahānena
sabbaṃ vedam aticca vattati[5], so satthasaññakāni[6] vedāni
gato ñāto[7] atikkanto ca hoti, yo vedanāsu vītarāgo, so pi
vedanāsaññakāni[6] vedāni gato atikkanto[8] hoti, vedāni[9] gato
ti pi vedagū, t a s m ā tam pi atthaṃ dassento 'idaṃ-pat-
tinan' ti avatvā imāya gāthāya paṭhamapañhaṃ vyākāsi.
Y a s m ā pana dutiyapañhe *anuvidito* ti anubuddho vuc- 530.
cati, so ca *anuvicca papañcanāmarūpaṃ ajjhattaṃ* attano
santāne taṇhādiṭṭhimānabhedaṃ[10] papañcaṃ tappaccayā nā-
marūpañ ca aniccānupassanādīhi anuvicca anuviditvā, na
kevalañ ca ajjhattaṃ[11], *bahiddhā ca rogamūlaṃ*[12] parasantāne
ca imassa nāmarūparogassa mūlaṃ avijjābhavataṇhādi tam
eva vā papañcaṃ anuvicca, tāya bhāvanāya *sabbesaṃ rogā-
naṃ mūlabandhanā* sabbasmā vā rogānaṃ mūlabandhanā
avijjābhavataṇhādibhedā tasmā eva vā papañcā pamutto
hoti, t a s m ā taṃ dassento anuviccā ti gāthāya dutiyapañ-
haṃ vyākāsi. "Kathañ ca viriyavā" ti ettha pana, y a s - 531.
m ā, yo ariyamaggena[13] *sabbapāpakehi virato*, tathā vira-
tattā ca āyati appaṭisandhitāya *nirayadukkham aticca* ṭhito
viriyavāso viriyaniketo, *se* (vā?) khīṇāsavo *viriyavā* ti vattab-
batam arahati, t a s m ā tam attham[14] dassento virato ti
gāthāya tatiyapañhaṃ vyākāsi; *padhānavā dhīro tādī* ti
imāni pan' assa thutivacanāni, so hi padhānavā maggaj-
jhānapadhānena, dhīro kilesārividdhaṃsanasamatthatāya[15],
tādī nibbikāratāya, tasmā evaṃ thuto; sesaṃ yojetvā vat-
tabbaṃ. "Ājānīyo kin ti nāma hotī" ti ettha pana, y a s- 532.

---

[1] Ba *om.* [2–2] Ba imāya (*cf.* 431[9]). [3–3] Ba tāya.
[4] Skgn vedanāni; Sk *at* 431[7] vedanāni > vedāni (*bis*).
[5] Ba pavaṭṭati.
[6] Ba °saññitāni, Skgn °s a ñ ñ ā k ā n i (430, *note* 14).
[7] *So* Skgn Ba. [8] Ba *ad.* ca.
[9] Skgn *ad.* ca. [10] Ba taṇhāmānadiṭṭhibh°.
[11] Skgn ajjhatta (*so* Sgn *at* 432[10]). [12] Ba °mūle.
[13] Skgn °maggehi. [14] Skgn *om.* [15] Ba kilesādivi°.

mā pahīnasabbavaṃkadoso kāraṇākāraṇaññū[1] asso vā hatthī vā ājānīyo hotī ti loke vuccati, na ca tassa sabbaso te dosā pahīnā eva, khīṇāsavassa pana te pahīnā, tasmā so 'ājānīyo' ti paramatthato vattabbataṃ arahatī ti dassento yassā ti gāthāya catutthapañhaṃ vyākāsi. Tass' attho: *ajjhattaṃ*[2] *bahiddhā cā* ti evaṃ ajjhattabahiddhāsaṃyojanasaṃkhātāni *yassa assu lutāni*[3] *bandhanāni*[4] paññāsatthena chinnāni padālitāni—*saṅgamūlan* ti yāni tesu tesu vatthusu saṅgassa sajjanāya anatikkamanāya mūlaṃ hoti[5]; atha vā yassa assu lutāni rāgādīni bandhanāni, yāni ajjhattaṃ bahiddhā ca saṅgamūlaṃ hoti—, so *sabba*smā *saṅgānaṃ mūla*bhūtā sabbasaṅgānaṃ vā mūlabhūtā *bandhanā pamutto ājānīyo*[6] *vuccati tathattā tādī* ca hoti ti.

534. Evaṃ catutthagāthāya vuttapañhe vissajjetvā pañcamagāthāya vuttapañhesu pi, yasmā, yaṃ chandajjhenamattena akkharacintakā sottiyaṃ vaṇṇenti, vohāramattasottiyo so, ariyo[7] pana bāhusaccena nissutapāpatāya ca[4] paramattha-sottiyo hoti, tasmā tam atthaṃ dassento 'idaṃ-pattinan' ti avatvā sutvā ti gāthāya paṭhamapañhaṃ vyākasi. Tass' attho: yo imasmiṃ loke sutamayapaññākiccavasena sutvā, kātabbakiccavasena vā sutvā, vipassanūpagaṃ sabbaṃ dhammam aniccādivasena ca abhiññāya sāvajjānavajjaṃ yad atthi kiñci, imāya paṭipadāya kilese[8] kilesaṭṭhāniye ca dhamme abhibhavitvā abhibhū ti saṃkhaṃ gato, taṃ *sutvā sabbadhammaṃ abhiññāya loke sāvajjānavajjaṃ yad atthi kiñci abhibhuṃ* sutavattā[9] "*sottiyo*" ti *āhu;* yasmā ca so akathaṃkathī kilesabandhanehi vimutto rāgādīhi īghehi[10] anīgho ca hoti sabbadhi sabbesu[11] khandhāyatanādisu, tasmā taṃ *akathaṃkathiṃ vimuttaṃ anīghaṃ sabbadhi* nissu-
535. tapāpakattā pi sottiyo ti āhū ti. Yasmā pana hitakāmena

---

1 B^a kāraṇākāraṇikāraṇaññū. 2 B^a *ad.* vā.
3 B^a lunāni (*and* luni *at* 432[10]). 4 B^a *om.*
5 S^k homti < hoti; *at* 432[11] B^a *has* saṅgamūlāni honti.
6 B^a *ad.* ti. 7 B^a ariyena.
8 B^a *ad.* ca. 9 S^{kgn} sutavanto.
10 B^a aghehi. 11 B^a *ad.* dhammesu.

janena araṇīyato a r i y o hoti—[1]abhigamanīyato ti attho[1]—, tasmā, yehi guṇehi so araṇīyo hoti, te dassento chetvā ti gāthāya dutiyapañhaṃ vyākāsi. Tass' attho: cattāri *āsavāni* dve ca *ālayāni* paññāsatthena *chetvā vidvā* viññū vibhāvī catumaggañāṇī *so* punabbhavavasena *na upeti gabbhaseyyaṃ* kañci yoniṃ na upagacchati, kāmādibhedañ ca *saññaṃ tividhaṃ*, kāmaguṇasaṃkhātañ ca *paṃkaṃ panujja* panuditvā taṇhādiṭṭhikappānaṃ aññataram pi *kappaṃ na eti*, evaṃ āsavacchedādiguṇasamannāgataṃ *tam āhu ariyo ti.* *Yasmā v ā pāpakehi ārakattā ariyo hoti anayena[2] ca aniriyanā[3], tasmā tam pi atthaṃ dassento imāya gāthāya dutiyapañhaṃ vyākāsi; āsavādayo hi pāpakā dhammā anayasammatā, te ca nena[4] chinnā panunnā na ca tehi kampati icc assa te ārakā honti na ca tesu iriyati, tasmā 'ārakâssa honti pāpakā dhammā' ti iminā p' atthena, 'anaye na iriyatī' [5]ti iminā p' atthena[5] tam āhu ariyo ti [ca] evam p' ettha[6] yojanā veditabbā; vidvā so na upeti gabbhaseyyan ti idaṃ pan' imasmiṃ atthavikappe thutivacanam eva hoti.
"Kathañ caraṇavā" iti ettha [ca] pana, yasmā caraṇehi **536.**
pattabbaṃ[7] patto c a r a ṇ a v ā ti vattabbataṃ arahati, tasmā taṃ dassento yo idhā ti gāthāya tatiyapañhaṃ vyākāsi. Tattha *yo idhā* ti yo imasmiṃ sāsane; *caraṇesū* ti sīlādisu Hemavatasutte† vutta-pannarasasu dhammesu[8]—nimittatthe bhummavacanaṃ—, *pattipatto* ti pattabbaṃ patto; yo[9] caraṇanimittaṃ caraṇahetu caraṇappaccayā pattabbaṃ arahattaṃ patto ti vuttaṃ hoti; *caraṇavā so* ti so imāya caraṇehi pattabbapattiyā caraṇavā hotī ti; ettāvatā pañho vyākato[10] hoti, sesam assa thutivacanaṃ, yo hi caraṇehi[11] pattipatto, so *kusalo* ca hoti cheko *sabbadā* ca *ājānāti*[12] nibbāna*dham-*

* *Cf.* Pj. I, 81[16], *etc.* † (206[12]).

1–1 Ba adhigamaniyattho. 2 Skgn anariye (ɔ: anaye).
3 Skgn anariyanā; Ba anariyenā. 4 Ba te cânena (441, *note* 4).
5–5 Ba *om.* 6 Skgn h' ettha. 7 Ba pattabbataṃ.
8 Ba vuttapannarasadhammesu. 9 Ba *om.*
10 Ba ettāvatā pañhaṃvyākaraṇaṃ. 11 Ba c a r a ṇ e s u.
12 *So* Sk Ba; Sgn ajānāti.

maṃ niccam[1] nibbānaninnacittatāya, *sabbattha* ca khandhādisu *na sajjati*, dvīhi ca vimuttīhi *vimutto*[2] hoti, *paṭighā*
537. c' assa *na santī* ti. Yasmā pana kammādīnaṃ paribbājanena paribbājako nāma hoti, tasmā tam atthaṃ dassento dukkhavepakkan[3] ti gāthāya catutthaṃ pañhaṃ[4] vyākāsi. Tattha vipāko eva vepakkaṃ, dukkhaṃ vepakkam assā ti *dukkhavepakkaṃ* pavattidukkhajananato sabbam pi tedhātuka*kammaṃ* vuccati; *uddhan* ti atītaṃ, *adho* ti anāgataṃ, *tiriyaṃ vā pi majjhe* ti paccuppannaṃ, taṃ hi na uddhaṃ na adho ti[1] tiriyaṃ ubhinnañ ca antarā, tena majjhe ti vuttaṃ; *paribbājayit*[*v*]*ā* ti nikkhamet[v]ā[5] niddhamet[v]ā; *pariññācārī*[6] ti paññāya[7] paricchinditvā caranto. Ayan tāva apubbapadavaṇṇanā[8], ayam pana[9] adhippāyayojanā: yo, tiyaddhapariyāpannam pi dukkhajanakaṃ *yad atthi kiñci* kammaṃ, tassa[10] ariyamaggena taṇhāvijjāsinehe sosento appaṭisandhijanakabhāvakaraṇena paribbājayitvā[11] tathā paribbājitattā eva ca taṃ kammaṃ pariññāya caraṇato pariññācārī[6], na kevalañ ca kammam eva *māyaṃ mānam atho pi lobhakodhaṃ* ime pi[12] dhamme pahānapariññāya pariññācārī[6] *pariyantam akāsi nāmarūpaṃ* nāmarūpassa ca pariyantaṃ akāsi, paribbājesi icc ev' attho, imesaṃ kammādīnaṃ paribbājanena *taṃ paribbājakam āhu*; *pattipattan* ti idaṃ[13] pan' assa thutivacanaṃ.

Evaṃ pañhavyākaraṇena tuṭṭhassa pana Sabhiyassa yāni
538. ca tīṇi ti ādisu abhitthavanagāthāsu *osaraṇānī* ti ogahanāni[14] titthāni, diṭṭhiyo ti attho, tāni yasmā sakkāyadiṭṭhiyā saha Brahmajāle vuttadvāsaṭṭhidiṭṭhigatāni gahetvā tesaṭṭhi honti, yasmā ca[15] tāni aññatitthiya*samaṇā*naṃ *pavāda*bhūtāni satthāni *sitāni* tehi upadisitabbavasena na uppattivasena, uppattivasena pana, yad etaṃ 'itthī, puriso' ti

---

1 Ba *om.* 2 Ba vimuttacitto. 3 Ba dukkhaṃ-vep°.
4 Ba catutthap°. 5 *So* Skgn (Ba nikkhamitvā).
6 Ba pariññātacārī. 7 Ba pariññāya.
8 Ba anupubbap°. 9 Ba pan' assa.
10 Sk ta, Ba tam sabbaṃ pi. 11 Ba *ad.* -na.
12 Ba °kodhā ti pi ime pi. 13 Skgn padaṃ.
14 Ba ogāmāṇāni (ɔ: ogāhanāni). 15 Skgn *om.*

saññakkharaṃ vohāranāmaṃ[1] yā câyaṃ micchāparivitak-
kānussavādivasena 'evarūpena attanā bhavitabban' ti bā-
lānaṃ viparītasaññā uppajjati, tadubhaya*nissitāni* tesaṃ
vasena uppajjanti na attapaccakkhāni, tāni ca Bhagavā
vineyya vinayitvā[2] *oghatam' agā* oghatamaṃ oghandhakā-
raṃ agā[3] atikkanto—*oghantam agā* ti vā[4] pāṭho, oghānaṃ
antam agā[5]—, t a s m ā āha: *yāni ca tīṇi* . . . pe . . . *-tam agā*
ti. Tato paraṃ vaṭṭadukkhassa antaṃ pārañ ca nibbā- 539.
naṃ tappattiyā dukkhābhāvato tappaṭipakkhato ca, taṃ
sandhāyâha: *antagū 'si pāragū dukkhassā* ti; a t h a v ā
pāragū Bhagavā nibbānagatattā, taṃ ālapanto āha "pā-
ragū, antagū 'si[6] dukkhassā" ti ayam ettha sambandho;
sammā ca buddho sāmañ ca buddho ti *sammāsambuddho*;
[7]taṃ *taṃ*[7] *maññe* ti tam eva maññāmi na aññan ti accāda-
rena bhaṇati; *jutimā*[8] ti paresam pi andhakāravidhama-
nena jutisampanno, *mutimā* ti aparappaccayañeyyañāṇasa-
matthāya[9] mutiyā paññāya sampanno, *pahūtapañño* ti anan-
tapañño, idha sabbaññutañāṇam adhippetaṃ; *dukkhass'
antakarā* ti āmantento āha, *atāresi man* ti kaṃkhāto man
tāresi.

Yam me ti addhagāthāya namakkārakaraṇaṃ bhaṇati. 540.
Tattha *kaṃkhitan*[10] ti vīsatipañhanissitaṃ atthaṃ sandhā-
yâha, so hi tena[11] kaṃkhito ahosi; *monapathesū* ti ñāṇapa-
thesu. *Vinaḷīkatā* ti vigatanaḷā katā, ucchinnā ti vuttaṃ 542.
hoti. *Nāga nāgassā* ti ekaṃ āmantanavacanaṃ, ekassa 543.
"*bhāsato, anumodantī*" ti iminā sambandho*, "dhamma-
desanan" ti pāṭhaseso; *sabbe devā* ti ākāsaṭṭhā ca bhum-
maṭṭhā ca; *Nārada-Pabbatā* ti te pi kira dve devagaṇā paññā-
vanto, te pi *anumodantī* ti sabbaṃ pasādena ca [12]takkāya ca[12]

* *Cf.* S.N. 350[a].

[1] B[a] v o h ā r a m a t t a ṃ n ā m a ṃ.
[2] S[n] vinaritvā, S[k] B[a] v i t a r i t v ā. [3] B[a] *om.* [4] B[a] p i.
[5] *So* B[a]; S[kgn] antagā. [6] B[a] 'si *after* pāragū.
[7—7] B[a] taṃ buddho ti. [8] S[k] jutīmā.
[9] B[a] °samatthatāya. [10] B[a] kaṃkhatan, S[gn] kaṃkhīṇan.
[11] B[a] ṇena. [12—12] *So* S[kgn]; B[a] n a m a k k ā r a v a c a n a m.

544. bhaṇati. Anumodanāraham vyākaraṇasampadaṃ sutvā
namo te iti añjalim paggahetvā āha; *purisājaññā* ti purisesu
545. jātisampanna[1]; *paṭipuggalo* ti paṭibhāgo puggalo. *Tuvaṃ*[2]
buddho catusaccapaṭivedhena, *satthā* anusāsaniyā sattha-
vāhatāya ca, *Mārābhibhū* catumārābhibhavena, *muni* bud-
546. dhamuni. *Upadhī* ti khandhakilesakāmaguṇābhisaṃkhāra-
547. bhedā cattāro[3]. *Vaggū*[4] ti abhirūpaṃ; *puññe cā* ti lokiye[5];
na lippasi tesaṃ akaraṇena[6] pubbe katānam pi vā āyati
phalūpabhogābhāvena tannimittena[7] vā taṇhādiṭṭhilepena;
vandati Satthuno ti evaṃ bhaṇanto gopphakesu pariggahetvā
pañcapatiṭṭhitaṃ vandi.

Aññatitthiyapubbo ti aññatitthiyo eva[ṃ]; *ākaṃkhatī* ti icchati; *āraddhacittā* ti abhirādhitacittā; *api ca m' ettha puggalavemattatā viditā* ti api ca mayā ettha aññatitthiyānaṃ parivāse puggalanānattaṃ viditaṃ, na sabben' eva parivasitabban ti, kena pana[8] na[8] parivasitabbaṃ: * aggiyehi jaṭilehi, Sākiyena jātiyā liṅgaṃ vijahitvā[9] āgatena, avijahitvā āgato pi ca yo maggaphalapaṭilābhāya hetusampanno hoti, tādiso ca Sabhiyo paribbājako, tasmā Bhagavā 'tava pana Sabhiya titthiyavattapūraṇatthāya parivāsakāraṇan n' atthi, atthatthiko tvaṃ maggaphalapaṭilābhāya hetusampanno ti viditam etaṃ mayā' ti tassa pabbajjaṃ anujānanto āha: api ca m' ettha puggalavemattatā[10] viditā ti. Sabhiyo pana attano ādaraṃ dassento āha: *sace bhante* ti[11]. Taṃ sabbaṃ aññañ ca tathārūpaṃ uttānatthattā[12] pubbe vuttanayattā ca idha na vaṇṇitaṃ, yato pubbe vaṇṇitānusārena veditabban ti

SABHIYASUTTAVAṆṆANĀ NIṬṬHITĀ.

---

* (Vin. I, 71[25]).

---

1 Ba purisesu ājañño jātisampanno. 2 Skgn Tvaṃ.
3 Ba *ad.* upadhī. 4 Ba Vaggum. 5 Ba °ena.
6 Ba akaraṇe. 7 Skgn °nimitte. 8 Ba *om.*
9 Ba jahitvā. 10 Ba puggale vematt°.
11 Ba āha: labbeyyâhaṃ bhante ti (!).
12 Ba uttānattham eva.

7.

Evam me sutan ti Selasuttaṃ. Kā uppatti: Ayam eva yâssa nidāne vuttā, atthavaṇṇanākkame[1] pi câssa pubbasadisaṃ pubbe vuttanayen' eva veditabbaṃ, yaṃ pana apubbaṃ, taṃ uttānatthāni padāni pariharantā vaṇṇayissāma[2]. (S.N.¹p. 99).

* *Aṅguttarāpesū* ti Aṅgā eva so janapado, Gaṅgāya pana yā[3] uttarena āpo, tāsaṃ avidūrattā Uttarāpā[4] ti pi vuccati, —kataraGaṅgāya uttarena yā[5] āpo ti: Mahāmahīgaṅgāya. Tatrâyaṃ [6]tassā nadiyā āvibhāvatthaṃ ādito pabhuti vaṇṇanā[6]:

Ayaṃ kira Jambudīpo dasasahassayojanaparimāṇo[7]. Tattha catusahassayojanappamāṇo padeso udakena ajjhotthaṭo samuddo ti saṃkhaṃ gato, tisahassayojanappamāṇe manussā vasanti, tisahassayojanappamāṇe H i m a v ā patiṭṭhito ubbedhena pañcayojanasato[8] caturāsītisahassakūṭapatimaṇḍito[9] samantato sandamānapañcasatanadīvicitro[10], yattha āyāmavitthārena gambhīratāya ca paññāsapaññāsayojanā[11] diyaḍḍhayojanasataparimaṇḍalā †Pūraḷāsasuttavaṇṇanāyaṃ vuttā Anotattādayo† satta mahāsarā patiṭṭhitā. Tesu A n o t a t t o Sudassanakūṭaṃ Citrakūṭaṃ Kāḷakūṭaṃ Gandhamādanakūṭaṃ Kelāsakūṭan ti imehi pañcahi pabbatehi parikkhitto. Tattha S u d a s s a n a k ū ṭ a ṃ suvaṇṇamayaṃ dviyojanasatubbedhaṃ antovaṃkaṃ kākamukhasaṇṭhānaṃ tam eva saraṃ paṭicchādetvā ṭhitaṃ, Citrakūṭaṃ sabbaratanamayaṃ, Kāḷakūṭaṃ añjanamayaṃ, Gandhamādanakūṭaṃ sānumayaṃ abbhantare muggavaṇ-

---

* –439[26]=Ps. *ad* M. I, 359[6] (> Ss. p. 247[19]–249[31]).
†–† Ps. *has* Anot°– °papato ti=Pj. II, 407[22–24].

---

1 Ba °k k a m e n a. 2 Ba °issāmi. 3 Ba pan' assa.
4 Ba (Psk) Uttarāpo. 5 Ba uttaren' assa (*cf. note* 3).
6–6 Ps. āvibhāvakathā. 7 Ba °y o j a n a p p a m ā ṇ o.
8 (Psk °satiko) Ba °satā.
9 Ba °sahassehi kūṭehi paṭ° (Psk °kūṭasahassapat°).
10 Ba °nadīhi cito.
11 *So* Psk; Skgn Ba °yojanāni.

ṇaṃ[1] nānappakāraosadhasañchannaṃ kāḷapakkhūposathadivase ādittam iv' aṅgāraṃ jalantaṃ[2] tiṭṭhati, Kelāsakūṭaṃ rajatamayaṃ; sabbāni Suddassanena samānubbedhasaṇṭhānāni tam eva saraṃ paṭicchādetvā ṭhitāni, sabbāni devānubhāvena nāgānubhāvena ca vassanti, nadiyo ca tesu sandanti,—taṃ sabbam pi udakaṃ Anotattam eva pavisati. Candimasuriyā[3] dakkhiṇena vā uttarena vā gacchantā [4]pabbatantarena [5]taṃ obhāsenti[5], ujuṃ gacchantā na obhāsenti[6], ten' ev' assa Anotattan ti saṃkhā udapādi. Tattha manoharapadasilāni[7] nimmacchakacchapāni phaḷikasadisanimmalūdakāni[8] nahānatitthāni suppaṭiyattāni honti, yesu buddhapaccekabuddhakhīṇāsavā isigaṇā ca nahāyanti devayakkhādayo[9] ca uyyānakīḷikaṃ kīḷanti. Catusu c' assa[10] passesu Sīhamukhaṃ Hatthimukhaṃ Assamukhaṃ Usabhamukhan ti cattāri mukhāni honti, yehi catasso nadiyo sandanti: Sīhamukhena nikkhantanadītīre sīhā bahutarā honti, Hatthimukhādīhi hatthiassausabhā[11]. Puratthimadisato[12] nikkhantanadī Anotattaṃ tikkhattuṃ padakkhiṇaṃ katvā itarā tisso nadiyo anupagamma pācīna-Himavanten' eva amanussapathaṃ gantvā mahāsamuddaṃ pavisati, pacchimadisato[12] ca uttaradisato ca nikkhantanadiyo pi tath' eva padakkhiṇaṃ katvā [13]pacchima-Himavanten' eva uttara-Himavanten' eva ca[13] amanussapathaṃ gantvā mahāsamuddaṃ pavisanti, dakkhiṇadisato[12] nikkhantanadī pana[14] tik-

---

[1] Ps. *ad.* mūlagandho sāragandho pheggug° tacag° papaṭikag° rasag° pattag° pupphag° phalag° gandhagandho ti imehi dasahi gandhehi ussannaṃ.

[2] Ps. jalitaṃ. [3] Ba *ad.* pi.

[4] Ba *ins.* pabbatantarena vā gacchantā.

[5–5] Ps. tattha obhāsaṃ karonti (*cf. note* 6).

[6] Ba karonti. [7] Ba manomanohara-padarasilāni.

[8] Ba phalikasadisāni nimalodakāni. [9] Ba devā yakkh°.

[10] Ba *om.* c' assa (Psk *has* Tassa catusu).

[11] Ba *ad.* bahutarā honti.

[12] Ba puratthimato, pacchimato, dakkhiṇato *resp.*

[13–13] Ba pacchimauttara-Himavanten' eva.

[14] Psk pi; Ba *ad.* taṃ.

khattuṃ padakkhiṇaṃ katvā dakkhiṇena ujuṃ[1] pāsāṇapiṭṭhen' eva saṭṭhi yojanāni gantvā pabbataṃ paharitvā uṭṭhāya[2] pariṇāhena[3] tigāvutappamāṇā udakadhārā hutvā ākāsena saṭṭhi yojanāni[4] gantvā Tiyaggaḷe[5] nāma pāsāṇe patitā, pāsāṇo dakadhārāvegena[6] bhinno, tattha paññāsayojanappamāṇā Tiyaggaḷā[5] nāma pokkharaṇī jātā; pokkharaṇito[7] kūlaṃ bhinditvā pāsāṇaṃ pavisiya[8] saṭṭhi yojanāni, tato ghanapaṭhaviṃ bhinditvā ummaggena saṭṭhi yojanāni gantvā Vijjhan[9] nāma tiracchapabbataṃ[10] paharitvā hatthatale pañcaṅgulasadisā[11] pañca dhārā hutvā pavatti[12]. Sā tikkhattuṃ Anotattaṃ padakkhiṇaṃ katvā gataṭṭhāne Āvaṭṭagaṅgā ti vuccati, ujukaṃ pāsāṇapiṭṭhena saṭṭhi yojanāni gataṭṭhāne Kaṇhagaṅgā ti vuccati, ākāsena saṭṭhi yojanāni gataṭṭhāne Ākāsagaṅgā ti vuccati, Tiyaggaḷapāsāṇe paññāsayojanokāse[13] Tiyaggaḷapokkharaṇī ti vuccati, kūlaṃ bhinditvā pāsāṇaṃ pavisiya saṭṭhi yojanāni gataṭṭhāne Bahalagaṅgā ti vuccati, paṭhaviṃ bhinditvā ummaggena saṭṭhi yojanāni gataṭṭhāne Ummaggagaṅgā ti vuccati, Vijjhaṃ[9] nāma tiracchapabbataṃ[10] paharitvā [14]pañca dhārā hutvā[14] pavattaṭṭhāne Gaṅgā Yamunā Aciravatī Sarabhū Mahī ti pañcadhā[15] vuccati. Evam etā pañca Mahāgaṅgā Himavantā sambhavanti, tāsu yā ayaṃ pañcamī Mahī nāma, sā idha Mahāmahīgaṅgā ti adhippetā.

Tassā Gaṅgāya uttarena yā āpo, tāsaṃ avidūrattā so janapado Aṅguttarāpo ti veditabbo, tasmiṃ janapade Aṅguttarāpesu. **Cārikañ caramāno* ti addhānagamanaṃ[16] kuru-

* Mp. *ad* A. I, 180[14], Sum. I, 239–243.

1 Bᵃ Psᵏ ujukaṃ. 2 Bᵃ Psᵏ vuṭṭhāya. 3 Psᵏ parikkhepena.
4 Sᵏᵍⁿ saṭṭhiyojanaṃ *throughout*. 5 Bᵃ Tiyaṃgal°.
6 Bᵃ pāsāṇo ca udak°. 7 Bᵃ Psᵏ pokkharaṇiyā, Sᵏ *om.*
8 Bᵃ Psᵏ pavisitvā. 9 *So* Sᵏᵍⁿ Psᵏ; Bᵃ Vijjan.
10 Bᵃ Psᵏ tiracchānapabbataṃ. 11 Bᵃ Psᵏ pañcaṅgulis°.
12 Bᵃ Psᵏ p a v a t t a n t i. 13 Ps. *ad.* ṭhitā.
14–14 Bᵃ pañcadhārāya.
15 Bᵃ pañca dhārā vuccanti; Ps. pañcadhā saṃkhaṃ gatā (evam etā pañca mahānadiyo Himavantato p a b h a v a n t i).
16 Bᵃ addhānaṃ.

māno. Tattha Bhagavato duvidhā cārikā: turitacārikā ca aturitacārikā ca. Tattha dūre pi bhabbapuggale disvā sahasā gamanaṃ turitacārikā, sā Mahākassapapaccuggamanādisu daṭṭhabbā, taṃ paccuggacchanto hi Bhagavā muhuttena tigāvutaṃ agamāsi, Āḷavakadamanatthaṃ* tiṃsayojanaṃ tathā Aṅgulimālass' atthāya, Pukkusātissa pana pañcacattāḷīsayojanaṃ, Mahākappinassa vīsaṃ yojanasataṃ, Dhaniyass' atthāya† sattayojanasataṃ addhānaṃ agamāsi, ayaṃ turitacārikā[1]; gāmanigamanagarapaṭipāṭiyā pana piṇḍapātacariyādīhi lokaṃ anuggahentassa[2] gamanaṃ aturitacārikā[1], ayaṃ idha adhippetā, evañ cārikaṃ caramāno. *Mahatā* ti saṃkhāmahatā guṇamahatā ca, *bhikkhusaṃghenā* ti samaṇagaṇena, *aḍḍhateḷasehī* ti aḍḍhena teḷasehi, dvādasahi satehi paññāsāya ca bhikkhūhi saddhin ti vuttaṃ hoti; yena ... pe ... tad avasarī ti, āpaṇabahulatāya so nigamo *Āpaṇo* tv eva nāmaṃ labhi, tasmiṃ kira vīsati āpaṇamukhasahassāni vibhattāni ahesuṃ; *yena* disābhāgena maggena[3] vā[3] so *Aṅguttarāpānaṃ* raṭṭhassa *nigamo* osaritabbo, tena avasari *tad avasari* agamāsi, taṃ nigamaṃ anupāpuṇī ti vuttaṃ hoti. ‡*Keṇiyo jaṭilo* ti Keṇiyo ti nāmena, jaṭilo ti tāpaso. So kira brāhmaṇamahāsālo, dhanarakkhanatthāya pana tāpasapabbajjaṃ samādāya rañño paṇṇākāraṃ datvā bhūmibhāgaṃ gahetvā tattha assamaṃ kāretvā vasati kulasahassassa nissayo hutvā; assame pi c' assa eko tālarukkho divase divase ekaṃ suvaṇṇaphalaṃ muñcatī ti vadanti. So divā kāsāyāni[4] dhāreti jaṭā[5] bandhati, rattiṃ yathāsukhaṃ pañcahi kāmaguṇehi samappito samaṅgibhūto paricāreti. §*Sakyaputto* ti uccākulaparidīpanaṃ, *Sakyakulā pabbajito* ti saddhāya[6] pabbajitabhāva(pari)dīpanaṃ, kenaci pārijuññena anabhibhūto aparikkhīṇaṃ yeva

* 220⁹. † 29²⁶.
‡ –440²⁸, 452²⁶–457⁷ *cf.* Ps. *ad* M. II, 146.
§ Sum. I, 246³¹–247³, Sp. *ad* Vin. III, 1⁴.

[1] B^a *ad.* nāma. [2] B^a anuggaṇhantassa. [3] B^a *om.*
[4] *So* S^kgn Ps^k; B^a kāsāvāni. [5] B^a (Ps^k) *ad.* ca.
[6] S^kgn saddhā-.

taṃ kulaṃ pahāya saddhāya pabbajito ti vuttaṃ hoti; **taṃ kho panā* ti itthambhūtākhyānatthe upayogavacanaṃ, tassa kho pana bhoto Gotamassā ti attho; *kalyāṇo* ti kalyāṇaguṇasamannāgato, seṭṭho ti vuttaṃ hoti, *kittisaddo* ti kitti yeva thutighoso vā. *Iti pi so Bhagavā* ti ādimhi pana ayan tāva yojanā: so "Bhagavā" iti pi, "arahaṃ" iti pi, "sammāsambuddho" . . . pe . . . iti pi[1], Bhagavā ti iminā ca[2] iminā ca kāraṇenā ti vuttaṃ hoti.

Tattha ārakattā arīnaṃ[3] arānañ ca hatattā paccayādīnaṃ arahattā pāpakaraṇe rahābhāvā ti imehi tāva kāraṇehi so Bhagavā *arahan* ti veditabbo; ārakā hi so sabbakilesehi maggena savāsanānaṃ kilesānaṃ viddhaṃsitattā ti ārakattā arahaṃ; te ca nena[4] kilesārayo maggena hatā ti arīnaṃ hatattā pi arahaṃ; yañ c' etaṃ avijjābhavataṇhāmayanābhi puññādiabhisaṃkhārāraṃ jarāmaraṇanemi āsavasamudayamayena akkhena vijjhitvā tibhavarathe samāyojitaṃ anādikālappavattaṃ saṃsāracakkaṃ, tassa nena[5] Bodhimaṇḍe viriyapādehi sīlapaṭhaviyaṃ patiṭṭhāya saddhāhatthena kammakkhayakarañāṇapharasuṃ[6] gahetvā sabbe arā hatā ti arānaṃ hatattā pi arahaṃ; [7]dakkhiṇeyyattā ca cīvarādipaccaye sakkāragarukārādīni ca arahatī ti paccayādīnaṃ arahattā pi arahaṃ; yathā ca loke keci[8] paṇḍitamānino bālā ayasabhayena[9] raho pāpaṃ karonti, evaṃ nâyaṃ kadāci karotī ti pāpakaraṇe rahābhāvato pi arahaṃ, hoti c' ettha:

"ārakattā hatattā ca kilesārīna so muni
hatasaṃsāracakkāro paccayādīna câraho
na raho karoti pāpāni arahan tena pavuccatī" ti;

sammā sāmañ ca saccānaṃ buddhattā *sammāsambuddho*; atisayavisuddhāhi vijjāhi abbhutakkamena caraṇena ca[10]

---

* Sp. *ad* Vin. I, 1^{7}; Sum. I, 146^{1-14}=Mp. *ad* A. I, 180^{19}.

---

1 Ba iti pi *after* sammāsambuddho. 2 Ba *ad.* kāraṇena.
3 Ba *ad.* ca. 4 Ba te cânena, *cf. note* 5.
5 Ba tassânena. 6 Ba °karaṃ ñāṇapharasuṃ.
7 Ba *ins.* agga-. 8 Skgn *ad.* keci (*deleted in* Sg).
9 Ba asilokabhayena. 10 Ba *om.*

samannāgatattā *vijjācaraṇasampanno* ; sobhanagamanattā sundaraṭṭhānaṃ[1] gatattā suṭṭhu gatattā sammāgadattā[2] ca *sugato** ; sabbathā pi[3] viditalokattā *lokavidū*, so hi sabhāvato samudayato nirodhato nirodhūpāyato ti sabbathā khandhāyatanādibhedaṃ saṃkhāralokaṃ avedi, 'eko loko sabbe sattā āhāraṭṭhitikā, dve lokā nāmañ ca rūpañ ca, tayo lokā tisso vedanā, cattāro lokā cattāro āhārā, pañca lokā pañc' upādānakkhandhā, cha lokā cha ajjhattikāni āyatanāni, satta lokā satta viññāṇaṭṭhitiyo, aṭṭha lokā aṭṭha lokadhammā, nava lokā nava sattāvāsā, dasa lokā dasa āyatanāni[4], dvādasa lokā dvādasâyatanāni, aṭṭhārasa lokā aṭṭhārasa dhātuyo' ti[3] evam pi[5] sabbathā s a ṃ k h ā r a l o k a ṃ avedi; sattānaṃ āsayaṃ jānāti anusayaṃ jānāti caritaṃ jānāti adhimuttiṃ jānāti, apparajakkhe mahārajakkhe tikkhindriye mudindriye svākāre dvākāre suviññāpaye duviññāpaye bhabbe abhabbe satte jānātī ti sabbathā[6] s a t t a l o k a ṃ avedi; †tathā 'ekaṃ cakkavāḷaṃ āyāmato[7] vitthārato ca yojanānaṃ dvādasa satasahassāni tīṇi sahassāni aḍḍhapañcamāni ca[8] satāni, parikkhepato chattiṃsa satasahassāni[9] dasa sahassāni aḍḍhuḍḍhāni ca satāni—

Tattha
duve[10] satasahassāni cattāri nahutāni ca
ettakaṃ bahalattena saṃkhātâyaṃ vasundharā,
cattāri[11] satasahassāni aṭṭh' eva nahutāni ca
ettakaṃ bahalattena jalaṃ vāte patiṭṭhitaṃ,
nava satasahassāni māluto nabham uggato
saṭṭhiñ c' eva sahassāni: esā lokassa saṇṭhiti.
Evaṃ saṇṭhite c' ettha yojanānaṃ
caturāsīti sahassāni ajjhogāḷho mahaṇṇave

* *Cf.* Pj. I, 195[29]–196[4] (tathāgato). † *Cf.* Asl. 297–298.

[1] Ba s u n d a r a ṃ ṭ h ā n a ṃ.
[2] Ba sammāgatattā. [3] Ba *om.*
[4] Ba dasâyatanāni. [5] Ba pi *after* sabbathā (*cf. note* 6).
[6] Ba *ad.* pi. [7] Ba *ad.* ca. [8] Ba *om.* ca, *ins.* yojanā-
[9] Ba *om.* sata-. [10] Skgn dve, *cf.* 306, *note* 9 (J. V. 25?[1?]).
[11] Skgn *ad.* ca.

accuggato tāvad eva Sineru pabbatuttamo,
tato upaḍḍhupaḍḍhena pamāṇena yathākkamaṃ
ajjhogāḷhuggatā dibbā nānāratanacittitā[1]
Yugandharo Īsadharo[2] Karavīko Sudassano
Nemindharo Vinatako Assakaṇṇo giri brahā
ete satta mahāselā Sinerussa samantato
Mahārājānam āvāsā devayakkhanisevitā.
Yojanānaṃ satān' ucco Himavā pañca* pabbato
yojanānaṃ[3] sahassāni[3] tīṇi āyatavitthato
caturāsītisahassehi kūṭehi patimaṇḍito.
[4]Tipañcayojanakkhandhaparikkhepā nagavhayā
paññāsayojanakkhandhasākhāyāmā samantato
satayojanavitthiṇṇā tāvad eva ca uggatā
Jambu, yassânubhāvena Jambudīpo pakāsito.
Dveasītisahassāni ajjhogāḷho mahaṇṇave
accuggato tāvad eva Cakkavāḷasiluccayo,
parikkhipitvā taṃ sabbaṃ cakkavāḷam ayaṃ ṭhito[4].

Tattha candamaṇḍalaṃ ekūnapaññāsayojanaṃ, suriyamaṇḍalaṃ paññāsayojanaṃ, Tāvatiṃsabhavanaṃ dasasahassayojanaṃ tathā Asurabhavanaṃ Avīcimahānirayo Jambudīpo ca, Aparagoyānaṃ sattasahassayojanaṃ [5]tathā Pubbavidehaṃ[5], Uttarakuru aṭṭhasahassayojano[6], ekameko c' ettha mahādīpo[7] pañcasatapañcasataparittadīpaparivāro[8],— taṃ sabbam pi ekaṃ cakkavāḷaṃ, cakkavāḷantaresu lokantarikanirayā.

Evaṃ anantāni cakkavāḷāni anantā lokadhātuyo anantena buddhañāṇena aññāsī ti sabbathā o k ā s a l o k a ṃ avedi, evaṃ so Bhagavā sabbathā viditalokattā lokavidū ti veditabbo; attano pana guṇehi visiṭṭhatarassa kassaci abhāvā *anuttaro*; vicitrehi[9] vinayanūpāyehi purisadamme sāretī ti *purisadammasārathi* ; diṭṭhadhammikasamparāyikaparamat-

---

* (437[15]).

---

1 Ba °ratanavicitā, Sk °r a t a n a v i c i t t i t ā.
2 Ba Isindaro. 3 Ba *om.* 4—4 Ba *om.*
5—5 Ba *after* Jambudīpo ca. 6 Ba °yojanaṃ.
7 Sg(n) *ad.* pi. 8 Ba pañcasatapar°. 9 Skgn cittehi.

thehi yathārahaṃ anusāsati nittāreti cā ti *satthā*, devamanussagahaṇaṃ[1] ukkaṭṭhaparicchedavasena bhabbapuggalapariggahavasena ca kataṃ, nāgādike pi[2] pana esa lokiyatthena anusāsati; yad atthi neyyan nāma, sabbassa buddhattā vimokkhantikanāmavasena *buddho*; yato pana so

bhāgyavā bhaggavā yutto bhagehi ca vibhattavā
bhattavā vantagamano bhavesu, *Bhagavā* tato ti.

Ayam ettha saṃkhepo, vitthārato pan' etāni padāni Visuddhimagge vuttāni*.

So imaṃ lokan ti so Bhagavā imaṃ lokaṃ, idāni vattabbaṃ nidasseti[3]; *sadevakan* ti ādīni Kasibhāradvāja-Āḷavakasuttesu[4] vuttanayān' eva†; *sayan* ti sāmaṃ aparaneyyo hutvā, *abhiññā* ti abhiññāya, *sacchikatvā* ti paccakkhaṃ katvā, *pavedetī* ti bodheti ñāpeti pakāseti; so dhammaṃ deseti . . . pe . . . pariyosānakalyāṇan ti *so* Bhagavā sattesu kāruññataṃ paṭicca anuttaraṃ vivekasukhaṃ[5] hitvā pi ca[2] *dhammaṃ deseti*, tañ ca kho appaṃ vā bahuṃ vā desento ādikalyāṇādippakāram eva deseti, kathaṃ[6]: ekagāthā pi hi samantabhaddakattā[7] dhammassa paṭhamapadena *ādikalyāṇā* dutiyatatiyapadehi *majjhe kalyāṇā* pacchimapadena *pariyosānakalyāṇā*, ekānusandhikaṃ suttaṃ nidānena ādikalyāṇaṃ nigamanena pariyosānakalyāṇaṃ sesena majjhe kalyāṇaṃ, nānānusandhikaṃ paṭhamānusandhinā ādikalyāṇaṃ pacchimena pariyosānakalyāṇaṃ sesehi majjhe kalyāṇaṃ, sakalo pi sāsanadhammo attano attabhūtena[8] sīlena ādikalyāṇo samathavipassanāmaggaphalehi majjhe kalyāṇo nibbānena pariyosānakalyāṇo sīlasamādhīhi vā ādikalyāṇo vipassanāmaggehi majjhe kalyāṇo phalanibbānehi pariyosānakalyāṇo buddhasubodhitāya vā ādikalyāṇo dhammasudhammatāya majjhe kalyāṇo saṃghasuppaṭipattiyā pari-

* Buddhānussati (Vm. ch. VII), *cf.* Pj. I, 106–109.
† (153[22], 228[27]).

[1] Ba devamanussānaṃ, *om.* gahaṇaṃ. [2] Ba *om.*
[3] Ba dasseti. [4] Ba *om.* Kasi-.
[5] Ba vivekajaṃ sukhaṃ. [6] Ba et(h)aṃ.
[7] Ba °bhadrakatta. [8] Skg (Ba) atthabh°.

yosānakalyāṇo, taṃ[1] sutvā tathattāya paṭipannena adhigantabbāya abhisambodhiyā v ā ādikalyāṇo paccekabodhiyā[2] majjhe kalyāṇo sāvakabodhiyā pariyosānakalyāṇo, suyyamāno c' esa nīvaraṇādivikkhambhanato savanenâpi kalyāṇam evâvahatī ti ādikalyāṇo paṭipajjamāno samathavipassanāsukhāvahanato [3]paṭipattiyā pi kalyāṇam āvahatī ti[3] majjhe[4] kalyāṇo tathā paṭipanno ca paṭipattiphale niṭṭhite tādibhāvāvahanato paṭipattiphalenâpi kalyāṇam evâvahatī ti pariyosānakalyāṇo, nāthappabhavattā c a pabhavasuddhiyā ādikalyāṇo atthasuddhiyā majjhe kalyāṇo kiccasuddhiyā pariyosānakalyāṇo, yato appaṃ vā bahuṃ vā desento ādikalyāṇādippakāram eva desetī ti veditabbo. Sātthaṃ savyañjanan ti evamādisu pana, y a s m ā imaṃ dhammaṃ desento sāsana*brahmacariyaṃ* maggabrahmacariyañ ca *pakāseti* nānānayehi dīpeti, tañ ca yathāsambhavaṃ atthasampattiyā *sātthaṃ*, vyañjanasampattiyā *savyañjanaṃ*, saṃkāsanapakāsanavivaraṇavibhajanauttānikaraṇapaññattiatthapadasamāyogato sātthaṃ akkharapadavyañjanākāraniruttiniddesasampattiyā[5] savyañjanaṃ, atthagambhīratāpaṭivedhagambhīratāhi sātthaṃ dhammagambhīratādesanāgambhīratāhi savyañjanaṃ, atthapaṭibhānapaṭisambhidāvisayato sātthaṃ dhammaniruttipaṭisambhidāvisayato savyañjanaṃ, paṇḍitavedanīyato parikkhakajanappasādakan ti sātthaṃ saddheyyato lokiyajanappasādakan ti savyañjanaṃ, gambhīrādhippāyato sātthaṃ uttānavyañjanato savyañjanaṃ, upanetabbassa abhāvato sakalaparipuṇṇabhāvena *kevalaparipuṇṇaṃ*, apanetabbassa abhāvato niddosabhāvena *parisuddhaṃ*, sikkhāttayapariggahītattā brahmabhūtehi seṭṭhehi caritabbato tesañ ca cariyabhāvato brahmacariyaṃ, t a s m ā sātthaṃ savyañjanaṃ . . . pe . . . brahmacariyaṃ pakāsetī ti vuccati. Api ca, y a s m ā sanidānaṃ sauppattikañ ca desento ādikalyāṇaṃ deseti, veneyyajanānurūpato[6] atthassa aviparītatāya hetūdāharaṇayuttato[7] ca majjhe kal-

[1] Ba *om.* [2] Ba paccekasambodhiyā. [3—3] Skgn *om.*
[4] Sk *om.* [5] Ba °b y a ñ j a n a k ā r a ṇ a n i r u t t i°.
[6] Ba vineyyajanānam anurūpato.
[7] Ba h e t ū d ā h a r a ṇ ā y o g a t o.

yāṇaṃ, sotūnaṃ saddhāpaṭilābhena nigamanena ca pariyosānakalyāṇaṃ, evaṃ desento ca brahmacariyaṃ pakāseti, tañ ca paṭipattiyā adhigamavyattito sātthaṃ, pariyattiyā āgamavyattito savyañjanaṃ, sīlādipañcadhammakkhandhayuttato kevalaparipuṇṇaṃ, nirupakkilesato nittharaṇatthāya pavattito lokāmisanirapekhato ca parisuddhaṃ, seṭṭhaṭṭhena brahmabhūtānaṃ buddhapaccekabuddhasāvakānaṃ cariyato brahmacariyan ti vuccati, t a s m ā pi so dhammaṃ deseti . . . pe . . . brahmacariyaṃ pakāsetī ti vuccati. *Sādhu kho panā* ti sundaraṃ kho pana, atthāvahaṃ sukhāvahan ti vuttaṃ hoti. *Dhammiyā kathāyā* ti pānakānisaṃsapaṭisaṃyuttāya; ayaṃ hi Keniyo[1] sāyaṇhe[2] Bhagavato āgamanaṃ assosi, tucchahattho Bhagavantaṃ dassanāya gantuṃ lajjamāno 'vikālabhojanā viratānam pi pānakaṃ[4] kappatī' ti ca[4] cintetvā pañcahi kācasatehi[5] susaṃkhataṃ badarapānaṃ gāhāpetvā agamāsi,—yathâha Bhesajjakkhandhake: "atha kho Keniyassa jaṭilassa etad ahosi: kin nu kho ahaṃ samaṇassa Gotamassa harāpeyyan"* ti, sabbaṃ veditabbaṃ—; tato naṃ Bhagavā, yathā Sekhasutte Sākiye āvasathānisaṃsapaṭisaṃyuttāya†, Gosiṅgasālavane tayo kulaputte sāmaggirasapaṭisaṃyuttāya‡, Rathavinīte jātibhūmake bhikkhū dasakathāvatthupaṭisaṃyuttāya§, evaṃ taṃkhaṇānurūpāya pānakānisaṃsapaṭisaṃyuttāya kathāya [pānakadānānisaṃsaṃ] *sandassesi*[6], tathārūpānaṃ puññānaṃ puna pi kattabbatāya niyojento *samādapesi*, abbhussāhaṃ janento *samuttejesi*, sandiṭṭhikasamparāyikena phalavisesena pasaṃsanto *sampahaṃsesi*, tenâha: dhammiyā kathāya . . . (pe) . . . sampahaṃsesī ti. So[7] bhiyyoso mattāya Bhagavati pasanno Bhagavantaṃ nimantesi, Bhagavā c' assa tikkhattuṃ paṭikkhipitvā adhivāsesi, tenâha: *atha kho Keniyo*[8] *jaṭilo* . . . pe . . .

* Vin. I, 245^{13}. † Ps. *ad* M. I, 354^{22}.
‡ M. I, 206^{16}. § M. I, 145^{19}.

1 Skgn Ba Keṇiyo, *cf.* 440^{20}, $446^{17, 30}$, $448^{4, 11}$, 456^{17}; 295^{12}.
2 Ba sāyaṇhasamaye. 3 Ba pāpakaṃ, *ad.* gāhāpetvā,
4 Ba *om.* 5 Ba kāja°. 6 Ba sandasseti, Skgn d a s s e s i.
7 Skgn *om.* 8 Ba Keṇiyo.

adhivāsesi Bhagavā tuṇhībhāvenā ti. Kimatthaṃ pana paṭikkhipi Bhagavā ti: 'punappuna yācanāya c' assa puññavaḍḍhi bhavissati[1] bahutarañ ca paṭiyādessati, tato aḍḍhatelasānaṃ bhikkhusatānaṃ paṭiyattaṃ aḍḍhasolasānaṃ pāpuṇissatī' ti. 'Kuto aparāni tīṇi satānī' ti[2] ce: paṭiyatte[3] yeva hi bhatte Selo brāhmaṇo tīhi māṇavakasatehi saddhiṃ pabbajissati, taṃ disvā Bhagavā evam āhā ti. *Mittāmacce* ti mitte ca kammakare ca, *ñātisālohite* ti samānalohite ekayonisambandhe[4] puttadhītādayo avasesabandhave ca; *yenā* ti yasmā, *me* ti mayhaṃ, *kāyaveyyāvaṭikan* ti kāyena veyyāvaccaṃ; *maṇḍalamālaṃ paṭiyādetī* ti savitānaṃ maṇḍapaṃ karoti.

* *Tiṇṇaṃ vedānan* ti irubbedayajubbedasāmavedānaṃ, saha nighaṇḍunā ca keṭubhena ca *sanighaṇḍukeṭubhānaṃ*—nighaṇḍū ti nāmanighaṇḍu rukkhādīnaṃ vevacanappakāsakaṃ[5] satthaṃ, keṭubhan ti kiriyākappavikappo kavīnaṃ upakārāya satthaṃ[6]—, saha akkharappabhedena *sākkharappabhedānaṃ*—akkharappabhedo ti sikkhā ca nirutti ca—; *itihāsapañcamānan* ti Athabbanavedaṃ catutthaṃ katvā "iti ha[7] āsa, iti ha[7] āsā" ti īdisavacanapaṭisaṃyuttapurāṇakathāsaṃkhāto[8] itihāso pañcamo etesan ti itihāsapañcamā, tesaṃ itihāsapañcamānaṃ; padaṃ tadavasesañ ca vyākaraṇaṃ ajjheti vedeti cā[9] ti[9] *padako veyyākaraṇo*; lokāyate[10] vitaṇḍavādasatthe mahāpurisalakkhaṇādhikāre ca dvādasasahasse mahāpurisalakkhaṇasatthe anūno paripūrakārī ti *lokāyatamahāpurisalakkhaṇesu anavayo*, avayo na hotī ti vuttaṃ hoti, avayo nāma yo n a[11] tāni atthato ca ganthato ca s a n t ā n e t u ṃ[12] sakkoti. Jaṃghāya hitaṃ[13]

*—447[28] Mp. *ad* A. I, 163[12]=Sum. I, 247[19]–248[11].

[1] Ba punapunaṃ yācamānassa ca puññaṃ va bhavati.
[2] Skgn *om.* ti; Ba *om.* tīṇi satāni. [3] Ba appaṭiyatte.
[4] *So* Skgn Ba.
[5] Ba °pakāsanaṃkaṃ. [6] Ba upakārasatthaṃ. [7] Skgn h i.
[8] Ba ī d i s a v a c a n a ṃ p a ṭ i s a ṃ y u t t o p u r°.
[9] Ba *om.* [10] Ba lokāyatan(e) *here and below.*
[11] Ba na *before* sakkoti.
[12] ("veñ tantusantāne"); Ba sandhāretuṃ.
[13] Skgn Jaṃghāhitaṃ.

vihāraṃ *jaṃghāvihāraṃ*, cirāsanādijanitaṃ parissamaṃ vinodetuṃ jaṃghāpasāraṇatthaṃ adīghacārikan ti vuttaṃ hoti; *anucaṃkamamāno*[1] ti caṃkamamāno eva, *anuvicaramāno* ti ito c' ito ca caramāno; [2]*Keṇiyassamiye* ti Keṇiyassa assamanivāsine; *āvāho* ti[2] kaññāgahaṇaṃ, *vivāho* ti kaññādānaṃ, *mahāyañño* ti mahādānaṃ[3]; * *Māgadho* ti Magadhānaṃ issaro, mahatiyā senāya samannāgatattā *Seniyo*[4], bimbī ti suvaṇṇaṃ, tasmā sārasuvaṇṇasadisavaṇṇatāya *Bimbisāro*; *so me nimantito* ti so[5] mayā nimantito. Atha brāhmaṇo pubbe katādhikārattā buddha-saddaṃ sutvā amatenêvâbhisitto vimhayaṃ ñāpento āha: *buddho ti bho Keṇiya vadesī* ti; itaro yathābhūtaṃ[6] ācikkhanto āha: *buddho ti bho Sela vadāmī* ti. Tato naṃ puna pi daḷhīkaraṇatthaṃ pucchi; itaro pi tath' evârocesi. Atha kappasahassehi[7] pi buddhasaddassa dullabhabhāvaṃ dassento āha: *ghoso pi kho eso dullabho lokasmiṃ yadidaṃ buddho* ti; tattha yadidan ti nipāto, yo eso ti vuttaṃ hoti†. Atha brāhmaṇo buddhasaddaṃ sutvā 'kin nu kho so saccam eva buddho, udāhu nāmamattam ev' assa buddho' ti vīmaṃsitukāmo cintesi abhāsi eva vā: āgatāni kho pana . . . pe . . . vivattacchaddā ti. ‡ Tattha *mantesū* ti vedesu, 'tathāgato kira uppajjissatī' ti paṭigacc' eva Suddhāvāsadevā brāhmaṇavesena lakkhaṇāni pakkhipitvā vede vācenti: 'tadanusārena mahesakkhā sattā Tathāgataṃ jānissantī' ti,—tena pubbe vedesu mahāpurisalakkhaṇāni āgacchanti, parinibbute pana tathāgate kamena antaradhāyanti,—tena etarahi n' atthi; §*mahāpurisassā* ti paṇidhisamādānañāṇakaruṇādiguṇamahato puri-

* -448[8]=Sum. I, 280[5–8].
† *Vide* Ps. *ad* M. I, 13[13]; Pj. I, 230[9].
‡ -451[8]=Sum. I, 249[5]-251[13].
§ -452[20] *cf.* Ps. *ad* M. II, 134[17].

---

1 Ba anucaṃkamāno.
2–2 Ba Keṇiyassa jaṭilassa assamo ti Keṇiyassa assamo nivesanaṃ āvāso hoti. 3 Ba m a h ā y a j a n a ṃ.
4 Sk Seṇiyo. 5 Ba *ad.* b u d d h o. 6 Ba *ad.* taṃ.
7 Ba (Psk) kappasatasahassehi; Ba *om.* pi.

sassa; *dve va gatiyo* ti dve eva niṭṭhā, kāmañ câyaṃ gatisaddo "pañc' eva kho pan' imā[1] Sāriputta gatiyo"* ti ādisu bhavabhede, "gatī migānaṃ pavanan"† ti ādisu nivāsaṭṭhāne, "evaṃ adhimattagatimante"‡ ti[2] ādisu paññāya, "gatigatan"§ ti ādisu visaṭabhāve vattati, idha[3] pana niṭṭhāyaṃ[4] veditabbo. Tattha kiñcâpi, yehi (lakkhaṇehi) samannāgato rājā hoti cakkavattī, na tehi eva buddho, jātisāmaññato pana tāni yeva tānī[5] ti vuccanti, tasmā vuttaṃ: *yehi samannāgatassā* ti. *Sace agāraṃ ajjhāvasatī* ti yadi agāre vasati; *rājā hoti cakkavattī* ti catuhi acchariyadhammehi saṅgahavatthūhi ca lokaṃ rañjanato rājā, cakkaratanaṃ vatteti catuhi sampatticakkehi vattati[6] tehi ca paraṃ vatteti parahitāya ca iriyāpathacakkānaṃ vatto etasmiṃ atthī ti cakkavattī, ettha ca[7] rājā ti sāmaññaṃ cakkavattī ti visesanaṃ; dhammena caratī ti *dhammiko*, ñāyena samena vattatī ti attho, dhammena rajjaṃ labhitvā rājā jāto ti *dhammarājā*, parahitadhammakaraṇena v ā dhammiko attahitadhammakaraṇena dhammarājā; caturantāya issaro ti *cāturanto*, catusamuddantāya catubbidhadīpabhūsita(n)tāya[8] ca paṭhaviyā issaro ti attho; ajjhattaṃ kodhādipaccatthike bahiddhā ca sabbarājāno vijesī[9] ti *vijitāvī*; *janapadatthāvariyappatto* ti janapade dhuvabhāvaṃ[10] thāvarabhāvaṃ[11] patto na sakkā kenaci cāletuṃ, janapado v ā tamhi thāvariyappatto anussuko[12] sakammanirato[13] acalo asampavedhī ti pi janapadatthāvariyappatto; *seyyathîdan* ti nipāto,

* M. I, 73[18]. † Vin. V, 149[22].
‡ M. I, 82[37]. § Vin. II, 85[3].

[1] Ba pañca pan' imā kho. [2] Skgn Ba °gatimanto.
[3] Ba *ad.* ca. [4] Skgn niṭṭhāya.
[5] Ba bhāgatānī (ɔ: āgatāni ?). [6] Ba pavatteti.
[7] Skgn *om.* [8] Ba °dīpavibhūsikāya. [9] Ba (Sum.) vijetī.
[10] Skg janapadesu vabhāvaṃ; Sg (*conj.*) janapadesu vasībhāvaṃ; Sum. °padesu dhuva°.
[11] *So* Skgn (Sum. *ad.* vā); Ba *has* (d h u v a b h ā v a) t h ā v a r a b h ā v a p a t t o.
[12] Ba anusuyyako. [13] Ba sa[ṃ]kakamma°.

tassa 'etāni[1] katamānī' ti attho; *cakkaratanaṃ . . . pe . . . pariṇāyakaratanam eva sattaman* ti tāni sabbappakārato Ratanasuttavaṇṇanāyaṃ[2] vuttāni*, tesu ayaṃ cakkavattī rājā cakkaratanena ajitaṃ jināti, hatthi-assaratanehi vijite yathāsukham anuvicarati, pariṇāyakaratanena vijitam anurakkhati, sesehi upabhogasukham anubhavati—paṭhamena c' assa ussāhasattiyogo, hatthi-assa-gahapatiratanehi pabhusattiyogo, pariṇāyakaratanena mantasattiyogo[3] suparipuṇṇo hoti, itthimaṇiratanehi ca tividhasattiyogaphalaṃ; so itthimaṇiratanehi bhogasukham anubhoti, sesehi issariyasukhaṃ; visesato c' assa purimāni tīṇi adosakusalamūlajanitakammānubhāvena sampajjanti, majjhimāni alobhakusalamūlajanitakammānubhāvena, pacchimam ekaṃ amohakusalamūlajanitakammānubhāvenā ti veditabbaṃ. *Parosahassan* ti atirekasahassaṃ; *sūrā* ti abhīrujātikā; *vīraṅgarūpā* ti devaputtasadisakāyā[4],—evan tāv' e k e, ayam pan' ettha[5] s a b h ā v o[6]: vīrā ti uttamasūrā vuccanti, vīrānaṃ aṅgaṃ vīraṅgaṃ vīrakāraṇaṃ, viriyan ti vuttaṃ hoti, vīraṅgaṃ rūpaṃ etesan ti vīraṅgarūpā, viriyamayasarīrā viyā ti vuttaṃ hoti; *parasenappamaddanā* ti, sace paṭimukhaṃ tiṭṭheyya parasenā[7], taṃ madditum samatthā ti adhippāyo; *dhammenā* ti "pāṇo na hantabbo" ti ādinā pañcasīladhammena. *Arahaṃ hoti sammāsambuddho loke vivattacchaddā*[8] ti ettha rāgadosamohamānadiṭṭhiavijjāduccaritacchadanehi[9] paṭicchanne kilesandhakāre loke taṃ chadanaṃ vivattetvā[10] samantato sañjātāloko hutvā ṭhito ti vivattacchaddā, tattha paṭhamena (padena) pūjārahatā, dutiyena tassā hetu, tasmā[11] sammāsambuddho ti tatiyena buddhattahetu vivattacchadd(at)ā

* *Vide* Pj. I, 170[22]–179[1].

1 B[a] t ā n i. 2 B[a] °āya.

3 S[k] s a m a n t i s a t t i y o g o (S[gn] sattasattiyogo).

4 B[a] *ad.* ti. 5 S[kgn] a t t h a.

6 S[kgn] sabbhāvo, B[a] sambhavo.

7 B[a] °senaṃ, *om.* taṃ.

8 S[kgn] °cchadā *and* B[a] vivaṭ(t)acchedo *throughout.*

9 B[a] (Sum.) *ad.* sattahi. 10 B[a] vivaṭṭetvā.

11 Sum. yasmā.

vuttā ti veditabbā[1]; a t h a v ā vivatto ca[2] vicchaddā cā ti vivattacchaddā, vaṭṭarahito chadanarahito cā ti vuttaṃ hoti, tena 'arahaṃ vaṭṭābhāvena sammāsambuddho chadanābhāvenā' ti evaṃ purimapadadvayass' eva hetudvayaṃ vuttaṃ hoti, dutiyavesārajjena c' ettha purimasiddhi paṭhamena dutiyasiddhi tatiyacatutthehi tatiyasiddhi hoti, purimañ ca dhammacakkhuṃ dutiyaṃ buddhacakkhuṃ tatiyaṃ[3] samantacakkhuṃ sādhetī ti veditabbaṃ. Idāni Bhagavato santikaṃ gantukāmo āha: *kahaṃ pana bho . . .* pe . . . *-sambuddho* ti. Evaṃ vutte ti ādisu *yen' esā* ti yena disābhāgena esā, *nīlavanarājī* ti nīlavaṇṇarukkhapanti, vetasavanaṃ kira taṃ meghapantisadisaṃ, tattha[4] Bhagavā tadā vihāsi, taṃ niddisanto āha: yen' esā bho Sela nīlavanarājī ti, "tattha so viharatī" ti ayam pan' ettha pāṭhaseso, bhummatthe v ā karaṇavacanaṃ. *Pade padan* ti padasamīpe padaṃ, tena turitagamanaṃ paṭisedheti, *durāsadā hī* ti kāraṇaṃ āha: yasmā te durāsadā, tasmā evaṃ *bhonto āgacchantū* ti,—'kim pana kāraṇaṃ[5] durāsadā' ti ce: *sīhā va ekacarā*, yathā hi sīhā sahāyakiccābhāvato ekacarā, evan te pi vivekakāmatāya. Yadā câhan ti ādinā pana te māṇavake upacāraṃ sikkhāpeti. Tattha *mā opātethā* ti mā pavesetha, mā kathethā ti vuttaṃ hoti; *āgamentū* ti patimānentu, yāva kathā pariyosānaṃ gacchati, tāva tuṇhī bhavantū ti attho. * *Samannesī* ti gavesi; *yebhuyyenā* ti bahukāni *addasa* appakāni na addasa[6],—tato, yāni na[7] addasa, tāni dīpento[8] āha: *ṭhapetvā dve* ti; *kaṃkhatī* ti kaṃkhaṃ uppādeti [patthanaṃ][9]: 'aho vata passeyyan' ti; *vicikicchatī* ti tato (tato) tāni vicinanto kicchati na sakkoti daṭṭhuṃ; *nâdhimuccatī* ti tāya vicikicchāya sanniṭṭhānaṃ na gacchati; *na sampasīdatī* ti tato 'paripuṇṇalakkhaṇo ayan' ti Bhagavati

* –452[26] =Sum. I, 275[9]–276[14].

---

[1] Ba vivaṭṭo chedo vutto ti veditabbo. [2] Skgn *om.*
[3] Ba *ad.* ca.
[4] Ba meghasaṃkāsapantisadisaṃ, y a t t h a.
[5] Ba kiṃkāraṇā (*om.* pana). [6] Ba nâddasa.
[7] Ba *om.* [8] Ba niddessento. [9] *So* Skgn Ba < Sum.

pasādaṃ nâpajjati; kaṃkhāya vā [1]dubbalavimati vuttā, vicikicchāya majjhimā, anadhimuccanatāya balavatī, asampasādena tehi tīhi dhammehi cittassa kalusabhāvo[2]; *kosohite* ti vatthikosena paṭicchanne; *vatthaguyhe* ti aṅgajāte, Bhagavato hi vāraṇassêva kosohitaṃ vatthaguyhaṃ suvaṇṇavaṇṇaṃ padumagabbhasamānaṃ, taṃ so vatthapaṭicchannattā apassanto antomukhagatāya ca jivhāya pahūtabhāvaṃ asallakkhento tesu dvīsu lakkhaṇesu kaṃkhī ahosi vecikicchī[3] ti. *Tathārūpan* ti, kathaṃrūpaṃ: kiṃ ettha amhehi vattabbaṃ, vuttaṃ etaṃ Nāgasenattheren' eva Milindaraññā puṭṭhena: "Dukkaraṃ[4] bhante Nāgasena Bhagavatā katan ti. Kim mahārājā ti. Mahājanena hirikaraṇokāsaṃ[5] Brahmāyubrāhmaṇassa ca antevāsi-Uttarassa ca Bāvarissa[6] antevāsīnaṃ soḷasabrāhmaṇānañ ca Selassa brāhmaṇassa antevāsīnaṃ tisatamānavānañ[7] ca dassesi bhante ti. Na mahārāja Bhagavā guyhaṃ dasseti, chāyaṃ[8] Bhagavā dasseti: iddhiyā abhisaṃkharitvā nivāsananivatthaṃ kāyabandhanabaddhaṃ cīvarapārutaṃ chāyārūpakamattaṃ dasseti mahārājā ti. Chā(yā)yaṃ diṭṭhe sati diṭṭho eva nanu bhante ti. Tiṭṭhat' etaṃ[9] mahārāja; hadayarūpaṃ disvā bujjhanakasatto bhaveyya[10], hadayamaṃsaṃ ninnāmetvā[11] dasseyya sammāsambuddho ti. Kallo si bhante Nāgasenā"* ti. *Ninnāmetvā* ti nīharitvā, kaṇṇasotānumasanena c' ettha dīghabhāvo, nāsikasotānumasanena tanubhāvo, nalāṭacchādanena puthulabhāvo pakāsito ti veditabbo. *Ācariyapācariyānan* ti [12]ācariyānañ c' eva ācari-
548. yaācariyānañ ca[12]; *sake vaṇṇe* ti attano guṇe. *Paripuṇṇakāyo* ti lakkhaṇehi puṇṇatāya ahīnaṅgapaccaṅgatāya ca pa-

* *Cf.* Mil. 167–169 (*vide* SBE. XXXV, p. xv).

[1] Ba *ins.* su-. [2] Sgn Ba kālusa°. [3] Ba vic°.
[4] Ba puṭṭhena, āha: sudukkaraṃ.
[5] Ba mahājanehi hirikopīṇokāsaṃ. [6] Ba Bāvariyassa.
[7] Sn (Sg) mānavak(ān)añ. [8] Ba chāyāya.
[9] Ba Tiṭṭhatu taṃ. [10] Ba patiṭṭhaheyya.
[11] Ba niharetvā (< 452[23]).
[12–12] *So* Mp. *ad* A. I, 159[28]; Skgn ācariyānañ ca, Ba ācariyācariyānañ ca.

ripuṇṇasarīro, *surucī* ti sundarasarīrappabho, *sujāto* ti ārohapariṇāhasampattiyā saṇṭhānasampattiyā ca sunibbatto; *cārudassano* ti suciram pi passantānaṃ atittijanakaṃ appaṭikūlaṃ ramaṇīyaṃ[1] cāru eva dassanaṃ assā ti cārudassano, k e c i pana bhaṇanti: "cārudassano ti sundaranetto"; *suvaṇṇavaṇṇo* ti suvaṇṇasadisavaṇṇo; *asī* ti bhavasi, etaṃ sabbapadehi yojetabbaṃ; *susukkadāṭho* ti suṭṭhu sukkadāṭho, Bhagavato hi dāṭhāhi[2] candakiraṇā viya ativiya paṇ-
ḍararaṃsiyo niccharanti, tenâha: susukkadāṭho 'sī ti. *Ma-* 549.
hāpurisalakkhaṇā ti pubbe vuttavyañjanān' eva vacanan-
tarena nigamento āha. Idāni tesu lakkhaṇesu attano abhi- 550.
rucitehi lakkhaṇehi Bhagavantaṃ thunanto āha: pasannanetto ti[3]; Bhagavā hi pañcavaṇṇappasādasampattiyā *pasannanetto*, paripuṇṇacandamaṇḍalasadisamukhattā *sumukho*, ārohapariṇāhasampattiyā *brahā*, brahmujjugattatāya *uju*, jutimantatāya *patāpavā*; yaṃ pi c' ettha pubbe[4] vuttaṃ, taṃ *majjhe samaṇasaṃghassā* ti iminā pariyāyena thunatā puna vuttaṃ, īdiso hi evaṃ virocati; esa nayo uttaragā-
thāya pi. *Uttamavaṇṇino* ti uttamavaṇṇasampannassa. 551.
Jambusaṇḍassā[5] ti Jambudīpassa, pākaṭena issariyaṃ vaṇ- 552.
ṇayanto āha, api ca cakkavattī catunnam pi dīpānaṃ issaro
hoti. *Khattiyā* ti jātikhattiyā, *bhojā* ti bhogiyā, *rājāno* ti ye 553.
keci rajjaṃ kārentā; *anuyuttā* ti anugāmino sevakā; *rājābhirājā* ti rājūnaṃ [6]pūjanīyo rājā[6] hutvā, cakkavattī ti adhippāyo; *manujindo* ti manussādhipati paramissaro hutvā.
Evaṃ vutte Bhagavā 'ye te bhavanti arahanto sammā- 554.
sambuddhā, te sake vaṇṇe bhaññamāne attānaṃ pātukarontī' ti imaṃ Selassa manorathaṃ pūrento āha: rājâham asmī ti. Tatrâyam adhippāyo: yaṃ kho man[7] tvaṃ Sela yācasi "rājā arahasi bhavituṃ cakkavattī" ti, ettha apposukko hohi: *rājâham asmi*, sati ca rājatte, yathā añño rājā samāno pi yojanasataṃ vā[7] anusāsati dve-tīṇi vā[7] cattāri vā pañca[1] yojanasatāni yojanasahassaṃ vā cakkavattī

---

[1] Ba *ad.* vā. [2] Skgn dāṭhā. [3] Ba *ad.* ādi.
[4] Ba yam hi c' ettha pubbe pi. [5] Ba Jambumaṇḍassā.
[6—6] Ba pūjito (Ps. pūjaniyo a t i r ā j ā).
[7] Ba *om.*

hutvā pi catudīpapariyantamattaṃ vā[1], nâham evaṃ paricchinnavisayo, ahaṃ hi *dhammarājā anuttaro* bhavaggato Avīci(ṃ) pariyantaṃ katvā tiriyaṃ appameyyā lokadhātuyo anusāsāmi, yāvatā hi[2] apada-dipadādibhedā sattā, ahaṃ tesaṃ aggo, na hi me koci sīlena vā . . . pe . . . vimuttiñāṇadassanena vā paṭibhāgo atthi; sv āhaṃ evaṃ dhammarājā anuttaro [3]anuttaren' eva[3] catusatipaṭṭhānādibhedabodhapakkhiyasaṃkhātena *dhammena cakkaṃ vattemi* "idaṃ pajahatha, idaṃ upasampajja viharathā" ti ādi āṇācakkaṃ, "idaṃ kho pana bhikkhave dukkhaṃ ariyasaccan" ti ādinā pariyattidhammena dhammacakkam eva vā; *cakkaṃ appativattiyan* ti yaṃ cakkaṃ appativattiyaṃ hoti samaṇena vā [4]brāhmaṇena vā[4] kenaci vā lokasmin ti.

Evaṃ attānaṃ āvikarontaṃ Bhagavantaṃ disvā pītisomanassajāto Selo puna daḷhīkaraṇatthaṃ sambuddho paṭi-
(555) 556. jānāsī ti gāthādvayam āha. Tattha *ko nu senāpatī* ti dhammarañño *bhoto* dhammena pavattitassa dhammacakkassa[5] anuppavattako senāpati ko ti pucchi, tena ca samayena Bhagavato dakkhiṇapasse āyasmā Sāriputto nisinno hoti suvaṇṇapuñjo viya siriyā sobhamāno, taṃ dassento Bha-
557. gavā mayā pavattitan ti gātham āha. Tattha *anujāto Tathāgatan* ti Tathāgatahetu anujāto, Tathāgatena hetunā jāto
558. ti attho. Evaṃ "ko nu senāpatī" ti pañhaṃ vyākaritvā, yaṃ Selo āha "sambuddho paṭijānāsī" ti, tattha[6] naṃ nikkaṃkhaṃ kātukāmo 'nâhaṃ paṭiññāmatten' eva paṭijānāmi, api câhaṃ iminā kāraṇena buddho' ti ñāpetuṃ abhiññeyyan ti gātham āha. Tattha *abhiññeyyan* ti vijjā ca vimutti ca, maggasaccasamudayasaccāni pana *bhāvetabba-pahātabbāni*, hetuvacanena pana phalasiddhito tesaṃ phalāni nirodhadukkhasaccāni pi vuttān' eva bhavanti, yato sacchikātabbaṃ sacchikataṃ pariññeyyaṃ pariññātan ti evam p' ettha vuttam eva hoti[7];

---

[1] Ba catudisapariyantaṃ mahantaṃ vā.
[2] Ba *ad.* aparimāṇake. [3–3] Ba evaṃ.
[4–4] Ba Psk . . . pe . . .; *vide* A. I, 110[29].
[5] Sk *om*; Ba *om*. dhamma-. [6] Ba tatra.
[7] Ba evam ettha vuttaṃ hoti.

—evaṃ catusaccabhāvanaṃ [1]saccabhāvanāphalañ ca vij-
jāvimuttiṃ dassento 'bodhabbaṃ[2] bujjhitvā buddho jāto
'smī' ti yuttena hetunā buddhattaṃ sādheti. Evaṃ nip-
pariyāyena attānaṃ pātukatvā attani kaṃkhāvitaraṇat-
thaṃ brāhmaṇaṃ abhittharayamāno[3] vinayassū ti gāthāt-
tayam āha. Tattha *sallakatto* ti rāgasallādisattasallakat- (559) 560.
tano[4]. *Brahmabhūto* ti seṭṭhabhūto; *atitulo* ti tulaṃ atīto 561.
upamaṃ atīto, nirupamo ti attho; *Mārasenappamaddano* ti
"kāmā te paṭhamā senā" ti ādikāya [5]"disvā samantā
dhajinin" ti[5] evaṃ* vuttāya Māraparisasaṃkhātāya[6] Mā-
rasenāya pamaddano; *sabbāmitte* ti khandhakilesābhisaṃ-
khāramaccudevaputtamārādike sabbapaccatthike; *vasīkatvā*
ti attano vase vattetvā; *akutobhayo* ti kutoci abhayo.

Evaṃ vutte Selo brāhmaṇo tāvad eva Bhagavati sañjā-
tappasādo pabbajjāpekho hutvā imaṃ bhonto ti gāthātta-
yam āha, yathā taṃ paripākagatāya[7] upanissayasampat-
tiyā sammā ovadiyamāno[8]. Tattha *kaṇhābhijātiko* ti caṇ- (562) 563.
ḍālādinīcakule jāto†. Tato te pi māṇavakā tath' eva pab- (564).
bajjāpekhā hutvā etañ[9] ce ruccatī bhoto ti gātham āhaṃsu, (565).
yathā taṃ tena saddhiṃ katādhikārā kulaputtā. Atha Selo (566).
tesu māṇavakesu tuṭṭhacitto te dassento pabbajjaṃ yāca-
māno brāhmaṇā ti gātham āha.

Tato Bhagavā, *yasmā* Selo-atīte Padumuttarassa bha- 567.
gavato sāsane tesaṃ yeva tiṇṇaṃ purisasatānaṃ gaṇaseṭṭho
hutvā tehi saddhiṃ pariveṇaṃ kārāpetvā dānādīni ca puñ-
ñāni katvā kamena devamanussesu[10] sampattiṃ anubhava-
māno pacchime bhave[11] tesaṃ yeva ācariyo hutvā nibbatto,
tañ ca nesaṃ kammaṃ vimuttiparipākāya[12] paripakkaṃ

* (S.N. 436-442[a]). † (Sum. I, 162[14]).

[1] B[a] *ins.* catu-. [2] B[a] bodhitabbaṃ.
[3] B[a] abhittharamāno. [4] S[n] °*kantano* (?).
[5–5] B[a] na *pare ca avajānātī ti* (S.N. 438[d]).
[6] B[a] Māraparisās°. [7] B[a] °gatiyaṃ.
[8] B[a] *codiyamāno*. [9] S[kg] B[a] eva tañ, S[n] evañ.
[10] B[a] °manussānaṃ. [11] B[a] pacchimabhave.
[12] B[a] °*paripākatāya*.

ehibhikkhubhāvassa ca upanissayabhūtaṃ, t a s m ā te sabbe va[1] ehibhikkhupabbajjāya pabbājento svākkhātan ti gātham āha. Tattha *sanditthikan* ti paccakkhaṃ, *akālikan* ti maggānantaraṃ phaluppattito na kālantare pattabbaphalaṃ; *yathā* ti yaṃnimittā, maggabrahmacariyanimittā hi *pabbajjā appamattassa* satippavāsavirahitassa tīsu sikkhāsu *sikkhato amoghā* hoti, tenâha: svākkhātaṃ . . . pe . . . sikkhato ti. Evañ ca vatvā "etha bhikkhavo" ti Bhagavā avoca, te sabbe pattacīvaradharā hutvā ākāsenâgamma Bhagavantaṃ abhivādesuṃ. Evam imaṃ tesaṃ[2] ehibhikkhubhāvaṃ sandhāya saṅgītikārā alattha kho Selo . . . pe . . . upasampadan ti āhaṃsu.

Bhuttāvin ti bhuttavantaṃ, *onītapattapāṇin* ti pattato onītapāṇiṃ, apanītahatthan ti vuttaṃ hoti,—tattha "upagantvā" ti[3] pāṭhaseso daṭṭhabbo, itarathā hi '*Bhagavantaṃ ekamantaṃ nisīdī*' ti na yujjati.

Aggihuttamukhā ti Bhagavā Keniyassa cittānukūla-
568. vasena anumodanto evam āha. Tattha aggiparicariyaṃ
vinā[4] brāhmaṇānaṃ yaññābhāvato *aggihuttamukhā yaññā*
ti vuttaṃ, aggihottaseṭṭhā[5] aggihottapadhānā[5] ti attho;
vede sajjhāyantehi paṭhamaṃ ajjhetabbato[6] *Sāvittī chandaso mukhan* ti vuttā[7], *manussānaṃ* seṭṭhato *rājā
mukhan* ti vutto, *nadīnaṃ* ādhārato[8] paṭisaraṇato ca
569. *sāgaro mukhan* ti vutto, candayogavasena 'ajja Kattikā,
ajja Rohiṇī' ti paññāṇato ālokakaraṇato sommabhāvato ca
nakkhattānaṃ mukhaṃ cando ti vutto[7], tapantānaṃ aggattā
Ādicco tapataṃ mukhan ti vutto, dakkhiṇeyyānaṃ pana aggattā, visesena tasmiṃ samaye buddhapamukhaṃ sandhāya, *puññaṃ ākaṃkhamānānaṃ saṃgho ve yajataṃ*[9] *mukhan*
ti vutto[10], tena 'saṃgho puññassa āyamukhan' ti dasseti.
570. Yan taṃ saraṇan ti aññaṃ vyākaraṇagātham[11] āha. Tass'

---

1 Skgn *om.* 2 Ba etesaṃ. 3 Ba *ad.* pi.
4 *So* Skgn; Ba aggipācariyaṃ (ɔ: °p ā r i c a r i y a ṃ) nānā.
5 Ba °hutta°. 6 Ba sajjhāyitabbato.
7 Skgn Ba vutta(ṃ); *cf.* 456[20], *where* Skgn *add* hoti.
8 Ba ādhāraṇato. 9 Sk jataṃ; Ba jayataṃ.
10 *So* Ba; Skgn vuttaṃ. 11 Skgn aññavyāk°.

attho: pañcahi cakkhūhi *cakkhumā Bhagavā* yasmā mayaṃ *ito aṭṭhame* divase *taṃ saraṇaṃ āgamha*[1], tasmā *sattarattena tava sāsane* anuttarena damathena *dant' amha*, aho te[2] saraṇassa ānubhāvo ti. Ito paraṃ Bhagavantaṃ dvīhi gāthāhi (571, 572).
thunitvā tatiyāya vandanaṃ yācati:

bhikkhavo tisatā ime tiṭṭhanti pañjalīkatā, 573.
pāde vīra pasārehi, nāgā vandantu satthuno ti

SELASUTTAVAṆṆANĀ NIṬṬHITĀ.

8.

Animittan ti Sallasuttaṃ. Kā uppatti: *Bhagavato kira (574).
upaṭṭhāko eko upāsako; tassa putto kālam akāsi. So puttasokābhibhūto sattāhaṃ nirāhāro ahosi. Taṃ anukampanto [3]Bhagavā tassa[3] gharaṃ gantvā sokavinodanatthaṃ idaṃ suttam abhāsi.

Tattha *animittan* ti kiriyākāranimittavirahitaṃ, y a t h ā 574.
hi "yadâhaṃ akkhiṃ vā nikkhipissāmi[4] bhamukhaṃ vā ukkhipissāmi, tena nimittena taṃ bhaṇḍaṃ avaharā" ti ādisu kiriyākāranimittam atthi, n a e v a ṃ jīvite, na hi sakkā laddhuṃ: 'yāvâhaṃ idaṃ vā idaṃ vā karomi, tāva tvaṃ jīva mā miyyā' ti; *anaññātan* ti ato eva na sakkā ekaṃsena aññātuṃ 'ettakaṃ vā ettakaṃ vā kālaṃ iminā jīvitabban' ti gatiyā āyupariyantavasena vā, yathā hi Cātummahārājikādīnaṃ parimitaṃ āyuṃ, na tathā *maccānaṃ*, evam pi ekaṃsena anaññātaṃ; *kasiran* ti anekappaccayapaṭibaddhavuttibhāvato kicchaṃ na sukhayāpanīyaṃ, tathā hi taṃ assāsapaṭibaddhañ ca passāsapaṭibaddhañ ca mahābhūtapaṭibaddhañ ca kabaliṃkārāhārapaṭibaddhañ ca usmāpaṭibaddhañ ca viññāṇapaṭibaddhañ ca. A n a s s a s a n t o pi hi na jīvati, a p a s s a s a n t o pi, c a t u s u vā[5] d h ā t u s u

* *Cf.* J.A. IV, 123[25].

[1] Sk āgammamha (ɔ: āgamma > āgamha), Ba āgat' amhā.
[2] Ba *om.* [3–3] Ba etassa.
[4] ?; Ba nikkhamissāmi, Skgn nikkhanissāmi. [5] Ba p i.

katthamukhādiāsīvisadaṭṭho viya kāyo,—paṭhavīdhātuppakopena tāva thaddho hoti kaliṅgarasadiso, yathâha:

" paṭhavīdhātuppakopena hoti kaṭṭhamukhe va so " ti,
patthaddho bhavatī kāyo daṭṭho kaṭṭhamukhena v ā,

āpodhātuppakopena pūtibhāvaṃ āpajjitvā paggharitapubbamaṃsalohito[1] aṭṭhicammāvaseso hoti, yathâha:

" pūtiyo[2] bhavatī kāyo daṭṭho pūtimukhena v ā,
āpodhātuppakopena hoti pūtimukhe va so " ti,

tejodhātuppakopena aṅgārakāsuyaṃ pakkhitto viya samantā pariḍayhati, yathâha:

" santatto bhavatī kāyo daṭṭho aggimukhena v ā,
tejodhātuppakopena hoti aggimukhe va so " ti,

vāyodhātuppakopena sañchijjamānasandhibandhano pāsāṇehi koṭṭetvā sañcuṇṇiyamānaṭṭhiko viya ca hoti, yathâha:

" sañchinno bhavatī kāyo daṭṭho satthamukhena v ā,
vāyodhātuppakopena hoti satthamukhe va so " ti,

—dhātu(ppa)kopavyāpannakāyo pi ca[3] na jīvati, yadā pana tā dhātuyo aññamaññaṃ patiṭṭhānādikiccaṃ sādhentā pi[3] samaṃ vahanti, tadā jīvitaṃ pavattati, evaṃ mahābhūtapaṭibaddhañ ca jīvitaṃ; dubbhikkhādisu pana ā h ā r ū p a c c h e d e n a sattānaṃ jīvitakkhayo pākaṭo eva[3], evaṃ kabaliṃkārāhārapaṭibaddhañ ca jīvitaṃ; tathā asitapītādiparipāke k a m m a j a t e j e k h ī ṇ e sattā jīvitakkhayaṃ pāpuṇantā pi pākaṭā eva, evaṃ usmāpaṭibaddhañ ca jīvitaṃ; v i ñ ñ ā ṇ e pana n i r u d d h e niruddhapakatisattānaṃ[4] na hoti jīvitan ti evam pi loke pākaṭam eva, evaṃ viññāṇapaṭibaddhañ ca jīvitaṃ. Evaṃ anekappaccayapaṭibaddhavuttibhāvato kasiran ti veditabbaṃ. **Parittañ cā* ti appakaṃ, devānaṃ jīvitaṃ upanidhāya tiṇagge ussāvabindusadisaṃ cittakkhaṇato uddhaṃ abhāvena v ā parittaṃ, atidīghāyuko pi hi[3] satto atītena cittena jīvittha na jīvati na jīvissat .

---

* –459[6] *cf.* Nidd. i. 117 *f.* (Ps. *ad* M. I, 185[33]).

---

[1] Skgn paggharitasabbamaṃsa°

[2] Ba p ū t i k o.

[3] Ba *om.*

[4] Ba n i r u d d h a p a k a t i k a s a t t ā n a ṃ.

anāgatena jīvissati na jīvati na jīvittha, paccuppannena jīvati na jīvittha na jīvissati, vuttañ c' etaṃ[1]:

"jīvitaṃ attabhāvo ca sukhadukkhā[2] ca kevalā
ekacittasamāyuttā, lahuso vattate khaṇo[3]:
cūḷāsītisahassāni kappe tiṭṭhanti ye marū,
na tv eva te pi jīvanti[4] dvīhi cittehi saṃyutā" ti.

Tañ ca dukkhena saññutan ti tañ c' etaṃ jīvitaṃ evaṃ animittaṃ anaññātaṃ kasiraṃ parittañ ca samānam pi sītuṇhaḍaṃsamakasādisamphassa - khuppipāsa-saṃkhāradukkha-vipariṇāmadukkha-dukkhadukkhehi saṃyutaṃ, kiṃ vuttaṃ hoti: yasmā īdisaṃ maccānaṃ jīvitaṃ, tasmā tvaṃ, yāva taṃ parikkhayaṃ na gacchati, tāva dhammacariyam eva brūhaya, mā puttam anusocā ti.

Athâpi maññeyyāsi 'sabbūpakaraṇehi puttam anurak- 575.
khantassâpi me so mato,' tena socāmī' ti; evam pi mā soci, *na hi so upakkamo atthi, yena jātā na mīyare,* na hi sakkā kenaci upakkamena jātā sattā 'mā marantū' ti rakkhitun ti vuttaṃ hoti. Tato yasmā so 'jaraṃ patvā nāma bhante maraṇaṃ anurūpaṃ, atidahāro[5] me putto mato' ti cintesi, tasmā āha: *jaram pi patvā maraṇaṃ, evaṃdhammā hi pāṇino* ti,— jaraṃ pi patvā apatvā pi maraṇaṃ, n' atthi ettha niyamo
ti vuttaṃ hoti. Idāni tam atthaṃ nidassanena sādhento 576.
phalānam iva pakkānan ti ādim āha. Tass' attho: *yathā phalānaṃ pakkānaṃ,* yasmā suriyuggamanato pabhuti suriyātapena santappamāne rukkhe paṭhavīraso ca āporaso ca pattato sākhaṃ sākhato khandhaṃ khandhato mūlan [ti evaṃ anukkamena] mūlato paṭhaviṃ eva pavisati, ogamanato[6] pabhuti pana paṭhavito mūlaṃ mūlato khandhan ti evaṃ anukkamena sākhāpattapallavādīni puna ārohati, evaṃ ārohanto ca paripākagataphale[7] vaṇṭamūlaṃ na pavisati, atha suriyātapena tappamāne vaṇṭamūle pariḷāho uppajjati, tena tāni phalāni pāto pāto niccakālaṃ patanti, tesaṃ[8] *pāto* [9]*papatato bhayaṃ* hoti[9]—patanato bhayaṃ hotī ti attho—, *evaṃ jātānaṃ maccānaṃ niccaṃ maraṇato*

---

[1] Ba vuttañ ca. [2] Ba sukhā dukkhā. [3] Psk (Sn) khaṇe.
[4] Ba tiṭṭhanti. [5] Ba *om.* ati-. [6] Ba oggamo.
[7] Ba °phalaṃ. [8] Ba patantī ti nesaṃ. [9–9] Ba *om.*

577. *bhayaṃ*, [1]pakkaphalasadisā hi sattā ti[1]. Kiñ ca bhiyyo
578. *yathā pi kumbha-* . . . pe . . . *jīvitan* ti. Tasmā '*daharā*
579. *ca* . . . pe . . . *-parāyanā*' ti evaṃ gaṇha. Evañ ca
gahetvā '*tesaṃ maccu-* . . . pe . . . *ñātī vā pana ñātake*'
580. ti evam pi gaṇha. Yasmā ca na pitā tāyate puttaṃ ñātī
vā pana ñātake, tasmā pekkhatañ ñeva . . . pe . . . nīyati.
Tattha[2] yojanā: passamānānaṃ *yeva ñātīnaṃ* "amma, tātā"
ti ādinā nayena *puthu* anekappakāraṃ *lālapataṃ*[3] yeva ca
maccānaṃ ekameko macco yathā *go vajjho* evaṃ nīyati,—
581. evaṃ *passa* upāsaka yāva attāno loko ti. Tattha ye buddha-
paccekabuddhādayo dhitisampannā, te '*evam abbhāhato
loko maccunā ca jarāya ca*, so na sakkā kenaci parittāṇaṃ
kātun' ti yasmā jānanti, *tasmā dhīrā na socanti viditvā loka-
pariyāyaṃ*, [4]imaṃ lokasabhāvaṃ[5] ñatvā na socantī ti vuttaṃ
582. hoti. Tvaṃ pana, yassa maggaṃ . . . pe . . . paridevasi.
Kiṃ vuttaṃ hoti: *yassa* mātukucchim *āgatassa* āgata*maggaṃ*
vā ito cavitvā aññattha *gatassa* gatamaggaṃ *vā na jānāsi*,
tassa ime *ubho ante asampassaṃ niratthaṃ paridevasi*, dhīrā
pana te passantā viditvā lokapariyāyaṃ na socantī ti[6].
583. Idāni "niratthaṃ paridevasī" ti ettha vuttaparidevanāya
niratthakabhāvaṃ sādhento paridevayamāno ce ti ādiṃ
āha. Tattha *udabbahe* ti ubbaheyya dhāreyya, attani
sañjaneyyā ti attho; *sammūḷho hiṃsam attānan* ti sammūḷho
hutvā attānaṃ bādhento[7]; *kayira*[8] *c' enaṃ vicakkhaṇo* ti
yadi tādiso *kañci atthaṃ* udabbahe, vicakkhaṇo pi naṃ
584. paridevaṃ kareyya. Na hi ruṇṇenā ti etthâyaṃ yojanā:
na pana koci *ruṇṇena* vā *sokena* vā *cetaso santiṃ pappoti*,
api ca kho pana rodato[9] socato ca *bhiyyo assa uppajjate*
585. *dukkhaṃ sarīrañ* ca dubbaṇṇiyādīhi *upahaññatī* ti. *Na
tena petā* ti tena paridevanena kālakatā na *pālenti* na yāpenti
na taṃ tesaṃ upakārāya hoti, tasmā *niratthā paridevanā* ti.
586. Na kevalañ ca niratthā, anattham pi āvahati, kasmā: yasmā

[1–1] Ba pakkaphalasadisattā ti.
[2] Ba Tatthâyaṃ.
[3] Ba lālappataṃ.
[4] Ba *ins.* imaṃ lokapariyāyaṃ.
[5] Sk loke sabhāvaṃ.
[6] Ba nânusocantī ti.
[7] Ba pātento.
[8] Ba kayirā.
[9] Ba *ad.* ca.

sokam appajahaṃ . . . pe . . . vasam anvagū. Tattha
anutthunanto ti anusocanto, *vasam anvagū* ti vasaṅ gato.
Evam pi[1] niratthakattaṃ anatthāvahattañ ca sokassa
dassetvā idāni[2] sokavinayanatthaṃ ovadanto aññe pi passā
ti ādim āha. Tattha *gamine* ti gamite[3], paralokagamana- 587.
sajje ṭhite ti vuttaṃ hoti; *phandant' ev' idha pāṇine* ti ma-
raṇabhayena phandamāne yeva idha satte. *Yena yenā* ti 588.
yenâkārena *maññanti* : 'dīghāyuko bhavissati, arogo bhavis-
satī' ti, *tato taṃ aññathā* yeva *hoti*, so evaṃ maññito marati
pi rogī pi hoti; *etādiso* ayaṃ *vinābhāvo* maññitappaccanīkena
hoti, *passa* upāsaka lokasabhāvan ti evam ettha adhippā-
yayojanā veditabbā. *Arahato sutvā* ti imaṃ evarūpaṃ 590.
arahato dhammadesanaṃ sutvā; *na so labbhā mayā itī* ti
so peto idāni mayā puna jīvatū ti na labbhā iti parijā-
nanto *vineyya paridevitan* ti vuttaṃ hoti. Kiñ ca bhiyyo 591.
yathā saraṇam ādittaṃ . . . pe . . . dhaṃsaye. Tattha
dhīro dhitisampadāya, *sappañño* sābhāvikapaññāya[4], *paṇ-
ḍito* bāhusaccapaññāya, *kusalo* cintakajātikatāya[5] veditabbo,
—cintāmaya-sutamaya-bhāvanāmayapaññāhi v ā yojetab-
baṃ. Na kevalañ ca sokam eva, paridevaṃ . . . pe . . . sallam 592.
attano. Tattha *pajappan* ti taṇhaṃ, *domanassan* ti ceta-
sikadukkhaṃ; *abbahe* ti uddhare; *sallan* ti etam eva tippa-
kāraṃ dunnīharaṇ(īy)aṭṭhena[6] ca anto vijjhanaṭṭhena ca
sallaṃ, pubbe vuttaṃ sattavidhaṃ v ā rāgādisallaṃ, etas- 593.
miṃ hi abbūḷhe [salle] abbūḷhasallo . . . pe . . . nibbuto
ti arahattanikūṭena desanaṃ niṭṭhapesi. Tattha *asito* ti
taṇhādiṭṭhīhi anissito; *pappuyyā* ti pāpuṇitvā. Sesaṃ idha
ito pubbe ca vuttattā uttānatthaṃ eva, tasmā na vaṇ-
ṇitan ti

SALLASUTTAVAṆṆANĀ NIṬṬHITĀ.

---

[1] Ba *om.* [2] Ba *ad.* n a ṃ.
[3] Ba Tattha gamino ti g a m a k e. [4] Sgn Ba sabh°.
[5] ?; Skgn cintaka(*or* cittika)jātikatāya, Ba cittakajātika-
tāya.
[6] *Cf.* 100, *note* 10.

9.

S.N.[1] p. 112). Evam me sutan ti Vāseṭṭhasuttaṃ*. Kā uppatti: Ayam eva yâssa nidāne vuttā, atthavaṇṇanam pan' assa vuttanayāni uttānatthāni ca padāni pariharantā karissāma.

Icchānaṅgalo[1] ti gāmassa nāmaṃ; brāhmaṇamahāsālānaṃ *Caṃkī Tārukkho Todeyyo* ti vohāranāmam etaṃ, *Pokkharasāti Jāṇussoṇī* ti nemittikaṃ. Tesu kira e k o[2] Himavantapasse pokkharaṇiyā padume nibbatto; aññataro tāpaso taṃ padumaṃ gahetvā tattha sayitaṃ dārakaṃ disvā saṃvaḍḍhetvā rañño dassesi pokkhare sayitattā Pokkharasātī ti c' assa nāmam akāsi; e k a s s a ṭhānantare[3] nemittikaṃ, tena kira Jāṇussoṇināmakaṃ† purohitaṭṭhānaṃ[4] laddhaṃ, so ten' eva paññāyi. 'Te sabbe pi[5] *aññe ca abhiññātā brāhmaṇamahāsālā* kasmā *Icchānaṅgale paṭivasantī*' ti ce: vedajjhāyanaparivīmaṃsanatthaṃ; tena kira samayena Kosalajanapade vedakā brāhmaṇā vedānaṃ sajjhāyakaraṇatthañ ca atthūpaparikkhanatthañ ca tasmiṃ yeva gāme sannipatanti[6] antarantarā attano bhogagāmato āgamma tattha paṭivasanti. *Vāseṭṭha-Bhāradvājānan* ti Vāseṭṭhassa ca Bhāradvājassa ca; *ayam antarā kathā* ti, yaṃ attano sahāyakabhāvānurūpaṃ kathaṃ kathentā anuvicariṃsu, tassā kathāya antarā vemajjhe yeva ayam aññā kathā *udapādī* ti vuttaṃ hoti; *saṃsuddhagahaṇiko* ti saṃsuddhakucchiko, saṃsuddhāya brāhmaṇiyā[7] kucchismiṃ nibbatto ti adhippāyo, "samavepākiniyā gahaṇiyā"‡ ti ādisu hi udaraggi gahaṇī ti vuccati, idha pana mātukucchi; *yāva sattamā* ti 'mātu mātā, pitu pitā' ti evaṃ paṭilomena yāva satta jātiyo, ettha ca pitāmaho ca pitāmahī ca pitāmahā, tathā mātāmaho ca mātāmahī ca mātāmahā, pitāmahā ca

* Ps. *ad* M. II, 196. † Mp. *ad* A. I, 56[12].
‡ A. III, 65[18] (Mp.).

[1] Bᵃ °naṅgalan. [2] Bᵃ Tesu eko kira.
[3] Bᵃ °antaren' eva. [4] Bᵃ Jānusonī ti nāmakapur°.
[5] Bᵃ *om.* [6] Bᵃ *ad.* t e n a t e p i. [7] Bᵃ *ad.* yeva.

mātāmahā ca pitāmahā yeva, pitāmahānaṃ yugaṃ *pitāmahāyugaṃ*—yugan ti āyuppamāṇaṃ, abhilāpamattam eva c' etaṃ[1], atthato pana pitāmahā yeva pitāmahayugaṃ*; *akkhitto* ti jātiṃ ārabbha "kiṃ so" ti kenaci anavaññāto, *anupakkuṭṭho* ti jātisandosavādena anupakkuṭṭhapubbo[2]; *vatasampanno*[3] ti ācārasampanno; *saññāpetun* ti ñāpetuṃ bodhetuṃ, niruttaraṃ kātun ti vuttaṃ hoti; *āyāmā* ti gacchāma.

Anuññātapatiññātā ti "tevijjā tumhe" ti evam[4] mayaṃ 594.
ācariyehi ca anuññātā attanā ca paṭijānimhā ti attho; *asmā*
ti bhavāma, *ubho* (ti) dve pi[5] janā; *ahaṃ Pokkharasātissa*
Tārukkhassâyaṃ māṇavo ti ahaṃ Pokkharasātissa jeṭṭhan-
tevāsī aggasisso ayaṃ Tārukkhassā ti adhippāyena bhaṇati
ācariyasampattiṃ attasampattiñ[6] ca dīpento. *Tevijjānan* 595.
ti tivedānaṃ, *kevalino* ti niṭṭhaṃgatā[7], *asmase* iti amha
bhavāma. Idāni taṃ kevalibhāvaṃ[8] vitthārento āha: padak' asma . . . pe . . . -sādisā ti. Tattha *jappe* ti vede.
Kammanā ti dasavidhena kusalakammapathakammanā, 596.
ayaṃ hi pubbe sattavidhaṃ kāyavacīkammaṃ sandhāya
"yato[9] kho bho sīlavā hotī" ti āha, tividhaṃ manokammaṃ sandhāya "vatasampanno" ti āha, tena samannāgato hi ācārasampanno hoti; idāni taṃ vacanantarena dassento āha: *ahañ ca kammanā brūmī* ti. *Khayātītan* ti ūna- 598.
bhāvam[10] atītaṃ, paripuṇṇan ti attho; *peccā* ti upagantvā;
namassantī ti namo[11] karonti. *Cakkhuṃ loke samuppannan* 599.
ti avijjandhakāre loke taṃ andhakāraṃ vidhamitvā[12] lokassa diṭṭhadhammikādiatthasandassanena cakkhuṃ hutvā samuppannaṃ.

Evaṃ abhitthavitvā Vāseṭṭhena yācito Bhagavā[13] dve 600.

---

* Sp. *ad* Vin. III, 206^25.

---

1 B^a abhilāpamattañ c' etaṃ. 2 S^kgn akkuṭṭhapubbo.
3 S^kgn vattas° (*so* S^kgn B^a *at* 463^21). 4 B^a ete.
5 B^a pi *after* ubho. 6 B^a attano samp°.
7 S^kgn (Ps^k) niṭṭhāgatā. 8 S^kgn B^a kevalabhāvaṃ.
9 B^a *ad*. ca. 10 B^a hānabhāvam. 11 S^kg(n) Ps^k *ad*. ti.
12 B^a vidhaṃsitvā. 13 B^a *ad*. ye te.

pi jane saṅgaṇhanto āha: tesaṃ vo 'haṃ vyakkhissan ti ādi. Tattha *vyakkhissan* ti vyākarissāmi; *anupubban* ti, tiṭṭhatu tāva brāhmaṇacintā, kīṭapaṭaṅgatiṇarukkhato pabhuti *vo* anupubbaṃ vyakkhissan ti evam ettha adhippāyo veditabbo, evaṃ-vitthārakathāya vinetabbā hi te māṇavakā; *jātivibhaṅgan* ti jātivitthāraṃ; *aññamaññā hi jātiyo* ti tesaṃ tesaṃ hi pāṇānaṃ jātiyo [1]aññā aññā[1], nānappakārā ti attho.
601. Tato pāṇānaṃ jātivibhaṅge kathetabbe "tiṇarukkhe pi jānāthā" ti[2] anupādiṇṇakānaṃ tāva kathetuṃ āraddho,— 'taṃ kimatthaṃ' iti ce: upādiṇṇesu sukhañāpanatthaṃ, anupādiṇṇesu hi jātibhede gahite upādiṇṇesu so pākaṭataro hoti. Tattha tiṇāni nāma antopheggūni bahisārāni[3], tasmā tālanāḷikerādayo pi tiṇasaṅgahaṃ gacchanti, rukkhā nāma bahipheggū antosārā, tiṇāni ca rukkhā ca[4] tiṇarukkhā, te upayogabahuvacanena dassento āha: *tiṇarukkhe pi jānāthā* ti; *na câpi paṭijānare* ti 'mayan tiṇā, mayaṃ rukkhā' ti evam pi[5] na paṭijānanti; *liṅgaṃ jātimayan* ti apaṭijānantānam pi ca tesaṃ jātimayam eva saṇṭhānaṃ attano mūlabhūtatiṇādisadisam eva hoti, kiṃkāraṇaṃ[6]: *aññamaññā hi jātiyo*, yasmā aññā tiṇajāti aññā rukkhajāti, tiṇesu pi aññā tālajāti aññā nāḷikerajātī ti evaṃ vitthāretabbaṃ. Tena kiṃ dīpeti: yaṃ jātivasena (nānā) hoti, taṃ attano paṭiññaṃ paresaṃ vā upadesaṃ vinā pi aññajātito visesena gayhati[7]; yadi ca jātiyā brāhmaṇo bhaveyya, so pi attano paṭiññaṃ paresaṃ vā upadesaṃ vinā khattiyato vessasuddato vā visesena gayheyya[8]; na ca gayhati[7]; tasmā na jātiyā brāhmaṇo ti, parato[9] pana "yathā etāsu jātisū" ti imāya
602. gāthāya* etam atthaṃ vacībheden' eva āvikarissati. Evaṃ anupādiṇṇesu jātibhedaṃ dassetvā upādiṇṇesu taṃ dassento tato kīṭe ti evamādim āha. Tattha *kīṭā* ti kimayo[10], *paṭaṅgā*

---

* (*v.* 607).

[1–1] B[a] Ps[k] a ñ ñ a m a ñ ñ ā.
[2] S[kgn] pi jānathā ti, B[a] pi paṭijānāthā ti.
[3] B[a] bahiddhāsārāni. [4] S[kgn] rukkhāni.
[5] B[a] *om.* [6] B[a] °kāraṇā. [7] B[a] gaṇhāti.
[8] B[a] °suddato viseso na bhaveyya. [9] B[a] yato.
[10] B[a] kimiyo (44, *note* 7).

ti pataṅgā[1], *yāva kunthakipillike* ti kunthakipillikaṃ pari-
yantaṃ katvā ti attho. *Khuddake* ti kāḷakakaṇṭakādayo[2], 603.
mahallake ti sasabiḷārādayo, sabbe hi te anekavaṇṇā. *Pā-* 604.
dūdare ti udarapāde, udaraṃ yeva yesaṃ[3] pādā ti vuttaṃ
hoti; *dīghapiṭṭhike* ti, sappānaṃ hi sīsato yāva naṅguṭṭhā
piṭṭhi hoti, tena te dīghapiṭṭhikā ti vuccanti, te pi anekappa-
kārā āsīvisādibhedena. *Odake*[4] ti udakamhi jāte, macchā 605.
pi anekappakārā rohitamacchādibhedena. *Pakkhī* ti sa- 606.
kuṇe, te hi pakkhānam atthitāya pakkhī ti vuccanti, pattehi
yantī ti *pattayānā*, vehāse gacchantī ti *vihaṅgamā*, te pi ane-
kappakārā kākādibhedena. Evaṃ thalajalākāsagocarānaṃ (607).
pāṇānaṃ jātibhedaṃ dassetvā idāni, yenâdhippāyena taṃ
dassesi, taṃ āvikaronto yathā etāsū ti gāthaṃ āha. Tass' 608–610.
attho saṃkhepato pubbe vuttādhippāyavaṇṇanāvasen' eva
veditabbo, vitthārato pan' ettha yaṃ vattabbaṃ, taṃ
sayaṃ eva dassento na kesehī ti ādiṃ āha. Tatrâ-
yaṃ yojanā: yaṃ vuttaṃ "n' atthi manussesu liṅgaṃ
jātimayaṃ puthū" ti, taṃ evaṃ n' atthī ti veditabbaṃ,
seyyathîdaṃ: *na kesehi* na hi 'brāhmaṇānaṃ īdisā kesā
hontī khattiyānaṃ īdisā' ti niyamo atthi yathā hat-
thiassamigādīnan ti iminā nayena sabbaṃ yojetabbaṃ;
liṅgaṃ jātimayaṃ n' eva yathā aññāsu jātisū ti idaṃ pana
vuttass' ev' atthassa nigamanan ti veditabbaṃ, tassa yojanā:
tad eva[5] yasmā imehi kesādīhi n' atthi manussesu liṅgaṃ
jātimayaṃ puthu, tasmā veditabbam etaṃ: brāhmaṇā-
dibhedesu manussesu liṅgaṃ jātimayan n' eva yathā aññāsu
jātisū ti. Idāni, [6]evaṃ jātibhede asante pi[6] 'brāhmaṇo, 611.
khattiyo' ti idaṃ nānattaṃ yathā jātaṃ, taṃ dassetuṃ
paccattan ti gāthaṃ āha. Tass' attho: etaṃ tiracchānā-
naṃ[7] viya yonisiddhaṃ eva[8] kesādisaṇṭhānanānattaṃ ma-

---

1 Ba paṭaṅgā ti paṭaṃgā yeva.

2 *So* Skm Ba (ɔ: kāḷakādayo (Ps) × kalandakādayo, *cf.* 419[16]).

3 Ba tesaṃ.

4 Ba Udake.

5 Ba yojanā tath' eva; Psk yojanā: evaṃ

6–6 Ba evaṃjātibhedesu sattesu.

7 Skm etaṃ va tir°, Ba evaṃ tiracchānagatānaṃ.

8 Skm viya.

nussesu brāhmaṇādīnaṃ attano attano sarīresu na vijjati, avijjamāne pi[1] pana etasmiṃ yad etaṃ 'brāhmaṇo, khattiyo' ti nānattavidhānapariyāyaṃ vokāran, taṃ *vokārañ ca manussesu samaññāya pavuccati*, vohāramattena vuccatī ti.

Ettāvatā Bhagavā Bhāradvājassa vādaṃ niggahetvā idāni, yadi jātiyā brāhmaṇo bhaveyya, ājīvasīlācāravipanno pi brāhmaṇo bhaveyya, yasmā pana porāṇabrāhmaṇā tassa brāhmaṇabhāvaṃ na icchanti loke ca aññe pi paṇḍitamanussā, tasmā Vāseṭṭhassa vādapaggahaṇatthaṃ taṃ[2] dassento yo hi koci manussesū ti ādikā aṭṭha gāthāyo āha.
612. Tattha *gorakkhan* ti khettarakkhaṃ, kasikamman ti vuttaṃ
613. hoti, paṭhavī hi go ti vuccati, tappabhedo ca khettaṃ. *Pu-*
614. *thusippenā* ti tantavāyakammādinānāsippena. *Vohāran* ti
615, 617. vaṇijjaṃ. *Parapessenā*[3] ti paresaṃ veyyāvaccena. *Issat-*
than ti āvudhajīvikaṃ, usuñ ca satthañ cā ti vuttaṃ hoti.
618. *Porohiccenā* ti purohitakammena.

Evaṃ brāhmaṇasamayena ca lokavohārena ca ājīvasīlācāravipannassa abrāhmaṇabhāvaṃ sādhetvā 'evaṃ sante na jātiyā brāhmaṇo guṇehi pana[1] brāhmaṇo hoti, tasmā yattha tattha[4] kule jāto yo guṇavā, so brāhmaṇo, ayam ettha ñāyo' ti evam etaṃ ñāyaṃ atthato āpādetvā puna tad eva ñāyaṃ vacībhedena pakāsento āha: na câhaṃ brāh-
620. maṇaṃ brūmī ti. *Tass' attho: *ahaṃ* pana, yv āyaṃ catusu y o n i s u yattha katthaci jāto tatrâpi vā visesena yo brāhmaṇassa saṃvaṇṇitāya m ā t a r i sambhūto, taṃ *yonijaṃ mattisambhavaṃ*, yā câyaṃ "ubhato sujāto" ti ādinā nayena brāhmaṇehi brāhmaṇassa parisuddhauppattimaggasaṃkhātā y o n i kathīyati, "saṃsuddhagahaṇiko" ti iminā ca m ā t i s a m p a t t i[5], tato pi jātasambhūtattā yonijo mattisambhavo ti ca vuccati, taṃ pi yonijaṃ mattisambhavaṃ iminā va[6] yonijamattisambhavamattena *brāhmaṇaṃ* na

* —470[23] *cf.* Dhp. A. IV, 158–233.

[1] B^a *om.* [2] S^kgn *om.* [3] (S^kgn) B^a parape(s)sanā.
[4] B^a yattha yattha (Ps^k yattha k a t t h a c i, *cf.* 467[3]).
[5] B^a mātusampatti. [6] S^kgn B^a ca.

brūmi, kasmā: yasmā "bho bho" ti vacanamattena aññehi
sakiñcanehi visiṭṭhattā *bhovādī nāma so hoti, sace hoti sakiñ-*
cano,—yo panâyaṃ yattha katthaci kule jāto pi rāgādikiñ-
canābhāvena akiñcano, sabbagahaṇapaṭinissaggena ca anā-
dāno, *akiñcanaṃ anādānaṃ tam ahaṃ brūmi brāhmaṇaṃ,*
kasmā: yasmā bāhitapāpo ti. Kiñ ca bhiyyo sabbasaṃyo-
janaṃ chetvā ti ādikā sattavīsati gāthā. Tattha *sabba-* 621.
saṃyojanan ti dasavidhaṃ saṃyojanaṃ[1]; *na paritassatī* ti
taṇhāya na bhāyati; *tam ahan* ti, taṃ ahaṃ rāgādīnaṃ saṅ-
gānaṃ atigatattā[2] *saṅgātigaṃ,* catunnam pi yogānaṃ abhā-
vena *visaṃyuttaṃ brāhmaṇaṃ* vadāmī ti attho. *Nandhin*[3] 622.
ti nayhanabhāvena pavattaṃ kodhaṃ[4], *varattan* ti ban-
dhanabhāvena pavattaṃ taṇhaṃ, *sandānaṃ sahanukkaman*
ti anusayānukkamasahitaṃ dvāsaṭṭhidiṭṭhisandānaṃ; idaṃ
sabbam pi chinditvā ṭhitaṃ avijjāpalighassa* ukkhittattā
ukkhittapalighaṃ, catunnaṃ saccānaṃ buddhattā *buddhaṃ*
ahaṃ brāhmaṇaṃ vadāmī ti attho. *Aduṭṭho* ti etaṃ dasahi 623.
akkosavatthūhi *akkosañ* ca, pāṇiādīhi[5] poṭhanañ[6] ca, andu-
bandhanādīhi[7] *bandhanañ* ca *yo* akuddhamānaso hutvā
adhivāseti, khantibalena samannāgatattā *khantibalaṃ,* punap-
puna uppattiyā anīkabhūtena ten' eva khantibalānīkena
samannāgatattā *balānīkaṃ taṃ* evarūpaṃ *ahaṃ brāhmaṇaṃ*
vadāmī ti attho. *Vatavantan* ti dhutavatena samannāga- 624.
taṃ, catupārisuddhisīlena *sīlavantaṃ,* taṇhāussadābhāvena
anussadaṃ†, chaḷindriyadamanena *dantaṃ,* koṭiyaṃ ṭhitena
attabhāvena *antimasārīraṃ*[8] *tam ahaṃ brāhmaṇaṃ* vadāmī
ti attho. *Yo na lippatī* ti evam evaṃ yo abbhantare duvidhe 625.
pi[9] kāme[10] na lippati tasmiṃ kāme na saṇṭhāti, *tam ahaṃ*
brāhmaṇaṃ vadāmī ti attho. *Dukkhassā* ti khandhaduk- 626.
khassa; *pannabhāran* ti ohitakkhandhabhāraṃ*; catuhi yoge-
hi sabbakilesehi vā *visaṃyuttaṃ tam ahaṃ brāhmaṇaṃ* va-

* (A. III, 84–85). † *Vide* Dhp. A. IV, 165 *and* Ps.

---

[1] Sgn dasavidhasaṃyojanaṃ. [2] Ba atikkantattā.
[3] Ba naddhin (Ps. *has* nandin ti upanāhaṃ).
[4] Ba pavattakodhaṃ. [5] Ba pāṇiādi-. [6] SkgnBa poth°.
[7] Sk anub°, Ba adub° (Sum. I, 296[16]). [8] Skgn Ba °sarīraṃ.
[9] Ba *ad.* ca. [10] *So* Skgn Ba (*cf.* Dhp. A. IV, 167[8]).

627. dāmī ti attho. *Gambhīrapaññan* ti gambhīresu khandhādisu
pavattāya paññāya samannāgataṃ; dhammojapaññāya *me-*
dhāviṃ, 'ayaṃ duggatiyā, ayaṃ sugatiyā, ayaṃ[1] nibbānassa
maggo, ayaṃ amaggo' ti evaṃ magge[2] amagge ca cheka-
tāya *maggāmaggassa kovidaṃ*, arahattasaṃkhātaṃ *uttamat-*
thaṃ anuppattaṃ tam ahaṃ brāhmaṇaṃ vadāmī ti attho.
628. *Asaṃsatthan* ti dassanasavanasamullāpaparibhogakāyasaṃ-
saggānaṃ* abhāvena asaṃsaṭṭhaṃ; *ubhayan* ti gihīhi ca
anāgārehi cā[3] ti ubhayehi pi asaṃsaṭṭhaṃ; *anokasārin*[4] ti
anālayacāriṃ; *taṃ* evarūpaṃ *ahaṃ brāhmaṇaṃ* vadāmī ti
629. attho. *Nidhāyā* ti nikkhipitvā oropetvā; *tasesu thāvaresu*
cā ti taṇhātāsena[5] tasesu taṇhābhāvena thiratāya thāvaresu;
yo na hantī ti, yo evaṃ sabbasattesu vigatapaṭighatāya nik-
khittadaṇḍo n' eva kañci sayaṃ hanti, *na* aññena[6] *ghāteti*,
630. *tam ahaṃ brāhmaṇaṃ* vadāmī ti attho. *Aviruddhan* ti
āghātavasena *viruddhesu* pi lokiyamahājanesu āghātābhā-
vena aviruddhaṃ, hatthagate daṇḍe vā satthe vā avijjamāne
pi paresaṃ pahāradānato aviratattā *attadaṇḍesu* janesu
nibbutaṃ nikkhittadaṇḍaṃ, pañcannaṃ khandhānaṃ 'ahaṃ,
maman' ti gahitattā *sādānesu* tassa gahaṇassa abhāvena
anādānaṃ taṃ evarūpaṃ *ahaṃ brāhmaṇaṃ* vadāmī ti attho.
631. *Āraggā* ti, *yass'* ete *rāgādayo* ayañ ca paraguṇamakkhaṇa-
lakkhaṇo *makkho* āraggā *sāsapo viya* papatito, yathā sāsapo
āragge na santiṭṭhati, evaṃ citte na tiṭṭhanti[7], *tam ahaṃ*
632. *brāhmaṇaṃ* vadāmī ti attho. *Akakkasan* ti apharusaṃ,
[8]*viññāpanin* ti atthaviññāpaniṃ, *saccan* ti[8] bhūtaṃ; *nâbhi-*
saje ti, *yāya* girāya aññaṃ kujjhāpanavasena na laggāpeyya,
khīṇāsavo[9] nāma evarūpaṃ eva giraṃ bhāseyya, tasmā
633. *tam ahaṃ brāhmaṇaṃ* vadāmī ti attho. Sāṭakābharaṇādisu
dīghaṃ vā rassaṃ vā, maṇimuttādisu *aṇuṃ* vā *thūlaṃ* vā,
mahagghaappagghavasena *subhaṃ* vā *asubhaṃ* vā *yo* pug-
galo imasmiṃ *loke* parapariggahītaṃ *nâdiyati*, *tam ahaṃ*

---

* *Vide* 70^{12}–71^{20}.

---

1 B[a] *om.* 2 B[a] *ad.* ca. 3 B[a] gihi anāgāriyehi cā.
4 B[a] anokkacārī. 5 *So* S[kgn] B[a]; *cf.* 486^{22}. 6 B[a] a ñ ñ e.
7 S[kgn] tiṭṭhati. 8–8 S[kgn] viññānti. 9 B[a] *ad.* c a.

brāhmaṇaṃ vadāmī ti attho. *Nirāsayan* ti nittaṇhaṃ, 634.
visaṃyuttan ti sabbakilesehi viyuttaṃ[1]; *taṃ ahaṃ brāhmaṇaṃ*
vadāmī ti attho. *Ālayā* ti taṇhā; *aññāya akathaṃkathī* ti 635.
aṭṭha vatthūni yathābhūtaṃ jānitvā aṭṭhavatthukāya vici-
kicchāya nibbicikiccho; *amatogadhaṃ anuppattan* ti amataṃ
nibbānaṃ ogahetvā anuppattaṃ; *taṃ ahaṃ brāhmaṇaṃ*
vadāmī ti attho. *Ubho* ti, dve pi *puññāni pāpāni* ca chaḍ- 636.
ḍetvā ti attho; *saṅgan* ti rāgādibhedaṃ saṅgaṃ; *upaccagā*
ti atikkanto; *taṃ ahaṃ* vaṭṭamūlasokena *asokaṃ*, abbhan-
tare rāgarajādīnaṃ abhāvena *virajaṃ*, nirupakkilesatāya
suddhaṃ brāhmaṇaṃ vadāmī ti attho. *Vimalan* ti abbhā- 637.
dimalavirahitaṃ[2], *suddhan* ti nirupakkilesaṃ, *vippasannan*
ti pasannacittaṃ, *anāvilan* ti kilesāvilattavirahitaṃ; *nan-
dībhavaparikkhīṇan*[3] ti tīsu bhavesu [4]parikkhīṇataṇhaṃ;
taṃ ahaṃ brāhmaṇaṃ vadāmī ti attho. *Yo* bhikkhu *imaṃ* 638.
rāga*palipathañ* c' eva kilesa*duggañ* ca *saṃsāra*vaṭṭañ ca
catunnaṃ saccānaṃ appaṭivijjhanaka*mohañ* ca atīto, cat-
tāro oghe *tiṇṇo* hutvā *pāraṃ* anuppatto, duvidhena jhānena
jhāyī, taṇhāya abhāvena *anejo*, kathaṃkathāya abhāvena
akathaṃkathī, upādānānaṃ abhāvena *anupādi*yitvā kilesa-
nibbānena *nibbuto*, *taṃ ahaṃ brāhmaṇaṃ* vadāmī ti attho.
Yo puggalo *idha* loke ubho pi *kāme* hitvā *anāgāro* hutvā 639.
*pa(ri)bbaja*ti, *taṃ parikkhīṇa-kāmañ* c' eva parikkhīṇa-
bhavañ ca *ahaṃ brāhmaṇaṃ* vadāmī ti attho. *Yo idha* loke 640.
chadvārikaṃ *taṇhaṃ*[5] jahitvā gharāvāsena[6] anatthiko *anā-
gāro* hutvā *pa(ri)bbaj*ati, *taṇhāya* c' eva *bhavassa* ca *parik-
khīṇ*attā *taṃ ahaṃ brāhmaṇaṃ* vadāmī ti attho. *Mānusa-* 641.
kaṃ yogan ti mānusakaṃ āyu c' eva[7] pañca kāmaguṇe[8] ca,
dibbayoge pi es' eva nayo; *upaccagā* ti, yo mānusakaṃ yo-
gaṃ *hitvā* dibbaṃ atikkanto, *taṃ sabbe*hi catuhi *yoge*hi[9]
visaṃyuttaṃ ahaṃ brāhmaṇaṃ vadāmī ti attho. *Ratin* ti 642.
pañcakāmaguṇaratiṃ, *aratin* ti araññavāse ukkaṇṭhitaṃ[10];

---

[1] B^a vippamuttaṃ, S^k visuyuttaṃ, S^gn visuṃyuttaṃ.
[2] B^a °m a l a r a h i t a m. [3] B^a nandirāgapari°.
[4] S^kgn *ins.* su-. [5] B^a chadvārikataṇhaṃ. [6] S^kgn gharāvāse.
[7] *So* S^kgn B^a; *vide* Dhp. A. [8] B^a pañcavidhakāmaguṇe.
[9] S^kgn catuyogehi. [10] *Cf.* Dhp. A. *and* Vibh. 352^6.

sītibhūtan ti nibbutaṃ, *nirūpadhin* ti nirupakkilesaṃ; *vīran*
ti, *taṃ* evarūpaṃ *sabbaṃ*[1] khandha*lokaṃ abhibhav*itvā ṭhi-
643. taṃ viriyavantaṃ *ahaṃ brāhmaṇaṃ* vadāmī ti attho. *Yo*
vedī ti yo *sattānaṃ* sabbākārena *cutiñ* ca paṭisandhiñ ca
pākaṭaṃ katvā jānāti, *tam ahaṃ* alaggatāya *asattaṃ*, paṭi-
pattiyā[2] suṭṭhu gatattā *sugataṃ*, catunnaṃ saccānaṃ bud-
644. dhatāya *buddhaṃ brāhmaṇaṃ* vadāmī ti attho. *Yassā* ti,
yass' ete *devādayo gatiṃ na jānanti*, *tam ahaṃ* āsavānaṃ
khīṇatāya *khīṇāsavaṃ*, kilesehi ārakattā *arahantaṃ brāh-*
645. *maṇaṃ* vadāmī ti attho. *Pure* ti atītakkhandhesu, *pacchā*
ti anāgatesu[3], *majjhe* ti paccuppannesu; *kiñcanan* ti, *yass'*
etesu ṭhānesu taṇhāgāhasaṃkhātaṃ kiñcanaṃ *n' atthi*, *tam*
ahaṃ rāgakiñcanādīhi *akiñcanaṃ*, kassaci gahaṇassa abhā-
646. vena *anādānaṃ brāhmaṇaṃ* vadāmī ti attho. Acchambhi-
tattena usabhasadisatāya *usabhaṃ*, uttamaṭṭhena *pavaraṃ*,
viriyasampattiyā *vīraṃ*, mahantānaṃ sīlakkhandhādīnaṃ
esitattā *mahesiṃ*, tiṇṇaṃ Mārānaṃ vijitattā *vijitāvinaṃ*,
ninahātakilesatāya *nahātakaṃ*, catusaccabuddhatāya *bud-*
dhaṃ, *taṃ* evarūpaṃ *ahaṃ brāhmaṇaṃ* vadāmī ti attho.
647. *Yo pubbenivāsaṃ* pākaṭaṃ katvā jānāti, chabbīsatideva-
lokabhedaṃ[4] *saggaṃ*[5] catubbidhaṃ *apāyañ* ca dibbacak-
khunā *passati*, *atho jātikkhaya*saṃkhātaṃ arahattaṃ *patto*,
tam ahaṃ brāhmaṇaṃ vadāmī ti attho.

Evaṃ Bhagavā guṇato brāhmaṇaṃ vatvā, 'ye jātito[6]
brāhmaṇo ti abhinivesaṃ karonti, te idaṃ vohāraṃ[7]
ajānantā, sā ca nesaṃ [8]diṭṭhi duddiṭṭhī' ti dassento[8] samaññā
648–649. h' esā ti gāthādvayam āha. Tass' attho: yad idaṃ 'brāh-
maṇo, khattiyo, Bhāradvājo, Vāseṭṭho' ti *nāmagottaṃ pa-*
kappitaṃ[9], *samaññā h' esā lokasmiṃ* paññatti vohāramattan
ti veditabbaṃ, kasmā: yasmā *sammuccā samudāgataṃ* sama-

---

[1] B^{a} sabba-, (S^{k} sabban > sabba(ṃ)-). [2] B^{a} paṭipatti.
[3] B^{a} *ad.* khandhesu.
[4] Dhp. A. °devalokādibhedaṃ.
[5] S^{kgn} sabbaṃ, B^{a} sabba-. [6] B^{a} yonito.
[7] *So* B^{a} (Ps. v o h ā r a m a t t a m *cf.* 471[12]; S^{kgn} *om.*
[8–8] B^{a} duddiṭṭhaṃ dassento (471[12]).
[9] S^{kgn} *ad.* kaṃ (Ps. *ad.* k a t a ṃ a b h i s a ṃ k h a t a ṃ).

nuññāya āgataṃ[1], taṃ[2] hi *tattha tattha* jātakāle v' assa[3] ñātisālohitehi *pakappitaṃ* kataṃ—no ce taṃ evaṃ pakappeyyuṃ, na koci kañci disvā 'ayaṃ brāhmaṇo' ti vā 'Bhāradvājo' ti vā jāneyya—, evaṃ pakappitañ c' etaṃ[4] *dīgharattam anusayitaṃ diṭṭhigatam ajānataṃ* pakappitaṃ nāmagottaṃ 'nāmagottamattam etaṃ saṃvohāratthaṃ[5] pakappitan' ti ajānantānaṃ[6] sattānaṃ hadaye[7] dīgharattaṃ diṭṭhigatam anusayitaṃ, —tassa anusayitattā taṃ[8] nāmagottaṃ *ajānantā no pabrunti*[9]: "*jātiyā hoti brāhmaṇo*" ti, ajānantā[10] yeva evaṃ vadantī ti vuttaṃ hoti.

Evaṃ 'ye[11] jātito brāhmaṇo ti abhinivesaṃ karonti, te
idaṃ vohāramattam ev' ajānantā, sā ca nesaṃ diṭṭhi dud-
diṭṭhī' ti dassetvā idāni nippariyāyam eva jātivādaṃ paṭik-
khipanto kammavādañ ca niropento[12] *na jaccā* ti ādim āha.
Tattha *kammanā brāhmaṇo hoti, kammanā hoti abrāhmaṇo* (650).
ti imissā upaḍḍhagāthāya atthavitthāraṇatthaṃ kassako
kammanā ti ādi vuttaṃ. Tattha *kammanā* ti paccuppan- 651–652.
nena kasikammantādinibbattakacetanākammanā[13]. *Paṭicca-* 653.
samuppādadasā ti 'iminā paccayena evaṃ hotī' ti evaṃ
paṭiccasamuppādadassāvino, *kammavipākakovidā* ti 'sam-
mānāvamānārahe kule kammavasena uppatti hoti, aññā pi[14]
hīnapaṇītatā hīnapaṇīte kamme vipaccamāne hotī' ti evaṃ
kammavipāke kusalā[15]. *Kammanā vattatī* ti gāthāya pana 654.
loko ti vā *pajā* ti vā *sattā* ti vā eko yeva attho, vacanamatte
bhedo[16], p u r i m a p a d e n a c' ettha 'atthi Brahmā Mahā-
brahmā seṭṭho sañjitā vasī pitā bhūtabhavyānan'* ti imissā

* (D. I, 18[6]).

1 Ba samuccaṃ samudāgataṃ samanuññāya-m-āgataṃ.
2 Ba etaṃ. 3 Ba Psk °kāle yev' assa.
4 Ba *om.* c' etaṃ. 5 Ba sappohāramattaṃ.
6 Ba ajānataṃ. 7 Sk raye, Sgn apāye. 8 Skgn naṃ.
9 Ba ājānanto nāma brunti (Psk ajānanto pabrūvanti).
10 Ba °nto. 11 Ba *ad.* ca.
12 Ba ropento (Ps. patiṭṭhapento).
13 Sk Ba °c e t a n a k a m m a n ā.
14 Skgn aññam pi, Ba *om.* pi. 15 Ba °vipākakusalā.
16 Psk °matto bhedo; Ba vacanamattam eva ca nānaṃ (S. II, 61[4]).

diṭṭhiyā nisedho veditabbo, kammanā hi vattati tāsu tāsu gatisu uppajjati loko, tassa ko sañjitā ti[1]; d u t i y e n a evaṃ kammanā uppanno pi ca[2] pavattiyam pi atītapaccuppannabhedena kammanā eva vattati sukhadukkhāni paccanubhonto hīnapaṇītādibhāvaṃ āpajjanto pavattatī ti dasseti, t a t i y e n a tam ev' atthaṃ nigameti: evaṃ sabbathā pi *kammanibandhanā* sattā kammen' eva baddhā hutvā pavattanti na aññathā ti; c a t u t t h e n a tam atthaṃ upamāya vibhāveti: *rathassâṇīva yāyato* ti, yathā rathassa yāyato āṇi nibandhanaṃ hoti na tāya anibaddho yāti, evaṃ lokassa uppajjato pavattato ca[3] kammaṃ nibandhanaṃ [4]na tena anibaddho[4] uppajjati na ppavattatī ti. Idāni, yasmā evaṃ kammanibandhano loko, tasmā seṭṭhena kammanā
655. seṭṭhabhāvaṃ dassento tapenā ti gāthādvayam āha. Tattha *tapenā* ti indriyasaṃvarena, *brahmacariyenā* ti sikkhānissitena vuttāvasesaseṭṭhacariyena, *saṃyamenā* ti sīlena, *damenā* ti paññāya; *etena* seṭṭhena[5] seṭṭhaṭṭhena[6] brahmabhūtena kammanā *brāhmaṇo hoti*, kasmā: yasmā *etaṃ brāhmaṇam uttamaṃ*, yasmā etaṃ kammaṃ uttamo brahmabhāvo[7] ti vuttaṃ hoti; *brahmānan*[8] ti pi pāṭho, tass' attho: brahmaṃ[8] ānetī ti brahmānaṃ[9], brahmabhāvaṃ[10] āneti āvahati
656. detī ti vuttaṃ hoti. Dutiyagāthāya *santo* ti santakileso; *Brahmā Sakko* ti Brahmā ca Sakko ca[11], yo evarūpo, so na kevalaṃ brāhmaṇo api ca kho Brahmā ca Sakko ca so *vijānataṃ* paṇḍitānaṃ, *evaṃ Vāseṭṭha jānāhī* ti vuttaṃ hoti. Sesaṃ vuttanayam evā ti

VĀSEṬṬHASUTTAVAṆṆANĀ NIṬṬHITĀ.

---

[1] *So* Ps^k; S^kgn tassa (ɔ: n' assa) koci sa(ñ)jitā; B^a na tassa koci sajitā. [2] B^a *om.*

[3] B^a uppajjanato ca pavattanato ca.

[4–4] B^a tato na anibandhano. [5] *So* S^gn Ps; S^k B^a *om.*

[6] (Ps. parisuddhena.)

[7] B^a brahmaṇabhāvo (Ps. brāhmaṇaguṇo).

[8] B^a brahmaṇan. [9] S^k B^a brahmaṇaṃ.

[10] S^k B^a brāhmaṇabhāvaṃ.

[11] B^a Brahma-Sakko ti Brahmam eva Sakko ca.

10.

* Evam me sutan ti Kokālikasuttaṃ[1]. Kā uppatti: Imassa suttassa uppatti atthavaṇṇanāyam[2] eva āvibhavissati, atthavaṇṇanāya c' assa *evam me sutan* ti ādi vuttanayam eva, "atha kho Kokāliko" ti ettha pana 'ko ayaṃ Kokāliko kasmā ca upasaṃkamī' ti vuccate: (S.N ¹p.121.

Ayaṃ kira Kokāliraṭṭhe Kokālinagare Kokālisetthissa putto pabbajitvā pitarā kārāpitavihāre[3] yeva paṭivasati Cullakokāliko ti nāmena, na Devadattasisso[4], so hi brāhmaṇaputto Mahākokāliko ti paññāyi. Bhagavati kira Sāvatthiyaṃ viharante dve aggasāvakā pañcamattehi bhikkhusatehi saddhiṃ janapadacārikañ caramānā upakaṭṭhāya vassūpanāyikāya [5]vivekāya saṃvasitukāmā[5] te bhikkhū uyyojetvā attano pattacīvaram ādāya tasmiṃ janapade taṃ nagaraṃ patvā vihāraṃ agamaṃsu[6], tattha tena Kokālikena saddhiṃ sammoditvā taṃ[7] āhaṃsu: "āvuso mayaṃ idha temāsaṃ vasissāma, mā kassaci āroceyyāsī" ti. So "sādhū" ti paṭisuṇitvā temāse atīte itaradivasaṃ pag eva nagaraṃ pavisitvā ārocesi: "tumhe aggasāvake idhâgantvā vasamāne na jānittha, na[8] te[9] koci paccayenâpi nimantesi." Nagaravāsino "kasmā no bhante nârocayittha"—"kiṃ ārocitena, kiṃ nâddasatha dve bhikkhū vasante"—"nanu ete aggasāvakā" ti te khippaṃ sannipatitvā sappiguḷavatthādīni ānetvā Kokālikassa purato nikkhipiṃsu. So cintesi: paramappicchā aggasāvakā payuttavācāya[10] uppanno lābho ti ñatvā na sādiyissanti, asādiyantā addhā āvāsikassa dethā ti bhaṇissanti; handâhaṃ[11] imaṃ lābhaṃ gāhāpetvā

* *Cf.* Dhp. A. IV, 91, *etc.*; Mp. *ad* A. V, 170, Spk. *ad* S. I, 149.

1 Ba *here* Kokāliya° (Kokāḷiya° 475[25], 476[4, 6], 483[4]) *otherwise* Kokāḷika (*and* Kokāḷi° 473[7]).

2 Ba suttavaṇṇanāyam. 3 Ba kārāpite vihāre.

4 Ba Devadattassa sisso. 5—5 Sk Ba *om.*

6 Ba āgam°. 7 Ba te. 8 Ba *om.* 9 Skg Ba ne (Ba < no).

10 Ba sampayuttavācāya (474[1]). 11 Ba *ad.* idha.

gacchāmī' ti. So tathā akāsi. Therā disvā va payuttavācāya[1] uppannabhāvaṃ[2] ñatvā 'ime paccayā n' eva amhākaṃ na Kokālikassa vaṭṭantī' ti cintetvā "āvāsikassa dethā" ti avatvā paṭikkhipitvā pakkamiṃsu. Tena Kokāliko 'kathaṃ hi nāma attanā[3] agaṇhantā mayhaṃ pi na dāpesun' ti domanassaṃ uppādesi. Te Bhagavato santikaṃ agamaṃsu[4]; Bhagavā ca pavāretvā sace attanā[3] janapadacārikaṃ na gacchati, aggasāvake peseti "caratha bhikkhave cārikaṃ bahujanahitāyā" ti ādīni vatvā, idaṃ āciṇṇaṃ tathāgatānaṃ—, tena kho pana samayena attanā agantukāmo hoti, atha kho[5] punad eva uyyojesi: "gacchatha bhikkhave caratha cārikan" ti. Te pañcamattehi bhikkhusatehi saddhiṃ cārikaṃ caramānā anupubbena tasmiṃ raṭṭhe taṃ eva nagaraṃ agamaṃsu[4]. Nāgarā there sañjānitvā saha parikkhārehi dānaṃ sajjetvā nagaramajjhe maṇḍapaṃ katvā dānam adaṃsu therānañ ca parikkhāre upanāmesuṃ; therā gahetvā bhikkhusaṃghassa adaṃsu. Taṃ[6] disvā Kokāliko cintesi: 'ime pubbe appicchā ahesuṃ, idāni lobhābhibhūtā pāpicchā jātā; pubbe pi appicchā santuṭṭhā pavivittasadisā[7] maññe, ime pāpicchā asantaguṇadīpakā pāpabhikkhū' ti. So[8] there upasaṃkamitvā "āvuso tumhe pubbe appicchā santuṭṭhā pavivittā viya ahuvattha, idāni pan' attha[9] pāpabhikkhū jātā" ti vatvā pattacīvaram ādāya tadah' eva taramānarūpo nikkhamitvā 'gantvā[10] Bhagavato etam atthaṃ ārocessāmī' ti Sāvatthābhimukho[11] gantvā anupubbena Bhagavantaṃ upasaṃkami. Ayam ettha Kokāliko iminā kāraṇena upasaṃkami, tena vuttaṃ: *atha kho Kokāliko bhikkhu yena Bhagavā ten' upasaṃkamī* ti ādi.

Bhagavā taṃ turitaturitam āgacchantaṃ disvā va[12] āvajjitvā[12] aññāsi: 'aggasāvake akkositukāmo āgato' ti, 'sakkā nu kho paṭisedhetun' ti ca āvajjanto 'na sakkā, theresu[13]

---

[1] Ba sampayuttavācāya. [2] Ba uppanno lābho ti.
[3] Ba attano. [4] Ba ā g a m°. [5] Ba *ad.* i m e.
[6] Ba Te. [7] Ba *om.* pa-. [8] Ba Se sa.
[9] Skgn p a n' e t t h a; Ba pana. [10] (Sn gaṇavā); Ba *om.*
[11] Skgn Sāvatthimukho. [12] Ba *om.* [13] Ba tesu.

aparajjhitvā āgato, ekaṃsena Padumaniraye uppajjissatī' ti addasa; evaṃ disvā pi pana[1] 'Sāriputta-Moggallāne pi nāma garahantaṃ sutvā na nisedhetī' ti[2] paravādamocanatthaṃ ariyūpavādassa mahāsāvajjabhāvadassanatthañ[3] ca mâh' evan ti ādinā nayena tikkhattuṃ paṭisedhesi. Tattha *mâh' evan* ti mā evam[4] āha, mā evaṃ bhaṇī ti attho; *pesalā* ti piyasīlā; *saddhāyiko* ti saddhāgamakaro, pasādāvaho ti vuttaṃ hoti; *paccayiko* ti paccayakaro, 'evam etan' ti sanniṭṭhāvaho ti vuttaṃ hoti; *acirapakkantassā* ti pakkantassa sato naciren' eva; *sabbo kāyo phuṭo ahosī* ti kesaggamattam pi okāsaṃ avajjetvā sakalasarīraṃ aṭṭhīni bhinditvā uggatāhi *piḷakāhi* ajjhotthaṭaṃ ahosi; tattha, yasmā buddhānubhāvena tathārūpaṃ[5] kammaṃ[6] buddhānaṃ sammukhībhāve vipākaṃ na deti dassanūpacāre pana vijahitamatte deti, tasmā tassa acirapakkantassa piḷakā uṭṭhahiṃsu, ten' eva[7] vuttaṃ: acirapakkantassa Kokālikassā ti. Atha 'kasmā tatth' eva na[8] aṭṭhāsī' ti ce: kammānubhāvena, okāsakataṃ hi kammaṃ avassaṃ vipaccati, taṃ[9] tassa tattha[10] ṭhātun na deti, so kammānubhāvena codiyamāno *uṭṭhāyâsanā pakkāmi*. *Kaḷāyamattiyo* ti caṇakamattiyo[11], *beḷuvasalāṭukamattiyo* ti taruṇabeḷuvamattiyo; *pabhijjiṃsū* ti bhijjiṃsu, tāsu bhinnāsu sakalasarīraṃ panasapakkaṃ viya ahosi, so pakkena gattena anayavyasanaṃ patvā dukkhābhibhūto Jetavanadvārakoṭṭhake sayi. Atha dhammasavanatthaṃ āgatāgatā manussā taṃ disvā "dhik[12] Kokāliya dhik[1] Kokāliya[1], ayuttam akāsi, attano evâsi[13] mukhan nissāya anayavyasanaṃ patto" ti āhaṃsu. Tesaṃ sutvā

---

1 Ba *om.*

2 Ba Sāriputta-Moggallānānaṃ pi nāma garahaṃ sutvāna na paṭisedhetī ti.

3 Ba mahāvajjabhāva°.

4 Skgn *om.*

5 Skgn tathānurūpaṃ.

6 Ba pāpakammaṃ.

7 Ba *ad.* ca.

8 Ba na *before* tatth'.

9 Ba tasmā; Sgn *om.*

10 Ba *ad.* tattha.

11 Sk < ṇacaka°; Sg canakha°, Sn Mpk canaka°; Ba varaka°.

12 Ba dhi (*and* 476[1, 6] dhikāraṃ).

13 Ba attano eva vā.

ārakkhadevatā dhikkāraṃ akaṃsu, ārakkhadevatānaṃ ākāsaṭṭhadevatā[1], iminā upāyena yāva Akaniṭṭhabhavanā ekadhikkāro udapādi.

Tadā Tudu nāma[2] bhikkhu Kokālikassa upajjhāyo anāgāmiphalaṃ patvā Suddhāvāsesu nibbatto hoti. So pi samāpattiyā vuṭṭhito taṃ dhikkāraṃ sutvā āgamma Kokāliyaṃ ovadi Sāriputta-Moggallānesu cittappasādanatthaṃ. So tassâpi vacanaṃ agahetvā aññadatthu taṃ eva aparādhetvā kālaṃ katvā Padumanirayaṃ[3] upapajji, tenâha: *atha kho Kokāliko bhikkhu ten' evâbādhena* . . . pe . . . *āghātetvā* ti.

Atha kho Brahmā Sahampatī ti 'ko ayaṃ brahmā kasmā ca pana Bhagavantaṃ upasaṃkamitvā etad avocā' ti: ayaṃ Kassapassa bhagavato sāsane Sahako nāma bhikkhu anāgāmī hutvā Suddhāvāsesu uppanno, tattha naṃ[4] Sahampati Brahmā ti sañjānanti. So pana 'ahaṃ Bhagavantaṃ upasaṃkamitvā Padumanirayaṃ kittessāmi, tato Bhagavā bhikkhūnaṃ ārocessati, athânusandhikusalā[5] bhikkhū tatthâyuppamāṇaṃ pucchissanti, Bhagavā[6] ācikkhanto ariyūpavāde ādīnavaṃ[7] pakāsessatī' ti iminā kāraṇena Bhagavantaṃ upasaṃkamitvā etad avoca; Bhagavā tath' eva akāsi, aññataro pi bhikkhu pucchi, tena ca[4] puṭṭho seyyathā pi bhikkhū ti ādiṃ āha. Tattha *vīsatikhāriko* ti, Māgadhakena[8] patthena cattāro patthā Kosalaraṭṭh' ekapattho[9] hoti, tena patthena cattāro patthā āḷhakaṃ, cattāri āḷhakāni doṇaṃ, catudoṇaṃ mānikā[10], catumânikaṃ[11] khāri, tāya khāriyā vīsatikhāriko; *tilavāho* ti tilasakaṭaṃ; *Abbudo nirayo* ti, Abbudo nāma koci paccekanirayo n' atthi, Avīcimhi yeva abbudagaṇanāya paccanokāso pana Abbudo nirayo ti vutto, esa nayo *Nirabbudā*disu. Tattha vassagaṇanā pi evaṃ

---

1 *So* Ba (*cf.* Pj. I, 120[6]); Skgn ākāsadevatā.
2 Ba Tadā Catudipo nāma. 3 Ba °niraye.
4 Ba *om.* 5 Ba kathānusandhikusalā.
6 Ba *ad.* taṃ. 7 Ba *ad.* ca. 8 Ba Māgadhikena.
9 Sn Ba °raṭṭhe ekapattho (Ba eko p°).
10 Ba catudoṇā māṇaṃ.
11 Skgn catumānikā, Ba catumāṇikaṃ.

veditabbā: yath' eva hi sataṃ satasahassāni koṭi[yo] hoti, evaṃ sataṃ satasahassakoṭiyo[1] pakoṭi nāma hoti, sataṃ satasahassappakoṭiyo koṭippakoṭi nāma, sataṃ satasahassakoṭippakoṭiyo nahutaṃ, sataṃ satasahassanahutāni ninnahutaṃ, sataṃ satasahassaninnahutāni ekaṃ abbudan ti, tato vīsatiguṇaṃ nirabbudaṃ, esa nayo sabbattha; k e c i pana "tattha tattha paridevanānattena pi kammakaraṇanānattena ca[2] imāni nāmāni laddhānī" ti pi[3] vadanti, a p a r e[4]: "sītanarakā va[5] ete" ti.

Athâparan ti tadatthavisesatthadīpakaṃ gāthābandhanaṃ sandhāya vuttaṃ, pāṭhavasena[6] vuttavīsatigāthāsu hi ettha "sataṃ sahassānī" ti ayam ekā eva gāthā vuttatthadīpikā, sesā visesatthadīpikā eva*; avasāne gāthādvayaṃ eva[7] pana Mahāaṭṭhakathāyaṃ vinicchitapāṭhe n' atthi, teṇâvocumha: "vīsatigāthāsū" ti. Tattha *kuthārī* ti attac- 657.
chedakaṭṭhena[8] kuṭhārisadisā pharusavācā; *chindatī* ti kusalamūlasaṃkhātaṃ attano[9] mūlaṃ yeva nikantati. *Nindi-* 658.
yan ti nindanīyaṃ; *taṃ vā [pi] nindati, yo pasaṃsiyo* ti, yo uttamattena[10] pasaṃsāraho puggalo, taṃ vā yo pāpicchatādīni āropetvā garahati; *vicinātī* ti upacināti, *kalin* ti aparādhaṃ. *Ayaṃ kalī* ti ayaṃ aparādho; *akkhesū* ti jūtakī- 659.
ḷanaakkhesu; *sabbassâpi sahâpi attanā* ti sabbena attano dhanena pi attanā pi saddhiṃ; *sugatesū* ti suṭṭhu gatattā sundarañ ca ṭhānaṃ gatattā† sugatanāmakesu[11] buddhapaccekabuddhasāvakesu; *manaṃ padosaye*[12] iti, yo manaṃ padoseyya[12], tassâyaṃ manopadoso eva *mahattaro*[13] *kalī* ti vuttaṃ hoti, kasmā: yasmā *sataṃ sahassānaṃ* . . . pe . . . *pāpakaṃ* yasmā vassagaṇanāya ettako so kālo, *yaṃ* kālam *ariya-*

* 398[17]. † 442, *note* *.

[1] Ba sataṃ satasahassāni. [2] Ba pi.
[3] Sg Ba *om.* [4] Ba *ad.* pi vā. [5] Ba eva.
[6] Sk pāṭavasena, Ba pākaṭavasena. [7] Ba *om.*
[8] Skgn °c c h e d a k a t t e n a. [9] Skgn *om.*
[10] Skg Ba uttamatthena. [11] Ba sugatā nāma, tesu.
[12] Ba paduss°.
[13] Sg Ba mahantataro (Sg > mahantaro); Ba *ad.* ayaṃ.

garahī[1] *vācaṃ manañ ca paṇidhāya pāpakaṃ nirayaṃ upeti*
—tattha paccati ti vuttaṃ hoti—, idaṃ hi saṃkhepena
Padumaniraye āyuppamāṇaṃ. Idāni aparena pi nayena
"ayam eva mahattaro[2] kali, yo sugatesu manaṃ padosaye"
661. ti[3] imam atthaṃ vibhāvento abhūtavādī ti ādim āha. Tattha
abhūtavādī ti ariyūpavādavasena alikavādī; *nirayan* ti Padu-
mādiṃ; *pecca samā bhavanti* ti ito paṭigantvā nirayūpapat-
662. tiyā samā bhavanti; *paratthā* ti paraloke. [4]Kiñ ca bhiyyo:
yo appaduṭṭhassā ti. Tattha padosābhāvena[4] *appaduṭṭho*,
avijjāmalābhāvena[5] *suddho*, pāpakaicchāvacarābhāvena[6] *an-
aṅgaṇo* ti veditabbo; appaduṭṭhattā v ā suddhassa, suddhat-
tā anaṅgaṇassā ti evam p' ettha[7] yojetabbaṃ.

Evaṃ sugatesu manopadosassa mahattarakalibhāvam[8]
sādhetvā idāni t u r i t a v a t t h u g ā t h ā[9] nāma cudda-
sa gāthā āha. Imā kira Kokālikaṃ mīyamānam[10] ovadan-
tenâyasmatā Mahāmoggallānena vuttā,—"Mahābrahmunā"
ti e k e. Tāsaṃ iminā suttena saddhiṃ ekasaṅgahatthaṃ
663. ayam uddeso: yo lobhaguṇe anuyutto ti ādi. Tattha paṭha-
magāthāya tāva guṇo ti niddiṭṭhattā anekakkhattuṃ pavat-
tattā vā lobho yeva lobhaguṇā[11], taṇhāy' etaṃ adhivacanaṃ;
avadaññū ti avacanaññū buddhānam pi ovādaṃ agahaṇena,
maccharī ti pañcavidhamacchariyena, pesuṇiyasmiṃ anu-
yutto aggasāvakānaṃ bhedakāmatāya[12]. Sesaṃ pākaṭaṃ
eva. Idaṃ vuttaṃ hoti: *yo* āvuso Kokālika tumhādiso
anuyuttalobhataṇhāya *lobhaguṇe anuyutto assaddho kadariyo
avadaññū maccharī*[13] *pesuṇiyamhi*[14] *anuyutto, so vacasā pari-
bhāsati aññaṃ* aparibhāsaneyyam pi puggalaṃ, tena taṃ

---

[1] B[a] *ad.* taṃ. [2] S[gn] mahantataro, B[a] mahattataro.

[3] B[a] paduss°.

[4—4] B[a] Kiñ ca bhiyyo paduṭṭhassā ti ettha panopadosābhā-vena (ↄ: m a n o p a d o s ā b h ā v e n a).

[5] B[a] avijjamal°. [6] B[a] p ā p i c c h ā b h ā v e n a.

[7] *So* S[kn]; S[g] B[a] evam ettha (ↄ: evam etaṃ yojetabbaṃ × evam ettha yojanā veditabbā).

[8] S[gn] mahantara°, B[a] mahantatara°.

[9] B[a] vāritacatthugāthā. [10] B[a] *ad.* eva.

[11] B[a] °guṇo, S[k] °guṇe. [12] B[a] pabhedak°.

[13] B[a] macchariyo. [14] B[a] pesuṇiyasmi.

vadāmi: mukhaduggā ti gāthāttayaṃ. Tassâyaṃ anuttā-
napadattho: *mukhadugga* mukhavisama, *vibhūta* vigatabhūta 664.
alikavādi, *anariya* asappurisa, *bhūnahu* bhūtihanaka vud-
dhināsaka, *purisanta* antimapurisa, *kali* alakkhipurisa, *ava-*
jāta buddhassa avajātaputta. *Rajam ākirasī* ti kilesarajaṃ 665.
attani pakkhipasi; *papatan* ti sobbhaṃ, *papaṭan*[1] ti pi pāṭho,
so ev' attho; *papadan* ti pi pāṭho, mahānirayan ti attho.
Eti[2] *ha tan* ti ettha ha iti nipāto, tan ti taṃ kusalākusala- 666.
kammaṃ; a t h a v ā *hatan* ti gataṃ paṭipannaṃ, upacitan
ti attho; *suvāmī* ti sāmī tassa[3] kammassa katattā[4], so hi taṃ
kammaṃ *labhat' eva*, n' assa[5] taṃ nassatī ti vuttaṃ hoti;
yasmā ca labhati, tasmā *dukkhaṃ mando . . . pe . . . kib-*
bisakārī. Idāni, yaṃ dukkhaṃ mando passati[6], taṃ pakā- 667ab
sento ayosaṃkusamāhataṭṭhānan[7] ti ādim āha. Tattha
purimaupaḍḍhagāthāya[8] tāva attho: y a n t a ṃ *ayosaṃkūhi*[9]
samāhataṭṭhānaṃ[10] sandhāya Bhagavatā "tam enaṃ bhik-
khave nirayapālā pañcavidhabandhanaṃ nāma kāraṇaṃ
kārentī"* ti vuttaṃ, t a ṃ upeti; evaṃ upeto ca tatth' eva
ādittāya paṭhaviyā nipajjāpetvā nirayapālehi pañcasu[11] ṭhā-
nesu ākoṭiyamānaṃ tattāyokhilasaṃkhātaṃ *tiṇhadhāraṃ*
ayasūlam upeti, yaṃ sandhāya Bhagavatā vuttaṃ: "tat-
taṃ ayokhilaṃ hatthe gamentī" ti ādi. Tato parā[12] upaḍ- 667cd
ḍhagāthā, anekāni vassasahassāni tattha paccitvā pakkā-
vasesānubhavanatthaṃ anupubbena Khārodikanadītīraṃ ga-
tassa y a n t a ṃ "tattaṃ ayoguḷaṃ mukhe pakkhipanti tat-
taṃ tambalohaṃ mukhe āsiñcantī" ti vuttaṃ, t a ṃ san-
dhāya vuttā. Tattha *ayo* ti lohaṃ, *guḷasannibhan* ti belu-
vasaṇṭhānaṃ[13], ayogahaṇena c' ettha tambalohaṃ itarena

---

* A. I, 141[1]; M. III, 182[34].

---

1 ?; Ba papaṭṭaṃ, Skgn papatan (Tr. *suggests* papātan).
2 Skgn Iti. 3 Ba *ad.* t a s s a. 4 Tr. *suggests* kattā.
5 Sg Ba nâssa. 6 Ba passavati.
7 Ba *here and below* samāhataṃ ṭh°. 8 Ba purimaḍḍhag°.
9 Sg Ba ayosaṃkū-. 10 Skgn *ad.* yaṃ. 11 Sgn chasu.
12 Ba Tatōpari, Sk Tato para-upaḍḍhagāthāya (ɔ: t a t o p a r a ṃ ?) 13 Ba veluvakasaṇṭhānaṃ.

ayoguḷaṃ[1] veditabbaṃ; *patirūpan* ti katakammānurūpaṃ.
668. Tato parāsu[2] gāthāsu *na hi vaggū* ti "gaṇhatha paharathā"
ti ādīni[3] *vadantā* narakapālā madhuravacanaṃ na *vadanti;*
nâbhijavantī ti na sumukhabhāvena abhimukhā javanti na
sumukhā upasaṃkamanti, anayavyasanaṃ āvahantā[4] eva
upasaṃkamantī ti vuttaṃ hoti; *na tāṇam upentī* ti tāṇaṃ
leṇaṃ paṭisaraṇaṃ hutvā na upagacchanti, gaṇhantā hanan-
tā eva upentī ti vuttaṃ hoti; *aṅgāre santhate sentī* ti aṅgāra-
pabbataṃ āropitā samānā anekāni vassasahassāni santhate
aṅgāre senti; *agginī samaṃ jalitan* ti samantato jalitaṃ sab-
badisāsu vā samañ jalitaṃ aggiṃ[5]; *pavisantī* ti mahāniraye
pakkhittā samānā ogāhanti, Mahānirayo nāma, yo[6] so "catuk-
kaṇṇo"* ti vutto, yaṃ yojanasate ṭhatvā passataṃ akkhīni
669. bhijjanti. *Jālena ca onahiyānā* ti ayojālena paliveṭhetvā
migaluddakā migaṃ viya *hananti*, idaṃ Devadūte avutta-
kammakaraṇaṃ; *andhaṃ va*[7] *timisam āyantī* ti andhakara-
ṇena andham eva, bahalandhakārattā timisan ti saññita-
Dhūmaroruvan[8] nāma narakaṃ gacchanti, tatra kira nesaṃ
kharadhūmaṃ ghāyitvā akkhīni bhijjanti, tena andhaṃ vā
ti vuttaṃ; *taṃ vitataṃ hi*[9] *yathā mahikāyo* ti, tañ ca andha-
timisaṃ mahikāyo viya vitthataṃ hotī ti attho, *vikatan*[10]
ti pi pāṭho[11]; idam pi Devadūte avuttakammakaraṇaṃ eva.
670. *Atha lohamayan* ti ayaṃ pana Lohakumbhī paṭhavipariyan-
tikā[12] catunahutādhikāni dve yojanasatasahassāni gambhīrā
samatittikā tattalohapūrā hoti; *paccanti hi tāsu cirarattan*
ti tāsu[13] kumbhīsu dīgharattaṃ paccanti; *agginisamāsū* ti

---

* A. I, 141[30].

---

[1] Ba *ad.* ca. [2] Ba aparāsu.
[3] Sgn ādi (Sk ādini). [4] Skgn āhantā.
[5] Ba aggini sampajjalitan ti samantato pajjalita sabba-disāsu ca sampajjalitaṃ aggi.
[6] Skgn *om.* [7] Skgn ve.
[8] Ba saññitaṃ Dhūmaroravaṃ, *om.* nāma.
[9] ?; Ba riva, Skgn *om.* [10] Skgn vitatan.
[11] Ba *ad.* jātivaduyiyāvatā (!). [12] Skgn °pariyantikaṃ.
[13] *So* Ba; Skgn yathārūpādisu.

aggisamāsu; *samuppilavāso* ti samuppilavantā, sakim pi ud-
dhaṃ sakim pi adho gacchamānā pheṇuddehakaṃ paccantī
ti vuttaṃ hoti; Devadūte[1] vuttanayen' eva taṃ veditabbaṃ[2].
Pubbalohitamisse[3] ti pubbalohitamissāya[4] lohakumbhiyā; *tat-* 671.
tha kin ti tattha, *disatan* ti disaṃ[5]; *adhisetī* ti gacchati, *abhi-*
setī ti pi pāṭho, tattha *yaṃ yaṃ* disaṃ allīyati[6] apassayatī[7]
ti attho; *kilissatī* ti bādhīyati, *kilijjatī* ti pi pāṭho, pūtihotī
ti attho; *samphusamāno* ti tena pubbalohitena phuṭṭho
samāno; idam pi Devadūte avuttakammakaraṇaṃ. *Puḷa-* 672.
vāvasathe[8] ti puḷavānaṃ[8] āvāse, ayam pi Lohakumbhī yeva
Devadūte "Gūthanirayo" ti vuttā, yattha[9] patitassa sūci-
mukhapāṇā chaviādīni chinditvā aṭṭhimiñjaṃ khādanti;
gantuṃ na hi tīram ap' atthī[10] ti apa-gantuṃ na hi tīram
[11]atthi; *tīravam*[11] *atthī* ti pi pāṭho, so yev' attho, tīram eva
ettha tīravan[12] ti vuttaṃ; *sabbasamā hi samantakapallā* ti,
yasmā tassā kumbhiyā uparibhāge pi nikkujjitattā sabbat-
tha [13]samā samantato-kaṭāhā, tasmā apagantuṃ tīran n'
atthī ti vuttaṃ hoti. *Asipattavanaṃ* Devadūte vuttana- 673.
yam eva, taṃ hi dūrato ramaṇīyaṃ ambavanaṃ viya dis-
sati, ath' ettha lobhena nerayikā pavisanti, tato nesaṃ vā-
teritāni pattāni patitvā aṅgapaccaṅgāni chindanti, tenâha:
taṃ pavisanti samacchidagattā[14] ti, taṃ pavisanti, tato suṭṭhu
chinnagattā hontī ti; *jivhaṃ baḷisena gahetvā ārajayārajayā*
vihananti[15] ti tattha Asipattavane vegena dhāvitvā patitā-
naṃ musāvādīnaṃ nirayapālā jivhaṃ baḷisena nikkaḍ-
ḍhitvā, yathā manussā allacammaṃ bhūmiyaṃ patthāritvā
khīlehi ākoṭenti, evaṃ ākoṭetvā pharasūhi phāḷetvā ekam

---

1 Ba °dūtena.
2 Ba veditabbā, *om.* taṃ.
3 Ba P u b b e l o h°.
4 Skgn ya *only*.
5 Ba *ad.* va vidisaṃ.
6 Ba *ad.* taṃ.
7 Ba apassatī.
8 Ba Puḷuv°.
9 ?; Ba tattha, Skgn yaṃ yassa.
10 Sgn tīram pi, Ba tīramatthī.
11—11 Ba atthī ti, apagantuṃ na hi tīram.
12 *So* Ba; Skgn tīram evan.
13 Ba *ins.* taṃ·.
14 Ba samucchinnagattānaṃ (*om.* ti).
15 Ba gahetvā aravassāravassā vihaṭantī.

ekaṃ koṭiṃ chinditvā vihananti, chinnachinnakoṭi[1] punappuna samuṭṭhāti; *āracayāracayā* ti pi pāṭho, āviñjitvā[2] āviñjitvā[2] ti attho; etam[3] pi Devadūte avuttakammakaraṇaṃ.
674. *Vetaraṇin* ti Devadūte "mahatī khārodikā nadī" ti vuttā nadī[4], sā kira Gaṅgā viya udakabharitā dissati, ath' ettha 'nahāyissāma, pivissāmā' ti nerayikā patanti[5]; *tiṇhadhāraṃ khuradhāran* ti[6] tiṇhadhārakhuradhāravatin[7] ti vuttaṃ hoti, tassā kira nadiyā uddham adho ubhayatīresu ca tiṇhadhārā khurā[8] paṭipāṭiyā ṭhapitā viya tiṭṭhanti, tena sā tiṇhadhārā khuradhārā ti vuccati,—taṃ tiṇhadhārakhuradhāraṃ udakāsāya *upenti*, allīyantī ti attho; evaṃ upetā[9]
675. ca pāpakammena coditā *tattha mandā papatanti*, bālā ti attho. *Sāmā sabalā* ti etaṃ parato *soṇā* ti iminā yojetabbaṃ, sāmavaṇṇā kammāsavaṇṇā ca soṇā *khādantī* ti vuttaṃ hoti; *kākoḷagaṇā* ti kaṇhakākagaṇā; *paṭigiddhā* ti suṭṭhu sañjātagedhā hutvā, mahāgijjhā ti e k e; *kulalā*[10] ti kulalapakkhino[10], senānam etaṃ nāman ti e k e; *vāyasā* ti akaṇhakākā; idam pi Devadūte avuttakammakaraṇaṃ, tattha vuttāni pi pana kānici idha na vuttāni, tāni[11] etesaṃ purimapacchimabhāgattā vuttān' eva hontī ti veditabbāni.
676. Idāni sabbam ev' etaṃ narakavuttiṃ[12] dassetvā ovadanto kicchā vat' ayan[13] ti gātham āha. Tass' attho: *kicchā vata ayaṃ idha* narake nānappakārakammakaraṇabhedā[14] *vutti, yañ jano passati kibbisakārī, tasmā idha jīvitasese* jīvitasantatiyā vijjamānāya idha loke ṭhito yeva samāno saraṇagamanādikusaladhammānuṭṭhānena *kiccakaro naro* [15]bhaveyya, kiccakaro bhavanto pi ca sātaccakāritāvasen' eva bhaveyya *na pamajje* muhuttam pi na pamādam āpajjeyyā ti. Ayam

---

1 Ba chinnaṃchinnā koṭi. 2 Ba āvijjhitvā.
3 Ba i d a m. 4 Ba vuttanadī.
5 Ba papaṭanti.
6 Ba *ad.* t i ṇ h a d h ā r a k h u r a d h ā r a ṃ.
7 Ba t i k k h a d h°. 8 Ba *ad.* dhārā.
9 Ba upento (*cf.* 479[18]). 10 Ba kulaḷ°.
11 Ba etāni. 12 Ba nārakav°. 13 Ba vatâyan.
14 Ba nānappakārakakammakāraṇabh°.
15 Ba *ins.* s i y ā.

ettha samuccayavaṇṇanā, yasmā pana vuttāvasesāni padāni pubbe vuttanayattā uttānatthattā ca suviññeyyān' eva, tasmā anupadavaṇṇanā na katā ti

KOKĀLIYASUTTAVAṆṆANĀ NIṬṬHITĀ.

11.

Ānandajāte ti Nālakasuttaṃ[1]. Kā uppatti: Padumutta- (679).
rassa kira bhagavato sāvakaṃ moneyyapaṭipadaṃ paṭipannaṃ disvā tathattaṃ abhikaṃkhamāno tato pabhuti kappasatasahassaṃ pāramiyo pūretvā Asitassa isino bhāgineyyo Nālako nāma tāpaso Bhagavantaṃ dhammacakkappavattitadivasato sattame divase "aññātam etan" ti ādīhi dvīhi gāthāhi moneyyapaṭipadaṃ pucchi. Tassa Bhagavā "moneyyan te upaññissan" ti ādinā nayena taṃ vyākāsi. Parinibbute pana Bhagavati saṅgītiṃ karontenâyasmatā Mahākassapena āyasmā[2] Ānando tam eva moneyyapaṭipadaṃ puṭṭho, yena yadā ca samādapito Nālako Bhagavantaṃ pucchi, taṃ sabbaṃ pākaṭaṃ katvā dassetukāmo "ānandajāte" ti ādikā vīsati vatthugāthāyo[3] vatvā abhāsi. Taṃ sabbam pi Nālakasuttan ti vuccati.

Tattha *ānandajāte* ti samiddhijāte vuddhippatte, *patīte* 679.
ti tuṭṭhe; atha vā ānandajāte ti pamudite, patīte ti somanassajāte; *sucivasane* ti akiliṭṭhavasane, devānaṃ hi kapparukkhanibbattāni[4] vasanāni rajaṃ vā malaṃ vā na gaṇhanti; *dussaṃ gahetvā* ti idha-dussasadisattā[5] "dussan" ti laddhavohāraṃ dibbavatthaṃ ukkhipitvā; *Asito isī* ti kaṇhasarīravaṇṇattā evaṃ laddhanāmo isi; *divāvihāre* ti divāvihāraṭṭhāne. Sesaṃ padato uttānam eva, sambandhato pana: Ayaṃ kira Suddhodanassa pitu Sīhahanurañño purohito Suddhodanassa pi anabhisittakāle sippācariyo hutvā abhisittakāle purohito yeva ahosi. Tassa sāyaṃ pātaṃ[6] rājūpaṭṭhānaṃ āgatassa rājā daharakāle viya nipaccakāraṃ akatvā añjalikammamattam eva karoti, dhammatā kir'

---

[1] B[a] *writes* Nāḷaka° *and* Nālaka°. [2] B[a] *om.*
[3] B[a] *ad.* ca. [4] S[kgn] kapparukkhakanibbattāni.
[5] B[a] idha du(s)sassa sad°. [6] S[kgn] sāya-pātaṃ.

esā pattābhisekānam Sakyarājūnam. Purohito tena nibbij-
jitvā "pabbajām' aham mahārājā" ti āha. Rājā tassa
nicchayam ñatvā "tena hi ācariya mam' eva uyyāne vasi-
tabbam, yathā te aham abhiṇham passeyyan" ti yāci.
So "evam hotū" ti paṭisuṇitvā tāpasapabbajjam pabba-
jitvā raññā upaṭṭhahiyamāno uyyāne yeva vasanto kasiṇa-
parikammam katvā aṭṭha samāpattiyo pañcâbhiññāyo ca
nibbattesi. So tato pabhuti rājakule bhattakiccam katvā
Himavanta[1]-Cātummahārājikabhavanādīnam aññataram[2] gan-
tvā divāvihāram[3] karoti. Ath' ekadivasam Tāvatimsabha-
vanam gantvā ratanavimānam pavisitvā dibbaratanapal-
lamke nisinno samādhisukham anubhavitvā sāyaṇhasama-
yam vuṭṭhāya vimānadvāre ṭhatvā ito c' ito ca vilokento
saṭṭhiyojanāya mahāvīthiyā celukkhepam katvā bodhisatta-
guṇūpasamhitāni thutivacanāni vatvā kīḷante Sakkapamukhe
deve addasa, tenâhâyasmā Ānando: ānandajāte . . . pe . . .
divāvihāre ti. Tato so evam disvāna deve . . . pe . . .
680. kim paṭicca. Tattha *udagge* ti abbhunnatakāye; *cittim
karitvā*[4] ti ādaram katvā; *kallarūpo*[5] ti tuṭṭharūpo[6]. Sesam
uttānattham eva.

Idāni yadā pi āsī ti ādikā gāthā uttānasambandhā eva,
681. padattho pana paṭhamagāthāya tāva: *saṅgamo* ti saṅgāmo;
jayo surānan ti devānam jayo, tassâvibhāvattham ayam
anupubbikathā[7] veditabbā: *Sakko kira Magadharaṭṭhe
Macalagāmavāsi-tettimsapurisaseṭṭho Magho[8] nāma māṇavo
hutvā satta vatapadāni pūretvā Tāvatimsabhavane nib-
batti saddhim parisāya. Tato pubbadevā[9] "āgantukadeva-
puttā āgatā, sakkāram nesam karomā" ti[10] vatvā dibbapa-

* Dhp. A. I, 265^{20}, J. A. I, 199.

[1] S^k^ B^a^ °ntam. [2] B^a^ *ad.* pi. [3] B^a^ dibbāhāram, S^g^ *om.* divā.
[4] S^kgn^ vittim k°, B^a^ cittik°.
[5] *So* S^kgn^ B^a^; *at* $486^{13, 16}$ B^a^ *has* kallarūp°, S^kg^ kalyāṇa-
rūp°; *at* 488^{13} S^kgn^ *have* akalla°, B^a^ akalya°.
[6] B^a^ kalyāṇarūpo. [7] S^kgn^ anupubbakathā.
[8] B^a^ -tettimsamanussānam seṭṭho Māgho.
[9] B^a^ pubbe devā. [10] B^a^ karissāmā ti.

dumāni upanāmesuṃ upaḍḍharajjena ca nimantesuṃ. Sak-
ko upaḍḍharajjena asantuṭṭho sakaparisaṃ saññapetvā eka-
divasaṃ surāmadamatte te pāde gahetvā Sinerupabbata-
papāte[1] khipi; tesaṃ Sinerussa heṭṭhimatale satasahassayo-
janaṃ Asurabhavanaṃ nibbatti Pāricchattakapaṭicchanda-
bhūtāya[2] Citrapāṭaliyā upasobhitaṃ. Tato te satiṃ paṭi-
labhitvā[3] Tāvatiṃsabhavanaṃ apassantā 'aho re naṭṭhā
mayaṃ pānamadadosena; na dāni mayaṃ suraṃ pivimha
asuraṃ pivimha, na dāni mha surā asurā [4]dāni jāt' amhā'
ti—tato pabhuti asurā icc eva uppannasamaññā hutvā
'han(da) dāni devehi saddhiṃ saṅgāmemā' ti Sineru(m)
parito ārohiṃsu. Tato Sakko asure yuddhena abbhuggantvā
puna pi samudde pakkhipitvā catusu dvāresu attano sadisā
Indapaṭimā māpetvā ṭhapesi. Tato asurā[4] 'appamatto
vatâyaṃ Sakko niccaṃ rakkhanto tiṭṭhatī' ti cintetvā punad
eva nagaraṃ āgamiṃsu; tato devā attano jayaṃ ghosentā
mahāvīthiyaṃ celukkhepaṃ karontā nakkhattaṃ kīḷiṃsu.
Atha Asito atītānāgate cattāḷīsa kappe anussarituṃ samat-
thatāya 'kin nu kho imehi pubbe pi evaṃ kīḷitapubban'
ti āvajjento taṃ devāsurasaṅgāme[5] devavijayaṃ disvā āha:
*yadā pi āsi asurehi saṅgamo jayo surānaṃ asurā parājitā;
tadā pi n' etādiso lomahaṃsano* ti tasmiṃ pi kāle etādiso
lomahaṃsano pamodo na āsi; *kiṃ abbhutaṃ daṭṭhu marū
pamoditā* ti ajja kiṃ pana abbhutaṃ disvā evaṃ devā pamu-
ditā[6] ti. Dutiyagāthāya *seḷantī*[7] ti mukhena usselanasad- 683.
daṃ[8] muñcanti; *gāyanti* nānāvidhāni gītāni, *vādayanti* aṭ-
ṭhasaṭṭhiṃ turiyasahassāni, *poṭhenti* appoṭhenti; *pucchāmi
vo 'han* ti attanā āvajjitvā ñātuṃ samattho pi[9] tesaṃ vaca-
naṃ sotukamyatāya[10] pucchati; *Merumuddhavāsine*[11] ti Sine-
rumuddhani vasante, Sinerussa hi heṭṭhimatale dasayojana-

---

1 Ba °pabbatapāde.
2 Ba Pāricchattakaparicchannabh°, Sn Pāricchacchandabh°.
3 Skgn *om.* paṭi-. 4-4 Skgn *om.* 5 Ba tad eva asuras°.
6 Ba pamoditā. 7 *So* Sk; Ba seḷenti, Sgn selanti.
8 Ba mukhena dassetvā tunasaddam.
9 Sk °samatthe tathā pi. 10 Ba °kāmatāya.
11 Ba Merumuddhanivāsine.

sahassaṃ Asurabhavanaṃ, majjhimatale dvisahassaparitta-
dīpaparivārā[1] cattāro mahādīpā, uparimatale dasayojana-
sahassaṃ Tāvatiṃsabhavanaṃ, tasmā devā Merumuddha-
vāsino[2] ti vuccanti; *mārisā* ti deve āmanteti, niddukkhā
683. nirābādhā ti vuttaṃ hoti*. Ath' assa taṃ atthaṃ ārocentehi
devehi vuttāya tatiyagāthāya *bodhisatto* ti bujjhanakasatto
sammāsambodhiṃ gantuṃ araho satto; *ratanavaro* ti vara-
ratanabhūto; *ten' amha tuṭṭhā* ti tena kāraṇena mayaṃ tuṭ-
ṭhā, so hi buddhattaṃ patvā tathā dhammaṃ desessati,
yathā mayañ ca aññe ca devagaṇā sekhāsekhabhūmiṃ pā-
puṇissāma, manussā pi 'ssa dhammaṃ sutvā, ye na sakkhis-
santi parinibbātuṃ, te dānādīni katvā devaloke paripūres-
santī ti ayaṃ kira nesaṃ adhippāyo. Tattha "*tuṭṭhā, kal-
yarūpā*" ti kiñcâpi idaṃ padadvayam atthato abhinnaṃ,
tathā pi "kiṃ abbhutaṃ daṭṭhu marū pamoditā, kiṃ deva-
saṃgho ati-r-iva kalyarūpo" ti imassa pañhadvayassa vis-
sajjanatthaṃ vuttan ti veditabbaṃ. Idāni, yenâdhippā-
yena bodhisatte jāte tuṭṭhā ahesuṃ, taṃ āvikarontehi vut-
684. tāya catutthagāthāya *satta*gahaṇena devamanussagahaṇaṃ,
*pajā*gahaṇena sesagatigahaṇaṃ[3], evaṃ dvīhi padehi pañ-
casu pi gatisu seṭṭhabhāvaṃ dasseti, tiracchānā pi hi sīhā-
dayo asantasādiguṇayuttā[4], te pi ayam eva atiseti, tasmā
pajānam uttamo ti vutto, devamanussesu pana ye attahi-
tāya-paṭipannādayo cattāro puggalā†, tesu ubhayahitapa-
ṭipanno *aggapuggalo* ayaṃ, naresu ca usabhasadisattā *narā-
sabho*; ten' assa[5] thutiṃ bhaṇantā idam pi padadvayam
685. āhaṃsu. Pañcamagāthāya *taṃ saddan* ti taṃ devehi vut-
tavacanasaddaṃ; *avaṃsarī* ti otari; *tada bhavanan* ti tadā
686. bhavanaṃ. Chaṭṭhagāthāya[6] *tato* ti Asitassa vacanato
anantaraṃ; *ukkāmukhe vā* ti ukkāmukhe eva, mūsāmukhe[7]
ti vuttaṃ hoti; *sukusalasampahaṭṭhan* ti kusalena suvaṇ-

* Spk. *ad.* S. I, 1[14]. † (A. II, 96[3]).

[1] S^{kgn} °dvīpa°, *om.* -paritta-. [2] B^{a} Sinerumuddhanivāsino.
[3] *So* B^{a}; S^{k} sesapatigahaṇaṃ, $S^{g(n)}$ s e s a j ā t i g a h a ṇ a ṃ.
[4] B^{a} a s a n t ā s ā d i g° (*cf.* 468[12]). [5] B^{a} tena c' a(s)sa.
[6] S^{kgn} Chaṭṭhamag°. [7] B^{a} musāukkāmukhe.

ṇakārena saṃghaṭṭitaṃ, saṃghaṭṭentena tāpitan ti adhippāyo; *daddallamānan* ti vijjotamānaṃ; *Asitavhayassā* ti Asitanāmassa dutiyena nāmena Kaṇhadevalassa[1] isino. Sat- 687.
tamagāthāya *tārāsabhaṃ vā* ti tārānaṃ usabhasadisaṃ, candan ti adhippāyo; *visuddhan* ti abbhādiupakkilesarahitaṃ; *sarada-r-ivā* ti sarade iva; *ānandajāto* ti savanamatten' eva uppannāya pītiyā pītijāto[2] *alattha pītiṃ* disvāna puna pi pītiṃ labhi[3]. Tato paraṃ bodhisattassa devehi sadā[4] pa- 688.
yujjamānasakkāradīpanatthaṃ vuttaaṭṭhamagāthāya *anekasākhan* ti anekasalākaṃ, *sahassamaṇḍalan* ti rattasuvaṇṇamayasahassamaṇḍalayuttaṃ, *chattan* ti dibbasetacchattaṃ; *vītipatantī* ti sarīraṃ vījamānā patanuppatanaṃ karonti. Navamagāthāya *jaṭī* ti jaṭilo, *Kaṇhasirivhayo* ti kaṇha-sad- 689.
dena ca siri-saddena ca avhayamāno[5], taṃ kira Sirikaṇho ti pi avhayanti āmantenti, ālapantī ti vuttaṃ hoti; *paṇḍukambale* ti rattakambale, adhikārato[6] c' ettha "kumāran" ti vattabbaṃ pāṭhaseso vā kātabbo, purimagāthāyañ ca hatthapāsagataṃ sandhāya "disvā" ti vuttaṃ, idha pana hatthapāsagataṃ paṭiggahaṇatthaṃ upanītaṃ[7] *disvā*-punavacanaṃ na dussati, purimaṃ v ā dassanaṃ pītilābhāpekkhaṃ[8] gāthāvasāne "vipulaṃ alattha pītin" ti vacanato, idaṃ paṭiggahāpekkhaṃ avasāne "sumano paṭiggahe" ti vacanato, purimañ ca kumārasambandhaṃ eva, idaṃ setacchattasambandhaṃ pi: satasahassagghanake Gandhārarattakambale[9] suvaṇṇanekkhaṃ viya kumāraṃ "chattaṃ marū" ti etthạ vuttappakāraṃ setacchattaṃ dhāriyantaṃ muddhani disvā ti,—k e c i pana "idaṃ mānusakacchattaṃ[10] sandhāya vuttan" ti bhaṇanti, yath' eva hi devā, evaṃ manussā pi[11] chattacāmaramorahatthatālavaṇṭavālavījanihatthā[12] Mahāpurisaṃ upagacchantī ti—, evaṃ sante pi na

---

1 Ba Kaṇhadevīlassa. 2 Ba *om.* pīti-. 3 Skgn labhati.
4 Ba sayaṃ. 5 *So* Skgn Ba. 6 Ba adhikaraṇan.
7 Ba paṭigahetvā upanītaṃ, S(k)gn paṭiggahanattha(pa)munītaṃ. 8 Skgn dassanapītil°.
9 Ba gandharattak°.
10 Ba manussakaṃ ch° (*at* 487[11] Sk *has* dibbaṃ setacch°).
11 Ba *ad.* taṃ. 12 Ba °tālapaṇṇavala°.

tassa vacanena koci atisayo atthi, tasmā yathāvuttaṃ[1] eva
sundaraṃ; *paṭiggahe* iti ubhohi hatthehi paṭiggahesi, isiṃ
kira vandāpetuṃ kumāraṃ upanesuṃ, ath' assa pādā pari-
vattityā isissa matthake patiṭṭhahiṃsu, so taṃ pi acchari-
690. yaṃ disvā *udaggacitto*[2] *sumano* paṭiggahesi. Dasamagā-
thāyaṃ [3]*jigiṃsako* ti jigiṃsanto[3], magganto pariyesanto
upaparikkhanto ti vuttaṃ hoti; so *lakkhaṇamantapāragū*
ti lakkhaṇānañ ca[4] vedānañ ca pāragato[5]; *anuttar' āyan* ti
anuttaro ayaṃ, so kira attano abhimukhāgatesu Mahāsat-
tassa pādatalesu cakkāni disvā tadanusārena sesalakkhaṇāni
jigiṃsanto sabbalakkhaṇasampattiṃ disvā 'addhā ayaṃ
691. buddho bhavissatī' ti ñatvā evam āha. Ekādasāyaṃ *ath'*
attano gamanan ti paṭisandhivasena āruppagamanaṃ; *akal-*
yarūpo gaḷayati assukānī ti taṃ attano arūpūpapattiṃ anus-
saritvā 'na dān' āhaṃ assa dhammadesanaṃ sotuṃ lac-
chāmī' ti atuṭṭharūpo balavasokābhibhavena domanassa-
jāto hutvā assūni pāteti gaḷayati, *garayatī*[6] ti pi pāṭho.
'Yadi pan' esa rūpabhave cittaṃ nameyya[7], kin tattha na
uppajjeyya, yen' evaṃ rodatī' ti: na[8] na uppajjeyya, akusalā-
tāya pan' etaṃ vidhiṃ na jānāti. 'Evaṃ sante pi domanas-
suppatti yev' assa ayuttā samāpattilābhena vikkhambhi-
tattā' ti ce: na[4], vikkhambhitattā eva, maggabhāvanāya
samucchinnā hi kilesā na[9] uppajjanti, samāpattilābhīnaṃ
pana balavappaccayena uppajjanti. 'Uppanne kilese pari-
hīnajhānattā kut' assa āruppagamanan' ti ce: appakasirena
punâdhigamā[10], samāpattilābhino hi uppanne kilese balava-
vītikkamam anāpajjantā vūpasantamatte yeva kilesavege
puna taṃ visesaṃ appakasiren' evâdhigacchanti 'parihīna-
visesā ime' ti pi duviññeyyā honti, tādiso ca eso[11]. *No ce*
kumāre bhavissati antarāyo ti bhavissati nu kho imasmiṃ

---

[1] Sk *om.* yathā-. [2] Ba tuṭṭhacitto.
[3–3] Skgn jigiṃsanto ti jigiṃsako; Ba jigisanto *only*.
[4] Ba *om.* [5] Ba pāraṃ gat°, *here and* 491[6].
[6] (*Cf.* 606[6–8]); Ba garatī (*at* 488[14] Ba *has* garahati).
[7] Ba n ā m e y y a. [8] Skgn *om.*
[9] Sk < naṃ; Sgn naṃ; Ba n' eva.
[10] Ba °gamanato. [11] Skgn esa.

kumāre antarāyo. Dvādasāyaṃ *na orak' āyan* ti ayaṃ orako 692.
paritto na hoti, uttaragāthāya vattabbaṃ buddhabhāvaṃ
sandhāyâha. Terasāyaṃ *sambodhiyaggan* ti sabbaññutañā- 693.
ṇaṃ, taṃ hi aviparītabhāvena sammā bujjhanato sambodhi,
katthaci āvaraṇābhāvena sabbañāṇuttamato aggañ ca vuc-
cati[1]; *phusissatī* ti pāpuṇissati; *paramavisuddhadassī*[2] ti
nibbānadassī, taṃ hi ekantavisuddhattā paramavisuddhaṃ;
vitthārik' assā ti vitthārikaṃ assa; *brahmacariyan* ti sāsa-
naṃ. Cuddasāyaṃ *ath' antarā* ti antarā yeva, assa sambo- 694.
dhipattito orato evā ti vuttaṃ hoti; *na sossan* ti na suṇis-
saṃ; *asamadhurassā* ti asamaviriyassa; *atto* ti āturo, *vyasa-
nagato* ti sukhavināsaṃ patto, *aghāvī* ti dukkhito, sabbaṃ
domanassuppādaṃ eva sandhāya āha: domanassena hi so
āturo, tañ c' assa sukhavyasanato vyasanaṃ—sukhavinā-
sanato ti vuttaṃ hoti—, tena ca[3] so[3] cetasikaaghabhūtena
aghāvī. Pannarasāyaṃ *vipula*[4] *janetvā* ti vipulaṃ janetvā, 695.
ayaṃ eva v ā pāṭho; *niragamā*[5] ti niggato. Evaṃ niggato
ca *so bhāgineyyaṃ sayan* ti sakaṃ bhāgineyyaṃ, attano[6]
bhaginiyā puttan ti vuttaṃ hoti; *samādapesī* ti attano appā-
yukabhāvaṃ ñatvā kaniṭṭhabhaginiyā ca puttassa Nāla-
kassa māṇavakassa upacitapuññataṃ 'attano balena ñatvā
vuddhippatto pamādaṃ pi āpajjeyyā' ti taṃ[3] *anukampa-
māno* bhaginigharaṃ[7] gantvā "kahaṃ Nālako" ti—"bahi
bhante kīḷatī" ti—"ānetha nan" ti āṇāpetvā taṃ khaṇaṃ
yeva[8] tāpasapabbajjaṃ pabbājetvā[9] samādapesi ovadi anu-
sāsi, kathaṃ: buddho ti ghosaṃ . . . pe . . . brahmacari- 696.
yan ti[10]. Tattha *yada parato* ti yadā parato; *dhammamaggan*
ti paramadhammassa nibbānassa maggaṃ, *dhammaṃ* v ā
aggaṃ saha paṭisambhidāya[11] nibbānaṃ; *tasmin* ti tassa san-
tike; *brahmacariyan* ti samaṇadhammaṃ. Sattarasāyaṃ 697.
tādinā ti tassaṇṭhitena[12], tasmiṃ samaye kilesavikkham-

---

1 Ba aggan ti pavuccati.
2 Ba °visuddhidassin.
3 Ba *om.*
4 Skn °lā, Sg Ba °laṃ.
5 Ba niggamā (Sgn niraṅgamā).
6 Ba *ad.* pi.
7 Ba bhaginiyā gharaṃ.
8 Ba *ad.* taṃ.
9 Ba pabbajjāpetvā.
10 Ba *ad.* soḷasamagāthaṃ āha.
11 Ba p a ṭ i p a d ā y a.
12 Skgn Ba tassaṭhitena.

bhane samādhilābhe ca sati vikkhambhitakilesena samāhitacittena cā ti adhippāyo; *anāgate paramavisuddhadassinā* ti 'ayaṃ Nālako anāgate[1] Bhagavato santike paramavisuddhaṃ nibbānaṃ passissatī' ti evaṃ diṭṭhattā so isi iminā pariyāyena anāgate paramavisuddhadassī ti vutto, tena anāgate paramavisuddhadassinā; *upacitapuññasañcayo* ti Padumuttarato pabhuti katapuññasañcayo; *patikkhan*[2] ti āgamayamāno; *parivasī* ti pabbajitvā tāpasavesena vasi; *rakkhitindriyo* ti[3] rakkhitasotindriyo[3] hutvā, so kira tato pabhuti udake na[3] nimujji 'udakaṃ pavisitvā sotindriyaṃ vināseyya,
698. tato dhammasavanabāhiro bhaveyyan' ti cintetvā. Aṭṭhārasāyaṃ *sutvāna ghosan* ti so Nālako evaṃ parivasanto anupubbena Bhagavatā sambodhiṃ patvā Bārāṇasiyaṃ dhammacakke pavattite taṃ "Bhagavatā dhammacakkaṃ pavattitaṃ, sammāsambuddho vata Bhagavā uppanno" ti ādinā nayena *jinavaracakkavattane* pavattaghosaṃ attano atthakāmāhi devatāhi āgantvā ārocitaṃ sutvā; *gantvāna disvā isinisabhan* ti sattāhaṃ devatāhi moneyyakolāhale* kayiramāne sattame divase Isipatanaṃ gantvā 'Nālako āgamissati, tassa dhammaṃ desessāmī' ti iminā ca[4] abhisandhinā varabuddhāsane nisinnaṃ disvā nisabhasadisaṃ isinisabhaṃ Bhagavantaṃ; *pasanno* ti saha dassanen' eva pasannacitto hutvā; *moneyyaseṭṭhan* ti [ñatvā] ñāṇuttamaṃ, maggañāṇan ti vuttaṃ hoti; *samāgate Asitavhayassa sāsane* ti Asitassa isino ovādakāle anuppatte, tena hi[5] "yadā vicarati dhammamaggaṃ, tadā gantvā paripucchiyāno[6] carassu tasmiṃ Bhagavati brahmacariyan" ti anusiṭṭho, ayañ ca so kālo, tena vuttaṃ: samāgate Asitavhayassa sāsane ti. Sesaṃ ettha pākaṭaṃ eva. Ayan tāva vatthugāthāvaṇṇanā.

699. Pucchāgāthādvaye *aññātam etan* ti viditaṃ mayā etaṃ, *yathātathan* ti aviparītaṃ; ko adhippāyo: yaṃ Asito 'sambodhiṃ aggaṃ phusissat' āyaṃ kumāro' ti ñatvā "buddho

---

* *Cf.* Pj. I, 120–121.

---

1 Ba *ad.* kāle. 2 Ba paṭikkhan, Skgn parikkhan. 3 Skgn *om.* 4 Ba *om.* 5 Ba *ad.* 'ssa. 6 Skgn *om.* pari-; Ba paripucchiyamāno.

ti ghosaṃ yadi parato suṇāsi: sambodhippatto vicarati
dhammamaggan" ti maṃ avaca, t a ṃ etaṃ mayā *Asi-*
tassa[1] *vacanaṃ* ajja Bhagavantaṃ sakkhiṃ disvā 'yathā-
tatham evā' ti[2] aññātan ti; *tan tan* ti tasmā taṃ; *sabba-*
dhammānaṃ pāragun ti Hemavatasutte* vuttanayena chahi
ākārehi sabbadhammānaṃ pāragataṃ. *Anagāriy' upetassā* 700.
ti anāgāriyaṃ[3] upetassa, pabbajitassā ti attho; *bhikkhācari-*
yaṃ jigiṃsato ti ariyehi āciṇṇaṃ anupakkiliṭṭhaṃ bhikkhācari-
yaṃ pariyesamānassa; *moneyyan* ti munīnaṃ santakaṃ, *utta-*
maṃ padan ti uttamapaṭipadaṃ. Sesaṃ ettha pākaṭam eva.

Ath' assa evaṃ puṭṭho Bhagavā moneyyan te upaññissan
ti ādinā nayena moneyyapaṭipadaṃ vyākāsi. Tattha *upañ-* 701ab.
ñissan ti upaññāpeyyaṃ vivareyyaṃ, paññāpeyyan ti
attho; *dukkaraṃ* [4]*durabhisambhavan* ti, kātuñ ca[4] dukkhaṃ
kayiramānañ ca sambhavituṃ sahituṃ dukkhan ti vuttaṃ
hoti. Ayaṃ pan' ettha adhippāyo: ahan te moneyyaṃ
paññāpeyyaṃ[5], yadi taṃ kātuṃ vā abhisambhotuṃ vā su-
khaṃ bhaveyya, evaṃ[6] pana dukkaraṃ durabhisambhavaṃ
puthujjanakālato pabhuti kilesacittaṃ[7] anuppādetvā paṭi-
pajjitabbato, tathā hi naṃ ekassa buddhassa eko sāvako
karoti ca sambhoti cā ti. Evaṃ Bhagavā moneyyassa duk-
karabhāvaṃ durabhisambhavatañ[8] ca dassento Nālakassa
ussāhaṃ janetvā taṃ assa vattukāmo āha: handa te naṃ
pavakkhāmi, santhambhassu daḷho bhavā ti. Tattha *handā* 701cd.
ti vyavasānatthe[9] nipāto†; *te naṃ pavakkhāmī* ti tuyhaṃ
taṃ moneyyaṃ pavakkhāmi[10]; *santhambhassū* ti d u k k a r a-
karaṇasamatthena viriyūpatthambhena attānaṃ upatthambhaya[11], *daḷho bhavā* ti d u r a b h i s a m b h a v a-sahana-
samatthāya asithilaparakkamatāya thiro hohi. Kiṃ vut-

* (210^6). † *Cf.* 200^20.

[1] B^a Asitavhayassa. [2] B^a eva, *om.* ti. [3] B^a °gāriya-.
[4–4] S^kgn durabhisambhavañ ca. [5] S^kgn paññap° (*cf.* 491^13).
[6] *So* S^kgn B^a (Tr. *suggests* etaṃ). [7] B^a kiliṭṭhacittaṃ.
[8] S^kgn °sambhavañ.
[9] B^a byavassayatthe (ɔ: vyavasāyatthe).
[10] S^k *om.* pa-. [11] B^a °tthambhassu.

taṃ hoti: yasmā tvaṃ upacitapuññasambhāro, tasmâhaṃ
ekantavyavasito va hutvā evaṃ dukkaraṃ durabhisambha-
vam pi samānaṃ tuyhaṃ taṃ moneyyaṃ pavakkhāmi, san-
thambhassu daḷho bhavā ti.
702^{ab}. Evam paramasallekhaṃ moneyyavattaṃ vattukāmo Nāla-
kaṃ santhambhane daḷhībhāve ca niyojetvā paṭhamaṃ
tāva g ā m ū p a n i b a d d h a k i l e s a-ppahānaṃ dassento
samānabhāgan[1] ti upaḍḍhagātham āha. Tattha *samāna-
bhāgan*[2] ti samabhāgaṃ[2] ekasadisaṃ ninnānākaraṇaṃ; *akkuṭ-*
702^{cd}. *ṭhavanditan* ti akkosañ ca vandanañ ca. Idāni, yathā taṃ
samānabhāgaṃ kayirati, taṃ upāyaṃ dassento manopado-
san ti upaḍḍhagātham āha. Tass' attho: akkuṭṭho *mano-
padosaṃ rakkheyya*, vandito *santo anunnato care*[3] raññā pi
vandito samāno 'maṃ vandatī' ti uddhaccaṃ nâpajjeyya*.
703. Idāni a r a ñ ñ ū p a n i b a d d h a k i l e s a-ppahānaṃ das-
sento uccāvacā ti gātham āha. Tass' attho: araññasaññite
dāye pi iṭṭhāniṭṭhavasena *uccāvacā* nānappakārā ārammaṇā
niccharanti cakkhādīnaṃ āpātham āgacchanti, te ca kho
aggisikhūpamā pariḷāhajanakaṭṭhena, yathā v ā ḍayhamāne
vane aggisikhā nānappakāratāya uccāvacā niccharanti sa-
dhūmā pi vidhūmā pi nīlā pi pītā pi rattā pi khuddakā pi
mahantā pi, evaṃ sīhavyagghamanussāmanussavividhavi-
hagaviruta-pupphaphalapallavādibhedavasena[4] nānappakā-
ratāya[5] dāye uccāvacā ārammaṇā niccharanti bhiṃsanakā
pi rajanīyā[6] pi dosanīyā[7] pi[7] mohanīyā pi, tenâha: uccāvacā
niccharanti dāye aggisikhūpamā ti; evaṃ niccharantesu
ca uccāvacesu ārammaṇesu, yā kāci uyyānavanacārikaṃ
gatā samānā pakatiyā vā vanacāriniyo kaṭṭhahārikādayo
rahogataṃ disvā hasitalapitaruditadunnivatthādīhi *nāriyo
muniṃ palobhenti, tā su taṃ mā palobhayuṃ* tā[8] nāriyo
taṃ mā tu palobhayuṃ, yathā na ppalobhenti, tathā
karohī ti vuttaṃ hoti.

* [S.N. 36C^{a}].

[1] S^{kgn} °bhāvaṃ. [2] S^{kgn} (*and, perhaps, also* B^{a}) °bhāvaṃ.
[3] B^{a} careyyā pa. [4] B^{a} °vihaṃga°.
[5] B^{a} °ppakārakā tā, *om.* dāye. [6] B^{a} rañjanīyā.
[7] B^{a} *om.* [8] B^{a} ti.

Evam assa Bhagavā gāme ca araññe ca paṭipattividhiṃ dassetvā idāni sīlasaṃvaraṃ dassento virato methunā dhammā ti gāthādvayam āha. Tattha *hitvā kāme parovare*[1] ti 704.
methunadhammato avasese pi sundare ca asundare ca pañca kāmaguṇe hitvā, tappahānena hi methunavirati susampannā hoti, tenâha: hitvā kāme parovare[1] ti. Ayam ettha adhippāyo; "aviruddho" ti ādīni pana[2] "na haneyya na ghātaye" ti ettha vuttāya pāṇātipātā-veramaṇiyā sampattidassanatthaṃ vuttāni. Tatrâyaṃ saṃkhepavaṇṇanā: parapakkhiyesu[3] *pāṇesu aviruddho*, attapakkhiyesu *asāratto*, sabbe pi[4] sataṇhanittaṇhatāya *tasathāvare* pāṇe—'jīvitukāmatāya amaritukāmatāya sukhakāmatāya dukkhapaṭikkūlatāya ca
'*yathā ahan tathā ete*' ti attasamānatāya tesu virodhaṃ vi- 705.
nento, ten' eva pakārena '*yathā ete tathā ahan*' ti parasamānatāya[5] ca attani anurodhaṃ vinento, evaṃ ubhayathā pi anurodhvirodhavippahīno* hutvā maraṇapaṭikkūlatāya *attānaṃ upamaṃ katvā*—pāṇesu ye keci tase vā thāvare vā pāṇe *na haneyya* sāhatthikādīhī payogehi *na ghātaye* āṇattikādīhī ti†.

Evam assa[6] methunaviratipāṇātipātaviratimukhena sam- 706.
khepato pātimokkhasīlaṃ vatvā "hitvā kāme" ti ādīhi indriyasaṃvarañ ca dassetvā idāni ājīvapārisuddhiṃ dassento hitvā icchañ cā ti gātham āha. Tass' attho: yâyaṃ taṇhā 'ekaṃ laddhā dutiyaṃ icchati, dve laddhā tatiyaṃ, satasahassaṃ laddhā tat' uttarim[7] pi icchatī' ti evaṃ appaṭiladdhavisayaṃ icchanato icchā ti vuccati, yo câyaṃ paṭiladdhavisayalubbhano[8] lobho, taṃ *hitvā icchañ ca lobhañ ca, yattha satto puthujjano* yasmiṃ cīvarādippaccaye tehi icchālobhehi puthujjano satto laggo paṭibaddho tiṭṭhati, tattha[9] taṃ ubhayam pi hitvā paccayat-

* [S.N. 362c].

† Asl. 97[26] *etc.*, Sp. I, 239[3] *ad* Vin. III, 71[29] (Pj. I. 29–31).

[1] Ba paropare. [2] Ba padāni. [3] Ba *ad.* vā.
[4] Skgn Ba *ad.* su. [5] Ba paresaṃ samānatāya.
[6] Skgn Evam ev' assa. [7] Ba taduttari.
[8] Ba ° visayaṃ lubbhanto. [9] Ba ttha.

thaṃ ājīvapārisuddhiṃ avirādhento[1] ñāṇacakkhunā *cakkhumā* hutvā imaṃ moneyyapaṭipadaṃ *paṭipajjeyya*, evaṃ hi paṭipanno *tareyya narakaṃ imaṃ*, duppūraṭṭhena[2] narakasaññitaṃ micchājīvahetubhūtaṃ imaṃ paccayataṇhaṃ tareyya imāya v ā[3] paṭipadāya tareyyā ti vuttaṃ hoti.

707. Evam paccayataṇhappahānamukhena ājīvapārisuddhiṃ dassetvā idāni bhojane mattaññutāmukhena paccayaparibhogasīlaṃ tadanusāren' eva, yāva arahattappatti, tāva paṭipadaṃ dassento ūnūdaro[4] ti gāthaṃ[5] āha. Tass' attho: dhammena samena laddhesu itarītaracīvarādisu paccayesu āhāran tāva āhārento

"cattāro pañca ālope abhutvā udakam pive,
alam phāsuvihārāya pahitattassa bhikkhuno"* ti

vuttanayena[6] *ūnaudaro* assa na vātabharitabhastā viya uddhumātūdaro, bhattasammadappaccayā thīnamiddhaṃ parihareyyā ti vuttaṃ hoti; ūnūdaro honto pi ca *mitāhāro* assa bhojane mattaññū "n' eva davāyā"† ti ādinā paccavekkhaṇena guṇato dosato[7] ca paricchinnāhāro; evam mitāhāro samāno pi paccaya-dhutaṅga-pariyatti-adhigamavasena catubbidhāya appicchatāya *appiccho assa*, ekaṃsena hi moneyyapaṭipadaṃ paṭipannena bhikkhunā evaṃ appicchena bhavitabbaṃ,—tattha ekekasmiṃ paccaye tīhi santosehi santussanā p a c c a y a p p i c c h a t ā, dhutaṅgadharass' eva sato 'dhutavā ti maṃ pare jānantū' ti anicchanatā d h u t a ṅ g a p p i c c h a t ā, bahussutass' eva sato 'bahussuto ti maṃ pare jānantū' ti anicchanatā p a r i y a t t i a p p i c c h a t ā Majjhantikatherassa viya, adhigamasampannass' eva sato 'adhigato ayaṃ kusalaṃ dhamman ti maṃ pare jānantū' ti anicchanatā a d h i g a m a p p i c c h a t ā, [8]sā ca[8] arahattādhigamato[9] oram veditabbā[10], arahattādhigamatthaṃ hi ayaṃ paṭipadā ti—; evaṃ appiccho pi ca ara-

* Thag. 983, *etc.* † A. I, 114, III, 388; M. I, 10.

1 Ba avirodhento. 2 Ba duppūraṇatthena.
3 Ba *om.* 4 Ba ūnodaro. 5 Ba ādim.
6 Ba °nayen' eva. 7 Skgn d e s a t o. 8—8 Sgn Ba yāva.
9 Ba °gamanato. 10 Sgn Ba veditabbaṃ (*cf. note* 8).

hattamaggena taṇhāloluppaṃ hitvā *alolupo* assa, evaṃ alolupo hi [1]*sa ve*[1] *icchāya nicchāto aniccho hoti nibbuto*, yāya icchāya chātā honti sattā khuppipāsāturā viya atittā, tāya icchāya aniccho hoti anicchattā ca nicchāto hoti anāturo paramatittippatto, evaṃ nicchātattā nibbuto hoti vūpasantakilesapariḷāho ti evaṃ ettha uppaṭipāṭiyā yojanā veditabbā.

Evaṃ, yāva arahattappatti, tāva paṭipadaṃ kathetvā idāni taṃ paṭipadaṃ paṭipannassa bhikkhuno arahattappattiniṭṭhaṃ dhutaṅgasamādānaṃ[2] senāsanavattañ ca kathento
sa piṇḍacāran ti gāthādvayaṃ āha. Tattha *sa piṇḍacāraṃ* 708.
caritvā ti so bhikkhu bhikkhaṃ caritvā bhattakiccaṃ vā katvā; *vanantam abhihāraye* ti apapañcito gihipapañcena vanam eva gaccheyya; *upaṭṭhito rukkhamūlasmin* ti rukkhamūle ṭhito v ā hutvā, *āsanūpagato* ti āsanaṃ upagato v ā hutvā, nisinno ti vuttaṃ hoti; *munī* ti moneyyapaṭipadaṃ paṭipanno. Ettha ca piṇḍacāraṃ caritvā ti iminā piṇḍapātiyaṅgaṃ vuttaṃ, yasmā pana ukkaṭṭhapiṇḍapātiko sapadānacārī ekāsaniko pattapiṇḍiko khalupacchābhattiko ca[3] hoti[3] yeva tecīvarikapaṃsukūlam pi ca[4] samādiyat' eva, tasmā imāni pi cha vuttān' eva honti; vanantam abhihāraye ti iminā pana āraññakaṅgaṃ vuttaṃ[5], upaṭṭhito rukkhamūlasmin ti iminā rukkhamūlikaṅgaṃ, āsanūpagato ti iminā nesajjikaṅgaṃ, yathākkamaṃ pana ca[6] tesaṃ anulomattā abbhokāsika-yathāsanthatika-sosānikaṅgāni vuttāni yeva hontī ti evaṃ etāya gāthāya terasa dhutaṅgāni Nāla-
kattherassa kathesi. *Sa jhānapasuto dhīro* ti so anuppan- 709.
nassa jhānassa uppādanena uppannassa[7] āvajjanādhiṭṭhānavuṭṭhānapaccavekkhaṇehi[8] ca jhānesu pasuto anuyutto, dhīro ti dhitisampanno; *vanante ramito siyā* ti vane abhirato siyā, gāmante[9] senāsane nâbhirameyyā ti vuttaṃ hoti; *jhā-*

1–1 Ba sadā. 2 Ba arahattappavattiniṭṭhadhut°.
3 Skgn *om.*
4 Ba tecīvarikaṅgaṃ pi paṃsukūlikaṅgam pi ca.
5 Ba *ad.* hoti. 6 Ba *om.* 7 Ba *ad.* jhānassa.
8 Ba āvajjanasamāpajjanādhiṭṭhāna°.
9 Sk < gāmayante, Sgn gāmāyatana-, Ba gāmanta-.

yetha rukkhamūlasmiṃ attānam abhitosayan ti na kevalaṃ lokiyajjhānapasuto yeva siyā, api ca kho tasmiṃ yeva rukkhamūle sotāpattimaggādisampayuttena lokuttarajjhānenâpi attānaṃ atīva tosento jhāyetha, paramassāsappattiyā hi lokuttarajhānen' eva[1] cittaṃ atīva[2] tussati na aññena, tenâha: attānam abhitosayan ti,—evam imāya gāthāya jhānapasutatāya vanantasenāsanābhiratiṃ arahattañ ca kathesi. Idāni, y a s m ā imaṃ dhammadesanaṃ sutvā Nālakatthero vanantam abhihāretvā nirāhāro pi paṭipadāpūraṇe atīva ussukko ahosi, nirāhārena samaṇadhammaṃ kātuṃ na sakkā, tathā karontassa jīvitaṃ na ppavattati, kilese pana anuppādentena āhāro pariyesitabbo, ayam ettha ñāyo, t a s m ā tassa Bhagavā 'aparāparesu pi[3] divasesu piṇḍāya caritabbaṃ, kilesā pana na uppādetabbā' ti dassanatthaṃ arahattappattiniṭṭhaṃ yeva bhikkhācāravattaṃ kathento tato ratyā vivasane ti ādikā cha gāthāyo abhāsi.

710. Tattha *tato* ti "sa piṇḍacāraṃ caritvā vanantam abhihāraye" ti ettha vuttapiṇḍacāravanantābhihārato[4] uttarim pi; *ratyā vivasane* ti rattisamatikkame, dutiyadivase ti vuttaṃ hoti; *gāmantam abhihāraye* ti ābhisamācārikavattaṃ[5] katvā, yāva bhikkhācāravelā, tāva vivekam anubrūhetvā gatapaccāgatavatte* vuttanayena kammaṭṭhānaṃ manasikaronto gāmaṃ gaccheyya; *avhānaṃ nâbhinandeyyā* ti "bhante amhākaṃ ghare bhuñjitabban" ti nimantanaṃ, 'deti nu kho, na deti, sundaran nu kho deti, asundaran nu kho detī' ti evarūpaṃ vitakka(ṃ), bhojanañ ca paṭipadāpūrako bhikkhu nâbhinandeyya—na paṭiggaheyyā[6] ti vuttaṃ hoti—, yadi pana balakkārena pattaṃ gahetvā pūretvā denti, paribhuñjitvā samaṇadhammo kātabbo, dhutaṅgaṃ na kuppati, tad upādāya[7] pana taṃ gāmaṃ na pavisitabbaṃ; *abhihārañ ca gāmato* ti, sace gāmaṃ paviṭṭhassa pātisatehi[8] pi bhattaṃ

* (52–58).

[1] Ba lokuttarajhāne raten' eva. [2] Skgn ati. [3] Ba *om.*
[4] Skgn Ba °piṇḍācāra°; Ba °vanantamabhihārato.
[5] Sg abhis°; Ba aticārikavattaṃ. [6] Ba paṭigganheyyā.
[7] Ba tad upādā. [8] Ba *ad.* sahassehi.

abhiharanti[1], tam pi nâbhinandeyya tato ekasittham pi na
patigaṇheyya, aññadatthu gharapaṭipāṭiyā piṇḍapātam[2] eva
careyyā ti. *Na munī gāmam āgamma kulesu sahasā care* ti 711.
so ca monatthāya[3] paṭipannako muni gāmaṃ gato samāno
kulesu sahasā na care, sahasokitādi-ananulomikaṃ gihisaṃ-
saggaṃ na āpajjeyyā ti vuttaṃ hoti; *ghāsesanaṃ chinna-
katho na vācaṃ payutaṃ bhaṇe* ti chinnakatho viya hutvā
obhāsaparikathānimittaviññattipayuttaṃ ghāsesanavācaṃ
na bhaṇe, sace ākaṃkheyya, gilāno samāno gelaññapaṭibā-
hanatthāya bhaṇeyya senāsanatthāya vā viññattiṃ ṭhapetvā
obhāsaparikathānimittapayuttaṃ, avasesapaccayatthāya pa-
na agilāno n' eva kiñci bhaṇeyyā ti. Alatthaṃ yad idan ti 712.
imissā pana gāthāya ayam attho: gāmaṃ piṇḍāya paviṭṭho
appamattake pi kismiñci laddhe '*alatthaṃ yaṃ, idaṃ sādhū*'
ti cintetvā, aladdhe '*nâlatthaṃ, kusalām*' *iti*—'tam pi sun-
daran' ti—cintetvā *ubhayen' eva* lābhālābhena *so tādī* nib-
bikāro hutvā *rukkhaṃ va upanivattati*[4], yathā puriso phala-
gavesī rukkhaṃ upagamma phalaṃ laddhā pi aladdhā pi
ananunīto[5] appaṭihato majjhatto yeva hutvā gacchati, evaṃ
kulaṃ upagamma lābhaṃ laddhā pi aladdhā pi majjhatto
va hutvā gacchatī ti. *Sa pattapāṇī* ti gāthā uttānatthā va. 713.
Uccāvacā ti imissā gāthāya sambandho[6]: evaṃ bhikkhā- 714.
cāravattasampanno hutvā pi tāvataken' eva tuṭṭhiṃ anāpaj-
jitvā paṭipadaṃ ārādheyya, paṭipattisāraṃ hi sāsanaṃ, sā
câyaṃ uccāvacā . . . pe[7] . . . mutan ti. Tass' attho: sā
câyaṃ magga*paṭipadā* uttamanihīnabhedato *uccāvacā* bud-
dha*samaṇena pakāsitā*—sukhā paṭipadā hi khippābhiññā
uccā, dukkhā paṭipadā dandhābhiññā avacā, itarā dve eken'
aṅgena[8] uccā ekena avacā, paṭhamā eva vā ucca, itarā tisso
pi avacā—, tāya c' etāya uccāya[9] avacāya vā paṭipadāya
na pāraṃ diguṇaṃ yanti[10]—[11]*duguṇan* ti vā pāṭho—, ekamag-

---

[1] Sk adhitiharanti (ɔ: adhihar° > atihar°), Sgn adhitaharanti.
[2] Ba piṇḍatam.
[3] Ba m o n e y y a t t h ā y a; Skgn *ad.* c a r e t i.
[4] Ba upativattati.
[5] Sgn anānunīto.
[6] Skgn *ad.* ca.
[7] Skgn *om.*
[8] Sk > ekena aṅgena.
[9] Ba *ad.* vā.
[10] Skgn y ā t i.
[11] Skgn *ins.* na.

gena dvikkhattuṃ nibbānaṃ na yantī ti attho, kasmā: yena maggena ye kilesā pahīnā, tesam puna appahātabbato, etena parihānadhammābhāvaṃ[1] dīpeti; *na-y-idaṃ*[2] *ekaguṇaṃ mutan* ti tañ ca idaṃ pāraṃ ekakkhattuṃ yeva phusanaraham pi na hoti, kasmā: ekena maggena sabbakilesappahānābhāvato, etena ekamaggen' eva arahattābhāvan dīpeti.
715. Idāni paṭipadānisaṃsaṃ dassento yassa ca visatā ti gātham āha. Tass' attho: *yassa ca* evaṃ paṭipannassa *bhikkhuno* tāya paṭipadāya pahīnattā aṭṭhasatataṇhāvicaritabhavena[3] visatato *visatā* taṇhā n' atthi, tassa kilesasotacchedena *chinnasotassa* kusalākusalappahānena *kiccākiccappahīnassa* rāgajo vā dosajo vā appamattako pi *pariḷāho na vijjatī* ti.

Idāni, yasmā imā gāthāyo sutvā Nālakattherassa cittaṃ udapādi: 'yadi ettakaṃ moneyyaṃ[4], sukaraṃ na dukkaraṃ sakkā appakasirena pūretun' ti, tasmâssa Bhagavā 'dukkaram eva moneyyan' ti dassento puna moneyyan te upañ-
716. ñassan[5] ti ādim āha. Tattha *upaññassan*[5] ti upaññayissaṃ[6], kathayissan[7] ti vuttaṃ hoti; khuradhārā upamā assā ti *khuradhārūpamo*, *bhave* ti bhaveyya; ko adhippāyo: moneyyaṃ paṭipanno bhikkhu khuradhāraṃ upamaṃ katvā paccayesu vatteyya, yathā madhudiddhaṃ[8] khuradhāraṃ lihanto chedato[9] jivhaṃ rakkhati, evaṃ dhammena laddhe paccaye paribhuñjanto cittaṃ kilesuppattito rakkheyyā ti vuttaṃ hoti, 'paccaye[10] hi parisuddhena ñāyena laddhuñ ca anavajjaparibhogena paribhuñjituñ ca na sukhena sakkā' ti Bhagavā paccayanissitam eva bahuso bhaṇati; *jivhāya tāluṃ āhacca udare saṃyato siyā* ti jivhāya tāluṃ uppīletvā[11] pi rasataṇhaṃ vinodento kiliṭṭhena manena[12] uppanne
717. paccaye[13] asevanato udare saṃyato siyā. *Alīnacitto ca siyā*

---

1 Ba pahāna°. 2 Skgn na idaṃ.
3 Skgn °caritābhāvena. 4 Skgn *ad.* paṭipanno.
5 Ba upañhissaṃ (*always* ñh *in this word*).
6 *So* Skgn; Ba upañhissaṃ.
7 Ba kathissan. 8 Ba madhubindhu, Sg(n) madhudibbaṃ.
9 Ba chindato. 10 Ba p a c c a y ā.
11 Ba u p a p ī ḷ e t v ā. 12 Ba maggena (Sk matena).
13 Ba *ad.* na.

ti niccaṃ kusalānaṃ dhammānaṃ bhāvanāya aṭṭhitakā-
ritāya akusītacitto ca bhaveyya; *na câpi* bahu *cintaye* ti
ñātijanapadāmaravitakkavasena[1] ca bahuṃ na cinteyya;
nirāmagandho asito brahmacariyaparāyano ti nikkileso
ca[2] hutvā taṇhādiṭṭhīhi kismiñci bhave anissito sik-
khāttayasakalasāsanabrahmacariyaparāyano eva bhaveyya.
Ekāsanassā ti vivittāsanassa, āsanamukhena c' ettha 718.
sabbairiyāpathā vuttā, yato sabbiriyāpathesu ekībhā-
vassa sikkheyyā ti vuttaṃ hotī ti veditabbaṃ, ekāsanassā
ti ca sampadānavacanam etaṃ; *samaṇūpāsanassa cā* ti sa-
maṇehi upāsitabbassa aṭṭhatiṃsārammaṇabhāvanānuyo-
gassa samaṇānaṃ vā upāsanabhūtassa aṭṭhatiṃsārammaṇa-
ṇabhedass' eva, idaṃ pi sampadānavacanam eva, upāsanat-
than ti vuttam hoti; ettha ca ekāsanena kāyaviveko sama-
ṇūpāsanena cittaviveko vutto hotī ti veditabbo; *ekattaṃ
monam akkhātan* ti evam idaṃ kāyacittavivekavasena[3] ekat-
taṃ monan ti akkhātaṃ; *eko ce abhiramissasī*[4] ti idam pana
uttaragāthāpekkhapadaṃ[5], "atha bhāsihi[6] dasa disā" ti
iminā assa sambandho. *Bhāsihī*[6] ti bhāsissasi pakāsessasī[7], 719.
imaṃ paṭipadaṃ bhāvento sabbadisāsu kittiyā pākaṭo bha-
vissasī ti vuttaṃ hoti. Sutvā dhīrānan ti ādīnaṃ pana ca-
tunnaṃ padānaṃ ayam attho: yena ca kittighosena bhāsihi[6]
dasa disā, taṃ *dhīrānaṃ jhāyīnaṃ kāmacāgīnaṃ nigghosaṃ
sutvā* atha tvan tena uddhaccam anāpajjitvā *bhiyyo hiriñ
ca saddhañ ca* kareyyāsi tena[8] ghosena harāyamāno 'niyyā-
nikapaṭipadā ayan' ti saddhaṃ uppādetvā uttariṃ paṭipat-
tim eva brūheyyāsi; *māmako* ti, evaṃ hi[9] sante mama sā-
vako hotī ti. *Tan nadīhī* ti yan taṃ mayā "hiriñ ca saddhañ 720.
ca bhiyyo kubbethā" ti vadatā 'uddhaccaṃ na kātabban'
ti vuttaṃ, taṃ iminā nadīnidassanenâpi *jānātha*[10], tabbipari-
yayañ[11] ca [12]*sobbhesu ca padaresu ca* jānātha[12]—sobbhesū ti

---

[1] B[a] ñātijanapadādiparavitakkanavasena. [2] B[a] va.
[3] B[a] °vasen' eva. [4] S[kgn] °ramissatī ti.
[5] B[a] °pekkhaṃ padaṃ. [6] B[a] bhāhisi. [7] *So* S[kgn]; B[a] *om.*
[8] B[a] *ad.* ca. [9] B[a] evaṃ pi hi, S[kgn] evama(b)hi.
[10] B[a] °nidassanena vijānātha (*cf.* S.N. 137[a]).
[11] S[k] B[a] °pariyāyañ, S[g] °pariyasañ. [12-12] B[a] *om.*

mātikāsu, padaresū ti darīsu—, kathaṃ: *saṇantā*[1] *yanti kussubbhā, tuṇhī yanti*[2] *mahodadhī* ti, kussubbhā hi sobbhapadarādibhedā sabbā pi kunnadiyo saṇantā[1] saddaṃ karontā uddhatā hutvā yanti, Gaṅgādibhedā pana mahānadiyo tuṇhī yanti, evaṃ 'moneyyaṃ pūremī' ti uddhato hoti amāmako, māmako pana hiriñ ca saddhañ ca uppā-
721. detvā nīcacitto va hoti. Kiñ ca bhiyyo *yad ūnakaṃ* . . . p e . . . *paṇḍito* ti. Tattha siyā: sace *aḍḍhakumbhūpamo bālo* saṇantatāya[3] *rahado pūro va paṇḍito* santatāya, atha kasmā buddhasamaṇo evaṃ dhammadesanāvyāvaṭo[4] hutvā bahuṃ bhāsatī ti iminā sambandhena yaṃ samaṇo ti gāthaṃ āha.
722. Tass' attho: *yaṃ* buddha*samaṇo bahuṃ bhāsati upetaṃ atthasaṃhitaṃ* atthūpetaṃ dhammūpetañ ca hitena ca saṃhitaṃ, na[5] uddhaccena, api ca kho *jānaṃ so dhammaṃ deseti* divasam pi desento nippapañco va hutvā, tassa hi sabbaṃ vacīkammaṃ ñāṇānuparivatti; evaṃ desento ca[6] 'idaṃ[7] assa[7] hitaṃ[7], idaṃ assa hitan' ti nānappakārato
723. *jānaṃ so bahu*[8] *bhāsati* na kevalaṃ bahubhāṇitāya. Avasānagāthāya sambandho: evan tāva sabbaññutañāṇena samannāgato buddhasamaṇo jānaṃ so dhammaṃ deseti jānaṃ so bahu[8] bhāsati, tena desitaṃ pana dhammaṃ nibbedhabhāgiyen' eva ñāṇena *yo*[9] *ca jānaṃ yatatto jānaṃ na bahu bhāsati, sa muni monaṃ arahati sa muni monaṃ ajjhagā* ti. Tass' attho: taṃ dhammaṃ jānanto yatatto guttacitto hutvā, *yaṃ* bhāsitaṃ sattānaṃ hitasukhāvahaṃ na hoti, *taṃ* jānaṃ na bahu[8] bhāsati, so evaṃvidho monatthaṃ paṭipannako muni moneyyapaṭipadāsaṃkhātaṃ monaṃ arahati, na kevalañ ca arahati yeva api ca kho pana sa muni arahattamaggañāṇasaṃkhātaṃ monaṃ ajjhagā icc eva veditabbo ti arahattanikūṭena desanaṃ niṭṭhapesi.

Taṃ sutvā Nālakatthero tīsu ṭhānesu appiccho ahosi[10]: dassane savane pucchāyā[11] ti. So hi desanāpariyosāne pasan-

---

[1] Skgn san°. [2] Skgn y ā t i (497 *note* 10). [3] Ba saṇatāya; Sgn sanantāya. [4] Skgn °desanavyāvaṭo. [5] *So* Ba; Skgn *om.* [6] Ba *ad.* taṃ. [7] Ba *om.* [8] Ba bahuṃ. [9] Sgn Ba so. [10] Ba hoti. [11] *So* Skgn Ba.

nacitto[1] Bhagavantaṃ vanditvā vanaṃ paviṭṭho puna 'aho vatâhaṃ Bhagavantaṃ passeyyan' ti lolabhāvaṃ na janesi, ayam assa d a s s a n e appicchatā, tathā 'aho vatâhaṃ puna dhammadesanaṃ suṇeyyan' ti lolabhāvaṃ na janesi, ayam assa s a v a n e appicchatā, 'aho vatâhaṃ puna moneyyapaṭipadaṃ puccheyyan' ti lolabhāvaṃ na janesi, ayam assa p u c c h ā y a appicchatā. So evaṃ appiccho samāno pabbatapādaṃ pavisitvā ekavanasaṇḍe dve divasāni na vasi ekarukkhamūle dve divasāni na nisīdi ekagāme[2] dve divasāni piṇḍāya na pāvisi, iti vanato vanaṃ rukkhato rukkhaṃ gāmato gāmaṃ āhiṇḍanto anurūpapaṭipadaṃ paṭipajjitvā aggaphale patiṭṭhāsi. Atha y a s m ā moneyyapaṭipadaṃ ukkaṭṭhaṃ katvā pūrento bhikkhu satt' eva māsāni jīvati, majjhimaṃ katvā pūrento satta vassāni, mandaṃ katvā pūrento soḷasa vassāni, ayañ ca ukkaṭṭhaṃ katvā pūresi, t a s m ā satta māse[3] ṭhatvā attano āyusaṃkhāraparikkhayaṃ ñatvā nahāyitvā nivāsetvā kāyabandhanaṃ bandhitvā diguṇaṃ[4] saṃghāṭiṃ pārupitvā dasabalābhimukho pañcapatiṭṭhitaṃ vanditvā añjaliṃ paggahetvā Hiṅgulapabbataṃ[5] nissāya ṭhitako va anupādisesāya nibbānadhātuyā parinibbāyi. Tassa parinibbutabhāvaṃ ñatvā Bhagavā bhikkhusaṃghena saddhiṃ tattha gantvā sarīrakiccaṃ katvā dhātuyo[6] gāhāpetvā cetiyaṃ patiṭṭhāpetvā agamāsī ti

NĀLAKASUTTAVAṆṆANĀ NIṬṬHITĀ.

12.

Evaṃ me sutan ti Dvayatānupassanāsuttaṃ. Kā uppatti: Imassa suttassa attajjhāsayato uppatti, attajjhāsayena hi Bhagavā idaṃ suttaṃ desesi. Ayam ettha saṃkhepo, vitthāro pan' assa atthavaṇṇanāyam eva āvibhavissati. (S.N.[1] p. 135).

---

1 S^g B^a *ad.* ca.
2 *So* S^kgn B^a.
3 B^a *ad.* yeva.
4 S^kgn saguṇaṃ.
5 B^a Hiṅgulapakapabbataṃ (ɔ : °gulapabb° > °gulakapabb°).
6 S^k dhātuyogaṃ.

Tattha *evam me sutan* ti ādīni vuttanayān' eva; **Pubbārāme* ti Sāvatthinagarassa puratthimadisāyaṃ[1] ārāme; *Migāramātu pāsāde* ti ettha Visākhā upāsikā attano sasurena Migārena seṭṭhinā mātuṭṭhāne ṭhapitattā Migāramātā ti vuccati; tāya Migāramātāya navakoṭiagghanakaṃ mahālatāpilandhanaṃ vissajjetvā† kārāpito pāsādo heṭṭhā ca upari ca pañca pañca gabbhasatāni katvā sahassakūṭāgāragabbho, so Migāramātu pāsādo ti vuccati, tasmiṃ Migāramātu pāsāde. *Tena kho pana samayena Bhagavā* ti yaṃ samayaṃ Bhagavā Sāvatthiṃ[2] nissāya Pubbārāme Migāramātu pāsāde viharati, tena samayena; *tadahuposathe* ti taṃahuposathe, uposathadivase ti vuttaṃ hoti; ‡*pannarase* ti idaṃ uposathagahaṇena sampattāvasesūposathapaṭikkhepavacanaṃ; *puṇṇāya puṇṇamāya rattiyā* ti pannarasadivasattā divasagaṇanāya abbhādiupakkilesavirahā rattiguṇasampattiyā ca puṇṇattā puṇṇāya paripuṇṇacandattā puṇṇamāya ca rattiyā; *bhikkhusaṃghaparivuto* ti bhikkhusaṃghena parivuto; *abbhokāse nisinno hotī* ti Migāramātu ratanapāsādapariveṇe abbhokāse[3] upari apaṭicchanne okāse paññattavarabuddhāsane nisinno hoti; *tuṇhībhūtaṃ tuṇhībhūtan* ti atīva tuṇhībhūtaṃ, yato yato v ā anuviloketi, tato tato tuṇhībhūtaṃ, tuṇhībhūtaṃ[4] vācāya puna tuṇhībhūtaṃ kāyena[5]; *bhikkhusaṃghaṃ anuviloketvā* ti taṃ [6]parivāretvā nisinnaṃ anekasahassabhikkhuparimāṇaṃ tuṇhībhūtaṃ tuṇhībhūtaṃ bhikkhusaṃghaṃ[7] 'ettakā ettha sotāpannā, ettakā sakadāgāmino, ettakā anāgāmino, ettakā āraddhavipassakā kalyāṇaputhujjanā; imassa bhikkhusaṃghassa kīdisī dhammadesanā sappāyā' ti sappāyadhammadesanāparicchedanatthaṃ[8] ito c' ito ca viloketvā.

* Mp. *ad* A. I, 63^{17}, Ps. *ad* M. I, 251^{14}.

† Dhp. A. I, 388–, Mp. p. 248^{19} (*ad* A. I, 26^{18}).

‡ *Vide* 199^{18}.

[1] B^{a} ˆdisāya (Mp. °disāya k a t e). [2] S^{kgn} B^{a} Sāvatthiyaṃ. [3] B^{a} °pāsāde pariveṇe abbhokāsena, S^{kgn} °pāsādapariveṇaabbhokāse. [4] B^{a} *om.* [5] B^{a} *ad.* pi. [6] B^{a} *ins.* saṃ- (514^{20}). [7] B^{a} *om.* bhikkhu-. [8] B^{a} °desanāya paric°.

I. *Ye te bhikkhave kusalā dhammā* ti ye te ārogyaṭṭhena anavajjaṭṭhena iṭṭhaphalaṭṭhena kosallasambhūtaṭṭhena kusalā* sattatiṃsa bodhapakkhiyadhammā tajjotakā vā pariyattidhammā; *ariyā niyyānikā sambodhagāmino* ti upagantabbaṭṭhena ariyā, lokato niyyānaṭṭhena niyyānikā, sambodhasaṃkhātaṃ arahattaṃ gamanaṭṭhena sambodhagāmino; *tesaṃ vo bhikkhave* . . . pe . . . *savanāya* tesaṃ bhikkhave kusalānaṃ . . . pe . . . sambodhagāminaṃ *kā upanisā* kiṃ kāraṇaṃ kiṃ payojanaṃ tumhākaṃ savanāya, kimatthaṃ tumhe te dhamme suṇāthā ti vuttaṃ hoti. Yāvad eva dvayatānaṃ dhammānaṃ yathābhūtaṃ ñāṇāyā ti ettha *yāvad evā* ti paricchedāvadhāraṇavacanaṃ; dve avayavā etesan ti dvayā, dvayā eva dvayatā, tesaṃ *dvayatānaṃ*, *dvayānan*[1] ti pi pāṭho; *yathābhūtaṃ ñāṇāyā* ti aviparītañāṇāya; kiṃ vuttaṃ hoti: yad etaṃ lokiyalokuttarādibhedena[2] dvidhā vavatthitānaṃ dhammānaṃ vipassanāsaṃkhātaṃ yathābhūtaṃ ñāṇaṃ, etadatthāya na ito[3] bhiyyo ti, savanena hi ettakaṃ hoti, taduttariṃ visesādhigamo bhāvanāyā ti. *Kiñ ca dvayataṃ vadethā* ti ettha pana sace vo bhikkhave siyā ' kiñ ca tumhe bhante dvayataṃ[4] vadethā ' ti ayaṃ adhippāyo, padattho pana: kiñ ca dvayabhāvaṃ[5] vadethā ti. Tato Bhagavā dvayataṃ dassento idaṃ dukkhan ti evamādiṃ āha. Tattha dvayatānaṃ catusaccadhammānaṃ '*idaṃ dukkhaṃ, ayaṃ dukkhasamudayo*' ti evaṃ lokiyassa ekassa avayavassa sahetukassa v ā dukkhassa dassanena *ayaṃ ekânupassanā*, itarā lokuttarassa dutiyassa avayavassa saupāyassa v ā nirodhassa dassanena *dutiyânupassanā*, paṭhamā c' ettha tatiyacatutthavisuddhīhi[6] hoti dutiyā pañcamavisuddhiyā; *evaṃ sammā dvayatānupassino* ti iminā vuttanayena sammā dvayadhamme anupassantassa, satiyā avippavāsena *appamattassa*, kāyikacetasikaviriyaātāpena *ātāpino*, kāye ca jīvite ca nirapek-

* *Cf.* Asl. 38[10].

[1] B^a dayānan, S^kgn dvayatānan.
[2] B^a lokiyalokuttarabhedena. [3] B^a t a t o. [4] S^gn dvayaṃ.
[5] B^a dvayatābhāvaṃ. [6] S^kgn °catutthasuddhīhi.

khattā[1] *pahitattassa ; pāṭikaṃkhan* ti icchitabbaṃ; *diṭṭhe va dhamme aññā* ti asmiṃ yeva vā attabhāve arahattaṃ; *sati vā upādisese anāgāmitā* ti, upādisesan ti punabbhavavasena upādātabbakkhandhasesaṃ vuccati, tasmiṃ vā sati anāgāmibhāvo pāṭikaṃkho ti dasseti, —tattha, kiñcâpi heṭṭhimaphalāni[2] evaṃ dvayatānupassino[3] va[4] honti, uparimaphalesu pana ussāhaṃ janento evam āha.

Idam avocā ti ādi saṅgītikārānaṃ vacanaṃ. Tattha *idan* ti "ye te bhikkhave" ti ādi-vuttanidassanaṃ, *etan* ti idāni "ye dukkhan" ti evamādi-vattabbagāthābandhanidassanaṃ. Imā ca gāthā catusaccadīpakattā vuttatthadīpikā eva; evaṃ sante pi gāthārucikānaṃ, pacchā āgatānaṃ, pubbe vuttaṃ asamatthatāya anuggahetvā 'idāni yadi vadeyya, sundaran' ti ākaṃkhantānaṃ, vikkhittacittānañ ca atthāya vuttā; visesatthadīpikā[5] vā ti: [6]avipassake vipassake ca dassetvā tesaṃ chinnāvachinnavaṭṭavivaṭṭadassanato[6], tasmā visesatthadassanattham eva vuttā,—esa
724. nayo ito param pi gāthāvacanesu. Tattha *yattha cā* ti nibbānaṃ dasseti, nibbāne hi *dukkhaṃ sabbaso uparujjhati* sabbappakāraṃ uparujjhati sahetukaṃ uparujjhati [7]*asesañ*
725. ca uparujjhati[7]; *tañ ca maggan* ti tañ ca aṭṭhaṅgikaṃ maggaṃ. *Cetovimuttihīnā te atho paññāvimuttiyā* ti ettha arahattaphalasamādhi rāgavirāgā cetovimutti, arahattaphalapaññā avijjāvirāgā paññāvimuttī ti veditabbā, taṇhācaritena v ā appanājhānabalena kilese vikkhambhetvā adhigataṃ arahattaphalaṃ rāgavirāgā cetovimutti, diṭṭhicaritena upacārajjhānamattaṃ nibbattetvā vipassitvā adhigataṃ[8] arahattaphalaṃ avijjāvirāgā paññāvimutti, anāgāmiphalaṃ v ā kāmarāgaṃ[9] sandhāya rāgavirāgā cetovimutti, arahattaphalaṃ sabbappakārato avijjāvirāgā paññāvimuttī ti; *antakiriyāyā* ti vaṭṭadukkhassa anta-

---

[1] Sgn anapekkh°. [2] Ba *ad.* pi.
[3] Ba °passanā. [4] Skgn ca.
[5] Ba atthāya vuttavisesatthadīpikā.
[6–6] Skgn avipassanake ca dassetvā tesaṃ vaṭṭavivaṭṭadassanato; Ba *om.* -vivaṭṭa-. [7–7] Ba *om.* [8] Ba adhigata-.
[9] Ba bhavarāgaṃ.

karaṇatthāya[1]; *jātijarūpagā* ti jātijaraṃ upagatā, jātija-
rāya v ā upagatā[2], na parimuccanti jātijarāyā ti evaṃ vedi-
tabbā. Sesaṃ ettha ādito pabhuti pākaṭaṃ eva. Gāthā-
pariyosāne ca saṭṭhimattā bhikkhū taṃ desanaṃ uggahetvā
vipassitvā tasmiṃ yeva āsane arahattaṃ pāpuṇiṃsu,—ya-
thā c' ettha, evaṃ sabbavāresu.

II. Ato eva[3] Bhagavā *siyā aññenâpi pariyāyenā* ti ādinā
nayena nānappakārato dvayatānupassanaṃ āha. Tattha
dutiyavāre *upadhipaccayā* ti sāsavakammapaccayā, sāsava-
kammaṃ hi idha upadhī ti adhippetaṃ; *asesavirāganirodhā*
ti asesaṃ virāgena nirodhā asesavirāgasaṃkhātā (vā?) nirodhā.
Upadhinidānā ti kammapaccayā; *dukkhassa jātippabhavā-* 728.
nupassī ti 'vaṭṭadukkhassa jātikāraṇaṃ upadhī' ti anu-
passanto. Sesaṃ ettha pākaṭaṃ eva. Evaṃ ayaṃ pi vāro
cattāri saccāni dīpetvā arahattanikūṭen' eva vutto,—yathā
câyaṃ, evaṃ sabbavārā.

III. Tattha tatiyavāre *avijjāpaccayā* ti bhavagāmikam-
masambhāraavijjāpaccayā, *dukkhaṃ* pana sabbattha vaṭṭa-
dukkham eva. *Jātimaraṇasaṃsāran* ti khandhanibbatti jāti, 729.
khandhabhedaṃ maraṇaṃ, khandhapaṭipāṭi saṃsārañ ca;
vajantī ti gacchanti upenti; *itthabhāvaññathābhāvan* ti imaṃ
manussabhāvaṃ ito avasesaaññanikāyabhāvañ[4] ca; *gatī* ti
paccayabhāvo. *Avijjā h' ayan*[5] ti avijjā hi ayaṃ; *vijjā-* 730.
gatā ca ye sattā ti ye arahattamaggavijjāya kilese v i j -
j h i t v ā gatā khīṇāsavasattā. Sesaṃ uttānattham eva.

IV. Catutthavāre *saṃkhārapaccayā* ti *puññāpuññāṇañ-
jābhisaṃkhārappaccayā[6]. *Etam ādīnavaṃ ñatvā* ti, [7]yad 732.
idaṃ[7] *dukkhaṃ saṃkhārappaccayā*, etaṃ 'ādīnavan' ti
ñatvā; *sabbasaṃkhārasamathā* ti sabbesaṃ vuttappakārā-
naṃ saṃkhārānaṃ maggañāṇena samathā, upahatāya[8] pha-
lasamatthatāyā ti vuttaṃ hoti; *saññānan* ti kāmasaññādī-
naṃ maggen' eva *uparodhanā*; *etañ ñatvā yathātathan* ti

---

* D. III, 217[25].

---

[1] S[kgn] anatthakāraṇāya. [2] B[a] °gatattā. [3] S[k] B[a] evaṃ.
[4] B[a] ito a v a s e s a ṃ aññan°. [5] B[a] h'āyan.
[6] B[a] °āneñjābhi°. [7–7] B[a] yadi.
[8] B[a] upahatatāya, S[k] upagatāya.

733. etaṃ dukkhakkhayaṃ aviparītaṃ ñatvā. *Sammaddasā* ti
sammādassanā[ya]; *sammad aññāyā* ti saṃkhataṃ aniccā-
dito ñatvā; *Mārasaṃyogan* ti tebhūmakavaṭṭaṃ. Sesam
uttānattham eva.

V. Pañcamavāre *viññāṇapaccayā* ti kammasahajātābhi-
735. saṃkhāraviññāṇappaccayā. *Nicchāto* ti nittaṇho, *parinib-*
buto ti kilesaparinibbānena parinibbuto hoti. Sesaṃ pāka-
ṭam eva.

VI. Chaṭṭhavāre[1] *phassapaccayā* ti abhisaṃkhāraviññā-
ṇasampayuttaphassapaccayā ti attho; evaṃ ettha padapa-
ṭipāṭiyā vattabbāni nāmarūpasaḷāyatanāni avatvā phasso
vutto, tāni hi rūpamissakattā[2] kammasampayuttān' eva[3]
honti, idañ ca vaṭṭadukkhaṃ kammato vā sambhaveyya
736. kammasampayuttadhammato vā ti. *Bhavasotānusārinan* ti
737. taṇhānusārīnaṃ. *Pariññāyā* ti tīhi pariññāhi parijānitvā;
aññāyā ti arahattamaggapaññāya ñatvā; *upasame ratā* ti
phalasamāpattivasena nibbāne ratā; *phassābhisamayā* ti phas-
sanirodhā. Sesaṃ pākaṭam eva.

VII. Sattamavāre *vedanāpaccayā* ti kammasampayutta-
738. vedanāpaccayā. *Adukkham asukhaṃ sahā* ti adukkham
739. asukhena saha. *Etaṃ dukkhan ti ñatvānā* ti etaṃ sabbaṃ
vedayitaṃ[4] 'dukkhakāraṇan' ti ñatvā, vipariṇāmaṭṭhitiañ-
ñāṇadukkhatāhi vā dukkhaṃ[5] ñatvā; *mosadhamman* ti nas-
sanadhammaṃ, *palokinan* ti jarāmaraṇehi palujjanadham-
maṃ; *phussa phussā* ti udayavyayañāṇena phusitvā[6] phu-
sitvā; *vayam passan* ti ante bhaṅgam[7] eva passanto; *evaṃ*
tattha vijānatī ti evaṃ tā vedanā vijānāti tattha vā dukkha-
bhāvaṃ vijānāti; *vedanānaṃ khayā* ti tato paraṃ[8] magga-
ñāṇena kammasampayuttānaṃ vedanānaṃ khayā. Sesam
uttānattham eva.

VIII. Aṭṭhamavāre *taṇhāpaccayā* ti kammasambhārataṇ-

---

[1] Ba Chaṭṭhamavāre. [2] Sk °tto.

[3] Sg Ba *ad.* na.

[4] ?; Ba vedayataṃ, Skgn veditabbaṃ.

[5] Ba *ad.* ti. [6] Ba *om.*

[7] Skgn bhavaṅgam.

[8] Sk para-.

hāpaccayā. *Etam ādīnavaṃ ñatvā tanhā*[1] *dukkhassa* [2]*sambhavan* ti etaṃ dukkhassa[2] sambhavaṃ taṇhāya ādīnavaṃ ñatvā. Sesam uttānattham eva. 741.

IX. Navamavāre *upādānapaccayā* ti kammasambhāra-upādānapaccayā. *Bhavo* ti vipākabhavo khandhapātubhāvo; 742.
bhūto dukkhan ti bhūto sambhūto vaṭṭadukkhan *nigacchati*; *jātassa maranan* ti yatrâpi 'bhūto sukhan nigacchatī' ti bālā maññanti, tatrâpi dukkham eva dassento āha: jātassa maraṇaṃ *hotī* ti. Dutiyagāthāya yojanā: aniccādīhi *sam-* 743.
mad aññāya paṇḍitā, upādānakkhayā jātikkhayaṃ nibbānam *abhiññāya nâgacchanti*[3] *punabbhavan* ti.

X. Dasamavāre *ārambhapaccayā* ti kammasampayutta-viriyappaccayā. *Anārambhe vimuttino* ti anārambhe nib- 745.
bāne vimuttassa[4]. Sesam uttānattham eva.

XI. Ekādasamavāre *āhārapaccayā* ti kammasampayuttāhārappaccayā; a p a r o n a y o: catubbidhā sattā rūpūpagā vedanūpagā saññūpagā saṃkhārūpagā ti; tattha ekādasavidhāya kāmadhātuyā sattā r ū p ū p a g ā kabaliṃkārāhārasevanato[5]; rūpadhātuyā sattā aññatra asaññehi v e d a n ū p a g ā phassāhārasevanato[6], heṭṭhā tividhāya arūpadhātuyā sattā s a ñ ñ ū p a g ā saññābhinibbattamanosañcetanāhārasevanato[6], bhavagge sattā s a ṃ k h ā r ū p a g ā saṃkhārābhinibbattaviññāṇāhārasevanato[7] ti evam pi, *yaṃ kiñci dukkham sambhoti, sabbaṃ āhārapaccayā* ti veditabbaṃ.
Ārogyan ti nibbānaṃ; *saṃkhāya sevī* ti cattāro paccaye pac- 749.
cavekkhitvā sevamāno, 'pañca kkhandhā, dvādasâyatanāni, aṭṭhārasa dhātuyo' ti evaṃ v ā lokaṃ saṃkhāya 'aniccam dukkham anattā' ti ñāṇena sevamāno; *dhammaṭṭho* ti catusaccadhamme ṭhito; *saṃkham na upetī* ti[8] 'devo' ti 'manusso' ti vā ādikaṃ saṃkhaṃ na gacchati. Sesam uttānaṃ[9] eva.

---

[1] S^k > taṇhaṃ, S^g taṇhaṃ (*cf.* 64 *note* 5); S^n taṇhānaṃ.
[2-2] B^a *om.* [3] B^a na gacchanti.
[4] B^a vimuttino.
[5] S^gn °āhāram sevanato. [6] S^kgn °hāraṃ sev°.
[7] S^kg (S^n *om.*) °ābhinibbattaṃ viññāṇāhāraṃ sev°.
[8] B^a nôpetī. [9] B^a uttānattham.

XII. Dvādasamavāre *iñjitapaccayā* ti taṇhāmānadiṭṭhi-
kammakilesaiñjitesu yato kutoci kammasambhāriñjitappac-
751. cayā. *Ejaṃ ossajjā*[1] ti taṇhaṃ cajitvā, *saṃkhāre uparun-
dhiyā* ti kammaṃ kammasampayutte ca saṃkhāre niro-
dhetvā. Sesam uttānam eva.

XIII. Terasamavāre *nissitassa calitan* ti taṇhādiṭṭhimā-
nehi vā khandhe nissitassa Sīhasutte[2] devānaṃ viya bhayaṃ[3]
calanaṃ hoti. Sesam uttānam eva.

XIV. Cuddasamavāre *rūpehī* ti rūpabhavehi rūpasamā-
pattīhi vā; *āruppā* ti arūpabhavā arūpasamāpattiyo vā;
755. *nirodho* ti nibbānaṃ. *Maccuhāyino* ti maraṇamaccu-kilesa-
maccu-devaputtamaccuhāyino, tividham pi taṃ[4] maccuṃ
hitvā gāmino ti vuttaṃ hoti. Sesam uttānam eva.

XV. Pannarasamavāre *yan* ti nāmarūpaṃ sandhāyâha,
taṃ hi lokena dhuvasubhasukhattavasena '*idaṃ saccan*' *ti*
upanijjhāyitaṃ[5] diṭṭham ālokitam; *tadam ariyānan* ti taṃ
idaṃ ariyānaṃ, anunāsika-ikāralopaṃ katvā vuttaṃ; *etaṃ*
musā ti etaṃ dhuvādivasena gahitam pi[6] musā, na tādisaṃ
hotī ti; puna *yan* ti nibbānaṃ sandhāyâha, taṃ hi lokena
rūpavedanādīnam abhāvato '*idaṃ musā*, n' atthi kiñcī' *ti*
upanijjhāyitaṃ ; tadam ariyānaṃ '*etaṃ saccan*' ti tam idaṃ
ariyānaṃ 'etaṃ nikkilesasaṃkhātā sukhabhāvappatti[7] duk-
khapaṭipakkhasaṃkhātā sukhabhāvā accantasantisaṃkhātā
niccabhāvā ca anapagamanena[8] paramatthato saccan' ti
756. *yathābhūtaṃ sammappaññāya suddiṭṭhaṃ.* [9]*Anattani atta-*
mānan ti anattani nāmarūpe attamāniṃ[9]; *idaṃ* '*saccan*' *ti*
maññatī ti idaṃ nāmarūpaṃ dhuvādivasena 'saccan' ti
757. maññati. *Yena yena hī* ti yena yena rūpena vā vedanāya
vā 'mama rūpaṃ, mama vedanā' ti ādinā[10] nayena *mañ-*
ñanti ; tato tan ti tato maññitā ākārā tan nāmarūpaṃ *hoti*
aññathā, kiṃkāraṇaṃ: *taṃ hi tassa musā hoti*, yasmā taṃ

---

[1] Ba vossajja. [2] *Cf.* A. II, 33[22]; Ba *ad.* viya.
[3] Ba bhaya-. [4] Ba *om.* [5] Ba upanijjhānitaṃ.
[6] Sk hi; BA *om.* [7] Ba sukhabhāvā pavatti.
[8] Ba anāpag°, Sgn anupag°.
[9] [9] Ba Anattani anattamāni ti anattani nāmarūpe vedanā-
dīnamm abhāvato idaṃ musā n' atthi attamānaṃ.
[10] Skg ādi-.

yathāmaññitā ākārā musā hoti, tasmā aññathā hotī ti attho;
'kasmā pana musā hotī' ti: *mosadhammaṃ hi ittaraṃ* yasmā,
yaṃ ittaraṃ parittapaccupaṭṭhānan, tam mosadhammaṃ
nassanadhammaṃ hoti, tathārūpañ ca nāmarūpan ti. *Sac-* 758.
cābhisamayā ti saccāvabodhā[1]. Sesam uttānam eva.

XVI. Soḷasamavāre *yan* ti chabbidham iṭṭhārammaṇaṃ
sandhāyâha, taṃ hi lokena salabha-maccha[2]-makkaṭādīhi
padīpa-baḷisa-lepādayo viya '*etaṃ*[3] *sukhan*' *ti upanijjhāyi-*
taṃ; *tadam ariyānaṃ* '*etaṃ dukkhan*' ti taṃ idaṃ ariyā-
naṃ "kāmā hi citrā madhurā manoramā virūparūpena ma-
thenti cittan"* ti ādinā nayena 'etaṃ dukkhan' ti *yathā-*
bhūtaṃ sammappaññāya sudiṭṭhaṃ; puna *yan*[4] ti nibbānam
eva sandhāyâha, taṃ hi lokena kāmaguṇābhāvā '*dukkhan*'
ti upanijjhāyitaṃ; *tadam ariyānan* ti taṃ idaṃ ariyānaṃ
paramatthasukhato '*etaṃ*[5] *sukhan*' *ti yathābhūtaṃ sammap-*
paññāya sudiṭṭhaṃ. *Kevalā* ti anavasesā; *iṭṭhā* ti icchitā 759.
patthitā[6], *kantā* ti piyā, *manāpā* ti manavuddhikarā; *yāvat'*
atthī ti vuccatī ti yāvatā ete cha ārammaṇā "atthī" ti vuc-
canti, vacanavyattayo veditabbo. [7]*Ete vo* ti ete, nipātamat- 760.
taṃ h' ettha vo-kāro[7]. '*Sukhan*' *ti diṭṭham ariyehi sakkā-* 761.
yass' uparodhanan ti 'sukham' iti ariyehi pañcakkhandha-
nirodho diṭṭho, nibbānan ti vuttaṃ hoti; *paccanīkam idaṃ*
hotī ti paṭilomam idaṃ dassanaṃ hoti[6]; *passatan* ti passan-
tānaṃ, paṇḍitānan ti vuttaṃ hoti. Yam pare ti ettha *yan* 762.
ti vatthukāme[8] sandhāyâha, puna "yam pare" ti ettha
nibbānaṃ; *passā* ti sotāraṃ ālapati; *dhamman* ti nibbāna-
dhammaṃ; *sampamūḷh' etth' aviddasū* ti sampamūḷhā ettha
aviddasū bālā, kiṃkāraṇaṃ sampamūḷhā: *Nīvutānaṃ*[9] *tamo* 763.

* S.N. 50[ab].

[1] B[a] saccabodhāya.

[2] B[a] *ad.* -kumma- (*cf.* S. II, 227, *and* Asl. 364[7], *where we must read* kummānubandhana°).

[3] *So* S[kgn] B[a]. [4] B[a] idan.

[5] S[g(n)] evaṃ (taṃ); B[a] idaṃ. [6] B[a] *om.*

[7—7] B[a] Ete vo ti ettha vo ti nipātamattaṃ.

[8] B[a] °kāmam. [9] S[kgn] (B[a]) ni° *here and below.*

hoti andhakāro apassataṃ [1]bālānaṃ avijjāya nīvutānaṃ[1] otthatānaṃ andhabhāvakaraṇo tamo hoti, yena nibbānadhammaṃ daṭṭhuṃ na sakkonti; *satañ ca vivaṭaṃ hoti āloko passatām ivā* ti satañ ca sappurisānaṃ paññādassanena passataṃ āloko va vivaṭaṃ hoti nibbānaṃ; *santike na vijānanti magā*[2] *dhammass' akovidā* ti, yaṃ attano sarīre tacapañcakamattaṃ paricchinditvā anantaram eva adhigantabbato attano khandhānaṃ vā nirodhamattato santike nibbānan, taṃ evaṃ santike santam pi na vijānanti[3] magabhūtā janā maggā*maggadhammassa* sabbadhammassa v ā akovidā.

764. Sabbathā *bhavarāga-* . . . pe . . . *susambudho*[4]. Tattha *māradheyyānupannehī* ti tebhūmakavaṭṭaṃ anupannehi[5].

765. Pacchimagāthāya sambandho: evaṃ asusambudhañ[6] ca ko nu aññatra-m-ariyehī ti. Tass' attho: ṭhapetvā ariye ko nu añño nibbāna*padaṃ* jānituṃ *arahati*, *yam padaṃ* catutthena ariyamaggena *sammad aññāya* anantaram eva *anāsavā* hutvā kilesaparinibbānena *parinibbanti*, sammad aññāya v ā anāsavā hutvā ante anupādisesāya nibbānadhātuyā parinibbantī ti arahattanikūṭena desanaṃ niṭṭhapesi.

Attamanā ti tuṭṭhamanā, *abhinandun* ti abhinandiṃsu; *imasmiṃ kho pana veyyākaraṇe* ti imasmiṃ soḷasame veyyākaraṇe; *bhaññamāne* ti bhaṇiyamāne. Sesaṃ pākaṭam eva. Evaṃ sabbesu pi[7] soḷasasu veyyākaraṇesu saṭṭhimatte saṭṭhimatte katvā saṭṭhiadhikānaṃ navannaṃ bhikkhusatānaṃ *anupādāya āsavehi cittāni vimucciṃsu*, soḷasakkhattuñ ca cattāri katvā catusaṭṭhi saccān' ettha veneyyavasena[8] nānappakārato desitānī ti

DVAYATĀNUPASSANĀSUTTAVAṆṆANĀ NIṬṬHITĀ

Niṭṭhito ca vaggo tatiyo nāmena Mahāvaggo ti.

1—1 Ba yasmā apassataṃ bālānaṃ ko vivaṭaṃ hoti avijjānivutānaṃ. 2 Ba magga-. 3 Ba na pi jānanti.

4 Skgn Ba °buddho.

5 Ba °v a ṭ ṭ a a n u p a n n e h i; Skgn °vaṭṭaṃ anuppannehi. 6 Skgn asusambuddhañ, Ba susambuddhañ.

7 Ba *om.* 8 Ba veneyyākaraṇavasena.

IV. AṬṬHAKAVAGGA.

1.

Kāmaṃ kāmayamānassā ti Kāmasuttaṃ. Kā uppatti: (766).
*Bhagavati kira Sāvatthiyaṃ viharante aññataro brāhmaṇo Sāvatthiyā Jetavanassa ca antare Aciravatīnadītīre[1] 'yavaṃ vapissāmī' ti[2] khettaṃ kasati. Bhagavā bhikkhusaṃghaparivuto piṇḍāya pavisanto taṃ disvā āvajjanto addasa: 'assa brāhmaṇassa yavā vinassissantī' ti[3], puna upanissayasampattiṃ āvajjanto c' assa sotāpattiphalassa upanissayaṃ addasa, 'kadā pāpuṇeyyā' ti āvajjanto ca 'sasse vinaṭṭhe sokābhibhūto dhammadesanaṃ sutvā' ti addasa; tato cintesi 'sacâhaṃ tadā eva brāhmaṇaṃ upasaṃkamissāmi, na me ovādaṃ sotabbaṃ maññissati, nānārucikā hi brāhmaṇā; handa naṃ ito pabhuti yeva saṅgaṇhāmi[4], evaṃ mayi muducitto hutvā tadā ovādaṃ sossatī' ti brāhmaṇaṃ upasaṃkamitvā āha: "kiṃ brāhmaṇa karosī" ti. Brāhmaṇo 'evaṃ uccākulīno samaṇo Gotamo mayā saddhiṃ paṭisanthāraṃ karotī' ti tāvataken' eva Bhagavati pasannacitto hutvā "khettaṃ bho Gotama kasāmi yavaṃ vapissāmī" ti āha. Atha Sāriputtatthero cintesi 'Bhagavā brāhmaṇena saddhiṃ paṭisanthāram akāsi, na ca ahetu appaccayā tathāgatā evaṃ karonti; handâham pi tena saddhiṃ paṭisanthāraṃ karomī' ti brāhmaṇaṃ upasaṃkamitvā tath' eva paṭisanthāram akāsi. Evam Mahāmoggallānatthero sesā ca asīti mahāsāvakā; brāhmaṇo atīva attamano ahosi. Atha Bhagavā sampajjamāne pi sasse ekadivasaṃ katabhattakicco Sāvatthito Jetavanaṃ gacchanto maggā ukkamma[5] brāhmaṇassa santikaṃ gantvā āha: "sundaran te brāhmaṇa yavakkhettan" ti. "Evaṃ bho Gotama sundaraṃ; sace sampajjati[6], tumhākam pi

---

* J. A. IV, 167–168, *cf.* Dhp. A. III, 284–285 (*ad* Dhp. 216).

---

[1] S[kgn] *om.* -nadī-. [2] S[kgn] vap(p)essāmī ti, B[a] vāpess°.
[3] S[kgn] *om.* ti. [4] B[a] saṃgaṇhissāmī ti.
[5] B[a] o k k a m m a. [6] B[a] sampajjissati.

saṃvibhāgaṃ karissāmī" ti[1]. Ath' assa catumāsaccayena yavā nipphajjiṃsu; tassa 'ajja vā sve vā lāyissāmī' ti ussukkaṃ kurumānass' eva mahāmegho uṭṭhahitvā sabbarattiṃ vassi, Aciravatī nadī pūrā āgantvā sabbaṃ yavaṃ vahi. Brāhmaṇo sabbarattiṃ anattamano hutvā pabhāte nadītīraṅ gato [sabbaṃ][2] sassavipattiṃ disvā 'vinaṭṭho 'mhi, kathaṃ dāni jīvissāmī' ti balavasokaṃ uppādesi. Bhagavā pi[3] tam eva rattiṃ paccūsasamaye buddhacakkhunā lokaṃ volokento ajja brāhmaṇassa dhammadesanākālaṃ[4] ñatvā bhikkhācāravattena Sāvatthiṃ pavisitvā brāhmaṇassa gharadvāre[5] aṭṭhāsi. Brāhmaṇo Bhagavantaṃ disvā 'sokābhibhūtaṃ maṃ assāsetukāmo samaṇo Gotamo āgato' ti cintetvā āsanaṃ paññapetvā pattaṃ gahetvā Bhagavantaṃ nisīdāpesi. Bhagavā jānanto va[2] brāhmaṇaṃ pucchi: "kiṃ brāhmaṇa paduṭṭhacitto viyâsī" ti[6]. "Āma bho Gotama, sabbam me yavakkhettaṃ udakena vūḷhan" ti[7]. Atha Bhagavā "na brāhmaṇa vipanne domanassaṃ sampanne vā[2] somanassaṃ kātabbaṃ, kāmā hi nāma vipajjanti [8]pi sampajjanti[8] pī" ti vatvā tassa brāhmaṇassa sappāyaṃ ñatvā dhammadesanāvasena[9] idaṃ suttam abhāsi. Tattha saṃkhepato padatthasambandhamattam eva vaṇṇayissāma, vitthāro pana Niddese vuttanayen' eva veditabbo—yathā ca imasmiṃ sutte, evaṃ ito paraṃ sabbasuttesu.

766. Tattha *kāman* ti manāpiyarūpāditebhūmakadhammasaṃkhātaṃ vatthukāmaṃ; *kāmayamānassā* ti icchamānassa; *tassa ce taṃ samijjhatī* ti tassa[2] kāmayamānassa sattassa taṃ kāmasaṃkhātaṃ vatthuṃ samijjhati ce[10], sace so taṃ labhatī ti vuttaṃ hoti; *addhā pītimano hotī* ti ekaṃsaṃ santuṭṭhacitto[11] hoti; *laddhā* ti labhitvā; *macco* ti satto;

767. *yad icchatī* ti yaṃ icchati. *Tassa ce kāmayānassā* ti tassa puggalassa kāme icchamānassa kāmena v ā āyāyamānassa;

---

[1] B^a °issāmā ti. [2] B^a *om.* [3] S^g B^a *om.*
[4] B^a *ad.* ti (ɔ: 'a j j a . . . k ā l o ' t i.) [5] B^a ghare.
[6] B^a vihāsī ti. [7] B^a vuyhati.
[8–8] S^kgn *om.* [9] *So* B^a; S^kgn °d e s a n ā v a s ā n e.
[10] S^kgn *om.* [11] B^a *om.* san-.

chandajātassā ti jātataṇhassa; *jantuno* ti sattassa; *te kāmā parihāyantī* ti te kāmā parihāyanti ce; *sallaviddho va ruppatī* ti atha ayomayādinā sallena viddho viya pīḷiyati.

Tatiyagāthāya saṃkhepattho: *yo* pana ime *kāme* tattha 768.
chandarāgavikkhambhanena[1] vā samucchedena vā attano
pādena *sappassa siraṃ* viya *parivajjeti, so* bhikkhu sabbaṃ
lokaṃ[2] visaritvā ṭhitattā *loke-visatti(kā)*saṃkhātaṃ taṇhaṃ
sato hutvā *samativattatī* ti.

Tato parānaṃ tissannaṃ gāthānaṃ ayaṃ saṃkhepattho:
yo etaṃ sālikkhettādiṃ *khettaṃ* vā gharavatthādi(ṃ) *vat-* 769.
thuṃ vā kahāpaṇasaṃkhātaṃ *hiraññaṃ vā* goassabhedaṃ
gavāssaṃ[3] vā itthisaññikā *thiyo* vā[4] ñātibandhavādī
bandhū[5] vā aññe vā manāpiyarūpādī *puthū kāme anugij-*
jhati, taṃ puggalaṃ *abala*saṃkhātā kilesā *balīyanti* sahanti 770.
maddanti, saddhābalādivirahena v ā abalaṃ *taṃ* pugga-
laṃ *abalā* kilesā [6]*balīyanti,* abalattā[6] balīyantī ti attho;
atha *taṃ* kāmagiddhaṃ kāme rakkhantaṃ pariyesantañ ca
sīhādayo ca pākaṭaparissayā kāyaduccaritādayo ca[7] apā-
kaṭaparissayā *maddanti; tato* apākaṭaparissayehi abhibhū-
taṃ *taṃ* puggalaṃ jātiādi*dukkhaṃ*[8] *bhinnaṃ nāvaṃ udakaṃ*
viya *anveti. Tasmā* kāyagatāsatiādibhāvanāya *jantu sadā* 771.
sato hutvā vikkhambhanasamucchedavasena rūpādisu vat-
thukāmesu sabbappakāram pi kilesakāmaṃ parivajjento
kāmāni parivajjaye[9]. Evan *te* kāme *pahāya* tappahānaka-
ramaggen' eva catubbidham pi *tare oghaṃ* tareyya tarituṃ
sakkuṇeyya; tato, yathā puriso udakagarukaṃ *nāvaṃ*
siñcitvā lahukāya nāvāya appakasiren' eva *pāragū* bhaveyya
pāraṃ gaccheyya, evam eva attabhāvanāvaṃ kilesūda-
kagarukaṃ siñcitvā lahukena attabhāvena pāragū bhaveyya
sabbadhammapāraṃ nibbānaṃ gato bhaveyya arahat-
tappattiyā gaccheyya ca anupādisesāya nibbānadhātuyā
parinibbānenā ti arahattanikūṭena desanaṃ niṭṭhapesi;

---

1 Ba chandarāgappahānena. 2 Ba sabbalokaṃ.
3 Sk gavassaṃ (Mogg. I, 32); Ba bhāvassaṃ.
4 Ba itthisaññitādibharivā vā 5 Ba °u; Skgn °uṃ.
6–6 Skgn *om.* 7 Skgn *om.* 8 Skgn *ad.* ca.
9 Skgn parivajjeyye (°o); ɔ: p a r i v a j j e y y a.

desanāpariyosāne brāhmaṇo ca brāhmaṇī ca sotāpattiphale patiṭṭhahiṃsū ti

KĀMASUTTAVAṆṆANĀ NIṬṬHITĀ.

2.

(772). Satto guhāyaṅ ti Guhaṭṭhakasuttaṃ. Kā uppatti: *Bhagavati kira Sāvatthiyaṃ viharante āyasmā Piṇḍolabhāradvājo, Kosambiyaṃ Gaṅgātaṭe Udakavanan nāma[1] Udenassa uyyānaṃ—tattha agamāsi sītale padese divāvihāraṃ nisīditukāmo. Aññadā pi câyaṃ gacchat' eva tattha pubbāsevanena, yathā Gavampatitthero Tāvatiṃsabhavanan ti vuttanayaṃ etaṃ †Vaṅgīsasuttavaṇṇanāyaṃ[2]. So tattha Gaṅgātīre rukkhamūle samāpattiṃ appetvā divāvihāraṃ nisīdi. Rājā pi kho Udeno taṃ divasaṃ yeva uyyānakīḷikaṃ gantvā bahud eva divasabhāgaṃ naccagītādīhi uyyāne kīḷitvā pānamadamatto ekissā itthiyā aṃke sīsaṃ katvā sayi. Sesitthiyo 'sutto rājā' ti uṭṭhahitvā uyyāne pupphaphalādīni gaṇhantiyo theraṃ disvā hirottappaṃ[3] upaṭṭhapetvā "mā saddam akatthā" ti aññamaññaṃ nivāretvā appasaddā upasaṃkamitvā vanditvā theraṃ samparivāretvā nisīdiṃsu[4]. Thero samāpattito vuṭṭhāya tāsaṃ dhammaṃ desesi; tā tuṭṭhā "sādhu sādhū" ti vatvā suṇanti. Rañño sīsaṃ aṃkenâdāya nisinnitthī 'imā maṃ ohāya kīḷantī' ti tāsu issāpakatā ūruṃ cāletvā rājānaṃ paribodhesi[5]. Rājā paṭibujjhitvā itthāgāraṃ apassanto "kuhiṃ imā vasaliyo" ti āha. Sā āha: "tumhesu abahukatā 'samaṇaṃ ramayissāmā' ti gatā" ti. So ruṭṭho therābhimukho agamāsi; tā itthiyo rājānaṃ disvā ekaccā uṭṭhahiṃsu ekaccā "mahārāja pabbajitassa santike dhammaṃ suṇāmā" ti na uṭṭhahiṃsu. So tena bhiyyoso mat-

* J. A. IV, 375. † 316[29].

[1] Ba Kosambiyaṃ Gaṅgāra (ɔ: Gaṅgāya) tīre Vaṭṭakan nāma. [2] Sgn Ba °nāya. [3] Ba hiriott°.

[4] Ba theraṃ sampavāretvā ekamantaṃ nisīdiṃsu.

[5] Sgn pabodhesi (Ba *om.* rājānaṃ . . . tā itthiyo).

tāya ruṭṭho theraṃ avanditvā va "kimatthaṃ āgato 'sī" ti āha. "Vivekatthaṃ mahārājā" ti. So "vivekatthāya āgatā evaṃ itthāgāraparivutā nisīdantī" ti vatvā "tava vivekaṃ kathehī" ti āha. Thero visārado pi vivekakathāya 'nâyaṃ aññātukāmo pucchatī' ti tuṇhī ahosi. Rājā "sace na kathesi, tambakipillikehi taṃ khādāpessāmī" ti aññatarasmiṃ asokarukkhe tambakipillikapuṭaṃ gaṇhanto attano va upari vikiri. So sarīraṃ puñchitvā aññaṃ puṭaṃ gahetvā therābhimukho agamāsi; thero 'sacâyaṃ rājā mayi aparajjheyya, apāyābhimukho bhaveyyā' ti taṃ anukampamāno iddhiyā ākāsaṃ abbhuggantvā gato. Tato itthiyo āhaṃsu: "mahārāja aññe rājāno īdisaṃ pabbajitaṃ disvā pupphagandhādīhi pūjenti, tvaṃ[1] tambakipillikapuṭena āsādetuṃ āraddho; aho 'si kulavaṃsaṃ nāsetuṃ uṭṭhito" ti. So attano dosaṃ ñatvā tuṇhī hutvā uyyānapālaṃ pucchi: "aññadivasam pi thero idhâgacchatī" ti[2]. "Āma mahārājā" ti. "Tena hi, yadā āgacchati, tadā me āroceyyāsī" ti. So ekadivasaṃ there āgate ārocesi; rājā pi theraṃ upasaṃkamitvā pañhaṃ pucchitvā pāṇehi saraṇaṃ gato ahosi.

Tambakipillikapuṭena āsāditadivase pana thero ākāsena gantvā puna paṭhaviyaṃ nimujjitvā Bhagavato Gandhakuṭiyaṃ ummujji. Bhagavā pi kho dakkhiṇena passena[3] sato sampajāno sīhaseyyaṃ kappayamāno theraṃ disvā "kiṃ Bhāradvāja akāle āgato 'sī" ti āha. Thero "āma Bhagavā" ti vatvā sabbaṃ taṃ pavattiṃ ārocesi. Taṃ sutvā Bhagavā "kiṃ karissati tassa vivekakathā kāmaguṇagiddhassā" ti vatvā dakkhiṇena passena[3] nipanno eva therassa dhammadesanatthaṃ idaṃ suttaṃ abhāsi.

Tattha *satto* ti laggo, *guhāyaṃ* ti kāye, kāyo hi rāgādīnaṃ 772.
vāḷānaṃ vasanokāsato guhā ti vuccati; *bahunâbhichanno* ti bahunā rāgādikilesajātena abhicchanno,—etena ajjhattabandhanaṃ vuttaṃ; *tiṭṭhaṃ* ti rāgādivasena tiṭṭhanto; *naro* ti satto; *mohanasmiṃ pagāḷho* ti, mohanaṃ vuccati kāmaguṇā, ettha hi devamanussā muyhanti, tesu ajjhogāḷho

---

[1] S[kgn] taṃ. [2] B[a] aññaṃ div° . . . āgacchatī ti. *om.* idha.
[3] B[a] dakkhiṇapassena.

hutvā,—etena bahiddhābandhanaṃ vuttaṃ. *Dūre vivekā hi tathāvidho so* ti so tathārūpo naro tividhā pi kāyavivekādikā vivekā dūre anāsanno, kiṃkāraṇaṃ[1]: *kāmā hi loke na hi suppahāyā*, yasmā loke kāmā suppahāyā[2] na hontī ti vuttaṃ hoti.

773. Evaṃ paṭhamagāthāya 'dūre vivekā tathāvidho' ti sādhetvā puna tathāvidhānaṃ sattānaṃ dhammataṃ āvikaronto icchānidānā ti gāthaṃ āha. Tattha *icchānidānā* ti taṇhāhetukā; *bhavasātabaddhā* ti sukhavedanādimhi bhavasāte baddhā; *te duppamuñcā* ti te bhavasātavatthubhūtā dhammā te v ā tattha baddhā icchānidānā sattā duppamocayā; *na hi aññamokkhā* ti aññe[3] ca mocetuṃ na sakkonti, kāraṇavacanaṃ v ā etaṃ: te sattā duppamuñcā, kasmā: yasmā aññena mocetabbā[4] na honti, yadi pana mucceyyuṃ, sakena thāmena mucceyyun ti ayam assa attho; *pacchā pure vā pi apekkhamānā* ti anāgate atīte[5] vā kāme apekkhamānā; *ime va kāme purime va jappan* ti ime vā paccuppanne kāme purime vā duve pi atītānāgate balavataṇhāya patthayamānā. Imesañ ca dvinnaṃ padānaṃ "te duppamuñcā na hi aññamokkhā" ti iminā va sambandho veditabbo, itarathā apekkhamānā jappaṃ kiṃ karonti kiṃ vā katā ti na paññāyeyyuṃ.

774. Evaṃ paṭhamagāthāya 'dūre vivekā tathāvidho' ti
sādhetvā dutiyagāthāya[6] ca tathāvidhānaṃ dhammataṃ
āvikatvā idāni nesaṃ pāpakammakaraṇaṃ āvikaronto kā-
mesu giddhā ti gāthaṃ āha. Tass' attho: *te* sattā *kāmesu*
paribhogataṇhāya *giddhā*, pariyesanādim anuyuttattā *pa-
sutā*, sammoham āpannattā *pamūḷhā*[7], avaṅgamanatāya[8]
maccharitāya buddhādīnaṃ vacanaṃ anādiyanatāya ca
avadāniyā, kāyavisamādimhi *visame niviṭṭhā*, antakāle mara-
ṇadukkhūpanītā "*kiṃ su bhavissāma ito cutāse*" ti *pari-*
775. *devayanti*. Yasmā etad eva, tasmā hi sikkhe- . . . pe . . .
āhu dhīrā ti. Tattha *sikkhethā* ti tisso sikkhā āpajjeyya[9],

---

1 Skgn °ṇā. 2 Sk suppahānā. 3 Ba a ñ ñ e n a.
4 Ba pamoc°. 5 Skgn *om.*
6 Skgn °āyañ. 7 Ba samūlhā, Skgn sammūlhā.
8 Ba avagam°, Sn avham°. 9 Ba ā v a j j e y y a.

idh' evā ti imasmiṃ yeva sāsane. Sesam uttānattham[1]
eva.

Idāni, ye tathā na karonti, tesaṃ vyasanappattiṃ das- 776.
sento passāmī ti gātham āha. Tattha *passāmī* ti maṃsa-
cakkhuādīhi pekkhāmi; *loke* ti apāyādimhi; *pariphanda-
mānan* ti ito c' ito ca phandamānaṃ; *pajaṃ iman* ti imaṃ
sattakāyaṃ[2]; *taṇhāgatan* ti taṇhāya gataṃ abhibhūtaṃ,
nipātitan ti adhippāyo; *bhavesū* ti kāmabhavādisu; *hīnā
narā* ti hīnakammantā narā; *maccumukhe lapantī* ti anta-
kāle sampatte maraṇamukhe paridevanti; *avītataṇhāse* ti
avigatataṇhā; *bhavābhavesū* ti kāmabhavādisu, a t h a v ā
bhavābhavesū ti bhava-bhavesu, punappunabhavesū ti vut-
taṃ hoti.

Idāni, yasmā avītataṇhā evaṃ phandanti ca lapanti ca, 777.
tasmā taṇhāvinaye samādapento mamāyite ti gātham āha.
Tattha *mamāyite* ti taṇhādiṭṭhimamattehi 'maman' ti
pariggahīte vatthusmiṃ; *passathā* ti sotāre ālapanto āha;
etam pī ti etam pi ādīnavaṃ. Sesaṃ pākaṭam eva.

Evam ettha paṭhamagāthāya assādaṃ tato parāhi catuhi
ādīnavañ ca dassetvā idāni saupāyaṃ nissaraṇaṃ nissara-
ṇānisaṃsañ ca dassetuṃ, sabbāhi v ā etāhi kāmānaṃ ādī-
navaṃ okāraṃ saṃkilesañ ca dassetvā idāni nekkhamme
ānisaṃsaṃ dassetuṃ ubhosu antesū ti gāthādvayam āha.
Tattha *ubhosu antesū* ti phassaphassasamudayādisu[3] dvīsu 778.
paricchedesu; *vineyya chandan* ti chandarāgaṃ vinetvā;
phassam pariññāyā ti cakkhusamphassādiṃ phassaṃ, phas-
sānusāren' eva taṃsampayutte sabbe pi arūpadhamme tesaṃ
vatthudvārārammaṇavasena rūpadhamme cā ti sakalam pi
nāmarūpaṃ tīhi pariññāhi parijānitvā; *anānugiddho* ti
rūpādisu sabbadhammesu agiddho; *yad attagarahī tad akub-
bamāno* ti yaṃ attanā garahati, taṃ akurumāno; *na lippati
diṭṭhasutesu dhīro* ti so evarūpo dhitisampanno dhīro diṭṭhesu
ca sutesu ca dhammesu dvinnaṃ lepānaṃ ekena pi lepena
na lippati ākāsam iva nirupalitto[4] accantavodānappatto hoti.
Saññaṃ pariññā ti gāthāya pana ayaṃ saṃkhepattho: na ke- 779.

---

[1] B[a] uttānam. [2] B[a] s a t t a n i k ā y a ṃ.
[3] S[ks] °samudāy°. [4] S[k] B[a] nirūp°.

valañ ca phassam eva api ca kho pana kāmasaññādibhedaṃ *saññam* pi saññānusārena vā pubbe vuttanayen' eva nāmarūpan tīhi pariññāhi parijānitvā imāya paṭipadāya catubbidham pi *vitareyya oghaṃ*, tato so tiṇṇogho taṇhādiṭṭhi*pariggahesu* taṇhādiṭṭhilepappahānena[1] an*upalitto* khīṇāsava*muni* rāgādisallānaṃ abbūḷhattā *abbūḷhasallo* sativepullappattiyā *appamatto caraṃ*, pubbabhāge vā[2] appamatto caranto appamādacārena abbūḷhasallo hutvā, sakaparattabhāvādibhedaṃ[3] *nâsiṃsati lokam imaṃ parañ ca*, aññadatthu carimacittanirodhā nirupādāno jātavedo va parinibbātī ti arahattanikūṭena desanaṃ niṭṭhapesi dhammanettiṭṭhapanam eva karonto, [4]na tûttariṃ imāya[4] desanāya maggaṃ vā phalaṃ vā uppādesi khīṇāsavassa desitattā ti

GUHAṬṬHAKASUTTAVAṆṆANĀ NIṬṬHITĀ.

3.

(780). Vadanti ve[5] duṭṭhamanā pī ti Duṭṭhaṭṭhakaṃ. Kā uppatti: Ādigāthāya tāva uppatti. Munisuttanayena* Bhagavato bhikkhusaṃghassa ca uppannaṃ lābhasakkāraṃ asahamānā titthiyā Sundariṃ paribbājikaṃ uyyojesuṃ. Sā kira janapadakalyāṇī setavatthaparibbājikā[6] ahosi. Sā sunahātasucivatthā[7] mālāgandhavilepanavibhūsitā Bhagavato dhammaṃ sutvā Sāvatthivāsīnaṃ Jetavanato nikkhamanavelāya Sāvatthito[8] nikkhamitvā Jetavanābhimukhī gacchati; manussehi "kuhiṃ gacchasī" ti ca pucchitā "samaṇaṃ Gotamaṃ sāvake c' assa ramayituṃ gacchāmī" ti vatvā Jetavanadvārakoṭṭhake vicaritvā Jetavanakoṭṭhake pihite[9] nagaraṃ pavisitvā pabhāte puna Jetavanaṃ gantvā Gandhakuṭisamīpe pupphāni vicinantī viya ca-

---

* 263^{26}–264^{14}.

---

[1] B^{a} taṇhādiṭṭhikilesappahānena. [2] B^{a} *om.*
[3] B^{a} sakattaparattakhāv°. [4–4] S^{k} B^{a} na tu imāya.
[5] S^{kgn} te (*at* 519^{24} S^{gn} B^{a} *have* ce).
[6] S^{kgn} *ad.* va. [7] *So* S^{kgn}; B^{a} sunhātā suc°.
[8] S^{kgn} Sāvatthi(ṃ). [9] B^{a} pidahite (519 *note* 6).

rati[1], buddhūpaṭṭhānaṃ āgatehi manussehi "kimatthaṃ
āgatâsī" ti pucchitā yaṃ kiñcid eva bhaṇati. Evaṃ
aḍḍhamāsamatte vītikkante titthiyā taṃ jīvitā voropetvā
parikhātaṭe[2] nikhaṇitvā pabhāte "Sundariṃ na passāmā"
ti kolāhalaṃ katvā rañño ca[3] ārocetvā tena anuññātā Je-
tavanaṃ pavisitvā vicinantā viya taṃ nikhātaṭṭhānā ud-
dharitvā mañcakaṃ āropetvā nagaraṃ abhiharitvā upak-
kosam akaṃsu—sabbaṃ pāḷiyaṃ* āgatanayena[4] veditab-
baṃ. Bhagavā taṃ divasaṃ paccūsasamaye buddhacak-
khunā lokaṃ volokento va 'titthiyā ajja ayasaṃ uppā-
dessantī' ti ñatvā 'tesaṃ saddahitvā mādise cittaṃ pako-
petvā mahājano apāyābhimukho mā ahosī' ti [5]Gandha-
kuṭidvāraṃ pidahitvā anto[5]-Gandhakuṭiyaṃ yeva acchi,
na nagaraṃ piṇḍāya pāvisi. Bhikkhū pana dvāraṃ pihi-
taṃ[6] disvā pubbasadisam eva pavisiṃsu; manussā bhikkhū
disvā nānappakārehi akkosiṃsu. Athâyasmā Ānando Bha-
gavato tam pavattiṃ ārocetvā "titthiyehi bhante mahā
ayaso uppādito, na sakkā idha vasituṃ; vipulo Jambu-
dīpo, aññattha gacchāmā" ti āha. "Tatrâpi ayase uṭ-
ṭhite kuhiṃ gamissasi Ānandā" ti. "Aññaṃ nagaraṃ
Bhagavā" ti. Atha Bhagavā "āgamehi Ānanda; sattā-
ham evâyaṃ saddo bhavissati, sattāhaccayena, yehi ayaso
kato, tesaṃ yeva upari patissatī" ti vatvā Ānandatthe-
rassa dhammadesanatthaṃ vadanti ve ti imaṃ gātham
abhāsi. Tattha *vadantī* ti Bhagavantaṃ bhikkhusaṃghañ 780
ca upavadanti; *duṭṭhamanā pi eke atho pi ve saccamanā* [7]*pi
eke*[7] ti ekacce duṭṭhacittā ekacce tathasaññino[8] pi hutvā,
titthiyā duṭṭhacittā, ye tesaṃ[9] sutvā saddahiṃsu, te sac-
camanā ti adhippāyo; *vādañ ca jātan* ti etaṃ[10] akkosavā-

---

* Ud. p. 44^17-31.

---

[1] B^a pupphāni okirantī viya v i c a r a t i.
[2] (*Cf.* Ud. 44^10, 16); B^a parikkhātaṭe, S^km parisataṭe.
[3] B^a *om.*
[4] B^a °nayen' eva.
[5]—[5] S^kgn *om.*
[6] B^a pidahitaṃ (518 *note* 9).
[7]—[7] *So* S^k; S^gn pi ete; B^a pi ke ti (*Text* vadanti).
[8] S^k < tathāsaññ°.
[9] B^a *ad.* vacanaṃ.
[10] B^a e v a ṃ t a ṃ.

daṃ uppannaṃ; *muni no upetī* ti akārakatāya ca akuppanatāya ca buddhamuni na upeti; *tasmā muni n' atthi khilo kuhiñcī* ti tena kāraṇena ayam muni rāgādikhilehi n' atthi khilo kuhiñcī ti veditabbo.

(781). Imañ ca gāthaṃ vatvā Bhagavā Ānandattheraṃ pucchi: "evaṃ khuṃsetvā vambhetvā vuccamānā bhikkhū Ānanda kiṃ vadantī" ti. "Na kiñci Bhagavā" ti. "Na Ānanda 'ahaṃ sīlavā' ti sabbattha tuṇhī bhavitabbaṃ, loke hi

nâbhāsamānaṃ jānanti missaṃ bālehi paṇḍitan"* ti

vatvā "bhikkhū Ānanda te manusse evaṃ paṭicodentū" ti dhammadesanatthāya "abhūtavādī nirayaṃ upetī"† ti imaṃ gāthaṃ abhāsi. Thero taṃ uggahetvā[1] bhikkhū āha: "manussā tumhehi imāya gāthāya paṭicodetabbā" ti. Bhikkhū tathā akaṃsu; paṇḍitā manussā[2] tuṇhī ahesuṃ. Rājā pi[3] rājapurise sabbato[4] pesetvā, yesaṃ dhuttānaṃ lañcaṃ datvā titthiyā taṃ mārāpesuṃ, te gahetvā niggayha taṃ pavattiṃ ñatvā titthiye paribhāsi. Manussā pi titthiye disvā leḍḍunā hananti[5] paṃsunā okiranti: 'Bhagavato ayasaṃ uppādesun' ti. Ānandatthero taṃ disvā Bhagavato ārocesi; Bhagavā therassa imaṃ gātham
781. abhāsi: sakaṃ hi diṭṭhiṃ . . . pe . . . vadeyyā ti. Tass' attho: yâyaṃ diṭṭhi titthiyajanassa: 'Sundarim māretvā samaṇānaṃ Sakyaputtiyānaṃ avaṇṇaṃ pakāsetvā eten' upāyena laddhaṃ sakkāraṃ[6] sādiyissāmā' ti, so taṃ diṭṭhiṃ kathaṃ atikkameyya, atha kho so ayaso tam eva titthiyajanaṃ paccāgato taṃ diṭṭhiṃ accetuṃ asakkontaṃ, yo vā sassatādivādī[7], so pi *sakaṃ diṭṭhiṃ katham accayeyya* tena diṭṭhi*cchand*ena *anunīto* tāya ca diṭṭhi*ruciyā niviṭṭho*, api ca kho pana *sayaṃ samattāni pakubbamāno* attanā va paripuṇṇāni tāni diṭṭhigatāni karonto *yathā jāneyya, tath'* eva *vadeyyā* ti.

(782). Atha rājā sattāhaccayena taṃ kuṇapaṃ chaḍḍāpetvā

* A. II, 51[29]. † Ud. p. 45[10]; Dhp. 306 (S.N. 661).

[1] B^a *ad.* te. [2] B^a paṇḍitaman°. [3] B^a *om.*
[4] B^a *ad.* sabbato; S^kgn sabbattha(?). [5] B^a paharanti.
[6] B^a laddhasakk° [7] B^a yo vā yassa tādi.

sāyanhasamayaṃ vihāraṃ gantvā Bhagavantaṃ abhivādetvā āha: "nanu bhante īdise ayase uppanne mayham pi ārocetabbaṃ siyā" ti. Evaṃ vutte Bhagavā "na mahārāja 'ahaṃ sīlavā guṇasampanno' ti paresaṃ ārocetuṃ ariyānaṃ paṭirūpan" ti vatvā tassā aṭṭhuppattiyaṃ yo
attano sīlavatānī ti avasesagāthāyo abhāsi. Tattha *sīla-* 782.
vatānī ti pātimokkhādīni [1]sīlāni āraññakādīni[1] dhutaṅgavatāni ca; *anānupuṭṭho*[2] ti apucchito; *pāvā*[3] ti vadati; *anariyadhammaṃ kusalā tam āhu yo ātumānaṃ sayam eva pāvā*[3] ti yo evaṃ attānaṃ sayam eva vadati, tassa taṃ vādaṃ
"anariyadhammo eso" ti kusalā evaṃ kathenti. *Santo* 783.
ti rāgādikilesavūpasamena[4] santo, tathā *abhinibbutatto*; "*iti han*" *ti sīlesu akatthamāno* ti "ahaṃ asmi sīlasampanno" ti ādinā nayena iti sīlesu akatthamāno, sīlanimittaṃ attūpanāyikaṃ vācam abhāsamāno ti vuttaṃ hoti; *tam ariyadhammaṃ kusalā vadantī* ti tassa taṃ akatthanaṃ "ariyadhammo eso" ti buddhādayo khandhādikusalā[5] vadanti; *yass' ussadā n' atthi kuhiñci loke* ti yassa khīṇāsavassa rāgādayo satta ussadā* kuhiñci loke n' atthi, tassa taṃ akatthanaṃ "ariyadhammo eso" ti evaṃ kusalā[6] vadantī ti sambandho.

Evaṃ khīṇāsavapaṭipattiṃ dassetvā idāni diṭṭhigatikā- 784.
naṃ titthiyānaṃ paṭipattiṃ rañño dassento āha: pakappitā saṃkhatā ti. Tattha *pakappitā* ti parikappitā; *saṃkhatā* ti paccayābhisaṃkhatā; *yassā* ti yassa kassaci diṭṭhigatikassa; *dhammā* ti diṭṭhiyo; *purakkhatā* ti purato katā; *santī* ti vijjanti[7]; *avīvadātā* ti avodātā; *yad attani passati ānisaṃsaṃ taṃ nissito kuppa-paṭicca-santin* ti[8] yass' ete diṭṭhidhammā purakkhatā avodātā santi, so evaṃvidho, yasmā attani tassā diṭṭhiyā diṭṭhadhammikañ

---

* *Cf.* 425[29].

1–1 B^a susānikaṅgaāraññakādīni.

2 S^km.ananupuṭṭho; B^a anānusiṭṭho.

3 B^a pāthā.

4 B^a °samaṇena.

5 B^a khandhādisu kusalā.

6 S^k *ad.* va.

7 B^a saṃvijjanti.

8 B^a kuppaṃ paṭicca santī ti.

ca sakkārādiṃ samparāyikañ ca gativisesādiṃ ānisaṃsaṃ passati, tasmā tañ ca ānisaṃsaṃ tañ ca kuppatāya ca paṭiccasamuppannatāya ca sammutisantatāya ca[1] kuppa-paṭicca-santisaṃkhātaṃ diṭṭhin nissito va hoti, so tan-nissitattā attānaṃ vā ukkaṃseyya pare vā vambheyya
785. abhūtehi pi guṇadosehi. Evan nissitena ca diṭṭhinivesā . . . pe . . . ādiyati ca dhamman ti. Tattha *diṭṭhinivesā* ti idaṃsaccābhinivesasaṃkhātāni diṭṭhinivesanāni; *na hi svātivattā* ti sukhena ativattitabbā na honti; *dhammesu niccheyya samuggahītan* ti, dvāsaṭṭhidiṭṭhidhammesu taṃ taṃ samuggahītaṃ abhiniviṭṭhaṃ dhammaṃ nicchinitvā pavattattā diṭṭhinivesā na hi svātivattā ti vuttaṃ hoti; *tasmā naro tesu nivesanesu nirassati ādiyatī ca dhamman* ti yasmā na hi svātivattā, tasmā naro tesu yeva diṭṭhi-nivesanesu ajasīlagosīlakukkurasīlapañcatapamaruppapāta-ukkuṭikappadhānakaṇṭakāpassayādibhedaṃ[2] satthāra[ṃ]-dhammakkhānagaṇādibhedaṃ vā taṃ taṃ dhammaṃ nir-assati ca ādiyati ca jahāti ca gaṇhati[3] ca, vanamakkaṭo viya taṃ taṃ sākhan ti vuttaṃ hoti; evaṃ nirassanto ca[4] ādiyanto ca anavaṭṭhitacittattā asantehi pi guṇadosehi at-
786. tano vā parassa vā yasāyasaṃ uppādeyya. Yo panâyaṃ sabbadiṭṭhigatādidosadhunanāya paññāya samannāgatattā dhono, tassa dhonassa hi . . . pe . . . anūpayo so. Kiṃ vuttaṃ hoti: dhonadhammasamannāgamā[5] *dhonassa* dhu-tasabbapāpassa arahato katthaci *loke* tesu tesu *bhavesu pakappitā diṭṭhi n' atthi;* so tassā diṭṭhiyā abhāvena te[6], yāya ca attanā kataṃ pāpakammaṃ paṭicchādentā titthiyā māyāya mānena vā etaṃ agatiṃ gacchanti, taṃ pi *māyañ ca mānañ ca pahāya dhono* rāgādīnaṃ dosānaṃ *kena gac-cheyya* diṭṭhadhamme samparāye vā nirayādisu gativise-sesu kena saṃkhaṃ gaccheyya, *anūpayo so* so hi taṇhā-
787. diṭṭhiupayānaṃ[7] dvinnaṃ abhāvena anūpayo ti. Yo pana

---

[1] Ba *om.* ca; Sk *has* sammutiyasantatāya ca.

[2] Skgn °pañcatāpamaruppapāta°; Ba °pañcatapaarappa-pāta°. [3] Ba gaṇhāti. [4] Skgn *om.*

[5] *So* Ba; Skgn dhonadhammena samannāgamā.

[6] Skgn abhāve, *om.* te. [7] Sk < °upāyānaṃ.

tesaṃ dvinnaṃ bhāvena upayo hoti, so upayo hi . . . pe . . . diṭṭhi-m-idh' eva sabbā ti. Tattha *upayo* ti taṇhādiṭṭhinissito; *dhammesu upeti vādan* ti "ratto" ti vā "duṭṭho" ti vā evaṃ tesu tesu dhammesu upeti vādaṃ; *anūpayaṃ kena kathaṃ vadeyyā* ti taṇhādiṭṭhippahānena anūpayaṃ khīṇāsavaṃ kena rāgena vā dosena vā kathaṃ "ratto" ti vā "duṭṭho" ti vā vadeyya, evaṃ anupavajjo ca[1] so kiṃ titthiyā viya katapaṭicchādako bhavissatī ti adhippāyo; *attaṃ nirattaṃ na hi tassa atthī* ti tassa hi attadiṭṭhi vā ucchedadiṭṭhi vā n' atthi, gahaṇamuñcanaṃ v ā p i attanirattasaññitaṃ n' atthi; 'kiṃkāraṇaṃ n' atthī' ti ce: *adhosi so diṭṭhi-m-idh' eva sabbā*[2] yasmā so idh' eva attabhāve ñāṇavātena sabbaṃ diṭṭhigataṃ adhosi pajahi vinodesī ti arahattanikūṭena desanaṃ niṭṭhapesi; taṃ sutvā rājā attamano Bhagavantaṃ abhivādetvā pakkāmī ti

DUṬṬHAṬṬHAKASUTTAVAṆṆANĀ NIṬṬHITĀ.

4.

Passāmi suddhan ti Suddhaṭṭhakaṃ. Kā uppatti: (788).
*Atīte kira Kassapassa bhagavato kāle Bārāṇasivāsī aññataro kuṭumbiko pañcahi sakaṭasatehi paccantajanapadaṃ agamāsi bhaṇḍagahaṇatthaṃ. Tattha vanacarakena saddhiṃ mettiṃ katvā tassa paṇṇākāraṃ datvā pucchi: "kacci te samma candanasāraṃ diṭṭhapubban" ti, "āma sāmī" ti ca vutte ten' eva saddhiṃ candanavanaṃ pavisitvā sabbasakaṭāni candanasārassa bharitvā[3] tam pi vanacarakaṃ "yadā samma Bārāṇasiṃ āgacchasi, tadā candanasāraṃ gahetvā āgaccheyyāsī" ti vatvā Bārāṇasiṃ yeva agamāsi. Atha aparena samayena so pi vanacarako candanasāraṃ gahetvā tassa gharaṃ agamāsi. So taṃ disvā sabbaṃ paṭisanthāraṃ katvā sāyaṇhasamaye candanasāraṃ piṃsāpetvā samuggaṃ pūretvā "gaccha samma, nahāyitvā āgacchā" ti[4] attano purisena saddhiṃ nahā-

* Dhp. A. IV, 187–192 (*ad* Dhp. 413).

[1] B^{a} anupavādo va. [2] B^{a} sabba ti.
[3] B^{a} pūretvā. [4] B^{a} āgacchāhī ti.

natittham pesesi. Tena ca samayena Bārāṇasiyaṃ ussavo hoti. Atha Bārāṇasivāsino pāto va dānaṃ datvā sāyaṃ suddhavatthanivatthā mālāgandhādīni gahetvā Kassapassa bhagavato mahācetiyaṃ vandituṃ gacchanti. So vanacarako te disvā "mahājano kuhiṃ gacchatī" ti pucchi, "vihāraṃ cetiyavandanatthāyā" ti ca sutvā sayam pi agamāsi. Tattha[1] manusse haritālamanosilādīhi[2] nānappakārena cetiye pūjaṃ karonte disvā kiñci citraṃ[3] kātum ajānanto taṃ candanaṃ gahetvā mahācetiye suvaṇṇiṭṭhikānaṃ upari kaṃsapātimattaṃ maṇḍalaṃ akāsi. Atha tattha suriyogamanavelāyaṃ[4] suriyarasmiyo uṭṭhahiṃsu. So taṃ disvā pasīdi patthanañ ca akāsi: "yattha yattha nibbattāmi, īdisā me raṃsī[5] ure uṭṭhahantū" ti. So kālaṃ katvā Tāvatiṃsesu nibbatti; tassa ure raṃsiyo uṭṭhahiṃsu, candamaṇḍalaṃ viy' assa ure maṇḍalaṃ virocati, Candābho devaputto [6]tv eva ca naṃ sañjāniṃsu[6]. So tāya[7] sampattiyā chasu devalokesu anulomapaṭilomato ekaṃ buddhantaraṃ khepetvā amhākaṃ Bhagavati uppanne Sāvatthiyaṃ brāhmaṇamahāsālakule nibbatti, tath' ev' assa ure candamaṇḍalasadisaṃ raṃsimaṇḍalam ahosi, nāmakaraṇadivase c' assa maṅgalaṃ katvā brāhmaṇā taṃ maṇḍalaṃ disvā 'dhaññapuññalakkhaṇo ayaṃ kumāro' ti vimhitā Candābho tv eva nāmam akaṃsu. Taṃ vayappattaṃ brāhmaṇā gahetvā alaṃkaritvā paṭṭakañcukaṃ pārupāpetvā rathe āropetvā 'Mahābrahmâyan' ti[8] pūjetvā "yo Candābhaṃ passati, so[9] yasadhanādīni[10] labhati samparāyañ ca saggaṃ gacchatī" ti ugghosentā gāmanigamarājadhānisu āhiṇḍanti. Gatagataṭṭhāne manussā 'esa kira

---

1 Skgn Tassa (350 *note* 8). 2 Ba °manosilāhi.

3 Ba k i ñ c i v i c i t r a ṃ.

4 (?); Ba suriyoggamana°, Skgn suriyuggamana°.

5 Skgn raṃsi, Ba rasmiyo (44 *note* 7).

6–6 *So* Ba; Sk veva ṭa naṃ jān°, Sn c' eva ca ranaṃ jān°, Sg c' eva ca (*deleted*) sañjān° (ɔ: c c e v a c a n a ṃ s a ñ j ā n °). 7 Ba So etāya (*cf.* 525 *note* 1).

8 Ba °brahmā ayan ti. 9 Skgn *om.*

10 Sk °dhanaādīni, Sgn °dhanaṃ ādīni.

bho Candābho nāma, yo taṃ[1] passati, so yasadhanasaggādīni labhatī' ti[2] uparūpari āgacchanti, sakalaJambudīpo cali[3]; brāhmaṇā tucchahatthakānaṃ āgatānaṃ na dassenti, sataṃ vā sahassaṃ vā gahetvā āgatānam eva dassenti. Evaṃ Candābhaṃ gahetvā anuvicarantā brāhmaṇā kamena Sāvatthiṃ anuppattā; tena ca samayena satthā pavattitavaradhammacakko[4] anupubbena Sāvatthiṃ āgantvā Sāvatthiyaṃ viharati Jetavane bahujanahitāya dhammaṃ desento. Atha Candābho Sāvatthiṃ patvā samuddapakkhannakunnadī viya apākaṭo ahosi, "Candābho" ti bhaṇanto pi n' atthi. So sāyaṇhasamaye mahājanakāyaṃ mālāgandhādīni ādāya Jetavanābhimukhaṃ gacchantaṃ disvā "kuhiṃ gacchathā" ti pucchi, "buddho loke uppanno, so bahujanahitāya dhammaṃ deseti, taṃ sotuṃ Jetavanaṃ gacchāmā" ti [5]ca tesaṃ[5] vacanaṃ sutvā so pi brāhmaṇagaṇaparivuto tatth' eva[6] agamāsi; Bhagavā ca[7] tasmiṃ samaye dhammasabhāyaṃ varabuddhāsane nisinno va hoti. Candābho Bhagavantaṃ upasaṃkamma madhurapaṭisanthāraṃ katvā ekamantaṃ nisīdi; tāvad eva c' assa so[7] āloko antarahito, buddhālokassa hi samīpe asītihatthabbhantare añño āloko nâbhibhoti. So 'āloko me naṭṭho' ti nisīditvā va uṭṭhāsi uṭṭhahitvā ca gantum āraddho. Atha naṃ aññataro puriso āha: "kiṃ Candābha samaṇassa Gotamassa[7] bhīto gacchasī" ti. "Nâhaṃ bhīto gacchāmi, api ca me imassa tejena āloko na sampajjatī" ti[8] punad eva Bhagavato purato nisīditvā pādatalā paṭṭhāya yāva kesantā[9] rūparaṃsilakkhaṇādisampattiṃ disvā 'mahesakkho samaṇo Gotamo, mama ure appamattako āloko uṭṭhito, tāvatakena pi maṃ gahetvā brāhmaṇā sakalaJambudīpaṃ vicaranti, evaṃ varalakkhaṇasampattisamannāgatassa[10] samaṇassa Gotamassa n' eva māno na dappo: addhā ayaṃ anomaguṇasamannāgato bhavissati satthā devamanussānan' ti ativiya pasannacitto Bhagavantaṃ

---

[1] Ba yo etaṃ. [2] Ba labhissatī ti. [3] So Ba (cf. 80[19]); Sn cami; Skg ca. [4] Skgn om. -vara-. [5] Ba etesaṃ. [6] Ba om. tatth' eva. [7] Ba om. [8] Ba na āpajjatī ti. [9] Sm k e s a g g ā. [10] Skgn om. -lakkhaṇa-.

vanditvā[1] pabbajjaṃ yāci. Bhagavā aññataraṃ theraṃ
āṇāpesi: "pabbājehi nan" ti. So taṃ pabbājetvā taca-
pañcakakammaṭṭhānaṃ[2] ācikkhi. So vipassanaṃ ārabhitvā
naciren' eva arahattaṃ patto Candābho thero ti vissuto
ahosi. Taṃ ārabbha bhikkhū kathaṃ samuṭṭhāpesuṃ:
"kin nu kho āvuso, ye Candābhaṃ addasaṃsu, te yasaṃ
vā dhanaṃ vā labhiṃsu saggaṃ vā gacchiṃsu visuddhiṃ[3]
vā pāpuṇiṃsu tena cakkhudvārikarūpadassanenā" ti. Bha-
gavā tassā[4] aṭṭhuppattiyaṃ idaṃ suttam abhāsi.
788. Tattha paṭhamagāthāya tāv' attho: na bhikkhave eva-
rūpena dassanena suddhi hoti, api ca kho kilesamalinattā
asuddhaṃ kilesarogānaṃ avigamā sarogam eva Candā-
bhaṃ brāhmaṇaṃ aññaṃ vā evarūpaṃ disvā diṭṭhigatiko
bālo abhijānāti: '*passāmi suddhaṃ paramaṃ arogaṃ*, tena
ca *diṭṭhi*saṃkhātena[5] dassanena *saṃsuddhi narassa hotī*'
ti; so evaṃ *abhijānan*to taṃ dassanaṃ '*paraman' ti ñatvā*
tasmiṃ dassane *suddhānupassī* taṃ dassanaṃ 'magga-
789. *ñāṇan' ti pacceti*. Tam-pana maggañāṇaṃ na hoti, te-
nâha[6]: diṭṭhena ce suddhī ti dutiyagāthā. Tass' attho: tena
rūpadassanasaṃkhātena *diṭṭhena* yadi kilesa*suddhi narassa*
hoti, tena *vā ñāṇena so* yadi jātiādi*dukkhaṃ*[7] *pajahāti*[8],
evaṃ sante ariyamaggato *aññena* asuddhimaggen' eva *so*
sujjhati rāgādīhi upadhīhi[9] *saupadhiko* eva samāno suj-
jhatī ti āpannaṃ hoti; na ca evaṃvidho sujjhati; tasmā
diṭṭhi hi naṃ pāva tathā vadānaṃ sā naṃ diṭṭhi yeva "mic-
chādiṭṭhiko ayan" ti katheti diṭṭhianurūpaṃ "sassato
790. loko" ti ādinā nayena[10] tathā tathā vadanti[11]. Na brāh-
maṇo ti tatiyagāthā. Tass' attho: yo pana bāhitapāpattā
brāhmaṇo hoti, so maggena adhigatāsavakkhayo khīṇāsava-
brāhmaṇo ariyamaggañāṇato a ñ ñ e n a *abhimaṅgalasam-

* (Pj. I, 118[9] *sqq.*)

[1] Ba abhivādetvā. [2] Skgn °pañcakaṃ kamm° (535, *note* 5).
[3] Ba *om.* vi-. [4] *So* Skgn (529[17]); Ba tassa.
[5] *So* Skgn Ba (ɔ: d i ṭ ṭ h a - s a ṃ k h° ?). [6] Skgn tena hi.
[7] Skgn j ā t i ā d i s u d u k k h a ṃ. [8] Skgn pajahati.
[9] Ba rāgādirupadhīhi. [10] Skgn pana.
[11] *So* Skgn Ba (ɔ: vadantaṃ ?).

matarūpasaṃkhāte *diṭṭhe* tathāvidhasaddasaṃkhāte *sute* avītikkamasaṃkhāte *sīle* hatthivatādibhede *vate* *paṭhaviādibhede *mute* ca u p p a n n e n a m i c c h ā ñ ā ṇ e n a *suddhiṃ na āha.* Sesaṃ assa brāhmaṇassa vaṇṇabhaṇanatthāya[1] vuttaṃ: so hi tedhātuka*puññe* sabbasmiñ *ca pāpe anūpalitto* tassa pahīnattā, attadiṭṭhiyā yassa kassaci vā gahaṇassa pahīnattā *attañjaho*, puññābhisaṃkhārādīnaṃ akaraṇato *na idha*[2] *pakubbamāno* ti vuccati, tasmā naṃ evaṃ pasaṃsanto āha; sabbass' eva c' assa purimapadena[3] sambandho veditabbo.

"Puññe ca pāpe ca anūpalitto attañjaho na idha pa- 791.
kubbamāno na brāhmaṇo aññato suddhim āhā" ti[4] vatvā
idāni, ye diṭṭhigatikā aññato suddhiṃ bruvanti, tesaṃ
tassā diṭṭhiyā anibbāhakabhāvaṃ[5] dassento purimaṃ pahāyā ti gātham āha. Tass' attho: *te* hi aññato-suddhivādā samānā pi, yassā diṭṭhiyā appahīnattā gahaṇamuñcanaṃ hoti, tāya *purima(ṃ)* satthārādiṃ *pahāya aparan nissitā ejā*saṃkhātāya[6] taṇhāya *anugatā* abhibhūtā rāgādibhedaṃ *na taranti saṅgaṃ*, tañ ca atarantā taṃ[7] taṃ dhammaṃ uggaṇhanti ca *nirassajanti*[8] ca makkaṭo *va sākhan* ti.

Pañcamagāthāya sambandho: yo ca so "diṭṭhi hi naṃ 792.
pāva tathā vadānan" ti vutto, so sayaṃ samādāyā ti.
Tattha *sayan* ti sāmaṃ; *samādāyā* ti gahetvā; *vatāni* ti hatthivatādīni; *uccāvacan* ti aparāparaṃ hīnapaṇītaṃ vā satthārato-satthārādiṃ; *saññasatto* ti kāmasaññādisu laggo; *vidvā ca vedehi samecca dhammaṃ* ti paramatthavidvā ca arahā catuhi maggañāṇavedehi catusaccadhammaṃ abhisamecca ti. Sesaṃ pākaṭam eva. *Sa sabbadhammesu visenibhūto* 793.

* (M. I, 1[12]).

[1] Ba °b h a ṇ a n a t t h a ṃ (530[24], 534[19]).
[2] *So* Skgn; Ba *om.* na. [3] Ba °p ā d e n a .
[4] Ba *ad.* evaṃ na brāhmaṇo aññato suddhim āhā ti.
[5] Skgn a n i b b ā n a v ā h a k a b h ā v a ṃ.
[6] Skgn ejāsaṃkhāya.
[7] Skgn *om.* [8] Ba n i s s a j j a n t i.

yaṃ kiñci diṭṭhaṃ va[1] *sutaṃ mutaṃ vā* ti so bhūripañño khīṇāsavo, yaṃ kiñci diṭṭhaṃ vā sutaṃ vā mutaṃ vā, tesu sabbadhammesu Māra-s e n a ṃ v i-nāsetvā ṭhitabhāvena visenibhūto*; *tam evadassin*[2] ti tam evaṃ visuddhadassiṃ[3]; *vivaṭaṃ carantan* ti taṇhācchadanādivigamena vivaṭaṃ hutvā carantaṃ; *kenīdha lokasmiṃ vikappayeyyā* ti kena idha loke taṇhākappena vā diṭṭhikappena vā koci vikappeyya, tesaṃ v ā pahīnattā rāgādinā pubbe vuttenā ti.

794. Na kappayantī ti gāthāya sambandho attho ca: kiñ ca bhiyyo te hi tādisā santo dvinnaṃ kappānaṃ purekkhārānañ ca kenaci *na kappayanti na purekkharonti*, paramatthaaccantasuddhiṃ yeva[4] "akiriyasassatadiṭṭhi [5]accantasuddhī" ti[5] na te vadanti; *ādānaganthaṃ gathitaṃ visajjā* ti catubbidham pi rūpādīnaṃ ādāyakattā ādānaganthaṃ† attano cittasantāne gathitaṃ baddhaṃ ariyamaggasatthena visajja chinditvā. Sesaṃ pākaṭam eva.

795. Sīmātigo ti gāthā[6] ekapuggalādhiṭṭhānāya desanāya vuttā; pubbasadiso eva pan' assā sambandho, so evaṃ atthavaṇṇanāya saddhiṃ veditabbo: kiñ ca bhiyyo so īdiso bhūripañño catunnaṃ kilesasīmānaṃ‡ atītattā *sīmātigo* bāhitapāpattā ca *brāhmano*, itthambhūtassa ca *tassa n' atthi* paracittapubbenivāsañāṇehi *ñatvā vā* maṃsacakkhudibbacakkhūhi *disvā vā* kiñci *samuggahītaṃ*, abhiniviṭṭhan ti vuttaṃ hoti; so ca kāmarāgābhāvato *na rāgarāgī*, rūpārūparāgābhāvato *na virāgaratto*, yato evaṃvidhassa '*idaṃ paran*' ti kiñci *idha uggahītaṃ n' atthī* ti arahattanikūṭena desanaṃ niṭṭhapesi.

SUDDHAṬṬHAKASUTTAVAṆṆANĀ NIṬṬHITĀ.

---

* *Cf.* Spk. *ad* S. I, 141[29]. † 348[17], *etc.* ‡ 412[13].

---

[1] Ba ca (*cf.* Khp. VIII, 7a).
[2] Sn °dassinan, Skg °dassitan.
[3] Ba *om.* vi-.
[4] Ba *ad.* a v i g a t a t t ā na accantasuddhin ti.
[5–5] Skgn accantasuddhin ti (540[32]); Ba *om.*
[6] Ba *ad.* Bhagavato.

5.

Paraman ti diṭṭhīsū ti Paramaṭṭhakaṃ. Kā uppatti: (796)
*Bhagavati kira Sāvatthiyaṃ viharante nānātitthiyā sannipatitvā attano (attano) diṭṭhiṃ dīpentā "idaṃ paramaṃ idaṃ paraman" ti kalahaṃ katvā rañño ārocesuṃ. Rājā "sambahule jaccandhe sannipātāpetvā imesaṃ hatthiṃ dassethā" ti āṇāpesi. Rājapurisā andhe sannipātāpetvā hatthiṃ purato sayāpetvā "passathā" ti āhaṃsu. Te hatthissa ekamekaṅgaṃ parāmasiṃsu. Tato raññā "kīdiso kīdiso bhaṇe hatthī" ti puṭṭho[1], yo soṇḍaṃ parāmasi, so "seyyathā pi mahārāja naṅgalīsā" ti[2] bhaṇi, ye dantādīni parāmasiṃsu, te itaraṃ "mā bho rañño purato musā bhaṇī" ti paribhāsitvā "seyyathā pi mahārāja bhittikhīlo" ti ādīni āhaṃsu. Rājā [3]taṃ sabbaṃ[3] sutvā "īdiso tumhākaṃ samayo" ti titthiye uyyojesi. Aññataro piṇḍacāriko taṃ pavattiṃ ñatvā Bhagavato ārocesi. Bhagavā tassā aṭṭhuppattiyaṃ bhikkhū āmantetvā "yathā bhikkhave jaccandhā hatthiṃ ajānantā taṃ taṃ aṅgaṃ parāmasitvā vivadiṃsu, evaṃ titthiyā vimokkhantikaṃ dhammam ajānantā taṃ[4] taṃ diṭṭhiṃ parāmasitvā vivadantī" ti vatvā dhammadesanatthaṃ idaṃ suttam abhāsi.

Tattha *paraman ti diṭṭhīsu paribbasāno* ti 'idaṃ paraman' ti gahetvā sakāya sakāya diṭṭhiyā vasamāno; *yad uttariṃkurute* ti yaṃ attano satthārādiṃ seṭṭhaṃ karoti; 796.
'*hīnā*' *ti aññe tato sabba-m-āhā* ti taṃ attano satthārādiṃ ṭhapetvā tato[5] aññe sabbe "hīnā ime" ti āha; *tasmā vivādāni avītivatto* ti tena kāraṇena so diṭṭhikalahe[6] avītivatto va hoti. Dutiyagāthāya attho[7]: evaṃ avītivatto ca[8] *yaṃ* 797.
†*diṭṭhe sute sīlabbate mute* ti etesu vatthusu uppannadiṭṭhisaṃkhāte *attani* pubbe‡ vuttappakāraṃ *ānisaṃsaṃ passati, tad eva so tattha* sakāya diṭṭhiyā ānisaṃsaṃ 'idaṃ

* *Cf.* Ud. p. 66[70]. † *Cf.* 527[1]. ‡ (522[1]).

[1] *So* Skm Ba. [2] Ba naṅgalasīsā ti.
[3–3] Ba sabbesaṃ; Sk sabbaṃ, Sm tabbaṃ.
[4] Skm *om.* [5] Skm Ba *ad.* tato. [6] Skm Ba °kalaho.
[7] Skm *ad.* ca. [8] Ba *om.*

seṭṭhan' ti abhinivisitvā *aññam sabbam* parasatthārādikam
798. *nihīnato passati.* Tatiyagāthāya attho: evaṃ passato c'
assa, *yaṃ* attano satthārādiṃ *nissito aññaṃ* parasatthā-
rādiṃ *hīnaṃ passati, taṃ* passanam[1] *gantham* eva *kusalā*
vadanti, bandhanan ti vuttaṃ hoti; yasmā etad eva[2], *tasmā*
hi diṭṭhaṃ va[3] *sutaṃ mutaṃ vā sīlabbataṃ bhikkhu na nissa-*
799. *yeyya,* nâbhiniviseyyā[4] ti vuttaṃ hoti. Catutthagāthāy'
attho: na kevalaṃ diṭṭhasutādiṃ na nissayeyya, api ca
kho pana asañjātam[5] uparūpari *diṭṭhiṃ pi lokasmiṃ na*
kappayeyya—na janeyyā ti vuttaṃ hoti—, kīdisaṃ: *ñā-*
ṇena vā sīlavatena vā pi, samāpattiñāṇādinā ñāṇena vā
sīlavatena vā yā kappiyyati, etādisin[6] na kappeyya; na
kevalañ ca diṭṭhiṃ na kappeyya, api ca kho pana mā-
nenâpi jātiādīhi vatthūhi '*samo*' *ti attānaṃ anūpaneyya*
800. '*hīno*' *na maññetha* '*visesi*' *vā pī*[7] ti. Pañcamagāthāy'
attho: evaṃ hi diṭṭhiṃ akappento amaññamāno ca *attaṃ*
vā *pahāya anupādiyāno,* idha vā, yaṃ pubbe gahītaṃ,
taṃ pahāya aparaṃ agaṇhanto tasmiṃ *pi* vuttappakāre
ñāṇe duvidhaṃ *nissayaṃ no karoti,* akaronto ca *sa ve viyat-*
tesu[8] nānādiṭṭhivasena bhinnesu sattesu[9] *na vaggasārī* chandā-
divasena agacchanadhammo hutvā dvāsaṭṭhiyā[10] diṭṭhisu
kañci pi diṭṭhin na pacceti, na paccāgacchatī ti vuttaṃ hoti.

Idāni, yo[11] so imāya gāthāya vutto khīṇāsavo, tassa vaṇ-
ṇabhaṇanatthaṃ yassûbhayante ti ādikā tisso gāthāyo
801. āha. Tattha *ubhayante* ti pubbe* vuttaphassādibhede[12];
paṇidhī ti taṇhā; *bhavābhavāyā* ti punappunabhavāya;
idha vā huraṃ vā ti sakattabhāvādibhede idha vā paratta-
802. bhāvādibhede parattha vā. *Diṭṭhe vā* ti diṭṭhasuddhiyā
vā, esa nayo *sutādisu; saññā* ti saññāsamuṭṭhāpitā diṭṭhi.

---

* (517[24]).

---

1 Ba passataṃ. 2 Skgn yasmā tad eva.
3 Ba *om.* 4 Skgn Ba °niveseyyā (531, *note* 7).
5 Ba api ca kho aññātaṃ. 6 *So* Ba; Skgn etādi.
7 Ba visesi câpī; Sgn visesavā pī.
8 Ba diyatthesu, Skgn viyuttesu. 9 Skgn santesu.
10 Ba dvāsaṭṭhisu. 11 Skgn *om.* 12 Ba vutte ca phass°.

Dhammā pi tesaṇ na paṭicchitāse[1] ti dvāsaṭṭhidiṭṭhigata- 803.
dhammā pi tesaṃ 'idam eva saccaṃ, mogham aññan' ti
evaṃ na paṭicchitā[2]; *pāraṅgato*[3] *na pacceti tādī* ti nibbā-
napāraṅ gato tena tena maggena pahīne[4] kilese puna nâgac-
chati pañcahi ca ākārehi tādī[5] hotī ti. Sesaṃ pākaṭam
evā ti

PARAMAṬṬHAKASUTTAVAṆṆANĀ NIṬṬHITĀ.

6.

Appaṃ vata jīvitan ti Jarāsuttaṃ. Kā uppatti: *Ekaṃ (804).
samayaṃ Bhagavā Sāvatthiyaṃ vassaṃ vasitvā, y ā n i t ā n i buddhānaṃ sarīrārogyasampādanaṃ anuppannasikkhāpadapaññāpanaṃ veneyyadamanaṃ tathārūpāya aṭṭhuppattiyā jātakādikathanan ti ādīni janapadacārikānimittāni, t ā n i samavekkhitvā janapadacārikaṃ pakkāmi, anupubbena cārikaṃ caramāno sāyaṃ Sāketaṃ anuppatto Añjanavanaṃ pāvisi. Sāketavāsino sutvā 'akālo dāni[6] Bhagavantaṃ dassanāyā' ti vibhātāya rattiyā mālāgandhādīni gahetvā Bhagavato santikaṃ gantvā pūjanavandanasammodanādīni katvā parivāretvā aṭṭhaṃsu, yāva Bhagavato gāmaṃ pavisanavelā[7]. Atha Bhagavā bhikkhusaṃghaparivuto Sāketaṃ[8] piṇḍāya pāvisi. Taṃ aññataro Sāketako brāhmaṇamahāsālo nagarā nikkhamanto nagaradvāre addasa, disvā[9] puttasinehaṃ uppādetvā "ciraṃ diṭṭho[10] 'si putta mayā" ti parideva[ya]māno[11] abhimukho agamāsi. Bhagavā bhikkhū saññāpesi: "ayaṃ[12] bhikkhave brāhmaṇo, yaṃ icchati, taṃ karotu, na vāretabbo" ti. Brāhmaṇo pi vacchagiddhinī va gāvī āgantvā

* Dhp. A. III, 317–320 (*ad* Dhp. 225), *etc.*

1 *So* Ba; Skm panicch°, Ss p a t i c c h °.
2 Ba paṭinicchitā; Skm panicch°, Ss paticch°.
3 Sk > pārag°; Sm pārag°.
4 Skm *om.* pa-.
5 Ba tādiso.
6 Ba akālo pan' idāni.
7 Skm °vesanavelā; Ba gāmappavesanavelāya.
8 Skm *om.*
9 Ba d i s v ā n a .
10 Skm ciradiṭṭho *here and* 532[2].
11 *Cf.* 97, *note* 4.
12 Ba *ad.* hi.

Bhagavato kāyaṃ purato ca pacchato ca dakkhiṇato ca vāmato cā ti samantā āliṅgi "ciraṃ diṭṭho 'si putta, ciraṃ vinā ahosī" ti bhaṇanto.—Yadi pana so tathā kātuṃ na labheyya, hadayaṃ phāletvā mareyya.—So Bhagavantaṃ avoca[1]: "Bhagavā tumhehi saddhiṃ āgatānaṃ bhikkhūnaṃ aham eva dātuṃ samattho, mam' eva anuggahaṃ karothā" ti. Adhivāsesi Bhagavā tuṇhībhāvena. Brāhmaṇo Bhagavato pattaṃ gahetvā purato gacchanto brāhmaṇiyā pesesi: "putto[2] āgato, āsanaṃ paññāpetabban" ti. Sā tathā katvā āgamanaṃ passantī ṭhitā Bhagavantaṃ antaravīthiyaṃ yeva disvā puttasinehaṃ uppādetvā "ciraṃ diṭṭho 'si putta mayā" ti pādesu gahetvā roditvā gharaṃ atinetvā[3] sakkaccaṃ bhojesi; bhuttāvino brāhmaṇo pattaṃ apanāmesi. Bhagavā tesaṃ sappāyaṃ viditvā dhammaṃ desesi, desanāpariyosāne ubho pi sotāpannā ahesuṃ. Atha Bhagavantaṃ yāciṃsu: "yāva bhante Bhagavā imaṃ nagaraṃ upanissāya viharati, amhākaṃ ghare yeva[4] bhikkhā gahetabbā" ti. Bhagavā "na buddhā evaṃ ekaṃ niccaṭṭhānaṃ[5] yeva gacchantī" ti paṭikkhipi. Te[6] āhaṃsu[6]: "tena hi bhante bhikkhusaṃghena saddhiṃ piṇḍāya caritvā pi tumhe idh' eva bhattakiccaṃ katvā dhammaṃ desetvā vihāraṃ gacchathā" ti. Bhagavā tesaṃ anuggahatthāya[7] tathā akāsi. Manussā brāhmaṇañ ca brāhmaṇiñ ca "Buddhapitā, Buddhamātā" tv eva[8] vohariṃsu, tam pi kulaṃ "Buddhakulan" ti nāmaṃ labhi. Ānandatthero Bhagavantaṃ pucchi: "ahaṃ Bhagavato mātāpitaro jānāmi, ime pana kasmā vadanti: ahaṃ Buddhamātā, ahaṃ[6] Buddhapitā" ti. Bhagavā āha: "nirantaraṃ me Ānanda brāhmaṇī ca brāhmaṇo ca pañca jātisatāni mātāpitaro ahesuṃ, pañca jātisatāni mātāpitunnaṃ jeṭṭhakā, pañca jātisatāni kaniṭṭhakā, te[9] pubbasinehen' eva kathentī'" ti, imañ ca gāthaṃ abhāsi:

---

[1] *So* Ba; Skgn *om.* [2] Ba *ad.* me.
[3] Ba *om.* ati-. [4] Ba amhākañ ñeva ghare.
[5] Ba n i b a d d h a ṭ ṭ h ā n a ṃ (Dhp. A. III, 318[7]).
[6] Ba *om.* [7] Ba anuggahaṇatthāya.
[8] Skgn t' eva *here and* 534[29]. [9] Skgn t e s u.

"pubbe va sannivāsena paccuppannahitena vā
evan taṃ jāyate pemaṃ uppalaṃ va yathôdake" ti.

Tato Bhagavā Sākete yathābhirantaṃ viharitvā puna cārikaṃ caramāno Sāvatthim eva agamāsi. So pi brāhmaṇo ca brāhmaṇī ca bhikkhū upasaṃkamitvā patirūpaṃ dhammadesanaṃ sutvā sesamagge pāpuṇitvā anupādisesāya nibbānadhātuyā parinibbāyiṃsu. Nagare brāhmaṇā sannipatiṃsu: 'amhākaṃ ñātake sakkarissāmā' ti; sotāpannasakadāgāmianāgāmino upāsakā pi sannipatiṃsu: 'amhākaṃ sahadhammike sakkarissāmā' ti. Te sabbe pi[1] kambalakūṭāgāraṃ āropetvā mālāgandhādīhi pūjentā nagarā nikkhāmesuṃ.

Bhagavā pi taṃ divasaṃ paccūsasamaye buddhacakkhunā lokaṃ volokento tesaṃ parinibbānaṃ ñatvā[2] 'tattha mayi[3] gate dhammadesanaṃ sutvā bahujanassa dhammābhisamayo c a bhavissatī' ti ñatvā pattacīvaram ādāya Sāvatthito āgantvā āḷāhanam eva pāvisi. Manussā disvā 'mātāpitunnaṃ sarīrakiccaṃ kātukāmo Bhagavā āgato' ti vanditvā aṭṭhaṃsu. Nāgarā pi[3] kūṭāgāraṃ pūjentā āḷāhanaṃ ānetvā Bhagavantaṃ pucchiṃsu: "gahaṭṭhaariyasāvakā kathaṃ pūjetabbā" ti. Bhagavā 'yathā asekhā pūjiyanti, tathā pūjetabbā ime' ti adhippāyena tesaṃ asekhamunibhāvaṃ dīpento imaṃ gātham āha:

"ahiṃsakā ye munayo niccaṃ kāyena saṃvutā,
te yanti accutaṃ ṭhānaṃ, yattha gantvā na socare"* ti,

tañ ca parisaṃ oloketvā taṃkhaṇānurūpaṃ dhammaṃ desento idaṃ suttam abhāsi.

Tattha *appaṃ vata jīvitaṃ idan* ti idaṃ vata manussānaṃ jīvitaṃ appaṃ parittaṃ ṭhitiparittatāya sarasaparittatāyā[4] ti Sallasutte† pi vuttanayam etaṃ; *oraṃ vassasatā pi miyyatī* ti vassasatā oraṃ kalalādikāle pi miyyati; *aticcā* ti vassasataṃ atikkamitvā; *jarasā pi miyyatī* ti jarāya pi miyyati. *Mamāyite* ti mamāyitavatthukāraṇā; *vinābhāva-* **804.** **805.**

* Dhp. 225. † (458^{28}).

1 *So* Skgn Ba; *see* Dhp. A. III, 319[19].
2 *So* Ba; Skgn *om.* 3 Ba *om.* 4 Ba *om.* sa-.

santam[1] *ev' idan* ti santavinābhāvaṃ[2] vijjamānavinābhāvam eva idan, na sakkā vinābhāvena na[3] bhavitun ti vuttaṃ
806. hoti. *Māmako* ti mama upāsako bhikkhu vā ti saṃkhaṃ
807. gato, buddhādīni vā vatthūni mamāyamāno. *Saṅgatan* ti samāgataṃ diṭṭhapubbaṃ[4] vā; *piyāyitan* ti piyaṃ kataṃ.
808. *Nāmam evâvasissati akkheyyan* ti sabbaṃ rūpādi dhammajātaṃ pahīyati, nāmamattam eva tu avasissati "Buddharakkhito, Dhammarakkhito" ti evaṃ akkhātuṃ kathetuṃ.
809. *Munayo* ti khīṇāsavamunayo; *khemadassino* ti nibbānadassino.

810. Sattamagāthā evam maraṇabbhāhate loke* anurūpapaṭipattidassanatthaṃ vuttā. Tattha *patilīnacarassā* ti tato tato patilīnaṃ cittaṃ katvā carantassa; *bhikkhuno* ti kalyāṇaputhujjanassa[5] sekhassa vā; *sāmaggiyam āhu tassa taṃ yo attānaṃ bhavane na dassaye* ti tass' etaṃ patirūpam āhu, yo evaṃ paṭipanno nirayādibhede bhavane attānaṃ na dasseyya, evaṃ hi so imamhā maraṇā mucceyyā ti adhippāyo.

Idāni "yo attānaṃ bhavane na dassaye" ti evaṃ khīṇāsavo vibhāvito[6]; tassa vaṇṇabhaṇanatthaṃ ito parā tisso
811. gāthāyo āha. Tattha *sabbatthā* ti dvādasasu āyatanesu.
812. *Yadidaṃ diṭṭhasutaṃ mutesu vā*[7] ti ettha pana 'yad idaṃ diṭṭhasutaṃ, ettha vā mutesu vā dhammesu *evaṃ muni na*
813. *upalippatī*' ti evaṃ sambandho veditabbo. *Dhono na hi tena maññati yadidaṃ diṭṭhasutaṃ mutesu vā*[7] ti tatrâpi[8] 'yad idaṃ diṭṭhasutaṃ, tena vatthunā na maññati, mutesu vā dhammesu na[9] maññatī' ti evam evaṃ sambandho veditabbo; *na hi so rajjati no virajjatī* ti bālaputhujjanā viya na rajjati, kalyāṇaputhujjana-sekhā viya na virajjati, rāgassa pana khīṇattā viratto tv eva saṃkham gacchati. Sesaṃ sabbattha pākaṭam evā ti. Desanāpariyosāne caturāsīti(yā) pāṇasahassānaṃ dhammābhisamayo ahosi.

JARĀSUTTAVAṆṆANĀ NIṬṬHITĀ.

---

* [S.N. 581^ab].

---

[1] B^a °santim. [2] B^a santiv°. [3] S^gm B^a *om.*
[4] S^kgm diṭṭhapuṭṭhaṃ. [5] B^a *ad.* vā. [6] B^a ṭhito.
[7] B^a cā. [8] S^k B^a atrâpi. [9] B^a *om.*

7.

Methunaṃ anuyuttassā ti Tissa-Metteyyasuttaṃ. Kā (814).
uppatti: Bhagavati kira Sāvatthiyaṃ viharante Tissa-Metteyyā nāma dve sahāyā Sāvatthiṃ āgamaṃsu[1]. Te sāyaṇhasamaye mahājanaṃ Jetavanābhimukhaṃ gacchantaṃ disvā "kuhiṃ gacchathā" ti pucchiṃsu, tato tehi "buddho loke uppanno bahujanahitāya dhammaṃ deseti, taṃ sotuṃ Jetavanaṃ gacchāmā" ti vutte 'mayam pi sossāmā' ti agamaṃsu. Te avañjhadhammadesakassa Bhagavato dhammadesanaṃ sutvā parisantare[2] nisinnā va cintesuṃ: 'na sakkā agāramajjhe ṭhitenâyaṃ dhammo paripūretun' ti. Atha apakkante[3] mahājane Bhagavantaṃ pabbajjaṃ yāciṃsu; Bhagavā "ime pabbājehī" ti aññataraṃ bhikkhuṃ āṇāpesi. So[4] pabbājetvā tacapañcakakammaṭṭhānaṃ[5] datvā araññavāsaṃ gantum āraddho. Metteyyo Tissam āha: "āvuso upajjhāyo araññaṃ gacchati; mayam pi gacchāmā" ti. Tisso "alaṃ āvuso, Bhagavato dassanaṃ dhammasavanañ câham pihemi, gaccha tvan" ti vatvā na agamāsi. Metteyyo upajjhāyena saha gantvā araññe samaṇadhammaṃ karonto nacirass' eva arahattaṃ pāpuṇi saddhiṃ ācariyūpajjhāyehi. Tissassâpi jeṭṭhabhātā vyādhinā kālam akāsi; so taṃ sutvā attano gāmaṃ agamāsi; tatra[6] naṃ ñātakā palobhetvā uppabbājesuṃ. Metteyyo pi ācariyūpajjhāyehi saddhiṃ Sāvatthiṃ āgato.

Atha Bhagavā vutthavasso janapadacārikaṃ caramāno anupubbena taṃ gāmaṃ pāpuṇi. Tattha Metteyyo Bhagavantaṃ vanditvā "imasmiṃ gāme bhante mama gihisahāyo[7] atthi; muhuttaṃ tāva āgametha anukampaṃ upādāyā" ti vatvā gāmaṃ pavisitvā taṃ Bhagavato santikaṃ ānetvā ekamantaṃ ṭhito tass' atthāya ādigāthāya Bhagavantaṃ

---

[1] S^{km} agamaṃsu.

[2] B^{a} Te āvajjetvā dhammadesakassa Bhagavato dhammaṃ sutvā parisaparisantare.

[3] S^{k} apakkamante (S^{m} akkamante), *cf.* 259[8]; B^{a} (Ath')apakkante. [4] B^{a} *ad.* te. [5] S^{km} °pañcakaṃ k°.

[6] B^{a} atha. [7] S^{ks} gihī sah°.

pañhaṃ pucchi. Tassa vyākaronto Bhagavā sesagāthāyo abhāsi. Ayam assa suttassa uppatti.

814. Tattha *methunam anuyuttassā* ti methunadhammasamāyuttassa; *itī* ti evam āha; *āyasmā* ti piyavacanam etaṃ; **Tisso* ti nāmaṃ tassa therassa, so hi Tisso ti nāmena; *Metteyyo* ti gottaṃ[1], gottavasen' eva c' esa pākaṭo ahosi, tasmā aṭṭhuppattiyaṃ vuttaṃ: "Tissa-Metteyyā[2] nāma dve sahāyā" ti; *vighātan* ti upaghātaṃ; *brūhī* ti ācikkha; *mārisā* ti piyavacanam etaṃ, niddukkhā ti vuttaṃ hoti; *sutvāna tava sāsanan* ti tava vacanaṃ sutvā; *viveke sikkhissāmase* ti sahāyaṃ ārabbha dhammadesanaṃ yācanto bhaṇati, so pana sikkhitasikkho yeva.

815. *Mussate câpi*[3] *sāsanaṃ* ti pariyatti-paṭipattito duvidham pi sāsanaṃ nassati; [4]*pī* ti padapūraṇamattaṃ; *etaṃ tasmiṃ anāriyan*[5] ti tasmiṃ puggale etaṃ anariyaṃ yadidaṃ mic-
816. chāpaṭipadā. *Eko pubbe caritvānā* ti pabbajjāsaṃkhātena vā† gaṇavassaggaṭṭhena vā pubbe eko viharitvā; *yānaṃ bhantaṃ va taṃ loke hīnam āhu puthujjanan* ti taṃ vibbhantakaṃ puggalaṃ, yathā hatthiyānādi yānaṃ adantaṃ visamam pi ārohati ārohakam pi bhañjati papāte pi papatati, evaṃ kāyaduccaritādivisamārohanena narakādisu attabhañjanena jātipapātādisu papatanena ca yānaṃ bhantaṃ va āhu hīnaṃ, puthujjanañ ca āhū ti. *Yaso*
817. *kitti cā* ti lābhasakkāro pasaṃsā ca; *pubbe* ti pabbajitabhāve; *hāyate vā pi*[6] *tassa sā* ti tassa vibbhantakassa sato so ca yaso sā ca kitti hāyati; *etam pi disvā* ti etam pi pubbe yasakittīnaṃ bhāvaṃ pacchā ca hāniṃ disvā; *sikkhetha methunaṃ vippahātave* ti tisso sikkhā sikkhetha, kiṃkāraṇaṃ: methuna(ṃ) vippahātave[7], methunappahānatthāyā ti vuttaṃ hoti.

818. Yo hi methunaṃ na vippajahāti, saṃkappehi . . . pe

---

* *Cf.* 583[13]. † 263[6], *etc.*

---

[1] Ba *om.* [2] Skgn Ba Tissa-Metteyyo (*so* Sgn *at* 535[3]).
[3] Skgn mussati vā pi. [4] Ba *ins.* câ-. [5] Skgn anar°.
[6] *Cf., however, note 3, and* S.N. 817b *cod.* Ck.
[7] *So* Ba; Skgn °hātame v a (ɔ: °hātame > °hātave?).

. . . tathāvidho. Tattha *pareto* ti samannāgato; *paresaṃ*
nigghosan ti upajjhāyādīnaṃ nindāvacanaṃ; *maṃku hotī*
ti dummano hoti.

Ito parā gāthā pākaṭasambandhā eva. Tāsu *satthānī* ti 819.
kāyaduccaritādīni, tāni hi attano paresañ ca chedanaṭṭhena
satthānī ti vuccanti, tesu câyaṃ visesato[1] codito[2] mu-
sāvacanasatthān' eva karoti "iminā kāraṇenâhaṃ vib-
bhanto" ti bhaṇanto, ten' evâha: esa khv āssa mahā-
gedho mosavajjaṃ pagāhatī ti. Tattha *esa khv āssā* ti
esa kho assa; *mahāgedho* ti mahābandhanaṃ; 'katamo'
ti ce: yadidaṃ *mosavajjaṃ pagāhati*, sv āssa musāvādaj-
jhogāho mahāgedho ti veditabbo. *Mando va parikissatī* 820.
ti pāṇavadhādīni karonto tatonidānañ ca dukkham anu-
bhonto bhogapariyesanarakkhanāni ca karonto momuho
viya parikilissati. *Etam*[3] *ādīnavaṃ ñatvā muni pubbā pare* 821.
idhā ti etaṃ "yaso kitti ca. yā pubbe hāyate vâpi tassa
sā" ti ito pabhuti vutte pubbā pare idha imasmiṃ sāsane
pubbato apare samaṇabhāvā vibbhantakabhāve[4] ādīnavaṃ
muni ñatvā. *Etad ariyānam uttaman* ti yadidaṃ viveka- 822.
cariyā, etaṃ buddhādīnaṃ ariyānaṃ uttamaṃ, tasmā
vivekañ ñeva sikkhethā ti adhippāyo; *na tena seṭṭho mañ-*
ñethā[5] ti tena ca vivekena na attānaṃ 'seṭṭho ahan' ti
maññeyya, tena thaddho[6] na bhaveyyā ti vuttaṃ hoti.
Rittassā ti vivittassa kāyaduccaritādivirahitassa; *oghatiṇ-* 823.
ṇassa pihayanti kāmesu gathitā pajā ti vatthukāmesu
laggā sattā tassa caturoghatiṇṇassa pihayanti iṇāyikā viya
ānaṇyassā ti arahattanikūṭena desanaṃ niṭṭhapesi; desa-
nāpariyosāne Tisso sotāpattiphalaṃ patvā pacchā pab-
bajitvā arahattaṃ sacchākāsī ti

TISSA-METTEYYASUTTAVAṆṆANĀ NIṬṬHITĀ.

---

1 (?); S[gn] visesattā, S[k] vissetatā, B[a] visesan tāva.
2 S[km] cādito (*or* vādito), B[a] ādito. 3 B[a] E v a m.
4 S[k] °bhāvo; S[gn] vibbhantabhāvo.
5 *So* S[kgn] B[a] (—S.N. 822[c] *cod.* B[m]).
6 S[k] baddho; S[gn] B[a] buddho.

8.

(824). Idh' eva suddhī ti Pasūrasuttaṃ. Kā uppatti: Bhagavati kira Sāvatthiyaṃ viharante Pasūro nāma paribbājako mahāvādī 'so ahaṃ asmi sakalaJambudīpe vādena aggo, tasmā, *yathā Jambudīpassa jambu paññāṇaṃ, evaṃ mamâpi bhavituṃ arahatī' ti jambusākhaṃ dhajaṃ katvā sakalaJambudīpe paṭivādaṃ anāsādento anupubbena Sāvatthiṃ āgantvā nagaradvāre vālikatalaṃ katvā tattha sākhaṃ ussāpetvā "yo mayā saddhiṃ vādaṃ kātuṃ samattho, so imaṃ sākhaṃ bhañjatū" ti vatvā nagaraṃ pāvisi; taṇ ṭhānaṃ mahājano parivāretvā aṭṭhāsi. Tena ca samayena āyasmā Sāriputto bhattakiccaṃ katvā Sāvatthito nikkhamati; so taṃ disvā sambahule gāmadārake pucchi: "kiṃ etaṃ dārakā" ti. Te sabbaṃ ācikkhiṃsu. "Tena hi naṃ tumhe uddharitvā pādehi bhañjatha 'vādatthiko vihāraṃ āgacchatū' ti ca bhaṇathā" ti vatvā pakkāmi. Paribbājako piṇḍāya caritvā katabhattakicco āgantvā uddharitvā bhaggaṃ sākhaṃ disvā "ken' idaṃ kāritan" ti pucchi, "buddhasāvakena Sāriputtenā" ti ca vutte pamudito hutvā 'ajja mama jayaṃ samaṇassa ca parājayaṃ paṇḍitā passantū' ti pañhavīmaṃsake kāraṇike ānetuṃ Sāvatthiṃ pavisitvā vīthisiṃghāṭakacaccaresu vicaranto "samaṇassa Gotamassa aggasāvakena saha vāde paññāpaṭibhānaṃ sotukāmā me bhonto nikkhamantū" ti ugghosesi. 'Paṇḍitānaṃ vacanaṃ sossāmā' ti sāsane pasannā pi appasannā pi bahū manussā nikkhamiṃsu. Tato Pasūro mahājanaparivuto 'evaṃ vutte evaṃ bhaṇissāmī' ti ādīni vitakkento vihāraṃ agamāsi. Thero 'vihāre uccāsaddamahāsaddo janavyākulañ ca mā ahosī' ti Jetavanadvārakoṭṭhake āsanaṃ paññāpetvā nisīdi. Paribbājako theraṃ upasaṃkamitvā "tvaṃ bho pabbajita mayhaṃ jambudhajaṃ bhañjāpesī" ti āha, "āma paribbājakā" ti ca vutte "hotu no bho kāci kathāpavattī" ti āha; "hotu paribbājakā" ti ca therena sampaṭicchite "tvaṃ samaṇa puccha, ahaṃ vissajjessāmī"

* *Cf.* Dhp. A. II, 223 (*note* 1); Mp. *ad* A. I, 25[26]; Thīg. A. 101[16].

ti āha. Tato naṃ thero avaca: "kiṃ paribbājaka dukkaraṃ pucchā udāhu vissajjanan" ti. "Vissajjanaṃ bho pabbajita, pucchāya kiṃ dukkaraṃ, taṃ yo [hi] koci yaṃ kiñci pucchatī" ti. "Tena hi paribbājaka tvaṃ puccha, ahaṃ vissajjessāmī" ti. Evaṃ vutte paribbājako 'sādhurūpo bhikkhu ṭhāne sākhaṃ bhañjāpesī' ti vimhitacitto hutvā theraṃ pucchi: "ko purisassa kāmo" ti. "Saṃkapparāgo purisassa kāmo" ti thero āha. So taṃ sutvā there viruddhasaññī hutvā parājayaṃ āropetukāmo va āha: "citravicitrārammaṇaṃ[1] pana bho pabbajita purisassa kāmaṃ na vadesī" ti. "Āma paribbājaka, na vademī" ti[2]. Tato naṃ paribbājako y ā v a tikkhattuṃ paṭiññaṃ kārāpetvā "suṇantu bhonto samaṇassa vāde dosan" ti pañhavīmaṃsake ālapitvā āha: "bho pabbajita tumhākaṃ sabrahmacārayo[3] araññe viharantī" ti. "Āma paribbājaka viharantī" ti. Te tattha viharantā kāmavitakkādayo (vitakke) vitakkentī" ti. "Āma paribbājaka, puthujjanā sahasā vitakkentī" ti. "Yadi evan, tesaṃ samaṇabhāvo kuto, nanu te āgārikā kāmabhogino hontī" ti,— evañ ca vatvā athâparaṃ etad avoca:

"te na ve[4] kāmā yāni citrāni loke,
saṃkapparāgañ ca vadesi kāmaṃ;
saṃkappayaṃ akusale vitakke
bhikkhu pi te hessati kāmabhogī"* ti.

Atha thero paribbājakassa vāde dosaṃ dassento āha: "kiṃ paribbājaka saṃkapparāgaṃ purisassa kāmaṃ na vadesi, citravicitrārammaṇaṃ vadesī" ti. "Āma bho pabbajitā" ti. Tato naṃ thero yāva[5] tikkhattuṃ paṭiññaṃ kārāpetvā "suṇātha āvuso paribbājakassa vāde dosan" ti pañhavīmaṃsake ālapitvā āha: "āvuso Pasūra tava satthā atthī" ti. "Āma pabbajita atthī" ti. "So cakkhuviññeyyaṃ rūpārammaṇaṃ passati saddārammaṇā-

* *Cf.* Spk. *ad* S. I, 22[24]; A. III, 411.

1 Skm c i t t a v i c i t r° (*so* Sk(n) Ba *at* 539[28]); Ba *om.* citra-.
2 Ba v a d ā m ī ti.
3 Ba cāriyo, Sk < °cāriyo (*cf.* 524°, *note* 5, *etc.*).
4 Ba n a t e v e (*cf.* A. III, 411[12]). 5 *Corr.* Tr.; Skm Ba ca.

dīni vā sevatī" ti. "Āma pabbajita sevatī" ti. "Yadi evaṃ, tassa satthubhāvo kuto; nanu so āgāriko kāmabhogī hotī" ti,— evañ ca pana vatvā athâparaṃ etad avoca:

"te ve kāmā yāni citrāni loke,
saṃkapparāgaṃ na vadesi kāmaṃ;
passanto rūpāni manoramāni
suṇanto saddāni manoramāni
ghāyanto gandhāni manoramāni
sāyanto rasāni manoramāni
phusanto phassāni manoramāni
satthā pi te hessati kāmabhogī" ti.

Evaṃ vutte nippaṭibhāno[1] paribbājako 'ayaṃ pabbajito mahāvādī, imassa santike pabbajitvā vādasatthaṃ[2] sikkhissāmī' ti Sāvatthiṃ pavisitvā pattacīvaraṃ pariyesitvā Jetavanaṃ paviṭṭho tattha Lāḷudāyiṃ suvaṇṇavaṇṇa[ṃ]-kāyūpapannaṃ sarīrākārākappesu samantapāsādikaṃ disvā 'ayaṃ bhikkhu mahāpañño mahāvādī' ti mantvā tassa santike pabbajitvā taṃ vādena niggahetvā saliṅgena taṃ yeva titthāyatanaṃ pakkamitvā puna 'samaṇena Gotamena saddhiṃ vādaṃ karissāmī' ti Sāvatthiṃ[3] purimanayen' eva ugghosetvā mahājanaparivuto "evaṃ samaṇaṃ Gotamaṃ niggahessāmī" ti ādīni vadanto[4] Jetavanaṃ agamāsi. Jetavanadvārakoṭṭhake adhivatthā devatā 'ayaṃ abhājanabhūto' ti mukhabandham assa akāsi. So Bhagavantaṃ upasaṃkamitvā mūgo viya nisīdi. Manussā 'idāni pucchissati, idāni pucchissatī' ti tassa mukhaṃ ulloketvā "vadehi bho Pasūra, vadehi bho Pasūrā" ti uccāsaddamahāsaddā ahesuṃ. Atha Bhagavā "kiṃ Pasūro vadissatī" ti vatvā tattha sampattaparisāya dhammadesanatthaṃ idaṃ suttam abhāsi.

824. Tattha paṭhamagāthāya tāva saṃkhepo: ime diṭṭhigatikā attano diṭṭhiṃ sandhāya "*idh' eva suddhī*"[5] ti vadanti, *aññesu* pana *dhammesu visuddhin nâhu*; evaṃ sante attano

---

[1] S^{gn} *om.*; B^{a} *ad.* so.

[2] S^{k} dasatthaṃ; S^{gn} davāsatthaṃ (S^{n} > vāsatthaṃ).

[3] B^{a} Sāvatthiyaṃ [4] *So* S^{kgn} B^{a} (*but see* 538^{28}).

[5] B^{a} suddhan; S^{kgn} *here* (*and* S^{kgn} B^{a} *at* 538^{2}) suddhin (545^{15}, 565$^{9, 10}$).

satthārādīni *nissitā tatth'* eva 'esa vādo subho' ti evaṃ
*subha*vādā hutvā *puthū* samaṇabrāhmaṇā 'sassato loko'
ti ādisu *paccekasaccesu niviṭṭhā*.

Evan niviṭṭhā ca te vādakāmā ti gāthā. Tattha *bālaṃ* 825.
dahanti mithu aññamaññan ti 'ayaṃ bālo' ti evaṃ dve pi
janā aññamaññaṃ bālaṃ dahanti bālato passanti; *vadanti*
te aññasitā kathojjan ti te aññamaññasatthārādiṃ nissitā
kalahaṃ *vadanti*; *pasaṃsakāmā kusalā vadānā* ti pasaṃsat-
thikā 'ubho pi mayaṃ kusalavādā paṇḍitavādā' ti evaṃ-
saññino hutvā. Evaṃ vadānesu ca tesu niyamato eko[1] eva 826.
yutto kathāyan ti gāthā. Tattha *yutto kathāyan* ti vivā-
dakathāya ussuko; *pasaṃsam icchaṃ vinighāti hotī* ti attano
pasaṃsam icchanto 'kathaṃ nu kho niggahessāmī' ti ādinā
nayena pubbe va vādakathaṃkathāvinipātī hoti; *apāhata-*
smin ti pañhavīmaṃsakehi "atthāpagataṃ te bhaṇitaṃ,
vyañjanāpagataṃ te bhaṇitan" ti ādinā nayena apasā-
dite[2] vāde; *nindāya so kuppatī* ti evaṃ apāhatasmiñ ca
vāde uppannāya nindāya so kuppati; *randhamesī* ti parassa
randham eva gavesanto. Na kevalañ ca kuppati, api ca 827.
kho pana yam assa vādan ti gāthā. Tattha *parihīnam āhu*
apāhatan ti atthavyañjanādito apāhataṃ parihīnaṃ va-
danti; *paridevatī* ti tatonimittaṃ so "aññaṃ mayā āvaj-
jitan" ti ādīhi[3] vippalapati; *socatī* ti 'tassa jayo' ti ādīni
ārabbha socati; "*upaccagā man*" *ti anutthunātī* ti "so
maṃ vādena vādaṃ atikkanto" ti ādinā nayena suṭṭhu-
taraṃ vippalapati. Ete vivādā samaṇesū ti ettha pana[4] 828.
samaṇā vuccanti bāhiraparibbājakā; *etesu ugghāti-nighāti*
hotī ti etesu vādesu jayaparājayādivasena cittassa ugghā-
taṃ nighātañ ca pāpuṇanto ugghātinighātimā va[5] hoti;
virame kathojjan ti pajaheyya kalahaṃ; *na h' aññadatth'*
atthi pasasaṃsalābhā ti na hi ettha pasaṃsalābhato añño
attho atthi. Chaṭṭhagāthāy' attho: yasmā ca na h' añ- 829.
ñadatth' atthi pasaṃsalābhā, tasmā paramaṃ lābhaṃ
labhanto pi 'sundaro ayan' ti *tattha* diṭṭhiyā *pasaṃsito*

---

[1] B[a] eko niyamato.

[2] S[k] apahārite; S[gn] apaharite (S[n] < apariharite).

[3] *So* S[kgn] B[a] (ɔ: ādinī?). [4] B[a] *om.* [5] B[a] ca.

vā pana hoti taṃ *vādaṃ parisamajjhe* dīpetvā ; tato *so tena*
jayatthena tuṭṭhiṃ vā dantavidaṃsakaṃ vā āpajjanto
hasati[1] mānena *ca unnamati*, kiṃkāraṇaṃ: yasmā *taṃ*
830. *jayatthaṃ pappuyya yathāmano* jāto. Evaṃ unnamato ca
yā unnatī ti gāthā. Tattha *mānātimānaṃ vadati*[2] *pan' eso*
ti eso pana taṃ unnati(ṃ) 'vighātabhūmī' ti abujjhamāno
mānañ ca atimānañ ca vadati yeva.
831. Evaṃ vāde dosaṃ dassetvā idāni tassa vādaṃ asampaṭicchanto
sūro ti gātham āha. Tattha *rājakhādāyā* ti rājakhādaniyena,
bhaṭapathenā ti vuttaṃ hoti; *abhigajjam eti*
patisūram icchan ti yathā so paṭisūram icchanto abhigajjanto
eti, evaṃ diṭṭhigatikan nidasseti[3]; *yen' eva so, tena*
palehī ti yena so tuyhaṃ paṭisūro, tena gaccha; *pubbe va*
n' atthi yadidaṃ yudhāyā ti yaṃ pan' idaṃ kilesajātaṃ
yuddhāya[4] siyā, taṃ etaṃ pubbe va n' atthi, bodhimūle yeva
pahīnan ti dasseti.
832. Sesagāthā pākaṭasambandhā yeva. Tattha *vivādiyantī*[5]
833. ti vivadanti; *patisenikattā* ti paṭilomakārako. *Visenikatvā*
ti kilesasenaṃ vināsetvā; *kiṃ labhethā*[1] ti paṭimallaṃ kiṃ
labhissasi; *Pasūrā* ti taṃ paribbājakaṃ ālapati; *yes' īdha*
834. *n' atthī* ti yesaṃ idha n' atthi. *Pavitakkan* ti 'jayo nu kho
me bhavissatī' ti ādīni vitakkento; *dhonena yugaṃ samāgamā*
ti dhutakilesena buddhena saddhiṃ yugaggāhaṃ
samāpanno; *na hi tvaṃ sagghasi sampayātave* ti kotthuādayo
viya sīhādīhi dhonena saha yugaṃ gahetvā ekapadam
pi sampayātuṃ yugaggāham eva vā sampādetuṃ na sakkhissasī
ti. Sesaṃ sabbattha pākaṭam evā ti

PASŪRASUTTAVAṆṆANĀ NIṬṬHITĀ.

9.

(835). ·Disvāna Taṇhan ti Māgandiyasuttaṃ. Kā uppatti:
*Ekaṃ samayaṃ Bhagavā Sāvatthiyaṃ viharanto paccū-

* Dhp. A. I, 199–209, III, 193; Divy. 516–521.

[1] *So* Skgn Ba. [2] *So* Skgn Ba (*cf.* 536[13], 550[19], 569[14]).
[3] (?); Skgn Ba °gatikan ti dass° (*cf.* 542[16]).
[4] Ba yudhāya. [5] Ba vivādayantī.

sasamaye buddhacakkhunā lokaṃ volokento Kurūsu Kammāsadammanigamavāsino[1] Māgandiyassa[2] nāma brāhmaṇassa sapajāpatikassa arahattūpanissayaṃ disvā tāvad eva Sāvatthito tattha gantvā Kammāsadammassa[1] avidūre aññatarasmiṃ vanasaṇḍe nisīditvā suvaṇṇobhāsaṃ muñci. Māgandiyo pi taṃ khaṇaṃ tattha mukhadhovanatthaṃ gato suvaṇṇobhāsaṃ disvā 'kiṃ idan' ti ito c' ito ca pekkhamāno[3] Bhagavantaṃ disvā attamano ahosi. Tassa hi[4] dhītā suvaṇṇavaṇṇā; taṃ bahū khattiyakumārādayo vārayantā na labhanti, brāhmaṇo evaṃladdhiko hoti: 'samaṇass' eva naṃ suvaṇṇavaṇṇassa dassāmī' ti. So Bhagavantaṃ disvā 'ayam me dhītāya samānavaṇṇo, imassa naṃ dassāmī' ti cittaṃ uppādesi, tasmā disvā va attamano ahosi. So vegena gharaṃ āgantvā brāhmaṇiṃ āha: "bhoti bhoti, mayā dhītāya samānavaṇṇo puriso diṭṭho; alaṃkarohi dārikaṃ, tassa naṃ dassāmā" ti. Brāhmaṇiyā dārikaṃ gandhodakena nahāpetvā vatthapupphālaṃkārādīhi alaṃkarontiyā eva Bhagavato bhikkhācāravelā sampattā. Atha Bhagavā Kammāsadammaṃ piṇḍāya pāvisi. Te pi ubho dhītaraṃ gahetvā Bhagavato nisinnokāsaṃ agamaṃsu. Tattha Bhagavantaṃ adisvā brāhmaṇī ito c' ito ca vilokentī Bhagavato nisajjaṭṭhānaṃ tiṇasanthārakaṃ addasa. Buddhānañ ca adhiṭṭhānabalena vasitokāso padanikkhepo ca avyākulā honti. Sā brāhmaṇaṃ āha: "esa brāhmaṇa tassa tiṇasanthāro" ti. "Āma bhotī" ti. "Tena hi brāhmaṇa amhākaṃ āgamanakammaṃ na sampajjissatī" ti. "Kasmā bhotī" ti. "Pekkha brāhmaṇa, avyākulo tiṇasanthārako, kāmabhibhunā sattena paribhutto" ti. Brāhmaṇo "mā bhoti maṅgale pariyesiyamāne amaṅgalaṃ avacā" ti āha. Puna pi brāhmaṇī ito c' ito ca vicarantī Bhagavato padanikkhepaṃ disvā āha: "passa brāhmaṇa padanikkhepaṃ, nâyaṃ satto kāmesu gathito" ti, "kathaṃ tvaṃ bhoti jānāsī" ti ca vuttā attano ñāṇabalaṃ dassentī āha:

---

[1] Skn Kammāssadhamm° (D. II, 290, *note* 1, *etc.*; J. P. T. S. 1909, 284 *note* 4).
[2] Skm °ikassa.
[3] Ba pekkhanto.
[4] Ba kira.

"rattassa hi ukkuṭikaṃ padaṃ bhave,
duṭṭhassa hoti anukaḍḍhitaṃ padaṃ,
mūḷhassa hoti sahasânupīḷitaṃ:
vivattacchaddassa idam īdisaṃ padan"* ti.

Ayañ carahi tesaṃ kathā vippakatā. Atha Bhagavā katabhattakicco tam eva vanasaṇḍaṃ āgato. Brāhmaṇī Bhagavato varalakkhaṇakhacitaṃ[1] vyāmappabhāparikkhittaṃ[2] rūpaṃ disvā brāhmaṇaṃ āha: "esa tayā brāhmaṇa diṭṭho" ti. "Āma bhoti." "Āgatakammaṃ na sampajjissat' eva; evarūpo nāma kāme paribhuñjissatī ti n' etaṃ ṭhānaṃ vijjati." Tesaṃ evaṃ vadantānañ[3] ñeva Bhagavā tiṇasanthāre[4] nisīdi. Atha brāhmaṇo dhītaraṃ vāmena hatthena gahetvā kamaṇḍaluṃ dakkhiṇena, Bhagavantaṃ upasaṃkamitvā "bho pabbajita tvañ ca suvaṇṇavaṇṇo ayañ ca dārikā, anucchavikā esā tava; imâhaṃ bhoto bhariyaṃ posāvanatthāya dammi, paṭigaṇha udakūpasaṭṭhaṃ[5] dārikan" ti vatvā dātukāmo aṭṭhāsi. Bhagavā brāhmaṇaṃ anālapitvā aññena saddhiṃ sallapamāno viya disvāna Taṇhan ti imaṃ gātham abhāsi.

835. Tass' attho: Ajapālanigrodhamūle nānārūpāni nimminitvā abhikāmam āgataṃ Māradhītaraṃ *disvāna Taṇhaṃ Aratiṃ Ragañ ca chanda*mattam *pi* me *methunasmiṃ nâhosi, kim ev' idaṃ* imissā dārikāya *muttakarīsapuṇṇaṃ* rūpaṃ disvā bhavissati, sabbadā *pādā pi naṃ samphusituṃ na icche*, kuto nena[6] saṃvasitun ti.

836. Tato Māgandiyo 'pabbajitā nāma mānusake kāme pahāya dibbakāmatthāya pabbajanti, ayañ ca dibbe pi kāme na icchati idam pi itthiratanaṃ[7]; kā nu assa diṭṭhī' ti pucchituṃ dutiyaṃ gātham āha. Tattha *etādisañ ce ratanan* ti dibbitthiratanaṃ sandhāya bhaṇati, *nārin* ti attano dhītaraṃ sandhāya; *diṭṭhigataṃ sīlavatānujīvitan* ti diṭṭhiñ ca

* Vm. Ch. III. p. 374 ("vuttam pi c' etaṃ Māgandiyasuttuppattiyaṃ"); *cf.* 584[4].

[1] S^{k} °kacitaṃ. [2] S^{g} °parikkhinnaṃ.
[3] S^{k} vadantanañ, S^{gn} vandantaṃ. [4] S^{k} °santhare.
[5] (A. III, 226[4]); S^{gn} udakupasaddhaṃ, B^{a} udakupasaka-.
[6] S^{k} ne, S^{gn} tena. [7] *So* S^{kgn} B^{a}.

sīlañ ca vatañ ca jīvitañ ca; *bhavūpapattiñ ca vadesi kīdisan* ti attano bhavūpapattiṃ[1] vā[1] tvaṃ kīdisaṃ vadasī ti.

Ito parā dve gāthā vissajjanapucchānayena pavattattā
pākaṭasambandhā yeva. Tāsu paṭhamagāthāya saṃkhe- 837.
pattho: *tassa* mayhaṃ Māgandiya dvāsaṭṭhidiṭṭhigata*dhammesu* nicchinitvā 'idam eva saccaṃ, mogham aññan' ti evaṃ '*idaṃ vadāmī*' *ti samuggahītaṃ na hoti* n' atthi na vijjati, kiṃkāraṇaṃ: ahaṃ hi *passanto diṭṭhīsu* ādīnavaṃ kañci diṭṭhiṃ agahetvā saccāni *pavicinanto* ajjhattānaṃ rāgādīnaṃ santibhāvena *ajjhattasanti*saṃkhātaṃ nibbānaṃ
eva addasan ti. Dutiyagāthāya saṃkhepattho: *yān'* imāni 838.
diṭṭhigatāni tehi tehi sattehi vinicchinitvā gahitattā *vinicchayā* ti ca attano paccayehi abhisaṃkhaṭabhāvādinā[2] nayena *pakappitāni* cā ti vuccanti, *te* tvaṃ *muni* diṭṭhigatadhamme agahetvā "*ajjhattasantī*" *ti*[3] *yam etam atthaṃ brūsi,* ācikkha me, *kathan nu dhīrehi paveditaṃ* kathaṃ pakāsitaṃ dhīrehi *taṃ* padan ti.

Ath' assa Bhagavā, yathā yena upāyena taṃ padaṃ 839.
dhīrehi pakāsitaṃ, taṃ upāyaṃ sappaṭipakkhaṃ dassento na diṭṭhiyā ti gātham āha. Tattha *na diṭṭhiyā* ti ādīhi diṭṭhisutisamāpattiñāṇabāhirasīlavatāni paṭikkhipati; *suddhim āhā* ti ettha vuttaṃ āha-saddaṃ sabbattha na-kārena saddhiṃ yojetvā purisavyattayaṃ katvā 'diṭṭhiyā suddhiṃ nâhaṃ kathemī' ti evam attho veditabbo, yathā c' ettha, evaṃ uttarapadesu pi,—tattha ca *adiṭṭhiyā nâhā* ti dasavatthukaṃ sammādiṭṭhiṃ vinā na kathemi, tathā *asutiyā* ti navaṅgaṃ savanaṃ vinā, *aññāṇā* ti kammassa katasaccānulomikañāṇaṃ vinā, *asīlatā* ti pātimokkhasaṃvaraṃ vinā, *abbatā* ti dhutaṅgavataṃ vinā, *no pi tenā* ti tesu ekamekena diṭṭhiādimattena pi no kathemī ti evam attho daṭṭhabbo; *ete ca nissajja anuggahāyā* ti ete ca purime diṭṭhiādibhede kaṇhapakkhiye[4] dhamme samugghātakaraṇena[5] nissajja, pacchime (a)diṭṭhiādibhede sukkapakkhiye atammayatāpajjanena[6] anuggahāya; *santo anissāya bhavaṃ*

---

[1] *So* S^km B^a. [2] B^a °saṃkhāta°. [3] S^kg °santin ti.
[4] S^km B^a *here* °pakkhike; *at* 546[7] S^m *have* °pakkhikā.
[5] S^km B^a °kāraṇena. [6] B^a āgamma yat°.

na jappe ti imāya paṭipattiyā rāgādivūpasamena santo cakkhādisu kañci dhammaṃ anissāya ekam pi bhavaṃ na jappe a-pihetuṃ a-patthetuṃ samattho siyā, ayam assa ajjhattasantī ti adhippāyo.

840. Evaṃ vutte vacanatthaṃ asallakkhento Māgandiyo no ce kirā ti gātham āha. Tattha diṭṭhādīni vuttanayān' eva[1], kaṇhapakkhiyāni yeva pana sandhāya ubhayatrâpi āha; *āha*-saddaṃ pana *no-ce-kira*-saddena yojetvā 'no ce kirâha, no ce kira kathesī' ti evaṃ attho daṭṭhabbo; *momuhan* ti atimūḷhaṃ mohanaṃ vā; *paccentī* ti jānanti.

841. Ath' assa Bhagavā taṃ diṭṭhiṃ nissāya pucchaṃ paṭikkhipanto diṭṭhiñ ca nissāyā ti gātham āha. Tass' attho: tvaṃ Māgandiya *diṭṭhiṃ nissāya* punappuna *pucchamāno*, yāni te diṭṭhigatāni samuggahītāni, tesu eva[2] *samuggahītesu* evaṃ[3] *pamoham* āgato, *ito ca* mayā vuttaajjhattasantito paṭipattito dhammadesanato *aṇum pi* yutta*saññaṃ na* passasi[4]; tena kāraṇena tvaṃ imaṃ dhammaṃ *momuhato* passasī ti.

842. Evaṃ samuggahītesu pamohena Māgandiyassa vivādāpattiṃ dassetvā idāni tesu aññesu ca dhammesu vigatappamohassa attano nibbivādataṃ dassento samo visesī ti gātham āha. Tass' attho: *yo* evan tividhamānena vā diṭṭhiyā vā *maññati*, so *tena* mānena tayā vā diṭṭhiyā tena vā puggalena *vivadeyya*, yo pana amhādiso imāsu *tīsu vidhāsu avikampamāno*, '*samo, visesī*' *ti na tassa hoti*—

843. "na ca hīno" ti pāṭhaseso. Kiñ ca bhiyyo saccan ti so ti gāthā. Tass' attho: *so* evarūpo pahīnamānadiṭṭhiko mādiso bāhitapāpattādinā nayena *brāhmaṇo* "idam eva *saccan*" *ti kiṃ vadeyya* kiṃ vatthuṃ bhaṇeyya kena vā kāraṇena bhaṇeyya, "mayhaṃ saccaṃ, tuyhaṃ *musā*" *ti vā kena* mānena diṭṭhiyā puggalena vā *vivadeyya*; *yasmiṃ* mādise khīṇāsave 'sadiso 'ham asmī' ti pavattiyā *samaṃ* vā, itaradvayabhāvena pavattiyā *visamaṃ vā*[5] *n' atthi*, *sa*mānādisu *kena vādaṃ paṭisaṃyuñjeyya*[6] paṭippharayyā ti.

844. Nanu ekaṃsen' evarūpo puggalo okaṃ pahāyā ti gāthā.

---

[1] Skgn Ba °nayen' eva. [2] *So* Skgn Ba. [3] Sgn eva.
[4] Ba passi. [5] *Cf.* S.N. 843c, *cod.* Bm. [6] Ba °yujjeyya.

Tattha *okam pahāyā* ti rūpavatthādiviññāṇass' okāsaṃ
tatra cchandarāgappahānena chaḍḍetvā; *aniketasārī* ti rū-
panimittaniketādīni taṇhāvasena asaranto; *gāme akubbaṃ
muni santhavānī* ti gāme gihisanthavāni akaronto; *kāmehi
ritto* ti kāmāsu[1] chandarāgābhāvena sabbakāmehi puthu-
bhūto; *apurekkharāno* ti āyatiṃ attabhāvaṃ anabhinib-
battento; *kathaṃ na viggayha janena kayirā* ti janena
saddhiṃ viggāhikakathaṃ na katheyya. So evarūpo yehi 845.
vivitto ti gāthā. Tattha *yehī* ti yehi diṭṭhigatādīhi; *vivitto
vicareyyā* ti ritto careyya; *na tāni uggayha vadeyya nāgo* ti
āguṃ na karotī ti ādinā nayena nāgo tāni diṭṭhigatāni
uggahetvā na vadeyya; *elambujan* ti elasaññake ambumhi
jātaṃ *kaṇṭakanālaṃ vārijaṃ*, paduman ti vuttaṃ hoti;
yathā jalena paṃkena c' anūpalittan ti taṃ padumaṃ yathā
jalena ca paṃkena ca anupalittaṃ hoti; *evaṃ muni santi-
vādo agiddho* ti evaṃ ajjhattasantivādo muni gedhābhāvena
agiddho; *kāme ca loke ca anūpalitto* ti duvidhe pi kāme apā-
yādike ca loke dvīhi pi lepehi anupalitto hoti. Kiñ ca 846.
bhiyyo na vedagū ti gāthā. Tattha *na veda-gū diṭṭhi-yā* ti
catumaggavedagū mādiso diṭṭhiyāyako na hoti diṭṭhiyā
gacchanto vā taṃ sārato paccento[2] vā na hoti,—tattha
vacanattho: yātī ti yā, tato karaṇavacanena diṭṭhiyā yā(tī)
ti pi diṭṭhi-(yā), upayogatthena sāmivacanena[3] diṭṭhiṃ[4]
yātī[5] ti pi diṭṭhi-yā; *na mutiyā sa mānam etī* ti mutarūpā-
dibhedāya mutiyā pi so mānaṃ na eti; *na hi tammayo so*
ti taṇhādiṭṭhivasena tammayo hoti tapparāyano, ayam
pana na tādiso; *na kammanā no pi*[6] *sutena neyyo* ti puññā-
bhisaṃkhārādikammanā vā sutasuddhiādinā sutena vā so
netabbo na hoti; *anūpanīto so nivesanesū* ti so dvinnam pi
upayānaṃ pahīnattā sabbesu taṇhādiṭṭhinivesanesu anu-
panīto. Tassa ca evaṃvidhassa saññāvirattassā ti gāthā. 847.
Tattha *saññāvirattassā* ti nekkhammasaññāpubbaṅgamāya
bhāvanāya pahīnakāmādisaññassa, iminā u b h a t o b h ā -
g a v i m u t t o s a m a t h a y ā n i k o ca adhippeto;
paññāvimuttassā ti vipassanāpubbaṅgamāya bhāvanāya sab-

---

[1] B^d kāmesu. [2] S^kgn pacca(ya)nto. [3] S^k B^a *ad.* pi.
[4] B^a d i ṭ ṭ h i y ā. [5] S^k B^a yā. [6] S^km nâpi.

bakilesehi vimuttassa, iminā sukkhavipassako adhippeto; *saññañ ca diṭṭhiñ ca ye aggahesuṃ, te ghaṭṭayantā vicaranti loke* ti ye pana kāmasaññādikaṃ saññaṃ aggahesuṃ, te visesato gahaṭṭhā kāmādhikaraṇaṃ, ye ca diṭṭhiṃ aggahesuṃ, te visesato pabbajitā dhammādhikaraṇaṃ aññamaññaṃ ghaṭṭentā vicarantī ti. Sesaṃ ettha yaṃ avuttan, taṃ vuttānusārena veditabbaṃ. Desanāpariyosāne brāhmaṇo ca brāhmaṇī ca pabbajitvā arahattaṃ pāpuṇiṃsū ti

MĀGANDIYASUTTAVAṆṆANĀ NIṬṬHITĀ.

10.

(848). Kathaṃdassī ti Purābhedasuttaṃ. Kā uppatti: Imassa suttassa ito paresañ ca pañcannaṃ Kalahavivāda-Cūḷaviyūha - Mahāviyūha - Tuvaṭakasutta - Attadaṇḍasuttānaṃ Sammāparibbājaniyassa uppattiyaṃ* vuttanayen' eva sāmaññato uppatti vuttā, visesato pana, yath' eva tasmiṃ Mahāsamaye rāgacaritadevatānaṃ sappāyavasena dhammaṃ desetuṃ nimmitabuddhena attānaṃ pucchāpetvā Sammāparibbājaniyasuttam abhāsi, evaṃ tasmiṃ yeva Mahāsamaye 'kin nu kho purā sarīrabhedā kattabban' ti uppannacittānaṃ devatānaṃ cittaṃ ñatvā tāsaṃ anuggahatthaṃ aḍḍhateḷasabhikkhusataparivāraṃ nimmitabuddhaṃ ākāsenânetvā ten' attānaṃ pucchāpetvā idaṃ suttam abhāsi.

848. Tattha pucchāya tāva so nimmito *kathaṃdassī* ti adhipaññaṃ, *kathaṃsīlo* ti adhisīlaṃ, *upasanto* ti adhicittaṃ pucchati. Sesaṃ pākaṭam eva.

Vissajjane pana Bhagavā sarūpena adhipaññādīni avissajjetvā va adhipaññādippabhāvena yesaṃ kilesānaṃ upasamā upasanto ti vuccati, nānādevatānaṃ āsayānulomena tesaṃ upasamam eva dīpento "vītataṇho" ti ādikā gāthāyo abhāsi. Tattha ādito aṭṭhannaṃ gāthānaṃ "taṃ brūmi upasanto"† ti imāya gāthāya sambandho veditabbo, tato parāsaṃ "sa ve santo ti vuccatī"‡ ti iminā sabbapacchimena padena.

---

* 359[25]–361[27]. † 857. ‡ 861[d].

Anupadavaṇṇanānayena ca '*vītataṇho purā bhedā* ti yo 849.
sarīrabhedā pubbam eva pahīnataṇho, *pubbam antam anissito* ti atītaddhādibhedañ ca pubbam antam anissito, *vemajjhe nûpasaṃkheyyo* ti paccuppanne pi addhani 'ratto' ti ādinā nayena na upasaṃkhātabbo, *tassa n' atthi purakkhataṃ* ti tassa arahato dvinnaṃ purakkhārānaṃ[1] abhāvā anāgate addhani purakkhatam pi n' atthi, tam brūmi upasanto' ti evam ettha yojanā[2] pi veditabbā. Esa nayo sabbattha; ito param pana yojanaṃ adassetvā anuttāna-
padavaṇṇanaṃ yeva karissāma. *Asantāsī* ti tena tena 850.
alābhakena asantasanto; *avikatthī* ti sīlādīhi avikatthanasīlo; *akukkuco* ti hatthakukkuccādivirahito; *mantabhāṇī* ti mantāya pariggahetvā vācaṃ bhāsitā; *anuddhato* ti uddhaccavirahito; *sa ve vācāyato* ti so vācāya yato saṃyato[3]
catudosarahitaṃ vācaṃ bhāsitā hoti. *Nirāsattī* ti nit- 851.
taṇho; *vivekadassī phassesū* ti paccuppannesu cakkhusamphassādisu attādibhāvavivekaṃ[4] passati; *diṭṭhīsu ca na niyyatī* ti dvāsaṭṭhidiṭṭhisu kāyaci diṭṭhiyā na niyyati.
Patilīno ti rāgādīnaṃ pahīnattā tato apagato; *akuhako* ti 852.
avimhāpako tīhi kuhanavatthūhi; *apihālū* ti apihanasīlo, patthanātaṇhāya rahito ti vuttaṃ hoti; *amaccharī* ti pañcamaccherarahito; *appagabbho* ti kāyapāgabbhiyādirahito; *ajegucchو* ti sampannasīlāditāya ajegucchaniyo asecanako manāpo; *pesuṇeyye ca no yuto* ti dvīhi ākārehi upasaṃharitabbe pisuṇakamme ayutto. *Sātiyesu anassāvī* ti sātavat- 853.
thusu kāmaguṇesu taṇhāsanthavavirahito; *saṇho* ti saṇhehi kāyakammādīhi samannāgato; *paṭibhānavā* ti pariyattiparipucchādhigamapaṭibhānehi samannāgato; *na saddho* ti sāmaṃ adhigataṃ dhammaṃ na kassaci saddahati; *na virajjatī* ti khayā rāgassa virattattā idāni na virajjati.
Lābhakamyā na sikkhatī ti na lābhapatthanāya suttantādīni 854.
sikkhati; *aviruddho ca taṇhāya rasesu nânugijjhatī* ti virodhābhāvena ca aviruddho hutvā taṇhāya mūlarasādisu

---

[1] S^gn B^a purekkhārānaṃ (550[16]).

[2] S^k atthayoj°; B^a *om.* pi.

[3] S^kgn *ad.* ti saṃyato; B^a *ad. and del.* saṃ.

[4] B^a attabhāvavi°.

855. gedhaṃ nâpajjati. *Upekkhako* ti chaḷaṅgūpekhāya saman-
856. nāgato; *sato* ti kāyānupassanādisatiyutto. *Nissayanā* ti
taṇhādiṭṭhinissayā; *ñatvā dhamman* ti aniccādīhi ākārehi
dhammaṃ jānitvā; *anissito* ti evan tehi nissayehi[1] anissito,
tena 'aññatra dhammañāṇā n' atthi nissayānaṃ abhāvo'
ti dīpeti; *bhavāya vibhavāya vā* ' ti sassatāya ucchedāya[2]
857. vā. *Taṃ brūmi upasanto ti* taṃ evarūpaṃ ekekagāthāya
vuttaṃ 'upasanto' ti kathemi; *atāri so visattikan* ti so imaṃ
visatādibhāvena visattikāsaṃkhātaṃ mahātaṇhaṃ atari.

Idāni tam eva upasantaṃ pasaṃsanto āha: na tassa
858. puttā ti evamādi. Tattha *puttā* attajādayo cattāro, ettha
ca puttapariggahādayo puttā ti nāmena vuttā ti veditabbā.
te hi 'ssa na *vijjanti*, tesaṃ vā abhāvena puttādayo na
859 vijjantī ti. *Yena naṃ*[3] *vajju puthujjanā atho samaṇabrāh-
maṇā* ti yena taṃ rāgādinā vajjena puthujjanā sabbe pi
devamanussā ito bahiddhā samaṇabrāhmaṇā ca "ratto vā
duṭṭho vā" ti vadeyyuṃ; *tan tassa apurekkhatan*[4] ti taṃ
rāgādivajjaṃ tassa arahato apurekkhataṃ; *tasmā vādesu*
860. *n' ejatī* ti taṃkāraṇā nindāvacanesu na kampati. *Na ussesu
vadatī*[5] ti visiṭṭhesu attānaṃ antokatvā "ahaṃ visiṭṭho"
ti atimānavasena na vadati,—esa nayo itaresu dvīsu; *kap-
paṃ n' eti akappiyo* ti so evarūpo duvidham pi kappaṃ
na eti, kasmā: yasmā akappiyo, pahīnakappo ti vuttaṃ
861. hoti. *Sakan* ti 'mayhan' ti pariggahītaṃ; *asatā ca na
socatī* ti avijjamānādinā ca asatā [ca] na socati; *dhammesu
ca na gacchatī* ti sabbadhammesu chandādivasena na gac-
chati; *sa ve santo ti vuccatī* ti so evarūpo naruttamo santo
ti vuccatī ti arahattanikūṭena desanaṃ niṭṭhapesi; desa-
nāpariyosāne koṭisahassadevatānaṃ arahattappatti ahosi,
sotāpannādīnaṃ gaṇanā n' atthī ti

PURĀBHEDASUTTAVAṆṆANĀ NIṬṬHITĀ.

---

1 Ba nissaye.

2 Sn > uccedānāya Sg ucchedanāya (< ucchedadānāya), Sk ucchedānāya.

3 Skgn Ba taṃ.

4 Sk (Ba) apurakkh°; *cf.* 547[6] (*where* Skgn Ba *have* apurekkhamāno) *and* 549[5, 6].

5 *So* Skgn Ba (*cf.* 542, *note* 2).

11.

Kuto pahūtā kalahā ti Kalahavivādasuttaṃ. Kā up- (862).
patti: Idam pi tasmiṃ yeva Mahāsamaye 'kuto nu kho kalahādayo aṭṭha dhammā pavattantī' ti uppannacittānaṃ ekaccānaṃ devatānaṃ[1] te dhamme āvikātuṃ purimanayen' eva nimmitabuddhena attānaṃ pucchāpetvā[2] vuttaṃ.

Tattha pucchāvissajjanakkamena ṭhitattā sabbagāthā pākaṭasambandhā yeva, anuttānapadavaṇṇanā pan' etāsaṃ
evaṃ veditabbā: *Kuto pahūtā kalahā vivādā* ti kalaho ca 862.
tassa pubbabhāgo vivādo cā ti ime kuto jātā; *paridevasokā sahamaccharā cā* ti paridevasokā ca sahamaccharā kuto pahūtā; *mānātimānā sahapesuṇā cā* ti mānā ca atimānā ca pesuṇā ca kuto pahūtā; *te* ti sabbe pi aṭṭha kilesadhammā; *tad iṃgha brūhī* ti tam mayā pucchitam atthaṃ brūhi, yā-
cāmi taṃ ahan ti, yācanattho hi iṃghā ti nipāto. *Piyā* 863.
pahūtā ti piyavatthuto jātā, yutti pan' ettha Niddese vuttā eva; *macchariyayuttā kalahā vivādā* ti iminā kalahavivādādīnaṃ[3] na kevalaṃ piyavatthum eva macchariyam pi paccayaṃ dasseti, kalahavivādasīsena c' ettha sabbe pi te dhammā vuttā ti veditabbā, yathā ca etesaṃ macchariyaṃ, tathā pesuṇānañ ca vivādaṃ, tenâha: *vivādajātesu ca pesu-*
ṇānī ti. *Piyā su lokasmiṃ kutonidānā ye vā pi*[4] *lobhā vica-* 864.
ranti loke ti "piyā pahūtā kalahā" ti ye ettha vuttā, te piyā lokasmiṃ kutonidānā, na kevalañ ca piyā, ye vā api[5] khattiyādayo lobhā vicaranti lobhahetu lobhenâbhibhūtā vicaranti, tesaṃ so lobho ca kutonidāno ti dve atthe ekāya pucchāya pucchati; *āsā ca niṭṭhā ca* āsā tassâsāya samiddhi ca. *ye samparāyāya narassa honti* samparāyanāya honti, parāyanaṃ hontī ti vuttaṃ hoti,—ekā evâyam pi pucchā.
Chandānidānānī ti kāmacchandādichandanidānāni; *ye vā* 865.
pi lobhā vicarantī ti ye vā pi khattiyādayo lobhā vicaranti, tesaṃ lobho pi chandanidāno ti dve pi atthe ekato vissajjeti; *itonidānā* ti—chandanidānā evā ti vuttaṃ hoti—*kutonidānā* ti etesu ca saddasiddhi Sūcilomasutte vutta-

---

[1] B^a *ad.* cittaṃ ñatvā. [2] B^a *ad.* pucchāpetvā.
[3] B^a °vivādānaṃ. [4] B^a ye api.
[5] B^a ye câpi (*here and* 552[2]).

866. nayen' eva* veditabbā. *Vinicchayā* ti taṇhādiṭṭhivinic-
chayā; *ye vā pi dhammā samaṇena vuttā* ti ye vā aññe pi
kodhādīhi sampayuttā tathārūpā vā akusalā dhammā bud-
867. dhasamaṇena vuttā, te kuto pahūtā ti. *Tam ūpanissāya
pahoti chando* ti taṃ sukhadukkhavedanā-tadubhayavat-
thusaṃkhātaṃ sātāsātaṃ upanissāya saṃyogaviyogapattha-
nāvasena chando pahoti, ettāvatā "chando nu loka-
smiṃ kutonidāno" ti ayaṃ pañho vissajjito
hoti; *rūpesu disvā vibhavaṃ bhavañ cā* ti rūpesu vayañ ca
uppādañ ca disvā; *vinicchayaṃ kurute jantu loke* ti apāyā-
dike loke ayaṃ jantu bhogādhigamanatthaṃ taṇhāvinic-
chayaṃ, 'attā me uppanno' ti ādinā nayena diṭṭhivinic-
chayañ ca kurute, yutti pan' ettha Niddese vuttā eva,
ettāvatā "vinicchayā vā pi kuto pahūtā"
868. ti ayaṃ pañho vissajjito hoti. *Ete pi dhammā dvaya-m-
eva sante* ti ete pi kodhādayo dhammā sātāsātadvaye sante
eva pahonti uppajjanti, uppattividhi ca nesaṃ Niddese
vuttā yeva, ettāvatā tatiyapañho vissajjito hoti.
Idāni, yo evaṃ vissajjitesv etesu pañhesu kathaṃkathī
bhaveyya, tassa kathaṃkathāpahānūpāyaṃ dassento āha:
kathaṃkathī ñāṇapathāya sikkhe ti—ñāṇadassanañāṇādhi-
gamanatthaṃ tisso sikkhā sikkheyyā ti vuttaṃ hoti—,
kiṃkāraṇaṃ: *ñatvā pavuttā*[1] *samaṇena dhammā* buddha-
samaṇena hi ñatvā va dhammā vuttā,—n' atthi tassa dham-
mesu ñāṇaṃ[2], attano pana ñāṇābhāvena[3] ajānanto na jā-
neyya, na desanādosena, tasmā kathaṃkathī ñāṇapathāya
869. sikkhe, ñatvā pavuttā[1] samaṇena dhammā ti. *Sātaṃ asā-
tañ ca kutonidānā* ti ettha sātāsātan ti sukhadukkhavedanā
eva adhippetā; *na bhavanti h' ete* ti na bhavanti ete;
vibhavaṃ bhavañ câpi[4] *yam etam atthaṃ, etaṃ me pabrūhi
yatonidānan* ti sātāsātānaṃ vibhavaṃ bhavañ ca etam pi
yaṃ atthaṃ, liṅgavyattayo ettha kato; idam pana vuttaṃ
hoti: 'sātāsātānaṃ vibhavo bhavo cā' ti yo esa attho, etam
me pabrūhi yatonidānan ti, ettha ca sātāsātānaṃ vibhava[ṃ]-
bhavavatthukā vibhavabhavadiṭṭhiyo eva[ṃ] vibhavaṃ

* 303[10].

[1] Ba va vuttā. [2] Ba añāṇ°.
[3] Ba ñāṇānubh°, *ad.* te. [4] Ba cā ti.

bhavan ti atth[at]o veditabbo, tathā hi imassa pañ-
hassa vissajjanapakkhe "bhavadiṭṭhi pi phassanidānā,
vibhavadiṭṭhi pi[1] phassanidānā" ti Niddese vuttaṃ. *Itoni-* 870.
dānan ti phassanidānaṃ. *Kismiṃ vibhūte na phusanti* 871.
phassā ti kismiṃ vītivatte cakkhusamphassādayo pañca
phassā na phusanti. *Nāmañ ca rūpañ ca paṭiccā* ti sam- 872.
payuttakanāmaṃ vatthārammaṇarūpañ ca paṭicca; *rūpe
vibhūte na phusanti phassā* ti rūpe vītivatte pañca phassā
na phusanti. *Kathaṃsametassā* ti kathaṃpaṭipannassa; *vi-* 873.
bhoti rūpan ti rūpaṃ pana[2] na bhavati na bhaveyya vā;
sukhaṃ dukkhaṃ vā ti iṭṭhāniṭṭhaṃ rūpam eva pucchati.
Na saññasaññī ti yathāsametassa vibhoti rūpaṃ, so paka- 874.
tisaññāya saññī pi na hoti; *na visaññasaññī* ti visaññāya
pi virūpāya saññāya saññī na hoti ummattako vā khitta-
citto vā; *no pi asaññī* ti saññāvirahito pi na hoti nirodha-
samāpanno vā asaññasatto vā; *na vibhūtasaññī* ti "sab-
baso rūpasaññānan"* ti ādinā nayena samatikkantasaññī
pi na hoti arūpajjhānalābhī; *evaṃ sametassa vibhoti rūpan*
ti etasmiṃ saññāsaññitādibhāve aṭhatvā, yad etaṃ vut-
taṃ "so evaṃ samāhite citte . . . pe . . . ākāsānañcā-
yatanasamāpattipaṭilābhatthāya cittaṃ abhinīharatī"† ti,
evaṃsametassa arūpamaggasamaṅgino vibhoti rūpaṃ;
saññānidānā hi papañcasaṃkhā ti, evaṃ paṭipannassâpi yā
saññā, taṃnidānā taṇhādiṭṭhipapañcā appahīnā eva hontī
ti dasseti. *Ettāvat' aggaṃ no vadanti eke*[3] *yakkhassa sud-* 875.
dhiṃ idha paṇḍitāse udāhu aññam pi vadanti etto ti ettāvatā
nu idha paṇḍitā samaṇabrāhmaṇā aggaṃ suddhiṃ[4] vadanti,
udāhu aññam pi etto arūpasamāpattito adhikaṃ vadantī
ti pucchati. *Ettāvat' aggam pi vadanti eke*[3] ti eke s a s s a - 876.
t a v ā d ā samaṇabrāhmaṇā paṇḍitamānino ettāvatā pi
aggaṃ suddhiṃ vadanti; *tesaṃ pan' eke samayaṃ vadantī*
ti tesaṃ yeva eke u c c h e d a v ā d ā samayaṃ ucchedaṃ
vadanti; *anupādisese kusalā vadānā* ti anupādisesakusala-
vādā samānā. *Ete ca ñatvā upanissitā ti* ete ca diṭṭhiga- 877.

* A. II, 184[21] † *Not traced.*

[1] B^a vi-.
[2] B^a vibhavati.
[3] B^a h' eke.
[4] B^a *ad.* sattassa.

tike 'sassatucchedadiṭṭhiyo nissitā' ti ñatvā; (*ñatvā*) *muni nissaye so vīmaṃsī* ti nissaye ca ñatvā so vīmaṃsī paṇḍito buddhamuni; *ñatvā vimutto* ti dukkhāniccādito[1] dhamme ñatvā vimutto; *bhavābhavāya na sametī* ti punappuna-uppattiyā na samāgacchatī ti arahattanikūṭena desanaṃ niṭṭhapesi; desanāpariyosāne Purābhedasutte vuttasadiso yevâbhisamayo ahosī ti

KALAHAVIVĀDASUTTAVAṆṆANĀ NIṬṬHITĀ.

12.

(878). Sakaṃ sakaṃ diṭṭhi paribbasānā ti Cūḷavyūhasuttaṃ.
Kā uppatti: Idam pi tasmiṃ yeva Mahāsamaye 'sabbe
p' ime diṭṭhigatikā "sādhurūp' amhā" ti bhaṇanti, kin nu
kho sādhurūpā v' ime attano eva diṭṭhiyā patiṭṭhahanti
udāhu aññam pi diṭṭhiṃ patigaṇhantī' ti uppannacittānaṃ
ekaccānaṃ devatānaṃ tam atthaṃ pakāsetuṃ purimanaa-
yen' eva nimmitabuddhen' attānaṃ pucchāpetvā vuttaṃ.
[878. Tattha ādito dve pi gāthā pucchāgāthā yeva. Tāsu
sakaṃ sakaṃ diṭṭhi paribbasānā ti attano attano diṭṭhiyā
vasamānā; *viggayha nānā kusalā vadantī* ti diṭṭhibalava-
gāhaṃ gahetvā "tattha kusal' amhā" ti paṭijānamānā
puthu puthu vadanti ekaṃ na vadanti; *yo evaṃ jānāti sa
vedi dhammaṃ, idaṃ paṭikkosam akevalī so* ti tañ ca diṭṭhiṃ
sandhāya "yo evaṃ jānāti, so dhammaṃ vediyati, idaṃ
879. pana paṭikkosanto hīno hotī" ti vadanti. *Bālo* ti hīno,
akusalo ti avidvā.

Idāni tisso vissajjanagāthā honti; tā purimaddhena vut-
taṃ atthaṃ pacchimaddhena pativyūhitvā ṭhitā, tena
vyūhena uttarasuttato ca appakattā[2] idaṃ suttaṃ Cūḷa-
880. vyūhan ti nāmaṃ labhi[3]. Tattha *parassa ce dhamman*
ti parassa diṭṭhiṃ; *sabbe v' ime bālā* ti evaṃ sante sabbe
v' ime bālā hontī ti adhippāyo, kiṃkāraṇaṃ: *sabbe v' ime*[4]
881. *diṭṭhi paribbasānā* ti. *Sandiṭṭhiyā* . . . pe . . . *mutīmā* ti
sakāya diṭṭhiyā na *vivadātā* na vodātā saṃkiliṭṭhā va

---

[1] B[a] °āniccādike ca.

[2] *So* B[a]; S[k] apattantā; S[gn] apakkantā. [3] S[n] labhati.

[4] S[kgn] B[a] p' ime.

samānā, *saṃsuddhapaññā kusalā mutīmā* ti[1] saṃsuddha-
paññā ca kusalā ca matimanto ca te honti ce; a t h a v ā
sandiṭṭhiyā ce panā ti[2] pāṭho, tass' attho: sakāya pana
diṭṭhiyā vodātā saṃsuddhapaññā kusalā mutimanto honti
ce; *na tesaṃ kocī* ti evaṃ sante tesaṃ eko pi hīnapañño na
hoti, kiṃkāraṇaṃ: *diṭṭhi hi tesam pi tathā samattā*, yathā
itaresan ti. Na vâham etan ti gāthāya saṃkhepattho: 882.
yan te *mithu* dve dve janā *aññamaññaṃ* "*bālā*" ti āhu,
ahaṃ etaṃ tathiyaṃ tacchan ti *n'* eva *brūmi*, kiṃkāraṇaṃ:
yasmā sabbe va te *sakaṃ sakaṃ diṭṭhiṃ* 'idam eva *saccaṃ*,
mogham aññan' ti *akaṃsu*, tena ca kāraṇena '*bālo*' ti
dahanti; ettha ca *tathiyan* ti *tathivan* ti dve pi pāṭhā.

Yam āhū ti pucchāgāthāya *yaṃ* d i ṭ ṭ h i-*saccaṃ tathi-* 883.
van ti eke āhu. Ekaṃ hi saccan ti vissajjanagāthāya 884.
ekaṃ saccaṃ n i r o d h o m a g g o vā; *yasmiṃ pajā-*
no vivade pajānan ti yamhi sacce pajānanto[3] pajāno
vivadeyya; *sayaṃ thunantī* ti attanā vadanti. Kasmā nū 885.
ti pucchāgāthāya *pavādiyāse* ti vādino; (*udāhu*) *te takkam*
anussarantī ti udāhu attano takkamattaṃ anugacchanti.
Na h' evā ti vissajjanagāthāya *aññatra saññāya niccānī* ti 886.
ṭhapetvā saññāmattena 'niccan' ti gahitagahaṇāni; *takkañ*
ca diṭṭhīsu pakappayitvā ti attano micchāsaṃkappamattaṃ
diṭṭhīsu janetvā, yasmā pana diṭṭhīsu vitakkaṃ janentā
diṭṭhiyo pi janenti[4], tasmā Niddese vuttaṃ: "diṭṭhigatāni
janenti sañjanentī" ti ādi.

Idāni evaṃ nānāsaccesu asantesu takkamattaṃ anussa-
rantānaṃ diṭṭhigatikānaṃ vippaṭipattiṃ dassetuṃ diṭṭhe
ti ādikā gāthāyo abhāsi. Tattha *diṭṭhe* ti diṭṭhaṃ, diṭṭha- 887.
suddhin[5] ti adhippāyo, esa nayo *sutādisu*; *ete ca nissāya*
vimānadassī ti ete diṭṭhidhamme nissayitvā suddhibhāva-
saṃkhātaṃ[6] vimānaṃ asammānaṃ passanto pi; *vinicchaye*
ṭhatvā . . . pe . . . *akusalo ti cāhā* ti evaṃ vimānadassī
pi tasmiṃ diṭṭhivinicchaye ṭhatvā tuṭṭhijāto hāsajāto
hutvā "paro hīno ca avidvā cā" ti evaṃ vadati[7] yeva.

---

1 Skgn *ad.* ce. 2 Ba ce vadātā ti pi. 3 *So* Skgn Ba.
4 Ba janento diṭ° pi so janeti. 5 Skgn Ba °suddhī.
6 Ba suddhi abhāv°. 7 Sk vadanti (*cf.* S.N. 887d Ckb).

888. Evaṃ sante yen' evā ti gāthā. Tattha *sayam attanā* ti sayam eva attānaṃ; *vimānetī* ti garahati; *tath' eva pāvā* ti tad eva vacanaṃ (taṃ vā) diṭṭhiṃ vadati taṃ vā pugga-
889. laṃ. Atīsaraṃdiṭṭhiyā ti gāthāy' attho: *so* evaṃ tāya lakkhaṇātisāriniyā atisāradiṭṭhiyā *samatto* puṇṇo uddhumāto, tena ca diṭṭhi*mānena matto*, 'paripuṇṇo ahaṃ kevalī'* ti evaṃ *paripuṇṇamānī sayam eva* attānaṃ *manasā* 'ahaṃ paṇḍito' ti abhisiñcati, kiṃkāraṇaṃ: *diṭṭhi*
890. *hi sā tassa tathā samattā* ti. Parassa ce ti gāthāya sambandho attho ca: kiñ ca bhiyyo, yo so vinicchaye ṭhatvā pahassamāno "bālo paro akusalo" ti câha, tassa *parassa ce hi vacasā* so tena vuccamāno *nihīno* hoti, *tumo sahā hoti nihīnapañño* so pi ten' eva saha nihīnapañño hoti, so pi [1]hi naṃ[1] "bālo" ti vadati; *ath' assa* vacanaṃ appamāṇaṃ, so pana *sayam* eva *vedagū* ca *dhīro* ca *hoti,*— evaṃ sante *na koci bālo samaṇesu atthi*, sabbe pi hi te attano
891. icchāya paṇḍitā. Aññaṃ ito ti gāthāya sambandho attho ca: "atha ce sayaṃ vedagū hoti dhīro, na koci bālo samaṇesu atthī" ti evaṃ hi[2] vutte siyā kassaci: 'kasmā' ti, tattha vuccate: yasmā *aññaṃ ito yâbhivadanti dhammaṃ, aparaddhā suddhiṃ akevalīno*[3], *evaṃ hi tithyā puthuso vadanti,* "ye ito aññaṃ diṭṭhiṃ abhivadanti, te aparaddhā viraddhā suddhimaggaṃ, akevalīno ca te" ti evaṃ puthu titthiyā yasmā vadantī ti vuttaṃ hoti; 'kasmā pan' evaṃ vadantī' ti ce: *sandiṭṭhirāgena hi te 'bhirattā,* yasmā
892. sakena diṭṭhirāgena abhirattā ti vuttaṃ hoti. Evaṃ abhirattā ca idh' eva suddhī ti gāthā. Tattha *sakāyane* ti
893. sakamagge; *daḷhaṃ vadānā* ti daḷhavādā. Evañ ca daḷhavādesu[4] tesu yo koci titthiyo *sakāyane câpi daḷhaṃ vadāno kam ettha "bālo" ti paraṃ daheyya.* Saṃkhepato tattha sassatucchedasaṃkhāte vitthārato vā natthika-issara-kāraṇaniyatiādibhede sake āyatane 'idam eva saccan' ti daḷhaṃ vadāno kaṃ paraṃ ettha diṭṭhigate "bālo" ti saha dham-

---

* *Cf.* Nidd. ii. *ad* S.N. 891ᵃᵇ.

1–1 Sᵏᵍⁿ hīnaṃ. 2 Sᵍ *om.* 3 Sᵏ Bᵃ akevalī te.
4 Sᵏᵍ daḷhavādānesu, Bᵃ daḷhavadānesu.

mena passeyya, nanu sabbo pi tassa matena paṇḍito eva suppaṭipanno eva ca; evaṃ sante ca *sayam eva so medhakaṃ āvaheyya paraṃ vadaṃ bālam asuddhidhammaṃ* so pi paraṃ "bālo ca asuddhadhammo[1] ca ayan" ti vadanto attanā va kalahaṃ āvaheyya, kasmā: yasmā sabbo pi tassa
matena paṇḍito eva suppaṭipanno eva ca. 'Evaṃ sab- 894.
bathā pi *vinicchaye ṭhatvā sayam pamāya uddhaṃ so lokasmiṃ vivādam eti* diṭṭhiyaṃ ṭhatvā sayañ ca satthārādiṃ nimminitvā so bhiyyo vivādam etī' ti evam pana vinicchayesu ādīnavaṃ ñatvā ariyamaggena *hitvāna sabbāni vinicchayāni na medhakaṃ kurute jantu loke* ti arahattanikūṭena desanaṃ niṭṭhapesi; desanāpariyosāne[2] Purābhedasutte vuttasadiso evâbhisamayo ahosī ti

CŪḶAVYŪHASUTTAVAṆṆANĀ NIṬṬHITĀ.

13.

Ye kec' ime ti Mahāvyūhasuttaṃ. Kā uppatti: Idam (895).
pi tasmiṃ yeva Mahāsamaye 'kin nu kho ime diṭṭhi paribbasānā viññūnaṃ santikā nindam eva labhanti udāhu pasaṃsam pī' ti uppannacittānaṃ ekaccānaṃ devatānaṃ tam atthaṃ āvikātuṃ purimanayena[3] nimmitabuddhena attānaṃ pucchāpetvā pucchāpetvā vuttaṃ.

Tattha *anvānayantī* ti anuānayanti punappuna āharanti. 895.

Idāni, y a s m ā te "idam eva saccan" ti vadantā pi 896.
diṭṭhigatikā vādino kadāci katthaci pasaṃsam pi labhanti, yaṃ etaṃ pasaṃsāsaṃkhātaṃ vādaphalan, taṃ appaṃ rāgādīnaṃ samāya samatthaṃ na hoti, ko pana vādo dutiye nindāphale, t a s m ā etam atthaṃ dassento imaṃ tāva vissajjanagātham āha: appaṃ hi etaṃ na alaṃ samāya, duve vivādassa phalāni brūmī ti ādi. Tattha *duve vivādassa phalānī* ti nindā pasaṃsā ca jayaparājayādīni vā taṃsabhāgāni; *evam*[4] *pi disvā* ti[5] 'nindā aniṭṭhā eva[6], pasaṃsā nâlaṃ samāyā' ti evam pi vivādaphale ādīnavaṃ disvā; *khemâbhipassaṃ avivādabhūman*[5] ti[5] avivā-

---

[1] *So* S^kgn B^a. [2] B^a desanāvasāne.
[3] B^a °nayen' eva. [4] B^a etam. [5] S^kgn *om.* [6] S^kgn evaṃ.

897. dabhūmaṃ nibbānaṃ 'kheman' ti passamāno. Evaṃ hi[1]
avivadamāno yā kāc' imā ti gāthā. Tattha *sammutiyo* ti
diṭṭhiyo; *puthujjā* ti puthujjanasambhavā; *so upayaṃ kim*
eyyā ti so upagantabbaṭṭhena upāyaṃ rūpādisu ekam pi
dhammaṃ upeyya, kena v ā kāraṇena upeyya; *diṭṭhe sute*
khantim akubbamāno ti diṭṭhasutasuddhisu pemaṃ aka-
898. ronto. Ito bāhirā pana sīluttamā ti gāthā. Tass' attho:
sīlaṃ yeva uttamaṃ maññamānā *sīluttamā* eke bhonto
*saṃyama*mattena *suddhiṃ* vadanti hatthivatādiñ ca *vataṃ*
samādāya upaṭṭhitā "*idh' eva* diṭṭhiyaṃ *assa* satthuno *sud-*
dhin"[2] ti *bhavūpanītā* bhavajjhositā samānā vadanti, api
899. ca te *kusalā vadānā* 'kusalā mayan' ti evaṃvādā. Evaṃ
sīluttamesu ca tesu tathā paṭipanno yo koci sace cuto ti
gāthā. Tass' attho: *sace* tato *sīlavatato* paravicchandanena
vā asambhuṇanto vā *cuto hoti*, so taṃ sīlabbatādi*kammaṃ*
puññābhisaṃkhārakammaṃ v ā *virādhayitvā vedhati*, na
kevalañ ca vedhati api ca kho taṃ sīlabbatasuddhiṃ *jap-*
pati ca vippalapati *pattheti ca*[3], kim iva: *satthā va hīno pa-*
vasaṃ gharamhā pavasanto satthato hīno yathā taṃ gha-
900. raṃ satthaṃ vā pattheyyā ti. Evaṃ pana sīluttamānaṃ
pavedhakāraṇaṃ ariyasāvako sīlabbataṃ vā pi pahāya
sabban ti gāthā. Tattha *sāvajjānavajjan* ti sabbākusalaṃ
lokiyakusalañ ca; *etan* ti etaṃ[4]; *suddhiṃ asuddhin ti*
apatthayāno ti pañcakāmaguṇādibhedaṃ suddhiṃ akusa-
lādibhedaṃ asuddhiñ ca apatthayamāno; *virato care* ti
suddhāsuddhiyā virato careyya; *santim anuggahāyā* ti diṭ-
901. ṭhim agahetvā. Evaṃ ito bāhirake sīluttame saṃyamena[5]
visuddhivāde, tesaṃ vighātaṃ, sīlabbatappahāyino arahato
ca paṭipattiṃ dassetvā idāni aññathā pi suddhivāde bā-
hirake dassento tapûpanissāyā ti gātham āha. Tass'
attho: sant' aññe pi samaṇabrāhmaṇā, te *jigucchitaṃ* ama-
ra*tapaṃ*[6] *vā diṭṭha*suddhiādisu vā aññataraṃ v ā[7] *upa-*
nissāya akiriyadiṭṭhiyā v ā *uddhaṃsarā* hutvā *bhavābhavesu*

---

[1] Skgn *om.* [2] *So* Skgn Ba.
[3] *So* Ba (*cf.* S.N. 899c *codd.* Baim); Skgn *om.* ca.
[4] *So* Skgn Ba. [5] Ba saṃyame.
[6] Ba amaradaṃ tapaṃ. [7] Skgn aññatarañ ca.

avītataṇhā anutthunanti vadanti kathentī ti. Evan tesaṃ 902.
avītataṇhānaṃ suddhiṃ anutthunantānaṃ y o pi sud-
dhippattam eva attānaṃ maññeyya, t a s s a pi[1] a v ī t a-
t a ṇ h a t t ā bhavābhavesu taṃ[1] taṃ vatthuṃ *patthaya-*
mānassa hi jappitāni punappuna honti yevā ti adhippāyo,
taṇhā hi āsevitā taṇhaṃ vaḍḍhayat' eva, na kevalañ ca
jappitāni, *sa(ṃ)vedhitañ câpi pakappitesu,* taṇhā diṭṭhi c'
assa pakappitesu vatthusu saṃvedhitam pi hotī' ti vuttaṃ
hoti; bhavābhave pana v ī t a t a ṇ h a t t ā āyatiṃ *cu-*
tūpapāto idha yassa n' atthi, sa kena vedheyya kuhiñ ca
jappe. Ayam etissā gāthāya sambandho. Sesaṃ Niddese
vuttam[2] eva.
Yam āhū ti pucchāgāthā. 903
Idāni, y a s m ā eko pi ettha[1] vādo sacco n' atthi, ke- 904.
valaṃ diṭṭhimattakena hi te vadanti, t a s m ā tam atthaṃ
dassento sakaṃ hī ti imaṃ tāva vissajjanagāthaṃ āha.
Tattha *sammutin* ti diṭṭhiṃ. Evam etesu sakaṃ dham- 905.
mam paripuṇṇaṃ bruvantesu aññassa pana[3] dhammaṃ
"nihīnan" ti[4] vadantesu yassa kassaci parassa ce vam-
bhayitena hīno ti gāthā. Tass' attho: yadi *parassa* nindi-
takāraṇā *hīno* bhaveyya, *na koci dhammesu visesī* aggo
bhaveyya, kiṃkāraṇaṃ: *puthū hi aññassa vadanti dham-*
maṃ nihīnato, sabbe ca[5] te *samhi daḷhaṃ vadānā* saka-
dhamme daḷhavādā eva. Kiñ ca bhiyyo sadhammapūjā 906.
ti gāthā. Tass' attho: te ca titthiyā *yathā pasaṃsanti*
sakāyanāni, sadhammapūjā pi nesaṃ *tath' eva* vattati, te
hi ativiya satthārādīni sakkaronti; tattha yadi te pamā-
ṇaṃ[6] siyuṃ, evaṃ sante *sabbe va vādā tathivā bhaveyyuṃ,*
kiṃkāraṇaṃ[7]: *suddhi hi nesaṃ paccattam eva* [8]na sā[8] añ-
ñatra sijjhati na pi paramatthato, attani diṭṭhigāhamat-
tam eva hi tan tesaṃ parapaccayaneyyabuddhīnaṃ. Yo 907.
[9]vā pana[9] viparīto bāhitapāpattā brāhmaṇo, tassa na
brāhmaṇassa paraneyyam atthī ti gāthā. Tass' attho:

---

[1] B[a] *om.* [2] B[a] vuttanayaṃ.
[3] *So* B[a] (S.N. 904[b]); S[kgn] *om.*
[4] *So* S[kgn] B[a] (S.N. 904[b] *codd.* B[ai]). [5] (S[kgn]) B[a] va.
[6] S[kgn] pamāṇā. [7] S[kg] °ṇā. [8–8] B[a] n' assa. [9–9] B[a] pi na.

brāhmaṇassa hi 'sabbe saṃkhārā aniccā' ti ādinā nayena
suddiṭṭhattā parena netabbaṃ ñāṇaṃ *n' atthi*, diṭṭhi-
dhammesu 'idam eva saccan' ti nicchinitvā *samuggahītam*
pi 'n' atthi, taṃkāraṇā so diṭṭhikalahāni atīto, *na* ca so
seṭṭhato passati dhammam aññaṃ aññatra satipaṭṭhānā-
908. dīhi*. Jānāmī ti gāthāya sambandho attho ca: ettāvatā
ca paramatthabrāhmaṇo na hi seṭṭhato passati dhammam
aññaṃ, aññe pana titthiyā paracitt(aññāṇ)ādīhi jānantā pas-
santā pi "*jānāmi passāmi, tath' eva etan*" ti evaṃ vadantā
pi ca *diṭṭhiyā suddhiṃ paccenti*, kasmā: yasmā tesu eko pi
addakkhi ce addasa ce pi tena [1]paracittañāṇādinā yathā-
bhūtam atthaṃ[1], *kiṃ hi tumassa tena* tassa tena dassanena
kiṃ kataṃ—kiṃ dukkhapariññâsāditā[2] udāhu samudayap-
pahānādīnaṃ aññataraṃ—, yato sabbathā pi atikkamitvā
ariyamaggaṃ te titthiyā *aññen'* eva *vadanti suddhiṃ*, atik-
kamitvā v ā te titthiye buddhādayo aññen' eva vadanti[3]
909. suddhin[4] ti[5]. Passan naro ti gāthāya sambandho attho
ca: kiñ ca bhiyyo, yv āyaṃ paracittañāṇādīhi addakkhi,
so *passan naro dakkhiti*[6] *nāmarūpaṃ* tato paraṃ *disvāna*
vâññassati tāni-m-eva nāmarūpāni niccato sukhato vā na
aññathā; so[7] evaṃ passanto *kāmaṃ bahuṃ passatu appakaṃ*
vā nāmarūpaṃ niccato sukhato ca[4], ath' assa evarūpena
910. dassanena *na hi tena suddhiṃ kusalā vadantī* ti. Nivissa-
vādī ti gāthāya sambandho attho ca: tena ca dassanena
suddhiyā asatiyā pi y o 'jānāmi passāmi tath' eva etan'
ti evaṃ *nivissavādī*, etaṃ vā dassanaṃ paṭicca diṭṭhiyā
suddhiṃ paccento 'idam eva saccan' ti evaṃ nivissavādī,
so *subbinayo*[8] *na* hoti taṃ tathā *pakappitaṃ*[9] abhisaṃ-
khataṃ *diṭṭhiṃ purekkharāno*, so[10] hi, *yaṃ*[10] satthārādiṃ
nissito, tatth' eva *subhaṃ vadāno suddhiṃvado* 'parisud-

* *Cf.* 563[8].

[1-1] *Vide* 560[18]; S^{kgn} paracittādi *only*; B^{a} paracittādinā yathābhūtam attha.
[2] B^{a} °p a r i ñ ñ ā s ā d h i t ā; S^{k} < °pariññā sādhitā.
[3] S^{g} *om.* [4] B^{a} *om.* [5] S^{km} B^{a} *om.* [6] B^{a} dakkhati.
[7] S^{kgn} yo. [8] S^{kgn} suddhinayo. [9] S^{kgn} *om.* pa-. [10] S^{kgn} *om.*

dhavādo parisuddhadassano v ā ahan' ti attānaṃ maññamāno; *tattha tath' addasā so* tattha sakāya diṭṭhiyā aviparītam eva so addasa, yathā sā diṭṭhi pavattati, tath'
eva naṃ addasa[1], aññathā passituṃ na icchatī ti adhippāyo. Evaṃ pakappitaṃ diṭṭhiṃ purekkharānesu tit- 911.
thiyesu na brāhmaṇo kappam upeti saṃkhan ti gāthā.
Tattha *saṃkhan* ti saṃkhāya, jānitvā ti attho; *na pi ñāṇabandhū* ti samāpattiñāṇādinā akatataṇhādiṭṭhibandhu[2],
tattha viggaho: nâpi assa ñāṇena kato bandhu[2] atthī ti na
pi ñāṇabandhu; *sammutiyo* ti diṭṭhiyo; *puthujjā* ti puthujjanasambhavā; *uggahananta-m-aññe*[3] ti uggahaṇanti aññe,
aññe tā sammutiyo ugganhantī ti vuttaṃ hoti. Kiñ ca 912.
bhiyyo vissajja ganthānī ti gāthā. Tattha *anuggaho* ti
uggahaṇavirahito, so pi nâssa uggaho ti anuggaho, [4]na v ā
ugganhatī[4] ti anuggaho. Kiñ ca bhiyyo so evarūpo pub- 913.
bāsave ti gāthā. Tattha *pubbāsave* ti atītarūpādīni ārabbha uppajja[mā]nadhamme kilese[5], *nave* ti paccuppannarūpādīni ārabbha uppajja[mā]nadhamme; *na chandagū* ti
na chandādivasena gacchati; *anattagarahī* ti katākatavasena attānaṃ agarahanto. Evaṃ anattagarahī ca so sab- 914.
badhammesū ti gāthā. Tattha *sabbadhammesū* ti dvādasadiṭṭhidhammesu '*yaṃ kiñci diṭṭhaṃ vā*' ti evampabhedesu; *pannabhāro* ti patitabhāro[6]; na kappetī ti *na kappiyo*, duvidham pi kappaṃ na karotī ti attho; *nûparato*
ti puthujjanakalyāṇaka-sekhā viya uparatisamaṅgī pi na
hoti; *na-patthiyo* ti nittaṇho, taṇhā hi patthiyatī ti patthiyā, nâssa patthiyā ti na-patthiyo[7] ti. Sesaṃ tattha
tattha pākaṭam evā ti na vuttaṃ. Evaṃ arahattanikūṭena desanaṃ niṭṭhapesi; desanāpariyosāne Purābhedasutte vuttasadiso evâbhisamayo ahosī ti

MAHĀVYŪHASUTTAVAṆṆANĀ NIṬṬHITĀ.

---

1 Ba passati (546[17]).

2 *So* Skgn Ba; Tr. *conj.* °bandho (*cf.* Nidd.)

3 Ba uggahanti-m-° (ɔ: uggahaṇanti-m-°).

4–4 *So* Ba; Skgn na ugganhantī.

5 Ba uppajjamānadhammakil°; Skgn uppajjamānakil° (*cf.* 568, *note* 4). 6 Ba pātitabhāro. 7 Ba apatthiyo.

(915). Pucchāmi tan ti Tuvaṭakasuttaṃ[1]. Kā uppatti: Idam
pi tasmiṃ yeva Mahāsamaye 'kā nu kho arahattappattiyā
paṭipatti' ti uppannacittānaṃ ekaccānaṃ devatānaṃ tam
atthaṃ pakāsetuṃ purimanayen' eva nimmitabuddhen'
attānaṃ pucchāpetvā vuttaṃ.
915. Tattha ādigāthāya[2] tāva *pucchāmī* ti ettha adiṭṭhajo-
tanādivasena[3] pucchā vibhajitā; *Ādiccabandhun* ti Ādic-
cassa gottabandhuṃ; *vivekaṃ santipadañ cā* ti vivekañ
ca santipadañ ca; *kathaṃ disvā* ti kena kāraṇena disvā, ka-
thaṃ pavattadassano hutvā ti vuttaṃ hoti.
Atha Bhagavā, y a s m ā, yathā passanto kilese upa-
rundhati, [4]tathā pavattadassano hutvā parinibbāti,
t a s m ā tam atthaṃ āvikaronto nānappakārena taṃ de-
vaparisaṃ kilesappahāne niyojento mūlaṃ papañcasaṃ-
916. khāyā ti ārabhitvā[5] pañca gāthā abhāsi. Tattha ādigā-
thāya tāva saṃkhepattho: 'papañcā' ti saṃkhātattā pa-
pañcā eva papañcasaṃkhā, tassā avijjādayo kilesā mūlaṃ,
taṃ *papañcasaṃkhāya mūlaṃ 'asmī' ti* pavattamānañ ca
sabbaṃ mantāya uparundhe, yā kāci ajjhattaṃ taṇhā uppaj-
jeyyuṃ, tāsaṃ *vinayāya sadā sato sikkhe* upaṭṭhitasati
917. hutvā sikkheyyā ti. Evan tāva paṭhamagāthāya eva
[6]tisikkhāyuttaṃ[6] desanaṃ arahattanikūṭena desetvā puna
m ā n a p p a h ā n a v a s e n a desetuṃ yaṃ kiñcī ti gā-
tham āha. Tattha *yaṃ kiñci dhammam abhijaññā ajjhattan*
ti yaṃ kiñci uccākulīnatādikaṃ attano guṇaṃ jāneyya,
atha vā pi bahiddhā ācariyūpajjhāyānaṃ[7] vā guṇaṃ jā-
neyya; *na tena thāmaṃ*[8] *kubbethā* ti tena guṇena mānaṃ[9]
918. na kareyya. Idāni 'ssa akaraṇavidhiṃ dassento seyyo na
tenā ti gātham āha. Tass' attho: *tena*[10] ca mānena '*seyyo*

---

[1] Ba *always* Tuvaṭṭaka° (*cf. the* uddāna, S.N.[2], p. 189).
[2] Skgn *om*. Tattha ādi-. [3] Ba °jotakādiv° (*vide* Asl. 55[20]).
[4] Ba *ins*. t a t h ā d i s v ā. [5] Skgn āharitvā.
[6-6] Ba tisso sikkhā tāhi parattaṃ (ɔ: pavattaṃ ?).
[7] *So* Ba (*cf*. Nidd.); Skgn ° ū p a j j h ā y ā d ī n a ṃ.
[8] Ba mānam. [9] Ba mānanaṃ. [10] Ba etena.

'han' ti vā '*nīco* 'han' ti vā '*sarikkho* 'han' ti *vā pi na*
maññeyya, tehi ca uccākulīnatādīhi guṇehi *phuṭṭho*[1] *ane-*
karūpehi 'ahaṃ uccākulā pabbajito' ti ādinā nayena at-
tānaṃ *vikappento na tiṭṭheyya*. Evaṃ mānappahānavasena 919
pi desetvā idāni [2]k i l e s ū p a s a m a v a s e n a desetuṃ
ajjhattam evā ti gātham āha. Tattha *ajjhattam eva upa-*
same ti attani eva rāgādī sabbakilese upasameyya; *na*
aññato bhikkhu santim eseyyā ti ṭhapetvā ca satipaṭṭhā-
nādīni aññena upāyena santiṃ na pariyeseyya; *kuto nir-*
attaṃ vā ti nirattaṃ kuto eva. Idāni ajjhattaṃ upa- 920.
santassa khīṇāsavassa t ā d i b h ā v a ṃ dassento majjhe
yathā ti gātham āha. Tass' attho: *yathā* mahā*samud-*
dassa uparimaheṭṭhimabhāgānaṃ vemajjhasaṃkhāte catu-
yojanasahassappamāṇe *majjhe* pabbatantare ṭhitassa[3] vā
majjhe samuddassa—*ūmī na jāyati, ṭhito* va so *hoti* avi-
kampamāno, *evaṃ anejo* khīṇāsavo lābhādisu *ṭhito assa*
avikampamāno; so tādiso rāgādiṃ *ussadaṃ bhikkhu na*
kareyya kuhiñcī ti[4].

Idāni etaṃ[5] arahattanikūṭena desitadhammadesanaṃ 921.
abbhanumodanto tassa ca arahattassa ādipaṭipadaṃ[6] puc-
chanto nimmitabuddho akittayī ti gātham āha. Tattha
akittayī ti ācikkhi; *vivaṭacakkhū* ti vivaṭehi anāvaraṇehi
pañcahi[7] cakkhūhi samannāgato; *sakkhidhamman* ti sayaṃ
abhiññātaṃ attapaccakkhaṃ[8] dhammaṃ; *parissayavinayan*
ti parissayavinayanaṃ[9]; *paṭipadaṃ vadehī* ti idāni paṭi-
pattiṃ vadehi; *bhaddan te* ti bhaddan tava atthū ti Bhaga-
vantaṃ ālapanto āha, a t h a v ā bhaddaṃ sundaraṃ tava
paṭipadaṃ vadehī ti pi vuttaṃ hoti; *pātimokkhaṃ atha vā*
pi samādhin ti taṃ eva paṭipadaṃ bhinditvā pucchati;
paṭipadan ti etena v ā maggaṃ pucchati, itarehi sīlaṃ
samādhiñ ca pucchati.

Ath' assa Bhagavā, yasmā indriyasaṃvaro sīlassa rak-

---

1 S^kgn B^a puṭṭho. 2 B^a *ins.* sabba- (563[7]). 3 S^kgn tassa.
4 S^kgn *om.* ti. 5 S^g e v a ṃ.
6 S^kgn ā d i p a d a ṃ (*cf.* 587, *note* 7).
7 S^kgn pañca-. 8 S^kgn °paccakkha-.
9 B^a parissayaṃ vinayaṃ.

khā, yasmā vā iminā vânukkamena[1] desiyamānā ayaṃ
desanā tāsaṃ devatānaṃ sappāyā, tasmā indriyasaṃvarato
pabhuti paṭipadaṃ dassento cakkhūhī ti ādim āraddho.
922. Tattha *cakkhūhi n' eva lol' assā* ti adiṭṭhadakkhitabbādi-
vasena cakkhūhi lolo n' ev' assa; *gāmakathāya āvaraye*
923. *sotan* ti tiracchānakathāto sotaṃ āvareyya. *Phassenā* ti
rogaphassena; *bhavañ ca nâbhijappeyyā* ti tassa phassassa
vinodanatthāya kāmabhavādibhavañ ca na pattheyya;
bheravesu ca na sampavedheyyā ti tassa phassassa paccaya-
bhūtesu sīhavyagghādisu bheravesu ca[2] na sampavedheyya,
avasesesu[3] vā ghānindriyamanindriyavisayesu na ppave-
dheyya,—evaṃ paripūro indriyasaṃvaro vutto hoti; puri-
mehi vā indriyasaṃvaraṃ dassetvā iminā 'araññe vasatā
bheravaṃ disvā vā sutvā vā na vedhitabban' ti dasseti.
924. *Laddhā na sannidhiṃ kayirā* ti etesaṃ annādīnaṃ yaṃ kiñci
dhammena labhitvā 'araññe ca[4] senāsane vasatā sadā
925. dullabhan' ti cintetvā sannidhiṃ na kareyya. *Jhāyī
na pādalol' assā* ti jhānābhirato ca na ca pādalolo assa;
virame kukkuccaṃ na ppamajjeyyā ti hatthakukkuccādiṃ
kukkuccaṃ vinodeyya sakkaccakāritāya c' ettha na ppa-
926. majjeyya. *Tandiṃ māyaṃ hassaṃ khiḍḍan* ti ālasiyañ
ca māyañ ca hassañ ca kāyikavācasikakhiḍḍañ ca; *savi-*
927. *bhūsan* ti saddhiṃ vibhūsāya. *Āthabbaṇan* ti āthabbaṇi-
kamantappayogaṃ, *supinan* ti supinasatthaṃ, *lakkhaṇan*
ti maṇilakkhaṇādiṃ; *no vidahe* ti na ppayojeyya; *virutañ*
928. *cā* ti migādīnaṃ vassitaṃ. *Pesuṇiyan*[5] ti pesuññaṃ.
929. *Kayavikkaye* ti pañcahi sahadhammikehi saddhiṃ vañca-
nāvasena[6] vā udrayapatthanāvasena vā *na tiṭṭheyya; upa-
vādaṃ bhikkhu na kareyyā* ti upavādakare kilese anibbat-
tento attani parehi samaṇabrāhmaṇehi upavādaṃ na ja-
neyya; *gāme ca nâbhisajjeyyā* ti gāme ca gihisaṃsaggā-
dīhi nâbhisajjeyya; *lābhakamyā janaṃ na lapayeyyā*[7] ti
930. lābhakāmatāya janaṃ nâlapeyya. *Payutan ti* cīvarādīhi

---

1 Ba iminânukkamena.
2 Skgn *om.* 3 Skgn avasesu. 4 Sgn *om.*
5 Skgn pesuṇeyyan. 6 Ba vañcanādivasena.
7 Skn lāpayeyyā (Ba *here* labheyyā, *and* 564[33] nâlabheyya).

sampayuttaṃ tadatthaṃ vā payojitaṃ. *Mosavajje na nī-* 931.
yethā ti musāvāde na nīyetha; *jīvitenā* ti jīvikāya. *Sutvā* 932.
rusito bahuṃ vācaṃ samaṇānaṃ vā puthuvacanānaṃ[1] (ti)
rusito ghaṭṭito parehi tesaṃ samaṇānaṃ vā khattiyādi-
bhedānaṃ vā aññesaṃ puthuvacanānaṃ bahum pi aniṭṭha-
vācaṃ sutvā; *na paṭivajjā* ti na paṭivadeyya,—kiṃkāra-
ṇaṃ: *na hi santo paṭisenikaronti. Etañ*[2] *ca dhammam* 933.
aññāyā ti sabbam etaṃ yathāvuttadhammam[3] ñatvā;
vicinan ti vicinanto; *santī*[4] *ti nibbutiṃ ñatvā* ti nibbutiṃ
'rāgādīnaṃ santī' ti[5] ñatvā. 'Kiṃkāraṇaṃ na ppa- 934.
majje' iti[6] ce: abhibhū hi so ti gāthā. Tattha *abhibhū* ti
rūpādīnaṃ abhibhavitā, *anabhibhūto* ti tehi anabhibhūto;
sakkhidhammaṃ anītiham adassī ti paccakkham eva anīti-
haṃ dhammam addakkhi; *sadā namassam anusikkhe* ti
sadā namassanto tisso sikkhāyo sikkheyya.

Sesaṃ sabbattha pākaṭam eva; kevalam pana ettha "cakkhūhi n' eva lolo" ti ādīhi indriyasaṃvaro, "annānam atho pānānan" ti ādīhi sannidhipaṭikkhepamukhena paccayapaṭisevanasīlaṃ, methunamosavajjapesuṇiyādīhi pātimokkhasaṃvarasīlaṃ, "āthabbaṇaṃ supinaṃ[7] lakkhaṇan" ti ādīhi ājīvapārisuddhisīlaṃ, "jhāyī assā" ti iminā samādhi, "vicinaṃ bhikkhū" ti iminā paññā; "sadā sato sikkhe" ti iminā puna saṃkhepato tisso pi sikkhā, "athâsanesu sayanesu appasaddesu bhikkhu vihareyya, niddaṃ na bahulīkareyyā" ti ādīhi sīlasamādhipaññānaṃ upakārāpakārasaṅgaṇhanavinodanāni[8] vuttānī ti.

Evam Bhagavā nimmitassa paripuṇṇapaṭipadaṃ vatvā arahattanikūṭena desanaṃ niṭṭhapesi; desanāpariyosāne Purābhedasutte vuttasadiso evâbhisamayo ahosī ti

TUVAṬAKASUTTAVAṆṆANĀ NIṬṬHITĀ.

---

1 Skg(n) °vacanaṃ. 2 Skgn Evañ.
3 Ba yathābhūtaṃ dhammaṃ.
4 Sg santin; Sk santi *om.* ti.
5 Skgn santin ti (540, *note* 6, *etc.*).
6 Ba ppamajjeyya iti. 7 *So* Ba; Skgn supina-.
8 Ba upakāranupakārasaṅgahaṇanavinodanādīni.

15.

(935). Attadaṇḍā bhayaṃ jātan ti Attadaṇḍasuttaṃ. Kā up-
patti: Y o s o Sammāparibbājaniyasuttassa uppattiyaṃ*
vuccamānāya[1] Sākiya-Koḷiyānaṃ udakaṃ paṭicca kalaho
vaṇṇito, t a ṃ ñatvā Bhagavā 'ñātakā kalahaṃ karonti,
handa ne vāremī' ti dvinnaṃ senānaṃ majjhe ṭhatvā idaṃ
suttaṃ abhāsi.
935. Tattha paṭhamagāthāy' attho: yaṃ lokassa diṭṭhadham-
mikaṃ vā samparāyikaṃ vā bhayaṃ[2] jātaṃ, taṃ sabbaṃ
attadaṇḍā bhayaṃ jātaṃ attano duccaritakāraṇā jātaṃ,
evaṃ sante pi *janaṃ passatha medhakaṃ*[3] imaṃ Sākiyā-
dijanaṃ[4] passatha aññamaññaṃ medhakaṃ hiṃsakaṃ bā-
dhakan ti.

Evan taṃ paṭiviruddhaṃ vippaṭipannaṃ janaṃ pari-
bhāsitvā attano sammāpaṭipattidassanena tassa saṃvegaṃ
janetuṃ āha: *saṃvegaṃ kittayissāmi yathā-saṃvijitaṃ mayā*,
pubbe bodhisatten' eva satā ti adhippāyo.

Idāni, yathā nena saṃvijitaṃ[5], taṃ pakāraṃ dassento
936. phandamānan ti ādim āha. Tattha *phandamānan* ti taṇ-
hādīhi[6] kampamānaṃ; *appodake* ti appaudake; *aññamañ-
ñehi vyāruddhe disvā* ti nānāsatte ca aññamaññehi saddhiṃ
viruddhe disvā; *maṃ bhayam āvisī* ti maṃ bhayaṃ paviṭ-
937. ṭhaṃ. *Samantam asaro*[7] *loko* ti nirayaṃ ādiṃ katvā sa-
mantato loko asāro niccasārādivirahito[8]; *disā sabbā same-
ritā* ti sabbā disā aniccatāya kampitā; *icchaṃ bhavanam
attano* ti attano tāṇaṃ icchanto; *nâddasāsiṃ anositan* ti
938. kiñci ṭhānaṃ jarādīhi anajjhāvutthaṃ nâddakkhiṃ. *Osāne
tv eva vyāruddhe disvā me aratī ahū* ti yobbaññādīnaṃ osāne
eva antagamake eva vināsake eva jarādimhi vyāruddhe
āhatacitte satte disvā arati me ahosi; *ath' ettha sallan* ti

* *Vide* 357[24].

[1] *So* S^{kgn} B^{a}. [2] B^{a} *om.*
[3] B^{a} *here* > medhagaṃ (*and* medhaṅgaṃ 557[2]).
[4] S^{kgn} Sākiyādīnaṃ janaṃ. [5] S^{kgn} s a ṃ v i d i t a ṃ.
[6] B^{a} taṇhādiṭṭhihi. [7] S^{g} B^{a} asāro.
[8] *So* B^{a} (*cf.* Nidd.); S^{kgn} n i c c a s ā r a v i r a h i t o.

atha etesu sattesu rāgādisallaṃ; *hadayanissitan* ti citta-
nissitaṃ. 'Kathamānubhāvaṃ sallan' ti ce: yena sallena 939.
otiṇṇo ti gāthā. (Tattha) *disā sabbā vidhāvatī* ti sabbā
duccaritadisā pi puratthimādi-disāvidisā[1] pi dhāvati; *tam
eva sallaṃ avyuyha*[2] *na dhāvati na sīdatī* ti tam eva[3] sallaṃ
uddharitvā tā ca disā na dhāvati caturoghe ca na sīdatī ti.

Evaṃ mahānubhāvena sallena otiṇṇesv api ca sattesu 940.
t a t t h a s i k k h â n u g ī y a n t i: yāni loke gathitānī ti
gāthā. Tass' attho: ye *loke* pañca kāmaguṇā 'paṭilābhāya
gathīyantī' ti katvā *gathitānī* ti vuccanti, cirakālāsevi-
tattā[4] v ā[5] gathitānī ti, *tattha* tannimittaṃ hatthisik-
khādikā aneka*sikkhā*[6] kathīyanti uggayhanti vā,—passatha
yāva pamatto câyaṃ loko; yato paṇḍito kulaputto *tesu*
vā gathitesu tāsu vā sikkhāsu adhimutto *na siyā* aññad-
atthu aniccādidassanena *nibbijja sabbaso kāme attano nib-
bānam* eva *sikkhe* ti.

Idāni, yathā nibbānāya sikkhitabbaṃ, taṃ dassento
sacco siyā ti ādim āha. Tattha *sacco* ti vācāsaccena ñāṇa- 941.
saccena maggasaccena ca samannāgato; *rittapesuṇo* ti pa-
hīnapesuṇo[7]; *vevicchan* ti macchariyaṃ. *Niddaṃ tandiṃ* 942.
sahe thīnan ti pacalāyikañ ca kāyālasiyañ ca cittālasiyañ
cā ti ime tayo dhamme abhibhaveyya; *nibbānamanaso* ti
nibbānaninnacitto. *Sāhasā* ti rattassa-rāgacariyādibhedā 943.
sāhasakaraṇā[8]. *Purāṇaṃ nâbhinandeyyā* ti atītaṃ[9] nâ- 944.
bhinandeyya; *nave* ti paccuppanne; *hīyamāne* ti vinassa-
māne; *ākāsan na sito siyā* ti taṇhan nissito na bhaveyya,
taṇhā hi rūpādīnaṃ ākāsanato ākāso ti vuccati. 'Kiṃ- 945.
kāraṇaṃ ākāsan na sito siyā' ti ce: ahaṃ hi imaṃ gedhaṃ
brūmī ti gāthā. Tass' attho: ahaṃ hi imaṃ ākāsasaṃ-
khaṃ taṇhaṃ rūpādisu gijjhanato *gedhaṃ brūmi* "gedho"
ti vadāmi; kiñ ca bhiyyo avahananaṭṭhena[10] "*ogho*" ti ca,
ājavanaṭṭhena "*ājavan*" ti ca, 'idaṃ mayhaṃ, idaṃ mayhan'
ti jappakāraṇato "*jappanan*" ti ca, dummuñcanaṭṭhena

---

1 Ba *om.* -vidisā. 2 (Ba abyuyha.) 3 Ba *ad.* t u .
4 Ba °kālasev°. 5 Skgn *om.* 6 Sg Ba anekā sik°.
7 *So* Skgn Ba. 8 Skgn Ba °kāraṇā. 9 Ba a t ī t a r ū p ā d i .
10 *So* Ba (As]. 49[11], Spk. *ad.* S. I, 1); Skgn āvahanaṭṭhena.

"*ārammaṇan*" ti ca, kampakaraṇena "*kampanan*" ti ca
brūmi, esā ca lokassa palibodhanaṭṭhena duratikkamanī-
yaṭṭhena ca *kāmapaṃko duraccayo* ti. "Ākāsan na sito
siyā" ti evaṃ vutte v ā 'kim etaṃ ākāsan' ti ce: gedhaṃ
brūmī ti evam pi tassā gāthāya sambandho veditabbo.
Tattha padayojanā: 'ākāsan' ti gedhaṃ brūmī ti, tathā,
y v ā y a ṃ "mahogho" ti[1] vuccati, t a ṃ brūmi; ājavaṃ
brūmi; jappanaṃ brūmi; kampanaṃ brūmi; y v ā y a ṃ
sadevake loke kāmapaṃko duraccayo, t a ṃ brūmi.
946. Evaṃ etaṃ gedhādipariyāyaṃ ākāsaṃ anissito saccā
avokkammā ti gāthā. Tass' attho: pubbe* vuttā tivi-
dhā[2] *saccā avokkamma* moneyyappattiyā '*munī*' ti saṃ-
khaṃ gato nibbāna*tthale tiṭṭhati brāhmaṇo, sa ve* eva-
rūpo sabbāni āyatanāni *nissajjitvā santo ti vuccatī* (ti).
947. Kiñ ca bhiyyo sa ve vidvā ti gāthā. Tattha *ñatvā dham-
man* ti aniccādinayena saṃkhatadhammaṃ ñatvā; *sammā
so loke iriyāno* ti asammāiriyanakaraṇānaṃ kilesānaṃ pa-
948. hānā sammā so loke iriyamāno. Evaṃ apihento ca yo 'dha
kāme ti gāthā. Tattha *saṅgan* ti sattavidhasaṅgañ ca *yo
949. accatari; nâjjhetī* ti nâbhijjhati[3]. Tasmā, tumhesu pi yo
evarūpo hotum icchati, taṃ vadāmi: yaṃ pubbe ti gāthā.
Tattha (*yaṃ?*) *pubbe* ti atīte saṃkhāre ārabbha uppaj-
janadhammaṃ kilesajātaṃ[4] atītakammañ ca; *pacchā te
mâhu kiñcanan* ti anāgate pi[5] saṃkhāre ārabbha uppajja-
nadhammaṃ rāgādikiñcanaṃ mâhu; *majjhe ce no gahes-
sasī* ti paccuppanne rūpādidhamme[6] pi na gahessasi ce.

Evaṃ "upasanto carissasī" ti arahattappattiṃ dassetvā
950. idāni arahato thutivasena ito parā gāthāyo abhāsi. Tat-
tha sabbaso ti gāthāya *mamāyitan* ti mamattakaraṇaṃ,
'mama idan' ti gahitaṃ v ā vatthu; *asatā ca na socatī* ti
avijjamānakāraṇā asātakāraṇā[7] na socati; *na jīyatī* ti jānim
951. nâdhigacchati[8]. Kiñ ca bhiyyo yassa n' atthī ti gāthā.

* (567[18]).

[1] Skgn *ad.* brūmi. [2] Ba *ad.* pi. [3] *So* Skgn; Ba na gijjhati.
[4] Ba *here* uppajjanadhammakilesaj° (561, *note* 5).
[5] Ba *ad.* te. [6] Skgn paccuppannarūpādi°.
[7] *So* Ba (*cf.* Nidd.); Skgn asantakāraṇā. [8] Ba na gacchati.

Tattha *kiñcanan* ti kiñci rūpādi dhammajātaṃ. Kiñ ca 952.
bhiyyo anuddharī ti gāthā. Tattha *anuddharī* ti anissukī[1],
aniṭṭhurī[2] ti pi[3] keci paṭhanti; *sabbadhī samo* ti sab-
battha samo, upekhako ti adhippāyo, kiṃ vuttaṃ hoti:
yo so 'n' atthi me' ti na socati, tam ahaṃ avikam-
pinaṃ puggalaṃ[4] puṭṭho samāno "*aniṭṭhurī*[5] *ananu-
giddho anejo sabbadhī samo*" ti imaṃ tasmiṃ puggale
catubbidham *ānisaṃsaṃ brūmi*. Kiñ ca bhiyyo anejassā 953.
ti gāthā. Tattha *nisaṃkhitī*[6] ti puññābhisaṃkhārādisu
yo koci saṃkhāro, so hi, yasmā nisaṃkharīyati nisaṃkha-
roti va, tasmā nisaṃkhitī[6] ti vuccati; *viyārambhā* ti vivi-
dhā puññābhisaṃkhā[7]rādikā ārambhā; *khemaṃ passati sab-
badhī* ti sabbattha abhayam[8] eva passati. Evaṃ passanto 954.
na samesū ti gāthā. Tattha *na vadatī*[9] ti 'sadiso 'ham
asmī' ti ād(in)ā mānavasena samesu pi attānaṃ na vadati,
omesu pi, *ussesu* pi; *nâdeti na nirassatī* ti rūpādisu kiñci
dhammaṃ na gaṇhati na nissajjati. Sesaṃ sabbattha
pākaṭam eva. Evaṃ arahattanikūṭena desanaṃ niṭṭha-
pesi; desanāpariyosāne pañcasatā Sākiyakumārā ca Koli-
yakumārā ca ehibhikkhupabbajjāya pabbajitā[10]. Te gahetvā
Bhagavā Mahāvanaṃ pāvisī ti

ITI PARAMATTHAJOTIKĀYA KHUDDAKAṬṬHAKATHĀYA SUTTANIPĀTASS' ATTHAVAṆṆANĀYA ATTADAṆḌASUTTAVAṆṆANĀ SAMATTĀ TI.

16.

Na me diṭṭho ti Sāriputtasuttaṃ, Therapañhasuttan ti (955).
pi vuccati. Kā uppatti: *Imassa suttassa uppatti Rāja-

* Dhp. A. III, 199–226 (*ad* Dhp. 181), *etc.*

1 Skg anassukī, Sn anassutī; Ba a n u s s u k ī.
2 Skgn anuṭṭhurī. 3 Ba *om.* 4 Ba avikampipuggalaṃ.
5 (?); Skgn anuṭṭhurī; Ba a n u ṭ ṭ h a r ī.
6 Ba n i s a ṃ k h a t ī. 7 –572[32] Skgn *om.*
8 ? (*cf.* Nidd.); Ba sayam. 9 *Cf.* 542, *note* 2.
10 *Or* pabbajiṃsu (?); Ba pabbajitvā.

gahe seṭṭhissa candanaghaṭikāya paṭilābhaṃ ādi(ṃ) katvā tāya ghaṭikāya katassa pattassa ākāse ussāpanaṃ, āyasmato Piṇḍolabhāradvājassa iddhiyā pattagahaṇaṃ, tasmiṃ vatthusmiṃ sāvakānaṃ iddhipaṭikkhepo*, titthiyānaṃ Bhagavatā saddhiṃ pāṭihāriyaṃ kātukāmatā, pāṭihāriyakaraṇaṃ, Bhagavato Sāvatthigamanaṃ, titthiyānubandhanaṃ, Sāvatthiyaṃ Pasenadino buddhūpagamanaṃ, Gaṇḍambapātubhāvo[1], catunnaṃ parisānaṃ titthiyajayatthaṃ pāṭihāriyakaraṇussukkanivāraṇaṃ, yamakapāṭihāriyakaraṇaṃ, katapāṭihāriyassa Bhagavato Tāvatiṃsagamanaṃ, tattha temāsaṃ dhammadesanā, āyasmatā Anuruddhattherena† yācitassa devalokato Saṃkassanagare orohaṇan ti imāni vatthūni antarantare ca jātakāni vitthāretvā, y ā v a dasasahassacakkavāḷadevatāhi pūjiyamāno Bhagavā majjhe‡ maṇimayena sopāṇena Saṃkassanagare oruyha sopāṇakaḷevare aṭṭhāsi,

"ye jhānapasutā dhīrā[2] nekkhammūpasame ratā,
devā pi tesaṃ pihayanti sambuddhānaṃ satīmatan"
ti

imissā Dhammapadagāthāya vuccamānāya[3] vuttā. Sopāṇakaḷevare ṭhitaṃ pana Bhagavantaṃ sabbapaṭhamaṃ āyasmā Sāriputto vandi, tato Uppalavaṇṇā bhikkhunī§, athâparo janakāyo. Tatra Bhagavā cintesi: 'imissaṃ parisati Moggallāno iddhiyā aggo ti pākaṭo, Anuruddho dibbacakkhunā, Puṇṇo dhammakathikattena, Sāriputtaṃ p' ayaṃ parisā na kenaci guṇena evaṃ-aggo ti jānāti; yan nūnâhaṃ Sāriputtaṃ paññāguṇena pakāseyyan' ti. Atha theraṃ pañhaṃ pucchi, thero Bhagavatā[4] pucchitaṃ pucchitaṃ puthujjanapañhaṃ sekhapañhaṃ asekhapañhañ ca sabbaṃ vissajjesi. Tadā naṃ jano 'paññā(ya) aggo' ti

---

* Vin. II, 112[12]. † *See, however,* Dhp. A. III, 224.
‡ *Vide* Dhp. A. III, 225[7].
§ Thīg. A. 195[10], Mp. p. 213[19] (*ad* A. I, 25[20]).

---

[1] B^a Gaṇḍāpapāt°. [2] B^a vīrā.
[3] *Cf.* 566[3]. [4] B^a °vato. (*cf.* 571, *note* 5).

aññāsi. *Atha Bhagavā: "Sāriputto na idān" eva paññāya aggo, atīte parosahassā isayo vanamūlaphalāhārā pabbatapāde vasanti, tesaṃ ācariyassa ābādho uppajji, upaṭṭhānāni vattanti; jeṭṭhantevāsī "sappāyabhesajjaṃ āharissāmi, ācariyaṃ appamattā upaṭṭhahathā" ti[1] vatvā manussapathaṃ agamāsi. Tasmiṃ anāgate yeva ācariyo kālam akāsi. Taṃ 'idāni kālaṃ karissatī' ti antevāsikā samāpatti(ṃ) ārabbha pucchiṃsu; so "n' atthi kiñcī" ti āha ākiñcaññāyatanasamāpattiṃ sandhāya. Antevāsino 'n' atthi ācariyassa adhigamo' ti aggahesuṃ. Atha jeṭṭhantevāsī bhesajjaṃ ādāya āgantvā taṃ kālakataṃ[2] disvā "ācariyaṃ kiñci pucchitthā" ti āha. "Apucchimha[3]; n' atthi kiñcī ti āha, na kiñci ācariyena adhigatan" ti. "N' atthi kiñcī ti vadanto ācariyo ākiñcaññāyatanaṃ pavedesi, sakkātabbo ācariyo" ti:

"Parosahassam pi samāgatānaṃ
kandeyyuṃ te vassasataṃ apaññā;
eko pi[4] seyyo puriso sapañño,
yo bhāsitassa vijānāti atthan" ti.

Kathite ca pana Bhagavatā[5] jātake āyasmā Sāriputto attano saddhivihārikānaṃ pañcannaṃ bhikkhusatānaṃ atthāya sappāyasenāsanagocarasīlavatādīni pucchituṃ "na me diṭṭho ito pubbe" ti imaṃ thutigāthaṃ ādi(ṃ) katvā aṭṭha gāthāyo abhāsi, taṃ atthaṃ vissajjento Bhagavā tato parā sesagāthā ti.

955. Tattha *ito pubbe* ti ito Saṃkassanagare otaraṇato pubbe;
vagguvado ti sundaravado; *Tusitā gaṇi-m-āgato* ti Tusitā kāyā cavitvā mātukucchiṃ āgatattā Tusitā āgato, gaṇācariyattā gaṇī, santuṭṭhaṭṭhena[6] v ā tusitasaṃkhātā devalokā gaṇī āgato; tusitā(naṃ) v ā arahantānaṃ gaṇī agato
956. ti. Dutiyagāthāya *sadevakassa lokassa yathā dissatī* ti sadevakassa lokassa viya manussānam pi dissati, yathā v ā

* J. A. I, 405–407 (Dhp. A. III, 230[5]).

[1] B[a] upaṭṭhayathā ti.
[2] B[a] taṃ kālikaṃtaṃ < taṃkālitaṃtaṃ. [3] B[a] āpucchimhā.
[4] So B[a]. [5] B[a] °vato. [6] B[a] santuṭṭhiṭṭhena.

dissatī ti tacchato aviparītato dissati [ti]; *cakkhumā* ti utta-
macakkhu; *eko* ti pabbajjāsaṃkhātādīhi eko; *ratin* ti nek-
957. khammaratiādiṃ. Tatiyagāthāya *bahunnam idha baddhā-
nan* ti idha bahunnaṃ khattiyādīnaṃ[1], sissā hi ācariye pa-
ṭibadhavuttittā baddhā ti vuccanti; *atthi pañhena āgaman*
ti atthiko pañhena āgato 'mhi [ti], atthikānaṃ v ā pañ-
958. hena, atthiāgamanaṃ v ā ti[2]. Catutthagāthāya *vijiguc-
chato* ti jātiādīhi aṭṭiyato; *rittam āsanan* ti vivittaṃ mañ-
capīṭhaṃ; *pabbatānaṃ guhāsu vā* ti 'pabbataguhāsu vā rit-
959. tam āsanaṃ *bhajato*' ti sambandhitabbaṃ. Pañcamagā-
thāya *uccāvacesū* ti hīnapaṇītesu; *sayanesū* ti vihārādisu
senāsanesu; *kīvanto tattha bheravā* ti kittakā tattha bhaya-
kāraṇā; *khīvanto*[3] ti pi pāṭho, kūjanto[4] ti c' assa attho,
960. na pana pubbenâparaṃ sandhīyati. Chaṭṭha[ma]gāthāya
kati parissayā ti kittakā upaddavā; *amataṃ*[5] *disan* ti nib-
bānaṃ, taṃ hi amatan ti tathā niddisitabbato disā cā ti,
tena vuttaṃ: amataṃ disan ti; *abhisambhave* ti abhibha-
961. veyya; *pantamhi* ti pariyante. Sattamagāthāya *ky āssa*[6]
vyappathayo assū ti kīdisāni tassa vacanāni assu. Aṭṭha-
962. magāthāya *ekodi nipako* ti ekaggacitto paṇḍito.

Evaṃ āyasmatā Sāriputtena tīhi gāthāhi Bhagavantaṃ
thometvā pañcahi gāthāhi pañcasatānaṃ sissānaṃ atthāya
senāsanagocarasīlavatādīni pucchito (Bhagavā?) taṃ at-
thaṃ pakāsetuṃ (vi)jigucchamānassā ti ādinā nayena vissaj-
963. janam āraddho. Tattha paṭhamagāthāya tāv' attho: jā-
tiādīhi *(vi)jigucchamānassa rittāsanaṃ sayanaṃ sevato ce sambo-
dhikāmassa* Sāriputta bhikkhuno *yadidaṃ phāsu*vihāro *ya-
thānudhammaṃ* yo ca anudhammo, *tan te pavakkhāmi ya-
thā pajānaṃ*, yathā pajānanto vadeyya, evaṃ vadāmī ti.
964. Dutiyagāthāya *pariyantacārī* ti sīlādisu catusu pariyantesu
caramāno; *ḍaṃsādhipātānan*[7] ti piṅgalamakkhikānañ ca
[8]sesamakkhikānañ ca, sesamakkhikā hi tato tato adhipa-
titvā khādanti, tasmā adhipātā ti vuccanti; *manussaphas-*

---

[1] (*Supply* sissānaṃ?) [2] B^a °gamanañ cā ti.
[3] (?); B^a khivanto; Nidd. gīvanto. [4] B^a kubhajanto.
[5] o: agataṃ? [6] B^a *here* (*and* B^a S^g *at* 573[9]) ky assa.
[7] B^a °patinan. [8] *Here* S^{kgn} *begin* (*vide* 569, *note* 7).

sānan ti corādiphassānaṃ. Tatiyagāthāya *paradhammikā* 965.
nāma sattasahadhammikavajjā sabbe pi bāhirakā; *kusa-
lānuesī* ti kusaladhamme anvesamāno. Catutthagāthāya 966.
ātaṃkaphassenā ti rogaphassena; *sītaṃ accuṇhan* ti sītañ
ca uṇhañ ca; *so tehi phuṭṭho bahudhā* ti so tehi ātaṃkādīhi
anekehi ākārehi phuṭṭho samāno pi; *anoko* ti abhisaṃkhā-
raviññāṇādīnaṃ anokāsabhūto.

Evaṃ "bhikkhuno vijigucchato" ti ādīhi tīhi gāthāhi
puṭṭham atthaṃ vissajjetvā idāni "ky āssa vyappathayo"
ti ādinā nayena puṭṭhaṃ vissajjento theyyan na kareyyā
ti ādim āha. Tattha *phasse* ti phareyya; *yad āvilattaṃ* 967.
manaso vijaññā ti yaṃ cittassa āvilattaṃ vijāneyya, taṃ
sabbaṃ '*kaṇhassa pakkho*' ti vinodeyya. *Mūlam pi tesaṃ* 968.
palikhañña tiṭṭhe ti tesaṃ kodhātimānānaṃ avijjādikaṃ
mūlaṃ, tam pi palikhaṇitvā tiṭṭheyya; *addhā bhavanto
abhisambhaveyyā* ti evam piyāppiyaṃ abhibhavanto ekaṃ-
sen' eva abhibhaveyya, na tattha sithilaṃ parakkameyyā
ti adhippāyo. *Paññaṃ purakkhatvā* ti paññaṃ pubbaṅga- 969.
maṃ katvā; *kalyāṇapītī* ti kalyāṇāya pītiyā samannāgato;
caturo sahetha paridevadhamme ti anantaragāthāya vucca-
māne paridevaniyadhamme saheyya. *Kiṃ su asissāmī* ti 970.
kiṃ bhuñjissāmi, *kuvaṃ vā asissan*[1] ti kuhiṃ vā asissāmi;
dukkhaṃ vata settha[2], *kuv' ajja sessan* ti imaṃ rattiṃ duk-
khaṃ sayi(ṃ), ajja āgamanarattiṃ kattha sayissaṃ; *ete
vitakke* ti ete piṇḍapātanissite dve senāsananissite dve ti
cattāro vitakke; *aniketacārī*[3] ti apalibodhacārī nittaṇha-
cārī. *Kāle* ti piṇḍapātakāle piṇḍapātasaṃkhyaṃ *annaṃ* 971.
vā cīvarakāle cīvarasaṃkhyaṃ *vasanaṃ* vā *laddhā*, dham-
mena samenā ti adhippāyo; *mattaṃ so jaññā* ti paṭigga-
haṇe ca paribhoge ca pamāṇaṃ jāneyya; *idha* ti sāsane,
nipātamattam eva v ā etaṃ[4]; *tosanatthan* ti santosatthaṃ[5],
etadatthaṃ mattaṃ jāneyyā ti vuttaṃ hoti; *so tesu gutto*
ti so bhikkhu tesu paccayesu gutto*; *yatacārī* ti saṃya-

* *Cf.* 292⁹, 596, *note* *.

[1] S^kgn vā sissan. [2] B^a c' ettha. [3] *So* S^kgn B^a.
[4] S^kgn evaṃ. [5] B^a santosanatthaṃ.

tavihāro rakkhitiriyāpatho rakkhitakāyavacīmanodvāro vā
ti vuttaṃ hoti; *yatucārī* ti pi pāṭho, so yev' attho; *rusito*
972. ti rosito, ghaṭṭito ti vuttaṃ hoti. *Jhānānuyutto* ti anup-
pannuppādanena uppannāsevanena ca jhāne anuyutto;
upekham ārabbha samāhitatto ti catujjhānūpekhaṃ uppā-
detvā samāhitacitto; *takkāsayaṃ kukkucciyûpacchinde* ti
kāmavitakkādi(ṃ) takkañ ca kāmasaññādiṃ tassa tak-
kassa āsayañ ca hatthakukkuccādiṃ kukkucciyañ ca upac-
973. chindeyya. *Cudito vacīhi*[1] *satimâbhinande* ti upajjhāyādīhi
vācāhi[1] codito samāno satimā hutvā taṃ codanaṃ abhi-
nandeyya; *vācaṃ pamuñce kusalan* ti ñāṇasamuṭṭhitaṃ
vācaṃ pamuñceyya; *nâtivelan* ti atītavelam pana vācaṃ
kālavelañ ca sīlavelañ ca atikkantaṃ na ppamuñceyya;
janavādadhammāyā ti janaparivādakathāya[2]; *na cetayeyyā*
974. ti cetanaṃ na uppādeyya. *Athâparan* ti atha idāni ito
param pi; *pañca rajānī* ti rūparāgādīni pañca rajāni; *yesaṃ*
satīmā vinayāya sikkhe ti yesaṃ upaṭṭhitasati hutvā vina-
yatthaṃ tisso sikkhā sikkheyya, evaṃ sikkhito hi *rūpesu*
975. . . . pe . . . *phassesu sahetha rāgaṃ*, na aññe ti. Tato
so tesaṃ vinayāya sikkhanto anukkamena etesu dham-
mesū ti gāthā. Tattha *etesū* ti rūpādisu; *kālena so sammā*
dhammaṃ parivīmaṃsamāno ti so bhikkhu, yv āyaṃ "ud-
dhate citte samādhissa kālo"* ti ādinā nayena kālo vutto,
tena kālena sabbaṃ[3] saṃkhatadhammaṃ aniccādinayena
parivīmaṃsamāno; *ekodibhūto vihane tamaṃ so* ti so ekagga-
citto sabbaṃ mohāditamaṃ vihaneyya, n' atthi ettha
saṃsayo. Sesaṃ sabbattha pākaṭam eva. Evam Bha-
gavā arahattanikūṭena desanaṃ niṭṭhapesi; desanāpariyo-
sāne pañca bhikkhusatā arahattaṃ pattā, tiṃsakoṭisaṃ-
khānañ ca devamanussānaṃ dhammābhisamayo ahosī ti

SĀRIPUTTASUTTAVAṆṆANĀ NIṬṬHITĀ

Niṭṭhito ca vaggo catuttho nāmena Aṭṭhakavaggo.

---

* *Cf.* S. V, 114^20.

---

1 Sk °bhi. 2 Ba jātivādaparivāravādakathāya.
3 Skgn sabba-.

V. PĀRĀYANAVAGGA.

Kosalānaṃ purā ti Pārāyanavaggassa vatthugāthā, tāsaṃ uppatti: *Atīte kira Bārāṇasivāsī[1] eko rukkhavaḍḍhaki sake ācariyake adutiyo, tassa solasa sissā, ekamekassa sahassaṃ antevāsikā. Evan te sattarasādhikasoḷasasahassā ācariyantevāsikā sabbe pi[2] Bārāṇasiṃ upanissāya jīvikaṃ[3] kappentā pabbatasamīpaṃ gantvā rukkhe gahetvā tatth' eva nānāpāsādavikatiyo niṭṭhapetvā kullaṃ bandhitvā Gaṅgāya Bārāṇasiṃ ānetvā, sace rājā atthiko hoti, rañño ekabhūmakaṃ vā sattabhūmakaṃ vā pāsādaṃ yojetvā denti, no ce, aññesam pi vikkiṇitvā puttadāraṃ posenti. (976).

Atha nesaṃ ekadivasaṃ ācariyo 'na sakkā vaḍḍhakikammena [4]niccaṃ jīvituṃ[4], dukkaraṃ hi jarākāle[5] etaṃ kamman' ti cintetvā antevāsike āmantesi: "tātā udumbarādayo appasārarukkhe ānethā" ti. Te "sādhū" ti paṭisuṇitvā ānayiṃsu. So tehi kaṭṭhasakuṇaṃ[6] katvā tass' abbhantaraṃ[7] pavisitvā yantaṃ pūresi; kaṭṭhasakuṇo supaṇṇarājā viya ākāse laṃghitvā vanassa upari caritvā antevāsīnaṃ purato oruhi. Athâcariyo sisse āha: "tātā īdisāni kaṭṭhavāhanāni katvā sakkā sakalaJambudīpe rajjaṃ gahetuṃ, tumhe pi tātā etāni[8] karotha; rajjaṃ gahetvā jīvissāma, dukkhaṃ vaḍḍhakisippena jīvitun" ti. Te tathā katvā ācariyassa paṭivedesuṃ. Tato ne ācariyo āha: "kataman[9] tātā rajjaṃ gaṇhāmā" ti. "Bārāṇasirajjaṃ[10] ācariyā" ti. "Alaṃ tātā, mā etaṃ rucci[11], mayaṃ hi taṃ gahetvā pi 'vaḍḍhakirājā, vaḍḍhakiyuvarājā' ti vaḍḍhakivādā na muccissāma; mahanto Jambudīpo, aññattha gacchāmā" ti. Tato saputtadārakā

* *Cf.* Dhp. A. III, 134–135; Ps. *ad* M. III, 237[28].

[1] B[a] Bārāṇasiyaṃ. [2] B[a] *om.* [3] B[a] jīvitaṃ. [4–4] S[kgn] jīvikaṃ kappetuṃ. [5] B[a] rājakule. [6] B[a] kaṭṭhehi sak°. [7] B[a] tassa abbh°. [8] *So* S[kgn] B[a]. [9] B[a] *ad.* tāma (ɔ: tāva ?). [10] B[a] *ad.* gaṇhāma. [11] S[kn] B[a] ruci.

kaṭṭhavāhanāni abhirūhitvā[1] sajjāvudhā hutvā Himavantābhimukhā hutvā[2] Himavati aññataraṃ nagaraṃ pavisitvā rañño [3]nivesane yeva paccuṭṭhaṃsu[3]. Tattha rajjaṃ gahetvā ācariyaṃ rajje abhisiñciṃsu, so Kaṭṭhavāhano rājā ti pākaṭo ahosi, taṃ hi nagaraṃ tena[4] gahitattā Kaṭṭhavāhananagaran tv eva nāmaṃ labhi, tathā sakalaraṭṭham pi. Kaṭṭhavāhano rājā dhammiko ahosi, tathā yuvarājā amaccaṭṭhānesu ca ṭhapitā solasa sissā. Taṃ raṭṭhaṃ raññā catuhi saṅgahavatthūhi saṅgayhamānaṃ ativiya iddhaṃ phītaṃ nirupaddavañ ca ahosi, nāgarā jānapadā[5] rājānañ ca rājaparisañ ca ativiya mamāyiṃsu: 'bhaddako no rājā laddho, bhaddikā rājaparisā' ti. Ath' ekadivasaṃ Majjhimadesato vāṇijā bhaṇḍaṃ gahetvā Kaṭṭhavāhananagaraṃ agamaṃsu[6] paṇṇākārañ ca gahetvā rājānaṃ passiṃsu. Rājā "kuto āgat' atthā" ti sabbaṃ pucchi. "Bārāṇasito devā" ti. So tattha sabbaṃ pavattiṃ pucchitvā "tumhākaṃ raññā saddhiṃ mama mittabhāvaṃ karothā" ti āha. Te "sādhū" ti sampaṭicchiṃsu. So tesaṃ paribbayaṃ datvā gamanakāle sampatte puna ādarena gantvā[7] vissajjesi. Te Bārāṇasiṃ gantvā tassa rañño ārocesuṃ. Rājā "Kaṭṭhavāhanaraṭṭhā āgatānaṃ vāṇijakānaṃ ajjatagge suṃkaṃ muñcāmī" ti[8] bheriñ carāpetvā 'atthu[9] me Kaṭṭhavāhano mitto' ti—dve pi adiṭṭhamittā ahesuṃ. Kaṭṭhavāhano pi ca sakalanagare[10] bheriñ carāpesi: "ajjatagge Bārāṇasito āgatānaṃ vāṇijānaṃ[11] suṃkaṃ muñcāmi, paribbayo ca nesaṃ dātabbo" ti. Tato Bārāṇasirājā Kaṭṭhavāhanassa lekhaṃ pesesi: "sace tasmiṃ janapade daṭṭhuṃ vā sotuṃ vā arahar\u016bpaṃ kiñci acchariyaṃ uppajjati, amhe pi[12] dakkhāpetuñ ca sāvetuñ cā" ti. So pi 'ssa tath' eva paṭilekhaṃ pesesi.

---

1 Ba Tato puttadārake kaṭṭhavāhanāni abhirūhāpetvā.
2 *So* Skgn Ba.
3–3 *So* Ba; Sk ni * * * sute; Sg niyute; Sn niyut.
4 Ba tehi.
5 ɔ: nāgarajānapadā ?
6 Ba āg°.
7 Ba v a t v ā.
8 Ba *ad.* so.
9 Sgn atthi.
10 Ba sakale nag°.
11 Ba vāṇijjakānaṃ.
12 Ba amhehi (*cf.* 577, *note* 2).

Evaṃ tesaṃ katikaṃ katvā vasantānaṃ kadāci Kaṭṭhavāhanassa atimahagghā accantasukhumā kambalā uppajjiṃsu bālasuriyamaruttamālakasadisā[1] vaṇṇena. Te disvā rājā 'mama sahāyassa pesemī' ti dantakārehi[2] aṭṭha dantakaraṇḍake[3] likhāpetvā tesu karaṇḍakesu[3] te kambale pakkhipitvā lākhācariyehi bahi lākhāgolakasadise kārāpetvā aṭṭha pi lākhāgoḷake samugge pakkhipitvā vatthena veṭhetvā rājamuddikāya lañchetvā "Bārāṇasirañño nethā" ti amacce pesesi lekhañ ca adāsi: "ayam paṇṇākāro nagaramajjhe amaccaparivutena pekkhitabbo" ti. Te gahetvā[4] Bārāṇasirañño adaṃsu. So lekhaṃ vācetvā amacce sannipātetvā nagaramajjhe rājaṅgaṇe lañchanaṃ[5] bhinditvā paliveṭhane apanetvā samuggaṃ vivaritvā aṭṭha lākhāgoḷake disvā 'mama sahāyo lākhāgoḷakehi kīḷanakabālakānaṃ[6] viya mayhaṃ lākhāgoḷake pesesī' ti maṃku hutvā ekaṃ lākhāgoḷakaṃ attano[7] nisinnāsane pahari; tāvad eva lākhā paripaṭi[8], dantakaraṇḍako vivaraṃ datvā dvebhāgo ahosi. So[9] abbhantare kambalaṃ disvā itare pi vivari, sabbattha tath' evâhosi; ekameko kambalo dīghato soḷasa vitthārato aṭṭha-hattho ahosi. Pasārite kambale rājaṅgaṇaṃ suriyappabhāya obhāsitam iva ahosi. Taṃ disvā mahājano aṅguliyo vidhuni celukkhepam akāsi 'amhākaṃ rañño adiṭṭhasahāyo Kaṭṭhavāhanarājā evarūpaṃ paṇṇākāraṃ pesesi, yuttaṃ evarūpaṃ mittaṃ kātun' ti attamano ahosi. Rājā pāvārike[10] pakkosāpetvā ekamekaṃ kambalaṃ agghāpesi, sabbe anagghā ahesuṃ. Tato cintesi: 'pacchā pesentena paṭhamaṃ pesitapaṇṇākārato dviguṇaṃ[11] pesetuṃ [12]yuttaṃ; kin nu kho ahaṃ sahāyassa[12] peseyyan' ti. Tena

---

[1] *So* Skm; Sk °mārūttamālakas°; Ba b ā l a s u r i y a r a s m i s a d i s ā.　[2] Ba °kāre.

[3] Ba °karaṇḍe, °karaṇḍesu *resp.*　[4] Ba g a n t v ā.

[5] Skm lañchane.

[6] Ba kiḷanabālakaṃ, Sksu kīlakabālakānaṃ.

[7] Skm a t t a n ā.　[8] Ba paripati.　[9] Skm *om.*

[10] Sk pāvārike; Ss cārike.　[11] (*Cf.* Pj. I, 163[8]); Ba duguṇaṃ.

[12–12] Ba vaṭṭati; s a h ā y e n a c a m e a n a g g h o p a ṇ ṇ ā k ā r o p e s i t o; kin nu kho sahāyassa.

ca samayena Kassapo bhagavā uppajjitvā Bārāṇasiyaṃ viharati. Atha rañño etad ahosi: '.vatthuttayaratanato aññaṃ uttamaratanaṃ n' atthi; handâhaṃ vatthuttayaratanassa uppannabhāvaṃ sahāyassa pesemī' ti. So[1]

"buddho loke samuppanno hitāya sabbapāṇinaṃ,
dhammo loke samuppanno sukhāya sabbapāṇinaṃ,
saṃgho loke samuppanno puññakkhettaṃ anuttaran" ti

imaṃ gāthaṃ, yāva arahattaṃ, tāva ekabhikkhussa paṭipattiñ ca suvaṇṇapaṭṭe jātihiṅgulakena likhāpetvā sattaratanamaye samugge pakkhipitvā, taṃ samuggaṃ maṇimaye samugge, maṇimayaṃ masāragallamaye, masāragallamayaṃ lohitaṃkamaye, lohitaṃkamayaṃ suvaṇṇamaye, suvaṇṇamayaṃ rajatamaye, rajatamayaṃ dantamaye, dantamayaṃ sāramaye pakkhipitvā, sāramayaṃ samuggaṃ peḷāya pakkhipitvā peḷaṃ dussena veṭhetvā, lañchetvā, mattavaravāraṇaṃ soṇṇaddhajaṃ soṇṇālaṃkāraṃ hemajālasañchannaṃ[2] kāretvā tassa upari pallaṃkaṃ paññāpetvā pallaṃke peḷaṃ āropetvā, setacchattena dhāriyamānena sabbagandhapupphādīhi pūjāya kariyamānāya tāḷāvacarehi thutisatāni gāyamānehi, yāva attano rajjasīmā, tāva maggaṃ alaṃkārāpetvā sayam eva nesi, tatra ṭhatvā ca[3] sāmantarājūnaṃ paṇṇākāraṃ pesesi: "evaṃ sakkarontehi ayaṃ paṇṇākāro pesetabbo" ti. Taṃ sutvā te[1] te rājāno paṭimaggaṃ āgantvā, yāva Kaṭṭhavāhanassa rajjasīmā, tāva nayiṃsu; Kaṭṭhavāhano pi[4] sutvā paṭimaggaṃ āgantvā tath' eva pūjento[4] nagaraṃ pāpetvā amacce ca nāgare ca sannipātetvā rājaṅgaṇe paliveṭhanadussaṃ apanetvā peḷaṃ vivaritvā peḷāya samuggaṃ passitvā anupubbena sabbasamugge vivaritvā suvaṇṇapaṭṭe lekhaṃ passitvā 'kappasatasahassehi atidullabhaṃ mama sahāyo paṇṇākāraratanaṃ pesesī' ti attamano hutvā 'assutapubbaṃ vata suṇimha: buddho loke [5]uppanno ti; yan nūnâhaṃ gantvā buddhañ ca passeyyaṃ dhammañ ca suṇeyyan' ti cintetvā amacce āmantesi: "buddhadhammasaṃgharatanāni kira[1]

[1] B^{a} *om.* [2] B^{a} soṇṇalaṃkārahemajālapaṭicchinnaṃ.
[3] B^{a} tatra ca ṭhatvā. [4] S^{gm} *om.* [5] B^{a} *ins.* sam-.

loke[1] uppannāni[1]; kiṃ kātabbaṃ maññathā" ti. Te āhaṃsu: "idh' eva tumhe mahārāja hotha, mayaṃ gantvā pavattiṃ jānissāmā" ti. Tato soḷasasahassaparivārā soḷasa amaccā rājānaṃ abhivādetvā "yadi buddho loke uppanno, puna dassanaṃ n' atthi, yadi na uppanno, āgamissāmā" ti niggatā. Rañño pana bhāgineyyo pacchā rājānaṃ vanditvā "aham pi gacchāmī" ti āha. "Tāta tvaṃ buddhuppādaṃ ñatvā punâgantvā[2] mama ārocehī" ti[3]. So "sādhū" ti sampaṭicchitvā agamāsi. Te sabbe pi sabbattha ekarattivāsena gantvā Bārāṇasiṃ [4]pattā; asampattesv eva ca[5] tesu bhagavā parinibbāyi. Te "ko buddho, kuhiṃ buddho" ti, sakalavihāraṃ āhiṇḍantā sammukhasāvake disvā pucchiṃsu. Te nesaṃ "buddho parinibbuto" ti ācikkhiṃsu. Te "aho dūraddhānaṃ āgantvā dassanamattam pi na labhimhā" ti paridevamānā[6] "kiṃ bhante koci bhagavatā dinnaovādo atthī" ti pucchiṃsu. "Āma upāsakā atthi: saraṇattaye patiṭṭhātabbaṃ, pañca sīlāni samādātabbāni, aṭṭhaṅgasamannāgato uposatho upavasitabbo, dānaṃ dātabbaṃ, pabbajitabban" ti. Te sutvā taṃ bhāgineyyaāmaccaṃ ṭhapetvā sabbe pabbajiṃsu; bhāgineyyo paribhogadhātuṃ gahetvā Kaṭṭhavāhanaraṭṭhābhimukho pakkāmi.—P a r i b h o g a d h ā t u nāma bodhirukkhapattacīvarādīni; ayam pana bhagavato dhammakarakaṃ dhammadharaṃ vinayadharam ekaṃ therañ ca gahetvā pakkāmi.—Anupubbena ca nagaraṃ gantvā "buddho loke uppanno ca[5] parinibbuto cā" ti rañño ārocetvā bhagavatā dinnovādaṃ ācikkhi. Rājā theraṃ upasaṃkamitvā dhammaṃ sutvā vihāraṃ kārāpetvā cetiyaṃ patiṭṭhāpetvā bodhirukkhaṃ ropetvā saraṇattaye pañcasu ca niccasīlesu patiṭṭhāya aṭṭhaṅgūpetaṃ uposathaṃ upavasanto dānāni[7] dento yāvatāyukaṃ ṭhatvā Kāmāvacaradevaloke nibbatti. Te pi soḷasasahassā pabbajitvā puthujjanakālakiriyaṃ katvā tass' eva rañño parivārā sampajjiṃsu.

Te[5] ekaṃ buddhantaraṃ devaloke khepetvā amhākaṃ

---

[1] Ba *om.* [2] Sk p u n a g a n t v ā; Ba *om.*
[3] Ba ā r o c e y y ā s ī t i. [4] Ba *ins.* sam-. [5] Ba *om.*
[6] Skm paridevayamānā (*cf.* 97, *note* 4; 531[24]). [7] Ba dānādīni.

Bhagavati anuppanne yeva devalokato cavitvā—ācariyo Pasenadino pitu purohitassa putto jāto nāmena Bāvarī[1] ti tīhi mahāpurisalakkhaṇehi samannāgato tiṇṇaṃ vedānaṃ pāragū pituno ca accayena purohitaṭṭhāne aṭṭhāsi, avasesā pi soḷasasahassā tatth' eva Sāvatthiyā brāhmaṇakulesu nibbattā, tesu soḷasa jeṭṭhantevāsino Bāvarissa santike sippaṃ uggahesuṃ, itare soḷasasahassā ṭesaṃ yeva santike ti evan te puna pi sabbe samāgañchiṃsu[2]. Kosalarājā pi kālam akāsi, tato Pasenadiṃ[3] abhisiñciṃsu; Bāvari tassâpi purohito ahosi. Rājā pitarā dinnañ ca aññañ ca bhogaṃ Bāvarissa adāsi, so hi[4] daharakāle tass' eva santike sippaṃ uggahesi. Tato Bāvari rañño ārocesi: "pabbajissāmi[5] mahārājā" ti. "Ācariya tumhesu ṭhitesu mama pitā ṭhito viya hoti; mā pabbajitthā" ti. "Alaṃ mahārāja, pabbajissāmī" ti. Rājā vāretuṃ asakkonto "sāyam pātaṃ mama dassanaṭṭhāne rājuyyāne pabbajathā" ti yāci. Ācariyo soḷasasahassaparivārehi soḷasasissehi saddhiṃ[4] tāpasapabbajjaṃ pabbajitvā rājuyyāne vasi; rājā catuhi paccayehi upaṭṭhāti[6] sāyam pātañ c' assa upaṭṭhānaṃ gacchati[7].

Ath' ekadivasaṃ antevāsino ācariyam āhaṃsu: "nagarasamīpe vāso nāma mahāpalibodho, vijanasampātaṃ ācariya okāsaṃ gacchāma, pantasenāsanavāso nāma bahūpakāro pabbajitānan" ti. Ācariyo "sādhū" ti sampaṭicchitvā rañño ārocesi; rājā tikkhattuṃ vāretvā vāretuṃ asakkonto dve satasahassāni datvā dve[8] amacce āṇāpesi: "yattha isigaṇo vāsaṃ icchati, tattha assamaṃ katvā dethā" ti. Tato ācariyo soḷasasahassajaṭilaparivuto amaccehi anugammamāno uttarajanapadā dakkhiṇajanapadābhimukho agamāsi. Tam atthaṃ gahetvā āyasmā Ānando saṅgītikāle Pārāyaṇavaggassa nidānaṃ āropento imā gāthāyo abhāsi.

976. Tattha *Kosalānaṃ purā* ti Kosalaraṭṭhassa nagarā, Sā-
vatthito ti vuttaṃ hoti; *ākiñcaññan* ti akiñcanabhāvaṃ,
977. pariggahūpakaraṇavivekan ti vuttaṃ hoti. *So Assakassa*

[1] Skm *write as a rule* Bāvāri°.
[2] Ba °gacchiṃsu, Sm °gamiṃsu.
[3] Ba *ad.* rajje.
[4] Ba *om.*
[5] Ba pabbajissām' ahaṃ.
[6] Ba upaṭṭhahasi.
[7] Ba ā g a c c h a t i .
[8] Skm *ad.* ca.

visaye Aḷakassa[1] *samāsane* ti so brāhmaṇo Assakassa ca
Aḷakassa[1] cā ti dvinnaṃ Andhakarājānaṃ[2] samāsanne vi-
saye āsanne raṭṭhe, dvinnam pi raṭṭhānaṃ[3] majjhe ti adhip-
pāyo; *Godhāvarīkūle* ti Godhāvarīnadīkūle[4], yattha Godhā-
varī dvidhā bhijjitvā tiyojanappamāṇaṃ[5] antaradīpam[6]
akāsi sabbaṃ kaviṭṭhavanasañchannaṃ[7], yattha pubbe
Sarabhaṅgādayo* vasiṃsu, tasmiṃ padese[8] ti adhippāyo. So
kira taṃ padesaṃ disvā "ayaṃ[9] pubbasamaṇālayo, pab-
bajitasāruppan" ti amaccānaṃ nivedesi; amaccā bhū-
migahaṇatthaṃ Assakarañño satasahassaṃ Aḷakarañño
satasahassaṃ adaṃsu; te tañ ca padesaṃ aññañ ca
dviyojanamattan ti sabbam pi pañcayojanamattaṃ pa-
desaṃ adaṃsu. Tesaṃ kira rajjasīmantare so padeso
hoti. Amaccā tattha assamaṃ kāretvā Sāvatthito ca
aññam pi dhanaṃ āharāpetvā gocaragāmaṃ nivesetvā
agamaṃsu[10].—*Uñchena ca phalena cā* ti uñchācariyāya ca
vanamūlaphalena ca. Tasmā vuttaṃ: tass' eva upanissāya 978
gāmo ca vipulo ahū ti. Tattha *tassā* ti tassa Godhāvarī-
kūlassa tassa v ā brāhmaṇassa, upayogatthe c' etaṃ sāmi-
vacanaṃ, taṃ upanissāyā ti attho; *tato jātena āyena mahā-
yaññaṃ akappayī* ti tasmiṃ gāme kasikammādinā satasa-
hassaṃ āyo uppajji, taṃ gahetvā kuṭumbikā rañño Assa-
kassa santikaṃ agamiṃsu[11]: "sādiyatu devo āyan" ti. So
"nâhaṃ sādiyāmi, ācariyass' eva upanethā" ti āha; ācariyo
pi taṃ attano[12] agahetvā dānayaññaṃ akappayi. Evaṃ
so saṃvacchare saṃvacchare dānaṃ adāsi. Mahāyaññan 979.
ti gāthāy' attho: so evaṃ saṃvacchare saṃvacchare dāna-
yaññaṃ yajanto ekasmiṃ saṃvacchare taṃ *mahāyaññaṃ
yajitvā* tato gāmā nikkhamma *puna pāvisi assamaṃ*, pa-

* J. A. V, 132.

---

[1] Ba Muḷakassa.
[2] Ba dvinnaṃ raṭṭhānaṃ abbhantare rājānaṃ.
[3] Skm r a j j ā n a ṃ . [4] Ba °nadiyā kūle. [5] Ba *om.* ti-.
[6] Ba ° d ī p a k a m (< °dīpaṃ). [7] Ba kapiṭṭhav°.
[8] Ba *om.* pa-. [9] Ba *ad.* pana. [10] Sm adaṃsu.
[11] Sm agamaṃsu, Ba āgamaṃsu. [12] *So* Skm Ba.

viṭṭho ca paṇṇasālaṃ pavisitvā 'suṭṭhu dinnan' ti dānaṃ
anumajjanto nisīdi; evaṃ *tasmiṃ patipaviṭṭhamhi*[1] taruṇāya
brāhmaṇiyā ghare kammaṃ akātukāmāya "eso brāhmaṇa
Bāvari Godhāvarītīre anusaṃvaccharaṃ satasahassaṃ vis-
sajjeti; gaccha tato pañca satāni yācitvā dāsiṃ me ānehī"
980. ti pesito *añño āgañchi brāhmaṇo* ti. *Ugghaṭṭapādo* ti mag-
gakkamaṇena ghaṭṭapādatalo, paṇhikāya vā paṇhikaṃ gop-
phakena vā gopphakaṃ jaṇṇukena vā jaṇṇukaṃ āgantvā[2]
981. pi[3] ghaṭṭapādo. *Sukhañ ca kusalaṃ pucchī* ti sukhañ ca
kusalañ ca pucchi: "kacci te brāhmaṇa sukhaṃ kacci kusa-
982, 983. lan" ti. *Anujānāhī* ti anumaññāhi saddahāhi. *Sattadhā*
984. ti sattavidhena. *Abhisaṃkharitvā* ti gomayavanapuppha-
kusatiṇādīni ādāya sīghaṃ sīghaṃ Bāvarissa assama-
dvāraṃ gantvā[4] gomayena bhūmiṃ upalimpitvā pup-
phāni vikiritvā tiṇāni santharitvā vāmapādakaṃ[5] kamaṇ-
ḍalūdakena dhovitvā sattapādamattaṃ gantvā attano pā-
datale[6] parāmasanto evarūpaṃ kuhanaṃ katvā ti vuttaṃ
hoti; *bheravaṃ so akittayī* ti bhayajanakaṃ vacanaṃ akit-
tayi, "sace me yācamānassā" ti imaṃ gāthaṃ abhāsī
985. ti adhippāyo; *dukkhito* ti domanassajāto. *Ussussatī* ti
'tassa taṃ[3] vacanaṃ kadāci saccaṃ bhaveyyā' ti mañ-
986. ñamāno sussati. *Devatā* ti assame adhivatthadevatā eva.
987. *Muddhani muddhapāte vā*[7] ti [8]muddhe vā muddhapāte
988. vā[8]. *Bhotī carahi jānātī* ti bhoti ce[9] jānāti; *muddhādhi-*
989. *pātañ cā* ti muddhapātanañ ca. *Ñāṇam m' etthā* ti ñāṇam
991. me ettha[10]. *Purā* ti ekūnatiṃsavassavayakāle Bāvaribrāh-
maṇe pana Godhāvarītīre vasamāne[11] aṭṭhannaṃ vassā-
naṃ accayena buddho loke udapādi; *apacco* ti anuvaṃso.
992. *Sabbâbhiññā balappatto* ti sabbaṃ abhiññāya[12] balappatto
v ā[3] sabbā v ā abhiññāyo balāni ca patto; *vimutto* ti āram-

---

[1] Ba *om.* pati-.

[2] *So* Skgn (ɔ: āhantvā?; Tr. *suggests* ākantvā); Ba āyantvā; *vide* M. II, 137^{17}: J. A. IV, 20^{15}, V, 69^{25}.

[3] Ba *om.*

[4] Ba assamaṃ āgantvā.

[5] Ba °pādaṃ.

[6] Ba p ā d a ṃ t a l e.

[7] Skgn Ba c ā .

[8–8] *So* Ba; Skgn muddhapatane vā.

[9] Ba v e.

[10] Ba Ñāṇam etthā ti ñāṇakaṃ me ettha.

[11] Skgn samāne.

[12] Ba sabbaabhiññāya.

maṇaṃ katvā pavattiyā vimuttacitto. *Sok' assā* ti soko 994.
assa. *Pahūtapañño* ti mahāpañño; *varabhūrimedhaso* 996.
ti uttamavipulapañño, bhūte abhiratavarapañño v ā;
vidhuro ti vigatadhuro, appaṭimo ti vuttaṃ hoti. *Man-* 997.
tapārage ti vedapārage. *Passavho* ti passatha. *Ajānatan* 998, 999.
ti ajānantānaṃ. *Lakkhaṇā* ti lakkhaṇāni; *vyākhyātā* ti 1000.
kathitāni, vitthāritānī ti vuttaṃ hoti; *samattā* ti samat-
tāni, paripuṇṇānī ti vuttaṃ hoti. *Dhammena-m-anusā-* 1002.
sati ti dhammena anusāsati. *Jātiṃ gottañ ca lakkhaṇan* 1004.
ti "kīvaciraṃ jāto" ti mama jātiñ ca gottañ ca[1] lakkha-
ṇañ ca; *mante sisse* [cā] ti mayā paṭhitavede ca mama
sisse ca; *manasā yeva pucchathā* ti ime satta pañhe citten'
eva pucchatha. *Tissametteyyo* ti eko yev' esa nāmagot- 1006.
tavasena vutto*. *Dubhayo* ti ubho. *Paccekagaṇino* ti 1007, 1009.
visuṃ[2] visuṃ gaṇavanto; *pubbavāsanavāsitā* ti pubbe Kas-
sapassa bhagavato sāsane pabbajitvā gatapaccāgatavat-
tapuññavāsanāya vāsitacittā. *Māhissatin*[3] ti, Māhissatinā- 1011.
mikaṃ *purima*nagaran ti vuttaṃ hoti, tañ ca nagaraṃ
paviṭṭhā ti adhippāyo, evaṃ sabbattha; *Gonaddhan* ti Go-
dhapurassa nāmaṃ; *Vanasavhayan* ti Tumbavanagaraṃ[4]
vuccati, *Vanasāvatthin*[5] ti eke. Evaṃ Vanasāvatthito
Kosambiṃ Kosambito ca Sāketaṃ anuppattānaṃ kira
tesaṃ soḷasannaṃ jaṭilānaṃ chayojanamattā parisā ahosi.

Atha Bhagavā 'Bāvarissa jaṭilā mahājanaṃ saṃvaḍḍhentā [6]āgacchanti, na ca[6] tāva nesaṃ indriyāni paripākaṃ gacchanti na pi ayaṃ deso sappāyo, Magadhakkhette pana tesaṃ Pāsāṇakacetiyaṃ sappāyaṃ, tatra hi mayi dhammaṃ desente mahājanassa dhammābhisamayo bhavissati, sabbanagarāni ca[2] pavisitvā āgacchantā bahunā janenâgamissantī' ti[7] bhikkhusaṃghaparivuto Sāvatthito

---

* *Cf.* 536, *note* *.

---

[1] Skm mama gottañ ca jātiñ ca. [2] Ba *om.*
[3] Skm Ba °tī. [4] Ba P a v a n a n a g a r a ṃ .
[5] Sk Vanasāvanatthi, Ss Vanasānatthi.
[6–6] Ba āgacchantānaṃ ca.
[7] Ba bahutarena janena āgamissantī ti.

Rājagahābhimukho agamāsi. Te pi jaṭilā Sāvatthiṃ āgan-
tvā vihāraṃ pavisitvā 'ko Buddho, kuhiṃ Buddho' ti
vicinantā Gandhakuṭimūlaṃ gantvā Bhagavato padanik-
khepaṃ[1] disvā "rattassa hi ukkuṭikaṃ padaṃ bhave . . .
pe . . . vivattacchaddassa idam īdisaṃ padan"* ti 'sabbañ-
ñubuddho' ti niṭṭhaṅ gatā. Bhagavā pi anupubbena Seta-
vya-Kapilavatthuādīni nagarāni pavisitvā mahājanaṃ saṃ-
vaḍḍhento Pāsāṇakacetiyaṃ[2] gato; jaṭilā pi tāvad eva
Sāvatthito nikkhamitvā sabbāni tāni nagarāni pavisitvā
1012. Pāsāṇakacetiyam eva agamaṃsu, tena vuttaṃ: *Kosambi(ñ)*
câpi Sāketaṃ Sāvatthiñ ca puruttamaṃ Setavyaṃ Kapila-
1013. *vatthun* ti ādi. Tattha *Māgadhaṃ puran* ti Magadha-
puraṃ[3], Rājagahan ti adhippāyo; *Pāsāṇakaṃ cetiyan* ti
mahato pāsāṇassa upari pubbe devaṭṭhānaṃ ahosi, uppanne
pana Bhagavati vihāro jāto, so ten' eva purimavohārena
1014. Pāsāṇakaṃ cetiyan[4] ti vuccati. *Tasito va udakan* ti te hi[5]
jaṭilā vegasā Bhagavantaṃ anubandhamānā sāyaṃ gata-
maggaṃ pāto, pāto gatamaggañ ca sāyaṃ gacchantā "et-
tha[5] Bhagavā" ti sutvā ativiya pītipāmojjajātā[6] taṃ
cetiyam abhiruhiṃsu, tena vuttaṃ: *turitā pabbatam āru-*
1017. *hun*[7] ti. *Ekamantaṃ ṭhito haṭṭho* ti tasmiṃ Pāsāṇake cetiye
Sakkena māpitamahāmaṇḍape nisinnaṃ Bhagavantaṃ disvā
"kacci isayo khamaṇīyan" ti ādinā nayena Bhagavatā
paṭisammodanīye kate "khamaṇīyaṃ bho Gotamā" ti
ādīhi sayam pi paṭisanthāraṃ katvā Ajito jeṭṭhantevāsī
ekamantaṃ ṭhito[8] haṭṭhacitto hutvā *manopañhe apucchi.*
1018. Tattha *ādissā* ti 'kativasso' ti[9] evaṃ uddissa; *jammanan*
ti amhākaṃ ācariyassa jātiṃ brūhī ti pucchati, *pāramin* ti
1019. niṭṭhāgamanaṃ. *Vīsaṃvassasatan* ti vīsativassādhikaṃ
1020. vassasataṃ. *Lakkhaṇe* ti mahāpurisalakkhaṇe, etasmiṃ ito
paresu ca *itihāsā*disu anavayo ti adhippāyo, parapadaṃ

* *Vide* 544[1].

[1] Skgn p ā d a n°.
[2] Sgn Pāsānac°, Ba Pāsāṇakaṃ cet° (370[16]).
[3] Skgn *om.* puran ti Magadha-. [4] Ba P ā s ā ṇ a k a c °.
[5] Ba *om.* [6] Ba *om.* pīti-. [7] Skgn āruhin.
[8] Ba *ad.* h a ṭ ṭ h o . [9] Ba kati vassā ti.

v ā ānetvā tesu pāramiṃ gato ti yojetabbaṃ; *pañca satāni*
vācetī ti pakatialasadummedhamāṇavakānaṃ[1] pañca satāni
sayaṃ mante vāceti; *sadhamme* ti sake brāhmaṇadhamme.
tevijjake pāvacane ti vuttaṃ hoti. *Lakkhaṇānaṃ pavica-* 1021.
yan ti lakkhaṇānaṃ vitthāraṃ, katamāni tāni 'ssa gatte
tīṇi lakkhaṇānī ti[2] pucchati. *Pucchaṃ hī* ti pucchamā- 1023.
naṃ. *Kam etaṃ paṭibhāsatī* ti devādisu kaṃ puggalaṃ 1024.
etaṃ paññāvacanaṃ[3] paṭibhāsatī ti. Evaṃ brāhmaṇo (1025).
pañcannaṃ pañhānaṃ veyyākaraṇaṃ sutvā avasese dve
pucchanto muddhaṃ muddhādhipātañ[4] cā ti āha. Ath' 1026.
assa Bhagavā te vyākaronto avijjā muddhā ti gāthaṃ āha.
Tattha, y a s m ā catusaccesu[5] aññāṇabhūtā avijjā saṃsā-
rassa sīsaṃ, t a s m ā *avijjā muddhā* ti āha; y a s m ā ca
arahattamaggavijjā attanā sahajātehi *saddhāsatisamādhi-*
kattukamyatā*chandaviriy*ehi samannāgatā indriyānaṃ eka-
rasaṭṭhabhāvanabhāvaṃ[6] upagatattā taṃ muddhānaṃ adhi-
pāteti, t a s m ā *vijjā muddhādhipātinī* ti ādim āha. *Tato* 1027.
vedena mahatā ti atha imaṃ pañhaveyyākaraṇaṃ sutvā
uppannāya mahāpītiyā *santhambhitvā*—alīnabhāvaṃ kāya-
cittānaṃ odagyaṃ patvā ti attho—patitvā ca[7] "Bāvarī" (1028).
ti imaṃ gāthaṃ āha. Atha naṃ anukampamāno Bha- (1029).
gavā "sukhito" ti gāthaṃ āha vatvā ca "Bāvarissa cā" ti 1030.
sabbaññupavāraṇaṃ* pavāresi. Tattha *sabbesan* ti avase-
sānaṃ vā[8] solasasahassānan ti[8]. *Tattha pucchi Tathāgatan* 1031.
ti tattha Pāsāṇake cetiye tattha v ā parisāya tesu v ā pa-
vāritesu[9] *Ajito paṭhamaṃ* pucchī ti. Sesaṃ sabbagāthāsu
pākaṭam evā ti

AYAN TĀV' ETTHA VATTHUGĀTHĀVAṆṆANĀ.

---

* 229[26], *etc.*

---

1 Ba °m e d h ā n a ṃ m ā ṇ a v a k ā n a ṃ.
2 Skgn *ad.* vuttaṃ.
3 *So* Skgn (ɔ: pañhavac° ?); Ba paññānaṃ vacanaṃ.
4 Ba *here* °ātipātaṃ, *and* atipāteti, muddhātipātinā *at* 585[17]. 5 *So* Skgn; Ba c a t u s a c c e.
6 Skgn ° b h ā v a n ā b h ā v a m. 7 Ba *om.* 8 *So* Skgn Ba.
9 *Cf.* 588, *note* 4; Skgn parivāritesu, Ba p a r i v ā r e s u.

1.

1032. Tasmiṃ pana pañhe *nivuto* ti paṭicchādito[1]; *ki 'ssâbhi-*
lepanaṃ brūsī ti kiṃ assa lokassa abhilepanaṃ vadesi.
1033. *Vevicchā pamādā na ppakāsatī* ti macchariyahetu ca pa-
mādahetu ca na ppakāsati, macchariyaṃ hi 'ssa dānādi-
guṇehi pakāsituṃ na deti, pamādo sīlādīhi[2]; *jappâbhi-*
lepanan ti taṇhā assa lokassa makkaṭalepo[3] viya mak-
kaṭassa abhilepanaṃ; *dukkhan* ti jātiādikaṃ dukkhaṃ.
1034. *Savanti sabbadhī sotā* ti sabbesu rūpādisu āyatanesu[4]
taṇhādikā sotā sandanti; *kin nivāraṇan* ti tesaṃ kiṃ
āvaraṇaṃ kā rakkhā ti; *saṃvaraṃ brūhī* ti taṃ tesaṃ ni-
vāraṇasaṃkhātaṃ saṃvaraṃ brūhi, etena s ā v a s e s a p-
p a h ā n a ṃ pucchati; *kena sotā pithiyyare* ti kena
dhammena sotā pithiyyanti pacchijjanti, etena a n a v a-
1035. s e s a p p a h ā n a ṃ pucchati. *Sati tesaṃ nivāraṇan* ti
vipassanāyuttā kusalākusalānaṃ dhammānaṃ gatiyo sa-
manena [samānā][5] sati tesaṃ sotānaṃ nivāraṇaṃ; *sotānaṃ*
saṃvaraṃ brūmī ti, tam [6]evâhaṃ satiṃ sotānaṃ[6] saṃva-
raṃ brūmī ti adhippāyo; *paññāy' ete pithiyyare* ti rūpā-
disu pana aniccatādipaṭivedhasādhikāya maggapaññāya
1036. ete sotā sabbaso pithiyyantī ti. Paññā c' evā ti pañha-
gāthāya, yā câyaṃ tayā vuttā *paññā* yā ca *sati* yañ ca tad-
avasesaṃ *nāmarūpaṃ*, *etaṃ* sabbam pi *kattha nirujjha-*
ti, *etam me* pañhaṃ *puṭṭho* brūhī ti evaṃ saṃkhepattho
1037. veditabbo. Vissajjanagāthāya pan' assa, yasmā paññāsa-
tiyo nāmen' eva saṅgahaṃ gacchanti, tasmā tā visuṃ na
vuttā, ayaṃ h' ettha saṃkhepattho: *yaṃ* man tvaṃ *Aji-*
ta etaṃ pañhaṃ pucchi "katth' etaṃ uparujjhatī" ti,
taṃ te, yattha nāmañ ca rūpañ ca asesaṃ uparujjhati,

---

[1] Ba *ad.* seyyathā pi kukkuccavinivuto antavijjo viya bhaṇḍakoso.

[2] Ba *ad.* evamādi parihāraṃ Bhagavā.

[3] Ba m a k k a ṭ ā l e p o. [4] Ba rūpādiāyatanesu.

[5] Skm samāno (Ba dhammānam gatiyo samasano sahanā); (ɔ: sammā ?).

[6-6] Ba tesaṃ nivāraṇasaṃkhātaṃ (586[11]).

taṃ vadanto *vadāmi*,—tassa tassa hi viññāṇassa nirodhena sah' eva apubbaṃ acarimaṃ etth' etaṃ uparujjhati etth' eva viññāṇanirodhe nirujjhati, etaṃ viññāṇanirodhaṃ tassa nirodho[1] nâtivattatī ti vuttaṃ hoti.

Ettāvatā ca[2] "dukkham assa mahabbhayan" ti imi- 1038.
nā pakāsitaṃ dukkhasaccaṃ, "yāni sotānī" ti
iminā samudayasaccaṃ, "paññāy' ete pithiy-
yare" ti iminā maggasaccaṃ, "etth' etaṃ uparuj-
jhatī" ti iminā nirodhasaccan ti evaṃ cattāri
saccāni sutvā pi[2] ariyabhūmiṃ anadhigato puna sekhā-
sekhapaṭipadaṃ pucchanto ye ca saṃkhātadhammā ti
gātham āha. Tattha *saṃkhātadhammā* ti aniccādivasena
parivīmaṃsitadhammā, arahataṃ etaṃ adhivacanaṃ;
sekhā ti sīlādīni sikkhamānā avasesā ariyapuggalā, *puthū*
ti bahū sattajanā; *tesam me nipako iriyam puṭṭho pabrūhi*
ti tesam me sekhāsekhānaṃ nipako paṇḍito tvam puṭṭho
paṭipattiṃ brūhi[3] ti. Ath' assa Bhagavā, yasmā 1039ab.
sekhena kāmacchandanīvaraṇaṃ ādiṃ katvā sabbakile-
sā pahātabbā eva, tasmā kāmesū ti upaḍḍhagāthāya
sekhapaṭipadaṃ dasseti. Tass' attho: vatthu-
kāmesu kilesakāmena *nâbhigijjheyya*, kāyaduccaritādayo
ca manaso āvilabhāvakare dhamme pajahanto *manasā*
anāvilo siyā ti. Yasmā pana asekho aniccādivasena 1039cd.
sabbasaṃkhārādīnaṃ[4] paritulitattā *kusalo sabbadham-
mesu* kāyānupassanāsatiādīhi ca *sato* sakkāyadiṭṭhiādī-
naṃ bhinnattā *bhikkhu*bhāvaṃ patto[5] ca paribbajati[6],
tasmā kusalo ti upaḍḍhagāthāya asekhapaṭipa-
daṃ[7] dasseti. Sesaṃ sabbattha pākaṭam eva.

Evaṃ Bhagavā arahattanikūṭena desanaṃ niṭṭhapesi; desanāpariyosāne Ajito arahatte patiṭṭhāsi saddhiṃ antevāsisahassena, aññesaṃ anekasahassānaṃ dhammacakkhuṃ udapādi. Saha arahattappattiyā ca āyasmato

---

1 Skm nirodhe. 2 Ba *om.* 3 Ba pabrūhī.

4 Skm sabbasaṃkhārādīnavaṃ.

5 Ba bhikkhubhāvappatto.

6 Skm pariccaje ti, Ba paribbajā ti.

7 Skm asekhapadaṃ (*cf.* 563, *note* 6).

Ajitassa saantevāsikassa[1] ajinajaṭāvākacīrādīni antaradhāyiṃsu, sabbe va iddhimayapattacīvaradharā dvaṅgulakesā ehibhikkhū[2] hutvā Bhagavantaṃ namassamānā pañjalikā nisīdiṃsū ti

PARAMATTHAJOTIKĀYA KHUDDAKAṬṬHAKATHĀYA AJITASUTTAVAṆṆANĀ NIṬṬHITĀ.

2.

(1040). Ko 'dha santusito ti Tissametteyyasuttaṃ. Kā uppatti: Sabbasuttānaṃ pucchāvasikā eva uppatti; te hi[3] brāhmaṇā "katāvakāsā pucchavho"* ti Bhagavatā pavāritattā[4] attano attano saṃsayaṃ pucchiṃsu, puṭṭho puṭṭho ca tesaṃ Bhagavā vyākāsi,—evaṃ pucchāvasikān' ev' etāni suttānī ti veditabbāni. Niṭṭhite pana Ajitasutte "kathaṃ lokaṃ avekkhantaṃ[5] maccurājā na passatī"† ti evaṃ Mogharājā pucchituṃ ārabhi; 'na[6] tāv' assa indriyāni paripākaṃ gatānī' ti[7] ñatvā Bhagavā[3] "tiṭṭha tvaṃ Mogharāja, añño pucchatū" ti paṭikkhipi. Tato Tissametteyyo attano saṃsayaṃ pucchanto ko 'dhā ti gātham āha.

1040. Tattha *ko 'dha santusito* ti ko idha[8] tuṭṭho; *iñjitā* ti taṇhādiṭṭhivipphanditāni; *ubhantam abhiññāyā* ti ubho ante abhijānitvā; *mantā na lippatī* ti paññāya na lippati.

1041, 1042. Tass' etam[9] atthaṃ vyākaronto Bhagavā kāmesū ti gāthādvayam āha. Tattha *kāmesu brahmacariyavā* ti kāmanimittaṃ brahmacariyavā, kāmesu ādīnavaṃ disvā brahmacariyena samannāgato ti vuttaṃ hoti, ettāvatā s a n t u s i t a ṃ[10] dasseti[11], *vītataṇho* ti ādīhi a n i ñ j a-

* S.N. 1030c. † S.N. 1118cd.

[1] (?); Skg Ajitassa antev°, Sn Ajitass' antev°, Ba Ajitassa sahaantev°. [2] *Cf.* 603[26]. [3] Skgn *om.*
[4] Ba paripāritattā. [5] Ba apekkhantaṃ.
[6] Skgn taṃ (ɔ: taṃ 'na tāv' . . . ?).
[7] Ba paripākagaṭānī ti. [8] Ba *ad.* s a t t o.
[9] (?); Skgn Ba evaṃ.
[10] Ba santuṭṭhitaṃ (*cf.* 589, *note* 1). [11] Skgn Ba dassesi.

n a ṃ[1]—tattha *saṃkhāya nibbuto* ti aniccādivasena dhamme vīmaṃsitvā rāgādinibbānena nibbuto. Sesaṃ tattha tattha vuttanayattā pākaṭam eva. Evam Bhagavā idam pi suttaṃ arahattanikūṭena desesi[2]; desanāpariyosāne ayam pi brāhmaṇo arahatte patiṭṭhāsi saddhiṃ antevāsisahassena, aññesañ ca anekasahassānaṃ dhammacakkhuṃ udapādi. Sesaṃ pubbasadisam evā ti

TISSAMETTEYYASUTTAVAṆṆANĀ NIṬṬHITĀ.

3.

Anejan ti Puṇṇakasuttaṃ. Idam pi purimanayen' eva Mogharājānaṃ paṭikkhipitvā vuttaṃ. Tattha *mūladassā-* 1043.
vin ti akusalamūlādidassāviṃ; *isayo* ti isināmakā jaṭilā;
yaññan ti deyyadhammaṃ; *akappayiṃsū* ti pariyesanti.
Āsiṃsamānā ti rūpādini patthayamānā, *itthabhāvan*[3] ti 1044.
itthambhāvañ[4] c a patthayamānā, manussādibhāvaṃ icchantā ti vuttaṃ hoti; *jaraṃ sitā* ti jaraṃ nissita[5], jarāmukhena c' ettha sabbavaṭṭadukkhaṃ vuttaṃ, [6]taṃ nissitā[6] tato aparimuccamānā eva[7] kappayiṃsū ti dīpeti.
Kacci ssu te Bhagavā yaññapathe appamattā atāru[8] *jātiñ* 1045.
ca jarañ ca mārisā ti ettha yañño yeva[9] yaññapatho, idaṃ vuttaṃ hoti: kacci te yaññe appamattā hutvā yaññaṃ
kappayantā vaṭṭadukkham uttariṃsū[10] ti. *Āsiṃsantī* ti 1046.
rūpapaṭilābhādayo patthenti; *thomayantī* ti "sucim dinnan" ti ādinā nayena yaññādīni pasaṃsanti; *abhijappantī* ti rūpādipaṭilābhāya vācaṃ bhindanti; *juhantī* ti denti; *kāmâbhijappanti paticca lābhan* ti rūpādipaṭilābham paṭicca punappuna kāme eva abhijappanti, "aho vat' amhākaṃ siyun" ti vadanti taṇhañ ca tattha vaḍḍhentī ti

---

1 (S^{gn} aniccataṃ); B^{a} āniñjitaṃ.
2 B^{a} °nikūṭen' eva desesi niṭṭhapesi.
3 S^{gn} B^{a} itthambhāvan; S^{k} patthaṃ(a)bhāvan.
4 S^{gn} B^{a} itthabhāvaṃ.
5 (S^{k} jaran ti nissitā); S^{gn} jaranissitā.
6–6 B^{a} t e n ' e v a vaṭṭadukkhaṃ nissitā. 7 B^{a} evaṃ.
8 B^{a} atāruṃ. 9 S^{kgn} y a ñ ñ ā e v a. 10 B^{a} atarisu.

vuttaṃ hoti; *yājayogā* ti yāgādhimuttā[1]; *bhavarāgarattā*
ti evam imehi āsiṃsanādīhi bhavarāgen' eva rattā, bhava-
rāgarattā v ā[2] hutvā etāni āsiṃsanādīni karontā *nātariṃsu*
1047. *jātiādivaṭṭadukkhaṃ*, na uttariṃsū ti. *Atha ko carahī* ti atha
1048. idāni ko añño *atārī* ti. *Saṃkhāyā* ti ñāṇena vīmaṃsitvā;
parovarānī ti parāni ca orāni ca, parattabhāva-sakattabhā-
vādīni parāni ca orāni cā ti vuttaṃ hoti; *vidhūmo* ti kāya-
duccaritādidhūmavirahito[3], *anigho*[4] ti rāgādiīghavirahito[3];
atāri so ti so evarūpo arahā *jātijaraṃ*[5] atāri. Sesam ettha
pākaṭam eva. Evam Bhagavā idam pi (suttaṃ) arahat-
tanikūṭen' eva desesi; desanāpariyosāne ayam pi brāh-
maṇo arahatte patiṭṭhāsi saddhiṃ antevāsisahassena,
aññesañ ca anekasahassānaṃ dhammacakkhuṃ udapādi.
Sesam vuttasadisam evā ti

PUṆṆAKASUTTAVAṆṆANĀ NIṬṬHITĀ.

4.

1049. Pucchāmi tan ti Mettagūsuttaṃ. Tattha *maññāmi
taṃ vedaguṃ bhāvitattan* ti 'ayaṃ vedagū' ti ca 'bhāvi-
1050. tatto' ti ca evan taṃ maññāmi. *Apucchasī*[6] ti ettha a iti
padapūraṇamatte nipāto, pucchasi cc eva attho; *pavak-
khāmi yathā pajānan* ti, yathā pajānanto ācikkhati, evaṃ
ācikkhāmi[7]; *upadhinidānā pabhavanti dukkhā* ti taṇhā-
1051. diupadhinidānā jātiādī dukkhavisesā bhavanti. Evaṃ
upadhinidānato pabhavantesu dukkhesu yo ve avidvā ti
gāthā. Tattha [pa]*jānan* ti saṃkhāre aniccādivasena jā-
nanto; *dukkhassa jātippabhavānupassī* ti 'vaṭṭadukkhassa
1052. jātikāraṇaṃ upadhī' ti anupassanto. *Sokapariddavañ*[8] *cā*
ti sokaṃ (ca) pariddavañ[8] ca; *tathā hi te vidito esa dham-
mo* ti yathā yathā sattā jānanti, tathā tathā paññāpana-
1053 vasena vidito esa[9] dhammo ti. *Kittayissāmi te dhamman*

---

[1] B^{a} yācayogā ti yājādhim°. [2] B^{a} *om.*
[3] B^{a} °dhūmarahito, °īgharahito, *resp.*
[4] S^{k} a n ī g h o. [5] S^{kn} jātijarā.
[6] *The text of* S.N. *in* S^{n} *has* apucchisi.
[7] S^{kn} a k k h ā m i. [8] B^{a} (-)paridevañ. [9] B^{a} *ad.* t a y ā.

ti nibbānadhammaṃ nibbānagāminī-paṭipadâdhammañ ca
desayissāmi[1]; *diṭṭhe*[2] *dhamme* ti diṭṭhe[3] dukkhādidhamme,
imasmiṃ eva v ā attabhāve; *anītihan* ti attapaccakkhaṃ;
yaṃ viditvā ti yaṃ dhammaṃ 'sabbe saṃkhārā aniccā'
ti ādinā nayena sammasanto viditvā. *Tañ câhaṃ abhi-* 1054.
nandāmī ti taṃ vuttappakāradhammajotakaṃ[4] tava va-
canaṃ ahaṃ patthayāmi; *dhammam uttaman* ti tañ ca
dhammaṃ uttamaṃ abhinandāmi. *Uddhaṃ adho tiri-* 1055.
yañ câpi majjhe ti ettha uddhan ti anāgataddhā[5] vuccati,
adho ti atītaddhā[6], tiriyañ câpi majjhe ti paccuppan-
naddhā; *etesu nandiñ ca nivesanañ ca panujja viññāṇan*
ti etesu uddhādisu taṇhañ ca diṭṭhinivesanañ ca abhi-
saṃkhāraviññāṇañ ca panudehi, panuditvā ca *bhave na*
tiṭṭhe evaṃ sante duvidhe pi bhave na tiṭṭheyya. Evan
tāva panujja-saddassa 'panudehī' ti imasmiṃ atthavi-
kappe sambandho; 'panuditvā' ti etasmiṃ pana atthavi-
kappe 'bhave na tiṭṭhe' ti ayam eva[7] sambandho, etāni
nandinivesanaviññāṇāni[8] panuditvā duvidhe pi bhave na
tiṭṭheyyā ti vuttaṃ hoti. Etāni vinodetvā bhave atiṭ- 1056.
ṭhanto eso evaṃvihārī ti gāthā. Tattha *idh'* (*ev*)*ā* ti[9]
imasmiṃ yeva sāsane imasmiṃ yeva v ā attabhāve. *Su-* 1057.
kittitaṃ Gotam' anūpadhīkan ti ettha anupadhikan ti nib-
bānaṃ, taṃ sandhāya[10] Bhagavantaṃ ālapanto āha: su-
kittitaṃ Gotam' anūpadhīkan ti. Na kevalañ ca tvaṃ 1058.
eva pahāsi, te câpī[11] ti gāthā. Tattha *aṭṭhitan* ti sakkac-
caṃ sadā[12] vā*; *tan taṃ namassāmī* ti tasmā† taṃ namas-
sāmi; *sameccā* ti upagantvā; *nāgā* ti Bhagavantaṃ [13]āla-
panto āha[13]. Idāni taṃ Bhagavā "addhā hi Bhagavā 1059.

* *Cf.* Pj. I, 143[20-21], *etc.* † *Cf.* 228[2].

1 B^{a} desissāmi (S.N.[2], p. 82, *note* 3).
2 S^{gn} *ad.* va. 3 B^{a} *ad.* v a.
4 B^{a} °dhammajātaṃ. 5 B^{a} anāgatamaddhā.
6 B^{a} atītamaddh°, *here and* 549[3].
7 S^{kgn} ayan tāva. 8 S^{kgn} nandī ti nivesanav°.
9 S^{kgn} B^{a} idhā ti (*cf.* 592[8]). 10 S^{kgn} *ad.* vā. 11 B^{a} vā pī.
12 B^{a} sādaraṃ. 13-13 B^{a} ā l a p a t i (591[22]).

pahāsi dukkhan" ti evaṃ tena brāhmaṇena vidito pi at-
tānaṃ anupanetvā va pahīnadukkhena puggalena ova-
danto yaṃ brāhmaṇan ti gātham āha. Tass' attho: *yaṃ*
tvaṃ *abhi*jānanto 'ayaṃ bāhitapāpattā *brāhmaṇo*, vedehi
gatattā *vedagū*, kiñcanābhāvā *akiñcano*, kāmesu ca bha-
vesu ca asattattā *kāmabhave asatto*' ti *jaññā* jāneyyāsi,
addhā so imaṃ oghaṃ atāri tiṇṇo ca pāraṃ akhilo akaṃ-
1060. *kho*. Kiñ ca bhiyyo vidvā ca so ti gāthā. Tattha *idhā*
ti imasmiṃ sāsane attabhāve vā; *visajjā* ti vossajjitvā.
Sesaṃ sabbattha pākaṭam eva. Evam Bhagavā idam pi
suttaṃ arahattanikūṭen' eva desesi; desanāpariyosāne vut-
tasadiso eva dhammābhisamayo ahosī ti

METTAGŪSUTTAVAṆṆANĀ NIṬṬHITĀ.

5.

1061. Pucchāmi tan ti Dhotakasuttaṃ. Tattha *vācâbhikaṃ-*
khāmī ti vācaṃ abhikaṃkhāmi; *sikkhe nibbānam attano*
ti attano rāgādīnaṃ nibbānatthāya adhisīlādīni sikkhey-
1062- ya(ṃ). *Ito* ti mama mukhato. Evaṃ vutte attama-
1063 no Dhotako Bhagavantaṃ abhitthavamāno kathaṃka-
thāpamokkhaṃ yācanto passām' ahan ti gātham āha.
Tattha *passām' ahaṃ devamanussaloke* ti passāmi ahaṃ
devamanussaloke; *tan taṃ namassāmī* ti evarūpaṃ taṃ
1064. namassāmi; *pamuñcā* ti pamocehi. Ath' assa Bhagavā
attādhīnam eva kathaṃkathāpamokkhaṃ oghataraṇamu-
khena dassento nâhan ti gātham āha. Tattha *nâhaṃ*
gamissāmī ti ahaṃ na gamissāmi, na sikkhāmi[1] na
vāyamissāmī ti vuttaṃ hoti; *pamocanāyā* ti pamocetuṃ;
kathaṃkathin ti sakaṃkhaṃ; *taresī*[2] ti tareyyāsi[3].
1065. Evaṃ vutte attamanataro Dhotako Bhagavantaṃ
abhitthavamāno anusāsaniṃ yācanto anusāsa brahme[4] ti
gātham āha. Tattha brahmā[5] ti seṭṭhavacanaṃ etaṃ,
tena Bhagavantaṃ āmantayamāno āha: *anusāsa brahme*[6]

---

[1] (ɔ: na sikkhissāmi?); Ba na sakkomi.
[2] Skgn tāresī; Ba karesī.
[3] Ba kareyyāsi (*and* kariṃsu ākāri *at* 595[30]).
[4] Ba brahma. [5] Ba brahme. [6] Sgn brahmā.

ti; *vivekadhamman* ti sabbasaṃkhāravivekanibbānadhammam[1]; *avyāpajjhamāno* ti nānappakārataṃ anāpajjamāno; *idh' eva santo* ti idh' eva samāno; *asito* ti anissito.
Ito parā dve gāthā Mettagūsutte vuttanayā eva, kevalaṃ 1066, 1067
hi tattha "dhammaṃ" idha "*santin*" ti ayaṃ viseso.
Tatiyagāthāya pi pubbaddhaṃ tattha vuttanayam eva, 1068.
aparaddhe *saṅgo* ti sajjanaṭṭhānaṃ, lagga(na)n[2] ti vuttaṃ hoti. Sesaṃ sabbattha pākaṭam eva. Evam Bhagavā idam pi suttaṃ arahattanikūṭen' eva desesi; desanāpariyosāne ca vuttasadiso yeva dhammābhisamayo ahosī ti

DHOTAKASUTTAVAṆṆANĀ NIṬṬHITĀ.

6.

Eko ahan ti Upasīvasuttaṃ. Tattha *mahantam oghan* 1069.
ti mahantaṃ oghaṃ; *anissito* ti puggalaṃ vā[3] dhammaṃ vā anallīno; *no visahāmī* ti na sakkomi; *ārammaṇan* ti nissayaṃ; *yaṃ nissito* ti yaṃ[3] dhammaṃ vā puggalaṃ
vā nissito. Idāni, yasmā so brāhmaṇo ākiñcaññāyata- 1070.
nalābhī tañ ca santam pi nissayaṃ na jānāti, ten' assa Bhagavā tañ ca nissayaṃ uttariñ ca niyyānapathaṃ[4] dassento ākiñcaññan ti gātham āha. Tattha *pekkhamāno* ti taṃ ākiñcaññāyatanasamāpattiṃ sato samāpajjitvā[5] vuṭṭhahitvā ca aniccādivasena passamāno; *n' atthī ti nissāyā* ti tan 'n' atthi kiñcī' ti pavattasamāpattiṃ ārammaṇaṃ katvā; *tarassu oghan* ti tato pabhuti pavattāya vipassanāya yathānurūpaṃ catubbidham pi oghaṃ tarassu; *kathāhī* ti kathaṃkathāhi; *taṇhakkhayaṃ nattamahâbhipassā* ti[6] rattindivaṃ nibbānaṃ vibhūtaṃ katvā passa, eten'
assa diṭṭhadhammasukhavihāraṃ katheti. Idāni "kāme 1071.
pahāyā" ti sutvā vikkhambhanavasena attano pahīne kāme sampassamāno sabbesū ti gātham āha. (Tattha) *hitva[7]-m-aññan* ti aññaṃ tato heṭṭhā chabbidham pi samā-

---

[1] S^kgn °vivekaṃ nibb°. [2] *Corr.* Tr.
[3] B^a *om.* [4] B^a °padaṃ. [5] B^a *ad.* c a.
[6] B^a taṇhakkhaya rattamahaṃ v i p a s s ā ti.
[7] S^k B^a hitvā-.

pattiṃ hitvā; *saññāvimokkhe parame* ti sattasu saññāvimokkhesu uttame ākiñcaññāyatane; *tiṭṭhe*[1] *nu so tattha anānuyāyī* ti[2] so puggalo tattha ākiñcaññāyatanabrahma-
(1072). loke avigacchamāno[3] tiṭṭhe[1] nū ti pucchati. Ath' assa Bhagavā saṭṭhikappasahassamattaṃ yeva ṭhānaṃ anu-
1073. jānanto tatiyagātham[4] āha. Evan tassa tattha ṭhānaṃ sutvā idāni 'ssa sassatucchedabhāvaṃ[5] pucchanto tiṭṭhe ce ti gātham āha. Tattha *pūgam pi vassānan* ti anekasaṃkham pi vassānaṃ, gaṇarāsin ti attho; *pūgam pi vassānī* ti pi pāṭho, tattha vibhattivyattayena sāmivacanassa paccattavacanaṃ kattabbaṃ, "pūgan" ti v ā etassa 'bahūnī' ti attho vattabbo; *pūgānī* ti vā pi paṭhanti;—purimapāṭho yeva sabbasundaro; *tatth' eva so sītisiyā vimutto* ti so puggalo tatth' evâkiñcaññāyatane nānādukkhehi vimutto sītibhāvaṃ patto[6] bhaveyya, nibbānappatto sassato hutvā tiṭṭheyyā ti adhippāyo; *cavetha*[7] *viññāṇaṃ tathāvidhassā* ti udāhu tathāvidhassa viññāṇaṃ anupādāya parinibbāyeyyā ti ucchedaṃ pucchati, paṭisandhigahaṇatthaṃ v ā[8] pi vibhaveyyā[9] ti paṭisandhim pi 'ssa[10]
1074. pucchati. Atha Bhagavā ucchedasassataṃ anupagamma tattha uppannassa ariyasāvakassa anupādāya parinibbānaṃ dassento acci yathā ti gātham āha. Tattha *atthaṃ paletī* ti atthaṃ gacchati; *na upeti saṃkhan* ti "asukan nāma disaṃ gato" ti vohāraṃ na gacchati; *evaṃ munī nāmakāyā vimutto* ti evaṃ tattha uppanno sekhamuni pakatiyā pubbe va[8] r ū p a k ā y ā vimutto, tattha catutthamaggaṃ nibbattetvā nāmakāyassa pariññātattā puna n ā m a k ā y ā pi vimutto ubhatobhāgavimutto khīṇāsavo hutvā anupādā-nibbānasaṃkhātaṃ atthaṃ paleti[11] na upeti saṃkham 'khattiyo vā brāhmaṇo vā' ti evamādikaṃ.

---

1 Ba tiṭṭheyya.
2 Ba ananudhāvāyivī ti (ɔ: °dhāvī > °vāyī > °dhāvī ?).
3 (?); Skgn Ba adhigacchamāno.
4 *So* Skgn Ba (*vide* 596, *note* 1; 597[2]: 597[3]).
5 Sk sassatucchedaṭṭhānabhāvam. 6 Ba °b h ā v a p a t t o.
7 Skgn b h a v e t h a. 8 Ba *om.* 9 Skgn b h a v e y y ā.
10 Ba pi tassa. 11 Skg Ba phaleti (595[1]).

Idāni "atthaṃ paletī" ti[1] sutvā tassa[2] yoniso attham 1075.
asallakkhento atthaṅ gato so ti gātham āha. Tass' at-
tho: '*so atthaṅ gato*, udāhu *n' atthi*, *udāhu ve sassatiyā* sas-
satabhāvena *arogo* aviparināmadhammo so' ti evaṃ *tam
me muni sādhu viyākarohi*, kiṃkāraṇam: *tathā hi te vidito
esa dhammo* (ti). Ath' assa Bhagavā tathā avattabba- 1076.
taṃ dassento atthaṅ gatassā ti gātham āha. Tattha *at-
thaṅ gatassā* ti anupādā parinibbutassa; *na pamāṇam atthī*
ti rūpādi pamāṇaṃ n' atthi; *yena naṃ vajjū*[3] ti yena rā-
gādinā[4] vadeyyuṃ; *sabbesu dhammesū* ti sabbesu khan-
dhādidhammesu. Sesaṃ sabbattha pākaṭam eva. Evam
Bhagavā idam pi suttaṃ arahattanikūṭen' eva desesi;
desanāpariyosāne ca vuttasadiso eva dhammābhisamayo
ahosī ti

UPASĪVASUTTAVAṆṆANĀ NIṬṬHITĀ.

7.

Santi loke ti Nandasuttaṃ. Tattha paṭhamagāthāy' 1077.
attho: *loke* khattiyādayo *janā* ājīvakaniganṭhādike[5] san-
dhāya "*santi munayo*" ti *vadanti*; *ta-y-idaṃ kathaṃ sū*
ti kin nu kho te samāpattiñāṇādinā ñāṇena upapannattā
ñāṇūpapannam no muniṃ vadanti evaṃvidhan nu vadanti
udāhu ve nānappakārakena lūkhajīvitasaṃkhātena *jīvite-
nūpapannan* ti. Atha[6] Bhagavā tadubhayaṃ[7] paṭikkhi- (1078).
pitvā muniṃ dassento na diṭṭhiyā ti gātham āha. Idāni 1079.
"diṭṭhādīhi suddhī" ti vadantānaṃ vāde kaṃkhāpahā-
natthaṃ ye kec' ime ti pucchati. Tattha *anekarūpenā* ti
kotukamaṅgalādinā[8] pi; *tattha yathā*[9] *carantā* ti tattha
sakāya[10] diṭṭhiyā guttā viharantā. Ath' assa[11] tathā sud- (1080).
dhiabhāvaṃ dīpento Bhagavā dutiyaṃ gātham āha.
Evan "na tariṃsu te" ti sutvā idāni, yo atāri, taṃ sotu- 1081.
kāmo ye kec' ime ti pucchati. Ath' assa Bhagavā ogha- 1082.

---

[1] Sᵏˢⁿ phaletī ti. [2] Bᵃ tattha. [3] Bᵃ vajjuṃ *here and* 550[13].
[4] *Cf*. 550[14]; Bᵃ r ā g ā d i j ā t a ṃ. [5] Bᵃ ājivanig°.
[6] Bᵃ Ath' assa (*cf. note* 11). [7] Bᵃ *ad*. pi.
[8] (?); Sᵏˢⁿ kotumaṅgalādinā; Bᵃ kotahalamuṅgalādinā.
[9] ɔ: yatā ? [10] Bᵃ s a k k ā y a-. [11] Bᵃ Atha tathā.

tiṇṇamukhena jātijarātiṇṇe dassento tatiyaṃ[1] gāthaṃ āha. Tattha *nivutā* ti oputā pariyonaddhā; *ye s' īdhā* ti ye su idha, ettha ca su iti nipātamattaṃ; *taṇhaṃ pariññāyā* ti tīhi pariññāhi taṇhaṃ parijānitvā. Sesaṃ sabbattha pubbe vuttanayattā pākaṭam eva.

Evam Bhagavā arahattanikūṭen' eva desanaṃ niṭṭha-
(1083). pesi; desanāpariyosāne[2] pana Nando Bhagavato bhāsitaṃ abhinandamāno etâbhinandāmī ti gāthaṃ āha, idhâpi ca pubbe vuttasadiso eva dhammābhisamayo ahosī ti

NANDASUTTAVAṆṆANĀ NIṬṬHITĀ.

8.

1084. Ye me pubbe ti Hemakasuttaṃ. Tattha *ye me pubbe viyākaṃsū* ti ye Bāvariādayo pubbe mayhaṃ* sakaṃ laddhiṃ viyākaṃsu; *huraṃ Gotamasāsanā* ti Gotamasāsanā[3] pubbataraṃ; *sabbaṃ taṃ takkavaḍḍhanan* ti sabban taṃ
1085. kāmavitakkādivaḍḍhanaṃ. *Taṇhānigghātanan* ti taṇhāvināsanaṃ.

1086, Ath' assa Bhagavā tathā dhamme ācikkhanto idhā ti
1087 gāthādvayam āha. Tattha *etad aññāya ye satā* ti etaṃ *nibbānapadam accutaṃ* 'sabbe saṃkhārā aniccā' ti ādinā nayena vipassantā anupubbena jānitvā kāyānupassanāsatiādīhi satā; *diṭṭhadhammābhinibbutā* ti viditadhammattā diṭṭhadhammattā rāgādinibbānena ca abhinibbutā. Sesaṃ sabbattha pākaṭam eva. Evam Bhagavā idam pi suttaṃ arahattanikūṭen' eva desesi; desanāpariyosāne ca pubbasadiso eva dhammābhisamayo ahosī ti

HEMAKASUTTAVAṆṆANĀ NIṬṬHITĀ.

9.

1088. Yasmiṃ kāmā ti Todeyyasuttaṃ. Tattha *vimokkho tassa kīdiso* ti tassa kīdiso vimokkho icchitabbo ti puc-

* *Cf.* 605[22]; *see* 573, *note* *.

[1] S[kgn] B[a] dutiyaṃ. [2] S[k] desanāvasāne (557[12]). [3] S[kgn] *om.*

chati. Idāni tassa aññavimokkhābhāvaṃ[1] dassento Bha- 1089.
gavā dutiyaṃ gātham āha. Tattha *vimokkho tassa nâparo*
ti tass' añño vimokkho n' atthi. Evaṃ 'taṇhakkhayo 1090.
eva vimokkho' ti vutte pi tam atthaṃ asallakkhento nirā-
saso[2] so uda āsasāno ti puna[3] pucchati. Tattha *uda pañ-
ñakappī*[4] ti udāhu samāpattiñāṇādinā[5] ñāṇena taṇhā-
kappaṃ vā diṭṭhikappaṃ vā kappayati. Ath' assa Bha- 1091.
gavā taṃ ācikkhanto dutiyaṃ gātham āha. Tattha *kā-
mabhave* ti kāme ca bhave ca. Sesaṃ sabbattha pākaṭam
eva. Evam Bhagavā idam pi suttaṃ arahattanikūṭen'
eva desesi; desanāpariyosāne ca pubbasadiso eva dham-
mābhisamayo ahosī ti

TODEYYASUTTAVAṆṆANĀ NIṬṬHITĀ.

10.

Majjhe sarasmin ti Kappasuttaṃ. Tattha *majjhe saras-* 1092.
min ti, purimapacchimakoṭipaññāṇābhāvato majjhabhūte
saṃsāre ti vuttaṃ hoti; *tiṭṭhatan* ti tiṭṭhamānānaṃ; *ya-
tha-y-idaṃ*[6] *nâparaṃ siyā* ti yathā idaṃ dukkhaṃ[7] puna
na bhaveyya.

Ath' assa Bhagavā tam atthaṃ vyākaronto tisso gāthāyo
abhāsi. Tattha *akiñcanan* ti kiñcanapaṭipakkhaṃ, *anā-* 1094.
dānan ti ādānapaṭipakkhaṃ, kiñcanādānavūpasaman ti
vuttaṃ hoti; *anāparan* ti aparapaṭibhāgadīpavirahitaṃ,
seṭṭhan ti vuttaṃ hoti. *Na te Mārassa paddhagū* ti te Mā- 1095.
rassa paddhacarā paricārakā[8] sissā na honti. Sesaṃ sab-
battha pākaṭam eva. Evam Bhagavā idam pi suttaṃ
arahattanikūṭen' eva desesi; desanāpariyosāne ca pubba-
sadiso (e)va dhammābhisamayo ahosī ti

KAPPASUTTAVAṆṆANĀ NIṬṬHITĀ.

---

1 S^{k} *om.* añña-; B^{a} aññaṃ vim°. 2 S^{g} nirāsayo; B^{a} nirāso.
3 B^{a} *ad.* naṃ. 4 B^{a} paññākappi, S^{kgn} paññāpakappī.
5 B^{a} °ñāṇādi-. 6 B^{a} yathā-y-idaṃ.
7 B^{a} *om.* 8 B^{a} paricārikā (603, *note* 4).

11.

1096. Sutvān' ahan ti Jatukaṇṇisuttaṃ. Tattha *sutvān' ahaṃ vīram*[1] *akāmakāmin* ti ahaṃ "iti pi so Bhagavā" ti ādinā nayena vīraṃ[1], kāmānaṃ akāmanato akāmakāmiṃ buddhaṃ sutvā; *akāmam āgaman* ti nikkāmaṃ Bhagavantaṃ pucchituṃ āgato 'mhi; *sahājanettā* ti sahajātasabbaññutañāṇacakkhu; *yathātacchan* ti yathātathaṃ; *brūhi me* ti puna yācanto bhaṇati, yācanto hi[2] sahassakkhattum pi bhaṇeyya, ko pana vādo dvikkhattum[3].
1097. *Teji tejasā* ti tejena samannāgato tejasā *abhibhuyya*; *yam ahaṃ vijaññaṃ jātijarāya idha vippahānan* ti yam ahaṃ jātijarānaṃ pahānabhūtaṃ dhammaṃ idh' eva jāneyyaṃ.

Ath' assa Bhagavā taṃ dhammam ācikkhanto tisso gā-
1098. thāyo abhāsi. Tattha *nekkhammaṃ datthu*[4] *khemato* ti nibbānañ ca nibbānagāminiñ ca paṭipadaṃ 'khemaṇ' ti disvā; *uggahītan* ti taṇhādiṭṭhivasena gahitaṃ; *nirattaṃ vā* ti nirasitabbaṃ vā, muñcitabban ti vuttaṃ hoti; *mā te vijjitthā* ti mā te ahosi; *kiñcanan* ti rāgādikiñcanaṃ vā
1099. pi[5] te mā vijjittha. *Pubbe* ti atīte saṃkhāre ārabbha up-
1100. pajjanakilesā. *Brāhmaṇā* ti Bhagavā Jatukaṇṇiṃ ālapati. Sesaṃ sabbattha pākaṭam eva. Evam Bhagavā idam pi suttaṃ arahattanikūṭen' eva desesi; desanāpariyosāne pubbasadiso eva dhammābhisamayo ahosī ti

JATUKAṆṆISUTTAVAṆṆANĀ NIṬṬHITĀ.

12.

1101. Okaṃjahan ti Bhadrāvudhasuttaṃ. Tattha *okaṃjahan* ti ālayaṃjahaṃ, *tanhacchidan* ti chataṇhākāyacchidaṃ[6], *anejan* ti lokadhammesu nikkampaṃ, *nandi(ṃ)jahan* ti anāgatarūpādipatthanājahaṃ[7], ekā eva hi taṇhā

---

[1] B^a vīra. [2] B^a *om.* [3] B^a *ad.* hi.
[4] B^a nikkhamaṃ daṭṭhuṃ. [5] B^a câpi.
[6] (Vibh. 380^32); B^a (S^n) *om.* cha-. [7] B^a °patthanajahaṃ.

thutivasena idha nānappakārato vuttā; *kappaṃjahan* ti duvidhakappajahaṃ; *abhiyāce* ti ativiya yācāmi; *sutvāna nāgassa apanamissanti ito* ti, nāgassa tava Bhagavā vacanaṃ sutvā ito Pāsāṇakacetiyato[1] bahū janā pakkamissantī ti adhippāyo. *Janapadehi saṅgatā* ti Aṅgādīhi 1102.
janapadehi idha samāgatā; *viyākarohī* ti dhammaṃ desehi.

Ath' assa āsayānulomena dhammaṃ desento Bhagavā dve gāthāyo abhāsi. Tattha *ādānataṇhan* ti rūpādīnaṃ 1103.
ādāyikaṃ gahaṇataṇhaṃ, taṇhūpādānan ti vuttaṃ hoti; *yaṃ yaṃ hi lokasmiṃ upādiyantī* ti etesu uddhādibhedesu yaṃ yaṃ gaṇhanti; *ten' eva Māro anveti jantun* ti ten' eva upādānapaccayanibbatta-kammābhisaṃkhāranibbattavasena[2] paṭisandhikkhandhamāro sattaṃ anugacchati. *Tasmā* 1104.
pajānan ti tasmā evam ādīnavaṃ aniccādivasena vā saṃkhāre jānanto; *ādānasatte iti pekkhamāno pajaṃ imaṃ maccudheyye visattan* ti ādātabbaṭṭhena ādānesu rūpādisu satte *sabbaloke* imaṃ pajaṃ maccudheyye laggaṃ pekkhamāno, ādānasatte vā ādānābhiniviṭṭhe puggale ādānasaṅgahetu[ñ] ca imaṃ pajaṃ maccudheyye laggaṃ tato vītikkamituṃ asamatthaṃ iti pekkhamāno *kiñcanaṃ sabbaloke na upādiyethā* ti. Sesaṃ sabbattha pākaṭam eva. Evam Bhagavā idam pi suttaṃ arahattanikūṭen' eva desesi; desanāpariyosāne ca pubbasadiso eva dhammābhisamayo ahosī ti

BHADRĀVUDHASUTTAVAṆṆANĀ NIṬṬHITĀ.

13.

Jhāyin ti Udayasuttaṃ. Tattha *aññāvimokkhan* ti 1105.
paññānubhāvanijjhātaṃ[3] vimokkhaṃ pucchati. Atha Bhagavā, yasmā Udayo catutthajjhānalābhī, tasmâssa paṭiladdhajhānavasena nānappakārato aññāvimokkhaṃ

---

1 Ssn Ba Pāsāṇacetiyato. 2 Ba °ābhisaṃkhāravasena.
3 (??); Sk paññānubhāvanijjātaṃ, Ssn °nijjānaṃ; Ba paññānubhāvena jātaṃ.

1106. dassento gāthādvayam āha. Tattha *pahānaṃ kāmacchan-*
dānan ti, yam p' idaṃ paṭhamajjhānaṃ nibbattentassa
kāmacchandappahānaṃ, tam pi *aññāvimokkhaṃ pabrūmi*,—
1107. evaṃ sabbapadāni yojetabbāni; *upekhāsatisaṃsuddhan* ti
catutthajjhānaupekhāsatīhi saṃsuddhaṃ; *dhammatakkapu-*
rejavan ti iminā tasmiṃ catutthajjhānavimokkhe ṭhatvā
jhānaṅgāni vipassitvā adhigataṃ arahattavimokkhaṃ va-
dati, arahattavimokkhassa hi maggasampayuttasammā-
saṃkappādibhedo dhammatakko purejavo hoti, tenâha:
dhammatakkapurejavan ti; *avijjāya pabhedanan* ti etam
eva ca aññāvimokkhaṃ avijjāppabhedasaṃkhātaṃ nib-
bānaṃ nissāya jātattā kāraṇopacārena 'avijjāya pabhe-
1108. danan' ti brūmī[1] ti. Avijjāppabhedanavacanena vuttaṃ
nibbānaṃ sutvā 'taṃ kissa vippahānena vuccatī' ti puc-
chanto kiṃ-su-saṃyojano ti gātham āha. Tattha *kiṃ-*
su-saṃyojano ti kiṃsaṃyojano; *vicāraṇan* ti vicaraṇakā-
raṇaṃ; *kiss' assa vipphānenā* ti kiṃnāmakassa assa dham-
1109. massa vippahānena. Ath' assa Bhagavā tam atthaṃ vyā-
karonto nandīsaṃyojano ti gātham āha. Tattha *vitakk'*
1110. *assā* ti kāmavitakkādiko vitakko assa. Idāni tassa nib-
bānassa maggaṃ pucchanto kathaṃ satassā ti gātham āha.
1111. Tattha *viññāṇan* ti abhisaṃkhāraviññāṇaṃ. Ath' assa
maggaṃ kathento Bhagavā ajjhattañ cā ti gātham āha.
Tattha *evaṃ satassā* ti evaṃ satassa sampajānassa. Se-
saṃ sabbattha pākaṭam eva. Evam Bhagavā idam pi
suttaṃ arahattanikūṭen' eva desesi; desanāpariyosāne ca
pubbasadiso eva dhammābhisamayo ahosī ti

UDAYASUTTAVAṆṆANĀ NIṬṬHITĀ.

14.

1112. Yo atītan ti Posālasuttaṃ. Tattha *yo atītaṃ ādisatī* ti
yo Bhagavā attano ca paresañ ca 'ekam pi jātin' ti ādi-
1113. bhedaṃ atītaṃ ādisati. *Vibhūtarūpasaññissā* ti samatikkan-
tarūpasaññissa[2]; *sabbakāyappahāyino* ti tadaṅgavikkham-
bhanavasena sabbarūpakāyappahāyino, pahīnarūpabhava-

---

[1] Ba pabrūmī. [2] *So* Skgn Ba.

paṭisandhikassā ti adhippāyo; *n' atthi kiñci ti passato* ti viññāṇābhāvavipassanena[1] 'n' atthi kiñcī' ti passato, ākiñcaññāyatanalābhino ti vuttaṃ hoti; *ñāṇaṃ Sakkânupucchāmī* ti Sakkā ti Bhagavantaṃ ālapanto āha: tassa puggalassa ñāṇaṃ pucchāmi, kīdisaṃ icchitabban ti; *kathaṃ neyyo* ti kathañ ca so[2] netabbo katham assa uttariṃ ñāṇam uppādetabban ti.

Ath' assa Bhagavā tādise puggale attano appaṭihatañāṇatam pakāsetvā tam[3] ñāṇaṃ vyākātuṃ gāthādvayam
āha. Tattha *viññāṇaṭṭhitiyo sabbā abhijānan Tathāgato* ti 1114.
abhisaṃkhāravasena catasso paṭisandhivasena sattā ti evaṃ sabbā viññāṇaṭṭhitiyo abhijānanto Tathāgato; *tiṭṭhantam enaṃ jānātī* ti kammābhisaṃkhāravasena tiṭṭhantam etam[4] puggalaṃ jānāti: 'ayaṃ evaṃgatiko bhavissatī' ti; *vimuttan* ti ākiñcaññāyatanādhimuttaṃ[5];
taṃparāyanan ti tammayaṃ. *Ākiñcaññasambhavaṃ*[6] 1115.
ñatvā ti ākiñcaññāyatanajanakaṃ kammābhisaṃkhāraṃ ñatvā, kin ti: 'palibodho ayan' ti; '*nandī saṃyojanaṃ' iti* ti yā ca tassa arūparāgasaṃkhātā nandi, tañ[2] ca 'saṃyojanaṃ' iti ñatvā; *tato tatra vipassatī* ti atha tattha ākiñcaññāyatanasamāpattito vuṭṭhahitvā tam[2] samāpattiṃ aniccādivasena vipassati; *etaṃ*[7] *ñāṇaṃ tathan tassā* ti etan tassa puggalassa evaṃ vipassato anukkamena uppannaṃ arahattañāṇaṃ aviparītaṃ; *vusīmato* ti vusitavāsassa. Sesaṃ sabbattha pākaṭam eva. Evam Bhagavā idam pi suttaṃ arahattanikūṭen' eva desesi; desanāpariyosāne (ca) pubbasadiso eva dhammābhisamayo ahosī ti

POSĀLASUTTAVAṆṆANĀ NIṬṬHITĀ.

15.

Dvâhaṃ Sakkan ti Mogharājasuttaṃ. Tattha *dvâhan* 1116.
ti dve vāre ahaṃ, so hi pubbe Ajitasuttassa ca Metteyyasuttassa ca avasāne dvikkhattuṃ Bhagavantaṃ pucchi,

---

1 *So* S^k; S^em B^a viññāṇabhāva°. 2 B^a *om.* 3 S^kem *om.*
4 S^en eva. 5 B^a ākiñcaññāyatanādisu adhimuttaṃ.
6 (?); S^kem ākiñcaññāsambh°, B^a ākiñcaññāyatanasambh°.
7 B^a evaṃ.

[1]Bhagavā pan' assa[1] indriyaparipākaṃ āgamayamāno na[2] vyākāsi, tenâha: *dvâhaṃ Sakkaṃ apucchissan* ti; "*yāva tatiyañ ca*[3] *devīsi*[4] *vyākarotī*" *ti me sutan* ti "yāva tatiyañ ca sahadhammikaṃ puṭṭho visuddhidevabhūto isi Bhagavā sammāsambuddho vyākarotī" ti evam me sutaṃ, Godhāvarītīre yeva kira so evam assosi, tenâha: vyā-
1117. karotī ti me sutan ti. *Ayaṃ loko* ti manussaloko, *paro loko* ti taṃ ṭhapetvā avaseso, *sadevako* ti brahmalokaṃ ṭhapetvā avaseso uppattidevasammutidevayutto; *brahmaloko sadevako* ti etaṃ[5] vā "sadevake loke"* ti ādinā[6] nayassa nidassanamattaṃ, tena sabbo pi tathā vuttap-
1118. pakāro loko veditabbo. *Evaṃ abhikkantadassāvin* ti evaṃ aggadassāviṃ, sadevakassa lokassa ajjhāsayādhimuttiga-
1119. tiparāyanādīni passituṃ samatthan ti dasseti. *Suññato lokaṃ avekkhassū* ti avasiyapavattasallakkhaṇavasena vā tucchaṃ [7]saṃkhārasamanupassanāvasena vā ti dvīh' ākārehi[7] suññato lokaṃ passa; *attānudiṭṭhim ūhaccā* ti sakkāyadiṭṭhiṃ uttaritvā. Sesaṃ sabbattha pākaṭam eva. Evam Bhagavā idam pi suttaṃ arahattanikūṭen' eva desesi; desanāpariyosāne ca[3] vuttasadiso eva dhammābhisamayo ahosī ti

MOGHARĀJASUTTAVAṆṆANĀ NIṬṬHITĀ.

16.

1120. Jiṇṇo 'ham asmī ti Piṅgiyasuttaṃ. Tattha *jiṇṇo 'ham asmi abalo vītavaṇṇo* ti, so kira brāhmaṇo jarābhibhūto vīsaṃvassasatiko jātiyā, dubbalo ca 'idha padaṃ[8] karissāmī' ti aññatr' eva karoti, vinaṭṭhapurimacchavivaṇṇo

---

* *Vide* 229[1–2], *etc.*

1–1 Skgn tassa. 2 Skgn *om.* 3 Ba *om.*
4 *So* Ba; Skgn vadesi. 5 Ba evam.
6 *So* Skgn Ba (ɔ: ādinayassa, ādino nayassa ?).
7–7 Ba saṃkhāranupassanāvasena dvīhi kāraṇehi.
8 Sk Ba pādaṃ.

ca, tenâha: jiṇṇo 'ham asmi abalo vītavaṇṇo ti; *mâhan*
nassaṃ momuho antarāyā ti mâhaṃ tuyhaṃ dhammaṃ
asacchikatvā antarā eva avidvā hutvā anassiṃ; *jātijarāya i-*
dha vippahānan ti idh' eva tava pādamūle Pāsāṇake v ā cetiye
jātijarāya vippahānaṃ nibbāna*dhammaṃ yaṃ ahaṃ vijaññaṃ*,
tam me *ācikkha*. Idāni, yasmā Piṅgiyo kāye sāpekkha- 1121.
tāya "jiṇṇo 'ham asmī" ti ādim āha, ten' assa Bhagavā
kāye sinehappahānatthaṃ disvāna rūpesu vihaññamāne ti
gātham āha. Tattha *rūpesū* ti rūpahetu rūpapaccayā; *vi-*
haññamāne ti kammakāraṇādīhi[1] upahaññamāne; *rup-*
panti rūpesū ti cakkhurogādīhi ca rūpahetu yeva *janā* rup-
panti bādhiyanti. Evam Bhagavatā, yāva arahattaṃ, 1122.
tāva kathitaṃ paṭipattiṃ sutvā pi Piṅgiyo jarādubba-
latāya visesaṃ anadhigantvā va puna disā catasso ti
imāya gāthāya Bhagavantaṃ thomento desanaṃ yācati.
Ath' assa Bhagavā p u n a p i, yāva arahattaṃ, tāva paṭi- 1123.
padaṃ dassento taṇhādhipanne ti gātham. āha. Sesaṃ
sabbattha pākaṭam eva.

Evaṃ idam pi suttaṃ Bhagavā arahattanikūṭen' eva desesi; desanāpariyosāne ca Piṅgiyo anāgāmiphale patiṭṭhāsi. So kira antarantarā cintesi: 'evaṃ vicitrapaṭibhānan nāma desanaṃ na labhi mayhaṃ mātulo Bāvari savanāyā' ti, tena sinehavikkhepena arahattaṃ pāpuṇituṃ nâsakkhi. Antevāsino pan' assa [2]sahassajaṭilā[2] arahattaṃ pāpuṇiṃsu, sabbe eva iddhimayapattacīvaradharā ehibhikkhuno[3] ahesun ti

PIṄGIYASUTTAVAṆṆANĀ NIṬṬHITĀ.

Ito paraṃ saṅgītikārā desanaṃ thomentā idam avoca S.N.[1] p.205
Bhagavā ti ādim āhaṃsu. Tattha *idam avocā* ti idaṃ
Pārāyanaṃ avoca; *paricārakasoḷasānan*[4] ti Bāvarissa pari-
cārakena Piṅgiyena saha soḷasānaṃ, buddhassa v ā Bhaga-
vato paricārakānaṃ soḷasānan ti paricārakasoḷasānaṃ, te[5]

---

[1] *So* Skm Ba. [2-2] Ba s a h a p a ṭ i s a m b h i d ā h i.

[3] *Cf.* 588[3].

[4] Ba *always* paricārik° (597, *note* 8); *at* 603[32], 604[24] Skm *have* pāricārak°. [5] Ba ete.

eva ca *brāhmaṇā*, tattha soḷasaparisā pana purato ca pacchato ca vāmapassato ca dakkhiṇapassato ca cha[1] cha yojanāni nisinnā ujukena dvādasayojanikā ahosi; *ajjhiṭṭho* ti yācito; *attham aññāyā* ti pāḷiattham aññāya, *dhammam aññāyā* ti pāḷiṃ aññāya. "*Pārāyanan*" ti [2]evaṃ *imassa*[2] *dhammapariyāyassa adhivacanaṃ* āropetvā tesaṃ
(1124). brāhmaṇānaṃ nāmāni kittayantā Ajito Ti- . . . pe . . .
1126. buddhaseṭṭhaṃ upāgamun ti āhaṃsu. Tattha *sampannacaraṇan* ti nibbānapadaṭṭhānabhūtena pātimokkhasīlādinā sampannaṃ; *isin* ti mahesiṃ. Sesaṃ pākaṭam eva.
1128. Tato paraṃ *brahmacariyam acariṃsū*[3] ti maggabrahmaca-
1130. riyaṃ acariṃsu. *Tasmā Pārāyanan* ti tassa pārabhūtassa nibbānassa[4] ayanan[5] ti vuttaṃ hoti.

(1131). Pārāyanam anugāyissan ti assa ayaṃ sambandho: Bhagavatā hi Pārāyane desite soḷasasahassā jaṭilā arahattaṃ pāpuṇiṃsu, avasesānañ ca cuddasakoṭisaṃkhānaṃ devamanussānaṃ dhammābhisamayo ahosi, vuttaṃ h' etaṃ porāṇehi:

"tato Pāsāṇake ramme Pārāyanasamāgame
amataṃ pāpayī[6] buddho cuddasa pāṇakoṭiyo"* ti.

Niṭṭhitāya pana dhammadesanāya tato tato āgatā manussā Bhagavato ānubhāvena attano attano gāmanigamādisv eva pātur ahesuṃ, Bhagavā pi Sāvatthiṃ eva agamāsi paricārakasoḷasādīhi anekehi bhikkhusahassehi parivuto. Tattha Piṅgiyo Bhagavantaṃ vanditvā āha: "gacchām' ahaṃ bhante Bāvarissa buddhuppādaṃ ārocetuṃ, paṭissutaṃ hi tassa mayā" ti. Atha Bhagavatā anuññāto ñāṇagamanen' eva Godhāvarītīraṃ gantvā pādagamanena assamābhimukho agamāsi. Tam enaṃ Bāvari brāhmaṇo maggaṃ olokento nisinno dūrato va khārijaṭādivirahitaṃ bhikkhuvesena āgacchantaṃ disvā 'buddho

---

* *Vide* Pj. I, 155, *note* *, *etc.*

---

[1] Sᵏⁿ Bᵃ *om.*
[2–2] Bᵃ evaṃnāmassa.
[3] Sᵏⁿ °cariyaṃ cariṃsū.
[4] Sᵏⁿ *om.*
[5] Bᵃ āyanan (368[13]).
[6] Sᵏⁿ pānayī.

loke uppanno' ti niṭṭham agamāsi, sampattañ ca pi[1]
naṃ[2] pucchi: "kiṃ Piṅgiya buddho loke uppanno" ti.
"Āma brāhmaṇa uppanno, Pāsāṇake cetiye nisinno am-
hākaṃ dhammaṃ desesi, taṃ ahaṃ tuyhaṃ desessāmī"
ti. Tato Bāvari mahatā sakkārena sapariso taṃ[3] pūjetvā
āsanaṃ paññāpesi. [4]Tattha nisīditvā Piṅgiyo Pārāyanam
anugāyissan ti ādim āha.

Tattha *anugāyissan* ti Bhagavatā gītaṃ anugāyissaṃ; 1131.
yathā addakkhī ti yathā sāmaṃ saccābhisambodhena asā-
dhāraṇañāṇena ca addakkhi; *nikkāmo* ti pahīnakāmo;
nikkhāmo[5] ti pi pāṭho, viriyavā ti attho nikkhanto v ā
akusalapakkhā*; *nibbano* ti kilesavanavirahito taṇhāvira-
hito eva v ā; *kissa hetu musā bhaṇe* ti, yehi kilesehi musā
bhaṇeyya; ete tassa pahīnā ti dasseti, etena brāhma-
ṇassa savane ussāhaṃ janeti. *Vaṇṇūpasaṃhitan* ti gu- 1132.
ṇūpasaṃhitaṃ. *Saccavhayo*[6] (ti) 'buddho' ti saccen' eva 1133.
avhānena nāmena yutto; *brahme* ti taṃ brāhmaṇaṃ āla-
pati. *Kubbanakan* ti parittavanaṃ; *bahupphalaṃ kāna-* 1134.
naṃ āvaseyyā ti anekaphalavikatibharitaṃ kānanaṃ
āgamma vaseyya; *appadasse*[7] ti Bāvariyappabhutike[8] pa-
rittapaññe; *mahodadhin* ti Anotattādi(m) mahantaṃ uda-
karāsiṃ. *Ye 'me pubbe* ti ye ime† pubbe. *Tamanud'* 1135, 11
āsīno[9] ti tamonudo āsīno[9]; *bhūripaññāṇo* ti ñāṇaddhajo,
bhūrimedhaso ti vipulapañño. *Sandiṭṭhikam akālikan* ti 1137.
sāmaṃ passitabbaphalaṃ na ca kālantare pattabbapha-
laṃ; *anītikan* ti kilesaītivirahitaṃ. Atha naṃ Bāvari (1138, 1139)
āha: kin nu tamhā ti dve gāthā. Tato Piṅgiyo Bhaga- (1140, 1141)
vato santikā avippavāsam eva dīpento nâhaṃ tamhā ti
ādiṃ āha. . . . Yo me . . . *Passāmi naṃ manasā cak-* 1142.
khunā vā[10] ti tam buddham ahaṃ cakkhunā viya manasā

* Pj. I, 184[20]. † *Cf.* 596[13].

[1] Ba câpi. [2] Skm tam.
[3] Skm nam. [4] Ba *ins.* So.
[5] Sk Ba n i k k a m o. [6] Ba saccavho. [7] Ba a p p a r a s e.
[8] *Cf.* Sum. I, 275[32], *and* 606, *note* 9.
[9] Skm Ba āsino. [10] Skm cā; Ba *om.*

passāmi; *namassamāno vivasemi rattin* ti namassamāno
1143. va rattiṃ atināmemi. [1]*Tena ten' eva nato* ti yena disā-
bhāgena buddho, tena ten' evâham pi nato tanninno tap-
1144. poṇo ti dasseti. *Dubbalathāmakassā* ti appatthāmakassa,
a t h a v ā dubbalassa duṭṭhāmakassa ca, balaviriyahī-
nassā ti vuttaṃ hoti; *ten' eva kāyo na paretī*[2] ti ten' eva
dubbalathāmakattena kāyo na gacchati, yena v ā bud-
dho tena na gacchati; *na paletī* ti pi pāṭho, so ev' attho;
tatthā ti buddhassa santike; *saṃkappayattāyā*[3] ti tena
saṃkappagamanena; *tena yutto* ti, yena buddho, tena yut-
1145. to payutto anuyutto ti dasseti. *Paṃke sayāno* ti kāma-
kaddame sayamāno; *dīpā dīpam upaplavin*[4] ti satthārā-
dito satthārādiṃ[5] abhigañchiṃ; *addasāsiṃ sambuddhan*
ti so 'ham evaṃ duddiṭṭhiṃ[6] gahetvā anvāhiṇḍanto *atha*
Pāsāṇake cetiye buddham addakkhiṃ.
(1146). Imissā gāthāya avasāne[7] Piṅgiyassa ca[8] Bāvarissa[9] ca
indriyaparipākaṃ viditvā Bhagavā Sāvatthiyaṃ ṭhito
yeva suvaṇṇābhaṃ muñci. Piṅgiyo Bāvarissa[9] buddha-
guṇe vaṇṇayanto nisinno eva taṃ obhāsaṃ disvā 'kiṃ
idan' ti vilokento Bhagavantaṃ attanā[10] purato ṭhitaṃ
viya disvā Bāvaribrāhmaṇassa "buddho āgato" ti āro-
cesi. Brāhmaṇo uṭṭhāyâsanā añjalim paggahetvā aṭṭhāsi.
Bhagavā pi[8] obhāsaṃ pharitvā brāhmaṇassa attānaṃ das-
sento ubhinnam pi sappāyaṃ viditvā Piṅgiyam eva āla-
pamāno yathā ahū Vakkalī ti imaṃ gātham abhāsi.
1146. Tass' attho: *yathā Vakkali*tthero *saddhādhimutto* ahosi sad-
dhādhurena ca arahattaṃ pāpuṇi*, yathā ca soḷasannaṃ eko
Bhadrāvudho nāma, yathā ca Āḷavigotamo, *evam eva tvam
pi (pa)muñcassu saddhaṃ;* tato saddhāya adhimuccanto

* Dhp. A. IV, 118[7], *etc.*; Mp. p. 152–154 (*ad* A. I, 24); Divy. p. 49.

[1] Ba *ins.* S a . [2] Ba paletī. [3] Ba °yantāyā.
[4] Skgn uppalavin, Ba upallavin. [5] Ba satthāraṃ.
[6] (?); Ba duddiṭṭhi, Skgn d u d d i ṭ ṭ h a ṃ. [7] Ba câvasāne.
[8] Ba *om.* [9] Ba Bāvariyassa (605, *note* 8, 452, *note* 6).
[10] Ba a t t a n o.

'sabbe saṃkhārā aniccā' ti ādinā nayena vipassanaṃ ārabhitvā *maccudheyyassa pāraṃ*[1] nibbānaṃ *gamissasī* ti arahattanikūṭena[2] desanaṃ niṭṭhapesi; desanāpariyosāne Piṅgiyo arahatte, Bāvari anāgāmiphale patiṭṭhahi, Bāvaribrāhmaṇassa sissā pana pañcasatā sotāpannā ahesuṃ.

Idāni Piṅgiyo attano pasādaṃ nivedento esa bhiyyo
ti ādim āha. Tattha *paṭibhānavā* ti paṭibhānapaṭisambhi- 1147.
dāupeto. *Adhideve abhiññāyā* ti adhidevakare dhamme 1148.
ñatvā; *parovaran* ti hīnappaṇītaṃ, attano ca parassa ca
adhidevattakaraṃ sabbaṃ dhammajātaṃ vedī ti vuttaṃ
hoti; *kaṃkhīnaṃ paṭijānatan* ti kaṃkhīnaṃ yeva sataṃ
"nikkaṃkh' amhā" ti paṭijānantānaṃ. *Asaṃhīran* ti 1149.
rāgādīhi asaṃhāriyaṃ, *asaṃkuppan* ti akuppaṃ aviparināmadhammaṃ, dvīhi pi padehi nibbānaṃ bhaṇati; *addhā gamissāmī* ti ekaṃsen' eva taṃ anupādisesaṃ nibbānadhātuṃ gamissāmi; *na m' ettha kaṃkhā* ti n' atthi me ettha nibbāne[3] kaṃkhā, *evaṃ man dhārehi adhimuttacittan* ti Piṅgiyo "evam eva tvam pi pamuñcassu saddhan" ti iminā Bhagavato ovādena attani saddhaṃ uppādetvā saddhādhuren' eva ca vimuccitvā taṃ[4] saddhādhimut tataṃ[5] pakāsento Bhagavantaṃ āha: evaṃ maṃ dhārethā[6] ti

Niṭṭhito Pārāyanavaggo ti[7].

Ettāvatā ca, yaṃ vuttaṃ:

"uttamaṃ vandaneyyānaṃ vanditvā ratanattayaṃ.
yo Khuddakanikāyamhi khuddācārappahāyinā
desito lokanāthena lokanittharaṇesinā[8],
tassa Suttanipātassa karissām' atthavaṇṇanan" ti,

ettha Uragavaggādipañcavaggasaṅgahassa Uragasuttādisat-

---

1 Bᵃ m a c c u d h e y y a p ā r a ṃ.
2 Bᵃ °nikūṭen' eva. 3 Bᵃ *ad.* ca. 4 Bᵃ *om.*
5 Sᵏᵉⁿ s a d d h ā v i m u t t a t a ṃ. 6 *So* Sᵏᵉⁿ Bᵃ.
7 Bᵃ Iti soḷasasuttapaṭimaṇḍito pañcamo Pārāyanavaggo parisamatto ti; *after* 608⁴ Bᵃ *ins.*: Iti Paramatthajotikāya pariyattippamāṇato catucattāḷīsabhāṇavārapaṭimaṇḍitā Suttanipātavaṇṇanā parisamattā ti. 8 *So* Sᵏᵉⁿ Bᵃ (< 608²¹?).

tatisuttappabhedassa Suttanipātassa atthavaṇṇanā katā hoti, ten' etaṃ vuccati:

imaṃ Suttanipātassa karonten' atthavaṇṇanaṃ
saddhammaṭṭhitikāmena yam pattaṃ kusalam mayā,
tassânubhāvato khippaṃ dhamme ariyappavedite
vuddhiṃ virūḷhiṃ vepullaṃ pāpuṇātu ayaṃ jano ti.

Pariyattippamāṇato catucattālīsamattā bhāṇavārā.

Paramavisuddhasaddhābuddhiviriyaguṇapatimaṇḍitena sīlācārajjavamaddavādiguṇasamudayasamuditena sakasamayasamayantaragahaṇajjhogāhanasamatthena paññāveyyattiyasamannāgatena tipiṭakapariyattippabhede sāṭṭhakathe satthu sāsane appaṭihatañāṇappabhāvena mahāveyyākaraṇena karaṇasampattijanitasukhaviniggatamadhurodāravacanalāvaṇṇayuttena yuttamuttavādinā vādivarena mahākavinā chaḷabhiññāpaṭisambhidādi[ppabheda]guṇapatimaṇḍite uttarimanussadhamme suppatiṭṭhitabuddhīnaṃ theravaṃsappadīpānaṃ therānaṃ Mahāvihāravāsīnaṃ vaṃsālaṃkārabhūtena vipulavisuddhabuddhinā Buddhaghoso ti garūhi gahitanāmadheyyena therena katā ayaṃ Paramatthajotikā nāma Suttanipātaṭṭhakathā

tāva tiṭṭhatu lokasmiṃ lokanittharaṇesinaṃ
dassentī kulaputtānaṃ nayaṃ sīlavisuddhiyā,
yāva Buddho ti nāmam pi suddhacittassa tādino
lokamhi lokajeṭṭhassa pavattati mahesino ti

SUTTANIPĀTAṬṬHAKATHĀ NIṬṬHITĀ.

PALI TEXT SOCIETY

Sutta-Nipata Commentary III

BEING

Paramatthajotika II, 3

PALI TEXT SOCIETY

Sutta-Nipata Commentary III

BEING

Paramatthajotika II, 3

Edited by

HELMER SMITH

VOL. III.

INEXES AND APPENDIX

GYAN

Published by

GYAN

Gyan Publishing House
5, Ansari Road
Daryaganj, New Delhi-110002
Phone: 011-47034999, 9811692060
E-mail: books@gyanbooks.com

Distribution Network
gyanbooks.com
India, USA, Canada, UK, Australia, France

ISBN : 978-81-212-2844-2 (Set)
ISBN : 978-81-212-2847-3 (HB)
First Published, 1918

2nd Impression 2021

Printed at: Gyan Press, Delhi.

Sutta-Nipata Commentary III
Edited by: Helmer Smith

Pali Text Society

Sutta-Nipāta Commentary III

BEING

Paramatthajotikā II, 3

EDITED BY

HELMER SMITH

VOL. III

INDEXES AND APPENDIX

London
PUBLISHED FOR THE PALI TEXT SOCIETY
BY
HUMPHREY MILFORD
OXFORD UNIVERSITY PRESS WAREHOUSE, AMEN CORNER, E.C.
1918

CONTENTS OF VOL. III

INDEXES

INDEXES

THE TEXT :

GĀTHĀS, METRES, VOCABULARY OF SUTTA NIPĀTA

I

GĀTHĀS IN S.N. AND KHP.

Heavy figures indicate gāthās commented upon in the Niddesas. Opening gāthās commence with a Capital letter. Vatthugāthās are printed in italics ; final gāthās are indicated by ||.

II.

METRES OF SUTTA-NIPĀTA.

Cf. *Oldenberg Götting. Nachrr. phil.-hist. Kl.* 1909, *p.* 218-246. *J. H. Moore, JAOS.* 1907, *p.* 316-330.—*Prosody, see* § 1, *infra, and the Vocabulary.—N.B. Old Siṃhalese MSS. are the best authority on orthography ; " more metrical readings " of Burmese. MSS. are often individual emendations, valuable as hints on correct scanning* (*S.N.*[2] *p.* 25 *n.* 9; 179 *n.* 7).

§ 1. *Āryā* (*Gīti*).

See Schubring Ācārāṅgasūtra p. 60; *Jacobi ZDMG* 1884, 596 *sqq., whose remark on the prosody of* Vin. I, 40^{28} (*op. cit. p.* 600, *note* 1) *is applicable to the Pali versification in general, and especially to the āryā and vāitālīya, as they stand* between *the more archaic technique of śloka-triṣṭubh* and *the jagatīs, atijagatīs, etc., of late-canonical and semi-canonical compositions* (see below § 2^{a}), *where poetical routine disposes of a still more yielding ῥυθμιζόμενον.*

S.N. 143-152; 916-934.

Pāda-forms used both in āryā and in śloka :

(1) 146^{a} 149^{ac}, *etc.*: — — ⏑ — ⏑ — — o || = 259^{c} 263^{a} 266^{c} . . .
(2) 148^{a} (145^{c}): ⏑ ⏑ — ⏑ — ⏑ — — o | = 260^{a} . . .
(3) 144^{ac}: — — ⏑ — ⏑ ⏑ ⏑ — o | = 122^{a} 959^{a}
(4) 143^{a}: ⏑ ⏑ — ⏑ — ⏑ ⏑ ⏑ — o | *cf.* It. p. 90^{10}.
(5) 922^{c} 923^{c}: ⏑ — ⏑ — ⏑ — — o || = 259^{a} 261^{c} 262^{c} . . .

Here, No. (1) *is the ambiguous type ;* (2), (3), *and* (4) *show the* āryā *principle in the* śloka, (5) *the* śloka *principle in the* āryā. *We may add* (6): Vin. I, 40^{28}: ye dhammā hetuppabhavā: — — ⏑ — ⏑ ⏑ ⏑ o || = S.N. 202^{a} 411^{a} 587^{a} 977^{a}. *Notice* 931^{a}=943^{a} (*direct borrowing*), *but, on the other hand,* 918^{a}: 822^{c} (*different arrangement*).

§ 2. *Triṣṭubh.*

35-75; 81-82=480-481; 90^{ef}; 176-177; 181-182; 208-221; 222-238; 239-252; 253, 255; 270-271, 273; 316-323; 325-330; 343-355; 376-404; 423^{c}; 450; 455-456, (458-461), 462-478, (479), 480-482^{c}; 486^{a}; 487-509; 660-662; (*681-682, 684, 688-690*); 728=1050^{c}-1051^{d}; 772-779; 780-787; 788-795; 796-803; 824-833; 835-847; 862-877; 878-894; 895-914; 963-975; *995-996*; (1043^{c}-1047), 1048; 1049-1052, 1055^{b}-1060; 1061^{ab}, 1063-1065, 1068^{bcd}; 1069-1076; 1077^{b}-1083; 1090-1091; 1096-1097; 1101-1104; 1120-1123; 1133-1134, 1142-1145^{c}, 1149^{cd}.

Jagatīpādas: 47^{a} 50^{a} 60^{ab} 66^{a} 68^{a} 70^{c} 212^{c} 214^{ac} 218^{b} 219^{c} 220^{a}-221^{d} (*final stanzas*); 222^{d} 223^{c} 225^{b} 226^{ac} 227^{c} 229^{abd} 232^{a} 233^{c} 234^{ab} 235^{a}, 236^{c}—237^{c}—238^{c}, (239^{a} Baim Pj.) 239^{b} 240^{a}, 242^{a}-244^{d}, 245^{c}-248^{d}, 249(^{b})^{cde} 250^{ab}, 251^{a}-252^{b}, 325^{a} 329^{c} 330^{acd} 352^{c} 385^{ac}, 391^{b}=392^{b}, 399^{c} 400^{a}-401^{d} (*a résumé*), 402$^{ab(c)}$ 403^{a}, 465^{a}=498^{a}, 471^{b} 477^{a} 478^{d} 491^{a}, 502^{a}—504^{c}, 504^{a} 505^{d} (509^{a}) 660^{d} 662^{a}, (*681*^{a}*-682*^{d} *684*$^{a-d}$ *688*^{a}*-690*^{d}, *except* 688^{b}), 829^{d}~873^{d}, 836^{a-d} (841^{b} Bm) 845^{c} 914^{d} **995**^{c} **996**$^{a-d}$, 1045^{d}=1047^{d}=1079^{f}=1081^{g}, 1047^{b} 1049^{c} 1050^{a}, 1057^{a}=1083^{a}, (1060^{a}) 1096^{b} 1097^{ab} 1102^{a}.

"*Anacrusis*": 35^{b} 40^{c} 41^{c} 45^{c} 59^{b} 63^{c} 68^{c} 69^{a}, 71^{c}=213^{e}, 210^{b} 216^{b} 220^{abc} 221^{d}, 270^{b}=271^{b}, 318^{d} 345^{c} 346^{b} 349^{d} 352^{c} 467^{c} 470^{c} 474^{b} 495^{b} 499^{a} 502^{b} 508^{d} 509^{d} (*cf.* 508^{f}) 662^{d} (**679**^{d}), 728^{a}=1050^{c}, 774^{b} 783^{b} 787^{a} 791^{a} 796^{a} 827^{c} 830^{d} 831^{b} 832^{b}, 862^{b}—863^{b}, 869^{c}=870^{c}, 876^{d} 888^{c} 889^{c} 890^{c} 891^{b} 893^{c} 895^{b} 900^{cd} 901^{b} 907^{d} 908^{d} 909^{d} 963^{a} 965^{a} 969^{cd} 970^{d} 971^{d} 973^{ad} *995*^{cd}, 1047^{c}=1081^{f}, 1065^{a} 1097^{a} 1102^{b} (*Notice the form* ⏑ ⏑ — ⏑ — —, ⏑ ⏑ — ⏑ — —; *and cf. the* Kamalā *of* Vuttodaya 86, *pp.* 10, 36, ed. Fryer).

I. ⏓ — ⏑ — — ⏑ — — ⏑ — o | (*Pādas with cæsura after the 7th syllable not reckoned*): 47^{b} 56^{c} 72^{c}, 82^{d}=481^{d}, 210^{c}, 221^{a} (jag.), 223^{a} (235^{d}) 248^{a} (jag.), 250^{c} *cf.* 252^{b}; [255^{abd}: ⏓ — — —; — ⏑ — — ⏑ — — *cf.* Svāgatā], 270^{b}—271^{b}, 327^{c} 351^{b} 353^{a} 354^{a}, 379^{c} (Vocab. *s.v.* ajjhagamā), 382^{c} 385^{d} (388^{d}), 488^{d}=509^{b}, 490^{d} . . . 503^{d}, 499^{a} (*anacr.*), 506^{b} (B^{ai} Fsb.), 508^{d} (*anacr.*), 509^{d} (>508^{f}; *anacr.*); 772^{b}, 788^{d} [*vide* B^{ai} *and* 662^{c}], 791^{d} (C^{kb}), 827^{b} (°vimaṃsakāse? *cf.* 877^{b}), 831^{a} (Nidd. °k h a d ā y a), 833^{c}, 845^{e} (Nidd. °vado), 886^{b} 895^{c} 898^{a} 964^{a}(^{b}) 969^{a}

1070^{a} 1074^{ac}, 1082^{g}~1083^{g}~1101^{b}; 1104^{d} (1133^{c}), 1134^{c} (appadase ?), 1146^{c} (*reading* emeva, *vide* Vocab.).—*Cf.* § 2^{b}, *and see* ZDMG. 1884, 608-609.

II. *Long third syllable without cæsura:* 40^{b} 43^{c} 69^{a} 255^{abd} 326^{c} (328^{a}) 348^{c} 378^{b} 476^{c} 507^{b} 966^{b}, 1047^{c}—1081^{f} [⏑ ⏑ — — — —, — — ⏑ ⏑ — ⏑ — —]; 1071^{a}~1071^{b}= 1072^{b}; 1082^{a} 1096^{d} 1120^{c}. *Cf. the traditional orthography* 321^{d}; *and* Pj II. 105^{18}. *Rough adaptation of a prose formula:* 61^{abc}

III. ⏑ — ⏑ — ⏑ ⏑ — — ⏑ — o || 43^{c}, 176^{d}~177^{d}, 328^{a}, 460^{a} 460^{d}~1101^{c}, 463^{b}~493^{b}, 487^{f}~506^{c}, 662^{d}
⏑ — ⏑ — ⏑ ⏑ —. — ⏑ — o || 40^{b} 41^{b} 319^{b} 328^{b}, 344^{b}~383^{b}~489^{d}, 343^{c} 378^{d} 387^{d}, 395^{c}~397^{c}~398^{c} 504^{bd}, *etc.*, 507^{cd} 796^{b} 843^{c}.

[⏑ — ⏑ —, ⏑ ⏑ ⏑, — ⏑ — o || (317^{d} *v.l.* °te), 487^{d} *etc.* (°ti).]

⏑ — ⏑ — ⏑ ⏑ ⏑ — ⏑ — o || 63^{c}, 879^{b} = 887^{d} (a-pariḍayhamāno *and* a-kusalo.)

IV. *Contaminated forms* (*Cf.* Oldenberg, Die Hymnen des Ṛgveda Prolegomena. Berlin, 1888, p. 66).

≚ — ⏑ — —, — ⏑ ⏑ — ⏑ — o || 235^{b} 245^{b}, 487^{c}, *etc.*, 496^{a} (C^{kb}), 688^{c} (*jag.*), 913^{c} 1044^{c}, 1122^{d} (atho 'viñātaṃ).

⏑ — ⏑ — ≚, ⏑ ⏑ — — ⏑ — o || 217^{b} 384^{c}
⏑ — ⏑ — ≚, ⏑ ⏑ —, — ⏑ — o || 218^{ac} 325^{b} 973^{c} 1120^{a} 1123^{a}
⏑ — ⏑ — —, ⏑ ⏑ ⏑, — ⏑ — o || 344^{c}.

V. — — ⏑ — ≚, — — ⏑ — o || 62^{a}=74^{b}, 383^{c} (870^{a}), 883^{b} (*cf.* tathiyaṃ 883^{a}), 891^{b} (*anacr.*), 1064^{c}, 1068^{cd} 1076^{b}; 509^{c}. *Cf.* 490^{c}, *etc.* (: haviyaṃ), 662^{c}~908^{b} (: paṭieti), 906^{d} (: paṭiattaṃ), 1103^{d} (: anueti).

Triṣṭubh and Śloka, see Śloka, § 3.

Triṣṭubh rhythm continued: 456^{d} 975^{c} [Ud. p. 3^{21}. J. V, 199^{17}] 1045^{c} 1079^{e}.

Some difficult pādas: 36^{a} (*vide v.l.*), 38^{c}, 59^{c} (*cf.* 214^{b} 242^{b} 343^{b}), 67^{b}, 177^{b} (<176^{b}), 214^{a} (Yôgâhane ?), 215^{b} (kammahi ?; *cf. also* Bṛhadār° Up° IV, 4 : 23), 243^{a}, 245^{a} 330^{b}, 354^{b} (*the text of* S^{n} *has* kacci sa), 354^{c} 355^{b}, 450^{b} (<450^{cd}) 487^{a}; 682^{c}. 839^{a}=1078^{a}~840^{af}~846^{a}~908^{b}; 866^{c}=868^{a}; 963^{a}, 967^{a} (kayirā ?), 1057^{c} (*vāitālīya*), 1060^{a} 1065^{c}.

§ 2ª.

⏓ – ⏑ – –, ⏑ ⏑ ⏑ ⏑ – ⏑ – o || (*Cf.* Lal. Vist. 229, *etc.*). *679-680, 683, 685-687, 691-698;* (1101ᵈ ?), It. p. 33ᵇ.

Jagatī form: 685ᵇ, 697ᵃ⁻ᵈ, 698ª [PVA 146¹: tassa vipāko vipulaphalûpalabbhati; VVA. 78²¹?].

⏓ – ⏑ –, ⏑ ⏑ ⏑ ⏑ – ⏑ – o || 679ᵈ (*anacr.*) 691ª (995ᵈ, *anacr.*) 1122ᵇ.

Jagatī form = *Rucirā*: 697ᵇᶜ 698ᵈ [Ud. p. 47²¹, J. VI, 198⁹ D. III, 147¹⁶ 166²⁴ 167¹⁻²⁽³⁾; Thag. 518ᵈ . . . 526ᵈ, 522ᵇ 526ª; VVA. 78¹⁴ 82²⁰, *passim*].

⏓ – ⏑ – –, ⏑ ⏑ ⏑ ⏑ ⏑ – ⏑ – o || 693ᶜ 696ᶜ (Cᵏᵇ).

Corrupt: 682ᶜ.

Prosody—light syllables: 680ᵇ 685ᶜ 692ᵇ, 691ᶜ (-o-); 691ᵈ 692ᶜ 693ᵈ 694ᵈ, 693ª, 1101ᵈ (-issati); 679ᵈ 686ᵈ.

§ 2ᵇ.

The opening stanza of Tuvaṭakasutta; *conjectural analysis, taking the second* pāda *for a* triṣṭubh (§ 2: I) *and reading* anupādāya *instead of* anupādiyāno.

915ᵃᶜᵈ: ⏓ } – – ⏑ – – ⏑ – o ||
915ᵇ ⏑ – ⏑ – – ⏑ – – ⏑ – o ||

Pucchāmi tam Ādiccabandhuṁ
viveka santīpadañ cā mahesiṁ:
kathaṁ disva nibbāti bhikkhu
anupādāya lokasmi kiñci.

§ 3. *Śloka.*

76-80; 91-115; 116-142; 153-175, 178-180; 183-192; 193-206, 207; 254, 256-257; 258-269; 272; 274-283; 284-315; 324; 327ª; 331-334; *335-336*, 337-342; 356-358; 405-424; 425-449; 451-454; 457ᵈᵉᶠ 459ª (461ᵉ), 482ᵈ-485ᵈ, 486ᵇᶜᵈ; 540ª, 541-547; 548-573; 574-593; 594-656; 657; 699-723; 724-727, 729-765; 766-771; 814-823; 848-861; 935-954; 955-962; *976-994*, *995*ᵉ, *997-1031*; 1032-1039; 1040-1042; 1043ᵃᵇ; 1053-1055ª; 1061ᶜ 1062ᵈ, 1066-

1068^{a}; (1077^{a} B^{ai}), 1084-1087; 1088-1089; 1092-1095; 1098-1100; 1105-1111; 1112-1115; 1116-1119; **1124-1130;** 1131-1132, 1135-1141, 1145^{bcd}, 1147-1149^{b}.

Odd quarters: o o o o ⏑ — ⏑ o || (104^{c} Pj.) 118^{a} 121^{a} 123^{c} 197^{c} 207^{c} 275^{ac} 308^{c} 314^{c}, 331^{a}=332^{a}, 430^{c} [pāpīma ?], 566^{a}=573^{a}, 607^{a} [=610^{f}], 648^{c} (722^{a}) 723^{c} 771^{a}; 814^{c} 815^{c}; 850^{b} 851^{a} 853^{c} 854^{a} 855^{a} 856^{c} (859^{a}) 859^{c} 860^{a} 861^{c}; 937^{c} 945^{c} 947^{a}, 949^{c}=1099^{c}, 950^{c} 953^{a} 954^{c} 958^{a} 960^{c} *1004*^{a} 1041^{a} 1053^{c}=1054^{c}, *etc.*, 1084^{c}-1085^{a}= 1135^{c}, *etc.*, 1087^{ac}, 1092^{a}=1093^{a}, 1095^{ac} 1106^{c}, 1137^{c}= 1141^{c}.

"*Anacrusis*": *Odd quarters:* (91^{c}=597^{c}=1110^{c}, 194^{c}) 199^{c} 260^{a} 341^{c}; 408^{a}, 410^{c} (C^{k} B^{ai}), 417^{c}, 428^{a} 431^{a} (C^{kb}); 452^{a}, 546^{a}=572^{a}, 575^{a} 589^{a} 635^{c} 733^{c}, 770^{a} (C^{kb}), *990*^{a} (*1014*^{a} v(a) udakam ?) *1016*^{a}.—*Vipulās*: 187^{a} 548^{a}, 595^{c} 984^{a} 1015^{a}; 719^{a}; 428^{a}.

Even quarters: 197^{b} 200^{d} 287^{b}, 298^{f} (C^{kb}), (314^{d}), 765^{d} (1003^{d}); 307^{d} [parikhāro ?], 701^{b} [dukaraṃ ?].

I. o o o o —. ⏑ ⏑ o ¦ bha-vipulā. 114^{c} 281^{c} 327^{a} 415^{a} 632^{a} 711^{c} 721^{a} 733^{a} 743^{a} 946^{a} 948^{a} (1002^{a}) 1003^{a} 1016^{c} 1112^{a} 1128^{a}.

II. o o o o —, ⏑ ⏑ o || *cf.* Nr. IV. 91^{a} 102^{a} 174^{c} 187^{a} 283^{c} 291^{a} 310^{a} (439^{c} B^{ai}) 548^{a} 550^{a} 575^{c} 585^{a} 593^{a} 699^{a} 717^{ac} 740^{a} *980*^{a} *984*^{a}, *1007*^{c}=*1125*^{a}, *1028*^{c}.

I × II.: Nr. II. *and the most common form of* Nr. I o o o o, — ⏑ ⏑ o *give:* ≚ ≚ ⏑ — —, — ⏑ ⏑ o || 119^{c}=633^{c} 156^{a}=157^{a}, 586^{c} [J. V, 255^{3}; VI, 98^{8}]. *See* Hopkins, The Great Epic, 257-258.

III. o o o o ⏑ ⏑ ⏑ o ¦ na-vipulā 112^{a} 186^{a} 202^{a} 260^{c} 265^{c} [266^{a} sovacasatā ?] 342^{c} 417^{a} 435^{a} 440^{a} 443^{a}, 561^{a}=563^{a}, (649^{a}) 710^{a} (719^{a}) 732^{c} 737^{c} 758^{c} 852^{a} **1013**^{a} *1021*^{a}.

IV. o o o o ⏑, ⏑ ⏑ o || *practically*=Nr. II. 98^{c}=124^{c} 110^{c}, 158^{a}=159^{a}, 198^{c} 205^{a} 290^{a} 411^{a} 483^{a} 552^{a} 570^{c} 587^{a} 609^{c} 752^{a} 819^{a} *977*^{a} *1001*^{c}, *1015*^{a} [It. p. 95^{1}], *1025*^{c} *1027*^{a}, 1110^{a}=1111^{c}.

V. o.o o o — ⏑ — o || ra-vipulā. 254^{c} 274^{a}; 409^{a} 412^{a}, 414^{a}=708^{a} [Mahāvastu-MSS.: piṇḍacāraṃ cariya], 428^{a} 439^{c} (C^{kb}) 703^{a} 756^{a} 941^{ac} **982**^{d} **1013**^{c} **1022**^{c};— 567^{a} **976**^{c} 1037^{a}, 1062^{a}.

VI. o o o o ⏑ ⏑ — o ‖ *156c=*157c, 196c [*but see* Pj. I, *Vocab. s.v.* lasikā] 309c, 313a [anū dhammo ?], 413a 416c 444c 552c 624a 644c 940b **1008a=1125c** (**1012a**) 1128c (B1 acārimsu); — 1088a=1089a.

VII. ⏑ — ⏑ — ⏑, ⏑ ⏑ — o ‖ *Though the* āryā-pāda — — | ⏑ — ⏑ ¦ ⏑ ⏑ — o [§ 1, (3)] *may be considered the origin of this and similar rhythms, they might, for the sake of convenience, be classed below as hypercatalectic forms of the different vipulās. Pādas of this description seem to have been suspected both by Burmese and European scholars, and have, as a rule, been purged out from those Sanskrit versions that reached us* [*cf.* Hermann Beckh, Udānavarga, p. 106, *note* 8]. *Very likely some of the few instances of* Nr. VI. *are due to old corrections in pādas of nine syllables:*

Hyperc. I: ⏓ — ⏓ — — ⏑ ⏑ — o ‖ (423b, *without* rāja) **1127c**, 1140a (>1138a);—649c, 1040e=1042c.

Hyperc. II: ⏓ — ⏑ — —, ⏑ ⏑ — o ‖ 98a=124a=125a, 100a=129a=130a, 130c 310a (Bai, va -ca), 427a 445a 553c [J. VI, 98^7,12] 713a 858a 1130c.

Hyperc. III: o o o o ⏑ ⏑ ⏑ — o ‖ 195a (303c Fsb.), 745c (Bai, *but see* 748c), 952a.

Hyperc. IV: o o o o ⏑, ⏑ ⏑ — o ‖ Hopkins, Gr. Epic, 258^4: 122a, 139a (Bai), 307a 446a, 459a (*cf. triṣṭubh*), 642a 823c 959a *1023a*; *the cæsura within a compound:* 205c 425a.

Other instances of nine syllables: 197a 304a 313c 653c 859a, 714a 154a, 155a; 823a 282b; 708a 722a; 548cb (su-); 730a 1026a 1033a (avijjā); 128c (<*āgataṃ palipūjeti ?); 435c (<*kāmes(u) āp° ?).

Defective pādas: 279c 334a 554a, 751c (vyavassajja (?), *the text in* Sn *has:* tasmā evañ ca vossajja); 1036a; (1077a). *Interpolations:* 289b 303c, 1086a *cf.* 1115a. *Odd pādas of the form* o o o o — — — o ‖ *may be due to wrong readings* (442c, *295a), *or to the Pali orthography* (195c). *Cf.* JAOS. 28: 318^25 [It. p. 69^10 *read* bhiduraṃ; It. p. 46^7= S. I, 235^19=Vin. I, 8^24 *has the cæsura after* sammā-].

Even pāda: — — —, ⏑ — — ⏑ — 311d. *Here* purāṇo (*in lieu of* pūraṇo ?) *is older than* Pj. [*The pādas enumerated in* JAOS. 28: 323^1 *are quite regular*].

Śloka rhythm continued: 332(a)b:

(— — ⏑ — —, — — o) — ⏑ — —, ⏑ — ⏑ — ⏑, ⏑ — ⏑ o

Śloka and vāitālīya: 153 [*cf.* S. I, 191[32]]; 457; 540.

Śloka and triṣṭubh (249) 327 459, 1055=1068 (1077) 1149; 423; 482, 486 1145 1061,—995. *Ennea syllabic pādas like* 459[a] *may be read as āryā* (*cf. Professor Jacobi's* triṣṭubh-āryā *theory* ZDMG, 1884, 600-602); *but they can be explained as śloka, and no trace of āryā is found in final pādas of mixed triṣṭubh stanzas. Indeed, if the triṣṭubh has contributed to the formation of the āryā, the influence has gone through the medium of the* (*polyschematic*) śloka-pāda.

§ 4. Vāitālīya (āupachandasaka).

  ⏕ ⏓ ⏑⏑ — | ⏑ — — (o)
⏓ | ⏕ ⏓ ⏕ — | ⏑ - ⏑ — (o) } two times.

Vāitālīya: 33-34; 153[a]; 658-659; 804-813; 834; 457[f].

Āupachandasaka: 1-17 (*except* 7[a]); 83-90 (*except* 88[a]); 359-375 (*except* 360[a] 374[c]).

Mixed: 18-32; 510-511, 513-540.

Anacrusis — ⏑ *instead of* ⏓: 22[b]=23[b], 32[b] (33[b]=34[b], 515[d] gomikŏ ussadă); 537[f] (*cf.* 533[c]); 522[b] (sabba-). *The pyrrhichic anacrusis* [*prevailing in Buddhist and Jaina verses, obligatory in classical Sanskrit*, ZDMG. 1884, 591-595] *harmonizes with the anapæstical measure of the following* 8 *moræ, whilst the trochaic anacrusis retains the cadence of the foregoing pāda. Cf. the last foot of* 83[c] 371[c] 372[c], *where the rhythm of the following even pāda seems to be anticipated in* pavaraṃ, paṭighaṃ, kusalo.

Trochaic pādas (*odd*): — ⏑ — ⏑ — ⏑ — ⏑ — (o) ‖ 360[a] (*cf.* Dhp. 371[a]); 24[a] 364[c], 369[c]; 529[c] (sabba-); *with* sabba *prefixed:* 524[c] 525[c] 530[c], *cf.* 375[c].

Iambic pādas (*odd*): — — ⏑ — ⏑ — ⏑ — o ‖ 362[a] 516[a] (521[a]) 535[a]; (*even, with pyrrhichic anacr.*) 536[b].

Odd pādas begin with ⏑ —: (360[c] 364[a]), 368[c] (yāthāt° ?); 373[a] 533[c] [⏑ — - ⏑ ⏑ — ⏑ — ⏑ — — !].
Anacrusis ⏑ —: 30[b] (mahă- ?).

Some other difficult pādas: 6[b], 8[a] . . . 13[a]; 14[b]=369[b] (*no anacrusis* ?); 26[b]=27[b] (°dharaṇīyŏ ?); 28[b]; 31[b] [—, ⏑ — ⏑ ⏑ — ⏑ — ⏑ — —]; 374[a] (*read* disva *instead of* disvāna); 511[a] (*cf. note*); 531[c] (vīriya°, *or iambic* ?);

534[a] (sabba-); 805[c]; 806[b] (mam'idan ti, *Fausböll's* mamêdan, S.N.[1] II, p. xi, *is unmetrical; the* MSS. *spelling* <S. I, 116[8], *etc.*); 810[d] (*cf.* 214[a]); 539[b]; (538[a] *see* § 4[a]).

Puṣpitāgrā: 517[c]; 538[b]; *cf.* 531[b] (nirayadukhaṃ atikamma vīryavāso ?) *and* 540[d].

Vāitālīya and Śloka, see Śloka.

Vāitālīya-rhythm continued: 510[d] 511[d].

§ 4[a] (Vegavatī, ZDMG, 1884: 604).

⏕ ⏓ ⏕ – | ⏑ ⏑ – o } two times.
– | ⏓ ⏓ ⏑⏑ – | ⏑ ⏑ – o }

Cf. Madhyamakavṛtti, ed. De la Vallée Poussin, Bibl. Buddhica IV, p. 53, *note* 4.

663-676. *See the mixed vāitālīya* 538[(a)].

Vāitālīya-survivals: (1) *Anacrusis* – ⏑: 667[b] 674[b] (*both* tiṇha-) *and* 668[d] 670[bd] (*all* aggini-). (2) *Iambic cadence* 667[c] [Thag. 1219[ac] : 1218[ac], 1220[a] : 1220[c]]. *Cf.* Upacitraka, ZDMG, 1884: 604.

Hypercatalexis 669[b]. *Anacrusis* ⏑ – *in an odd pada:* 665[c] (MSS. *spelling* ⏓ ⏑ ⏑ ⏑ ⏑ – ⏑ ⏑ – ⏑ ⏑ – o). *Spondaic anacrusis:* 675[b], *cf.* § 4[b]. *Interior cæsura* 671[a] (?). *Doubtful forms of last foot:* 669[c] 670[c].

§ 4[b].

Four even pādas of "4[a]," *with an extra anacrusis* (⏓⏓) *in the third pāda:* 677-678.

III

VOCABULARY OF SUTTA-NIPĀTA

This index gives a complete inventory of the gāthās—except 143-152, 222-238, 258-269—(quoted: 427b, etc.), and of the prose nidānas as far as commented upon in Pj. II. *(quoted : 590[19], etc.); some other references are given to Fausböll's* Sutta Nipāta *(quoted :* S.N.[1]. p. 51, *and the like). Square brackets are used for parallels, and in noting the differences between the traditional orthography and the gāthā prosody (* × *always stands for the ultima being light or heavy according to metre.)*

A (" nipāta ") 590[19] [J. A. VI, 328[23]; VVA. 311[6]].
(1) -aṃsa (*aṃśa*) 427b
(2) aṃsa-: °sehi 609a || 347a.
akakkasaṃ 632a.
akaṃkho 477c 1059d.
akaṭṭhamāno 783b.
akathaṃkathī 635b 638d; °thiṃ 534c.
akappayi 978d; °yiṃsu 458b=1043d . . . 1045b, °yuṃ 295d.
akappiyo 860d.
akaraṃ 65a.
akarontaṃ 254c.
akalya-: °ye 692a.
akalyarūpo 691b.
akalla(m) 456d.
akāco 476c.
(1) akāmaṃ 1096b; (2) akāmassa (*or* akāmā) 445c.
akāmakāmiṃ 1096a.
akālacāriṃ 386c [Mahāvastu III, 328[18]].
akālikaṃ 1137b=1139b=1141b, 567b.
akāsi 343c 537e, S.N.[1] p. 122; mākāsi 339c 1068d; akaṃsu 882c.
(-akicca 298d).
akiñcana-: °no 455d; °naṃ 176b=1059b=1091d, 620e=645c, 1094a; °nā 490b 501b.
akittayi 921a 984b; 2 *sg.* 875a=1052a.
akukkuco 850b.

akutobhayo 561d.
akubbam 844b 913a; akubbamāno 777d 778c 897d.
akusalo 879b=887d; °lā 14b=369b.
akusītavutti 68b.
akuham 957b.
akuhako 852a.
akevalī 878d; *npm* akevalī te *or* akevalīno 891b.
akopā 499a.
akovidā 763f.
akkuṭṭha-: °ṭṭho 366b.
akkuṭṭhavanditam 702b.
akkodhano 19a 850a 941c; °naṃ 624a.
akkosam 623a.
akkha-: °khesu 659b.
akkhadhutto 106b.
-akkhara-: 457g 538c; -akkharappabheda- 447[16].
akkhāta-: °taṃ 276c; 172b 595a 718c ‖ 567a.
akkhātar-: °tāraṃ 167a.
akkhāti 87b akkhāmi 172c akkhāhi 421d 489d 505d 988b 990d 1085b 1092e; akkhissam 997c; *prœt.* akkhāsi 251b 1131b, 2 *sg.* 504b. *Cf.* ācikkhati.
akkhāya 829b.
akkhi-: akkhimhā 197c; akkhihi 608b ‖ *Cf.* sakkhi *and* sacchi-.
akkhigūthako 197c.
a-kkhitto 463d.
akkheyyam 808d.
akhilo 477c 1059d 1147d; °lam 212c; °la 540d.
akhīṇavyappatho *158b—159b [D. III, 175[25]]; nâkhīṇa°= na ākhīṇa°? *cf.* (pāli) vikiṇṇa- *and* (pkr.) vikkhiṇṇa- (Schubring's *Kalpasūtra*, p. 39[8]).
agamā 293d 408a 976b; agamuṃ 290a. *Cf.* gacchati.
agaru S.N.[1] p. 51.
agā 538d. *Cf.* agamā
agāraṃ 449e—1002a, 805d; agārā 376c 1003b *and* agārasmā 157[27] 274d. ‖ 376c.
agārino 376d.
-agāriya-: 274d.
agiddho 210c 845e.
agiho 456a (ɔ : " nittaṇho "); °hā 464a=497a=499Aa.
agga-: aggato 217a ‖ 421a 625b 994b 341d 281a 693a; -t-agga-: *157[5] (875c).
agga- (*agrya-*) : aggaṃ * 696b; 875c—876a Pj.
aggapuggalo 684a.
-aggala-: 303d.
aggahesuṃ 847c.

Aggālave 344^{27} 343^{c}.
aggi 62^{c} 174^{29}; °im 401^{12}. *Cf.* aggini, gini.
Aggikabhāradvājassa 174^{24}, *etc.*
aggini 668^{d}, 670^{b} (*or=next*).
agginisama-: (°mam 668^{d}); °māsu 670^{d}.
aggisikhūpamā 703^{b}.
aggihuttaṃ 428^{b} 401^{13}; °ttassa 249^{c}.
aggihuttamukhā 568^{a}.
aghātayi 308^{d}.
aghāvī 694^{d}.
aṅga-: °gehi 395^{20} 397^{1} ‖ 402^{d} 450^{15} (321^{b} 401^{c}).
-aṅgaṇa- [A. V, 98^{30}, M. I, 24^{18}]: 517^{c} 279^{d}.
aṅgāra-: °re 668^{c}.
aṅgārakāsuṃ 396^{b}.
-aṅgika-: 401^{c}.
Aṅguttarāpānaṃ 440^{16}; °pesu **437^{6}**.
aṅgulīhi 610^{b}.
acari 344^{c}; °rum 289^{d} *and* °riṃsu 809^{d} (*metr.* acaruṃ ?) 1128^{c}
(*vide v.l. and cf. next*).
acāri 354^{a}; °risuṃ 284^{d}.
acāvayi 442^{d}.
acirapakkantassa 475^{9}.
aciraparinibbuto 346^{22}.
acirūpasampanno S.N.^{1} p. 15.
accagā 358^{c} 638^{b}, 1040^{f}=1042^{d}.
accatari 948^{a}.
accantasuddhi 794^{b}.
accaya-: °yena S.N.^{1} p. 107 ‖ 945^{d}.
accayeyya 781^{a}.
accasāri 8^{a}. . .13^{a} [— ⏑ ⏑ × ?].
acci 1074^{a}.
accuṇhaṃ 966^{b}.
accutaṃ 1086^{d}; 204^{d}.
acceti 183^{c}=184^{c}. *Cf.* accayeyya, aticca, atīta.
acchariyaṃ S.N.^{1} p. 92 (*after v.* 512).
acchidā 357^{c}.
acchecchi 355^{a} [S. IV, 399^{11}].
achambhī 42^{c}.
ajānat-: °naṃ 320^{c}; °nato 508^{c}; °nantā 649^{c}; °nataṃ 599^{e}=
999^{c}, 649^{b}.
ajāni 536^{b}.
(1) Ajito (Kesakambalī) 423^{6}.
(2) Ajito (māṇavo) 1006^{c}=1124^{a}, 1016^{a} 1031^{c} *1032*; °ta 1037^{b}.
ajina-: *as.* °naṃ 1027^{c} ‖ 249^{b} 1010^{c}.
ajegucchο 852^{c}.

ajeyyā 288^{b}.
ajja 75^{b} 153^{a} 178^{a}, 190^{c}=191^{c}, 508^{d} 970^{b} 998^{c}.
ajja-t-agge *157^{5}.
ajja-d-agge *157^{6}.
ajjavaṃ 292^{b}.
ajjavamaddave 250^{b}.
ajjhagamā 5^{a}; 379^{c} [J. II, 285^{28}].
ajjhagā 204^{c} 723^{d} 956^{d} (*cf.* rati-); °gu 330^{d}.
ajjhattaṃ 7^{b} 203^{c}=738^{c}=1111^{a}=1113^{c}, 516^{b}=521^{b}=526^{b} =527^{b}=530^{b}=532^{b}, 916^{c} 917^{b} 919^{ac}.
ajjhattacintī 174^{c} 388^{c}.
ajjhattasanti 838^{c}; °tiṃ 837^{d}.
ajjhapatto 1134^{d}.
ajjhabhāsi 142^{19} 230^{25} 303^{8} 414^{29}.
ajjhāyaka-: °kā *140^{a}.
ajjhāyakakule *140^{a}.
-ajjhāyin-: 85^{b}.
ajjhāvasati 449^{a}=1002^{a}, S.N.^{1} p. 103.
ajjhiṭṭho 604^{3}.
ajjheti (ɔ: abhijjhati *or* gijjhati) 948^{c}.
ajjhenakujjaṃ 242^{c}.
añjali 352^{c}; °liṃ S.N.^{1} p. 78 || 1023^{d} 1031^{b} (485^{b}).
-añjalika-: 485^{b}.
añña-: °ñño 459^{d} 979^{d}; aññaṃ 100^{b}=129^{b}, 797^{d} 798^{b} 888^{d} 891^{a} 907^{d} 931^{d}; 290^{a} 875^{e}; 875^{b}=1052^{b}, 1071^{b}=1072^{b}; aññena 82^{a}=481^{a}, 789^{c} 813^{c} 908^{d}, 389^{b} 505^{7}; aññassa 904^{b} 905^{c}; aññato 790^{a} 919^{b}; *pl.* aññe 201^{d} 296^{b} 315^{b} 382^{d} 462^{13} 883^{b} 903^{b} 911^{d}=912^{d}; 189^{a} 321^{c} 399^{b} 587^{a} 663^{b} 796^{c}; *npn.* aññā 677^{d}; aññesaṃ 213^{f}; aññesu 824^{b} =892^{b}; aññāsu 610^{f} || 55^{c} 65^{b}.
aññatara-: °ro 158^{27}; °raṃ 35^{b} 210^{b}; °rasmiṃ 401^{23}.
aññatitthiyapubbo 436^{12}.
aññatra S.N.^{1} p. 14, 206^{d} 291^{a} 886^{b}; aññatra-m 765^{a}.
aññathā 588^{b}=757^{b}.
-aññathābhāva-: 729^{c}.
aññadatttho 828^{d} Pj. (=aññadatthu Fsb. Gloss.).
aññamaññaṃ 597^{b} 825^{b} 882^{b}; °ññā 600^{d} . . . 606^{d}; °ññehi 936^{c}.
aññamokkhā 773^{b}.
aññasitā 825^{c}.
(aññassati 909^{b}).
aññā (*ājñā*) 504^{2}.
aññāṇa-: °ṇā 839^{c}=840^{c} [⏑ — ×].
aññāṇapakkhā 347^{b}.
aññātaṃ (*ājñā°*) 699^{a} || 574^{a}.

aññātuṃ 345[b].
aññāya (ɔ: ñatvā) 58[c] 210[a] 219[a] 323[c] 374[a] 635[b] 737[b] 933[a] 604[4]; 1087[a]=1095[a], 733[b]=743[b] 749[a] 765[c].
aññāvimokkhaṃ 1105[e]=1107[c].
aññāsi 471[b] [⏑ — × *or* ñāsi]; 2 *sg.* aññāsi 540[a].
añhamāno 240[a]; °nā 239[c].
Aṭaṭo S.N.[1] p. 124.
aṭṭo 694[d].
-aṭṭha- (*artha-* ?): *75[c].
aṭṭha*n*-: aṭṭhannaṃ S.N.[1] p. 86.
aṭṭhaṅgikaṁ 401[c].
aṭṭhaṅgupetaṃ 402[d].
aṭṭhacattārīsaṁ 289[a].
aṭṭhama-: °mo 107[b] 437[d]; °maṃ 105[c]; °mī 570[b]; °miṃ 402[b].
aṭṭhā 429[d]. *Cf.* aṭṭhāsi.
aṭṭhāna(ṃ) 54[a].
aṭṭhānavutiṃ 311[d].
aṭṭhāsi 140[20].
-aṭṭhi-: S.N.[1] p. 122 kolaṭṭhi. *Cf.* aṭṭhī°.
aṭṭhikatvāna 317[a].
aṭṭhitaṃ (ɔ: sakkaccaṃ *or* sadā) 1058[bd].
aṭṭhīnahārusaṃyutto 194[a].
aḍḍhakumbhūpamo 721[c].
aḍḍhatelasehi 440[13].
aṇu (*or* aṇu-) 313[a]; *nsf.* aṇū 802[b]; aṇuṃ 841[c]; aṇuto aṇuṃ 299[b].
aṇuṃthūlaṃ 633[b].
aṇumattena (*or* °matto) 431[a].
aṇṇavaṃ 173[b] 183[b] 184[b].
-aṇha-: 139[1].
atāri 355[c] 857[d], 1047[d]=1081[g], 1048[d]=1060[d], 1059[c]; °ru 1045[d]=1079[f] *and* atarimsu 1046[d]=1080[f] 1047[a].
atāresi 539[d] 540[b] [⏑ — ⏑ ×, *cf.* Fsb.].
atikkanto 160[c] 161[c] 593[c].
atikkamati: °manti 301[28]; °meyya 396[d].
atikkamma 361[c] [⏑ ⏑ — ×, *cf.* J. III, 472[12]].
-atiga-: 1096[b] 250[c] 175[b] 795[a].
aticca 373[b] 519[c] 527[d] 529[d] 531[b] 804[c].
atiṇṇapubbaṃ 273[d].
atitarati: °ranti 381[c]; atitariya *see next*. *Cf.* accatari.
atitiriya *or* atitariya 219[b] [⏑ ⏑ — ×].
atitulo 561[a]; °laṃ 563[a].
-atipāta-: 242[a].
atipātino (*npm.*) 248[a].
atimaññati: °ññe 931[d].

atimaññeti 104^{c}.
atimāna-: °ne 853^{b} 942^{c} || 968^{a} 245^{c}.
atimānino (*npm.*) 244^{b}.
ati-r-iva 679^{c} 680^{c}—683^{d}.
-ativatta-: 1133^{b} 785^{a}.
ativattati 740^{d}—752^{d}.
ativelaṃ 973^{c}.
atisarati *vide* atīsar°, accasāri *and next.*
atisitvā 908^{d}.
atīta-: °taṃ 851^{b} 1112^{a}; °tesu 373^{a} || 373^{b} 333^{e} 598^{a} 167^{c}.
atītayobbano 110^{a}.
atīsaraṃdiṭṭhiyā 889^{a}.
atulyo 85^{b} 683^{a}.
atta- (*ātta-*): attaṃ 787^{c} 858^{c}; 800^{a}.
attan- (*cf.* ātumānaṃ, tumo): attā 919^{d}; attānaṃ 132^{a}= 438^{c}, 451^{b} 583^{c} 585^{b} 657^{c} 705^{c} 709^{d} 799^{c} 810^{d} [477^{a} — ⌣ ×, J. III, 441^{22} 442^{6} Dhp. 355^{d}]; attanā 477^{a} 508^{b} 514^{a} 585^{b} 659^{c} 888^{c}; attano 275^{d} 334^{d} 368^{a} 592^{bcd} 626^{b} 691^{a} 782^{a} 937^{c}, 940^{e}=1061^{d}=1062^{d}, 962^{d}; attani 666^{d} 784^{c}=797^{a}; attaṃ 800^{a} Nidd. || 7^{b} 756^{a} 343^{d} 215^{a} (787^{c}) 611^{a} 432^{c} 277^{a} 216^{b} 216^{a} 499A^{b} 972^{c}.
attagarahi. [— ⌣ — ×]. 778^{c} || 913^{d}.
attañjaho 790^{d}.
attaṭṭhapaññā (*npm.*) *75^{c}.
attadaṇḍā 935^{a}; °ṇḍesu 630^{b}.
attadatthaṃ (*as.*) 284^{d}.
attadīpā (*npm.*) 501^{a}.
-attabhāva-: 388^{d}.
attamano 45^{d} 424^{28} 995^{a}; °nā 510^{20}.
attamānaṃ (*or* °niṃ) 756^{a}.
attavetanabhato 24^{a} [— ⌣ — ⌣ — ⌣ ×, *see* Andersen, Pali Reader p. 129].
attasambhūtā 272^{a}.
attahetu 122^{a}.
attānudiṭṭhiṃ 1119^{c}.
(1) attha- (*asta-*): °aṃ 1074^{bd} 1075^{a} 1076^{a}.
(2) attha- (*artha-*): attho 21^{c} 25^{c} 331^{b} 431^{bc}, 190^{d}; atthaṃ 30^{d} 37^{b} 126^{a} 159^{d} 241^{c} 251^{a} 320^{b} 323^{c} 326^{c}, 409^{d}= 419^{d}, 583^{b} 829^{d}, 838^{c}~869^{c}=870^{c}, 604^{4}; atthena 430^{d} 460^{a}; atthāya 191^{a}, S.N.^{1} p. 15; atthe 453^{c}; *ap.* atthāni 58^{c} || 828^{d} 284^{d} 126^{b} 318^{b} 324^{d} 75^{a} 971^{b} 176^{a} 585^{d} 219^{a} 68^{a} 445^{10}. *Cf.* aṭṭha-.
atthakāminī 986^{b}.
atthagatā 472^{b}—475^{b}. *Cf.* (1) attha-.
atthadasso *or* °ssī 385^{d}.

atthabaddhā (*npm.*) 382^{c}.
atthavasaṃ 297^{c}.
atthasaṃhitaṃ (*asn.*) 722^{b}.
atthi 26^{abc} 27^{abc} 84^{a} 117^{c} 120^{c} 162^{d}=163^{d} 377^{c} 432^{a} 496^{a}. 499^{b} 502^{b} 529^{b} 534^{b} 537^{a} 541^{d} 544^{d} 575^{a} 596^{b} 607^{c} 645^{b} 667^{d} 672^{c} 715^{a} 731^{d}=734^{d}=744^{d}=747^{d}=750^{d}, 738^{d} 746^{d} 759^{d} 780^{d} 783^{d} 786^{a} 787^{c} 795^{ad} 801^{a} 802^{b} 828^{d} 831^{d} 832^{c} 833^{d} 843^{c} 849^{d} 856^{a} 861^{a} 871^{c} 872^{c} 884^{a} 890^{d} 902^{c} 919^{d} 950^{b} 951^{ad} 953^{b} 982^{d} 1048^{b} 1070^{b} 1075^{a} 1076^{ab} 1113^{d} 1122^{d} 1137^{d}=1139^{d}=1141^{d}=1149^{b}; asi 302^{c} 345^{d} 378^{c} 420^{a} 426^{c} 511^{a} 539^{ab} 540^{d} 541^{c} 546^{c} =572^{c} 548^{c} 664^{d}; asmi 18^{a} 19^{a} 24^{a} 25^{a} 253^{b} 554^{a} 558^{d} 916^{b} 1120^{a} 1143^{d} *and* amhi 55^{c} 423^{c} 455^{ab} 694^{d}; santi 6^{a} 14^{a}=369^{a} 15^{a} 16^{a} 201^{d} 382^{b} 470^{b} 472^{b} 473^{a} 474^{c} 475^{b} 478^{a} 515^{d} 536^{d} 784^{b} 801^{c} 805^{b} 847^{ab} 855^{d} 1040^{b} 1041^{d} 1077^{a}; (a)sma 594^{b} 595^{c} *and* (a)smase 595^{b} *and* (a)mha 570^{d} 683^{d}; atthu 340^{c} 440^{b} 479^{a}; assa 49^{a} 279$^{a(c)}$ 324^{c} 325^{b} 348^{c} 707^{b} (898^{c}) 905^{b} 920^{c} 922^{a} 923^{a} 925^{a} 972^{b}, assu 532^{a} 961^{abc} S.N.^{1} p. 135; siyā 325^{a} 400^{b} 447^{d} 676^{d} 709^{b} 716^{d} 717^{a} 505^{7} 930^{a} 940^{c} 941^{a} 944^{d} 1039^{b} 1092^{f} (1073^{c}); 2 *sg.* 1119^{d}. *Cf.* sat-, āsi.
atthi*n*-: atthī (*or* atthi-) 957^{d}=1043^{b}=1105^{d}=1112^{d}=1118^{b}.
atthika-: °ko 460^{b}; °kā 333^{b} ,| 987^{b} 487^{d}.
-atthiya- (S. V, 6^{23}: M. I, 147^{31}): 354^{a}.
atha 85^{d} 153^{19} 197^{a} 199^{a} 398^{14} 477^{10} 667^{c} 670^{a} 671^{a} 674^{a} 691^{a} 694^{b} 719^{a} 819^{a} 820^{c} 834^{a} 898^{c} 925^{c} 931^{c} 938^{c} 965^{c} 968^{c} 974^{a} 990^{a}, 1006^{d}=1124^{b}, 1007^{b}=1124^{d}, 1017^{a} 1047^{c} 1081^{f} 1145^{c}; atha kho 138^{30} 140^{7} 142^{18} 151^{20} 804^{d}; atha ca pana S.N.^{1} p. 13; atha ce 18^{d}. . . 29^{d}, 890^{c}; atha vā 901^{b}, atha vā pi 917^{b} 918^{b} 921^{d}.
atho 43^{b}, 155^{c} . . . 163^{b}, 647^{c}, 724^{b} . . . 727^{b}, 859^{b} 924^{a} 974^{c} 1122^{d}; atho pi 537^{d} (*cf.* 820^{c}) 895^{d} 924^{b} 927^{b} 985^{c}, atho pi ve 780^{b}.
adaṇḍena S.N.^{1} p. 103=1002^{c}.
(1) adassanena 459^{c}; (2) °ssana 206^{d} [S. I, 29*, III, 1^{15}].
adassi 934^{b}; 1 *sg.* °ssaṃ 837^{d}.
adā (3 *sg.*) 303^{f}=305^{d}.
adānasīlā (*npm.*) *244^{c}.
adiṭṭhaṃ 1122^{c}.
adiṭṭhiyā 839^{c}=840^{c}.
adinnaṃ 119^{c}, 156^{a}—157^{a}, 395^{ad} 400^{a} 616^{b} 633^{c}.
adukkhamasukhaṃ 738^{b}.
aduṭṭho 623^{b}.
adūsikāyo (*npf.*) 312^{c}.
adesesi 1137^{a}=1139^{a}=1141^{a}.

addakkhi 208^{d} 908^{c} 1131^{b}; 2 *sg.* 841^{c}; °kkhiṃ 938^{c}.
addasā 141^{6} 358^{a} 409^{a} 451^{24} 679^{d} 910^{d} 1016^{a}; addasāma 31^{b} 178^{c} 459^{b}; 1 *sg.* addasāsiṃ 937^{d} 1145^{c}.
addhan-: addhāna(ṃ) 740^{b}.
addhagatā (*npm.*) 313^{9}.
addhā 47^{a} 504^{a} 541^{c} 766^{c} 1149^{c}; addhā hi 375^{a} 459^{a} 1057^{c} 1059^{c}.
addhābhavanto 968^{d} (ɔ: abhibhavanto).
-adhama-: 246^{c} 135^{d}.
(1) adhammo 310^{c} 312^{a}; (2) adhammaṃ 396^{25} 450^{b}.
adhigacchati: °cchissaṃ 446^{c}. *Cf.* ajjhagamā, ajjhagā.
-adhigata-: 414^{13}.
adhiṭṭhito 820^{b}.
adhideve 1148^{a}.
-adhipanna-: 1123^{a}.
-adhipāta-: (1) 988^{c}; (2) [Ud. p. 72$^{9, 18}$] 964^{c}.
-adhipātin-: 1026^{b}.
-adhibhū- 684^{d}. *Cf.* abhibhū.
adhimanas-: (*npm.*) °nasā 692^{d}.
adhimuccati 451^{28}; °ccassu 559^{b}.
adhimuttacittaṃ (*asm.*) 1149^{d} Pj.
adhivacanaṃ 604^{6}.
adhivāseti: °setu S.N.^{1} p. 100; °sayeyya 966^{b}; *præt.* °sesi 447^{1}.
-adhivāhana-: 79^{b}.
adhiseti *671^{c}.
adho 537^{b}=1055^{b}=1068^{b}=1103^{b}, 1122^{b}.
adhosi 787^{d}.
anagāraṃ 376^{c}. *Cf.* anāg°.
anagāriyaṃ 157^{29} 274^{d}, 1003^{b}, 700^{a} (anagāriyup°).
anaṅgaṇaṃ 517^{c}; °ṇassa 662^{b}.
anañña-: °ññā S.N.^{1} p. 102.
anaññaneyyo 55^{c} 364^{c}; °yaṃ 213^{f}.
anaññaposī 65^{b}.
anaññātaṃ (*nsn.*) 574^{a}.
anattan-: anattani 756^{a}.
anattagarahī 913^{d}.
anatthaṃ (*as.*) 126^{b}.
anatthadassiṃ 57^{b}.
ananugiddho 952^{a}. *Cf.* anānu°.
ananuvajjā 396^{8}.
anantapañño 468^{b}.
ananvayaṃ (*asf.*) 254^{a}.
anapekkhamāno 59^{b}.
anapekha-: °khā 200^{d}.
anapekhin-: °naṃ 166^{b}=857^{b}, °no 823^{b}.

anappaka-: °kā (*or* °ko) 31^{a}.
anabhijjhitaṃ (*as.*) 40^{c}.
anabhibhūto 934^{a}.
anarahā (*ns.*) 135^{a}.
anariya 664^{a} [⏑ — ×, *cf.* anāriya].
anariyadhammaṃ 782^{c}.
analaṃkaritvā 59^{b} [S. I, 15^{21}].
anavajja-: *nsf.* °jjā 396^{c} | 534^{b}.
anavajjapadāni 88^{c}.
anavajjabhojī 47^{c}.
anavayo 447^{25}.
anavassuto 63^{c}.
anasanaṃ (*ns.*) 311^{b}.
anassāvī 853^{a}.
anāgata-: °te 697^{b} 851^{a}; °tesu 373^{a}.
anāgatatthaṃ (*asm.*) 318^{b}.
anāgāmitā 504^{3}.
anāgāro 639^{b}=640^{b}; °rehi 628^{b}.
anādarā (*npm.*) 247^{c}.
anādāno 741^{c}; °naṃ 620^{e}=645^{c}=1094^{a}, 630^{c}.
anādāya 452^{c}.
anādiyantaṃ 253^{c} *and* anādiyānaṃ 802^{c}.
anānugiddho 86^{b} 778^{b}. *Cf.* ananu°.
anānujānaṃ (*nsm.*) 880^{a}.
anānuputtho 782^{b}.
anānuyāyī 1071^{d}=1072^{d}, 1073^{a} (? *vide* Nidd.).
anāparaṃ 1094^{b}.
anārambhe 745^{d}.
anāriyaṃ 815^{d}. *Cf.* anar° *and* anānugiddha.
anālambe 173^{c}.
anāvaraṇadassāvī 1005^{a}.
anāvila-: °lo 515^{c} 1039^{b}; °laṃ 637^{b}; *nsn.* 160^{b}=161^{b}, 483^{c}.
anāsakattaṃ (*ns.*) 249^{a}.
anāsava-: °vo 996^{c} 1133^{c}; °vaṃ 178^{d}=1145^{d}, 212^{c} 219^{c} 1105^{b}; °vā 765^{d} *and* °vāse 1082^{f}=1083^{f}.
anāsasāno 369^{c}.
anāhāro 985^{a}.
anikāmayaṃ (*nsm.*) 210^{b}.
aniketaṃ 207^{c}.
aniketasārī 844^{a}, 970^{d} (*v.l.* °cārī).
anigha-: °gho 17^{b} 1048^{c} 1060^{c}; °ghaṃ 460^{c} 534^{d}; °ghā 491^{b}=492^{b}, 1078^{c}.
(aniccā 805^{b} Fsb.).
aniccho 707^{d}.
an-iṭṭha-: °ṭṭhe 154^{c}=155^{b}.

aniṭṭhurī *952^{a}.
(1) animittaṃ 574^{a}; (2) 342^{a}.
anivattamāno 62^{c}.
anisāmaya (ɔ: °miya ?) 320^{b}.
anissāya 474^{a} 839^{f}.
anissito 66^{c} 363^{b} 364^{c} (?), 748^{d} 752^{a} 753^{c} 811^{a} 849^{b} 856^{b} =947^{b}, 1069^{b}.
-anīka-: 761^{c} 623^{c}.
anīkaggaṃ 421^{a}.
anītikaṃ 1137^{c}=1139^{c}=1141^{c}.
anītihaṃ 934^{b}, 1053^{b}=1066^{b}.
-anuesin-: 965^{d}.
anukampamāno 37^{a} 378^{b} 695^{c}.
-anukampin-: 693^{c}.
anukaroti 221^{c}.
-anukkama-: 622^{b}.
-anuga-: 791^{b} 332^{d} (1095^{c}).
anugāyissaṃ 1131^{a}. *Cf.* anugīy°.
anugijjhati 769^{d} 854^{d}; °jjheyya 922^{c}.
-anugiddha-: 86^{b} 952^{a}.
anugīyanti 940^{a}. *Cf.* anugāy°.
an-uggaha-: °ho 912^{d}.
an-uggahāya 837^{c} 838^{b} 839^{e} 900^{d}.
anucaṃkamamāno 448^{3}.
anujaññā 394^{b} 395^{c} 397^{c} 398^{c}.
anujāto 557^{d}.
anujānāti: °jānāhi 982^{c} ‖ -anujānat-: 880^{a}. *Cf.* anujaññā, anuññāta°.
-anujīvi-tā (?) 836^{c}.
anuññātapaṭiññātā 594^{a}.
an-uṭṭhātar-: °tā 96^{b}.
anuṇṇato 702^{d}.
anutīre 18^{b} 19^{b}.
anuttara-: °ro 179^{d} 345^{d} 443^{30}, 554^{b}=555^{b}, 560^{d} 690^{d} 1003^{d}; °raṃ 478^{d}; 486^{b}; 157^{31} 557^{b}; °rā 330^{b}.
anutthunāti (°ṇāti) 827^{d}; °nanti 901^{c}; °nanto (*nsm.*) 586^{c}.
-anudiṭṭhi-: 1119^{c}.
anuddhato 850^{c}.
anuddharī *952^{a}.
anudhammaṃ 510^{d}=511^{d} ‖ 317^{b} 963^{c}.
anudhammacārī 69^{b}.
-anunīta-: 781^{b}.
anupakkuṭṭho 463^{5}.
-anupatita- [S. II, 173^{26}] 334^{b}.
anupadassati 983^{b}.

-anupanna-: 764^{c}.
anupariyagā 447^{b} [⏑⏑—⏑×].
anupassati 477^{a}.
anupassanā 503^{26}, *etc.*
anupassī 255^{b} (*samāsa, tmesis*) || 728^{f} 503^{29} 788^{d}.
anupādāno 546^{c}=572^{c}; 751^{e}=753^{c}.
anupādāya 363^{b} 638^{e} 510^{25}. *Cf. next.*
anupādiyāno 470^{c} 800^{a} 915^{d}. See p. 640 § 2^{b}.
anupādisese 876^{d}.
anupucchati: °cchasi 432^{d}; °cchāmi 1113^{e}; °cchamāno 841^{a}.
-anupuṭṭha-: 782^{b}.
anupubbaṃ 510^{d}=511^{d}, 600^{b}; anupubbaso 1000^{d}.
anuppatta-: °ttaṃ 627^{c} 635^{c}; °ttā 313^{10}.
anuppavecche 208^{b} 209^{b}.
anubandhiṃ (1 *sg.*) 446^{b}; °dhisuṃ 412^{b}.
anubuddhaṃ 384^{c}.
anubhāva- *vide* ānubh°.
anumasi (3 *sg.*) S.N.[1] p. 104.
anumodati: °dasi $163B^{d}$; °danti 543^{c}; *præt.* °di S.N.[1] p. 107; °damāno 403^{c}.
-anuyāyin-: 1071^{d}.
anuyutto 663^{ad}; °ttassa 814^{a}=815^{a}; °ttā 553^{b} [A. III, 149^{29}] || 972^{b}.
anurodhavirodhavippahīno 362^{c}.
-anulomika-: 385^{c}.
-anuvajja-: 396^{8}.
anuvatteti 556^{c} 557^{c}.
(-anuvāyin- 1071^{d}).
anuvicaramāno 448^{3}.
anuvicca 530^{a}.
anuvidito 530^{d}; °taṃ 528^{b}.
anuvilokesi (3 *sg.*) 401^{22}; °ketvā 502^{23}.
anusaya-: °yā 14^{a}=369^{a}; °ye 545^{c}=571^{c} || 342^{b}.
anusayitaṃ 649^{a} || 355^{b}.
anusarati *vide* (2) anussar°.
-anusārin-: 736^{b}.
anusāsati 126^{b} 1002^{d}; °sāsa 1065^{a}, °sāsatu 461^{b}. *Cf.* anusiṭṭha-.
anusikkhati: °kkhe 934^{d}; °kkhantā 294^{a}.
anusiṭṭho 697^{a}.
anusuyyako 325^{a}.
anusocati 851^{b}.
anusotagāmī 319^{c}.
anussadaṃ 624^{b}.
(1) anussarati ($\sqrt{smṛ}$): °rāmi 692^{b}; °re 326^{d}; °ranto 691^{a}.

(2) anussarati (√*sṛ*): °ranti 885[d].
anūpadhīkaṃ 1057[b]=1083[b].
anūpanīto 846[d].
anūpaneyya 799[c].
anūpayo 786[d] 897[c]; °yaṃ 787[b].
anūpalitto 392[c] 468[c] 790[c] 845[f]; °ttaṃ 211[b]; 845[d].
anekapariyāyena 156[32].
anekarūpaṃ 1082[e]=1083[e]; °pena 1079[d]=1080[d]=1081[d]; °pā 728[b]=1050[d], 1049[d]; °pehi 918[c].
anekasākhaṃ (*asn.*) 688[a].
anejo 372[b] 477[c] 638[d] 751[e] 920[c] 952[b] 1112[b]; °jaṃ 87[c] 646[c] 1043[a] 1101[a]; °jassa 953[a].
anelamūgo 70[b].
anoka-: °ko 966[c].
anokacāriṃ 628[c] (*v.l.*, *cf.* 970[d]).
anokasāriṃ 628[c].
anoghatiṇṇe 1081[e].
anottāpī 133[c].
anomanāmaṃ **153**[c], 177[a].
anomapaññaṃ 343[a]; °ñña 352[d].
anomavaṇṇaṃ 686[c].
anomaviriya 353[b].
anositaṃ 937[d].
antaṃ (*as.*) 283[d] 467[b] 512[d] 849[b]; *ap.* ante 582[c] *and* anta-m 1040[c]=1042[a] Pj.; antesu 778[a]; ekamantaṃ *q.v.* || 794[b] 468[b] (1040[c]) 801[a] 398[d] *538[d] 139[17] 710[b] 449[19] 209[c] 401[d] 72[c] 214[b] (849[b]) 664[c] 708[b] 937[a] 293[d] (484[a]).
antakara-: °ro 337[d], 510[c]=511[c], 1148[c]; °ra 539[d]; °rā 32[d].
antakiriyāya 454[c] 725[c] 727[c] [— ⏑ — — ×].
antagū 458[c] 539[a] || 1133[b] 463[b].
antapūro (*antra-*) 195[a] [Sum. I, **103**[3-14]].
antara-: °rato **6**[a] || 1022[b] 478[a].
antaradhāyatha (*præt.*) 449[d] [S. I, 103[24]].
antarantarā S.N.[1] p. 103.
antarā 291[c], 694[b] (ɔ: antarā yeva, *cf. next*), 462[20].
antarāya (ɔ: antarā yeva) 1120[c].
antarāyo 691[d] 692[c].
antalikkhe 688[b].
antima-: °mā (*nsf.*) 502[b]; °maṃ 478[c].
antimadehadhārī 471[c].
antimasārīraṃ (*asm.*) 624[c].
antepuraṃhā 695[b].
andhaṃ 669[c].
andhakamakasā 20[a].
andhakāra-: °ro 763[b]; °re 156[1].

annaṃ 240^{c}=241^{c}, 971^{a}; annena 82^{c}=481^{c}, 403^{b}; annānaṃ 924^{a}.
annada-: *npf.* °dā 297^{a}.
annapānaṃ 487^{c}—488^{c}—489^{c}=505^{c}; °nena 485^{c}.
-annaya-: 243^{c}. *Cf.* anvaya.
(-)anvagū 586^{d}.
-anvaya-: 254^{a} 556^{b} 36^{b}.
anvānayanti 895^{c}.
anveti 770^{c}; 1103^{d} [⏑ ⏑ — × ?]; anvetu 564^{a}.
anvesin- *vide* anuesin-.
apa (*tmesis*) *672^{c}.
apakassatha (*or* avak°; *imp.*) 281^{d}.
apakkami (*præt.*) 448^{b}.
apa-gantuṃ 481^{13}.
-apacāyin-: 325^{a}.
apacito 335^{d}=336^{d}.
apacca-: °cco 991^{c}.
apatthayāno 900^{c}.
apanamati: °missanti 1101^{d}.
apara-: °ro 1089^{d} (:1094^{b}); °raṃ 158^{24} 1092^{f}; 398^{14} 477^{16} 974^{a}, 791^{a}; °re (*in lieu of* °raṃ ?) 1004^{b}; °rāni 965^{c} ‖ 1094^{b}.
aparaddhā 891^{b}.
apariḍayhamāno 63^{c}.
apaviddho 200^{c}.
apassat-: *gp.* °taṃ 763^{b}.
apānudi (*or* pānudi) 476^{b}.
-apāya-: 647^{b}.
apāra-: *abl.* °rā 1130^{a} [A. V, 4?] *and* °rato 1129^{d}.
apālayi: °yuṃ 285^{d}.
apāhataṃ 827^{b}; °tasmiṃ 826^{c}.
api 563^{d}; 589^{a}; 447^{cd} (*and* app eva 460^{d} 1058^{d}); 685^{d} 835^{b}, 1138^{b}—1140^{b}; 229^{25} 436^{13} 601^{b}, 302^{27}.
apihālu 852^{b}.
apucchi 698^{c} *and* °cchatha 1017^{d}; 2 *sg.* °cchi 1037^{a} *and* °cchasi 1050^{a}; °cchiṃha 875^{a}=1052^{a}; apucchissaṃ 1116^{a}.
apuññāyatanaṃ 399^{c}.
apunabbhavāya 273^{d}, 1121^{d}=1123^{d}.
apurekkhataṃ 859^{c}.
apurekkharāno 844^{c}.
apūresi 413^{c}.
-ape(k)kha-: 344^{c} 82^{d}.
apekhate 435^{c}; °khamānā 773^{c} ‖ 59^{b}.
apekhā 38^{b} ‖ 200^{d}. *Cf.* apekha- *and next.*
-apekhin-: 166^{b}.
apeti: °enti 1143^{b}; °ema 448^{d}.

appa-: °po 61[b]; °paṃ 804[a] 896[a]; 713[c] 775[d].

appaka-: °kaṃ 909[c] || 31[a].

a-ppagabbho 852[c] 941[a].

a-ppaccayaṃ 423[20].

appajahaṃ (*nsm.*) 586[a].

appajānantā 754[c].

appaṭigho 42[a].

appaṭibaddhacitto 65[c].

appatiṭṭhe (*lsn.*) 173[c].

appativattiyaṃ (*asn.*) 554[d].

appa-das(s)e (*apm.*) 1134[c].

a-ppaduṭṭhassa 662[a].

appa-nigghosaṃ 338[c].

appabhogo 114[a].

appamaññaṃ 507[d].

a-ppamatta-: °tto 70[a] 157[22] 186[d] 255[a] 317[d] 404[c] 507[c] 779[c] 934[d] 1056[a], 1121[c]=1123[c], 1142[b]; °ttaṃ 213[a]; °ttassa 567[d] 503[31]; °ttā 445[a] 1045[c].

appa-matta-: °tto 659[a].

appamāṇaṃ (*asn.*) 507[b].

appamādena 184[b] 334[c].

appasaddā (*npm.*) S.N.[1] p. 103; °ddesu 925[d].

appaharite (*lsn.*) 154[20].

a-ppāṇake (*lsn.*) 154[21].

appāhāraṃ 165[b].

appiccha-: °ccho 707[b]; °cchaṃ 628[c].

a-ppiya-: °yaṃ 363[a], S.N.[1] p. 78, 450[c], 811[b] 968[c].

appodake (*lsn.*) 777[b] 936[b].

appossukko 43[c].

abaddho 39[a].

abandhano 948[d].

Ababo S.N.[1] p. 123.

abalo 1120[a]; °lā *770[a].

abbatā 839[d]—840[d].

abbahe (3 *sg. opt.*) 334[d]=592[d]. *Cf.* abbuyha, abbūḷha.

abbuda-: °dāni 660[b] || 660[a].

Abbuda-: °do 476[27].

abbuyha 939[c].

abbūḷhasallo 593[a] 779[c].

abbha-ghanaṃ 348[b].

abbhaññāsi 158[26].

abbha-muttaṃ (*asm.*) 687[c].

abbhāhato 581[a].

abbhutaṃ S.N.[1] p. 92; 681[d].

abbhudīrayi 690[c].

abbhokāso 406^{c}; °se 502^{17}.
abravī 355^{d} 430^{b} 981^{d}=986^{d}.
abrahmacariyaṃ 396^{a}; °yā 400^{c}.
abrāhmaṇa-: °ṇo 650^{bd}; °ṇaṃ 457^{c}.
abhabbā (*npm.*) 725^{c}.
-abhava-: 496^{b}.
abhassatha (3 *sg.*) 449^{b}.
abhāsatha (3 *sg.*) 30^{d}, 409^{d}=419^{d}.
abhikaṃkhati: °khāmi 353^{d} 1061^{b}; °khamāno 510^{b}=511^{b} [— ⏑ — ⏑ — ×]; °khamānā 1102^{b}.
abhikkantaṃ **155^{6}**.
abhikkantadassāviṃ (*asm.*) 1118^{a}.
abhigajjati: °jjaṃ (*nsm.*) 831^{b}.
abhigijjhati: °jjheyya 1039^{a}.
-abhigīta-: 81^{a}.
abhichanno 772^{a}.
abhijaññā 917^{a}; 2 *sg.* 1059^{a} [— ⏑ — ×].
abhijappati: °p(p)anti 1046^{ab}; °ppeyya 923^{c}.
abhijavati: °vanti 668^{b}.
-abhijātika-: 563^{d}.
abhijānāti: °nāmi 1117^{c}; °naṃ (*nsm.*) 788^{c} 1114^{b}. *Cf.* abhijaññā, abhiññāta, °ññā(ya), abbhaññāsi.
abhijāyati 214^{a}.
abhijjhāyiṃsu 301^{d}. *Cf. next.*
-abhijjhita-: 40^{c}.
abhiññā (158^{3} 444^{13}) || *992^{c}.
abhiññā (*gerund*) *992^{c}; (158^{3} 444^{13}).
abhiññātaṃ 558^{a}; °tā 462^{13}.
abhiññāya 534^{a} 743^{c}, 1040^{c}=1042^{a}, 1115^{c} 1148^{a}.
abhiññeyyaṃ 558^{a}.
abhiṇhaṃ 140^{d}, S.N.^{1} p. 60.
abhiṇhasaṃvāsā (*abl. sg.*) 335^{a} [A. III, 164^{16}]=336^{a}.
abhiṇhaso 559^{d} 560^{b}=998^{b}.
-abhitatta-: 1014^{c}.
abhitoseti: °sayaṃ (*nsm.*) 709^{d}.
abhitthavi (3 *sg.*) 399^{2}.
abhinandati: °dāmi 1054^{a}=1067^{a}, 1057^{a}=1083^{a}; *opt.* °de 973^{a} *and* °deyya 710^{c} 944^{a}; *præt.* °duṃ 510^{20}; *gsm.* °dato 1111^{b}.
abhinikkhamitvā 64^{c}.
abhinibbijjayātha 281^{b}.
-abhinibbuta-: 1087^{b}.
abhinibbutatto 343^{d} 456^{b} 469^{c} 783^{a}.
abhipattheti: *nsm.* °tthayaṃ 423^{d} *and* °tthayāno 365^{c}.
abhipassati: *imp.* °ssa (*or* vipassa) 1070^{d}; *nsm.* °ssaṃ 896^{d}.

abhippasanno S.N.[1] p. 101.
abhippahāriṇī (°raṇī) 439^{b}.
abhibhuyya 45^{c} 733^{c} 1097^{a}.
abhibhuyyacārī 72^{b} 467^{a}.
abhibhū 934^{a} [A. III, 202^{10}]; °bhuṃ 534^{c} ‖ 545^{b} 684^{d} (*v.l.*), 211^{a} 642^{c}.
-abhibhūta-: 934^{a}.
abhiyācati: 1 *sg.* °ce 1101^{c}.
-abhirata-: 276^{a} 86^{b} 275^{b}. *Cf.* abhiranta.
abhiratta-: °ttā 891^{d}.
-abhiranta-: 53^{c}.
abhiramati: °ramissasi (°ti) 718^{d}; 1 *sg. præt.* °ramiṃ 1085^{a} [⏑ — ⏑ ×]. *Cf.* abhirata.
-abhirājan-: 553^{c}.
abhiruyha (*or* āruyha) 139^{a}.
abhirūpo 410^{b}.
-abhilāpa-: 49^{b}.
abhilepanaṃ 1032^{c} 1033^{c}.
abhivadati: °danti 891^{a}.
abhivādetvā 1010^{a}.
abhivijiya S.N.[1] p. 103.
abhivindati: *opt.* °vinde 460^{d}.
abhisaṃkharitvā 984^{a}. *Cf.* abhisaṃkhāsi.
-abhisaṃkhāra-: S.N.[1] p. 103.
abhisaṃkhāsi S.N.[1] p. 103.
abhisaje (3 *sg. opt.*) 632^{c}.
abhisajjati: °jjeyya 929^{c}.
abhisajjanā 49^{b}.
-abhisamaya-: 737^{c} 342^{c} 758^{c}.
-abhisambhava-: 429^{b}.
abhisambhavati-: °ve 960^{c} *and* °veyya 965^{c} 968^{d}.
abhisambhavitvā 52^{c}.
abhisitto 889^{c}.
abhiseti *671^{c}.
abhihāraṃ 710^{d}.
abhihāreti: *opt.* °hāraye 708^{b} 710^{b}; *præt.* °hāresi 408^{c} 414^{c}.
abhūtaṃ 397^{d}.
abhūtavādī 661^{a}.
abhejjo 255^{d}.
abhojaneyyaṃ 81^{a}=480^{a}.
-amacca-: 447^{7}.
amaccharī (*nsm.*) 852^{b} 860^{a}.
amaññisuṃ (3 *pl.*) 286^{d}.
amata-: °tā 453^{a}; °taṃ 204^{c}; 960^{b}.
amatapphalā 80^{b}; °taphalaṃ S.N.[1] p. 13.

amatogadhaṃ 635^{c}.
amamo 220^{b} 469^{b} 777^{c}; °mā 494^{b} 495^{b}.
amarā 249^{d} [S. I, 103, *note* 7].
amānasatto 473^{b}.
amāyo 941^{b}.
-amitta-: 561^{c}.
aminā *s.v.* idam.
a-muta-: *vide* 1122^{c}.
amūgo 713^{b}.
amogha-: *nsf.* °ghā 504^{a} 567^{c}; °ghaṃ 354^{b}; 356^{c}.
amosadhammaṃ 758^{a}.
amohayi 2 *sg.* 352^{d}=353^{b} (mâmoh°); 3 *sg.* (*after* mā) amohayittha 332^{d}.
-ambu-: 845^{c}.
ambucārī 62^{b}.
amhan-: *is.* amhanā (*or* asmanā) 443^{d}.
ayas-: *as.* ayo 667^{c}.
-ayana-: 604^{5} 892^{d}.
ayasūlaṃ 667^{b}.
ayomayakūṭehi 669^{b}.
ayosaṃkusamāhataṭṭhānaṃ 667^{a} [⏑ ⏑ — ⏑ ⏑ — ⏑ ⏑ — ×].
araññe 53^{c} 119^{a} *and* araññamhi 39^{a}.
arati 270^{b}=271^{b}, 436^{b} 938^{b}; °tiṃ 642^{a} 969^{c}.
Aratiṃ 835^{a}.
-araha-: 403^{d} [⏑ ⏑ ×].
arahat-: °hā 539^{b} 1003^{d} *and* °haṃ 135^{b} 441^{11} 450^{22}; °hantaṃ 644^{c}; °hato 590^{a}; °hataṃ 158^{27} 186^{a} || 135^{a}.
arahati [— ⏑ ×] 431^{d}, 467^{d} . . . 478^{f}, 486^{a} 723^{c}; °hasi 552^{a} [⏑ ⏑ ⏑ × ?].
ariñcamāno 69^{a}.
aritta-: °ttena 321^{b}.
ariya- [— × ; — ⏑ × *at* 535^{d}; *cf.* ariyasāvaka, anāriya-]: °yo 115^{c}, 535^{d}; °yaṃ 533^{b}; °ye 177^{d}; *npm.* °yā 503^{4} 758^{b} 762^{bd}; °yehi 761^{a} 765^{a}; °yānaṃ 508^{10,21} 822^{b} || 664^{a} 815^{d}.
ariyagarahī 660^{c} [— ⏑ — ×].
ariyadhammaṃ (1) 353^{a}, (2) 783^{c} | 782^{c}.
ariyapavedite (*lsm.*) 330^{a}.
ariyasāvako 90^{b} [— ⏑ ⏑ — ⏑ × ?].
arūpa-: °pesu 755^{b}. *Cf.* āruppa.
arogo 1075^{b} [D. I, 33^{10}]; °gaṃ 788^{a}; °gā 24^{b}.
arocayittha 252^{d}.
arosaneyyo 216^{c}.
alaṃ 217^{c} 896^{a}.

Alakassa 977^b 1011^a.
(-alaṃkaritvā 59^b.)
alattha S.N.^{1} p. 15, 687^d; °tthaṃ 479^b 712^{ab}.
aladdhā (*ger.*) 47^c 448^a.
alabhamāno 924^d.
alaso 96^c.
alābhe (*ls.*) 854^b.
alikaṃ 239^d 450^d S.N.^{1} p. 78.
alippamāno 71^c 456^c; °naṃ 213^e.
alīnacitto 68^b 717^a.
alola-: °lo 65^a; °lā 22^a.
alolupo 707^b; °paṃ 165^b.
avaṃsari (3 *sg. præt.*) 685^a.
avaṃsiras-: *npm.* °rā 248^c.
avakassatha (*or* apak°) 281^d.
-avakāsa-: 1030^c. *Cf.* okāsa-.
avajāta 664^c.
avajānāti 132^b=438^d; °nāsi 335^b; °nāmi 336^b; °neyya 206^c *and* °niyā 713^d.
-avajja-: 47^c 88^c 534^b.
avajjhā (*npm.*) 288^a.
avaṇṇayuṃ (*præt.*) 292^d=294^d.
-avatiṇṇa-: 306^c. *Cf.* otiṇṇa.
avattiṃsu 298^e.
avadaññū 663^c. *Cf. next.*
avadāniyā (*npm.*) 774^b.
-avadhāna-: 322^d.
avamaññatha (3 *sg. præt.*) 314^d.
-avaya 447^{26} Pj.
-avara-: 353^a.
-avalepana-: 194^b.
avasarati: *præt.* avasari 440^{19}. *Cf.* avaṃsari.
avasissati 808^c.
avaseso 694^a.
-avassuta- [Pj. I, 101^{28}, P.P.A. 207^{24}]: 63^c.
avikatthī (*nsm.*) 850^b.
avikampamāno 842^c.
avikampin-: °pinaṃ 952^d.
avikampitā (Fsb.) *vide* avikampin-.
avijjā 730^a 1026^a; °jjāya 199^d=277^b, 1033^a (*metr.* avijjā ?); 729^d 1105^f 1107^d.
avijjāpaccayā 505^{17}.
aviññātaṃ 1122^d.
avitiṇṇakaṃkho 318^d 320^c; °khaṃ 249^f.
avittacittaṃ (Fsb.) *vide* adhimuttac°.

avidūre 301[28].
aviddasū (*npm.*) 762[f].
avidvā 728[c]=1051[a].
avippavāsam (*as.*) 1142[d].
avibhāvayitvā 318[c]=320[a].
avirujjhamāno 73[c]; °nā 833[b].
aviruddho 365[b] 704[c] 854[c]; °ddham 630[a].
avivādabhūmam (°mim) 896[d].
avihiṁsā: °saṁ 292[c].
aviheṭhayaṁ (*nsm.*) 35[b].
avītataṇha-: °hāse 776[d]=901[d].
avītivatto 796[d].
avīvadātā (*npm.*) 784[b].
avekkhati: °khassu 1119[a]; *asm.* °khantaṁ 1118[c]=1119[c].
avecca 378[a].
avedhadhammo 322[b].
avedhamānaṁ (*asm.*) 213[b].
avokkamma 946[a].
avoca [⏑ ⏑ ×, *etc. in* 680[b]-692[a]] 141[7] 155[6] 177[18] 314[22] 398[13, 14] 504[8] 692[a] *and* avocāsi 680[b] 685[c]; avocuṁ 314[7] 691[c].
avyāpajj(h)amāno 1065[c].
avyuyha (Pj[kgn]) *vide* abbuyha.
-avhaya-: 686[d] 684[c] 689[a] *1011[d] 1133[d].
avhānaṁ 710[c].
asaṁyato 89[c] 220[c]; *npm.* °tā 243[a]=247[a].
asaṁvindaṁ (*nsm.*) 951[c].
asaṁsaṭṭhaṁ (*asm.*) 628[a].
asaṁhīraṁ (*asn.*) 1149[a].
asaṁkuppaṁ (*asn.*) 1149[a].
asajjamāno 38[c] 71[b]; °naṁ 213[d]; °nā 466[a].
asaññin-: °ññī 874[b].
a-sat: (*a*) *isn.* asatā 861[b]=950[c], *lsn.* asante 869[b] 870[b] 871[c], *lsf.* santyā 872[c].
(*b*) *asm.* asantaṁ *131[a], *npm.* asant(o) 94[a], *ip.* asabbhi 245[c], *gp.* asataṁ 94[c] *131[a] 527[a].
asatta- (*asakta*): °ttaṁ 1059[b]=1091[d]=176[b], 177[b] 643[c]; °ttā 490[a].
asatthena (*as'astrena*) S.N.[1] p. 103=1002[c].
-asana- (*as'ana*): 311[b].
(1) asanta-: °tesu 912[c].
(2) asanta- *vide* asat-.
asantasat-: °saṁ 74[c] *and* °santo 71[a]; °santaṁ 213[c].
asantāsin-: °sī 850[a].
asantuṭṭho 108[a].

asanthavaṃ (*nsn.*) 207c.
asabbhi *s.v.* asa*t*-.
asama-: *npm.* °mā 220a.
asamadhura-: °rassa 694c 695d.
asamānā *vide* añhamānā.
asampaduṭṭhaṃ 90e.
asampavedhī 28a.
asampassa*t*-: °ssaṃ 582c.
asampāya*t*-: °yantā S.N.[1] p. 90.
asambhuṇa*t*-: *nsm.* °ṇanto 396c.
asaro (?) 937a.
asātaṃ 867a 869a 870a.
asāra-: °ro *vide* 937a.
asāratto 704c.
asita- (ɔ: " anissita "): °to 251d 519d 593a 717c 1065d; °taṃ 219c 957a.
Asita-: °to 679d; °tassa 699b.
Asitavhaya-: °vhayassa 686d 698d [⏑ ⏑ ⏑ ⏑ — ×].
Asipattavanaṃ 673a.
asissāmi *and* asissaṃ 970a. *Cf.* añhamāna.
asīlatā (*is* ?) 839d 840d.
asuci 205a; *nsn.* 197b; *npm.* °cī 75c.
asucīkamissitā (*npm.*) 243b.
asuṇa*t*-: *nsm.* °ṇanto 1023a.
asutaṃ-mutaṃ 1122c.
asuddha-: °ddhena 90f.
asuddhi 900c.
asuddhidhammaṃ (Fsb. Ckb asuddhadh°) 893d.
asubha-: °bhāya 341c ‖ 633b.
asura-: °rā 681b; °rehi 681a.
asurarakkhasā 310b.
asūro 439c.
asesa-: °saṃ 2a 4a 476b 351a; 3a; 724d 726d 1037d, 355c 500a; °sā 7b.
asesavirāganirodhā (*abl. sg.*) 505[10].
asoko 593d °kaṃ 636c.
asmanā *vide* amha*n*-.
(1) assa (asmiṃ asmā) *s.v.* idaṃ.
(2) assa *s.v.* atthi.
(3) -assa (*as'va*) 769b.
Assaka-: °kassa 977a.
a-ssaddho 663c.
assamaṃ 979b ‖ (448[4]).
assamaṇe (*ap.*) 282b.
-assamiya-: 448[4].

assamedhaṃ 303^{c}.
assaratanaṃ S.N.^{1} p. 102.
assava-: *nsf.* °vā 22^{a}; *nsn.* °vaṃ 23^{a}; *npm.* 32^{a}.
assāda- (*āsvāda*): °do 61^{b}; °daṃ 448^{a}.
assādanā 447^{d}.
-assāvin-: 853^{a}.
(1) assu *s.v.* atthi.
(2) assu 291^{d}, 295^{f}=297^{d}, 309^{b} (*cf. skr.* sma).
assuka-: °kāni 691^{b}.
a-ssuti-: °tiyā 839^{c} 840^{c}.
-ahar-: 1070^{d}. *Cf.* ahu.
ahaṃ *s.v.* mad.
Ahaho S.N.^{1} p. 124.
ahāsi 3 *sg.* 469^{d} 470^{a}.
ahitaṃ 692^{b}; °tāya 665^{a}.
ahiriko 133^{c} [⏑ ⏑ — ×?].
-ahu 502^{11}. *Cf.* ahar-.
ahū̆ (*abhūt.*) 139^{d} 312^{b} 354^{d} 357^{b} 504^{a} 829^{d} 873^{d} 938^{b} 978^{b} 984^{d} 994^{b} 1146^{a}; (*after* mā) 1021^{d}; mâhu 949^{b}.
ahosi 158^{28} 423^{29} 475^{10} 835^{b}.

ākaṃkhati 436^{12}; °khasi 229^{26}; *gp.* °khamānānaṃ 569^{c}.
ākāsa-: (1) °so 1065^{c}; (2) °saṃ 944^{d} (ɔ: taṇhaṃ).
ākiñcaññaṃ 976^{c} 1070^{a}, 1071^{b}=1072^{b}.
ākiñcaññâsambhavaṃ 1115^{a}.
ākiṇṇavaralakkhaṇo 408^{d}.
ākirati: °rasi 665^{a}.
āgacchati: °cchanti 730^{d}=733^{d}=743^{d}; °cchantu 451^{18}; °cchantaṃ S.N.^{1} p. 21; āgacchi *s.v.* āgañchi. *Cf.* āgata āgamā.
āgañchi 379^{a} 979^{d}; °chuṃ 138^{c}.
āgato 430^{d} 511^{a} 955^{d}; °taṃ 128^{c} 484^{d} 957^{b}; 20^{c}; °tassa 582^{b}; °tāni S.N.^{1} p. 102=1000^{a} ‖ 373^{a} 318^{b}.
āgantar-: °tāro 754^{d} [A. I, 63^{31}].
āgantvā 415^{c}.
āgamana-: °nāya 15^{b}.
āgamā 191^{b}; 2 *sg.* āgamā 834^{a} *and* (mā) āgami 339^{d} *and* āgā 841^{b}; 1 *sg.* °mam (*or* °im) 510^{a}, 957^{d}=1043^{b}=1105^{d}=1112^{d}=1118^{b}; °muṃ 311^{d} (315^{d} *v.l.*); āgamha 570^{a} 597^{c} (*cf.* 91^{c}).
āgameti: °mentu 451^{22}.
āgamma 91^{c} (*cf.* 597^{c})=1110^{c}, 587^{c} 711^{a}.
-āgāmitā 504^{3}.
-āgāra-: 628^{b}.
āguṃ (*as.*) 522^{a}.

āghātetvā 476[10].
ācamā: °mam 945ᵇ Nidd.
ācarati: *opt.* °re 327ᶜ 401ᵃ.
-ācariya-: 422[22].
ācariyapācariyānam 452[26].
ācariyasādisā (*npm.*) 595ᵈ [— — ⏑ - - ⏑ ×].
-ācāra-: 280ᵈ.
ācikkhati: *imp.* °kkha 1097ᵈ=1120ᵈ=1122ᵉ; °kkheyya 155[33]. *Cf.* akkhāta, akkhāti.
-ājañña- (—ājāniya): 544ᵃ.
ājaññasamyutte (*apm.*) 300ᵃ=304ᶜ.
(ājava-: °vam 945ᵇ. *Cf.* ācamā).
-ājāna-: 762ᵉ.
ājānāti: ājānamāno 1064ᶜ; (aññassati).
ājāniyo 462ᵈ 528ᶜ 532ᵈ. *Cf.* ājañña.
ājīvam (*as.*) 407ᵈ ‖ 617ᵈ.
ājīvikā (*np.*) 381ᵇ.
āṇi 654ᵈ.
ātaṃkaphassa-: °ssena 966ᵃ.
-ātapa-: 52ᵇ.
ātappam 1062ᵃ.
ātāpin-: °pī 157[22] 926ᵇ; °pino 503[32].
ātuman-: °mānam 782ᵈ 888ᵇ 918ᵈ.
ātura-: °rānam 331ᶜ.
āthabbaṇam 927ᵃ.
-ādara-: 247ᶜ.
ādāna-: (1) °nesu 364ᵇ ‖ 620ᵉ. (2) *Vide* ādānasīla-.
ādānagantham (*as.*) 794ᶜ.
ādānataṇham (*as.*) 1103ᵃ.
ādānasatte (*apm.*) 1104ᶜ.
ādānasīlā *244ᶜ.
ādāya 139ᵃ 120ᵃ *247ᵇ ‖ 452ᶜ.
ādi-: (*asn.*) °dim 358ᵃ.
ādikalyāṇam 444[20].
ādicca-: °cco 550ᵈ 569ᵇ 1097ᵇ.
Ādicca-: °ccā 423ᵃ.
Ādiccabandhu-: °dhum 915ᵃ; °dhunā 1128ᵇ; °dhussa 54ᶜ (*a paccekabuddha,* Pj.); °dhu 540ᵈ.
ādittam 591ᵃ.
ādiyati 119ᶜ, 156ᵃ=157ᵃ, 633ᶜ 785ᵈ; 3 *opt.* ādiye 400ᵃ ‖ 253ᶜ *and* 802ᶜ. *Cf.* atta, ādāya, ādeti.
ādisati 1112ᵃ; *ger.* ādissa 1018ᵃ.
ādīnavam (*as.*) 36ᶜ 50ᶜ 69ᶜ 424ᵃ, 732ᵃ=735ᵃ=741ᵃ=745ᵃ=748ᵃ=751ᵃ=753ᵃ=821ᵃ.
ādu 354ᶜ.
ādeti 121ᶜ 954ᵈ. *Cf.* ādiyati.

ānandajāto 687^{d}; °te 679^{a}.
ānisaṃsa-: °saṃ 784^{c}=797^{a}, 952^{c} ‖ 256^{c}.
-ānubhāva *vide* mahānubh°.
āneti 110^{b}.
āpas-: āpo 307^{a}; āpaṃ 391^{b}; āpe 392^{b} ‖ 437^{6}.
āpagā: °gaṃ 319^{a}.
Āpaṇo (°ṇaṃ) 440^{16}.
ābādha-: °dhena 476^{10}.
ābhijaññā *vide* abhij°.
āmaṃ 443^{d}.
āmagandha- [A. I, 280^{6}, D. II, 242^{13}]: °dho 241^{af}, 242^{d} . . . 248^{d}; °dhaṃ 240^{d} ‖ 251^{d}.
āmantanā (°ṇā) 40^{a}.
āmanteti: 3 *præt.* °tesi 394^{23} *and* āmantayi 997^{a}.
āmalaka-. S.N.^{1} p. 122.
āya-: °yena 978^{c}.
-āyata-: 447^{25}.
āyatanaṃ 406^{b} [D. I, 63^{3}] ‖ 399^{c} 373^{c}.
āyatiṃ 49^{c}.
āyasmat-: °mā S.N.^{1} p. 15; 158^{28}, *814, etc.*; °mato 345^{2}.
āyāgo 486^{c}.
āyāti: °yanti 669^{c}; °yāma 463^{7}.
āyu 694^{a} (*msc.*); 1019^{a}.
(-āyuta ? 301^{b}.)
āyuppamāṇaṃ *vide* 476^{19}.
āyūhati 210^{d}.
āragga-: *abl.* °ggā 631^{c}; *loc.* °gge-r 625^{b}.
āracayāracayā *673^{d}.
ārajayārajayā *673^{d}.
āraddhacittā (*npm.*) 436^{13}.
āraddhaviriyo 68^{a} 344^{d}.
ārabbha 972^{c}.
ārambha-: °bhānaṃ 744^{c} ‖ 745^{d} 745^{c}.
ārambhapaccayā (*abl.*) 507^{12} 744^{b} 745^{b}.
ārammaṇaṃ 506^{c}; 945^{c} 1069^{c}; *np.* °ṇā 474^{c}.
ārā 156^{c}=157^{c}; 736^{d}.
ārādheti: 3 *opt.* °dhaye 488^{d}=509^{b}.
-ārāma-: (*a*) 327^{a}, (*b*) 502^{1}.
āruppa-: °ppā 508^{10}. *Cf.* arūpa.
āruppavāsino (*npm.*) 754^{b}.
āruyha (*or* abhiruyha) 139^{a}.
āruhi: °huṃ 1014^{d}.
āruhitvā 321^{a}.
ārogyaṃ 749^{a}.
ārocāpeti: 3 *præt.* °pesi S.N.^{1} p. 107.
-āroha-: 420^{c}.

-ālamba-: 173^{c}.
ālaya-: *np.* °yā 635^{a}; *ap.* °yāni 535^{a} || 177^{b}.
-Ālava-: 344^{27}.
Ālavaka-: °ko 230^{24}; °kassa 217^{5}.
Ālavi-: °viṃ 191^{b}; °viyaṃ 217^{5} SN^{1}. p. 61.
Ālavi-Gotamo 1146^{b}.
āloko 763^{d}.
āvaṭo 276^{b}.
āvaṭṭitvā 423^{24}.
āvaraṇa-: °ṇāni 66^{a} || 1005^{a}.
āvaraye (3 *sg. opt.*) 922^{b}.
āvasati: 3 *opt.* °se 805^{d} *and* °seyya 1134^{b}; *npm.* °santā 43^{b}.
āvasatha-: °thehi 287^{d} || 672^{a}.
āvahati: °heyya 893^{c}. *Cf.* āvahāti.
-āvahana-: 256^{b}.
āvahāti 181^{b} 182^{b}.
-āvāsa-: 406^{a}.
āvāho 448^{5}.
āvikaroti: °romi 84^{b}; °rohi 85^{d} 349^{d}.
-āvila-: 160^{b}.
āvilattaṃ 967^{c}.
āvisati: āvisi 936^{d}.
-āvudha-: 1008^{a}.
āvuso 227$^{1, 10}$.
-āsa- (*ās'a, cf. next*): 460^{c} 387^{d}.
-āsaka-tta-: 249^{a}.
-āsaṃkin-: 255^{b}.
-āsaṅga- *vide* uttarāsaṅga.
āsajja 448^{c}; āsajja naṃ 418^{d} [ɔ: āsajjāna(ṃ)? *Cf.* S. I, 114^{30} *and* sakkaccā naṃ Mil. 397^{19}, *printed* sakkaccānaṃ *in the Siṃhalese version, Colombo*, 1878].
āsatti-: °tt'ṃ 777^{d} || 851^{a}.
-āsada-: 451^{16}.
āsanaṃ 810^{b} 958^{b}; °nena 981^{b}; °nā 401^{22}; °nesu 925^{c} || 718^{a} 963^{b}, 338^{b}, 72^{c}.
āsanūpagato 708^{d}.
-āsaya-: 972^{d} 56^{c}.
āsava-: *np.* °vā 162^{c}=163^{c}, 546^{b}=572^{b}, 1100^{c}; *ap.* °vāni (*cf.* ālaya) 535^{a}; °vehi 510^{25}; °vānaṃ 374^{b} 749^{b} || 178^{d} 82^{b} 913^{a} 472^{a}.
āsavakhīṇo 370^{a}.
āsasāno 1090^{a} 1091^{a} || 369^{c}.
āsā (*sg.* ?) 864^{c}=865^{c}; āsaṃ 474^{a} 794^{d}; *np.* āsā 634^{a}.
āsi (*præt.*) 286^{a} 293^{a} 299^{a} 541^{a} 681^{a} 994^{c}, 1084^{c}=1135^{c}; āsuṃ 284^{a} 285^{ac} 288^{a} 311^{a}.

āsimsati 779d; °santi 1046a; °samānā 1044c.
āsīno 1136a; °nam 1105a.
āsum *s.v.* āsi.
āsevamāno 73b.
āha: 3 *sg.* 158c=159c 796c 887d 888b; 2 *sg.* (475e) 661b 840b; 1 *sg.* 839b: āhu 87d 88d, 181d 182d, 208c 274b 401c 450a 453d 513ab 517d 518a 521d 528i 533a 534d 535d 537f 762abc 775d 782c 790a 810c 816d 824b 827a 867a 879b 882b 883ab 886d 892b 898a 903ab 904abd.
āhacca 716c.
āhāra-: *ls.* °re 78b; *gp.* °rānam 747c ‖ 985a 165b 707a 748c.
āhārapaccayā (*abl.*) 507i5 747b 748b.
āhito 18c.
āhu *s.v.* āha.
āhuti 175i; (*np.* ?) 249e; °tim 458d.

-igha-: 17b.
imgha 83d 189a 862d, 875b=1052b.
icc *vide* iti.
-icchaka-: 39b.
icchati 127b 564ab 766d 813c; icchasi 512b 836a; icchāma 345b; icche 835d; iccheyya 35c; *nsm.* iccham 826b 831b 937c.
icchā 311b; iccham 706a; icchāya 707c *and* icchā 872c; icchānam S.N.1 p. 121 ‖ 707d 628c 133b (39b).
Icchānangala- (*or* °namkala-): °le 4625 *and* I-vanasande *ib.*
icchānidānā 773a; °dānāni 872b.
icchāvatinna-: °nānam 306c.
icchita-: °tāse 803b (Fsb.) *vide* paticchita.
ijjhate 461c; ijjhanti 485d; 3 *opt.* ijjhe 458d 459a.
iñjanā 193d.
iñjitam (*ns.*) 1048b: °tā (*np.*) 1040b 1041d; °tānam 750c.
iñjitapaccayā (*abl.*) 5081 750b 751b.
ittha-: *lsn.* itthe 154c 155c; *npm.* itthā 759c ‖ 154c.
inam 120c; 120a.
inaghāta-sūcakā 246a.
itarītarena 42b.
iti **18a**, *etc.*; 61c 90d, 93a . . . 113a, 116d . . . 134d, 137d 253b; 253d (*after* ti); 310c 344a 398d 406d 555d 590d 596d 597d 712b; 783b (iti ham); 805d, 824a=892a, 873d 998d, 1084c=1135c, 1094c, 1104c, 1108d=1109d, 1115b 1130d; icc 241b 251a 355d
itibhavābhavatā: °tam 6b [— ⏑ ⏑ — ⏑ ⏑ × ?].
-itiha-: 934b 1084d [itihā ? *Cf.* itikirāya A. I, 1899, *and*, *perhaps*, hisohisā, Deśīnāmamālā VIII, 69].

itihāsa-: °se 1020^{a}.
itihāsapañcamānam 447^{18}.
itihītiham 1084^{d}=1135^{d}.
ito 271^{c} 570^{b} 774^{d} 841^{c} 891^{a} 955^{a} 1062^{c}; 1101^{d} [— ×. o: etto ?].
itojā (*npm.*) 271^{b}.
itonidānaṃ 870^{d}; °nā 271^{a}; 865^{c}.
ittaraṃ 757^{d}.
itthaṃ 344^{16}.
itthatta-: °ttāya 158^{21}.
itthabhāvaṃ 1044^{c}.
itthabhāvaññathābhāvaṃ 729^{c}, 740^{c}=752^{c}.
itthidhutto 106^{a}.
itthiratanaṃ *vide* 450^{9}, *etc.*
itthisoṇḍiṃ (itthiṃ s°) 112^{a}.
itthī: itthiṃ *vide* 112^{a}; *ap.* thiyo 769^{c}.
idaṃ: *nsm.* ayaṃ 205^{a} 352^{c} 383^{ab} 406^{a} 411^{b} 433^{b} 402^{5} 594^{d} 690^{d} 692^{d} 693^{ac} 730^{a} 764^{d} 1117^{a}; *nsf.* 298^{f} 502^{b} 659^{ad} 676^{a}; *asm.* imaṃ 8^{b} 30^{d} 273^{c} 398^{b} 409^{d}=419^{d}, 410^{a}=562^{a}, 401^{15}, 516^{c}=520^{b} 638^{a} 706^{d} 779^{d} 1059^{c} 1060^{b} 1064^{d} 1069^{d}; *asf.* 545^{d}=571^{d} 768^{c} 776^{b} 1002^{b} 1104^{d}; *nsn.* idaṃ 9^{b} . . . 13^{b}, 36^{b} 137^{b} 203^{ab}, 352^{a} (tava-y-idaṃ), 712^{a} 714^{d} 730^{b} 508$^{15, 20}$ 756^{d} 761^{c}, (795^{d} (Nidd !), 804^{a} 805^{c} 806^{b} 808^{b} 832^{b} 895^{b} 951^{a}, 1077^{b} (ta-y-idaṃ), 1092^{f}; *asn.* idaṃ 398^{13}, 502^{a}=504^{c}, 504^{8} 680^{b} 685^{c} 835^{c} 837^{a} 878^{d}, 981^{d}=986^{d} *and* imaṃ 556^{c}; *is.* tad aminā 137^{a} [Mogg. I, 47=I, 3: 22]; *abl.* asmā 185^{e}; *gsmn.* assa 94^{a} 154^{d} -155^{d}, 162^{c} [*cf.* 354^{b}] 163^{c} 197^{a} 199^{a} 208^{b} 209^{b}, 354^{b} [kacci 'ssa — ⏑ ⏑], 584^{c} 692^{c} 693^{d} 819^{c} 827^{a} 830^{a}, 898^{c} (Pj.), 961^{ab} 994^{c} 1017^{a} 1019^{c} 1022^{b} 1032^{c} 1033^{d} 1100^{c} 1108^{c} 1109^{b}; *ls.* asmiṃ 634^{b} 990^{b}; *npm.* ime 179^{a}, 381^{a}~382^{a}, 384^{a}, 566^{a}~573^{a}, 879^{d} 880^{d}~895^{a} 903^{d}, 1044^{a}=1045^{a}, 1049^{c} 1079^{a}=1080^{a} =1081^{a}, 1135^{a} (*cf.* 1084^{a}); *apm.* ime 773^{d}; *npf.* imā 897^{a} *and* imāyo 1122^{b}; *apf.* imā 429^{c}; imesaṃ 879^{c} 903^{c} ‖ 422^{29}.
idāni *vide* dāni.
iddhābhisaṃkhāraṃ (*as.*) S.N.^{1} p. 103.
-iddhi-ka- *vide* mahiddhika.
iddhimat-: *npm.* °manto 179^{b}.
idha 27^{c} (?), 87^{ab} 114^{c} 117^{b} 131^{a} 173^{ab} 181^{a} 182^{a} 189^{d} (?) 202^{b} 204^{b}, 243^{a}=247^{a} [*metre* ? *cf.* 1082^{c}], 246^{bc} 294^{b} 396^{11} 318^{c} 347^{a} 355^{a} 430^{d} 440^{b} 456^{c} 458^{b} 460^{d} 468^{c} 470^{c}, 487^{e} 488^{c}=489^{c} 505^{c}, 496^{b}=801^{b}, 499^{b} 531^{a} 536^{a} 564^{c} 574^{b} 587^{d} 589^{d} 626^{b} 636^{a} 639^{a} 640^{a} 664^{d}

676^{ac} 678^{a} 694^{a} 775^{a} 787^{d} 790^{d} 793^{d}=802^{d}, 795^{d}, 801^{ab} 802^{a} 821^{a} 824^{a} 832^{c} 833^{d}, 875^{d}–876^{b}, 892^{a} 898^{c} (899^{c}) 902^{c} 912^{a} 947^{d} 948^{a} 957^{c} 961^{b} 971^{b} 1038^{b} 1040^{af} 1042^{d}, 1043^{d}=1044^{c}=1045^{c}, 1056^{d} 1060^{a} 1062^{b} 1065^{d} 1078^{b}, 1082^{c}=1083^{c}, 1086^{a}, 1097^{e}=1120^{e}=1122^{f}. *Cf.* iha.

Inda-: °do 310^{b} 1024^{b}; °daṃ 316^{b} 679^{b}.

-inda-: 836^{b} 553^{c}.

indriya-: °yāni 516^{a}; °yesu 340^{b} ‖ 63^{b} 697^{d} 250^{a} 214^{c}.

iriyati [*always* — ⏑ ×] 1097^{a}; iriyāno 947^{c}, iriyamānaṃ 1063^{b}.

iriyā: °yaṃ 1038^{c}.

iriyāpathaṃ (*as.*) 385^{c}.

iva: -ar iva 687^{c} 1134^{d}, -ir iva 679^{c}, -or iva 29^{a} 214^{a} 631^{c}, -er iva 625^{b}; -am iva 1^{d} 5^{b} 270^{d}=271^{d} 576^{a} 686^{a} 687^{a} 770^{d}; -ām iva 411^{b} 763^{d}; °ssêva 272^{b} 384^{d} 768^{b} 962^{c}. *Cf.* va, viya.

isi 679^{d} 689^{a}, 1008^{d}=1125^{f} *and* isi-m 692^{a} (<691^{c}); *as.* isiṃ 691^{c} 1126^{b}; *voc.* ise 1025^{d}; *np.* isayo 284^{a} 458^{a} 1043^{c} 1044^{a}=1045^{a} ‖ 1116^{c} 82^{a}.

isinisabhaṃ (*as.*) 698^{b}.

Isivhaya-: °ye 684^{c}.

isisattama *356^{b}.

issatthaṃ 617^{b}.

issara-: °ro 552^{d}.

issariya- [— ⏑ ⏑ ×, Ud. 18^{17}]: °yasmiṃ 112^{c} [A. II, 249^{23} A. III, 38^{8}].

issā (*is. cf.* icchā) 110^{c}.

iha 460^{a} (tasmāt iha).

īti 51^{a} ‖ *See next.*

-ītika-: 1137^{c}.

īsā 77^{c}.

ukkādhāro 335^{c}=336^{c}.

ukkāmukha-: °khe 686^{b}.

ukkujjeyya (3 *opt.*) 155^{b}.

ukkhittapalighaṃ (*asm.*) 622^{c}.

uggaṇhāti: 3 *pl.* uggahaṇantā-m 911^{d}=912^{d} Pj.

uggayha 832^{a} 845^{b}.

-uggaha-: 912^{d}.

uggahaṇ° *vide* uggaṇhāti.

-uggahāya 837^{c} Pj.

uggahāyanti 791^{c}.

uggahītaṃ 795^{d} 833^{d} 1098^{c}.

ugghaṭṭapādo 980^{a}.

ugghātinighāti-hoti 828^{b}.

uccāvaca-: °cā 714^{a}: 703^{a}; °caṃ 792^{bd}; °vacesu 959^{a}.
ucchijja 208^{a}.
ucchindati *vide* udacchidā ucchinna ucchijja.
ucchinnabhavataṇha-: °ṇhassa 746^{a}.
uju 550^{b}; ujuṃ 422^{a} [J. V, 199^{21}]. *Cf.* ujju.
-ujja- [Pāṇ. III, 1: 106]: 825^{c}.
ujjahāti: ujjaha 342^{b}.
ujju(m) 215^{a}~464^{b}–497^{b}~499 A^{b} ‖ 352^{b}.
ujjugato 477^{b}; °tā 350^{d}.
Ujjeniṃ (*as.*) 1011^{c}.
uñcha-: °chena 977^{d}.
uññātabbo 424^{3}.
uṭṭhahati: *imp. pl.* °haṭha 331^{a}=332^{a}. *Cf.* uṭṭhāya uṭṭhita.
uṭṭhātar-: °tā 187^{b} ‖ 96^{b}.
uṭṭhāya 401^{22}.
-uṭṭhita-: 178^{b}.
-uṇṇata-: 702^{d}.
uṇṇati 830^{a}.
uṇṇamati 829^{c}; °meyya 366^{a} 928^{b}.
uṇṇametave (*inf.*) 206^{b}.
uṇṇā 1022^{b}.
uṇhaṃ 52^{a} ‖ 966^{b}.
utuveramaṇiṃ (*as.*) 291^{b} [A. III, 226^{7}].
utūpasevanā 249^{e}.
uttama-: °mo 684^{b} 690^{d}; *nsf.* °mā 454^{d}; *asm.* °mam 848^{d} 1054^{b} 1130^{b}; *asf.* 1067^{b}; *nsn.* 655^{d} 822^{b}; *asn.* 450^{a} 700^{d} ‖ 83^{c} 1021^{b} 1012^{b} 274^{b} 684^{a} 898^{a}.
uttamatthaṃ (*as.*) 324^{d} 627^{c}.
uttamavaṇṇin-: *gs.* °ṇṇino 551^{d}.
uttamavedanā: °naṃ 435^{b}.
-uttara-: 437^{6} 179^{d}.
uttarati *vide* udatāri.
uttarāmukha-: °khā 1010^{d}.
uttarāsaṅgaṃ S.N.[1] p. 97.
uttariṃkurute 796^{b}.
utrastaṃ (*asm.*) 986^{a}.
uda 455^{b} 955^{b} 1090^{ab}; uda vā 193^{b} 842^{a} 1075^{a}. *Cf.* udāhu.
udakaṃ 770^{d}; 1014^{a}; °ke 154^{23} (605^{b} *v.l.*) ‖ 777^{b} 319^{b}.
udakamaṇikaṃ (*as.*) S.N.[1] p. 101.
udakarahado 467^{c}.
udagga-: °ggo *424^{29} 994^{b} 995^{a}; *apm.* °gge 680^{a} ‖ 689^{d} 1028^{c}.
udacchidā (3 *sg. præt.*) 2^{a} 3^{a}.
udatāri (3 *sg. præt.*) 471^{a}.
-udadhi-: 720^{d}.
udabindu 812^{a}.

udapādi (*præt.*) 346^{24} 462^{23}.
udabbadhi (*præt.*) 4^{a}.
udabbahe (*opt.*) 583^{b}.
Udayo 1008^{a}=1125^{c}, *1105*.
udara-: °rena 609^{b}; °re 78^{b} 716^{d} || 707^{a} 604^{a}.
udāharati: °reyya 389^{c}.
udāhu 599^{d} 875^{e} 885^{d}; udāhu ve 1075^{b} 1077^{d}; udāhu no 347^{8}.
udīreti: *opt.* °raye 632^{b}.
udumbara-: °resu 5^{b}.
uddiṭṭha-: *npm.* °ṭṭhā 422^{8}.
uddhaṃ 537^{b}—1055^{b}—1068^{b}=1103^{b}, 894^{b} 1122^{b}.
uddhaṃsara-: *npm.* °rā 901^{c}.
-uddhata-: 850^{c}.
uddhana-: °nāni S.N.[1] p. 101.
-uddhari*n*- ? *952^{a}.
uddhumāto 200^{b} [A. I, 140^{15}].
upakkamo 575^{a}; °mena S.N.[1] p. 123.
upakkilesa-: *ap.* °se 66^{b}.
-upakkuṭṭha-: 463^{5}.
-upaga-: 725^{d} 139^{d} 587^{b} 754^{a}.
-upagata-: 708^{d} 415^{a}. *Cf.* upāgañchi, upāgata.
upacitapuññasañcayo 697^{c}.
upaccagā (3 *sg. præt.*) 636^{b} 641^{b} 827^{d}; (*after* mā) 333^{c}.
upacchindati: *opt.* °nde 972^{d} [× ⏑ — ×].
upajīvati 612^{b} 614^{b} 616^{b} 617^{b}.
-upajīvi*n*-: 217^{b}.
upajjhāyo 346^{16}.
upaññissaṃ (*or* °ñassaṃ) 701^{a} 716^{a}.
upaṭṭhahati: *imp.* °hassu 82^{c}=481^{c}. *Cf.* upaṭṭhita.
upaṭṭhānaṃ (*as.*) 138^{c}.
upaṭṭhita-: °to 708^{c}; *nsf.* °tā 153^{b}; *asm.* °taṃ *130^{b}; *nsn.* 286^{b}; *ls.* °te *130^{b} *and* °tasmiṃ 295^{e}; *npm.* °tāse 898^{b}.
upativattati 712^{d} (B^{ai}). *Cf.* upātivatta.
upadissati: 3 *pl.* °ssare 140^{d}.
upaddavo 51^{a}.
upadhi-: °dhiṃ 728^{ce}=1051^{ac}; *np.* °dhī 33^{c} 34^{c} 546^{a}=572^{a}; °dhīsu 364^{a} || 33^{d} 374^{c} (1057^{b} 789^{c}).
upadhipaccayā (*abl.*) 505^{9}.
upadhisaṃkhaye (*ls.*) 992^{f}.
-upadhīka-: 1057^{b} 789^{c}.
upadhīnidānā (*abl.*) 728^{a}=1050^{c}.
upanāmeti: *præt.* °mesi 151^{24} 302^{26}.
upanāhi*n*-: °hī 116^{a}.
upanijjhāyitaṃ 508^{16} ^{21}.

upanibajjhate 218^{b}.
upanivattati (*or* upativ°) 712^{d}.
upanisā 503^{g} ‖ 322^{d}.
upanissāya 867^{b} [— ⏑ — — ×, *cf.* 901^{a}]; 901^{a} 978^{a}.
upanissitā (*npm.*) 877^{a}.
upanītā (*npm.*) 677^{b} ‖ 846^{d} 774^{c} 898^{d}.
-upaneyya- (*ger.*): 799^{c}.
upapajjati 508^{f}=509^{d}; *præt.* °jji 476^{g}.
upapatti: °ttiṃ 643^{b} ‖ 139^{f} 836^{d}.
upapanna-: °nnaṃ 1077^{d} ‖ 1077^{c} 68^{c} 212^{a} 322^{d}.
-upapāta-: 517^{b}.
upaplaviṃ (1 *sg. præt.*) 1145^{b}.
upamā S.N.[1] p. 123: 1137^{d}=1139^{d}=1141^{d}=1149^{b}; °maṃ 705^{c} ‖ 703^{b} 721^{c} 716^{b}.
upaya- °yo 787^{a}; °yaṃ 897^{c} ‖ 786^{d}.
upayaññū *vide* upāyaññū.
uparato 914^{d}.
uparujjhati 724^{d}=726^{d} 1036^{d} 1037^{df} 1110^{b}=1111^{d}.
uparundhati 118^{a} (B^{ai} Pj.); *opt.* °ndhe 916^{b}; *ger.* °dhiya 751^{d}.
uparodhanaṃ 761^{b}; *abl.* °nā 732^{d}.
upalabbhati 858^{d}.
upalitto 779^{b} ‖ 211^{b}.
upalippati 547^{b} 812^{c}.
upavasati: *ger.* upavassa 402^{a}. *Cf.* upavutth°.
upavāda-: °daṃ 929^{b} ‖ 389^{d}.
-upavāhana- ? 391^{b}.
upavisati *vide* upāvisi.
upavutthuposatho (*nsm.*) 403^{a}.
-upasaṃhita-: 341^{b} 1132^{d}.
upasaṃkamati: *præt.* °mi 139^{18} 140^{7}; *ger.* °mitvā 140^{19} *and* upasaṃkamma 166^{c} 418^{c} 460^{b} 980^{c} 986^{c}.
upasaṃkheyyo 849^{c}.
upasanta-: °to 342^{d}=949^{d}=1099^{d}, 848^{b} 857^{a}; °tassa 919^{c}; *npm.* °tā 1087^{c}.
upasama-: °massa 257^{b}; °me 737^{b} ‖ 724^{f} 735^{c}.
upasamati: *opt.* °me 919^{a}.
upasampajja 158^{4}.
upasampadā: °daṃ 157^{20}.
-upasampanna-: *vide* acirūpas°. S.N.[1] p. 15.
Upasīvo 1007^{a}=1124^{c}, *1069*.
upasussati: *opt.* °sussaye 433^{d}.
upasevati: °sevamāno 318^{a}.
upasevanā 249^{c} ‖ 249^{e}.
upahaññati 584^{d}.

upāgañchi: °chuṃ 1126^{a}.
upāgataṃ (*asm.*) 1016^{d}.
upāgami 426^{b} 685^{b}; °muṃ 302^{b}=306^{f}, 315^{d} (C^{kb}), 1126^{d}; °mamha 349^{c}.
upātipannā (*npm.*) 495^{a}.
upātivatto 55^{b} 370^{b} 474^{b} 520^{c} 526^{c} 907^{c}; °ttā 500^{b}. *Cf.* upativattati.
upādā-: °dāya 168^{c} 169^{c}.
upādānaṃ 170^{a}; °nassa 358^{b} || 546^{c}.
upādānakhaya-: *abl. s.* °yā 743^{a}; °ye 475^{c}.
upādānapaccayā (*abl.*) 507^{4} 742^{a}.
upādāya *vide* upādā | 363^{b}.
upādiyati: °yanti 1103^{c}; °yetha 1104^{a}; upādiya(ṃ) 752^{b}. *Cf. next.*
-upādiyāna-: 470^{c}.
upādisesa-: *ls.* °se 504^{3} || 876^{d} 354^{c}.
upāyaññū 321^{d}.
upāyāsa-: *np.* °sā 542^{a}.
upāvisi 418^{d}; °suṃ 415^{b}.
upāsaka-: °ko S.N.^{1} *p.* 66. °kaṃ S.N.^{2} p. 16 *note* 1; *np.* °kā 384^{b} *and* °kāse 376^{d}.
-upāsana-: 718^{b}.
upāsito 1133^{d}.
upekhako 515^{a} 855^{a} 912^{c}.
upekhati 911^{d}.
upekhā: °khaṃ 67^{c} 73^{a} 972^{c}.
upekhāsatisaṃsuddhaṃ (*asm.*) 1107^{a}.
upeta-: °to 463^{a}; °taṃ 722^{b}; °tassa 700^{a} || 402^{d} (700^{a} Fsb.) 157^{8}.
upeti 209^{d} 221^{b} 318^{d} 380^{b} 404^{d} 535^{b}, 660^{c}=661^{a}, 667^{b}, 728^{d}=1051^{b}, 749^{d} 780^{c} 787^{a} 897^{b} 911^{a} 1074^{bd}; upenti 668^{b} 674^{b}; upema 31^{c}; *fut.* upessaṃ (upeyyaṃ B^{ai}) 29^{c}.
uposatho **153**^{a} [Vin. I, 102^{34}]; °thaṃ 401^{c} 402^{a} || 403^{a} 502^{11}.
uppajjate 584^{c}. *Cf.* uppanna, udapādi.
uppatitaṃ (*asm.*) **1**^{a} 591^{e}.
-uppatti-ka-: 420^{b}.
uppanna- [Pj. II, 4^{11}-7^{32}]: °nno 998^{c}.
uppannañāṇo 55^{c}.
Uppalako S.N.^{1} p. 124.
uppādā (*np.* B^{ai} uppātā, *skr.* utpāta-) 360^{b}.
ubhantaṃ 1040^{c}=1042^{a}. *Cf.* ubho.
ubhaya-: °yaṃ 628^{b} 1106^{b}; °yena 712^{c}; *ls.* °ye 547^{d}.
ubhayante (*loc.*) 801^{a}.
ubho 220^{a} 543^{d} 594^{b} 597^{b} 661^{c}; *acc.* 582^{c}, ubho saṅga-m 636^{b}, ubh' anta-m 1040^{c}=1042^{a}; ubhosu 778^{a}.

ummādana-: °naṃ 399^{d}.
ummādanantaṃ 398^{d}.
uyyuta-: *npm.* °tā 247^{b} || 248^{b}.
ura*s*-: urasā 609^{c}; urasi 255^{c}.
urago 1^{d}; *ap.* °ge 604^{b}.
ulāro 53^{b}; °raṃ 58^{b} 301^{c}.
usabho 26^{c} 27^{c} *and* °bho-r 29^{a}; °bhaṃ 646^{a} || 687^{b} 684^{b} (321^{22}) 416^{c}.
usuyyaka-: *asm.* °kaṃ 318^{b} || 325^{a}.
usuyyā 245^{b}.
ussa- (*ṛṣva*): ussesu 860^{b}=954^{b}.
ussada-: *as.* °daṃ 920^{d}; *np.* °dā 515^{d} 783^{d} 855^{d} | 624^{b}.
ussuka-: *npm.* °kā 298^{d}.
-ussukka-: 43^{c}.
ussussati 985^{a}.

ūnaka-: *nsn.* °kaṃ 721^{a}.
ūṇūdaro 707^{a} [Mil. 406^{20}-407^{3}].
ūmi 920^{b}.
ūru-: ūrūhi 610^{c}.
ūhacca 1119^{c}.

eka: eko **35**^{d} . . . 75^{d}, 157^{21} 102^{c} 388^{b} 415^{c} 718^{d} 816^{a} 956^{d} 1069^{a} 1136^{a}; *asm.* ekaṃ 135^{24} 208^{c} 213^{a}; *nsn.* 884^{a}; *asn.* 883^{d} 884^{d}; ekassa Ś.N.^{1} p. 86; *npm.* eke 43^{a} 294^{b} 390^{a} 441^{b} 780^{a} 840^{f} 875^{c} 876^{ac}, 883^{a} 903^{a} 908^{b}; ekassa eko 397^{b}; ekamantaṃ **140**^{20} 314^{2,6} 456^{16} 1017^{c} || 156^{32} 1009^{a} 580^{c}.
(1) ekaṃsa- (*ekāṃśa*): °so 427^{b}.
(2) ekaṃsa-: *asn.* °saṃ 347^{9} 1027^{c}.
ekaguṇaṃ (*nsn.*) 714^{d}.
ekaggaṃ (*asn.*) 341^{d}.
ekacaraṃ (*asn.*) 166^{a}; °rā 451^{19}.
ekacariyaṃ (*as.*) 820^{b} 821^{c}.
ekajaṃ (*asm.*) 117^{a}.
ekattaṃ 718^{c}.
ekadā 198^{b}.
Ekanālā: °lāyaṃ 136^{25}.
ekameko 580^{c}; °kassa 1129^{a} (oc 397^{b}).
ekarattivāso 19^{b}.
ekādasamo 113^{b}; °maṃ 111^{c}.
ekāsana-: *gs.* °nassa 718^{a}.
ekodi (*nsm.* !) 962^{b}.
ekodibhūto 975^{d}.
ejati 859^{d}.
ejā: ejaṃ 751^{c} || 87^{c}.

ejānuga-: *npm.* °gā 791^{b}.

eṇijaṃgha-: °ghaṃ 165^{a}.

eta*d*: eso 61^{ac} (135^{d}) 253^{d} 312^{a} 313^{a} 393^{c}, 448^{15} (: yadidaṃ), 616^{d} 619^{d} 742^{d} 830^{b} 998^{a} (157^{1}, 242^{d} . . . 248^{d}) *and* esa 81^{b}=480^{b} 356^{a} 416^{a} 440^{a} 453^{b} 504^{d}=1052^{f}=1057^{d} =1075^{d}=1102^{d}, 819^{c} 1147^{a}; esā 80^{a}, 81^{d} (Pj. !), 193^{d} 439^{a} 451^{10} 648^{a}; *asm.* 241^{e} 251^{a} 297^{c} 401^{c} 838^{c}, 869^{cd} =870^{cd}, 933^{a} 1037^{a} 1094^{b} (1118^{a}); *asf.* 80^{c} 333^{c}; *nsn.* etaṃ 51^{b} 172^{a} 203^{ab} 207^{d} 347^{d} 375^{a} 565^{a} 611^{b} 655^{d} 699^{a} 508^{17,21} 815^{d} 896^{a} 908^{a} (989^{d} eta *or* ettha) 1036^{d} 1037^{f} 1115^{e}, *asn.* etaṃ 37^{c} 49^{c} 51^{c} 93^{a} 172^{c} 346^{a} 399^{c}, 404^{c} 653^{a} 732^{a}=735^{a}=741^{a}=745^{a}=748^{a}=751^{a}=753^{a}=821^{a}, 732^{f}, 739^{a} 777^{c} 788^{c} 817^{c} 828^{c} 830^{c} 873^{c} 882^{a} 896^{c} 900^{b} 989^{a} 1024^{d} 1036^{c} 1057^{a}=1083^{a} 1068^{c} (1115^{c}); *nsn.* etad 822^{b} 423^{20}; *asn.* etad 141^{7} 155^{5} 177^{18} 314^{22} 398^{14} 504^{9}, 314^{7} 274^{b}, 430^{b}, 1087^{a}=1095^{a}; *isn.* etena 655^{c}; *npm.* ete 188^{a} 705^{ab} 760^{bc} 828^{a} 868^{b} 869^{b} 870^{b} 1001^{a} 1035^{d} 1126^{a}; *apm.* 47^{c} 90^{a} 115^{a} 135^{e} 839^{e} 877^{a} 887^{b} 970^{c}; *npf.* etā 297^{a}; *apf.* 897^{b}; *apn.* etāni 52^{c}; etesu 248^{a} 339^{c} 387^{c} 392^{c} 828^{b} 975^{a} 1055^{c}; etāsu 607^{a}.

etādisa: °so 588^{c} 681^{c}; *asn.* °saṃ 836^{a}; °sena 206^{a}; *npm.* °sā 90^{c}.

etādisakaṃ (*or* edisakaṃ) 313^{c}.

(1) eti 364^{a} 376^{c}, 521^{d}=535^{d}, 831^{b} 846^{b} 860^{d} 877^{c} 894^{b}; yanti *s.v.* yāti; 3 *sg. opt.* eyya 897^{c}.

(2) eti (*āiti*) 666^{b}; *imp.* ehi 165^{d}, etha 997^{c}.

ettāva*t*-: ettāvatā (*see next*): 478^{e}, S.N.^{1} p. 112 (: yato).

ettāvataggaṃ 875^{c}=876^{a}.

etto 448^{b} 875^{e} (1101^{d} ?).

ettha 61^{ab} 171^{c} (414^{d}) 424^{d} 441^{a} 447^{c} 502^{a} 504^{c} 506^{d} 762^{f} 893^{b} 938^{c} 989^{b} (989^{d} B$^{(a)m}$) 1037^{f} 1149^{c}.

etthavāso (?) 414^{d}.

edisakaṃ (*or* etādisakaṃ) 313^{c}.

edhati: 3 *sg. præt.* edhittha 298^{f}.

enaṃ (*asm. pron.*) 981^{a} 1114^{c}; *asn.* 583^{d}. *Cf.* naṃ.

eyya (*opt.*) *s.v.* (1) eti.

Erāvaṇo 379^{b}.

ereti: *imp.* eraya 350^{a}; "*asf.*" erayitaṃ 325^{c}.

eḷakasamānā (*npf.*) 309^{c}.

-eḷamūga-: 70^{b} [Ps. *ad* M. I, 20^{19}].

elambujaṃ 845^{c}.

eva 30^{b} 33^{b} 34^{b} 87^{b}; S.N.^{1} p. 15; 157^{25}; 163^{a} 169^{c} 241^{b} 252^{d} 255^{b}, 423^{17} 450^{2}, 346^{a} 383^{c} 451^{a} 452^{a} 512^{c} 610^{e} 659^{d} 662^{c} 712^{c} 721^{b} 729^{d} 775^{a} 782^{d} 787^{d} 797^{c} 805^{c} 808^{c} 824^{a} 831^{c} 832^{b} 835^{c} 840^{e} 888^{ad} 889^{c} 892^{a} 893^{c} 895^{b}

898c 903b 906ad 908a 909b 919a 922a 938a 939c 978a 1036a 1056d 1058d 1062b 1065d 1073c 1103d 1142d 1143d. *Cf.* va, yeva.

evam **135^{3}** 49a 80a 177^{14} 171d =172d 314^{17} (evam bho) 313a 314a 432c 435a 485d 509c 551d 581a 596f, 612c . . . 619c=656c, 653a 475^{6} 732e 739d 806c 807c 812c 878c, 879a=883c 904c, 891c 892c 920c 955c 1022d 1064d 1091d 1111c 1118a 1119de 1149d; (: yathā) 221c 307c 547c 577d 591c 598d 607c 845e 1074c 1134c; (: iva) 576c; evam evam (*or* evam etam) 1115c; evam eva 1146c [— — ⏑ : *i.e.* emeva (*cf.* Pischel Grammatik der Prakritsprachen § 149, *though, in this case we may think of haplology*: e-*va*-me-*va*), *see* J. II, 40^{1} (*and commentary*) 223^{15} 432^{17}, III, 173^{9}, V, 504$^{8, 13}$]. *Cf.* seyyathā pi.

evaṃvihārī 375b [— ⏑ ⏑ — ×, *cf.* evarūpa evaṃcitta evadassin], 1056a [— — ⏑ — ×].

evaṃsameta-: °tassa 874c.

evaṃcitta-: °ttassa 985c [— ⏑, — — ×].

evadassin-: *asm.* °ssim 793c.

evaṃdhammā (*npm.*) 575d.

evarūpo 279c; °paṃ 280a.

esa- (Pj.; *cf.* esā, -esin-): *gp.* esānam 286c.

esati: 3 *sg. opt.* eseyya 919b; esāno 592c.

-esanā: 711c.

esā (Pj.) 81d=480d.

-esin-: 188d 826d; 82a (Pj.).

oka-: *as.* °kam 844a || 966c (628c).

okaṃjahaṃ (*asm.*) 1101a.

-okāsa-: 406c 1031a. *Cf.* avakāsa-.

okāsakammaṃ S.N.^{1} p. 92.

okāsamattaṃ (*as.*) S.N.^{1} p. 92.

okkanto 312b.

Okkākaṃ (*as.*) 302b~306f.

Okkākarāja(*n*)-: °jassa 991c.

okkhittacakkhu 63a=972a, 411a.

-ogadha-: 635c.

ogahana-: °ne 214a [Yōgāhane . . . ? *Cf.* ogāha Thīg. 48c]

oghaṃ (*as.*) 21b 173a 174d 183a 184a ~~219b~~ 273c 471a 495b 771c 779a 1052c 1059c 1064d 1069ad 1070b; *ls.* oghe 1092b= 1093b | 4b.

oghatamas-: *as.* °tam(am) *538d.

oghatiṇṇa-: °naṃ 178d=1145d, 1101b; °ṇassa 823c; °ṇṇā 1082g 1083g || 1081c.

oghanta-: °taṃ *538d.

oghātiga-: °gam 1096^{b}.
oṭṭha-: oṭṭhehi 608^{d}.
otarati: °ritvā 319^{a}.
otāraṃ (*as.*) 446^{c}.
otiṇṇo 939^{a}.
-ottāpin-: 133^{c}.
odaka-: *apm.* °ke 605^{b}.
-odana-: 18^{a} (685^{b}).
odahati: *imp.* °hassu 461^{d}. (*Cf.* ohita-.)
-odhi-ka-: 60^{c}.
onahiyāna (*ger.*; *or* °nā *npm. partic.*) 669^{a}.
onītapattapāṇiṃ 456^{13}.
opāteti: *imp.* opātetha 451^{31}.
opilāpeti: *imp.* °pehi, 3 *sg. præt.* °pesi S.N.^{1} p. 14.
oma-: omesu 860^{c}=954^{a} || 153^{c}.
oraṃ 15^{b}, 804^{b}.
orako 692^{d}.
orapāraṃ 1^{c} . . . 17^{c}.
oruyha 418^{b} [D. I, 89^{16}].
oropayitvā 44^{a}.
ovadati S.N.^{1} p. 60 (*after v.* 342); 2 *sg. opt.* °deyya 1058^{bd}.
osadha-: °dhā 296^{d}; °dhehi 1^{b}.
osaraṇa-: *ap.* °ṇāni 538^{d}.
osāna-: °ne 938^{a}.
-osita-: 937^{d}.
ossa- (Nidd. 860^{b}) *vide* ussa-.
ossajanti 270^{d}=271^{d}.
ossajja *vide* vossajja.
ohārayitvā 64^{a}.
-ohita-: 452^{c}.

kaṃsapāti: °tiyā 151^{21}.
-kakkasa-: 632^{a}.
kakkas(s)a- 328^{c}.
kaṃkhacchidaṃ (*asm.*) 87^{c} [— ⏑ ⏑ ×].
kaṃkhati 516^{d} 451^{26}.
kaṃkhā 541^{a} 1149^{c}; °khaṃ 58^{c} 559^{a} 1025^{d} || 477^{c} 514^{b} (249^{f}).
kaṃkhāyitaṃ 1021^{d}. *Cf.* kaṃkhitaṃ [Asl. 259^{26}].
kaṃkhin-: °khī 510^{a}; *gp.* °khīnaṃ 1148^{d}.
kaṃkhitaṃ 540^{a}.
Kaccāyano (Pakudho) 423^{8}.
kacci 154^{ac} 156^{abcd} 158^{abcd} 160^{abcd} 162^{abcd} 335^{ad} 354^{b}, S.N.^{1} p. 86; kacciṃ su 1045^{c} 1079^{e}.
(1) kaccha-: *ls.* kacche 20^{b}.
(2) kaccha-: *abl. s.* kacchā 449^{b}.

kañcanasannibhattaco 551^{b}.
(1) kaṭṭha- (*kāṣṭha*): *abl. s.* kaṭṭhā 462^{b}.
(2) kaṭṭha- (*kṛṣṭa*): *nsf.* kaṭṭhā 80^{a}.
kaṇṭakaṃ 845^{c}.
kaṇṇa-: °ṇamhā 197^{d}; °ṇehi 608^{b}.
kaṇṇagūthako 197^{d}.
kaṇṇasotāni (*ap.*) S.N.[1] p. 104.
-kaṇṇin-: (1007^{d}).
Kaṇha (ɔ: Māra): Kaṇhassa 355^{b} 439^{b} (967^{d}).
Kaṇhasirivhayo 689^{a}.
kaṇhasukkaṃ (*asn.*) 526^{c} [— — — × ?].
kaṇhābhijātiko 563^{d}.
kata-: °taṃ 158^{18} 344^{b} S.N.[1] p. 92; °tena 514^{a}; *np*(*m.*) °tā 577^{b} ‖ 586^{c} 664^{b} 566^{b}; 328^{b}; 154^{d} 542^{b} 240^{a}.
katakiccaṃ (*asm.*) 1105^{b}.
katañjali 1023^{d}.
katama-: °mo 879^{c} 903^{c}; *nsn.* °maṃ 170^{a}; °mamhi 995^{cd}; °mehi 396^{10}.
katāvakāsa-: *npm.* °sā 1030^{c}. *Cf.* katokāsa.
kati (*nom.*) 83^{d} 960^{a}; (*acc.*) 1018^{d}.
katokāsa-: °so 1031^{a}.
-kattar-: (1) 832^{d} (2) 560^{d}.
kattha (412^{d}) 487^{f} (*v.l.* kathaṃ), 1036^{d}.
katthati *vide* akatthamāno. *Cf.* katthitar.
katthavāso (*nsm.*) 412^{d} [*see, however,* PVA $169^{17, 24}$].
katthitar-: °tā 930^{a}.
katvā 127^{a} 661^{b} 705^{c} 1010^{b} 1027^{c}.
katvāna 89^{a} ‖ 67^{a}. *Cf.* karitvā.
kathaṃ 85^{b} 90^{e} 170^{d} 185^{df} 359^{d} (487^{f}, *cf.* *461^{c}) 508^{f} 513^{bc} 518^{bc}~523^{bc}, 528^{b} 533^{b}, 781^{a} 787^{b} 873^{b} 915^{c} 999^{a} 1110^{a} 1113^{f} 1118^{c}; kathan nu 190^{a} 838^{d} 1052^{c}, kathaṃ su 183^{abcd} 185^{abc} 1077^{b}.
kathaṃsameta-: °tassa 873^{a}.
kathaṃsīlo 848^{a}.
kathaṃkathā 866^{c}=868^{a}; °thaṃ 500^{b}; *ap.* °thā 1088^{c}= 1089^{c}; °thāhi 1063^{d} ‖ 17^{b}.
kathaṃkathin-: °thī 868^{c}; *asm.* °thiṃ 1064^{b} ‖ 534^{c}.
kathaṃkaro 376^{b}.
kathaṃdassin-: °ssī 848^{a}.
kathappakāro (*or* kathampa°) 241^{f}.
kathaṃjīvin-: °jīviṃ (jīvitaṃ) *181^{d}.
kathā 462^{20}; °thaṃ 313^{29} 325^{c} 419^{bc} 844^{d} 930^{d}; °thāya 446^{11}; °thāya(ṃ) 826^{a}; °thāhi 1070^{c} ‖ 922^{b} 711^{c}.
kathāpariyosānaṃ (*as.*) S.N.[1] p. 103.
katheti: 3 *sg. opt.* kathayeyya 930^{d}.

kathojjam (*as.*) 825^c 828^c.
(1) kadariya- *adj.*: °yo 133^a 663^c [*the adjective always, except* Abhidhānap. 739^a *and the like,* = ⏑ — ×; Dhp. 177^a ⏑ — ⏑ — —, — ⏑ — — ⏑ — — |; 133^a *probably* < rosako *ca* kadaryo ca, *the correctors work having been completed by* C^b: kadarīyo, *cf.* Pj. I, Appendix *ad* Khp. V, 9^a: ye 'rīyasaccāni vibhāvayanti].
(2) kadariya-: *as.* °yam 362^b [— ⏑ ⏑ × ?].
kanta- (*kānta*): *npm.* °tā 759^c (155^c) 399^d.
kapaṇa-: °ṇo 818^b.
-kapalla-: 672^d.
kapi 791^d.
Kapilavatthum 1012^c (*see v.l.*); °thumhā 991^a.
kappa-: *as.* °paṃ 521^d~535^d 860^d 911^a; *ap.* °pāni 517^a || 35^d 16^b.
Kappa- (*Kāpya* ?) (1) (=Nigrodhakappa, Kappāyana, *etc.*): °paṃ 349^d || 346^17. (2) (=Kappo māṇavo): °po *1092*; °pa 1093^d || 1007^c=1125^a.
kappaṃjahaṃ (*asm.*) 1101^c.
kappati 241^a.
kappātīto 373^b.
Kappāyana- (=Kappa^1 *and* Kappiya): °no 354^b [— — ⏑ ×], 358^c [— — ×].
-kappin-: 1090^b.
kappiya-: °yo 914^d (358^b); °yesu 521^c || 860^d.
Kappiya-: °yo 358^b. *Cf.* Kappāyana.
kappeti: kappayanti 794^a=803^a; kappayeyya 799^a; kappayavho 283^b.
kamaṇḍalum (*as.*) S.N.^1 p. 80.
kamati: *asm.* kamamānaṃ 176^d 177^d.
-kambala-: 689^b.
-kambalin-: (423^7).
kamman-: *ns.* °mam 537^a 666^a; *as.* 127^a 653^b 899^b 900^b; *is* °manā 136^cd=142^cd, 163A^b=163B^b=164^b, 330^b 365^a 596^e 599^d, 650^c . . . 652^d 654^ab, 846^c; *ap.* °māni 253^c 324^b; °mehi 215^b [— ⏑ ×]; °mesu 140^c || S.N.^1 p. 92 (okāsak°) 661^d 407^b 587^b.
kammanibandhanā (*npm.*) 654^c.
kammanta-: °to 139^17 || 127^c.
kammavipākakovidā (*npm.*) 653^d.
kammāra-: °ro 962^c.
kammāraputto *83*; °ttena 48^b.
-kamyatā 121^a.
-kamyā 854^a.
kayavikkaya-: *ls.* °ye 929^a.

-kara-: 32[d] 376[b] 676[d] 422[25] 429[b] 349[a] 991[d] 674[d] 393[b], S.N.[1] p. 123 (sukaraṃ).
-karat-: 65[a].
-karaṇa-: (1) 927[c]. (2) 256[a]; S.N.[1] p. 21 vasalakaraṇa- [S. I, 230[18]].
karaṇīya-: °yaṃ 158[18] 228[4].
karitvā 674[d] || 680[b] 444[a].
-karīsa-: 835[c].
karuṇa-: *asf.* °ṇaṃ 426[a].
karuṇā: *as.* °ṇaṃ 73[a] || 244[b].
karuṇāyati: °yamāno 1065[a].
karoti 216[a] 522[a], 728[c]=1051[a], 800[b]; karomi 78[c] 512[d] 661[b]; karonti 246[c] 399[a] *and* kubbanti (*s.v.* kubbati); 3 sg. *med.* kurute 94[b] 819[a] 867[d]~894[d]; karohi 1062[a] (*metre* ?); (kayira *and*) kayirā 583[d], 728[e]=1051[c], 821[c] 844[d] 924[c] 931[b] *and* kareyya 90[f] 920[d]~923[b]~929[b] 966[d] 967[a] *and* kubbetha (*s.v.* kubbati); 2 *pl.* kareyyātha S.N.[1] p. 101; 2 *pl. fut.* karissatha 283[d] || -karot-: 254[c]. *Cf.* kāhati, kata, katvā, *etc.*; akāsi.
Kalandakanivāpa-: °pe **419**[11].
kalaha-: *np.* °hā 862[a] 863[ad].
kalahābhirato 276[a].
kalāyamatta-: *npf.* °ttiyo 475[20].
kali 659[ad]; °liṃ 658[c]; °linā 658[d]; *voc.* °li 664[c].
-kalīra-: 38[c].
-kalya-: 692[a]. *Cf.* kalla-.
kalyarūpo 680[c]; *npm.* °pā 683[d] || 691[b].
kalyāṇa-: °ṇo 441[3]; °ṇaṃ 444[20,21]; *apm.* °ṇe 338[a] || 444[20].
kalyāṇadassano *551[a].
kalyāṇapīti (*nsm.*) 969[a].
-kalla-: 456[d]. *Cf.* kalya.
kasati 151[28]; °sāmi 141[8]; (°sassu *vide* 141[24]); kasitvā 141[21] *and* kasitvāna 80[c]. *Cf.* kaṭṭha.
kasambuṃ (*as.*) 281[d].
-kasāva-: 56[b] 328[c].
kasi 80[a]; kasiṃ **76**[bcd], 80[c].
Kasibhāradvājo 141[6] . . .; °vājassa 137[5] 139[18].
kasira-: *nsn.* °raṃ 574[c].
kassako 76[a] 151[27] 612[d] 651[a].
Kassapa-: (1) (K. buddha): *voc.* °pa 240[d] 241[e]. (2) (Pūraṇo K.): °po 422[30].
kahaṃ 451[9].
kāko 448[c]; °kā 201[c].
kākolagaṇā (*np.*) 675[b].
-kāca-: 476[c].

kācini (?) 953^{b}.
kānanaṃ (*as.*) 1134^{b}.
kāma-: *as.* °maṃ 766^{a}; *ls.* °me 845^{f}; *np.* kāmā 50^{a} 436^{a} 767^{c} 772^{d}, 1088^{a}=1089^{a}; *ap.* kāme 359^{c} 423^{d} 464^{a} 467^{a} 497^{a} 499A^{a} 423^{25} 639^{a} 704^{b} 768^{a} 769^{c} 773^{d} 940^{d} 948^{a} 1046^{b} 1070^{c} 1097^{a} *and* kāmāni 60^{c} 771^{b}; kāmehi 483^{c} 844^{c}; kāmānaṃ 315^{d}; kāmesu 160^{a}=161^{a}, 166^{b} 243^{a} 272^{c} 361^{b} 424^{a} 435^{c} 774^{a} 823^{bd} 857^{b} 1039^{a} 1041^{a} 1071^{a}=1072^{a} 1098^{a} ‖ 445^{c} 239^{d} 685^{d} 92^{c} *1131^{d}, S.N.[1] p. 80 (nivattituk°), 825^{d} 461^{a} 825^{a} 963^{c} (*cf.* kāmin).
kāmaṃ (*adv.*) 909^{c}.
kāmakāmā 239^{d}.
-kāmakāmin- [A. II, 59^{15}]: 1096^{a}.
kāmakāro 351^{c} [: kāmaṃkaro S. I, 227^{22}].
kāmaguṇa-: *np.* °ṇā 171^{a}; °ṇe 284^{c} 337^{a}; °ṇesu 50^{c} 51^{c}.
kāmacāgin-: *gpm.* °ginaṃ 719^{c}.
kāmacchanda-: *gp.* °dānaṃ 1106^{a} [— ⏑ — — ×].
kāmapaṃko 945^{d}.
kāmabhava-: *ls.* °ve 176^{b}=1059^{b}=1091^{d}.
kāmabhavaparikkhīṇaṃ (*asm.*) 639^{c}.
kāma-yāna-: *gsm.* °nassa *767^{a}.
kāmarāga-: *as.* °gaṃ 139^{c}.
kāmasaññā-: °ñāya *175^{a} (: °ñāsu S. I, *53^{20}).
kāmasukhaṃ 59^{a}.
kāmālaye (*ls.*) 177^{b} [— ⏑ ⏑ × *is required*; ɔ : kāmabhave ?].
-kāmin-: 1096^{a} 986^{b}.
kāmeti: *gsm.* kāmayamānassa 766^{a} *and* kāmayānassa *767^{a}.
kāya-: °yo 194^{a} 475^{10} 1144^{b}; °yaṃ 302^{29}; °yena 206^{a} 407^{a}; °yamhā 198^{d}; °yassa 193^{d}; kāye 203^{d} *and* kāyasmiṃ 549^{c} ‖ 1074^{c} 548^{a}, S.N.[1] p. 102 (balakāya), 298^{a} 669^{d} (761^{b}) 1113^{b}.
kāyagatā (*nsf.*) 340^{c}.
kāyagutto 78^{a}.
kāyaveyyāvaṭikaṃ (*as.*) 447^{10}.
-kāra-: 156^{1}; 351^{c} 351^{d}; 577^{a}. *Cf.* kammāra.
-kāraka-: 445^{b}.
-kāraṇa-: 75^{b}.
kāraṇatthā 75^{a}.
kāraṇḍavaṃ (*as.*) 281^{c}.
-kārin-: 665^{b} 357^{a} 664^{b} 187^{a}.
kāreti: °-renti 399^{b}; °rehi 553^{d}.
kāla-: °laṃ 343^{c} 516^{d}, S.N.[1] p. 122; °lena 326^{a} 387^{d}, 463^{c} . . . 466^{c}=490^{c} . . . 503^{c}, 975^{c}; °le 73^{b}, 386^{b} (ɔc vikāle), 971^{a} ‖ (567^{b}) 386^{c} 130^{b} 458^{e} 137^{11} 386^{a}.

kālakata-: °to S.N.[1] p. 122; *asm.* °taṃ 586c 590c 807d. *Vide* Pj. I, 212^{22}.
kālakiriyā 694b [— ⏑ — ×].
kālaññu (*nsm.*) 325b.
-kālika-: 567b.
kāsāyavattho 64c.
kāsāyavāsin-: *asm.* °siṃ 487b.
kāsi *s.v.* akāsi.
-kāsū-: 396b.
kāhati: 2 *sg.* °hasi 427d 428d.
kiṃ: ko 173abd 331b 401^{14} 508a 556ac 563c 765a 990a 1024a 1040acf, 1047c=1081f; kā 331c 503s; *asm.* kaṃ 85a 523a 893b 1024d 1040e; *asf.* 962a; *nsn.* kiṃ 91d . . . 113d, 181abc 551c 774d 908c 1108ab; *asn.* 428d 680d 681d 833c 843a 970a **1032cd** 1034b,—*partic. interr.*: 319d=320d 897c (*vide* Pj.) 206d, 432d 680c 1138a, 671b=672b (Pj. !), kiṃ eva 835c, kin ti 835c; *ismn.* kena 508b 513b=518b =523b=528b=533b, 786d 787b, 793d=802d, 843bd 902d 1032ab 1034d; *abl.* (*adv.*) kasmā 883d 885a; *gsm.* kassa 1040b; *gsn.* kissa 168c 1108c 1131c; *lsn.* kismiṃ 168abd 869b 871cd; *npm.* ke 961ab; *npn.* kāni 961c, *apn.* 324b.
kiṃ-saṃyojano (*nsm.*; *tmesis*) 1108a.
kiṃsamācāro (*nsm.*) 324a.
kiṃsīlo (*nsm.*) 324a.
-kicca-: 1105b (298d).
kiccakaro 676d.
kiccākicca-: °ccesu 298d.
kiccākiccappahīnassa (*gsm.*) 715c.
kiccha-: *nsf.* °chā 676a. *Cf.* kasira.
kiñca 433c; kiñcâpi 1080e.
kiñcanaṃ 645b 949b=1099b 951b 1098d 1122d; *as.* 1104b ‖ 176b 620d (976c).
kiñcid: koci 288c 455b, 612a . . . 619a, 881c 890d 905b; *nsf.* kāci(ni ?) 953b; *asm.* kañci 216c 368b 515b 583b 632c 1064b (*and written* kiñci:) 512b 917a 1023a; *asf.* kañci (*codd.* kiñci) 800d; *nsn.* kiñci 534b 731a=734a=744a= 747a=750a, 738d, 793b=914b 1113d; *asn.* kiñci 22c 24c 395b 522a 775b 915d 922d 1055a=1068a; *ismn.* kenaci 309b 389b; *gsm.* kassaci 153^{19} 244c 666a 947d 955b; *npm.* keci 14a . . . 16a 347a 369a 381a=382a 382b 470b 474c 478a, 728b=1050d, 801c 895a, 1044a=1045a, 1049d, 1079a=1080a=1081a; *npf.* kāci 897a 916c.
kiñcikkha- [Mp. *ad* A. I, 128^{3}=PPA. 210^{24}]: *as.* °khaṃ 121c 131c.
kiñcikkhakamyatā 121a.
kiṃjacco (*nsm.*) S.N.[1] p. 80.

kiṇāti: 3 *pl. præt.* kiṇiṃsu 290b.
kitti 817a; °tiṃ 185c 187c.
-kittita-: 1057b.
kittisaddo 441a.
kitteti: kittayissāmi 405a 935c, 1053a~1066a, 1132c. *Cf.* akittayi kittita.
kiṃnissita-: *npm.* °tā 458a=1043c.
-kipillika-: 602b.
kibbisaṃ (*as.*) 246c.
kibbisakārin-: °rī 665b 666d~676b, 671b=672b.
kimī (*np.*) 201b.
kiṃpattin-: *asm.* °ttinaṃ 513a 518a 528a 533a.
kira 356c 840a.
-kiriyā 694b.
kilijjati *671d.
kilissati *671d.
kilesa-: *ap.* °se 348a.
kiso 426c 585a; *asm.* °saṃ 165a.
kīṭa-: *ap.* °ṭe 602a.
kīdiso 1088d; °saṃ 836d.
kīvat-: *np*(*m.*) kīvanto *959b.
kīvadīghaṃ (*nsn.*) S.N.[1] p. 123.
-kukkuca-: 850b.
kukkucavūpasantaṃ (*asm.*) 82b=481b.
kukkuciy(aṃ) *as.* 972d.
kukkuccaṃ (*as.*) 925b; °ccānaṃ 1106d.
-kujja-: 242c.
kuṭi 18c 19c.
kuṭhāri 657b.
-kuṇapa-: 205c.
kuto 270c 862ad 866b 871b 1049c; 35c 919d || 561d.
kutoja-: *npm.* °jā 270b.
kutonidāno 866a 871a; °nā 270a; 864c; 864a 869a.
-kuṭṭa-: 242c (*v.l.*).
kudācanaṃ 221b.
kunthakipillike (*ap.*) 602b.
kuppati 826d 854b.
kuppa-paṭicca-santiṃ 784d.
kubbati 168b 169b 811b; kubbanti 794d; 3 *sg. opt.* kubbaye 943b 944b *and* kubbetha 702a 719e 917c || 777d akubbamāno; 844b akubbaṃ. *Cf.* karoti.
kubbanakaṃ (*as.*) 1134a.
kumāra-: °ro 685d 693a; °raṃ 686a 687a; *ls.* °re 691d 692b.
kumāraka-: °kā 270d=271d.
Kumudo S.N.[1] p. 124.

-kumbha-: 721^{c}.
kumbhakāra-: °rassa 577^{a}.
kumbhadūhanā (*npf.*) 309^{d}.
kumbhī: °bhiṃ 670^{a}.
kummaggapaṭipannānaṃ (*gpm.*) 736^{c}.
kurute *s.v.* karoti.
kula-: *abl. s.* °lā 423^{c}; *ls.* °le 114^{b} *140^{a}, kule kule 65^{c}; kulesu 711^{b} || *140^{a} 411^{b} 128^{a} 440^{29}.
kuladūsako 89^{b}.
kuladvāra-: °resu 288^{d}.
kulaputta-: °ttā 157^{25}.
kulala-: °lā 675^{d}.
-kulīna-: 462^{c} (*cf.* 411^{b}).
kuva(ṃ) 970^{ab}.
Kuvero 380^{a}.
kusala-: °lo 321^{d} 525^{d} 536^{b} 591^{d} 888^{bc} 1039^{c}; *asm.* °laṃ 523^{b}; *asf.* °laṃ 973^{c}; *nsn.* kusalāṃ 712^{b} [J. III, 334^{3} B^{d}]; *asn.* °laṃ 981^{c}; *npm.* °lā 503^{1} 782^{c} 783^{c} 798^{a} 825^{d} 830^{d} 876^{d} 878^{b} 879^{d} 881^{b} 885^{b} 898^{d} 903^{d} 909^{d} 1078^{b} || 14^{b} 686^{b} 372^{c}.
kusalānuesin-: °sī 965^{d}.
Kusinārāṃ (*as.*) 1012^{d}.
-kusītavutti 68^{b}.
kussubbha- *or*
kussobbha-: *np.* °bhā 720^{c}.
-kuha- *s.v.* -kuhā.
kuhako 984^{a} 987^{b} || 852^{a}.
kuhanaṃ (*as.*) 328^{b}.
-kuhā-: 957^{b} 56^{a}.
kuhiṃ 411^{d} 412^{c} 685^{d} 902^{d}.
kuhiñci 363^{b} 496^{a} 780^{d} 783^{d} 786^{a} 794^{d} 920^{d} 923^{b} 929^{b} 1048^{b}.
-kūṭa-: (1) 669^{b} 413^{18}. (2) 246^{b}.
-kūpa-: 279^{a}.
-kūla-: 977^{c}.
-keṭubha-: **447**^{13} 1020^{b}.
Keṇiya- (*or* Keṇiyā-): °yo **440**^{20}.
Keniyassamiya-: *apm.* °ye 448^{4}.
kevala-: °lo 393^{d}; *npm.* °lā 759^{b}; *apn-*(*m*) °lāni 517^{a}=524^{a} =525^{a}=529^{a}.
kevalaparipuṇṇaṃ (*asn.*) 445^{26}.
kevalin-: °lī 519^{c}; *asm.* °linaṃ 82^{a}=481^{a}; *npm.* °lino 490^{b} 595^{b} || 878^{d}.
kesa-: kesehi 608^{a} || 456^{b}.
Kesakambalin-: °lī 423^{7}.
Kokāliko 473^{5}.

koṭi: *np.* °ṭiyo 677[c].
koṭisatāni (*np.*) 677[d].
kodha-: °dho 245[a] 866[c] 868[b]; °dhaṃ 1[a] 362[b] 928[d] || 469[c] 537[d].
kodhano 116[a] || 19[a].
kodhapaññāṇo 96[c].
kodhātimāna-: °nassa 968[a].
kopaṃ 423[17]; *np.* °pā 6[a] || 499[a].
komārabrahmacariyaṃ 289[b].
kola- *and*
kolaṭṭhi-: S.N.[1] p. 122.
kovida-: *asm.* °daṃ 627[b] || 763[f] 653[d] 484[b].
kovilāro 44[b].
kosa-: *ap.* °sāni 525[a] || 525[b] 525[c].
Kosambī [Pj. II, 300[16], *etc.*]: °biṃ 1012[a].
Kosala-: °lānaṃ 976[a]; °lesu 422[d] 400[20].
Kosalaka-: °ko S.N.[1] p. 123; *npm.* °kā 313[1].
Kosalamandire (*ls.*) 996[a].
kosohitaṃ (*nsn.*) 1022[c]; *ls.* °te **452**[3].
ky-=ke *s.v.* kiṃ.
kva *see* kuvaṃ.
kvaci 218[b] 395[b], 1137[d]=1139[d]=1141[d]=1149[b].

khaggavisāṇakappo 35[d] . . . 75[d].
khaṇa-: °ṇo 333[d].
khaṇaññū 325[c].
khaṇātītā (*npm.*) 333[e].
khattiya-: °yo 417[b] 418[b] 420[d]; *lsn.* °ye 114[b]; *np.* °yā 138[d] 314[c] 315[a] 458[a] 553[a] 1043[c] 1044[a] 1045[a].
khadā *vide* khādā.
khanti-: (1) °tiṃ 292[d]=294[d], °tyā 189[d]. (2) °tiṃ 897[d] 944[b].
khantībalaṃ (*asm.*) 623[c].
-khandha : 53[b].
khandhaja-: *np.* °jā 272[b].
khayaṃ 626[b]; *abl. s.* °yā 739[e] || 475[c] 209[c] 70[a] 732[e] 736[d] 992[e].
khayātītaṃ (*asm.*) 598[a].
khara-: *nsf.* kharā 472[a].
Khara-: °ro **301**[27].
kharājina-: °nāni 249[b].
khādati: °danti 201[ac] 675[a].
khādaniyaṃ S.N.[1] p. 107; °niyānaṃ 924[b].
-khādā (Nidd. khadā): 831[a].
-khāri-ka-: **476**[23].

khiḍḍā 41^{a}; °ḍḍam 59^{a} 926^{c}.
khitta-: °to (1) 662^{d} (2) 1074^{a} ‖ (3) 463^{4}.
khipati: khipeyya, khipissāmi S.N.^{1} p. 32; (228^{12}).
khippaṃ (*adv.*) 350^{a} 413^{c} 591^{e} 998^{e}, khippa 682^{d}.
khila-: °lo 780^{d}, °lam 973^{b} ‖ 212^{c}. *Cf.* khīla-.
khīṇa-: *nsf.* °ṇā 158^{b}; *npm.* 162^{c}=163^{c} ‖ 370^{a} (: 471^{c}).
khīṇapunabbhavo 514^{d} 656^{b}.
khīṇavyappatho *158^{b}~*159^{b}.
khīṇasota-: *lsn.* °te 777^{b}.
khīṇāsavo 471^{c}; °vaṃ 82^{b}=481^{b}, 539^{b} 644^{c}; *npm.* °vā 493^{b}. *Cf.* 370^{a}.
khīyati: khīyamānesu 434^{c}.
-khīra-: 18^{a}.
khīla-: °lā 28^{a} ‖ 19^{a}.
khīvati (?): *npm.* khīvanto *959^{b}.
khudā: *as.* °daṃ 52^{a}; *is* °dāya 966^{a}. *Cf.* khuppipāsā.
khudda-: *asm.* °dam 318^{a}.
khuddaka-: *apm.* °ke 603^{b}.
khuppipāsā 436^{c}. *Cf.* khudā.
khuradhāra-: "*asf.*" °raṃ 674^{b}.
khuradhārūpamo 716^{b}.
khettaṃ 82^{d}—481^{d}, 858^{b}; *as.* 769^{a}; *ap.* °ttāni 524^{a} ‖ 486^{b} 524^{b} 473^{c} 524^{d}.
khettajina-: °no 524^{d}; °naṃ 523^{a}.
khema-: *asf.* °maṃ 454^{b}; *asn.* 896^{d} 953^{d}; khemato 424^{b}= 1098^{b} ‖ 425^{d}.
khemadassin-: *npm.* °ssino 809^{d}.
khela-: °lassa 196^{a}.
kho 141^{6,8} 142^{5}, S.N.^{1} p. 15; 153^{21} 229^{1} 228^{2} 394^{20} 396^{20} 401^{7,15}; 142^{14} 137^{3} 138^{30},—804^{d}; 135de 202^{c} 322^{c} 665^{d} 819^{c} 982^{a}; (khv- 153^{21}, *etc.*).

-ga-: 319^{a} 1^{a} 429^{a} 602^{a} 32^{c}. *Cf.* -gu -gama.
Gaṅgā: °gāya 228^{18}.
gacchati 39^{b} 508^{b} 792^{bd}, 861^{c} (!); °chāmi 157^{2}, 443^{c} (!); °chanti 291^{d} 441^{d}; 3 *sg. opt.* gacche 326^{a} 968^{a} 1129^{d} *and* gaccheyya S.N.^{1} p. 14, 786^{d} 1130^{a}; gacchatu 564^{b}; *fut.* gañchisi (*or* gacchisi) 665^{d}; *partc. gsm.* gacchato 960^{b}, *gpm.* gacchataṃ 579^{b}. *Cf.* gamissati agamā, *etc.*, gata gantuṃ gantvā.
-gaṇa-: 675^{b} 679^{a} 301^{b}.
gaṇavassiko 279^{b} [A. II, 166^{15}].
gaṇācariya-: °yā 422^{22}.
gaṇin-: *ns.* gaṇi-m 955^{d}; *as.* °ṇiṃ 957^{b}; *npm.* °ṇino 422^{21} ‖ 1009^{a}.
gaṇita-: *npm.* °tā 677^{a}.

-gaṇṭha-: (423[12]).
gaṇḍo 51a.
gata-: °to 1020d 1075a; °tassa 582b 1076a; *npm.* °tā S.N.[1] p. 121 || 472b 313[9] 350d 340c 776b, S.N.[1] p. 14 (tathāgata), 649b 514b, 397a (parisa-gg°); 21b 803d 346[23] 371b 730c 694d, 397a (sabha-gg°), 157[9] 32b.
gatayobbanaṃ (*asm.*) 98b=124b.
gati 499b 729d; °tiṃ 377b 644a; *np.* °tiyo 449[1]=1001c [illegible] 141b.
gatta-: °tte 1017a 1019c; °ttesu 1001a || 673b.
gathita-: °taṃ 794c; *npf.* °tā 823d; *npn.* °tāni 940b.
gantuṃ 672c.
gantvā 128a 445d 995c.
gantvāna 696c 698b 993c 998e.
gantha-: °thaṃ 798a; *np.* °thā 347a 847a 857c; *ap.* °thāni 912a || 794c 219c.
ganthati 185d 187d. *Cf.* gathita *and next.*
ganthetvā 302a=306e.
gandha-: °dhaṃ 401a; °dhā 387a 759a; °dhesu 974d || 240d 205b.
gandhabba-mānusā (*np.*) 644b.
gabbha-: gabbhā gabbhaṃ 278b.
gabbhakaraṇaṃ 927c.
-gabbhara-: 416d.
gabbhaseyyā: °yaṃ 29c 535b.
-gama-: 687b 221a.
gamanaṃ 691a; °ne 40b || 1130c.
(-gamanīya-: S.N.[1] p. 205 pāraṅgamanīya).
gamin-: *apm.* gamine 587a.
gamissati 411d 412c; °ssasi 1146d 1149c (*and* gañchisi *s.v.* gacchati); °ssāmi 424c 1064a (Nidd. samīhāmi); °ssanti 445c.
gameti: °menti 390d.
gambhīra-: *ls*(*n.*) °re 173d=175d.
gambhīrapaññaṃ (*asm.*) 176a 627a.
Gayā: °yāyaṃ 301[3].
garayati *691b.
garahati [— ⏑ ×] 313d; °hasi 665b. *Cf.* gārayha.
garahā: °hāya 141d [⏑ ⏑ — ×].
-garahin- [— ×]: 778c 660c.
-garahita- [— ⏑ ×]: 313b.
garu: *gp.* garunaṃ 325b [⏑ ⏑ ×], 326a [⏑ — ⏓ ×] || S.N.[1] p. 51 (agaru).
[gareti *s.v.* garayati].
gala-: °lo 61c [ɔ: baḷiso].
gaḷayati *691b.

-gava-: 690^a; gave *s.v.* go.
gavampati 26^c 27^c.
gavāssaṃ (*as.*) 769^b.
gavipphalaṃ (*as.*) 239^b [ɔc J. VI, 327^{17}].
-gaha-: (408^a). *Cf.* giha.
gahaṭṭha-: °ṭho 90^a 398^b, 487^c=488^a=489^a; °ṭhaṃ 134^c; *np.* °ṭhā 43^b; °ṭhehi 628^a.
gahaṭṭhavattaṃ (*as.*) 393^a.
-(g)gahaṇa-: 465^b.
-gahaṇi-ka-: **462**^{23}.
gahapatiratanaṃ (450^7).
gahāya (*ger.*) 791^d.
gahetvā 673^c 679^c 680^d.
gahetvāna 309^e.
gahessati: °ssasi 949^c=1099^c.
gāthā: °thāya 142^{19} 230^{24} 303^8; *ap.* °thā 429^c; °thāhi 251^c; S.N.^{1} p. 79.
gāthābhigītaṃ (*nsn.*) 81^a=480^a; *asn.* 81^c=480^c.
gāma-: °mo 978^b; °maṃ 386^b 619^b 711^a; gāmā gāmaṃ 180^b 192^b, gāmato 710^d; gāme 119^a 683^c 702^b 844^b 929^c 971^c 995^c; *ap.* gāmāni 118^b || 136^{35}.
gāmakathā: °thāya 922^b.
gāmanta-: *as.* °taṃ 710^b.
-gāmi*n*-: 319^c 724^f 277^d 503^4 381^d. *Cf.* gami*n*-.
gāyati: °yanti 682^a.
gārayhā (*npm.*) 141^a.
-gāhaka-: 688^d.
gijjha-: °jhā 201^c || *675^c.
Gijjhakūṭe (*ls.*) **413**^{18}.
giddha-: *npm.* °dhā 243^b 248^a 774^a 809^b || 210^c.
giddhimānaṃ (*as.*) 328^b.
gini 18^c 19^c (*both after* -o). *Cf.* aggi, aggini.
girā: °raṃ 350^a 632^b 690^c 1132^d.
-giri-: (136^{21}).
girigabbhare (*ls.*) 416^d.
giribbajaṃ (*as.*) 408^b.
-giha-: **456**^{a}. *Cf.* gaha gehanissita (Pj.).
gihi*n*-: °hī 220^{bc} 221^c 404^c.
gihibandhanāni (*ap.*) 44^c.
gihivyañjanāni (*ap.*) 44^a 64^a.
gīvanto *v.l.*, *see* khīvati.
gīvā: °vāya 609^a || 221^a.
-gu-: 458^c (586^d) 913^b 401^d 1095^d 167^b (1006^d) 1133^b 322^a 463^b. *Cf.* ga.
-guṇa-: 714^d 50^c 714^c 663^a 678^c.

gutta-: °tto 250^{a} 971^{c} | 78^{a} (*bis.*).
guttadvāro 413^{b}.
guttindriyo 63^{b}.
-guyha-: 452^{4}.
gulasannibhaṃ (*nsn.*) 667^{c}.
guhā: °hāyaṃ 772^{a}; °hāsu 958^{d}.
-gūthaka-: 197^{c} 197^{d}.
gūthakūpo 279^{a}.
gedha-: °dhaṃ 65^{a} 945^{a} 1098^{a} || 819^{c} 210^{c}.
gehanissitaṃ (*asm.*) 280^{b} [Mp. *ad* A. II, 14^{5}].
go 580^{d}; *ls.* gave 310^{d}; *np.* gāvo 20^{b} 296^{c} 307^{c} 309^{c}; *ap.* gāvo 295^{f}=297^{d}, 304^{a} 308^{d}; *ip.* gohi 33^{b} 34^{b}; (*gp. in* gavam-pati *q.v.*).
gocara-: *dat.* °rāya 39^{b}; *np.* °rā 961^{b} || 280^{d} 605^{b}.
(1) Gotama-: °mo S.N.^{1} p. 12; 151^{26} 157^{10} 1136^{cd}; °maṃ S.N.^{1} p. 15, 91^{b} 153^{d} 164^{d} 165^{d} 167^{d} 448^{d} (?), 598^{d} 599^{b}; 487^{a} (*against metre*); °mena S.N.^{1} p. 15; °mā 448^{d} (?), 1138^{cd}=1140^{cd}; °massa S.N.^{1} p. 15; 142^{14}, 933^{d} (*metre*!), 1117^{d}; *voc.* Gotama S.N.^{1} p. 14; 155^{6} 376^{9} 461^{a} 553^{d} 555^{d} 596^{b} 699^{c} 848^{c}, 1057^{b}=1083^{b}.
(2) -Gotama-: 1146^{b}.
Gotamasāsana-: *abl. s.* °nā 1084^{b}=1135^{b} *and* °namhā 1143^{b}.
gotta-: *as.* °ttaṃ 455^{c} 1004^{a} 1018^{b}; °ttena 423^{a} 1019^{b} || 648^{b}.
gottatthaddho 104^{b}.
gottapañhaṃ (*as.*) 456^{d}.
gottarakkhitā (*npm.*) 315^{b}.
godharaṇī: *np.* °ṇiyo 26^{b} 27^{b} [— ⏑ ⏑ — × ?].
Godhāvarīkūle (*ls.*) 977^{c}.
Gonaddhā: °dhaṃ 1011^{c}.
gopa-: °po *18* (28$^{17-20}$).
gopika-: *vide* gomika-.
gopī 22^{a} 32^{a}.
gomaṇḍalaparibbūḷhaṃ (*asm.*) 301^{a}.
gomika-: °ko 33^{b} 34^{b}.
gorakkhā: °khaṃ 612^{b}.
Gosālo 423^{4}.

ghaṭṭeti: *partic. npm.* °ṭṭayantā 847^{d}.
-ghana-: 348^{b}.
ghamman-: *ls.* ghammani 353^{c}.
ghammatatto 353^{c}.
ghammābhitatto 1014^{c}.
gharaṃ (*as.*) 43^{b}; *abl. s.* °rā 337^{c} 359^{c} *and* °ramhā 899^{d}.
gharamesin-: *gsm.* °sino 188^{b}.
gharāvāso 406^{a}.

-ghāta-: 246^{a}.
ghāteti 629^{c}; 3 *sg. opt.* °taye 705^{d} *and* °tayeyya 394^{a}; *præt.* ghātayi 309^{f} (*and* aghātayi *q.v.*).
ghāsesanā: °naṃ 711^{c}.
ghoso 448^{15}; °saṃ 696^{a} 698^{a}.

c (=ty=te) 377^{c} Pj. B^{ai}.
ca-m 132^{a}; ca *141^{b}; cca 785^{d} 829^{c}; **122**^{b}.
cakka-: *as.* °kaṃ 554^{c} 557^{a} 684^{c} ‖ 556^{d}.
cakkaratanaṃ (450^{4}, *etc.*).
-cakkavattana-: 698^{a}.
cakkavattī 449^{10} 552^{b}.
cakkhuṃ (*ns.*) 347^{d}; *as.* 599^{a}; *is.* °khunā 1142^{a}; *ip.* °khūhi 922^{a} ‖ 63^{a} 921^{a} 345^{b}.
cakkhumat-: *ns.* °mā 160^{d}=161^{d}, 405^{b}, 541^{b} (*voc.* ?), 562^{b}, 706^{c} 956^{b} 992^{d} 993^{b} 1116^{b}; *is.* °matā 1128^{a}; *voc.* °ma (*or* °mā) 31^{c} 570^{b} 596^{f} 1028^{d}; *np.* °manto 156^{24}.
Caṃkī *ns.* 462^{6}.
caṇḍālaputto 137^{c}.
catuttho 99^{b}; *nsf.* °thī 436^{d} (*metre* !); *nsn.* °thaṃ 450^{d}, *asn.* 97^{c}.
catuddisā (*ap.*) 401^{22}.
catuppada-: *ap.* °de 603^{a}; *gp.* °dānaṃ 964^{d}.
catuvīsatakkharaṃ (*asf.*) 457^{8}.
cattāri: *nm.* caturo 84^{a} 188^{a}; *am.* caturo 969^{d}; *af.* catasso 1122^{a} (*bis*); *i.* catuhi 395^{20} 396^{11} 397^{1}; *g.* catunnaṃ S.N.^{1} p. 86.
cattārīsat-: cattārīsāya S.N.^{1} p. 86 ‖ 289^{a}.
-canaṃ 645^{b} 221^{b} (*cf.* 953^{b}). *See* cid.
cando 465^{b}=498^{b} 569^{a}; °daṃ 598^{a} 637^{a} 1016^{c}.
-cara-: 166^{a} 810^{a} 45^{b}.
caraṇaṃ (*as.*) 462^{a}; °ṇena 410^{c}; °ṇesu 536^{a} ‖ 289^{c} 163A^{c} 1126^{b}. *Cf.* cāraṇa-.
caraṇavat-: *nsm.* °vā 533^{b} 536^{d}.
carati: carāmi 25^{b} 455^{d} 456^{a}; caranti 20^{b} 386^{d} 464^{a} 495^{b} 497^{a} 499A^{a} 833^{a} 1078^{d} 1080^{e}; carāma *or* carāmase *32^{b}; 3 *sg. opt.* care **35**^{d} . . . 75^{d}, 250^{a} 328^{d} 702^{d} 711^{b} 900^{d} 943^{d} *and* careyya 45^{d} 386^{b} 775^{c} 777^{c}; 2 *sg. opt.* careyyāsi 422^{14}; 1 *sg. opt.* careyyaṃ 1065^{d}; 1 *pl. opt.* carema *32^{b}; *imp.* carassu 696^{d} carātha dharātha) 385^{b}; *fut.* carissasi 342^{d}—949^{d}—1099^{d}; carissāma 566^{c}; *præt.* cariṃsu 289^{b}; *prs. ptcp.*: (1) *nsm.* caraṃ 89^{d} 193^{a} 779^{c}, 1054^{c} 1066^{c}=1067^{c} 1085^{d}, 1056^{b}; *asm.* carantaṃ 208^{c} 213^{a} 218^{a} 487^{b} 793^{c}; *gsm.* carato 428^{a} 823^{a}, 1110^{a}~1111^{c}; *npm.* carantā 1079^{c}; (2) *nsm.* caramāno 175^{8} 413^{a} 439^{26}. *Cf.* acari acāri carita ciṇṇa caritvā.

carahi [tad: tarahi=tyad: carahi ?]: 1047c=1081f [— ×]; 988a 990a 999a [⏑ ⏑ × ; Vatthugāthās ! 990a *admits of* — ×].
-carita-: 665c.
caritvā 414a=708a [*cf.* Mahāvastu-MSS.], 665c.
caritvāna 816a.
-cariya-: 274a 32b.
-cariyā: 820b 700b.
calati 752a.
calitam (*ns.*) 508⁶.
cavati: 3 *sg. opt.* cavetha 1073d (S.N.[2] bhavetha).
cāga-: °go 188c; *abl. s.* °gā 189c.
-cāgin-: 719c.
cātuddasim (*asf.*) 402b.
cātuddiso (*nsm.*) 42a.
cāturanto (*nsm.*) 449[19]=552c.
cāmara-: *np.* °rā 688c.
cāmarachattagāhakā (*np.*) 688d.
-cāra-: 414a.
-cāraṇa-: 162b.
-cārin-: 386c 69b (628c *v.l.*) 72b 62b 537c 964b 695b *971c 65b.
cārikā: °kam S.N.[1] p. 92; **439**[26]; *ls.* °kāya 40b.
cārudassano *548b.
-cingulaka- [— — ⏑ ×] 239a.
ciccitāyati 154[24].
ciṭiciṭāyati 154[25].
-cinna-: 181b.
cittam (*ns.*) 23a, 160b=161b, 163Aa=163Ba=164a 434d 435c 483b; *as.* 50b, S.N.[1] p. 32 (*vide* 228[12]), 341 c390d 506b 507b, S.N.[1] pp. 121 122; *np.* cittāni 510[25] || 1149d 65c 68b 436[13] 689d 985c 37b 316c 746b 975b.
citta- *see next, and* citra.
cittasibbane (*apm.*) 300b=304d.
cittimkaritvā 680b.
citra-: *npm.* °trā 50a; *ipf.* °trāhi 251c.
-cid: kacci, kiñci, kuhiñci. *Cf.* -canam.
-cintin-: 174c.
cinteti: 3 *sg. opt.* cintaye 717b; *prtc. nsm.* cintayanto 834b.
ciram 730b 1029d || 157[25]; S.N.[1] p. 15 (acirūpasampanna), 678b.
cirapabbajita-: *npm.* °tā 424[3].
cirarattam (*adv.*) 665d; 670c [*instead of* ⏑ — ×].
-cīnaka-: 239a.
cīyate 428c.

cīvaraṃ (*as.*) 347^{9}; *ls.* °re 339^{a} || 139^{7}.

cujjamāno 120^{b}. *Cf.* codita.

cuta-: °to 899^{a}; °tāse 774^{d} || 204^{d}.

cutiṃ 643^{a}.

cutūpapāto 902^{c}; °taṃ 517^{b}.

cudita-: °to 973^{a}. *Cf.* codita.

Cundo *83*; °da *84*.

ce: sace 45^{a} 389^{a}; S.N.^{1} p. 32; 449^{9} 1002^{a}, 620^{d} (sa ve ?), 899^{a} 983^{a} 1003^{a} 1081^{e}; no ce 46^{a} 348^{a} 691^{d} 840^{a} (*cf.* 949^{c}=1099^{c}); api ce 589^{a}; atha ce 18^{d} . . . 29^{d}, 890^{c}; yañ ce 440^{d}, yo ce 804^{c}; ce *after demonstrative pronouns:* 275^{a} 766^{b} 767^{a} 1047^{a}, 565^{a}, 836^{a}; *after nouns and verbs:* 274^{c} 718^{d} 583^{a} 457^{d} 789^{a} 880^{a} 890^{a} 905^{a} 949^{c} = 1099^{c}, S.N.^{1} p. 205; 908^{c} 1073^{a}; (ti) iti ce S.N.^{1} p. 135.

ceta*s*-: cetaso 66^{a} 346^{24}, 584^{b}~593^{b}.

cetiyaṃ (*as.*) 1013^{c}; *ls.* °ye 344^{27}.

ceteti: cetayeyya 973^{d}.

cetovimuttisampannā (*npm.*) 727^{a}.

cetovimuttihīnā (*npm.*) 725^{a}.

codito 819^{b}. *Cf.* cujjamāna cudita.

coro **135**^{c} 616^{d} 652^{a}.

cha: channaṃ 169^{c}, S.N.^{1} p. 86; chassu 169^{abd}.

chaṭṭha-: *nsf.* °ṭhā 437^{b} || 171^{b}.

chaṭṭhama-: °mo 103^{b}; °maṃ 101^{c}.

chaḍḍeti: °ḍehi S.N.^{1} p. 14.

chatta-: *as.* °taṃ 688^{b} 689^{c} || 688^{d} (64^{b}).

chattiṃsa 660^{b}.

chadanaṃ (*as.*) 89^{a}.

-chadda*n*- (*chadman*): 372^{a}.

chanda-: °do 835^{b} 866^{a} 867^{b}; °daṃ 171^{c} 203^{d}, 387^{c}=975^{a} 778^{a}.

chanda*s*-: *gs.* °daso 568^{b}.

chandagū (*nsm.*) 913^{b}.

chandajāta-: °tassa 767^{b}.

chandanidāna, *vide* chandān°.

chandarāga-: *as.* °gaṃ 364^{b}.

chandarāgavinodana-: °naṃ 1086^{c}.

chandarāgaviratta-: °tto 204^{a}.

chandaviriya-: °yena 1026^{d}.

chandānidānāni (*npn.*) 865^{a}.

chandānunīta-: °to 781^{b}.

channa-: *nsf.* °nnā 18^{c}.

chamā: *ls.* °māyaṃ 401^{b}.

-chambhi*n*-: 42^{c}.

chavi-: °viyā 194[c].
-chāta- (?): 707[c].
chādeti 1022[a]; 3 *sg. præt.* chādesi S.N.[1] p. 104. *Cf.* channa.
chāyā: °yaṃ 1014[c].
-chid(a)-: 87[c] 1021[c] 491[a].
chindati 657[c]; *imp.* chind(a) 346[a] *Cf.* chettuṃ, *etc.*
chinnakatha-: *nsm.* °tho 711[c].
chinnagantha-: *asm.* °thaṃ 219[c].
chinnasaṃsaya-: *nsm.* °yo 1112[b].
chinnasota-: *nsm.* °to 948[d]; °tassa 715[b].
chetta*r*-: °ttā 343[b].
chettuṃ 28[c].
chetvā 29[a] 66[c] 535[a], 545[c]=571[c], 621[a] 622[a].
chetvāna 44[c].
-cheda-: 242[a].
chedanabandhana-: °nāto 367[b].

-ja-: 271[b] 117[a] (ekaja-) 845[c] (elambuja-) 270[b] 272[b] 15[a] 117[a] (dija-) 897[a] 458[a] 620[b] 16[a] 845[c] (vārija-) 1096[c] 36[c].
jaṃghā: °ghāhi 610[c] || 165[a].
jaṃghāvihāra-: °raṃ 448[1].
-jacca-: S.N.[1] p. 80 (kiṃjacca). *Cf.* jātika.
jaccā *s.v.* jāti.
jaññā *s.v.* jānāti.
jaṭā (*np.*) 249[b].
jaṭājinadhara-: *npm.* °rā 1010[c].
jaṭi*n*-: °ṭī 689[a].
jaṭila-: °lo 440[20].
Jatukaṇṇi*n*-: °ṇī 1007[d]=1125[b], *1096*.
jana-: °no 313[d] 459[d] 676[b] 1023[c]; °naṃ 121[b] 807[c] 929[d] 935[b]; °nena 844[d]; *np.* °nā 243[a]=247[a] 598[b] 755[d] 805[a] 808[a] 1077[b] 1102[a] 1121[b]; *ap.* °ne 399[b] || 422[27] 351[c].
janapada-: °do 422[a]; *ls.* °de 683[c] 995[d]; *np.* °dā 287[c]; *ip.* °dehi 1102[a].
janapadatthāvariyappatto 449[21].
janavādadhamma-: °mmāya 973[d].
janetvā 695[a].
jantu 586[a] 771[a] 775[a] 782[a] 792[a] 796[b] 867[d] 894[d]; °tuṃ 1103[d]; *gs.* °tuno 767[b] 808[d].
japa-: *ls.* °pe (*or* jappe) 595[d].
jappa-: *cf.* japa-.
jappati 899[c]; 3 *sg. opt.* jappe 839[f] 902[d]; *prs. ptc. npm.* jappaṃ 773[d].
jappanā: °naṃ 945[b]. *Cf. next.*
jappā [Asl. 365[21]]: °paṃ 328[a] 1033[c].

jappita-: °tāni 902a.
Jambusaṇḍa-: °ḍassa 552d.
jamman-: *as.* jammanaṃ 1018a.
jaya-: °yo 681b.
jaras-: *is.* jarasā 804d 1123b.
jarā 311b; °raṃ 575c 1044d 1045d 1047bd 1079f; °rāya 581b (*cf.* jaras-) ‖ 1046d 725d.
jarāmaccuparikkhayaṃ (*as.*) 1094d.
jarāmaccupareta-: °tānaṃ 1092c=1093c.
jarāmaraṇa-: °ṇassa S.N.[1] p. 205.
jala-: °lena 845d.
jalita-: (*asm.*) °taṃ 668d–670b, *asf.* 396b, *asn.* 686a.
jallaṃ (*ns.*) 249b.
-jallikā 198d.
(1) java-: *as* °vaṃ 221b.
(2) -java-: 1107b.
-jaha- (-ñ-jaha-): 790d 1101a 1101c 1101b 211c.
jahāti 1c 506d 589d; °hanti 809b (1046a Fsb.); 3 *opt. sg.* °heyya 362b; *imp.* °hassu 1121d.
jahitvā *and* jahetvā *500a.
-jāgara-: 972b.
jāgariyaṃ (*as.*) 926b.
Jāṇussoṇi 462[7].
jāta-: °to 683b; *asm.* °taṃ 780c, *nsn.* 207a 935a, *asn.* 208a; °tena 978c; °tassa 657a 742c; *lsm.* °te 832d 1092b=1093b; *npm.* °tā 140a 575b 828a; °tānaṃ 576c ‖ 679a 767b 425[3] 155[1] 863e 995b 36a 1123b 548b.
jātavedas-: *ns.* °do 462b.
jāti 158e 139e 141c; jātiṃ 421d 462a 1004a, 1045d~1047bd ~1079f~1081g: *is.* jātiyā 423b, S.N.[1] p. 91, 596c=599c ~649d *and* jaccā 136ab=142ab~650ab; *np.* jātiyo 600d . . . 606d; *lp.* jātisu 610f, jātīsu 607a ‖ *See next.*
-jāti-ka-: 275a 294b. *Cf.* jacca abhijātika.
jātikkhayaṃ (*as.*) 647c 743c; 517d [— ⏑ ⏑ ×].
jātikkhayantadassin-: °ssī 209c 476a [— ⏑ ⏑ — ⏑ — ×].
jātijaraṃ (*as.*) 1046d=1080f 1048d 1060d [— ⏑ ⏑ ×]; 1052d=1056c [— — ⏑ ×]; *is.* jātijarāya [— — ⏑ — ×] 1082b 1097e=1120c–1122f.
jātijarūpaga-: *npm.* °gā 725d 727d.
jātitthaddho 104a.
jātippabhavānupassin-: °ssī 728f.
jātimat-: °mā 420d 1136b.
jātimaya-: *nsn.* °yaṃ 601c . . . 606c, 607bd 610e.
jātimaraṇa- [— — ⏑ ⏑ ×, *throughout*]: *as.* °ṇaṃ 355c 500a 520c; °ṇassa 32c 467b ‖ 351a.

jātimaraṇakovida-: *asm.* °daṃ 484^{b}.
jātimaraṇasaṃsāra-: *as.* °raṃ 729^{a}.
jātivāda-: °daṃ 315^{c}; °dena S.N.[1] p. 112; °dasmiṃ 596^{a}.
jātivibhaṅga-: °gaṃ 600^{c} [— — ⏑ — × ?].
jātisaṃsāro 746^{c}.
jātu 348^{a}.
jānāti 276^{c} 277^{c} 878^{c} 988^{a} 990^{a} 1114^{c}; °nāsi 175^{a1} 504^{c} 582^{a}; °nāmi 302^{26} 908^{a} 989^{a}; °nanti 441^{c} 502^{a} 644^{a} 724^{e}; °nātha 280^{a}, $601^{a}=603^{a}$ . . . 606^{a}; 3 *sg. opt.* jāneyya 781^{d} *and* jaññā 116^{d} . . . 134^{d}, 127^{b} 775^{b} 971^{b}, 1 *sg.* jāneyyaṃ S.N.[1] p. 21; 1 *pl. opt.* jānemu 76^{d} 599^{f} 999^{ad} *and* jāniyāma 873^{d}; *imp.* jānāhi 596^{f}, 612^{c} . . . $619^{c}=656^{c}$, 1022^{d} 1026^{a}; jānātha 137^{a}; *ptc. nsm.* jānaṃ $352^{d}\sim353^{b}$, 722^{cd} 723^{ab} (1051^{c} *cf.* 728^{c}); *npm.* jānaṃ 349^{c} ‖ 320^{c}. *Cf.* ajāni ñāsi ñassati ñāta ñatvā.
jāyati 462^{b} 920^{b} *and* jāyate 114^{b} 207^{b} 657^{b}; jāyanti 296^{d}; *ptc.* jāyantaṃ 208^{b}.
jāla-: *as.* °laṃ 62^{b} 357^{c} 527^{d}; °lena 669^{a}; °lamhi $71^{b}=213^{d}$.
jigiṃsako 690^{b}.
jigiṃsati: *ptc. gsm.* °sato 700^{b}.
jigucchati 215^{b}.
jigucchita-: *as.* °taṃ 901^{a}.
jiṇṇa-: °ṇo 1120^{a}; *asf.* °ṇaṃ 1^{d} . . . 17^{d}; °ṇassa 1144^{a}; *npm.* °ṇā **313^{5}** 423^{31}.
jiṇṇaka-: *asm.* °kaṃ $98^{b}=124^{b}$.
(-jita-: 423^{6}).
jina-: °no 379^{b} 996^{a}; °naṃ 697^{d}; *gp.* °nānaṃ 989^{d} ‖ 523^{a} 84^{c} 372^{a}.
jinavaracakkavattane (*ls.*) 698^{a}.
jināti 439^{c}. *Cf.* jita jetvā.
jiyyati 950^{d}. *Cf.* jiṇṇa.
jivhā: °haṃ S.N.[1] p. 104, 673^{c}; °hāya 716^{c} 1022^{a} ‖ S.N.[1] p. 103 (pahūtajivhatā).
jīyati *vide* jiyyati.
jīva : *as.* °vaṃ 432^{d}.
jīvati 84^{d} 88^{b}, 613^{b} 615^{b} 618^{b}, 804^{c}; *opt.* jīve 440^{d} 589^{a}; *imp.* jīva 427^{c} *and* jīvāhi 1029^{d}; *ptc. nsm.* jīvaṃ 427^{d}, *gpm.* jīvataṃ $*181^{d}=*182^{d}$.
-jīvin-: 181^{d} 182^{d}.
jīvitaṃ 275^{c} 427^{bc} 574^{b} 577^{d} 804^{a}, 440^{b}; *as.* $*181^{d}=*182^{d}$, 589^{d} 775^{d}; °tena 931^{c} 1077^{d}.
jīvitasaṃkhaya-: °yamhi 74^{c}.
jīvitasesa-: °sese 676^{c}.
jutīmat-: *ns.* jutīmā 539^{c}; *voc.* jutīmā 508^{f}.
juhati 401^{12}; juhanti 1046^{a}; *ptc. gsm.* jūhato 428^{b}.

-jegucchа-: 852^{c}.
Jetavana-: °ne S.N.[1] pp. 17, 21, 50, 66, 78, 121.
jetvā 439^{d}.
-jeyya-: 288^{b}.
jotima*t*-: *npm.* °manto 348^{d}.

jhāna-: *as.* °naṃ 69^{a}, 156^{d}=157^{d}; *ls.* °ne 985^{d}.
jhānapasuta-: °to 709^{a}.
jhānarata-: °to 503^{a}; °taṃ 212^{b}; *npm.* °tā 1009^{c}.
jhānānuyutta-: °to 972^{b}.
jhāyati 818^{b}; 3 *sg. opt.* °yetha 709^{c}; *ptc. asm.* °yantaṃ 165^{c} 425^{c}, *gsm.* °yato 221^{d}.
jhāyi*n*-: °yī 638^{c} 925^{a}; *asm.* °yiṃ 1105^{a}; *npm.* °yī 1009^{c}; *gpm.* °yīnaṃ 719^{c}.

ñatvā 9^{b} 61^{c} 87^{a} 90^{c} 297^{c} 520^{b} 527^{a}, 732^{a}=735^{a}=741^{a}=745^{a}=748^{a}=751^{a}=753^{a}=821^{a}, 732^{f} 788^{c} 795^{b} 856^{b} 868^{d} 877^{abc} 911^{c} 933^{c} 947^{b} 1115^{a}.
ñatvāna 739^{a}.
(ñassati 909^{b}).
ñāṇa-: *ns.* °ṇaṃ 987^{d} 989^{b} 1115^{e}; *as.* 378^{a} 788^{d} 1113^{e}; °ṇena 789^{b} 799^{b}, 839^{a}=1078^{a}, 840^{a}; °ṇāya 503^{14}; °ṇe 800^{b} | 839^{c} (347^{b}) 55^{c} 372^{c}.
ñāṇadassi*n*-: °ssī 478^{b}.
ñāṇapatha-: °thāya 868^{c}.
ñāṇabandhu (*ns.*) 911^{b}.
ñāṇūpapannaṃ (*asm.*) 1077^{c}.
ñāta-: °to 343^{d}; *npm.* °tā 422^{24}.
ñātaka-: *np.* °kā 296^{b}; *ap.* °ke 579^{d}.
ñāti: °tiṃ 104^{c}; °tayo 200^{d} *and* °tī 579^{d}; °tīnaṃ 123^{a} 580^{a}.
ñātisaṃgha-: *abl. s.* °ghā 589^{c}.
ñātisālohita-: *ap.* °te 447^{8}.
ñāsi (*or* aññāsi; 3 *sg. præt.*) 471^{b}.
-(ñ)ñu-: 321^{d} 325^{b} 325^{c} 327^{b} 338^{d}, 423^{32}, 414^{4}.

Ṭaṃkitamañca-: °ñce 301^{5}.

-(ṭ)ṭha-: *75^{c} 90^{a} 749^{c}.
ṭhatvā 887^{c} 894^{a}.
ṭhapeti, *vide* ṭhāpeti.
ṭhapetvā 451^{26}.
ṭhāna-: *as.* °naṃ 256^{a}; *ls.* °ne 40^{b}; *abl. s.* °nā 442^{d} || 54^{a} 667^{a} 347^{b} 59^{c}.

ṭhāpeti 112^{c}. *Cf.* ṭhapetvā.
ṭhita-: °to 250^{b} 327^{b} 381^{d} 920^{bc} 1017^{c}; °tā S.N.[1] p. 17; *asm.* °taṃ 141^{7} || (1058^{b}).
ṭhitatta-: °tto 215^{a} 328^{d} 370^{c} 477^{b} 519^{b}; °ttaṃ 359^{b}.
-(t)ṭhiti-: 1114^{a}.

ḍaṃsasiriṃsapa-: *ap.* °pe 52^{b}.
ḍaṃsādhipāta-: *gp.* °tānaṃ 964^{c}.
(-ḍāsa-: 459^{d}).
-ḍiṅgulaka- [— — ⏑ ×]: 239^{a}.

-t- *157^{5}; 460^{a} (tasmā-t-iha).
takka-: *as.* °kaṃ 209^{d} 885^{d} 886^{c} || 1107^{b}.
takkavaḍḍhanaṃ (*ns.*) 1084^{e}=1135^{e}.
takkāsayaṃ (*as.*) 972^{d}.
taggha 414^{17}.
tacaṃ (*as.*) 1^{d} . . . 17^{d} || -(t)taca-: 551^{b}.
tacamaṃsāvalepana-: *nsm.* °no 194^{b}.
taccha-: *ipm.* °cchehi 327^{d} | 1096^{d}. *Cf.* tathiya.
taṇḍulaṃ (*as.*) 295^{a}.
taṇhakkhaya-: °yaṃ [— — ⏑ ×] 70^{a} 1070^{d}, 1137^{c}=1139^{c}=1141^{c}; °ye [— ⏑ ⏑ ×] 211^{c}.
taṇhacchida-: *asm.* °daṃ [— ⏑ ⏑ ×] 1101^{a}; *voc.* °da [— — ⏑ ×] 1021^{c}.
taṇhā 306^{d} 436^{d} 496^{a}, 741^{b} (?), 856^{d}; taṇhaṃ 3^{a} 339^{c} 355^{a} 640^{a} 1068^{d}, 1082^{f}=1083^{f}, 1123^{d}; *is.* taṇhāya 854^{c}, *gs.* 1109^{c}; *np.* taṇhā 916^{c}; *lp.* taṇhāsu 495^{a} || 776^{d} 1103^{a} 746^{a} 114^{a} 83^{b}.
Taṇhā: °haṃ 835^{a}.
taṇhāgata-: *asf.* °taṃ 776^{b} [— ⏑ ⏑ ×].
taṇhādutiyo (*nsm.*) 740^{a} [— — ⏑ — ×].
taṇhādhipanne (*apm.*) 1123^{a}.
taṇhānigghātanaṃ (*as.*) 1085^{c}.
taṇhāpaccayā (*abl. s.*) 506^{31}.
taṇhābhavaparikkhīṇaṃ (*asm.*) 640^{c}.
tataṃ (*asn.*) *357^{d}.
tatiya-: (1) [⏑ ⏑ ×] *asm.* °yaṃ 88^{d}; (2) [*probably* ⏑ ⏑ ×] *nsm.* °yo 97^{b}, *asm.* °yaṃ 95^{c}, *nsf.* °yā 436^{c} 1001^{d}; (3) [⏑ — ×] *nsn.* °yaṃ 450^{c} || (4) [— ×] 1116^{c}. *Cf.* dutiya.
tato 282^{a} 283^{c} 295^{d}, 303^{a}=308^{a}, 310^{a} 342^{c} 395^{a} 402^{a} 403^{a}, 415^{b} 419^{b} 432^{a} 449^{c}, 402^{9}, 588^{b}=757^{b}, 602^{a} 605^{a} 606^{a}, S.N.[1] p. 123, 686^{a} 710^{a} 719^{d} 770^{c} 796^{c} 978^{c} 997^{a} 1027^{a} 1115^{d}; tato tato 205^{d} 390^{c}.
tatta- (*tapta*): °ta(ṃ) 667^{c} || 353^{c}.

tattha 302a=306e, 306a 321c 390d 448a 669b, 671b=672b, 671d 674c 675a 678b 680b 685c 696c 739d 797c 824c 829a 892d 895d 910cd 940a 959b 1031d, 1071d=1072d, 1073a, 1079e~1080e, 1085a 1115d; 252d 449d, S.N.1 p. 123, 1073c; tattha tattha 648d.

tatra 321d 39416 595b; tatr' eva 17517.

tatha-: *nsn.* °tham 1115e || 9b 172b.

tathatta-: *abl. s.* °ttā 520d=522d=524d=525d=526d=530d=531d=532d.

tathā 297b; *357d 482a, 667d (tathā-patir°), 789d, 881d=889d, 910d; tathā (: yathā) S.N.1 p. 21; 203ab 705ab 320a 781d 1129c 1131b, *cf.* 357a; tathā hi 504d 1052f=1057d=1075d=1102d; tath' eva 33b 34b (320a) 349b, 375a, 384b 888d 906a 908a.

tathāgata-: °to 467d . . . 478f, 468b 1114b; °tam 347c 557d 1031d; °tassa S.N.1 p. 14, 252c; *gp.* °tānam 351d.

tathāgatasāvaka-: °kassa S.N.1 p. 14.

tathākārin-: °rī 357a.

tathārūpa-: *asm.* °pam 452e; *gpm.* °pānam S.N.1 p. 100.

tathāvādin-: °dinam 430a.

tathāvidha-: °dho 772c 818d 1113f; °dhassa 1073d.

tathiya-: °yam *882a 883a || 368c.

tathiva-: °vam *882a (883a); °vā 906c.

tad: *nsm.* so 1c . . . 17c 33d 34d 93b . . . 113b 138a 139a 157a 159a, 159d (Bai su, *metri causa*), 175d 200a 202c 204b 208d 216c 240d, 255a (: 255d sa ve), 275a 307d 310c 319cd 320d 321c 322c 323d 344c 354c, 359d . . . 375d, 364ac 367c 369c 379c 380d 387d 389a 404b 405c 419c 449c 469d, 41426(!), 507a 515b 519c 527cd 531c 535b 536d 560c 575a 590d, 612d . . . 615d, 618d 620c 658c 663b 683a 684a 685a 693b 695ac 697c 712c 722cd 768c 772c 786d 787d 789bc 797c 800bd 804d 813d 818a 826d 829c 831c 842b 843ab 846bd 857d 877b 878d 888c 889a 893c 894b 897c 910d 911c 912c 934a, (946c *vide* sabbaso), 947c 948c 951c 953c 954c, 962a 971b (971c Pj.), 975cd 977a 980c 987ab 992a 993ad 995a 996c (998a Baim), 998c (sv ājja), 1003a 1019b 1042ad 1048d 1059c 1060acd, 1071d=1072d, 1073ac 1075a, 1090ab=1091ab, 1130c 1136b, so' ham 192a 694c (190c=191c : yo' ham ?), yo so 375b; *nsm.* sa 89d 115d, 360c (Bm so, *metr.*), 414a=708a, 418a 472c 514d 516d (519d) 709a 713a 723cd 786d 793a 843d 846b 878c 899bc 902d 913c 914ac (964b Baim) 966c, sa . . : aham 1143d, sa ve 188d 209c 210c 255d 278c 477c 620d 707c, 800c (*misprint in* S.N.2), 822d 850d 861d 946d 947a 950d, sa vâpi 293c; *nsf.* sā 80b 729d 817b 830a

889d 917d, sā ve 451d 454d; *asm.* tam 153^21 87c, 116d . . . 134d, 176c 177c 208c 214c 219c, 251b (nam ?), 345a 383c *383d 385b 389c 409a 430a 441c 517d 521d 535d 537f, 441^1, 620f . . . 647d, 658b 662c 685a, 724e=726e, 782c 783c (793c ?) 802c 816c 829d (838d) 848c 857a 903b 939c 952c 957a (963d=1050b) 993c 999d 1037b 1042c 1054a 1090d; tam mam 425a, tam tam 349b 1058c 1063c, tam enam 981a, tam vâpi 211d . . . 219d 798a; *asf.* tam 443c 451a 541b 995b 1067a, yam tam 443a; *nsn.* 54a [: A. I, 26^30], 82d=481d, 94d . . . 114d 170a 354b 450bcd 574d, 588b=757b, *666b 669d 721ab 757c 760d 766b 806a (838d ?) 859c 1076b, 1084de=1135de *and* tadam 508^16, 21 [Nidd. I, 54^12 *explains* yad < yadam; *cf.* tadaminā, *perhaps* < tadami(mi)nā]; *asn.* tam 354b, 461c (me tam, *cf.* 346a)=1043e=1045e=1047e=1049a=1061a=1079g=1081b=1096d, 673b 699c 720a 775d 784d 810c 867b 873d 883b 949a 963d 984c 988bd 990d 993d 1025c, 1052e=1075c, 1099a 1110d *and* tad [*cf.* tadam *above*] 83d [ɔ: te *acc. pl.* Pj.]=862d=875b=1052b, 157^31, 286d 317a 440^19 758b 762bd 778c 797c, —tad aminā 137a; —tam [" hetuvacana "] 228^2 349b 457f (Pj.); tad [ɔ: tadā, Pj.] 302b; *nsn.* ta-y-idam 1077b; *ism-n.* tena 45d, 136^28 140^1, 139^17 140^7, 585c 658d 683d 694d 697a 813a 822c 829c 830d 831c 839d 842b 888b 908c 909d 917c 918a 1103d 1142d 1144bd, tena tena 1143d, tena hi 154^17 176^21 314^10 461d (*prose*) 1062a (*verse* ?); *abl.* tamhā 291a 423c 1138a=1140a *and* (*adv.*) tasmā 323a 386d 558d 581c 590a 676c 678c, 728e~1051c, 743a 751c 771a 780d 785c 796d 809c 841d 859d 884d 907c 1104a, 1121c=1123c, 1130d; tasmā-t-iha 460a; tasmā hi 392a, 775a 798c 934c, —882d; *gsm-n.* tassa 90d 134b 138c 163d 275c 294a 329c 344a 380c 449a 458d 459a 746d 757c 766b 767a 775c 787c 795ad 801c 802a 810c 817b 837a 842d 849d 855d 857c 858a 859c 889d 934c, *978a (tass' ɔ: tassā *or* tassa, Pj.), 984c 987d 1001c 1032d 1041d 1076b 1088d=1089d, 1108b 1115c, tassa tass' eva 512c, tassa me 435a, tassa te 543a; *gsf.* tassā 22c 110c *978a, S.N.^1 pp. 90 107 123; *lsm*(*n.*) tasmim 316c 696d 811c 815d 858d 979c *and* tamhi 463c, 503c 1015a; *npm.* te 140c 273bc, 289b~290b~295f~297d, 302a~306ae 330bc 347c 390d 412a 445a 395^19 422^19 423^16 549c 597a 677a 725ac 727cd 755d 767c 773b 774b 791bc 794b 808a 825ac 847d 884c 885d, 891b (B^alm), 891d 895c 1045c 1046c 1047a 1058a 1079e 1080e 1087c 1095cd 1128a, te ve 725d 737c 758c, te mayam 180a (*cf.* 597a); *apm.* te 84b 287d 390b 431d 423^16 771c 832c 1024c 1078d 1083g, te ve 838^b (: yāni; te ce ?) 1082^g; *npf.* tā 703^d, *apf.* tā 309^c; *npn.* tāni 885^c (Fsb. saccāni sutāni), *apn.* 845^b 924^d 969^b *and* tāni-m 909^b; *ip.* tehi 966^c; *gpm.* tesaṃ 24^c 35^b 210^b 286^a 299^a 306^c, 510^c=511^c (tes' antakaro), 579^a, 601^c . . . 606^c, 736^a 803^b 876^c 881^{cd} 965^b 968^b 1035^b 1038^c 1102^c 1127^a, tesaṃ no 596^a, tesaṃ vo 600^a (oc Pj.); *gpf.* tāsaṃ 916^d; *lpm-n.* tesu 464^c . . . 466^c= 490^c . . . 502^c, 785^c 833^c 940^c (971^c Pj.); *lpf.* tāsu 670^c.

tadahuposathe (*ls.*) 502^{11}.

tadā (302^b Pj.) 681^c, 1011^b (?); tada 685^b.

tanuka-: °ko 994^c.

tandi: °diṃ 926^c 942^a.

tapas-: *ns.* °po 77^a; *as.* tapaṃ 292^b, tap' 901^a; *is.* tapena 655^a; *np.* tapā 249^d.

tapati: 3 *pl. opt.* tapeyyuṃ 348^d; *ptc. asm.* tapantaṃ 687^c, *gpm.* tapataṃ 569^b.

tapassin-: *npm.* °ssino 284^b.

tapparāyana-: *asm.* °naṃ 1114^d.

tamas-: *ns.* tamo 348^c 763^a; *as.* tamaṃ 248^b 956^c 975^d; tamā tamaṃ 278^b [A. I, 85^{25}] || *538^d.

tamanuda-: °do 1136^a.

tamonuda-: °do 1133^a.

tamparāyana-, *vide* tapparāy°.

tammaya-: °yo 846^b.

ta-y-idaṃ 1077^b.

tayo *s.v.* tīṇi.

-tara-: 174^d 1119^d.

(1) tarati 173^{ab} 174^d 183^{ab} 184^a; °ranti 273^c 791^b; 3 *sg. opt.* tare 771^c, 1053^d=1054^d=1066^d=1067^d=1085^e *and* tareyya 706^d, 1069^d (1 *sg.* ?); 2 *sg. opt.* (?) taresi 1064^d; *imp.* tarassu 1070^b, taratha 333^c; *ptc. asm.* tarantaṃ 253^a. *Cf.* tiṇṇa tārituṃ atāri, *etc.*

(2) tarati (*tvar*) *see next.*

taramānarūpo 417^c. *Cf.* turita.

tasa-: °sesu 629^b.

tasati: °santi 394^d.

tasathāvara-: °vare 704^d [*i.e.*, pāṇesu tasathāvare(su), *cf* PVA 127^{23} appakesu vanibbake].

tasaraṃ (*ns.*) 215^a 464^b 497^b 499A^b.

tasita- ($\sqrt{tṛṣ}$): °to 1014^a.

tāṇaṃ (*as.*) 668^b.

tādin-: °dī *154^b (oc 155^b), 488^d=509^b, 519^d=520^d=522^d =524^d=525^d=526^d=530^d=531^d=532^d, 712^c 803^d; *asm.* tādiṃ 86^d 219^b 957^a; *ism.* tādinā 697^a; *gsm.* tādino *154^b~155^b.

(1) tādisa-: *asm.* °saṃ 112ᵇ 317ᵈ (459ᵇ=479ᵇ *see below*), 484ᵈ; (*npm.* °sā 90ᶜ).
(2) tādisa- [*tvādṛś-*; bhavantarūpa Pj., *cf.* tumhādisa]: °saṃ 459ᵇ=479ᵇ.
tādisako 278ᶜ.
tāpeti: 3 *sg. opt.* tāpaye 451ᵇ.
tāyate 579ᶜ.
tārāsabha-: °bhaṃ 687ᵇ.
tārituṃ (*inf.*) 1069ᵇ. *Cf.* tarati.
Tārukkho 462⁶, °kkhassa 594ᵈ.
tāreti: tāresi 545ᵈ=571ᵈ; 3 *sg. opt.* tāraye 321ᶜ; *inf.* tārayetuṃ 319ᵈ.
tālu-: °luṃ 716ᶜ.
tāvaciraṃ 678ᵇ.
āvad: tāvad eva 30ᵇ.
ti 9ᵇ . . . 13ᵇ, 87ᵃ 90ᵃ 120ᶜ 127ᵇ 366ᵃ 379ᵈ 502ᵇ 508ᵉ 509ᵈ *etc.*, *etc.*; 783ᵇ, 796ᵃ; 824ᵃ *etc.*; 241ᵃ 253ᵈ.
timsat-: timsāya S.N.¹ p. 86 | 660ᵇ.
tikicchā-: °cchaṃ 927ᵈ.
tiṭṭhati 434ᶠ 946ᵇ; tiṭṭhanti 333ᵇ 573ᵇ; 3 *sg. opt.* tiṭṭhe 918ᵈ 968ᵇ 1055ᵈ 1071ᵈ 1073ᵃ *and* tiṭṭheyya 929ᵃ 942ᶜ 1072ᵈ; *imp.* tiṭṭhāhi S.N.¹ p. 21; *ptc. nsm.* tiṭṭhaṃ 193ᵃ 772ᵇ, *asm.* tiṭṭhantaṃ 1114ᶜ, *gpm.* tiṭṭhataṃ 1092ᵃ—1093ᵃ. *Cf.* aṭṭhā aṭṭhāsi.
-tiṇa-: 20ᵇ.
tiṇarukkhe (*ap.*) 601ᵃ.
tiṇṇa-: °ṇṇo 21ᵇ~638ᶜ, 515ᶜ, 545ᵈ=571ᵈ, 1059ᵈ, 1088ᶜ=1089ᶜ; *asm.* °ṇṇaṃ 359ᵇ (*cf.* 21ᵇ); *npm.* °ṇṇā 1087ᵈ | 273ᵈ 178ᵈ.
tiṇṇakathaṃkatho 17ᵇ, 86ᵃ=367ᶜ.
tiṇha-: *asn.* °haṃ 673ᵃ.
tiṇhadhara-: °raṃ 667ᵇ; 674ᵇ.
titikkhati 623ᵇ.
titthakara-: *np.* °rā 422²⁵.
titthiya-: *np.* °yā 381ᵃ | 436¹². *Cf. next.*
tithya-: *np.* °yā 891ᶜ 892ᶜ.
tidasagaṇa-: *ap.* °ṇe 679ᵃ.
tipada-: *asf.* °daṃ 457ᵍ.
timisaṃ (*as.*) 669ᶜ [*prosody* ?].
timbarutthana-: *asf.* °niṃ 110ᵇ.
tiriyaṃ 537ᵇ—1055ᵇ—1068ᵇ=1103ᵇ.
tilavāho 476²⁷; *np.* °hā 677ᵃ.
tividha-: *asf.* °dhaṃ 509ᵃ 535ᶜ.
tisatā (*npm.*) 566ᵃ=573ᵃ.
Tissa-: °so *814*.

Tissametteyyo 1006[c]=1124[a], Tisso M°. *1040*.
tīṇi: tayo 311[a]; tīṇi 538[a] 1019[c]; tīhi 656[a]; tiṇṇaṃ S.N.[1] p. 86; 447[12] 1019[d]; tīsu 842[c].
tīraṃ *672[c]; °re 401[6] ‖ 18[b].
tīravaṃ *672[c].
tu 496[a] 938[a].
tucchaṃ (*nsn.*) 883[b] [*metre !*].
tuṭṭhā (*npm.*) 683[d].
tuṇhī 720[d].
tuṇhībhāva-: °vena 447[1].
tuṇhībhūtaṃ tuṇhībhūtam 502[20].
tuma-: *ns.* °mo 890[b]; *gs.* °massa 908[c]. *Cf.* attan, *etc.*
tumhaṃ *s.v.* tvad.
tumhādisa-: *gpm.* °sānaṃ 459[c]. *Cf.* tādisa[2].
turita-: *asn.* (*adv.*) °taṃ 685[a] (S.N.[1] Tusitā); *npm.* °tā 1014[d].
-tulā: 561[a].
tulyo 377[c] ‖ 85[b].
Tusita-: *abl. s.* °tā 955[d] (685[a] *vide* turita).
tūlaṃ (*as.*) 591[f].
tejas-: *is.* tejasā 1097[b].
tejin-: *nsm.* °jī 1097[b] [J. II, 296[14]].
-tela-: 295[b].
telapajjota-: *as.* °taṃ 156[11].
-telasa-: 440[13].
tevijja-: *npm.* °jjā 594[b]; *gpm.* °jjānaṃ 595[a].
Todeyya-: (1) °yyo 462[8]. (2) 1007[c]=1125[a], *1088*; *voc.* °yya 1091[c].
toya-: °yena 71[c]~213[e]; °ye 547[b].
tosanatthaṃ 971[b].
tosita-: *npm.* °tā 1128[a].
toseti: 3 *sg. præt.* tosesi 1127[d].
ty=te *s.v.* tvad.
tvad: *ns.* tvaṃ 141[24] 154[17] 179[d] 241[b] 345[d] 380[c] *383[d] 426[c]; 457[d] [⏑ ×]; 460[a] 461[d] 504[c]; 508[e] [⏑ ×]; 547[d] 832[c]; 833[c] [⏑ ×]; 834[ad] 993[c] 1029[c] 1058[b] 1085[b] 1092[e] 1146[cd] *and* tuvaṃ 31[d] 345[d] 377[a] 378[a], 545[abc]=571[abc], 841[d] 1064[d] 1102[c], 1121[c]--1123[c]; *as.* taṃ 31[c] 179[c] 241[e] 303[1] 344[c] 349[b] 376[a] 380[a] 381[c] 399[1] 457[f] 539[b] 570[a] 699[c] (703[d]), 875[ab]=1052[ab], 915[a], 1043[e]=1044[e]=1047[e]=1049[a]=1061[a]=1079[g]=1081[b], 1049[b] 1058[c] 1063[c] *and* tuvaṃ (!) 377[d] (: 377[a]); *is.* tayā 335[d] 344[b] 379[c] 383[b] *and* te *see below*; *dat.-gen.* tuyhaṃ 983[c] 1030[a] 1061[b] 1122[c], tava 241[f] 352[a] 426[d] 427[b] 482[d] 541[d] 549[c] 566[d] 570[d] 814[c] 988[d]=1110[d] 1061[c] 1102[b]; *instr.-dat.-gen.* te

504[d]=1052[f]=1057[d] 542[a], 546[ab]=572[ab], 551[c] 553[b] 921[c], 949[b]=1099[b], 84[b] 461[e] 540[b] 544[ab] 701[ac] 716[a] 832[c] 870[d] 963[d], 993[d]=1050[b], 1037[b], 1053[a]=1066[a], 1098[d] 1139[a] ; 76[bd] 120[c] 302[25], 302[de]=307[ef] (ty 340[c]), 350[d] 356[b] (c-atthi 377[c]) 379[a] 428[a] 436[a] 437[acd] 439[a] 443[ac] 445[c] 511[d] 512[d] 543[a] 544[d] 556[c] 1117[c]; *loc.* tayi 382[c]; tumhaṃ 1030[a] (Sum.); vo 135[f] 172[bc] 331[b] 600[a] 303[7]; 332[c] 385[a] 393[a] 682[c].

-(t)thaddha-: 104[b], 104[a] (*bis*).
-(t)thana-: 110[b].
thambha-: (1) °bho-r 214[a]. (2) °bho 245[a] 437[d]; °bhaṃ 326[b].
thalaṃ (*as.*) 30[a]; °le 946[b].
thāmaṃ (*as.*) 917[c].
-thāma-ka-: 1144[a].
thāmabalūpapanno 68[c].
thāvara-: *npm.* °rā 394[d]; *lp.* °resu 629[b] || 704[d].
-(t)thāvariya-: 449[22].
thiyo *s.v.* itthī.
thīna-: *ns.* °naṃ 483[d], *as.* 942[a]; *gs.* °nassa 1106[c].
thīnamiddhaṃ (*ns.*) 437[a].
thutuṃ (*inf.*) 217[c].
thunāti: °nanti 884[c].
-thūla-: 633[b].
theyya-: *ns.* °yaṃ 242[b], *as.* 967[a].
theyyā 119[c] [Vin. III, 90[22]].
thero 346[18]; °rā 423[32].
thometi: °mayanti 1046[a]; *ptc. apm.* °mayante 679[c].

-d- *157[6] [*cf.* A. V, 301[2]], 556[b], S.N.[1] p. 15 (samma-d-eva); —*Cf.* Pj. *ad* 83[d] 240[a] 458[c].
-da-: 297[a] (*bis*), 297[b] (*bis*). *Cf.* dada.
dakkhiṇa-: *ism.* °ṇena S.N.[1] p. 80 || 1010[b].
dakkhiṇā: *as.* °ṇaṃ 482[b], *np.* °ṇā 485[d].
Dakkhiṇāgiri: °rismiṃ *136[21].
Dakkhiṇāpathaṃ (*as.*) 976[b].
dakkhiṇeyya-: *apm.* °yye 489[d] 504[b]; *ipm.* °yyehi 488[d]-509[b].
dakkhiti 909[a], dakkhinti 156[25].
daṭṭhu (*ger.*) 424[b]=1098[b], 681[d].
daṭṭhukāmo (*nsm.*) 685[d].
daḍḍhaṃ (*asn.*) 62[c].
daṇḍa-: *as.* °ḍaṃ 35[a]=394[c], 629[a]; *gp.* °ḍānaṃ 312[a] || 1002[c] 630[b]; 688[c].
-datta-: 217[b]. *Cf.* dinna.

-dada-: 177^{b}. *Cf.* -da.
dadāti S.N.[1] p. 86, dadāmi 421^{c} 414^{15} *and* dammi S.N.[1] p. 14; *ptc. nsm.* dadaṃ 187^{d}, 487^{e} . . . 489^{e}=505^{c} *and* dadanto S.N.[1] p. 86. *Cf.* deti adā dinna dātave.
daddallamānaṃ (*asm.*) 686^{c}.
(1) -danta-: 980^{b}.
(2) danta- [*dānta*]: °to 370^{c} 375^{b} 463^{a} 516^{d}; °taṃ 513^{b} 624^{c}; *npm.* °tā 491^{b}=492^{b}, 570^{d} | 23^{b}.
dama-: *is.* damena 655^{b} *and* damasā 463^{a}; *abl. s.* damā 189^{c}.
damappatto 542^{c}.
-damma-: 443^{31}.
dayā 117^{c}.
-dāra-: 257^{c}.
darathajā (*np.*) 15^{a}.
dalha-: °lho 701^{d}; *asf.* °lhaṃ 321^{a} 821^{c}; *asn.* 332^{b} 357^{d}, 892^{d} 893^{a} 905^{d}, 966^{d}.
dalhadhammadassin-: °ssī 344^{d}.
dalhanikkamo 68^{c}.
dalhaparakkamo 293^{b}.
-dasa- (*drśa*): (1) 938^{d}. (2) (1134^{c}) 653^{c} 733^{a}.
dasa (*daśa*) 719^{a} 1122^{b}; dasannaṃ S.N.[1] p. 86.
dasamo 111^{b}; *asn.* °maṃ 109^{c}.
dasasatā (*npm.*) 179^{a}.
-dassa-: 385^{d} Pj., 1134^{c}. *Cf.* -dasa, -dassin.
dassanaṃ 559^{c} 989^{d}; dassanāya 325^{b} || 206^{d} *551^{a} *548^{b} 207^{d}.
dassanasampanno 115^{c}.
-dassāvin-: 1005^{a} 1118^{a} 1043^{a}.
-dassin-: 385^{d}; 57^{b}; 793^{c} 848^{a} 809^{d} 209^{c} 478^{b} 344^{d} 176^{a} 371^{a} 219^{a} 693^{b} 887^{b} 474^{a} (476^{a}).
dasseti: 3 *sg. opt.* dassaye 810^{d}; 3 *pl. præt.* dassesuṃ 686^{d}.
daharo 216^{b} 420^{a} 423^{30}; *npm.* °rā 578^{a}.
dahāti 888^{a}; dahāsi 841^{d}; dahanti 825^{b} 882^{d}; daheyya 893^{b}.
dāṭhabalin-: °lī 72^{a}.
-dāṭhā: 548^{d}.
dātar-: °tāraṃ 713^{d}.
dātave (*inf.*) 286^{d}.
dāna-: *as.* °naṃ 713^{c} | *244^{c}.
dānapati 413^{27}, 487^{c}—488^{a}—489^{a}.
(-dānasīla-: *244^{c}).
dāni 190^{a}.
dāman-: *np.* °mā 28^{b}.
dāya-: *ls.* °ye 703^{b}.
dāyako 413^{27}.

dāra-: *as.* °raṃ 60^{a} 396^{d}; °rehi 108^{a}; °resu 38^{b} 123^{b} || 108^{c} 242^{c}.
dāraposin-: °sī 220^{b}.
dāruṇa-: *npm.* °ṇā 244^{a}.
dāleti: dālayitvā 29^{b}.
dāsaporisaṃ (*as.*) 769^{b}.
diguṇaṃ *714^{c}.
dija-: (1) *asm.* °jaṃ 117^{a}. (2) *ns(m.)* °jo 1134^{a}.
diṭṭha-: °ṭho 508^{d} 955^{a}; *nsn.* °ṭhaṃ 761^{a}, 793^{b}=914^{b}; *asn.* °ṭhaṃ 798^{c} 901^{b}, 1082^{c}=1083^{c}; *isn.* °ṭhena 788^{b} 789^{a}, *cf.* 1079^{b}=1080^{b}=1081^{b}; *lsm-n.* °ṭhe 158^{2} 141^{a} 343^{b} 504^{1}, 790^{b}=797^{b}, 802^{a} 887^{a} 897^{d}, 1053^{b}=1066^{b}; *npm.* °ṭhā 808^{a} 1122^{c} 178^{a}.
diṭṭhaṭṭhapañña-: *npm.* °ññā *75^{c}.
diṭṭhadhammābhinibbuta-: *npm.* °tā 1087^{b}=1095^{b}.
diṭṭhasutaṃ (*asn.*) 812^{d}=813^{b}; °tesu 250^{d}=778^{d}.
diṭṭhasutamutaviññātesu 1086^{a}.
diṭṭhi 786^{b} 789^{d} 881^{d} 889^{d}; *as.* °ṭhiṃ 474^{b} 781^{a} 799^{a} 800^{d} 802^{c} 832^{a} 841^{a} 847^{c} 878^{a} 880^{d} 882^{c} 895^{a} 910^{b} 1117^{c}; *is.* diṭṭhiyā 471^{b}, 839^{a}=1078^{a}, 840^{a}; 840^{f}~908^{b} (*metre* ?); *846^{a} (889^{a}); *ap.* diṭṭhi-m 787^{d}; *lp.* diṭṭhīsu 796^{a} 837^{c} 851^{d} 886^{c}; diṭṭhīhi diṭṭhiṃ 833^{b} || (889^{a}) 839^{c} 243^{c} 116^{c} (881^{a}).
diṭṭhigata-: *ns.* °taṃ 649^{b} 836^{c} [— — ⏑ ×]; *ap.* °tāni 834^{b} [— ⏑ ⏑ — ×]; *ip.* °tehi 913^{c} [— ⏑ ⏑ — ×].
diṭṭhi-yā *846^{a}.
diṭṭhisārin-: °rī 911^{b}.
diṭṭhīnivesa-: *np.* °sā 785^{a}.
diṭṭhīvisūka-: *ap.* °kāni 55^{a} [*prosody*, *cf.* PVA 231^{8}].
dinna-: *nsn.* °naṃ 191^{d}~486^{d}, *asn.* 240^{b} || 119^{c}. *Cf.* datta.
dipada-: °dānaṃ 690^{d}.
dipaduttama-: *asm.* °maṃ 83^{c} 995^{f} 998^{f}.
dipādaka-: °ko 205^{a}.
dibba- *s.v.* divya.
-diva-: 507^{c}. *Cf.* ahar-.
divasa-: *ls.* °se 983^{c}.
divasasantatto S.N.[1] p. 14 [Mahāvastu I, 15^{15} *read* yathā divasatāpito].
divāvihāra-: *ls.* °re 679^{d}.
divya-: *nsf.* °vyā 153^{b}; *asm-n.* divyaṃ (*or* dibbaṃ) 524^{b}= 525^{b}, 641^{b}; *lsm.* dibbe 176^{d}; *lpm.* dibbesu 361^{b}.
-disa- (*dṛś-*): 588^{c} (313^{c}) 836^{d}, 112^{b} (278^{c}) 459^{b}, 459^{c} 482^{b}.
disatā: *as.* °taṃ 671^{c}; *ap.* °tā 1122^{b}.
disā: *as.* disaṃ 960^{b} 1143^{c}; *np.* disā 937^{b}, *ap.* 507^{d} 719^{a} 939^{b} 1122^{a} || 401^{22} 42^{a} 1122^{a}.

disvā 48a 50c 51c 90d 409c 424a 442a 563c 590c 687a 689a 698b 777c 795b 805d 817c 828c 830c 867c 896c 915c 936ad 938b 965b 981a 986a 999b. *Cf.* daṭṭhu.

disvāna 141⁷, S.N.[1] p. 21; 299b; 374b [*read* disvā]: 406d 415a 401³² 680a 691c 692a 835a 909b 1017a 1121a.

dissati 108c [: 108b padissati], 191d 956b; dissanti 441a *and* dissare 688d.

dīgha-: *asm.* °ghaṃ 740b, *asn.* 633a || S.N.[1] p. 123 (kīvadīghaṃ).

dīghapiṭṭhika-: *apm.* °ke 604b.

dīgharattaṃ 22b 23b, 649a (355b).

dīgharattānusayitaṃ (*asn.*) 355b.

(1) dīpa- (*dvīpa*): *as.* °paṃ 1092dc 1093d 1094b; dīpā dīpaṃ 1145b. (2) -dīpa-: 501a.

dukkatakārin-: *voc.* °ri 664b.

dukkara- [⏑ ⏑ × ?]: °ro 429b; °ram 701b.

dukkhaṃ (*ns.*) 36b 61b 584c 503²⁴ 724c 726c, 731a—734a—744a=747a=750a, 732b~735b~745b~748b~751b, 738a 739a 509⁹ 770c 873b 1033d; *as.* 67a [⏑ ×], 183c 184c 278d 473c 586b 666c 724a 726a, 728d=1051b, 742b 789b 1056d 1057c 1058a; 970b (*adv.*); *is.* dukkhena 574d; *abl. s.* dukkhā 170d 171d 172d, *cf.* dukkhato *below*; *gs.* dukkhassa 32d 283d 337d 454c; 539a [⏑ — ×]; 539d 626a 724b=726b, 728f=1051d, 731d=734d=744d=747d =750d, 741b 742d 1050a *np.* dukkhā 728a=1050c, 1049c; —dukkhato 762bc || 738b 531b; 678a (yāvadukkhā, — ⏑ ⏑ ×, *cf.* 531b); 80d 252b 250c.

dukkhakkhayo 732e.

dukkhantagu-: *ism.* °gunā 401d.

dukkhavepakka-: *nsn.* °kkaṃ 537a [⏑ ⏑ — — ×].

dukkhasamudayo 503²⁴.

dukkhasammata-: *nsn.* °taṃ 760d.

dukkhito 984d; °taṃ 986a.

dukkhūpanīta-: *npm.* °tā 774c.

dukkhūpasamagāmin-: °minaṃ 724f 726f.

duguṇaṃ *714c.

dugga-: °go 429a; °gaṃ 638a; 674a |, 664a.

duggaccā, *see next.*

duggati 141b; duggaccā 141d.

duggandho (*nsm.*) 205b.

duccarita-: *ap.* °tāni 665c || 407c.

duṭṭha-: *ls*(*m.*) °ṭhena 90e |, 623b.

duṭṭhamanas-: *npm.* °manā 780a.

dutiya- [*arranged like* tatiya, *q.v.*]: (1) *asm.* °yaṃ 87d. (2) *nsm.* °yo 95b; *nsf.* °yā 436b; *asn.* °yaṃ 93c. (3) *nsn.* 450b 884a; *ism.* 49a |' (3) 740a.

duttara-: *asm.* °raṃ 174^{d} 273^{c} || 358^{d}.
duddasa-: *asn.* °saṃ 938^{d}.
-(d)du- (*druh-*): 244^{b}.
duddhakhīro (*nsm.*) 18^{a}.
duppamuñcā (*npm.*) 773^{b}.
dubbaṇṇo (*nsm.*) 426^{c}.
-dubbala-: 4^{b}.
dubbalathāmaka-: *gsm.* °kassa 1144^{a}.
dubbisodho (*nsm.*) 279^{d}.
dubbhāsita-: *nsf.* °tā 396^{5}; *asn.* °taṃ 396^{15} 657^{d}.
dubhaya-: *as.* °yaṃ 517^{b}; *np.* °yo 1007^{c}=1125^{a}; *ap.* °yāni 526^{a}.
dummanas-: *nsm.* °mano 449^{c}.
duraccaya-: *nsm.* °yo 945^{d}, *asm.* °yaṃ 948^{b}.
durannaya-: (1) *nsm.* °yo 251^{d}. (2) *npm.* °yā 243^{c}.
durabhisambhava- [*cf.* S. I, 129^{15} *and see* dukkara-]: *nsm.* °vo 429^{b}; *asn.* °vaṃ 701^{b}.
durājāna-: *asm.* °naṃ 762^{e}.
durāsada-: *npm.* °dā 451^{16}.
dullabha-: °bho 448^{16}, 560^{a}=998^{a}; *nsn.* °bhaṃ 559^{c}; *npm.* °bhā 75^{b} | 138^{b}.
duve, *s.v.* dvi.
dussaṃ (*as.*) 679^{c} 680^{d}.
dussaṅgaha-: *npm.* °hā 43^{a}.
dussati 662^{a}. *Cf.* duṭṭha.
dussīlaluddā (*npm.*) 247^{c}.
(duhana, *vide* dūhana.)
dūta-: °to 415^{c}; *np.* °tā 415^{b} || 411^{c}.
dūtavacanaṃ (*as.*) 417^{a}.
dūra-: °re 390^{d} 468^{a} 772^{c}; °rato S.N.[1] p. 21; 511^{a} (*note*) || 301^{28}.
dūravihāravutti(*n*)-: *npm.* °ttino 220^{a}.
-dūsaka-: 89^{b} 312^{c}.
-dūsin-: 84^{d}.
-dūhana-: 309^{d}.
deti 130^{c}, denti 244^{c}. *Cf.* dadāti.
deyyadhammaṃ (*nsn.*) 982^{a}.
deva-: °vo 1024^{a}; °vassa 30^{c}; °va 18^{d} . . . 29^{d}; °vā 310^{a} 333^{a} 384^{d} 543^{c} 644^{b}; °ve 404^{d} 679^{b} 680^{a}; °vānaṃ 346^{d} || 1148^{a} 229^{20}.
-deva-ka-: 153^{22}.
devatā 986^{b}; °taṃ 995^{b}, °tāya 420^{4}; *voc.* °te 990^{d}; *np.* °tā 316^{b}; *gp.* °tānaṃ 458^{b} 1043^{d} 1044^{b} 1045^{b}.
devamanussa-: °ssehi 527^{c}; °ssānaṃ S.N.[1] p. 100; °ssesu 521^{c}.
devamanussaloke (*ls.*) 1047^{c}=1081^{f}, 1063^{a}.
devayāna- [: brahmayāna S. V, 4^{26} 5^{16}]: *as.* °naṃ 139^{a}.

devasaṃgho 680[c].
devisi [*probably* — — ×] 1116[c].
-desaka-: 84[c].
-desi*n*-: 87[d].
desita-: *asm.* °tam 276[d] 391[c]; *asn.* 1129[b] ¦ 88[a].
deseti 444[17] 722[c] 993[b] 1015[c]; °setu S.N.[1] p. 21; desessāmi
[— ⏑ — — ×] 461[e].
-dessi*n*- [*dveṣin*]: 92[d].
-deha-: 471[c].
domanassaṃ (*as.*) 592[b]; °ssāna 1106[b] ‖ 67[b].
dosa-: °so 270[a] 271[a] 631[a]; °saṃ 74[a] 371[c] 493[a] 506[d] 507[a]
423[18] ‖ 476[c] 360[c] 12[b] 66[a].
dvattiṃsa S.N.[1] p. 102; 1000[c].
dvaya-: *ls.* dvaya-m 868[b]; *gp.* dvayānaṃ *503[14].
dvayatā: *as.* °taṃ 503[19], *gp.* dvayatānaṃ *503[13].
dvayatānupassi*n*-: *gs.* sammā-dvayatānupassino 503[29].
dvayadhammaṃ (*as.*) 886[d].
dvādasa 677[d].
dvādasamaṃ (*asn.*) 113[c].
-dvāra-: 288[d] 413[b].
dvārabhattaṃ (*ns.*) 286[b].
dvi-: *nom. fem.* dve 449[1], 1001[c] [⏑ ×]; *acc. neutr.* doc 451[26]
and duve 48[c] 896[b]; dvinnaṃ S.N.[1] p. 86; dvīsu S.N.[1]
p. 103.
dvi [?=*dviḥ*] 1116[a] (dvâhaṃ ɔ: dve vāre ahaṃ). *Cf.* diguṇa.

dhaṃseti: (1) dhaṃsenti (*or* dhaṃsanti) 312[b]. (2) 3 *sg. opt.*
dhaṃsaye 591[f].
dhaṃka-: *as.* °kaṃ (*or* vaṃkaṃ) 270[d]=271[d].
dhajinī: *as.* °jiniṃ 442[a].
dhañña-: *ap.* °ñāni 60[b] ‖ 305[c] 302[c] 285[c]. *Cf.* dhāniya.
dhana-: *ns.* °naṃ 302[e]=307[f]; *as.* 185[b] 187[a], 303[f]—305[d],
306[a]; *ap.* °nāni 60[b] | 302[c] 285[c].
dhanatthaddho 104[a].
dhanatthiko 987[b].
dhanadhāniyaṃ (*ns.*) 307[b].
dhanaparājayo 659[b].
dhanaviriya-: °yena 422[c].
dhanahetu 122[b].
Dhaniya-: °yo *18*. 30[d].
(1) dhamma-: *ns.* dhammo 81[b]=480[b], S.N.[1] p. 15, 182[b] 188[c]
313[a] 383[a] 453[b], 504[d]=1052[f]=1057[d]=1075[d]=1102[d],
764[d]; *as.* dhammaṃ S.N.[1] p. 15; 87[b] 94[c]; S.N.[1] p. 21;
186[b] 276[d] 291[c] 293[c] 316[ad], 318[c]=320[a], 326[c] 351[b], 361[c]
~374[a], 365[b] 368[c] 378[a] 380[b] 384[c] 385[b] 389[c] 391[c] 398[b]
461[e] 471[b] 527[a] 536[b] 694[c] *696[b] 722[c] 762[e] 785[d] 792[c]

840e 856b 878c 880a 891a 903a 904ab 905c 907d 917a 921b 933a 934b 947b 975c 993b 1015c 1053a 1054b 1064c 1085b, 1097d=1120d=1122e, 6044, 1137a=1139a=1141a; *is.* dhammena 239c 295c 404a 4149 45021, 554c=555c,—dhammena-m 1002d; *abl. s.* dhammā 312d 704a; *gs.* dhammassa 180d—192d *763f; *ls.* dhamme 81d=480d, 1582 5042 141a 250b 314a 327b 330a 343b 453c 695d, 1053b—1066b; *np.* dhammā 188a 475a 5031 759b 784a 803b 866d 868bd, S.N.1 p. 205; *ap.* dhamme S.N.1 p. 21; *ip.* dhammehi 298c; *gp.* dhammānaṃ S.N.1 p. 135; *lp.* dhammesu 69b, 160d=161d, 211b 372b 387c 392c 478b 785b=837b=907b~801d 787a 824b, 861c 892b 905b 975a 1076c ;—dhammato 163Ad 163Bd || 310c (313a) 782c 510d 69b 758a 353a 322b 893d 575d 973d 344d 1087b 982a 886d 969d 3149 393d *763f 739b 276b 323d 1065b 70c 1020d 906a 167b 180d. *Cf.* -dhammika.

(2) dhamma- [*adj.* Pj.]: °maṃ 39625 450b. *Cf.* dhammī.

dhammakāma-: *nsm.* °mo 92c.

dhammacakkaṃ (*as.*) 556d 557b 693b.

dhammacariyaṃ (*ns.*) 274a.

dhammaṭṭho (*nsm.*) 749c.

dhammatakkapurejava-: °vaṃ 1107b.

dhammadessin-: °ssī 92d.

dhammadhara-: *asm.* °raṃ 58a.

dhammapada-: *ls.* °de 88a.

dhammapariyāya-: °yassa 6046.

dhammapītirasa-: *as.* °saṃ 257d.

dhammamagga-: *as.* °ggaṃ *696b.

dhammarakkhita-: *npm.* °tā 288b.

dhammarata-: *nsm.* °to 327a.

dhammarājā (*ns.*) 44917, 554b=555b.

dhammaladdha-: °ddhehi *vide* 41412 [239c].

dhammavinicchayaññū (*nsm.*) 327b.

dhammassāmin-: *as.* °miṃ 83b.

dhammādhigata-: °tehi *vide* 41413.

dhammānudhammaṃ 317b [Ud. p. ?32].

dhammārāma-: *nsm.* °mo 327a [sc M. I, 50329].

dhammika-: °ko 44915; *asf.* °kaṃ 404b.

-dhammika-: 965a.

dhammī [*adj. fem.*, *cf.* dhamma2]: °miṃ 325c; dhammiyā 44611.

-dhara-: 1010c 58a. *Cf.* -dhāra, -dhārin.

-dharaṇa-(?): 26b.

(dharati:) *imp.* dharātha (*or* carātha) 385b; *ptc. prs. pass. asn.* dhariyanta 689c. *Cf.* dhāreti.

dhāniyam (*ns.*) 285^{b} || 307^{b}. *Cf.* dhañña.
-dhāra-: 335^{c}. *Cf.* -dhara.
-dhārā: 716^{b} 667^{b}.
-dhāri*n*-: 471^{c}.
dhāreti 478^{c}; 3 *sg. opt.* dhāreyya 156^{12} *and* dhāraye (*or* dhāre) 401^{a}; *imp.* dhārehi 1149^{d}, dhāretu 157^{10}; *fut.* dhāressāma S.N.[1] p. 113; 3 *pl. præt.* dhārayuṃ 688^{b}.
dhāvati 939^{d}.
(1) dhi (*dhik*): dhi-r-atthu 440^{b}.
(2) -dhi: 720^{d}.
dhiti 188^{c}.
dhitĭ̄ma*t*-: *nsm.* dhitīmā 462^{c} *and* dhitimā 542^{d}.
dhīra-: *nsm.* °ro 250^{d}=778^{d}, 317^{a} 371^{b} 531^{d} 591^{c} 709^{a} 877^{d} 890^{c} 913^{c} 964^{a}; *asm.* °ram 45^{b} 46^{b}, 165^{a} (*read* vīram); *voc.* °ra 380^{c}; *npm.* °rā 211^{d} . . . 219^{d}, 349^{a} 581^{c} 775^{d} 1009^{c} 1052^{c}; *ipm.* °rehi 838^{d}; *gpm.* °rānaṃ 719^{b}.
dhuta-: *asm.* °taṃ 385^{b}.
-dhutta-: 106^{b} 106^{a}, (*bis*) [A. IV, 283^{14}].
dhunāti: *imp.* dhunātha 682^{d}. *Cf.* adhosi.
-dhura-: 694^{c} 996^{c}.
dhuradhorayhaṃ (*ns.*) 79^{a}.
dhurava*t*-(?): *nsm.* dhuravā 187^{a}.
-dhūma-: 460^{c}.
dhenupa-: *np.* °pā 26^{a} 27^{a} 28^{c}.
-dheyya-: 358^{d} 764^{c}.
Dhotaka-: °ko 1007^{a}=1124^{c}, *1061*; °ka 1064^{b}.
dhona-: °no 786^{c} 813^{a}; °naṃ 351^{b}; °nena 834^{c}; °nassa 786^{a}.
-dhorayha-: 79^{a}.
-dhoreyya- (149^{18} *v.l.*): *vide* dhorayha.

na 84^{a} 90^{d}; *158^{b} *249^{a}; 228^{1}; 57^{c} 327^{c}; 120^{c}, 242^{d} . . . 248^{d}; na . . . atho . . . atho . . . na 157^{a}. *Cf.* no.
naṃ (*as.*) 139^{e} 163A^{d} 199^{c} 201^{a} 202^{c} 253^{d} 273^{ab} 281^{b} 316^{b} 385^{d} 398^{d} 418^{d} 439^{c} 701^{c} 770^{abc} 789^{d} 835^{d} 859^{a} 980^{c} 1010^{b} 1076^{b} 1094^{e} 1142^{a}, S.N.[1] pp. 104, 113; *ap.* ne (90^{c}) 141^{c} 288^{c} 390^{c} 932^{c}; *gp.* nesaṃ 293^{a} 760^{d} 906^{d}.
nakkhatta-: (1) *gp.* °ttānaṃ 569^{a}. (2) 927^{b}.
nakha-: °khehi 610^{b}.
naga-: nagā nagaṃ 180^{b}.
nagara-: *abl. s.* °rā 414^{b} || 1013^{a}.
naggiya-: *ns.* °yaṃ 249^{b}.
naṅgalaṃ (*as.*) S.N.[1] p. 12 || 77^{b}.
naṅgalasatāni (*np.*) 137^{e}.
naciraṃ 694^{a}; nacirass' eva 157^{25}.
nacceti: naccayanti 682^{b}.

nata-: *nsm.* °to 1143d.
nattamahar-: nattamah' (ɔ: °aham *or* °aho) 1070d.
natthikaditthi-: *npm.* °tthī 243c [— — ⏑ — ×].
nadati 562d=1015d; *ptc. nsm.* nadam 684d.
nadī: °dim 425b; °diyā 401e; °dīhi 720a; °dīnam 433a 568d.
Nanda-: °do 1007b=1124d, *1077*; °da 1078b.
nandati 33abd.
nandanā 33c.
nandimjaha-: *asm.* °ham 1101b.
nandī 1115b; °dim 1055c.
nandībhavaparikkhīṇo (*nsm.*) 175c; *asm.* °ṇam 637c.
nandīsamyojana-: *nsm.* °no 1109a (*cf.* 1115b).
nandhī: °dhim 622a.
na-patthiya-: *nsm.* °yo 914d (Pj.).
nabhasigama-: *asm.* °mam 687b.
namas-: °mo 540b 544ab.
namati: 3 *sg. opt.* nametha 806d.
namassati: °ssāmi 1058c 1063c, °ssanti 598c; °ssemu 995e, °ssatha 485b; °ssimsu 287d; *ptc. nsm.* namassam 344c 934d *and* namassamāno 192c 1142c, *npm.* °ssamānā 180c.
Namuci (*ns.*) 426a; *voc.* 439a.
nara-: °ro 39c 96b 116a 122a 319a 324c 329d 591d 676d 769d 772b 785c 909a 942d 1060a; *as.* °ram 848d; *gs.* °rassa 33c 34c 549a 662a 788b 789a 864d 865d; *np.* narā 348d 776c; *ap.* °re 587b; *gp.* °rānam 347d.
naraka-: *as.* °kam 706d.
narādhama-: *npm.* °mā 246c.
narāsabho 684b 996d.
narinda-: °ndehi 836b.
nariyo, *s.v.* nārī.
naruttama (*voc.*) 1021b.
-naḷa-: 542b.
naḷasetu: *as.* °tum 4b.
naḷāṭamaṇḍalam (*as.*) S.N.1 p. 104.
nava-: *nsm.* °vo S.N.1 p. 91; *lsn.* °ve 914b; *npm.* navā 28b; *apm.* °ve 913a.
navan-: navahi 197a; navannam S.N.1 p. 86.
navama-: °mo 109b; °mam 107c.
-navuti-: 311d.
nassati 666a; mā . . . nassam 1120c.
nahātaka, *vide* nhātaka-.
-nahāru-: 194a.
nahuta-: °tāni 677c.
nāga-: (1) °go 29b 53a. (2) °go 518c 522d 845b; °gam 166a; °gassa 543a 1101d; °ga 543a 1058c; *np.* nāgā 573d.

(nāganāgassa *gs.* 543^{a} ?).
nāgarājā (*ns.*) 379^{a}.
nāgasaṃghapurakkhato (*nsm.*) 421^{b}.
Nātaputto 423^{13}.
nātha-: °tho 1131^{d} || 995^{d}.
nānā 878^{b} 884^{c} 885^{ac} 886^{a} 1102^{a}.
nānākuṇapaparipūro (*nsm.*) 205^{c}.
nānājana-, *vide* nānā *and* jana.
nānā-dhaññassa (*gs.*) 305^{c}.
nānārattehi (*ipn.*) 287^{a}.
nāman-: *ns.* °mam 344^{a} 808^{bc} 1037^{c}; *as.* 872^{a} | 153^{c}.
nāma (*adv.*) 154^{30} 346^{18} 379^{b} 404^{d} 423^{ab} 523^{c}, 528^{c}=533^{c}, 620^{c}.
nāmakāya-: *abl. s.* °yā 1074^{c}.
nāmagotta-: *ns.* °ttaṃ 648^{b}.
nāmarūpa-: *ns.* °paṃ 1036^{b}; *as.* 530^{a} 537^{e} 909^{a}; *ls.* °pe 355^{a} *and* °pasmiṃ 756^{c}, 950^{a}=1100^{a}.
(nāmeti: °menti 1143^{b} Fsb.).
-nāyaka-: 991^{b}.
Nārada-Pabbatā (*np.*) 543^{d}.
nārī: °riṃ 836^{b}; *np.* nariyo 703^{c}, *ap.* 299^{d}—304^{b}.
nārīvaragaṇāyutaṃ (*asm.*) 301^{b}.
Nālako 697^{c}.
-nālā-: (136^{25}).
nāvā: °vaṃ 321^{a} 770^{d} 771^{d}.
nāsā: *is.* °sāya 608^{c}; nāsāto 198^{a}.
nāsikasota-: *ap.* °tāni S.N.^{1} p. 104.
nikati 242^{b} [S. IV, 307^{31}, D. I, 5^{22}].
nikāmeti: *ptc.* -nikāmayat-: 210^{b}.
nikūjati: *imp.* nikūja 350^{b} (°jaṃ Thag.).
niketa-: *abl. s.* °tā 207^{b} || 207^{c}.
-niketasārin-: 844^{a}.
niketin-: °tino 422^{d}.
-nikkama-: 68^{c} 542^{d}. *Cf.* nikkhāma-, *etc.*
nikkaruṇa-: *npm.* °ṇā 244^{b}.
nikkāma-: *nsm.* °mo *1131^{d}.
nikkāraṇa-: *npm.* °ṇā 75^{b}.
nikkujjita-: *asn.* °taṃ 155^{30}.
nikkuha-: *nsm.* °ho 56^{a}.
nikkhanta-: *nsm.* °to 991^{b}.
nikkhamati: *imp.* nikkhama 222^{19}; 3 *sg. præt.* °mi 227^{1}; *ger.* nikkhamma 337^{c} 359^{c} 414^{b}.
nikkhāmo (?) *1131^{d}.
nikkhipati: *ptc. npm.* °pantā S.N.^{1} p. 103.
nikhāta-: *npm.* °tā 28^{a}.

nigacchati 278^{d}~586^{b}~742^{b}.
Nigaṇṭho 423^{12}; nigaṇṭhā 381^{b}.
nigama-: °mo 440^{18}; *lp.* °mamhi 995^{c}; *ap.* °māni 118^{b}.
niggacchati, *vide* niragama.
niggayha *ger.* 351^{b} [Pj. II, 520^{17}].
niggāhaka-: *ns.* °ko 118^{c}.
-nigghātana-: 1085^{c}.
(1) nigghosa-: *as.* °saṃ 719^{b} 818^{c}, 1061^{c}~1062^{c} || 338^{c}.
(2) nigghosa-: *lsn.* °se 959^{d}.
nigrodha-: °dhassa 272^{b}.
Nigrodha-Kappo (*ns.*) 346^{17} 344^{a}.
-nighaṇḍu-: 447^{13}.
-nighāti-: 828^{b}.
nicca-: *npm.* niccā 805^{b}; *npn.* niccāni 886^{b}; *adv.* niccaṃ 69^{b} 220^{d} 336^{d} 576^{d} 1144^{c}.
niccuyyuta-: *npm.* °tā 248^{b}.
niccharati: °ranti 703^{a}.
nicchāta- [A. I, 197^{7}]: *nsm.* °to 707^{c}, 735^{d}=739^{f}; *npm.* °tā 737^{d}=758^{d}.
nicchāreti: 3 *sg. opt.* nicchāraye 388^{d}.
niccheyya (*ger.*) 785^{b}=837^{b}=907^{b}~801^{d}.
nijigiṃsāno (*ptc. nsm.*) 131^{c}.
nijjhapeti: 3 *sg. opt.* nijjhapaye 322^{c}; *inf.* nijjhapetuṃ 320^{d}.
niṭṭhā 864^{c} 865^{c}.
-niṭṭhita-: 48^{b}.
-niṭṭhurin-: *952^{a}.
(nidassati 785^{d} Nidd.)
nidassana-: *ns.* °naṃ 137^{b}.
-nidāna- [A. I, 134^{19}]: 773^{a} 271^{a} 728^{a} 270^{a} 865^{a} 870^{a} 273^{a} 874^{d}.
niddara-: *nsm.* °ro 257^{c}.
niddā 331^{c}; *as.* °daṃ 926^{a} 942^{a}.
niddāsīlin-: *nsm.* °lī 96^{a}.
niddāna- [ɔ: lunana]: *as.* °naṃ 78^{c}.
niddosa-: *nsm.* °so 476^{c}.
niddhantakasāvamoho (*nsm.*) 56^{b}.
niddhamati: 3 *sg. opt.* °me 962^{d}; *imp.* °matha 281^{c}; *ger.* °mitvāna 282^{c}.
nidhāya (*ger.*) 35^{a}—394^{c}, 629^{a}.
nidhi-: °dhiṃ 285^{d}.
nindati 658^{b}.
nindā: °daṃ 895^{c}, °dāya 826^{d} 928^{a}.
nindāpasaṃsāsu (*lp.*) 213^{b}.
nindiya-: *asm.* °yaṃ 658^{a}.
ninna-: *as*(*n.*) °naṃ 30^{a}.

ninnāmeti: °metvā 452^{23}.
ninhāya (*ger.*) 521^{a}.
nipaka-: *nsm.* °ko 962^{b} 1062^{b}; 1038^{c}; *asm.* °kaṃ 45^{a}=46^{a}; *npm.* °kā 283^{c} [A. III, 24^{10}].
nipaccavādin-: °dī 217^{c}.
nipatati: 3 *sg. præt.* nipati 310^{d}; *ger.* nipatitvā 155^{d}.
nipuṇa-: *nsm.* °ṇo 317^{c}, 383^{a}; *apm.* °ṇe 1126^{c}.
nipuṇatthadassin-: *nsm.* °ssī 377^{c}; *asm.* °ssiṃ 176^{a} 177^{a}.
nippāpa-: *nsm.* °po 257^{c}.
nippipāsa-: *nsm.* °so 56^{a}.
-nibandhana-: 654^{c}.
nibbana-: *nsm.* °no 1131^{d}.
nibbāti 915^{c}. *Cf.* nibbāyi.
nibbāna-: *ns.* °naṃ 758^{a} 1094^{c} 1108^{d}=1109^{d}; *as.* 940^{e}=1061^{d}=1062^{d}.
nibbānapatti-: °ttiyā 186^{b} 454^{b}.
nibbānapada-: *ns.* °daṃ 1086^{d}; *as.* 204^{d} 365^{c}.
nibbānamanasa-: *nsm.* °naso 942^{d}.
nibbānasantike (*ls.*) 822^{d}.
nibbānābhirata-: *nsm.* °to 86^{b}.
nibbāyi (3 *sg. præt.*) 354^{c}.
nibbijja (*ger.*) 448^{d}; 940^{d} (?, *see next*).
nibbijjha (*ger.*) 516^{c}; 940^{d} (?).
nibbiṭṭha-: *is.* °ṭṭhena 25^{b}.
nibbidābahula-: *nsm.* °lo 340^{d}.
nibbuta-: °to 19^{c} 593^{d} 638^{e} 707^{d} 1041^{c}; °taṃ 630^{b}.
nibbuti 917^{d}; °tiṃ 933^{c}.
-nibhā: *s.v.* sannibha-.
nimantito (*nsm.*) 448^{9}.
nimanteti: 3 *sg. præt.* °tayi 981^{b}.
nimittaṃ (*as.*) 341^{a} | 342^{a}.
nimmakkha-: *nsm.* °kho 56^{b}.
niyata-: *nsm.* °to 70^{c}.
niyāma-: *as.* °maṃ 55^{b}.
niyāmadassin-: °ssī 371^{a}.
niyyati 580^{d} 851^{d}; 3 *sg. opt.* niyyetha 327^{d}, 931^{a}=943.
niyyāti: 3 *sg. præt.* niyyāsi 417^{c}.
niyyāna-: *ns.* °naṃ 172^{a}; *as.* 170^{c}.
niyyānika-: *npm.* °kā 503^{4}.
niragama (3 *sg. præt.*) 695^{b}.
niraggala-: *as.* °lam 303^{d}.
niraṃkatvā 315^{c} 326^{b}.
niratta-: *nsn.* °ttaṃ 787^{c} 858^{c} 919^{d} 1098^{c}.
nirattha-: *nsf.* °tthā 585^{d}; *as*(*n.*) °tthaṃ 582^{d}.
nirabbuda-: *gp.* °dānaṃ 660^{a}.

Nirabbuda-: °do 476[30].
niraya-: °yo 476[27]; °yam 248c, 660c 661a; *ls.* °ye 677b *and* °yamhi 333f; *np.* nirayā 678a | 476[9].
nirayagāmin-: *asm.* °minam 277d.
nirayadukkham (*as.*) 531b [⏑ ⏑ ⏑ ⏑ × ? *Metres* p. 644e].
nirassajati: °janti 791c [*nirassa*nti × niss*ajanti*].
nirassati 785d 954d.
nirāmagandha-: *nsm.* °dho 251d 717c; *asn.* °dham 252b.
nirāsa-: *nsm.* °so 469b 1048c 1060c; *asm.* °sam 460c; *npm.* °sā 491b=492b, 494b 1078c.
nirāsatti (*nsm.*) 851a.
nirāsaya-: *nsm.* °yo 56c, 369c (?), 1090a=1091a; *asm.* °yam 634c.
nirujjhati: °jhanti 760c.
nirūpadhi (*nsm.*) 33d=34d; *asm.* °dhim 642b.
nirodha-: °dho 508[11]; °dham 754c; °dhena 731c=734c=744c= 747c=750c=1037e; °dhe 755c || 505[10] 372c.
nillolupa-: *nsm.* °po 56a.
nivattati: -nivattamāna- 62c.
nivattitukāma-: *nsm.* °mo S.N.[1] p. 80.
nivātavutti (*nsm.*) 326b.
-nivāpa-: 419[11].
nivārana-: *ns.* °nam 1034b 1035b; *as.* 1106d.
nivāreti 141c; 3 *sg. præt.* °resi 139e 288c.
-nivāsa-: 647a.
nivāsetvā 139[5].
nivittha-: *nsm.* °tho 324c 781b; *asm.* °tham 57b 756c; *npm.* °thā 774b 824d 892c.
nivissavāda-: *nsm.* °do 913b. *Cf. next.*
nivissavādin-: *nsm.* °dī 910a.
nivuta- (*or* nīvuta ?): *nsm.* °to 348c 1032a 1033a; *npm.* °tā 1082b [⏑ ⏑ ×]; *gpm.* °tānam 763a.
nivuttakesa-: *nsm.* °so 456b.
nivesa-: *ap.* °se **300**c || 785a.
nivesana-: *ns.* °nam S.N.[1] p. 21; *as.* 470a 1055c; *ls.* °ne 174[24]; *np.* nivesanā 801c; *ap.* °ne 300c *and* °nāni 210a 305a; *lp.* °nesu 785c 846d.
nisamkhiti (*ns.*) 953b Pj. Fsb.
nisajja (*ger.*) 419a 685c.
-nisabha- [VVA 83[5] *and* Pj. II, 40[19]]: 698b.
nisamma (*ger.*) 54c 317a. *Cf. next.*
-nisāmaya (*ger.* nisāmiya ?): 320b.
nisāmeti: 2 *pl.* °metha 410a=562a.
nisinna-: *nsm.* °no 193b 416c 502[18]; *npm.* °nā 314[6].

nisīdati 939^{d}; 3 *sg. opt.* °de 388^{b}; *imp.* °datha 331^{a}=332^{a}; *præt.* °di 456^{16}, °diṃsu 314^{2}; *ger.* nisīditvāna 1031^{b} *and* nisajja *q.v.* *Cf.* nisinna.
-nisedha-: 462^{d}.
nisevati 816^{b}; 3 *sg. opt.* °vetha 821^{d}.
nissajja (*ger.*) 839^{c}.
nissaya-: *as.* °yaṃ 800^{b}; *ap.* °ye 877^{b}; *lp.* °yesu 753^{b}.
nissayatā (*or* nissayanā) 856^{a}.
nissayanā, *vide* nissayatā.
nissāya (*ger.*) 841^{a} 887^{b} 1070^{b} 474^{a}.
nissita-: °to 752^{b} 784^{d} 798^{b} 910^{c} 1069^{d}, 1071^{b}=1072^{b}; °tassa 508^{6}; *npm.* °tā 824^{c} || 66^{c} 458^{a} 280^{b} 538^{c} 938^{d}.
nisseti: 3 *sg. opt.* nissayeyya 798^{d}. *Cf.* nissāya nissita.
nihīna-: *nsm.* °no 132^{c} 842^{a} 890^{a}; nihīnato 797^{d} 905^{d}.
nihīnakamma(*n*)-: *npm.* °mmā 661^{d}.
nihīnapañña-: *nsm.* °ñño 880^{b} 890^{b} || 880^{c}.
nīcakula-: *npm.* (*abl. s.*) nīcakulā-m 411^{b}.
nīcamanas-: *nsm.* °mano 252^{c} [— - ⏑ ×].
nīcākulīna-: *nsm.* °no 462^{c}.
nīceyya-: *nsm.* °yo 855^{c} 918^{b}.
-nīla-ka-: 200^{b}.
nīlagīva-: *nsm.* °vo 221^{a}.
nīlavanarāji (*ns.*) 451^{11}.
nīvaraṇa-: *np.* °ṇā 541^{d}; *ap.* °ṇe 17^{a}.
nīvuta, *vide* nivuta.
nu 401^{14} 556^{a} 765^{a}, 885^{a} 1138^{a} 1049^{c}, 190^{a} 838^{d} 1052^{c}; 347^{a} 866^{a} 871^{a} 879^{c} 903^{c} 1071^{d} 314^{7}. *Cf.* no (2).
-nuda-: 1136^{a} 1133^{a}.
nūna(ṃ) 1058^{a}.
neka-: *apf.* nekā (*or* neka-) 308^{c}.
-nekkha-: 689^{b}.
nekkhammaṃ (*as.*) 424^{b}=1098^{b}.
netar-: netā 86^{c}; netāraṃ 213^{f}.
neti, *vide* niyyati neyya.
netta- (*netra*): *np.* nettā 1120^{b} || 550^{a} 346^{d} 1096^{c}.
neyya-: *nsm.* °yo 803^{c} 846^{c} 1113^{f} || 55^{c} 907^{a}.
Nerañjarā: °raṃ 425^{b}.
nerayika-: *nsm.* °ko 664^{d}.
(1) no (*negative*) *154^{b} 396^{15} 780^{c} 800^{b} 852^{d} 853^{b} 855^{d} 92[illegible]^{b} 927^{b} 1040^{b} 1041^{d} 1069^{b}; no pi 217^{c} 389^{d} 811^{b}, 839^{d}–840^{d}, 846^{c} 874^{b} 913^{b}; udāhu no 347^{8}; no ce 46^{a} 343^{a} 840^{a}, -691^{d}; ce no 949^{c}=1099^{c}.
(2) no **455**^{a}; 457^{c} 875^{c} 1077^{c} (*cf.* nu).
(3) no (=amhākaṃ) *s.v.* ma...
nhātaka-: °ko 518^{b} 521^{d}; °kaṃ 646^{c}.

-pa-: 26[a] 400[b].
pakata-: *nsn.* °tam 286[a] || 286[c].
pakappana, *vide* pakampana.
pakappita-: *nsf.* °tā 786[b] 802[b]; *asf.* °tam 910[b]; *nsn.* °taṃ 648[bd]; *npm.* pakappitā 784[a]; *npn.* °tāni 838[a]; *lpn.* °tesu 902[b].
pakappeti: °ppayitvā 886[c].
pakampana- (?, *cf.* Pj. II, 568[1]): *as.* °naṃ 945[c].
-(p)pakāra-: 241[f].
pakāsati 1032[b] 1033[b].
pakāsita-: *nsm.* °to 156[32]; *asm.* °taṃ 401[d]; *npm.* °tā 135[f]; *npf.* 714[b].
pakāseti 445[14], °sesi 378[b]; °sehi 1021[c]; 3 *sg. prœt.* pakāsayi 251[c].
Pakudho 423[8].
pakubbati 254[b]; pakubbamāno 781[c] 790[d].
pakka-: *gpn.* °kānaṃ 576[a].
-pakkanta- (*prakrānta*): 475[9].
pakkandati: 3 *pl. prœt.* pakkanduṃ 310[c].
pakkāmi (3 *sg. prœt.*) S.N.[1] p. 92; 3 *pl.* pakkāmuṃ 1010[d].
pakkodana-: *nsm.* °no 18[a].
pakkha-: (1) °kkho 967[d]. (2) °kkhassa 402[a] [M. I, 20[29]] || (1) 347[b]. (2) 402[c].
pakkhandin-: °dī 89[b].
pakkhin-: *ap*(*m.*) °kkhī 606[a].
pakkhitta-: *nsm.* °tto S.N.[1] p. 14.
pagabbha-: *nsm.* °bho 89[b] || 852[c].
pagāḷha-: *nsm.* °ḷho 772[b]; *npm.* °ḷhā 441[a].
pagāhati 819[d].
paggayha (*ger.*) 350[b].
paggahita-: *nsf.* °tā 175[2].
paggharati: 3 *pl. prœt.* °rimsu S.N.[1] p. 122.
paṃka-: °kaṃ 535[c]; °kena 845[d]; *ls.* °ke 1145[a] | 945[d].
paṃkadanta-: *nsm.* °to 980[b].
pacināti: *ptc. nsm.* pacinaṃ 837[d].
paccati 671[b]=672[b]; paccanti 670[c].
paccattaṃ 611[a] 906[d].
paccanīkaṃ (*nsn.*) 761[c].
paccaya-: *ls.* °ye 339[b]; *np.* °yāse 15[b] 423[20] 505[17] 507[12] 507[15] 508[1] 505[9] 507[4] 506[31] 506[9] 506[5] 506[19] 505[26].
paccayika-: *nsm.* °ko 475[8].
paccasāri 8[a] . . . 13[a]. *Cf.* accasāri.
paccassosi 177[15], °ssosuṃ 314[15]=395[20].
paccuggacchati: °ggacchāmi 442[c] [— ⏑ — — × !].
paccuṭṭhāpanā 245[a].

paccupaṭṭhita-: *nsm.* °to S.N.[1] p. 102.
paccekagaṇin-: *nsm.* °ṇino 1009ᵃ.
paccekasaccesu (*lp.*) 824ᵈ.
pacceti 662ᶜ [⏑ ⏑ — × ?], 788ᵈ 800ᵈ 803ᵈ; paccenti 840ᶠ=908ᵇ [⏑ ⏑ — × ?].
pacchā 645ᵃ 773ᶜ 949ᵇ=1099ᵇ.
pacchima-: *nsm.* °mo 352ᶜ.
pajappā [J. VI, 25⁸]: *as.* °paṃ 592ᵃ.
pajahāti 789ᵇ; 3 *sg. opt.* °heyya 1056ᵈ; 3 *pl. opt.* °heyyu 1058ᵃ ‖ -ppajahat-: 586ᵃ. *Cf.* pahāya, *etc.*
pajā 298ᶠ 654ᵇ; °jaṃ 545ᵈ=571ᵈ, 776ᵇ 936ᵃ 1104ᵈ; °jāya S.N.[1] p. 14¹² (=Pj. II, 229¹⁸); *np.* pajā 823ᵈ ‖ 684ᵇ.
pajāna-: *nsm.* °no 884ᵇ, *asm.* °naṃ 884ᵇ.
pajānāti 626ᵃ 987ᵃ; °nāsi 377ᵇ; °nāmi 100ᶜ 191ᶜ 461ᵇ; (p)pajānanti 273ᵃ 724ᵃ 726ᵃᵉ; *ptc. nsm.* pajānaṃ 322ᶜ, 728ᵉ (*cf.* 1051ᶜ), 963ᵈ=1050ᵇ, 1104ᵃ ‖ 754ᶜ. *Cf.* pajāna.
pajja-: *is.* °jena 514ᵃ.
pajjalati: *ptc. asm.* °lantaṃ 687ᵃ.
pajjalita-: *nsm.* °to 174²⁹.
-pajjota-: 156¹¹.
pajjotakara-: *npm.* °rā 349ᵃ.
pañca (*nsm.*) 171ᵃ 660ᵇ 677ᶜ 982ᵈ; *acc.* 17ᵃ 66ᵃ 284ᶜ 337ᵃ 974ᵃ 980ᵈ 1020ᶜ; pañcannaṃ 964ᵃ, S.N.[1] p. 86; pañcasu 340ᵇ.
pañcadasiṃ (*asf.*) 402ᵇ.
pañcama-: *nsm.* °mo 84ᵃ 101ᵇ; *nsf.* °mī 437ᵃ; *asm.* °maṃ 99ᶜ ‖ 447¹⁸.
pañcamatta-: *npn.* °ttāni 137⁷.
pañcaseṭṭha-: *nsm.* °ṭho 355ᵈ.
pañjali (*nsm.*) 1031ᵇ.
pañjalika-: *npm.* °kā 485ᵇ 598ᵇ.
pañjalīkata-: *npm.* °tā 566ᵇ 573ᵇ.
paññakappin-: °ppī 1090ᵇ 1091ᵇ.
paññavat-: °vā 174ᵇ.
paññā 77ᵇ 329ᶜ 432ᵇ 434ᵉ 1036ᵃ; °ñaṃ 185ᵃ 186ᶜ 969ᵃ; *is.* °ñāya 184ᵈ 381ᶜ 443ᶜ 931ᶜ 1035ᵈ; *gs.* 330ᵈ ‖ *75ᶜ 468ᵇ 343ᵃ 176ᵃ 880ᵇ 390ᵇ 881ᶜ 83ᵃ 346ᵇ 391ᵈ 881ᵇ, 90ᵇ *and* 591ᶜ, 352ᵇ 508²⁵ 373ᵇ 880ᶜ.
paññākappin-: *vide* paññak°.
paññājīvin-: °jīviṃ (-jīvitaṃ) *182ᵈ.
-paññāṇa-: (1) 96ᶜ. (2) 1136ᶜ.
paññāṇavat-: °vā 202ᵇ=204ᵇ, 1090ᵇ=1091ᵇ.
paññādada-: *asm.* °dadaṃ 177ᵇ.
paññābala-: *asm.* °balaṃ 212ᵃ.
paññāvat-: *vide* paññavat-.

paññāvimutta-: *gsm.* °ttassa 847^{b}.
paññāvimutti: °ttiyā 725^{b} 727^{b}.
paññāsat: °sāya S.N.[1] p. 86.
pañha: °haṃ 228^{21} 303^{1}, 512^{a} 1031^{c} 1037^{a}; °hena 957^{d}=1043^{b} =1105^{d}=1112^{d}=1118^{b}; °hassa 512^{c} 1129^{a}; *np.* pañhā 422^{8}; *ap.* °he 423^{16}, 510^{bd}=511^{bd}, 1005^{c} 1023^{b} 1024^{c} 1126^{c} 1127^{b}; *gp.* °hānaṃ 1127^{c} 1148^{c} || 456^{d} 1017^{d}.
pañhavīmaṃsaka-: *np.* °kāse 827^{b} [— ◡ — — ◡ — × *or* — ◡ ◡ — ◡ — × *cf.* vimaṃsin].
pataṅga-: *ap*(*m.*) °ge 602^{a}.
paṭikkamma (*ger.*) 388^{b}.
paṭikkosati: *ptc. nsm.* °saṃ 878^{d}.
paṭigaṇhāti: 3 *sg. imp.* °ṇhātu 479^{c}. *Cf.* paṭiggahe.
paṭigijjha-: *np*(*m.*) °jjhā *675^{c}.
paṭiggahe (3 *sg. præt.*) 689^{d}. *Cf.* paṭigaṇhāti.
paṭiggahetvā 690^{a}.
paṭigha-: *as.* °ghaṃ 371^{c} [*cf.* pavaraṃ 83^{c}]; *np.* °ghā 536^{d} || 42^{a}.
paṭicca 680^{d} 872^{a} 1046^{b} || 784^{d}.
paṭiccasamuppādadasa-: *npm.* °sā 653^{c}.
paṭicchanna-: *nsm.* °no 194^{c}; *asn.* °naṃ 155^{31}; *isn.* °nena 126^{c}.
paṭicchannakammanta-: *nsm.* °to 127^{c}.
paṭicchita-: *npm.* °tāse 803^{b} (Fsb. pan' icch°).
paṭijānāti: °nati 135^{b}; °nāsi 76^{a} 555^{a}; °nare 601^{b}; *ptc. gpm.* paṭijānataṃ 1148^{d}. *Cf.* paṭiññāta.
paṭidissati, *vide* patid°.
paṭinissajja 745^{c} 946^{c}.
paṭipajjati 815^{c}; 3 *sg. opt.* °jjeyya 706^{c} 1129^{c}; *ptc. nsm.* °jjamāno 317^{b} 323^{c}. *Cf.* paṭipanna.
paṭipadā (*np.* ?) 714^{a}; *as.* °daṃ 921^{c}.
-paṭipanna-: 736^{c}.
paṭipaviṭṭha-: *lsm.* °ṭṭhamhi 979^{c}.
paṭipuggalo (*ns.*) 544^{d}.
paṭipucchati: °cchanti S.N.[1] p. 90-91.
paṭipūjeti 128^{c}.
paṭibaddhacitto (*nsm.*) 37^{b} || 65^{c}.
paṭibuddha-: *nsm.* °ddho 807^{b}.
paṭibhāti 398^{29}; *imp.* °bhātu 399^{1}.
paṭibhānavat-: °vā 853^{c} 1147^{d}; °vantaṃ 58^{b}.
paṭibhāsati (*pratibhāṣ-*) 1024^{d}.
paṭimasati: 3 *sg. præt.* paṭimasi S.N.[1] p. 104.
paṭiyādapeti: °petvā S.N.[1] p. 107.
paṭiyādeti 447^{11}.
paṭiladdhamagga-: *nsm.* °ggo 55^{b}.
paṭivadati: 3 *sg. opt.* paṭivajjā 932^{c}.

paṭivasati: °santi 462^{14}.
paṭivātam 662^{d}.
paṭivijjhati: 3 *sg. præt.* °jjhi 90^{a}.
paṭivedeti: 3 *sg. præt.* °dayi 415^{d}.
paṭisaṃyujeyya (3 *sg. opt.*) 843^{d}.
paṭisallāṇam (*as.*) 69^{a}.
paṭisūra-: *as.* °raṃ 831^{b}.
paṭisenikattar-: °ttā 832^{d}.
paṭisenikaroti: °ronti 932^{d}.
paṭiseniyati (°neti): °niyanti 390^{a}.
paṭhama-: *nsm.* °mo 93^{b}; *asm.* °mam 1031^{c}; *nsf.* °mā 436^{a}.
paṭhamuppattiko (*nsm.; or* °ttito) 420^{b}.
paṭhavī 307^{a}; °viṃ 1097^{b}. *Cf.* puthavi-.
-paṇāmita-: 352^{c}.
paṇāmeti: °metvā S.N.[1] p. 78.
paṇidhāya (*ger.*) 660^{d}.
paṇidhi 801^{a}.
-paṇihita-: 154^{a}.
paṇīta-: *asm.* °tam 389^{c}; *asn.* 240^{b}, S.N.[1] p. 107.
paṇḍara-: *ap(n.)* °rāni 526^{a}.
Paṇḍava-: *as.* °vaṃ 414^{c}, *gs.* °vassa 416^{b}.
Paṇḍavapabbata-: °to 417^{d}.
paṇḍita-: °to 115^{b} 523^{b} **526**^{d} 591^{d} 721^{d} 806^{c} 820^{a}, 1007^{d}= 1125^{b}; °taṃ 335^{b} 336^{b}; *npm.* °tā 254^{d} 578^{b} 653^{b}, 733^{b} =743^{b} *and* °tāse 875^{d}=876^{b}.
paṇḍukambala-: *ls.* °le 689^{b}.
paṇṇa-: *ls.* °ṇe 811^{d}.
pataṅga, *cf.* paṭaṅga (Pj.).
patati: °tanti 248^{c}; 3 *sg. præt.* pati 1027^{d}.
patāpavat-: °vā 550^{b}.
(1) pati 291^{b} (*but cf. next*); °ti(ṃ) 314^{d} || 413^{27} 556^{a}; -m-pati: 26^{c} 476^{12} 1024^{b}.
(2) pati (*prati*) 425^{b} (291^{b}).
patikkhati: *ptc. nsm.* °kkham 697^{d}.
-patiññāta-: 594^{a}. *Cf.* paṭijānāti.
-patiṭṭhā-: 173^{c}.
Patiṭṭhānam (*as.*) 1011^{a}.
patiṭṭhāya (*ger.*) 506^{d}.
patiṭṭhita-: *nsm.* °to 409^{b}; *npm.* (?) °tā 453^{d}.
patidissati 123^{b}; *cf.* 172^{16} (paṭid°).
patinandita-: *nsf.* °tā 452^{b}.
patirūpa-: (1) *is.* °pena 89^{d} [Pj. II, 390^{10}] || (2) 667^{d}.
patirūpakārin-: °rī 187^{a}.
patilīna-: *nsm.* °no 852^{a}.
patilīnacara-: *gsm.* °rassa 810^{a}.

-(p)pativattiya-: 554d.
patisarati, *cf.* paccasāri.
patisallīna-: *gsm.* °nassa 34623.
patissata-: *nsm.* °to 413d; *npm.* °tā 283b.
patīta-: *apm.* °te 679a.
patītarūpo (*nsm.*) 379d=380d.
(1) -patta- (*pattra*): 673a 625a 44b 64b.
(2) patta- (*pātra*): *as.* °tam 413c 443d | 45613. *Cf.* pāti.
(3) patta- (*prāpta*): *nsm.* °to 55b 138a 478d 647c 992e; *asm.* °tam 517d; *gsm.* °tassa 435b || 44922 542c 536a 992c 503b. *Cf.* pappoti.
pattacīvaraṃ (*as.*) 1397.
pattapāṇi (*nsm.*) 713a.
pattaphalaṃ (*as.*) 239b.
pattayāna-: *apm.* °ne 606b.
patti (*prāpti*): °tiyā 425d || 186b 68a.
-pattin- (**prāptin*): 513a.
pattikā-: *nsm.* °ko 418c.
pattipatta-: *nsm.* °to 536a; *asm.* °taṃ 537f; *voc.* °ta 540c.
patthita-: *asf.* °taṃ 836b.
-patthiyā (Pj.), *vide* na-patthiya.
pattheti: °tthayati 114c 899c; °tthayasi 18d . . . 29d; *ptc. nsm.* °tthayaṃ 70a *and* °tthayāno 976c; *gsm.* °tthayamānassa 902a [— — ⏑ — — × ?] || -patthayāna-: 900c.
patvā 347c 575c.
patha-: *ls.* °the 176d 177d || 385c 868c 976b 139b 540c 1045c 370b 1076d 158b. *Cf. next.*
-pathi-: 961a.
(1) pada-: *as.* °daṃ 252a 374a, 45115 700d, 765bc; *ls.* °de 45115; padā padaṃ 446b [Pj. II, 45115] || 88c (457g) 287c 88a 204d 208d.
(2) -pada-: 603a (457g) 690d 83c.
padaka-: *ns.* °ko 44722; *np.* °kā 595c.
padakkhiṇa-: *asm.* °ṇaṃ 1010b.
padara-: *lp.* °resu 720b.
padasadda-: *is.* °ddena S.N.1 p. 80.
padā (*is.*) 768b. *Cf.* pāda *and* (2) pada.
padālita-: *npm.* °tā 546b=572d.
padissati 108b (*cf. v.l.*).
-paduṭṭha-: 662a.
paduma-: *ns.* maṃ 71c; *as.* 213e; *ls.* °me 812b. *Cf. next.*
Padumaniraya-: *as.* °yaṃ 4769; *ls.* Padume niraye S.N.1 p. 123, 677b.
padumin-: °mī 53b.

padosa-: *as.* °saṃ 328^{a} || 702^{c}.
padoseti: 3 *sg. opt.* °saye 659^{d}.
paddhagu: *npm.* °gū 1095^{d}.
padhāna-: °nena 428^{d}; °nāya 424^{c} 429^{a}.
padhānapahitatta-: *asm.* °ttaṃ 425^{a}.
padhānavat-: °vā 70^{c} 531^{c}.
(padhāreti: °rehi 1149^{d} Fsb.).
pana 137^{3} 140^{1}; 23^{c}, S.N.^{1} p. 12; 175^{31}, 376^{d} 393^{a} 396^{c} 579^{d} 589^{b}, 670^{a} 673^{a} 674^{a}, 690^{a} 826^{c} 829^{a} 830^{b} 833^{a} *881^{a} 903^{b} 904^{b} 906^{a} 968^{c}.
panujja (*ger.*) 359^{c} 535^{c}; (*ger. or imp.* Pj.): 1055^{d}.
panuṇṇakodha-: *nsm.* °dho 469^{c}.
panudati: °danti 81^{c}=480^{c}; 3 *sg. opt.* °deyya 928^{d} [⏑ — — ×, *cf. next*]. *Vide* pānudi panujja °nuṇṇa °nūdita.
panūdana-: °naṃ 1106^{c} || 252^{b}.
panūdita-: *nsn.* °taṃ 483^{d}.
panta-: *asn.* °taṃ 338^{b}; *lsn.* °te 969^{c} *and* °tamhi 960^{d}; *apn.* °tāni 72^{c}.
pantha-: *ls.* °thasmiṃ 121^{b}. *Cf.* pathi patha.
pannabhāra-: *nsm.* °ro 914^{c}; *asm.* °raṃ 626^{c}.
pannarasa-: *nsm.* °so 153^{a}; *ls.*(*m.*) °se **502^{13}**, 1016^{c}.
papañca-nāmarūpaṃ (*as.*) 530^{a}.
papañcasaṃkhā: °khāya 916^{a}; *np.* °khā 874^{d}.
papaṭa-: °ṭaṃ *665^{d}.
papata-: °taṃ *665^{d}; °tato (*or* papatanā) 576^{b}.
papatati: papatanti 674^{c}.
papatanā (*abl. s.; cf.* papata) 576^{b}.
papad(ā): *as.* °daṃ *665^{d}.
pappuyya (*ger.*) 593^{b} 829^{d}; 482^{d} (=*prāpnuyāt* ?).
pappoti 185^{c} 187^{c}, 584^{b}; 3 *sg. opt.* pappuyya 482^{d} ? *Cf.* patta^{3} patvā pappuyya pāpuṇāti.
papphāsa-: °sassa 195^{c} [⏑ — — ×].
pabbajati 1003^{a}; °janti 157^{30}; 1 *sg. fut.* °jissāmi 564^{c}, 1 *pl.* °jissāma 565^{c}; 3 *sg. præt.* °ji 405^{b} 406^{d}; *ger.* pabbajitvāna 407^{a}.
pabbajita-: *ns.* °to 274^{c} 423^{c} 440^{29}; *np.* °tā 43^{a} || 424^{3}.
pabbajitānulomika-: *asm.* °kaṃ 385^{c}.
pabbajjā 406^{c} 567^{c}; °jjaṃ 157^{19} 252^{d} 405^{ad}; °jjāya S.N.^{1} p. 91.
pabbata-: *as.* °taṃ 1014^{d}; *ls.* °te 413^{19}; *gp.* °tānaṃ 958^{d} | 417^{d}.
-Pabbata-: 543^{d}.
pabrūti 131^{a}, °brūmi 870^{d} 952^{c} 1093^{d} 1107^{c}; °brunti (*or* pabruvanti: ⏑ ⏑ — ×) 649^{b}; *imp.* °brūhi 599^{e}=999^{c}, 700^{c} 848^{c} 869^{d} 873^{c} 1036^{c} 1038^{d} 1092^{d} 1105^{e}.
pabhaṃkara-: °ro 991^{d} 1136^{b}.

pabhava-: *as.* °vaṃ 1050[a] || 728[f].
pabhavati: °vanti 728[a]=1050[c]. *Cf.* pahoti.
pabhassara-: *apn.* °rāni 48[a].
-pabhā-: 404[d].
-(p)pabhāta-: 178[b].
pabhijjati: 3 *pl. prœt.* °jjiṃsu 475[21].
pabhindati: 3 *sg. opt.* °nde 973[b].
-(p)pabheda-: 447[17].
pabhedana-: *as.* °naṃ 1105[f]=1107[d].
pamajjati: 3 *sg. opt.* °jje (*or* ca majje) 676[d] *and* °jjeyya 925[b] 933[d].
pamatta-: °tto 329[d]; °ttaṃ 57[c]; *npm.* °ttā 1121[b]; *apm.* °tte 332[c] 399[b] || 70[a].
pamattabandhu (*voc.*) 430[c].
pamadamhā (*abl. sg.; cf. skr. pramadā*) *156[c]=*157[c].
-(p)pamaddana-: 450[20] 561[b].
pamāṇa-: *ns.* °ṇaṃ 1076[a] || 507[b].
pamāda-: °do 334[a]; °dena 942[b]; *abl. s.* °dā 1033[b] *and* °damhā *156[c]=*157[c] | 184[b] 218[c].
pamādānupatita-: *nsm.* °to 334[b] [S. II, 173[26]].
pamāya (*ger.*) 209[a]; 894[a].
pamukha-: *asf.* °khaṃ 791[d] (Nidd.) | S.N.[1] p. 107.
pamuccati 80[d] 170[d] 171[d] 172[d].
-pamuñca-: 773[b].
pamuñcati: 3 *sg. opt.* °ñce 973[c]; *imp.* °ñca 1063[d] *and* °ñcassu 1146[c] (*cf.* 1146[a], 1149[d]); *ptc. nsm.* °ñcaṃ 791[d]. *Cf.* pamuccati pamutta.
pamutta-: °tto 524[c]=525[c]=530[c]=532[c]; °ttaṃ 212[c]; *npm.* °ttā 465[b]=498[b].
pamudita-: *nsm.* °to 425[2]. *Cf.* pamodita.
pamūḷha-: *npm.* °ḷhā 774[a].
pamocana-: (1) *ns.* °naṃ 78[d]. (2) *ds.* °nāya 1064[a] || (2) 166[d].
pamodita-: *npm.* °tā 681[d]. *Cf.* pamudita.
pamoha-: *as.* °haṃ 841[b].
payata-: *asn.* °taṃ 240[b].
payuta-: *asm.* °taṃ 711[d] 930[b].
payutta-: *npn.* °ttāni 137[10].
payojeti: 3 *sg. opt.* °jaye 404[b].
para-: *nsm.* °ro 879[b] 887[d] 1117[a]; *asm.* °raṃ 132[b] (*cf.* 438[d]) 185[e] 206[c], 516[c]=520[b], 779[d] 882[d] 888[a] 893[b]; *nsn.* °raṃ 795[d] 833[d]; *gsm.* °rassa 396[d] 880[a] 890[a] 905[a]; *lsm.* °ramhi 634[b]; *npm.* pare 214[b] *247[b] 762[ac]; *apm.* °re 319[d]=320[d], 322[c] 438[d] 451[c]; *ipm.* °rehi 240[b] 255[d]; °resaṃ 119[b] *247[b] 394[b] 452[d], 487[e]=488[c]=489[c]=505[c], 818[c] 951[b]; °resa 782[b]; parato 696[a]. *Cf.* parattha.

parakula-: *as.* °lam 128a.
-parakkama-: 293b.
parakkamma (*ger.*) 966d.
parattha 661d.
paradattūpajīvin-: °vī 217b.
paradāra-: °resu 108c.
paradārasevanā (*ns.*) 242c.
paradhammika-: *gp.* °kānaṃ 965a.
paraneyyaṃ (*nsn.*) 907a.
parapāṇarodha-: *ds.* °dhāya 220c.
paraputta- [A. IV, 169[8]]: *lp.* °ttesu 43c.
parapessa-: *is.* °ssena 615b.
parabhojanaṃ (*as.*) 366c.
parama-: *nsm.* °mo 293a; *asm.* °maṃ 788a, 903a (!); *nsn.* °maṃ 87a 347d 788a 796a; *asn*(*m.*) °maṃ 138a; *lsm.* °me 1071c=1072c; *isf.* °māya 471b; *np*(*f.*) paramā 296c.
paramatthadassin-: *asm.* °ssiṃ 219a.
paramatthapatti: °ttiyā 68a.
paramavisuddhadassin-: °ssī 693b; °ssinā 697b.
paraloka-: *ls.* °ke 666c; —paralokato 579b.
paravāda-: *ip*(*m.*) °dehi 819b.
paravediya-: *asf.* °yaṃ 474b.
parasenappamaddanā (*npm.*) 450[20].
parahetu 122a.
-parājaya-: 659b.
parājita-: *nsm.* °to 440d; *npm.* °tā 681b.
parābhava-: °vo 92b; *ap.* °ve 115a. [*In* 91d, *etc., we may take* parābhavato-mukhaṃ *as an adj., nsn., but see next.*]
parābhavati: *ptc. asm.* °vantaṃ 91a; *gsm.* °vato 91d . . . 114d (Pj.). *Cf.* parābhava.
parāyana-: *as.* °naṃ 377b || 1114d 717d 578d.
parikissati 820d.
parikkhaya-: *as.* °yaṃ S.N.[1] p. 123; *abl. s.* °yā 374c 749b | 1094d.
parikkhāra- (Sp. *ad* Vin. III, 132[9]): °ro 307d [⏑ ⏑ — × ?].
-parikkhīṇa-: 639c 640c 175c.
pariggaha-: *as.* °haṃ 809c; *np.* °hā 470b 805b 871b *and* °hāni 872b; *lp.* °hesu 779b || 393c.
paricarati 401[13].
paricārakasolasa-: *gpm.* °sānaṃ 603[30].
parijānāti 202c; °nanti 254d; 3 *sg. opt.* °neyya 943c.
pariññacārin-: °rī 537c. *Cf. next.*
pariññā (*ger.*) 779a.
pariññāya (*ger.*) 455c 473c 737a 748c 755a 778b, 1082f=1083f.
-pariḍayhamāna-: 63c.

pariṇāma-: *as.* °mam S.N.[1] p. 14.
pariṇāyakaratanam (*ns.*) 450[1].
paritassati 621b. *Cf.* parittas°.
paritta-: *nsn.* °ttam 61a 574c.
parittapañña-: *gsm.* °ññassa 1097c; *apm.* °ññe 390b.
parittase (3 *sg. opt.*) 924d. *Cf.* paritassati.
parideva-: *as.* °vam 328a 592a 923b ‖ 809a.
paridevati 827c; °vasi 582d; paridevayanti 774c; *ptc. nsm.* paridevayamāno 583a.
paridevadhamma-: *ap.* °mme 969d.
paridevanā (*ns.*) 585d.
paridevaneyya-: *apm.* °yye 970c.
paridevamacchara-: *as.* °ram 811c ‖ 809a.
paridevayati *s.v.* paridevati.
paridevasokā (*np.*) 862b 863b.
paridevita-: *as*(*n.*) °tam 590b.
-pariddava-: 1052d.
parinibbāti: °bbanti 765d; parinibbaye 591b.
parinibbānagato (*nsm.*) 514b.
parinibbuta-: °to 347[8] 370c 467c, 735d=739f; °tam 346b 359b; *npm.* °tā 737d=758d ‖ 346[22].
paripucchati 1025b; *ptc. nsm.* °cchamāno 380b, °cchiyāno 696c (°cchiyāna, *ger.* ?).
paripuṇṇa-: *asm.* °ṇam 904a; *ipn.* °ṇehi S.N.[1] p. 104 ‖ S.N.[1] p. 104; 445[26].
paripuṇṇakāya-: *nsm.* °yo 548a.
paripuṇṇamānin-: °mānī 889b.
paripūra-: *asn.* °ram 1017b ‖ 205c.
paripūrī, *vide* pārip°.
pariphandati: *ptc. nsm.* °ndamāno 1145a; *asf.* °ndamānam 776a.
paribbajati: 3 *sg. opt.* °bbaje 639b—640b, 741d=751f=753d =1039d *and* °bbajeyya 359d . . . 375d.
paribbasāna- (*ptc. prs.*): *nsm.* °no 796a; *npm.* °nā 878a 880d 895a.
paribbāja-: *as.* °jam 134c.
paribbājaka-: °ko S.N.[1] p. 90; 533c; °kam 537f; °kassa 420[3] [533c *and* 537f ⏑ ⏑ — ⏑ ×, *cf. next*].
paribbājayitar: °tā (*or* parivajjayitā) 537c [⏑ ⏑ — ⏑ ⏑ ×].
-paribbūlha-: 301a.
paribhāvitam (*nsn.*) 23b.
paribhāsati 134a 663b.
paribhuñjati: 1 *sg. opt.* °ñjeyyam 423[25]; *ptc. nsm.* °ñjamāno 240c 241c.
paribhotabbo (*nsm.*) 424[5].

pariyanta-: °ntaṃ 214ᵇ 537ᵉ ‖ 577ᶜ, S.N.¹ p. 103¹.
pariyantacārin-: °rī 964ᵇ.
pariyādāna-: *as.* °naṃ S.N.¹ p. 123.
pariyāya-: (1) [— ⏑ ×, *cf.* J. III, 140²⁴, 460², V, 367², 368¹⁴]: *as.* °yaṃ 588ᵈ; (2) °yena 505⁷ ‖ (1) 581ᵈ. (2) 156³² 604⁶.
-pariyeṭṭhi-: *289ᶜ.
pariyeṭṭhuṃ (*inf.*) *289ᶜ. *Cf. next.*
pariyesati S.N.¹ p. 86; °sāmi 414¹⁴; *ptc. nsm.* °samāno 482ᶜ; °sitvā 414¹³ S.N.¹ p. 86.
-pariyosāna-: 157³¹.
pariyosānakalyāṇaṃ (*asm.*) 444²¹.
parirakkhati: 3 *sg. opt.* °kkhe 678ᵈ.
parirundhati (?) 118ᵃ.
parilāha-: *ns.* °ho 715ᵈ.
parivajjayitar-, *vide* paribbāj°.
parivajjeti 768ᵃ; 3 *sg. opt.* °jjaye 771ᵇ *and* °jjayeyya 395ᵃᵈ 396ᵃ 397ᵈ *and* °jjayetha 57ᵃ; *imp.* °jjehi 341ᵃ.
(1) parivasati, *vide* paribbasāna.
(2) parivasati S.N.¹ p. 99; 3 *sg. præt.* °vasi 697ᵈ.
parivitakko (*ns.*) 346²⁴.
parivīmaṃsati: *ptc. nsm.* °samāno 975ᶜ.
-parivuta-: 502¹⁷.
parivesanā (*ns.*) 140³˒⁷.
parisa-ggata-: *nsm.* °to 397ᵃ.
parisā: °saṃ 825ᵃ; °sāya 826ᵃ 829ᵇ; °sāsu 349ᵈ ‖ S.N.¹ p. 107 (saparisa-).
parisujjhati 183ᵈ 184ᵈ.
parisuddha-: *asn.* °ddhaṃ 445²⁷.
parisodheti: 3 *sg. præt.* °dhayi 407ᵈ.
parissaya-: *np.* °yā 770ᵇ 960ᵃ; *ap.* °yāni 45ᶜ 965ᵈ 969ᵇ; *gp.* °yānaṃ 42ᶜ.
parissayavinayana-: *as.* °naṃ 921ᵇ.
pariharati: 1 *sg.* (*prs. med.*) °hare 440ᵃ. *Cf.* parihīrati.
parihāyati: °yanti 767ᶜ.
parihīna-: *asm.* °naṃ 827ᵃ.
parihīnapañña-: *nsm.* °ñño 881ᶜ.
parihīrati 205ᵇ.
parūpavāda-: *as.* °daṃ 389ᵈ.
pareta-: *nsm.* °to 818ᵃ; *apm.* °te 1123ᵇ ‖ 1092ᶜ 736ᵃ 764ᵃ 579ᵃ 449ᵃ.
pareti *1144ᵇ.
parovara-: *asm.* °raṃ 353ᵃ; *asn.* 1148ᵇ; *npm.* parovarā 475¹; *apm.* °re 704ᵇ; *apn.* °rāni 1048ᵃ.
parosahassaṃ (*ns.*) 450¹⁴.
palāpa- (*palāva*): °po 89ᶜ [A. IV, 169⁹˒¹³]; *ap.* °pe 282ᵃ.

palāyati 120^{b}.
palikhañña (*ger.*) 968^{b}.
pa.iguṇṭhita-: °to 131^{b}.
-paligha-: 622^{c}.
palipatha-: *as.* °tham 638^{a}.
paleti 1074^{bd} *1144^{b}; palehi 831^{c}.
palokin-: *asn.* °kinaṃ (*or* palokitaṃ) 739^{b}.
palobheti: °bhenti 703^{c}; 3 *pl. præt.* mā . . . palobhayuṃ 703^{d}.
pavakkhati (*fut.*): °kkhāmi 701^{c}, 963^{d}=1050^{b}.
pavaḍḍhati: 3 *sg. præt.* °ḍḍhatha 306^{d}.
pavattar- (*pravaktṛ*): °ttāraṃ 167^{a}.
pavattita-: °taṃ 556^{d} 557^{a}.
pavadati, *vide* pāva.
pavara-: *asm.* °raṃ 83^{c} [*metre, cf.* 371^{c} 372^{c}; *formula:* A. II, 95^{27}>S.N. 684^{ab}], 377^{d} .646^{a} | 698^{c}.
pavasati: *ptc. nsm.* °saṃ 899^{d}.
pavassati: *imp.* °ssa 18^{d} . . . 29^{d}, *353^{d}. *Cf.* pāvassi.
-pavāda-: 538^{b}.
pavādiya-: *np.* °diyāse 885^{b}.
pavicaya-: *as.* °yaṃ 1021^{a}.
pavitakka-: *as.* °kkaṃ 834^{a}.
pavineyya (*ger.*) 507^{a}.
pavivekarasa-: *as.* °saṃ 257^{a}.
pavisati: °santi 668^{d}=670^{b}, 673^{b}; 3 *sg. opt.* °se 387^{d}; *imp.* °sa 227^{7}. *Cf.* pāvisi.
pavuccati 436^{d} (B^{m} vuccati), 437^{b} 513^{c} 518^{c} 523^{c} 611^{d} 808^{b} *and* pavuccate 519^{d} 520^{d} 522^{d} 524^{d} 525^{d} 526^{d} 530^{d} 531^{d} 532^{d}.
pavutta-: *npm.* °ttā 868^{d} || 383^{b}.
pavecchati: 3 *sg. opt.* °cche 463^{c} . . . 466^{c}=490^{c} . . . 503^{c}.
paveṇi: *np.* °ṇiyo 26^{b} 27^{b}.
pavedita: *nsn.* °taṃ 838^{d}; *npm.* °tā 171^{b} || 330^{a}.
pavedeti 444^{14}.
pavedhati: 3 *sg. opt.* °dheyya 928^{a}.
pasaṃsakāma-: *npm.* °mā 825^{d}.
pasaṃsati 658^{a}; °sasi $163A^{d}$; °santi 906^{b}; °sāma 47^{a} 390^{b}. *Cf.* pasaṃsita-.
pasaṃsalābha-: *abl. s.* °bhā 828^{d}.
pasaṃsā: *as.* °saṃ 826^{b} 895^{d} || 213^{b}. *Cf.* pasaṃsakāma pasaṃsalābha.
pasaṃsāvahana-: *asn.* °naṃ 256^{b}.
pasaṃsita-: °to 829^{a} 928^{b}.
pasaṃsiya-: °yo 658^{b}.

pasajati: °janti 390^{c}.
pasanna-: °nno 698^{b}.
pasannacitto (*nsm.*) 316^{c} 403^{c} 690^{c}.
pasannanetto 550^{a}.
pasannamānaso 402^{c}.
pasayha (*ger.*) 72^{a}.
pasavati, °vasi, °vāmi S.N.[1] p. 86.
pasahati 443^{a}.
pasādeti: °dehi S.N.[1] p. 121.
pasāreti 193^{c}; °rehi 547^{e}=573^{c}.
pasīdati 434^{d}; °dāmi 356^{a}~1147^{a}; 3 *sg. opt.* °deyya 563^{c}. *Cf.* pasanna.
pasu: *np.* pasavo 858^{a} *and* pasū 285^{a}; *gp.* pasūnaṃ 311^{c}.
pasuta-: °to 940^{c}; °taṃ 57^{c}; *npm.* °tā 774^{a} || 709^{a}.
Pasūra (*voc.*) 833^{c} [Sīhasūra JRAS, 1916, p. 714; *query* teṣān nu kin tvaṃ vadasîha Śūra ? *Cf.* S.N. 832^{c}].
passa- (*pārśva*): passato 422^{b}.
passati 313^{c} (*metre* ?), 647^{b} 666^{d} 676^{b}, 784^{c}=797^{a}, 797^{d} 798^{b} 807^{bd} 907^{d} 953^{d}, 1118^{d}=1119^{f}; passāmi S.N.[1] p. 14; 229[1] 776^{a} 788^{a} 908^{a} 1063^{a} 1142^{a}; passanti 653^{b}; passāma S.N.[1] p. 12; 76^{b} 153^{d} 164^{d} 165^{d}; passatu 909^{c}; passa 435^{d} 580^{b} 587^{a} 588^{d} 756^{b} 762^{e}; passatha 176^{c} 177^{c} 777^{a} 935^{b} *and* passavho 998^{f}; *ptc. nsm.* passaṃ 739^{c} 837^{c} 909^{a}; *gsm.* passato 1113^{d}; *gpm.* passataṃ 761^{d}, °tāṃ 763^{d} || 763^{b}.
pahatvāna 639^{a}~640^{a}. *Cf.* pajahāti.
pahassamāno (*nsm.*) 887^{c}.
pahātabbaṃ (*nsn.*) 558^{c}.
pahāna-: *as.* °naṃ 374^{b} 1106^{a}.
(1) pahāya (*ger.*) 17^{a} 46^{c} 66^{a} 74^{a} 209^{d} 493^{a} 520^{a} 771^{c} 786^{c} 791^{a} 800^{a} 844^{a} 900^{a} 1070^{c}, 1082de=1083^{de}, 1134^{ac}. *Cf.* pahāsi pahīna pahātabba pahatvāna pajahāti pahīyati.
(2) -pahāya-: 772^{d}.
(p)-pahāyin-: 1132^{b} 1113^{b}.
pahāsi (2 *or* 3 *sg. præt.*) 1057^{c}.
pahitatta-: °tto 157^{a}; °ttaṃ 432^{c}; °ttassa 433^{c} 504[1] 961^{d}; *npm.* °ttā 445^{a} || 425^{a}.
pahīna-: *nsn.* °naṃ 558^{c} || 715^{c} 250^{c}.
pahīnajātimaraṇaṃ (*asm.*) 351^{a}.
pahīnabhayabheravo (*nsm.*) 546^{d}=572^{d}.
pahīnamalamoha-: *gsm.* °hassa 1132^{a}.
pahīnamāno (*nsm.*) 370^{a}.
pahīyati 806^{a}.
pahu (*nsm.*) 98^{c}=124^{c}.

pahūta-: (1) *npm.* °tā 862^{ad} 863^{a} 866^{b} 871^{b}. (2) *nsn.* °taṃ 428^{c}.
pahūtajivhatā: °tāya S.N.[1] p. 103.
pahūtadhanadhañña-: °ñño 302^{c}.
pahūtapañña-: °ñño 539^{c} 996^{b}; °ññaṃ 83^{a}=359^{a}.
pahūtavitta-: °tto 102^{a} [D. I, 134^{23}].
pahoti 36^{b} 867^{b}. *Cf.* pabhavati, pahūta.
(-pāka-: 137^{c}).
pāgabbhiya-: *as.* °yaṃ 930^{c}.
pācana-: *as.* °naṃ S.N.[1] p. 13 ‖ 77^{d}.
-pācariya-: 452^{26}.
(pājanaṃ 147^{11}.)
pāṭikaṃkha-: *nsn.* °khaṃ 504^{1}.
pāṭirūpika-: *npm.* °kā 246^{b}. *Cf.* patirūpa[1].
pāṭihāriyapakkha-: *as.* °khaṃ 402^{c}.
pāṇa-: *as.* °ṇaṃ *117^{b} 394^{a} 400^{a}; *ls.* °ṇe 117^{c}; *ap.* °ṇāni *117^{b}; *gp.* °ṇānaṃ 600^{c}; *lp.* °ṇesu 156^{b}=157^{b}, 247^{a} 704^{d} ‖ 220^{c}.
-pāṇa-ka-: 154^{21}.
pāṇayo, *s.v.* pāṇin.
pāṇātipāta-: °to 242^{a}.
-pāṇi-: 456^{13} 713^{a}.
pāṇin-: *np.* °ṇino 575^{d} *and* °ṇayo 201^{d} [S. V, 370^{5}]; *ap.* °ṇine 220^{d} 587^{d}; *gp.* °ṇinaṃ 307^{d}.
pāṇūpeta-: *asm.* °taṃ 157^{7}.
-pāta-: 339^{a} 987^{c}.
pātarāsa-: *as.* °saṃ 387^{d}.
-pāti- [M. III, 235^{9}]: 151^{22}.
pātita-: °to 631^{b}.
pātimokkha-: °kkhaṃ 921^{d}; °kkhasmiṃ 340^{a}.
pātukaroti 316^{d}; °ronti 423^{21}, S.N.[1] p. 104.
pātubhāva-: °vo 560^{b}=998^{b}.
pāto 403^{a} 576^{b}.
pāda-: *is.* pādā 309^{a} 835^{d} *and* padā 768^{b}; *ap.* pāde 547^{e}=573^{c}, 1028^{d}; *ip.* °dehi 610^{a}; *lp.* °desu 155^{4} 1027^{d} ‖ 980^{a}. *Cf.* (2) pada.
-pāda-ka-: 205^{a}.
pādalola- [*cf.* Pj. II, 36^{4}]: *nsm.* °lo 63^{a}=972^{a}, 925^{a}.
pādūdara-: *apm.* °re 604^{a}.
pāna-: *as.* °naṃ 398^{a}; *is.* °nena 82^{c}=481^{c}, 403^{b}; *gp.* °nānaṃ 924^{a} ‖ 485^{c}.
pānudi (*or* apānudi ?) 476^{b}. *Cf.* panudati.
pāpa-: *asm.* pāpaṃ 57^{a}; *nsn.* pāpaṃ 23^{c} 662^{c}, *asn.* 22^{c} 24^{c} 216^{a} 636^{a}; *lsn.* pāpe 547^{c} 790^{c}; *apn.* pāpāni 399^{a} 452^{c} 674^{d}; *lpn.* pāpesu 140^{c} ‖ 257^{c} 520^{a} 941^{c}.

pāpaācāragocara-: *asm.* °ram 280[d]; *apm.* °re 282[d].
pāpaka-: *nsm.* °ko 302[28]; *asn.* °kam 127[a] 660[d]; *voc.* °ka 664[b]; *ipn.* °kehi 215[b]; *gpf.* pāpikānaṃ S.N.[1] p. 121 || 519[a].
pāpakammaṃ (*as.*) 407[b].
pāpakara-: *npm.* °rā 674[d].
pāpamakkhin-: *nsm.* °kkhī 116[b].
pāpasaṃkappa-: *asm.* °ppaṃ 280[c].
pāpasīla-: *npm.* °lā 246[a].
pāpiccha-: *nsm.* °ccho 133[b], *asm.* °cchaṃ 280[c]; *npm.* pāpicchā S.N.[1] p. 121; *apm.* °cche 282[c].
pāpimat-: *ns.* °mā *33*; *voc.* °mā 430[c].
pāpiyas-: *nsn.* °yo 275[c].
pāpuṇāti: 3 *sg. opt.* °ṇe 324[d]. *Cf.* pappoti, *etc.*
pāmujjakaraṇa-: *asn.* °ṇaṃ 256[a].
pāyāsa-: *as.* °saṃ 151[27].
pāyeti: 3 *sg. opt.* pāyaye 398[c].
pāra-: *as.* °raṃ 714[c] 1059[d] 1129[d] 1130[a] || 1129[d] 1[c] 1146[d].
pāraga-: *npm.* °gā 32[c] || 997[b]. *Cf.* pāragū.
pāra-Gaṅgāya 228[18].
pāragata-: °to 21[b]~638[c], 210[d]; °taṃ 359[b].
pāragū 539[a]; 771[d] 992[b] 1019[d]; °guṃ 167[b]=699[d], 1105[c]=1112[d] || 251[b].
pāraṃgata-: °to 803[d].
pāraṃgamana-: *ds.* °nāya 1130[c].
pāraṃgamanīya- (*adj.*) S.N.[1] p. 205.
pāramī: °miṃ 1018[c] 1020[d].
Pārāyanaṃ (*ns.*) 604[5] 1130[d]; *as.* 1131[a].
pārichatto (*ns.*) 64[b].
pāripūrī: °riṃ 1016[d].
pāruta-: *asm.* °taṃ 401[25].
pāleti: °lenti 585[c]. *Cf.* apālayuṃ.
pāvassi (3 *sg. præt.*) 30[b].
pāva 789[d], pāvā 782[bd] 888[d] (3 *sg. præt.*).
Pāvā: °vaṃ 1013[a].
pāvisi (3 *sg. præt.*) 227[10] 979[b].
(1) -pāsa- (*pāśa*): 166[d].
(2) -pāsa- (*prāsa*): 303[c].
pāsāṇa-: *as.* °ṇaṃ 447[a].
Pāsāṇaka(ṃ)cetiyaṃ (*as.*) 1013[c].
pāsāda-: *ls.* °de 502[3] *and* °dasmiṃ 409[b].
pi 43[a] 154[30] 137[a]; 52[c]; 681[a-c], 808[a], *etc.*
Piṅgiya-: °yo 1008[d]=1125[f], *1120 1131*; °ya 1121[c]=1123[c], 1138[b] 1146[d].
piṭṭhi: piṭṭhiyā 609[b]; piṭṭhito 412[b] || (67[a]).

-piṭṭhika-: 604b.
piṭṭhimaṃsika-: *npm.* °kā 244a.
piṇḍa-: °ḍaṃ 217b 388a 391a; °ḍāya 141[7] 175[8] 386b 408c; *ls.* °ḍe 392a.
piṇḍacāra-: *as.* °raṃ 414a=708a.
piṇḍapāta-: *ls.* °te 339a.
pitar-: °tā 296a 579c; °taraṃ 60a, 98a=124a~125a; *np.* pitaro 310a || 404a.
pitāmahayuga-: *abl. s.* °gā 463[1].
pittaṃ (*ns.*) 434b; *as.* 198c; *gs.* °ttassa 196d.
pithiyyati: 3 *pl.* °yyare 1034d 1035d.
pipati: *ptc. gpm.* pipataṃ 398c. *Cf.* pivati.
pipāsā: °saṃ 52a | 436c 56a.
(1) piya-: *asm.* °yaṃ *94b 363a; *asn.* 450c 811b 968c; *asf.* 254a 452d; *abl. s.n.* °yā 863a; *npm.* piyā 94a; *npn.* piyāni 865a *and* piyā 864a || 363a 123c.
(2) piya, *s.v.* phiya.
(piyati): *ptc. nsm.* piyaṃ *94b (Pj.).
piyarūpa-: *apm.* °pe 337b; *lp(n.)* °pesu 1086b.
piyavācā: °caṃ 452a.
piyavippayoga-: *as.* °gaṃ 41c.
piyāyita-: *asm.* °taṃ 807c.
piḷakā: *ip.* °kāhi 475[12].
pivati: *ptc. nsm.* pivaṃ 257d. *Cf.* pipati, pītvā
pihaka-: °kassa 195d.
-pihālu-: 852b.
piheti 947d; pihayanti 823c.
pīti 1143a; °tiṃ 687d 695a, 994d || 257d 969a.
pītimanas-: *nsm.* °mano 766c.
pītisomanassajāto (*nsm.*) 425[2].
pītvā 257a.
-puggala-: 684a 544d.
puggalavemattatā 436[13].
-puṅgava-: 690a.
pucchati: °cchāmi 83a 241c 359a 376a 457f 487a 682c 915a, 1043e—1045e—1047e—1049a—1061a—1079e—1081h, 1052b (*cf.* 875b); °cchanti 457a; °cchāma 91b 166c 167d 343a 599b 699c 875b; 1 *sg. opt.* °ccheyyaṃ 190a; *imp.* puccha **229**[25] 460b (462a) 512a *and* pucchassu 189a 993c; pucchatha 1004d *and* pucchavho 1030c; 3 *sg. præt.* pucchi 981c 1024c 1031d; 2 *sg.* pucchi 456d, mā . . . pucchi (*or* puccha) 462a; *ptc. asm.* pucchaṃ 1023a, *npm.* °cchantā 1126c. *Cf.* (2) puṭṭha pucchita apucchasi apucchi.
pucchanā (*ns.*) 504a.

pucchita-: °to 76c 126a 170c 380c 383d 421d 848d 952d; *nsf.* °tā 988b; *apm.* °te 1005c (oc 1024c).
pucchitar-: *np.* °tāro S.N.[1] p. 135.
pucchitum (*inf.*) 510b—511b.
puñña-: *ns.* °ñam 428c; *as.* S.N.[1] p. 86, 569c 636a; *is.* °ñena 431a; *ls.* °ñe 547c 790c; *ap.* °ñāni 427d; *gp.* °ñānam 431c || 399c 697c.
puññakkhettam (*ns.*) 486b.
puññatthika-: °ko 487d=488b=489b=505b.
puññapāpam (*as.*) 520a.
puññapekha-: *nsm.* °kho 463d . . . 466d=490d . . . 503d, 487d 488b=489b=505b; *gsm.* °khassa 82d 481d.
(1) puṭṭha- (*puṣṭa*): °ṭho 831a.
(2) puṭṭha- (*pṛṣṭa*): °ṭho 84b 122c, 85c 508c, 510c=511c, 513d=518d=523d=528d=533d, 700c 1036c 1038d 1127b; *nsn.* °ṭham 356c.
(3) puṭṭha, *vide* phuṭṭha.
puṭṭhum (*inf.*) 91c=597c=1110c, 1096b.
puṇḍarīka-: *ns.* °kam 547a.
Puṇḍarīka-: *ns.* °ko S.N.[1] p. 124.
puṇṇa-: *lsf.* °ṇāya 502[13] || 835c.
Puṇṇaka-: °ko 1006b 1124b, *1043*; °ka 1044c.
puṇṇamāya (*lsf.*) 502[14].
putta-: °tto 255c; °ttam 35c 60a 579c 686d; °ttā 24b 858a; °ttehi 33a; °ttesu 38b 41b || 48b 157[25] 137c 423[13] 43c 423[11] 440[28] 557c.
puttimat-: °mā 33a.
puthavimaṇḍala-: *ls.* °le 990b. *Cf.* paṭhavī.
puthu (*adj.* *or* *adv.*; *cf.* nānā) 189b 190b 272c 314c 444d *458b 580b 607bd 613b 769c 824d 905c 1038b 1043d 1044b 1045b.
puthujja-: *npf.* °jjā 897a, *apf.* 911c.
puthujjana-: °no 706b; °nam 816d; *np.* °nā 859a; *gp.* °nānam 351c 455c.
puthuvacana-: *gpm.* °nānam (?) 932b.
puthuso 891c 892c.
puna 29c 677d 876c 979b 995c 1004b; puna-r 339d, puna-m 306f.
punappuna(m) 251a, 728d=1051b, 729b.
punabbhava-: °vo 162d 163d, 502b 746d; °vam 730d=733d =743d, 754d || 273d 514d.
puppha-: *as.* °pham 5b || 2b.
(1) pubba- (*pūya*): *as.* °bam S.N.[1] p. 122.
(2) pubba- (*pūrva*): *asn.* °bam 849b; *lsn.* °be 816a 817a, 949a =1099a, 955a, 1084a=1135a, 831d || 436[12] 273d 510d.

pubbaka-: *npm.* °kā 284a.
pubbaṇhasamaya-: *as.* °yaṃ **139**¹.
pubbalohitamissa-: *lsn.* °sse 671a.
pubbavāsanavāsita-: *npm.* °tā 1009d.
pubbāpare 821b (*vide* Pj.).
Pubbārāma-: *ls.* °me 502¹.
pubbāsava-: *ap.* °ve 913a.
pubbenivāsa-: *as.* °saṃ 647a.
pura-: *as.* °raṃ 1013b; *abl. s.* °rā 976a; purā puraṃ 192b || 695b.
puras, *vide* pure; *cf.* purā puratthato.
purakkhata-: °to 199d—277b; *nsn.* °taṃ (*or* purekkh°) 849d; *npm.* °tā 784b || 421b 1015b. *Cf.* purekkharoti, *etc.*
purakkhatvā 969a.
puratthato 416b.
purā 849a 991a.
purāṇa-: *nsm.* °ṇo 312b (*Metres. p.* 642³⁸); *asf.* °ṇaṃ 1d; *asn.* 944a.
purāṇasālohita-: *isf.* °tāya 420⁴.
purima-: *asf.* °maṃ 1011b; *asn.* 791a; *apm.* °me 773d.
purisa-: °so 102a 316a 348a 740a 806b 807b; °saṃ 91a 112b; °sassa 181a 182a, 657a || 448²⁶ 323a. *Cf.* posa.
purisadammasārathi 443³¹.
purisanta (*voc.*) 664c.
purisamedha-: *as.* °dhaṃ **303**c.
purisājañña (*voc.*) 544a.
purisuttama (*voc.*) 544b.
puruttama-: *as.* °maṃ 1012b.
pure 289d 311a 541a 645a 773e.
-purekkhata-: 859c. *Cf. next.*
purekkharoti: °ronti 794a=803a; *ptc. nsm.* purekkharāno 910b || 844c. *Cf.* purakkhata, °khatvā.
-purejava-: 1107b.
pulavāvasatha-: °the 672a.
pūga-: °gaṃ, °gāni *1073b [PVA. 266¹⁷].
-pujā: 906a.
pūjita-: °to 316c.
pūjiya-: °yo 527c.
pūjeti: 3 *sg. opt.* pūjayeyya 316b; 2 *pl. imp.* pūjetha 485c.
pūtilatā: °taṃ 29b.
pūra-: *nsm.* °ro 721d; *nsn.* 721b || 195a (*bis*).
pūraṇa-: *nsm.* °ṇo 312b (?). *Cf.* purāṇa.
Pūraṇa-: *ns.* °ṇo 422²⁹.
pūralāsa-: *as.* °saṃ 459d, 467d . . . 478f, 479d 486a.
pūrita-: *nsn.* °taṃ 199b.

pūreti: *ptc. nsm.* pūrayanto 30[a]; pūretvā 305[c].
pekkhati: *ptc. nsm.* °kkhamāno 36[c] 37[c] 39[c] 49[c], 1070[a] 1104[c] 1123[a]; *gpm.* pekkhataṃ 580[a].
pecca 185[f] 188[d] 248[b] 278[d] 661[c],—598[b] (ɔ: upagantvā Pj.).
peta-: °taṃ 590[c] 807[d]; °tassa 808[d]; °tā 585[c].
pemaṅ-: *ns.* pemaṃ 41[b].
-peyya-: 303[d].
-pela-: 195[b].
pesala-: *npm.* °lā 475[e] || 678[c].
pesita-: *npm.* °tā 412[a].
pesuṇa-: *as.* °ṇaṃ 389[d]; *np.* °ṇāni 863[e], *ap.* 362[a] || 941[b] 862[c].
pesuṇiya-: *as.* °yaṃ 928[d]; *ls.* °yasmiṃ 663[d].
pesuṇeyya-: *ls.* °yye 852[d].
-pessa-: 615[b].
pessika-: °ko 615[d] 651[d].
pokkhara-: *ls.* °re 392[d] 812[a].
pokkharapatta-: *ls.* °tte 625[a].
Pokkharasāti 462[e]; °tissa 594[c].
poṭheti: °ṭhenti 682[b].
porāṇa-: °ṇo 313[b]; °ṇānaṃ S.N.[1] p. 50.
(1) -porisa-: 769[b].
(2) porisa-: *asn.* °saṃ 256[d].
porohicca-: °ccena 618[b].
posa-: °so 110[a]; °sassa 662[b]. *Cf.* purisa.
Posāla-: °lo 1008[b] -1125[d], *1112*.
-posin-: 65[b] 220[b].

phandati: *ptc. asf.* °ndamānaṃ 936[a]; *apm.* °dante 587[d] *and* °ndamāne 777[a].
pharate 507[d]. *Cf.* phuṭa.
pharusa-: *asf.* °saṃ 971[d]; *isn.* °sena 932[c]; *npm.* °sā 247[c].
phala-: *is.* °lena 977[d]; *ap.* °lāni 896[b]; *gp.* °lānaṃ 576[a] || 80[b] 239[b] (*ter*), 1134[b] 191[d].
phalati: *imp.* °latu 983[d].
phalānisaṃsa-: *nsm.* °so 256[c] [*cf.* mahapphalo mahānisaṃso, A. V, 106[2], *etc.*].
phassa-: °sso 871[a]; °ssaṃ 737[a] 778[b]; °ssena 923[a]; °sse 870[b]; *np.* °ssā 387[b] 759[b] 871[d] 872[ad]; °ssesu 851[c] 974[d] || 966[a] 964[d].
(phassati): 3 *sg. opt.* phasse 967[b]. *Cf.* phusati phasseti (*and* pharate !).
phassanidāna-: *nsn.* °nam 870[a] [— — ⏑ — ×].
phassapaccayā (*abl. s.*) 506[a].
phassapareta-: *gpm.* °tānaṃ 736[a].

phassābhisamaya-: *abl. s.* °yā 737c.
phasseti: 3 *sg. opt.* phassaye 54b [S. I, 120[24]]. *Cf.* phassati.
phassetum (*inf.*) 393d.
phāla-: °lo 154[31]; °laṃ S.N.[1] p. 13.
phālapācana-: *ns.* °naṃ 77d.
phāleti: °lessāmi, °leyya S.N.[1] p. 32 (Pj. II, 228[15]).
phāsu (*nsn.*) 963a 1120b.
phiya-: °yena 321b.
phīta-: *npm.* °tā 287c.
phuṭa-: *nsm.* °to 475[10].
phuṭṭha-: °ṭho 918c 923a 966ac.
phusati: °santi 871d 872d; 3 *sg. fut.* phusissati 693 [⏑ ⏑ ⏑ ×]. *Cf.* phassati phuṭṭha phussa.
phussa phussa [PPA. 201[9]] 739c.

bajjhati 508a.
baddha-: *nsf.* °dhā 21a; *gpm.* °dhānaṃ 957c || 39a 382c 773a.
-bandha-: 623a.
bandhana-: *np.* °nāni 532a; *ap.* 29a 522b || 948d 44c 367b, 524c *and* 532c, 242a 491a.
bandhava-: *ap.* °vāni 60b || (140b).
bandhu-: *ap.* °dhū 769c | 54c 911b 430c 241b. *Cf.* bandhava.
-bala-: 770a 623c 68c 212a 992c 4b.
balakāya-: °yena S.N.[1] p. 102.
balada-: *npf.* °dā 297a.
balappatta-: *nsm.* °tto *992c.
balavat-: °vā 684d.
balānīka-: *asm.* °kaṃ 623c.
-balin-: 72a.
balivadda-: *ap.* °dde S.N.[1] p. 13.
balisa-: °sena 673c.
balīyati: °yanti 770a.
bahiddhā 203c 388c, 516b=521b=526b=527b=530b=532b, 738c 917b 1111a 1113c.
bahu: *asf.* °huṃ 932a; *nsn.* °hu 302de=307ef; *asn.* °hu(ṃ) 414[26] 664d 717b 722ad 723b 909c; *isn.* °hunā 772a; *npm.* bahū 138d, 249d, *apm.* 321c; *npn.* bahūni 885c 886a; *apn.* bahuni (!) 665c (o: bahu duccaritāni, *cf.* 965b); *ip.* bahūhi 836b, *gp.* bahunnaṃ 503b 957c.
bahujana-: °nassa 422[27].
bahujanahitānukampin-: °pī 693c.
bahujāgara-: *nsm.* °ro 972b.
bahudhā 966c [*cf.* 918c].
bahupphala-: *asn.* °laṃ 1134b.
bahu-bheravāni (*ap.*) 965b.

-bahula-: 340^{d} 313^{1}.
bahulīkaroti: 3 *sg. opt.* °kareyya 926^{a}.
bahussuta-: °to 316^{d} 322^{b}; °tam 58^{a} 323^{b}; °tānam 320^{b}.
bāla-: °lo 199^{c} 657^{d} 721^{c} 879^{b} 880^{b} 882^{d} 887^{d} 888^{a} 890^{d} 893^{b}; °laṃ 318^{a} 662^{c} 825^{b} 893^{d}; *npm.* °lā 399^{a} 578^{b} 880^{c} 882^{b}.
bālakanta-: *asn.* °tam 399^{d}.
Bāvari (*cf.* Pj. II, 580, *note* 1) 981^{a} 984^{d} 994^{b} 995^{a} 1019^{b} 1025^{b} 1028^{a} 1029^{a}; °riṃ 986^{c} 1010^{a}; °rissa 1006^{a} 1021^{b} 1030^{a}.
bāhetvā 519^{a}.
-bindu-: 812^{a} 392^{d}.
bindussara-: °rena 350^{c} [J. II, **439**^{6}; *cf.* S. I, 190^{18}; D. II, 185^{12}].
Bimbisāro 409^{a}, 448^{8}.
bilḷi-: S.N.^{1} p. 122.
bījaṃ (*ns.*) **77**^{a}; *as.* 209^{a}.
bujjhati: *ptc. nsm.* °jjhamāno 395^{b}.
buddha-: °dho 157^{d} 161^{d} 191^{a} 408^{a} 454^{a} 486^{a} 513^{c}, 545^{a}= 571^{a}, 444^{5} 448^{12,16} 558^{d} 696^{a} 993^{a} 999^{b} 1005^{b} 1127^{a} 1133^{a}; °dhaṃ 83^{b} 134^{a} 167^{c} 377^{d} 517^{d} 622^{c} 643^{c} 646^{c} 957^{a} 1126^{a}; °dhena 276^{d} 401^{d} 1128^{b} 1129^{b}; °dhassa 252^{a} 357^{b} 429^{d}; *npm.* °dhā 81^{c}=480^{c}, 85^{a} 86^{d}, 386^{d} 523^{a}.
buddhapamukha-: *asm.* °khaṃ S.N.^{1} p. 107.
buddhavacana-: *as.* °naṃ 202^{a}.
buddhaseṭṭha-: °ṭhaṃ 1126^{d}; °ṭha 383^{d}.
Belaṭṭhaputto (*or* Belaṭṭhip°) 423^{11}.
beluvasalāṭuka- 475^{20}.
bodhisatta-: °tto 683^{a}.
brahat-: °hā 410^{b} 550^{b}.
brahma- (*brāhma*): *asm.* °maṃ 285^{d}.
brahman-: °mā (1) 293^{b} 519^{d} 656^{d}, (2) 479^{c} 508^{d} 476^{12} 1024^{a}; *voc.* (2) °me 982^{c} 1065^{a} 1133^{d}.
-brahma-ka-: 153^{23}.
brahmakosa-: *as.* °saṃ 525^{b}.
brahmakhetta-: *as.* °ttaṃ 524^{b}.
brahmacariya-: [— ⏑ — ×] *ns.* °yaṃ 158^{17} 274^{a} 567^{a} 693^{d}; *as.* **32**^{b}, 292^{a} 294^{c}, 326^{c} 351^{a} 396^{c} 428^{a} 445^{14} 566^{c} 1128^{c}; *is.* °yena 655^{a} 696^{d} || 396^{a} 289^{b} 463^{b}.
brahmacariyaparāyana-: *nsm.* °no 717^{d}.
brahmacariyapariyosāna-: *as.* °naṃ 157^{31}.
brahmacariyavat-: °vā 1041^{a}.
brahmacārin-: °rī 695^{b} || 973^{b}.
brahmabandhu (*voc.*) 241^{b}; *np.* °dhū 315^{a}.
brahmabhūta-: °to 561^{a}; °taṃ 563^{a}.

brahmaloka-: °ko 1117[b]; °kam 508[bf] 509[d].
brahmalokūpaga-: *nsm.* °go 139[d].
brahmalokūpapatti: °ttiyā 139[f].
brahmasama-: *nsm.* °mo 508[c].
brahmānam (*ns.*) *655[d].
brāhmaṇa-: °ṇo 141[6], 136[bd]—142[bd], 356[d] 455[a] 457[cd], 463[d] . . . 466[d]=490[d] . . . 503[d], 469[d], 596[c]=599[c], 612[d] . . . 619[d], 649[d] 650[ac] 655[c] 790[a] 795[a] 803[c] 843[a] 911[a] 946[b] 976[d] 979[d], 1008[b]=1125[d], 1018[d] 1028[a] 1029[b]; brāhmaṇam 100[a]=129[a]—130[a], 518[a] 599[f] 620[a], 620[f] . . . 647[d], 802[c] 1059[a] 1063[b]; brāhmaṇassa 137[5] (139[19]) 140[2] 344[b] 907[a] 1115[f]; brāhmaṇa 142[5] 81[bd]=480[bd], 175[31] 456[d] 460[a] 461[d] 558[d] 559[b] 560[c] 992[a] 999[b] 1100[b] 1140[a] 1142[b] 1144[d]; *np.* brāhmaṇā 138[d] 140[b] 288[a] 289[d] 290[a] 291[d] 298[c] 301[d] 382[ab] 457[a] 458[a] 566[a] 1006[b] 1043[c] 1044[a] 1045[a]; *ap.* °ṇe 287[d] 997[b] 1127[d]; *ip.* °ṇehi 303[b]=308[b], 457[b]; *gp.* °ṇānam 314[8] 285[a], 303[g]=305[d], 529[b]; *voc.* °ṇā 314[10] || 457[e] 189[b] 153[25].
brāhmaṇam (*ns.*) *655[d].
brāhmaṇagāma-: *ls.* °me 136[25].
brāhmaṇadhamma-: *ls.* °me 314[9].
brāhmaṇamahāsāla-: *np.* °lā **313**[2] 462[14].
brūti 122[c]; brūsi 380[c] 457[de] 838[b] 1032[c] 1040[e] 1081[e]; brūmi 458[d] 509[d] 596[e] 620[a], 620[f] . . . 647[d], 857[a] 882[a] 896[b] 945[ab] 1033[c] 1035[c] 1042[c], 1046[d]=1048[d]=1060[d], 1078[d] 1082[bg] 1083[g] 1094[c]; brūhi 76[c] 83[d] 85[c], 93[c] . . . 113[c], 170[c] 346[a] 461[c] 508[c] 814[b] 862[d] 875[b] 1018[abc] 1034[c], 1043[e] =1045[e]=1047[e]=1049[a]=1061[a]=1079[g]=1081[h], 1052[b] 1069[c] 1096[cd]. *Cf.* abravi.
brūheti: *ptc. nsm.* brūhayam 324[b].

bhakuṭī: °ṭim 485[a].
Bhagavat-: *ns.* °vā *19, etc.*; 135[25] 139[1] 140[7] 251[a] 351[1] 355[d] 358[a] 430[b] 394[21] 398[13], 479[cd] 508[d] 441[5] **444**[7] 993[a] 1015[a] 1097[a]; *as.* °vantam 31[b], 91[c]=597[c]=1110[c], 141[6,7] 155[6] 446[a] 456[15]; *is.* °vatā 313[18], *etc.*; *gs.* °vato S.N.[1] p. 15; 151[24] 177[15] 314[18] 395[20], 934[c]; *ls.* °vati 696[d]; *voc.* °vā 93[c] . . . 113[c], 344[b] (358[a]) 383[b] 482[a] 489[d] 504[b] 505[d], 513[d]=518[d] =523[d]=528[d]=533[d], 548[c] 566[d] 570[c] 1025[c], 1043[e]= 1045[e]=1047[e]=1049[a]=1061[a]=1079[g]=1081[h], 1045[c] 1057[c] 1058[d] 1079[e] 1096[d]; *np.* bhagavanto S.N.[1] p. 103.
bhaginī: °nim 125[b].
bhajate (*and* °ti) 115[d] 317[d]; °janti 75[a]; 3 *sg. opt.* °jeyya 926[b] *and* °jetha 58[a] 323[a]; *imp.* °jassu 338[a]; *ptc. gsm.* bhajato 958[b] *and* bhajamānassa 810[b]

bhaññamāna-: *lsm.* °ne 510[22], S.N.[1] p. 104. *Cf.* bhaṇati.
bhaṭi: °ṭiyā *25c.
bhaṇati 158a~159a; °ṇanti 239d; 3 *sg. opt.* bhaṇe 450bcd 711d 1131c *and* bhaṇeyya 397b 967a; *ptc. nsm.* bhaṇaṃ 429c 657d; *gpm.* bhaṇataṃ 397c. *Cf.* (a)bhāṇi bhaññamāna.
-bhata-: 24a.
bhataka-: °ko 25a.
bhati: °tiyā *25c.
bhatta-: *ns.* °ttaṃ S.N.[1] p. 107 || 286b.
bhattakāla-: *ls.* °le 130b.
bhadante 395[18].
bhaddan te 921c.
bhaddayāna-: *is.* °nena 417b [D. II, 95[17]].
Bhadrāvudha-: °dho 1008a=1125c, *1101*, 1146b.
bhanta- (*bhrānta*): *asn.* °tam 816c.
bhabba-: *npm.* °bā 727c || 725c.
bhamu: °mūhi 608d.
bhamukantara-: *ls.* °re 1022b.
bhameti: bhamayatha 680d.
bhaya-: *ns.* °yaṃ 51b 207a 576bd 935a 936d; *as.* °yaṃ 37c 49c 51c; *gp.* °yānaṃ 964a || 561d 546d 753b 167c.
bharati 98c=124c; 3 *sg. opt.* °reyya 404a.
bhariyā [— ×] 314d; °yaṃ 290b.
bhava-: °vo 742a; °vaṃ 361c 367a 514c 839f 867c, 869c=870c, 923c; °vāya 16b 856c; °ve 1055d; °vesu 5a 69c 776b 777d || 6b 746a 176b 639c 640c 175c 1133b.
bhavat-: *ns.* °vaṃ S.N.[1] p. 13; 151[26] 157[10], 402[5] 457c 461b 486a 983b; *as.* °vantaṃ S.N.[1] p. 15; 597c (?), *is.* bhotā S.N.[1] p. 15; *gs.* bhoto S.N.[1] p. 15; 142[14] 556a 565a 1028a; *np.* bhonto 410a=562a, 423[30] 451[17]. *Cf.* bhotī.
bhavati 36a (!), 585a 599d; °vāmi 511c; °vanti 347c 349a 382c, S.N.[1] p. 102, 549b 553b 661c 677c 869b 870b; °vāmase *32c; 3 *sg. opt.* bhave 716b (*and* bhavetha 1073d); 3 *pl.* bhaveyyuṃ 906c; 2 *sg. imp.* bhava 337d 340d 701d *and* bhavāhi 510c, 2 *pl.* bhavātha 692d; *fut.* bhavissati 412d 414d 1005b 1084c=1135c; ⏑ ⏑ ⏑ × : 691d 692c 693d 694b, bhavissāma 774d; *ptc. nsm.* bhavaṃ 92ac Pj. (*and* bhavanto 968d); *inf.* bhavituṃ 552a; *ger.* bhavitvā 56c. *Cf.* hoti, *etc.*
bhavanaṃ (*as.*) 685b 937c; *ls.* °ne 217c 810d.
bhavarāgapareta-: *ipm.* °tehi 764a.
bhavarāgaratta-: *npm.* °ttā 1046c.
bhavasātabaddha-: *npm* °ddhā 773a.
bhavasotānusārin-: *ipm.* °rihi 764b; *gpm.* °rinaṃ 736b.

bhavābhava-: *ds.* °vāya 496b=801b, 877d 1068d; *ls.* °ve 1060b; *lp.* °vesu 776d=901d, 786b || 6b.
bhavāsava-: *np.* °vā 472a.
bhavūpanīta-: *npm.* °tā 898d.
bhavūpapatti: °ttim 836d.
bhassaṃ *328a (?).
bhassati, *vide* abhassatha.
(-bhassara-: 48a.)
bhassasamussaya-: °yo 245b.
-bhāga-: 702a 427a.
bhāgaso 300d 305b.
bhāgineyya-: *as.* °yaṃ 695c.
-bhājana-: 577b.
bhāṇi (3 *sg. præt. after* mā) 664d.
-bhāṇi*n*-: 850c.
bhāṇuma*t*-: *as.* °mam 1016b.
bhāṇeti: 3 *sg. opt.* bhāṇaye 397c.
bhāta*r*-: °tā 296a; °taraṃ 125b.
bhāyati: °yasi S.N.[1] p. 47, °yāmi *ib.*; 3 *sg. opt.* bhāye 964a.
-bhāra-: 626c.
Bhāradvāja-: (1) °jo 158[28]; (4) °jo 596d || (1) 137[5]; (2) 174[24]; (3) 401[10]; (4) 462[19].
-bhāva-: 729c 447[1] 560b, S.N.[1] p. 99 (bhikkhubh°), 588c 388d 551c.
bhāvita-: °to 516d; *nsn.* °tam 558b; *npn.* °tāni 516a.
bhāvitatta-: *nsm.* °tto 322a; *asm.* °ttaṃ 1049b; *gpm.* °ttānam 277a.
bhāveti 256c; °vehi 341c 342a; *ptc. nsm.* bhāvayaṃ 507b *and* bhāvento 1130b.
bhāvetabba-: *nsn.* °bbam 558b.
(1) bhāsati 158d 159d 396[14] 454a 562b 596d 722ad 723b *and* bhāsate 452d; °sasi 241b 555d; 3 *sg. opt.* bhāse 400b *and* bhāseyya 451a 452a 930b; *imp.* bhāsa 346c; 1 *sg. fut.* bhāsissāmi 177[11]; *ptc. nsm.* bhāsamāno 426b, *asm.* °mānam 253b 254c, *gsm.* °sato 543b.
(2) bhāsati: 2 *sg. fut.* bhāsihi 719a.
-bhāsita-: 396[5] 252a.
bhikkhācariyā: °yam 700b.
bhikkhu 1c . . . 17c, 202b=204b, 276a 278c 343c 359d 360d 361b 362b 366b 367b 368b 375b 386a 388a 392d 411d 412c 416a 396[12] 514d 551a 735c 739e, 741d=751f=753d=1039d 783a 798d 915c 919b 920d 923b 925d 928b 929b 930a 933b 959c 960c 964b 975b 1041c 1056b 1104b; *as.* bhikkhunam 87d 88d 513a; *is.* bhikkhunā 389b; *gs.* bhikkhuno

221^{c} 715^{b} 746^{b} 810^{a} 958^{a} 961^{d}; *np.* bhikkhū 395^{19} *and* bhikkhavo 384^{a} 573^{a}; *ap.* bhikkhū 394^{22}; *gp.* bhikkhūnam 1015^{c}; *voc. pl.* bhikkhave 396^{12} 397^{1} 503^{1} *and* bhikkhavo 280^{b} 385^{a} 394^{23}.

bhikkhudhamma-: *ns.* °mo 393^{d}.

bhikkhubhāva-: °vāya S.N.^{1} p. 99.

bhikkhusaṃgha-: °ghaṃ S.N.^{1} pp. 15, 107; 403^{b} 502^{22}; °ghena 440^{12}.

bhikkhusaṃghaparivuto (*nsm.*) 502^{16}.

bhikkhusaṃghapurakkhato (*nsm.*) 1015^{b}.

bhikkhusatāni, °satehi S.N.^{1} pp. 100, 99.

bhinna-: *asf.* °nnaṃ 770^{d}. *Cf.* bhetvā bhejja.

bhiyyo 61^{b} 189^{d} 306^{d} 434de 584^{c} 719^{e}; 414^{15} 586^{b} 589^{b} 1147^{a}. *Cf.* bhuyyas.

bhisapupphaṃ (*as.*) 2^{b}.

bhisi 21^{a}; °siyā 21^{c}.

bhīru (*ns.*) 437^{b}.

bhuja-: *ls.* °jasmiṃ 48^{c}; *ap.* °jāni 682^{b}.

bhuñjati 102^{c} 240^{d} 459^{d} 619^{b}; °ñjāmi 141^{22}; 3 *sg. opt.* °ñjeyya 400^{d} 401^{15} 482^{b}; *imp.* 3 *sg.* bhuñjatu 151^{26} 479^{d}, 2 *sg.* bhuñjassu 141^{24} 421^{c}. *Cf.* bhutta bhutvāna.

bhutta-: *nsm.* °to S.N.^{1} p. 14.

bhuttāvin-: *asm.* °viṃ 456^{18}.

bhutvāna 128^{b}.

bhumman-, *vide* bhūman.

-bhuyyas-: 451^{24}. *Cf.* bhiyyo.

bhūta-: *nsm.* °to 742^{b}; *lp(m-n.)* °tesu 35^{a}=394^{c}, 629^{a} || 975^{d} 502^{20} 561^{a} 194^{d} 664^{a} 793^{a} 154^{b} 321^{b} 542^{c}.

bhūnahu (*voc.*) 664^{b}.

-bhūman-: 896^{d}.

-bhūmi-: (896^{d}) 418^{a} 830^{a}.

bhūripañña-: *nsm.* °ño 792^{d} 1143^{c}; *voc.* °ña 346^{b} 376^{a} 538^{b} 1097^{c}.

bhūripaññāṇa-: *nsm.* °ṇo 1136^{c}; *abl.* °ṇā 1138^{c}=1140^{c}.

bhūrimedhasa-: *nsm.* °dhaso 1131^{c} 1136^{d}; *abl.* °dhasā 1138^{d}=1140^{d} || 996^{b}.

-bhejja-: 255^{d}.

bhetvā 62^{b} (B^{aim} bhitvā).

bheda-: *abl. sg.* °dā 849^{a}.

bhedanapariyanta-: *npm.* °tā 577^{c}.

bhedāsaṃkin-: °kī 255^{b}.

bherava-: *as.* °vaṃ 984^{b}; *np.* °vā 959^{b}; *ap.* °vāni 965^{b}; *lp.* °vesu 923^{d} || 546^{d} (965^{b}).

bho S.N.^{1} p. 14; 155^{6} 177^{14}; S.N.^{1} p. 92; 427^{c} 457^{a} 461^{a} 487^{a}.

bhoga-: *as.* °gaṃ 301c; *ap.* °ge 421c 414^{14}; *ip.* S.N.[1] p. 86 | 114a.
Bhoganagaraṃ (*as.*) 1013a.
bhoja- 553a.
bhojana-: °naṃ 667d; °ne 338d || 366c 242d 400d 102b 128b.
bhojaniya-: *as.* °yaṃ S.N.[1] p. 107.
-bhojaneyya-: 81a.
bhoja-rājāno (*np.*) 553a.
-bhoji*n*-: 47c.
bhotā, bhoto, *s.v.* bhava*t*.
bhotī (*nsf.*) 988a.
bhovādi*n* : °dī 620c.

-m-: 132b (163a) 249e 411b 458b 534d (Pj.) 664a 692ac 765a 787d 796c (840e) 868b 909b, 911d=912d, 955d (<957b, *cf.* 692a : 691b *and* J. V, 375^{11}: 375^{14}, VI, 206^{5} : 206^{6}), 986b (Bai), 1002d (1040c—1042a), 1071b—1072b.
maṃsa-: °sesu 434c || 194b 249a 241d.
maṃsabhojana-: *ns.* °naṃ 242d . . . 248d.
-maṃsika-: 244a.
-makasa-: 20a.
makkha-: °kho 437d 631b || 56b 1132b.
Makkhali (*ns.*) 423s.
-makkhi*n*-: 116b.
maga- [Thag. 958 : A. I, 70^{7}; Thag. 989, A. II, 23^{13}]: °go 275b 880b; °gā *763f.
Magadha-: °dhānam 408b; °dhesu **135^{26}**.
magga-: °go 429a 1130c; °gaṃ 155^{33} 277d 441c 582a 724e 726e 1130b; °ge 84d 85c 88b | 736c *696b 55b 627b 347a.
maggajina-: °no 84c; °naṃ 85a 86d.
maggajjhāyi*n*-: °yī 85b.
maggadūsi*n*-: *nsm.* °sī 84d 89d; *asm.* °siṃ 85d.
maggadesaka-: °ko 84c.
maggadesi*n*-: *asm.* °siṃ 87d.
maggadhamma-: *gs.* °mmassa *763f.
maggāmagga-: *gs.* °ggassa 627b.
maṃku 818d 826c.
maṅgala-: *np.* °lā 360a.
maṅgaladosavippahīna-: *nsm.* °no 360c.
macca-: °cco 766d; °ccaṃ 249f; °ccānaṃ 574b 576c, 580c, °ccāna 577d.
maccu: °ccunā 581b; °ccuno 357c 587c || 1094d 1092c.
maccutara-: *nsm.* °ro 1119d.
maccudheyya-: *as.* °yaṃ 358d; *ls.* °ye 1104d.
maccudheyyapāra-: *as.* °raṃ 1146d.

maccuparāyana-: *npm.* °nā 578[d].
maccupareta-: °tānaṃ 579[a].
maccupāsa-: *abl. s.* °sā 166[d].
maccumukha-: *ls.* °khe 776[c].
maccurājan-: °jā 332[d], 1118[d]=1119[f].
maccuvasa-: *as.* °saṃ 578[c] 1100[d].
maccuhāyin-: *npm.* °yino 755[d].
maccha-: *ap.* °che 605[a] 777[b] 936[b].
macchamaṃsaṃ, °sāna(ṃ) *249[a].
-macchara-: 811[c] 954[c] 862[b].
maccharin-: °rī 133[b] 663[d] || 852[b].
macchariya-: *is.* °yena 928[c].
macchariyayutta-: *npm.* °ttā 863[d].
majja-: *as.* °jaṃ 398[a] (majjaṃ . . . pānaṃ=majjapānaṃ).
majjati: 3 *sg. opt.* majje 366[c] 676[d].
majjapa-: *nsm.* °po 400[b].
majjha-: *nsm.* °jho 216[b]; *lsn.* °jhe 346[c] 550[c], 537[b]=1055[b]=1068[b]=1103[b], 444[20] 645[b] 826[a] 829[b] 920[a], 949[c]= 1099[c], 1040[d]=1042[b], 1092[a]=1093[a]; majjhato 217[a] || 40[a] (849[c]).
(majjhagā 956[d] Fsb.)
mañca-: *ls.* °ce 401[b] || 301[5].
maññati 199[c] 756[d] 806[b] 813[a] 842[b] *and* maññate 855[b]; maññāmi 1049[b] 1142[d] (840[e] Nidd.) *and* maññe 349[b] 539[b] 840[e]; maññanti 588[a]=757[a]; 3 *sg. opt.* maññeyya 918[a] *and* maññetha 799[d] 822[c] *and* maññe 206[b]; *ptc. npm.* maññamānā 382[d].
-maṇika-: S.N.[1] p. 101 (udakam°).
maṇiratana-: *vide* 450[9].
-maṇḍala-: 301[a], S.N.[1] p. 104 (nalāṭam°), 990[b] 688[a].
maṇḍalamāla-: *as.* °lam 447[11].
mata- (*mṛta*): *nsm.* °to 200[a]; *nsn.* °taṃ 440[c] || (204[c]).
matta-: *nsm.* °to 889[b].
mattaññū (*nsm.*) 338[d].
mattā (*mātrā*): °tam 971[b] || 431[a] 659[a], S.N.[1] p. 92 (okāsam°), 475[20], *etc.*, **137**[7] 436[14] 410[d] 510[24].
mattikabhājana-: *np.* °nā 577[b].
mattisambhava-: *asm.* °vaṃ 620[b].
matthaluṅga-: °gassa 199[b].
matheti: °thenti 50[b] [PVA. 263[25]].
mad: aham 18[a] 19[a] 24[a] 25[a] 29[c] 32[a] 141[8] 153[19,21] 157[1] 228[2], 172[c] 190[c] 191[c] 192[a] 253[b] 349[b] 461[ab] 482[a] 487[a] 512[d] 554[a] 560[c] 564[c] 594[c] 596[e] 600[a] 620[a] 620[f] . . . 647[d], 682[c] 685[d] 692[b] 694[c] 705[ab] 783[b] 840[e] 882[a] 989[a], 1054[a]=1067[a], 1063[a] 1064[a] 1065[bc] 1069[a] 1082[a] 1083[g] 1085[a] 1090[c] 1096[a] 1097[d] 1116[a] 1120[acd] 1122[e] 1132[c] 1134[c] 1140[a] 1143[d];

mam 127[b] 356[d] 366[a] 425[a] 432[c] 442[d] 398[29] 456[d] 457[e] 461[b] 512[a] 539[d] 540[b] 564[a] 827[d] 936[d] 1050[a] 1058[d] 1063[d] 1149[d]; *is.* mayā 135[f] 336[d] 557[a] 590[d] 935[d] 982[b] *and* me 135[21], 81[a]=480[a], 356[c] 508[d] 436[13] 448[8] 558[c] 955[a] 1116[d] 1133[d]; *ds.* mayham 431[b] 479[a] *and* me 85[cd] 346[a] 461[c] 489[d] 504[b] 505[d] 508[c] 513[d] 541[b] 447[10] 700[c] 848[c] 869[d] 873[c] 938[b] 982[c] 983[a] 988[b] 990[d] 1036[c] 1038[c], 1043[e] =1045[e]=1047[e]=1049[a]=1061[a]=1079[g]=1081[h], 1052[e]= 1075[c], 1084[a] 1085[b] 1090[d] 1092[e] 1096[d] 1116[b] 1137[a]= 1141[a]; *gs.* mama 22[a] 23[a] 49[a] 241[a] 432[b] 434[f] 445[b] 504[a] 806[b] 997[d] *and* mamam 253[d] 694[a] 982[a] *and* me 23[c] 24[b] 51[b] 77[bd] 78[d] 79[a] 137[b] 191[a] 347[8] 385[a] 424[d] 433[c] 435[a] 440[c] 479[cd] 510[cd] 540[a] 541[a] 682[d] 694[b] 873[d] 951[ad] 982[d] 989[b] 1143[b] 1144[ad] 1149[c]; *ls.* mayi 559[a]; *np.* mayam 31[b] 142[14] 91[b] 167[d] 180[a] 345[a] 565[c], 594[b] (VVA 10[3]), 597[b] 599[b] 999[d]; *ap.* no S.N.[1] p. 56; *g-d. pl.* no 31[ad] 76[c] 178[a] 179[d] 296[c] 345[cd] 346[ac] 349[d] 383[d] 508[e] 596[a] 599[e] 649[c], 875[a]=1052[a], 999[c] 1021[d] 1025[d]; *gp.* asmākaṃ S.N.[1] p. 102.

mada-: °do 245[a]; *abl. sg.* °dā 399[a] || 328[d].

madappamādā (*abl. sg.*) 218[c].

maddati: °dante 770[b].

maddava-: *as.* °vaṃ 292[b] || 250[b].

madhura-: *npm.* °rā 50[a].

manas-: *ns.* mano 77[c] 424[d] 829[d] 873[d] 985[d] (1143[a] manosati?) —(*msc.*:) 154[a]~155[a] 1144[d]; *as.* mano 270[c]=271[c], 388[c] *and* manaṃ 659[e] 660[d] 678[d]; *is.* manasā 330[b] 365[a] 512[b] ~1030[d] 834[b] 889[c] 1004[d] 1005[c] 1024[c] 1039[b] 1142[a]; *gs.* manaso 470[a] 967[c] || 45[d] (692[d]) 780[a] 449[c] (942[d]) 252[c] 766[c] 680[a] 780[b] 689[d] 697[a].

-manasa-: 692[d] 942[d].

manasikaroti: °rohi 176[27].

manāpa-: *nsf.* °pā 22[b]; *npm.* °pā 759[c].

manuja-: *np.* °jā 458[a] 661[d] 1043[c] 1044[a] 1045[a]; *ap.* °je 1123[a].

manujinda-: °do 553[c].

manussa-: *np.* °ssā 75[c] 333[a]; °ssānaṃ 307[c] 335[c]=336[c] 568[c]; °ssesu 607[c] 611[bc], 612[a] . . . 619[a] || 521[c] 229[20].

manussaphassa-: °ssānaṃ 964[d].

manussaloka-: *ls.* °ke 683[b].

manochaṭṭha-: *npm.* °ṭhā 171[b].

manopañha-: *ap.* °he 1017[d].

manopadosa-: *as.* °saṃ 702[c].

manorama-: *asn.* °maṃ 1013[d]; *npm.* °mā 50[a]; *apm.* °me 337[b].

manosati (*ns.*) 1143[a] (?).

manta- (*mantra*): *np.* °tā 249^e; *ap.* °te 302^a=306^e, 1004^b; *lp.* °tesu 448^{21} 1000^a 1018^c || 690^b.
manta, *s.v.* mantā.
mantar- (?): °tā 916^b, 1040^d–1042^b. *See* mantā.
mantapāraga-: *apm.* °ge 997^b.
mantapāragū (*nsm.*) 251^b 976^d || (690^b).
mantabandhava-: *np.* °vā 140^b.
mantabhāṇin-: °nī 850^c.
mantā 159^d (916^b, 1040^d=1042^b),—manta 455^d.
manteti 126^c; 1 *sg. opt.* manteyyaṃ S.N.^{1} p. 103; *ger.* mantayitvā 379^c.
manda-: *nsm.* °do 666^c, 728^d=1051^b, 820^d; *npm.* °dā 674^c.
mandira-: *as.* °raṃ 1012^d || 996^a.
-mama-: 220^b.
mamatta-: *ns.* °ttaṃ 871^c 872^c, *as.* 951^c; *ds.* °ttāya 806^d.
mamāyati: 3 *sg. opt.* °yetha 922^d.
mamāyita-: *ns.* °taṃ 119^b 950^b; *ls.* °te 777^a 805^a 809^b; *ap.* °tāni 466^b 1056^b.
-maya- [VVA 10$^{2-21}$]: 669^b 846^b 601^c 28^b 670^a.
maraṇa-: *ns.* °ṇaṃ 426^d 575^c 742^c, *as.* 318^d; °ṇena 806^a; °ṇassa 427^a; maraṇato 576^d || 32^c.
marut-: *np.* marū 681^d 688^b.
mala-: *as.* °laṃ 962^d || 378^d 469^d 1132^a.
mahat-: mahā (30^b) 1008^d=1125^f; °hantaṃ 1069^a; °hatā 440^{12}, 1027^a; °hatiyā 151^{21}; °hantā 578^a || 463^a. *Cf. next.*
mahattara-: *nsm.* °ro 659^d.
mahapphala-: *nsn.* °laṃ 191^d 486^d.
(1) mahabbhaya-: *ns.* °yaṃ 753^b 1032^d 1033^d.
(2) mahabbhaya-: *lsn.* °ye 1092^b=1093^b.
mahallaka-: *npm.* °kā 313^7; *apm.* °ke 603^b.
mahākāya-: *npm.* °yā 298^a.
mahāgedha-: *ns.* °dho 819^c.
mahātaṇha-: *nsm.* °ṇho 114^a.
mahānubhāva-: *nsm.* °vo S.N.^{1} p. 91.
mahāpatha-: *as.* °thaṃ 139^b.
mahāpurisa-: °so 1040^e~1042^c; °sassa 448^{26}.
mahāpurisalakkhaṇa-: *np.* °ṇāni S.N.^{1} p. 102 *and* °ṇā 549^d 1000^b 1001^b; *lp.* °ṇesu 447^{25}.
mahāmuni (*voc.*) 31^d.
mahāmegha-: *ns.* °gho 30^b [⏑ ⏑ — × ?].
mahāmoha-: *ns.* °ho 730^a.
mahāyañña-: *ns.* °ño 448^5; *as.* °ñaṃ 978^d 979^a.
mahārāja (*voc.*) 416^a.
mahālābha-: *as.* °bhaṃ 1014^b.

mahāvīra-: *ns.* °ro 562^{c}; *gs.* °rassa 543^{b}.
-mahāsāla-: 313^{2}.
mahikāya-: *ns.* °yo 669^{d}.
mahiddhika-: *nsm.* °ko S.N.[1] p. 91.
mahī, *vide* mahikāya.
Mahī: °hiyā 18^{b} 19^{b}.
mahesi 208^{d}; °siṃ 82^{a}=481^{a}, 176^{d} 177^{d} 646^{b} 915^{b}; *gs.* °sino 1057^{a}=1083^{a}; *voc.* °si 1054^{b}~1067^{b}, 1061^{b}.
mahogha-: *ns.* °gho 4^{b} 945^{a}.
mahodaka-: *asf.* °dikaṃ 319^{b}.
mahodadhi 720^{d}; °dhiṃ 1134^{d}.
mā 451^{21} 462^{a},—475^{6}; 127^{b} 1120^{c} 703^{d}; 332^{c} 352^{d}=353^{b}, 442^{d} 333^{d} 339^{c} 1068^{d}, 339^{d} 664^{d}, 949^{b}=1099^{b} 1021^{d}, 1098^{d} (462^{a}).
-mās-: 502^{14}.
Māgadha-: *nsm.* °dho 448^{6}; *asn.* °dhaṃ 1012^{b}.
Māgandiya-: °yo *838*; °ya *837*.
Māgha-: °gho 413^{21}; °gha *488*.
māṇava-: °vo 413^{22} 594^{d} 1027^{b}; *voc. sg.* °va 1022^{d} 1029^{d}; *voc. pl.* °vā 997^{c}. *Cf.* mānava.
Mātaṅgo (*ns.*) 137^{d} 138^{b}.
mātar-: °tā 296^{a}; °taraṃ 60^{a}, 98^{a}=124^{a}=125^{a} || 502^{3}.
mātāpitaro (*ap.*) 404^{a}.
mādisa-: *gsm.* °sassa 482^{b}.
(1) māna-: °no 469^{a}~494^{a} 631^{b}; °naṃ 4^{a} 537^{d} 786^{c} (846^{b}) 943^{c}; °nena 132^{c} 889^{b} || 756^{a} (328^{b}) 370^{a}.
(2) māna-: *as.* °naṃ 846^{b} (kappaṃ eti).
mānamakkhappahāyin-: *gsm.* °yino 1132^{b}.
mānava-: °vo 589^{b}; °vehi 456^{c}. *Cf.* māṇava.
-mānasa-: 402^{c}. *Cf.* mānasāna (Pj.).
mānasatta-: °ttesu 473^{b} || 473^{b}.
-mānasāna-: 63^{b} Pj.
mānātimāna-: °no 245^{c}; °naṃ 830^{b}; *np.* °nā 862^{c}=863^{c}.
mānānusaya-: *as.* °yaṃ 342^{b}.
mānābhisamaya-: *abl. s.* °yā 342^{c}.
-mānin-: (756^{a}) 889^{b} 282^{b}.
mānusa-: *asm.* °saṃ 301^{c}; *lpm.* °sesu 361^{a} || 644^{b}.
mānusaka-: *asm*(*n.*) °kaṃ 524^{b}~525^{b}, 641^{a}.
māmaka-: *nsm.* °ko 719^{e} 806^{d} 927^{d}.
māyā 245^{b} 469^{a}~494^{a}; °yaṃ 537^{d} 786^{c} 926^{c} | 941^{b}.
māyākataṃ (*as.*) 328^{b}.
māyāvin-: °vī 89^{c} 116^{c}; *gsm.* °vino 357^{d}.
Māra-: °ro *33* 429^{c} 431^{d} 1103^{d}; °raṃ 430^{a} 442^{b}; °rassa 1095^{d}.
-māra-ka-: 153^{22}.
māradheyyānupanna-: *ipm.* °nnehi 764^{c}.

māravasānuga-: *npm.* °gā 1095^{c}.
mārasaṃyoga-: *as.* °gaṃ 733^{c}.
mārasenappamaddana-: *nsm.* °no 561^{b}; *asm.* °naṃ 563^{b}.
mārābhibhū (*nsm.*) 545^{b}=571^{b}.
mārisa (*voc. sg.*) 814^{b} 1028^{b} 1036^{b} 1038^{d}, 1045^{d}=1047^{bd}=1079^{f}=1081^{g}, 1092^{d}; *voc. pl.* °sā 682^{d}.
-māla-: 447^{11}.
mālā: °laṃ 401^{a}.
māluvā 272^{d} [— ×].
Māhissatī: °tiṃ 1011^{b}.
miga-: °go 39^{a}; °gānaṃ 72^{b}.
migādhibhū (*nsm.*) 684^{d}.
Migāramātar-: °tu 502^{1}.
micchā 815^{c}.
micchāladdha-: *nsm.* °ddho 438^{b}.
mita-: *apm.* °te 300^{d}.
mitāhāra-: *nsm.* °ro 707^{a}.
mitta-: *ns.* °tto 255^{ad}; *as.* °ttaṃ 58^{b}; *np.* °ttā 75^{b} 296^{c}; *ap.* °tte **37^{a}** 338^{a} *and* °ttāni 185^{d} 187^{d}; *lp.* °ttesu 254^{b}.
mittaddu-: *np.* °dduno 244^{b}.
mittāmacce (*ap.*) 447^{7}.
mithu 825^{b} 882^{b}.
-middha-: 437^{a}.
miyyati 804^{bd}; miyyare 575^{b}.
-missa-: 671^{a}.
-missita-: 243^{b}.
mīyati, *vide* miyyati.
mukha-: *ns.* °khaṃ (91^{d} . . . 114^{d}) 568^{bcd} 569^{abd}; *as.* 1022^{a}; *is.* °khena 198^{b} 608^{c} 658^{c}; *ls.* °khe 657^{b} | 568^{a} 686^{b} 1010^{d}, S.N.^{1} p. 107 (-pamukha), 91^{d} (parābhavatoṃ°) 776^{c} S.N.^{1} p. 79 (sammukhā), 550^{a}.
mukhadugga (*voc.*) 664^{a}.
mukharajātika-: *nsm.* °ko 275^{a}.
mugga- S.N.^{1} p. 122.
muccati 508^{a}. *Cf.* mutta.
-mucchā: 328^{c}.
muñja-: *as.* °jaṃ 440^{a}.
muñjamaya-: *np(m.)* °yā 28^{b}.
muṇḍa-: *nsm.* °ḍo 402^{5}; *npm.* °ḍā 402^{9}.
muṇḍako 402^{5}; °ka 175^{20}.
muṇḍiya-: *ns.* °yaṃ 249^{b}.
muta-: *nsn.* °taṃ 714^{d}, 793^{b}—914^{b}, *asn.* 798^{c} 901^{b}; *lsn.* °te 790^{b}=797^{b}, 802^{a} 887^{a}; *lpn.* °tesu 812^{d}=813^{b} | 1086^{a} 1122^{c}.
muti: °tiyā 846^{a}.

mutīmat-: *nsm.* mutimā 539c *and* mutīmā 61c 321d 385d; *npm.* mutīmā 881b.
(1) -mutta- (*mukta*): 687c.
(2) mutta- (*mūtra*): *see next.*
muttakarīsapuṇṇa-: *asn.* °naṃ 835c.
muttasaddha-: *nsm.* °ddho 1146a.
mutyapekha- (o: mutti+ap°): *nsm.* °kho 344c.
muditamana(*s*)-: *apm.* °mane 680a.
muditā: °taṃ 73b.
mudu (*asn.*) 447c.
muddhan-: *ns.* °ddhā 983d 1026a *and* °ddhaṃ (?) 989c; *as.* °ddhaṃ 987a 988c 990c 1004c 1025a; *ls.* °ddhani 689c 987c || 682c.
muddhapāta-: *ls.* °te 987c.
muddhādhipāta-: °to 989c; °taṃ 988c 990c 1004c 1025a; °tassa 996d.
muddhādhipātin-: *nsf.* °tinī 1026b.
muni (*ns.*) 209c 210c 216b 220d 251c 414b 462c 523c 527d 541c, 545b–571b, 708d 711a 723cd 779b 780cd 811a 812c 821b 838b 844b 845e 850d, 860b=954b, 877b 912a 914c 941d 946a 1074c 1127d; *as.* muniṃ 83a 87c 165c 211d . . . 219d, 213a 218a 359a 484c 703c 1077c 1078b (munîdha), 1090c 1091c *and* muninaṃ *208c; *gs.* munino 163Aa 163Ba 164a 221d, 823a (*metre!*), 1147b; *voc. sg.* muni 508c 540c 700c, 1052e=1075c, 1058b 1081e 1085c; *np.* munayo 809c 1077a 1078d; *gp.* muninaṃ *208c || 31d.
munidassana-: *ns.* °naṃ 207d.
munipavara-: *asm.* °raṃ 698c.
musā 122c, 158a=159a, 397b 400b 508is. 20 757c 843b 883b 886d 967a 1131c.
musāvāda-: °do 242b [*metre! cf.* 866c, *but also* D. II, 174v]; °dena 100c=129c.
mussate 815b.
muhuttaṃ (*as.*) 1138b=1140b.
-mūga-: 70b 713b.
mūgasammata-: *nsm.* °to 713b.
mūla-: *as.* °laṃ 916a 968b; *np.* °lā 14b=369b || 401a.
mūladassāvin-: *asm.* °ssāviṃ 1043a.
mūlapphalaṃ (*as.*) 239b [– ⏑ ⏑ ×].
-mūlabandhana-: 524c 525c 530c 532c.
mūḷha-: *gsm.* °ḷhassa 155a3.
-megha-: 30b.
Mettagū 1006d=1124b, *1049*.
metta-: *asn.* °ttaṃ 507b.

mettā: °ttaṃ 73a; °ttāya 967b.
Metteyya-: °yyo *814* ‖ 1006c.
methuna-: *as.* °naṃ 291c 293c, 814a=815a, 816b 817d 821d 926d; *abl. sg.* °nā 400c 704a *and* °nasmā 218a; *ls.* °ne 609d 820c *and* °nasmiṃ 835b.
meda-: °dassa 196b [*metre!*].
medavaṇṇa-: *asm.* °ṇṇaṃ 447a.
-medha-: 303c (*bis*).
-medha(sa)-: 1131c 177c.
(1) medhaka-: *asm.* °kaṃ 935b.
(2) medhaka-: *as.* °kaṃ 893c 894d.
medhāvin-: *nsm.* °vī 1008c=1125e; *asm.* °vinaṃ 323b [S. IV, 375[1]] *and* °viṃ 627a.
Merumuddhavāsin-: *apm.* °sine 682c [*metre!*].
-mokkha-: 773b.
-Moggallāna-: S.N.[1] p. 121.
-mogha-: 354b.
Mogharājā (*ns.*) 1008c=1125e, *1116*; *voc.* °ja 1119b.
modati: °dāmi 561d.
mona-: *ns.* °naṃ 718c, *as.* 723cd.
monapatha-: *lp.* °thesu 540c.
moneyya-: *as.* °yyaṃ 700d, 701a=716a.
moneyyasampanna-: *asm.* °naṃ 484c.
moneyyaseṭṭha-: *as.* °ṭhaṃ 698c.
momuha-: *nsm.* °ho 1120c; *asm.* °haṃ 840e; momuhato 841d.
mosadhamma-: *nsn.* °maṃ 757d, *asn.* 739b ‖ 758a.
mosavajja-: *as.* °jjaṃ 819d 866c=868a [⏑ — × ?]; *ls.* °jje 931a=943a.
moha-: °haṃ 74a=493a, 160c 638b; °hena 131b: °hā 847b ‖ 56b 1132a 730a 13b 161c.
mohadhamma-: *is.* °mmena 276b.
mohana-: *as*(*n.*) °naṃ 399d; *ls.* °nasmiṃ 772b.
mohantara-: *np.* °rā 478a.
mohamagga-: *np.* °gā 347a.
moheti: mohayi, *s.v.* amohayi.

-y- 1077b 352a (714d Ba1) 806b 1092f, 790d.
yakapela-: *gs.* °lassa 195b.
yakkha-: (1) °kho *153* *154* 230ab 449c; °khassa 217b; °kha 273b; °khā 179a. (2) °khassa 478e, 875d=876b.
yajati 487d=488b=489b, 509a [*metre!*]; 3 *sg. opt.* yajetha 463d . . . 466d=490d . . . 503d; *imp.* yajassu 302de =307ef, 506a; *ptc. nsm.* yajanto S.N.[1] p. 86 *and* yajamāno 506a; *gsm.* yajamānasse 487f 506c; *gpm.* yajataṃ 569d; *ger.* yajitvā 509c *and* yajitvāna 303e 979a. *Cf.* yaṭṭhu-.

yañ ce 440d [J. VI, 495²⁷].
yañña-: *ns.* °ñam 506c; *as.* °ñam 295d 461a 484d; *ls.* °ñe 308d 461a *and* °ñasmiṃ 295e; *np.* °ñā 568a; *ip.* °ñehi 1047b; yañña-m (Pj.) 249e 458b=1043d=1044bd=1045b | 448⁶.
yaññakāla-: *ls.* °le 458c 482c.
yaññapatha-: *ls.* °th(e) 1045c.
yaññasampadā: *as.* °dam 505d 509a.
yaṭṭhukāma-: *nsm.* °mo 461a.
yata-: *nsm.* °to 78b 220d; *npm.* yatā (?) 1079c=1080c | 850d.
yatacārin-: °rī *971c.
yatatta-: *nsm.* °tto 216b 723a; *npm.* °ttā 490b.
yatucārin-: °rī *971c.
yato S.N.¹ p. 112.
yatonidāna-: °naṃ 273a 869d.
-yattā- (*yātrā* ?): 1144c.
yattha 79d 170b 191d 313c 445d *461c 567c 706b 724c 726c 760c 995e 1037c.
yathā 76d 354d 405bc *461c 562b, 599f~999d, 873c 935d 1065c 1090c; 137b 610f 669d 829d 831a; 296a 392d 906b, 963d=1050b, 1079e=1080e (yatā ?); 38a 39a 44b 64b 72a; 348b 354d 811d 936b 1016c, 279a; S.N.¹ p. 21, 203ab 705ab 319a 321a 781d 1129b 1131b; 221a 307a 547a 577a 591a 598a 607a 807a 812ab 845c 920a 956b 1074a 1134a 1146a,—yatha-y-idaṃ 1092f [⏑ — × ; *cf. the siṃhalese spellings* -ayiḥ=-āiḥ, Gavutama=Gāutama] || 422²⁸.
yathākammūpaga-: *apm.* °ge 587b.
yathākara-: *nsm.* °ro 393b.
yathātacchaṃ 1096d. *Cf.* yathātathiyaṃ.
yathātathaṃ 172b 600b 699b 732f 1127b.
yathatathā 502a 504c.
yathātathiyaṃ 368c [— — ⏑ ⏑ ×].
yathānudhammaṃ 963c.
yathābhirantaṃ 53c.
yathābhūtaṃ 194d 202d 653a 503¹⁴ 508²⁵.
yathāmanas-: *nsm.* (?) °no 829d.
yathārahaṃ 403d.
yathāvādin-: °dī 357a [D. II, 224³].
yathodhika-: *apm-n.* °kāni 60c.
yad: *nsm.* yo 1a . . . 5a, 8a . . . 13a, 17a; 33d 34d 84d 86a 87a 88a 90a, 96b~104b~106b~116b~122b, 98a 100a 118a, 120a . . . 135a, 190c (Ba¹), 190d, 191c (Ba¹), 206b [S. III, 1¹³], 208a, 214a . . . 216a, 218b 254b 255ad 279c 317d 322a 329d 343b 366a 375b 376c 383b 393d 398b 438bc,

463[d] . . . 466[d]=490[d] . . . 503[d], 467[ab] 469[b] 470[a] 471[a] 476[b] 477[a] 482[b] 503[a] 509[a] 536[a] 564[ab], 612[a] . . . 619[a], 621[b] 623[b] 625[c] 626[a] 629[c] 633[a] 636[a] 638[a] 639[a] 640[a] 643[a] 647[a] 658[a] 659[be] 661[b] 662[a] 663[a] 723[a], 728[c]—1051[a], 768[a] 769[d] 782[ad], 804[c] (!), 810[d] 816[b] 842[b] 878[c] 948[a], 1071[a]=1072[a], 1088[c]=1089[c], 1112[a] 1129[c], 1137[a]=1139[a]=1141[a], —ya-d 458[c]; *nsf.* yā 38[b] 249[c] 452[b] 541[a] 817[a] 830[a]; *asm.* yaṃ 280[a] 482[c] 512[b] 660[c] 798[b] 827[a], 838[c]~869[c] ~870[c] 903[a] 917[a] 1037[a], 1053[c]=1054[c]=1066[c]=1067[c]=1085[d], 1059[a] 1065[b]~1097[d]=1120[d]=1122[e] (*and* yad 796[b]); *asf.* yaṃ 443[a] 452[c] 454[a] 676[b], yaṃ yaṃ 671[c] 1143[c]; *nsn.* yaṃ 119[b] 138[b] 286[a] 540[a] 721[b], 731[a]=734[a]=744[a]=747[a]=750[a], 738[d] 508[14], 793[b]=914[b], 982[a] 949[a]=1099[a] *and* yad 534[b] 537[a] 595[a] 721[a] 778[c]; *asn.* yaṃ 762[ac] 765[c] 775[b] 806[b] 824[c] 867[a], 875[a]=1052[a], 882[b] 883[a] 910[c], 1055[a]=1068[a], 1069[d], yaṃ yaṃ 1103[c], *and* yad 229[25] 240[a] (∞ Pj.), 458[c] 766[d], 784[c]=797[a] 967[c]; yaṃ (*adv.*) 54[b] 310[d] 459[b]~479[b] 570[a] 712[a] 722[a], 178[c] (*cf.* 31[b]); yaṃ hi 151[28]; *ism-n.* yena 139[16] 140[7] 447[9] 451[10] 417[d] 831[c], (430[d]) 441[d] 575[b] 730[b] 859[a] 888[a] 939[a] 1076[b], yena yena 588[a]—757[a]; *isf.* yāya 333[a] 451[b] 632[c] 657[c]; *abl. sm.* yasmā *316[a] [Dhp. 392[a]]; *gsm(-n.)* yassa 6[a] 7[a] 14[a] . . . 16[a], S.N.[1] pp. 14 15, 117[c] 188[a], *316[a] [J. VI, 375[19]], 360[a] 369[a] 458[d] 470[b] 472[a] 473[a] 474[c] 475[a] 478[a] 483[abd] 515[d] 516[a] 532[a] 536[d] 582[a] 631[a] 634[a] 635[a] 644[a] 645[a] 715[a] 783[d] 784[a] 801[a] 856[ad] 861[a] 902[c] 950[b] 951[a] 998[a] 1001[a] 1048[b], 1088[b]=1089[b], 1137[d]=1139[d]=1141[d]=1149[b]; *lsm.* yasmiṃ 214[b] 255[c] 843[c] 884[b], 1088[a]=1089[a] *and* yamhi 469[a]; *npm.* ye 31[b] 135[f] 201[d], 243[a]=247[a], 244[a] 246[ac] 248[b] 249[d] 273[a] 315[b] 330[a] 347[a], 381[a]=382[a], 382[d] 387[b], 394[d] (*bis*), 464[a] 465[a] 490[a] 491[a] 492[a] 495[a] 497[a] 498[a] 501[a] 502[a] 422[19] 549[b] 578[b] 677[b] 724[a] 726[a], 728[b]=1050[d], 729[b] 730[c] 737[a] 754[ab] 755[ac] 832[a] 833[a] 847[c] 864[bd] 865[bd] 866[d] 891[a] 895[a] 1038[ab], 1044[a]=1045[a], 1049[d] 1078[d], 1079[a]=1080[a]=1081[a], 1082[c]=1083[c], 1084[a]=1135[a], 1087[a]=1095[a]; *npf.* yā 897[a] 916[c]; *npn.* yāni 529[b], 538[a] (*bis*), 838[a] 940[b] 1035[a]; *apm.* ye 960[c] 1058[b]; *ipm-n.* yehi 449[9] 845[a] 959[c] 1100[d]; *gpm.* yesaṃ 431[c] 496[a] 499[b] 560[a] 808[b] 833[d] 974[b]; *lpm.* yesu 494[a]; *lpf.* yāsu 296[d].

yadatthiya-: *asn.* °yaṃ 354[a].

yadā 200[a] 681[a] 923[a], S.N.[1] p. 103,—yada 696[a].

yadi 119[a] 229[25-26] 189[c] 193[a] 381[b] 738[a] 1005[b].

yadidaṃ 448[16], 812[d]=813[b], 831[d]; 963[a] (!).

yanti, *s.v.* yāti.

yasas-: *ns.* yaso 438[b] (*masc.*), 817[a]; *as.* yasaṃ 138[a].

yasassin-: *nsm.* °ssī 343ᵈ; *gsm.* °ssino 1117ᵈ; *npm.* °ssino 179ᵇ 298ᵇ 422²⁵.
yāga-: *ap.* °ge 303ᵉ.
yācati 980ᵈ; °canti 566ᵇ; °camānassa 983ᵃ. *Cf.* yāciya.
yācayogo (*nsm.*) 414⁶, 487ᶜ=488ᵃ=489ᵃ, 509ᶜ. *Cf.* yājay°.
yāciya (*ger.*) 295ᵇ.
yājaka-: °ko 618ᵈ 652ᶜ; °kam 313ᵈ; °kā 312ᵈ.
yājayogā 1046ᶜ 1047ᵃ. *Cf.* yācay° *and* Mahāvyutpatti 140 : 4 =A. II, 66³³ Vm. ch. VII ("cāgānussati").
yāti 720ᵈ; yanti 179ᶜ 578ᶜ 714ᶜ 720ᶜ. *Cf.* yāyati, eti.
yāthātathiya (?), *vide* yathāt°.
yāna-: *as.* °nam 816ᶜ; *abl. s.* °nā 418ᵇ || *767ᵃ 139ᵃ 606ᵇ 417ᵇ.
yānabhūmi: °mim 418ᵃ [D. I, 89¹⁵].
yāyati: *ptc. gsm.* yāyato 654ᵈ; *ger.* yāyitvā 418ᵃ.
yāva 302²⁶ 298ᵉ; 462²⁶; 602ᵇ; yāvad eva 503¹².
yāvat-: yāvat(ā) 759ᵈ.
yāva-tatiyam 1116ᶜ [— ⏑ — ×].
yāva-dukkhā (*npm.*) 678ᵃ [— ⏑ ⏑ ×].
yuga-: *as.* °gam S.N.¹ p. 12; 834ᶜ || 463².
yuganangalam (*ns.*) 77ᵇ.
yugamattam (*as.*) 410ᵈ.
yuta-: *nsm.* °to 852ᵈ 853ᵇ.
yutta-: *nsm.* °tto 820ᶜ 826ᵃ 1144ᵈ; *asm.* °ttam 442ᵇ | 863ᵈ.
yuddha-: *ds.* °ddhāya 442ᶜ.
yudhāya (*ds.*, *inf.*) 831ᵈ.
yuvan-: °vā 420ᵃ.
yūtha-: *ap.* °thāni 53ᵃ.
yenicchakam 39ᵇ.
yebhuyya(*s*)-: yebhuyyena 451²⁴.
yeva: *after* -m: 396¹⁴ 580ᵃ 822ᵃ; *after* -ā: 1004ᵈ.
yoga-: *as.* °gam 641ᵃᵇ | 414⁶ 1046ᶜ 641ᶜ.
yogakkhema-: *gs.* °massa 425ᵈ.
yogakkhemādhivāhana-: *nsn.* °nam 79ᵇ.
yotta-: *ns.* °ttam 77ᶜ.
yodhājīva-: °vo 617ᵈ 652ᵇ.
yonija-: *asm.* °jam 620ᵇ.
yobbana-: *ls.* °ne 218ᵇ || 110ᵃ 98ᵇ.

-r-: 81ᵈ=480ᵈ, 440ᵇ; *before* iva: 687ᶜ 1134ᵈ, 679ᶜ, 625ᵇ, 29ᵃ 214ᵃ 631ᶜ.
-ramsi-: 1016ᵇ (?).
rakkhati 220ᵈ; 3 *sg. opt.* °kheyya 702ᶜ.
-rakkhasa-: 310ᵇ.
-rakkhā: 612ᵇ.
-rakkhita-: 315ᵇ 288ᵇ.

rakkhitamānasāna-: *nsm.* °no 63b.
rakkhitindriya-: *nsm.* °yo 697d.
Ragā: °gaṃ (*or* Rāgaṃ) 835a.
rajas-: *ns.* °jo 207b 334ab, 662d (*masc.*); *as.* °jaṃ 275d 665a; *gs.* °jassa 406b [D. I, 63[3]]; *ap.* °jāni 974a 517c 139b.
rajata-: *gs.* °tassa 962c.
rajassira(*s*)-: *nsm.* °siro 980b.
rajūpavāhana-: *as.* °naṃ 391b; *ls.* °ne 392b.
rajja-: *as.* °jaṃ 114c 553d.
rajjati 160a=161a, 813d. *Cf.* ratta[1] rañjati.
rañjati 424d.
raṭṭha-: *as.* °ṭhaṃ 46c 619b; *np.* °ṭhā 287c; raṭṭhā raṭṭhaṃ 444c.
rata-: *nsm.* °to 250b 461a; *npm.* °tā 330a 737b || 212b 327a 54a.
ratana-: *as.* °naṃ 836a | 450[1] (cakkar°, *etc.*)
ratanavara-: *ns.* °ro 683a.
rati 41a 270b 271b; °tiṃ 59a 642a, 956d (eko va ratim ajjhagā).
(1) -ratta- (*rakta*): 287a 1046c 795c *Cf.* rajjati.
(2) -ratta- (*rātra*): 665d 22b 570c. *Cf.* ratti.
rattaññū (*npm.*) 423[32].
ratti 153b; °tiṃ 400d 1142c; ratyā 710a; rattiyā 502[14] | 19b. *Cf.* ratta[2].
rattimdivam 507c 1142b.
ratha-: *gs.* °thassa 654d; *ap.* °the 300a=304c.
rathesabha-: *ns.* °bho 303b=308b, 552b.
randha-: *as.* °dhaṃ 255b.
randhamesin-: *nsm.* °sī 826d.
-rama-: 50a.
ramaṇīya-: *asn.* °yaṃ 1013d.
ramati 985d.
ramita-: *nsm.* °to 709b.
ramma-: *abl. s.* °mā 976a; *apn.* °māni 305a.
rasa-: *as.* °saṃ 257b; *np.* °sā 387a 759a; *ap.* °se 854d (*or* °sesu), 922c; *gp.* °sānaṃ 181c **182**c; *lp.* °sesu 65a 243b 974c || 257d 257a.
rasmi, *vide* ramsi.
rassa- (*hrasva*): *asn.* °ssaṃ 633a.
rahas-: raho 388b. *Cf.* rahogata.
rahada-: *ns.* °do 721d || 467c.
rahogata-: *gsm.* °tassa 346[23].
rāga-: °go 270a 271a 631a; °gaṃ 2a 74a 361a 493a 974d || 139c 364b 204a 764a 1046c 11b 891d.
rāgapatha-: *as.* °thaṃ 370b 476b.

rāgarāgi*n*-: °gī 795^c.
Rāgā: °gaṃ (*or* Ragaṃ) 835^a.
-rāgi*n*-: 795^c.
rāgūpasaṃhita-: *asn.* °taṃ 341^b.
rāja*n*-: °jā 46^c 72^b, 303^a=308^a, 309^f 380^a 419^a 449^{10} 552^a 554^a 568^c 619^d 652^d; *gs.* rājino 299^c 415^d; *voc.* rāja 422^a 423^c || 991^c 449^{17} 379^a 553^a 332^d 416^a (1008^c) 553^c.
rājakhadā, *see next.*
rājakhādā: °dāya 831^a (Nidd. °khadāya).
Rājagaha-: °haṃ 408^a; °he **413**^{12}.
rājadūta-: *np.* °tā 411^c 412^a.
rājaputta-: *ns.* °to 455^a.
rājābhirāja*n*-: °jā 553^c.
-rāji-: 451^{11}.
-rāsi, *s.v.* vītaraṃsi.
Rāhugahaṇā (*abl. s.*) 465^b=498^b [— —, ⏑ ⏑ ×]
riñcati 156^d~157^d || 69^a. *Cf. next.*
ritta-: *nsm.* °to 844^c; *asn.* °taṃ 958^b; *gsm.* °tassa 823^a.
rittapesuṇa-: *nsm.* °ṇo 941^b.
rittāsana-: *as.* °naṃ 963^b.
rukkha-: *as.* °khaṃ 712^d (? *see* Pj.) || 601^a.
rukkhamūla-: *as.* °laṃ 958^c; *ls.* °le 401^{24} *and* °lasmiṃ 708^c 709^c.
ruci-: °ciyā 781^b || 548^a.
ruccati 565^a.
ruṇṇa-: *is*(*n.*) °ṇena 584^a.
rudati: *ptc. asm.* °dantaṃ 691^c; *apm.* °dante 675^a.
ruppati 767^d; °ppanti 1121^b; *ptc. gpm.* °ppataṃ 331^d.
rusita-: *nsm.* °to 932^a 971^d.
-ruha-: 2^b.
rūpa-: *ns.* °paṃ 873^a 874^c 1037^c; *as.* 872^a, 1121^d; *ls.* rūpe 872^d 943^b; *np.* rūpā 387^a 759^a; *ap.* rūpāni 156^{36} *and* rūpe 755^a; *ip.* rūpehi 508^9; *lp.* rūpesu 867^c 974^c 1121^{ab} || 755^b (508^{10}) 728^b 410^b 279^c 680^c 417^c, S.N.[1] p. 100 (tathār°), 355^a 89^d 187^a 379^d 337^b 1113^a 50^b 450^{16} (368^a) 402^d.
rūpūpaga-: *npm.* °gā 754^a.
rūḷhatiṇa-: *lsm.* 20^b.
roga-: °go 51^b; °gā 311^a [D. III, 75^7] || 24^b (749^a).
rogamūla-: *as.* °laṃ 530^b.
roceti 94^c; 3 *sg. opt.* rocaye 398^b. *Cf.* arocayittha.
roṇṇa, *vide* ruṇṇa.
(1) -rodha-: 220^c.
(2) -rodha-: 272^b.
ropeti: 3 *sg. opt.* ropayeyya 208^a.

rosaka-: *nsm.* °ko 133^{a}.
-rosaneyya-: 216^{c}.
roseti 125^{c} 130^{c} 216^{c}.

lakkhaṇa-: *as.* °ṇaṃ 927^{a} 1004^{a}; *ls.* °ṇe 1020^{a}; *np.* °ṇā 360^{b} 1019^{c}; *gp.* °ṇānaṃ 1021^{a} | 408^{d} 447^{25} 1018^{b}.
lakkhaṇamantapāragū (*nsm.*) 690^{b}.
lakkhaṇasampannaṃ (*asm.*) 409^{c}.
-latā: 29^{b}.
laddha-: *asn.* °dhaṃ 239^{c}; laddhaṃ laddhaṃ 106^{c} || 41^{12} 438^{b}.
laddhā (*ger.*) 306^{a} 366^{c} 388^{a} 766^{d} 924^{c} 971^{a}; laddhāna 67^{c} || 47^{c}.
lapati: °panti 776^{c}.
lapeti: 3 *sg. opt.* lapayeyya 929^{d} (B^{ai}; Pj. *cod* S^{g}).
labbhā 393^{c} 590^{d}.
-labha-: 75^{b} (138^{b}).
labhate 185^{a} 186^{c} 439^{d} 666^{b}; °bhanti 895^{d}; 3 *sg. opt.* °bhe 458^{d} *and* °bhetha 45^{a} 46^{a} 217^{b} 323^{d}; 2 *sg.* °bhetho 833^{c}; 1 *sg.* °bheyyaṃ S.N.^{1} pp. 15, 85; 3 *sg. præt.* labhi 994^{d} *and* alattha *q.v.* || 924^{d}. *Cf.* laddha, laddhā.
lasīkā: °kāya 196^{c}.
lāpeti, *vide* lapeti.
lābha-: °bho 438^{a}; °bhaṃ 1046^{b}; °bhā (*or* °bho) 31^{a} || 854^{b} 828^{d} 1014^{b}.
lābhakamyā (*abl. sg.*) 854^{a} 929^{d}.
lālap(p)ati: *ptc. gpm.* lālap(p)ataṃ 580^{b}.
liṅga-: *ns.* °gaṃ 601^{c} . . . 606^{c}, 607^{bd} 610^{e}.
lippati 250^{d}=778^{d}, 625^{c} 811^{d} 812^{b} 913^{d}, 1040^{d}=1042^{b}; lippasi 547^{d} || 71^{c}.
-līna-: 68^{b}.
luta-: *npn.* °tāni 532^{a}.
-ludda-: 247^{c}.
Lumbineyya-: *lsm.* °yye 683^{c}.
lūkhasa-: *npm.* °sā 244^{a}.
loka- [Pj. II, 442-443]: °ko 168^{acd} 169^{ad} 170^{b} 443^{b} 581^{a} 654^{a} 937^{a} 1032^{a} 1033^{b} 1108^{a} 1109^{a} 1117^{a}; °kaṃ 115^{d} 185^{e} 219^{a} 339^{d} 516^{c} 520^{b} 444^{10} 756^{b} 779^{d}, 1118^{c}, 1119^{e}, 1119^{c}; °kena 73^{c}; °kā 185^{e}; °kassa 86^{c} 172^{a} 377^{a} 588^{d} 760^{a} 956^{a}; loke 9^{b} 59^{a}, S.N.^{1} p. 14, 83^{d} 115^{a} 135^{c} 171^{a} 249^{d} 298^{e}, 359^{d} . . . 375^{d}, 368^{b} 394^{d} 455^{d} 458^{b} 466^{a} 490^{a} 496^{a} 501^{a} 522^{a} 534^{a} 450^{23} 560^{a} 599^{a} 633^{c} 634^{b} 768^{c} 772^{d} 775^{b} 776^{a} 783^{d} 786^{a} 794^{d} 796^{b} 816^{c} 845^{af} 847^{d} 855^{b} 861^{a} 864^{b} 865^{ab} 867^{ad} 886^{b} 894^{d} 912^{a} 913^{d} 940^{b} 947^{c} 948^{b} 950^{d} 960^{a} 974^{a} 993^{a} 998^{a} 1040^{a}

1043b=1044b=1045b, 1048b, 1053d=1054d=1066d=1067d=1085e, 1064b 1068c 1077a 1087d 1122d *and* lokasmiṃ 544c 448¹⁶ 598d 648a, 728b=1050d, 793d=802d, 799a, 864a=866a=871a, 894b 915d 922d 1035a 1048a, 1049d 1103c *and* lokamhi 998c | 1047c 579b, 508b 139df, 683b 25b.

lokanātha-: °tho 995d.

lokanāyaka-: °ko 991b.

lokantagū (*nsm.*) 1133b.

lokapariyāya-: *as.* °yaṃ 581d [— ⏑ — ⏑ ×].

lokavidū (*nsm.*) **442**3.

lokāyata-: 447²⁵.

lobha-: °bhaṃ 367a 371c 706a 928c; °bhā 864b=865b || 10b.

lobhakodha-: *as.* °dhaṃ 537d.

lobhaguṇa-: *ap.* °ṇe 663a.

lobhapāpa-: *as.* °paṃ 941c.

-loman-: 301²⁷ (385c).

lomahaṃsa-: *ns.* °so 270b 271b.

lomahaṃsana-: *ns.* °no 681c.

lomahaṭṭhajāta-: *nsm.* °to 155¹.

-lom-ika-: 385c.

lola-: °lo 922a || **22**a 63a.

-lolupa-: 165b 56a.

lohamaya-: *asf.* °yaṃ 670a.

lohita-: *ns.* °taṃ 433d; *as.* S.N.¹ p. 122; *gs.* °tassa 196c; *ls.* °te 434a || 424⁴ 671a.

(1) va (=vā): 249c 773d 793b 795b (401b), *etc.*

(2) va (=iva): *after* -ā: 46c 272b 350b 451¹⁹ 771d (Balm) 899d 1142a; *after* -ī: 62c 255c 654d 791d; *after* -e: 625a 686b 777b; *after* -o: (38a) 38c 53a 71ab 346d 416cd 448c 465b 467c 550d 562d 721d 767d 820d 1014ac 1015d 1065c 1097b; *after* -ṃ: 1b 2b 4b 29b 62b 71c 166a 213cde, 215a=464b=497b=499Ab, 316b 443d 447a 591f 637a 662d 684d 687b (712d) 816c 1014b (1016b).

(3) va (=eva): 38a, 67b 831d, 158² 141a; *141b; 346c 348c 350d, 384a (!), 402⁹ 587d, 449¹ 580c (666b) 669c (770²) 879d 880cd 895c 897c 903d 906c 956d 1001c, *etc.*

vaṃsa-: °so 38a.

vaṃsakalīra-: *ns.* °ro 38c [— — ⏑ — ×].

vaka- (*vṛka*): *np.* °kā 201b.

vakka- (*vṛkka*): °kkassa 195d.

Vakkali (*ns.*) 1146a.

vaggagata-: *lpm.* °tesu 371b.

vaggasārin-: *nsm.* °rī 371b 800c 912b.

vaggu (*asn.*) 668[a]; vagguvaggum 350[a].
vagguvada-: *nsm.* °do 955[c].
vamka-: *as.* °kam (*or* dhamkam) 270[d]=271[d].
Vaṅgīsa-: °so 398[26]; °sassa 345[2].
vacas-: *as.* °co 54[c] 356[b] 988[d] 994[a] 1006[a], 1057[a]=1083[a], 1110[d] 1147[b]; *is.* °casā 330[b] [S. I, 12[19], *etc.*], 365[a] 663[b] 890[a].
vacana-: *ns.* °naṃ 699[a]; *as.* 981[d]=986[d], 984[c] 997[d] || 417[a] 932[b] 202[a].
vacanīya-: *npm.* °yā S.N.[1] p. 135.
vacī 472[a]; °cī(b)hi 973[a].
vacīgutta-: *nsm.* °tto 78[a].
vacīduccarita-: *as.* °taṃ 407[c].
-vaja- (*vraja*): 408[b].
vajati 1143[c]; °jāmi 1144[c]; °janti 248[b] 729[b]; 3 *sg. opt.* vaje 1100[d]; *ptc. asm.* vajantaṃ 381[d] *and* vajataṃ 121[b] (*cf.* 180[27, 29]).
-vajja-: 819[d].
vajjā, vajjuṃ, *s.v.* vadate.
vajjha-: °jho 580[d] || 288[a].
vañcana-: *ap.* °nāni 242[b].
vañceti 100[c]=129[c]; 3 *sg. præt.* °cesi 356[d].
vaḍḍhati 329[c].
-vaḍḍhana-: 1084[e].
vaḍḍheti 275[d]; vaḍḍhetvā 151[23].
vaṇijjā: °jjaṃ 404[b].
vaṇibbaka-: *as.* °kaṃ 100[b]=129[b].
vaṇṇa-: (1) °ṇena 610[d]. (2) °ṇe 452[27] || 686[c] 426[c] 447[a] 585[a] 1120[a] (48[a]). *Cf.* vaṇṇin.
vaṇṇada-: *npf.* °dā 297[b].
vaṇṇavat-: *npm.* °vanto 298[b].
vaṇṇāroha-: *is.* °hena 420[c].
-vaṇṇin-: 551[d].
vaṇṇūpasaṃhita-: *asf.* °taṃ 1132[d].
vata 31[a] 178[a] 191[a] 358[c]; S.N.[1] p. 92; 424[28] 676[a] 804[a] 970[b].
vata- (*vrata*): *as.* °taṃ 898[b]; *ap.* °tāni 792[a] || 839[d] 782[a] 798[d] 89[a].
vatavat-: *asm.* °vantaṃ 624[a].
vatasampanna-: *nsm.* °nno 463[e].
vaṭṭa-: *as.* °taṃ 294[a] || 393[a].
vattati 140[3] 654[ab].
-vattana-: 698[a].
-vattin-: 449[10].
vattuṃ (*vaktum, inf.*) 431[d].
vatteti: °ttemi 554[c]=555[c]; °ttessati 684[c] 693[c]; *ptc. nsm.* vattayaṃ 404[c].

vattha- (*vastra*): *as.* °tham 295a 304a; *ip.* °thehi 287a; *gp.* °thānam 924b || 64c.
vatthaguyha-: *ns.* °yham 1022c; *ls.* °yhe 452⁴.
vatthi (*vasti*): *gs.* °thino 195b.
vatthu-: *ns.* °thum 858b; *as.* 769a; *ap.* °thūni 209a || 473c.
vatvāna 398[14].
-vada-: 955c 845e 910d.
vadaññū (*nsm.*) 414[4]; *asm.* °ñum 487a || (663c).
vadate 830b, 860b=954b; °dāmi 393a 448[18] 837a 1037b; °danti 85a 86d 214b 377d 523a 668a 780ab 783c 794b 798a 830d 875ce 876ac 878b 883d 884d 885a 891c 905c 908d 909d 1077bc 1078b, 1079bcd=1080bcd=1081bcd; 3 *sg. opt.* vadeyya 781d 787b 843a 845b *and* vajjā 971d; 3 *pl. opt.* vajju(m) 859a 1076b; *imp.* vada 383d *and* vadassu 832c: *ptc. nsm.* vadam 893d *and* vadāno 888c 893a 910c, *asm.* vadānam 789d, *npm.* vadantā 668a *and* vadānā 824c 825d 876d 879d 885b 892d 898d 903d 905d. (vadeti:) vadesi 448[11] 836d; vadenti 825c; vadetha 503[19]; vadehi 921c.
vadessāmi (1 *sg. fut. caus.*) 351b.
vaddhāpacāyin-: °yī 325a.
vadhachedabandhanam (*ns.*) 242a.
vadhabandham (*as.*) 623a.
(1) vana-: *ls.* °ne 272d 562d 684c 1015d *and* °nasmim 165c *and* °namhi 221d || 673a S.N.[1] p. 17 (Jetavana), p. 112 (Icchānaṅgalav°), 419[11].
(2) -vana-: 1131d.
-vanaka-: 1134a.
vanathaja-: *np.* °jā 16a.
vananta-: *as.* °tam 708b; *ls.* °te 709b.
-vanarāji: 451[11]
Vanasavhaya-: °yam *1011d.
Vanasāvatthi-: °thim *1011d.
vanibbaka, *see* vaniḃb°.
vandati 366a 547f 1028d; vandantu 573d; vandi 252c; *ptc. npm.* vandamānā 598c.
-vandita-: 702b.
vapati: °pāmi 141[8]; °passu S.N.[1] p. 12 °pitvā 141[22].
vappakāla-: *ls.* °le **137**[11].
vamati 198bc.
vambheti: *isn.* vambhayitena 905a.
vaya- (*vyaya*): *as.* °yam 739c.
vayas-: *as.* °yo 313[10].
-vara-: 408d 698a 301b 683a. *Cf.* pavara.
varattā: *as.* °ttam 622a.

varapañña-: *gsm.* °ñassa 564^{d}=565^{d}=1128^{d}.
varapaññasāvaka-: °ko 391^{d}.
varabhūrimedhasa-: *nsm.* °so 996^{b}.
vasa- (*vaśa*): *as.* °saṃ 315^{d} 586^{d} 587^{c}, S.N.[1] p. 121, 968^{a} || 297^{c} 578^{c}. *Cf.* vasīkata vasiṃkaritvā.
vasati 469^{a}~494^{a}; °santi 1088^{a}=1089^{a}; 3 *sg. præt.* vasi 977^{c}. *Cf.* vusita.
vasana-: *as.* °naṃ 971^{a} || 679^{b}.
vasala-: °lo 116^{d} . . . 134^{d}, 136^{ac}–142^{ac}; °laṃ S.N.[1] p. 21; °lā 135^{e}.
vasalaka (*voc.*) 175^{26}.
vasalakaraṇa-: *apm.* °ṇe S.N.[1] p. 21.
vasalādhama-: *nsm.* °mo 135^{d}.
(1) vasā (*vaśā*): *np.* °sā 26^{a} 27^{a}.
(2) vasā: *gs.* °sāya 196^{d}.
vasānuga-: *apm.* °ge 332^{d} || 1095^{c}.
vasin-: *nsm.* °sī 372^{b}.
vasiṃkaritvā 444^{a}. *Cf.* vasīkatvā.
vasitabba-: *nsn.* °baṃ 678^{b}.
vasīkata-: *npm.* °tā 154^{d}=155^{d}.
vasīkatvā 561^{c}.
vasuttamaṃ (*as.*) 274^{b}.
vassa- (*varṣa*): *ap.* °ssāni 289^{a} 446^{a} *1073^{b}; *gp.* °ssānaṃ *1073^{b}.
vassati ($\sqrt{vrs.}$): *imp.* vassa *353^{d}; *ptc. gsm.* vassato 30^{c}.
vassasata-: *as.* °taṃ 589^{a}; *abl. s.* °tā 804^{b} || 1019^{a}.
-vassika-: 279^{b}.
vahati: *ptc. nsm.* vahanto 256^{d}.
vā 49^{b} 141^{d}, 579^{d} 589^{b}, 564^{b}, 397^{b}; 98^{a}, 119^{a} 193^{a} 381^{b}; 112^{b}, 117^{a} 799^{b}, 100^{ab}=129^{ab}; (211^{d} . . . 219^{d}, *cf.* 798^{a}), *etc.*
vākya-: *as.* °yaṃ 1102^{b}.
vāc-: *cf.* vyappatha.
vācapeyya, *vide* vājap°.
vācā **395**^{25} 397^{1} 451^{d} 452^{b} 453^{a}; vācaṃ 254^{a}, 353^{d}~1061^{b}, 426^{a} 451^{a} 454^{a} 660^{d} 678^{d} 711^{d} 930^{b} 971^{d} 973^{c}; vācāya 125^{c} 1005^{d} *and* vācā 130^{c}; *ap.* vācā 214^{b} (Pj.); *gp.* vācānaṃ 454^{d} || 452^{a}.
vācābhilāpa-: *ns.* °po 49^{b}.
vācāyata-: *nsm.* °to 850^{d}.
vāceti 1018^{d} 1020^{c}.
vājapeyya-: *as.* °yaṃ **303**^{d}.
vāṇija-: *ns.* °jo 614^{d} 651^{c} 1014^{b}.
vāta-: °to 71^{b} 348^{b} 433^{b} 591^{f}; °taṃ 213^{d} || 662^{d}.
vātavega-: *is.* °gena 1074^{a}.

vātātape (*ap.*) 52[b].
vāda-: °do 879[c] 903[c]; °dam 390[a] 780[c] 787[a] 827[a] 829[b]; °damhi 832[d]; °dā 906[c]; °desu 859[d] ‖ 973[d] 315[c] 327[c] 913[b] 819[b] 100[c] 845[e] 827[c]. *Cf.* °vada °vādi*n*.
vādakāma-: *npm.* °mā 825[a].
vādapatha-: *np.* °thā 1076[d].
vādasīla-: *npm.* °lā 381[a]=382[a].
vādi*n*-: *np*(*m.*) °dino 382[d] ‖ 661[a] 430[a] 217[c] 620[c] 357[a] 910[a] 59[c].
vādiyati: °diyanti 824[a]=892[a] (*cf.* 825[c]), 832[b].
vādeti: vādayanti 682[a].
vāma-: *ism.* °mena 401[32].
vāyasa-: *ns.* °so 447[b] 448[b]; *np.* °sā 675[d].
vāri 625[a] 811[d] 812[b]; *as.* °riṃ 353[c]; *is.* °rinā 591[b].
vārigocara-: *apm.* °re 605[b].
vārija-: *ns*(*n*). °jaṃ 845[c].
vāribindu (*ns.*) 392[d].
vāsa-: °sāya 191[b]; °se 40[b] ‖ 19[b] 414[d] 412[d] 531[b] 18[b].
-vāsanā-: 1009[d].
Vāsava-: °vassa 384[d].
(1) -vāsi*n*-: 754[b] 682[c].
(2) -vāsi*n*-: 487[b] 456[a].
-vāsita-: 1009[d].
vāsūpagata-: *asm.* °taṃ 415[a].
Vāseṭṭha (*voc.*) 612[c] . . . 619[c]=656[c]; Vāseṭṭha- 462[19].
-vāha-: 476[27].
-vāhana-: 442[b].
vāheti: *imp.* °hetha 282[a].
vikata-: *nsn.* °taṃ *669[d].
-vikatthi*n*-: 850[b].
-vikappita-: 7[b].
vikappeti: 3 *sg. opt.* °ppayeyya 793[d]=802[d]; *ptc. nsm.* °ppayaṃ 918[d].
-vikampamāna-: 842[c].
-vikampi*n*-: 952[d].
vikāla-: *ls.* °le 386[ad].
vikālabhojana-: *as.* °naṃ 400[d].
vikiraṇiṃ (*asf.*) 112[a].
-vikkaya-: 929[a].
vikkhambheti: 3 *sg. opt.* °mbhaye 969[b].
vigata-: *npm.* °tā 483[a].
vigatakhila- (*or* °khīla-): *nsm.* °lo 19[a].
vigataraja-: *asm.* °jaṃ 517[c].
vigayha (*ger. from* vi-gāh-) 2[b] 825[a].
viggayha (*ger.*) 844[d] 878[b], 879[a]=883[c]=904[c].

viggāhika-: *asf.* °kam 930d.
vighāta-: *as.* °taṃ 814b.
vighātabhūmi 830a.
vicakkhaṇa-: *nsm.* °ṇo 186d 583d.
vicarati 696b; °ranti 466a 490a 501a 847d, 864b=865b; 3 *sg. opt.* °reyya 386a 845a; *fut.* 1 *sg.* °rissāmi 192a *and* °rissaṃ 444c; 1 *pl.* °rissāma 180a; *ptc. nsm.* °ranto 713a.
vicāraṇa-: *ns.* °ṇaṃ 1108b; *np.* °ṇā 1109b.
vicikicchaṭhāna-: *np.* °nā 347b.
vicikicchati 451a7.
vicikicchā 437c; *as.* °cchaṃ 346a 540b; *gp.* °cchānaṃ 343b.
vicināti 658c; *ptc. nsm.* vicinaṃ 5b 933b. *Cf.* viceyya.
vicinteti 1023c.
viceyya (*ger.*) 517a *524a 525a 526a 529a.
vijaññā, *s.v.* vijānāti.
-vijāna-: 92a.
vijānāti: °nati (*or* virajjati) 739d; °nanti 763e; °nāma 93a . . . 113a; 3 *sg. opt.* vijaññā 253d 316a 967c; 1 *sg. opt.* vijaññaṃ 1065b 1090c, 1097d=1120d=1122e,—vijaññā *or* vijaññaṃ 482a; *imp.* vijāna 1091c, vijānātha 720a; *ptc. gsm.* vijānato 953a; *gpm.* vijānataṃ 656d.
vijigucchati: *ptc. nsm.* °cchamāno 41c; *asm.* °cchamānaṃ 253a; *gsm.* °cchato 958a *and* °cchamānassa 963a.
vijita-: *asn.* °taṃ 46c. *Cf.* vijeyya.
vijitāvin-: °vī 449a1=552c; °vinaṃ 646b.
vijitindriya-: *nsm.* °yo (*or* viditindriyo) 250a.
vijeyya (*ger.*) *524a 1002b.
vijjati 21c 431b, 23c 189d 432b 611b 715d 856d 858b 987d 989b 1001d, 1088b=1089b; vijjanti 634a 635a 857c 1100c *and* vijjare 20a; 3 *sg. præt.* (*after* mā) vijjittha 1098d.
vijjā 1026b; vijjāya 162a (vijjāya-m 163a ?), 334b; vijjāhi 656a | 730a 594b.
vijjāgata-: *npm.* °tā 730c.
vijjācaraṇa (*as.*) *289c.
vijjācaraṇapariyeṭṭhi: °ṭhiṃ *289c.
vijjācaraṇasampanna-: *nsm.* °nno 442¹; *asm.* °nnaṃ 163Ac 163Bc 164c.
viññapaniṃ (*asf.*) 632a.
viññāṇa-: °ṇaṃ 1055d 1073d, 1110b=1111d; °ṇassa 734c=1037e.
viññāṇaṭṭhiti-: *ap.* °tiyo 1114a.
viññāṇapaccayā (*abl. s.*) 5065 734b 735b.
viññāṇūpasama-: *abl. s.* °mā 735c.
-viññāta-: 1122d, 1086a.
viññātadhamma-: *nsm.* °mo 323d.

viññātasamādhisāra-: *nsn.* °raṃ 329b.
viññātasāra-: *npn.* °rāni 329a.
viññāya (*ger.*) 332c.
viññu: *nsm.* °ññū 39c 317c 396b 403d; *gpm.* °ññūnaṃ 396a.
viññugarahita-: *nsm.* °to 313b.
viññujātika-: *npm.* °kā 294b.
vitakka-: *np.* °kkā 7a 270c 271c 1109b; *ap.* °kke 970c.
vitata-: *nsn.* °taṃ *669d; *np(m).* °tā 272d.
vitatha-: *nsn.* °thaṃ 9b . . . 13b.
vitarati: °ranti 1052c; 3 *sg. opt.* °reyya 779a (*ger.* ?), *and* °re 941d; *ger.* °reyya 495b.
vitiṇṇa-: *nsm.* °ṇṇo 746c.
vitiṇṇakaṃkha-: *nsm.* °kho 514b.
vituḍati: °ḍanti 675d.
vitta-: *ns.* °ttaṃ 181a 182a, 302d=307e | 102a.
vitthārika-: *nsn.* °kaṃ 693d.
vidahāti: 3 *sg. opt.* vidahe 927b.
vidita-: *nsm.* °to 504d=1052f=1057d=1075d=1102d; *nsf.* °tā 436^{14}. *Cf.* vedi, viditvā.
viditindriya-: *nsm.* °yo (*or* vijit°) 250a.
viditvā 353a 365b 368ac 398d 581d 806c, 1053c=1054c=1066c =1067c=1085d; 1068c (viditvāna *v.l.*); S.N.[1] p. 101.
vidisā (*ap.*) 1122a.
vidu (3 *pl. pf.*) 758b 762d. *Cf.* vedi.
vidu-: *nsm.* °dū 996d; *ipm.* °dūhi 677a [⏑ ⏑ ×] || 442^{8} 177c. *Cf.* vidvā viddasu.
-vidūra-: 301^{28}.
-viddasu-: 762f. *Cf.* vidu.
-viddha-: 331d.
viddhasta-: *npm.* °tā 542b.
vidvā (*nsm.*) 535b 792c 897b 947a 1056d 1060a. *Cf.* vidu.
-vidha-: 772c 509a.
vidhā-: *lp.* °dhāsu 842c || *Vide* vidha.
vidhāvati 939b; °vantu 411c.
vidhura-: *nsm.* °ro 996c.
vidhūpita-: *npm.* °tā 7a, 472b=475b.
vidhūma-: *nsm.* °mo 1048c; *asm.* °mam 460c.
vinaya-: *ds.* vinayāya 974b *and* vinayā 916d || *Cf. next.*
-vinayana-: 921b.
vinalīkata-: *npm.* °tā 542b.
vinā 589c.
vinābhāva-: *ns.* °vo 588c.
vinābhāvasanta-: *nsn.* °taṃ 805c.
-vināya-: 910a (subbināyo).
vināseti 106c.

vinighāti-: 826b (*nsm. from* °ghātin ?).
vinicchaya-: *as.* °yam 867d; *ls.* °ye 887c 894a; *np.* °yā 838a 866b; *ap.* °yāni 894c | 327b.
vinipāta-: *as.* °tam 278a.
vinibandha-: *ds.* °dhāya 16b.
vinīlaka-: *nsm.* °ko 200b.
vinetar-: *as.* °tāram 484a.
vineti 1a; 3 *sg. opt.* vinayetha 361a 970d 1103a *and* vineyya 590b; *imp.* vinaya 1025d 1098a *and* vinayassu 559a; *ptc. nsm.* vinayam 444d; *ger.* vineyya 21b 58c 364b 371c, 387c=975a, 538d (590b) 778a *and* vinayitvāna 485a.
-vinodana-: 1086c.
vinodeti: °denti 273b; 3 *sg. opt.* °dayeyya 967d; *ger.* °detvā 956c.
vindati 658d; vindate 185b 187b.
vipannadiṭṭhi (*nsm.*) 116c.
viparakkamma (*ger.*) 425c.
vipallāsa-: *ns.* °so 299a.
vipassati 1115d; *imp.* vipassa *s.v.* abhipassati.
vipassin-: *asm.* °ssinam 349c.
-vipāka-: 653d. *Cf.* vepakka.
vipiṭṭhikatvā 362a [— — — — × ?]; °katvāna 67a.
vipula-: *nsm.* °lo 978b; *nsn.* °laṃ 41b; *asf.* °laṃ 687d 994d *and* vipula *695a.
vippajahāti: 3 *sg. opt.* °jahe 926d. *Cf.* vippahīna °hāya °hātave.
vippamutta-: *nsm.* °tto 363c 373c 472c 483c 913c; *asm.* °ttaṃ 176c 218c; *npm.* °ttā 501b || 492a.
vippayutta-: *nsm.* °tto 914c (*or* °mutto).
-vippayoga-: 41c.
vippavasati: °sasi 1138a; °sāmi 1140a.
-vippavāsa-: 1142d.
vippasanna-: *asm.* °nnaṃ 637b.
vippasādeti: °dehi 506b.
vippahātave (*inf.*) 817d.
vippahāna-: *as.* °nam 1097e; *is.* °nena 1108c 1109c.
vippahāya (*ger.*) 367a 499b 514c.
-vippahīna-: 362c 360c.
-vibhaṅga-: 600c.
vibhajati 87b.
vibhatta-: *apm.* °tte 300d || 305b.
vibhava-: °vaṃ 514c 867c, 869c=870c; °vāya 856c.
vibhāvin-: *nsm.* °vī 317c.
vibhāveti || avibhāvayitvā 318c.
vibhinna-: *npm.* °nnā 314bc.

(1) vi-bhūta-: *voc. sg.* vibhūta-m 664a.
(2) vibhūta-: *lsm-n.* °te 871d 872d. *Cf.* vibhoti.
vibhūtarūpasaññin-: *gsm.* °ñissa 1113a.
vibhūtasaññin-: *nsm.* °ñī 874b.
vibhūsanaṭṭhāna-: *abl. s.* °nā 59c [*metre !*].
-vibhūsā-: 926d.
vibhoti 873abc 874c.
vimaṃsin-: *nsm.* °sī 877b. *Cf.* vīm°.
vimala-: *nsm.* °lo 378d 476c 519b 1131c; *asm.* °laṃ 637a; *ism.* °lena 384c.
vimānadassin-: *nsm.* °ssī 887b.
vimāneti 888d.
vimuccati: °ccanti 755c; 3 *pl. præt.* vimuccimsu 510[25].
vimutta-: *nsm.* °tto 354d 475c, 522c=536c, 877c 992f 1071c =1072c, 1073c 1074c; *asm.* °ttam 211c 534c 1101b 1114d; *nsn.* °ttam 23a; *npm.* °ttā 491b=492b || 847b 975b.
vimutti: °ttiṃ 54b 73a || 727a 725a 725b; (745d).
(vimuttin-: *gsm.* °ttino 745d).
vimokha-: *ns.* °kho 1088d 1089d || 1105e 1071c.
viya: *after* -ā: 420d; *after* -o: 580d 818b; *after* -ṃ: 381d 689b.
viyañjana, *s.v.* vyañjana (NB. 1017b Bai).
viyatta-: *lpm.* °ttesu 800c.
viyākata-: *apm.* °te 1023b. *Cf.* vyākaroti.
viyākaroti, *s.v.* vyāk°.
viyākāra-: *as.* °raṃ 299c.
viyācikkhati: *imp.* °kkha 1090d.
viyāpanna-: *lsm.* °nne *314a.
viyārambha-: *abl. s.* °bhā 953c.
viyāvatta-: *lsm.* °tte *314a.
(viyutta-: °ttesu 800c, Pj. II, 530 *note* 8.)
viraja-: *nsm.* °jo 520b; *asm.* °jaṃ 139b 636c 1105a.
virajjati 739d (*or* vijānati), 813d 853d.
virata-: *nsm.* °to 59c *175a 367b 531a 704a 900d 943d 953c 1070c; *asm.* °taṃ 218ac.
viratta-: *nsm.* °tto *175a || 204a 847a.
viramati: 3 *sg. opt.* °meyya 400c *and* °me 828c 925b. *Cf.* virata.
-virāga-: 505[10].
virāgaratta-: *nsm.* °tto 795c.
virājeti: 3 *sg. opt.* °jaye 203d; *ger.* °jetvā 139c 171c.
virādheti: *ger.* °dhayitvā 899b.
viriya- [— ×]: *ns.* °yaṃ 79a 432a; *as.* 966d; *is.* °yena 184c || 353b 68a 1026d 422c.
viriyavat-: *nsm.* °vā 528b 548d [— ⏑ ×], 531c [— ⏑ ⏑ ×].
viriyavāsa-: *nsm.* °so 531b.

virujjhati || 73[c] (avirujjhamāna).
viruta-: *as.* °tam 927[c].
viruddha-: *npm.* °ddhā 248[a]; *lpm.* °ddhesu 630[a] || 365[b].
virūparūpa-: *is.* °pena 50[b].
virocati: °casi 378[d] 550[d].
-virodha-: 362[c].
vivajjeti: 3 *sg. opt.* °jjaye 399[c]; 3 *sg. præt.* °jjayi 407[b]; *ger.* °jjayitvā 53[a].
vivaṭa-: °ṭā 19[c]; °ṭam 374[b] 763[c] 793[c].
vivaṭacakkhu (*nsm.*) 921[a].
vivaṇṇa-: *nsm.* °ṇṇo 585[a].
vivattacchadda(*n*)- [⏑ — ⏑ — ×]: *nsm.* °ddo (*or* °ddā) 372[a], 1003[c]=1147[c], 378[c] 450[23].
vivadati: 3 *sg. opt.* °detha 842[b] 843[b] *and* °de 884[b]. *Cf.* vivād°.
vivarati: 3 *sg. opt.* °reyya 155[32]; 3 *sg. præt.* °ri S.N.[1] p. 80. *Cf.* vivaṭa.
vivasana-: *ls.* °ne 710[a].
vivaseti: °semi 1142[c].
vivāda-: °do 596[b]; °dam 877[c] 894[b]; °dassa 896[b]; *np.* vivādā 828[a] 862[a] 863[ad]; *ap.* vivādāni 796[d]=907[c] ' 896[d].
vivādajāta-: °tesu 863[c] 912[b].
vivādiyati: °yanti 832[a], 879[a]=883[c]=904[c], 895[b]; 3 *sg. opt.* °yetha 896[c]; *cf. next.*
(vivādeti:) 3 *sg. opt.* vivādayetha 830[c].
vivāha-: *ns.* °ho 448[5].
vivitta-: *nsm.* °tto 845[a]; *asn.* °ttaṃ 338[c] 810[b]; *gsm.* °ttassa 221[d].
viveka-: *as.* °kam 822[a] 915[b]; *abl. s.* °kā 772[c]; *ls.* °ke 814[d].
vivekadassin-: *nsm.* °ssī 474[a] 851[c].
vivekadhamma-: *as.* °mmaṃ 1065[b].
-visa-: 1[b].
visaṃyutta-: *asm.* °ttam 621[c] 626[c] 634[c] || 641[c].
visajja (*ger.*) 522[b] 794[c] 912[a] 1060[b].
visaññasaññin-: *nsm.* °ññī 874[a].
visaṭa- (*or* visata): *asn.* °taṃ 1[b]. *Cf. next.*
visatā (*ns.*) 715[a].
visatta-: *nsm.* °tto 38[a]; *asf.* °ttam 1104[d]; *npm.* °ttā 272[c].
visattikā: °kam 333[c] 768[c] 857[d], 1053[d]=1054[d]=1067[d]=1085[c], 1087[d].
visama-: *nsn.* °mam 775[b] 843[c], *asn.* 215[c] 775[c]; *lsn.* °me 57[b]~774[b] [A. I, 153[28], 154[19]]; *npm.* visamā 243[c]; *ipm.* °mehi 468[a].
visaya-: *ls.* °ye 977[a].
visalla-: *nsm.* °llo 17[b], 86[a]=367[c].

visahati: °hāmi 1069b.
visāṇa-: °ṇena 309a; °ṇe 309e || 35d.
visāla-: *nsm.* °lo 38a.
visuddha-: *asm.* °ddhaṃ 67c 517c 687b || 693b.
visuddhi-: °ddhiṃ 813c 824b 840b 892b.
-visūka-: 55a.
visenikatvā 833a 1078c.
visenibhūta-: *nsm.* °to 793a=914a.
visesin-: *nsm.* °sī 799d 842ad 855c 905b.
viseseti: °sehi (*or* visosehi) 949a=1099a.
-visodha-: 279d.
visoseti: 3 *sg. opt.* visosaye 433b; *imp.* visosehi (*or* visesehi) 949a=1099a.
vissajessati (3 *sg. fut.*) 1005d. *Cf. next.*
vissajjita-: *nsn.* °taṃ 982b.
vissavati (*vi-sru*): *ptc. nsm.* °vanto 205d.
vissuta- (*vi-śru*): *nsm.* °to 137d 998d; *asm.* °taṃ 597d; *npm.* °tā 1009b.
vihaṅgama-: *nsm.* °mo 221a; *apm.* °me 606b.
vihaññati 168d 169d 170b; *ptc. apm.* °ññamāne 1121a.
vihan(a)ti: vihananti 673d; 3 *sg. opt.* vihane 975d (*and* vihāne *q.v.*).
viharati 136[1] 301[4]; 3 *sg. opt.* vihareyya 925d (*and* °re 53c); 3 *sg. præt.* vihāsi 158[5]; *ptc. nsm.* viharanto 157[24] (*and* viharaṃ 53c); *gsm.* °rato 435a.
vihāne (3 *sg. opt.*) 348b.
vihāra-: *as.* °raṃ 391a || 448[1] 220a 679d.
-vihārin-: 375b 45b.
vihiṃsati *117b; 3 *sg. opt.* °seyya 451c.
-vihiṃsā-: 292c. *Cf.* vihesā.
viheṭheti || 35b (aviheṭhayaṃ).
vihesati: *ptc. nsm.* °saṃ *277a.
vihesā: °saṃ 247b *277a.
vihesābhirata-: *nsm.* °to 275b.
vīṇā (*ns.*) 449b.
vītagedha-: *nsm.* °dho 210c 860a; *gsm.* °dhassa 1100b.
vītataṇha-: *nsm.* °ṇho 741c 849a 1041b 1060c; *asm.* °ṇhaṃ 83b || 776d.
vītadosa-: *nsm.* °so 12b.
vītamacchara-: *nsm.* °ro 954c.
vītamada-: *nsm.* °do 328d [A. II, 120[20]].
vītamoha-: *nsm.* °ho 13b.
vītaraṃsi (?) 1016b. [*The text of* Sn *has* vītarāsi (*or* °rāyi), *which reminds of the obscure passage* Aupapātikasūtra p. 26[3-4, 13], ed. Leumann.]

vītarāga-: *nsm.* °go 11^{b} 507^{a} 529^{c}, 1071^{a}=1072^{a}; *asm.* °gaṃ 214^{c}; *npm.* °gā 465^{a}–498^{a}, 499^{a}.
vītalobha-: *nsm.* °bho 10^{b} 469^{b}; *npm.* °bhā 494^{b}.
vītavaṇṇa-: *nsm.* °ṇṇo 1120^{a}.
vītipatati: °tanti 688^{c}.
vītivatta-: *nsm.* °tto 6^{b} 375^{c} ‖ 796^{d}.
vītisāreti: °retvā 314^{1} 419^{c}.
-vīmaṃsaka-: 827^{b} (Nidd. vim°, *cf.* vimaṃsin). *Cf. next.*
vīmaṃsati: *ptc. nsm.* °māno 215^{c} 405^{c}. *Cf.* parivīm°.
vīra-: *ns.* °ro 44^{c}; *as.* °ram 165^{a} (*not* dhīram), 642^{c} 646^{a} 1096^{a}; *voc.* °ra (349^{b}), 547^{e}=573^{c}, 1102^{b} ‖ 543^{b}.
vīraṅgarūpa-: *npm.* °pā 450^{15}.
vīvadāta-: *npm.* °tā 881^{a} ‖ 784^{b}.
vīsat-: vīsāya S.N.[1] p. 86.
vīsaṃvassasata-: °taṃ 1019^{a}.
-vīsati-: 457^{g}.
vīsatikhārika-: *nsm.* °ko 476^{23}.
vuccati 436^{b} 759^{d} 848^{b} 861^{d} 946^{d}, 1108^{d}=1109^{d}.
vuṭṭhi 77^{a}; °ṭhiṃ 20^{c}.
vuṭṭhita-: *nsm.* °to S.N.[1] p. 61.
vutta- [*ukta*; Ps. *ad* M. I, 13^{11}]: *nsf.* °ttā 917^{d}; *lsn.* (evaṃ) vutte S.N.[1] pp. 21, 2?, *etc.*; *npm.* °ttā 135^{e} 678^{a} 866^{d}.
vutti 676^{a}, vutti-r 81^{d}=480^{d} ‖ 68^{b} 220^{a} 326^{b}.
vuddha-: *npm.* °ddhā 313^{e} 382^{b}; *gpm.* °ddhānaṃ S.N.[1] p. 104. *Cf.* vaddha.
vuyhati: *ptc. nsm.* vuyhamāno 319^{c}.
vusita-: *nsn.* °taṃ 158^{16}.
vusitabrahmacariya-: *nsm.* °yo 463^{b}; *npm.* °yā 493^{b}.
vusitavat-: *nsm.* °vā 514^{d}. *Cf. next.*
vusīmat-: *gsm.* °mato 1115^{f} (Schubring's Ācārāṅga, *s.v.* busimanta).
vūpakaṭṭha-: *nsm.* °ṭṭho 157^{21}.
-vūpasanta-: 82^{b}.
ve 188^{d} 209^{c} 210^{c} 255^{d} 278^{c} 477^{c} (620^{d}) 707^{c} 800^{c} 822^{d} 850^{d} 861^{d} 946^{d} 947^{a} 950^{d} (211^{d} . . . 219^{d}), 451^{d} 454^{d}, 725^{d} 737^{c} 758^{c}, 838^{b} 1082^{g}; 207^{d}; 121^{a} 128^{a} 135^{a} 215^{a} 621^{b}, 728^{c}=1051^{a}, 490^{a} 495^{a}; 1050^{a} 569^{d} 453^{a}, 457^{a} 780^{a}; 386^{a} 882^{a}, 1075^{b} 1077^{d}, 780^{b}; 120^{a} *etc.* (*vide* have); —ve=vo (?) 333^{d}.
-vega-: 1074^{a}.
vecikicchin-: *nsm.* °cchī 510^{a} [⏑ ⏑ — × ?].
-vetanā-: 24^{a}.
Vetaraṇī: °ṇiṃ 674^{a}.
(1) veda-: *as.* °dam 529^{d}; *ap.* °dāni 529^{a}; *ip.* °dehi 792^{c}; *gp.* °dānaṃ 447^{12}, °dāna 1019^{d}.

(2) veda-: *is.* °dena 1027^{a} (*cf.* 529^{d}).
-vedas-: 462^{b}.
vedagū (*nsm.*) 322^{a} 458^{c} 472^{c} 503^{a} 529^{d} 749^{d} 846^{a} 890^{c} 947^{a} 1060^{a}; *asm.* °guṃ 459^{b} 528^{a} 1049^{b} 1059^{a} *and* °gunaṃ 479^{b}; *npm.* °guno 733^{a}.
vedajāta-: *nsm.* °to 995^{b} 1023^{d}.
vedanā: °naṃ 1111^{b}; °nānaṃ 739^{e} ‖ 435^{b} 529^{c}.
vedanāpaccayā (*abl. s.*) 506^{19}.
vedantagū (*nsm.*) 463^{b}.
vedi (3 *sg. præt.*) 467^{b} 643^{a} 647^{a} 878^{c} 1148^{b}, 3 *pl.* vidu *q.v.*
vedita-: *ns*(*n*). °taṃ 738^{d}.
-vediya-: 474^{b}.
Vedisā: °saṃ 1011^{d}.
(vedeti): vedayanti 211^{d} . . . 219^{d}; vedaya (*or* vedayaṃ; *perhaps ger.* vediya) 346^{b}; 3 *sg. præt.* vedayi 251^{b}.
-vedha-: 322^{b}.
vedhati 899^{b}; 3 *sg. opt.* °dheyya 902^{d} 959^{c} ‖ 213^{b} (avedhamāna).
-vepakka-: 537^{a}.
vebhūtiya-: *as.* °yaṃ 158^{c}~159^{c}.
vemajjha-: *ls.* °jjhe 849^{c}.
-vemattatā: 436^{14}.
(1) veyyākaraṇa-: *ns.* °ṇo 447^{22}; *np.* °ṇā 595^{c}.
(2) veyyākaraṇa-: *ns.* °ṇaṃ 352^{a}; *is.* °ṇena 1127^{c}; *ls.* °ṇe 510^{21}.
-veyyāvaṭika-: 447^{10}.
verabhayātīta-: *asm.* °taṃ 167^{c}.
-veramaṇī-: 291^{b}.
-velā: 973^{c}.
Veḷuvana-: *ls.* °ne **419**^{11}.
vevicha-: *as.* °cchaṃ 941^{d}; *abl. s.* °cchā 1033^{b}.
Vesālī: °liṃ 1013^{b}.
vesiyā: *lp.* °yāsu 108^{b}.
vesiyāna-: *s.v.* vessāyana.
Vessavaṇa-: *ns.* °ṇo **380**^{a}.
vessāyana-: *ns.* °no 455^{b} [— ◡ — ×, ɔ: vesiyāno].
-vessika- (*cf.* *vāiśya*): 314^{b}.
(1) vo [Sp. *ad* Vin. III, 90^{22}]: 560^{a} 760^{b}. *Cf.* ve (333^{d}).
(2) vo, *s.v.* tvad.
vokāra-: *as.* °raṃ 611^{c}.
-vokkamma (*ger.*), 946^{a}.
vodāta, *vide* vīvadāta.
vossajja (*ger.*) 751^{c} [*metre !*].
vohāra-: *as.* °raṃ 614^{b}.
vohārakūṭa-: *np*(*m.*) °ṭā 246^{b}.

vyakkhissaṃ (1 *sg. fut.*) 600ª [⏑ — — ×]. *Cf.* viyācikkhati vyākhyāta.
vyagghūsabha-: *ns.* °bho 416ᶜ. [*The text of* Sⁿ *has* vyagghuvasabho ɔ: vyagghusabho>vyagghavasabho].
vyañjana-: *as.* °naṃ 1017ᵇ; *np.* viyañjanā 549ᵇ ‖ 44ª 445¹⁸.
vyapanujja (*ger.*) 66ᵇ.
vyappatha-: °thena 163Aᵇ=163Bᵇ=164ᵇ ‖ 158ᵇ. *Cf. next.*
vyappathi-: *np.* °thayo 961ª.
vyasanagata-: *nsm.* °to 694ᵈ.
vyākaroti 1116ᵈ; °romi 511ᵈ; vyākarohi 510ᵈ, 1025ᵇ *and* [⏑ — ⏑ — ×] 513ᵈ=518ᵈ=523ᵈ=528ᵈ=533ᵈ, *and* viyākarohi 1052ᵉ=1075ᶜ, 1102ᶜ; 3 *sg. fut.* vyākarissati 993ᵈ; 3 *sg. præt.* vyākāsi 541ᵇ 1116ᵇ *and* [⏑ — — ×] 1127ª; 3 *pl.* viyākaṃsu 1084ª=1135ª. *Cf.* viyākata.
vyākhyāta-: *npm.* °tā 1000ᶜ [⏑ — — ×]. *Cf.* vyakkhissaṃ, *etc.*
vyāpajj(h)ati ‖ 1065ᶜ (avyāpajjhamāna).
vyāruddha-: *apm.* °ddhe 936ᶜ 938ª.

(1) sa, *s.v.* tad.
(2) sa- (*sva*): *asm.* saṃ 104ᶜ; *ism-n.* sena 132ᶜ 430ᵈ (Windisch *and* Pj.); *lsn.* saṃhi 905ᵈ; *ipm.* sehi 108ª 298ᶜ.
saupādisesa-: *nsm.* °so 354ᶜ.
saṃyata-: *nsm.* °to 88ᵇ, 156ᵇ~157ᵇ, 716ᵈ ‖ 89ᶜ.
saṃyatatta-: *nsm.* °tto 216ª; *npm.* °ttā 284ᵇ ‖ 464ᵇ.
saṃyama-: *as.* °mam 326ᶜ; *is.* °mena 655ᵇ 898ª.
saṃyuta-: *nsn.* °taṃ 574ᵈ; *nsf.* °tā 1026ᵈ.
-saṃyutta-: 194ª 300ª.
-saṃyoga-: 733ᶜ 522ᵇ.
saṃyojana-: *ns.* °naṃ 1115ᵇ; *ap.* °nāni 62ª=74ᵇ ‖ 1108ª 1109ª 621ª (175ᵇ 491ª 492ª).
saṃyojanakkhaya-: *ns.* °yo 736ᵈ.
saṃyojanaṃjātikhayantadassin-: °ssī 476ª (Pj.).
saṃyojaniya-: *ip(n.)* °yehi 363ᶜ ‖ 375ᶜ.
saṃvara-: *as.* °raṃ 1034ᶜ 1035ᶜ.
saṃvasati: 3 *sg. opt.* °vase 942ᵇ.
saṃvāsa-: *as.* °saṃ 283ª 290ᶜ ‖ 335ª.
saṃvāsiya-: *nsf.* °yā 22ᵇ.
saṃvigga-: *nsm.* °ggo 155¹.
saṃvijita-: *nsn.* °taṃ (*or* saṃviditaṃ) 935ᵈ.
saṃvidita-: *vide* saṃvij°.
saṃvindati ‖ 951ᶜ (asaṃvindaṃ).
saṃvibhajati: 3 *sg. opt.* °jetha 403ᵈ.
saṃvuta-: *nsm.* °to 340ª ‖ 413ᵇ 499Aᵇ.
saṃvega-: *as.* °gaṃ 935ᶜ.

saṃvedhita-: *ns(n.)* °taṃ 902ᵇ.
saṃsaggajāta-: *gsm.* °tassa 36ᵃ.
-saṃsaṭṭha-: 628ᵃ.
saṃsaya-: *as.* °yaṃ 682ᵈ ‖ 1112ᵇ 1030ᵇ.
saṃsarati: *ptc. nsm.* saṃsaraṃ 740ᵇ. *Cf.* saṃsita.
saṃsāra-: *as.* °raṃ 517ᵇ 519ᶜ 638ᵇ, 740ᵈ—752ᵈ ‖ 729ᵃ 746ᶜ.
saṃsita- (*saṃ-sṛ*): *nsn.* °taṃ 730ᵇ.
saṃsīnapatta-: *nsm.* °tto 44ᵇ.
-saṃsuddha-: 1107ᵃ.
saṃsuddhagahaṇika-: *nsm.* °ko 462²³.
saṃsuddhacāraṇa-: *nsm.* °no 162ᵇ~163ᵇ.
saṃsuddhajina-: *nsm.* °no 372ᵃ.
saṃsuddhapañña-: *npm.* °ññā 881ᵇ.
saṃsuddhi (*ns.*) 788ᵇ.
-saṃhita-: 722ᵇ.
-saṃhīra-: 1149ᵃ.
saka-: *nsm.* °ko S.N.¹ p. 101; *asm.* °kaṃ 904ᵃ; *nsn.* 861ᵃ; *asf.* 781ᵃ,—sakaṃ sakaṃ 878ᵃ 882ᶜ 904ᵈ; *lsn.* sake 452²⁷. *Cf.* Pj. II, 489¹⁸.
sakāyana-: *ls.* °ne 892ᵈ 893ᵃ; *ap.* °nāni 906ᵇ.
sakāsa-: *as.* °saṃ 326ᵃ.
sakiñcana-: *nsm.* °no 620ᵈ.
sakuntamaṃsa-: *ip.* °sehi 241ᵈ.
-saketubha-: 1020ᵇ.
(1) Sakka (*Śakra*): °kko 346ᵈ, 656ᵈ (*śleṣa* ?).
(2) Sakka (*Śākya*): °kkaṃ 1116ᵃ (679 Bᵐ); °kka 345ᵃ 1063ᵈ 1069ᵃ 1090ᶜ 1113ᵉ. *Cf.* Sakya-, Sākiya.
sakkacca 325ᵈ; 679ᵇ (Sakkañ ca Bᵐ).
sakkāti (?) *319ᵈ=*320ᵈ.
sakkāya-: *gs.* °yassa 761ᵇ.
sakkāra-: *ns.* °ro 438ᵃ.
sakkoti: sakkoma 597ᵃ. *Cf. next.*
sakkhati *319ᵈ=*320ᵈ. *Cf.* sakkhiti.
sakkhi 84ᵇ 122ᶜ 479ᶜ 508ᵈ 921ᵇ 934ᵇ.
sakkhiti: °kkhinti 28ᶜ.
Sakya (*Śākya*): *npm.* °yā 686ᵈ 691ᶜ; *apm.* °ye 685ᶜ 692ᵃ; *gpm.* °yānaṃ 683ᶜ. *Cf.* Sakka².
Sakyakula-: *abl. s.* °lā 440²⁹.
Sakyapuṅgava-: *as.* °vaṃ 690ᵃ.
Sakyaputta-: °tto 440²⁸ 991ᵈ 996ᶜ.
sakhā (*ns.*) 253ᵇ; *gp.* °khānaṃ 123ᵃ.
sakhettavatthuṃ (*asn.*) 473ᶜ.
saggāpāyaṃ (*as.*) 647ᵇ.
sagghasi (ɔ: *saghnāsi *for* saghnoṣi) 834ᵈ.
saṃkappa-: *as.* °ppaṃ 444ᵃ; *np.* °ppā 154ᵈ 155ᵈ; *ip.* °ppehi 818ᵃ ‖ 280ᶜ.

saṃkappayattā: °ttāya 1144^{c}.
saṃkilesa-: *as.* °saṃ 277^{c}.
-saṃku-: 667^{a}.
-saṃkuppa-: 1149^{a}.
saṃkhata-: *npm.* °tā 784^{a} || 21^{a}.
-saṃkhaya-: 992^{f} 74^{c}.
saṃkhā: °khaṃ 209^{d} 749^{d} 911^{a} 1074^{bd} | 874^{d}.
saṃkhātadhamma-: *nsm.* °mmo 70^{c}; *npm.* °mmāse 1038^{a}.
saṃkhātuṃ (*inf.*) S.N.[1] p. 123.
saṃkhāya (*ger.*) 209^{a} 391^{d} 749^{c} 1041^{c} 1048^{a}.
saṃkhāra-: *ap.* °re 751^{d}; *gp.* °rānaṃ 731^{c} || 732^{c}.
saṃkhāranirodhañāṇakusala-: *nsm.* °lo 372^{c}.
saṃkhārapaccayā (*abl. s.*) 505^{26} 731^{b} 732^{b}.
saṃkhiti (?) 953^{b}.
saṃkheyyakāra-: *ns.* °ro 351^{d}.
saṅga-: °go 61^{a} 1068^{c}; °gaṃ 527^{d} 636^{b} 791^{b} 948^{b} 1060^{b}; *abl. s.* °gā 212^{c}; *np.* °gā 386^{c} 390^{c} 473^{a}.
saṅgaṇa- (sa-aṅg°): *nsm.* °ṇo 279^{d}.
saṅgaṇikārata-: *gsm.* °tassa 54^{a} [M. III, 110^{16}-111^{15}].
saṅgata-: *asm.* °taṃ 807^{a}; *npm.* °tā 1102^{a}.
saṅgantvā 290^{d}.
saṅgama-: *ns.* °mo 681^{a}.
saṅgamūla-: *ns.* °laṃ 532^{b} || 532^{c}.
-saṅgaha-: 43^{a}.
saṅgahītattabhāva-: *nsm.* °vo 388^{d}.
saṅgātiga-: *nsm.* °go 250^{c} 473^{a}; *asm.* °gaṃ 621^{c}.
saṅgāma-: *ls.* °me 440^{c}.
saṃgha-: *ns.* °gho 569^{d} || 589^{c} 680^{c} 421^{b}, S.N.[1] p. 15 (bhikkhus°), 1015^{b} 550^{c}.
saṃghaṭṭati: *ptc. apn.* °ṭṭamānāni 48^{c}.
saṃghāṭi- 391^{b} 392^{b}.
saṃghāṭivāsin-: °sī 456^{a}.
saṃghin-: *npm.* °ghino 422^{21}.
sace, *s.v.* ce.
sacca-: (1) *nsm.* °cco 879^{c}=903^{c} 941^{a}; *asf.* °ccaṃ 632^{b} 882^{c} 904^{d}; *nsn.* 479^{a} 508^{e} 756^{d} 832^{b} 843^{a} 883^{a} (884^{a}) 886^{d} 895^{b} 508$^{15, 21}$, *asn.* 396^{27} 450^{d},—saccato 758^{b}; (2) *ns.* saccaṃ **182**^{c} 188^{c} 453^{a} 884^{a}; *as.* 78^{c}; *is.* °ccena 187^{c} 463^{a}; *abl. s.* °ccā 189^{c} 946^{a}; *ls.* °cce 453^{c}; *np.* saccāni 885^{c} 886^{a}; *ap.* 884^{c} 885^{a} || 824^{d}.
saccanikkama-: *nsm.* °mo 542^{d}.
saccamanas-: *npm.* °manā 780^{b}.
saccavādin-: *nsm.* °dī 59^{c}.
saccavhaya-: *nsm.* °yo 1133^{d}.
saccābhisamaya-: *abl. s.* °yā 758^{c}.

sacchikatvā 158[3] 444[13].
sajati: sajanti 386c.
sajjati 522c=536c || 38c (asajjamāna).
sajjhāyadhanadhañña-: *npm.* °ññā 285c.
-sañcaya-: 697c.
saṃchinnapatta-: *nsm.* °tto 64b.
Sañjaya-: °yo 423[10].
sañjātakkhandha-: *nsm.* °dho 53b (*cf.* Pj. II, 102[1]).
saññakkharasaññanissita-: *npn.* °tāni 538c.
saññata, *vide* saṃyata, *etc.*
saññatta-: *nsm.* °tto 303a=308a.
saññattuṃ (*inf.*) 597a. *Cf. next.*
saññapetuṃ (*or* saññā°, *inf.*) 463[6].
saññasaññin-: *nsm.* °ññī 874a.
saññasatta-: *nsm.* °tto 792b.
saññā 802b; °ññaṃ 535c 779a 841c 847c; °ññāya 732d, 886b || 175a.
saññānidāna-: *npf.* °nā 874d.
saññāpeti, *vide* saññatta °ttuṃ saññapetuṃ.
saññāvimokha-: *ls.* °khe 1071c=1072c.
saññāviratta-: *gsm.* °ttassa 847a.
-saññin-: 874b (*bis*), 1113a, 874a (*bis*).
saṭṭhi 538a.
saṭṭhimatta-: *gpn.* °ttānaṃ, *vide* 510[24].
saṭha-: *nsm.* °ṭho 133b; *ap*(*n.*) °ṭhāni 931b.
saṇati 721a; *ptc. npm.* saṇantā 720c.
saṇiṃ 350b.
-saṇṭhāna-: 28b.
-saṇṭhita-: 330c 755b.
-saṇḍa-: (1) 552d [sattasaṇḍa, It. 21[12], *means* saptadvīpa]; (2) S.N.[1] p. 112 (Icchānaṅgalavanas°).
saṇha-: *nsm.* °ṇho 853c.
sat-: *vide* santa[2].
(1) sata- (*śata*): °tassa S.N.[1] p. 86; °tani 982d, 980d 1020c || S.N.[1] p. 66 (upāsakas°), 677d 566a 179a 137[9], S.N.[1] pp. 99, 101 (bhikkhus°, māṇavakas°), 589a.
(2) sata- (*smṛta*): *nsm.* °to 741d=751f=753d=1039d, 768d 771a 855a 916d 933b 962b 964b 1041b, 1053c=1054c =1066c=1067c=1085d; 1056a 1062b 1104b 1119b; *gsm.* °tassa 1110a=1111c; *npm.* °tā 466b, 1087a= 1095a.
satataṃ (*adv.*) 507c 678d.
satasahassiyo (*apf.*) 308c.
sati 77d 340c 434e 1035b 1036a (1143a mano-sati ?); °tiṃ 444b || 1107a 1143a 1026c.

satīmat-: *nsm.* satimā 174^{c} 411^{a} 973^{a}, *and* satīmā 45^{d} 70^{b} 88^{b} 503^{a} 515^{a} 974^{b} 975^{b} 1070^{a}; *asm.* satīmaṃ 212^{b}; *gsm.* satīmato 446^{d}.

(1) satta- (*sakta*): *nsm.* °tto 706^{b} 772^{a} || 176^{b} 473^{b} (*bis*), 1104^{c} 792^{b}.

(2) satta- (*sattva*): *gs.* °ttassa 435^{d}; *np.* °ttā 248^{c} 654^{c} 730^{c} 754^{a}; *ap.* °tte 378^{b} 387^{b}; *gp.* °ttānaṃ 643^{a} || 683^{a} 684^{a}.

sattan-: *acc.* satta 446^{a}; *gen.* sattannaṁ S.N.[1] p. 86.

sattadhā 983^{d}.

(1) -sattama- (*sattama*): *356^{b}.

(2) sattama- (*saptama*): *nsm.* °mo 105^{b}; *nsn.* °mam 450^{2}, *asn.* 103^{c}; *abl. s.n.* °mā 462^{27}; *lsm.* °me 983^{c}; *nsf.* °mī 437^{c} || *356^{b}.

sattaratanasamannāgato (*nsm.*) S.N.[1] p. 102.

sattaratta-: *is.* °ttena 570^{c}.

(1) sattha- (*śastra*): *ns.* °tthaṃ 310^{d}; *is.* °tthena 309^{f}; *ap.* °tthāni 819^{a} || 1002^{c}.

(2) sattha- (*sārtha, a caravan*; *cf.* sāttha): *abl. s.* satthā 899^{d}.

satthar-: °tthā 31^{d} 179^{d} 345^{d} 398^{14}, 545^{a}=571^{a}, 444^{1} 955^{c} 1148^{c}; °tthāraṃ 153^{c} 343^{a}; °tthuno 547^{f}~573^{d}.

satthu-d-anvaya-: *nsm.* °yo 556^{b}.

sadā 255^{a} 466^{b} 771^{a} 855^{a} 916^{d} 933^{b} 934^{d} 1041^{b} 1087^{c} 1119^{b}.

sadisa, *vide* sādisa.

sadevaka-: *nsm.* °ko 443^{b} 1117^{b}; *asm.* °kaṃ 756^{b}; *gsm.* °kassa 86^{c} 377^{a} 760^{a} 956^{a}; *lsm.* °ke *vide* 153^{22}=229^{5} *and* °kasmiṃ 544^{c}.

sadevamanussa-: °ssāya 229^{20}.

sadda-: *as.* °ddaṃ 685^{a}; *np.* °ddā 387^{a} 759^{a}; *lp.* °ddesu 71^{a} 213^{c} 974^{c} || S.N.[1] p. 103 (appas°), 441^{4}, S.N.[1] p. 80 (padas°).

saddahati: *ptc. nsm.* saddahāno 186^{a}. *Cf. next.*

saddha-: *nsm.* °ddho 371^{a} 853^{d}; *gsm.* °ddhassa 188^{b} || 663^{c}.

saddhā 77^{a} 90^{d} 182^{a} 432^{a} 1143^{a}; °ddhaṃ 719^{d} 1146^{c}; °ddhāya 184^{a}, 337^{c} [M. I, 16^{22}] || 1146^{a}.

saddhāpakata-: °taṃ 286^{c}.

saddhāyika-: *nsm.* °ko 475^{7}.

saddhāsatisamādhīhi (*ip.*) 1026^{c}.

saddhiṃ 313^{18}, *etc.*

saddhiṃcara-: *asm.* °raṃ 45^{b}=46^{b}.

sadhamma-: (*svadharma*): *ls.* °mme 1020^{d}.

sadhammapūjā (*svadh°*): *ns.* 906^{a}.

sanantana-: *nsm.* °no 453^{b}.

sanighaṇḍusakeṭubha-: *lsn.* °bhe 1020^{b}; *gpm.* °bhānaṃ 447^{13}

(1) santa- (*śānta*): *nsm.* °to 475^c 656^b 702^d 783^a 839^f 861^d 912^c 946^d 954^c 1048^c 1065^d; *asm.* °taṃ 460^c; *nsn.* °taṃ 721^b || 912^c. *Cf.* santatara.

(2) santa- (*sat*): (1) (*ptc.*) *nsm.* santo 98^c=124^c, 126^a 135^a; *lsm-n.* sati 504^2 *and* sante 868^b; *lsf.* santyā 872^c; (2) (*adj.*) *lsm.* sati 81^d=480^d; *npm.* santo 450^a 453^d 932^d; *apm.* sante 94^b 665^b; *gpm.* sataṃ 527^a 763^c 917^d,—239^c (*npm.* Pj.!) || 94^a 861^b; 805^c.

santacitta- (*śānta*°): *gsm.* °ttassa 746^b.

santatara-: *npm.* °rā S.N.[1] p. 142.

-santatta- (*santapta*): S.N.[1] p. 14 (divasas°).

santappeti: 3 *sg. præt.* °ppesi S.N.[1] p. 107.

santasati: 3 *sg. opt.* °seyya 965^a || 71^a.

santāpajāta-: *apm.* °te 1123^b.

-santāsin-: 850^a.

santi 933^c; °tiṃ 204^c, 584^b~593^b, 900^d 919^b 1066^a 1067^b; °tiyā 332^b; (santyā 872^c Fsb.) | 837^d 784^d.

santika-: *ls.* °ke S.N.[1] pp. 15 90 107, 379^a 426^d 429^d, 564^d=565^d=1128^d, 566^d 763^e | 822^d.

santipada-: *as.* °daṃ 208^d [— ⏑ ⏑ ×], 915^b 1096^c [— — ⏑ ×].

santivāda-: *nsm.* °do (Nidd. °vado) 845^e.

santisoraccasamādhisaṇṭhitā (*npm.*) 330^c.

-santuṭṭha-: 108^a. *Cf. next.*

santusita-: *nsm.* °to 1040^a.

santussati: *ptc. nsm.* °ssamāno 42^b.

santhata-: *ls*(*n.*) °te 401^b 668^c.

santhambhati: °bhassu 701^d; °bhitvāna 1027^b.

santhava-: °vo 245^c; °vaṃ 168^b~169^b; *abl. s.* °vāto 207^a; *ls.* °ve 37^c; *ap.* santhavāni 844^b | 207^c.

sandassita-: *nsm.* °to S.N.[1] p. 100.

sandasseti: 3 *sg. præt.* °ssesi 446^{24}.

sandāna-: *as.* °naṃ 622^b.

sandāleti: *ger.* °layitvā 62^a=74^b.

sandiṭṭhi-: °ṭṭhiyā 881^a.

sandiṭṭhika-: *asm.* °kaṃ 1137^b=1139^b=1141^b; *nsn.* °kaṃ 567^b.

sandiṭṭhirāga-: *is.* °gena 891^d.

sandissati: °ssanti 314^7.

-sandosa-: 327^c.

sandhīyati: 3 *sg. opt.* °dhiyetha 366^b

sandhūpāyati 154^{25}.

sannidhi: °dhiṃ 306^b 924^c.

-sannibha-: 551^b 667^c.

sannisinna-: *npm.* °nnā 384^a.

sapañña-: *nsm.* °ñño 90^{b}. *Cf.* sappañña.
sapadānaṃ (*adv.*) 175^{s} 413^{a}.
sapadānacārin-: °rī 65^{b}.
sapariggaha-: *ism.* °hena 393^{c}.
saparisa-: *nsm.* °so S.N.^{1} p. 108.
sappa-: *gs.* °ppassa 768^{b}.
sappañña-: *nsm.* °ñño 591^{c}. *Cf.* sapañña.
sappavisa-: *as.* °saṃ 1^{b}.
sappitela-: *as.* °laṃ 295^{b}.
sappurisa-: *as.* °saṃ 323^{a}.
sabala- (*śabala*): *npm.* °lā 675^{b}.
sabba-: *nsm.* °bbo 475^{10} 1023^{c}; *asm.* °bbaṃ 370^{b} 529^{d} 797^{d}; *asf.* °bbaṃ 500^{b} 1103^{a}; *nsn.* °bbaṃ 9^{b} . . . 13^{b}, 731^{b}—734^{b}=744^{b}=747^{b}=750^{b}, 982^{b}, 1084de—1135de; *asn.* °bbaṃ 378^{a} 395^{d} 397^{d} 900^{a} 916^{a} 946^{c} 956^{c} *992^{c}, 1082de=1083^{de}, 1148^{b}; *ism.* °bbena 73^{c}; *gsn.* °bbassa 659^{c}; *npm.* sabbe 90^{c} 163^{c} 179^{c} 281^{a} 345^{a} 350^{d} 381^{c} 382^{c} 383^{c} 384^{a} 385^{b} 542^{a} 543^{c} 549^{c} 577^{c} 578^{cd} 879^{d}—880^{cd} 895^{c} 903^{d} 906^{c} 1009^{a} 1010^{c} 1076^{d} 1082^{a}; *apm.* °bbe 66^{b} (90^{c} Pj.) *and* sabba-m 796^{c}; *npf.* °bbā 937^{b}; *apf.* °bbā 507^{d} 787^{d} 897^{b} 939^{b} 1114^{a}; *apn.* °bbāni 45^{c} 52^{c} 210^{a} 894^{c}; *gpm.* °bbesaṃ 1030^{b}; *lpm-n.* °bbesu 35^{a} =394^{c}, 211^{b} 478^{b}.
sabbakāyappahāyin-: *gsm.* °yino 1113^{b}.
sabbakosamūlabandhanā (*abl. s.*) 525^{c}.
sabbakhettamūlabandhanā (*abl. s.*) 524^{c}.
sabbañjaha-: *asm.* °haṃ 211^{c}.
sabbattha 506^{b} 515^{a}, 522^{c}—536^{c}, 811^{a}.
sabbadā 174^{a} 197^{b} 536^{b}.
sabbadukkha-: *abl. s.* °kkhā 80^{d}.
sabbadukkhappanūdana-: *asn.* °naṃ 252^{b}.
sabbadukkhappahīna-: *nsm.* °no 250^{c} 1133^{c}.
sabbadhamma-: *as.* °maṃ 534^{a}; *gp.* °mānaṃ 1039^{c}, 1105^{c}= 1112^{c} *and* °māna 167^{b}=699^{d}, 992^{b}; *lp.* °mesu 793^{a}= 914^{a}, 992^{d}.
sabbadhammakkhaya-: *as.* °yaṃ 992^{e}.
sabbadhi 176^{c} 472^{c} 501^{b} 952^{b} 953^{d} 1034^{a}; sabbadhi-m 534^{d}.
sabbapajā: *gp.* °jānaṃ 684^{b}.
sabbapāpaka-: *ap.* °kāni 519^{a} 521^{a}; *ip.* °kehi 531^{a}.
sabbabhavātivatta-: *nsm.* °tto 1133^{b}.
sabbabhūta-: *lp.* °tesu 154^{b}=155^{b}.
sabbamoha-: *as.* °haṃ 161^{c}.
sabbayogavisaṃyutta-: *asm.* °ttaṃ 641^{c}.
sabbarogamūlabandhanā (*abl. s.*) 530^{c}.

sabbaloka-: *ns.* °ko 348^c; *is.* °kena 761^d; *gs.* °kassa 486^c 1009^b; *ls.* °ke 25^b 56^c 378^d 515^b, 516^b=521^b=527^b, 1104^b.
sabbalokābhibhū: *asm.* °bhuṃ 642^c.
sabbavidu: *asm.* °duṃ 177^c 211^a.
sabbavedanā: *lp.* °nāsu 529^c.
sabbasaṃyoga-: °ge (*ls.* ?) 522^b.
sabbasaṃyojana-: *as.* °naṃ 621^a.
sabbasaṃyojanabandhanacchida-: *npm.* °dā 491^a.
sabbasaṃyojanavippamutta-: *npm.* °ttā 492^a.
sabbasaṃyojanātiga-: *nsm.* °go 175^b.
sabbasaṃyojaniya-: *ap*(*m.*) °ye 375^c.
sabbasaṃsaya-: *as.* °yaṃ 1030^b.
sabbasaṃkhārasamatha-: *abl. s.* °thā 732^c.
sabbasaṅgamūlabandhanā (*abl. s.*) 532^d.
sabbasattuttama-: *nsm.* °mo 684^a.
sabbasama-: *np*(*f.*) °mā 672^d.
sabbaso 288^d 643^b 724^c=726^c 940^d (946^c B^{ai}), 950^a=1100^a.
sabbasoka-: *as.* °kaṃ 593^c.
sabbābhiññābalappatta-: *nsm.* °tto *992^c.
sabbābhibhū: *asm.* °bhuṃ 211^a.
sabbāmitta-: *ap.* °tte 561^c.
sabbāyatana-: *ip.* °nehi 373^c.
sabbārambha-: *as.* °bhaṃ 745^e.
sabbāhāra-: *as.* °raṃ 748^{cd}.
sabbūpadhi: *gp.* °dhīnaṃ 374^c [— — ⏑ ⏑ ×].
sabrahmaka-: *lsm.* °ke 135^c, 153^{18} 229^{15}.
sabrahmacārin-: *lp.* °rīsu 973^b.
sabhaggata-: *nsm.* °to 397^a.
sabhāsīlin-: *nsm.* °lī 96^a.
Sabhiya-: °yo *510* 547^f; °yassa 420^2; °ya *511* 512^a.
sabhojana-: *nsm.* °no 102^b.
(1) sama- (*śama*): *ds.* °māya 896^a.
(2) sama-: *nsm.* °mo 468^a 799^c 842^{ad} 952^b; *asm.* °maṃ 90^f; *nsn.* 843^c; *asn.* 215^c, 668^d=670^b, 855^b; *npm.* samā 47^b 661^c; *ipm.* °mehi 468^a; *lpm.* °mesu 860^c=954^a || 220^a 694^c 670^d 508^e 57^b 672^d.
samagga-: *npm.* °ggā 281^a [A. II, 240^2], 283^c [A. I, 70^{24}].
samaṅgibhūta-: *nsm.* °to 321^b.
samacchidagatta-: *npm.* °ttā 673^b.
samaññā (*ns.*) 648^a. *Cf.* samaññāya.
samaññāta-: *nsm.* °to 118^c 820^a.
samaññāya (*ger.*, *but cf.* 648^a) 611^d.
samaṇa-: °ṇo 302^{25} 515^c 520^d 722^a; °ṇaṃ 100^a=129^a=130^a 518^b; °ṇena 714^b 866^d 868^d; °ṇa 141$^{8, 24}$ 303^1; samaṇā

83d 84a 883d 884d; °ṇānaṃ 529c 932b; °ṇesu 828a 890d || 282b.
samaṇaka-: °ko 302²⁵; °ka 175²³.
samaṇappavādasita-: npn. °tāni 538b [⏑ ⏑ ⏑ ⏑ — ⏑ ⏑ — ×].
samaṇabrāhmaṇa-: np. °ṇā 441b 422¹⁹ 859b and °ṇāse 1079a . . . 1082a; ap. °ṇe 189b 190b || 153²⁶.
samaṇabhāva-: is. °vena 551c.
samaṇamānin-: apm. °nine 282b [A. II, 239³¹].
samaṇasaṃgha-: gs. °ghassa 550c.
samaṇopāsana-: gs. °nassa 718b.
samatikkanta-: npm. °tā 546a—572a.
samativattati 768d.
(1) samatta- (sam-ā-tta; "samatto samādinno"): nsf. °ttā 881d~889d; apn. °ttāni 781c.
(2) samatta- (samāpta; "samatto paripuṇṇo"): nsm. °tto 889a (Pj.); npm. °ttā 1000d || 402d.
samatha-: as. °thaṃ 67c || 732c.
-samadhura-: 694c.
samantaṃ 937a; °ntā 442a, S.N.¹ p. 80.
samantakapalla-: np(f.) °llā 672d.
samantacakkhu (nsm.) 378c 1133a, (voc.) 345b 346c 1063c 1069c 1073b 1090d.
samannāgata-: nsm. °to S.N.¹ p. 104; nsf. °tā 395²⁴ 397¹; gsm. °tassa 449⁹ || S.N.¹ p. 102 (sattaratanas°).
samannesi (3 sg. præt.) 451²⁴.
samappita-: npm. °tā 333f || 985b.
samaya-: (1) as. °yaṃ 135²⁴, etc.; is. °yena 136²⁸ 140¹, 388a; abl. s. °yā 291a; ls. °ye 1015a. (2) as. °yaṃ 696c. (3) as. °yaṃ 876c || 139¹, S.N.¹ p. 61 (sāyaṇhas°).
samarocayi (3 sg. præt.) 405d; 3 pl. °cayuṃ 290d 306b.
samalaṃkata-: apf. °tā 299d=304b.
samavaṭṭhita-: np(m.) °tā 345c.
samavekkhiya (ger.) 115b.
samāgata-: lsn. °te 698c.
samāgamā (2 sg. præt.) 834c.
samācarati: 3 sg. opt. °reyya 398a and °re 326d.
-samācāra-: 324a.
samādapita-: nsm. °to S.N.¹ p. 100.
samādapeti: 3 sg. præt. °pesi 446²⁵ 695d.
samādāya *247b 792a 898b 962a. Cf. samatta¹.
samādhi 434f; °dhiṃ 921d || 329b 330c 1026c.
-samāna-: 309c.
samānabhāga-: as. °gaṃ 702a.
samānabhāva, vide °bhāga.

samānavāsa-: *nsm.* °so 18[b].
samāniya-: *npm.* °yā 24[b].
samāpanna-: *nsm.* °nno 278[a].
samāraka-: *lsm.* °ke 153[22] 229[10].
samārambha-: *abl. s.* °bhā 311[c].
samāsana-: *ls.* °ne 977[b].
-samāhata-: 667[a].
samāhita-: *nsm.*°to 471[a] 477[b]; *asm.* °taṃ 212[b] || 519[b] 174[b] 214[c].
samāhitatta-: *nsm.* °tto 972[c].
samijjhati 766[b].
samitāvin-: *nsm.* °vī 520[a]; *npm.* °vino 499[a].
samīhati: °hāmi 1064[a] Nidd.
(samukkaṃsati): 3 *sg. opt.* °se 132[a]=438[c].
samuggahāya (*ger.*) 797[c].
samuggahīta-: *nsn.* °taṃ 352[b] 795[b], 785[b]=837[b]=907[b]; *npm.* °tā 801[d]; *lpn.* °tesu 841[b].
samujjupañña-: *gsm.* °ññassa 352[b].
samuṭṭhāya (*ger.*) 270[c] 271[c].
samuttejita-: *nsm.* °to S.N.[1] p. 100.
samuttejeti: 3 *sg. præt.* °jesi 446[26].
-samudaya-: 503[24].
samudāgata-: *asn.* °taṃ 648[c]; *np(m.)* °tā 1049[c] (Fsb. sadā. gatā).
samudānetvā *295[c].
samudda-: °ddaṃ 219[b]; °ddassa 920[a].
samuppanna-: °nno 168[a] **169**[a]; °nnaṃ 599[a].
-samuppāda-: 653[c].
samuppilava-: *npm.* °vāso 670[d].
-samussaya-: 245[b].
samūhata-: *npm.* °tā 360[a] 1076[d] *and* °tāse 14[b]=369[b]; *lpm.* °tesu 1076[c].
samecca (*ger.*) 361[c]=374[a], 475[a] 792[c] 1058[c].
-sameta-: 874[c] 873[a].
sameti 877[d]. *Cf.* samecca.
samerita-: *npf.* °tā 937[b].
samodhānetvā *295[c] [*metre !*].
sampajāna-: *nsm.* °no 413[d] 931[b]
sampajānāti: °nāsi 1055[a]=1068[a]
-sampadā: 505[d] 47[a].
-sampaduṭṭha-: 90[e].
sampadhūpāyati 154[26].
sampanna-: *nsm.* °nno 162[a]~163[a], 410[c] 420[c] 422[c] 656[a]; *nsn.* °nnaṃ 163A[a]=163B[a]=164[a] *and* sampanna 352[a] || 727[a] 115[c] 484[c] 409[c] 463[e] 163A[c] 174[a].
sampannacaraṇa-: *asm.* °ṇaṃ 1126[b].

sampamūḷha-: *npm.* °ḷhā 762[f].
sampayātave (*inf.*) 834[d].
samparāya-: °rāyāya 864[d]~865[d]; °rāye 141[b].
samparāyika-: *nsm.* °ko 190[d].
sampavāreti: 3 *sg. præt.* °resi S.N.[1] p. 107.
sampavedhati: 3 *sg. opt.* °dheyya 923[d].
-sampavedhi*n*-: 28[a].
sampasīdati 451[30].
sampassati: *ptc. gpm.* °ssataṃ 81[b]=480[b] || 582[c].
sampahaṃsita-: *nsm.* °to S.N.[1] p. 100.
sampahaṃseti: 3 *sg. præt.* °sesi 446[27].
-sampahaṭṭha-: 686[b].
sampāyati: °yanti 423[17] || S.N.[1] p. 90 (asampāya*t*).
sampiya-: *is.* °yena 123[c] 290[c].
sampuṇṇa-: *nsm.* °ṇṇo 279[b].
samphaṃ (*ás.*) 158[d].
samphassa-: *ns.* °sso 302[28].
samphusati: *ptc. nsm.* °samāno 671[d]; *inf.* °situṃ 835[d].
sambahula-: [J.A.I, 329[7], Sum. I, 42[33], Sp. *ad* Vin. III, 41[3]] *npm.* °lā 313[1].
sambādha-: (1) *ns.* °dho 406[a]. (2) *ls.* °dhe 609[d].
sambuddha-: °ddho 541[c] 555[a] 560[c] 992[a] 994[a] 998[d], 1003[c]= 1147[c]; °ddhaṃ 178[c] 180[c] 192[c] 597[d] 995[f] 1016[a] 1145[c]; °ddhena 1031[a]; °ddhassa 446[d]; °ddhānaṃ 559[d] || 539[b].
sambuddhuṃ (*inf.*) 765[b].
-sambudha-: 764[d].
sambodhagāmi*n*-: *npm.* °mino 503[4].
sambodhi: °dhi(ṃ) 478[d].
sambodhikāma-: *gsm.* °massa 963[c].
sambodhipatta-: *nsm.* °tto 503[b] 696[b].
sambodhiyagga-: *as.* °ggaṃ 693[a].
sambhava-: °vo 731[d]=734[d]=744[d]=747[d]—750[d]; 742[d]; °vaṃ 724[b]=726[b]; 741[b] (?) || 1115[a] 620[b].
(sambhuṇāti): *vide* asambhuṇa*t*.
-sambhūta-: 272[a].
sambhoti 731[a]=734[a]=744[a]=747[a]—750[a].
-sammata-: 760[d] 713[b] 422[27] 760[b].
samma-d S.N.[1] p. 15; 733[b]=743[b], 749[a] 765[c]. *Cf.* sammā[2].
sammadeti: °dayanti 387[b].
sammaddasa-: *npm.* °sā 733[a].
sammappaññā: °ññāya 508[25].
sammasita*r*-: °tā 69[c].
(1) sammā (*śamyā*), *vide* sammāpāsa.
(2) sammā (*samyak*) 359[d] . . . 375[d], 365[b] 503[29] 947[c] 975[c]; S.N.[1] p. 14, 324[c] 509[c]. *Cf.* samma-d.

sammāpāsa-: *as.* °sam **303**^{c}.
sammāsambuddha-: °ddho 539^{b} 441^{29} 450^{23}. *Cf. Metres*, p. 642^{37}.
sammāsambuddhasāsanaṃ (*ns.*) 565^{b}.
sammiñjeti 193^{c}.
sammukhā S.N.^{1} p. 79.
sammuccā, *see next.*
sammuti: °tiṃ 904^{d}; sammuccā 648^{c}; *np.* sammutiyo 897^{a}, *ap.* 911^{c}.
sammūḷha-: *nsm.* °ḷho 583^{c}.
sammodati: 3 *sg. præt.* °di 419^{a}; 3 *pl.* °diṃsu 313^{18}.
sammodanīya-: *asf.* °yaṃ 313^{29}.
sayat-: *nsm.* sayaṃ 193^{b}. *Cf.* seti sayāna.
sayaṃ 57^{c} 158^{3} 320^{c} 444^{12}, 695^{c} (Pj.!), 781^{c} 782^{d} 792^{a} 884^{c} 888^{c} 889^{c} 890^{c} 893^{c} 894^{a}.
sayana-: *as.* °naṃ 295^{a} 304^{a} 963^{b}; *ls.* °namhi 969^{c}; *ip.* °nehi 287^{b}; *lp.* °nesu 925^{c} 959^{a}.
sayanāsana-: *as.* °naṃ 338^{b} 391^{a}; *ls.* °ne 339^{b} 392^{a} 959^{d} 960^{d}. *Cf.* senāsana.
Sayampabha-: *ap.* °bhe 404^{d}.
sayāna-: *nsm.* °no 1145^{a}. *Cf.* seti.
sayha-: *apn.* °yhāni 253^{c}.
(1) -sara- (√*sṛ*): 901^{c} 3^{b}. *Cf.* saras.
(2) sara- (*svara*): °rena 610^{d} || 350^{c}.
saras-: *ls.* sarasmiṃ 1092^{a}=1093^{a}.
sarad (*śarad*): *ls.* sarada-r 687^{c}.
saraṇa-: *ns.* °ṇaṃ 503^{b}; *as.* 31^{c} 157^{1} 179^{c} 570^{a} 591^{a}.
saraṇagata-: *asm.* °taṃ 157^{9}.
sarada, *s.v.* sarad.
sarikkha-: *nsm.* °kkho 918^{b}.
sarita-: *asf.* °taṃ 3^{b} (Pj.). *But see next.*
saritā (*sarit*): °tāṃ 3^{b} *319^{b}.
sarīra-: *ns.* °raṃ 584^{d}; *as.* 478^{c} || 611^{a}; *cf.* sārīra.
saroruha-: *as*(*n.*) °haṃ 2^{b}.
salakkhaṇa-: *asn.* °ṇaṃ 1018^{b}.
-salāṭuka-: 475^{21}.
salila-: (1) *ls.* °le 62^{b} *and* °lasmiṃ 672^{a}. (2) "*asf.*" °laṃ *319^{b}.
salla-: *ns.* °llaṃ 51^{b}; *as.* 334^{d}=592^{d}, 938^{c} 939^{c}; *is.* °llena 939^{a} || 593^{a} 17^{b} 985^{b}.
sallakatta-: *ns.* °tto 560^{d} 562^{c}.
sallapati: 3 *sg. opt.* °pe 389^{a}.
sallaviddha-: *nsm.* °ddho 767^{d}; *gpm.* °ddhāna 331^{d}.
savati 197^{b}; °vanti 1034^{a}.
savana- (*śravaṇa*): *ns.* °naṃ 1120^{b}; *ds.* °nāya 345^{c} 503^{7}.

savāhana-: *asm.* °naṃ 442[b].
savibhūsa-: *asn.* °saṃ 926[d].
savyañjana-: *a n.* °naṃ 445[16].
-savhaya- *1011[d].
sasarīra- (*svaśarīra*, *cf.* Pj.): *lp.* °resu 611[a].
sasīsa-: °saṃ 401[24].
sasuṃ 125[b] [*cf.* J. II, 299[13]].
sassatī: °tiyā 1075[b].
sassamaṇabrāhmaṇa-: °ṇiyā 153[25]=229[18].
sassū, *vide* sasuṃ.
saha 457[b] 659[c] (*cf.* 862[bc]) 928[c] 1028[b] 1029[b]. *Cf.* sahā.
sahaja, *vide* sahājanetta.
sahati: 3 *sg. opt.* sahe 942[a] *and* sahetha 969[cd] 974[d]; 3 *pl.* saheyyuṃ 20[c].
sahatthā S.N.[1] p. 107.
sahanukkama-: *asn.* °maṃ 622[b].
sahapesuṇa-: *npm.* °ṇā 862[c]=863[c].
sahamacchara-: *npm.* °rā 862[b]=863[b].
Sahampati 476[12].
sahasā 123[c] 711[b].
sahassa-: °ssānaṃ 660[a] || 450[14] 308[c].
sahassanetta-: *nsm.* °tto 346[d].
sahassabhāga-: *ns.* °go 427[a].
sahassamaṇḍala-: *asn.* °laṃ 688[a]
sahā 49[a] 890[b]. *Cf.* saha.
Sahā, *vide* Sahampati.
sahājanetta (*voc.*) 1096[c].
sahāya-: *ns.* °yaṃ 35[c] 45[a] 46[a] 57[a]; *np.* °yā 47[b].
sahāyamajjhe: 40[a] 41[a].
sahāyasampadā: *as.* °daṃ 47[a].
sahitar-: °tā 42[c].
sahirañña-: *nsm.* °ñño 102[b].
Sākiya-: °yā 423[b]; °yānaṃ 695[a]. *Cf.* Sakka[2].
Sāketaṃ (*acc.*) 1012[a].
sākkharappabheda-: *gpm.* °dānaṃ 447[16].
sākhā: *as.* °khaṃ 791[d] || 688[a].
sāgara-: °ro 568[d].
sāgarapariyanta-: *asf.* °taṃ S.N.[1] p. 103.
sāta-: *nsn.* °taṃ 867[a] 869[a] 870[a] || 867[a] 773[a].
Sātāgira- °ro *153*.
-sāti-: (462[6]).
sātiya-: *lpn.* °yesu 853[a].
sāttha-: *asn.* ° thaṃ 445[16].
sādāna-: *lpm.* °nesu 630[c].
-sādisa-: 595[d].

sādu-: *apn.* °dūni 102[c].
sādutara-: *nsn.* °ram *181[c]=*182[c].
sādhu (*nsm.*) 376[b]=393[b]; *nsn.* 712[a] 446[9]; *adv.* 176[10] 379[d] 482[a], 22 [1,10], 1052[e]=1075[c], 1102[c].
sādhuka-: *adv.* °kaṃ 176[27].
-sādhuguṇa-: 678[c].
sādhutara-: *nsn.* °raṃ *181[c]=*182 .
sādhuvihārin-: *asm.* °ri(ṃ) 45[b]=46[b].
sādhusamāhita-: *nsm.* °to 519[b].
sādhusammata-: *npm.* °tā 422[27].
sāma- (*śyāma*): *npm.* °mā 675[b].
sāmaṃ 889[c].
sāmaggiya-: *as.* °yaṃ 810[c].
sāmayika-: *asf.* °kaṃ 54[b].
sāmāka- (*śyāmāka*): 239[a].
-(s)sāmin-: 83[b]. *Cf.* suvāmin.
sāyanhasamaya-: *as.* °yaṃ S.N.[1] p. 61.
sāra-: *as.* °raṃ 330[d] 364[a] || (937[a] 409[a]) 329[a] 329[b].
-sāratta-: 704[c].
sārathi-: *gp.* °thīnaṃ 83[c] | 443[31].
sārambha-, 328[c]; *np.* °bhā 483[a].
sāraṇīya-: *asf.* °ṇīyaṃ 314[1], °ṇiyaṃ 419[b].
-sārin-: 844[a] 628[c] 911[b] 371[b].
Sāriputta-: °tto 557[c]; °tta 963.
Sāriputta-Moggallānā S.N.[1] p. 121.
-sārīra-: 624[c].
sāruppa-: *asn.* °ppaṃ 368[a]; *ipf.* °ppāhi 399[1].
-sālā-: 423[4] 313[2].
sālīna-: *asn.* °naṃ 240[c]=241[c] (*but cf.* A. III, 49[30]).
-sālohita-: 447[8] 420[4].
sāvaka-: °ko 357[b], 376[b] 393[b] 395[b], 556[b]; °kaṃ 134[b] 345[a]; °kena 389[a]; *ap.* °ke 444[d] || 90[b], S.N.[1] p. 14 (Tathāgatas°), 391[d].
sāvajjānavajja-: *n-asn.* °jjaṃ [— — ⏑ ⏑ — ×] 534[b] 900[b].
Sāvatthī: °thiṃ 998[f] 1012[b]; °thiyaṃ S.N.[1] pp. 17 21 50 66 78 121, 135, 996[a] || *1011[d].
sāvittī 568[b]; °ttiṃ 457[f].
sāveti: sāvayāmi 385[a].
sāsana-: *ns.* °naṃ 815[b]; *as.* 482[d] 814[c]; *ls.* °ne 570[d] 698[d] 933[d] 934[d] || 1084[b] 565[b].
sāsanakāraka-: *np.* °kā 445[b].
sāsapa-: °po 625[b], -°po-r 631[c].
sāsapamatta-: *npf.* °mattiyo S.N.[1] p. 122.
sāhasa-: (1) *nsm.* °so 329[d]. (2) *abl. s.* (*n.*) °sā 943[d].

sikkhati 854a; 3 *sg. opt.* sikkhe 868c 916d 933b 940e 974b *and* sikkhetha 718a 775a 817c 822a *and* sikkheyya 930c. 2 *sg. opt.* sikkhe 1062d, 1 *sg.* 1061d; 1 *pl. opt.* sikkhema 898c; 2 *pl. imp.* sikkhatha 332b; 1 *pl. fut.* sikkhisāmase 814d; *ptc. gsm.* sikkhato 567d.
sikkhā: *as.* °kkhaṃ 962a; *np.* °kkhā 940a.
-sikhā-: 703b.
sikhin-: (1) *ns.* °khī 221a. (2) *as.* °khiṃ 687a.
sigāla-: *np.* °lā 201b 675c.
siṃghāṇikā 198a; °kāya 196a.
siñcati: siñcitvā (*or* sitvā va) 771d.
sita- (*śrita* and *sita*): °to 944d; *npm.* °tā 333b 1044d *and* °tāse 791a || 825c 219c 538b.
sitvā (*or* siñcitvā; *ger.*) 771d.
sineha-: *as.* °haṃ 209b. *Cf.* sneha.
sinehadosa-: *as.* °saṃ 66c.
sippa-: °ppena 613b.
sippika-: *ns.* °ko 613d 651b.
-sibbana-: 300b.
sibbanī: °niṃ 1040f=1042d.
siyā, siyuṃ, *s.v.* atthi.
siras-: *as.* siro 768b; *is.* sirasā 1027d, S.N.[1] p. 14 || 248c 980b. *Cf.* sīsa.
siriṃsapa-: *gp.* °pānaṃ 964c || 52b.
sirī: siriyā 686c || 689a.
siloka-: °ko 438a.
siva- *asm.* °vaṃ 115d; *asf.* 478d.
sissa-: °sā 1006b; °sse 997a 1004b; °ssehi 1028b 1029b.
sīghagāmin-: *asm.* °miṃ 381d.
sīghasara-: *asf.* °raṃ 3b.
sīghasota-: *asf.* °taṃ 319b.
sīta-: (1) *nsm.* °to 467c; *asn.* °taṃ 1014a. (2) *as.* °taṃ 52a 966b.
sītibhūta-: *nsm.* °to 42c; *asm.* °taṃ 642b. *Cf. next.*
sītisiyā (3 *sg. opt.*) 1073c.
sīdati 173d 175d.
sīmanta-: *gp.* °tānaṃ 484a.
sīmātiga-: *nsm.* °go 795a.
sīla-: *as.* °laṃ 292a=294c; *lp.* °lesu 783b || *244c 839d 848a 324a 247c 246a 381a.
sīlabbata-: *as.* °taṃ 798d 900a, 1082d=1083d; *is.* °tena 839b 840b, 1079c—1080c—1081c; *np.* °tāni 961c. *Cf.* sīlavata.
sīlavat-: °vā S.N.[1] p. 112; °vantaṃ 624b.
sīlavata-: *is.* °tena 799b 803c 931d; *abl. s.* °tāto 899a; *ls.* °te 790b=797b, 887a; *ap.* °tāni 782a. *Cf.* sīlabbata.

sīlavatānujīvitaṃ (*as.*) 836c.
sīlavatūpapanna-: *asm.* °nnaṃ 212a.
sīlasampanna-: *nsm.* °nno 174a.
-sīlin-: 96a (*bis*).
sīluttama-: *npm.* °mā 898a.
sīsa-: *ns.* °saṃ 199a; *as.* S.N.[1] p. 80; *is.* °sena 608a || 401[24].
  Cf. siras.
sīha-: °ho 71a 72a 416d, 546c=572c, 562d 684d 1015d; °haṃ 166a 213c; °hā 451[18].
su 173a 181abc, 774d 970a 1032abd 1108b; 183abcd 185abc 1077b (*cf.* 190a); 1045c 1079e; 703d; 864a 885c; 1108a (*tmesis*); 1082c–1083c.
sukata-: *asn.* °taṃ 240a; *apm.* °te 300b=304d.
sukara-: *nsn.* °raṃ S.N.[1] p. 123.
sukittita-: *n-asn.* °taṃ 1057b=1083b.
sukusalasampahaṭṭha-: *asn.* °ṭṭhaṃ 686b.
-sukka-: 526c 548d.
sukha-: (1) *nsm.* °kho 383a; *nsn.* °khaṃ 738a 509g 761a, *asn.* 256b, (*adv.*) 298f,- sukhato 762ab. (2) *ns.* °khaṃ 873b, *as.* 67a 181b 182b 323d 439d 592c 658d 981c || 738b 59a 683b.
sukhada-: *npf.* °dā 297b.
sukhasammata-: *npm.* °tā 760b.
sukhita-: *nsm.* °to 1029ac.
sukhuma-: *nsm.* °mo 662d.
sukhumāla-: *npm.* °lā 298a.
sugata-: °to 398[14], 442[8]; °taṃ 643c; °tena 391c; °te 32b; °tesu 659e.
suci (*nsm.*) 410b | 75c 205a, (243b).
-sucī-ka-: 243b.
sucinna-: *nsm.* °ṇṇo 182b; *nsn.* °ṇṇaṃ 181b.
suci-pesala-sādhuguṇa-: *lpm.* °ṇesu 678c.
sucibhojana-: *as.* °naṃ 128b.
sucivasana-: *apm.* °ne 679b.
Sujampati (*ns.*) 1024b.
Sujā, *vide* Sujampati.
sujāta-: *nsm.* °to 548b; *gsm.* °tassa 549a.
sujjhati 508a 789c; 3 *sg. opt.* sujjhe 487f.
suñña-: °ññato 1119a.
suṇāti, suṇoti: °ṇāsi 696a; °ṇāmi 22c 24c; °ṇāma 354d *and* °ṇoma 350d 988d 1110d; 3 *sg. opt.* °ṇeyya 325d; *imp.* 2 *sg.* suṇāhi 176[26] *and* suṇohi 273b; 3 *pl.* suṇantu 384c; 2 *pl.* suṇātha S.N.[1] p. 51, 385a *and* suṇotha 997d ||1023a (asuṇat). *Cf.* suta sotuṃ sutvā sossaṃ assosi.

suta-: *nsm.* °to 955^{b}; *nsn.* °taṃ 135^{31} 1116^{d}, 329^{bc}, 793^{b}=914^{b}: *asn.* °taṃ *353^{d} 798^{c} 901^{b}, 1082^{c}=1083^{c}; *isn.* °tena 846^{c} 1079^{b}=1080^{b}=1081^{b}; *gs(n.)* °tassa 330^{d} *353^{d}; *lsn.* °te 790^{b}=797^{b}, 802^{a} 887^{a} 897^{d}; *npm.* °tā 808^{a} || 1122^{c}, 250^{d} 1086^{a}, 58^{a}.

sutava*t*-: °vā 70^{b} 90^{b} 371^{a} (534^{a}, *cf.* 432^{27}).

sutassava*s*-: *gsm.* °vassa 353^{d} (Trenckner).

suti: *is.* °tiyā 839^{a} 1078^{a}, 840^{a} || 839^{c}.

sutvā 30^{c} 356^{a} 379^{b}, 534^{a} (?), 590^{a} 685^{a} 719^{b} 818^{c} 932^{a} 984^{c} 994^{a} 1006^{a} 1023^{b}; sutvāna 202^{a} 252^{a}, 379^{d}=380^{d}, 391^{c} 417^{a} 698^{a} 814^{c} 1061^{c} 1062^{c} 1096^{a} 1101^{d} 1147^{b}.

sudaṃ 344^{15}.

sudanta- (*sudānta*): *nsn.* °taṃ 23^{b}.

suduttara-: *asn.* °raṃ 358^{d}.

sudubbala-: *asm.* °laṃ 4^{b}.

sudullabha-: *nsn.* °bhaṃ 138^{b}.

sudesita-: *lsn.* °te 88^{a}.

suddavessika-: *np.* °kā 314^{b}.

sudiṭṭha-: *nsn.* °ṭṭhaṃ. (1) 178^{a}. (2) 508^{25}.

suddha-: °ddho 476^{c}; °ddhaṃ 90^{f} 636^{c} 637^{a} 788^{a}; °ddhassa 662^{b}; °ddhā 283^{a} 1120^{b}; °ddhehi 283^{a} || 90^{f}.

suddhatā: °taṃ 435^{d}.

suddhānupassi*n*-: °ssī 788^{d}.

suddhi 478^{e} 789^{a}, 824^{a}=892^{a} (suddhiṃ ?), 900^{c} 906^{d}; °ddhiṃ 790^{a} 830^{d} 839^{b} 840^{f}, 875^{d}=876^{b}, 891^{b} 898^{a}, 898^{c} (suddhi ?), 899^{c} 901^{c} 908^{bd} 909^{d}, 1079^{bcd} . . . 1081^{bcd} || 794^{b} 900^{c}.

suddhiṃvada-: *nsm.* °do 910^{d}.

suddhināya-: °yo (*or* subbināyo) 910^{a}.

suddhipañña-: *nsm.* °ñño 373^{b} 526^{b}.

Suddhodana-: °nassa 685^{b}.

sudhammatā: °taṃ 180^{d}=192^{d}.

suniṭṭhita-: *asn.* °taṃ 240^{a}; *apn.* °tāni 48^{b}.

sunihīnapañña-: *npm.* °ññā 880^{c}.

Sundarikā: *gs.* °kāya 401^{6}.

Sundarikābhāradvāja-: °jo 401^{10}.

supaṇihita-: *nsm.* °to 154^{a} 155^{a}.

supati 110^{c}.

supāṇa-: *np.* °ṇā 201^{a}.

supita-: *is(n.)* °tena 331^{b}.

supina-: *as.* °naṃ 927^{a}; *is.* °nena 807^{a}; *np.* °nā 360^{b}

supinanta : °te(na) 293^{d}.

suppaṇāmita-: *nsm.* °to 352^{c}.

suppatiṭṭhita-(!): *asf.* °taṃ 444^{b}.

suppabhāta-: *nsn.* °taṃ 178^{b}.

suppavutta-: *nsm.* °tto 383b.
suppahāya-: *npm.* °yā 772d.
subbata-: °to 220b; °tā 441d; °tānaṃ 89a.
-subbha-: *vide* sobbha.
subha-: *asn.* °bhaṃ 341b, 824c 910c; subhato 199c || 341c.
subhāsita-: *nsf.* °tā 396a 397a 451d; *asn.* °taṃ 252a 384d 396a 450a; *np(n.)* °tāni 329a, *ap(n.)* 325d; *ip(n.)* °tehi 327d.
subhāsubha-: *asn.* °bhaṃ 633b.
sumanas-: *nsm.* °no 689d 1028c.
sumukha-: *nsm.* °kho 550a.
sumedha-: *asm.* °dhaṃ 177c 211a 460d 1101c.
sura-: *gp.* °rānaṃ 681b.
surādhutta-: *nsm.* °tto 106a.
suriya-: *as.* °yaṃ 687c.
suruci (*nsm.*) 548a.
suvaṇṇa-: *as.* °ṇṇaṃ 686a; *gs.* °ṇṇassa 48a.
suvaṇṇadaṇḍa-: *npm.* °ḍā 688c.
suvaṇṇanekkha-: *as.* °kkhaṃ 689b.
suvaṇṇavaṇṇa-: *nsm.* °ṇṇo 548c.
suvāṇa-, *vide* supāṇa.
suvāmin-: °mī 666b. *Cf.* sāmin.
suvikappita-: (1) *ism.* °tena 350c. (2) *npm.* °tā 7b.
suvijāna-: *nsm.* °no 92ab.
suvibhatta-: *apn.* °ttāni 305b.
suvimuttacitta-: *nsm.* °tto 975b.
susaṃyatatta-: *npm.* °ttā 464b—497b.
susaṃvuta-: *nsm.* °to 413b.
susaṃvutatta-: *npm.* °ttā 499Ab.
susaṃkhata-: *nsf.* °tā 21a; *ipn.* °tehi 241d.
susaṇṭhāna-: *np(m.)* °nā 28b [*metre !*].
susaṇṭhita-: *npm.* °tā 755b.
susamattarūpa-: *asm.* °paṃ 402d.
susamāhita-: *nsm.* °to 174b; *asn.* °taṃ 341d.
susamāhitindriya-: *asm.* °yaṃ 214c; *npm.* °yā 465a=498a.
susambudha-: *nsm.* °dho 764d.
susāna-: *as.* °naṃ 958c; *ls.* °nasmiṃ 200c.
susira-: *nsn.* °raṃ 199a.
susu (*ns.*) 420b.
susukkadāṭha-: *nsm.* °ṭho 548d.
(1) sussati (*śuṣyati*) 434b; *ptc. lsn.* sussamānamhi 434a.
(2) sussati, *vide* sossati.
sussūsati: *ptc. nsm.* sussūsaṃ (*or* sussūsā) 186c; *npm.* sussūsamānā 383c.
sussūsā (*is.*) 186c ?
suhajja-: *ap.* °jje 37a [D. III, 1871].

suhuṭṭhita-: *nsn.* °taṃ 178^{b}.
-sūcaka-: 246^{a}.
Sūciloma-: °mo 301^{27}; °maṃ S.N.^{1} p. 47; °massa 301^{5}.
sūra-: °ro 831^{a}; °ra 831^{c}; °rā 450^{16} || 439^{c} 831^{b} (833^{c}).
sūrata-: *asm.* °taṃ *513^{b}.
-sūla-: 667^{b}.
se *32^{b}.
sekha-: °kho 970^{d}; °khā 1038^{b}.
seṭṭha-: *nsm.* °ṭho 822^{c}; *asm.* °ṭhaṃ 1064^{c}; *nsn.* °ṭhaṃ 181^{a} 182^{a}; *asn.* 181^{d} 182^{d}; seṭṭhato 907^{d}; *npm.* °ṭhā 47^{b} || 355^{d} 383^{d} 698^{c}. *Cf.* seyyas.
seta-: *asn.* °taṃ 689^{c}.
Setavyā: °yaṃ 1012^{c}.
seti 200^{a} 255^{c}; senti 668^{c}; 3 *sg. opt.* sayetha 401^{b}; 1 *sg. fut.* sessaṃ 970^{b}; 1 *sg. præt.* settha 970^{b} (!). *Cf.* sayat sayāna.
-setu: 4^{b}.
seda-: *gs.* °dassa 196^{b}.
sedajallikā (*ns.*) 198^{d}.
senā 436^{a} 439^{a}; °naṃ 443^{b} | (832^{d}) 450^{20} 561^{b} (793^{a} 833^{a}).
senāpati 556^{a}.
senāsana-: *ap.* °nāni 72^{c}. *Cf.* sayanāsana.
Seniya-: °yo 448^{7}.
semha-: *ns.* °mhaṃ 434^{b}; *as.* °mhaṃ 198^{c}.
seyyas-: *nsm.* °yyo 918^{a}; *nsn.* °yyo 427^{c} 440^{c}. *Cf.* seṭṭha.
seyyathā pi S.N.^{1} p. 15; 154^{30}; seyyathîdaṃ 422^{28}.
-seyyā-: 29^{c}.
seritā: °taṃ 39^{c} 40^{c}.
sela-: *as.* °laṃ 448^{c}.
Sela-: °lo S.N.^{1} p. 101; °la 448^{12}.
seleti: °lenti 682^{a}.
sevati: °vanti 75^{a}; 3 *sg. opt.* °veyya 927^{d} *and* °ve 57^{c} 391^{d} *and* °vetha 72^{c} 385^{d}; *ptc. nsm.* sevamāno 88^{c}; *gsm.* sevato 963^{b}.
-sevanā: 242^{c}.
sevin-: °vī 749^{c}.
sevitabba-: *npm.* °bbā 47^{b}.
sesa-: sesato 217^{a} || 2^{a} 505^{10}, 504^{3} 676^{c} 401^{15}.
soka-: °ko 994^{c}; °kaṃ 586^{a} 591^{e}; °kena 584^{a}; °kassa 586^{d} || 593^{d} 862^{b} 593^{c}.
sokaparidevamaccharaṃ (*as.*) 809^{a} [— — ⏑ ⏑ — ⏑ — ⏑ ×, sokaṃ par° ?].
sokapariddava-: *as.* °vaṃ 1052^{d}=1056^{c}.
sokapareta-: *gsm.* °tassa 449^{a}.
sokamala-: *as.* °laṃ 469^{d}.

sokasallasamappita-: *nsm.* °to 985b.
sokhya-: *ns.* °yam 61a.
Sogandhika-: °ko S.N.1 124.
socati 34abd 79d 185f 188d 827c, 861b=950c, 948c 951d; 3 *pl.* socanti 333e 581c 805a *and* socare 445d (*cf.* 79d); 3 *sg. opt.* soceyya 944c.
socanā 34c.
soṇa-: *npm.* °ṇā 675c.
soṇi-: *is.* °ṇiyā 609c || (462?).
-soṇḍī: 112a.
(1) sota-: *as.* °taṃ 461d 922b; *np.* °tā 345c. *Cf. next.*
(2) sota-: °tehi 197a; °tesu 250a (*cf.* 971c) || S.N.1 p. 104 (kaṇṇas° nāsikas°).
sotas-: *as.* °taṃ 355b; *np.* °tā 1034ad *and* °tāni 1035a (*cf.* sota2); *ap.* °tāni 433a; *gp.* °tānaṃ 1034bc 1035c || 319c, 777b 715b 736b 319b.
sotāvadhānūpanisūpapanna-: *apm.* °nne 322d [A. I, 19827].
sotuṃ (*inf.*) 384b.
sottiya-: *ns.* °yo 534d; *as.* °yaṃ 533a.
sodheti: °dhenti 249f.
sopadhīka-: *nsm.* °ko 789c.
sopāka-: °ko 137c.
sobbha-: °bbhesu 720b || 720c.
sobheti: *ptc. nsm.* sobhayanto 421a.
-somanassa-: 4253.
somanassadomanassaṃ (*as.*) 67b [— ⏑ ⏑ — ⏑ — × !].
soracca-: *ns.* °ccaṃ 78d, *as.* 292c || 330c.
sorata-: *nsm.* °to 515d 540d; *asm.* °ta(ṃ) *513b; *npf.* °tā 309d.
soḷasa 1006b || 10330.
sossati (√*śru; fut.*): 1 *sg.* sossaṃ (*or* sussaṃ) 694c.
sneha-: °ho 36a; °haṃ 943b. *Cf.* sineha.
snehaja-: *asn.* °jaṃ 36c, *npm.* °hā 272a.
snehanvaya-: °yaṃ 36b.
svākkhāta-: *nsn.* °taṃ 567a [⏑ — — ×].
svātana-: °nāya S.N.1 pp. 100 102.
svātivatta-: *npm.* °ttā 785a.

ha 502a *666b (93a . . . 113a; 869b=870b 879d, 875c=876a, 475e ?).
(1) haṃsa-: *ns.* °sa-r 1124d; *gs.* °sassa 221b; *np.* °sā (*or ns.* °so) 350b.
(2) -haṃsa-: 270b.
-haṃsana-: 681c.
-hajja-: 37a.

haññati: °ññanti 312^{c}.
haṭṭha-: *nsm.* °ṭṭho 1017^{c} | 155^{1}.
haṭa-: *nsn.* °ṭaṃ *666^{b}.
hattha-: °tthena S.N.^{1} p. 80; °tthehi 610^{a} || S.N.^{1} p. 107 (sahatthā).
hatthiratana-: *ns.* °naṃ 450^{4}, *sqq.*
hadaya-: *as.* °yaṃ S.N.^{1} p. 32 (Pj II, 228^{15}); *gs.* °yassa 195^{c}.
hadayanissita-: *asn.* °taṃ 938^{d} [⏑ ⏑ – – ⏑ ×].
hanti 118^{a} 125^{c} 629^{c}; hananti 669^{b}; 3 *sg. opt.* haneyya 705^{d} *and* hane (S^{n} hāne) 394^{a}=400^{a} [— × *cf.* 348^{b}]; 3 *pl. præt.* haniṃsu 295^{f}=297^{d}; *ptc. gpm.* hanataṃ 394^{b}; *ger.* hantvā 121^{c}. *Cf.* haññati.
handa 153^{d} 164^{d} 701^{c} 1132^{c}.
harati: *ptc. gpm.* °rataṃ 395^{c}. *Cf.* ahāsi.
-harita-: 154^{20}.
have 120^{a} 181^{c} 182^{c} 323^{a} 462^{b}.
havya-: *as.* °yaṃ 463^{c} . . . 466^{c}=490^{c} . . . 503^{c} [⏑ ⏑ × ?].
havyasesa-: *as.* °saṃ 401^{15}.
hassa-: *as.* °ssaṃ *328^{a} 926^{c}.
hassati 829^{c}.
hāpeti 37^{b} 90^{d}.
hāyate 817^{b}. *Cf.* hīna.
-hāyin-: 755^{d}.
hāreti: 3 *sg. opt.* hāraye 395^{c}.
hāsaṃ (*as.*) *328^{a}.
hi 21^{a} 28^{c} 33^{cd} 34^{cd} 50^{a}, 151^{28} 154^{17} 176^{21}, 82^{d}=481^{d}, 90^{e} 120^{c} 202^{d} 279^{d} 307^{d} 316^{a} 331^{c} 333^{e} 347^{d} 348^{a} 351^{c} 375^{a} 377^{ad} 383^{a} 386^{c} 390^{ad} 392^{a} 393^{c} 399^{a} 401^{c} 459^{ac} 461^{d} 479^{c} 504^{cd} 508de 451^{17} 549^{a} 575^{ad} 584^{a} 588^{a}, 600^{d} . . . 606^{d}, 612^{a} . . . 619^{a}, 648^{a} 657^{a} 666^{a} 668^{a} 669^{d} 670^{c} 672^{cd} 675^{a} 677^{c} 714^{a} 730^{a} 757^{acd} 772^{acd} 773^{b} 775^{ad} 781^{ad} 785^{a} 786^{a} 787^{ac} 789^{d} 798^{c} 805^{b} 813^{ad} 828^{d} 830^{d} 832^{c} 834^{d} 846^{b} 881^{d} 882^{d} 884^{a} (886^{a}) 889^{d} 890^{a} 891^{cd} 896^{a} 902^{a} 903^{d} 904^{a} 905^{c} 906^{d} 907^{d} 908^{c} 909^{d} 910^{a} 917^{d} 932^{d} 934^{ac} (989^{d}) 992^{a} 1000^{a} 1001^{d} 1023^{a}, 1051^{c} (*cf.* 728^{e}), 1052^{f} 1057^{cd} 1059^{c} 1062^{a} 1075^{d} 1097^{a} 1102^{d} 1103^{c} 1144^{d}.
hiṃsati *117^{b} 515^{b}; °santi 309^{b}; 3 *sg. opt.* °seyya 368^{b}; *ptc. nsm.* hiṃsaṃ 583^{c} 585^{b}.
-hita-: 665^{a} 693^{c}.
hitamanasa-: *ism.* °sena 697^{a}.
hitasukhatā-: *ds.* °tāya 683^{b}.
hitvā 284^{c} 328^{d} 337^{a} 407^{c} 464^{a} 466^{b} 467^{a} 497^{a} 499A^{a}, 641^{a} =642^{a}, 704^{b} 706^{a} 809^{d} 913^{a} 1056^{b},—hitva-m 1071^{b}=1072^{b}; hitvāna 60^{c} 363^{a} 894^{c}. *Cf.* jahetvā.

Himava*t*-: °vantassa 422^{b}.
hirañña-: *ns.* °ññam 285^{b} 307^{b}; *as.* 769^{a} ‖ 102^{b}.
hiri 77^{c}; °riṃ 253^{a} 719^{d} ‖ (133^{c}).
-hirī-ka-: 133^{c}.
hirīnisedha-: *nsm.* °dho 462^{d}.
hīna-: *nsm.* °no 899^{d}, 799^{d} 905^{a}; *asm.* °nam 798^{b} 816^{d} 903^{b} 904^{b}; *dsn.* °nāya 423^{22}; *npm.* °nā 776^{c} 796^{c} ‖ 725^{a}. *Cf.* jahāti hāyate hitvā, *etc.*
hīnavāda-: *nsm.* °do 827^{c}.
hīyati: *ptc. lsn.* hīyamāne 944^{c}.
hīḷeti: 3 *sg. opt.* °ḷeyya 713^{c}.
-hu-: 664^{b}.
huta-: (1) *nsn.* °taṃ 461^{c} 487^{f}. (2) *ns.* °taṃ 459^{a} 479^{a} (*bis*). *Cf.* juhati.
-hutta-: 249^{c}.
hutvā 43^{c}; hutvāna 281^{a}.
huraṃ 468^{c} 470^{c}, 496^{b}=801^{b}; 1084^{b}=1135^{b}.
hetu 775^{c} 1131^{e} ‖ 122^{ab} (attah° dhanah° parah°).
hetukappa-: *npm.* °ppā 16^{b}.
Hemaka-: °ko 1007^{b}=1124^{d}, *1084*; °ka 1086^{b}.
Hemavata-: °to *154*.
hoti 40^{a} 41^{a} 41^{b} 42^{a} 80^{b}, 82^{d}=481^{d}, 85^{b} 92^{ac} 174^{29} 136^{abcd} =142^{abcd}, 210^{d} 257^{c} 274^{c} 317^{c} 322^{b} 329^{d}, 376^{b}=393^{b}, 396^{4} 397^{1} 462^{d} 468^{b} 528^{c} 533^{c} 449^{10} 450^{23} 559^{c}, 588^{b}= 757^{b}, 589^{c} 593^{d} 596^{c}=599^{c} 649^{d}, 620^{cd}, 650^{c} . . . 652^{d}, 655^{c} 707^{d} 502^{18} 732^{e} 742^{c} 757^{c} 761^{c} 763^{ac} 766^{c} 788^{b} 789^{a} 818^{d} 826^{bc} 828^{b} 829^{a} 837^{a} 842^{d} 880^{b} 890^{bc} 899^{a} 920^{b}; honti 137^{11} 94^{a} 200^{d} 422^{8} 864^{d} 865^{d} 1001^{a}; hohi 31^{d} 338^{d} 1029^{c}; hotu 1029^{a}. *Cf.* ahū ahosi hutvā bhavati, *etc.*

II

PARAMATTHAJOTIKĀ

1. GĀTHĀS IN PJ. I AND II
2. GENERAL INDEX TO PJ. I AND II

II

1. GĀTHĀS IN PJ. I AND II

Heavy figures indicate gāthās composed by the Commentator; post-canonical matter (versus memoriales *from the* Aṭṭhakathā, *etc.*) *is printed in italics.*

Akkamitvāna maṃ buddho II, 49.
akkosaṃ vadhabandhañ ca I, 149.
aggassa dātā medhāvī II, 270[9].
ajjâpi tu abbocchinno I, **11**.
aññasaṃkhānimittānaṃ II, **1**.
aṭṭhaṅgiko ca maggānaṃ[c] I, 181[4].
aṭṭhāras' etāni ṭhānāni I, 40.
aṭṭhikaṃkalakuṭī c'esā II, 31[16].
aṭṭhipuṭe aṭṭhipuṭo I, 52.
aṭṭhīnaṃ nagaraṃ katvā II, 242[4].
atisītaṃ atiuṇhaṃ I, 139.
atthe jāte ca paṇḍitaṃ[d] II, 238[12].
atha kena nu vaṇṇena[c] I, 114[32].
anatthajanano kodho II, 12[9]=20.
anayaṃ nayati dummedho I, 127.
animittañ ca bhāvehi II, 242.
anupubbavavatthāne I, **13**.
anekajātisaṃsāraṃ I, 12=II, 392[32].
andhabhūto ayaṃ loko II, 268.
appamādo amatapadaṃ I, 144[1].
abhūtavādī nirayaṃ upeti II, 520[11].
ariyasaccāna dassanaṃ[b] II, 105[19].
alaṃkato kappitakesamassu[c] I, 116[3] (=II, 21[18]).
allacammapaṭicchanno I, 46.
asādhāraṇa-m-aññesaṃ II, 404[20].
ahiṃsakā ye munayo II, 533.
ahū atītaṃ addhānaṃ I, 149.

ākiṇṇaluddo puriso II, 383[4].
āturaṃ asuciṃ pūtiṃ II, 242; 244.
ārakattā hatattā ca II, 441.
ārabhitvāna amataṃ I, **33**.

khandhānaṃ paṭipāṭi II, 426.
khuddakānam ga(m)bhīrattā I, 11.
khemaṃ nibbānapattiyā[b] I, 181[5].

gaṇḍuppādo kikī c' eva II, 317.
gati migānam pavanaṃ II, 346=449[3].
gahakāraka diṭṭho 'si I, 13.
gāthābhigītam me abhojaneyyaṃ I, 101[18].
gāthāsatasamākiṇṇo II, 1.
gītaṃ silokabhaṇanaṃ II, 86[7] (?).

catukkaṇṇo (catudvāro) II, 480[12].
caturāsīti sahassāni II, 442.
caturāsītisahassehi II, 443.
cattāri satasahassāni II, 442.
cattāro pañca ālope II, 494.
cātuddiso appaṭigho ca hoti I, 147[15]
cittanānattam āgamma II, 246.
cittikataṃ mahagghañ ca I, 170.

channam ativassati II, 31.

jarāya parimadditaṃ etaṃ II, 397.
jīvitaṃ attabhāvo ca II, 459.

tagarañ ca palāsena I, 129.
taggha te aham akkhissaṃ II, 230.
tañ ca kammaṃ kataṃ sādhu I, 130.
taṇhādutiyo puriso II, 17=64=208[8].
tato upaḍḍhupaḍḍhena II, 443.
tato palāpe vāhetha II, 165[20].
tato pāsāṇake ramme II, 604.
tathārūpāni suttāni II, 1.
taṃ tam atthaṃ apekkhitvā I, 106.
tasmâhaṃ kātum icchāmi I, 11.
tasmā hi taṃ amatam abbhutam ariyakantaṃ I, **252.**
tasmā hi ne namasseyya I, 137.
tassânubhāvato khippaṃ I, **253**=II, **608.**
tass' eva tena pāpiyo II, 11.
tāya naṃ pāricariyāya I, 137=II, 170.
tāva tiṭṭhatu lokasmiṃ I, **253**=II, **608.**
tumhehi puññam pasutaṃ anappakaṃ[d] I, 101[29].
te na ve kāmā yāni citrāni loke II, 539.
te ve kāmā yāni citrāni loke II, 540.

danto dantehi saha purāṇajaṭilehi I, 204.
diṭṭhe (va) dhamme (ca) yo attho I, 105.
disvā samantā dhajinim II, 455[9].
dīghamajjhimasaṃyuttā I, 11.
dīghāyuko hotu ayaṃ kumāro II, 239.
duvidho vinayo nāma II, **8.**
duve satasahassāni II, 442.
devatānukampito poso[c] I, 168[31].
devatāsamiti tattha II, 174.
devalokā cavitvāna I, 151.
desito lokanāthena II, **1.**
dveasītisahassāni II, 443.

dhammo have rakkhati dhammacārim II, 315[20].
dhīraṃ passe suṇe dhīraṃ I, 129.

nagaraṃ dāruṇā khettaṃ I, 40.
na te ve kāmā yāni citrāni loke II, 539 *v.l.*
n' atthi gosamitam dhanam[b] II, 28[16].
n' atthi rāgasamo aggi II, 16[31].
n' atthi satto naro poso I, 75.
na divāsoppasīlena I, 139.
nadītīresu saṇṭhāne (panthāne) II, 20.
na no samaṃ (atthi tathāgatena)[c] II, 402[12].
na pacchato na purato I, 117 (=II, 314).
nayaṃ nayati medhāvī I, 129.
nava nahārusatā honti I, 48=II, 247.
navapesisatā maṃsā I, 47=II, 247.
nava satasahassāni II, 442.
nâbhāsamānaṃ jānanti II, 520[9].
nâbhikaṃkhāmi maraṇaṃ II, 426.
nidānasodhanam katvā I, **13.**
nimittato lakkhaṇato I, **74.**
nivātavutti atthaddho[cd] I, 145[2] (D. III, 192[9]).

pakatiyā ca yaṃ vajjaṃ I, **23.**
paññāvantassa jhāyato[d] II, 388[19].
paññāsayojanakkhandha- II, 443.
paññā hi seṭṭhā kusalā vadanti II, 146[c].
paṭipāṭiy' aṭṭhīni ṭhitāni koṭiyā I, 52.
paṭhavīdhātuppakopena II, 458.
patirūpakārī dhuravā I, 139[14].
patthaddho bhavatī kāyo II, 458.
payogaṅgasamuṭṭhāna- I, **23.**
parosahassam pi samāgatānam II, 571.
passa cittakataṃ bimbaṃ II, 245[5].

2 ` GENERAL INDEX TO PJ. I AND II

Proper names, rare words, similes, termini technici of the grammar.
"App" refers to the Appendix, pp. 863–881.

"Smv-ṭ" = Sammohavinodanī-mūlaṭīkā, Copenhagen Royal Library, Cod. Pal. XXIX.

APPENDIX

APPENDIX TO PJ. I

K^k (and all readings given immediately after a page-number) = Cambodgian MS. of the Sāratthasamuccaya (Catubhāṇavāraṭṭhakathā), Copenhagen Royal Library.

Upās = Upāsakālaṃkāra, Siṃhalese MS. (Cod. Pal. XXXII), Copenhagen Royal Library.

11 *note* 1. *A transcript of the introductory and final verses of* Buddhaghosa's *and* Dhammapāla's *commentaries reads:* gabhīrattā, *but* abbocchinno. [Copenhagen Univ. Libr. Fausböll Collection.]

12^{2} K^k °nikāyo Paṭhavīsuttādīni. 12^{4} satta suttasatāni. 12^{12} Kasmā Khuddakanikāyo: bahūnaṃ. 12^{14} *om.* yathâha. 12^{18} sāsanato c a lokato ca. 12 *note* 1 = S^{ps}.

13 *n.* 3 = S^p, *cf.* 22$^{23, 31}$ (*see* Dhātukathā- A. p. 114). 13^{23} buddhañ ca saraṇāgamanaṃ. 13^{30} r a t a n a t t a y a m, *cf.* 20^{31}.

14^{1} avuttam api ādito. 14^{6} bahujanahitāya sukhāya loke. 14^{7} pabbajjanatthaṃ. 14$^{9-10}$ K^k *has* ohārāpetvā *and* acchādāpetvā. 14^{20} ādito nikkhittaṃ, idhâpi taṃ ādimhi vuttan ti ñātabbaṃ. 14^{25} vā saccābhisambodhanaṃ upādāya-paṇṇattiko. 14^{30} K^k *has* buddhavibhāvanā. 14^{31} v e d i t a b b ā.

15 *n.* 1 = S^{ps}, *n.* 2 = S^p; 15^{9} sabbaññutaññāṇapaṭilābhā s a c c h i k ā (*see* 102 *n.* 6); 15 *n.* 3 K^k *has* °samatthāya. 15^{22} cittasaṃkopadhammakaraṇa°. 15^{23} °niddākkhaya° (*bis*). 15^{25} buddhatthānaṃ. 15^{26} *om.* pi. 15^{29} K^k *has* buddho ti *and* na parehi.

16^{2} buddhi b u d d h o bodho ti. 16 *n.* 1 = S^{ps}, *n.* 2 saraṇādīsu. 16$^{12-13}$ nīharati n i p o t h e t ī ti attho. 16 *n.* 3 = S^p. 16$^{15-16}$ appakānam pi sakkārānaṃ vipula-. 16^{18} K^k *also* °taggarutāhi. 16$^{19-20}$ °ppavatto vā aparapp°. 16^{25} Tapussa-.

17[3] *om.* ti. 17[4] *om.* ca. 17[5] *om. first* ca. 17[7] saraṇam gatassa. 17[8-9] sāvajjo ca anavajjo ca. 17[10] vuttappakārāya ppavattiyā . . . °viparītāya ppa°. 17[12] °ñāṇappavattiyā ca anādarādippavattiyā ca tesam sar°. 17[14] *om.* honti. 17[24] K[k] *has* ti. 17[25-26] saraṇam gatā. 17[27] K[k] *has* gāthāya. 17[34] (*and* 18[1]) gacchant(i).

18[7] khemam . . . la . . . etam. 18[8] evā ti ce. 18[9] eva hi gā°. 18 *n.* 1 bhayāharaṇattasamkhāte. 18[14] ti asādhakam etam,—etam sar°. 18[15] gami-sambandhe pi siddhe saraṇagamanassa pasiddhito. 18[18] buddhadhammasamghākhyam saraṇam paṭi°. 18[19] pamucceyya evam. 18[20] siyā, na padosena atthi attho ti asādhakam etam; yathā tu mamam hi Ānanda. 18[25] evam idhâpi etassa buddhadhammasamghākhassa saraṇassa ānubh°. 18[28] *om. first* na. 18[29] *om.* na. 18[30] gamakassa gamanīyato vattabbā ettha. 18[32] *om.* tam-. 18[33] ti gacchāmī ti esa me saraṇam esa me parāyaṇam aghassa ca ghātā [*here* Upās. *has* tātā. *cf.* Sum. I, 229[19]].

19[5-6] tato "so aniccam rūpan ti yath°. 19[8] ayuttam etam vuttan ti, tañ ca na, kasmā. 19[11-12] iti-saddo sabbattha payujjati, appayuttassa c' ettha. 19[14] K[k] *has* imehi. 19[17] na yuttam iti ce,—tan nâyuttam, kasmā: tadatthasambhavā evam tatrâpi hi. 19[27] padadvaye es' ev' attho veditabbo. 19[30] °nibbānānam.

20[3-4] vuttañ h' etam. 20[5] dhammā abhiññāya maggasamaṅgīnam desitā, seyyathîdam. 20[9] *om.* pi. 20 *n.** M. II, 245[7] 20[12] aññasmim pi. 20[14] sammutisamghe vā catuvaggādibhede vā ek°. 20[17] *om.* ca. 20[20] etassa atthavaṇṇanā. 20[21] viniddise iti. 20[22] saraṇagamanesu. 20[23] tappabhavattā tadup°. 20[24] ādhārato. 20[26] K[k] *and* Upās. *om.* tappabhavato. 20[29] *om.* ti. 20[31] Idāni yasmā vuttam Ratanattayam etañ ca upamāhi.

21[1] pakāsaye iti tasmā vuccate. Ettha ca pana. 21[3] °samuppāditahilādo loko. 21[4] ramsijālam. 21[5] tena hatavihatandhakāro . . . vanadāhakapuriso. 12[12] viya dhammo. 21 *n.* 6. K[k] *and* Upās.=*the Text*. 21 *n.* 7. K[k] *and* Upās.=S[ps]. 21[22-23] K[k] suddesiko . . . khemantabhūmi viya ca. 21[24] khemantabhūmippatto viya ca janasamūho samgho . . . nāvā viya dhammo, tāya pārappatto viya sampattikajano. 21[29] dhanam iva. 21[30] Upās. nidhidassako.

22[2] abhayado puriso viya buddho. 22 *n.* 1, Kk *and* Upās. accantapattābhayo. 22[6] Kk *and* Upās. p a t t a s a d a t t h o. 22[7-8] Kk *and* Upās. ratanākaro . . . ratanasāro . . . r a t a n a s ā r ū p a b h o g ī. 22 *n.* 4 Kk °salilasunhāto. 22[14] Kk Upās. tappabhavacandanaṃ iva. 22[15] Kk vūpasantapariḷāho viya jano saddhammarasabhogena accantasantapariḷāho saṃgho, dhammadāyajjasampādanato pitā viya buddho, dāyajjaṃ viya dhammo, dāyajjaraho puttavaggo viya saddhammadāyajjaraho saṃgho. 22[20] tadupabhogī madhukaragaṇo viya saṃgho. Evaṃ R a t a n a t t a y a m. 22[23] atthavaṇṇanāya mātikā. 22[28] sāsanotāraṃ dassetvā s ā s a n a ṃ otiṇṇena.

23[1] Kk *has* etāni. 23[11] *etc.*: (*repeated at* 25[31])

. . . visesatthappakāsato
pāṇātipātappabhutīh' ekatā-nānatāhi ca
ārammaṇādānabhedā mahāsāvajjato tathā
payogaṅgasamuṭṭhānā vedanāmūlakammato

virāmato (*cf.* 35 *n.* 3) ca phalato . . . yuttaṃ pacchimesu pi pañcasu . . . 23[27] sikkhāpadaṃ vavatth°. 23[34] Kk *has* amhehi.

24[3] sikkhāpadesū ti vuttasuttānusārena. 24[7] etāni taṃ nayaṃ ti so nayo vutto. Ettha. 24[8] *om. first* ca. 24[9] upāsakānaṃ sattamaṭṭhamekaṃ aṅgaṃ. 24[14] pakativajjato veram°. 24 *n.* 3 maṇatī, *n.* 4 Kk=Sp. 24[32] asabalakāritāya akammāsakāritāya ca ādiyāmī (*cf.* A. II, 187[26]).

25[3] *correct:* evamādinā! 25[5] pi n' atthi. 25[6] pavattirahā. 25[10] *om.* ca. 25 *n.* 2 yāya kāyaci. 25[29] sādhāraṇavyañjanato.

26[2] °paṭibaddhakhandhasantati taṃ taṃ upād°. 26[3] *om.* pana, *ad.* pāṇassa *after* tassa. 26[6] ti ettha adinnan ti. 26[8] *om.* pana. 26[18] °ṭṭhānā ti; *om.* pana. 26 *n.* 4 Kk *has* sambhārasaṃyuttā. 26[21] °saṃyutto cā ti.

27[6] Kk *has* tāva; *ad.* hoti *after* ekattaṃ. 27[9] vadhayanti. 27[16] Somadattaṃ vā vajjhaṃ vadhenti. 27[17] bahūkā cetanā. 27[21] nānattaṃ, aññath' eva tu ekattā ca nānattā ca hoti, taṃ vattabbaṃ, yathā ca pāṇātipātassa evaṃ sesānaṃ pī ti, vuccate; na tāva pāṇ°. 27 *n.* 2, sarakkhepādīhi. 27[29-30] ekena vā bahūhi vā pay°. 27[32] bahūhi ekenâpi.

28 *n.* 1=Sp. 28[7] *om.* tadā. 28[11] sāmaṇerehi . . . °samādinn° (*throughout*). 28[15-16] kiṃ pana ekajjhaṃ . . . ekā yeva . . . etāsaṃ p a c c a t t a ṃ paññapīyati.

28[20] Bhedato ti sām°. 28[22] yaṃ pana vīt° (*also* 28[29]). 28[26] *om.* visuṃ. 28[28] bhinne tesaṃ pi sabb°. 28 *n.* 3=Sps.

29 *n.* 2—Sps. 29[17] °dhippāyen' eva paharitvā tena. 29[19] bandho *throughout* (29[24] kammunā bandho). 29[20] ubhayehi pi mate paṭha°. 29[29] *read* āṇattiniyāmakā.

30[2] yobbanatthāvariyādikālo. 30[3] vanaṃ vā racchā vā siṃgh°. 30[4] asi vā pharasu vā usu vā. 30[7] saṅkhamuṇḍakaṃ. 30[8] Kk *has* Yadi hi. 30[10] āṇattakkhaṇe. 30[12] Māraṇatthaṃ pana k°. 30[13] paharaṇavissajjanaṃ. 30[17] °yantādippayojanaṃ. 30[18] So pi udd° . . . tattha pi pubb°. 30[21] tappaccayā yo koci marati. 30[24] mūlaṃ khaṇantā. 30[27] vitthatataraṃ. 30[30] tattha thale. 30[31] tesaṃ pattati (!).

31[1-2] sāhatthikāṇattikanissaggikaatthasādhakadhuranikkhepasaṃkhātā pañca payogā, tesaṃ pi. 31[4] *om.* labbhatī. 31[11] ajjhācaraṇiyavatthuñ. 31[13] sevanāppaccayā . . . sādiyanañ cā ti. 31 *n.* 3 viññāpayamānā . . . Kk *has* ti. 31[19] madanīyaṃ pāt°. 31 *n.* 5=Ss. 31[21] cattāri aṅgānī ti . . . Kk *has* pi. 31[32] Kk *has* vedanāya.

32[5] c'ettha kāyakammapathaṃ pattān' eva, *om.* ca. 32[10] virāmato. 32[16] surāmerayamajjapamādasaṃkhāte saṃkhāre ārabhitvā. 32[18] °saṃkhāresu yaṃ niharitabbaṃ . . ., *om.* taṃ. 32[19] adinnādānā ca mus°. 32[21] (*and* 32[33]) tañ ca na jāneyya. 32[22] yad eva. 32 *nn.* 4, 5=Sps.

33[1] jāneyyātī ti. 33[2] Kk *has* vā. 33[3] ārabbhitvān' amataṃ pajahanto. 33[6] sabbe eva te pāṇ°. 33[8] *om.* honti. 33[9] sabbalahuko. 33[10] vipāko so manussabh°. 33[14] vedanāmūlato phalato pi viññāt°. 33[16] Kk *has* kāyato; samuṭṭhānehi *wanting*. 33 *n.* 2, sukhavedanā° *resp.* adukkhamasukhavedanā°. 33[21-22] cittato va samuṭṭhahantā. 33[23] ārohapariṇāhasampannatā. 33 *n.* 5, dappadhaṃsitā. 33[27] anaṅgaparivāritā.

34[1-3] asādhāraṇadhanapaṭilābhatā lokuttaramaggalokuttaradhanapaṭilābhatā natthikabhāvassa ajānanatā asavanatā sukhavihāratā ti. 34[6-7] napuṃsakabhāvassa vā abhabbatā akodhanatā sakkaccakāritā paccakkhakāritā. 34[10] sukhavihāratā. 34[12] °driyatā madhurabhāṇitā samasiniddhasudantatā. 34[15] kamaladaluppaladalasadisamudu°. 34[16] anuddhatatā apagatamammanatā ti ev°. 34 *n.* 3, paṭivijānatā. 34^{19} ajalatā>athaddhatā (?). 34^{20} amandatā app° . . . acchambhitā anussakitā apposukkatā saccavāditā apisuṇatā apharusatā asampappalāpavāditā. 34^{23} amacchariyatā . . . ujukatā. 34^{24} ujudiṭṭhitā. 34^{26} Kᵏ *has* pāṇātipātādive°. 34^{28-29} (35^{1-2}) pacchimesu pi pañcasu. 34^{30} atthasaṃvaṇṇanā etassā.

35^{1} °vaṇṇanāya yaṃ yujjati. 35^{5} eten' eva nayena. $35^{14(19)}$ evam idhâpi vik°. 35^{24} vā na kāyadvārādīhi pavattisabhāvapariyāyena manokammaṃ vā kammapathavasena. 35 *n.* 2, 3=S^{ps}. 35^{26} pāṇātipātādisu akusalato. 35^{27} *om.* kusalato. 35^{28-33} veramaṇiyo t i s a m u ṭ ṭ h ā n ā: kāyacittato vācācittato kāyavācācittato ti sabbā pi sukhāvedanāsampayuttā vā adukkhamasukhāvedanāsampayuttā alobhādosāmohamūlā vā alobhādosamūlā vā sabbā pi nānappakāraiṭṭhaphalanibbattakā tathā ca imā pī ti evaṃ yojetabbaṃ. . . .

36^{7} °bhindanena vā visūk°. 36^{8} vā dassanaṃ s ā s a n a s s a a n a n u l o m a t t ā p a ṭ ā ṇ i b h ū t a ṃ v ā d a s s a n a ṃ visūkadassanam,—(Sum. I, 77^{21}). 36^{15-16} sobhaṇakaraṇaṃ paṇḍuvaṃ vaṃsaṃ dhovanaṃ . . . Kᵏ *has* assayuddhaṃ. 36^{17} meṇḍayuddhaṃ. 36 *n.* 4=D. 36^{19} daṇḍayuddhaṃ. 36^{20} senāvyūhaṃ.

37^{6} bhesajjatthaṃ pana vaṭṭati. 37 *n.* 4 akappiyattharaṇatthatañ ca. 37^{11-15} rajaṭan (*so* Kᵏ *always*) ti rūpiyaṃ kahāpaṇaṃ loh°. 37^{12} yaṃ hi yattha vohāraṃ gacchati t a ṃ s a b b a ṃ p i i d h a r a j a ṭ a n t i v u t t a ṃ, tadubhayaṃ pi jātarūparajaṭaṃ, tassa gahaṇagāhāpanasampaṭicchan[t]esu yena kenaci pakārena sādiyanā paṭiggaho nāma, so yena kenaci pariyāyena na vaṭṭatī ti. 37^{20} ñāṇavippayuttena vā. 37^{25} °padapāṭhassa atthavaṇṇanatthaṃ.

38 *n.* 2=S^{ps}, *n.* 3—Vm. 38^{28} kucchitānaṃ kesādīnaṃ vā cakkhurogādīnañ ca (!) āyatanabhūtato. 38^{31} imasmiṃ kāye kesā, atthi imasmiṃ kāye lomā ti evam pi sambandho.

39^{1} hoti: evaṃ etasmiṃ pād°. 39^{2} kesamatthakato. 39 *n.* 3=Vm. 39^{4} veduriyaṃ. 39^{6} vāsacuṇṇādiṃ vā. 39^{7-8} assirīkadassanaṃ kesalomādinānappakāraṃ asuciṃ. 39^{10} *om.* Asubha-. 39 *n.* *. *Cf.* Abhidhammāvatāra, *p.* 89, *v.* 799. $39^{15, 18}$ -kammaaddhāna-. 39^{28} etaṃ kammaṭṭhānānurūpaṃ.

40^{14} tāni pi vajjetvā yaṃ kathañ ca. 40^{16} K^k *has* gāmato. 40 *n.* 3 a p p a k i ṇ ṇ a ṃ. 40^{22} K^k *has* therā.

41^{1} saṃghe suppaṭipattitāya. 41^{6-8} paṇṇattisamatikkamato anupubbamuñcanato appanālakkhaṇato tayo ca suttantā ti evaṃ dasavidhaṃ. 41 *n.* 2=S^{ps}, *cf.* Pj. II, 306^{8}. 41 *n.* 3 pagūṇite. 41^{22} ten' eva kammena (ɔ: kamena) vakkap°. 41^{33} bhāvetabbaṃ evaṃ majjh°.

42^{2} naciren' eva bh°. 42^{4} ti vuccate, ayaṃ hi. 42 *n.* 1=S^{ps}. 42^{8} dīghavaṭṭakā tulādaṇḍaṃ ivā ti. 42 *n.* 3, 4=S^{p}. 42^{13} kuntha-. 42^{15} kuṇṭha-. 42^{18} K^k *has* °virahitā. 42^{25} a v a s e s ā e k a t i ṃ s â k ā r ā (*bis*). 42^{27} lome. 42^{29} oṇata°.

43^{18} macchasaṃkhalika°. 43^{20} K^k *has* ti, *om.* nāma. 43^{22} °ggesu p a t i ṭ ṭ h i t ā ti. 43^{26} K^k *has* hi.

44^{1} s a m a g a ṇ ṭ h i t a°. 44^{2} jiṇṇāsanasālāpiṭṭhakapanti. 44^{3} tesu hi *in lieu of* tesaṃ. 44^{4} heṭṭhato uparito ca. 44 *n.* 2 catukoṭikā. 44^{6} tesu orato. 44^{8} sanniviṭṭhā *wanting in* K^k. 44^{9} yānakūpatthambhanisaṇṭh°. 44 *n.* 3=S^{p}. 44^{12-13} heṭṭhā cattāri cattāri upari cattāri cattāri katvā. 44^{21-22} K^k *has* patiṭṭhitā . . . thambhā, *om. only* ca *and* -silā-. 44^{28} *om.* vavatthapeti *and* hanukaṭṭhikūpena.

45 *n.* 1 tathā pi 'ssa sabhāvavaṇṇena. 45^{5} °ābhighāta-. 45^{8} tathā hi hatthapādaṅgulitaco. 85^{9} puṭabandhūp°. 45^{17} pādahatthaṅgulitaco kuñcikakosasaṇṭhāno galataco gala-. 45^{18} chiddāvachiddakiṭakulāva-. *n.* 9 K^k *has* °gaṇhakena. 45^{20} upari-oṭṭhato (*cf.* 45^{28}). 45^{21} antare cittaṃ. 45^{26} dakkhiṇapādataco, a t h a v ā m a p ā d a t a c o, tato vaṭṭhi°. 45^{28} heṭṭhimahanukaṭṭhikataco e v a ṃ y ā v a.

46^{2} p a r i y o n a n d h i t v ā. 46^{9} K^k *has* ti. 46^{12} heṭṭhā mūlena tattha patiṭṭhitatalena ca. 46^{19-20} avikasitaketakamakula°. *n.* 2=S^{s} (*cf.* Mp. *ad* A. I, 48^{7}, Dharmārāma's *edition has:* nisadapotehi, K^k: nisadapotakehi). 46^{23-24} °kucchipadesappitatanu° . . . thanamaṃsaṃ vaṭetvā avakkhitta- (*cf.* Vm.) allamattikapiṇḍas°. 46^{26} katvā duguṇaṭhapita°. *n.* 3 maṃsasunakhas°; *read:* maṃsasūnaka°, *cf.* Vm. 924^{38}.

47^{13} K^k *has* ti. *n.* 3=S^{p} *n.* 4=S^{p}. *n.* 5 sūkaravāgurārajjukasaṇṭhānā. 47^{27} thūlasuttasaṇṭhānā.

48[13] *om.* gatā. 48[14] K [k]*has* eva. 48[17] *om.* pi. *n.* 2=S[ps]. 48[25] K[k] *has* ti. 48[30] ca *in lieu of* vā. *n.* 3 K[k] *has* aññamaññena.

49[8-9] dve akkhakaṭṭhīni dve hatthakaṭṭhīni dve piṭṭhibāhukaṭṭhīni dve dve aggab°. 49[14] kaṭakabīja° (kakkaṭa° *at* 50[25]) . . . tadanantarāni. 49[16] pabbaṭṭhīni paṇḍavasanṭhānāni modasikalikasanṭh°. *n.* 4 K[k] *has* paṇhikaṭṭhīni. 49[19] K[k] *has* °kīlāgolakas°. 49[20] khuddakaṭṭhi dhanud°. *n.* 6 °milātadhammanisappapiṭṭhi°. 49[24] muddikamatthaka°. *n.* 9 ghaṭṭita°.

50 *n.* 1 aggijālanakasalākabandhas°. 50[4] kapalabhitti- *in lieu of* tāpasabhisi-. *n.* 4=Vm. 50[14] *correct:* pādaṭṭhi>h a d a y a ṭ ṭ h i ! 50[20-21] maṇibandhaṭṭhīni. 50[22-23] koṭṭitakamḍalavāsīsanṭh° . . . paṇḍavasanṭhānāni. 50[24] °aṭṭhīni paripuṇṇa°. *n.* 7 °kalīrakhaṇḍas°. *n.* 8 avalekhanasatthakas°.

51[1] nalāṭaṭṭhi omukhaṭhapitabhinnasaṃkhakapālas°. 51[9] *correct:* patiṭṭhitāni ! 51[15] gīvaṭṭhikāni. 51[17] °gopānasīsamayādisu. *n.* 3 K[k] *has* sādhikāni. *n.* 4 K[k] *om.* ekasata, *recte*. *n.* 5 parissāvamānāni sedaj°. 51[30] gatāni, evaṃ kāyaṃ sabhāvato.

52 *n.* 1=S[p]. 52[6-7] kuṇapaṃ kuṇape jātaṃ asuci asucimhi ca, pūtikāyamhi pūtini, duggandhena duggandhanaṃ | bhedanadhamme hi vayadhammaṃ||. 52 [21, 24, 26, 28] °naḷaka° 52[27] K[k] *has* antogatāni.

53[3] *correct:* aṭṭhimiñjaṃ ! 53[6] K[k] *has* °dvaya°. *n.* 3 pi nikkhantena. 53[10-11] thūlanhāruṇā pi upanibandhaṃ hi patvā hadayam°. *n.* 4=Vm. 53[28] *om.* rattapadumapattapiṭṭhivaṇṇaṃ. *n.* 5 vivarekapassaṃ (ɔ: vivaṭekapassaṃ). *n.* 6=S[ps]. *n.* 7 makulitaṃ. 53[30] avasesamaṃsapiṇḍasaṃkhātahadayassa abbhantare.

54[20] yakanasaññitaṃ yakanamaṃsa-. 54[27] piṭṭharakapass° *always* (ɔ: piṭharaka).

56 *n.* 1 *om.* nāti-. *n.* 2 visamacchinnapūvakhaṇḍas°. 56[9] K[k] *has* uggatena. *n.* 3 sakhāditapalāsapiṇḍam. 56[12, 20] ṭhanānaṃ abbhantar°. *n.* 5=S[ps]. *n.* 6 saṃvaletvā. 56[28] Smv-ṭ. *mentions a v. l.* setasakkharasudhāv°. 56[30] ṭhapitadhammanikaḷevarasanṭh°.

57[2] sīsacchinnadhammanikal°. 57[11-12] anto sarīrabbhantare. *n.* 2=S[ps]. 57[24] ekavīsatiobhaggabbhantare. 57[32] ajjhoharaṇāhāravaṇṇan.

58 *n*. 1=Vm. *n*. 3=Sp. 58[4] °pupphakasadisaṃ. *n*. 4 kuṭṭhita°. 58[5] yattha *in lieu of* tattha. *n*. 5 =Vm. 58[6] sūcimukhā. *n*. 7=Sps. *n*. 8 abhihanantā. 58[11] turitā turitā. 58[15] udakena vuyhaṃ. 58[17] °ālulitaṃ. 58[18] uparūpari (*cf*. 58[27]). *n*. 11 Kk *has* anāraharūpataṃ. 58[22, 23] dantamusalasaṃcuṇṇitaṃ . . . khelalālāpalibuddhaṃ. *n*. 12 Kk *has* koliyakule. 58[25] suvāna° (*cf*. 59 *n*. 4).

59[1] sutvā pi pān°. *n*. 1 vibhāgaṃ. *n*. 4 sovāṇa°. 59[8-9] suvānadoṇiyā . . . sovāṇadoṇi . . . suvāṇavamathu. 59[14] Kk *has* vavatthapeti. 59[22] *om*. padeso. 59[26-27] pheṇuddehakaṃ pakkaṃ saṇhakaraṇisadāya piṃsaniyapiṭṭhaṃ iva. 59[28] ogaḷitvā omadditvā vaṃsanaḷake pakkhippamāna°.

60[7] sīsakaṭāhass' abbhantare. 60[9] vikkuṭṭhitaduddha° *always* (*cf*. Vm.). 60[14, 16] purāṇakalābu°. 60[28] milātabakulapupphav°. *n*. 6=Sps. 60[32] vyāpitvā (*so* Sps *passim*, Kk *always*, *except* 61[7]).

61[6] Kk *has* ahaṃ.] 61[25, 27] chinditvā. *n*. 4 °paṇṇakaṃ, *but see General Index s.v.* sevālapaṇaka.

62[4] upari ṭhitaṃ phen°. *n*. 1=Sps. 64[21] agaḷitvā. 62[33] duvidho lohito (!), tattha san°.

63 *n*. 2=Vm. *n*. 5 Kk *has* °vaṇṇo ti 63[26], *but* °saṇṭhānan ti . . . jātan ti 63[27]. 63[32] °k u m u d a n ā ḷ a k a l ā p a m i v a.

64[1] hi *in lieu of* ca. 64[6-7] ° k u m u d a n ā ḷ a k a l ā p a v i v a r ā n i jānanti. 64[16] anekasaṇṭhāno. 64[20-22] °rattadukūlapilotikasaṇṭhāno ti; okāsato thūlas°. 64[24] *See General Index s.v.* natthutela 64[32] medo maṃ nissāya.

65[5, 6] akkhikūpesu. 65[11-12] °visamāhārautūhi s° a° akkhikūpe pūr°. 65[13] tu *in lieu of* ca (*cf*. 64[1]). *n*. 5 nīharo viya visarati.

66 *n*. 1=Sps. 66[17] °ambilānaṃ aññataraṃ vā kiñci. *n*. 2 tesaṃ. *n*. 3=Sp. 66[20-21] aggajivhāya khelo tan°. 66[23] °khaṭakūpe sal°. 66[24] *om*. va. 66[25] °khaṭakūpakatale. 66[26] °tale saṇṭhitaṃ.

67 *n*. 2 dadhimatthaṃ. 67[9] bahi patteyya. *n*. 3, 5=Sps. 67[14] suttikā, *in lieu of* sippikā, *throughout*. *n*. 6 Kk *has* sā, *om*. ti *at* 67[24]. 67[30] samiñjentassa. 67[31] accharāsaddaṃ.

68 *n*. 1 yassa pana c'esā. *n*. 3=Sps. 68[18] °kumbha-abbhantara°. 68[22] ravaṇaghaṭaka° [*cf*. Mahāvyutpatti 273:74]. *in lieu of* "pelāghaṭa," *throughout, see*

Visuddhimagga, p. 964, *note* †, *where* a d h o m u k h e l o ṇ a g h a ṭ a k e [*cf.* Telakaṭāhagāthā 70] *is quoted from* Khuddakapāṭhaṭṭhakathā.

69^{4} vaṇṇādivasena. 69^{7} *ins.* Yato c'assa te paguṇā honti *before* tato pabhuti. *n.* 1 ekasuttagandhita. *n.* 2, 5, 6=S^{p}. $69^{11\text{-}14}$ imaṃ kāyaṃ paṭipāṭiyā olokentassa sabbe te dh° apubbācariyaṃ iva pākaṭā h°; kesesu āvajjitesu asaṇṭhahamānā va sati y° m° t° pavattatī ti eke. Tato pabhuti 'ssa āhiṇḍantā.

$70^{22\text{-}23}$ samavisamarukkhathalaninnaṭṭhānuppathādīni.

71^{5} vikkhippa°. *n.* 2 K^{k} *has* °karoto. 71^{13} K^{k} *has* vā. 71^{17} araññe nivāsūpa°. 71^{19} °ādinimittāni. $71^{30\text{-}31}$ suññato ti, vuccate: kesā t ā v' a s s a vaṇṇ°.

72 *n.* 1, 3=Vm. 72^{6} K^{k} *has* pi. $72^{10\text{-}11}$ nāsikam pi pidhenti mukham pi pidhenti vikujjenti (ɔ: vikūṇ° ?). 72^{14} te āropitā vuddhim . . . K^{k} *has* ti. $72^{15\text{-}17}$ taṇḍuleyyakādīnaṃ paramajegucchā lomādiekatiṃsakuṇaparāsimatthake manussānaṃ sīsapaliveṭṭake (ɔ: °veṭhake) all°. 72^{19} Yadi pan' assa vaṇṇato upaṭṭhahanti, a t h a k e s ā n ī l a k a s i ṇ a v a s e n a upaṭṭhahanti, tathā lomā. $72^{22\text{-}23}$ vaṇṇato upaṭṭhahanti (!). 72^{26} tathā upaṭṭhahanti câyam (*query* upaṭṭhahante ?). 72^{30} *correct :* kese muñcitvā lome manas°. 72^{34}-73^{1} lomesu ca patiṭṭhitamanasikāro kese muñcati.

73^{4} pākaṭarūpaṭṭhānā honti. A t h a, y a s s a t e a s u b h a t o u p a ṭ ṭ h a h a n t i p ā k a ṭ a r ū p a ṭ ṭ h ā n ā v a h o n t i t a s s a seyyathā pi nāma. $73^{5\text{-}6}$ paripāyamāno *and* 73^{10} paripāṭiyamāno. $73^{7,18}$ nijjhatto *in lieu of* nivatto. *n.* 9, 10=S^{ps}.

74^{33} kesesu tāva.

75^{11} santacittassa bhikkhuno (=Dhp.). 75^{16} labhati. 75^{17} evaṃ vipassanāmayaṃ pītipāmojjaṃ amataṃ vuttaṃ, taṃ anubhavamāno nacirass' eva ariya°. 75^{23} Idāni e k a n ā m a (*so always*) kin ti evamādīnaṃ Sāmaṇerapañhānaṃ. *n.* 4=S^{ps}. 75^{25} vatvā atthavaṇṇanaṃ. *n.* 5 K^{k} *has* aññā.

$76^{1\text{-}2}$ (vyāka)raṇe samatthataṃ p a k ā s e n t o: eka nāma kin ti e v a m ā d i n ā pañhe. 76^{3} tasmā tad eva *in lieu of* sā ca. 76^{16} idāni nesaṃ. $76^{19\text{-}20}$ yasmiñ ca a y a m ā y a s m ā nibb°. 76^{25} sādhakāni. Yato ettha. 76^{30} ekaṃ nāma n'atthī ti ñāpetuṃ vuttaṃ, vuttañ (c'etaṃ).

77[1] *om.* Bhagavatā. *n.* 1, 2=S[ps]. 77[16] Asaññisattā. 77[21] yuttaṃ, ayuttaṃ sattānan ti ayuttaṃ ev' etaṃ vacanaṃ. 77[25] yathā *in lieu of* sesāni. 77[28] siddho ti evaṃ eva khandhesu pacc°.

78[1] ayaṃ pi upacāro. 78[3-4] jāyase va jīyase va mīyase vā ti. *n.* 1 K[k] *has* yato yena. 78[8] aniccatākārato nibbidāya padaṭṭhānaṃ. 78[15-19] Ettha ca eka nāma kin ti ca kimhā ti ca duvidho pāṭho; tattha Sīhaḷānaṃ kimhā ti pāṭho, te hi kin ti vattabbe kimhā ti vadanti; keci bhaṇanti: "ha iti nipāto, tena ācariyānaṃ pi pācariyānaṃ ayaṃ eva pāṭho" ti, Theriyānaṃ pi ayaṃ eva vā pāṭho iti ubhayathā pi pana eko ca (o: va) attho, yathā ruccati tathā paṭipajjitabbaṃ. 78[23] katthaci ekaṃ katthaci ekakan ti vuccati idha pana eka nāma kin ti ayaṃ eva vā (!) pāṭho. 78[29] cittassa ca namanahetuto sabbaṃ.

79[1] K[k] *has* arūpaṃ. 79[2] sāsavaṃ eva. 79[5] ti *in lieu of* nāma. 79[14] . . . pe . . . *in lieu of* anupubbena. 79[23] dassetvā tisso. 79[26] evaṃ ettha attho daṭṭhabbo anek°.

80[2] dukkhan ti vad°. 80[3] *om.* vā (ca *in lieu of* vā 80[9]). 80[17] *om.* purimanayen' eva. 80[18] veyyākaraṇap°. *n.* 1 *om.* bhikkhu. 80[25-26] K[k] *has* iti *and* yesu subhāv°. 80[27] *om.* tāni.

81 *n.* 1—S[s]. 81[6] idha ca yesaṃ. 81[7] bhavantaṇhāchedo. 81[8-9] iminā pi (!) pariyāyena vyākataṃ suvyākatam (*cf.* *n.* 2) eva hoti. *n.* 3 vāyāmitabbayuttaṭṭhānasaññite aye. 81[23] *ins.* ariyassa *before* Bhag°. 81[25] atha vā nesaṃ.

82[1] °taṇhācchedā. 82[6] Iminā pi pana pañhavyākaraṇena abhiraddhacitto. *n.* 1, 3=S[ps]. 82[12] upādaniyā ca, tesaṃ etaṃ. 82[21] vuttan ti. Evaṃ ettha pañca kkh°. 82[27] abhiraddhac°. 82[29] cha iti paccanubhāsitvā cha ajjh°. 82[31] attānaṃ vā adh°. 82[32] āyatanāni, āyānaṃ āyassa tananato.

83[10-12] cha ajjhattikāni āyatanāni "suñño gāmo t. kh. bh. channaṃ etaṃ ajjhattikānaṃ āyatanānaṃ adhivacanan ti vuttattā suññ°. 83[13] viya ca aciraṭṭhiti°. 83[21] Iminā pañhavy° āraddhac°. 83[23] °vyākaraṇena satta. 83[24] K[k] *has* subhāv°. 83[26] Bhagavato (*so also* 84[9]). *n.* 2 mañ câ(pi).

84[13] kāmasukhallikattakilam°. 84[14] °sassatābhinivesādianek°. 84[17] cattāri eva vā. 84[22] idāni *in lieu of* iti.

85^{1} *om.* Bhagavatā. $85^{2\text{-}3}$ virāgāya nirodhāya upas°. *n.* 2=S^{p}. 85^{13} Bhagavatā pi ca ayaṃ attho ca ayaṃ des°. 85^{14} K^{k} *has* paṇḍitā. 85^{20} vyākaraṇ°. $85^{21\text{-}22}$ attho ca desanānayo ca Bhagavatā an°. 85^{23} adhigantabbo. *n.* 3 K^{k} *has* °k a r a ṇ a t o. *n.* 4 v ā pi. *n.* 5 K^{k} *has* anupalabbhasabbhāvato. *n.* 6=S^{p}.

86 *n.* 2 bhijjate (*bis*). 86^{12} Evaṃ iminā pañh°. 86^{14} *ad.* nava *after* paccanubhāsitvā. 86^{16} pāṇino; āvāsā ti sattā āvasanti.

87 *n.* 1=S^{ps}.

88^{5} vyākataṃ s u v y ā k a t a m. 88^{9} yato c'ettha. 88^{11} K^{k} *has* tāni. *n.* 4=S^{ps}.

96^{12} *delete* ² *after* anupādāya! *n.* 8 *correct* C^{s}>S^{s}!

$101^{3\text{-}4}$ sabbasattehi sakasakabhāsānurūpaṃ upalakkhaṇiyasabhāvaṃ tassa Bh°. 101^{6} atha kho *in lieu of* kiṃ pana. *n.* 3=S^{ps}. 101^{17}-102^{1} me-saddo idha mayā-saddattho mama-saddattho ca; sutan ti sotaviññāṇapubbaṅgamāya viññāṇavīthiyā upadhāritan ti vā upadhāraṇan ti vā (ti) attho. Tattha. . . .

102^{7} *correct:* °viññāṇa°! *n.* 1=S^{k}.

103^{4} *correct:* vacanena!

106 *n.* ‖ *See* Pj. II, 444 *note* *.

107^{3} tena vuccati. 107^{9} *cf.* Asl. 51^{29}. *n.* 5 *cf.* Pañcikāpradīpa (*ed.* Dharmārāma) p. 38-39.

110 *n.* 3 vajirasaṃghāṭakālo. *See General Index s.v.* Nārāyana. 110^{10} jīvitamadato mattajanaṃ. *n.* 6 Savatthassa. 110^{22} Sāvatthīya samohitaṃ. 110^{24} dassaniyaṃ.

111^{3} Āḷakamandā. 111^{5} bhūmavacanaṃ, *always*. 111^{7} K^{k} *here om.* -pari-. 111^{14} Jeto, rañño vā attano vā paccat°. *n.* 9 °kokilādivihaṅgaviruteli. *n.* 10 mandamālutapalita- (ɔ: calita) -rukkhasākhāviṭapapupphaphala°. $111^{26\text{-}27}$ sabbakāmasamiddhitāya pana vigata°.

112^{2} *om.* āramanti. *n.* 2 K^{k} *ad.* attano. 112^{9} *correct:* °koṭīhi! *n.* 3 niyādito. 112^{14} °kittanena payojanan. $112^{18\text{-}19,\ 24,\ 25}$ diṭṭhānugatim-āpajjane. *n.* 7 °agghanakā rukkhā. *n.* 9 niyojanañ c a. *n.* 10=S^{ps}.

113 *n.* 2, 6=-S^{s}. 113^{6} vuccati, tasmā Sāv°. 113^{7} ārāme ti attho veditabbo. 113^{22} loke jātassa loke saṃv°. 113^{29} (devatā) *cf.* Spk *ad* S. I, 46^{1}.

114 *n.* 1=S^{kgn}. *n.* * *add:* Sum. *ad* D. III, 194. *n.* ‡. *Cf.* M. I, 20^{28}.

$116^{15\text{-}16}$ evam ettha attho veditabbo. *n.* 5 °phalūpabhogādhippāyehi. *n.* 6=S^{k}. *n.* 8=S^{gn} B^{a}.

117^{2} K^{k} *has* ahū. 117^{4} na kacche no paṭivāte. 117^{13} devatānaṃ.' *n.* 8=S^{k}.

118 *n.* 3, 6=S^{gn}. *n.* 5 Sītāharaṇādibāhirakathā. $118^{7\text{-}8}$ *ins.* kiṃ *before* sutaṃ *and before* mutaṃ. *n.* 7=Nidd. (=Mahāniddesa 87^{24}) *cf.* J. A. VI, 539^{2} *v. l.* *n.* 11 kapilayaṃ.

$119^{4\text{-}5}$ Sirivaḍḍho ti. *n.* 3 *ad.* saddaṃ.

120^{6} ākāsaṭṭhakadev° (*bis*). *n.* 4, 11, 12=S^{ps}. *n.* 8 evam. 120^{23} kappavuṭṭhānaṃ. *n.* 14 u s s u s s i s s a t i.

$121^{6\text{-}7}$ Kāmāvacarā devā eva vassasatasahassassa acc°. *n.* 2 =S^{kgn} B^{a}. *n.* 4 buddhaguṇasārino. $121^{11\text{-}12}$ vassasatasahassassa. *n.* 6=$S^{ps}B^{a}$. *n.* 10 anto parisajanānaṃ.

122^{20} Atha S a k k o dev°. *n.* 10, 12=B^{a}. 122^{24} ye tumhe anavasesa°. *n.* 13 pañhaṃ vyāk°.

123^{11} sammuti-upapatti-(*so always*)-visuddhidevavasena. *n.* 5 =S^{ps}. *n.* 7 *ad.* khīṇāsavā visuddhidevā ti vuccanti. *n.* 9=S^{gn}. 123^{24} sundarānaṃ kalyāṇadhammānaṃ. 123^{25} ācikkhāhi.

124 *n.* 3, 5, 6=B^{a}. *n.* 9=S^{gnps}. 124^{19} °sukhāvahanato. 124^{23} balanti na jānantī ti (!).

125 *n.* 3, 6=S^{ps}.

126 *n.* 1, 7=B^{a}. $126^{7\text{-}8}$ bālānan t i, s e v i t a b b a m ā c i k k h a n t o ā h a : paṇḍitānañ ca. *n.* 9 Dīghavidassa.

127^{3} Dīghavidassa. 127^{8} naḷāgāro vā tiṇāgāro vā aggipadit(t)o kūṭāgārāni pi dahati. *n.* 4=S^{ps} B^{a}. *n.* 5=S^{gn}.

128 *n.* 3=S^{kgn}.

129^{6} dhīren' (*cf.* 127 *n.* 5). *n.* 2 suneyyo. *n.* 3=S^{gn} B^{a}. *n.* 4=S^{k}. *n.* 8=S^{ps}.

130^{3} appameyyaasaṃkheyya-. 130^{6} paṭimukhaṃ>atimukhaṃ (ɔ: abhimukhaṃ). *n.* 2, 4=S^{ps}. $130^{8\text{-}9}$ disvā pasannacitto ekaṃ pupphamuṭṭhiṃ. 130^{10} aṭṭha pupphamuṭṭhiyo khipi. 130^{13} pasaṃsanto sitaṃ. 130^{14} °karontī ti sitakāraṇaṃ. 130^{29} pūjāya phalaṃ. 130^{33} *om.* garukaroti.

$131^{2\text{-}3}$ paccekabuddhānaṃ ariyasāvakānaṃ pūjā hitasukhāvahattā maṅgalan ti veditabbā 131^{18} *correct:* °heluttā!

132 *n.* 2, 3, 7, 9=S^{s}. *n.* 8=$S^{k}B^{a}$. 132^{27} Mahāsālo. 132^{28} Salavatī<Salaḷavatī.

133 *n*. 1, 2, 6, 7=S^{k}. 133^{9} cakkavattirājāno upp°. 133^{15} *om.* ca. 133^{23} buddhapaccekabuddhe samukhā. 133^{25} catuppadikāya pi g°.

134 *n*. 1=S^{ps}B^{a}. 134^{31} tulayati.

135^{1} paṭivijjha passatī ti. Api ca āgāriyabahusaccam pi a n ā g ā r i y a b a h u s a c c a m p i yaṃ anavajjaṃ. *n*. 3 K^{k}=S^{ps} B^{a}, *adding* nāma. 135^{17} guṇavavatthāpanena. 135^{25} susaññatā *in lieu of* asamphappalāpā.

136 *n*. 2, 4, 5, 7, 8=S^{ps}. 136^{23} °sampadānena ca. 136$^{26-27}$ upasiṃghāyantā upari cumbitvā ca. 136^{29} posakā khīrassa dāyakā imassa lokassa.

137 *n*. 3, 5, 6, 8, 11=B^{a}. *n*. 4 *om.* naṃ.

138^{3} °upaṭṭhākānaṃ. 138^{7} jātā pasutā puttā. *n*. 3, 10=S^{ps}. *n*. 4=S^{kgn} B^{a}. 138^{20} susaṃvidahitakamm°.

139^{1} K^{k} *has* dhammikattā. 139^{7} Anākulā ca kammantā ti kāl°. *n*. 2=B^{a}. 139^{9} *om.*-akaraṇa-. 139^{11} °kammakārānaṃ. *n*. 12=S^{k}.

140 *n*. 1=S^{ps} B^{a}. *n*. 4 subuddhipubbikā.

141^{4} sabbarasaṃ. 141^{5} sabbaratiṃ. 141^{15} tividhā. *n*. 3 =S^{ps}. 141^{28} *before* "IV" K^{k} *inserts:* Anavajjānī ti ettha vajjāni tāva dve honti diṭṭhadhammikañ ca samparāyikañ cā ti; vuttam pi c'etaṃ Bhagavatā: dve 'māni bhikkhave vajjāni [=A. I, 47^{7}-49^{5}] imāni kho bhikkhave dve vajjāni. Diṭṭhadhammikan ti diṭṭhe va dhamme [=Mp. *ad loc.*] yâhan ti yena ahaṃ. 141$^{29-30}$ °setukaraṇādīni kāyavacīmanosucaritakammāni ca tāni nānappakāra°.

142$^{25-26}$ °samādānavasena pana pavattā.

143 *n*. 2, 4=S^{k}. *n*. 3 e v' e t a ṃ. 143$^{19-20}$ kusalānaṃ v ā dhammānaṃ. *n*. 5 anuṭṭhitakiriyatā.

144^{3} pāpā virati. *n*. 1, 6=S^{ps}. *n*. 2 °mātāpitujeṭṭhabhātubhaginī°. 144$^{15-16}$ garukaraṇaṃ sagāravatā, s v ā y a m gāravo. 144^{17} garukaroti sakkātabbaṃ sakkaroti mānet°. 144^{22} *ins.* tattha tattha *before* uccākulīno. *n*. 4=S^{kgn}. 144^{24} sagāravatā.

145 *n*.* D. III, 192^{9}. *n*. 1, 5, 6, 9=S^{ps}.

146^{4} tesaṃ taṃ datvā. *n*. 4, 6, 8=S^{s}. 146^{15} °senāsanaṃ sampattam pi. *n*. 10=S^{k} B^{a}.

147 *n.* 3=S[s]. 147[8] *om.* pi. 147[22-23] K[k] *also* pasamsanīyādi-nānapp°. 147[26] dhammassavanam (*cf.* Khp. V, 8[c] Appendix Pj. I 254).

148[4] °paṭivinodanattham dhammam. *n.* 3=S[ps]. *n.* 4=S[gn].

149 *n.* 2, 3=S[gnps]. *n.* 4=S[k].

150 *n.* 1=B[a]. 150[10] °vacī° *in lieu of* °sīla°. 150[14] b a h u k ā r a t t ā. *n.* 5, 7=S[gn]. 150[24] vippasannāni pañcavaṇṇa°. *n.* 9=S[k].

151[2] V e d i y a k e *cf.* Ss. 59-60. 151[4] *correct:* kāl°. *n.* 2=S[ps].

152[15-16] saṅgahītattā va avasesam. *n.* 2, 5=S[ps] B[a].

153 *n.* 1, 5=B[a]. 153[20] cittam kenaci dhammena akampanīyam lokuttaramaggabhāvāvahanato.

154 *n.* 1=S[k]. 154[6] khīṇāsavass' eva cittam, tam hi rāg°. 154[8] Yato etam tena. 154[9-10] appavattakkhandhatādilokuttarabh°. 154[23] k a t v ā n ā t i k a t v ā, k a t v ā n a k a t v ā k a r i t v ā t i h i a t t h a t o a n a ñ ñ a m; *cf.* Pj. II, 20 *note* 9.

155[7-8] āsavā vigh°. *n.* 3, 10, 11, 12=B[a]. *n.* 5 etānidisāni(!)kār°. *n.* 8=S[ps].

156[6] pūjetvā patir°. 156[15] anavajjakammantatāya. *n.* 4, 5, 7=S[p]. 156[23] abhibhavitvā sov°.

157 *n.* 1=S[ps] B[a]. 157[2] arahattaphalākhyam. 157[16] salilajjhogāham (*cf.* Pj. II, 52 *note* 4) iva suparisuddhena. 157[25] suttam p a r a r a k k h a m aman°. 157[30] ti, vuccate: idam hi Bhagavatā.

158[4] Ayam eva tesam pañhānam samkhepavissajjanā, vitthārato pana. *note* * *cf.* Ps. *ad* M. I, 68[4]. 158[8] Sā gabbhasaṇṭhitam ñatvā rañño. *n.* 2, 4, 9=B[a]. *n.* 3 K[k] *ad.* aññatarena bhājanena. *n.* 6, *cf.* 252[8].

159 *n.* 1, 2=B[a]. *n.* 4, 10, 12=S[ps]. 159[14] s i b b i t v ā. 159[20] p o s e s s ā m a. 159[22] °paṭākā. 159[27] tattha kumāram.

160[4] rodathā ti evam mātāpitūhi vuttā. *n.* 5 vihimsenti. *n.* 8, 9=B[a]. *n.* 11 °nivāsaṭṭhāna°. *n.* 12=S[ps]. 160[22] *om.* pana.

161 *n.* 1 matamanussa-(kuṇ°). *n.* 2, 6, 8=S[ps]. 161[20] sabbe. 161[21] *om.* na. 161[24] vūpasamessatī ti.

162[3-4] rājā pana . . . kadā ca so. *n.* 5, 11, 12=B[a]. 162[5, 8] saññāp°. 162[5] āneyyāmā ti. 162[18] Atha kho rājā. 162[22] bhante tāva āg°.

163 *n.* 1, 2, 3, 4, 9=S[ps]. 163[2-3] parivārehi (*correct:* pūjam!). 163[7] *om.* sabbe. *n.* 20=S[kgn] B[a].

164[2] temitukāmā . . . atemitukāmā. *n.* 4=S^ps^. 164[23-24] ye ye pubbe . . . te te catuhi. *n.* 5 K^k^ *ins.* Amanussesu gatesu.

165 *n.* 1=B^a^. 165[11] Ettāvatā yā sā yena. *n.* 8 ārabbhiyate. 165[17] Yathā vā tathā vā hotu, kin tu imāya aparikkhāya parikkhāya parittāya (!) s a b b a t h ā pi etassa. *n.* 10=S^kgn^ B^a^ (*ins.* tattha *after* °gāthāya). 165[22] imasmiṃ ṭhāne tasmiṃ khaṇe sannipātaṭṭhānaṃ sandh°. *n.* 11=S^kgn^.

166[1] (bhūtam idaṃ) Sāriputta s a m a n u p a s s ā ti evamādisu. *n.* 1, 3, 4 = S^kgn^. *n.* 2, 6, 9 = S^ps^B^a^. 166[16] °vimāne nibb°.

167[4] aniyamitav°. 167[16] upabhogaparibhogasaṃpadañ. 167[17] idha samāgatāni na naṭanāṭakāni dass°. *n.* 5 °padaṭṭhānato payogavisuddhīhi. *n.* 7 K^k^ *has* vattumm (āraddho).

168 *n.* 1, 3, 6=S^s^. *n.* 5 api c a yaṃ, *etc.* (S^ps^). 168[18] sabbe c a pāṇe.

169[5] rattiṃ baliṃ karonti. *n.* 3, 4, 5, 8=B^a^. *n.* 6 gopetha. 169[18] (dhammasa)vanatthāya. 169[24] °gahaṇe sampatte. 169[28] °veḷuriyapabāla°.

170 *n.* 1, 3, 6, 9, 11=S^s^. 170[3] kammena ariyanti. 170[6] janeti. 170[11] seṭṭhaṃ atappakaṃ manāpaṃ. Evaṃ. 170[19] *om.* atthī ti vijjati. 170[30] tathā *in lieu of* yadi.

171 *n.* 1, 5=S^ps^. 171[7] Asoko mah°. *n.* 4 °cakkaparinibbutaṭṭhānāni. 171[20-21] idam assa mahagghatāya, evaṃ mahagghatthenâpi Tathāgatasamaṃ ratanaṃ n'atthi, evaṃ-mahagghatāya vacanena c' ettha. 171[28] Tathā yaṃ p'idaṃ atu°.

172[2] indanīlamaṇimayanābhi. 172[3] pavāḷamayanemi. 172[4] muṇḍāraṃ. *n.* 2 -S^ps^, *cf.* Sum. I, 110[21]. *n.* 3 visodhento. 172[13] °yojanato pabhuti saddo. 172[17] nâtiuccaṃ nâtinīcaṃ . . . pupphagandhādīhi pūjitaṃ yu°. 172[20] vehāyasaṅgamo. 172[21] Chaddantakulā vā āgacchati, Uposathakulā ce āgacchanto. 172[23] y o *in lieu of* so. 172[24] (*and* 176[22]) anupariyāyitvā. 172[25] °āsaṃ eva sayam eva sakar°. *n.* 6, 7=S^s^.

173[6] kuṇṭha°. 173[11] sattadhā pothita°. 173[16-17] yena samannāgato samantato. 173[23] hoti, so dvādasa°. 173[24] niggahapaggahakaraṇasamattho. 173[28] *om.* tīrayitvā. *n.* 10, 11=S^p^.

174 *n*. 2 ettakā guṇā (!). *n*. 3 iminā samā vā sappaṭibhāgā vā. 174^{6} yam p'idam (171^{29}). 174^{13} °suññam loko. *n*. 7, 11, 12=S^{ps}. *n*. 9 nivāretvā.

175 *n*. 1 supinantena, *om*. pi. *n*. 5, supinantenâpi. 175^{10} *om*. pi. *n*. 6 Bāhiyadārucīrakapp°. *n*. 7 =S^{ps}. *n*. 12, 13=B^{a}. 175^{14} t a m.

176 *n*. 2, 3, 5, 7, 9, 10, 11, 13=S^{ps}. 176^{10} *om*. same. 176^{14} *om*. anupubbena. 176^{24} °ānubhāvena attanā vijitam.

177 *n*. 1, 3=S^{ps}. *n*. 2, *ad*. e k a-. 177^{15} viññāṇānañcāyatanaratim ākiñcaññāyatanaratim nevas°. 177^{16} sakid(āgāmi°). 177^{24} duvidhesu c'ettha.

178 *n*. 1 upaguyham. 178^{5} *etc*. āgārikar° *and* anāgārikar° *throughout*. *n*. 2, 4=S^{ps} B^{a}. *n*. 6, 7=S^{k}. 178^{20} paccekabuddhassa guṇānam n'eva samkham na kalam na kalabhāgam pi upenti. 178^{23} (*here* pūretvā *must be inserted*, *cf*. Pj. II, 408^{31}).

179^{4} °pokkharatādīni niss°. *n*. 2, 4, 6=S^{ps}. 179^{13} *sqq*., *cf*. Mogg. IV, 123 ("lopo"). $179^{24\text{-}26}$ sijjhati; yathāvutten' eva pakāren' ettha idam pi buddhe ratanam paṇītan ti evam attho veditabbo. 179^{28} imāya gāthāya.

180 *n*. 1, 3=S^{ps}. 180^{7} viddhamsitā. 180^{10} *cf*. S. I, 61^{21} 180^{19} *correct:* samkhatā v ā! 180^{23} °paṇītatādiguṇehi.

181 *n*. 1, 2, 3, 6, 7=S^{p}.

182 *n*. 1 *ad*. vā asamkhatā vā. *n*. 2 °guṇenâpi. *n*. 3=S^{ps}. 182^{14} sahajātāsīlādig°. 182^{15} °bakula°. *n*. 6=B^{a}.

183 *n*. 1, 7=S^{p}. $183^{10\text{-}11}$ aniyametvā (>aniyām°) . . . niyametvā.

184 *n*. 1, 7=S^{ps}. *n*. 3 maggaṭṭhaphalaṭṭhānam vasena samgharatanassa guṇena. 184^{20} (*and* 185^{8}) nikāmino. $184^{25\text{-}26}$ suppayogādisu guṇābhāvato kilesehi katanikkhamanābhāvam.

185^{4} kākaṇikamattam pi vy°. *n*. 4 K^{k} *has* Evam Bhagavā. $185^{20\text{-}22}$ indakhīlo ti nagaradvārasamvaraṇavivaraṇattham ummār°. 185^{24} paṭhavin ti bhūmiyam, sito ti anto-paṭhavim pavisitvā. *n*. *=S^{ps}.

186^{1} °nemitāya. $186^{4\text{-}5}$ sabbatitthiyavādavātehi *n*. 2, 4, 8=S^{ps}. 186^{10} *om*. nam. 186^{13} nemissa (*cf*. 186^{1}: *but* °nemo *at* 186^{8}). $186^{16\text{-}17}$ olokenti ayam nanu bh°. 186^{27} sattakkhattumpar° *always*.

187 *n*. 1, 8=S^{ps}. 187^{20} pāpuṇissantī ti.

188^{5} nibbānassa dassanato. *n.* 2, 4=S^{gn}. 188^{14} °pañcakākhye kāye. 188^{21} *om.* -kilesa-. *n.* 7 paññāvicikicchitā.

189^{2} °kukkurasīlādikaṃ nānāvidhaṃ sīlaṃ. 189^{13} nirayatiracchānagatipetti°. 189^{24} kuṇṭha-. 189^{29} *om.* hi.

190 *n.* 1=S^{kgn}. *n.* 2, 3=S^{ps}. 190^{6} visiṭṭhaguṇabhāvavasena. 190^{14} kin tu appaṃ°. $190^{23\text{-}26}$ kuṭikaraṇasahaseyyādi vā paṇṇattivajjaṃ vītikkamasaṃkh° . . . padasodhammaṃ, uttarimchappañcavācāhi dhammadesanaṃ, samphappalāpapharusavacanādi vācāya (191^{1}).

191 *n.* 1, 3=S^{ps}. 191^{9} evarūpaṃ pi pāp°. 191^{29} nissāya tena puna.

192^{3} evaṃ pi hi vanasaṇḍo ti (!) vattuṃ. *n.* 2, 3, 4, 5=S^{s}. $192^{9\text{-}10}$ cattāro gimhamāsā tesaṃ catunnaṃ gimhānaṃ ek°. 192^{27} taṃ eva guṇaṃ nissāya (194^{1}).

193 *n.* 1, 2=B^{a}. 193^{13} varassa maggassa āharattā. 193^{28} attanā v a anācariyako ca hutvā.

$194^{14\text{-}15}$ khīṇan ti parikkhīṇaṃ samucchinnaṃ vā. *n.* 5 =S^{p} B^{a}.

195 *n.* 1, 2, 7 -B^{a}. 195^{6} dhīrā ca purimaviññāṇanirodhena. $195^{12\text{-}13}$ sutānusārena c a paṭi°. 195^{25} Atha kho S°. 195^{28} *om.* yaṃ.

196^{1} yathā ca tehi gant°. *n.* 1, 4, 7=S^{ps}. 196^{10} Yasmā ca dhamme.

$197^{7\text{-}9}$ karothā ti Bhagavantaṃ āyāciṃsu; tato Bhagavā adhivāsesi, adhivāsetvā ratananāvaṃ āruyho, pañca bhikkhusatāni sakaṃ sakaṃ āruyhanti. *n.* 4 =B^{a}. 197^{14} devatā. 197^{31} *om.* gantvā.

198^{5} nâpi nāga°. 198^{8} *om.* tathā. *n.* 4=S^{kgn}. $198^{11\text{-}12}$ māṇavo ahosi solasavassuddesiko va ekad°. *n.* 5, 12=S^{ps}. 198^{24} uggaṇhāpesi. *n.* 13 c'assa (*in lieu of* yeva).

199^{3} ācariya *in lieu of* carahi. 199^{4} jāneyyun ti. Te upasaṃk°. *n.* 1, 8, 10=S^{ps}. *n.* 4 yaṃ vā icchatha maṃ katvā. 199^{12} evaṃ t e pārup°. $199^{15\text{-}16}$ Susīmo paccekabuddho jāto ti pākaṭo. 199^{24} bahusu janakāyesu eko pi; *cf.* Pj. II, 19^{7}.

200 *n.* 1=S^{kgn} B^{a}. *n.* 2, 3, 6, 7=S^{ps}. 200^{3} *om. first* ca. *n.* 8 anusaṃsandento. 200^{18} aṭṭhayojanamagge. 200^{20} °maggena thale. 200^{23} tasmiṃ cetiye.

200$^{24-25}$ paṭākā ca āropitā chattāticchattāni, *cf.* Aupapātikasūtra ed. Leumann, p. 25^{19}; Asl. 2^{19}.

201 (Tirokuḍḍasutta) *cf.* Dhp. A. I, 100^{10}-104^{19}.

213^{6} *correct:* °kussubbha°!

214 *n.* * M. I, 395^{29}, 396^{8}. *n.* 3 *cf.* J. II, 51^{25} (I, 260^{30}).

216 (Nidhikaṇḍa) *cf.* J. A. II, 414^{13}.

225 *n.* † M. III, 99^{22}-100^{2}.

228 *n.* * *cf.* Kathāvatthu p. 99.

232 *n.* **Cf.* Dhp. A. I, 313-318. 232^{15}K^{k} maraṇānussatik°. 232$^{23-25}$ °sannibhasilatalaghanacchāyaṃ nīlavanasaṇḍapatimaṇḍitaṃ muttādalarajatapaṭṭasadisavālukākiṇṇaṃ bhūmibh°. 232^{26} bhikkhū disvā tatth'. 232 *n.* 6 ghananivesanaṃ sanniviṭṭha°.

233^{10} āraddhaviriyā hutvā paṭhamayāmaṃ gaṇḍikaṃ ākoṭetvā. 233 *n.* 6=S^{8}. 233^{13} gahetvā vimānāni chaḍḍetvā ito c'ito ca vicarantā. 233 *n.* 9 °mānussakā. *n.* 10=S^{8}. 233$^{17-18}$ attano attano vim°. 233^{27} rūpāni passitvā tañ ca saddaṃ suṇantānaṃ hadayaṃ phandati.

234 *n.* 1=S^{ps} (*writing* nâsakkhiṃsu kātuṃ *and* pamussi). *n.* 2=S^{ps}. *n.* 3 nimmatthiyamānaṃ. *n.* 4=S^{ps}. 234^{12} ettha kisā. *n.* 8 sabbe te taṃ. *n.* 9=S^{kgnps} B^{a}. *n.* 10=S^{ps}. 234^{26} anto-vassaṃ.

235$^{1-2}$ ārocayiṃsu. *n.* 1 catupādapīthakaṭṭh°. 235^{10} imaṃ suttaṃ āha. 235^{15} °saṃvejjavatthūni (*but* °saṃvega° 235^{16}) samāpajjanañ. 235^{18} maraṇañ ca cattāri.

236 *n.* 4=S^{ps}. *n.* 11=B^{a}.

237^{1} piṇḍapaṭipiṇḍaṃ dānānuppādanaṃ vatthuvijjā khettavijjā nakkhattavijjā chabbidhe. 237$^{7-8}$ ahitakāmāni aphāsukakāmāni ayog°. *n.* 6, 7=S^{ps}B^{a}. 237$^{20-21}$ catuiriyāpathaparivattana sātthakatādīnaṃ. 237^{22} yo vā pana. *n.* 10 camarī migi. 237^{28} *om.* taṃ.

238^{3} yo vā pana (*cf.* 237^{22}). *n.* 1=S^{p}. 238^{8} ye p'ime. 238^{9} *om.* vā. *n.* 2, 3, 5, 6=S^{p}. 238^{30} *om.* tan ti, *ad.* eva *after* karaṇīyaṃ.

239^{3} tassa atthav°. 239^{13} *om.* °catuttha°. 239^{28} suvaco assa.

240^{5} sukhavaco c'. *n.* 1 niyuñjamāno. *n.* 2 vaṭṭapaṭipattiyaṃ sakalabrahm°. 240^{9} °kammakataṃ suv°. 240^{16} santaṃ padaṃ. 240$^{18-19}$ taduttariṃ (*so also* 243^{19}), *om.* pi. 240^{21} dvāvīsatividhena (!). *n.* 8=S^{ps}.

241 *n.* 2=S^{ps} B^{a}. *n.* 5, 7=B^{a} (*śloka rhythm*). *n.* 6, 8=S^{ps} B^{a}. 241^{14} ativiya passatthā. 241^{22} °kiccakaro hotī ti vuttaṃ hoti. *n.* 10 bahubhaṇḍako bh°. 241^{24} pattacīvarachattapaccatth°. *n.* 12=S^{k} B^{a}.

242 *n.* 3 pādena pādaṃ odahetvā. *n.* 6, 9=S^{ps}.

243^{4-5} khādissāmi kiṃ bhuñjissāmi pivissāmī ti. *n.* 3, 4, 5, 7=S^{ps}. 243^{26} appmattakam pi aṇum°. 243^{30} mahāsāvajjaṃ karonti viññū.

244 *n.* 1=S^{ps}. *n.* 2, 6, 7, 9=S^{ps} B^{a}. *n.* 13=B^{a}. 244^{25} kamen' eva saṇṭhāti, tasmā 'tasā vā thāvarā vā' ti dukatikapp° (*cf.* 245^{3}).

245 *n.* 1, 9=S^{ps}. 245^{3} tasā vā thāvarā vā ti dukat°. 245^{18} (tasā) *cf.* Pj. II, 376^{17}. 245^{30} pi *in lieu of* ca. 245^{31} jale macchakacchapādayo.

246 *n.* 1, 4, 6=B^{a}. *n.* † *cf.* Spk. *ad* S. I, 51^{12}. 246^{21} a n t o *in lieu of* attano (*cf. note* 11) *n.* 8 apādadipādādivasena. *n.* 11=S^{ps}.

247^{5-7} *om.* saṃsedajā—bhūtā nāma. 247^{8} °bhavesī nāma, tato. *n.* 3=B^{a}. 247^{11-12} hitasukhādhigamapatth°. 247^{13} ahitadukkhānāgamanapatthanavasena na (ɔ: nam ?) dassento. *n.* 7=B^{a}. 247^{17} vambheyya *in lieu of* vañceyya. *n.* 8, 9=S^{ps}. *n.* † *see* M. I, 479^{24} *and* Ps.; K^{k} *adds* aññārādhanā (*cf.* M.).

248^{6} nâtimaññetha. 248^{13} dukkhāgamanapaṭi° (*and* ahitāgamanato 248^{21}). *n.* 6=S^{ps}. *n.* 7 mettāsaṃkhyam. *n.* 9=B^{a}. 248^{22} sabbalokasmin ti anavasesasattaloke. *n.* 10, *om.* aparimāṇa-; *see* Pj. II. 417^{27}. *n.* 11=S^{ps}.

249^{6} -dīpanā *in lieu of* -vaṇṇanā (*cf. note* 4). *n.* 7, 12=S^{ps}. 249^{17} yaṃ vā taṃ vā bhāv°. 249^{22} adho ca tiriyañ cā ti tividhaparicchedena sabbal°. *n.* 14=S^{gn} B^{a} (*correct* C^{ps} *into* S^{ps} !).

250^{3} iriyāpathaābādhanaṃ vino°. *n.* 6 K^{k} *has* e t a ṃ. 250^{12} yāvatā vigatamiddho ca hutvā (*cf. note* 8). *n.* 7, 9=S^{ps}. *n.* 10 K^{k} *has* dhammavinaye.

251 *n.* 2=S^{kgn} B^{a}. *n.* 3 samādapeti. *n.* 4, 9=B^{a}. *n.* 5=S^{kgn}. 251^{21} vinaya *in lieu of* vineyya.

252 *n.* 1, 2, 5=S^{ps}. *n.* 7 Evañ hi atthakusalena Tathāgatena.